SV

Rolf Kreibich

Die Wissenschaftsgesellschaft

Von Galilei zur High-Tech-Revolution

Suhrkamp

CIP-Kurztitelaufnahme der Deutschen Bibliothek
Kreibich, Rolf:
Die Wissenschaftsgesellschaft / Rolf
Kreibich. – 1. Aufl. – Frankfurt am Main:
Suhrkamp, 1986.
ISBN 3-518-57761-1 kart.
ISBN 3-518-57760-3 Gewebe

Erste Auflage 1986
Suhrkamp Verlag Frankfurt am Main 1986

Satz und Druck: Wagner GmbH, Nördlingen
Printed in Germany

Inhaltsübersicht

1 Wissensproduktion und Technologieentwicklung 23
2 ›Wissenschaft und Technologie‹ als Innovationskraft . . 70
3 Das WTI-Paradigma (Wissenschafts-Technologie-Industrialismus-Paradigma) 134
4 Die Entwicklungsstufen von ›Wissenschaft und Technologie‹ zur zentralen Produktivkraft. 155
5 Die Grundlagen heutiger Wissensproduktion und Technologieverwertung. 243
6 Die Institutionalisierung heutiger Wissens- und Technologieverwertung. 314
7 Determinanten der Wissenschaftsindustrie. 355
8 Innovationssteuerung und Technologietransfer in den Industrieländern 418
9 Die Wurzeln des heutigen Innovationsmanagements und Technologietransfers 602
10 Wissens- und Technologieverwertung in der Bundesrepublik Deutschland. 644
11 Schluß: Einige Anmerkungen und aktuelle Tendenzen . 714

Register. 750

Inhaltsverzeichnis 796

Für Renate

Übersicht und Vorbemerkungen

Zur Charakterisierung der zukünftigen Industriegesellschaft wurden schon zahlreiche Bezeichnungen verwandt. Begriffe wie ›Nachindustrielle Gesellschaft‹, ›Postmaterielle Gesellschaft‹, ›Dienstleistungsgesellschaft‹, ›Informationsgesellschaft‹, ›Wissensgesellschaft‹ oder ›Informierte Gesellschaft‹ sollten den Wandel kennzeichnen, der sich vor allem in den letzten drei Jahrzehnten in den hochindustrialisierten Ländern vollzogen hat. Allen diesen Begriffen liegt der Befund zugrunde, daß der Umsatz der Ressource ›Information‹ relativ zum Umsatz materieller und energetischer Ressourcen stark zugenommen hat.

Auch wenn diese Feststellung hinreichend belegt werden kann, so reicht sie nicht aus, um die tiefgreifenden Veränderungen der Gesellschaftsstruktur zu erklären bzw. um plausible Schlüsse für die Entwicklungsmöglichkeiten der heutigen Industriegesellschaften und globaler Interdependenzen zu ziehen.

Das hat folgende Gründe:

Erstens sagt die Tatsache, daß der Umsatz der Ressource ›Information‹ stärker zunimmt als der Umsatz der materiellen und energetischen Ressourcen noch nichts über die Beziehungen von Informationsproduktion und Produktion sowie Verwertung von materiellen und energetischen Produkten und Prozessen aus. Insbesondere bleibt zunächst offen, ob ihr Umsatz dadurch weiter angekurbelt oder eher gedrosselt wird.

Zweitens ist damit noch nichts darüber ausgesagt, welche spezifischen Informationen es vor allem sind, die den gesellschaftlichen Strukturwandel verursachen.

Und drittens lassen sich aus dem quantitativen Wachstum der Produktion und Verwertung von Informationen allein nur begrenzt Zusammenhänge zu Veränderungen der normativen, ökonomischen, sozialen und institutionellen Grundlagen der Gesellschaft ableiten.

In der vorliegenden Arbeit versuche ich aufzuzeigen, daß sich mit der Herausbildung der modernen empirisch-analytischen Wissenschaft eine neue, spezifische Form der Produktion spezieller Informationen (wissenschaftliches Wissen), und mit ihrer praktischen Nutzung, der Technik, neue Formen ihrer ökonomischen, sozialen und militärischen Verwendung entwickelt haben.

Der Kern meiner Analyse besteht in dem Nachweis, daß es die spezifischen Methoden dieser wissenschaftlichen Informationsproduktion und -verwertung sind, die in den letzten Jahrhunderten seit Galilei und Bacon den ökonomischen und sozialen Strukturwandel bewirkt haben. Das war aber nur möglich, weil sich die bis dahin herausgebildeten gesellschaftlichen und individuellen Grunddispositionen am besten, das heißt am effizientesten mit dieser spezifischen Methode der Produktion und Verwertung von Informationen erfüllen ließen.

Anders ausgedrückt, gerade diese Methode des Denkens und Handelns bot wegen der Erfolge ihrer Benutzer und der Mißerfolge ihrer Gegner immer mehr die Gewähr dafür, daß Ziele wie

- Sicherung der Überlebensfähigkeit der Art und des Individuums
- Beherrschung der unbelebten und belebten Natur durch den Menschen
- Erfüllung der materiellen und immateriellen Bedürfnisse
- Erkenntnisgewinn und Wahrheitsfindung
- rationalere und humanere Gestaltung der ökonomischen und sozialen Beziehungen
- Ersetzung der auf metaphysisch-religiöser und erblicher Autorität beruhenden Macht und Herrschaft durch eine auf »objektiver Erkenntnis und Rationalität« aufbauenden Sachautorität
- Erhöhung persönlicher Anerkennung und des sozialen Prestiges

mit ihr besser als mit allen anderen Methoden erfüllt werden konnten.

Umgekehrt kamen aus der Gesellschaft ständig neue Anforderungen, die erfolgreiche wissenschaftliche Methode breiter anzuwenden und zu effektivieren usw.

Dieser äußerst dynamische Prozeß erhält nun durch eine Reihe von kreativen Entwicklungssprüngen im Verhältnis von wissenschaftlicher Wissens- und Technikproduktion und der ökonomischen und sozialen Verwertung im Rahmen der Industriegesellschaft eine atemberaubende Beschleunigung.

Die gesellschaftlichen Grunddispositionen sind nun vermeintlich am besten durch die Ziele Wirtschaftswachstum, Produktivitätssteigerung sowie ökonomische und militärische Wettbewerbsfähigkeit repräsentiert und durch den allseits festen Glauben an die Nützlichkeit der wissenschaftlichen Wissensproduktion und Technikentwicklung. Das gesellschaftlich dominierende Wissenschafts-Technologie-Industrialismus-Paradigma (WTI-Paradigma) wird zum Fortschrittsparadigma schlechthin.

Dieser zwischen der gesellschaftlichen Grundorientierung und der Denk- und Handlungsmethode der modernen Wissenschaft sich vollziehende doppelt positiv rückgekoppelte Prozeß ist das entscheidende Entwicklungsmoment aller Industriegesellschaften.

Da die Produktion und Verwertung von wissenschaftlichem Wissen und wissenschaftlicher Technologie heute und in der Zukunft die Grundlagen aller hochentwickelten Gesellschaften bestimmen, handelt es sich nicht primär um eine Industrie-, Dienstleistungs- oder Informationsgesellschaft, sondern um eine Wissenschaftsgesellschaft.

In Kapitel 1 ›Wissensproduktion und Technologieentwicklung‹ wird dargestellt, welche quantitativen Ausmaße diese Form der Informationsproduktion in den Industrieländern angenommen hat. Ihre hohen Wachstumsraten stellen alle anderen Wachstumsvorgänge in den Schatten. Unbeeinflußt von den Diskussionen über die Grenzen des Wachstums, folgt die wissenschaftliche Wissensproduktion nach wie vor einem exponentiellen Verlauf.

Kapitel 2 ›Wissenschaft und Technologie als Innovationskraft‹ hebt sodann die spezifische Form der wissenschaftlichen Wissensproduktion und -verwertung als den entscheidenden ökonomischen Produktiv- und sozialen Innovationsfaktor hervor. Während vom 18. Jahrhundert an bis zur Gegenwart sowohl in der Nationalökonomie als auch in der Soziologie die Bedeutung von ›Wissenschaft und Technologie‹ für den ökonomischen und sozialen Strukturwandel unterschätzt wurde, kann es heute keinen Zweifel mehr geben, daß dieser Produktivfaktor gegenüber den Faktoren ›Arbeit‹ und ›Kapital‹ dominiert. Wurde zudem bis in die jüngste Zeit der Produktivfaktor ›Natur‹ in den meisten großen Wirtschafts- und Gesellschaftsanalysen und -modellen als beliebig verfügbar angesehen, so zeichnet sich heute ein neues Bild ab, das diese Analysen obsolet macht. Die globale Verteilung von Wachstum und Macht zeigt nämlich ganz klar: Wer über die neuesten Grundlagen der wissenschaftlichen Wissensproduktion und Technologieverwertung verfügt, zudem noch über genügend materielle und energetische Ressourcen in Form von Natur und/oder Kapital, hat die Macht. Während die Bedeutung des Faktors ›Arbeit‹ gering ist, kann der Faktor ›Kapital‹ nur in Zusammenhang mit der Verfügung über die Faktoren ›Wissenschaft und Technologie‹ und ›Natur‹ richtig bewertet werden. Dominant ist heute der Faktor ›Wissenschaft und Technologie‹, weil mit ihm alle anderen Faktoren beliebig zu ersetzen sind. Dieser Vorgang ist nur begrenzt umkehrbar. Denn bestimmte strategisch wichtige wissenschaftliche Informationen und Hochtechnologien sind überhaupt nicht substituierbar.

Offen ist nur noch, wie sich die Produktivfaktoren ›Wissenschaft und Technologie‹ und ›Natur‹ zueinander entwickeln werden und welche globalen Wirkungen damit verbunden sind. Die Mikroelektronik zeigt beispielsweise einen positiven Substitutionseffekt im Hinblick auf die Einsparung natürlicher Ressourcen.

In Kapitel 3 werden die Ausgangspunkte und die Determinanten des Wissenschafts-Technologie-Industrialisierungs-Paradigmas (WTI-Paradigmas) der Industriegesellschaften dargestellt. Ich zeige, warum gerade die empirisch-analytische Methode der Wissensproduktion und Technologieentwicklung so geeignet ist, das Streben nach Wahrheit und Nützlichkeit zu erfüllen. Nur daraus ist zu verstehen, daß allmählich allein diese Methode über alle ideologischen und religiösen Strömungen hinweg angewandt wurde und sich in allen Gesellschaften fest etablieren konnte.

Die Wahrheit und Nützlichkeit verheißende Methode war so erfolgreich, daß sie alsbald mit Fortschrittsdenken und Fortschrittshandeln gleichgesetzt wurde.

Verstöße gegen die ›Allmacht‹ der wissenschaftlichen Methode sind mit erheblichen negativen Konsequenzen verbunden. Man denke nur an die vielen Versuche der Bastler und Konstrukteure, ein perpetuum mobile zu bauen. Umgekehrt verschaffte ihre Befolgung und Anwendung nicht nur Erkenntnisvorteile, sondern wirtschaftliche und politische Macht.

Diese Rückwirkung von Erfolg und Mißerfolg bildete die Grundlage für die Erweiterung des Paradigmas im Sinne des Produktivitätsgedankens: Wahrheit, Nützlichkeit und Fortschritt machten sich immer weniger an »inneren Werten« wie Verstehen, Erkenntnis, Befriedigung von Grundbedürfnissen, individuelle Freiheit usw. fest, sondern vielmehr am Wachstum von Produktion und Konsum. Auf diese Weise verselbständigte sich der Erfolgsprozeß im Hinblick auf die olympischen Kategorien Mehr, Schneller, Höher, Weiter, Stärker, Besser, Größer usw. Das Resultat ist die Dominanz und Mächtigkeit der Methode der wissenschaftlichen Wissensproduktion und Wissensverwertung.

In Kapitel 4 ›Die Entwicklungsstufen von ›Wissenschaft und Technologie‹ zur zentralen Produktivkraft‹ wird gezeigt, daß die Herausbildung der empirisch-experimentellen Wissenschaft an der Schwelle vom 16. zum 17. Jahrhundert nicht einfach eine lineare Fortsetzung der bis dahin herrschenden Denk- und Handlungsansätze war, sondern ein völlig neues Erkenntnis- und Handlungsmuster darstellt.

Nicht mehr philosophische und theologische Spekulation oder die Handwerkstechniken, künstlerische Fertigkeiten und literarisch-humanistische Kulturschöpfungen bestimmen nach Gilbert, Galilei, Kepler und Bacon die Produktion von Wissen, sondern die systematische Strukturierung empirischer Daten und die Durchführung kontrollierter Experimente. Die neue Methode nutzte dabei lediglich die Fertigkeiten der mittelalterlichen Handwerks- und Kunsttechnik, um fortan alle Ereignisse und Prozesse in der Natur empirisch-experimentell zu durchdringen. Hieraus entfaltet sich dann ›Wissenschaft und Technologie‹ in mehr oder weniger klar abzugrenzenden vier weiteren Entwicklungsschritten zur heute dominierenden Produktiv- bzw. Innovationskraft. Ich verfolge dabei zwei Thesen:

Erstens versuche ich nachzuweisen, daß es nicht einzelne Entdeckungen, Erfindungen oder spezielle wissenschaftliche Theorien und Methoden sind, die der Produktivkraft ›Wissenschaft und Technologie‹ ihre zentrale Bedeutung verschafft haben, sondern die Innovationen des zugrunde liegenden Denk- und Handlungsansatzes. So bedeutend die einzelne Erfindung oder Theorie auch sein mag, entscheidend für den Siegeszug der wissenschaftlichen Wissensproduktion und ihrer technischen Umsetzung ist die Innovation der Methode zur Produktion und Umsetzung von Innovationen.

Das führt zu der zweiten These: Jede neue Entwicklungsstufe der Wissensproduktion und -verwertung ist durch eine veränderte methodische Handlungsgrundlage gekennzeichnet, die zwar den alten Ansatz in sich aufnimmt, ihn aber grundlegend erweitert. Der evolutionäre Sprung kann sich auf die Erkenntnisproduktion selbst oder auf ihre technische Umsetzung beziehen. Er kann aber auch das Verhältnis von Erkenntnisproduktion zu technischer Umsetzung betreffen. Die Struktur ist vergleichbar mit der Struktur wissenschaftlicher Revolutionen, wie sie so eindrucksvoll von Thomas S. Kuhn beschrieben wurde.

Die fünf Entwicklungsschritte sind nun:

1. Die Herausbildung der modernen empirisch-analytischen Wissenschaft an der Wende vom 16. zum 17. Jahrhundert;
2. die wechselseitige Durchdringung von Wissenschaft, Technik und Industrialisierung im Rahmen der technisch-industriellen Revolution am Ende des 18. und in der ersten Hälfte des 19. Jahrhunderts;
3. die Einbeziehung der Wissenschaft in den großindustriellen Produktionsprozeß und militärischen Bereich an der Wende vom 19. zum 20. Jahrhundert;
4. die Herausbildung des wissenschaftlich-technischen ›Prinzips Organisation‹ im ersten Viertel dieses Jahrhunderts;
5. die strategische Planung und Organisation der Wissens- und Technologieproduktion und ihre Verwertung vor und während des Zweiten Weltkriegs und die totale Verschmelzung von Wissenschaft und Technologieentwicklung im industriell-militärischen Komplex.

Diese fünf evolutionären Entwicklungsschritte des Prinzips ›Wissenschaft und Wissenschaftsverwertung‹ werden anhand des historischen Materials in ihrem ökonomischen und sozialen Kontext behandelt. Dabei werden neben den großen Wissenschafts- und Technologieverwertungsbereichen auch solche Lebensfelder wie Haushalt, Familie und Wohnkultur einbezogen, die im großen Strom der traditionellen Wissenschafts- und Technologiebetrachtungen so gut wie ausgeblendet blieben.

Der vorerst letzte entscheidende Schritt zur Entfaltung der Produktivkraft ›Wissenschaft und Technologie‹ erfolgt am konsequentesten und innovativsten in den vierziger und fünfziger

Jahren in den USA. Zur Erfüllung der von außen vorgegebenen ökonomischen, politischen und militärischen Zwecke wird die Wissensproduktion und Technologieentwicklung systematisch einer strategischen Planung und Organisation unterworfen. Dieser Entwicklungsschritt setzt sich aus drei innovativen Vorgängen zusammen:

Erstens werden die Grundlagen der Wissensproduktion und -verwertung durch den kybernetischen Denk- und Handlungsansatz, d. h. vor allem durch die Einbeziehung der neuen Grundgröße ›Information‹, das Rückkopplungsprinzip und den Systemansatz und seine technische Abbildung und Materialisation, den Computer, erweitert. Dieser Vorgang schafft die Voraussetzung, auch komplexeste natürliche und soziale Systeme und Prozesse zu durchdringen, abzubilden und zu manipulieren. Anders ausgedrückt, es ist die Entwicklungsstufe der Produktivkraft ›Wissenschaft und Technologie‹, von der aus auch kognitive, sensitive und operative Funktionen des Menschen durch »intelligente Technologien« ersetzt werden können.

Zweitens vollzieht sich die totale Verschmelzung von Wissenschaft und Technikentwicklung. Obwohl auf den Entwicklungsstufen 2 bis 4 jeweils eine engere Verzahnung der beiden Komponenten der Produktivkraft ›Wissenschaft und Technologie‹ stattfindet, bringen erst die strategische Planung und Organisation der Wissensproduktion und Technikverwertung die vollständige Verschmelzung.

Das ist nun drittens die Voraussetzung für die Vernetzung im industriell-militärischen Komplex und für die Herausbildung eines eigenständigen Wirtschaftssektors ›Forschung, Entwicklung und Technologietransfer‹.

In Kapitel 5 ›Die Grundlagen heutiger Wissensproduktion und Technologieverwertung‹ werden die methodischen Ansätze und die Folgen der auf der fünften Stufe der Produktivkraft ›Wissenschaft und Technologie‹ erzielten Formen der Wissensproduktion und Technologieentwicklung dargestellt. Die auf dem kybernetischen Denk- und Handlungsansatz sowie dem Computer und der Algorithmentheorie beruhende neue Vorgehensweise wirkt auf alle Wissenschaftsbereiche verändernd und teilweise revolutionierend. Nicht nur, daß das kybernetische Denken massiv in die traditionellen Fachdisziplinen eindringt und dort ganz neue Wissenschaftszweige entstehen, auch neue, hauptsächlich interdisziplinäre Theorien und Methoden werden entwickelt, die die Enge der linear-kausalen Wissenschaft und Technikentwicklung sprengen. Die Folgen im Verwertungsbereich sind gravierend, denn nunmehr sind auch komplexeste Systeme und Prozesse zu analysieren und zu beherrschen. Die Wissenschaft dringt immer tiefer in alle individuellen und gesellschaftlichen Lebensbereiche ein.

Analogrechner und kybernetische Steuerungssysteme, Digitalrechner und elektronische Datenverarbeitung, automatisch gesteuerte Werkzeugmaschinen und Produktionsprozesse, computergestützte Informations- und Kommunikationssysteme und sich selbst steuernde Waffensysteme sind nur einige Folgen dieser revolutionären methodischen Innovation in den vierziger Jahren.

In Kapitel 6 ›Die Institutionalisierung heutiger Wissens- und Technikverwertung‹ werden die zu dieser neuen wissenschaftlichen Wissensproduktion und Wissensverwertung korrespondierend entstandenen institutionellen Einrichtungen dargestellt. Es sind jene Wissenschaftsfabriken, Denkfabriken und wissenschaftlichen Waffenschmieden, die noch heute die Grundmuster für erfolgreiche und das heißt in erster Linie effiziente Wissensproduktion im Sinne des WTI-Paradigmas verkörpern. Sie haben wesentlichen Anteil an der Herausbildung der wissenschaftlich-technisch-industriellen und militärischen Superstrukturen und der Durchdringung komplexester Bereiche der Natur und sozialer Prozesse.

Mit der Entwicklung neuer Computergenerationen, komplexer Satellitenbeobachtungssysteme, mit Space-Shuttle-Missionen und SDI haben sie neue Aufgabenbereiche erschlossen, die sich nahtlos in die Tradition ihrer Gründung einfügen.

Die Grundlagen, auf denen diese neuen Institutionen aufbauen, sind vor allem die in Kapitel 7 dargestellten ›Determinanten der Wissenschaftsindustrie‹. Diese bildeten sich hauptsächlich im wissenschaftlich-industriell-militärischen Komplex der USA in den vierziger und fünfziger Jahren heraus. Sie werden weitgehend dem kapitalistischen Produktionssystem entnommen und im Rahmen eines eigenständigen Wirtschaftssektors ›Forschung, Entwicklung und Technologietransfer‹ weiterentwickelt. Auf dieser neuen organisatorisch-institutionellen Grundlage können nun – von traditionellen Wissenschaftsvorstellungen in Einsamkeit und Freiheit weit entfernt – die von außen gesetzten ökonomischen, politischen und militärischen Anforderungen optimal erfüllt werden. Die amerikanischen Superwaffen und der große Vorsprung der USA auf dem Gebiet der Wissenschaft und Technik gegen Ende und in den Jahren nach dem Zweiten Weltkrieg resultieren weniger aus der Tatsache, daß die USA über große materielle Ressourcen als vielmehr über neue Methoden und institutionelle Formen der Wissensproduktion und Wissensverwertung verfügen. Hierdurch wurde ›Wissenschaft und Technologie‹ endgültig zur entscheidenden Produktivkraft des industriell-militärischen Komplexes.

In Kapitel 8 ›Innovationssteuerung und Technologietransfer in den Industrieländern‹ zeige ich, daß die gezielte staatliche und privatwirtschaftliche Steuerung von Innovationen und der immer verfeinerte institutionell organisierte Wissens- und Technologietransfer die relevanten Vorgehensweisen zur Bewältigung politischer und ökonomischer Strukturkrisen in den Industrieländern sind. Technologische Innovationen und ein forcierter Transfer von wissenschaftlichem Wissen und technologischem Know how sind für die Wirtschaft und den militärischen Bereich über alle ideologischen Systemgrenzen hinweg, also gleichermaßen für die Industrieländer des Westens wie des Ostens, die Hoffnungsträger des politischen, ökonomischen und militärischen Krisenmanagements. Es ist frappierend, wie deutlich sich zeigen läßt, daß die Methoden der Wissensproduktion und -verwertung und die Aktivierung der Produktivkraft ›Wissenschaft und Technologie‹ Invarianten des Industriesystems sind. Ob kapitalistische Marktwirtschaft oder zentral gelenkte Planwirtschaft, gegen die beispielsweise durch die Ölpreiskrisen von 1973 und 1979 bloßgelegten Strukturschwächen der Volkswirtschaften werden in allen Industrieländern die gleichen Mechanismen beschleunigter Wissenschafts- und Technologieverwertung in Gang gesetzt. Dabei zeigt sich, daß nur die Länder und Wirtschaftsregionen, die schnell ihre veralteten Wirtschaftssektoren auf neue Produkte und Dienstleistungen sowie effektivere Produktionsmittel und -verfahren umstellen, d.h. neue Technologien entwickeln und einführen, im internationalen Konkurrenzkampf bestehen können. Es ist somit nur natürlich, daß, solange in den Industrieländern das WTI-Paradigma unverändert dominiert, die Lösung für das Krisenmanagement in der Forcierung der wissenschaftlichen Wissensproduktion und der Produktion von Hochtechnologien gesucht wird. Daß genau dieser Weg in Ost und West gleichermaßen beschritten wird, wenn auch mit unterschiedlicher Effizienz, gehört zu den überzeugendsten Nachweisen der Wissenschaftsgesellschaft.

Ich belege meine diesbezüglichen Thesen, indem ich die Strukturpolitischen Leitlinien des Bundesverbandes der Deutschen Industrie und der Bundesregierung darstelle als Beispiel für kapitalistisches Krisenmanagement. Dokumente des Rates für Gegenseitige Wirtschaftshilfe (RGW) aus der Sowjetunion und der DDR belegen, daß im Rahmen der zentral gesteuerten Planwirtschaften im Prinzip der gleiche Weg eingeschlagen wird.

Am Beispiel der Innovationspolitik in Berlin (West) stelle ich sodann dar, wie krisengeschüttelte Wirtschaftszentren reagieren. Ich zeige, wie der Prozeß in dieser hochindustrialisierten Wirtschaftsregion, die über ein großes und leistungsfähiges Forschungs- und Entwicklungspotential verfügt, prototypisch verläuft. Das Beispiel Berlin (West), das ich selbst aus der Nahdistanz miterlebt, mitgestaltet und mitertragen habe, zeigt alle Momente vorhandener Möglichkeiten, verspielter Chancen, von Politikunfähigkeit und einer Nachlaufeuphorie, die Weltbesten einzuholen.

In Kapitel 9 ›Die Wurzeln des heutigen Innovationsmanagements und Technologietransfers‹ wird dargestellt, daß alle wesentlichen Grundlagen heutiger Innovationsstrukturpolitiken bereits in der Wissenschaftsindustrie bzw. im wissenschaftlich-industriell-militärischen Komplex der USA in den vierziger und fünfziger Jahren ausgebildet waren. Auch wenn sich Innovationsmanagement und Technologietransfer in den letzten Jahren stark verbreitert haben und facettenreicher geworden sind, handelt es sich nicht um prinzipiell neue Ansätze.

In Kapitel 10 ›Wissens- und Technologieverwertung in der Bundesrepublik Deutschland‹ wird auf die Ursachen eingegangen, weshalb sich hier die Herausbildung des staatlich gelenkten und organisierten Innovationsmanagements und Technologietransfers verzögert hat. Ich zeige, daß es sich dabei tatsächlich nur um ein zeitliches Nachhinken infolge des Zweiten Weltkriegs und von Hemmungen aufgrund der in Deutschland noch starken Wissenschaftstradition von Autonomie und Freiheit der Forschung handelt. Daß diese idealistische Wissenschaftsauffassung die Verschmelzung mit der Wirtschaft und dem politisch-militärischen Komplex nicht verhindert hat, läßt sich an der zunehmenden Außensteuerung aller Wissenschaftseinrichtungen in der Bundesrepublik nachweisen. Die politisch relevante Innovationsproduktion und -verwertung findet schon lange nicht mehr in den Nischen autonomer Wissenschaft statt, sondern gerade in dem wissenschaftlich-industriell-militärisch vernetzten Komplex. Das sollte nach der vorangehenden Analyse auch so sein, denn viel elementarer als die Rückbindung an irgendwelche Weltanschauungen oder philosophischen Systeme ist das grundlegende Strukturentwicklungsprinzip aller Industriegesellschaften, wonach sich unabhängig vom jeweils herrschenden Gesellschaftsmodell die Entwicklung der Produktivkraft ›Wissenschaft und Technologie‹ vollzieht.

Das wird dann an den großen außeruniversitären staatlich geförderten Forschungseinrichtungen, der Max-Planck-Gesellschaft zur Förderung der Wissenschaften e. V., der Fraunhofer-Gesellschaft zur Förderung der angewandten Forschung e. V. und den Großforschungseinrichtungen belegt.

Anschließend gehe ich auf die Entwicklung an den Hochschulen ein, die mit einigen Jahren Verzögerung nunmehr auch Vermittlungseinrichtungen für den Wissens- und Technologietransfer gegründet haben. Als Prototyp behandle ich hier die Innovations- und Technologietransfereinrichtungen der Technischen Universität Berlin.

In dem abschließenden Kapitel 11 weise ich durch ›Einige Anmerkungen und aktuelle Tendenzen‹ auf zu erwartende Möglichkeiten der Weiterentwicklung der wissenschaftlichen Wissensproduktion und ihrer ökonomischen und militärischen Verwertung hin. Während einerseits Vorschläge für eine soziale und ökologische Wissenschaft und Technik vorliegen, zielen andere Entwicklungslinien eher auf eine weitere Effizienzsteigerung im Sinne des WTI-Paradigmas ab. Dazu gehört zweifellos die Erzeugung und Verwertung von High-Tech-Produkten und die Entwicklung von »Künstlicher Intelligenz«.

Die ökonomischen Weichen sind nach wie vor auf rasante Produktivitätssteigerung und Ersetzung von Menschen durch Maschinen gestellt. Es zeichnen sich durch die konsequente Verwertung neuer wissenschaftlicher Erkenntnisse und der auf diesen basierenden Hochtechnologien tiefgreifende Veränderungen sowohl der Produktions- wie der Dienstleistungsbereiche ab, ebenso aber auch des Beschäftigungssystems und der Machtverhältnisse zwischen den großen Interessengruppen.

Der internationale ökonomische Konkurrenzkampf zwischen den Industrieländern wird, wie das nationale Krisenmanagement zwischen den einzelnen Wirtschaftsregionen und Unternehmen, immer mehr zu einem selbstmörderischen Wettbewerb um die höchste Effizienz wissenschaftlicher Wissensproduktion und -verwertung.

Die militärtechnologischen Entwicklungen laufen mit hoher Wahrscheinlichkeit auf globale Zerstörungen hinaus. Die amerikanische Strategic Defense Initiative (SDI) ist hierfür nur der vorläufige Höhepunkt einer verhängnisvollen Dynamik, die vor allem durch die im Sinne des WTI-Paradigmas so erfolgreiche Schubkraft von ›Wissenschaft und Technologie‹ in Gang gehalten wird.

Die gleiche Dynamik wirkt selbstmörderisch durch die weiterhin wachsenden ökonomischen und sozialen Abhängigkeiten der Dritten Welt von den Ländern mit ausgereiften Wissenschaftsgesellschaften. Mit der Zunahme des Abhängigkeits- und Verschuldungspotentials treiben die Konflikte zwischen den ›Vier Welten‹ einer nicht mehr steuerbaren Dimension zu.

Der so gut wie ungesteuerte Konkurrenzkampf ist aber vor allem auch deshalb selbstmörderisch, weil er nach wie vor am industrialistischen Wachstumsparadigma festhält und immer mehr irreversible selbstvernichtende ökologische Tatbestände schafft. Noch immer hat die neue gesellschaftliche Grunddisposition »Frieden mit der Natur« gegenüber »Beherrschung der Natur« eine marginale Bedeutung im politischen und wirtschaftlichen Handeln der Wissenschaftsgesellschaften.

Das in dieser Arbeit analysierte Material führt zu dem Schluß, daß nach wie vor sowohl der Glaube an das WTI-Paradigma als auch an seine Erfüllung durch die mächtige wissenschaftlich-technische Methode alle Beteiligten im Spiel um Macht, Einfluß und ein »süßes Leben« blind macht gegenüber Alternativen, Veränderungen und Modifikationen. Politiker wie Wissenschaftler, Ökonomen wie Soziologen, Konservative wie Progressive, die einen mehr, die anderen weniger, im Kern sind alle gleichermaßen noch fest in dem rückgekoppelten System verhaftet. Warum sollten sie sich grundsätzlich anders verhalten, wenn Teile des Ganzen so effizient funktionieren und für die Mehrheit in den herrschenden Industrieländern noch immer genügend Gewinne daraus zu ziehen sind. Deshalb unterstützen auch gerade die Wissenschaftler dieses System mehr oder weniger uneingeschränkt, Soziologen eingeschlossen.

Meine vorläufige Antwort auf die Frage ›Was tun?‹ läuft darauf hinaus, daß *sowohl* das zugrunde liegende gesellschaftliche Paradigma *als auch* das methodische Denk- und Handlungsprinzip der Wissensproduktion und Wissensverwertung prinzipielle Veränderungen erfahren müssen. Dabei wird überraschen, daß ich für Veränderungen der gesellschaftlichen Grundorientierung und einer entsprechenden politischen Umsteuerung nicht nur die größere Notwendigkeit, sondern auch mehr Chancen sehe.

Abschließend noch einige Anmerkungen zum inhaltlichen und formalen Rahmen:

Ohne eine Immunisierungsstrategie gegenüber Kritik verfolgen zu wollen, muß ich doch die Grenze abstecken, jenseits derer ich weder einen Anspruch auf Darstellung noch Bewertung erhebe. So gehe ich bewußt nicht auf die Entstehungszusammenhänge und Determinanten des Industrialismus-Paradigmas ein, soweit es durch andere als wissenschaftlich-technische und ökonomische Faktoren geprägt wurde. Mir kam es allein darauf an zu zeigen, wie sich der Aufschaukelungsprozeß zwischen der spezifischen wissenschaftlichen Wissensproduktion und -verwertung und der gesellschaftlichen Grundorientierung vollzogen hat und wie dieser über die fünf Evolutionsstufen der Produktivkraft ›Wissenschaft und Technologie‹ zum entscheidenden Entwicklungsmoment aller Industriegesellschaften und damit auch zur globalen Verteilung von Einfluß und Macht wurde.

Daß diese Grunddisposition starke Wurzeln etwa im Rationalismus der Aufklärung, aber auch im Protestantismus und später in der vielgestaltigen Idee von der wissenschaftlich-technischen Beherrschbarkeit von Natur und Schicksal, Notwendigkeit und

Zufall durch den Menschen hatte, wie das beispielsweise bei Comte in der Sozialen Physik zum Ausdruck kommt, steht außer Zweifel. Das war aber nicht Gegenstand meiner Arbeit. Ich stelle also nicht dar, welchen Einfluß etwa spezifische staatliche Herrschaftsstrukturen, religiöse oder ethische Rahmenbedingungen, kulturelle Traditionen, besondere historische Ausgangslagen oder regionale Besonderheiten auf die Herausbildung und Verfestigung des industrialistischen Grundmusters hatten. Und ich stelle auch nicht dar, welche Bedeutung jene Determinanten auf die Zuspitzung dieses Paradigmas auf Wirtschaftswachstum und Produktivitätssteigerung, Wohlstandsmehrung und Sicherheit hatten.

Mir ging es also »nur« um den rückgekoppelten Prozeß zwischen der gesellschaftlichen Grunddisposition und der wissenschaftlichen Denk- und Handlungsmethode, dem ich allerdings fundamentale Bedeutung beimesse und der das entscheidende Moment für die Entwicklung der Industriegesellschaften zur Wissenschaftsgesellschaft ist.

Von hier aus möchte ich einem weiteren möglichen Einwand begegnen: Die von mir ausgewählte Literatur ist in diesem Sinne einseitig. Ich hebe jene Literaturstellen hervor, die auf meine zentralen Thesen Bezug nehmen und gehe nur auf solche Einwände ein, die mir in dieser Hinsicht relevant erscheinen. So wird man möglicherweise auch manchen vielzitierten Autor vermissen.

Gleichwohl bin ich überzeugt, daß die wesentliche Literatur dokumentiert wurde und dies in einer Form gegen den allgemeinen Trend. Denn ich habe mich entschlossen, einer weit verbreiteten Zitierweise der Halb- und Viertelzitate dadurch zu begegnen, daß ich Literaturstellen meistens ausführlich und im Kontext wiedergegeben habe. Das mag an der einen oder anderen Stelle den Text etwas aufgebläht haben, hat aber meines Erachtens den großen Vorteil, daß nicht erst Materialbände gewälzt werden müssen. Außerdem ergibt sich dadurch eine größere Sicherheit, daß der zitierte Autor nicht über Gebühr strapaziert wird.

Daß ich am Ende der Arbeit die Frage ›Was tun?‹ nur relativ kurz abgehandelt habe und in der Antwort – auch im Zusammenhang mit der Schilderung meines eigenen Verhaltens im Rahmen der wissenschaftlichen Wissensproduktion und ihrer technisch-ökonomischen Verwertung – eine gewisse Ambivalenz nicht verleugnet wird, hängt einerseits mit meiner eigenen Unsicherheit über die Folgen und Ergebnisse dieser Arbeit zusammen, andererseits mit dem Vorsatz, hier alsbald fortzusetzen.

1 Wissensproduktion und Technologieentwicklung

Im vergangenen Jahrzehnt wurden verschiedene Grenzen des Wachstums analysiert, vor allem ökonomische, ökologische und soziale. Obwohl in allen Analysen die Wissens- und Technikproduktion eine zentrale Stellung einnimmt, wurde nicht systematisch erörtert, wie es mit den Grenzen der Wissens- und Erkenntnisproduktion aussieht.[1]
Dabei geht es zunächst nicht um die seit vielen Jahren geführte Diskussion, welche Forschungen aufgrund welcher Prämissen nicht mehr akzeptabel sind, sondern um die quantitative Frage, wieviel Wissensproduktion und Technologieentwicklung wünschbar und sinnvoll ist.

1 Hier eine Auswahl der Literatur, die für diese Arbeit eine Rolle gespielt hat:
- Dennis Meadows, Donella Meadows, E. Zahn, P. Milling, Die Grenzen des Wachstums (Original »The Limits to Growth«), Stuttgart 1972 (Bericht des Club of Rome zur Lage der Menschheit);
- Willem L. Oltmanns (Hrsg.), Die Grenzen des Wachstums – Pro und Contra, Interviews über die Zukunft, Reinbek bei Hamburg 1974;
- M. Mesarović, E. Pestel, Menschheit am Wendepunkt, Stuttgart 1974 (Zweiter Bericht an den Club of Rome zur Weltlage);
- Dennis L. Meadows und Donella H. Meadows, Toward Global Equilibrium, Modellstudien zur Wachstumskrise, Stuttgart 1974;
- A. Peccei und M. Siebker, Die Grenzen des Wachstums, Reinbek b. Hamburg 1974;
- E. F. Schumacher, Jenseits des Wachstums. München 1974; D. Gabor, U. Colombo, Das Ende der Verschwendung. Zur materiellen Lage der Menschheit, Stuttgart 1975;
- H. Gruhl, Ein Planet wird geplündert, Frankfurt/Main 1975;
- I. Illich, Selbstbegrenzung, Reinbek b. Hamburg 1975;
- F. Hirsch, Social Limits to Growth, Cambridge/Mass. 1976;
- Herrera; Skolmik u. a., Grenzen des Elends, Frankfurt/Main 1977;
- F. Duwe (Hrsg.), Technologie und Politik, Bde 1 bis 17, aktuell

Tatsächlich kann man sich nicht vorstellen, daß die Produktion von Ausbildung und Bildung, von Forschung und technologischen Innovationen außerhalb finanzieller Beschränkungen Grenzen unterliegen sollte. Im Gegenteil: von Konservativen wie Progressiven wird gleichermaßen vermehrte Wissensproduktion mit der Folge technologischer, ökonomischer und sozialer Innovationen als Voraussetzung für die Erhaltung bzw. Veränderung menschlicher Lebensbedingungen für sinnvoll und wünschenswert gehalten. Das ist vor allem deshalb beachtlich, weil für die Energieproduktion und für die Produktion von materiellen Gütern heute schon weithin Wachstumsgrenzen als wünschenswert und sogar notwendig angesehen werden.
Wie noch gezeigt wird, sind derzeit jedenfalls noch keine Grenzen der Wissensproduktion und Wissensverwertung erkennbar. Das hat auch erhebliche Konsequenzen für die in dieser Arbeit vertretene Hauptthese, daß die Produktion wissenschaftlichen Wissens und technischer Innovationen zur zentralen Antriebskraft (Produktiv- bzw. Innovationskraft) der Industriegesellschaften geworden ist, was primär auf der überaus erfolgreichen Anwendung des methodischen Instrumentariums der modernen Wissenschaft und der Nutzung der unerschöpflichen Ressource ›Information‹ beruht. Das bedeutet aber, daß wir unsere Gesellschaft nicht mehr als Industriegesellschaft bezeichnen können.

Magazin/Das Magazin zur Wachstumskrise, Reinbek b. Hamburg 1975-1981;
- E. F. Schumacher, Die Rückkehr zum menschlichen Maß. Alternativen für Wirtschaft und Technik, Reinbek b. Hamburg 1977;
- I. Illich, Fortschrittsmythen. Reinbek b. Hamburg 1978;
- H.-Ch. Binswanger, W. Geissberger, Th. Ginsburg, Der Nawu-Report. Wege aus der Wohlstandsfalle, Frankfurt/Main 1978;
- Global 2000, Der Bericht an den Präsidenten, Frankfurt/Main 1980;
- Eine neuere Zusammenfassung über die Kontroverse über die »Grenzen des Wachstums« kontra »Wachstum der Grenzen« findet sich bei J. Huber, Die verlorene Unschuld der Ökologie, Frankfurt/Main 1982, insbesondere S. 139 ff.;
- Eine weiterführende Diskussion in: R. Kreibich (Hrsg.), Langfristige Wachstumsperspektiven der westlichen Industrieländer, IZT-Publikationen Nr. 3/84, Berlin 1984.

Sie ist zweifellos eine postindustrielle Gesellschaft, aber auch keine Wissens-, Technologie- oder Informationsgesellschaft, sondern eine auf den methodischen und organisatorischen Mustern der modernen Wissenschaft aufbauende Gesellschaft. Ich bezeichne sie deshalb als Wissenschaftsgesellschaft.

In dieser Arbeit wird nun eingehend darzulegen sein, daß ›Wissenschaft und Technologie‹ einschließlich der dazugehörenden Bildung und Ausbildung von Menschen die zentrale Produktiv- bzw. Innovationskraft der modernen Industriegesellschaft ist[2] und ihr Wachstum eine besondere ökonomische, soziale und ökologische Sprengkraft enthält. Denn dieser Wachstumsprozeß bewirkt nicht nur quantitative Veränderungen, sondern gerade auch qualitativen Strukturwandel. Somit ist es auch nur logisch, daß in Zeiten wirtschaftlicher Stagnation oder Rezession besonders nachhaltig die Ausweitung der Förderung vor allem von ökonomisch verwertbarer Forschung und Technologieentwicklung propagiert wird. Wir konnten dies in der Bundesrepublik Deutschland zuletzt in den wirtschaftlichen Rezessionszeiten Mitte der siebziger Jahre deutlich beobachten und wieder seit dem krisenhaften Wirtschaftseinbruch 1979/80. Beide Phasen wurden im übrigen durch die Ölpreiskrisen von 1973 und 1979 ausgelöst und virulent.[3]

Es stellt sich aber generell die Frage, welche Rolle ›Wissenschaft und Technologie‹ als Innovationskraft einnimmt, welche Rolle ihr quantitatives und qualitatives Wachstum für den ökonomischen und sozialen Wandel spielt und welche gesellschaftlichen und ökologischen Wirkungen unter verschiedenen politischen Randbedingungen daraus folgen. Dazu ist zunächst einmal ihre Stellung als Innovations- bzw. Produktivkraft relativ zu den anderen Produktivkräften zu untersuchen (vgl. die Kapitel 2 bis 4).

Bevor jedoch der These nachgegangen wird, wonach sich ›Wissenschaft und Technologie‹ zur zentralen Innovations- bzw. Produktivkraft entwickelt hat, und die wichtigsten Entwick-

2 Zu den Begriffen »Produktivkraft« und »Innovationskraft« ausführlich in Kapitel 2.5.1; die Entwicklung von ›Wissenschaft und Technologie‹ zur Zentralen Produktivkraft wird in Kap. 4 dargestellt.

3 Hierzu genauer in Kapitel 8.

lungsschritte dargestellt werden, sollen einige quantitative Angaben den bisherigen Wachstumsprozeß beispielhaft veranschaulichen.

1.1 Quantitatives Wachstum von Wissen

Über den allgemeinen Trend der Wissensproduktion und der technologischen Innovationen geben die folgenden Zahlen einen ersten Aufschluß:
80% aller bisherigen wissenschaftlichen und technologischen Erkenntnisse und über 90% der gesamten wissenschaftlichen und technischen Informationen in dieser Welt wurden im 20. Jahrhundert produziert, davon mehr als zwei Drittel nach dem Zweiten Weltkrieg.
Die heute lebende Generation umfaßt etwa 80% aller Wissenschaftler, die bislang auf der Erde gelebt haben.
Man kann abschätzen, daß heute noch weniger als 1% aller Menschen reale Vorstellungen über die Entwicklungstendenzen und -möglichkeiten der modernen Wissenschaft und Technik haben. Für 99% aller Menschen sind Begriffe wie »Kybernetik«, »Molekulargenetik«, »Mikroprozessorentechnik«, »Wasserstofftechnologie« oder »Breitbandkommunikation« entweder gänzlich unbekannt oder nicht durchschaubar. Nur wenige verbinden mit ihnen grundlegende Veränderungen der ökonomischen, ökologischen und sozialen Strukturen in dieser Welt und damit im allgemeinen auch ihres eigenen Lebens und ihrer Lebensumwelt.
Daß die Produktion wissenschaftlichen Wissens bisher ziemlich exakt exponentiellen Wachstumskurven gefolgt ist, konnte anhand zahlreicher Indikatoren gezeigt werden. So hat vor allem de Solla Price[4] für eine Reihe von wissenschaftlichen Disziplinen aufgezeigt, daß die Zahl der wissenschaftlichen Publikationen und Zeitschriften seit der Mitte des 17. Jahrhunderts exponentiell gewachsen ist. Im Jahre 1665 erschien die erste Zeitschrift, die

4 Derek de Solla Price, Science since Babylon, New Haven, Conn., 1961; weiterhin: Big Science – Little Science, New York 1963; The Science of Science, in: John R. Platt (Hrsg.), New Views of the Nature of Man, Chicago 1965.

»Philosophical Transactions of the Royal Society of London«. Beginnt man von hier an die Zählung, so zeigt sich,

»daß sich die ungeheure Zunahme der wissenschaftlichen Zeitschriften von einer einzigen auf rund 100 000 mit einer Regelmäßigkeit vollzogen hat, wie sie in sozialen und biologischen Statistiken nur selten zu beobachten ist. Seit 1750, als es auf der ganzen Welt etwa zehn wissenschaftliche Zeitschriften gab, hat sich die Zahl der Publikationen offensichtlich mit großer Exaktheit alle 50 Jahre verzehnfacht.«[5]

Es ist nicht so entscheidend, ob man, wie Price es versucht hat, hieraus ein »exponentielles Wachstumsgesetz« ableiten kann oder nicht. Tatsache ist, daß eine Verdoppelung der Anzahl wissenschaftlicher Fachzeitschriften der verschiedensten Disziplinen bei etwa 15 Jahren liegt.
Auch für die Zahl der in den Zeitschriften veröffentlichten Publikationen konnte Price anhand von zahlreichen Analysen feststellen, daß sich die Wissensproduktion im Rahmen der Wissenschaft zwischen jeweils zehn und fünfzehn Jahren verdoppelt hat.
Für die »Physics Abstracts« folgt die Zahl der Aufsätze von 1918 bis 1960 bis auf 1% Genauigkeit einer exponentiellen Wachstumskurve, die bis heute keine Sättigungstendenzen zeigt. Der jährliche Ausstoß an wissenschaftlichen Publikationen liegt heute schon über sechs Millionen, das sind über 17 000 täglich.
Neueste Untersuchungen kommen zu besonders hohen Wachstumsraten:[6] Danach steigt die wissenschaftliche und technische Information jährlich um 13%, was eine Verdoppelung in 5½ Jahren bedeutet.

»Aber diese Vermehrungsrate wird sprunghaft auf vielleicht 40 Prozent im Jahr steigen, weil neue, immer noch leistungsfähigere Informationssysteme entwickelt werden und sich die Zahl der insbesondere auf dem Informationssektor tätigen Wissenschaftler stark vermehrt. Dies würde dann bedeuten, daß sich die verfügbaren wissenschaftlichen Daten und Erkenntnisse nicht alle fünfeinhalb Jahre, sondern alle zwanzig Monate verdoppeln.«[7]

5 Ebenda, Science since Babylon, S. 96.
6 Die folgenden Zahlen stammen aus John Naisbitt, Megatrends, New York 1982; deutschsprachige Ausgabe, Bayreuth 1984.
7 Ebenda, S. 41 (Naisbitt bezieht sich auf Daniel Bell: »Techne and Themis«, in: The Winding Passage, S. 54.).

Auch wenn diese Zahlen unwahrscheinlich sind, so liegen sie doch in einer möglichen Bandbreite. Was die Entwicklung zudem wahrscheinlicher macht als ähnliche Wachstumsraten bei materiellen Produkten oder Energie ist die Tatsache, daß die Grundgröße ›Information‹ nicht nur in beliebigen Mengen produzierbar und erneuerbar ist, sondern sich selbst erzeugt und sich selbst ständig vermehrt. Der ›Ressource Information‹ sind so gesehen keine Grenzen gesetzt. Was allerdings mit den prophezeiten Informationsmengen geschieht, welche Folgen etwa für die Datenverarbeitung[8] oder für die Steuerung und Regelung von Systemen der belebten und unbelebten Materie aller Art daraus erwachsen, stellt ein ganz anderes Problem dar, das weiter unten noch genauer zu analysieren sein wird.
Den amerikanischen Kommunikationswissenschaftler Colin Cherry veranlaßten die Probleme des Wissenschafts-Wachstums sowie der Speicherung und Selektion des angesammelten Wissens zu folgender Feststellung:

»Man hat manchmal gesagt, daß Leibniz der letzte Mensch war, der ›alles wußte‹. Wenn das sicherlich auch eine Übertreibung darstellt, so hat es doch eine Bedeutung. Es ist ohne Zweifel wahr, daß bis in die letzten Jahre des 18. Jahrhunderts unsere großen Weisen nicht nur das gesamte Wissen beherrschten, (...) sondern auch einen breiten Kulturbereich. (...) Heute sind wir schon mit einer intensiven Kultivierung unseres eigenen Gärtchens zufrieden und erfreuen uns gelegentlich an einem Gespräch mit unserem Nachbarn über den Zaun (...).«[9]

8 Unter dem Begriff »Datenverarbeitung« werden grundsätzlich alle mit Daten verbundenen aktiven und passiven Verarbeitungsprozesse umfaßt, also Erheben, Erfassen, Speichern, Übermitteln, Verknüpfen, Löschen und Verändern von Daten;
zu den Folgen vgl. z. B.: P. Berger, G. Jensen, R. Kreibich u. a., »Datenschutz bei rechnerunterstützten Telekommunikationssystemen – DARUTS«, Forschungsprojekt im Auftrage des BMFT, FB DV 81-006, Bonn/Berlin 1981; IFZ-Schriftenreihe, Bd. 107, Berlin 1980.
9 Colin Cherry, On Human Communication, New York 1957, S. 1.

1.2 Akkumulation des Wissens

Tatsächlich geht es nicht nur um das quantitative Problem der Wissensbewältigung, wenn sich heute im Laufe des Lebens eines Menschen Wissen und Erkenntnisse vier- bis fünfmal verdoppeln. Viel gravierender dürfte sein, welche Folgen der jeweils akkumulierte Ausschnitt des Wissens und die spezifischen Selektionsstrategien von Individuen und Gruppen für die Sozialisation, das allgemeine Sozialverhalten oder speziell für die Bewältigung von Konflikt- und Entscheidungssituationen, somit also für das Leben des einzelnen und die Gesellschaft insgesamt haben.

Als Indikator für Wissensakkumulation wurde verschiedentlich der Buchbestand bedeutender Wissenschaftseinrichtungen genannt. Für »normale« Zeiten konnten hier sowohl in amerikanischen wie deutschen Bibliotheken Zuwachsraten zwischen 7 und 3%, d.h. Verdoppelungsintervalle des Bücherbestands zwischen 10 und 26 Jahren festgestellt werden[10]. Immerhin heißt das, daß sich der Informationsbestand während des Lebens eines Menschen etwa um das Zwanzigfache vermehrt.

Für die Freie Universität Berlin hat sich z. B. der Bücherbestand seit ihrer Gründung im Jahre 1948 in folgender Weise entwickelt (vgl. Tabelle 1.2-1):

Die erste Schätzung liegt für 1952 vor und beträgt etwa 440 000 Bücher. Von 1955 bis 1984, also in knapp 30 Jahren, hat sich dann der Buchbestand um ca. das 11fache erhöht, das heißt, der Bestand an Büchern ist um etwa 1000% angewachsen.

Der Zeitschriftenbestand ist in der Zeit von 1969 bis 1982, also in nur 13 Jahren, um über 100% gestiegen. Das sind noch höhere durchschnittliche jährliche Zuwachsraten, als sie von Fremont Rider für amerikanische Bibliotheken angegeben werden (vgl. Anm. 10).

Nimmt man pro Buch im Durchschnitt eine erforderliche Regalfläche von 2 cm an, dann werden heute allein für die Aufbewahrung der Bücher der Freien Universität Berlin 120 000 m oder 120 km Regalfläche benötigt.

Auch die Zahl der produzierten bzw. verkauften wissenschaftli-

10 Vgl. u. a. Fremont Rider, The Scholar and the Future of the Research Library, New York 1944.

Tabelle 1.2 – 1
Buch- und Zeitschriftenbestand der Freien Universität Berlin

Jahr	Buchbestand (Bände)			Zeitschriften (Anzahl)		
	Unibibliothek	Instituts- u. Seminarbibl.	Summe	Unibibliothek	Instituts- u. Seminarbibl.	Summe
1955	140 000	420 000[1]	560 000[1]	1 663	–[2]	1 663
1965	533 521	–[2]	–	3 959	–[2]	–
1969	710 761	1 674 144	2 384 905	5 062	13 659	18 721
1974	1 009 045	2 845 465	3 854 510	6 148	22 773	28 921
1979	1 295 871	3 569 498	4 865 369	7 508	28 788	36 296
1982	1 474 101	4 202 586	5 676 687	8 116	29 591	37 707
1984	1 575 454	4 520 000[1]	6 095 454	–[3]	–[3]	–

1 = geschätzter Bestand
2 = keine Zahlen bekannt
3 = noch nicht bekannt

Quelle:
Persönliche Übergabe des statistischen Materials durch den Leiter der Universitätsbibliothek, April 1985.

chen Bücher kann als Wachstumsindikator für die Wissensproduktion herangezogen werden. Natürlich ist das weniger ein Maß für das Wachstum wissenschaftlicher Innovation als vielmehr für die Verbreitung wissenschaftlichen Wissens. (Vgl. hierzu Kap. 1.6)
Bei den bisher gemachten Angaben ging es nicht darum, für das quantitative Wachstum von Wissenschaft und Technologie Gesetzmäßigkeiten aufzuspüren, sondern lediglich darum, zu zeigen, daß die Wissensproduktion in den vergangenen 300 Jahren progressiv zugenommen hat und ganz offensichtlich weiterhin progressiv zunimmt.[11]
Jeder, der heute wissenschaftliches Wissen benötigt, weiß ein Lied davon zu singen, wie umfangreich die wissenschaftliche Literatur selbst auf engen Spezialgebieten geworden und wie schwer es ist, auch nur annähernd einen Überblick zu behalten. Daß dies bereits bei einer bestimmten Breite des Fachgebiets trotz bester technischer Hilfsmittel häufig nicht mehr gelingt, soll

11 Hierzu auch weiteres Zahlenmaterial bei Daniel Bell, Die nachindustrielle Gesellschaft, Frankfurt/New York 1975.

hier nur angemerkt werden. Die Probleme der Selektion von Informationen werden deshalb in zunehmendem Maße ein Problem der Wissensproduktion und Wissensverwertung selbst, wie im folgenden Kapitel gezeigt wird.

1.3 Wissensverarbeitung

1.3.1 Dokumentation und Zugriffssysteme

Der Ausbau des wissenschaftlichen Bibliotheks- und Dokumentationswesens in den entwickelten Industrieländern hat mit der elektronischen Speicherung und Mikroverfilmung wesentlicher Informationen sowie der Computerisierung des Zugriffs zu einer eigenständigen wissenschaftlichen Disziplin geführt. Diese hat den Rahmen der traditionellen Wissenschaftsdokumentation bereits erheblich überschritten. Heute fächert sich die wissenschaftliche Dokumentation in zahlreiche Spezialdisziplinen auf, die sich z. B. ausschließlich mit Dokumentationsorganisation oder mit der Entwicklung von Thesauren und Terminologien oder mit Dokumentationsmedien befassen. Kennzeichnend für diese Entwicklung ist z. B., daß man sich heute mit der Dokumentation der Dokumentationen der wissenschaftlichen Dokumentationssysteme befaßt.

»Maß und Umfang an Informationen sind mit den gegenwärtigen Mitteln einfach nicht mehr zu bewältigen. Die unkontrollierte und unorganisierte Information dient der Informationsgesellschaft nicht mehr als Hilfe, sie ist vielmehr zu einer Belastung geworden. Wissenschaftler, die mit technischen Daten überhäuft werden, beschweren sich über die Flut, die auf sie herniederprasselt, und erklären, mitunter sei es einfacher, ein Experiment selber durchzuführen, um zu sehen, was als Ergebnis dabei herauskommt, als in der Flut wissenschaftlicher Veröffentlichungen nachzuwühlen und herauszubringen, ob dieses Experiment schon einmal durchgeführt worden ist oder nicht.«[12]

Die Errichtung von Fachdatenbanken ist im großen Stil im Gange. Wissenschaftliche Bibliotheken entwickeln sich mehr und

12 John Naisbitt, a.a.O., S. 41.

mehr zu riesigen Informationszentralen und Bibliothekare und Dokumentare zu Informationswissenschaftlern und Systemtechnikern von rechnergestützten Informations- und Kommunikationssystemen sowie zu Experten für elektronische Verarbeitungs- und Speichermedien (z. B. Videoplatten, Blattleser, elektronische Drucker).
Die Technische Universität Berlin hat beispielsweise in den letzten zehn Jahren ein hochtechnisiertes Bibliotheks- und Dokumentations-Zugriffssystem aufgebaut, das zu den am weitesten entwickelten elektronischen Informationssystemen überhaupt gehört.
Auch im Rahmen ihrer Innovations- und Technologietransfer-Aktivitäten wurden von der TU Berlin Zugriffsmöglichkeiten im Online-Dialog zu über 250 Datenbanken geschaffen. Mit diesem System kann man auf die bedeutendsten Datenbanken nicht nur in Europa, sondern auch in den USA zurückgreifen. Damit lassen sich im Prinzip in einer verschwindend geringen Zeit die meisten relevanten wissenschaftlich-technischen Informationen dieser Welt beschaffen, vorausgesetzt, daß sie bereits dokumentiert und, ebenso wichtig, durch die Suchstrategie auch tatsächlich selektiert und aufgefunden werden können.[13]
Bei den derzeit bestehenden Tendenzen zur Verknüpfung von Datenbanken und Übertragungssystemen ist in Verbindung mit der Entwicklung der »fünften Computergeneration« bald mit einer globalen Vernetzung zu rechnen.[14]
Indikatoren dafür, welchen Umfang Anschaffung, Lagerung, Speicherung, Verwaltung, Zugriffssysteme usw. für wissenschaftliches Wissen angenommen haben, lassen sich den Haushaltsbudgets großer Forschungseinrichtungen entnehmen. Stellt man die Aufwendungen für Personal und wissenschaftliche Infrastruktur der Dokumentations- und Bibliotheksbereiche und alle damit verbundenen Sekundärausgaben zusammen, so liegen diese Aufwendungen zwischen 5 und 20% des Gesamtbudgets.[15]

13 Dieses von der TU-Transfer, der Technologie-Transferstelle der Technischen Universität Berlin, betriebene System wurde in den vergangenen vier Jahren aufgebaut; vgl. hierzu auch Kapitel 10.3.4.
14 Vgl. hier auch Kapitel 5.4.5.
15 Eigene Untersuchungen bei einigen Forschungs- und Entwicklungsinstituten in der Bundesrepublik Deutschland.

Darin sind noch nicht einmal die Kosten der meist kostenlos in Anspruch zu nehmenden öffentlichen Bibliotheks- und Dokumentationseinrichtungen enthalten, auch nicht jene Kosten, die durch die von den Wissenschaftlern selbst zu leistende Arbeit bei der Aufbereitung des Wissens anfallen. Somit ist es nicht verwunderlich, wenn für die Förderung eines effizienten Informations- und Dokumentationswesens heute riesige Systeme wissenschaftlich-technischer Superstrukturen geschaffen werden.
So war auch das Ziel der von der Bundesregierung in den vergangenen zwei Jahrzehnten durchgeführten Mammutprogramme zur Förderung der Wissensverarbeitung[16] die Zusammenfassung und der Ausbau der bestehenden Informationsdienstleistungen zu einem integrierten Informationsverbund. Im Verbund sind 16 überregionale Fachinformationssysteme und einige Informationseinrichtungen mit besonderer Zweckbestimmung. Zentrum eines Fachinformationssystems sollen die Fachinformationszentren (FIZ) sein, die organisatorisch untereinander und mit den überregionalen zentralen Fachbibliotheken und der Gesellschaft für Information und Dokumentation (GID), die vor allem Forschungs-, Entwicklungs- und Infrastrukturaufgaben wahrnimmt, verbunden sind.
Die nachfolgend zitierten Ziele des geplanten nationalen und internationalen Informationsverbunds verdeutlichen, welche gigantischen technischen Netzstrukturen für erforderlich gehalten werden, um die zukünftige Menge an Wissenszunahme so zu speichern und zu verarbeiten, daß noch ein sinnvoller Zugriff ermöglicht wird.

»Der Aufbau eines nationalen Informationsverbundes wird dem Benutzer ermöglichen, auf das gesamte Dienstleistungsspektrum der Fachinformations- und Literaturversorgungseinrichtungen und auf die vorhandenen DV-gestützten Datenbasen direkt oder über Informationsvermittlungsstellen zuzugreifen. Bestandteile dieses interdisziplinären Verbundes sollen die zentralen Fachinformationseinrichtungen, die öffentlichen Informationsstellen der Verwaltung (z. B. des Statistischen Bundesamtes und des Presse- und Informationsamtes der Bundesregierung) sowie der

16 Gemeint sind die drei großen »DV-Programme« der Bundesregierung in der Zeit von 1967 bis 1981 sowie das Programm zur Förderung der Information und Dokumentation 1974 bis 1977; vgl. hierzu auch das nächste Kapitel 1.3.2.

bibliothekarischen Informationsstellen (z. B. Deutsche Bibliothek) sein. Ein in der Planung befindliches überregionales Literaturnachweis- und Fernbestellungssystem der Bibliotheken, das den Leihverkehr beschleunigt und den bibliothekarischen Auskunfts- und Informationsdienst verbessert, und Fernbestellungssysteme des Verlagswesens und des Buchhandels sollen gleichfalls daran angeschlossen werden. Für die regionalen problem- und branchenorientierten Informationsvermittlungs- und Beratungsstellen bei Verbänden, Handels- oder Handwerkskammern, Buchhandlungen und Bibliotheken ist eine Anschlußmöglichkeit an den Kommunikationsverbund vorgesehen.
Dieser nationale Verbund zielt darauf ab, den sehr differenzierten und laufenden Änderungen unterworfenen Informationsbedarf der arbeitsteiligen Gesellschaft zu decken.
Die Informationsforschung soll weiterentwickelt, die wissenschaftlichen Grundlagen für ein leistungsfähiges nationales Kommunikationsgefüge und die Voraussetzungen für eine erfolgreiche Mitarbeit an internationalen Verbundsystemen sollen geschaffen werden.
Betriebswirtschaftliche Organisations- und Kostenmodelle für Informationseinrichtungen werden entwickelt und rechtsdogmatische und rechtspolitische Gesichtspunkte der Informationsverarbeitung erforscht. Forschungskapazitäten für die Informationswissenschaft werden an Hochschulen weiter aufgebaut, Ausbildungskonzeptionen bis zur Integration in das gesamte Bildungswesen fortentwickelt und die staatliche Anerkennung von Ausbildungsabschlüssen vorangetrieben.
Die vielfältigen Informationsprobleme lassen sich nicht mehr in nationalen Grenzen lösen, da etwa 90-95% des weltweiten Literaturaufkommens im Ausland erscheinen. Die zunehmend internationale Verflechtung in den einzelnen IuD-Bereichen, verstärkt durch den Aufbau europäischer und weltweiter Informations- und Telekommunikationssysteme für den on-line Zugriff zu einer Vielzahl von Datenbasen, zwingt zu thematischer Arbeitsteilung und internationaler Projektdurchführung. Fördermaßnahmen streben den freien und ausgewogenen Austausch wissenschaftlicher und technischer Erkenntnisse an, indem in arbeitsteiliger Zusammenarbeit das Informationsmaterial erfaßt und ausgewertet wird. Die wichtigste Aktivität auf europäischer Ebene ist der Aufbau des europäischen Datenübertragungsnetzes EURONET. Das nationale Verbundsystem wird an EURONET angeschlossen, um so den nationalen Informationszentren den europäischen Markt zu öffnen und deutsche Informationsbenutzer auf ausländische Datenbasen zugreifen lassen zu können.«[17]

17 Bundesbericht Forschung VI, Bonn 1979, S. 45.

Wie der internationale Aufbau von Fachinformationsnetzen fortschreitet, kann der folgenden Mitteilung entnommen werden. Dabei ist – wie in dem soeben wiedergegebenen Text – vor allem noch die enge Verschmelzung von Wissenschaft und Wirtschaft hervorzuheben, auf die im Laufe der Arbeit noch besonders eingegangen wird:

»Das Fachinformationszentrum Energie, Physik, Mathematik GmbH in Karlsruhe und die American Chemical Society (ACS) in Columbus, Ohio (USA) haben am 26. 10. 1983 einen Vertrag über den gemeinsamen Aufbau eines internationalen Verbundsystems für wissenschaftliche und technische Fachinformation, zu der Fachliteratur, Patente, Daten und Fakten sowie Bibliographien gehören, geschlossen. Dieser Vertrag ist nach einer Mitteilung des BMFT ein Schritt zum ›Aufbau eines weltweiten, leistungsfähigen Netzes von Rechenzentren in den USA, der Bundesrepublik Deutschland und voraussichtlich Japan‹, die mit Festverbindungen verknüpft und einer übereinstimmenden Hard- und Software ausgestattet sind.[18] Dieses Verbundsystem soll den deutschen Datenbankanbietern ermöglichen, ihre Fachinformationen weltweit in Wissenschaft und Wirtschaft besser anbieten zu können, um den Benutzern den Zugang zu einer Vielzahl von Fachinformationsangeboten zu erleichtern ...

Im Rahmen dieses Verbundsystems werden dem deutschen Benutzer Ende 1983 die großen Datenbanken vom Chemical Abstracts Service (CAS) über das Rechenzentrum in Karlsruhe zur Verfügung stehen. Zur besseren Vermarktung wird CAS mit dem Fachinformationszentrum Chemie, Berlin, ein Marketing-Agreement für die deutschsprachigen Länder abschließen. Die Bundesregierung wird den Aufbau weiterer Informationsbanken (insbesondere Daten- und Faktenbanken, Volltexte) anderer deutscher Fachinformationsanbieter in diesem Verbundsystem unterstützen. Das deutsche Fachinformationsangebot für Wissenschaft, Wirtschaft, Staat und Gesellschaft soll in den nächsten Jahren ausgebaut und national weltweit verstärkt, das Angebot ausländischer Informationsanbieter soll in der Bundesrepublik Deutschland sichergestellt werden. Die Maßnahmen werden in einem Fachinformationsprogramm, das nach Beratung mit allen Beteiligten 1984 verabschiedet werden soll, zusammengefaßt.«[19]

18 Das System trägt den Namen ›Scientific and Technical Network – International (STN-International) und soll vorwiegend für wissenschaftliche und technische Fachinformationen zur Verfügung stehen (Bundesbericht Forschung 1984, Bonn 1984, S. 154).

19 Deutscher Forschungsdienst (Hrsg.), Wissenschaft, Wirtschaft, Poli-

Daß es auch in diesem Bereich der »Wissenschaftsindustrie« einen heftigen Konkurrenzkampf um Marktanteile gibt, hebe ich schon hier im Hinblick auf meine späteren Ausführungen besonders hervor. Die Bundesrepublik Deutschland steht dabei keineswegs an der Spitze des internationalen Wettbewerbs:

»Im Online-Markt liegt die Bundesrepublik Deutschland bei der wissenschaftlich-technischen und bei der wirtschaftlichen Fachinformation im Vergleich mit westlichen Industrieländern, insbesondere den USA, Großbritannien und Frankreich, weit zurück.«[20]

Als Konsequenz hierauf greift die konservativ-liberale Bundesregierung mit dem Fachinformationsprogramm 1985-1989 aktiv lenkend in den Innovationsmarkt ein.

1.3.2 Förderung der Wissensverarbeitung

Es ist nur konsequent, wenn für solche Planungsziele auch vergleichsweise große FuE-Mittel aufgebracht werden. Das ist in der Bundesrepublik Deutschland mit den drei großen DV-Programmen in den Jahren 1976-1980/81 sowie dem Programm zur Förderung von Information und Dokumentation 1974-1977 auch geschehen.[21]

tik-Informationen und Analysen, 13. Jg., Nr. 43 vom 24. 10. 1983, S. 9.

20 Bundesbericht Forschung VII, Bonn 1984, S. 153.

21 Die drei DV-Programme
– das erste Programm mit einem Fördervolumen von 353 Mio DM im Zeitraum 1967-1970
– das zweite DV-Programm 1971-1975 mit einem Fördervolumen von 1811 Mio DM und
– das dritte DV-Programm 1976-1979 mit einem Fördervolumen von 1575 Mio DM
dienten neben der Rechner- und Software-Entwicklung und -Anwendung vor allem auch der »Forschung und Entwicklung auf dem Gebiet der Datenbanken sowie der rechnerunterstützten Informations-, Dispositions- und Entscheidungssysteme«; vgl. drittes DV-Programm 1976-1979, Bonn 1976;
Programm der Bundesregierung zur Förderung der Information und Dokumentation 1974-1977, Bonn 1975.

Wie der damalige Bundesminister für Forschung und Technologie, Hans Matthöfer, sagte, ging es dabei um »die Beherrschung der modernen Schlüsseltechnologien« durch die Beherrschung des Zugangs zu dem weltweiten wissenschaftlichen Wissen und technologischen Know-how.[22] Wohlgemerkt, diese Programme dienten primär nicht der Wissensproduktion selbst, sondern dem Zugang und der Verarbeitung von Wissen. Gefördert wurden die Entwicklung neuer Speicher-, Zugriffs-, Selektions-, Übertragungs- und Verwertungsstrategien und die dazu erforderlichen elektronischen Hilfsmittel und Instrumente. Wie ich noch zeigen werde, war dies insofern nur konsequent, als diese methodisch-instrumentelle Ebene der Wissenschafts- und Technologieförderung einen immer bedeutenderen Stellenwert eingenommen hat. Denn hier liegt ein wichtiger Schlüssel für die erfolgreiche Nutzung der Produktivkraft ›Wissenschaft und Technologie‹ im Sinne des herrschenden Wissenschafts-Technologie-Industrialismus-Fortschrittsparadigmas (hierzu Kapitel 3).

Der Bundesbericht Forschung VI stellte schon 1979 die Förderung von Information und Dokumentation in folgenden bedeutsamen Zusammenhang:

»Die Entwicklung von Forschung und Technik, Wirtschaft, Verwaltung, Politik und Gesellschaft wird entscheidend dadurch bestimmt, wie gut und schnell die in der Welt vorhandenen Erkenntnisse und Erfahrungen weitergegeben und genutzt werden können. Information gewinnt einen eigenen Stellenwert als Produktivfaktor neben Arbeit, Kapital und Rohstoffen.«[23]

Die FuE-Aufwendungen allein des Bundesministers für Forschung und Technologie für Information und Dokumentation zeigen dementsprechend in der Zeit von 1975-1983 die folgenden Summen und Steigerungsraten:

Auch im Rahmen der Forschungs- und Technologiepolitik der neuen, von der CDU geführten Bundesregierung nimmt die Förderung der Daten- bzw. Informationsverarbeitung einen hohen Stellenwert ein. So heißt es im neuesten Bundesforschungsbericht zum Schwerpunkt »Bereich I-Informationstechnologien

22 Hans Matthöfer, Bundesminister für Forschung und Technologie, Drittes DV-Programm, a.a.O., S. 3.

23 Bundesbericht Forschung VI, Bonn 1979, S. 44.

Tabelle 1.3.2 – 1
Forschungs- und Entwicklungsausgaben des BMFT für Information und Dokumentation

Jahr	1975	1976	1977	1978	1979	1980	1981	1983*
Aufwendungen (in Mio. DM)	49	51	62	80	94	102	113	123
Steigerung (in %)	–	4,1	21,6	29,0	17,5	8,5	10,8	8,8

* Die Zahl für das Jahr 1983 stammt aus einer Mitteilung des Deutschen Forschungsdienstes: Wissenschaft, Wirtschaft, Politik, 13. Jg., Nr. 43/83 vom 24. 10. 1983.

Quelle:
Bundesbericht Forschung VI, Bonn 1979.

(DV, Kommunikation, Elektronik)« zur Informationsverarbeitung u. a.:

»Die Informationsverarbeitung, die außer der Datenverarbeitung auch die Verarbeitung von Text, Bild und Sprachen einschließt, war in den letzten Jahren einer der zuverlässigsten Wachstumsträger der Informationstechnik und wird dies voraussichtlich auch weiter bleiben.«[24]

Nach dem Auslaufen des 3. DV-Programms 1980/81 werden in der Informationsverarbeitung neue »Schwerpunkte der computer-orientierten Forschung« gefördert:[25]

1. Förderschwerpunkt Softwaretechnologie
   Dieser Schwerpunkt zielt vor allem auf die Verbesserung der Softwareentwicklung, also von Spezifikations- und Entwurfstechniken über Implementierungsverfahren bis zur Qualitätskontroll- und Wartungstechnik.
2. Förderschwerpunkt Mustererkennung
   Dieser Schwerpunkt soll das automatische Erkennen und Analysieren von Sprache und Bild voranbringen.
3. Förderschwerpunkt Systemtechnik und Gerätetechnologie
   Gefördert werden neue Architekturen von Rechnersystemen

24 Der Bundesminister für Forschung und Technologie (Hrsg.), Bundesbericht Forschung 1984, Bonn 1984, S. 115.

25 Ebenda, S. 116.

und überschaubare Softwarestrukturen, um deren Leistungsfähigkeit und Zuverlässigkeit zu erhöhen.

4. Förderschwerpunkt Informationstechnik für Büro und Verwaltung sowie Datensicherungstechnik
Hier werden hauptsächlich Technologien gefördert, die den Übergang vom Papier zur elektronischen Datenverarbeitung und umgekehrt erleichtern sollen.

5. Förderschwerpunkt Auswirkungen der informationstechnischen Entwicklung auf Wirtschaft, Gesellschaft und Individuen
Gefördert werden in diesem Schwerpunkt vor allem Trendanalysen und Wirkungsstudien, die Anhaltspunkte über zukünftige Entwicklungen liefern und durch Einschätzung und Abschätzung der Chancen und Risiken möglichst optimale Anwendungen sichern sollen.

Im Bundesbericht Forschung VII heißt es zur weiteren Förderung der Daten- bzw. Informationsverarbeitung und deren Ziele:

»Die im Zuge der bisherigen Förderung gewonnenen Erfahrungen und Ergebnisse lassen im Hinblick auf das weitere Zusammenwachsen von Datenverarbeitung, Textverarbeitung und Nachrichtentechnik drei Bereiche erkennen, in denen schwerpunktartige Förderung erforderlich erscheint. Dies ist erstens der rechnergestützte Entwurf von Computern und Software, ohne den komplexe Computer und größere Softwaresysteme nicht mehr zu entwickeln sind. Zweitens sind dies neue Rechnerstrukturen – eine Aufgabe, die eng mit Beschaffungsvorhaben für wissenschaftliche und staatliche Aufgaben gekoppelt ist. Schließlich ist drittens für Wissensverarbeitung und Mustererkennung eine Vielfalt von Problemen, von der Sprach- und Bilderkennung bis zur Wissensdarstellung und -verarbeitung zu lösen, um den Computer zu einem einfach handhabbaren ›Denkzeug‹ zu machen.«[26]

Diese für die weitere Entwicklung zur Wissenschaftsgesellschaft bedeutsamen FuE-Schwerpunkte sind nun in enger Verbindung mit den weiteren Förderungsschwerpunkten des Bereichs I-Informationstechnologien zu sehen: »Technische Kommunikation« und »Mikroelektronik«.
Die folgenden Stichworte geben Förderschwerpunktmaßnahmen des Bundesministers für Forschung und Technologie sowie des

26 Bundesbericht Forschung VII, a.a.O., S. 116.

Bundesministers für das Post- und Fernmeldewesen an. Sie sollen andeuten, um welchen Kontext es sich handelt:
Technische Kommunikation:

- Digitalisierung und Optische Nachrichtentechnik
- Nutzung neuer elektronischer Kommunikationssysteme und Endgeräte
- Verbesserung und Ausweitung der Datenkommunikation (technische Konsensbildung für Protokolle und Schnittstellen von offenen Systemen)

  Beispiele: + Offenes Rechnernetz in Berlin (West) : BERNET
  + Umfassendes offenes Kommunikationssystem: Deutsches Forschungsnetz (DFN)
- Digitale Nachrichtenübertragung
- Glasfaser-Kabeltechnik; Glasfaser-Breitband-Teilnehmeranschluß (»Breitbandiges Integriertes Glasfaser-Ortsnetz BIGFON«); Glasfaserweitverkehrsübertragung
- Videokonferenz-Dienst
- Bildschirmtext-Dienst
- Digitales Optisches Teilnehmer-Anschluß-Netz (DOTAN).

Mikroelektronik:

- Prozeßtechnologie
- Entwurfs- und Systemtechnik
- Peripherik
- Materialien und Grundlagen
- Anwendungen auf breitester Front, vor allem auch im Bereich von Wissenschaft, Forschung und Innovation.

Angesichts der grundsätzlichen Bedeutung der Informationstechnologie für die Entwicklung der wissenschaftlich-technisch geprägten Industriegesellschaften ist es nur logisch, daß die Bundesregierung ein Sonderprogramm »Informationstechnik« entwickelt hat, das Bestandteil der Regierungserklärung des Bundeskanzlers vom Mai 1983 war und später vom Bundeskabinett verabschiedet wurde.[27]

27 Der Bundesminister für Forschung und Technologie (Hrsg.), Informationstechnik, Konzeption der Bundesregierung zur Förderung der

Im Vorwort gibt der Bundesminister für Forschung und Technologie, Heinz Riesenhuber, den Stellenwert dieses Programms im Rahmen der Gesellschaftspolitik der Bundesregierung wie folgt an:

»Die Produktion, Verarbeitung und Verteilung von Information nimmt in modernen Industriegesellschaften immer mehr den Charakter eines eigenständigen Produktionsfaktors neben Arbeit und Kapital an. Gerade im Hinblick auf die starke Exportorientierung der Bundesrepublik ist die Fähigkeit, moderne Informations- und Kommunikationstechniken und die Mikroelektronik als ihrer Basistechnologie rechtzeitig zu entwickeln und marktgerecht anwenden zu können, ein ganz wesentlicher Faktor für die Wettbewerbsfähigkeit unseres Landes.
Deshalb muß die Bundesrepublik in der Informationstechnik eine Führungsposition anstreben.«[28]

In diesem Programm wird angekündigt, daß der Informationsverarbeitung und ihrer Umstellung auf elektronische Verfahren und Systeme höchste Priorität zukommt. Dem entspricht, daß für die Weiterentwicklung der Wissensaufbereitung und Wissensverarbeitung mittels elektronischer Datenverarbeitung hohe Fördersummen aufgebracht werden:

- Für den Förderungsschwerpunkt »Rechnergestützte Entwurfsmittel (CAD)* für Computer und Software« sollen in den Jahren 1984 bis 1988 160 Mio DM bereitgestellt werden;
- für »Neue Rechnerstrukturen« sollen vor allem für den Einsatz im Wissenschaftsbereich (Wissensproduktion, Wissensverwertung, Sprach- und Bilderkennung) im gleichen Zeitraum ebenfalls 160 Mio DM aufgewendet werden;
- im Schwerpunkt »Wissensverarbeitung und Mustererkennung« sollen »im Rahmen von Verbundprojekten zukunftsweisende Lösungen gefördert werden.« Dafür werden in den Jahren 1984 bis 1988 weitere 200 Mio DM bereitgestellt.

Die Begründung lautet u. a.:

Entwicklung der Mikroelektronik, der Informations- und Kommunikationstechniken; vom Bundeskabinett am 14. 3. 1984 beschlossen, Bonn 1984.

28 Heinz Riesenhuber, Bundesminister für Forschung und Technologie, ebenda, S. 3.

* CAD = Computer Aided Design

»Der Computer wird mit diesen Techniken zum einfach handhabbaren Denkzeug. Dies ist im Kern auch die Zielsetzung des viel diskutierten japanischen Projekts zur fünften Computergeneration.«[29/30]

1.4 Aufwendungen für Forschung und Entwicklung

»Als ›finanzieller‹ Maßstab für das Wachstum von Wissenschaft und Technologie gelten ganz allgemein die Ausgaben für Forschung und Entwicklung ...
Am leichtesten läßt sich das Interesse eines Landes an seinem wissenschaftlichen und technologischen Potential tatsächlich an seinen Ausgaben für Forschung und Entwicklung und in zweiter Linie an denen für Bildung ablesen.«[31]

Ich stimme mit Daniel Bell hierin überein; ebenso mit seiner Feststellung, daß »die Forschungs- und Entwicklungsausgaben der amerikanischen Regierung in erster Linie politischen Zielsetzungen dienen – ein Tatbestand, der im übrigen auch für die Regierungen aller anderen Länder gilt.«[32]
Für meine Arbeit ist die über Jahrzehnte mit höchsten Zuwachsraten versehene Ausgabenstruktur für Forschung und Entwicklung in allen Industrieländern ein besonders wichtiger Beleg für die grundlegende politische und ökonomische Bedeutung der Produktivkraft ›Wissenschaft und Technologie‹. Denn durch ihre herausragende Förderung wird hauptsächlich politische, ökonomische und militärische Macht begründet bzw. durch einen entsprechenden ökonomischen und militärischen Strukturwandel erhalten. Weiterhin liegen hier auch entscheidende Wurzeln für den sozialen Wandel und die Beeinflussung der natürlichen Lebensumwelt. Und schließlich wird hierdurch vor allem auch der Übergang von der Industriegesellschaft zur Wissenschaftsgesellschaft beschleunigt.
Ich widme mich deshalb besonders eingehend dieser Ausgaben-

29 Ebenda, S. 78.
30 Ich knüpfe in Kapitel 11 hier an und greife dazu das Stichwort für die Entwicklungstendenz auf: ›Japanisches Projekt zur fünften Computergeneration‹.
31 D. Bell, Die nachindustrielle Gesellschaft, a.a.O., S. 234 f.
32 Ebenda, S. 239; hierzu eingehender in den Kapiteln 6 bis 9.

struktur. Demgegenüber sind andere Wachstumsindikatoren entweder eine Folge der eingesetzten FuE-Mittel oder haben prinzipiell geringere Bedeutung. Das gilt selbst für die Aufwendungen für Bildung und Ausbildung. Denn die FuE-Ausgaben bewirken per se und ausschließlich gesellschaftlichen Strukturwandel.

1.4.1 Forschungs- und Entwicklungsausgaben im internationalen Vergleich

Alle Industrieländer weisen in den letzten beiden Jahrzehnten außerordentlich hohe Zuwachsraten bei ihren Aufwendungen für Wissenschaft und Bildung auf. Noch höhere Zuwachsraten ergeben sich allerdings bei den Ausgaben nur für Forschung, Entwicklung und Innovationen. Hier gibt es auch kaum Brüche, sondern durchgängig hohe Zuwächse.

Nach der letzten Erhebung durch die OECD erhöhten sich die FuE-Ausgaben aller Mitgliedsstaaten der OECD zusammen von 1979 bis 1981 um 13,2% von 92,4 Mrd auf 104,8 Mrd $.[33]

Bei der Verwendung von FuE-Mitteln in den einzelnen Sektoren zeigt sich in fast allen OECD-Mitgliedsstaaten, daß der Wirtschaftssektor gegenüber dem Staatssektor, dem Hochschulsektor und dem PNP-Sektor den stärksten Anteil ausmacht. In den meisten Staaten liegt dieser Anteil bei über 60%, in der Bundesrepublik Deutschland und den USA jetzt schon bei fast 70%[34].

Die nachfolgende Abbildung 1.4.1-I gibt die Bruttoinlandsausgaben für Forschung und Entwicklung in einigen ausgewählten westlichen Industrieländern in der Periode von 1975 bis 1981 wieder:

Aus dem Verlauf der Kurven lassen sich zunächst einige grundlegende Feststellungen ableiten:

1. Alle Kurven weisen einen ungebrochen progressiven Verlauf auf.

33 Hier handelt es sich um die letzte Erhebung der OECD im Jahre 1983, ausgedrückt in konstanten US-$ (Preise von 1975); Bundesbericht Forschung 84, a.a.O., S. 83.

34 Bundesbericht Forschung 84, a.a.O., S. 84; PNP = Private Institutionen ohne Erwerbszweck.

Abbildung 1.4.1 – I

Bruttoinlandsausgaben für FuE je Einwohner in ausgewählten Staaten, in US $, 1975-1981[1)]

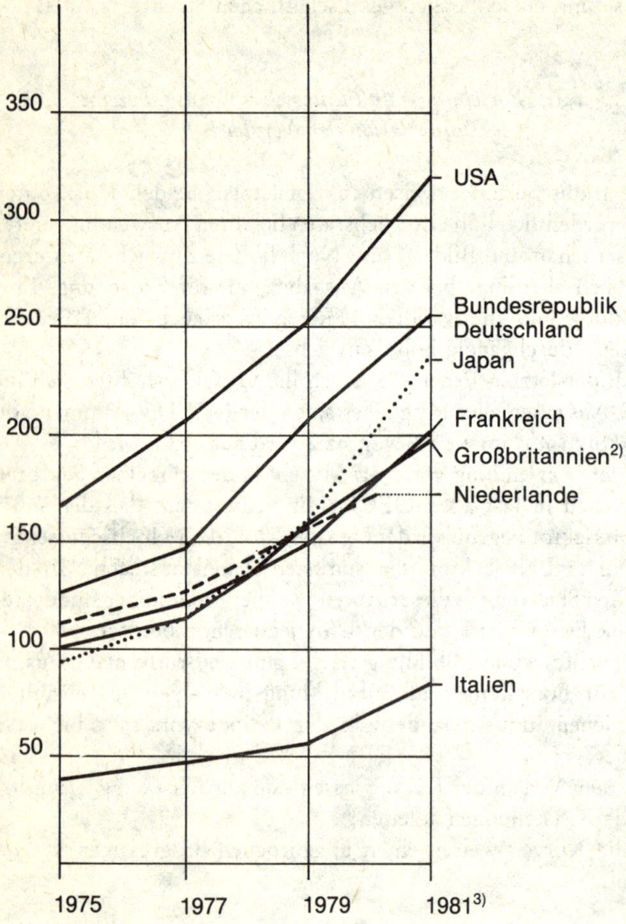

1) Umrechnung auf der Basis der jeweiligen Kaufkraftparitäten
2) ab 1979 mit den Vorjahren nicht voll vergleichbar, wegen der Einbeziehung eines erweiterten Kreises kleiner und mittlerer Unternehmen
3) vorl. Angabe (1981)

Quelle:
OECD-Statistik.

Ich merke hierzu an, daß sich dieser kontinuierlich sowohl in die weitere Vergangenheit zurückverfolgen als auch in die Gegenwart fortschreiben läßt. Er ist auch für eine überschaubare mittelfristige Zukunft mit hoher Wahrscheinlichkeit zu erwarten.

2. Auffallend ist natürlich das hohe Ausgangsniveau der USA. Das fällt für die fünfziger und sechziger Jahre relativ zu den anderen westlichen Industrieländern sogar noch stärker ins Gewicht. Bedenkt man, daß in den Vereinigten Staaten von Amerika im Verhältnis zur Bundesrepublik Deutschland fast viermal so viele Einwohner leben, dann läßt sich ermessen, welche enormen finanziellen Mittel in den USA für diese Innovations-Investitionen eingesetzt werden.
3. Bemerkenswert ist auch die stärkere Progression der Aufwendungen Japans in den letzten Jahren. Dieser Trend korrespondiert mit zahlreichen anderen Merkmalen der Innovations-Explosion in diesem Lande.

Wegen der besonderen Bedeutung der amerikanischen Wissenschaft und ihrer Entwicklung im Hinblick auf die in dieser Arbeit vertretenen Hauptthesen wende ich mich noch speziell den FuE-Ausgaben in den USA zu. Dabei spielen auch die Zahlen unmittelbar nach dem Zweiten Weltkrieg eine besondere Rolle.

In den Jahren 1945 bis 1965 stiegen die Ausgaben der USA für FuE um das Fünfzehnfache, die Aufwendungen für Erziehung und Bildung um das Sechsfache. Dagegen wuchs das Bruttosozialprodukt in der gleichen Zeit nur um das Dreifache.

Immerhin gaben die USA 1965 schon 20,5 Mrd $ für Forschung und Entwicklung aus, die Bundesrepublik brachte es zu dieser Zeit auf 7,9 Mrd DM. Die USA setzten etwa das Siebenfache an Mitteln ein. Diese Relation wird immer größer, je mehr man die Ausgabensituation nach dem Zweiten Weltkrieg zurückverfolgt.

1965 gaben die USA 9% ihres gesamten Bruttosozialprodukts für Forschung, Entwicklung und Bildung aus. Der Anteil der FuE-Aufwendungen betrug 3,8%. Zur gleichen Zeit lagen die entsprechenden FuE-Anteile in der Bundesrepublik bei 1,6%, in Frankreich, Japan und Schweden bei 1,7%.[35]

35 Zum Vergleich hierzu lagen die FuE-Aufwendungen in der Bundesrepublik Deutschland am Bruttosozialprodukt im Jahre 1983 bei 2,8% (Bundesbericht Forschung VII, 1984, S. 31).

Tabelle 1.4.1 – 2
Öffentliche FuE-Ausgaben in den Staaten der EG

Öffentliche Ausgaben	Jahr	Bundesrepublik Deutschland	Frankreich	Italien
1. Gesamtausgaben für FuE in Millionen ERE[1] (jeweilige Preise und Wechselkurse)	1975	4177	3182	560
	1976	4638	3374	629
	1977	4833	3556	709
	1978	5574	3925	793
	1979	6308	4542	923
	1980	6753	5299	1303
	1981	7058	6760	2061
	1982	8125	7337	2264
2. Gesamtausgaben für FuE je Einwohner in ERE[1] (jeweilige Preise und Wechselkurse)	1975	67,6	60,1	10,0
	1976	75,4	62,3	11,2
	1977	78,7	66,5	12,6
	1978	90,9	73,7	14,0
	1979	102,8	84,9	16,2
	1980	109,7	98,7	22,8
	1981	114,4	125,3	36,1
	1982	131,8	134,4	39,5
3. Durchschnittliche jährliche Steigerung der Ausgaben für FuE (%)				
a) Gesamtausgaben	1975 bis 1982	10,0	12,7	22,1
b) Ausgaben für zivile FuE	1975 bis 1982	10,4	11,4	21,8

1 ERE = (Europäische Rechnungseinheit) = 2,37 DM (1983)

Quelle:
Bundesbericht Forschung 84, S. 386 (nach EG-Angaben).

Niederlande	Belgien	Großbritannien	Irland	Dänemark	Griechenland
644	364	2367	29	179	
800	458	2635	33	215	
902	504	2541	39	231	40
1010	426	2565	44	229	41
1049	469	3135	57	243	53
1125	520	4139	61	217	52
1177	542	5995	64	250	69
1307	556	6550	74	272	76
47,2	37,1	42,2	9,2	39,3	
58,1	46,6	47,0	10,4	42,5	
65,1	51,3	45,4	12,2	45,3	4,3
72,5	43,3	45,9	13,2	44,8	4,3
74,8	47,6	56,0	16,9	45,7	5,6
79,8	52,7	74,0	17,8	42,3	5,4
82,6	55,0	107,0	18,5	48,9	7,1
91,3	56,4	116,3	21,1	53,2	7,7
10,6	6,2	15,7	14,4	6,2	
10,7	6,3	14,5	14,4	6,3	

In den USA stiegen zwischen 1940 und 1965 die FuE-Ausgaben des Bundes durchschnittlich um 24,9%.[36]
Auch die FuE-Ausgaben aller Mitgliedsstaaten der Europäischen Gemeinschaften zeigen die gleiche Tendenz rasanter Zuwachsraten. So haben sich allein die öffentlichen Ausgaben für Forschung und Entwicklung aller Staaten der EG von 1975 bis 1982 von 11,5 Mrd ERE auf 26,6 Mrd ERE erhöht. Das ist eine Steigerung von 130% bei einer jährlichen durchschnittlichen Zuwachsrate von 12,7%.[37] Im einzelnen ergibt sich für die EG-Staaten das folgende Bild (siehe Tabelle S. 46/47).

1.4.2 Forschungs- und Entwicklungsausgaben in der Bundesrepublik Deutschland

Für die Bundesrepublik Deutschland ergeben sich ebenfalls hohe Steigerungsraten für die Ausgaben im Wissenschaftsbereich, wenn auch das Gesamtniveau niedriger ist als in den USA. Die Aufwendungen für Forschung und Entwicklung wuchsen von 4,5 Mrd DM im Jahre 1962 auf 30,1 Mrd DM im Jahre 1978. Das waren immerhin durchschnittliche jährliche Steigerungsraten von 12,6%. In der Zeit von 1975 bis 1983 stiegen die Aufwendungen von 24,6 Mrd DM auf 46,8 Mrd DM, das ist immer noch ein weiterer Zuwachs von 90% in acht Jahren, also fast eine Verdoppelung.
Der Anteil der FuE-Aufwendungen am Bruttosozialprodukt stieg von 0,6% im Jahre 1955 auf 2,8% im Jahre 1983.[38]
Die nachfolgende Abbildung 1.4.2-I zeigt die Entwicklung der FuE-Ausgaben nach den finanzierenden Sektoren:

36 Die statistischen Angaben über die Wissenschafts- und Bildungsausgaben in den USA stammen aus Berichten der National Science Foundation, National Pattern of RaD Resources, Funds and Manpower in the United States (NSF 67-7); Federal Funds for Research, Development and Other Scientific Activities, Bd. XVI (NSF 67-19).
37 Quelle: Europäische Gemeinschaften (nach FB VII, S. 386); 1 ERE (Europäische Rechnungseinheit) = 2,37 DM (1983).
38 Bundesminister für Forschung und Technologie (Hrsg.), Bundesberichte Forschung V, Bonn 1975; VI, Bonn 1979 und VII, Bonn 1984; (im folgenden auch FB V, FB VI und FB VII abgekürzt).

Abbildung 1.4.2 – I
FuE-Ausgaben in der Bundesrepublik Deutschland nach finanzierenden Sektoren

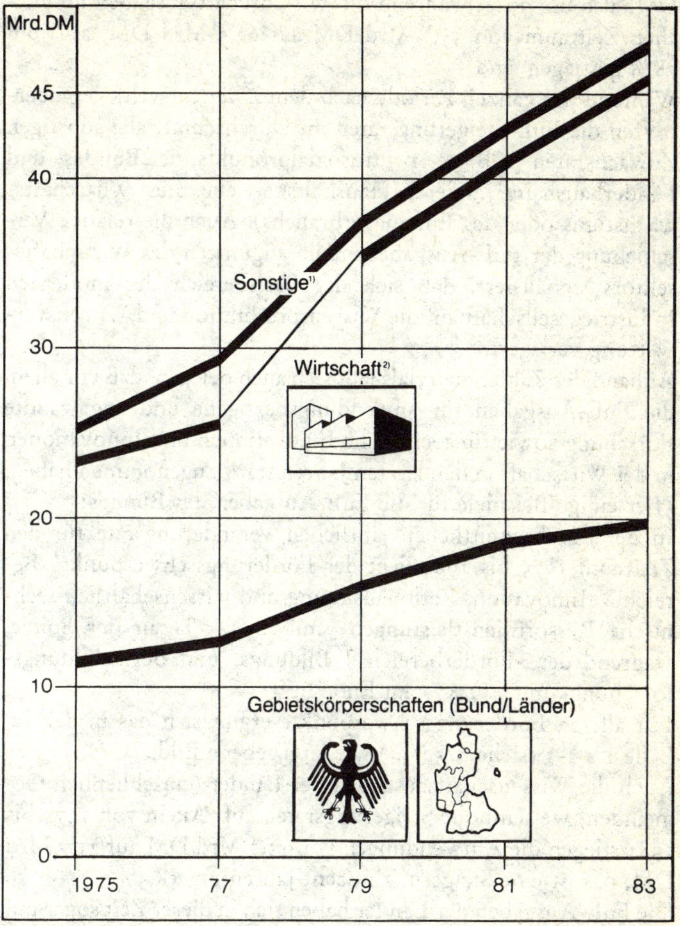

[1]) Private Institutionen ohne Erwerbszweck u. Ausland
[2]) ab 1978 einschließlich eines erweiterten Kreises kleiner und mittlerer Unternehmen

Quelle:
Bundesbericht Forschung VII, Bonn 1984, S. 46.

Interessant ist nun, daß die FuE-Ausgaben in den letzten Jahren relativ stärker gestiegen sind als die Wissenschaftsausgaben insgesamt, nämlich von 1975 bis 1983 von 24,6 Mrd DM auf 46,8 Mrd DM, also um 90%, während die Wissenschaftsausgaben im gleichen Zeitraum von 35,1 Mrd DM auf 62,3 Mrd DM, also um 78% gestiegen sind.

Während der ganzen Periode nach dem Zweiten Weltkrieg übertreffen die FuE-Steigerungsraten im Durchschnitt alle sonstigen Zuwachsraten (z. B. des Bruttosozialprodukts, der Bundes- und Länderhaushalte, anderer Haushaltsbereiche, des Wirtschaftswachstums oder des Energieverbrauchs). Auch die relative Verschiebung der FuE-Ausgabenanteile zugunsten des Wirtschaftssektors signalisiert, daß sich der Basisbereich der modernen Industriegesellschaft auf die Wissensproduktion und Wissensverwertung verlagert.[40]

Anhand des Zahlenmaterials läßt sich auch belegen, daß vor allem die FuE-Ausgaben für anwendungsbezogene und angewandte Forschung sowie für technische Innovationen und Innovationen in der Wirtschaft in den letzten Jahren stark zugenommen haben. Hier einige Beispiele für die FuE-Ausgaben des Bundes:

In der durchschnittlichen jährlichen Veränderungsrate für den Zeitraum 1975 bis 1984 liegt der Förderungsschwerpunkt »Bereich V-Innovation, Rationalisierung und wissenschaftlich-technische Ressortdienstleistungen« mit + 14,7% an der Spitze, während der »Förderbereich T-Bildungs- und Berufsbildungsforschung« mit – 2,8% am Ende liegt.[41]

Für alle 23 Förderungsschwerpunkte ergibt sich das in der Tabelle 1.4.2-1 (siehe S. 52/53) wiedergegebene Bild.

Auch die Wissenschaftsausgaben der Länder (einschließlich Gemeinden) weisen hohe Steigerungsraten auf: Allein von 1975 bis 1983 stiegen die Aufwendungen von 13,7 Mrd DM auf 21,7 Mrd DM, das ist eine Steigerung in acht Jahren um 58,4%.

Die FuE-Ausgaben der Länder haben sich in dieser Zeit sogar um

39 Bundesbericht Forschung 84, a.a.O., S. 46.

40 Der Bundesminister für Forschung und Technologie, Neuorientierung der Forschungs- und Technologiepolitik – Bilanz 1983, Bonn 1984.

41 Bundesbericht Forschung 84, S. 42 f.

71,8% von 4,5 Mrd DM auf 7,7 Mrd DM erhöht. Hierzu ist noch besonders anzumerken:

»Die FuE-Mittel der Länder, die zur Durchführung dem Wirtschaftssektor zufließen, haben sich in den letzten Jahren verstärkt ...
Inhaltlich betrifft das die Maßnahmen und Programme der Länder zur Förderung von FuE und Innovation insbesondere in kleinen und mittleren Unternehmen.«[42]

Diese Tendenz hat sich im Jahre 1984 noch verstärkt. Auch für die Zukunft ist mit einem wachsenden Engagement der Länder für Innovations-Investitionen in der Wirtschaft zu rechnen.[43]
Es soll allerdings nicht der Eindruck suggeriert werden, als müsse die Entwicklung mit derart hohen Steigerungsraten bei den FuE-Ausgaben immer so weitergehen. Immerhin sind für die kommenden Jahre bereits abnehmende Zuwachsraten angekündigt. Das muß aber auch nicht unbedingt zu dem Schluß führen, daß wir uns bereits im Sättigungsbereich befinden. Nach der von der Bundesregierung im Juli 1983 beschlossenen mittelfristigen Finanzplanung »... werden die FuE-Ausgaben des Bundes von 12,1 Mrd DM im Jahre 1983 bis 1987 um rd. 10% auf 13,3 Mrd DM anwachsen. Hieraus wird deutlich, daß die Bundesregierung der Förderung von Forschung und Entwicklung nach wie vor Priorität einräumt ...«[44]
Tatsächlich bedeutet diese Planungsziffer bei der bereits erreichten Gesamthöhe und im Vergleich zu anderen Haushaltsbereichen ein weiterhin starkes Ausgabenwachstum. Außerdem muß beachtet werden, daß in der Vergangenheit die FuE-Ausgaben wegen der besonderen ökonomischen und gesellschaftlichen Bedeutung von Innovations-Investitionen eher aufgestockt als gekürzt wurden. Das zeichnet sich im übrigen schon wieder durch Sonderprogramme zur Förderung der Mikroelektronik oder der optischen Nachrichtentechnik ab.
Für die in dieser Arbeit vertretene Hauptthese, daß sich die Industriegesellschaft immer mehr zur Wissenschaftsgesellschaft wandelt, ist die zukünftige Entwicklung des Förderungsschwerpunkts »Bereich V-Innovation, Rationalisierung, wissenschaft-

42 Ebenda, S. 62.
43 Vgl. hierzu die Kapitel 8 und 10.
44 Bundesbericht Forschung 84, a.a.O., S. 57.

Tabelle 1.4.2 – 1
Ausgaben des Bundes für Wissenschaft, Forschung und Entwicklung nach Förderungsschwerpunkten (in Mio. DM)

	Förderungsschwerpunkt[1]	1975 ist insgesamt	1975 ist darunter FuE	1977 ist insgesamt	1977 ist darunter FuE	1979 insgesamt	1979 darunter FuE
A	MPG, DFG, FhG[2], Aus- und Neubau von Hochschulen	1 964,6	1 022,6	1 715,4	996,9	1 617,2	1 023,4
	darunter: MPG, DFG, FhG[2]	642,0	642,0	699,9	699,9	779,8	779,8
B	Ausgewählte Bereiche der naturwissenschaftlichen Grundlagenforschung	586,4	586,4	519,3	519,3	604,2	604,2
C	Polarforschung: Meeresforschung und Meerestechnik	104,7	104,7	96,4	96,4	143,0	143,0
D	Weltraumforschung und Weltraumtechnik	487,0	487,0	516,7	516,7	613,7	613,7
E	Energieforschung und Energietechnologie[5]	1 303,0	1 164,2	1 284,9	1 204,0	1 807,9	1 759,7
F	Forschung und Technologie zur Rohstoffsicherung einschließlich Wasserforschung; Materialforschung	143,3	143,3	195,7	195,7	338,4	338,4
G	Forschung und Technologie für bodengebundenen Transport und Verkehr	168,5	168,5	181,4	181,4	324,3	323,6
H	Luftfahrtforschung und -entwicklung	285,3	285,0	131,5	131,5	279,6	279,6
I	Informationstechnologien (DV, Kommunikation, Elektronik)	474,2	474,0	412,8	412,7	460,9	460,5
K	Biotechnologie[3]	43,6	43,6	55,7	55,7	62,4	62,4
L	Physikalische Technologien; Basistechnologien	70,2	70,2	71,3	71,3	85,7	85,7
M	Fertigungstechnik	39,5	39,5	40,2	40,2	39,8	39,8
N	Umweltforschung und Umwelttechnologie; Klimaforschung	154,1	153,9	160,6	160,3	269,4	268,9
O	Sicherheitsforschung und Sicherheitstechnik[6]	101,3	100,8	128,9	128,2	171,6	170,9
P	Forschung und Entwicklung in Raumordnung, Städtebau, Wohnungswesen, Bau- und Verkehrswesen	107,8	106,3	162,3	162,3	181,1	181,1
Q	Forschung und Entwicklung im Dienste der Gesundheit[4]	275,2	273,5	316,1	312,6	385,4	380,9
R	Forschung und Entwicklung im Ernährungsbereich (einschließlich Land- und Forstwirtschaft)	173,8	172,7	187,8	186,5	214,8	213,2
S	Forschung und Entwicklung zur Humanisierung des Arbeitslebens	45,3	45,3	70,6	70,6	117,4	117,4
T	Bildungs- und Berufsbildungsforschung	200,9	158,9	164,7	123,8	195,7	146,8
U	Fachinformation	56,7	44,3	70,7	50,1	104,2	80,4
V	Innovation, Rationalisierung und wissenschaftlich-technische Ressortdienstleistungen	244,6	244,6	273,8	273,8	650,2	650,2
W	Geistes- und Sozialwissenschaften; nicht den anderen Förderungsschwerpunkten zugeordnete Ressortforschung	274,1	154,3	319,8	189,3	413,0	226,7
Y	Wehrforschung und -technik	1 678,6	1 494,1	1 893,2	1 651,2	2 008,4	1 855,7
	Ausgaben insgesamt	8 982,8	7 537,7	8 969,8	7 731,3	11 088,6	10 026,3

1 B bis V einschließlich der den Programmen zugeordneten Ressortforschung und der anteiligen Mittel an die entsprechenden Einrichtungen
2 Nur institutionelle Förderung
3 Ohne Mittel der KFA für biotechnologische Forschung

Quelle:
Bundesbericht Forschung 84, S. 350/351.

1980 ist insgesamt	1980 ist darunter FuE	1981 ist insgesamt	1981 ist darunter FuE	1982 ist insgesamt	1982 ist darunter FuE	1983 Soll insgesamt	1983 Soll darunter FuE	1984 Soll insgesamt	1984 Soll darunter FuE	Durchschnittliche jährliche Veränderung der FuE-Ausgaben 1975/84 in %
1 690,9	1 091,2	1 731,1	1 149,9	1 882,3	1 232,2	2 235,2	1 357,1	2 239,1	1 385,0	3,4
844,5	844,5	910,6	910,6	962,2	962,2	988,1	988,1	1 025,0	1 025,0	5,3
648,6	648,6	658,8	658,8	697,6	697,6	745,8	745,8	806,3	806,3	3,6
214,2	214,2	257,5	257,5	214,0	214,0	183,3	183,3	226,4	226,4	8,9
633,4	633,4	652,7	652,7	695,8	695,7	762,4	762,4	757,6	757,6	5,0
1 883,1	1 856,0	2 021,8	1 995,0	2 749,7	2 731,8	2 510,8	2 492,0	2 462,6	2 441,5	8,6
389,6	389,6	357,1	357,1	386,3	386,3	425,1	425,1	325,3	325,3	9,5
318,1	318,1	323,2	323,2	288,6	288,6	293,4	293,4	273,3	273,2	5,5
420,8	420,8	481,9	481,9	424,6	424,6	355,3	355,3	389,1	389,1	3,5
335,6	335,3	336,9	336,7	450,8	450,5	519,8	519,6	533,7	533,4	1,3
64,4	64,4	67,8	67,8	82,0	82,0	99,1	99,1	105,9	105,9	10,4
86,8	86,8	85,7	85,7	88,6	88,6	91,6	91,6	95,9	95,9	3,5
39,3	39,3	39,5	39,5	46,1	46,1	38,5	38,5	70,0	70,0	6,6
269,5	269,0	260,5	260,1	267,4	266,9	276,5	276,1	298,1	297,6	7,6
171,1	170,5	163,8	163,0	203,0	202,3	186,9	186,0	187,2	186,3	7,1
191,1	191,1	228,7	228,7	220,2	220,2	189,8	189,8	191,1	191,1	6,7
425,0	418,7	482,9	442,3	504,7	453,6	532,6	478,9	576,0	522,5	7,5
229,8	228,0	236,9	235,1	249,7	247,8	250,6	248,6	256,1	254,0	4,4
131,4	131,4	139,0	139,0	149,5	149,5	144,2	144,2	137,7	137,7	13,1
199,9	152,8	186,1	141,8	181,8	140,1	186,3	141,8	162,5	123,5	−2,8
106,2	78,3	98,6	68,6	107,7	73,3	112,3	68,2	113,8	68,3	4,9
764,3	764,0	808,0	807,8	845,7	845,7	818,9	818,6	838,7	838,4	14,7
473,4	245,8	467,9	248,0	514,3	273,3	547,1	281,2	564,7	294,5	7,4
1 861,8	1 703,6	1 700,3	1 559,2	1 824,6	1 695,0	1 987,9	1 857,9	2 070,2	1 955,7	3,0
11 548,4	10 451,0	11 786,8	10 699,5	13 075,1	11 905,6	13 493,4	12 054,5	13 681,2	12 279,4	5,6

4 Einschließlich Mittel der KFA für biotechnologische Forschung
5 Ohne Reaktorsicherheitsforschung
6 Einschließlich Reaktorsicherheitsforschung

lich-technische Ressortdienstleistungen« von besonderem Interesse. Hier sieht die Bundes-Finanzplanung eine durchschnittliche jährliche Steigerungsrate von 1983 bis 1987 von 10,9% vor. Das bedeutet eine absolute Erhöhung der aufgewandten Mittel von 818,6 Mio DM auf 1239,5 Mio DM. Es handelt sich hier um die zweithöchste Steigerungsrate nach dem Förderungsschwerpunkt »M-Fertigungstechnik« mit immerhin dem vierthöchsten Sockelbetrag aller 23 Förderungsschwerpunkte.

Nach einer neuen Studie des Battelle-Instituts werden die FuE-Aufwendungen in der Bundesrepublik und in den USA und Japan voraussichtlich sogar wieder stärker steigen als bisher angenommen.[45] Bereits für das Jahr 1985 prognostiziert das Battelle-Institut ein Gesamtvolumen für die Bundesrepublik von 51,9 Mrd DM, das bedeutet nominell eine Steigerungsrate von 7,0% und real von 4,0% gegenüber 1984.

Für die USA wird eine Steigerung gegenüber 1984 von 3,9% auf 107,3 Mrd Dollar und für Japan um 5,3% auf 8450 Mrd. Yen erwartet. Auch für die EG insgesamt wird eine reale Steigerung von 3,5% angenommen, die jedenfalls höher ausfällt als in den Vorjahren.

Besonders bemerkenswert ist noch die Tatsache, daß sogar die Zahl der Arbeitsplätze in der »Forschungs- und Entwicklungsindustrie« von 1983 bis 1985 um 16 000 steigen und dann die Gesamtzahl von 395 000 erreichen wird.

Noch eine weitere Entwicklungstendenz ist vor allem im Zusammenhang mit den in dieser Arbeit vertretenen Thesen von besonderem Interesse: Der Zuwachs der FuE-Mittel der bundesdeutschen Wirtschaft wird gegenüber 1984 4,2% betragen und insgesamt 31,3 Mrd DM umfassen.

Der Abstand zwischen den Steigerungsraten der privaten Wirtschaft und den öffentlichen Haushalten fiel nur deshalb nicht höher aus, weil die Steigerung der Bundesmittel um 5,3% (real) auf 12,9 Mrd DM sehr hoch ist.

45 Die Studie des Battelle-Instituts (Frankfurt) über die Entwicklung der Forschungsbudgets der Bundesrepublik, der USA und Japans in den letzten 15 Jahren mit einer Vorausschau auf das laufende Jahr 1985 wurde im April 1985 der Presse vorgestellt. Die Zahlen und das Zitat stammen aus: Wissenschaft, Wirtschaft, Politik, 15. Jg. Nr. 17 vom 24. 4. 1985.

Von den Bundesmitteln fließen voraussichtlich mit 5,7 Mrd DM 44% an die Wirtschaft.
Diese Situation hat das Battelle-Institut zu folgendem Kommentar veranlaßt:

»Die weitere starke Expansion des industriellen Teils des Forschungsbudgets beruht auf der Tatsache, daß viele Unternehmen nunmehr erkannt haben, daß in der gegenwärtigen Umbruchphase Forschung und Entwicklung die notwendige Voraussetzung sind, um im technologischen Wettbewerb auf den nationalen und internationalen Märkten bestehen zu können.«

Die hier prognostizierten Zahlen sind ein starkes Indiz dafür, daß die hohen Zuwachsraten im Bereich der wissenschaftlichen Wissensproduktion auch in der Zukunft anhalten werden und daß in Krisen- und wirtschaftlichen Umstrukturierungszeiten die Produkte der Wissenschaftsindustrie besonders gefragt sind. Ich komme auf diese zentralen Aspekte im Laufe der Arbeit noch mehrfach zurück.

1.4.3 FuE-Ausgaben für die Wirtschaft

Sowohl im Hinblick auf meine These, daß sich ›Wissenschaft und Technologie‹ zur zentralen Produktivkraft entwickelt hat, als auch für die Feststellung, daß die ökonomische Grundlage der modernen Industriegesellschaft immer mehr von der wissenschaftlichen Wissensproduktion und Wissensverwertung bestimmt wird, ist das folgende Zahlenmaterial besonders relevant.
Während der Anteil der öffentlichen Haushalte an den gesamten Wissenschaftsausgaben 1975 noch 65,8% betrug, nahm er bis 1983 auf 57,2% ab. Demgegenüber stieg der Anteil der Wirtschaft im gleichen Zeitraum von 34,2% auf 42,8%.
Bei den Ausgaben für Forschung und Entwicklung hat der Wirtschaftssektor sogar die öffentlichen Haushalte überflügelt. Hier stieg sein Anteil von 47,8% im Jahre 1975 auf 56,2% im Jahre 1983. Das bedeutet eine Steigerung um 123% in acht Jahren.
Auch bei der Durchführung von FuE-Vorhaben liegt der Schwerpunkt mit steigender Tendenz bei der Wirtschaft. Während 1975 60,6% der FuE-Gesamtausgaben in der Wirtschaft eingesetzt wurden, stieg dieser Anteil bis 1983 auf 67,6% an. Demgegenüber haben alle anderen Sektoren relativ sinkende

Anteile am Gesamtkuchen, wenn auch die absoluten Beträge für durchzuführende FuE-Projekte weiterhin gestiegen sind. Die nachfolgende Abbildung 1.4.3-I gibt diese Entwicklung wieder:

Abbildung 1.4.3 – I
FuE-Ausgaben nach durchgeführten Sektoren[46]

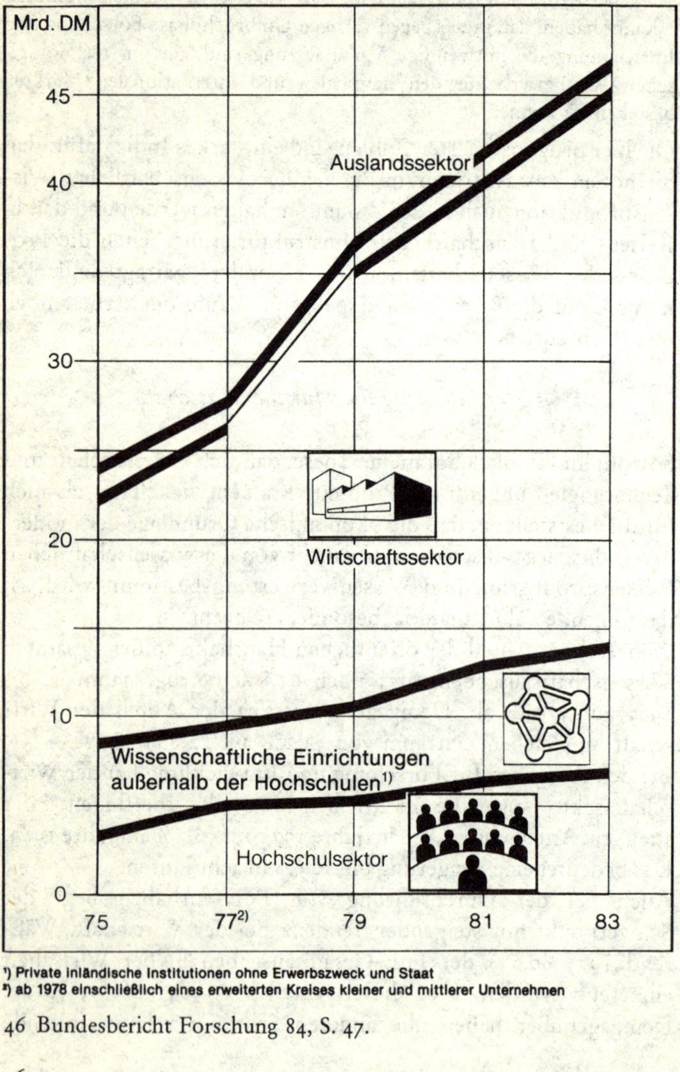

¹) Private inländische Institutionen ohne Erwerbszweck und Staat
²) ab 1978 einschließlich eines erweiterten Kreises kleiner und mittlerer Unternehmen

46 Bundesbericht Forschung 84, S. 47.

Wie stark die Bundesausgaben für Wissenschaft an Unternehmen der gewerblichen Wirtschaft in den letzten beiden Jahrzehnten wuchsen, zeigt die Tabelle 1.4.3-1. Auffallend ist, daß die in dem Zeitraum von 1962 bis 1982 vollzogene fünfzehnfache Steigerung ohne Brüche verlief.

Tabelle 1.4.3 –1
Wissenschaftsausgaben des Bundes an die gewerbliche Wirtschaft[47] (ohne Vergünstigungen nach Investitionszulagengesetz und EStG)

Jahr	Fördermittel des Bundes in Mio. DM	darunter finanziert durch					
		BMFT[2] in Mio. DM	in %	BMVg in Mio. DM	in %	BMWi in Mio. DM	in %
1962	340	21	6	277	81	15	4
1963	400	47	12	315	79	34	8
1964	535	67	13	429	80	37	7
1965	540	65	12	435	81	38	7
1966	683	143	21	495	72	42	6
1967	960	165	17	725	76	67	7
1968	951	164	17	693	73	92	10
1969	1013	230	23	640	63	136	13
1970	1468	335	23	917	62	178	12
1971	1948	644	33	1067	55	226	12
1972	2210	827	37	1080	49	287	13
1973	2340	986	42	1084	46	259	11
1974	2786	1263	45	1132	41	311	11
1975	2995	1468	49	1142	38	297	10
1976	2801	1224	44	1276	46	215	8
1977	2930	1377	47	1336	46	139	5
1978	3349	1632	49	1426	43	206	6
1979	4431	2137	48	1548	35	640	14
1980	4450	2174	48	1338	31	841	15
1981	4490	2289	50	1247	27	854	18
1982	5466	3196	58	1336	24	818	14

1 ohne Zahlungen an gewerbliche Wirtschaft im Ausland
2 ohne die dem BMFT von anderen Ressorts zur Bewirtschaftung zugewiesenen Mittel; bis 1973 einschließlich »BMBW«

47 Bundesbericht Forschung 84, S. 74.

Der Abbildung 1.4.3-II läßt sich besonders eindrucksvoll entnehmen, daß die Gesamtausgaben des Bundes für Forschung, Entwicklung und Innovationen in der gewerblichen Wirtschaft fast einer Exponentialkurve folgen. Es gibt keinen Haushaltsbereich, der vergleichbar über zwei Jahrzehnte derart hohe Steigerungsraten aufweist. Die immer stärkere Abstützung der ökonomischen Basis unserer Gesellschaft auf die wissenschaftliche Wissensproduktion und Technologieentwicklung wird hier durch die staatliche Förderung eindrucksvoll demonstriert.

Hervorgehoben werden muß noch die für die zukünftige Wirtschaftsstrukturentwicklung wichtige Förderung der Forschung, Entwicklung und von Innovationen in kleinen und mittleren Unternehmen. Wie die nachfolgende Tabelle 1.4.3-2 (siehe S. 60) zeigt, war der Ausgabenumfang im Jahre 1975 mit insgesamt 131,6 Mio DM noch recht schmal im Verhältnis zur Gesamtförderung der gewerblichen Wirtschaft mit bereits 2995 Mio DM. Anders ausgedrückt, 95,6% aller FuE-Ausgaben des Bundes flossen 1975 noch in die Großindustrie.

Mit dem Anstieg der FuE-Ausgaben des Bundes für kleine und mittlere Unternehmen von 131,6 Mio DM im Jahre 1975 auf 824,4 Mio DM im Jahre 1982, also einer Steigerung um über das Sechsfache in nur sieben Jahren, ist der Anteil der für Großunternehmen eingesetzten Fördermittel auf 84,9% zurückgegangen. Wie ich noch zeige, wird sich dieser Trend in den kommenden Jahren erheblich verstärken.[48]

Aufschlußreich ist eine Gegenüberstellung von direkter, indirekter und indirekt-spezifischer FuE-Förderung in der gewerblichen Wirtschaft. Den verschiedenen Förderungsansätzen liegt eine differenzierte Innovationsstrategie zugrunde, die von folgender ›Förderungsphilosophie‹ ausgeht:

»Es geht vor allem darum, durch verbesserte Rahmenbedingungen die Eigenkräfte der Unternehmen zu stärken und Defizite in den Voraussetzungen für FuE und Innovationen auszugleichen.

Der Einsatz der unterschiedlichen Förderinstrumente bestimmt sich nach den von der FuE-Politik verfolgten Zielen. Dabei finden sich indirekte und indirekt-spezifische Maßnahmen dort, wo staatliches Interesse an Forschung überhaupt vorliegt, die Definition der konkreten

48 Vgl. die Kapitel 8 bis 10.

Abbildung 1.4.3 – II
FuE-Aufwendungen des Bundes für die gewerbliche Wirtschaft

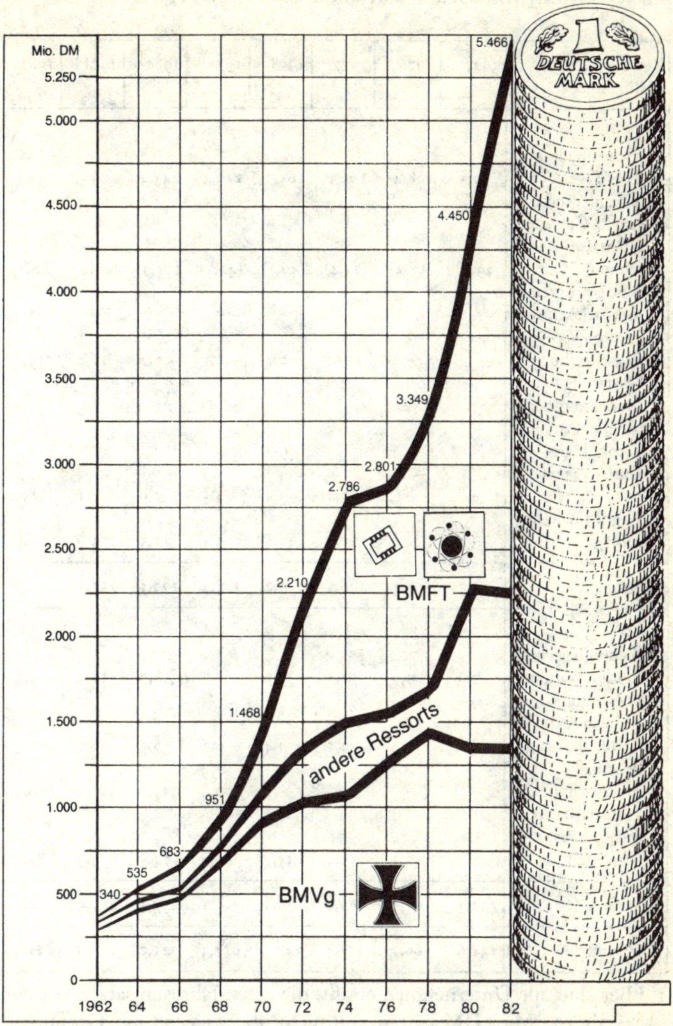

Quelle:
Bundesbericht Forschung 84, S. 75.

Tabelle 1.4.3 – 2
Förderung von Forschung, Entwicklung und Innovation bei kleinen und mittleren Unternehmen durch den Bund (in Mio. DM)

Ressort/ Maßnahme	1975	1976	1977	1978	1979	1980	1981	1982
BMFT								
– Fachprogramme BMFT[1]	79,3	108,4	104,1	165,2	210,3	243,4	229,5	237,9
(darunter industrielle Gemeinschaftsforschung)........	(23,6)	(37,2)	(24,4)	(46,1)	(42,2)	(51,9)	(45,4)	(48,2)
– Sonderprogramm Mikroelektronik[1]	–	–	–	–	–	–	–	68,4
– Externe Vertragsforschung ..	–	–	–	0,8	5,1	8,2	11,0	13,5
– Förderung von Innovationsberatungsstellen und Technologie-Transferagenturen	–	–	1,4	3,4	4,3	7,6	9,1	8,9
– Wagnisfinanzierung	–	–	0,9	1,8	3,5	11,3	3,9	6,0
Summe.........	79,3	108,4	106,4	171,2	223,2	270,5	253,5	334,7
BMWi								
– Technologische Erstinnovation ..	7,0	9,9	12,1	16,0	17,2	18,7	17,1	9,9
– Forschung von FuE bei KMU in Berlin	3,2	4,3	4,5	4,4	6,3	6,3	6,0	6,3
– Personalkostenzuschuß	–	–	–	–	300,0	355,0	359,3	390,0
– Industrielle Gemeinschaftsforschung	42,1	47,1	50,4	55,7	66,6	74,5	79,5	83,5
Summe..........	52,3	61,3	67,0	76,1	390,1	454,5	481,9	489,7
insgesamt	131,6	169,7	173,4	247,3	613,3	725,0	715,4	824,4

1 Hier sind alle Unternehmen erfaßt, die einen Jahresumsatz von weniger als 200 Mio. DM hatten und nicht überwiegend mit Großunternehmen verbunden sind.

Quelle:
Bundesbericht Forschung 84, S. 77.

FuE-Inhalte aber den Unternehmen überlassen bleibt. Die direkte Projektförderung wird dagegen dort gewählt, wo Innovationsprobleme durch gezielte Maßnahmen lösbar erscheinen und ein erhebliches öffentliches Interesse an ihrer Lösung besteht. Sie wird daher auf Aufgaben der staatlichen Daseins- und Zukunftsvorsorge, auf besonders risikoreiche, aufwendige, die Privatwirtschaft überfordernde längerfristige FuE sowie auf besonders wichtige branchenübergreifende Schlüsseltechnologien konzentriert ...
Unter indirekt-spezifischer Förderung werden Maßnahmen verstanden, die auf FuE-Förderung in bestimmten Technologiegebieten bzw. Produktgruppen beschränkt sind. Dabei wird prinzipiell jedes Vorhaben gefördert. Indirekt ist die Förderung aus der Sicht der Unternehmen deshalb, weil das Förderverfahren stark vereinfacht ist. Der Staat nimmt keinen Einfluß auf die Inhalte des einzelnen Vorhabens. Spezifisch ist diese Förderung, weil Vorhaben innerhalb eines bestimmten Technologiebereiches gefördert werden.
Neben dem laufenden Sonderprogramm Anwendung der Mikroelektronik wird 1984 auch im Rahmen des Programms Fertigungstechnik erstmals ein indirekt-spezifischer Ansatz zur Förderung der betrieblichen Anwendung von rechnerunterstützten Systemen zur Entwicklung und Konstruktion und zur Steuerung des Fertigungsablaufs realisiert.«[49]

»Die Projektförderung wird konzentriert auf Bereiche, in denen die Marktmechanismen (noch) nicht funktionieren, d.h. auf Bereiche,

- in denen der Staat besondere, eigenständige Aufgaben hat,
- bei langfristigen und riskanten Vorhaben und
- bei Demonstrationsvorhaben zum Nachweis für die technische und wirtschaftliche Machbarkeit einer neuen Technologie.«[50]

Die nachfolgende Tabelle 1.4.3-3 (siehe S. 62) gibt das Verhältnis zwischen den verschiedenen Förderungsarten in der gewerblichen Wirtschaft wieder.

Deutlich ist die Zunahme der indirekten Förderung. Daneben sind verschiedene, für die Entwicklung der Industriegesellschaft zur Wissenschaftsgesellschaft besonders relevante neue Schwerpunkte, die vor allem neue methodisch-instrumentelle Innovationsansätze fördern, von Bedeutung:

49 Bundesbericht Forschung 84, S. 65 ff.
50 Ebenda, S. 69.

Tabelle 1.4.3–3
Direkte und indirekte Förderungen von ziviler Forschung und Entwicklung in der gewerblichen Wirtschaft der Bundesrepublik Deutschland

	Direkte Förder. ziviler FuE an Unternehmen d. gewerbl. Wirtschaft Bund (BMFT)[1]	FuE-Personalzuschüsse an kleine und mittlere Unternehmen	Förd. d. Wissens- u. Technologie-Transfers[2]	Risikofinanzierung[3]	Indirekt-spez. Fördermaßnah.[4]	Sonderabschreibungen für FuE-Investit.	Zulage n. § 4 InvZulG für FuE-Investit.	Summe = Indirekt u. ind.-spez. Förd. v. FuE in der gewerbl. Wirtschaft (Spalten 3-8)	Verhältnis indirekte : direkte Förd. von FuE (Spalte 2: Spalten 3-8)
Jahr[6]	Mio. DM	Mio. DM	Mio. DM	Mio. DM	Mio. DM	Mio. DM	Mio. DM	Mio. DM	
1974	1654 (1263)	–	–	–	–	220	133	353	1 : 4,7
1975	1853 (1468)	–	–	–	–	–	149	149	1 : 12,4
1976	1525 (1224)	–	–	–	–	–	106	106	1 : 14,4
1977	1593 (1376)	–	1	1	–	–	153	155	1 : 10,3
1978	1921 (1629)	–	4	2	–	–	138	144	1 : 13,3
1979	2579 (2133)	300	9	4	–	–	169	482	1 : 5,4
1980	2744 (2161)	355	16	11	–	–	191	573	1 : 4,8
1981	2878 (2283)	359	20	4	–	–	289	672	1 : 4,3
1982	3645 (3101)	390	22	6	89	–	283	790	1 : 4,6
1983	2900[5] (2450)[5]	350	23	13	150	210	300	1046	1 : 2,8
1984	·	320	57	24	190	350	300	1241	·

1 Ohne Zahlungen an gewerbliche Wirtschaft im Ausland
2 Externe Vertragsforschung + Technologie-Transfer + neue Maßnahmen
3 Wagnisfinanzierungsgesellschaft + Modellversuch Technologieorientierte Unternehmensgründungen
4 Mikroelektronik, Fertigungstechnik (indirekt-spezifisch)
5 Geschätzte Ist-Zahlen mit starken Abweichungen gegenüber dem Soll beim BMFT
6 bis 1982 Ist-, ab 1983 Soll-Werte

Quelle:
Bundesbericht Forschung 84, S. 78.

+ Das FuE- bzw. Innovations-Personalzuschußprogramm an kleine und mittlere Unternehmen wird, beginnend mit dem Jahr 1979, mit jährlich durchschnittlich knapp 350 Mio DM durchgeführt;
+ der Wissens- und Technologietransfer wird mit erheblichen Steigerungsraten seit 1977 gefördert;
+ für die Wagnisfinanzierung und das Modellversuchsprogramm ›Technologieorientierte Unternehmensgründungen‹ werden seit 1977 entsprechende Mittel aufgewandt;
+ die Sonderprogramme Mikroelektronik und Fertigungstechnik werden seit 1982 mit einer Verdoppelung der Mittel innerhalb von zwei Jahren gefördert.

1.5 Weitere Indikatoren für das Wachstum von Wissen

Während die Produktion von materiellen Gütern sowie der Energieverbrauch in den fortgeschrittenen Industrieländern Sättigungstendenzen zeigen, ist dies bei der Produktion von Wissen sowie technischen Innovationen nicht zu erkennen. Anders als für die Grundgrößen Materie (Masse) und Energie ist für die Grundgröße Information kein Erhaltungssatz erkennbar. Informationen können beliebig produziert und wieder vernichtet werden. Darüber hinaus können durch die Synthese von Informationen beliebig neue Informationen entstehen, wobei das Ganze im allgemeinen eine andere Qualität hat als die Summe der einzelnen Informationen.

Hinzu kommt, daß weder die meisten produzierten Güter noch die eingesetzte Energie über lange Zeit verlustlos gespeichert werden können, was für die wissenschaftlichen Produkte gerade unbegrenzt möglich erscheint. Ich komme auf diese Eigenschaften von Information, Wissen und Wissensproduktion an anderer Stelle zurück, ebenso auf die Frage, ob es im Hinblick auf die Produktion und den Verbrauch wissenschaftlicher sowie technologischer Informationen ähnliche »Umweltverschmutzungseffekte« gibt wie bei der Produktion materieller Güter und der Umwandlung von Energie. Zunächst aber wende ich mich weiter dem quantitativen Wachstum von Wissenschaft und Technologie zu, das sich noch an einer Reihe weiterer Indikatoren nachweisen läßt. Hierfür kommen noch etwa in Betracht:

- die Anzahl der jährlich wissenschaftlich Ausgebildeten
- die Anzahl der in den wissenschaftlichen Institutionen Tätigen
- die finanziellen Aufwendungen für die wissenschaftliche Ausbildung an Hochschulen und Forschungseinrichtungen
- die Einnahmen und Ausgaben im Außenwirtschaftsverkehr für Forschung, technische Entwicklungen und Innovationsleistungen
- die Anzahl erteilter Patente und Lizenzen
- die Einnahmen und Ausgaben für Patente, Erfindungen, Verfahren und Urheberrechte
- die Anzahl erfolgreicher Technologietransfermaßnahmen
- die Anzahl der in den verschiedenen Wirtschaftszweigen tätigen Wissenschaftler und wissenschaftlich ausgebildeten Akademiker und Techniker
- der internationale Wissenschaftsaustausch
- die Aufwendungen für Bildung und Ausbildung ganz allgemein.

Im Prinzip lassen sich für alle diese Bereiche Entwicklungstrends aufzeigen, die mit dem Wachstum wissenschaftlicher Publikationen, den Wissenschaftsausgaben und den FuE-Aufwendungen, wie sie in den vorangegangenen Kapiteln dargestellt wurden, korrespondieren.[51] Einige Beispiele sollen das belegen:

In der Bundesrepublik Deutschland erfolgte in der Zeit von 1969 bis 1981 eine Ausweitung des *im Bereich von Forschung und Entwicklung tätigen Personals* von 240 000 Personen auf etwa 372 000 Personen. Das ist immerhin eine Steigerung um 64,5%. Auch hier zeigt sich wieder, daß der Wirtschaftssektor den größten Anteil daran hat, der heute etwa zwei Drittel aller im Bereich von FuE-Tätigen ausmacht.

Verfolgt man die Zahlen im einzelnen, dann fällt ein starker Anstieg im Hochschulsektor Anfang der siebziger Jahre auf, der auf die Hochschulreform in dieser Zeit zurückzuführen ist.

51 Es würde zu weit führen, hier das ganze Zahlenmaterial auszubreiten, wie das in 1.4 für die FuE-Ausgaben beispielhaft erfolgte. Die nachfolgenden Daten stehen deshalb für eine Fülle von Material, das durchweg jedoch die gleiche Tendenz aufweist.

Der relativ stärkere Anstieg im Wirtschaftssektor bis 1971 ist Ausdruck der in der Bundesrepublik Deutschland verzögerten personellen Expansion von im Forschungs- und Entwicklungsbereich der Wirtschaft Tätigen nach dem Zweiten Weltkrieg.[52] Nach dem Zweiten Weltkrieg hat sich das in Forschung und Entwicklung tätige Personal in allen OECD-Staaten ständig erhöht. Für die Jahre 1977 bis 1981 ergibt sich für einige ausgewählte OECD-Länder das folgende Bild (Tabelle 1.5-1):

Tabelle 1.5 – 1
Entwicklung des in FuE tätigen Personals in einigen OECD-Ländern (1977-1981)

Land	1977	1979	1981	Veränderung	
				abs.	%
BRD	319 347	363 208	371 548	52 201	16,3
Frankreich	222 111	230 766	249 000	26 889	12,1
Italien	97 345	94 643	102 836	5 491	5,6
Großbritannien[1]	259 600				
Schweden	36 283	36 434	43 114	6 831	18,8
Japan	564 915	601 192	648 977	84 062	14,9
Kanada	55 971	59 080	65 712	9 741	17,4
USA[2]	570 300	626 800	691 400	121 100	21,2

1 Für Großbritannien liegen keine Zahlen für 1979 und 1981 vor, da die FuE-Ressourcen nur im dreijährigen Rhythmus erhoben werden.
2 Für die USA wurde nur die Anzahl der Forscher angegeben, während in den anderen Zahlen noch das Technische Personal und Sonstige enthalten sind.

Quelle:
OECD-Statistik.

Als besonders sensibler Maßstab für die Entwicklung und Leistungsfähigkeit eines Wissenschaftssystems gilt allgemein die *Produktion und der Handel mit Patenten, Erfindungen, Verfahren und Urheberrechten.* Die Informationen hierüber sind auch als Gradmesser für die Entwicklung der Wissenschaftsgesellschaft besonders geeignet.
Für einige ausgewählte OECD-Staaten ergibt sich folgende Ein-

52 Vgl. hier die Ausführungen in Kapitel 10.

nahmen- und Ausgabenstruktur in der Zeit von 1976-1981 (Tabelle 1.5-2).

Für die hier vertretenen Thesen lassen sich aus den Zahlen einige wichtige Aussagen ableiten:

1. In allen Industriestaaten ist für die Produktion und den Handel mit wissenschaftlich-technologischen Produkten ein starkes Wachstum zu verzeichnen;
2. die hohen absoluten Werte der Vereinigten Staaten belegen die besondere (methodisch-organisatorische) Leistungsfähigkeit ihrer Wissensproduktion und Wissensverwertung;[53]
3. die hohen Zuwachsraten von Japan, Italien und Frankreich zeigen, daß hier in den letzten Jahren große Anstrengungen unternommen wurden, die Ergebnisse neuerer Wissensproduktion und Technologieentwicklung zu nutzen;
4. die hohen Summenwerte von Japan, Großbritannien und Italien sprechen ebenfalls für derartige Bemühungen;
5. es fällt auf, daß neben den USA nur noch Großbritannien

Tabelle 1.5 – 2
Entwicklung der Einnahmen und Ausgaben einiger OECD-Staaten für Patente, Erfindungen, Verfahren und Urheberrechte von 1976 bis 1981 (alle Angaben in Millionen DM)

	1976				1981				Summe[4]	
Land	E[1]	A[2]	S[3]	Summe	E[1]	A[2]	S[3]	Summe	abs.	%
BRD	765	2029	−1264	2794	1233	2666	− 1433	3371	577	20,6
F	517	1472	− 955	1989	1115	2138	− 1023	3253	1264	63,5
I	871	1488	− 617	2359	1933	2785	− 852	4718	2359	100,0
S	145	346	− 201	491	240	492	− 252	732	241	49,0
J	441	2014	−1573	2455	1090	3871	− 2781	4961	2506	102,1
GB	1762	1348	+ 414	3110	2728	2042	+ 686	4770	1660	53,4
USA	8866	738	+8128	9604	13265	970	+12295	14235	4631	48,2

1 E = Einnahmen
2 A = Ausgaben
3 S = Saldo
4 Summe der Veränderung

Quelle:
OECD-Statistik/Deutsche Bundesbank.

53 Hierzu ausführlich in den Kapiteln 5-7.

einen positiven Saldo aufweist. Das ist ganz offensichtlich ein Ergebnis der schon sehr früh einsetzenden institutionalisierten Wissens- und Technologietransfer-Politik in diesen beiden Ländern.[54]

Ich verzichte angesichts der allgemein bekannten quantitativen Expansion des Bildungsbereichs in allen OECD-Ländern darauf, hier das Zahlenmaterial noch einmal in extenso auszubreiten. In der Bundesrepublik Deutschland hat der *Bildungs- und Ausbildungsbereich* vor allem während der Schul- und Hochschulreform, der Reform der beruflichen Bildung sowie mit dem Ausbau der Fort- und Weiterbildung und der Erwachsenenbildung in den 60er und 70er Jahren eine explosionsartige Ausweitung erfahren. Tatsache ist, daß sowohl die Ausgaben als auch der Personaleinsatz im Bildungsbereich in diesen Jahren kontinuierlich hohe Steigerungsraten aufweisen. Daß damit gleichzeitig die Zahl der Personen mit höheren Bildungs- und Ausbildungsqualifikationen, insbesondere auch mit wissenschaftlichen Qualifikationen stark angestiegen ist, war die gewünschte Konsequenz. Ich greife zur Illustration deshalb nur einige wenige Daten aus der Fülle der Trends im Bildungs- und Ausbildungsbereich heraus:

+ Der Anteil der Bildungsausgaben am Bruttosozial-Inlandsprodukt stieg von etwas weniger als 2% in den fünfziger Jahren auf 5,2% im Jahre 1982.[55]
+ Von 1960 bis 1980 ging der Anteil der Hauptschüler von 70% auf 40% zurück.[56]
+ Während 1960 nur 5,7% der Jugendlichen eine Hochschulreife erwarben, waren es 1970 10,6% und 1980 schon 22,9%.[57]
+ Nach einer Studie des Bundesinstituts für Berufsbildung hat sich »... die allgemeine und berufliche Bildung der deutschen Erwerbstätigen zwischen 1970 und 1978 erheblich verbessert.« Während 1970 nur ca. 78% der Schüler ein zehntes

54 Vgl. hierzu die Kapitel 9.4.2 und 9.4.3.
55 Fischer-Weltalmanach 84, Zahlen, Daten, Fakten, Hintergründe, Frankfurt am Main 1983.
56 Der Tagesspiegel vom 19. 8. 1980.
57 Nach Angaben der Kultusministerkonferenz in: Zahlenbild-Pressedienst, August 1981.

Bildungsjahr in Vollzeitform absolvierten, waren es 1978 schon 75%, und für 1985 wird mit einer nahezu 100%igen Durchführung des zehnten Bildungsjahres gerechnet.[58]

+ Während 1966 nur 38 200 Akademiker mit einem Abschlußdiplom die Hochschulen in der Bundesrepublik Deutschland verließen, waren es zehn Jahre später 131 300. Das bedeutet einen Anstieg um 244%.[59]
+ Der Anteil der neuabgeschlossenen Ausbildungsverträge am Durchschnittsjahrgang der fünfzehn- bis siebzehnjährigen Jugendlichen im dualen System stieg in den Jahren 1978 von 59% auf 74% im Jahre 1984 an.[60]

Immer mehr hat sich im Zuge dieser Entwicklung auch der Grundsatz des lebenslangen Lernens durch Aus-, Fort- und Weiterbildung verbreitet.

So hat sich beispielsweise ein Viertel aller Deutschen in der Bundesrepublik zwischen 19 und 65 Jahren im Jahre 1979 an Weiterbildungsmaßnahmen beteiligt.[61] Diese Quote ist vermutlich in den letzten Jahren infolge der wirtschaftlichen Rezession und der Massenarbeitslosigkeit erheblich gestiegen.

Da angesichts der öffentlichen Sparhaushalte in den letzten Jahren die allgemeine Meinung vorherrscht, daß damit auch ein drastischer Rücklauf der *Aufwendungen für Bildung und Ausbildung* verbunden ist, gebe ich hier noch einige Zahlen über die Haushaltsentwicklung in den beiden Haushaltsjahren 1982 und 1983 wieder. Auch wenn die Steigerungsraten im Bildungsbereich erheblich abgenommen haben, kommt eine Untersuchung im Auftrag der Bund-Länder-Kommission für Bildungsplanung und Forschungsförderung über die Bildungsausgaben 1982 und 1983 in der Bundesrepublik Deutschland zu dem Ergebnis, daß

»... die Bildungsausgaben in der Abgrenzung des Bildungsbudgets – das sind die Ausgaben von Bund, Ländern und Gemeinden für Elementar-, Schul- und Hochschulbereich, die Weiterbildung, die außerschulische

58 Handelsblatt vom 30./31. 5. 1980.
59 analysen und prognosen – über die welt von morgen, H. 56, Berlin 1978, S. 14.
60 Der Bundesminister für Bildung und Wissenschaft (Hrsg.), Information Bildung und Wissenschaft Nr. 10/84, Bonn 1984.
61 Handelsblatt vom 19. 8. 1980.

Jugendbildung, Förderungsmaßnahmen und gemeinsame Forschungsförderung – 1982 auf 81,8 Mrd DM oder um 1,4% gegenüber dem Vorjahr gestiegen (sind). Für 1983 sind Bildungsausgaben in Höhe von 83,8 Mrd DM vorgesehen. Das entspricht einem weiteren Anstieg um 2,4%.«[62]

Hierzu ist noch anzumerken, daß die Bildungsausgaben des Bundes von 1982 gegenüber 1981 um 3,2% gestiegen sind und 1983 gegenüber 1982 um 5,7%.

Die Bundesländer erhöhten ihre Ausgaben 1983 gegenüber 1982 um 2,6%.

Lediglich die Ausgaben der Gemeinden nahmen in den beiden Jahren um etwa 2,7% ab.

Die zuletzt genannten Zahlen beweisen, daß es sich ein Land wie die Bundesrepublik Deutschland selbst bei extremen Sparhaushalten und bei einem in Reaktion auf die Schul- und Hochschulreform schon als bildungsfeindlich zu bezeichnenden Gesamtklima nicht leisten kann, auf eine immer höhere Qualifizierung des Humankapitals zu verzichten.

62 Der Bundesminister für Bildung und Wissenschaft (Hrsg.), Information Bildung und Wissenschaft, Nr. 8/83, Bonn, August 1983, S. 151.

2 ›Wissenschaft und Technologie‹ als Innovationskraft

Die These, daß sich ›Wissenschaft und Technologie‹ zur zentralen Innovationskraft der modernen Industriegesellschaft entwickelt hat, führt in zweierlei Hinsicht über die traditionellen Ansichten der gesellschaftlichen Rolle von Wissenschaft und Technologie hinaus. Bisher wurde in den Wirtschaftswissenschaften ›Wissenschaft und Technologie‹ bestenfalls als ein Produktivfaktor angesehen, der mehr oder weniger gleichwertig neben ›Arbeit‹, ›Kapital‹ und ›natürlichen Ressourcen‹ steht. In den Sozialwissenschaften und in der Philosophie wurde zwar die soziale Destruktionskraft von Forschung und Technologie häufig analysiert, ihr grundlegender Charakter als zentrale Innovationskraft aber kaum konzeptionell verarbeitet.

Wenn hier der Begriff »Innovationskraft«[1] verwendet wird, so ist damit eine Kraft gemeint, die Veränderungen hervorbringt, die es vorher in der gleichen Weise noch nicht gegeben hat. Der Begriff »Innovationskraft« bezieht sich somit nur auf Neuerungen eines Systems oder von Systemfunktionen. Nicht erfaßt sind alle jene Folgen und Veränderungen, die durch Wiederholung gleicher Vorgänge zustande kommen.

Es wird nicht übersehen, daß diese Abgrenzung des Begriffs »Innovationskraft« nicht eindeutig ist. Sie ist aber für die in dieser Arbeit angestellten Betrachtungen hinreichend genau.

Wie beim physikalischen Begriff der »Kraft« geht es um die Verursachung von Änderungen von Vorgängen, also um den zweiten Differentialquotienten.

›Wissenschaft und Technologie‹ tritt nun als zentrale Innovationskraft in zweierlei Hinsicht in Erscheinung: als *zentrale* ökonomische Produktivkraft und als *wichtigste* Kraft des sozialen Wandels.

Wenn diese These von ganz unterschiedlichen weltanschaulichen Positionen abgelehnt wird, ist das nicht verwunderlich. Die

1 Die Begriffe »Innovationskraft« und »Produktivkraft« werden in Kapitel 2.5 genauer bestimmt.

Vorstellung und der Wunsch, daß menschliche Arbeitskraft bzw. individuelle und gesellschaftliche Entscheidungen die Hauptantriebskräfte von Produktion und sozialem Wandel sein sollten, sind nach wie vor dominant. Um Mißverständnissen vorzubeugen, soll betont werden, daß damit allerdings nichts gegen die *Möglichkeit* ausgesagt wurde, solche Wünsche und Hoffnungen auch einzulösen. Vielmehr wurde zunächst nur der Ist-Zustand beschrieben. Da dieser selbst Ergebnis einer Entwicklung ist, spricht zumindest prinzipiell nichts gegen andere zukünftige Möglichkeiten.

2.1 ›Wissenschaft und Technologie‹ in der Nationalökonomie

In den Wirtschaftswissenschaften werden als Ursachen für wachsende Produktivität, also für das Verhältnis des mengen- bzw. wertmäßigen Produktionsergebnisses zur Menge des eingesetzten Produktionsaufwands bzw. den Kosten, also für die Ergiebigkeit des Wirtschaftens, die Produktionsfaktoren oder Produktivkräfte genannt. Es ist nun bezeichnend, daß von den klassischen Nationalökonomen entweder nur die Produktionsfaktoren Arbeit (Adam Smith), Arbeitskraft bzw. Bevölkerung und Boden (John Stuart Mill), Arbeit, Kapital sowie Grund und Boden (David Ricardo) oder Arbeit und Kapital (Klassische Schule) als ökonomisch relevant angesehen wurden. In weiterentwickelten Modellen der Produktivitätsanalyse trat noch der Faktor Rohstoffe oder Werkstoffe (Rohhilfs- und -betriebsstoffe) hinzu.
Bei Marx und Engels sind die menschliche Arbeitskraft mit ihren Fähigkeiten und Fertigkeiten und die Produktionsmittel (Maschinen, Transportmittel, Arbeitsgebäude, Boden, Rohstoffe, Halbfabrikate und Naturreichtümer) die Produktivkräfte, wobei die Menschen mit ihrer körperlichen und geistigen Arbeit die Hauptproduktivkraft darstellen.[2]

2 Vgl. auch G. Klaus u. M. Buhr, Philosophisches Wörterbuch, Leipzig 1971, S. 879: »Produktivkräfte – System der Wechselwirkung sachlich-gegenständlicher und menschlich-subjektiver Elemente. Sie umfassen den im Arbeitsprozeß unmittelbar oder mittelbar tätigen Men-

Auch wenn bei Marx und ebenso bei Engels ›Wissenschaft und Technologie‹ eine hervorgehobene Rolle spielt, so blieb doch die Arbeitskraft der unmittelbaren Produzenten letztlich die Quelle des Mehrwerts. In dieser von zahlreichen Neomarxisten festgeschriebenen Form der Arbeitswerttheorie dürfte eine der tieferen Ursachen liegen, weshalb bestimmte Entwicklungen im Kapitalismus und in den Staaten mit zentral gelenkter Planwirtschaft von ihnen so falsch analysiert und interpretiert wurden. Ich komme hierauf an anderer Stelle noch zurück.

Alle diese Ansätze führten mit fortschreitender Entwicklung der Industriegesellschaften zu immer gravierenderen Erklärungsproblemen. Je unsinniger die Implikationen für die ökonomische Praxis wurden, desto stärker rückte als Produktivfaktor der ›Technische Fortschritt‹ oder ›Wissenschaft und Technik‹ in das Blickfeld der Betrachtung.

In einer Forschungsarbeit im Auftrage des Rationalisierungs-Kuratoriums der Deutschen Wirtschaft (RKW) aus dem Jahre 1968 über »Wirtschaftliche und soziale Aspekte des technischen Wandels in der Bundesrepublik Deutschland«[3] kann man verfolgen, von welchem Ächzen die Einbeziehung des Produktivfaktors ›Technischer Fortschritt‹ in die Wirtschaftswissenschaft begleitet war:

»Trotzdem läßt sich erkennen, welche wichtige Rolle neben den bloß quantitativen Veränderungen der Faktoreneinsatzmengen (Kapitalintensivierung, Importsteigerung, vermehrter Arbeitseinsatz und Arbeitszeitveränderung) der technische Fortschritt für das Produktivitätswachstum spielt. Für die fünfziger Jahre stellt der technische Fortschritt bei allen

schen, die Leitung, die Wissenschaft, die Produktionsmittel, die Technologie und Organisation der Produktion«;
ebenda, S. 879/880: »Die entscheidende und hauptsächliche Produktivkraft sind die Menschen, die Volksmassen, durch deren körperliche und geistige Arbeit die Produktionsinstrumente geschaffen, in Bewegung gesetzt und die Gegenstände der Natur den menschlichen Bedürfnissen entsprechend verändert werden.«

3 Luitpold Uhlmann und Gerhard Huber, Technischer und struktureller Wandel in der wachsenden Wirtschaft, Forschungsprojekt des RKW in der Reihe ›Wirtschaftliche und soziale Aspekte des technischen Wandels in der Bundesrepublik Deutschland‹, 2. Bd., Frankfurt/Main 1971.

Autoren die Haupterklärungskomponente des Produktionswachstums dar ...«

»Die miteinander vergleichbaren Schätzungen von Bombach[4] und Hoffmann[4] führen das Produktivitätswachstum fast ausschließlich auf den technischen Fortschritt zurück (90 bzw. 85%). Helmstädter[4] errechnet für die Jahre bis 1956 einen ähnlichen Wert (91%).«[5]

»Die Berechnung substitutionaler Produktionsfunktionen hat gezeigt, daß das Outputwachstum nicht nur auf einen vermehrten Einsatz von Arbeit und Kapital zurückgeführt werden kann, sondern daß ein zunächst unerklärter Rest an Produktionswachstum bleibt, der auf den technischen Fortschritt zurückgeführt werden muß. Diese Restgröße – auch Rationalisierungseffekt, Qualitätskomponente, dritter Faktor, Residualfaktor, Globalproduktivität, Totalproduktivität genannt – spielt deshalb in allen für die westdeutsche Wirtschaft der Jahre 1950 errechneten substitutionalen Produktionsfunktionen eine Rolle. Die Produktionsfunktion nimmt dadurch die allgemeine Form $Q = Q\ (K, L, A)$ an. Hierbei bezeichnet A den Residualfaktor, der ebenso wie K (Kapital) und L (Arbeit) eine unabhängige Variable[6] darstellt.«[7]

4 Gottfried Bombach, Quantitative und monetäre Aspekte des Wirtschaftswachstums, in: Finanz- und währungspolitische Bedingungen stetigen Wirtschaftswachstums, Schriften des Vereins für Sozialpolitik, NF 15, Berlin 1959;
Walther G. Hoffmann, Das Wachstum der deutschen Wirtschaft seit Mitte des 19. Jahrhunderts, Berlin/Heidelberg/New York 1965;
Ernst Helmstädter, Komponenten des Wachstums, in: Der Volkswirt, Nr. 36, 9/1967.

5 L. Uhlmann u. G. Huber, a.a.O., S. 96.

6 Der technische Fortschritt (Residualfaktor A) wird also als eine unabhängige, nicht weiter zu erklärende Größe in die Produktionsfunktion eingefügt. Daß dieses Vorgehen wichtige Zusammenhänge unberücksichtigt läßt, ist bekannt. Der technische Fortschritt »fällt nicht vom Himmel«, sondern ist im wesentlichen in besseren Produktionsfaktoren verkörpert, so etwa in der Bindung an die Produktionsfaktoren Arbeit (bessere Ausbildung, größere Erfahrung der Arbeitskräfte) und Kapital (bessere Maschinen und bessere Ausstattung der Betriebe). Die mannigfaltigen Versuche in der US-amerikanischen Literatur, die sogenannten Embodiment-Effekte, d. h. dasjenige Produktivitätswachstum, das durch eine verbesserte Qualität von Kapital und Arbeit entsteht, zu isolieren (Hauptvertreter Solow und Denison; vgl. die jüngste – theoretische – Behandlung des Problems bei Frisch, Helmut: Gebundener technischer Fortschritt

Die Fußnote ist besonders aufschlußreich, bedenkt man, daß zu dieser Zeit schon längst die strategisch geplante und organisierte, d.h. die auf höchste Produktivitätssteigerung ausgerichtete Großforschung in allen Unternehmen und Großforschungseinrichtungen Einzug gehalten hatte.[8]
Nach dieser Darstellung ist wohl kaum noch verwunderlich, wenn als Produktivfaktor die Natur – außer in Form von Rohstoffen – überhaupt nicht explizit in Erscheinung trat. Die zentrale Rolle von Wissenschaft, Forschung und technologischen Innovationen und der Einsatz bzw. Verbrauch von Land, Wasser und Luft blieben in den Modellen der klassischen Wirtschaftstheorien im Grundsatz unbeachtet.
Bezeichnend hierfür ist die Bewertung des Produktivfaktors ›Wissenschaft und Technologie‹ in Meyer's Enzyklopädischem Lexikon. Unter dem Stichwort »Produktivität« findet sich nach längeren Ausführungen über »Arbeitsproduktivität« und »Kapitalproduktivität« lediglich im letzten Satz der Hinweis:

»Neue Untersuchungen haben ergeben, daß gerade dem technischen Fortschritt bei Produktivitätssteigerungen eine überragende Bedeutung zukommt.«[9]

Der in der Fußnote erwähnte Robert M. Solow vom Massachusetts Institute of Technology (M.I.T.) war einer der ersten, der ›Wissenschaft und Technologie‹ als eigenständige Produktivkraft

und wirtschaftliches Wachstum, Berlin 1968), scheitern in der Bundesrepublik – abgesehen von den noch längst nicht ausdiskutierten theoretischen Problemen – am Mangel geeigneter statistischer Unterlagen über die Zusammensetzung des Kapitalstocks und über den Zusammenhang zwischen Alter, Ausbildung und Einkommen der Arbeitskräfte.

7 Ebenda, S. 93.

8 Vgl. hierzu insbesondere die Kapitel 4 bis 6 und 10. Auch: Helmut Krauch, Die organisierte Forschung, Neuwied am Rhein/Berlin 1970;
Otto Ullrich, Technik und Herrschaft – Vom Hand-werk zur verdinglichten Blockstruktur industrieller Produktion, Frankfurt am Main 1977; Wolfgang van den Daele, Wolfgang Krohn und Peter Weingart, Geplante Forschung, Frankfurt am Main 1979.

9 Meyers Enzyklopädisches Lexikon in 25 Bänden, Bd. 19, Mannheim/Wien/Zürich 1977, S. 292.

für die Produktionssteigerung analysierte und deren quantitativen und qualitativen Einfluß als so zentral darstellte, wie es sich die Vertreter der klassischen Wirtschaftsschulen offenbar nicht vorstellen konnten.[10] Technologischer Fortschritt bestimmt sich bei Solow durch Erfindungen, Verbesserung der Qualität der Organisation, der Bildung und Ausbildung etc.

Solow berechnete bereits in den fünfziger Jahren, daß sich die Produktivitätssteigerung in den USA von 1909 bis 1949 nur zu etwa 12% aus Kapitalzuwachs, hingegen zu etwa 88% auf technologische Innovationen zurückführen läßt.

Im Zusammenhang mit der Analyse der treibenden Kräfte des Kapitalismus und der Rolle des Faktors ›Technischer Fortschritt‹ in der Nationalökonomie, müssen noch zwei bedeutende Namen aus der jüngsten Geschichte genannt werden: Der deutsche Soziologe und Nationalökonom Werner Sombart in seiner frühen Phase und der österreichisch-amerikanische Nationalökonom Joseph A. Schumpeter.

Beide befaßten sich ganz zentral mit der kapitalistischen Dynamik. Beide sahen den Kapitalismus allerdings nur als Übergangsstadium an.

In ihren groß angelegten sozioökonomischen Konzepten nimmt der ›Technische Fortschritt‹ in Form der wissenschaftlich-mechanistischen Technologie bzw. als technologische und organisatorische Innovationen einen wesentlichen Platz ein.

Sombart (1863-1941) ging es in seinem erstmals 1902 erschienenen Hauptwerk *›Der moderne Kapitalismus‹*[11] hauptsächlich um den kapitalistischen Geist bzw. die kapitalistische Gesinnung, die sich am stärksten in der Gestalt des kapitalistischen Unternehmers wiederfindet, in zweiter Linie um den Einfluß von Wissenschaft und Technologie.

In der Darstellung des Kapitalismus unterscheidet er den Frühkapitalismus (von der Mitte des 13. bis zur Mitte des 18. Jahrhun-

10 Robert M. Solow, Technical Change and the Aggregate Production Function, in: Review of Economics and Statistics, 39, 1957.

11 Werner Sombart, Der moderne Kapitalismus. Historisch-systematische Darstellung des gesamt-europäischen Wirtschaftslebens von seinen Anfängen bis zur Gegenwart, 3 Bde. in 6 Halbbänden, München-Leipzig 1921-1927.

derts), vom Hochkapitalismus (von der Mitte des 18. Jahrhunderts bis zum Beginn des Ersten Weltkriegs) und den Spätkapitalismus (nach dem Ersten Weltkrieg). Bemerkenswert sind nun die Charakteristika, die er für diese drei Epochen hervorhebt: Im Frühkapitalismus dominierte noch weitgehend das Handwerk, die Autoritätsbeziehungen in der Arbeit waren patriarchalisch, das wirtschaftliche Handeln war durch persönlich geprägte Tausch- bzw. Kauf- und Verkaufsbeziehungen gekennzeichnet. Im Hochkapitalismus wurden die wirtschaftlichen Beziehungen durch formale Prinzipien ersetzt, wobei wirtschaftliche Zweckmäßigkeit der Produktion und Gewinnmaximierung dominierten. Die Unternehmen übernahmen immer mehr wissenschaftlich-mechanistische Techniken und Organisationsformen, die Beziehungen wurden immer unpersönlicher und mehr und mehr institutionalisiert. Der »kapitalistische Geist« geriet immer mehr »durch die Widersprüche zwischen Irrationalität und Rationalität, zwischen dem Geist der Spekulation und dem der Kalkulation« unter Druck.[12] Im Spätkapitalismus »mache sich allmählich ein Verfall der Unternehmergesinnung bemerkbar«, d. h. allgemeiner der kapitalistischen Gesinnung, die vor allem durch den risikofreudigen unternehmenden Unternehmer und den arbeitsamen Arbeiter geprägt ist, sowie eine Zunahme bürokratischer Mentalität. Gemischtwirtschaftliche Unternehmen in Form öffentlich-privater und staatlich-kommunaler Einrichtungen nehmen zu, die Kennzeichen, die den Kapitalismus so dynamisch gemacht haben, erblassen. Waren anfangs in der Reihenfolge Geist, Form und Technologie für den Kapitalismus maßgebend, so erlischt nunmehr der Geist. Die äußere Form des Wirtschaftens und Technischer Fortschritt bleiben zwar erhalten, aber sie reichen nach Sombart offenbar nicht für eine weiterführende Evolution des kapitalistischen Systems aus.

Wir wissen heute, daß sich Sombart in dieser Hinsicht geirrt hat.

Andererseits kann man zahlreiche Elemente seiner Analyse, vor allem im Hinblick auf die Herausbildung der gesellschaftlichen Grunddisposition der Industrie- bzw. Wissenschaftsgesell-

12 Werner Sombart, Capitalism, in: Encyclopedia of the Social Sciences, in: E. R. A. Seligmann (Hrsg.), Bd. 3, New York 1930, S. 207.

schaft[13] im Rahmen des kapitalistischen Wirtschafts- und Gesellschaftssystems nicht übergehen. Mit den nachfolgenden Zitaten aus seiner Abhandlung über ›*Kapitalismus*‹ sollen einige besonders wichtige Aspekte hervorgehoben werden:
Zur herrschenden kapitalistischen Wirtschaftsgesinnung führt Sombart u. a. aus:

»1. der subjektive Geist, die *Wirtschaftsgesinnung* sind wie folgt bestimmt:
a) das herrschende Wirtschaftsprinzip ist das *Erwerbsprinzip*. Zweck aller wirtschaftlichen Tätigkeit im Rahmen des Kapitalismus ist der *Gewinn* und zwar der Geldgewinn; ...
In der Erwerbsidee sind folgende Entwicklungsformen der wirtschaftlichen Orientierung eingeschlossen:
(1) der *schrankenlose* Erwerb. Für den Erwerb bestehen keinerlei Grenzen, und sein Streben ist grenzenlos. Die Schrankenlosigkeit ist also in zweifachem Verstande gemeint: negativ und positiv.
Negativ: Wenn Zweck der kapitalistischen Unternehmung die Verwertung eines Sachvermögens ist, so bedeutet das eine Loslösung der Zwecke kapitalistischen Wirtschaftens von der leiblich individuellen Persönlichkeit des Wirtschaftsobjektes ...
Daß aber innerhalb dieser unbegrenzten Möglichkeit *positiv* die Tendenz zum schrankenlosen Erwerbe erzeugt werde, dafür sorgt die psychologische Zwangslage des Unternehmertums. Die (freilich nur empirisch begründete) Tatsache, daß jede Vergrößerung des Geschäftes diesem zugute kommt, wenn nicht qualitativ durch Hebung der Leistung, so doch mindestens quantitativ durch Ausweitung des Herrschaftskreises, drängt zu der beständigen Ausdehnung des Betriebsumfanges: oft gegen den ausdrücklichen Wunsch des Unternehmens.
In dieser eigentümlichen Einstellung der menschlichen Tätigkeit auf ein in die unendliche Ferne gerücktes Ziel liegt die dynamische Gewalt des kapitalistischen Wirtschaftssystems begründet, die alle staunenswerten Leistungen dieser Wirtschaftsweise begreiflich macht.
(2) der *unbedingte* Erwerb. Ein Erwerb, der schrankenlos in qualitativer Hinsicht ist, wird zum unbedingten Erwerb. Er begnügt sich nicht mit einer Erfassung aller im Bereich der wirtschaftlichen Interessensphäre liegenden Erscheinungen, sondern greift hinüber in andere Gebiete menschlicher Kultur und entwickelt die Tendenz, über die gesamte Wertewelt den Primat der Geschäftsinteressen zu proklamieren. Wo der Erwerb zum unbedingten wird, erscheint alles nur von Bedeutung, insoweit es ökonomischen Interessen dienstbar gemacht werden kann:

13 Vgl. hierzu vor allem die Kapitel 3, 8 und 11.

der Mensch wird nur noch als Arbeitskraft, die Natur nur noch als Produktionsmittel in Ansehung gezogen; das ganze Leben ist eine einzige große Geschäftsabwicklung; Erde und Himmel sind eine einzige große Fabrik, und alles was darin lebt und webt, wird wie in einem riesigen Hauptbuche registriert nach seinem Geldeswerte …

(3) der *rücksichtslose* Erwerb. Schrankenloser und unbedingter Erwerb arten am Ende aus in rücksichtslosen Erwerb. Er ist es, der die praktischen Konsequenzen aus den revolutionierten Werturteilen für das Handeln zieht. Er will alle Hindernisse aus dem Wege räumen, ohne Rücksicht auf irgendein entgegenstehendes Interesse, damit die Bahn für die schrankenlose und unbedingte Entfaltung des Erwerbes frei werde. Die Intensität des Erwerbsstrebens hat hier die Höhe erreicht, auf der alle Hemmungen moralischer oder gemütlicher Art wegfallen. Der Erwerbswert ist zu solcher Alleinherrschaft gelangt, daß ihm gegenüber kein anderer Wert noch Bedeutung bewahrt hat.«[14]

Naturwissenschaft und Technik haben in diesem Rahmen den folgenden Rang:

»3. *Die dem Kapitalismus angemessene Technik.* Damit Kapitalismus bestehen könne, muß zunächst die Technik (*quantitativ*) einen bestimmten hohen Grad der Produktivität erreicht haben. Erst bei einem Mindestgrade der Produktivität ist überhaupt kapitalistische Organisation – das heißt also Differenzierung zwischen disponierend-organisierender und technisch ausführender Arbeit – möglich …

In *qualitativer* Hinsicht ist diejenige Technik dem kapitalistischen Interesse am meisten angepaßt, die am leichtesten zu Verbesserungen und Vervollkommnungen Gelegenheit bietet. Durch beständige Verbesserungen sucht der kapitalistische Unternehmer seinen Absatz zu erweitern, seine Konkurrenten aus dem Felde zu schlagen, indem er dieselbe Ware billiger oder eine bessere zu gleichem Preise anbietet …

Alle diese Bedingungen erfüllt nun aber in hervorragendem Maße das wissenschaftlich-anorganische Verfahren, das formell auf den Errungenschaften der Naturwissenschaften, materiell auf der Durchbrechung der Schranken der organischen Natur aufgebaut ist. Die Technik ist damit im eminenten Sinne eine revolutionäre Technik geworden.«[15]

Zum Verhältnis von kapitalistischer Rationalität und Technikanwendung:

14 Werner Sombart, ›Kapitalismus‹, in: A. Vierkandt (Hrsg.), Handwörterbuch der Soziologie, Stuttgart 1959, S. 258ff.

15 Ebenda, S. 261.

»Es ist aber auch einleuchtend, daß die Grundideen dieser Technik dem Wesen der kapitalistischen Wirtschaft nicht konträr (wie dem Handwerk), sondern gerade recht entsprechend sind: auf Rationalismus beruht aller Kapitalismus, so daß die Durchdringung der Technik mit rationalistischem Geiste nur die Anwendung der ökonomischen Prinzipien der kapitalistischen Organisation auf den technischen Prozeß bedeutet. Sachlich aber bedeutet ja gerade auch die kapitalistische Wirtschaft die Loslösung von der individuellen Persönlichkeit, die Versachlichung aller wirtschaftlichen Beziehungen, also im Grunde auch die Durchbrechung der Schranken des Organischen. Ihr entspricht die unpersönliche Betriebsform. Beide aber: die versachlichte Wirtschaftsform sowie die versachlichte Betriebsform, sind die adäquaten Organe zur Verwirklichung einer auf Versachlichung des Arbeitsprozesses aufgebauten Technik.«[16]

Aber nicht die Technik bzw. das »wissenschaftlich-anorganische Verfahren« ist bei Sombart der zentrale treibende innovative Faktor, sondern das Gewinnstreben und seine Objektivierung in Form des kapitalistisch handelnden Unternehmers, der Zwecksetzung der Unternehmung nach Produktivität und Rentabilität und der diesen Zielen verpflichteten Arbeitsverhältnisse der Arbeitnehmerschaft.

»Ich habe diese Mediatisierung des subjektiven Zweckes des kapitalistischen Unternehmers in der kapitalistischen Unternehmung die *Objektivierung des Gewinnstrebens* genannt... Was ich als die unerlaubte Hereinziehung des »Sinnes« dieser Wirtschaft in den Kausalzusammenhang ihrer Wirklichwerdung bezeichne, findet hier seine Aufklärung und erfährt seine bedingte Anerkennung. Sieht man die Zusammenhänge in der Weise, wie ich sie gezeigt habe, so kann man auch getrost den *Marx*schen Ausdruck: ›das Gewinnstreben des Kapitals‹ gebrauchen. Man entfernt sich nicht von dem Boden der Wirklichkeit, indem man diese Sinnbezeichnung des kapitalistischen Wirtschaftens in ihre Beziehung zu den real treibenden Kräften: der Motivation des kapitalistischen Unternehmers, bringt dadurch, daß man diese als eine den Sinn der kapitalistischen Wirtschaft notwendig, d.h. eben durch die Objektivierung des Gewinnstrebens, erfüllende aufweist.«[17]

Mit Blick vor allem auf das in Kapitel 4.4 eingehend behandelte ›wissenschaftliche Prinzip Organisation‹, das von mir als vierte

16 Ebenda.
17 Ebenda, S. 266.

Stufe der evolutionären Entwicklung der Produktivkraft ›Wissenschaft und Technologie‹ herausgearbeitet wird, noch einmal Werner Sombart:

»(2) Das Ungeheuer, das wir kapitalistische Unternehmung nennen, hat nun aber auch einen eigenen *Verstand*. Denn in ihm haust der ökonomische Rationalismus ganz losgelöst von der Person des Inhabers und des Personals. Dieses bedeutet – seiner Mystik entkleidet – folgendes: Ökonomisch rationelle – d. h. der Rentabilität der Unternehmung objektiv angemessene – Geschäftsmethoden bilden sich im Laufe der Zeit aus – allein durch Erfahrung. Nun ist es aber ein Kennzeichen der hochkapitalistischen Wirtschaftsepoche, daß in ihr der Umfang jener Geschäftsmethoden unausgesetzt bewußt und geflissentlich ausgeweitet wird durch selbständige, haupt- und nebenberuflich, zum Teil erwerbsmäßig, d. h. selbst zum Zwecke des Gewinns geübte Tätigkeit zur *künstlichen Erzeugung von ökonomischem Rationalismus*; vom Professor der Betriebswirtschaft über die Bücherrevisoren, Kalkulatoren bis zu den Fabrikanten von allerhand Bürobedarf, wie Schreib-, Rechen- und Zählmaschinen, Briefordner, Kontormöbel zermartern sich täglich Tausende und Abertausende von Menschen das Hirn, um Mittel und Wege ausfindig zu machen, durch die der ökonomische Rationalismus gesteigert werden könnte. Es bestehen schon eigene Organisationen zur Verfolgung dieses Zieles, wie die Arbeitsgemeinschaft deutscher Betriebsingenieure (ADB) u. a. Das Ergebnis dieser vielfachen Bemühungen ist ein hoch entwickeltes, stetig sich vervollkommnendes System zweckmäßiger Verhaltungsmaßregeln ...«[18]

Was hat nun die »weltanschauliche Neuorientierung« des »kapitalistischen Unternehmers« und damit auch ganz wesentlich die Grunddisposition der kapitalistischen Gesellschaft schlechthin geprägt?

»a) *Der Glaube an den Fortschritt*, an die humanitäre Mission der wirtschaftlichen Expansion, der sich vielleicht sogar zu der Vorstellung auswächst: einen Dienst am Gemeinwohl zu verrichten. Aus diesem wichtigsten Religionsersatz folgen: α) der Wille zum Erfolge, d. h.: das Bemühen, wirtschaftliche große Erfolge zu erzielen: eine Seelenstimmung, die beispielmäßig allen Amerikanern vom Trustmagnaten bis zum Laufburschen eigentümlich ist; β) ein unerschütterlicher Optimismus; γ) ein Pflichtbewußtsein, soweit dieses sich nicht – was der häufigere Fall sein wird – ergibt aus δ) der Herausbildung eines besonderen, modern bürgerlich-kapitalistischen *Pflichtbegriffes*. Einen solchen gibt es in der

18 Ebenda, S. 266.

Tat. Er ist ursprünglich wohl religiös untermauert gewesen (hier besteht in der Tat ein Zusammenhang zwischen moderner Berufsethik und Bewährungsglauben)[19], ruht aber seit langem auf einer aus Parvenü-Ressentiment und Gewissensbeschwichtigungsbestreben gebildeten Grundlage. Diese besteht in einer Betonung der Leistungswerte, einer Überschätzung der Arbeit als solcher und ihrer Anerkennung als einziger Quelle irdischen Wohlergehens. Verdienst gilt nur insoweit als Verdienst, als er auf harter Arbeit aufgebaut ist. »Arbeit ist des Bürgers Zierde, Segen ist der Mühe Preis«. ...

c) Nun wird aber das Handeln des modernen Wirtschaftsmenschen in ganz unkantischer Weise keineswegs nur durch das Pflichtbewußtsein bewegt, sondern – so seltsam es klingt – doch auch durch die *Liebe*. Freilich einer eigentümlichen Abart der Liebe, nämlich der *Liebe zu seinem Geschäft*. Psychologisch werden wir uns diese Pervertierung der geistigen Haltung damit erklären müssen, daß in der Seele des Unternehmers infolge eines Übermaßes an Arbeit und insonderheit von Beschäftigung mit geschäftlichen Dingen, die ihm für nichts anderes Zeit läßt, alle übrigen Seiten verkümmern, daß Natur, Kunst, Literatur, Staat, Freunde, Familie keine Reize mehr auszuüben vermögen, daß er infolgedessen von einem unerträglichen Gefühl der Leere und Öde ergriffen wird, sobald er aus der schützenden, wärmenden, belebenden Welt der Zahlen heraustritt. In dieser Welt der Geschäfte hingegen findet er alles, was ihn erfrischt, ermuntert, beglückt; er empfindet sie als seine wahre Heimat, als den Jungbrunnen, aus dem er neue Kräfte schöpft, als die Quelle, die den Verdurstenden neu belebt. Kein Wunder, daß er dieser Welt schließlich auch seine Liebe widmet.«[20]

Ich habe den Sombartschen Ausführungen über die Grundlagen des Kapitalismus breiten Raum eingeräumt, weil zahlreiche in dieser Arbeit behandelten Probleme sowie neuere Diskussionen über den Zusammenhang von Wissenschaft, Technik und deren ökonomischer Verwertung hier anknüpfen, wenn auch in dem weiteren Rahmen der allgemeinen industrialistischen Entwicklung (vgl. die nachfolgenden Kapitel).

Als erster moderner Nationalökonom hat *Joseph A. Schumpeter*

19 Sombart zielt hier ganz offensichtlich auf Max Webers Werk »Die protestantische Ethik und der Geist des Kapitalismus«, dessen erster Teil über die protestantische Ethik 1904 und dessen zweiter Teil nach seiner Rückkehr aus den USA über protestantische Sekten 1906 entstand..

20 Ebenda, S. 276.

(1883-1950) die besondere Bedeutung technischer und organisatorischer Innovationen im Wirtschaftsprozeß und für den sozialen Wandel hervorgehoben. In seinem großen Werk *Kapitalismus, Sozialismus und Demokratie* behandelt er ebenfalls zahlreiche Probleme, die auch heute höchstes Interesse verdienen. So sieht er etwa die kapitalistische Mentalität in alle Lebensbereiche eindringen mit der Folge einer allzu rationalistischen Lebensweise:

»... ich zögere nicht zu behaupten, daß die ganze Logik vom Muster der wirtschaftlichen Entscheidung abgeleitet ist oder, um einen Lieblingsausdruck von mir zu verwenden, daß das wirtschaftliche Modell der Nährboden der Logik ist.«[21]
»Der kapitalistische Prozeß rationalisiert Verhalten und Ideen und verjagt dadurch aus unseren Köpfen, zugleich mit dem metaphysischen Glauben, mystische und romantische Ideen von vielerlei Art.«[22]

Und an anderer Stelle heißt es, nachdem er die Überspitzung dieser Form von Vernunft als schädlich bezeichnet:

»Die Börse ist ein armseliger Ersatz für den heiligen Gral.«[23]

Dies ist der eine Faktor, der den Kapitalismus in den Untergang treibe, die beiden anderen sind die Ersetzung der Unternehmer-Persönlichkeit (Willenskraft und individuelle Aktion) durch einen entpersönlichten, automatisierten und routinisierten bzw. bürokratisierten Wirtschaftsablauf sowie der Verfall von Traditionen, der die Gesellschaft gegen das kapitalistische Wirtschaften mobilisieren wird.

»So zeigt der wirtschaftliche Fortschritt die Tendenz, entpersönlicht und automatisiert zu werden. Bureau- und Kommissionsarbeit haben die Tendenz, die individuelle Aktion zu ersetzen.«[24]

Auf der Ebene der institutionellen Entwicklung führen das Anwachsen der Großunternehmen und die Monopolbildungen zur Ausschaltung kleiner und mittlerer Unternehmen und der Über-

21 Joseph A. Schumpeter, Kapitalismus, Sozialismus und Demokratie, Bern 1946, S. 201; (Original: Capitalism, Socialism and Democracy, New York 1942).
22 Ebenda, S. 208.
23 Ebenda, S. 223.
24 Ebenda, S. 216.

gang von Eigentümer-Unternehmern zu angestellten Geschäftsführern und Managern zu einer Aushöhlung der Eigentums-Wirtschaft und des Unternehmertums in Richtung Dirigismus und Bürokratisierung von Wirtschaft und Gesellschaft.

»Da die kapitalistische Unternehmung durch ihre eigensten Leistungen den Fortschritt zu automatisieren tendiert, so schließen wir daraus, daß sie sich selbst überflüssig zu machen – unter dem Druck ihrer eigenen Erfolge zusammenzubrechen tendiert. Die vollkommen bürokratisierte Rieseneinheit verdrängt nicht nur die kleine oder mittelgroße Firma und ›expropriiert‹ ihre Eigentümer, sondern verdrängt zuletzt auch den Unternehmer.«[25]

Wenn Schumpeter hieraus den Schluß zog, daß die Jahre des Kapitalismus gezählt seien, so hat er sich ebenfalls geirrt. Dies verwundert mehr als bei Sombart, denn deutlicher als dieser hob er die das »kapitalistische Wirtschaftssystem« treibenden evolutionären industrialistischen Momente hervor:

»Der Kapitalismus ist also von Natur aus eine Form oder Methode der ökonomischen Veränderung und ist nicht nur nie stationär, sondern kann es auch nie sein. Dieser evolutionäre Charakter des kapitalistischen Prozesses ist nicht einfach der Tatsache zuzuschreiben, daß das Wirtschaftsleben in einem gesellschaftlichen und natürlichen Milieu vor sich geht, das sich verändert und durch seine Veränderung die Daten der wirtschaftlichen Tätigkeit ändert; diese Tatsache ist zwar wichtig und diese Veränderungen (Kriege, Revolutionen usw.) bedingen oft auch eine Veränderung der Industrie, sie sind aber nicht ihre primäre Triebkraft. Auch ist dieser evolutionäre Charakter nicht einer quasi-automatischen Bevölkerungs- und Kapitalzunahme oder den Launen des Geldsystems zuzuschreiben, von denen genau das gleiche gilt. Der fundamentale Antrieb, der die kapitalistische Maschine in Bewegung setzt und hält, kommt von den neuen Konsumgütern, den neuen Produktions- und Transportmethoden, den neuen Märkten, den neuen Formen der industriellen Organisation, welche die kapitalistische Unternehmung schafft.«[26]

An anderen Stellen wird Schumpeter noch deutlicher:

»Ohne diesen Wandel oder genauer, ohne diese Art Wandel, welche wir Entwicklung genannt haben, kann die kapitalistische Gesellschaft nicht bestehen, weil die wirtschaftlichen Funktionen und, zusammen mit

25 Ebenda, S. 218.
26 Ebenda, S. 136f.

diesen Funktionen, die wirtschaftlichen Grundlagen ihrer führenden Schichten – der Schichten, welche den kapitalistischen Apparat bedienen – zerbröckeln müßten, wenn dieser Wandel aufhören würde: ohne Innovationen keine Unternehmer: ohne unternehmerische Leistung keine kapitalistischen Gewinne und kein kapitalistischer Antrieb. Dies heißt natürlich, den Tatbestand recht grob zu formulieren. Die Atmosphäre industrieller Revolutionen – des Fortschritts – ist die einzige, in welcher der Kapitalismus überleben kann.«[27]

Auch in der vorliegenden Arbeit spielt der Begriff ›Innovation‹ eine zentrale Rolle. Wie wir noch sehen werden sind es vor allem jene Innovationen, die auf der spezifischen wissenschaftlichen Wissensproduktion und ihrer technisch-ökonomischen Verwertung beruhen, die das industrialistische System so dynamisch gemacht haben.

Es ist deshalb von besonderem Interesse, welche Bedeutung Wissenschaft und Technologie bei Schumpeter haben:

»Aber der Kapitalismus entwickelt die Rationalität und verleiht ihr eine neue Schärfe auf zwei miteinander verbundenen Wegen.

Erstens erhebt er die Geldeinheit, die selbst keine Schöpfung des Kapitalismus ist, zu einer Recheneinheit. Das bedeutet: die kapitalistische Praxis wandelt die Geldeinheit in ein Werkzeug rationaler Kosten-Gewinn-Kalkulationen; ...

Derart für den wirtschaftlichen Sektor definiert und quantifiziert, beginnt nun diese Art von Logik oder Haltung oder Methode ihre Eroberungslaufbahn: sie unterwirft – rationalisiert – die Werkzeuge und Philosophien des Menschen, seine Tätigkeit als Arzt, sein Bild des Kosmos, seine Lebensauffassung, de facto alles, einschließlich seiner Vorstellungen von Schönheit und Gerechtigkeit und seiner geistigen Ziele.

In dieser Hinsicht ist von großer Bedeutung, daß die moderne mathematisch-experimentelle Wissenschaft sich im fünfzehnten, sechzehnten und siebzehnten Jahrhundert nicht nur gleichzeitig mit dem sozialen, gewöhnlich als Aufstieg des Kapitalismus bezeichneten Prozeß entwickelt hat, sondern auch außerhalb der Mauern scholastischen Denkens und angesichts seiner verachtenswerten Feindschaft ...

Zweitens hat der aufsteigende Kapitalismus nicht nur die geistige Haltung der modernen Wissenschaft hervorgebracht, ... sondern sie brachte auch die Männer und Mittel hervor.«[28]

27 J. A. Schumpeter, Konjunkturzyklen II, Göttingen 1961, S. 1065.

28 J. A. Schumpeter, Kapitalismus, Sozialismus und Demokratie, a.a.O., S. 202f.

Da das Hauptaugenmerk meiner Arbeit auf dem Wechselwirkungsprozeß von gesellschaftlicher Grunddisposition im industrialistischen System und der Produktiv- bzw. Innovationskraft ›Wissenschaft und Technologie‹ liegt, sind die Schumpeterschen Auffassungen hierzu von Interesse.
Wie auch die folgenden Zitate aus ›Kapitalismus, Sozialismus und Demokratie‹ belegen, ist ›Wissenschaft und Technik‹ für Schumpeter zwar ein sehr wirksamer und höchst faszinierender Innovationsfaktor, die eigentlich dynamischen Urkräfte sind aber die Triebkräfte des Kapitalismus, also das Gewinnstreben und der aktive Unternehmer, der im Rahmen des Konkurrenzprinzips den kapitalistischen Geist der Effizienz und der ökonomisch-rationalistischen Maschine verinnerlicht hat:

»Doch war der Erfolg der Unternehmer für alle ... immerhin so faszinierend, daß er die besten Köpfe anzog und so weitere Erfolge hervorbrachte – einen zusätzlichen Antrieb für die rationalistische Maschine. In diesem Sinne war der Kapitalismus – und nicht bloß die Wirtschaftstätigkeit im allgemeinen – letzten Endes die treibende Kraft in der Rationalisierung des menschlichen Verhaltens ...
Da ist einmal das Wachstum der rationalen Wissenschaften und die lange Liste ihrer Anwendungen. Flugzeug, Kühlmaschinen, Fernsehen – all dies ist unmittelbar als Ergebnis der Profitwirtschaft zu erkennen. ...
Und die – zwar noch nicht völlig gewonnenen, doch näherrückenden – Siege über Krebs, Syphilis und Tuberkulose werden ebenso sehr kapitalistische Großtaten sein wie es Autos, Erdölleitungen und Bessemer Stahl waren.«[29]

Es ist unverkennbar, daß Schumpeter ähnlich wie Marx, der für ihn ja der wesentlichste Ausgangspunkt war, der Faszination des technisch-industrialistischen Effizienzprinzips und seiner Wirkungen unterlag, auf das er wohl kaum verzichten möchte, das aber, weil es seinen Hauptantrieb dem kapitalistischen Wirtschaften verdankt, zum tödlichen Erfolg verdammt ist.
Hierzu ist nun hervorzuheben, daß Schumpeter zwar die soziale Unverträglichkeit dieses Wirtschaftssystems geißelte und das auf eben dieser ökonomischen Effizienz aufbauende militärtechnische Zerstörungspotential sah, nicht jedoch die die gesamte Menschheit existenziell bedrohende ökologische Zerstörungs-

29 Ebenda, S. 204f.

wirkung und die weltweiten Zuspitzungen der Disparitäten zwischen den sich industriell unterschiedlich entwickelnden Ländern und Hemisphären. Andererseits wandte er sich gegen die in seiner Zeit starken Tendenzen – insbesondere vor dem Hintergrund der weltwirtschaftlichen Rezessionen in den zwanziger Jahren und der großen Depression –, den Zusammenbruch des kapitalistischen Wirtschaftssystems aufgrund der Bevölkerungsexplosion oder der angeblich nicht mehr innovationsfähigen technisch-ökonomischen Grundlagen zu sehen.
Zur weltwirtschaftlichen Entwicklung schrieb er u. a.:

»Es ist auch richtig, daß die möglichen Folgen dieses Vorgangs durch die Aufteilung der wirtschaftlichen Welt in feindliche nationale Sphären sehr verstärkt werden können. Und es ist endlich auch richtig, daß wir höchstens die Behauptung aufstellen können, daß das Schwinden der durch die Entwicklung neuer Länder gegebenen Investitionschancen – wenn sie wirklich am Schwinden sind – keine Leere verursachen muß, die notwendig die Zuwachsrate der Gesamtproduktion beeinflussen würde. ...
Wir können ein gewisses Vertrauen auf die Fähigkeit der kapitalistischen Maschine setzen, daß sie immer neue Chancen findet oder schafft, da sie gerade auf diesen Zweck hin konstruiert ist; ...«

Und nun noch einmal zur Bedeutung des ›technischen Fortschritts‹:

»Ein analoges Argument gilt für die weitverbreitete Auffassung, daß der große Schritt im technischen Fortschritt gemacht ist und daß nur kleinere Verbesserungen übrig bleiben. Sofern diese Auffassung nicht nur die während und nach der Weltkrise vom Stand der Dinge gewonnenen Eindrücke widerspiegelt – als ein augenscheinlicher Mangel an Neuerungsvorschlägen von besonderer Größe ein Detail des bekannten Bildes jeder großen Depression darstellte –, bildet sie ein noch besseres Beispiel als die »Schließung der Grenze der Menschheit« für jenen Irrtum der Interpretation, dem die Ökonomen so leicht verfallen. Wir befinden uns jetzt gerade im Abschwung einer Unternehmungswelle, die das elektrische Kraftwerk, die elektrische Industrie, die Elektrifikation der Landwirtschaft und der Wohnhäuser und das Auto geschaffen hat. Wir finden all dies höchst wunderbar und können um alles in der Welt nicht sehen, wo Möglichkeiten von ähnlicher Bedeutung denn noch herkommen sollen. In Wirklichkeit jedoch sind die Aussichten, die allein die chemische Industrie bietet, vielversprechender als was beispielsweise im Jahre 1880 vorausgesehen werden konnte, – ganz zu schweigen von der Tatsache, daß schon die Anwendung der Errungenschaften des Elektrizi-

tätszeitalters und die Produktion moderner Wohnhäuser für die Massen genügen würde, um Investitionsmöglichkeiten für längere Zeit zu bieten.
Technische Möglichkeiten sind ein unerforschtes Meer. ...«[30]

Die Aktualität dieser Aussagen ist schon frappant, ihre Relevanz im Hinblick auf meine nachfolgenden Thesen und Fakten wird durch das folgende Zitat unterstrichen:

»Aus der Tatsache, daß einige von ihnen (gemeint sind technische Innovationen, Anm. R. K.) vor anderen genutzt worden sind, kann nicht gefolgert werden, daß die ersten produktiver als die späteren waren. Und jene, die noch im Schoße der Götter ruhen, können mehr oder weniger produktiv sein als alle, welche bislang in den Bereich unserer Betrachtung gekommen sind. Auch hier gelangen wir nur zu einem negativen Ergebnis, das nicht einmal durch die Tatsache, daß der technische ›Fortschritt‹ die Tendenz hat, durch Systematisierung und Rationalisierung der Forschung und der Betriebsführung wirkungsvoller zu werden und auf sicheren Füßen zu stehen, positiv gewandt werden kann. Für uns genügt jedoch das negative Ergebnis: es liegt kein Grund vor, ein Nachlassen des Produktionstempos infolge Erschöpfung der technischen Möglichkeiten zu erwarten.«[31]

Als Protagonist der wirtschaftlichen Innovation konnte sich Schumpeter zwar nicht vorstellen, daß dieser Evolutionsprozeß je zum Stillstand kommen würde. Gleichwohl könne aber der Kapitalismus nicht überleben. Dieser wird aber nicht an seiner innovativen Schwäche zugrunde gehen, sondern an seinen offensichtlichen Erfolgen, die die oben benannten sozialen Prozesse beschleunigen und sowohl den kapitalistischen Geist als auch die kapitalistischen Institutionen unterminieren. Das werde zu einer anderen Moral und zu einer neuen ökonomischen bzw. gesellschaftlichen Grunddisposition führen, die zu einer sozialistischen Gesellschaftsform tendiert. Ich verweise mit Blick auf die Würdigung der Schumpeterschen Analyse auf meine Ausführungen zur Wissenschaftsgesellschaft in den nachfolgenden Kapiteln.

30 Ebenda, S. 192.
31 Ebenda, S. 192f.

2.2 ›Wissenschaft und Technologie‹ in der Soziologie

In der Soziologie liegen verschiedene Analysen vor, in denen ›Wissenschaft und Technik‹ eine wichtige Rolle als Produktivkraft zugewiesen wird. Ich gehe hierauf in den folgenden Kapiteln (insbesondere Kapitel 4 bis 6) näher ein. Allerdings wurde in der Vergangenheit das Verhältnis zu den anderen Produktivkräften kaum näher beleuchtet.

Die Einbeziehung der Produktivkraft ›Natur‹ in das politische Bewußtsein erfolgte erst in jüngster Zeit außerhalb der Sozialwissenschaften vor allem durch die Ökologiebewegung.

Erstmals überzeugend hat Jürgen Habermas die Rolle von ›Wissenschaft und Technik‹ als Produktivkraft beschrieben:

»Seit dem Ende des 19. Jahrhunderts setzt sich die andere Entwicklungstendenz, die den Spätkapitalismus auszeichnet, immer stärker durch: die Verwissenschaftlichung der Technik ... So werden Technik und Wissenschaft zur ersten Produktivkraft, womit die Anwendungsbedingungen für Marx' *Arbeitswerttheorie* entfallen. Es ist nicht länger sinnvoll, die Kapitalbeträge für Investitionen in Forschung und Entwicklung auf der Grundlage des Wertes der unqualifizierten (einfachen) Arbeitskraft zu berechnen, wenn der wissenschaftlich-technische Fortschritt zu einer unabhängigen Mehrwertquelle geworden ist, gegenüber der die von Marx allein in Betracht gezogene Quelle des Mehrwerts: die Arbeitskraft des unmittelbaren Produzenten, immer weniger ins Gewicht fällt.«[32]

»Als unabhängige Variable erscheint dann ein quasi-autonomer Fortschritt von Wissenschaft und Technik, von dem die wichtigste einzelne Systemvariable, nämlich das wirtschaftliche Wachstum, in der Tat abhängt. So ergibt sich eine Perspektive, in der die Entwicklung des gesellschaftlichen Systems durch die Logik des wissenschaftlich-technischen Fortschritts bestimmt zu sein scheint.«[33]

Eine noch weiter gehende Aussage macht Habermas an anderer Stelle:

»Denn nunmehr ist die erste Produktivkraft: der in Regie genommene wissenschaftlich-technische Fortschritt selber zur Legitimationsgrund-

32 Jürgen Habermas, Technik und Wissenschaft als Ideologie, Frankfurt am Main 1968, S. 79 f.

33 Ebenda, S. 80/89.

lage geworden. Diese neue Legitimationsform hat freilich die alte Gestalt von Ideologie verloren.«[34]

Es wird weiter unten zu untersuchen sein, inwieweit diese neue Legitimationsgrundlage nicht doch wieder eine Form von Ideologie ist.

Die zentrale Bedeutung von Wissenschaft und Technik für die Entwicklung der modernen Industriegesellschaft (zur »nachindustriellen Gesellschaft«) hat auch Daniel Bell hervorgehoben:

»Nun liegt aber die Einzigartigkeit der Wissenschaft gerade darin, daß es ihr (zumindest bis jetzt) als einzigem Unternehmen in der menschlichen Gesellschaft gelungen ist, eine ›permanente Revolution‹ zu institutionalisieren. Die Quelle der Wissenschaft, so jedenfalls behaupte ich, ist ihre ›charismatische Qualität‹, die ihr die Herausforderung der traditionellen Formen und Konzeptionen ermöglicht (...). Jede andere charismatische Instanz, ob Kirche oder revolutionäre Partei, ist im Prozeß der ›Routinisierung‹ dogmatisch und konservativ und in ihrer Dialektik schließlich wandlungsfeindlich geworden. In der Wissenschaft dagegen haben sich Theorie und Praxis wahrhaft vereint. Natürlich stehen auch die wissenschaftlichen Organisationen im Dienst eines Staates oder eines Unternehmens, aber das Herz der Wissenschaft muß, wie Michael Polanyi sagt, revolutionär bleiben, gewissermaßen eine selbstkonstituierte Republik sich selbst regierender Menschen. Anderenfalls zerstört sich die Wissenschaft als Unternehmen selbst.«[35]

An anderer Stelle heißt es:

»Technologie ist die eine Achse der postindustriellen Gesellschaft; Wissen als fundamentales Hilfsmittel die andere. Nun werden aber beide, Wissen wie Technologie, von sozialen Institutionen verkörpert und von Personen vertreten, so daß wir ohne weiteres von einer Wissensgesellschaft sprechen können ...«[36]

»Das Konzept der ›nachindustriellen Gesellschaft‹ betont die zentrale Stellung des theoretischen Wissens als Achse, um die sich die neue Technologie, das Wirtschaftswachstum und die Schichtung der Gesellschaft organisieren werden.«[37]

34 Ebenda, S. 88.

35 Daniel Bell, Die nachindustrielle Gesellschaft, Frankfurt/New York 1976, S. 15 f. (Original: The Coming of Post-Industrial Society – A Venture in Social Forecasting, New York 1973).

36 Ebenda, S. 218; vgl. meine Kritik zum Begriff der ›Wissensgesellschaft‹, in der Einleitung und in Kapitel 3.4.

37 Ebenda, S. 112.

2.3 Die Produktivfaktoren ›Arbeit‹, ›Kapital‹, ›Natur‹

Gegen die klassische Nationalökonomie läßt sich heute leicht argumentieren. Die nunmehr bereits lange andauernde Massenarbeitslosigkeit in praktisch allen Industrie- und Entwicklungsländern hat die Entwertung des *Produktivfaktors ›Arbeit‹* (Arbeitskraft) drastisch verdeutlicht. In den Ländern mit zentral gelenkter Planwirtschaft zeigt sich die faktische Entwertung der Arbeit zwar weniger durch eine offene Arbeitslosigkeit als vielmehr durch eine durchschnittlich geringere Produktivität, was sich in einem niedrigeren Lohnniveau auswirkt, d. h. also einer geringeren Bewertung der Arbeit. Darüber hinaus gibt es aber auch verdeckte Arbeitslosigkeit.

Man kann feststellen, daß wegen des insgesamt niedrigeren Niveaus von Forschung und Technologie, insbesondere bei Management-, Organisations- und Steuerungstechnologien sowie bei den meisten Informationstechnologien, der Produktivfaktor ›Arbeit‹ heute noch in den Staaten mit zentral gelenkter Planwirtschaft eine relativ größere Bedeutung hat als in den fortgeschrittenen kapitalistischen Industrieländern des Westens. Diese Betrachtungsweise ändert aber nichts daran, daß in den Ostblockstaaten genauso wie in den Industrieländern des Westens ›Forschung und Technologie‹ bereits die zentrale Produktivkraft ist und ihr weiterer Bedeutungszuwachs auch ideologisch und im Rahmen der politischen Ökonomie dieser Staaten gezielt angestrebt wird.[38]

Die Folge dieser Entwicklung ist, daß der Produktivfaktor ›Arbeit‹ auch als gesellschaftlicher Innovationsfaktor an Bedeutung eingebüßt hat. Dem entspricht, daß es die Arbeitnehmerschaft mit zunehmendem Bedeutungsgewinn des Faktors ›Wissenschaft und Technologie‹ immer schwerer hat, den Faktor ›Arbeit‹ in die Waagschale gesellschaftlicher Auseinandersetzungen zu werfen.[39] Dagegen können kleinere Interessengruppen, die über Schlüssel-

38 Vgl. hierzu auch Kapitel 8.4.

39 Das gilt im Grundsatz auch für die Staaten mit zentraler Planwirtschaft.
Die relativ starke Position der polnischen Arbeiterschaft ist demgegenüber auch darin begründet, daß hier der Faktor ›Arbeit‹ noch eine

bereiche des Produktivfaktors ›Wissenschaft und Technologie‹ (Know-how) verfügen – zu denken ist hier beispielsweise an Fluglotsen, Ärzte, Informatiker, Forscher, Roboter-Konstrukteure, Mikroelektronik-Produzenten usw. –, in erheblichem Maße politischen und ökonomischen Einfluß ausüben.
Auch der *Produktivfaktor ›Kapital‹* hat relativ an Bedeutung verloren. Hier wird die These vertreten, daß mit zunehmender Sättigung der Industriegesellschaft mit Waren und elementaren Dienstleistungen, das Aufbringen von Kapital zur Produktivitätssteigerung immer weniger zum Problem wurde. Anders ausgedrückt: Zur Erfüllung echter Bedürfnisse, bzw. eines entsprechenden realen[40] Bedarfs, hat es in der Phase zunehmender Sättigung der Bedürfnisbefriedigung mit Waren und elementaren Dienstleistungen in den kapitalistischen Industrieländern nie einen echten Mangel an Kapital gegeben. Absatzfähige Produktlinien oder Dienstleistungen wurden niemals aus Mangel an Kapital nicht realisiert. Natürlich hat eine künstliche Hochzinspolitik, wie sie von der amerikanischen Administration betrieben wird, dazu geführt, daß weniger investiert wird. Das sagt aber wenig über die prinzipielle Verfügbarkeit von Kapital aus, denn einmal läßt sich mit einem großen flüssigen Kapitalstock ausgezeichnet spekulieren, was die Bankengewinne der Jahre 1982 und 1983 überdeutlich ausweisen, zum anderen wird in einer solchen Situation natürlich nicht auf Erweiterung gesetzt, sondern auf Rationalisierung:

»Was passiert mit den investierbaren Fonds, die nicht für produktive Investitionen verwendet werden ...? Zunächst bauen die Unternehmen überschüssige Liquidität auf; zum Beispiel sind in der deutschen Automobilindustrie im Zeitraum von 1974 bis 1978 die flüssigen Mittel von 928 Mio DM um mehr als das Zehnfache auf 10,2 Mrd DM gewachsen

relativ größere Bedeutung gegenüber ›Wissenschaft und Technologie‹ hat als in anderen hochindustrialisierten Ländern des RGW.
Ich gehe in Kapitel 8.3.3 eingehend auf diese Problematik ein.

40 Zu den Begriffen »Bedürfnis«, »Bedarf« und »Nachfrage« sowie ihrer Bedeutung für das Verbraucherhandeln vgl. Klaus M. Meyer-Abich, Was braucht der Mensch, um glücklich zu sein, Bedürfnisforschung und Konsumkritik, München 1979.

(Welzk 1984). Ähnliche Zuwächse können für die gesamte Industrie festgestellt werden.«[41]

»In der verarbeitenden Industrie erhöhen sich die flüssigen Mittel von rund 14,4 Mrd DM 1973 auf 27,3 Mrd DM 1978. Diese Zahlen entsprechen einem Anteil von 7,6% bzw. 10,5% des Bilanzkapitals ...

Wie Welzk (1983) zeigt, ist die Ansammlung flüssiger Mittel ungleich verteilt; sie korreliert eindeutig positiv mit der Größe des Unternehmens. Der Siemens-Konzern verzeichnet ... von 1973 bis 1981 einen Liquiditätszuwachs von 6,4 Mrd DM, der Bosch-Weltkonzern von 1,1 Mrd DM. Allein Siemens, Bosch und Daimler-Benz hielten 1982 mit 18,4 Mrd DM 14,0 Mrd DM mehr als 1973.«[42]

Der Bundesverband der Deutschen Industrie (BDI) hat davon gesprochen, daß sich in der Bundesrepublik Deutschland 1981 ein Investitionsstau ergeben hat, der etwa in der Größenordnung von 100 Mrd DM liegt.[43] Bei dieser vom BDI genannten Summe handelt es sich nicht etwa um das gesamte für Investitionen verfügbare flüssige Kapital, sondern nur um solches, das angeblich wegen »bürokratischer Investitionshemmnisse« nicht investiert werden konnte (wegen »zu komplizierter Planfeststellungsverfahren«, »Umweltschutzvorschriften« etc.).

Das ist natürlich Unsinn bzw. weit übertrieben. Vielmehr ist es der Mangel an gewinnträchtigen Erweiterungsinvestitionen, die mehr Gewinn einbringen als Spekulationen. Denn für Investitionen in energie- und umweltsparende Technologien gibt es einen immensen Investitionsbedarf (Entschwefelung und Entstickung der Kraftwerke, Wärmedämmung, alternative Umwandlungstechnologien usw.). Sie sind nur nicht so gewinnträchtig.

Sollte die Summe von 100 Mrd DM stimmen, dann wäre dies angesichts der Gesamtinvestitionen des privaten und öffentlichen Sektors von 350 Mrd. DM im Jahre 1981 ein schlagender Beweis

41 Elmar Altvater, Kredit und Hegemonie – Über die Aussichten für einen baldigen Aufschwung des Kapitalistischen Weltmarktes, in: M. Jänicke (Hrsg.), Vor uns die goldenen neunziger Jahre? – Langzeitprognosen auf dem Prüfstand, München/Zürich 1985, S. 92.

42 Ebenda, S. 114; Altvater bezieht sich dabei auf Stefan Welzk, Konzernentwicklung und Wirtschaftskrise, Amsterdam 1983 (unv. Manuskript).

43 Quelle: Wolfgang Roth, Beschäftigungsorientierte Wirtschaftspolitik, in: Die Neue Gesellschaft, 29. Jg. Nr. 2, Bonn 1982, S. 116.

für die aufgestellte These des Bedeutungsschwunds des Produktivfaktors ›Kapital‹.
Neueste Zahlen und die jüngsten Transaktionen einiger deutscher Konzerne machen deutlich, daß das liquide Kapital der deutschen Wirtschaft die Summe von 100 Mrd DM wahrscheinlich sogar weit übersteigt. Außerdem ist unzweideutig, daß der Trend in Richtung High-Tech-Erwerb geht, dessen Ausgangspunkte und innovativen Grundlagen in den nachfolgenden Kapiteln eingehend behandelt werden.
Immerhin gehen die neuesten Schätzungen der liquiden Kapitalsumme des Siemens-Konzerns zum Jahresbeginn 1986 von 13 Mrd DM aus[44], bei der Daimler-Benz AG dürften 10 Mrd DM eine sichere untere Marke sein:

»Nach soliden Schätzungen bringt Mercedes derzeit, begünstigt durch die Verkaufsrekorde in Amerika und den vergleichsweise hohen Dollar-Kurs, monatlich einen Cash-flow von anderthalb Milliarden Mark herein* ...
Wie verblüffend die Schwaben inzwischen die hohe Kunst der Verschleierung von Gewinnen beherrschen, wird auch daran deutlich, daß die Erwerbungen des Jahres 1985 ganz spurlos am Zahlenwerk des Hauses vorbeilaufen. Der Kassenbestand der Firma beträgt unverändert knappe zehn Milliarden Mark und »hat sich nicht verringert«, wie Reuter (Edzard Reuter, Vorstandsmitglied der Daimler-Benz AG für Finanzen; Anm. R. K.) ... betonte.«[45]

Daß die geschätzte Gesamtsumme von 100 Mrd DM vermutlich schon von einigen Großkonzernen allein aufgebracht wird, läßt sich anhand einiger Kapital-Transaktionen vermuten:
+ Die spektakulärste Superfusion in der jüngsten deutschen Wirtschaftsgeschichte basiert auf den Anteilserwerben der Daimler-Benz AG an der High-Tech- und Rüstungstechnologie-Firma Dornier mit 65,5%, der MTU (Motoren- und Turbinen-Union (100%) und der AEG (über 60%). Der Erwerb der AEG-Anteile Mitte des Jahres 1985 kostete 1,6 Mrd DM.

* Cash-flow: Nettozugang an liquiden Mitteln.

44 Dieser Schätzung entspricht auch eine Mitteilung im SPIEGEL, Nr. 51 v. 16. 12. 1985, in der es heißt: »Siemens verfügt über flüssige Mittel von rund 20 Mrd DM«, S. 80.

45 DER SPIEGEL, Nr. 43 v. 21. 10. 1985, Daimler-AEG: »Wir stehen erst am Anfang«, S. 144.

Die Zukunftsinvestitionen in den neuen Superkonzern werden ein Vielfaches dieser Summe ausmachen.[46]

+ Fast ebenso spektakulär ist der Kauf des Friedrich-Flick-Konzerns Ende des Jahres 1985 durch die Deutsche Bank für ca. 5,5 Mrd DM:

»An FKF zahlt sie (gemeint ist die Deutsche Bank, Anm. R. K.) – Gerling als gleichsam durchlaufender Posten unberücksichtigt – rund fünf Milliarden Mark. Als Gewerbesteuer müssen etwa 500 Millionen abgeführt werden. Summa summarum 5,5 Milliarden Mark.«[47]

+ Die Badische Anilin- und Sodafabrik (BASF), die im Rahmen der ›Einbeziehung der Wissenschaft in den großindustriellen Produktionsprozeß und militärischen Bereich‹ eine besondere historische Rolle gespielt hat (vgl. Kapitel 4.3.1), ist hinsichtlich von Einkäufen kleinerer Chemieunternehmen äußerst aktiv:
So schreibt DER SPIEGEL, der BASF-Chef »kauft inzwischen Firmen wie andere Leute Briefmarken. Knapp fünf Milliarden DM ... gab der BASF-Chef allein 1985 auf seinen Einkaufstouren durch Europa und die USA aus.«[48]

»Das Geschäftsjahr 1985 schlossen BASF, Bayer und Hoechst mit Rekordgewinnen in Höhe von 2,8 bis 3,2 Milliarden Mark ab ... Gut acht Milliarden Mark wollen sie allein in diesem Jahr für die Modernisierung ihrer Fabriken und zum Bau oder Kauf neuer Anlagen ausgehen.«[49]

+ Der Vorstandsvorsitzende des Volkswagenkonzerns, Carl H. Hahn, gab in einem Interview anläßlich des Kaufs der spanischen Autofirma Seat folgende Zahlen an:

»Es geht (gemeint ist die Kaufsumme für die Seat-Werke, Anm. R. K) um einen Betrag in der Größenordnung von 1,5 Milliarden Mark ... Wir werden die gegenwärtigen Seat-Produkte wie bisher schon weiter verbessern und gleichzeitig eine tiefgreifende Umstrukturierung des

46 DER SPIEGEL, Nr. 43 v. 21. 10. 1985, Daimler-AEG: »Wir stehen erst am Anfang«, S. 136ff.
47 Wirtschaftswoche, Nr. 51 v. 13. 12. 1985, Deutsche Bank/Flick »Das Milliardenspiel«, S. 128.
48 DER SPIEGEL, Nr. 38 v. 17. 2. 1986, ›Gute Kondition‹, S. 82.
49 Ebenda, S. 83.

Unternehmens beginnen. Das ist ein sehr bedeutendes Investitionsprogramm, das über viele Jahre läuft ...
Es geht um eine Größenordnung von rund fünf Milliarden Mark über einen Zeitraum von fünf Jahren ...
Wir glauben, daß die Finanzkraft unseres Unternehmens ausreicht, um erstens Seat mit einem ausreichenden Eigenkapital auszustatten und um zweitens eventuelle aus der Seat-Transaktion resultierende Risiken abzufangen.«[50]

\+ Als Großeinkäufer von Unternehmen hat sich auch die Firma Bosch betätigt. So kann nur abgeschätzt werden, daß der Einstieg von Bosch in den Bereich der Telekommunikation und Telefonsysteme über die Firmen ANT und Telenorma (TN) die Milliardengrenze weit überschritten hat. Außerdem versucht Bosch noch in andere Technologiebereiche vorzustoßen, etwa durch den Erwerb von Europas zweitgrößtem Hersteller von Vergasern, die Firma Pieburg, und den Verbund mit dem Unterhaltungselektronik-Konzern Grundig herzustellen.[51]

Betrachtet man sich die jüngsten »Elefantenhochzeiten« genauer, und dies gilt natürlich nicht nur für die bundesdeutschen Konzerne – auch in den USA, Japan, Frankreich, Italien und anderen hochindustrialisierten Ländern finden derzeit ständig Aufkäufe und Fusionen statt – so sucht eine große Summe flüssigen Kapitals weltweit produktive Anlagen mit hohen Absatzchancen. Daß diese durchweg in den wissenschaftlich gestützten Hochtechnologie-Branchen ausgemacht werden, ist evident. Dieser Vorgang, der noch genauer in Kapital 11 dargestellt wird, ist ein charakteristisches Merkmal der Wissenschaftsgesellschaft.
Wenn heute in einer Reihe von Industrie- und Dienstleistungsbereichen mögliche Rationalisierungen nicht noch schneller verlaufen, so ist das kein Kapitalproblem, sondern hier wirkt insbesondere sozialer und politischer Widerstand, der sowohl auf inner-

50 DER SPIEGEL, Nr. 9 v. 24. 2. 1986, Spiegel-Gespräch mit dem Vorstandsvorsitzenden der Volkswagen AG, Carl Hahn, anläßlich der Übernahme der spanischen Seat-Werke, S. 125.
51 Hierzu u.a. Wirtschaftswoche, Nr. 48 v. 22. 11. 1985, Das elektrische Dreigestirn kreist (gemeint sind Siemens, AEG und Bosch, Anm. R.K.), S. 178.

betrieblicher wie auf gesamtgesellschaftlicher Ebene der weiteren Freisetzung, Umsetzung und Umqualifizierung von Arbeitskräften von der Arbeitnehmerschaft und den Gewerkschaften entgegengesetzt wird.[52]

Aber auch wirtschaftliche Gründe, z. B. die Prognose und Aussicht auf noch bessere Technologien, können Rationalisierungen verzögern. Ein Beispiel für ein solches Investitions- bzw. Innovationsfeld ist der Bereich der integrierten Bürosysteme. Hier kommen quasi täglich neue Funktions- und Leistungsmerkmale hinzu, so daß in immer kürzeren zeitlichen Abständen neue Bürosystem-Generationen auf dem Markt erscheinen.[53]

Der gravierende Mangel an Kapital in den Ländern der Dritten und vor allem der Vierten Welt[54] und ihre Abhängigkeit vom Kapital der Industrieländer zeigt drastisch, welche Bedeutung dieser Produktivfaktor allerdings für die vor- bzw. frühindustriellen Gesellschaften hat, d. h., wo der Produktivfaktor ›Wissenschaft und Technologie‹ noch kaum entwickelt ist (vgl. die nachfolgende Tabelle 2.3-1).

Der *Produktivfaktor ›Natur‹* nimmt insofern eine besondere Stellung ein, als neben den natürlichen Bodenschätzen und sonstigen Energiequellen vor allem Bodennutzung, Wasser, Land, Luft und die lebende Materie enthalten sind. Die bisherigen Untersuchungen weisen trotz der Studien über die Grenzen des Wachstums und der darin enthaltenen Knappheitsprognosen[55] noch große Vorräte an Rohstoffen aus.[56] Andererseits zeigen das Land (Böden, Ackerflächen), das Wasser (Grundwasser, Flüsse, Seen, Meere), die Luft (Atmosphäre, Stratosphäre) und die lebende Materie (Pflanzen, Tiere) zunehmend irreversible Störungen und Zerstörungen. Die Reparaturversuche führen dabei auf das grundlegende Dilemma der Industriegesellschaft: die unge-

52 Vgl. hierzu die Ausführungen in Kapitel 8.3.3.

53 Vgl. Rolf Kreibich, Chancen und Risiken neuer technischer Kommunikationssysteme am Beispiel der Bundesrepublik Deutschland, MASSA – Communicatie '84, Nijmegen 1984, S. 83 ff.

54 Abgrenzung der vier Welten siehe Kapitel 2.4.1.

55 Hierzu Literaturangaben in Kapitel 1, Anmerkung 1.

56 Global 2000, Der Bericht an den Präsidenten, Frankfurt am Main 1980, S. 50 ff.

Tabelle 2.3 – 1
Nettobeiträge zur bzw. Nettoabsorption von internationaler Liquidität (1973-1982)

Von 100 US-Dollar internationaler Liquidität* stammen aus		werden absorbiert von		Nettobeitrag (+) bzw. Nettoabsorption (–)	
OECD-Ländern	65,6	OECD-Ländern	59,8	OECD	+ 6,1
Osteuropa	1,2	Osteuropa	4,7	Osteuropa	– 3,5
OPEC-Ländern	10,8	OPEC-Ländern	5,4	OPEC-Länder	+ 5,4
Entwicklungsländern	22,3	Entwicklungsländern	30,4	Entwicklungsländer	– 8,1

* Auslandspositionen der Banken im Berichtsgebiet der BIZ.

Quelle:
E. Altvater, Kredit und Hegemonie, in: M. Jänicke (Hrsg.), Vor uns die goldenen neunziger Jahre?, München/Zürich 1985, S. 93 (nach: BIZ-Jahresberichte, versch. Jahrgänge; eigene Berechnung).

steuerte Entfesselung der Produktivkraft ›Wissenschaft und Technologie‹ führt zum ungehemmten Einsatz der Produktivkraft ›Natur‹.[57]

Mit anderen Worten, das Einbringen der ökologischen Dimension in die Wirtschafts- bzw. Gesellschaftspolitik heißt nichts anderes, als die Folgen des Einsatzes der Produktivfaktoren ›Wissenschaft und Technologie‹ und ›Natur‹ einzubeziehen. Allein aus der Tatsache, daß in den Wirtschaftswissenschaften bis heute der Produktivfaktor nicht ›Natur‹, sondern immer noch ›Rohstoffe‹ heißt, kann gefolgert werden, daß alle darauf basierenden Analysen und Schlußfolgerungen verkürzt sein müssen. Daß bis heute die vitalsten Komponenten des Produktivfaktors

57 Die vor allem hieraus resultierenden ökonomischen und sozialen Dilemmata der Industriegesellschaft wurden vor mehr als 10 Jahren (Mai 1974) in einer Studie des Center for the Study of Social Policy (Menlo Park, California), das der »Denkfabrik« des Stanford Research Institute angehört, besonders eindrucksvoll herausgearbeitet: »Changing Images of Man«; eine Zusammenfassung findet sich in: Willis W. Harman, Gangbare Wege in die Zukunft? – Zur transindustriellen Gesellschaft, Darmstadt 1978.

›Natur‹ (Boden, Wasser, Luft sowie Pflanzen- und Tierwelt) noch weitgehend ignoriert werden, hat die herrschenden Wirtschaftstheorien und Wirtschaftspraktiken in die Sackgasse geführt.

2.4 Die relative Bedeutung der vier Produktivfaktoren

Im folgenden wird durch den globalen Vergleich der Wirkung der Produktivfaktoren in den verschiedenen Welten (vgl. Abbildung 2.4.1-I) gezeigt, daß gegenwärtig die Produktivkraft ›Wissenschaft und Technologie‹ in der Welt dominiert. Für die Zukunft kann keine eindeutige Aussage gemacht werden. Noch ist nicht abschätzbar, wie sich das Verhältnis der Produktivfaktoren ›Wissenschaft und Technologie‹ und ›Natur‹ entwickeln wird. Auf jeden Fall ist der globalen Zusammenschau der Wirkung aller vier Produktivfaktoren zu entnehmen, daß die nachfolgenden Probleme, die in den letzten Jahren auch die öffentliche Diskussion immer stärker bestimmen, für die zukünftige Entwicklung in der Welt entscheidend sein werden. Ich kleide die Probleme zunächst in Fragen:

+ Ist ein gleichzeitiger ungebremster Einsatz der Produktivkräfte ›Wissenschaft und Technologie‹ und ›Natur‹ wie bisher möglich?
+ Ist überhaupt ein ungebremster Einsatz der beiden Produktivkräfte wie bisher wünschenswert und nötig?
+ Kann eine Weiterentwicklung der Produktivkraft ›Wissenschaft und Technologie‹ wesentlich den Einsatz des Produktivfaktors ›Natur‹ substituieren?
+ Wie muß das Verhältnis aller Produktivkräfte zueinander beschaffen sein, damit ihre weitere Entfaltung nicht in die Katastrophe führt?
+ Lassen sich Steuerungs- und Regelungsmechanismen finden, die ein solches Verhältnis herstellen bzw. erhalten?
+ Wie müßten solche Steuerungs- und Regelungsmechanismen aussehen?

Auf einer Tagung des Instituts für Zukunftsstudien und Technologiebewertung (IZT) im Juni 1984 zum Thema ›Langfristige Wachstumsperspektiven der westlichen Industrieländer‹ gab es unter den versammelten Wirtschaftsforschern, Sozialwissenschaftlern und Zukunftsforschern ganz unterschiedlicher politischer Couleur einen erstaunlichen Konsens darüber, daß damit die entscheidenden Probleme unserer Welt angesprochen sind. Und die gemeinsame Überzeugung ging noch dahin weiter, daß eine Lösung der Probleme nur durch die Abkehr vom reinen Ökonomismus, die Umverteilung der wissenschaftlich-technischen Ressourcen und des Kapitaleinsatzes, die Entwicklung und den Einsatz einer ökologischen Technologie sowie die Wiedergewinnung der Innovationsfähigkeit der politischen Steuerungsinstanzen und der Flexibilität der bürokratischen Apparate möglich sei.[58]

Diese Botschaften klingen gut, und sie sind, angesichts der Auseinandersetzungen in den letzten Jahrzehnten zwischen ›Progressiven‹ und ›Konservativen‹, zwischen Anhängern traditioneller Wirtschaftsforschung und spekulativer Zukunftsentwürfe weder selbstverständlich noch trivial. Denn die Konsequenzen sind erheblich: Zunächst heißt das Abkehr vom Glauben an die Allmacht der ökonomischen, das heißt auf ökonomische Quantifizierung setzenden Rationalität. Es heißt aber auch Abschied nehmen vom Glauben an alles erklärende und lösende Globalmodelle soziologisch-philosophischer Provenienz.

Gefragt sind vielmehr Analysen, die die Erfolgsrezepte der wissenschaftlich-technischen Methode nutzen und für Zukunftsperspektiven und politisch-gesellschaftlich wünschbare Handlungskonzepte fruchtbar machen.

Hierzu soll in dieser Arbeit dadurch ein Beitrag geleistet werden, daß die Mechanismen sowie der ökonomische und soziale Kontext aufgezeigt werden, wodurch sich ›Wissenschaft und Technologie‹ zur dominierenden Produktiv- bzw. Innovationskraft in der Industriegesellschaft entwickelt hat. Daraus könnte besser verständlich werden, warum

»... jene methodischen Ansätze und inhaltlichen Argumente an Boden gewonnen haben, die mit Wahrscheinlichkeiten, Abschätzung von Band-

58 Vgl. Rolf Kreibich, Resümee einer Debatte, in: ders. (Hrsg.) »Langfristige Wachstumsperspektiven der westlichen Industrieländer – Vor uns die goldenen neunziger Jahre?, IZT-Publikation Nr. 3/84, Berlin 1984, S. 153 ff.

breiten arbeiten und mehr Möglichkeiten, Wünschbarkeiten mit noch überschaubaren Tatsachen zusammenzubringen versuchen. Szenario-Technik, gesellschaftliche Folgenforschung, Technik-Folgenabschätzung, Technologie-Bewertungsforschung, Wirkungsanalysen und qualitative Wachstumsperspektiven kennzeichnen heute die Breite der zukunftsbezogenen Forschungsansätze.«[59]

2.4.1 Globale Zusammenhänge und Wirkungen

Die derzeitige ›internationale Arbeitsteilung‹[60] zwischen den Ländern der Ersten, Zweiten, Dritten und Vierten Welt spiegelt genau die relative Bedeutung der Produktivfaktoren wider. Das nachfolgende Schema zeigt ihre Wirkung. Daraus ist abzulesen, daß der Faktor ›Wissenschaft und Technologie‹ dominiert und das Gefälle zwischen den Welten bestimmt. Aus dieser Sicht wird auch plausibel, daß der Konkurrenzkampf innerhalb der Ersten Welt vor allem um Vorteile und Überlegenheit auf technologischem Gebiet geht.

Abbildung 2.4.1-I macht deutlich, daß der Produktivfaktor ›Arbeit‹ nur noch eine untergeordnete Rolle spielt. Er ist überall ausreichend vorhanden. Knappheitserscheinungen und spezifische Nachfragesituationen treten im Prinzip nur dort auf, wo der Faktor ›Wissenschaft und Technologie‹ bzw. ›Bildung‹ und ›Ausbildung‹ eine Rolle spielt, und dann auch nur dort, wo eine Substitution durch andere Arbeit (Arbeitskräfte) nicht ohne weiteres möglich ist. Das trifft beispielsweise in der Bundesrepublik Deutschland und ebenso in den meisten Industrieländern nur noch für wenige Spezialisten und Facharbeitskräfte zu.

Der Produktivfaktor ›Kapital‹ korrespondiert mit dem Faktor ›Wissenschaft und Technologie‹. Das ist nach dem bisher Gesagten auch ganz logisch, denn er hängt in starkem Maße von ihm unmittelbar und mittelbar ab. Seine relative Knappheit in den Ländern mit zentraler Planwirtschaft widerlegt diesen Zusam-

59 Rolf Kreibich, Fazit einer Debatte, in: M. Jänicke (Hrsg.), Vor uns die goldenen neunziger Jahre?, a.a.O., S. 169.

60 Der Begriff ›Internationale Arbeitsteilung‹ dient hier nur zur Charakterisierung der Situation und ist natürlich nicht legitimierend zu verstehen.

Abbildung 2.4.1 – 1
Verteilung der Produktivfaktoren und der Produktivität in den ›Vier Welten‹ der Erde

Welten	Produktivfakt.	Arbeit[1] (Arbeitskraft)	Natur: Rohstoffe	Natur: Sonst.[2]	Kapital	Wissenschaft u. Technologie	Gesamtproduktivität
1. Welt	West	+	o	–	+	+	sehr hoch
	Ost	+	o(+)	–	o	+(–)	hoch
2. Welt		+	+	o	+	–(+)	mittel (bis niedrig)
3. Welt		+	o	+	–	–	niedrig
4. Welt		+	–	o	–	–	sehr niedrig

1. Welt = entwickelte Industrieländer
2. Welt = Schwellenländer mit Rohstoffquellen
3. Welt = Entwicklungsländer mit beschränkten Rohstoffquellen und sonstiger Natur
4. Welt = Entwicklungsländer ohne Rohstoffquellen mit beschränkter sonstiger Natur

Zeichenerklärung: + = viel, o = mittel, – = wenig oder gar nichts

1 Beim Produktivfaktor ›Arbeit‹ wird nur das Vorhandensein von Arbeitskräften bewertet. Bildung, Ausbildung und Know-how in den Köpfen von Menschen stecken im Produktivfaktor ›Wissenschaft und Technologie‹. Dies ist nicht nur berechtigt, sondern notwendig, da alle Faktoren nur im Kontext des jeweiligen wissenschaftlich-technisch-industriellen Gesamtniveaus wirksam werden.

2 Sonstige Natur: Boden, Wasser, Luft, Pflanzen, Tiere usw.

menhang nicht. Einmal handelt es sich ja tatsächlich nur um eine relative Knappheit, zum anderen ist das auch ein Ergebnis des geringer entwickelten Produktivfaktors ›Wissenschaft und Technologie‹ selbst. Was im allgemeinen mit bürokratischer Struktur bezeichnet wird, ist in erster Linie die Schwerfälligkeit des Leitungsapparats bei der Umsetzung von wissenschaftlichen und technologischen Erkenntnissen und die Ignoranz gegenüber innovativen Managementtechniken. Vor allem Erkenntnisse über autonome und dezentrale Planungs-, Organisations- und Entscheidungsleistungen auf allen Ebenen von Wirtschaftsunternehmen und staatlichen Steuerungsinstanzen werden in den zentral gelenkten Planwirtschaften mißachtet bzw. bewußt verhindert. Das führt dazu, daß der Transfer von ›Wissenschaft und Technologie‹ in den Wirtschaftssektor zu langsam vonstatten geht.[61]
Die Folgen sind geringe Rationalisierungsinvestitionen, relativ hoher Arbeitskräfteeinsatz und relativ hoher Material- und Energieverbrauch, was zu einer geringeren Produktivität führt.[62] Der langsame und bürokratische Transfer von Know-how in den Wirtschaftssektor wirkt außerdem negativ auf die Entwicklung der Produktivkraft ›Wissenschaft und Technologie‹, indem spezifische, für ihre Entfaltung notwendige Produkte und Dienstleistungen (mit besonderem Know-how) knapp oder gar nicht vorhanden sind bzw. erforderliches Kapital, um derartige Produkte und Dienstleistungen zu erwerben, fehlt. Diese sicher etwas verkürzte Darstellung sollte nur die prinzipielle Bedeutung des Faktors ›Wissenschaft und Technologie‹ bei der Umsetzung in wirtschaftliches und politisches Handeln verdeutlichen.[63]
Offen bleibt lediglich die Frage nach der zukünftigen Bedeutung des Produktivfaktors ›Natur‹. Während die künstliche Verknappung und Verteuerung des Rohöls (Ölpreiskrisen 1973 und 1979)

61 Hierzu eingehender mit Dokumenten in Kapitel 8.4.

62 So ist beispielsweise der Pro-Kopf-Verbrauch an Energie in der DDR nahezu doppelt so hoch wie in der Bundesrepublik Deutschland, was im allgemeinen wenig bekannt ist.

63 Eingehend analysierte die Fehlsteuerungen der zentralen Planwirtschaft des real existierenden Sozialismus Rudolf Bahro; insbesondere arbeitete er die Hemmnisse heraus, die einer effizienten Innovationspolitik entgegenstehen: Rudolf Bahro, Die Alternative – Zur Kritik des real existierenden Sozialismus, Frankfurt/Main 1977.

und die tatsächlichen Verknappungen und Verteuerungen einiger anderer Rohstoffe (hauptsächlich der seltenen Metalle) nur Signale hinsichtlich der Bedeutung des Produktivfaktors ›Natur‹ gesetzt haben, weist das Sterben der Wälder, Seen, Flüsse und Böden sowie zahlreicher Tier- und Pflanzenarten, ebenso die Verknappung der reinen Luft, auf völlig neue Dimensionen hin. Der absolute und relative Bedeutungszuwachs des Produktivfaktors ›Natur‹ dürfte prinzipiell außer Frage stehen.
Das zentrale Thema der zukünftigen Entwicklung ist demnach die Frage nach dem Verhältnis der beiden Produktivkräfte ›Wissenschaft und Technologie‹ und ›Natur‹ und ob es gelingen kann, den Menschen durch die weitere Entfaltung von ›Wissenschaft und Technologie‹ in ein neues Gleichgewicht mit der Natur zu bringen.[64]
Es soll nicht unerwähnt bleiben, daß die Marx'sche Prognose, wonach sich über die rücksichtslose Ausbeutung des Produktivfaktors ›menschliche Arbeitskraft‹ die Klassengegensätze immer mehr zuspitzen und schließlich in eine proletarische Revolution münden würden, mit dem Bedeutungsverlust dieser Produktivkraft und der Bedeutungszunahme von ›Wissenschaft und Technologie‹ in den hochindustrialisierten Gesellschaften immer unwahrscheinlicher werden mußte. Marx schrieb 1848 im Kommunistischen Manifest:

»Die Bourgeoisie hat in ihrer kaum hundertjährigen Klassenherrschaft massenhaftere und kolossalere Produktionskräfte geschaffen als alle vergangenen Generationen zusammen. Unterjochung der Naturkräfte, Maschinerie, Anwendung der Chemie auf Industrie und Ackerbau, Dampfschiffahrt, Eisenbahnen, elektrische Telegraphen, Urbarmachung ganzer Weltteile, Schiffbarmachung der Flüsse, ganze aus dem Boden hervorgestampfte Bevölkerungen – welch früheres Jahrhundert ahnte, daß solche Produktionskräfte im Schoß der gesellschaftlichen Arbeit schlummerten.«[65]

Die fast emphatische Aufzählung der Wirkungen von Wissenschaft und Technik entspricht ganz dem Fortschrittsparadigma

64 Ein überzeugender Ansatz findet sich beispielsweise bei: Klaus M. Meyer-Abich, Wege zum Frieden mit der Natur, München/Wien 1984.
65 Karl Marx und Friedrich Engels, Manifest der Kommunistischen Partei, Leipzig/Moskau 1950, S. 22.

der industriellen Revolution, das sich bis heute über die Gesellschaftssysteme hinweg verfestigt hat. Dabei führte Marx die Dynamik, wie Habermas zu Recht feststellt, primär auf die Arbeitskraft zurück. Es war wohl vor allem dieser Rückbezug, der die Marx'sche Lehre so revolutionär machte, lagen doch dadurch die entscheidenden Innovationskräfte der Gesellschaft in den Händen und Köpfen der Arbeitskräfte. Durch ihren Einsatz oder ihre Verweigerung sollte also die Entwicklung der Gesellschaft zu steuern sein.[66]

Marx hatte zu seiner Zeit keinen Grund zu untersuchen, was passieren würde, wenn weder der starke Arm der Arbeiterschaft noch der Kopf von Facharbeitern im kapitalistischen Produktionsprozeß gefragt ist, weil beide »besser« (im Sinne von billiger, ausdauernder, konfliktärmer usw.) durch Maschinen, Roboter und Spezialisteneliten ersetzbar sind. Das aber ist die zentrale Thematik moderner Industriegesellschaften und der mit ihnen verbundenen Beschäftigungsprobleme.[67]

John Maynard Keynes hat 1930 auf die »verhängnisvollen Fehler« hingewiesen, »die uns blind machen für das, was unter der Oberfläche vor sich geht, so daß wir den Trend der Dinge falsch auslegen«: Dieser sei nämlich von zwei entscheidenden Vorgängen geprägt, der Nutzbarmachung der technischen Effizienz bzw. ihrer Produktivität und der Kapitalakkumulation. Keynes folgert daraus, daß auf dieser Grundlage weiteres ökonomisches Wachstum und im Laufe der Zeit große Steigerungen des Lebensstandards möglich bzw. wahrscheinlich werden. Auch der relative Bedeutungszuwachs des Kapitals gegenüber der Arbeit hat später nicht mehr die Verelendung der Arbeiterschaft verschärft, sondern wirtschaftliche Konzentrationstendenzen, Rationalisierung, Produktivitätssteigerungen und Wirtschaftswachstum gefördert – mit der Folge steigender Gewinne der Unternehmen bei gleichzeitiger Anhebung des Einkommensniveaus der abhängig Beschäftigten.

Die westliche Gewerkschaftsbewegung und die Sozialdemokratie

66 »Alle Räder stehen still, wenn dein starker Arm es will.«

67 Vgl. hierzu die Ausführungen in Kapitel 8.3.3 zur Forschungs-, Entwicklungs- und Innovationspolitik des Deutschen Gewerkschaftsbundes.

haben sich dieser ökonomischen Entwicklung im Grundsatz angepaßt. Vor allem mit der Forderung und der partiellen Durchsetzung von Mitbestimmung in Unternehmen, mit dem Programmziel nach Teilhabe bzw. Übernahme staatlicher Macht im Kapitalismus und mit der Ausdehnung politischer Steuerungsfunktionen des Staates im Rahmen der kapitalistischen Wirtschaftsstruktur sowie der Schaffung einer neuen, krasse Armut und Ausbeutung kompensierenden Sozialstruktur, hat vor allem die Sozialdemokratie im Rahmen parlamentarisch-demokratischer Ordnungen gravierende Negativfolgen der technologisch-industrialistischen Wachstumsgesellschaften zunächst entschärft. Dies gilt in abgeschwächter Form auch für den demokratischen Liberalismus und sozialen Konservatismus.

Eine völlig neue Lage, die von den großen ideologischen Strömungen der Industriegesellschaften lange Zeit nicht wahrgenommen wurde, verursacht durch den rigorosen Einsatz des Produktivfaktors ›Wissenschaft und Technologie‹ zur rigorosen Ausbeutung des Produktivfaktors ›Natur‹, ist durch das Aufkommen der Ökologiebewegung sichtbar geworden. Weder demokratischer Sozialismus noch Liberalismus, christlich-soziale Bewegungen oder neomarxistische Theoretiker und Praktiker haben die Bedeutung und die Rolle der Produktivfaktoren ›Wissenschaft und Technologie‹ und ›Natur‹ gegenüber ›Arbeit‹ und ›Kapital‹ erkannt. Das mit dem Bedeutungszuwachs von ›Wissenschaft und Technologie‹ einerseits und dem forcierten Einsatz des Produktivfaktors ›Natur‹ andererseits gewandelte Verhältnis des Menschen zur Natur wurde lange Zeit in keiner Gesellschaft von den maßgebenden Entscheidungsträgern als grundlegend für den gesellschaftlichen Strukturwandel aufgegriffen, obwohl es seit zwei Jahrzehnten durchaus Diskussionen hierüber gab. Sie blieben aber bis heute eine Sache von Minderheiten und weitgehend eine Angelegenheit außerhalb der politischen Entscheidungszentralen.[68]

68 Als Ausnahme konnten zunächst ›Global 2000‹ – Der Bericht an den Präsidenten und ›Global Future‹ – Es ist Zeit zu handeln (1980 und 1981) angesehen werden. Diese beiden im Auftrage des amerikanischen Präsidenten Carter erarbeiteten Studien erlebten aber inzwischen eine Art Beerdigung erster Klasse durch die Reagan-Admini-

Es soll nicht unerwähnt bleiben, daß auch schon relativ frühzeitig weitsichtige Denker in den osteuropäischen Staaten auf den Bedeutungswandel der Produktivfaktoren hingewiesen haben. Eine der ersten Stellungnahmen, gleichzeitig eine grundlegende Kritik an der marxistischen Ideologie und der politischen Ökonomie des real existierenden Sozialismus, wurde von tschechoslowakischen Wissenschaftlern kurz vor dem Prager Frühling im Jahre 1967 veröffentlicht. Der als Richta-Report[69] bekannt gewordene Beitrag hatte für die weitere Diskussion große Bedeutung. Wenn darin klipp und klar festgestellt wird, daß der entscheidende Faktor für das Wachstum der Produktivität nicht mehr die Arbeitskraft ist, sondern Wissenschaft und Technikentwicklung, dann wurden schon damals sowohl für den Bereich des staatsbürokratischen Sozialismus als auch für den kapitalistischen Wirtschaftsbereich zentrale ideologische Fundamente in Frage gestellt.
Wegen der grundlegenden Bedeutung des Richta-Reports für die hier vertretenen Thesen zur Rolle der Produktivkraft ›Wissenschaft und Technologie‹ in den modernen Industriegesellschaften sollen nachfolgend einige markante Auszüge wiedergegeben werden:

»In den Produktionsprozeß dringen auf breiter Front neue gesellschaftliche Produktivkräfte ein, vor allem die Wissenschaft und ihre technologische Applikation, und mit ihr ihre Basis: die soziale Integration und schließlich die Entfaltung der menschlichen Kräfte, die hinter aller schöpferischen Tätigkeit steht.
Was das Spezifische der sich anbahnenden Bewegung bestimmt, was ihr eine neue Dimension verleiht und sie zur wissenschaftlich-technischen Revolution macht, ist somit zunächst die Tatsache, daß sie zu einer *universalen Wandlung* der gesamten Produktivkräfte führt, daß sie deren

stration. Sie blieben als Entscheidungsgrundlage für die politische Administration praktisch folgenlos.

69 Radovan Richta und Kollektiv, Zivilisation am Scheideweg, Politische Ökonomie des 20. Jahrhunderts, Interdisziplinäres Team zur Erforschung der sozialen und menschlichen Zusammenhänge der wissenschaftlich-technischen Revolution beim Philosophischen Institut der Tschechoslowakischen Akademie der Wissenschaft, Prag 1968.

ganze elementare Struktur in Bewegung versetzt – und damit prinzipiell die Stellung des Menschen verändert.«[70]

»In dem Maß, wie der Mensch die Erzeugnisse seiner früheren Tätigkeit als Naturkräfte wirken läßt und wie somit aus dem unmittelbaren Produktionsprozeß seine einfache Arbeitskraft schwindet, schaltet sich eine viel mächtigere Kraft der menschlichen Gemeinschaft in die Produktion ein – die *Wissenschaft als unmittelbare Produktivkraft*, die auf der Basis einer gesamtgesellschaftlichen Kombination wirksam ist. Der unmittelbare Produktionsprozeß hört in diesem Sinne auf, Arbeitsprozeß zu sein; anstelle der einfachen Arbeit tritt als dessen tragender Pfeiler das ›Naturverständnis des Menschen‹ in Erscheinung, das zugleich eine Aneignung ›seiner eignen allgemeinen Produktivkraft‹ ist – d. h. die Wissenschaft, das ›akkumulierte Wissen der Gesellschaft‹. In den gegenwärtigen Umwälzungen der Produktion dringt die Wissenschaft in den gesamten Erzeugungsvorgang ein, wird nach und nach zur zentralen Produktivkraft der Gesellschaft.«[71]

»Am Ausgang des Jahrhunderts wird die Produktion in den fortgeschrittensten Ländern heutigen Einschätzungen zufolge aufhören können, ein *Arbeitsprozeß* im derzeitigen Sinn des Wortes (d. i. im Sinne der einfachen aufgegliederten Arbeit) zu sein; ein beträchtlicher und ständig wachsender Teil der mit der Beschaffung der zum Leben notwendigen Mittel verbundenen menschlichen Tätigkeit kann den Charakter einer ingenieurtechnischen (oder vielmehr dieser entsprechenden bzw. gleichgestellten) Tätigkeit annehmen ...«

»Schon das industrielle System begann der Wissenschaft als unmittelbarer Produktivkraft den Weg freizugeben; sein Funktionieren blieb jedoch fortlaufend meist von empirischen traditionellen und gewohnheitsmäßigen, generationenlang angehäuften Methoden abhängig. Nunmehr weitet sich die Anwendung der Wissenschaft jedoch wesentlich aus; sie verdrängt überall die vom akkumulierten menschlichen Wissen nicht umgeschmolzenen Routine-Elemente. Sie überführt den gesamten Produktionsstrom von Anfang bis zu Ende auf die rational beherrschte Basis der Gleichungen und Algorithmen und bereitet sie so für den Einsatz des automatischen Prinzips vor. Die Wissenschaft beginnt heute *universal* als unmittelbare Produktivkraft zu wirken, und die Industrie verwandelt sich umgekehrt in ihrem ganzen Umfang zur ›technischen Applikation der Wissenschaft‹; wir sehen uns einer Wandlung des Produktionsprozesses ›vom einfachen Arbeitsvorgang zum wissenschaftlichen Prozeß‹ gegenüber ...

Mit anderen Worten: die Wissenschaft wird nunmehr zur grundlegenden

70 Richta-Report, a.a.O., S. 12.
71 Ebenda, S. 13.

Variablen im System der Volkswirtschaft und zur entscheidenden Größe des Zivilisationswachstums überhaupt. Es treten Merkmale einer neuen Dynamik, eines *neuen* (»Postindustrial-«) *Typus des Wachstums* auf, der sich auf die ständig vor sich gehenden Strukturwandlungen der Produktivkräfte stützt, in denen nicht die wachsende Quantität der Produktionsmittel und Arbeitskräfte entscheidet, sondern ihre sich verändernde Qualität, der Grad der Nutzung neuer Produktivkräfte. Hier kommen die *intensiven* Wachstumselemente zustande, hier entspringt die innerlich mit dem Einsetzen der wissenschaftlich-technischen Revolution verbundene Beschleunigung ...«[72]

Mir ist nicht bekannt, daß es jemals wieder eine Analyse gegeben hat, die vergleichbar eindeutig die zentrale »revolutionäre Dynamik« der Produktivkraft ›Wissenschaft und Technologie‹ hervorgehoben hat. Insofern ist es kein Zufall, daß der Richta-Report, dessen ideologische und politische Konsequenzen für die Staaten des real existierenden Sozialismus natürlich erheblich gewesen wären, mit dem Tod des Prager Frühlings auch zu Grabe getragen wurde.

Es darf aber nicht unerwähnt bleiben, daß auch der Richta-Report, trotz seiner scharfsinnigen Analyse der Produktivkraft ›Wissenschaft und Technologie‹, dem Produktivfaktor ›Natur‹ keine besondere Beachtung geschenkt hat.

Wir kommen noch einmal auf Abbildung 2.4.1-I und die darin zum Ausdruck kommenden globalen Zusammenhänge und Wirkungen zurück:

Johan Galtung hat die Entwicklung der globalen Verteilung von Wachstum und Stagnation genauer analysiert, indem er »30 Indikatoren der Krise der westlichen Volkswirtschaften« betrachtet und deren mittel- und langfristige Folgen.[73] Das Ergebnis ist eine neue Aufteilung der Welt, in der die neue Vierte Welt die »Nummer eins« sein wird, die auf der Grundlage des WTI-Paradigmas und der weiterentwickelten Produktivkraft ›Wissenschaft und Technologie‹ die Medaillen im internationalen Wett-

72 Ebenda, S. 16 ff.

73 Johan Galtung, Die globale Verteilung von Wachstum und Stagnation, in: M. Jänicke (Hrsg.), Vor uns die goldenen neunziger Jahre? – Langzeitprognosen auf dem Prüfstand, München/Zürich 1985, S. 119.

bewerb um Hochtechnologien und höchste Produktivitätsraten erringt (vgl. Abbildung 2.4.1-II).
Ohne Galtungs Zukunftsmodell über Gebühr zu strapazieren, kann man als zentralen Entwicklungsfaktor den von ihm angegebenen vierten Krisenfaktor, »die erfolgreiche Konkurrenz der aufsteigenden Länder Südostasiens (Vierte Welt) über die westlichen Industrieländer (Erste Welt)«, ausmachen. Galtung selbst stellt – bewußt oder unbewußt – diesen »Krisenfaktor« in das Zentrum seiner Analysen und Prognosen:

»Die Kategorie ›westliche Länder‹, zu der auch Japan gezählt wird, halte ich für falsch, da sie eine Harmonie voraussetzt, die nicht vorhanden ist. Denn Japan hat eine klare Zielsetzung: Ichi-ban, Nummer eins zu

Abbildung 2.4.1 – II
Die Vier Welten der zukünftigen globalen Verteilung von Wachstum und Stagnation

Nord	*Erste Welt:* Privatkapitalismus OECD-Länder	*Zweite Welt:* Staatsbürokratischer Sozialismus RGW-Länder
Süd	*Dritte Welt:* neue internationale Wirtschaftsordnung Südamerika, Karibik, Afrika, arabische Welt (OPEC), West-Asien, Süd-Asien	*Vierte Welt:* Ichi-ban (Nummer eins) Japan Mini-Japans ASEAN-Staaten sozialistische Länder Ost-Asiens Australien, Neuseeland Ozeanien

Erste Welt: Kapitalistische Welt des Westens
Zweite Welt: Staatsbürokratisch-sozialistische Welt
Dritte Welt: Arme Welt (vorläufige Ausnahme: OPEC-Länder)
Vierte Welt: Ichi-ban-Länder

Quelle:
J. Galtung, Die globale Verteilung von Wachstum und Stagnation, in: M. Jänicke (Hrsg.), Vor uns die goldenen neunziger Jahre? – Langzeitprognosen auf dem Prüfstand, München/Zürich 1985, S. 124.

werden. Der Weg dahin ist bekannt: es gilt, den Weltmarkt zu beherrschen. Dafür gibt es zwei Bedingungen: bessere Produkte und niedrigere Preise. Genau diese Bedingungen erfüllen die Japaner. Und die anderen Länder der Vierten Welt ahmen das nach« ...
»Im Verhältnis Erste Welt – Vierte Welt wird Weltgeschichte gemacht. Die Länder der Vierten Welt beherrschen inzwischen den Weltkapitalismus besser als die Länder der Ersten Welt. Und deshalb geht die Rolle der Länder der Ersten Welt als Hauptakteur auf der Weltbühne zu Ende.«[74]

Und die zentralen Prognosen lauten:
»1. Ich glaube, daß etwa ab 1988-1995 goldene Jahre kommen.
2. Ich gehe davon aus, daß diese Jahre vor allem in der Vierten Welt golden sein werden und daß das Zentrum der Weltökonomie in der Vierten Welt liegen wird.
3. Die wichtigsten Erzeugnisse der Japaner werden sein: Flugzeuge, Telekommunikation, Computer, Biotechnologie, Militärtechnik. Auf allen diesen Gebieten werden sie die Nummer eins in der Welt sein.«[75]

Auch in den weiteren Implikationen, die die Entwicklungen der anderen Welten und ihre Beziehungen betreffen, korrespondiert das Galtung'sche Zukunftsmodell in hohem Maße mit meiner Analyse.
Für die westlichen Gesellschaften (Erste Welt) könnte es aber eine neue Zukunftsperspektive geben, gewissermaßen als Trost für den Verlust olympischer Medaillen und das Abrutschen auf die Nummer zwei im internationalen Wettbewerb. Hier könnte ein neues Paradigma aufgebaut werden, in dem Wachstum primär an sozial und ökologisch verträglichen Wachstumszielen ausgerichtet wird und die wissenschaftliche Wissensproduktion nicht mehr ausschließlich an Effizienzkriterien. Sie sollte in Einklang stehen mit den jeweiligen politischen, ökologischen und kulturellen Traditionen sowie den individuellen psychologischen und sozialen Dispositionen der Menschen in den vier Welten.
In Galtungs Worten:

»Ich glaube allerdings nicht, daß die westliche Gesellschaft an ihrem Endpunkt angelangt sein wird, sondern daß lediglich ihre expansionisti-

74 Ebenda, S. 125 f.
75 Ebenda, S. 126 f.

sche und exzessiv ausbeuterische Phase notgedrungen zu Ende geht. Der Westen wird eine gute Chance zum Wandel haben, der seine weicheren Aspekte zur Geltung bringt. Dies ist nicht unbedingt eine pessimistische Vorhersage.«[76]

2.4.2 Produktivitätswachstum durch ›Wissenschaft und Technologie‹

Die entscheidende Kenngröße der modernen Industriegesellschaft ist die Produktivität.

Welche gewaltige Dynamik die Produktivkraft ›Wissenschaft und Technologie‹ in den modernen Industriegesellschaften ausgelöst hat und noch weiter auslösen wird, kommt in den folgenden Zahlen zum Ausdruck:

Für die Entwicklung in Deutschland wurde vom Wirtschafts- und Sozialwissenschaftlichen Institut des DGB eine Abschätzung der Produktivitätszunahmen vorgenommen.[77] Danach ist die Produktivität im Produktionsbereich von 1910 bis 1980 um etwa 1500% gestiegen. Einen deutlichen Hinweis auf den dominierenden Einfluß von Wissenschaft und Technologie ergibt eine Vergleichszahl, wonach die Produktivität im Bürobereich in der gleichen Zeit nur um etwa 150% gestiegen ist. Im Bürobereich hat sich nämlich bis vor einigen Jahren noch relativ wenig technologisch verändert. Wir wissen aber, daß das Büro derjenige Bereich sein wird, der im kommenden Jahrzehnt den stärksten Strukturwandel erfährt.[78]

Für die Vereinigten Staaten wurden jährliche Steigerungsraten der Gesamtproduktivität (reale Ertragssteigerung pro Arbeitsstunde) von durchschnittlich 2 bis 2,5% für die Zeit von 1889 bis 1960 festgestellt.[79] Das ergibt eine Gesamt-Produktivitätssteige-

76 Ebenda, S. 128 f.

77 Die Zahlen sind entnommen aus: Jürgen Seetzen, Reinhard Pfab u. a., Zwischenbilanz zur Einschätzung der neuen Informations- und Kommunikationstechniken, HHI-Schriftenreihe 1982/3, Berlin 1982, S. 42.

78 Vgl. hierzu Kapitel 8.3.3.

79 John Kendrick, Productivity Trends in the United States, National Bureau of Economic Research, Princeton, NJ 1961, S. 23.

rung für alle Produktions- *und* Dienstleistungsbereiche zusammen von ca. 750%. Hierbei ist zu beachten, daß es sich um einen Durchschnittswert handelt, in dem auch alle Arbeitsbereiche enthalten sind, die nur geringe Produktivitätszunahmen zu verzeichnen haben. Ein offizieller Bericht, der 1965 von der US-Regierung der *National Commission on Technology, Automation and Economic Progress* in Auftrag gegeben wurde, kommt zu einem ähnlichen Ergebnis:

»In den 35 Jahren vor dem Ende des Zweiten Weltkrieges stieg der Ertrag pro Arbeitsstunde in der Privatwirtschaft mit einer Trendrate von jährlich etwa 2%, wobei in diesen Werten diejenigen der Depressionsphase der dreißiger Jahre enthalten sind. Zwischen 1947 und 1965 nahm die Produktivität der Privatwirtschaft mit einer Trendrate von jährlich etwa 3,2% zu, was einem Anstieg von über 50% entspricht.«[80]

Daß die Gesamtproduktivität fast ausschließlich auf die Produktivkraft ›Wissenschaft und Technologie‹ zurückzuführen ist, geht aus einer Reihe von Arbeiten amerikanischer Wissenschaftler hervor, die den Versuch gemacht haben, diesen Faktor zu isolieren und abzuschätzen. Dabei ist zu beachten, daß vor allem auch wissenschaftliche und technologische Komponenten eine Rolle spielen, die sich auf die Organisation von Arbeits- und Produktionsabläufen, auf Ausbildung und Bildung der Arbeitskräfte, verbesserte Verkehrs-, Transport- und Kommunikationssysteme usw. beziehen. So kommt beispielsweise Richard Nelson[81] auf Durchschnittswerte der Gesamtproduktivitätsentwicklung aufgrund des technischen Fortschritts für 1929 bis 1947 von 1,9%, für 1947 bis 1954 von 2,9% und für 1954 bis 1960 von 2,1%. Sowohl für die Produktivitätsentwicklung in den USA wie in Deutschland, speziell auch für die Bundesrepublik Deutschland, ist auffallend, daß trotz Wirtschaftskrisen und Krieg der Produktivitätszuwachs über die Jahre relativ konstant war[82] im Gegen-

80 National Commission on Technology, Automation and Economic Progress, Technology and the American Economy, Washington, D.C., 1966, S. 2.

81 Richard Nelson u.a., zit. nach Edwin Mansfield, Technological Change: Measurement Determinants and Diffusion, in: Technology and the American Economy, Washington, D.C., 1966, S. 105.

82 Ausgenommen natürlich unmittelbar nach dem Zweiten Weltkrieg in Deutschland (1945-1946).

satz zum Wirtschaftswachstum, in dem sich die Phasen struktureller und konjunktureller Krisen und Prosperität sowie politische und soziale Erschütterungen deutlich niederschlagen.
Die relative Stabilität des Wachstums der Produktivität

»liegt vor allem daran, daß wissenschaftlicher Fortschritt, neue Produktionsverfahren und Rationalisierungen (also die Entwicklung der Produktivkraft ›Wissenschaft und Technologie‹, Anm. R. K.) weitgehend unabhängig von konjunkturellen Entwicklungen sind. Unsere Wirtschaft unterliegt statistisch gesehen gewissermaßen einem ›Dauerfortschritt‹.«[83]

Weiterhin ist auffallend, daß die Wachstumsraten der Produktion bzw. des Bruttosozialprodukts in allen Entwicklungsphasen hinter dem Produktivitätszuwachs zurückbleiben. Das bedeutet, daß sich die Menge der benötigten Arbeit verringert, was entweder durch kürzere Arbeitszeiten oder/und höhere Arbeitslosigkeit kompensiert werden muß. Wenn schon für alle Phasen der Vergangenheit, auch für die expansive Nachkriegszeit, die Produktivität höher lag als das Produktionswachstum, dann ist zu vermuten, daß bei der weiteren rasanten Entfaltung von ›Wissenschaft und Technologie‹ in Zukunft die Schere noch weiter auseinandergeht – jedenfalls solange die Arbeit in erster Linie nach marktwirtschaftlichen Gesichtspunkten bewertet wird. Wir sprechen hier nur von der Lohnarbeit, der im formellen Beschäftigungssystem ein mehr oder weniger festliegender Preis gegenübersteht. Diese Form der Arbeit sagt aber nur wenig über die gesellschaftlich tatsächlich notwendige und wünschenswerte Arbeit aus, von der es ja ganz offensichtlich genug gibt.[84]
Die nachfolgende Abbildung 2.4.2-I zeigt die durchschnittlichen Wachstumsraten der beiden zentralen wirtschaftlichen Kenngrößen ›Produktivität‹ und ›Bruttosozialprodukt‹ für die Perioden 1961-1965, 1966-1970, 1971-1975 und 1976-1979.
Heute gibt es eine heftige Diskussion zwischen Arbeitgebern und Gewerkschaften über die Frage, wie stark das Produktivitäts-

83 Der Bundesminister für Forschung und Technologie (Hrsg.), Neue Technologien und Beschäftigung, Schriftenreihe Technologie und Beschäftigung, Band 1, Düsseldorf/Wien 1981, S. 22.

84 Vgl. hierzu: Meinolf Dierkes und Burkhard Strümpel (Hrsg.), Wenig Arbeit, aber viel zu tun – Neue Wege der Arbeitsmarktpolitik, Opladen 1985.

Abbildung 2.4.2 – I
Wirtschaftswachstum und Produktivität in der Bundesrepublik Deutschland

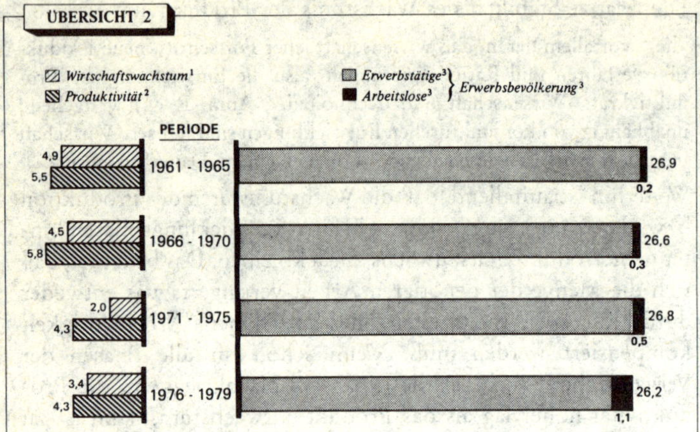

[1] *Durchschnittliche Wachstumsrate des Bruttosozialproduktes zu Preisen von 1970 in Prozent*
[2] *Durchschnittliche Wachstumsrate der Arbeitsproduktivität je Erwerbstätigenstunde in Prozent*
[3] *Durchschnittliche Zahl der Erwerbstätigen, Arbeitslosen und der Erwerbsbevölkerung in Millionen*

Quelle: Statistisches Bundesamt, Bundesanstalt für Arbeit, Sachverständigenrat

Nach: BMFT (Hrsg.), Neue Technologien und Beschäftigung, Bd. 1, Düsseldorf/Wien 1981, S. 23.

wachstum, also hauptsächlich die Produktivkraft ›Wissenschaft und Technologie‹, die Zahl der Arbeitsplätze bestimmt. Neben den Rationalisierungseffekten hat es in der Vergangenheit jedenfalls immer auch Innovationseffekte gegeben, durch die über neue Technologien und Dienstleistungen neue Arbeitsplätze entstanden. Eine Studie im Auftrage mehrerer Bundesministerien aus dem Jahre 1979 kommt für die Bundesrepublik Deutschland zu differenzierten Ergebnissen, die auch von neuesten Untersuchungen bestätigt werden. Die Grundaussage lautet etwa, daß in den meisten alten Wirtschaftszweigen mit traditionell geringen FuE-Kapazitäten auch zukünftig ein starker Arbeitsplatzabbau zu erwarten ist (z. B. Stahlindustrie, Eisenschaffende Industrie, Baugewerbe, Handel, Land- und Forstwirtschaft, Verkehr

[Schiffbau, Schienenfahrzeuge, UCW], Textil), während in Wirtschaftssektoren mit traditionell großen FuE-Kapazitäten und Zukunftsindustrien mit hohen FuE-Potentialen neue Arbeitsplätze zu erwarten sind (z. B. Elektrotechnik, Fertigungstechnik, Daten- und Bürotechnik, Informationsdienstleistungen, Energietechnik, Umwelttechnologien). Unterm Strich könne aber nicht eindeutig gesagt werden, ob die arbeitsplatzvernichtenden oder -schaffenden Effekte überwiegen.[85] Das hängt ganz offensichtlich von der Steuerung und Verteilung der Innovations-Investitionen und damit von der Zielrichtung der Nutzbarmachung der Produktivkraft ›Wissenschaft und Technologie‹ ab.

Daß die Arbeitsplatzfolgen schon in den sechziger Jahren groß waren, nur damals auf dem Hintergrund der wirtschaftlichen Expansion und der großen Arbeitszeitverkürzungen ganz anders beurteilt wurden, geht aus einer Studie des Rationalisierungs-Kuratoriums der Deutschen Wirtschaft (RKW) hervor:

»Die Produktivitätsfortschritte erlauben es auch, die Produktion zu steigern, ohne daß die Zahl der Arbeitsplätze entsprechend steigen muß. Auf diese Weise konnte allein zwischen 1960 und 1968 die Schaffung zusätzlicher 12,5 Millionen Arbeitsplätze vermieden werden. Bis 1980 ist mit einer weiteren Einsparung von fast 19 Millionen Arbeitsplätzen, die wegen der anhaltenden Knappheit des Produktionsfaktors Arbeit überhaupt nicht besetzt werden könnten, zu rechnen; mehr als die Hälfte davon entfällt auf das warenproduzierende Gewerbe.«[86]

Es soll hinzugefügt werden, daß das RKW paritätisch mit Vertretern der Arbeitgeber- und der Arbeitnehmerseite besetzt ist und die Studie von namhaften, keinesfalls konservativen Wirtschaftswissenschaftlern durchgeführt wurde.

Eine interessante Schätzung des »mittleren Entwicklungspfades (ohne Berücksichtigung von Änderungen im Innovationsverhalten)« ergibt nach der bereits erwähnten Prognos/Mackintosh-

85 Prognos AG und Mackintosh Consultants Co. Ltd., Technischer Fortschritt – Auswirkungen auf Wirtschaft und Arbeitsmarkt, Untersuchung im Auftrag der Bundesminister für Forschung und Technologie, Wirtschaft, Arbeit und Sozialordnung, Schriftenreihe Technologie und Beschäftigung, Band 2, Düsseldorf/Wien 1981.

86 Luitpold Uhlmann und Gerhard Huber, Technischer und struktureller Wandel in der wachsenden Wirtschaft, a.a.O., S. 80.

Studie[87] für die Jahre 1977 bis 1990 ein gesamtwirtschaftliches Produktivitätswachstum von real 3,2% jährlich. Wie sich diese Produktivitätszuwachsraten auf die einzelnen Wirtschaftszweige verteilen, zeigt die nachfolgende Tabelle 2.4.2-1, die außerdem die damit verbundene Wertschöpfung und die Veränderungsrate bei den Erwerbstätigen enthält.

Man erkennt, daß die niedrigsten Produktivitätssteigerungen aufgrund wissenschaftlich-technischer Veränderungen in den Wirtschaftszweigen Stahlverwertung, Leder, Stahlbau, Staat und Sozialversicherung sowie Privathaushalte erwartet werden. Demgegenüber ist mit relativ hohen Steigerungen in den Wirtschaftszweigen Chemische Industrie und Mineralölverarbeitung, Feinkeramik und Glas, Holzbe- und -verarbeitung, Druckerei und Vervielfältigung, Textil, Baugewerbe sowie im Kredit- und Versicherungsgewerbe zu rechnen.

Im Hinblick auf die Interpretation der in Tabelle 2.4.2-1 enthaltenen Zahlen sei darauf hingewiesen, daß die Produktivitätssteigerung »aufgrund technischer Einflüsse« die funktionsspezifischen Wirkungen technischer Veränderungen wiedergibt.

Die hier beim Produktivitätswachstum getrennt ausgewiesene Komponente »Strukturelle Einflüsse« umfaßt »Veränderungen in der Organisation, der Produktstruktur und dem Know-how im Umgang mit der bestehenden technischen Ausstattung« und ist damit natürlich ebenfalls überwiegend durch ›Wissenschaft und Technologie‹ bestimmt.

Die in der Prognos/Makintosh-Studie abgeschätzten Produktivitätssteigerungen in den einzelnen Wirtschaftsbereichen sind insofern konservativ, als »mögliche Veränderungen des Innovationsverhaltens aufgrund ökonomisch-sozialer Faktoren außer acht gelassen«[88] wurden.

Nun ist aber gerade in den letzten Jahren vor allem mit den neuen Informations- und Kommunikationstechnologien eine Innovationsdynamik in Gang gekommen, die höchstwahrscheinlich in

87 Prognos AG und Mackintosh Consultants Co. Ltd., Technischer Fortschritt – Auswirkungen auf Wirtschaft und Arbeitsmarkt, a.a.O., S. 129.

88 Prognos AG und Mackintosh Consultants Co. Ltd., a.a.O., S. 127.

zahlreichen Wirtschaftssektoren die Produktivität noch erheblich steigern wird.[89]
Zur Illustration der Produktivitätsdynamik neuer Technologien soll deshalb nachfolgend eine Abschätzung der Größenordnung potentieller, durch die Informations- und Kommunikationstechnik betroffener Berufe bzw. Tätigkeiten und Arbeitsplätze erfolgen. Als Informationsberufe gelten dabei solche, die mit Informationsproduktion, -verarbeitung und -verteilung und mit Informationsinfrastruktur-Aufgaben befaßt sind. Alle Informationsberufe sind natürlich von der IuK-Technik betroffen, somit vor allem auch der gesamte Bürobereich.
Eine Aufschlüsselung aller Erwerbstätigen ergibt die folgenden Veränderungen in den drei Wirtschaftssektoren von 1961 bis 1980 und den Anteil der in Informationsberufen tätigen Erwerbstätigen in den drei Wirtschaftssektoren (Tabelle 2.4.2-2, S. 120).
Zusammengefaßt lassen sich im Hinblick auf die zu erwartende Innovationsdynamik der I+K-Technologien folgende Entwicklungsdaten angeben:
+ Bezogen auf alle Beschäftigten waren 1950 etwa 35% und 1980 bereits über 50% an Büroarbeitsplätzen tätig (Statistische Jahrbücher der BRD).
+ 33% aller Erwerbstätigen sind in Informationsberufen tätig, die hauptsächlich im Bürobereich liegen (HHI).
+ Etwa 2/3 der Tätigkeiten in Büro und Verwaltung entfallen auf Kommunikationstätigkeiten (Picot).
+ Der starke Anstieg der Anzahl der im Büro Tätigen von ca. 5 Millionen Erwerbstätigen im Jahre 1950 auf etwa 12,2 Millionen Erwerbstätige im Jahre 1980 und die im Büro wesentlich höheren Personalkosten (ca. 80% der Gesamtkosten) gegenüber dem Produktionsbereich (ca. 40% der Gesamtkosten)

89 Ausführliches Datenmaterial für die Bundesrepublik und einzelne Wirtschaftsbereiche in Kapitel 8.3.3;
Datenmaterial über weltweite Entwicklungstendenzen in: Joseph Huber, Die verlorene Unschuld der Ökologie – Neue Technologien und superindustrielle Entwicklung, Frankfurt am Main 1982, S. 48 ff.;
Datenmaterial über Entwicklungstendenzen in den USA in: John Naisbitt, Megatrends, New York 1982; deutschsprachige Ausgabe, Bayreuth 1984.

Tabelle 2.4.2 – 1
Durchschnittliche jährliche Wachstumsrate ohne Veränderung des Innovationsverhaltens aufgrund technischer und struktureller Einflüsse in den Jahren 1977-1990; (Schätzung des mittleren Entwicklungspfades)

	Wirtschaftszweige	Produktivität			Wertschöpfung[3]	Erwerbstätige
		aufgrund technischer Einflüsse[1]	aufgrund struktureller Einflüsse[2]	insgesamt		
1+2	Land- und Forstwirtschaft	1,2	2,0	3,2	1,7	− 2,1
3	Energie- und Wasserversorgung	1,4	1,0	2,4	3,8	+ 1,4
4+5	Bergbau	1,7	0	1,7	1,4	− 0,3
6	Chemische Industrie und Mineralölverarbeitung	3,4	1,0	4,4	3,9	− 0,5
7	Gummi- und Kunststoffverarbeitung	2,3	1,5	3,8	4,5	+ 0,7
8	Steine und Erden	1,4	1,5	2,9	1,9	− 1,0
9	Feinkeramik, Glas	2,7	1,5	4,2	2,5	− 1,6
10	Eisenschaffende Industrie und NE-Metallerzeugung	2,3	1,0	3,3	2,3	− 1,0
11	Gießereien	1,7	1,0	2,7	1,0	− 1,7
12	Stahlbau	0,8	1,0	1,8	1,4	− 0,4
13	Maschinenbau, ADV-Geräte	0,6	2,5	3,1	4,3	+ 1,2
14	Straßenfahrzeugbau	1,8	1,0	2,8	3,6	+ 0,8
15	Luftfahrzeug- und Schiffbau	1,0	2,0	3,0	3,8	+ 0,8
16	Elektrotechnik	1,2	2,5	3,7	6,1	+ 2,4
17	Feinmechanik	2,1	2,0	4,1	4,1	0
18	EBM-Waren	1,2	1,5	2,7	2,9	+ 0,2
19	Stahlverformung	0,5	0,5	1,0	0,1	− 0,9
20	Musik, Spiel, Sport	1,6	2,0	3,6	1,0	− 2,6

21	Holzbe- und -verarbeitung	2,6	1,5	4,1	4,0	− 0,1
22	Papiererzeugung und -verarb.	2,4	1,0	3,4	2,1	− 1,3
23	Druckerei, Vervielfältigung	3,0	1,5	4,5	1,0	− 3,5
24	Leder	0,4	0,5	0,9	1,7	− 2,6
25	Textilgewerbe	3,0	1,0	4,0	2,4	− 1,6
26	Bekleidungsgewerbe	2,2	0	2,2	0,3	− 1,9
27−29	Nahrungs- und Genußmittel	1,6	0,5	2,1	2,1	0
30+31	Baugewerbe	2,4	1,5	3,9	1,7	− 2,2
32	Großhandel, Handelsvermittlung und Einzelhandel	2,4	0,5	2,9	2,1	− 0,8
33	Nachrichten	2,3	1,5	3,8	7,1	+ 3,3
34−36	Verkehr	2,1	1,5	3,6	1,9	− 1,7
37	Kreditinstitute	2,6	1,0	3,6	3,8	+ 0,2
38	Versicherungen	3,5	2,0	5,5	3,9	− 1,5
39	Gaststätten- und Beherbergungsgewerbe	0,3	0,5	0,8	1,0	+ 0,2
40−47	Sonstige Dienstleistungen	1,1	2,5	3,6	4,8	+ 1,2
48+49	Privathaushalte, Org. ohne Erwerbscharakter	0,4	0,5	0,9	2,0	+ 1,1
50	Staat und Sozialversich.	1,0	1,0	2,0	3,2	+ 1,2
	Wirtschaftszweige insgesamt			3,2	3,4	+ 0,2

1 Berechnet aufgrund der funktionsspezifischen Wirkungen technischer Veränderungen in den einzelnen Wirtschaftszweigen.

2 Geschätzt aufgrund absehbarer Veränderungen in der Organisation, der Produktstruktur und dem know-how im Umgang mit der bestehenden technischen Ausstattung in den Wirtschaftszweigen.

3 Im Produzierenden Gewerbe: Nettoproduktionswert.

Quelle:

Prognos AG und Mackintosh Consultants Co. Ltd., Technischer Fortschritt, Düsseldorf/Wien 1981, S. 129.

Tabelle 2.4.2 – 2
Änderung der Erwerbstätigenanteile und der Anteile der in Informationsberufen Tätigen in den drei Wirtschaftssektoren in der Bundesrepublik Deutschland

Wirtschaftssektor	Veränderung der Erwerbstätigen 1961-1980	Erwerbstätigen-Anteil 1978	Informations-Erwerbstätige/Anteil
Primärsektor	− 51%	8%	2%
Sekundärsektor	− 7%	43%	8%
Tertiärsektor	+ 26%	49%	23%
davon:			
Staat	+ 75%		
Handel/Banken und Versicherungen	+ 54%		
I + K-Bereich	+ 47%		
		100%	33%

Quelle:
J. Seetzen u. a., Heinrich-Hertz-Institut für Nachrichtentechnik, Schriftenreihe 1982/83.

lassen hohe Rationalisierungseffekte durch die IuK-Technologien erwarten (Stellungnahme des BDI).
+ Für den Büro- und Verwaltungsbereich ist mit einem Rationalisierungspotential von 25% im privaten und 40% im öffentlichen Verwaltungssektor zu rechnen (Siemens-Studie »Büro 1990«).
+ Für den Bankbereich wird ein Rationalisierungspotential durch die IuK-Techniken von 20-27% abgeschätzt (ISI-Studie).
+ Im Bereich der Druckindustrie wird ein Rationalisierungspotential von über 38% abgeschätzt (Studie der IG Druck und Papier).
+ Für den Handel wird bis 1990 von einem Rationalisierungspotential von 10% ausgegangen (Prognos AG).

Die IuK-Technologie wird auch weiterhin in ähnlich dramatischer Weise den Produktionsbereich erfassen und verändern.[90]
Ein Beispiel: Die volle Ausschöpfung des Rationalisierungspotentials allein durch Robotereinsatz könnte nach einer Studie des Instituts für Arbeitsmarkt- und Berufsforschung (Nürnberg) 400 000 Arbeitsplätze kosten.
Es ist klar, daß alle diese Trends das eine Ziel verfolgen, die Steigerung der wirtschaftlichen Produktivität. Die dafür mobilisierte Kraft läßt sich hier in geradezu klassischer Weise als die Produktivkraft ›Wissenschaft und Technologie‹ identifizieren. Welche gewaltige gesellschaftspolitische Sprengkraft allein in den beiden lapidaren Kurven der nachfolgenden Abbildung 2.4.2-II liegt, läßt sich heute wohl nur erahnen:

Abbildung 2.4.2 – II
Produktivitätsentwicklung in der Fertigung und im Büro

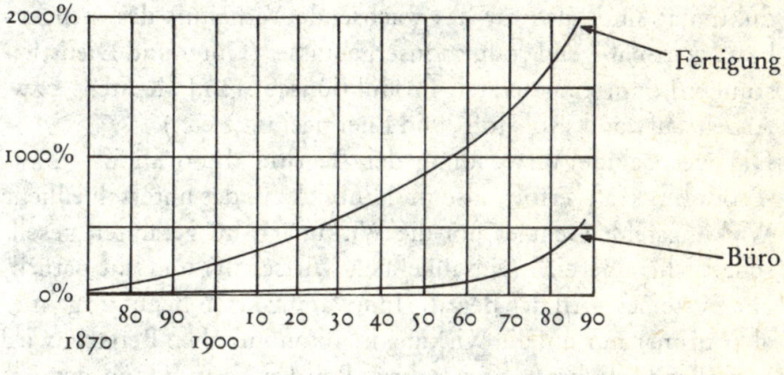

Quelle:
Siemens-Studie »Büro 1990«, München 1976, S. 204.

2.5 Abgrenzung zentraler Begriffe

2.5.1 Innovations- und Produktivkraft

Dem semantischen Inhalt und pragmatischen Zweck der Verwendung des Begriffs ›Innovation‹ entspricht am besten die schlichte Übersetzung »Neuerung«. Dabei kann es sich um

90 Vgl. hierzu Kapitel 8, insbesondere 8.3.3.

Ideen, Handlungsweisen, Verfahren, Techniken, Produkte oder Systeme und Funktionsbeziehungen von Systemen handeln, die es so vorher nicht gegeben hat. Der Begriff ist also bewußt nicht auf irgendeinen Gegenstandsbereich eingeengt, also etwa auf Wissenschaft, Technik, Ökonomie oder Sozialverhalten. Es gibt somit wissenschaftliche, technische oder soziale Innovationen.
Der Begriff ›Kraft‹ wird analog wie in der Physik als Ursache von Bewegungs- oder Formänderungen, hier allgemeiner als Ursache von Entwicklungsänderungen oder, in der Sprache der Systemtheorie, als Ursache von System- oder Funktionsänderungen, benutzt. Auch dieser Begriff ist somit nicht auf ein spezielles System festgelegt, sondern bezieht sich auf wissenschaftliche, technische, wirtschaftliche, soziale, psychologische, kulturelle etc. Systeme.
›Produktivkräfte‹ sind nun jene Untermengen von Innovationskräften, die die Ursache für die Änderung der ökonomischen Produktivität sind, also für das wachsende Verhältnis des mengen- bzw. wertmäßigen Produktionsergebnisses (Güter und Dienstleistungen) zum eingesetzten Produktionsaufwand (Kosten- bzw. Arbeitsaufwand, Rohstoff- und Energieeinsatz etc.).
Die wechselnde Verwendung der Begriffe ›Innovations-‹ bzw. ›Produktivkraft‹ erfolgt also im Hinblick auf das unterschiedliche Wirkungsfeld. Geht es um die Wirkungen im gesamten gesellschaftlichen Bereich (einschließlich Wirtschaft) und auf natürliche Systeme, wird der Begriff ›Innovationskraft‹ benutzt; geht es aber primär nur um die Wirkung im ökonomischen Bereich, wird von ›Produktivkraft‹ gesprochen. Bei der Verwendung des Begriffs ›Produktivkraft‹ wird also nicht auf die sozialen, ökologischen oder psychologischen Sekundär- und Tertiärwirkungen von Innovationen abgehoben.

2.5.2 Zum Gebrauch von ›Wissenschaft und Technologie‹

Trotz der immer stärkeren Verschmelzung von Wissenschaft und Technologie ist es nicht gerechtfertigt, Wissenschaft unter den Technologiebegriff zu subsumieren. Deshalb wird für die zentrale Innovationskraft der Doppelbegriff ›Wissenschaft und Technologie‹ verwendet. Diese Bezeichnung ist weitgehend mit dem Gebrauch des Begriffs ›Technischer Fortschritt‹ verbunden. Ich lehne den Begriff ›Technischer Fortschritt‹ allerdings nachdrücklich ab, weil damit gleichzeitig ein Fortschritts-Begriff festgeschrieben wird, der, so generalisiert, mehr als zweifelhaft ist. Otto Ullrich hat den Ideologieverdacht mehrfach akzentuiert hervorgehoben:

»Wieder sitzt eine Gesellschaftsformation einem Fortschrittsglauben auf, der ›als Fortschritt der Industrie und der ihr gemäßen Lebensformen‹ definiert wird (Hans Freyer), wohingegen der Fortschrittsgedanke noch bis ins 18. Jahrhundert gebunden war an die fortschreitende Aufklärung des Geistes, an die Veredlung der Sitten, an die Verfeinerung des Geschmacks und an den Siegeszug der Idee der Freiheit und der Gleichheit ...
Heute ist Fortschritt speziell die Variante des ›technischen Fortschritts‹, eine Wachstumskategorie ... und partielle Erklärungsgröße quantitativen Wachstums ... Die Zuverlässigkeit der naturwissenschaftlich-technischen Entwicklung dogmatisiert den Glauben an die universelle Kraft technischer Problemlösungen, obwohl diese tendenziell in den meisten Fällen für die Gesellschaft immer teurer werden, immer größer, immer energieintensiver ...«
Appelle nach ›Sicherung der Zukunft‹ oder ›Sicherung der Arbeitsplätze von morgen‹ sind eine notwendige ideologische Verbrämung und ein Zeichen der Verunsicherung eines ideologischen Systems, das an der spröden Dynamik des ›technisch-industriellen Systems‹ hängt und – angewiesen auf Minimierung politischer Legitimationsdefizite – auch an einem Fortschreiten, an einem – möglichst steigenden – Beitrag des technischen Fortschritts zur universalen gesellschaftspolitischen Klammer, an einem stetig zunehmenden traditionellen Industriewachstum interessiert ist.«[91]

Man muß nicht alle Akzente teilen, um dem Kern der Analyse, der zunehmenden Dominanz und Dogmatisierung der Idee des technischen Fortschritts in der Industriegesellschaft, zuzustimmen.[92] Aber an den daraus erwachsenden Negativfolgen und der mittlerweile hinreichenden Palette realer vorapokalyptischer Schreckenswerkzeuge und Zerstörungstendenzen kann heute

91 Otto Ullrich, Technischer Fortschritt und die Gesellschaft der Arbeitslosen, in: Technologie und Politik, Bd. 10, S. 34 ff.
92 Ich gehe näher in Kapitel 3 im Zusammenhang mit der Behandlung des Wissenschafts-Technik-Industrialismus-Fortschrittsparadigmas auf diese Problematik ein.

Vernunft einfach nicht mehr vorbeigehen. Auf die umfangreiche Literatur mit Trendanalysen und Warntafeln sei ebenfalls hingewiesen.[93]

Der Begriff ›Technischer Fortschritt‹ wird von verschiedenen Autoren, vor allem in den Wirtschaftswissenschaften, auch enger verstanden und enger angewandt. Manche Autoren beziehen diesen Begriff nur auf neue technische Apparaturen und Verfahren.

Ich unternehme an dieser Stelle keinen Definitionsversuch des Begriffs ›Wissenschaft‹, weil das gesamte Kapitel 4 der Herausarbeitung des Wesens der Wissenschaft bzw. der sie konstituierenden wichtigsten methodischen Denk- und Handlungsmuster gewidmet ist. Natürlich ist jene auf Galilei zurückzuführende empirisch-analytische (moderne) Wissenschaft und ihre Fortentwicklung gemeint.

Der Begriff ›Wissenschaft‹ umfaßt im Rahmen des Begriffs Produktivkraft ›Wissenschaft und Technologie‹ die Bereiche Forschung sowie wissenschaftliche Ausbildung und Bildung.

Wenn in dieser Arbeit nur gelegentlich die wissenschaftliche Ausbildung hervorgehoben wird, dann im wesentlichen aus zwei

93 Für die mittlerweile stark angewachsene Literatur, in der hauptsächlich die ökonomischen und gesellschaftspolitischen Dilemmata der modernen Industriegesellschaft analysiert werden, seien beispielhaft genannt:
- Willis W. Harman, Gangbare Wege in die Zukunft? – Zur transindustriellen Gesellschaft, Darmstadt 1978 (Original: An Incomplete Guide to the Future, Stanford/New York 1976).
- Hans-Christoph Binswanger, Werner Geissberger, Theo Ginsburg (Hg.), Der NAWU-Report: Wege aus der Wohlstandsfalle – Strategien gegen Arbeitslosigkeit und Umweltkrise, Frankfurt/Main 1978.
- Stephan H. Schneider, Klima in Gefahr – Strategie zur Beherrschung des Wetters, Frankfurt am Main 1978.
- Fred Hirsch, Die sozialen Grenzen des Wachstums – Eine ökonomische Analyse der Wachstumskrise, Reinbek 1980 (Original: Social Limits to Growth, Cambridge, Mass. 1976).
- Johano Strasser u. Klaus Traube, Die Zukunft des Fortschritts – Der Sozialismus und die Krise des Industrialismus, Bonn 1981.
- Global 2000, Der Bericht an den Präsidenten, Frankfurt/Main 1980.

Gründen: Einmal sollen vor allem die Wurzeln der Innovationskraft ›Wissenschaft und Technologie‹ untersucht werden, und diese liegen nun einmal primär im Prozeß der Wissens- und Erkenntnisproduktion, also in der Forschung. Zum anderen mußte ich die Arbeit begrenzen. Die Einbeziehung der wissenschaftlich bedingten Lehre, Ausbildung und Bildung hätte die nachfolgenden Darstellungen erheblich erweitert, ohne daß grundlegend neue Gesichtspunkte hinzugekommen wären bzw. sich andere Aussagen ergeben hätten. Wenn also im folgenden der Doppelbegriff ›Wissenschaft und Technologie‹ benutzt wird, dann ist die wissenschaftliche Ausbildung und Bildung darin eingeschlossen.

2.5.3 Technik und Technologie

Obwohl erst im Laufe dieser Arbeit die Begriffe ›Technik‹ und ›Technologie‹ ihre genaue Bestimmung erlangen, sollen sie wenigstens vorläufig semantisch und pragmatisch eingegrenzt und voneinander abgegrenzt werden.

›*Technik*‹ bezeichnet den auf handwerklichen und erfahrungswissenschaftlichen Grundlagen aufbauenden Bereich menschlicher Handlungen und deren Ergebnisse in Form von funktionsfähigen Systemen und Prozessen materieller, energetischer und informationeller Natur zur Erreichung von durch Menschen gesetzten Zielen.

Meine Bestimmung des Technikbegriffs enthält somit einen Handlungsbereich, der jene ›technischen Fähigkeiten‹ des Menschen umfaßt, die auf die Erzeugung und Gestaltung funktionsfähiger Systeme und Prozesse, also von technischen Gebilden (Gegenstände, Geräte, Apparaturen, Verfahren), zur Erreichung gesetzter Ziele gerichtet sind. Weiterhin umfaßt dieser Begriff die Summe der so geschaffenen ›technischen Systeme‹ und Prozesse, die ihrerseits als Mittel zu neuen technischen Tätigkeiten, wiederum zur Erreichung der von Menschen gesetzten Ziele, dienen können.

Um Inhalt und Umfang des Technikbegriffs zu erhellen, stellen wir andere Definitionen dagegen:

»Man versteht heute unter Technik (als die Technik *im eigentlichen Sinne*) die Gesamtheit aller Objekte (Werkzeuge, Geräte, Maschinen und anderes), Maßnahmen und Verfahren, die vom Menschen durch sinnvolle, zielgerichtete Ausnutzung der Naturgesetze und -prozesse sowie geeigneter Stoffe hergestellt bzw. entwickelt werden und sich – als Erweiterung der (begrenzten) menschlichen Fähigkeiten – zweckmäßig und in einem jeweils als natürlich betrachteten Ausmaß insbesondere bei der Arbeit und in der Produktion (von Gütern und Werkzeugen und anderem), aber auch im Bereich des Informations- und Kommunikationswesens anwenden lassen. Darüber hinaus bezeichnet ›Technik‹ die Wissenschaft von der Anwendung (und Nutzbarmachung) naturwissenschaftlicher Erkenntnisse zur Realisierung technischer Vorhaben.«[94]

Im Gegensatz zu meiner Definition hat diese entscheidende Mängel: Erstens werden die zur Erzeugung ›technischer‹ Systeme und Prozesse notwendigen ›technischen‹ Fähigkeiten nicht berücksichtigt. Zweitens fehlt der Bezug zu der heute noch relevanten Grundlage der Technik, der handwerklichen Tätigkeit. Diese bildete ja gerade eine der entscheidenden Wurzeln für die Technik in allen Zeiten, und sie war maßgeblich beteiligt an der Herausbildung der modernen Wissenschaft und Technik als Produktivkraft.[95] Techniken, die vor allem auf handwerklichen Tätigkeiten aufbauen, gehören zu den Grundlagen unserer Zivilisation, wie beispielsweise die Maltechnik, die Drucktechnik, die Textilverarbeitungstechnik, die Tontechnik, die Glastechnik, die Bautechnik usw.

Drittens enthält die Definition eine Bewertung der Ergebnisse technischen Handelns. Technik wird hier per se als »sinnvoll« qualifiziert. Hierin drückt sich besonders das fest verankerte wissenschaftlich-technisch-industrielle Fortschrittsparadigma aus, dessen Sinnhaftigkeit jedoch mehr und mehr bezweifelt wird.[96]

94 Meyers Enzyklopädisches Lexikon, Bd. 23, Mannheim 1978, S. 269.
95 Vgl. hierzu Kapitel 4.1.
96 Vgl. z. B. – Johano Strasser und Klaus Traube, Die Zukunft des Fortschritts, a.a.O.
– Michael Grupp (Hrsg.), Wissenschaft auf Abwegen? – Die Zukunft der wissenschaftlichen Vernunft, Fellbach 1980, S. 218.
– Otto Ullrich, Technik und Herrschaft, Frankfurt am Main 1979.
– Erwin Chargaff, Warnungstafeln, Stuttgart 1982.
– Robert Jungk, Der Jahrtausendmensch, Bericht aus den Werkstätten der neuen Gesellschaft, Reinbek b. Hamburg 1976.

»Moderne Technik ist Anwendung theoretischer Naturerkenntnisse auf die verschiedenen Lebensgebiete im Interesse der von Menschen gesetzten Ziele.«[97]

Es ist unschwer zu erkennen, daß auch dieser Definition der mangelnde Bezug zur handwerklichen Tätigkeit anhaftet. Außerdem ist die Einengung auf die Anwendung theoretischer Naturerkenntnisse aus heutiger Sicht nicht haltbar. Dies würde einen großen Bereich technischer Tätigkeiten und ihrer Ergebnisse einfach ausblenden.

Ich habe auch große Mühe, dieser Definition zu folgen, wenn der gleiche Autor an anderer Stelle im Zusammenhang mit dieser Definition selbst ausführt:

»Sie (die »moderne Technik«) steht im Dienste der Herstellung eines Werkes, eines Gebrauchsdinges. Sie ist daher immer final eingestellt und zielt nicht auf naturwissenschaftlich objektive Gesetzlichkeit, deren sie sich bloß bedient, wenn auch einzelne technische Grundlagenfächer mehr angewandte Naturwissenschaften sind und daher auch dieses Ziel verfolgen. Die Wissenschaft von der Natur und die Befriedigung menschlicher Bedürfnisse gehen in ihr eine eigenartige Einheit ein ... Die moderne Technik ist ferner ein Phänomen der arbeitsteiligen Industriegesellschaft, soziologische und nationalökonomische Analysen sind daher notwendig, um sie zu verstehen, aber auch psychologisch-philosophische Untersuchungen, z. B. über das Verhältnis von mathematischer Vorstellungsweise zur naturwissenschaftlich-theoretischen und experimentellen Einstellung und beider wiederum zur eigenständigen, produktiven Phantasie der Techniker, wobei hier wiederum das Verhältnis zwischen erstem technischen Einfall und konstruktivem Planen und Seriendenken zu unterscheiden wäre.«[98]

Wie sich das traditionelle Technik-Verständnis wandelt, das sich hauptsächlich auf die Ingenieurwissenschaften stützte und sich nach Ropohl »ausschließlich auf die Analyse und Synthese künstlich gemachter Gegenstände unter Berücksichtigung der zugrundeliegenden Naturgesetze bezieht«, läßt sich einer Vortragsreihe zum Thema »Interdisziplinäre Technikforschung mit Beiträgen

97 Simon Moser, Zur Metaphysik der Technik, in: Metaphysik einst und jetzt, Berlin 1958, S. 293.

98 Simon Moser, Kritik der traditionellen Technikphilosophie, in: Hans Lenk und Simon Moser (Hrsg.), Techne, Technik, Technologie, Pullach bei München 1973, S. 80 f.

zur Bewertung und Steuerung der technischen Entwicklung« entnehmen.[99] Ropohl weist darauf hin, daß »Technik heute im Prinzip nichts anderes bedeutet als das Insgesamt der ingenieurmäßig hervorgebrachten Artefakte, der Maschinen, Apparate, Geräte, Fahrzeuge, Bauwerke usw.«, und fügt hinzu: »Da bei der Ingenieurarbeit die Erkenntnisse der Naturwissenschaften eine wichtige Rolle spielen, ist dann der Eindruck entstanden, die Realtechnik sei nichts anderes als angewandte Naturwissenschaft.«[100]

Ropohl, Rapp und andere kritisieren mit Recht dieses »eindimensionale Technikverständnis«, weil hier der menschliche Handlungszusammenhang im Technik-Begriff gar nicht mehr auftaucht. Ropohl vertritt die Auffassung, daß es zwischen einem zu weiten und zu engen Technikbegriff einen »goldenen Mittelweg einzuschlagen« gelte, und sieht diesen in dem folgenden Vorgehen: Das einzubeziehende menschliche Handeln dürfe jedoch nur solches Handeln in Betracht ziehen, »das sich auf künstlich gemachte Gegenstände bezieht, insbesondere also die Herstellung und den Gebrauch der Artefakte«. Er bestimmt somit seinen Technikbegriff wie folgt:

»›Technik‹ umfaßt (a) die Menge der nutzenorientierten, künstlichen, gegenständlichen Gebilde (Artefakte); (b) die Menge menschlicher Handlungen und Einrichtungen, in denen Artefakte entstehen und (c) die Menge menschlicher Handlungen, in denen Artefakte verwendet werden.«[101]

Ich bezweifle nicht, daß diese Definition weit eher dem realen Gebrauch des Begriffs ›Technik‹ entgegenkommt als die traditionelle ingenieurwissenschaftlich bestimmte mit der »Auffassung von der angewandten Naturwissenschaft«. Nur gibt es beim heutigen Gebrauch des Begriffs und einer immer stärkeren Entmaterialisierung technischen Handelns und technischer Produkte keinen plausiblen Grund, weshalb sich der Begriff nur auf künstlich gemachte Gegenstände beziehen soll. Ropohl sagt selbst:

99 Günter Ropohl (Hrsg.), Interdisziplinäre Technikforschung – Beiträge zur Bewertung und Steuerung der technischen Entwicklung, Berlin 1981.
100 Günter Ropohl, Das neue Technikverständnis, ebenda, S. 14.
101 Günter Ropohl, ebenda, S. 14.

»Die Technik steht mithin zwischen Natur und Gesellschaft und ist eine mehrdimensionale Erscheinung«, und er entwirft dazu ein sehr breites Schema über die Dimensionen und Erkenntnisperspektiven der Technik zur Entstehung und Verwendung von Artefakten, das sich wie folgt gliedert:

Dimensionen und Erkenntnisperspektiven der Technik:[102]

Sozial: historisch
politologisch
soziologisch
ökonomisch

Human: anthropologisch
physiologisch
psychologisch
ethisch

Natural: naturwissenschaftlich
ingenieurwissenschaftlich
ökologisch

Sonstige

Diesem Schema kann man nur zustimmen, ebenso den sich daran anknüpfenden Aussagen zum neuen Technikverständnis:

»Weder ist sie, entsprechend der Einteilung in Phänomenbereiche, eindeutig den Natur-, den Human- oder den Sozialwissenschaften zuzuordnen, noch läßt sie sich auf einen der bekannten Aspekte reduzieren; denn die Technik stellt sich als ein komplexes Problembündel dar, das in der Fächergliederung der etablierten Einzeldisziplinen einfach nicht aufgeht ... Jede dieser Perspektiven spielt ihre spezifische Rolle bei der Erforschung und Gestaltung soziotechnischer Entstehungs- und Verwendungszusammenhänge ...
Ein angemessenes Technikverständnis kann aus keiner einzelnen wissenschaftlichen Disziplin bezogen werden; es kann sich nur in *interdisziplinärer Integration* konstituieren.«[103]

Ich bin nach diesen Ausführungen natürlich eher geneigt, die Definition von Ropohl zu akzeptieren, gleichwohl kann ich die

102 Günter Ropohl, ebenda, S. 15.
103 Günter Ropohl, ebenda, S. 16.

Begrenzung auf »gegenständliche Gebilde« und die zumindest durch die Erläuterungen nahegelegte Einschränkung auf den Wissenschaftsbereich nicht teilen. Letzteres bezeichne ich als »wissenschaftliche Technik« bzw. »wissenschaftliche Technikentwicklung und -verwendung«.
Da Jürgen Habermas sehr viel dazu beigetragen hat, das Verständnis der Beziehungen von Wissenschaft, Technik, Wirtschaft und Gesellschaft aufzuhellen, möchte ich noch kurz seinen Technik-Begriff anführen:

Habermas will »unter ›Technik‹ die wissenschaftlich-rationalisierte Verfügung über vergegenständlichte Prozesse verstehen; damit ist dann das System gemeint, in dem Forschung und Technik mit Ökonomie und Verwaltung rückgekoppelt sind«.[104]

Abgesehen davon, daß Technik auch hier von den handwerklichen Tätigkeiten abgekoppelt ist und nur auf Wissenschaft basiert, zielt vor allem der zweite Teil der Definition eher auf den Begriff ›Technologie‹ bzw. das ganze System von Wissenschaft und Technologie in seiner Verschränkung mit Ökonomie und Verwaltung (Warum nur mit diesen gesellschaftlichen Teilbereichen?).

Der *Technologiebegriff* soll hier im Sinne der heute gebräuchlichen und breiten Anwendung bestimmt werden, insbesondere wie er aus dem angelsächsischen Sprachraum übernommen wird. Auch dieser Begriff enthält zwei Komponenten, das spezifische ›technische‹ Handeln von Menschen und dessen Ergebnisse in Form von Technologien:
›Technologie‹ bezeichnet danach alle menschlichen Handlungen, die auf handwerklichem Wissen und/oder operationalisierbaren Systemen und Prozessen materieller, energetischer und informationeller Natur aufbauen und zur Erzeugung und Manipulation natürlicher, künstlicher und sozialer Systeme und Prozesse eingesetzt werden zur Erfüllung von durch Menschen gesetzten Zielen.
Wie man unschwer erkennt, umschließt der Technologiebegriff

104 Jürgen Habermas, Technik und Wissenschaft als »Ideologie«, Frankfurt am Main 1968, S. 113.

einen größeren Bedeutungsinhalt, darüber hinaus ist seine pragmatische Dimension ausgeprägter und vielschichtiger.
Der Technologiebegriff basiert erstens nicht nur auf erfahrungswissenschaftlichem Wissen, sondern auf jeder Form wissenschaftlichen Wissens und handwerklicher Tätigkeiten.
Zweitens sind prinzipiell *alle* operationalisierbaren Systeme und Prozesse materieller, energetischer und informationeller Natur selbst Grundlage technologischen Handelns, also formale, technische, biologische, ökologische, soziale etc. Systeme und Prozesse.
Drittens ist das Ziel ›technologischen‹ Handelns die Beherrschung prinzipiell aller natürlichen, künstlichen und sozialen Systeme und Prozesse, die der Erfüllung von durch Menschen gesetzten Zielen dienen (Humantechnologie, Politische Technologie, Sozialtechnologie, Biotechnologie, Gentechnologie, Atomtechnologie usw.).[105]
Ich setze hier noch einmal andere Technologiebegriffe dagegen:

»Technologie ist in vielen Wissenschaften die Bezeichnung für das Zusammenspiel verschiedener Aktionsbereiche, allgemein die Gesamtheit der Arbeitsvorgänge (für eine bestimmte Aufgabe);
im engeren Sinne die Lehre von der Gewinnung und/oder Verarbeitung von Roh- und Werkstoffen zu verwendbaren technischen Produkten (z. B. chemische Technologie).
Als Technologie wird auch das Verfahren und die Methodenlehre eines einzelnen (ingenieurwissenschaftlichen) Gebiets oder eines bestimmten Fertigungsablaufs sowie der alle technischen Einrichtungen und ähnliche umfassende Bereiche eines Forschungsgebietes (z. B. Raumfahrttechnologie) bezeichnet;
ferner der *einzelne technologische Prozeß*, d. h. die Gesamtheit der zur Gewinnung und/oder Bearbeitung eines Materials bzw. Werkstücks erforderlichen Prozesse, einschließlich der Arbeitsmittel, Werkzeuge, Arbeitsorganisation usw.«[106]

105 Als neueste Kreation wird von der Show-Technologie gesprochen. Diese umfaßt alle technologischen Grundlagen des Show-Geschäfts (Unterhaltung, Entertainment, Ausstellungen, Kongresse, Messen etc.). In Berlin-West fand im November 1983 die erste Show-Tech (= Show-Technologie-Konferenz) im Internationalen Congress-Centrum (ICC) statt.
106 Meyers Enzyklopädisches Lexikon, Bd. 23, Mannheim 1978, S. 278.

An dieser Darstellung sind nun die folgenden Punkte hervorzuheben: Tatsächlich stammt der Technologiebegriff im deutschen Sprachraum aus dem Bereich der Verfahrenstechnik. So lautet auch die erste Bestimmung im Duden zu Recht:

»1. (ohne Plural) Wissenschaft von der Umwandlung von Rohstoffen in Fertigprodukte (Verfahrenskunde).«[107]

Besonders interessant ist nun, daß hier ›Technologie‹ bereits als Wissenschaft bezeichnet wird.
Die zweite Bestimmung im Duden ist ebenfalls besonders aufschlußreich, weil hier, wie auch in der obigen Definition, ›Technologie‹ vollkommen mit Forschung verschmolzen ist:

»2. Methodik und Verfahren in einem bestimmten Forschungsgebiet (z. B. Raumfahrt).«

Die dritte Bestimmung weist dann auf eine wesentliche Erweiterung des Begriffes hin:

»3. Gesamtheit der zur Gewinnung und Bearbeitung oder Verformung von Stoffen nötigen Prozesse.«

Dies kommt schon dem Hinweis nahe, daß die Bedeutung seit Anfang der 60er Jahre »weiter, umfassender« geworden ist »durch die anglo-amerikanischen Spracheinflüsse, wonach Technologie als Wissenschaft von den technischen Produktionsprozessen« zu verstehen sei.
Eine weitere Definition, auf die sich beispielsweise Daniel Bell bezieht, stammt von Harvey Brooks:

»Technologie bezeichnet den Einsatz wissenschaftlicher Kenntnisse zur Bestimmung der Mittel und Wege, etwas auf wiederholbare Weise zu tun.«[108]

Mit dieser Definition werden zweifellos zahlreiche technologische Handlungsweisen erfaßt, so der Einsatz der Atom- und Festkörperphysik zur Atomtechnologie, ebenso fällt darunter der Einsatz der Erkenntnisse Sigmund Freuds für psychologische Techniken oder Konrad Lorenz' für soziale Technologien. Hier

107 Duden, Bd. 5, Das Fremdwörterbuch, Mannheim/Wien/Zürich 1974, S. 717.
108 Harvey Brooks, Technology and the Ecological Crisis, Amherst 1971, S. 13 (zit. nach Bell, Daniel, a.a.O., S. 56).

zeigt sich im übrigen wieder die Verschmelzung von Wissenschaft und Technik bzw. die Integration der Wissenschaft in den Technologiebegriff.

Wir wollen hier nicht auf die offensichtlichen Mängel dieses Technologiebegriffs eingehen, die sich im Hinblick auf die tatsächliche Verwendung in der Literatur und im täglichen Gebrauch ergeben. Stattdessen ist es wichtiger, noch einmal hervorzuheben, daß im Technologiebegriff heute bereits die Verschmelzung von Wissenschaft und Technik weitgehend stattgefunden hat. Darüber hinaus schließt der Technologiebegriff sogar noch einen großen Teil der Anwendung und Umsetzung wissenschaftlich-technischer Erkenntnisse ein (Fertigungstechnologie, Verfahrenstechnologie, Managementtechnologie, Kommunikationstechnologie, Bildungstechnologie usw.). Die Handlungsdimension ist somit integraler Bestandteil.

3 Das WTI-Paradigma (Wissenschafts-Technologie-Industrialismus-Paradigma)

3.1 Francis Bacon als Ausgangspunkt

Wenn der nachfolgende Exkurs mit dem 1598 von Francis Bacon niedergeschriebenen Satz »knowledge itself is power«[1] eingeleitet wird, dann nicht, weil diese Erkenntnis heute griffige Binsenweisheit ist, sondern weil hier erstmals in der Geschichte der modernen Wissenschaft ihre zentrale gesellschaftliche Bedeutung bewußt und gezielt hervorgehoben wurde. Immerhin war dieser Satz auch Aldous Huxley nicht zu banal. In seiner Arbeit »Literature and Science« schrieb er:

»Wissen ist Macht, und scheinbar paradoxerweise ist es dahingekommen, daß Naturwissenschaftler und Technologen mittels ihres Wissens von dem, was in einer unerlebten Welt der Abstraktionen und der Schlußfolgerungen geschieht, ihre ungeheure und zunehmende Macht erwarten, die Welt lenken und abändern, in welcher zu leben die Menschen bevorrechtet und verurteilt sind.«[2]

Seit Bacon wurde von sehr unterschiedlichen Denkern die »Macht« bzw. »Allmacht« von Wissenschaft und Technologie hervorgehoben. Bacon war es aber, der erkannt hatte, daß die moderne Wissenschaft, also das auf der systematischen Strukturierung empirischer Daten und dem gezielten kontrollierten Experiment aufbauende Handeln, zukünftig alle Bereiche des individuellen und gesellschaftlichen Lebens in einer Weise erfassen, durchdringen und beherrschen wird, wie dies niemals zuvor durch außerreligiöse Entwicklungsfaktoren geschehen ist.

»In Francis Bacon's ›New Atlantis‹, das an die Stelle von Platons ›Timaios‹ treten sollte, ist der König nicht mehr Philosoph, sondern Wissenschaftler und Forscher, und das wichtigste Gebäude auf dem zerbrechlichen Eiland Bensalm, Salomos Haus, keine Kirche, sondern

1 Francis Bacon, Novum Organon, I, 3.

2 Aldous Huxley, Literatur und Wissenschaft, München 1963, S. 15.

ein Forschungsinstitut, ›die edelste Gründung …, die die Erde je getragen hat‹. Salomos Haus oder das College of the Six Days Works ist vom Staat eingerichtet worden mit dem Auftrag, ›große und wunderbare Werke zum Wohle des Menschen zu vollbringen‹.«[3]

Hier liegt der Ausgangspunkt des Fortschrittsparadigmas und seiner philosophisch-weltanschaulichen Verallgemeinerung, wonach über die rationale empirische Erkenntnis der Naturprozesse und ihrer Gesetzmäßigkeiten der Mensch die Mittel in die Hand bekommt, die praktische Herrschaft über die Natur zu gewinnen. Nicht Erkenntnis allein ist der Sinn moderner Wissenschaft, sondern die Einheit von Wahrheit und Nützlichkeit.

Mit der Ausweitung von Wissen und Erkenntnis auf der Grundlage der neuen empirisch-experimentellen Wissenschaft war nach Bacon erstmals die Möglichkeit gegeben, nicht nur »die Ursachen und die geheime Bewegung der Dinge zu erforschen«, sondern auch »die Grenzen des Reichs der Menschen zu erweitern, um alles Mögliche zustandezubringen«.[4] Bacon vertrat die Auffassung, daß durch die neue wissenschaftlich-technische Orientierung der Sinn und die Mittel für eine Gesellschaft bestimmbar werden, in der die Bedürfnisse der Menschen kollisionsfrei zu befriedigen und das soziale Gemeinwesen politisch konfliktfrei zu steuern sei. Noch weiter: der von Bacon vorgebrachte Entwurf enthielt die Utopie, die neue Wissenschaft weise den Weg zu Gott. Bacon forderte sogar, daß sich der Wissenschaftler Gott zum Vorbild nehmen müsse. Das drückte sich dann in unmittelbaren Bezügen wie etwa den folgenden aus:

»Am ersten Tage nämlich schuf Gott das Licht. Ohne daß etwas Materielles entstand, nahm das den ganzen Tag in Anspruch. Ebenso soll man … zunächst nicht für fruchtbringende, sondern für lichtbringende Versuche sorgen. Richtige und beständige Prinzipien ermöglichen dann eine reiche Anwendung und führen zu einer Menge von Erfindungen.«[5]

3 Daniel Bell, Die nachindustrielle Gesellschaft, Frankfurt/New York 1976, S. 54.

4 Francis Bacon, New Atlantis, in: Andrews, Charles M. (Hrsg.), Famous Utopias, New York o. J., S. 263.

5 Francis Bacon, Novum Organum (Original: London 1620); Nachdruck der dt. Ausgabe von ›Neues Organ der Wissenschaften‹, Darmstadt 1974, S. 51.

Dies entsprach der Vorstellung, daß die empirisch-experimentelle Erfassung der göttlichen Natur und der Naturgesetze den Weg zu irdischer Macht und zu Gott logischerweise eröffnet.
Hier wäre nicht der Ausgangspunkt aller weiteren Betrachtungen über Wissenschaft und Technik, würde nicht diese Utopie in mehr oder weniger klaren Konturen die Menschheit bis heute an das sich hieraus entfaltende, allgegenwärtige Wissenschafts-Technologie-Industrialismus-Paradigma und den Fortschrittsglauben durch Wissenschaft und Technik fesseln.
Immer mehr nehmen nämlich die Naturwissenschaftler im 19. und 20. Jahrhundert die von Bacon apostrophierte Königsrolle an. Ihre Arbeitsergebnisse revolutionieren nicht nur die Technik, sondern über diese auch das Industriesystem, die Gesellschaft und die Kultur. Studiert man die Motive, Ansichten und Verhaltensweisen der großen Naturwissenschaftler, dann stellt man fest, daß sie sich durchaus dieser Königsrolle immer bewußter werden. Mehr noch, die immer neuen glänzenden Entdeckungen und Erfindungen verdrängen letzte Zweifel an der allmächtigen Methode der modernen Wissenschaft, so daß sich verschiedene Forscher in die Rolle von Stellvertretern bei der Lösung göttlicher Aufgaben hineinsteigern. Einige Gelehrte schlüpfen sogar in säkularisierte Priesterröcke, wie beispielsweise Ernst Haeckel, der Entdecker des Biogenetischen Grundgesetzes: die Regeln der empirisch-analytischen Methode verlassend, behauptet er die Gültigkeit der naturwissenschaftlichen Gesetze auch für die soziale und moralische Welt:

»Die Geschicke der Zweige des Menschengeschlechts, die als Rassen und Nationen seit Jahrtausenden um ihre Existenz und ihre Fortbildung gerungen haben, unterliegen genau denselben ›ewigen, ehernen, großen Gesetzen‹.«[6]

In dem von der unbegrenzten Erkenntnisfähigkeit und Allmacht der Naturwissenschaft und »der aus ihr entspringenden Technik«

6 Ernst Haeckel, Die Welträtsel, Gemeinverständliche Studien über Monistische Philosophie, 4. Aufl., Bonn 1900, S. 312f. Haeckel versuchte hier den Darwinschen Evolutionsgedanken zum Ausgangspunkt eines monistischen philosophischen Systems zu machen und trat dafür auch in öffentlichen Disputen und Kampagnen massiv ein, was sich bis hin zu fatalen rassenfeindlichen Polemiken gegen Juden und andere steigerte.

geprägten Klima waren Zweifel am Ganzen oder ihrer Reichweite weder gefragt noch geduldet. Das trifft vor allem auf die deutsche Wissenschaft an den Universitäten und Akademien seit der Mitte des 19. Jahrhunderts zu, nachdem die Wissenschaft ihre politische und ökonomische Nützlichkeit auch glänzend unter Beweis gestellt hatte.

So ist es kein Wunder, daß selbst wohldurchdachte Einwände eines Emil Du Bois-Reymond an der unbegrenzten Erkenntnisfähigkeit der Wissenschaft schon fast an Ketzerei grenzten. Der Physiologe Du Bois-Reymond, vollständig in die Elite der »scientific community« der deutschen Gelehrtenwelt integriert und einer ihrer bedeutendsten Vertreter gegenüber Staat und Wirtschaft (u. a. Präsident der Preußischen Akademie der Wissenschaften), der die Naturwissenschaft »die Weltsiegerin« nannte und davon auch tief überzeugt war, hielt 1872 einen Festvortrag über die Grenzen der Naturerkenntnis. Darin äußert er, daß trotz allen Fortschreitens der Naturwissenschaft, wie etwa beim Erkennen des Baus und der Bewegungsgesetze des Weltalls, der Enträtselung der Lebensgesetze durch die Biologie usw., die letzten Gegebenheiten, nämlich das Wesen von Materie und Bewußtsein, dem Verständnis immer unzugänglich bleiben werden. Die nachfolgenden Ausführungen lassen erkennen, vor welchem Hintergrund diese Zweifel ausgesprochen wurden:

»Wie es einen Welteroberer der alten Zeit an einem Rasttag inmitten seiner Siegeszüge verlangen konnte, die Grenzen seiner Herrschaft genauer festgestellt zu sehen, um hier noch ein zinsfreies Volk zum Tribut heranzuziehen, dort in der Wasserwüste ein seinen Reiterscharen unüberwindliches Hindernis und eine Schranke seiner Macht zu erkennen: so wird es für die Weltbesiegerin unserer Tage, die Naturwissenschaft, kein unangemessenes Beginnen sein, wenn sie bei festlicher Gelegenheit von der Arbeit ruhend die wahren Grenzen ihres Reiches einmal klar vorzuzeichnen versucht ...«

Und dann kam das Ungeheuerliche: Über die letzten Gegebenheiten müsse die Wissenschaft nicht nur sagen: Ignoramus (wir wissen nicht), sondern auch: Ignorabimus (wir werden es nicht wissen).[7]

7 Emil Du Bois-Reymond, Über die Grenzen des Naturerkennens und Die sieben Welträtsel, Zwei Vorträge, Leipzig 1916.

Es kennzeichnet das nach Bacon errichtete Gebäude der Wissenschaft, daß dieser Vortrag Stürme auslöste, die noch Jahrzehnte ihre Nachwirkungen hatten. Das verwundert nicht, wenn man zu begreifen versucht, wie fest sich das Wissenschafts-Technologie-Fortschrittsparadigma bereits als Grundmuster im Bewußtsein der Forscher und der übrigen Welt verankert hatte.
Der Wissenschaftshistoriker Armin Hermann beschreibt diese Situation treffend:

»Immer neue Erfindungen werde die Wissenschaft hervorbringen zum Wohle des Menschen und zur Steigerung seiner Lebensfreude – das war die Überzeugung aller. Die aus dem Boden wachsenden Industrien, die chemische und die elektrotechnische in erster Linie, würden den Menschen Arbeit und Brot geben. Die Armut würde ein für allemal besiegt wie die Pest und die Cholera, diese Geißeln der Menschen. Aber nicht nur die materiellen Lebensverhältnisse würden besser: Mit der Beseitigung der Arbeitslosigkeit und der Hungersnöte würde auch die Kriminalität verschwinden und ein höherer Kulturzustand erreicht.
Die Gelehrten sahen insbesondere das kommende ›naturwissenschaftliche Zeitalter‹ schon greifbar vor Augen, die künftige Epoche, in der jeder Mensch materiell und geistig reicher sein werde, glücklicher und edler.«[8]

Fragen drängen sich auf: Hätte sich die sogenannte zivilisierte Menschheit in den letzten drei Jahrhunderten tatsächlich so intensiv mit Wissenschaft und Technologie befaßt, wenn diese Utopie nicht im Hintergrund gestanden hätte? Hätten Erkenntnisdrang und Wahrheitskriterium allein ausgereicht, Elementarteilchenbeschleuniger zu bauen, deren Kreisring einen Umfang von 27 km hat?[9] Wie weit sind die etwa 800 000 Wissenschaftler und Ingenieure, die heute direkt Militärforschung treiben, noch

8 Armin Hermann, Wie die Wissenschaft ihre Unschuld verlor – Macht und Mißbrauch der Forscher, Frankfurt/Berlin/Wien 1984, S. 71 f.

9 Im Europäischen Kernforschungszentrum CERN in Genf wird derzeit an einem solchen Beschleuniger gebaut.
Immerhin wird der Teilchenbeschleuniger nach Fertigstellung etwa 100 000 Tonnen Beton und Stahl »verschlungen« und den Energiebedarf einer Großstadt haben.
Nach einer Information des Senders Freies Berlin (SFB) vom 10. 9. 1983 haben amerikanische Hochenergie-Physiker ihrer Regierung den Bau einer noch größeren Anlage vorgeschlagen. Auf einer Kreisbahn von 160 km Umfang sollen Teilchen auf die Energie von

auf der Suche nach Wahrheit und vom Drang nach Erkenntnis getrieben?
Ist das SDI-Programm der amerikanischen Administration und Wissenschaftstechnik der Menschen Weisheit allerletzter Schluß?

3.2 Neuere Bewertungen von Wissenschaft und Technik

Wir schlagen nun einen großen Bogen zur neueren Wissenschafts- und Technikanalyse.
Max Weber vor allem argumentierte gegen die Vorstellung, Wissenschaft und Technologie wiesen den Weg zum wahren Gott oder zum wahren Glück:

»Daß man schließlich in naivem Optimismus die Wissenschaft, das heißt: die auf sie gegründete Technik der Beherrschung des Lebens, als Weg zum *Glück* gefeiert hat, – dies darf ich wohl, nach Nietzsches vernichtender Kritik an jenen ›letzten Menschen‹, die ›das Glück erfunden haben‹, ganz beiseite lassen. Wer glaubt daran? – Außer einigen großen Kindern auf dem Katheder oder in Redaktionsstuben?
Was ist unter diesen inneren Voraussetzungen der Sinn der Wissenschaft als Beruf, da alle diese früheren Illusionen: ›Weg zum wahren Sein‹, ›Weg zur wahren Kunst‹, ›Weg zur wahren Natur‹, ›Weg zum wahren Gott‹, ›Weg zum wahren Glück‹, versunken sind? Die einfachste Antwort hat Tolstoi gegeben mit den Worten: ›Sie ist sinnlos, weil sie auf die allein für uns wichtige Frage: ›Was sollen wir tun? Wie sollen wir leben?‹ keine Antwort gibt. Die Tatsache, daß sie diese Antwort nicht gibt, ist schlechthin unbestreitbar.«[10]

Wie bekannt, hat Max Weber gleichwohl Wissenschaft und Technik zur zweckrationalen Bewältigung für nützlich gehalten, auch wenn der Sinn der Tätigkeit dadurch nicht erklärbar wird.

»Naturwissenschaften wie etwa die Physik, Chemie, Astronomie setzen als selbstverständlich voraus, daß die – so weit die Wissenschaft reicht, konstruierbaren – letzten Gesetze des kosmischen Geschehens wert sind,

40 Billionen eV (Elektronenvolt) beschleunigt werden ... Der Bau würde rund 10 Jahre in Anspruch nehmen und derzeit etwa 2 Mrd. Dollar kosten.

10 Max Weber, Soziologie – Weltgeschichtliche Analysen – Politik, Stuttgart 1964, S. 323.

gekannt zu werden, nicht nur, weil man mit diesen Kenntnissen technische Erfolge erzielen kann, sondern wenn sie ›Beruf‹ sein sollen, ›um ihrer selbst willen‹. Diese Voraussetzung ist selbst schlechthin nicht beweisbar. Und ob diese Welt, die sie beschreiben, wert ist, zu existieren: ob sie einen Sinn hat: in ihr zu existieren, erst recht nicht. Danach fragen sie nicht ...
Alle Naturwissenschaften geben uns Antwort auf die Frage: Was sollen wir tun, *wenn* wir das Leben *technisch* beherrschen wollen? Ob wir es aber technisch beherrschen sollen und wollen, und ob das letztlich eigentlich Sinn hat: – das lassen sie ganz dahingestellt oder setzen es für ihre Zwecke voraus.«[11]

Nach Max Weber verhilft Wissenschaft zu einer Orientierung in der Welt und dadurch unter bestimmten Randbedingungen zum Überleben oder sogar zu einem erfüllten Leben. Nach ihm sind es vier methodische Grundlagen, mit denen Wissenschaft Positives für das praktische und persönliche Leben leisten kann:

»Zunächst natürlich: Kenntnisse über die Technik, wie man das Leben, die äußeren Dinge sowohl wie das Handeln der Menschen durch Berechnung beherrscht.
Zweitens: Methoden des Denkens, das Handwerkszeug und die Schulung dazu.«
Drittens verhelfe sie »zur *Klarheit*«: »Wenn man die und die Stellung einnimmt, so muß man nach den Erfahrungen der Wissenschaft die und die Mittel anwenden, um sie praktisch zur Durchführung zu bringen.«

Noch eine vierte Leistung meint Weber in der Wissenschaft erkennen zu können, nämlich die konsistente Zurückführung einer praktischen Aussage auf eine weltanschauliche Grundposition bzw. das Aufzeigen ihres Widerspruchs mit einer anderen:

»Das läßt sich, im Prinzip wenigstens, leisten.«[12]

Wie stark das wissenschaftlich-technologische Leistungsparadigma in unserer Welt verhaftet ist, geht auch aus der folgenden Aussage von Bertrand Russell hervor. Russell, unverdächtig, ein unkritischer Anbeter der Wissenschaft zu sein, spricht von der »allmächtigen Methode der Naturwissenschaft« und davon,

11 Ebenda, S. 323 f.
12 Ebenda, S. 332 f.

»durch sie Gesundheit, Intelligenz und Tugend des Durchschnittsmenschen wesentlich zu verbessern.«[13]
Die neueste Wissenschafts- und Technikforschung hat nun tiefgreifende Zweifel nicht nur an der Leistungsfähigkeit von Wissenschaft und Technologie im Hinblick auf Sinnerfüllung und Hilfe bei der Zwecksetzung geäußert, sondern teilweise ihre Nützlichkeit selbst bei der Wahrheitsfindung und Daseinsbewältigung in Frage gestellt. Die Kritik stützt sich dabei vor allem auf wissenschaftstheoretische, wissenschaftssoziologische und wissenschaftspsychologische Analysen, auf wissenschaftshistorische Zusammenhänge und auf Bewertungen ihrer technischen, ökonomischen, politischen, sozialen und ökologischen Folgen. Die wissenschaftstheoretischen und -historischen Arbeiten von Thomas S. Kuhn, S. Toulmin und Paul Feyerabend gehören mit Sicherheit zu den wichtigsten, die diese skeptische Position fundiert haben.
Die Kritik des amerikanischen Biochemikers Erwin Chargaff an den Folgen und Risiken von Wissenschaft und Technologie zählt zu den erregendsten auf diesem Gebiet. Zur Kritik an den Folgen von Wissenschaft und Technologie verweise ich zunächst auf die neuere Technologiefolgenforschung[14] und Industrialismusdiskussion sowie auf die breite Erörterung ökologischer und sozialer Schäden, die durch wissenschaftliche und technologische Innovationen ausgelöst wurden. Mit einigen radikal kritischen Stimmen soll die Abkehr von Bacon und Weber und vom WTI-Paradigma hier zunächst erst einmal angedeutet werden: Paul Feyerabend nimmt unter den Kritikern die radikalste Position ein.
Wenn ich nachfolgend einige wesentliche Passagen aus seinen neun »Thesen über die Natur der Künste und der Wissenschaften und das Verhältnis der beiden« wiedergebe, dann beabsichtige ich damit keinen Gag, auch keine Identifizierung. Aber ich komme

13 Bertrand Russell, Das naturwissenschaftliche Zeitalter, Stuttgart/Wien 1952, S. 46 u. S. 68.
14 Eine neue umfangreiche Bibliographie zur Technikfolgen-Abschätzung und zur sozialwissenschaftlichen Technikforschung wurde von Volker von Thienen im Wissenschaftszentrum Berlin mit 1650 Einzeltiteln vor allem des deutsch- und des englischsprachigen Raums erarbeitet, WZB, Berlin 1983.

nicht umhin, diesen Gedanken ein hohes Maß an Aufmerksamkeit entgegenzubringen, insbesondere wenn ich andere Arbeiten von Feyerabend wie ›Wider den Methodenstreit‹, ›Erkenntnis für freie Menschen‹ und ›Wissenschaft als Kunst‹ mit einbeziehe. Dann wird es schwer, gegen Feyerabend zu argumentieren. Trotzdem ist die These höchst provokativ, daß es prinzipiell weder bessere noch schlechtere Wege geben soll, die Wirklichkeit zu erfassen, sondern nur verschiedene.

Noch schwerer läßt sich allerdings gegen Feyerabend angehen, wenn es um den Fortschritt geht, der ja, wie oben bereits ausgeführt, im Rahmen unseres Wissenschafts-Technologie-Industrialismus-Paradigmas schlichtweg mit wissenschaftlich-technischem Fortschritt gleichgesetzt wird. Und in dieser Hinsicht muß es schon einige Erschütterungen gegeben haben, wenn ein sogenannter bedeutender und erfolgreicher Naturwissenschaftler schreibt:

»Es gibt aber Leute, die inniger an den Fortschritt glauben als je ein Heiliger an Gott, und diese werden mit Recht darauf hinweisen, daß die Hunderte von Millionen, die im kommenden Nuklearkrieg umkommen werden, an der Beulenpest nicht hätten sterben können, denn die haben wir überwunden.«[15]

Oder an anderer Stelle:

»Die höhere Hand, die Burckhardt (gemeint ist Jacob Burckhardt) noch zu sehen vermochte (»für das Leben des Einzelnen das Gewissen und für das Leben des Allgemeinen die Fähigkeit zum Recht«), ist unterdessen als eine einfache Nukleotidreihe in der DNA unseres Zellkerns entlarvt worden. Das genetische Roulett, das angeblich unser Schicksal bestimmt – ein verzweifeltes Vabanquespiel mit dem Tod als Croupier –, hat aller Leben zu einem schäbigen Las Vegas erniedrigt ... Plötzlich beginnt es aus den Spielmarken zu bluten, und die von den Naturwissenschaften zusammengepfuschte Metapher macht einer Wirklichkeit Platz, die an Schrecklichkeit alles übertrifft, was ein Bosch oder Goya ersinnen konnte. Dann zeigt es sich – und immer wieder zeigt es sich –, daß unser menschliches Verständnis, stumpf gemacht durch das einschläfernde Gelalle der Erklärungswissenschaften, der Wirklichkeit nicht mehr gewachsen ist. Sie ist nämlich einfach wie am ersten Tag.«[16]

15 Erwin Chargaff, Kritik der Zukunft, New York/Stuttgart 1983, Rückseite.
16 Ebenda, S. 100f.

Und nun die Auszüge aus Feyerabends Thesen:

»Wahrheit ist, was der Denkstil sagt, daß Wahrheit sei. So war es einmal wahr, daß die griechischen Götter existierten, aber heute ist das für viele Menschen Unsinn.

6. Der Erfolg kann einen Denkstil nur dann auszeichnen, wenn man bereits Kriterien besitzt, die bestimmen, was Erfolg ist. Für den Gnostiker ist die materielle Welt Schein, die Seele wirklich und Erfolg also nur, was der letzteren geschieht. Wieder steckt hinter dem Akzeptieren eines Stils nicht etwas ›Objektives‹, sondern ein weiteres Stilelement.

7. Zum Beispiel halten sich viele Menschen heute an den Denkstil der Wissenschaften, weil sie das Interesse an übernatürlichen Dingen verloren haben. Weil irdischer Ruhm viel wichtiger scheint als das Seelenheil, weil man sich andere Menschen vom Leibe halten will (das ist der objektive Grund des Wunsches nach Objektivität) und weil man glaubt, und zwar in den meisten Fällen auf Grund von Gerüchten und gar nicht auf Grund genauer Untersuchungen – daß die Wissenschaften die irdischen Güter vermehren und verbessern können.

8. Die Wahl eines Stils, einer Wirklichkeit, einer Wahrheitsform, Realitäts- und Rationalitätskriterien eingeschlossen, ist die Wahl von Menschenwerk. Sie ist ein sozialer Akt, sie hängt ab von der historischen Situation, sie ist gelegentlich ein relativ bewußter Vorgang – man überlegt sich verschiedene Möglichkeiten und entschließt sich dann für eine –, sie ist viel öfter direktes Handeln auf Grund starker Intuitionen. ›Objektiv‹ ist sie nur in dem durch die historische Situation vorgegebenen Sinn …

Man entscheidet sich also für oder gegen die Wissenschaften genau so, wie man sich für oder gegen Punk-Rock entscheidet, mit dem Unterschied allerdings, daß die gegenwärtige soziale Einbettung der Wissenschaften die Entscheidung im ersten Fall mit viel mehr Gerede und auch sonst mit viel größerem Lärm umgibt. …

(Würden wir in einer Zeit leben, in der man naiv an die heilende Macht und die ›Objektivität‹ der Künste glaubt, Kunst und Staat nicht trennt, die Künste aus Steuermitteln reich beschenkt, in den Schulen als Pflichtfächer lehrt, während man die Wissenschaften für Sammlungen von Spielereien hält, aus denen sich die Spielenden bald das eine, bald das andere Spiel auswählen, dann wäre es natürlich ebenso angebracht darauf zu verweisen, daß die Künste Wissenschaften sind. In einer solchen Zeit leben wir aber leider nicht.)«[17]

17 Paul Feyerabend, Für und gegen Wissenschaft, für und gegen Punk-Rock, Paul Feyerabends Thesen über die Gemeinsamkeiten von Kunst und Wissenschaft, in: Psychologie heute, Nr. 9, September

Folgt man Feyerabend, gilt es natürlich, genau die Frage zu beantworten, warum eben gerade die Wissenschaft und nicht die Künste aus Steuermitteln – und ich füge hinzu, auch aus Unternehmensgewinnen – »reich beschenkt« werden. Ich werde das in den folgenden Kapiteln versuchen.
Otto Ullrich kommt in seiner Wissenschafts- und Technikanalyse zu folgendem Fazit:

»Eine Wissenschaft, die so wenig die durch sie selbst veränderten Bedingungen ihrer Gültigkeit überprüft und neu reflektiert, hat vollends den ehemals noch begründbaren Anspruch verloren, ›Vertrauen‹ als das angemessene Verhalten der ›Laien‹ zu fordern. Einem neu zu bestimmenden Wahrheitskriterium, das einer Großtechnologie produzierenden Naturwissenschaft angemessen wäre, sind protestierende Laien weit näher als die gegen sie zur Beruhigung eingesetzten bornierten Experten.«[18]

Robert Jungk, einer der prononciertesten Kritiker des alles beherrschenden Wissenschafts-Paradigmas und der technizistischen und industrialistischen Entwicklung, hat ganz grundsätzlich die Frage nach dem Sinn und Nutzen der traditionellen Wissenschaft gestellt. In einem Vortrag über »Die Möglichkeiten neuer Wissenschaft« führt er aus:

»Ich meine dagegen, daß unsere Existenz bis hinein in unsere Denkstrukturen mehr und mehr von der Industrialisierung beeinflußt ist, daß wir mit offenen Augen miterleben, wie die Welt zugrundegerichtet wird durch die hemmungslose Entwicklung von Wissenschaft und Technik. Wissenschaft und Technik aber sind Widerspiegelungen einer zeitbedingten Ideologie, sie dienen ganz bestimmten Interessen. Wenn wir uns daher fragen, wie neue Wissenschaft und neue Technik aussehen könnten, so ist das nicht nur eine intellektuelle Frage und nicht nur ein geistiges Spiel, sondern es ist so etwas wie ein Stück des Kampfes ums Überleben. Wir müssen mit Hilfe neuer Gedanken und einer daraus

1983, S. 62 ff.; diese Thesen sind Bestandteil eines Aufsatzes mit dem Titel »Wissenschaft als Kunst«, den Feyerabend unter das bezeichnende Zitat von Giuseppe Verdi stellt: »Die Wahrheit nachzuahmen, mag eine gute Sache sein; doch die Wahrheit zu erfinden ist besser, viel besser.«

18 Otto Ullrich, Technik und Herrschaft – vom Handwerk zur verdinglichten Blockstruktur industrieller Produktion, Frankfurt/Main 1977, S. 465.

resultierenden neuen Einstellung unser Überleben überhaupt erst möglich machen.«[19]

»Es geht mir dabei hauptsächlich um drei Dinge: um eine neue Struktur der Wissenschaft, um eine neue Haltung derjenigen, die Wissenschaft betreiben, und um eine Erweiterung der Wissenschaft, wie wir sie heute kennen.«[20]

Gerade die von Daniel Bell hervorgehobene »Einzigartigkeit der Wissenschaft«, der es »als einzigem Unternehmen in der menschlichen Gesellschaft gelungen ist, eine ›permanente Revolution‹ zu institutionalisieren«, wird von Jungk im Hinblick auf die traditionellen Grundlagen der Wissenschaft und Technik bezweifelt. Deshalb gilt sein Hauptaugenmerk heute dem Problem, wie sowohl der traditionelle Wissenschafts-Begriff als auch das damit verbundene WTI-Paradigma aufzubrechen sind. Seine Konsequenz lautet: wir müssen heraus aus diesen Denk- und Handlungsschablonen und neue, kreativere, innovativere, menschlichere Erkenntnis- und Aktionsmuster finden.

»Bisher war die Wissenschaft in der Lage, das neue Paradigma selbst zu stellen: Alte wissenschaftliche Theorien wurden widerlegt und durch neue ersetzt. Heute dagegen geht es um die Wissenschaft selbst; die Wissenschaft als geistige Leitlinie unserer Entwicklung muß in Frage gestellt werden, weil sie zu eng, zu gefährlich geworden ist. Diese Wissenschaft ist ein Feuer, das uns alle und unsere Welt zu verzehren droht, sie ist aber auch ein Gefängnis, das unsere Denkmöglichkeiten einschränkt. Wissenschaft hatte früher einen befreienden Charakter. Sie durchbrach die Beengung von Kirche und Religion und schuf einen Freiraum des Denkens und Nachdenkens. Heute ist es so, daß wir neuen Freiraum brauchen, um überhaupt denken und wieder agieren zu können, um wieder leben zu können. Wir müssen uns gegen eine Wissenschaft wehren, die dogmatisch und repressiv ist.«[21]

Diese WTI-kritischen Stimmen sind nicht feuilletonistisch zu verstehen. Es sind Ergebnisse fundierter Analysen der Wissenschafts- und Technologieentwicklung und ihrer sozialen und ökologischen Folgen.

19 Robert Jungk, Die Möglichkeiten neuer Wissenschaft, in: Grupp, Michael (Hrsg.), Wissenschaft auf Abwegen? – Die Zukunft der wissenschaftlichen Vernunft, Fellbach 1980, S. 218.
20 Ebenda, S. 219.
21 Ebenda, S. 219.

Nach wie vor prägt das WTI-Paradigma unser Dasein entscheidender als alles andere. In der gesellschaftlichen Realität sowohl der Staaten der Ersten wie der Zweiten, und weitgehend auch der Dritten Welt, sind heute alle wesentlichen Weichen auf Expansion der empirisch-experimentellen Wissenschaft und ihrer technologisch-industriellen Umsetzung gestellt.[22] Vor allem die Stärkung der Produktivkraft Forschung und Entwicklung und die Erhöhung des Kapitaleinsatzes für Technologieentwicklung und Technologietransfer zur Produktivitätssteigerung sind weiterhin Hauptkennzeichen der Entwicklung der Industriegesellschaft. Es kann keinen Zweifel geben, daß der täglich erlebbaren Praxis in Wissenschaft, Wirtschaft und Politik nach wie vor die Baconsche Utopie zugrundeliegt – bzw. immer mehr ihre vulgärpragmatische Variante –, die auf reine Zweckorientierung und Maximierung von Produktion und Konsum ausgerichtete Lebensglück-Ideologie. Und allem voran steht die Verwertung von Wissenschaft und Technologie für militärische Stärke sowie wirtschaftliche und politische Macht.
Selbst ein so scharfer Kritiker der technisch-industrialistischen Entwicklung und des WTI-Fortschrittsparadigmas wie Otto Ullrich sieht – unter dem Eindruck gerade auch neuer wissenschaftlich-technologischer Innovationen und sozialer Verhaltensweisen – keine »Tendenzwende«:

»Vielfach wird die Vorstellung geäußert, daß die Zukunft der Bundesrepublik eine ›Blaupausenzukunft‹ sei, also Realisierung der Hoffnung, daß eine immer ›höherentwickelte‹ Technologie zum Garanten unserer wirtschaftlichen und sozialen Stabilität wird. Das ist insofern nicht falsch, als die Tendenz hin zu Hochtechnologie unverkennbar ist, und eine ›Tendenzwende‹ des technischen Fortschritts – seien wir ehrlich – nicht zu erwarten ist.«[23]

22 Wie noch gezeigt wird, sind zwar die skeptischen und warnenden Stimmen zahlreicher geworden, gleichwohl laufen aber alle wesentlichen ökonomischen und machtpolitischen Entscheidungen und Prozesse in dem breiten Strom des Technizismus und Industrialismus zusammen, dessen Richtung durch das WTI-Paradigma bestimmt wird. Jüngstes Beispiel: Das SDI-Forschungsprogramm für ein Raketenabwehrsystem im Weltall der amerikanischen Administration (vgl. Kapitel 11).

23 Otto Ullrich, Technischer Fortschritt und die Gesellschaft der Ar-

Mit dem Hinweis auf die Ausführungen in Kapitel 8.3 zur Forschungs-, Technologie- und Innovationspolitik in der Bundesrepublik Deutschland (Regierung, BDI* und DGB-Gewerkschaften), unterstreiche ich diese Ausführungen.[24]
Tief verwurzelt ist der Glaube an die simple Kausalität, nach der Wissenschaft Technologie schafft, diese Wirtschaftswachstum, dieses Verbesserung des Lebensstandards und höhere Lebensqualität. Selbst die von Fred Hirsch[25] so scharfsinnig analysierte »Knappheit der Positionsgüter« wird auf dieser Grundlage von den meisten Menschen – einschließlich der Meinungs- und Entscheidungsträger – für überwindbar gehalten. Dem liegt offenbar zugrunde, daß jene Positionen, die auf Wissenschaft und Technik aufbauen, das höchste Sozialprestige haben und alle Entwicklungen darauf hindeuten, daß sich diese Tendenz in den nächsten Jahren eher noch verstärkt. Diese Positionen werden somit als vermehrbar angesehen, und jedermann glaubt, daß er dazugehören wird oder wenigstens davon profitiert.

3.3 Determinanten des WTI-Fortschrittsparadigmas

Bevor ich die wesentlichen historischen Entwicklungsstufen darstelle, die zur Festigung des »allmächtigen«, d. h. alle individuellen und gesellschaftlichen Lebensbereiche beherrschenden Wissenschafts - Technologie - Industrialismus - Fortschrittsparadigmas führten, werden die Determinanten genannt, die die Mächtigkeit dieses Paradigmas tatsächlich oder scheinbar begründet haben. Es sind dies hauptsächlich die folgenden sechs Determinanten:

1. Wahrheits- und Erkenntnisstreben
   In nicht stationären Gesellschaften gab es immer einen Drang des Menschen nach Wissen und Erkenntnis, wobei das Streben nach Wahrheit – was das auch immer genauer sein mag – eine zentrale Rolle spielt.

beitslosen, in: Technologie und Politik – Das Magazin zur Wachstumskrise, Bd. 10, Reinbek b. Hamburg 1978, S. 37.

24 Hierzu vor allem auch die Kapitel 10 und 11.

25 Fred Hirsch, Die sozialen Grenzen des Wachstums – Eine ökonomische Analyse der Wachstumskrise, Reinbek 1980.

* BDI = Bundesverband der Deutschen Industrie.

2. Nützlichkeit und praktische Daseinsbewältigung
Mit der Entwicklung von Wissenschaft und Technologie war die Vorstellung von praktischer Daseinsbewältigung verbunden, vor allem durch technische Hilfe und Erfolge bei der Erzeugung nützlicher materieller, energetischer und informationeller Produkte und Dienste.
3. Glück und Streben nach Lebenssinn
Wissenschaft und Technologie verheißen Glück und Lebenssinn durch sinnreiche Arbeit, Vergnügen und die Faszination, zu wahrer Erkenntnis der Welt bzw. der Natur und des Menschen zu kommen. Gesetzmäßigkeiten der göttlichen Natur aufzudecken und damit dem richtigen Ziel, dem ›Fortschritt der Menschheit‹ zu dienen verheißt Glück und Lebenssinn.
4. Sozialprestige und Streben nach gesellschaftlicher Reputation
Wissenschaft und Technologie versprechen für den Wissenschaftler und Techniker sowohl im Rahmen der »scientific community« als auch in der Gesellschaft Sozialprestige und gesellschaftliche Reputation.[26]
5. Machtgewinn und Herrschaft
Wissenschaft und Technologie verschaffen Vorteile beim Gewinn von Macht und der Ausübung von Herrschaft sowohl über die Natur als auch über den Menschen. »Knowledge itself is power« ist keine Metapher, sondern die nüchterne Beschreibung gesellschaftlicher Realität von wissenschaftlich entwikkelter Militärtechnologie oder technisch-industriellen Produktionsstrukturen, von wissenschaftlichen Gutachten oder der Tätigkeit von Ärzten, Juristen usw. Das hatten nicht nur weitsichtige Industrielle schon frühzeitig begriffen.
»Die Führung auf dem Gebiet der Naturwissenschaften«, das war auch das Resümee der berühmten Denkschrift für den Deutschen Kaiser, hat »nicht mehr nur einen ideellen, sondern

26 Wie stark diese Determinante das WTI-Paradigma gefestigt hat und welche wachsende Rolle ihr im 19. und 20. Jahrhundert zukommt, geht eindrucksvoll aus den vielen Dokumenten hervor, die A. Hermann in dem schon zitierten Buch, Wie die Wissenschaft ihre Unschuld verlor – Macht und Mißbrauch der Forscher, a.a.O. zusammengetragen hat.

sie hat auch einen eminenten nationalen und politischen Wert.« Die Wehrkraft und die Wissenschaft seien die beiden starken Pfeiler der Größe Deutschlands, und der Staat habe »seinen glorreichen Traditionen gemäß« die Pflicht, für die Erhaltung beider zu sorgen.

Das ist ganz im Sinne Bacons, denn die Macht, die eine wissenschaftliche Erkenntnis dem Menschen verleiht, sollte das Kriterium für deren Wahrheit und Bewertung sein.

6. Ersetzung göttlicher Macht

   Der Glaube, daß mit zunehmender wissenschaftlicher Erkenntnis und technischer Umsetzung prinzipiell alle geheimnisvollen Mächte zu entzaubern sind und im Prinzip durch Tatsachenwissen, Berechnungen und technische Mittel die Welt der magischen Unbekanntheit zu beherrschen ist, hat zumindest tiefe Spuren hinterlassen, die auch nicht durch eine institutionalisierte Religiosität zu beseitigen oder zu ersetzen sind.

Die sozialen und ökologischen Konsequenzen dieses Paradigmas reflektierend, stellt Rainer Mackensen fest, daß »wir offensichtlich ein anderes Wertsystem benötigen«.

»In diesem Wertsystem müßte anderen Menschen, ja der Natur die gleiche Bedeutung zugebilligt werden wie uns selbst.«

Und wenig später:

»Es genügt offenbar nicht, eine neue Einheit der Wissenschaften oder neue Wertsetzungen zu fordern, wenn unsere Denkstrukturen unangetastet bleiben. Es wäre aber auch illusorisch zu meinen, daß wir den Rationalismus aufgeben könnten; die gesamte moderne Zivilisation beruht darauf, einschließlich der ›Techno-Natur‹, von der wir abhängen. Auf ihr basieren auch die materiellen, sozialen und politischen Bedingungen der gegenwärtigen ›Qualität des Lebens‹.«[27]

Das ist der Grundwiderspruch der Wissenschaftsgesellschaft.

27 Rainer Mackensen, Fortschritt wohin?, in: analysen und prognosen, H. 27, 1973, S. 24f.

3.4 Zur ›Allmacht‹ der wissenschaftlichen Methode

Was sind nun aber die wesentlichen Elemente, die Wissenschaft und Technologie als eine besondere Form menschlichen Handelns im Sinne dieses Paradigmas tatsächlich oder scheinbar so erfolgreich machen?

Hier wird die These vertreten, daß es in erster Linie spezifische methodische Verhaltensweisen des Menschen gegenüber der Natur und sich selbst sind, die dazu führen, daß seine natürlichen Körper- und Sinnesleistungen erweitert und in die Lage versetzt werden, quantitative und qualitative Veränderungen in der Natur und im Sozialleben zu bewirken, die es vorher noch nicht gegeben hat und ohne Wissenschaft und Technologie nicht geben würde.

Anders gesagt: Nicht einzelne Erkenntnisse wie die Erhaltung der Energie oder die Existenz elektromagnetischer Wellen oder einzelne Erfindungen wie die Dampfmaschine, der Telegraf oder das Auto sind entscheidend für die ökonomischen und sozialen Entwicklungen, sondern die Methode, mit der die Erkenntnisse und Erfindungen produziert werden. Die Wirksamkeit von Wissenschaft und Technologie als Innovationskraft liegt darin, daß es sich um Methoden handelt, die den zweiten Differentialquotienten nutzbar machen, d. h. auf Veränderungen von Veränderungen bzw. von Vorgängen abzielen. Ein Kernbestandteil dieser Methode drückt sich darin aus, daß mit relativ kleinen Inputs menschlicher Tätigkeit große Wirkungen erzielt werden.

So wurde beispielsweise durch die unmittelbare Einbeziehung von Wissenschaft und Technik in den industriellen Produktionsprozeß und den militärischen Sektor zu Ende des 19. und Anfang des 20. Jahrhunderts (vgl. ausführlich hierzu Kap. 4.3) der bis dahin weitgehend nur vermittelte und auf mehr oder weniger zufälligen Verbindungslinien zwischen Wissenschaft und Industrie beruhende Verwertungsprozeß von Wissenschaft und Technik institutionalisiert. Der Vorgang der Produktion von Innovationen wurde dadurch nicht nur verkürzt, sondern auch grundlegend verändert. Forschung und Entwicklung waren nunmehr direkt auf das Ziel spezieller Verwertungen ausgerichtet.

Wenn Bertrand Russell von der »allmächtigen Methode der Naturwissenschaften« spricht, meint er ganz allgemein die Methode der modernen empirisch-experimentellen Wissenschaft und ihr theoretisches Korrelat. Die Allmacht resultiert aus ihren Erfolgen im Sinne der Determinanten des WTI-Paradigmas. Tatsächlich läßt sich eine unendliche Zahl von Beispielen anführen, die dies belegen.

Betrachten wir nur einige wenige technische Realisierungen, die auf Wissenschaft beruhen, so läßt sich die Anwendung der Methode demonstrieren:

Die Atombombe, das wohl drastischste Beispiel, verschafft durch ihre globale Zerstörungskraft demjenigen, der über sie verfügt, ungeheure militärische und politische Macht. Ihre Entwicklung beruhte im Grundsatz auf der Ausnutzung einiger wissenschaftlicher Prinzipien. Der Input war trotz des Manhattan-Superprojekts im Verhältnis zum Output erstaunlich gering.

In ähnlicher Weise konnte durch die Entwicklung von Radaranlagen, bei denen wiederum nur einige wissenschaftliche Erkenntnisse und technische Umsetzungen genutzt wurden, ein militärisches System aufgebaut werden, ohne das eine Großmacht heute nicht mehr denkbar erscheint. Weitere Beispiele sind Laserstrahlen oder Mikroprozessoren, deren technologische Entwicklung und Verwertung sowohl wirtschaftliche wie militärische Vorteile und bedeutende Machtpositionen verschaffen. Man denke hierbei nur an die Steuerung von Flugkörpern, den Ausbau technischer Kommunikationssysteme oder den Einsatz von computergesteuerten Werkzeugmaschinen oder von Robotern in Wirtschaft und Verwaltung. Noch einmal: Die Beispiele sollen demonstrieren, mit welch verhältnismäßig kleinen Inputs riesige Outputs durch die Anwendung von wissenschaftlichen Erkenntnissen und technischen Realisierungen erzeugt werden können.

Letztlich sind aber nicht die angewandten wissenschaftlichen Grundlagen und technologischen Realisierungen die eigentlich revolutionären Kräfte, sondern – wie noch zu zeigen sein wird – das methodische Vorgehen bei der Produktion von wissenschaftlichem Wissen und Technologie. Das methodische Prinzip ist es, das die Innovationskraft ›Wissenschaft und Technologie‹ so explosiv macht.

Daniel Bell hat in seiner Analyse der nachindustriellen Gesellschaft den charismatischen Charakter der Wissenschaft und die Hingabe der Wissenschaftler an ihre Aufgabe hervorgehoben:

»Immerhin war die Gemeinschaft der Wissenschaft eines der bemerkenswertesten Beispiele für die Institutionalisierung lebendigen Charismas. Und Charisma gilt bekanntlich dem Wandel und der Neuerung, vor allem dem revolutionären Wandel, als Legitimation. Wie oft schon konnte charismatische Autorität (...) als moralische Rechtfertigung alteingewurzelte und überlieferte Systeme aufbrechen. Auf einen derartigen charismatischen Umbruch folgt dann, wie die religiöse und politische Geschichte lehrt, gewöhnlich eine Zeit der routinemäßigen Konsolidierung, in der sich der ursprüngliche charismatische Impuls (Christentum, Kommunismus) seinerseits fest einbürgert und gegen Veränderungen abdichtet. Anders in der Gemeinschaft der Wissenschaft, die ja gerade die permanente Revolution durch systematisierte Regeln zur Norm erhebt. Schicksal des wissenschaftlichen Wissens war seit eh und je die fortgesetzte Überprüfung, und mögen sich verständlicherweise auch einmal einzelne gegen die Widerlegung einer Theorie oder eines Paradigmas sträuben, die Gemeinschaft als solche akzeptiert das Rad des Schicksals, die wissenschaftliche Revolution. Diese ›charismatische Gemeinschaft‹ stellt in der Geschichte der Wissenschaft eine durchaus funktionierende Realität dar, sie ermöglicht den Durchbruch neuer Paradigmen und verhilft den einzelnen zu Anerkennung und Lohn.«[28]

Unter Hinweis auf Max Weber stellt er weiter fest:

»Jedenfalls aber trägt die Hingabe an die Wissenschaft Weihecharakter, ist Teilhabe am ›Heiligen‹, weshalb man das Ethos der Wissenschaft als Ethos einer ›charismatischen Gemeinschaft‹ bezeichnen kann.«[29]

Man ist verblüfft, angesichts der strategischen Planung von Wissenschaft, der auch von Bell dargestellten Big Science und ihrer wirtschaftlichen und militärischen Steuerung, solche Ausführungen zu lesen.

Richtig ist zweifellos, daß sich die Wissenschaftler an den methodischen Prinzipien der modernen Wissenschaft orientieren. Das aber nicht allein wegen der wundervollen Methoden, sondern vor allem wegen des allseits herrschenden WTI-Paradigmas, das mit ihnen so besonders effizient erfüllt wird.

Dabei bleibt dann lediglich offen, welche Determinante den einzelnen und die »scientific community« am stärksten motiviert hat.

Im folgenden geht es nun darum, diejenigen Entwicklungsstufen

28 Daniel Bell, Die nachindustrielle Gesellschaft, a.a.O., S. 28f.
29 Ebenda, S. 282.

von Wissenschaft und Technologie herauszuarbeiten, die das spezifische wissenschaftliche Prinzip, die spezifische wissenschaftlich-technische Methode, so besonders leistungsfähig im Sinne des WTI-Paradigmas gemacht haben.
Die *systematische* Herausbildung dieses Prinzips erfolgte in den letzten 400 Jahren. In diese Zeit fallen auch die weitaus stärksten Veränderungen unserer natürlichen Welt und des sozialen Zusammenlebens. Zumindest zeigen alle wesentlichen Entwicklungskurven – vom Bevölkerungswachstum über den Verbrauch

Abbildung 3.4 – I
Entwicklung der Weltbevölkerung und Beanspruchung der natürlichen Ressourcen

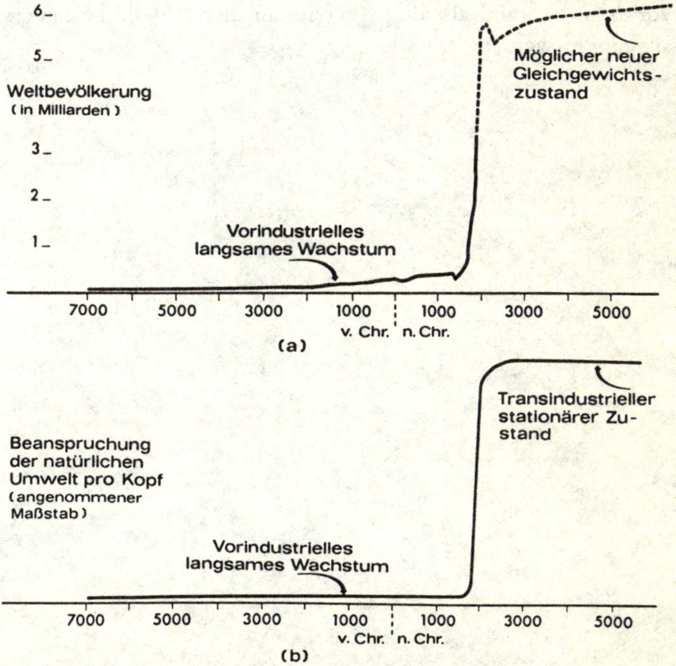

Quelle:
Willis W. Harman, An Incomplete Guide to the Future, 1976 (aus der deutschsprachigen Ausgabe: Gangbare Wege in die Zukunft?, Darmstadt 1978, S. 23).

an Rohstoffen und Energie bis hin zur Geschwindigkeit im Verkehrs-, Transport- und Kommunikationswesen – vor ca. 350 bis 400 Jahren einen deutlichen Knick und danach einen steilen Anstieg. Abbildung 3.4 – I deutet diesen revolutionären Schritt der menschlichen Entwicklung an.

Die Bewertung, ob das zugrundeliegende Handlungsprinzip »besser« oder »schlechter« gegenüber früheren ist, ist eine Sache der gesellschaftlichen Bewertungsmuster der jeweiligen Zeit. Vor dem Hintergrund der gesamtgesellschaftlich anerkannten WTI-Determinanten muß allerdings das wissenschaftlich-technische Prinzip logischerweise als besser gelten, denn diese Determinanten sind umgekehrt gerade ihre bestimmenden Entwicklungsfaktoren. Daß in diesem Bewertungsmuster bestimmte Bedürfnisse wie Liebe, Geborgenheit, Gerechtigkeit oder Solidarität nicht vorkommen, muß allerdings bereits an dieser Stelle besonders angemerkt werden.

4 Die Entwicklungsstufen von ›Wissenschaft und Technologie‹ zur zentralen Produktivkraft

In dem Begriffspaar ›Wissenschaft und Technologie‹ spiegelt sich die historisch weit zurückzuverfolgende Dichotomie von Theorie und Praxis bzw. von Wissensproduktion um der Erkenntnis und der Verwertung willen wider. Letztlich geht es um die beiden Ausgangspunkte Wahrheit und Nützlichkeit.
Hinter diesen Zweiteilungen verbergen sich unterschiedliche Bewertungs- bzw. Bewährungskriterien, die zu unterschiedlichen Handlungskonsequenzen und institutionellen Strukturen geführt haben. Für die These, daß sich im Laufe der historischen Entwicklung ein neues Verhältnis von Wissenschaft und Technik herausgebildet hat, das neue Formen der Steuerung der Wissenschaft verlangt, ist besonders wichtig, daß sich dieses Verhältnis schon mehrfach gewandelt hat. Peter Weingart beschreibt diese Wandlungen und stellt dazu fest:

> »Unterschiedliche Ausprägungen des Verhältnisses von Wissenschaft und Technik lassen sich seit der Antike auffinden. Die Tatsache, daß Wissenschaft und Technik zumeist nicht zur selben Zeit blühten, oder wenn, dann nicht am gleichen Ort, deutet darauf hin, daß die sozialen Einschätzungen verschiedener Arten von Wissen sich schon immer unterschieden und auch wandelten.«[1]

Für das Weitere ist nun bedeutsam, daß die historische Wissenschaftsforschung belegen kann, daß es in unterschiedlichen Gesellschaften jeweils unterschiedliche Bewertungs- und Bewährungskriterien gegeben hat, die die Produktion verschiedener Arten von Wissen und Technik als wünschenswert, nützlich, notwendig, sinnvoll oder erfolgreich, aber auch als unnütz, belanglos, sinnlos oder gefährlich im Hinblick auf explizit vorgegebene Ziele oder gesellschaftliche Normen qualifizierten.
Anders ist das seit der Herausbildung der modernen Wissenschaft und der in hohem Maße auf ihr beruhenden Technik. Hier herrscht im großen und ganzen Einigkeit darüber, daß Wissen-

1 Peter Weingart, Wissensproduktion und soziale Struktur, Frankfurt am Main 1976, S. 99.

schaft und Technologie bedeutend und sinnvoll sind, aber noch wichtiger, daß sie erfolgreich sind. Das Maß, an dem der Erfolg gemessen wird, schwankt zwischen den Polen Wahrheit und Nützlichkeit. Was aber sind das für Denk- und Handlungsmuster, die nunmehr seit fast vier Jahrhunderten als erfolgreich gelten?

In den nachfolgenden Kapiteln 4.1 bis 4.5 werden die fünf wesentlichen Entwicklungsschritte aufgezeigt, die Wissenschaft und Technologie in der seit Galilei konzipierten Form so erfolgreich und – ist das vielleicht in der Industriegesellschaft dasselbe? – so mächtig gemacht haben.

4.1 Die Herausbildung der modernen empirisch-analytischen Wissenschaft

Der erste entscheidende Schritt zur Herausbildung der neuen wissenschaftlichen Methode war die Ablösung der noch das 15. und 16. Jahrhundert beherrschenden philosophischen und theologischen Spekulation, die vor allem in der Scholastik ihren stärksten Ausdruck gefunden hatte. Das Aufkommen einer neuen Handlungsweise, die eine systematische Strukturierung empirischer Daten mit der gezielten Durchführung kontrollierter Experimente, d. h. Randbedingungen festlegende und wiederholbare Verfahrensweisen unter Ausnutzung der mittelalterlichen Handwerkstechnik (Handarbeit und handwerkliche Fähigkeiten), verband, war der entscheidende innovatorische Vorgang, der diese Ablösung bewirkte.

Nach ersten Erfolgen bei der Wahrheitsfindung im Sinne von Erklärbarkeit, Wiederholbarkeit, Richtigkeit, Eindeutigkeit usw. kam bald die Bewährung der Methode durch ihre praktische Nützlichkeit hinzu, zuerst vor allem in der Navigation, beim Kanalbau und bei der Nutzung optischer Geräte. Aber von Anfang an zeigte sich auch ihre Janusköpfigkeit. Sie eröffnete einen sicheren Welthandel und gleichzeitig neue militärische Perspektiven.

Vor dem Hintergrund dieser Erfolge werden fortan immer mehr und später prinzipiell alle natürlichen und artifiziellen Gegenstände und Prozesse der neuen Methode unterworfen. Die neue

Vorgehensweise baute auf der von Persönlichkeiten wie Brunelleschi (1376-1446), Ghiberti (1377-1466), Leonardo da Vinci (1452-1519), Alberti (1404-1472) und Dürer (1471-1528) vorbereiteten Verbindung von Fortschritts- und Nützlichkeitsvorstellungen auf. Sie wurde sowohl für die Wissenschaft als anfangs auch noch für die Künste und das Handwerk immer bedeutender und zu Beginn des 17. Jahrhunderts schließlich bestimmend.

Aber der entscheidende Schritt zur Geburt der empirisch-experimentellen Wissenschaft mit ihrem theoretischen Korrelat, dem Naturgesetz und der formalisierten Theorie, sowie ihrer Verschränkung mit der Technik ist durch Naturforscher und Experimentatoren wie Gilbert (1544-1603)[2], Galilei (1564-1642) und Kepler (1571-1630) und in seiner philosophisch-weltanschaulichen Verankerung vor allem durch Francis Bacon (1561-1626) vollzogen worden. Kennzeichnend für sie war ihre Nähe zum Handwerk und zur Technik, auch zur militärischen. Gemeinsam war auch ihre Abneigung gegen die schöngeistige Rhetorik des Humanismus und der Scholastik.

Neu war, daß sie nicht mehr nur Latein, sondern auch in ihrer Landessprache schrieben. Sie wollten breitere Kreise als nur die etablierte Gelehrtenkaste erreichen.[3] Sie experimentierten selbst und zogen gegen den Glauben an sogenannte Autoritäten zu Felde. Bacon beispielsweise wandte sich mit spitzer Feder gegen den Glauben der Gelehrten seiner Zeit, daß es angeblich »eine Form von Unehrenhaftigkeit sei, in die mechanische Erforschung von Gegenständen hinabzusteigen«. Er nannte das dumm und kindisch.[4]

2 Als besonders bedeutsam muß das von William Gilbert im Jahre 1600 erschienene Werk ›De Magnete‹ gelten, in dem die naturwissenschaftlich-experimentelle Methode erstmals klar expliziert und strikt angewandt wird (vgl. hierzu: Edgar Zilsel, Die sozialen Ursprünge der neuzeitlichen Wissenschaft, Frankfurt/Main 1976, S. 98 ff.).

3 So ist überliefert, daß Galilei viele Kontakte zu Handwerkern, Bürgern und Ingenieuren hatte, die sich für die Nuova Scienza interessierten, weil er selbst immer wieder Nützlichkeitsüberlegungen und technische Anwendungen an seine wissenschaftlichen Erkenntnisse knüpfte.

4 Francis Bacon, Novum Organum, I, aph. 120.

Was ist nun aber das Bedeutende und Neue an Galileis Wissenschaft? Sind es die physikalischen Erkenntnisse oder mathematischen Beweisführungen? Ganz sicher nicht, auch wenn sie noch so spektakulär sind. Wichtiger und fundamentaler ist die Methode, mit der und durch die er diese Entdeckungen überhaupt erst machen konnte und die nach ihm von vielen anderen ebenso erfolgreich benutzt und verfeinert wurde.
Der Wissenschaftshistoriker Armin Hermann bestätigt das:

»Immer wieder hatten sich seit der Antike die Philosophen mit dem Problem des fallenden Körpers befaßt, aber erst Galilei fand die richtigen Formeln. Wichtiger noch als die tatsächlichen Ergebnisse war seine Methode: Sie ist zur Methode der neuzeitlichen Physik geworden.
Vom konkreten Einzelfall, wie er in der Natur vorkommt, abstrahierte Galilei auf die »Idealbedingungen ...«[5]

Ich will mich hier nicht in Einzelheiten verlieren, aber es ist nicht nur die Abstrahierung auf Idealbedingungen, sondern, wie oben bereits ausgeführt, die gezielte Durchführung kontrollierter (und das heißt die Bedingungen festlegender) Experimente und ihre (formalisierte) Verallgemeinerung. Und diese Methode blieb nicht nur auf die Physik beschränkt.
Aber es muß noch hinzugefügt werden: Nicht nur Erkenntnisdrang, das Wesen der Natur und der Welt aufzuhellen, stand hinter dieser Methode, sondern auch ihre nutzbringende Anwendung. Das ist die zweite Komponente dieser entfesselten methodischen Kraft. Sie stellte gleichzeitig in Aussicht, die Natur zu verändern, sie dem Menschen untertan zu machen.
Die Geburt der neuen wissenschaftlichen Methode, besonders geprägt und weiterentwickelt durch Descartes (1596-1650), Huygens (1629-1695), Boyle (1627-1691), Newton (1643-1727), Leibniz (1646-1716) und John Locke (1632-1704), den Begründer des englischen Empirismus, ist das herausragende Entwicklungsmoment des ausgehenden 16. und 17. Jahrhunderts.
Die Nützlichkeit der neuen Methode und der durch sie ermittelten neuen Erkenntnisse erwies sich hauptsächlich in der Astronomie, in der Seefahrt und in der Anwendung optischer Geräte und

5 Armin Hermann, Wie die Wissenschaft ihre Unschuld verlor – Macht und Mißbrauch der Forscher, Frankfurt/Berlin/Wien 1984, S. 23.

Uhren. Die verwendete Technik bestätigte immer aufs neue das physikalische System von Galilei, Huygens und Newton. Besonders nützlich erwies es sich bei der Navigation, deren Bedeutung für den überseeischen Handel und die Kriegführung außerordentlich groß war. Zum ersten Mal wurde es möglich, Längen mit großer Genauigkeit festzustellen und zu berechnen, so daß ein erhebliches Moment der Unkalkulierbarkeit der Seefahrt ausgeschaltet werden konnte. Das war eine ganz wesentliche Voraussetzung für das Entstehen eines weltweiten Handels als regulärer Wirtschaftstätigkeit. Es handelt sich gewissermaßen um die technische Grundlegung des Merkantilismus.

Die der modernen Wissenschaft zugrundeliegende Dichotomie Wahrheit und Nützlichkeit blieb für das 18. Jahrhundert verbindlich. Sie ist es, die heute noch ganz wesentlich die »Allmacht der wissenschaftlichen Methode« begründet und zur Grundlage für das WTI-Paradigma wurde. Edgar Zilsel hat die Ursachen und Elemente überzeugend dargelegt, die für die Herausbildung der neuzeitlichen Wissenschaft maßgebend waren:

»Insgesamt ist der Aufstieg der Methoden der Handarbeiter in die Reihen der akademisch ausgebildeten Gelehrten am Ende des 16. Jahrhunderts das entscheidende Ereignis in der Entstehung der Wissenschaft. Die höhere Schicht konnte logische Ausbildung, Gelehrsamkeit und theoretisches Interesse beitragen; die untere Schicht fügte hinzu den Sinn für Kausalität, das Experiment, die Messung, quantitative Handlungsanweisungen, Mißachtung von Schulautoritäten und sachbezogene Zusammenarbeit.«[6]

Im Hinblick auf die der modernen Wissenschaft zugrundeliegenden paradigmatischen Determinanten bezieht sich Zilsel zu Recht auf Bacon, dessen philosophisch-weltanschauliche Position er mit den folgenden Feststellungen der humanistischen gegenüberstellt:

»Individueller Ruhm war das Berufsideal der humanistischen Literatur. Häufig nennen sie sich selbst die ›Sachwalter des Ruhms‹ und erklären ganz offen Ruhm als das Motiv ihrer eigenen und jeder intellektuellen Tätigkeit. Diesem Ideal individuellen Ruhms setzte sich Bacon entgegen. Er setzte zwei neue Ziele an die Stelle: ›Beherrschung der Natur‹ mit

6 Edgar Zilsel, Die sozialen Ursprünge der neuzeitlichen Wissenschaft, Frankfurt 1976, S. 63.

Hilfe der Wissenschaft und ›Fortschritte des Wissens‹. Fortschritt anstelle von Ruhm bedeutet die Ersetzung eines persönlichen Ideals durch ein objektives. In seiner *Nova Atlantis* malte Bacon einen Idealstaat aus, in dem der technologische und wissenschaftliche Fortschritt durch eine geplante Kooperation der Wissenschaftler erreicht wird; in ihr nutzt jeder Wissenschaftler die Forschungen seiner Vorgänger und Mitarbeiter und setzt sie fort. Diese Wissenschaftler sind die Herrscher von Nova Atlantis.«[7]

Das mit der von Galilei benutzten neuen Methode ausgelöste und von Bacon so pointiert überzeichnete neue Macht- und Lebensgefühl der Wissenschaftler drang nun mit jedem neuen Erfolg tiefer in die gesamte Gesellschaft ein. Hier waren es nicht in erster Linie die abstrakten physikalischen Erkenntnisse, sondern die aus ihnen ableitbaren sozialen Handlungsfolgen, die wiederum vor allem aus einem veränderten Umgang mit der Technik herrührten. Dieses Grundmuster von Erkenntnisfähigkeit und Nützlichkeit ist das Erfolgsrezept der neuen wissenschaftlichen Methode, und *beide* Aspekte sind es, die über die nachfolgenden Jahrhunderte hinweg immer eine Rolle gespielt haben.

»Welterkenntnis war aber noch nicht alles, was die Wissenschaft von nun an versprach: Wer die Natur kennt, kann sie sich auch dienstbar machen für seine Zwecke.
Der Mensch früherer Zeiten war Sklave, zur harten Fron gezwungen, um sein Leben auf der Erde fristen zu können. Der Mensch der Zukunft wird Herr sein auf der Welt, und die Natur wird für ihn arbeiten. Das war das neue Lebensgefühl, das mit Galilei seinen Anfang nahm.«[8]

Legt man Schelskys wortstarke Charakterisierung der ebenso wortgewaltigen idealistischen Philosophie zugrunde, so müßte man annehmen, daß sich das Grundmuster durch sie im 19. Jahrhundert vollständig zugunsten des einen Aspektes, der Wahrheitsfindung und nichts als der Wahrheitsfindung, geändert hätte:

»Die spekulative idealistische Philosophie, die den Gesamtzusammenhang des Lebens und der Welt in neuen Formen der Bewußtheit und Reflexion durchdachte, setzte sich als eine bis dahin nicht bekannte Form des Wissens und der Wissenschaft durch: als produktives Selbstdenken

7 Ebenda, S. 62.
8 A. Hermann, a.a.O., S. 24.

der Wahrheit in einer Allgemeinheit, die von allen Autoritäten und unmittelbaren Zwecken des Wissens zu einer Selbsttätigkeit der Reflexion befreit, die das Ganze der Welt als Bewußtsein von Prinzipien her rekonstruieren.«[9]

War das wirklich so?

4.2 Die Einbeziehung der Wissenschaft in die technisch-industrielle Revolution

Mit der idealistischen Philosophie und ihrer Dominanz im Geistesleben und in der durch sie dominierten Universität wurde vor allem in Deutschland die Einheit von Wahrheit und Nützlichkeit tatsächlich teilweise wieder aufgegeben. Dies hatte zur Folge, daß sich Theorie und Praxis, Grundlagenwissenschaft und Technik in unterschiedlicher Weise institutionalisierten. Während auf der einen Seite die reine, zweckfreie Wissenschaft, die um ihrer selbst willen betriebene Erkenntnisgewinnung zukünftig in der Universität ihre Heimstatt haben sollte, institutionalisierte sich zu Beginn des 19. Jahrhunderts die Technik davon gesondert im Rahmen von Technikwerkstätten, aber auch in polytechnischen Instituten als Fortsetzung der Fachhochschulen.[10]

»Was die Universitäten zunächst für die Bildung der Staatsbeamten und die Wissenschaft selbst waren, sollten die polytechnischen Einrichtungen für die ›wichtige Klasse der höheren Fabrikanten, Unternehmer und Handelsleute‹ sein.«[11]

Trotzdem waren nicht die idealistische Philosophie und die durch sie hervorgerufene institutionelle Differenzierung von Wissenschaft und Technik die entscheidenden Vorgänge bei der Herausbildung neuer Handlungsgrundlagen zur weiteren Entfal-

9 Helmut Schelsky, Einsamkeit und Freiheit, Zweite, um einen Nachtrag (1970) erw. Aufl., Düsseldorf 1971, S. 55.

10 Typisch waren die Gründungen in Paris 1794 (École Polytechnique), in Prag 1806 (Ständisches Polytechnisches Institut), in Wien 1815 (Polytechnisches Institut) und in Karlsruhe 1825 (Polytechnische Schule).

11 Peter Weingart, a.a.O., S. 122.

tung der Produktivkraft ›Wissenschaft und Technik‹[12], sondern ein neues Verhältnis von Wissenschaft, Technik und industrieller Produktion.

4.2.1 Die wechselseitige Durchdringung von Wissenschaft, Technik und Industrialisierung

Der wirklich neue Schritt bestand in der systematischen Anwendung technischer Produkte zur Ersetzung menschlicher Arbeitskraft. Die Konstruktion und der Einsatz von Maschinen – vor allem von Werkzeug- und Dampfmaschinen – führte im ausgehenden 18. Jahrhundert den Arbeitsprozeß von der handwerklichen Arbeit in den Handwerksbetrieben und frühkapitalistischen Manufakturen in die industrielle Massenfertigung der Fabrikarbeit über. Die Ergebnisse dieses revolutionären Schrittes wirkten stimulierend auf die Wissenschaft und die Entwicklung der Technik, was wiederum eine fortschreitende Industrialisierung durch Übernahme neuer wissenschaftlicher Erkenntnisse und Techniken in den Produktionsprozeß zur Folge hatte. Die Entwicklungsdynamik der ersten technisch-industriellen Revolution, die alle weiteren gesellschaftlichen Entwicklungen auf das Nachhaltigste geprägt hat, ist die direkte Folge der gezielten und systematischen Ersetzung menschlicher Arbeitskraft durch dieser entsprechende bzw. leistungsfähigere wissenschaftlich-technische Apparate.[13]

12 Ich gehe weiter unten hierauf noch ein und zeige, daß die institutionelle Trennung von Wissenschaft und Technik tatsächlich nicht so eindeutig war, sondern daß es eine Reihe von Verbindungen zwischen beiden Bereichen gab und schon in der zweiten Hälfte des 19. Jahrhunderts die Tendenz zur Verschmelzung wieder stark zunahm.

13 Vgl. hierzu u. a.
- F. Schnabel, Deutsche Geschichte im 19. Jahrhundert, Bd. 6, Die moderne Technik und die deutsche Industrie, Freiburg/Br. 1965, S. 187 ff.
- W. Köllmann, Die industrielle Revolution, Quellen- und Arbeitshefte zur Geschichte und Politik, Nr. 4231, Stuttgart 1972.

Wegen dieser engen Wechselwirkung mit der Technik-Entwicklung halte ich es für erforderlich, von der »technisch-industriellen Revolution« zu sprechen. Nur so kommt die hauptsächlich zugrunde liegende Produktivkraft deutlich genug zum Ausdruck. Der Terminus »technisch« wird im Zusammenhang mit der industriellen Revolution in der Literatur verschiedentlich schon benutzt:

»Erst die mit technischen Entwicklungen eng verknüpfte Veränderung handwerklicher Produktionsformen hatte durch Freisetzung des Menschen von schwerer körperlicher Arbeit eine ›technische Revolution‹ zu einem Maschinenzeitalter zur Folge, der eine zweite technische Revolution im 20. Jahrhundert durch die Automatisierung entspricht.«[14]

Die innovative Dynamik wird durch die spektakulären Erfolge dieser Vorgehensweise vor dem Bewertungs- und Bewährungshintergrund der WTI-Determinanten bzw. des gesamten WTI-Fortschrittsparadigmas ständig gesteigert. Denn Fortschritt heißt vor allem, mehr und leistungsfähigere technische Systeme zu schaffen, die die Arbeitskraft ersetzen und in der Lage sind, mehr landwirtschaftliche und industrielle Produkte schneller und billiger zu erzeugen und zu verteilen. Das WTI-Paradigma wurde dadurch gefestigt, daß die Technik, allem voran die Maschinentechnik, den Fortschrittsglauben durch ihren systematischen Einsatz im industriellen Produktionsbereich ständig zu bestätigen schien.
Im Prinzip handelt es sich bereits um den Einsatz der Produktivkraft ›Wissenschaft und Technologie‹ zu Lasten des Faktors ›menschliche Arbeitskraft‹. Auch der Faktor ›Natur‹ (vor allem »natürliche Ressourcen«) kam durch die technisch-industrielle Revolution immer stärker ins Spiel. Wegen seiner vermeintlichen

- H. Böhme, Industrielle Revolution, in: Revolution und Gesellschaft – Theorie und Praxis der Systemveränderung, hg. von Th. Schieder, Freiburg/Br. 1973, S. 47ff.
- W. Sombart, Die deutsche Volkswirtschaft im 19. Jahrhundert und im Anfang des 20. Jahrhunderts, Berlin 1954.
- W. Treue, H. Pönicke und K.-H. Manegold, Quellen zur Geschichte der industriellen Revolution (Quellensammlung z. Kulturgeschichte, Bd. 17, 1977).

14 Meyers Enzyklopädisches Lexikon, Bd. 23, Mannheim 1978, S. 270.

Unerschöpflichkeit und des konsensualen Ziels, über ihn die Macht gewinnen zu wollen, bedeutete die stärkere Ausschöpfung des Faktors ›Natur‹ nicht Ausbeutung der Natur, sondern Erfolg im Sinne des Fortschrittsparadigmas. Das führte wiederum zu einer weiteren Stärkung der Produktivkraft ›Wissenschaft und Technik‹ usw.

Nun wird häufig eingewandt, daß die wichtigsten Industrien, die aus der ersten technisch-industriellen Revolution hervorgegangen sind – Kohle- und Erzbergbau, Hüttenindustrie, Eisenverarbeitung, Textilindustrie, Werkzeugmaschinenindustrie, Eisenbahn- und Dampfschiffbau, elektrotechnische und chemische Industrie[15] –, in erster Linie auf der Grundlage von Erfindungen begabter Techniker und Bastler beruhen, weitgehend unabhängig von der wissenschaftlichen Grundlagenforschung. Das ist richtig, betrachtet man nur die direkten Linien der Wissensproduktion, vor allem die Grundlagenforschung einerseits und die Entwicklung der Technik und ihre ökonomische Verwertung andererseits. Das allein ist aber kein Einwand gegen die hier vertretene These, denn das fundamentale methodische Prinzip war für Wissenschaft und Technik das gleiche, nämlich das empirisch-experimentelle Vorgehen. Hieraus resultiert auch die gängige Auffassung von Technik als »angewandte Naturwissenschaft.«[16] Ich habe ja auch nur behauptet, daß die Grundlage der technisch-industriellen Revolution, also die Ersetzung menschlicher Arbeitskraft durch technische Apparate, ein entscheidender Schritt zur Entwicklung der Produktivkraft ›Wissenschaft und Technik‹ war, während noch nichts über die Wirkung des Verhältnisses von theoretischem und praktischem Wissen, von Erkenntnisproduktion und Technikverwertung im Hinblick auf die Entwicklung der Produktivkraft ausgesagt wurde. Allein das philosophisch-weltanschauliche Bekenntnis der Einheit von Wahrheit und Nützlichkeit einerseits oder die idealistische Forderung nach Trennung von Wahrheitssuche und praktischer Verwertung von Wissenschaft andererseits sagen ja noch nichts über den tatsächlichen Grad der Kopplung der beiden Komponenten der Produk-

15 Zunächst hauptsächlich Schwefelsäure-, Soda- und Chlorproduktion, später erste Teerfarben.

16 Vgl. hierzu die Ausführungen zu 2.5.1.

tivkraft ›Wissenschaft und Technologie‹ aus. Sicher ist nur, daß die Experimentatoren wie die Techniker und Bastler auf der Grundlage der empirisch-experimentellen Methode arbeiteten. Darüber hinaus ist nachweisbar, daß sie durchweg dem Fortschrittsparadigma von Wahrheit *und* Nützlichkeit unterlagen und in verschiedenen Fällen auch auf der neuesten Wissensproduktion aufbauten.

Immerhin weisen Rumpf u. a. mit Recht darauf hin, daß die wohl wichtigste Entwicklung der technisch-industriellen Revolution, die Dampfmaschine, »... die Folge eines erbitterten *wissenschaftlichen* Streits um das Vakuum war, der die gelehrte Welt und damit auch die Gesellschaft des 17. Jahrhunderts erregte«.

Ich führe die meines Erachtens höchst kompetente Darstellung von Rumpf u. a. noch etwas aus, weil vielfach gerade die Dampfmaschine als Beweis für eine von der Wissenschaftsentwicklung losgelöste Erfindung benutzt wird:

»Die Lehre der Antike vom ›horror vacui‹, daß das Leere nicht möglich sei, war durch Torricelli, die glänzenden Experimente Pascals und schließlich die aufsehenerregenden Vorführungen der Magdeburger Halbkugeln auf dem Regensburger Reichstag durch Otto von Guericke widerlegt worden. Man versuchte nun, die demonstrierte große Kraft des äußeren Luftdruckes auf ein evakuiertes Gefäß maschinell zu nutzen. Papin kam auf die Idee, das Vakuum durch kondensierenden Dampf zu erzeugen, und Newcomen baute die erste erfolgreiche atmosphärische Dampfmaschine, die 1712 in einem Bergwerk in Betrieb kam. Die Newcomensche Maschine führte sich schnell in ganz Europa ein. Sie wurde bis zu Zylinderabmessungen von 1,80 m Durchmesser und 3,20 m Länge gebaut, hatte aber nur einen thermischen Gesamtwirkungsgrad von 1%. Wenn auch *das Prinzip einer wissenschaftlichen Erkenntnis zu verdanken* war, so war doch alles andere Erfindung und Empirie. Watt führte 1769 den getrennten Kondensator und eine Reihe von Verbesserungen ein und erhöhte den Wirkungsgrad auf 3 bis 4%. Er war *weitgehend von wissenschaftlichen Überlegungen* über eine bessere Wärmeausnutzung geleitet, obwohl man nach der damals vorherrschenden Phlogistontheorie die Wärme irrigerweise als unwägbaren Stoff auffaßte und erst 1842 von Robert Mayer die Äquivalenz von Wärme und mechanischer Arbeit festgestellt wurde (1. Hauptsatz der Thermodynamik).«[17]

17 Hans Rumpf, Helmut Rupp und Manfred Wiesinger, Technologische Entwicklung – Allgemeine Entwicklungslinien, Kommission

Sicher ist, daß das rationalistische methodische Grundmuster für alle einen hohen Grad an Verbindlichkeit hatte. Und immer stärker setzten sich auch die Erfahrung und die Erkenntnis durch, daß Ignoranz und Verstöße gegen das empirisch-experimentelle Verfahren und Wissen *und* deren theoretisches Korrelat negative Folgen haben, während ihre Anerkennung positiv zu Buche schlägt. Man denke hier nur an die vielen Versuche – auch nach der Entdeckung des Ersten Hauptsatzes –, ein Perpetuum mobile zu bauen.

Darüber hinaus waren aber auch zahlreiche technische und ökonomische Erfolge in der weiteren Entwicklung des Maschinenbaus, der Hüttenindustrie und vor allem im Transportwesen, in der Elektro- und chemischen Industrie direkte Folgen der Anwendung der Grundlagen der Mechanik, der Thermodynamik, der Wellentheorie des Lichts, der Elektrizitätslehre sowie der anorganischen, organischen und physikalischen Chemie.[18]

Die technisch-industrielle Revolution, eingeleitet mit der Industrialisierung in England um das Jahr 1760, nahm in der Mitte des 19. Jahrhunderts in Deutschland konkrete Gestalt an. Sie ist der erste sichtbare Ausdruck des sich immer weiter verfestigenden WTI-Paradigmas. Die natürliche Lebensumwelt der Menschen wurde Schritt um Schritt durch eine technisch-ökonomische ersetzt. Technische Funktionalität, rationales Konstruieren und ökonomisches Produzieren mittels Maschinen bildeten nun die

für wirtschaftlichen und sozialen Wandel (Hrsg.), Bd. 109/1, Göttingen 1976, S. 16 f.

Die Autoren beschreiben das »charakteristische Verhältnis der Wissenschaft« zur Technik in dieser Zeit: »Sie ist einerseits Voraussetzung vieler technischer Entwicklungen, andererseits hat sich die Technik von der wissenschaftlichen Unaufgeklärtheit nicht aufhalten lassen. Man erfindet, probiert und nutzt unbedenklich als nützlich erfahrene Wirkungen, auch wenn man den naturgesetzlichen Zusammenhang nicht kennt.« (ebenda, S. 17).

18 Vgl. hierzu u. a. Wilhelm Treue, Gesellschaft, Wirtschaft und Technik Deutschlands im 19. Jahrhundert, in: Gebhardt, Handbuch der deutschen Geschichte, 5. Aufl., Bd. 17, München 1981;
Wolfhard Weber, Die industrielle Durchdringung, in: Ulrich Troitzsch u. Wolfgang Weber, Die Technik, Braunschweig 1982, S. 282 ff.

neuen gesellschaftlichen Grundlagen. Sie haben das soziale Zusammenleben nicht nur dieser Zeit, sondern darüber hinaus aller folgenden Epochen nachhaltig geprägt.

Für die Produktivkraft ›Wissenschaft und Technologie‹ ist es, bei allen Differenzierungen im einzelnen, der zweite entscheidende Schritt ihrer Entfaltung, durch den die Verschränkung und Durchdringung der wissenschaftlichen Methode mit der industriellen Produktion erfolgte. Dieses neue methodische Handlungsprinzip bildet die Grundlage der modernen Industriegesellschaft.

Es ist eine höchst interessante Frage, welche Relevanz die sich vor allem in Deutschland im 19. Jahrhundert vollziehende kognitive und institutionelle Trennung von »reiner« Forschung und technischer Umsetzung wissenschaftlicher Erkenntnisse für die Entwicklung der Produktivkraft ›Wissenschaft und Technologie‹ hatte. Insgesamt ergibt sich ein differenziertes Bild. Während die Grundlagenforschung durch ihre Abkoppelung von der direkten technischen Umsetzung Entfaltungsspielräume gewann, mußten technische Entwicklungen auch eigene innovative Wege gehen oder konnten nur vermittelt und mit Zeitverzug Impulse aus dem Bereich der Grundlagenforschung aufnehmen. Dabei konnten dort, wo technische Innovationen auftraten, also häufig in der Nähe von Produktionsstätten, diese dann auch direkt und ohne besondere theoretische Legitimation ökonomisch verwertet werden. Das hatte im Frühstadium der industriellen Entwicklung zweifellos Vorteile. Daß das Verhältnis der beiden Komponenten der Innovationskraft ›Wissenschaft und Technik‹ aber noch keinesfalls optimal war, zeigt vor allem die Entwicklung in Amerika und die weitere Entwicklung in Deutschland in der zweiten Hälfte des 19. Jahrhunderts und verstärkt noch um die Jahrhundertwende und danach.

Die US-amerikanischen Universitäten und Forschungseinrichtungen waren von vornherein stärker anwendungsorientiert. Das Verhältnis von reiner Wissenschaft und technischer Anwendung stellte sich hier niemals als ideologisches Grundsatzproblem dar wie in Deutschland. Im Gegenteil: als Ausdruck der amerikanischen Entwicklungsgeschichte und im Zuge der sich etablierenden pragmatischen Philosophie (Charles S. Peirce, 1839-1914, und John Dewey, 1842-1923) war die Anwendungsorientierung der Wissenschaft und ihre Nutzbarmachung für die praktische Daseinsbewältigung ein natürlicher Vorgang.

4.2.2 Die Gründung anwendungsorientierter Wissenschaftseinrichtungen

Aber auch in Deutschland und in anderen europäischen Ländern war die Lage nicht so eindeutig. Die Spezialisierung der Fachgebiete führte eben auch zur Einrichtung Polytechnischer Institute und zur Herausbildung und zum Ausbau Technischer Hochschulen.[19]
In Frankreich wurde immerhin 1795 bereits die berühmte École Polytechnique etabliert, sie wurde

»zum Vorbild der Ingenieurausbildung auch in anderen Ländern und in der ersten Hälfte des 19. Jahrhunderts zu einer der führenden Ausbildungsinstitutionen der Welt (...) und *diente in erster Linie dazu, zivilen und militärischen Ingenieuren für den öffentlichen Dienst (technischen Beamten, Offizieren) eine einheitliche mathematisch-naturwissenschaftliche Grundausbildung* zu geben. Die am Tätigkeitsfeld orientierte technische Ausbildung erfolgte anschließend in den Écoles d'Application für Artilleriewesen, Geniewesen (Militäringenieure), Straßen- und Brückenbau. Daneben sollte die École Polytechnique zugleich Bergbauingenieuren, Geographen und Schiffsbauern etc. eine *ausreichende Grundausbildung vermitteln* und schließlich junge Männer darauf vorbereiten, *Mathematik und Physik zu lehren.*«[20]
(Hervorhebungen von R. K.)

Immerhin wurde 1829 eine weitere Technische Hochschule in Frankreich gegründet, die École Centrale des Arts et Manufactures, die noch stärker praxisbezogen unmittelbar für die technische Ausbildung von in der gewerblichen Wirtschaft Tätigen zu sorgen hatte.
Auch die bereits erwähnten Gründungen von Vorläufern der Technischen Hochschulen in Prag (1806), Wien (1815) und Karlsruhe (1825) sind insofern nicht auf reine Technikentwick-

19 Hierzu: Karl-Heinz Manegold, Universität – Technische Hochschulen – Industrie, Berlin 1970.
20 Peter Weingart, a.a.O., S. 113.

lung ausgerichtete Einrichtungen, sondern auch hier spielen das theoretische Wissen, die Grundlagenforschung und die wissenschaftliche Ausbildung eine bedeutende Rolle. Insofern ist die Trennung von Wissenschaft und Technik nur eine bedingte.
Umgekehrt betrachtet handelt es sich sogar um den institutionalisierten Ansatz, das wissenschaftliche Wissen auf kürzerem Wege der Technik bzw. ihren Entwicklern und Anwendern in den verschiedensten Bereichen in praktisch relevanter Form näherzubringen.
In der Schweiz wurde 1855 das Eidgenössische Polytechnische Institut in Zürich gegründet, das wesentlichen Anteil an der Ausbildung und Forschungstätigkeit in naturwissenschaftlichen und technischen Disziplinen für den Staatsdienst und die Industrie- und Militärtechnik hatte.
Die zunehmende Industrialisierung und die militärischen Erfordernisse ließen in Deutschland den Ruf nach stärkerem Ausbau der naturwissenschaftlichen und technischen Disziplinen immer lauter werden, ebenso den Ruf nach größerer Praxisnähe von wissenschaftlicher und technischer Ausbildung sowie Forschung. Vor allem die Weiterentwicklung von Verfahrensweisen im Bergbau und im Hüttenwesen, die Entwicklung militärtechnischer Geräte, die Weiterentwicklungen im Transportwesen und im Maschinenbau sowie in der Elektroindustrie führten zum »Ausbau besonderer technischer Laboratorien«.[21]
Da der Bedarf an Forschung und Umsetzung von Forschungsergebnissen in der Industrie immer stärker zunahm, schufen sich verschiedene Unternehmen ihre eigenen Forschungsinstitute, die entweder unmittelbar dem Unternehmen zugeordnet waren oder im Umkreis des Unternehmens arbeiteten.
Die Entwicklung konnte nicht ohne Folgen für die Hochschulen bleiben. Ab Mitte des 19. Jahrhunderts wurde der Ruf nach einer stärkeren Verbindung der Hochschulforschung, insbesondere jener an den Technischen Hochschulen, zur Wirtschaft immer lauter. Allen voran artikulierte Werner von Siemens die Forde-

21 Karl-Heinz Manegold, Das Verhältnis von Naturwissenschaft und Technik im 19. Jahrhundert im Spiegel der Wissenschaftsorganisation, in: Technikgeschichte in Einzeldarstellungen, Nr. II, Düsseldorf 1969, S. 174.

rung nach einer praxisnahen Verwertung wissenschaftlicher Ergebnisse der Universitäten für die Wirtschaft.[22]
Um einerseits die Universitäten gemäß dem herrschenden Bildungs- und Wissenschaftsideal von profaner Technikentwicklung und kommerzieller Nutzanwendung der Forschungsergebnisse freizuhalten, andererseits dem Bedarf der Industrialisierung nach verwertbarem wissenschaftlichem Wissen zu entsprechen, mußten die Technischen Hochschulen die Brückenfunktion zwischen Wissenschaft und Industrie übernehmen:

»Durch die erstmals an der neuen Münchener Technischen Hochschule (1868) erfolgte Einrichtung von experimentellen technischen Forschungslaboratorien, die unter dem Eindruck der Chicagoer Weltausstellung und des hohen Standes der amerikanischen Technik nach 1893 zur allgemeinen Forderung erhoben worden war, wurden die organisatorischen Voraussetzungen für die Eigenständigkeit der Technischen Hochschulen geschaffen.«[23]

Auch die Gründung der Landes- und Reichsanstalten erfolgte jetzt, weil der Bedarf an anwendungsorientierter und techniknaher Forschung zunahm. Die Landes- und Reichsanstalten bewiesen dadurch, daß in ihnen Grundlagenforschung, angewandte Forschung und der Technologieentwicklung dienende wissenschaftliche Arbeit betrieben wurde, daß die Tendenz von Wissenschaft und Technologie in der zweiten Hälfte des 19. Jahrhunderts keinesfalls mehr auf eine Trennung von reiner Wissenschaft und Anwendung von Wissenschaft hinauslief. Als Keimzelle der heutigen Bundesanstalt für Materialprüfung (BAM) wurde 1871 die »Versuchsstation zur Prüfung der Festigkeit von Stahl und Eisen« offiziell anerkannt und wenig später bereits zur Königlich Mechanisch-Technischen Versuchsanstalt an die Technische Hochschule in Charlottenburg angebunden. Aus ihr ging 1904

22 Werner von Siemens unterbreitete eine Reihe von Vorschlägen zur Reform an den Universitäten, insbesondere im Hinblick auf eine stärkere Praxisorientierung naturwissenschaftlicher und technischer Fächer. Er betrieb auch intensiv gemeinsam mit Hermann von Helmholtz und W. Foerster die Gründung der Physikalisch-Technischen Reichsanstalt, die der »experimentellen Förderung der Naturforschung und der Präzisionstechnik« dienen sollte (Gründung 1887 in Berlin).

23 Peter Weingart, a.a.O., S. 123.

durch Vereinigung mit der Königlichen Begabtenakademie die »Chemisch-Technische Versuchsanstalt« und dann das »Königliche« und später »Staatliche Materialprüfungsamt« hervor. Es braucht nicht besonders betont zu werden, welchen ökonomischen und militärischen Stellenwert diese Institutionen im kaiserlichen Deutschland hatten.

Immerhin wurde bereits 1872 die Staatliche Preußische Geologische Landesanstalt gegründet, die diese Verbindung von Wissenschaft und Praxis herstellen sollte. Schon 1877 wurde das Reichspatentamt gegründet, in dem auf der Grundlage des Reichspatentgesetzes die Bedeutung des (immer häufiger wissenschaftlichen) Erfinders »für die Volkswirtschaft und deren Position in der Weltwirtschaft sowie für die Steigerung des Lebensstandards und die Sicherung des nationalen Friedens und des sozialen Aufstiegs« hervorgehoben wurde.

1887 erfolgte die Gründung der Physikalisch-Technischen Reichsanstalt (PTR).

Daß auch Wissenschaftler wie Justus von Liebig (1803-1873) die Zusammenhänge von Wissenschaft und ihrer Anwendung eng gekoppelt sahen, geht nicht nur aus seiner praktischen wissenschaftlich-technischen Arbeit hervor, sondern auch aus den Konsequenzen, die er allgemein daraus für die Gesellschaft sah:

»Die Wissenschaften haben die Geistesrichtungen der Menschen verändert und dem wahrhaft Besseren zugelenkt. Unser Kulturzustand ist ein anderer und höherer als der des Altertums ... Das Wissen ist zwar nicht die Weisheit, aber nichts kann sicherer sein, als daß richtige Schlüsse und fruchtbare Verstandesoperationen nur möglich durch das rechte Wissen sind. Die größten Übel, welche die Menschheit bedrängten und die menschliche Gesellschaft erniedrigten, entsprangen aus der Ungewißheit.«[24]

Neben der Tatsache, daß durch die herrschende idealistische Philosophie die Universitäten der direkten Kopplung mit dem Industriesystem entzogen waren, gab es noch einen anderen Grund, der den Anschein erweckte, daß Wissenschaft, Technologie und Industriesystem nur wenig miteinander verschränkt waren:

24 Justus von Liebig, Einleitende Worte zur Feier des allerheiligsten Geburtstagsfestes König Maximilians II, München 1860.

»Das Wesen der modernen Technik war den meisten Menschen unbegreiflich, da sie aus ländlichen Überlieferungen kamen, die während des ganzen Jahrhunderts als Maßstäbe erhalten blieben: nur sehr wenige erkannten, daß der Schritt von der alten empirischen zur modernen exakt-wissenschaftlich begründeten europäischen Technik mehr bedeutete als nur die notwendige Basis z. B. für Eisenbahnbau, daß er Lebensweise, Denk- und Daseinsformen des einzelnen und der Gesellschaft, der Familie und der Nation nicht weniger veränderte als früher etwa die Einbeziehung in das Römische Reich oder die Christianisierung.«[25]

Zusammenfassend kann festgestellt werden, daß auch im 19. Jahrhundert in Deutschland sowohl im Rahmen freier sowie industrienaher Forschungslaboratorien als auch im Rahmen der sich bildenden Technischen Hochschulen sowie der Landes- und Reichsanstalten die Kopplung von Theorie und Praxis und die direkte Nutzbarmachung von Wissenschaft und Technik für ökonomische, militärische und politische Zwecke einen erheblichen Stellenwert hatten. Für die Entfaltung von ›Wissenschaft und Technologie‹ zur zentralen Produktivkraft war diese Entwicklung und waren diese Institutionen insgesamt relevanter als die Universitäten.

4.3 Die Einbeziehung der Wissenschaft in den großindustriellen Produktionsprozeß und militärischen Bereich

Seine Auffassung über die Bedeutung der Methode der Produktion wissenschaftlicher Innovationen für die Entwicklung der modernen Industriegesellschaft faßte Alfred North Whitehead wie folgt zusammen:

»Die größte Erfindung des 19. Jahrhunderts war die Erfindung der Methode des Erfindens. Eine neue Methode kam auf, ohne die unsere Epoche unverständlich bleibt. Neben ihr fallen die einzelnen Neuerungen wie Bahn, Telegraph, Radio, Spinnmaschine, synthetische Farben nicht ins Gewicht. Auf die Methode selbst müssen wir uns konzentrie-

25 Wilhelm Treue, Gesellschaft, Wirtschaft und Technik Deutschlands im 19. Jahrhundert, Handb. d. Geschichte, Band 17, München 1981, S. 111.

ren, denn sie ist die einzig wirklich ausschlaggebende Neuerung, die die alte Zivilisation bis in ihre Grundfesten erschüttert hat.«[26]

Die von Whitehead formulierte Erkenntnis, daß nicht die einzelne Erfindung oder die einzelne innovative (wissenschaftlich-technische) Leistung das eigentlich Revolutionäre ist, was die Industriegesellschaft erzeugt hat, sondern die Methode der Innovationsproduktion, trifft auch auf das 20. Jahrhundert zu.
Mit der weiteren Entfaltung von ›Wissenschaft und Technologie‹ zur dominierenden Produktivkraft lassen sich seit der Jahrhundertwende drei entscheidende Veränderungen beobachten:
1. Die unmittelbare Einbeziehung der Wissenschaft in den großindustriellen Produktionsprozeß und militärischen Bereich;
2. die Verwissenschaftlichung und Technisierung der Arbeitsabläufe und Produktionsprozesse (Kapitel 4.4) und
3. die Herausbildung eines eigenen Wirtschaftssektors ›Wissenschaft, Technologieentwicklung und Technologietransfer‹ als Ergebnis der strategischen Planung und Organisation der Wissens- und Technologieproduktion im Hinblick auf ihre unmittelbare politische und ökonomische Verwertung (Kapitel 4.5).

Für Jürgen Habermas ist die Einbeziehung der Wissenschaft in den Produktionsprozeß zum Ende des 19. Jahrhunderts bereits der entscheidende Schritt, in dem die Verwissenschaftlichung der Technik stattfindet und Wissenschaft und Technologie »zur ersten Produktivkraft« werden:

»Seit dem Ende des 19. Jahrhunderts setzt sich die andere Entwicklungstendenz, die den Spätkapitalismus auszeichnet, immer stärker durch: *die Verwissenschaftlichung der Technik.* Der institutionelle Druck, die Arbeitsproduktivität durch Einführung neuer Techniken zu steigern, hat im Kapitalismus immer Bestand. Aber die Innovationen hingen von sporadischen Erfindungen ab, die ihrerseits wirtschaftlich induziert sein mochten, aber doch noch naturwüchsigen Charakter hatten. Das hat sich in dem Maße geändert, als die technische Entwicklung mit dem Fortschritt der modernen Wissenschaften rückgekoppelt worden ist. Mit der Industrieforschung großen Stils wurden Wissenschaft, Technik und Verwertung zu einem System zusammengeschlossen. Sie verbindet sich

26 Alfred North Whitehead, Science and the Modern World, New York 1960, S. 141 (erste Ausgabe 1925).

inzwischen mit einer staatlichen Auftragsforschung, die in erster Linie den wissenschaftlichen und technischen Fortschritt auf militärischem Gebiet fördert. Von dort fließen die Informationen in die Bereiche der zivilen Güterproduktion zurück. So werden Technik und Wissenschaft zur ersten Produktivkraft, womit die Anwendungsbedingungen für Marx' *Arbeitswerttheorie* entfallen. Es ist nicht länger sinnvoll, Kapitalbeträge für Investitionen in Forschung und Entwicklung auf der Grundlage des Wertes der unqualifizierten (einfachen) Arbeitskraft zu berechnen, wenn der wissenschaftlich-technische Fortschritt zu einer unabhängigen Mehrwertquelle geworden ist, gegenüber der die von Marx allein in Betracht gezogene Quelle des Mehrwerts: die Arbeitskraft der unmittelbaren Produzenten, immer weniger ins Gewicht fällt.«[27]

Dieser Prozeß erhielt tatsächlich durch den militärischen Bereich seine wesentlichen Impulse. Das gilt für die Stahlindustrie, den Schiffsbau, die Eisenbahn und die Elektroindustrie ebenso wie für die chemische Industrie der Düngemittel- und Sprengstoffproduktion und später der Produktion von Treibstoffen, pharmazeutischen Produkten und von Gummi.
Chemie und Elektrotechnik sind die klassischen Industriezweige, in denen die gezielte Einbeziehung der Wissenschaft in den großindustriellen Produktionsprozeß am deutlichsten wird:
Die naturwissenschaftlichen Erkenntnisse über den Molekülaufbau, die Laborexperimente zur Darstellung chemischer Substanzen, die Umwandlung und Neukombination von Verbindungen bildeten die Grundlage für eine Reihe großtechnischer chemischer Verfahren.
Die physikalischen Grundlagen, insbesondere die experimentelle und theoretische Erfassung der magnetischen Wirkungen und der Kraftwirkungen von Strömen und der Induktion, führten über die elektromagnetische Feldtheorie zur allgemeinen Theorie der Elektrizität in Form der Elektrodynamik (Maxwell'sche Theorie, 1873[28]) und zur Entdeckung der elektromagnetischen Wellen durch Heinrich Hertz 1887. Diese Erkenntnisse bildeten die Grundlage sowohl für die Entwicklung der Schwachstrom- als

27 Jürgen Habermas, Technik und Wissenschaft als Ideologie, Frankfurt/Main 1968, S. 79.

28 James Clerk Maxwell, A Treatise on Electricity and Magnetism, London 1873 (Maxwell formulierte seine Theorie zwischen 1861 und 1864).

auch der Starkstromtechnik, also von Telegrafie, Telefon, elektrischer Krafterzeugung durch den Gleichstrom- und den Wechselstrommotor[29] und somit der elektrischen Energieversorgung von Industrie, Verkehr und Haushalten und der späteren drahtlosen Kommunikation.

4.3.1 Chemische Industrie

Ausgangspunkt für den unmittelbaren Einbezug der Wissenschaft in den großindustriellen Produktionsprozeß der Chemie ist die Fabrikation synthetischer Farbstoffe. Die Herstellung des ersten künstlichen Anilinfarbstoffs aus Steinkohlenteer durch den Chemiker und Unternehmer William Henry Perkin (1856) wurde nicht nur in England durch ihn selbst unmittelbar industriell verwertet, sondern löste zusammen mit der Entdeckung der Alizarin-Farbstoffe durch Carl Graebe und Karl Theodor Liebermann (1868/69) auch in Deutschland starke Impulse einer industriellen Forschung über synthetische Farbstoffe aus. Gleichzeitig war das der Ausgangspunkt einer großindustriellen chemischen Produktion auf der Grundlage großtechnischer Synthesen überhaupt, die wissenschaftlich begründet waren.
Besonders typisch läßt sich diese Entwicklung am Chemieunternehmen »Badische Anilin- und Sodafabrik« (BASF) verfolgen. Während die neuen synthetischen Farbstoffe Rot und Gelb schon großtechnisch produziert wurden, mußten die Blautöne noch aus natürlichem Indigo hergestellt werden. Hier war man vor allem vom Import aus China und Indien abhängig. Für den Einbezug der Wissenschaft in den großindustriellen Produktionsprozeß ist nun bezeichnend, daß in der BASF ein groß angelegtes Projekt zur Suche nach synthetischem Indigo aufgenommen wurde, das fast das gesamte Kapital des Unternehmens band und dadurch sogar das gesamte Unternehmen gefährdete. Der Motor dieses entscheidenden Schrittes, dessen Ergebnis die großtechnische Produktion des synthetischen Indigos auf der Grundlage der

29 Dieser geht auf die Erfindung der Dynamomaschine durch Werner von Siemens 1866 auf der Grundlage des dynamo-elektrischen Prinzips zurück.

zuvor entwickelten wissenschaftlichen Synthese[30] war, war der Vorsitzende des Verwaltungsrates der BASF, Heinrich von Brunck. Er war bezeichnenderweise selbst ein bedeutender Farbstoffchemiker mit großem theoretischen Wissen und technischen Können und gleichzeitig mit industriellen Managementqualitäten.[31] Seine Vorgehensweise bedeutete nicht nur das Ende der traditionellen Farbenproduktion, sondern brachte zugleich die BASF an die Spitze der Chemie-Industrie nicht nur in Deutschland, sondern in der Welt. In Jahre 1900 lieferte Deutschland, allen voran die BASF, 80 bis 90% der Weltproduktion an Synthesefarben.

Noch bedeutender war allerdings die nun einsetzende Kopierung der Brunck'schen Vorgehensweise, die nicht lange auf sich warten ließ. Seit längerem geisterten zwei Knappheitsgespenster durch Europa: Einmal fand die Prognose einer Ernährungskrise als Folge einer zu geringen Nahrungsmittelproduktion und wachsenden Bevölkerung zunehmend Anhänger,[32] zum anderen wurde aufgrund der zahlreichen kriegerischen Auseinandersetzungen und der militärischen Planungen die Verknappung des Schießpulvers und der Sprengstoffe deutlich. Beide Knappheitsphänomene hatten ihren realen Hintergrund in der Abhängigkeit der Welt vom Chile-Salpeter, der als einzige relevante Nitratquelle die Grundlage für die Versorgung der Welt mit künstlichen Düngemitteln und dem strategisch wichtigen Rohstoff für Spreng- und Schießpulver bildete. Sowohl die Monopolstellung Chiles als auch die sichtbare Abnahme der Salpetervorräte ließen

30 Die sogenannten Heumann'schen Synthesen wurden um 1890 ausgearbeitet. Sie basieren auf der ersten Indigo-Synthese durch A. von Baeyer im Jahre 1880 und gehen von Anthranilsäure oder Phenylglycin aus.

31 Ich hebe das insbesondere im Hinblick auf meine Ausführungen in Kapitel 7 hervor, in dem vor allem die organisatorischen und institutionellen Voraussetzungen der modernen Wissensproduktion und Technologieverwertung durch ein spezifisch qualifiziertes Management dargestellt werden.

32 Ihr Begründer und Hauptvertreter, Thomas Robert Malthus (1766-1834), vertrat ein halbes Jahrhundert vorher mit viel Resonanz bei den folgenden Generationen die Ansicht, daß nur die Beschränkung des Bevölkerungswachstums das Problem lösen könne.

nunmehr an die synthetische Herstellung von Nitraten denken. Aber noch bestimmten Unkenntnis und Ignoranz gegenüber den wissenschaftlich-technischen Möglichkeiten und ihren politischen, vor allem militärischen und ökonomischen Anwendungen, die politische und vor allem militärische Führung in Deutschland.[33] Dadurch wurde die Abhängigkeit vom chilenischen Salpetermonopol immer mehr zu einem zentralen ökonomischen und später auch militärischen Problem.

Die Bedeutung einer synthetischen Nitratproduktion kann politisch nicht hoch genug eingeschätzt werden. Schließlich beruhen zwei wichtige gesellschaftliche Subsysteme, nämlich die Landwirtschaft mit der Nahrungsmittelproduktion und das politische System, das sich ja vorwiegend auf militärische Macht stützte, ganz wesentlich auf deren Verfügbarkeit.

Wie bedeutend das Problem eingeschätzt wurde, geht aus einer Äußerung von Sir William Crookes, dem Präsidenten der britischen Akademie für den Fortschritt der Wissenschaften, aus dem Jahre 1898 hervor: »Die Bindung des atmosphärischen Stickstoffs wird die Lösung sein, und dies wäre eine der größten Entdeckungen, die des Erfindergeistes der Chemiker harren.«

Offensichtlich mit Rückbezug auf das strategische Denken in der ersten Hälfte des 19. Jahrhunderts haben bisher die Historiker die Bedeutung der Stahlproduktion zur Entwicklung der Eisenbahnen und des Schiffsbaus sowie militärischer Geräte für die politische und militärische Stärke eines Landes im ersten Viertel des 20. Jahrhunderts gegenüber diesem Problem überschätzt.

Ich vertrete die These, daß vor allem die großtechnische Gewinnung von gebundenen Stickstoff durch das sogenannte ›Projekt Stickstoff‹ der BASF eine Schlüsselfunktion für die politische und ökonomische bzw. militärische Entwicklung vor dem und im Ersten Weltkrieg hatte und einen bedeutsamen Stellenwert in der

33 Wie weiter unten noch gezeigt wird, dachte die politische Führung und vor allem der deutsche Generalstab noch zu Beginn des Ersten Weltkriegs in rein militärischen Kategorien und kaum in ökonomischen. Das Denkmuster der direkten Verwertbarkeit von wissenschaftlich-technischen Entwicklungen zur Verbesserung der ökonomischen Grundlagen für die Kriegsführung war diesen noch völlig fremd.

Entfaltung der Produktivkraft ›Wissenschaft und Technologie‹ einnimmt.
Das von der BASF entwickelte Ammoniak-Produktionsverfahren wurde nach dem gleichen Muster wie vorher die Farbstoffproduktion vorangetrieben. Der Kern der Methode war die unmittelbare Einbeziehung der Wissenschaft und Technikentwicklung in den großindustriellen Prozeß:

»Eines der rührigsten Unternehmen war die BASF. Sie ließ nicht nur ihre begabten Wissenschaftler und Techniker an diesem Projekt arbeiten, sondern vergab auch großzügige Forschungsstipendien an unabhängige Wissenschaftler. Im Jahre 1909 trug das ›Projekt Stickstoff‹ der BASF seine Früchte. Fritz Haber, einem von der BASF unterstützten Wissenschaftler, gelang der entscheidende Durchbruch. Durch den Einsatz von Hochdruck und extremen Temperaturen verband er Stickstoff und Wasserstoff zu Ammoniak. Die Bindung des Stickstoffs wurde zu einem Meilenstein der Chemie und brachte Haber die Anerkennung der internationalen Wissenschaft.«[34]

Genauer dargestellt, gelang den beiden Chemikern Walter Nernst und Fritz Haber zusammen der Durchbruch, indem sie das 1888 von Le Chatelier formulierte ›Prinzip des kleinsten Zwanges‹, also ein physikalisches Grundlagengesetz benutzten, um Ammoniak aus Stickstoff und Wasserstoff synthetisch herzustellen. Das Entscheidende dieses Verfahrens war für die industrielle Verwertung, daß beide Elemente in quasi unbegrenztem Maße in der Natur, nämlich in der Luft und im Wasser, billig zur Verfügung standen. Es bestand somit die begründete Aussicht, ›aus Luft und Wasser Gold zu machen‹.

34 Joseph Borkin, Die unheilige Allianz der I. G. Farben, Frankfurt/New York 1981, S. 14 (Original: The Crime and Punishment of I. G. Farben, New York 1978). Ich stütze mich nachfolgend hauptsächlich auf diese Arbeit von Borkin und Unterlagen aus dem Archiv der Max-Planck-Gesellschaft in Berlin-Dahlem. Borkin hatte als Leiter der Patent- und Kartellabteilung der Anti-Trust-Behörde des amerikanischen Justizministeriums (1938-1946) guten Einblick in die geheimen Akten. Außerdem war er verantwortlich für die Ermittlungen gegen die amerikanischen Tochterunternehmen der IG-Farben im Rahmen der Nürnberger Prozesse, in denen die Verantwortlichen der IG wegen Massenmord, Sklavenhandel und Ausplünderung vor Gericht standen.

Dem Laborverfahren folgte der großtechnische Prozeß. Wieder war es der Chemiker und Unternehmensmanager von Brunck, der gegen massive Widerstände in seinem Unternehmen die hohen Investitionen in die Umsetzung eines wissenschaftlichen Verfahrens zur industriellen Großproduktion durchsetzte.
Schon im Jahre 1913 führte Haber zusammen mit Bosch die Ammoniak-Synthese unter Ausnutzung wissenschaftlichen Wissens in das bedeutendste großtechnische Verfahren des ersten Drittels des 20. Jahrhunderts über.

»Die Anlage in Oppau (bei Ludwigshafen, Anm. R. K.) begann mit der Massenproduktion von Ammoniak. Bosch fand weltweit Anerkennung für seine Leistung, und *die Wissenschaft ehrte ihn*, indem sie dem Verfahren den Namen ›Haber-Bosch-Verfahren‹ gab.
Für einen Ingenieur war dies eine ungewöhnliche Anerkennung durch die Vertreter der reinen Wissenschaft. 20 Jahre später bekam er für seine Leistung dann den Nobelpreis. Er war *der erste Ingenieur*, dem diese Auszeichnung verliehen wurde.«[35] (Hervorhebung von R. K.)

Es ist wichtig hinzuzufügen, daß Haber bereits 1918, also 13 Jahre früher als Bosch, den Nobelpreis vor allem für diese wissenschaftlich-technisch-industrielle Pioniertat erhielt. Auch diese Auszeichnung zeigt das Revolutionäre der neuen methodischen Grundlage.
Militärische Interessen im Rahmen des Ersten Weltkrieges forcierten das Verfahren und die Produktion. 1917 konnte Deutschland bereits 45% des Bedarfs an Stickstoff-Verbindungen selbst decken, zu Ende des Krieges war das Deutsche Reich nahezu unabhängig vom Import.[36]
Eindrucksvoll ist die Einbeziehung von Wissenschaft und Technik in den politischen und militärischen Komplex während des Ersten Weltkrieges:
Einerseits handelt es sich um ein Lehrbeispiel, wie kurzsichtig die politische und militärische Führung, vor allem das Kriegsministerium und der deutsche Generalstab, gegenüber den ökonomischen Notwendigkeiten einer Kriegswirtschaft war. Andererseits zeigt sich daran auch, wie diese durch die Umstände zum Um-

35 Joseph Borkin, a.a.O., S. 14f.
36 Vgl. hierzu: L.F. Haber, in: The Chemical Industrie 1900-1930, Oxford 1971, Kap. 7, S. 198ff.

denken und zum veränderten Handeln gezwungen wurde. Verhaftet dem Glauben an einen Blitzsieg, wurde der sogenannte Schlieffen-Plan zum wichtigsten und einzigen Ausgangspunkt der militärischen Strategie.

»Schlieffen interessierte sich nicht für die Produktionskapazitäten der Industrie. Alles, was er von der Zivilbevölkerung verlangte, waren Ruhe und Ordnung und die Vermeidung von Einmischung in militärische Angelegenheiten. Das Problem der Beschaffung von Rohstoffen gehörte in den Bereich langfristiger industrieller Planung und war somit nur eine Ablenkung von den Anstrengungen für einen schnellen Sieg. In einem kurzen Krieg hätte die Industrie keine Bedeutung, in einem langen Krieg war sie ein Hindernis. Weder er noch der Generalstab begriffen die Notwendigkeit einer industriellen Mobilisierung im Falle eines Erschöpfungskrieges. Sie übersahen, daß industrielle Überlegenheit der Schlüssel zum Sieg war. Ihre Kurzsichtigkeit hatte tödliche Konsequenzen.«[37]

Es gehört zu einem historischen Schlüsselereignis, daß der Chef der AEG, eines der größten deutschen Unternehmen, Walter Rathenau, schon eine Woche nach Kriegsbeginn der obersten militärischen Führung erläuterte, daß der Krieg mit an Sicherheit grenzender Wahrscheinlichkeit nicht zu gewinnen sei, solange die Rohstofffrage und deren Nachschub nicht beachtet würden. Zahlreiche der wichtigsten Rohstoffe wie Nitrate, Öl, Gummi und verschiedene Metalle mußten importiert werden. Das Ausbleiben einiger Importe mußte die Kriegsproduktion empfindlich treffen und eine Reihe von Produktionszweigen lahmlegen.
England begann deshalb schon 1914, durch eine Blockade die Mittelmächte von der Zufuhr lebenswichtiger Nahrungsmittel und Rohstoffe abzuschneiden.
Selbst den geistig noch tief im 19. Jahrhundert steckenden Militärs blieb angesichts der Situation nichts anderes übrig, als Rathenaus Vorschläge aufzugreifen. Dies führte zur Einrichtung der Kriegsrohstoffbehörde im Kriegsministerium unter Leitung von Walter Rathenau.

»Innerhalb kürzester Zeit hatte Rathenau diese Behörde mit einer Gruppe ausgesuchter Wissenschaftler und Industrieller besetzt.«[38]

37 Joseph Borkin, a.a.O., S. 18.
38 Ebenda, S. 19.

Die ersten Untersuchungen der neuen Behörde über die Rohstoffsituation führten zu dem für die militärische und politische Führung katastrophalen Ergebnis, daß selbst die unmittelbar für die Rüstung notwendigen Rohstoffe, allen voran die Nitratvorräte, bestenfalls ein halbes Jahr reichten und, solange die britische Flotte die Seeblockade aufrechterhielt, wenig Aussicht auf Nachschub an Chile-Salpeter bestand.

»Eine Armee ohne Schießpulver, das gäbe eine militärische Katastrophe unvorstellbaren Ausmaßes. Um diesem Problem beizukommen, wurde Fritz Haber vom Kaiser-Wilhelm-Institut für Physikalische Chemie und Elektrochemie zum Leiter der Chemie-Abteilung der neuen Behörde ernannt. Der Erfinder des synthetischen Ammoniaks brachte eine große Zahl von Nobelpreisträgern und anderer wissenschaftlicher Größen mit sich in die Abteilung, die bald ›Büro Haber‹ genannt wurde.«[38]

Immerhin waren neben Haber und anderen noch die Nobelpreisträger Walter Nernst[39], Emil Fischer[40] und Richard Willstätter[41] vertreten.

Durch die Schlacht an der Marne im September 1914 zeigte sich deutlich, daß der Krieg durch einen Blitzsieg à la Schlieffen-Plan nicht zu beenden war und die Rohstoffversorgung zum vorrangigen Problem wurde.

»Die Nitratbeschaffung erhielt oberste Priorität unter den Aktivitäten des Kriegsministeriums. Der ›Krieg der Chemiker‹ hatte begonnen.«[42]

39 Walter Nernst gilt zu Recht als einer der Begründer der Physikalischen Chemie. Er entdeckte 1887 den sog. Nernst-Effekt, formulierte die Theorie der galvanischen Entstehung der elektromotorischen Kräfte (Nernst'sche Theorie) und entdeckte das nach ihm benannte Wärmetheorem (3. Hauptsatz der Thermodynamik), das er auf die Berechnung chemischer Gleichgewichte anwandte (1906). Er war 1922-1924 Präsident der Physikalisch-Technischen Reichsanstalt.

40 Emil Fischer war einer der bedeutendsten Chemiker der Jahrhundertwende, der 1875 das Phenylhydrazin entdeckte, zwischen 1884 und 1900 die Konfiguration der wichtigsten Zucker ermittelte, Glucose synthetisch darstellte, ebenso Aminosäuren und zahlreiche Glieder der Puringruppe sowie Enzyme und Gerbstoffe analysierte.

41 Richard Willstätter ermittelte die Struktur zahlreicher Alkaloide und Pflanzenfarbstoffe und synthetisierte unter anderem Kokain und Atropin.

42 Joseph Borkin, a.a.O., S. 20.

Hauptziel war die Herstellung von Salpeter aus Ammoniak zur Produktion von Schießpulver. Das Verfahren war im Labor bereits erprobt, die Umsetzung in die industrielle Großproduktion sollte unmittelbar folgen. Nur die in der BASF kreierte neue Methode, die unmittelbare Einbeziehung von Wissenschaft und Technologie in den großindustriellen Produktionsprozeß, konnte schnelle Erfolge bringen. Sie fand nun eine weitere Kopie und erste Perfektion. Hier standen die Wissenschaftler, Techniker und Industriemanager zur Verfügung, die in der Lage waren, die Methode erfolgreich zu praktizieren.[43] Es ist bezeichnend, daß nicht nur schwere Maschinen, Baumaterialien und technische Ausrüstungen uneingeschränkt zur Verfügung gestellt wurden, auch der Forderung Boschs, das gesamte Vorhaben staatlich zu subventionieren, stimmte das Kriegsministerium zu.

In einem Brief an Adolf von Harnack im Jahre 1915 berichtete Fritz Haber euphorisch über die von ihm und Bosch geschaffene »Riesenindustrie«:

»Diese gewaltige Unternehmung ist das bedeutendste Glied in der Kette der Maßnahmen, die man getroffen hat, um durch Neuerzeugung von Ammoniak ein völliges Verarmen der Landwirtschaft an diesem, für die Munitionsfabriken unentbehrlichen und zugleich für die Düngung des Bodens notwendigen Stoffe zu vermeiden.«[44]

»Dieses Unternehmen kann als Prototyp des ›Manhattan-Projekts‹[45] angesehen werden: eine uneingeschränkte Kooperation von Staat und Industrie, um ohne Rücksicht auf Kosten und Materialaufwand ein spezielles Rüstungsproblem zu lösen, von dem der Ausgang eines Krieges abhängen kann.«[46]

43 Neben dem BASF-Chef waren es vor allem der Techniker Carl Bosch, dem die Leitung des Projekts übertragen wurde, und der Wissenschaftler Fritz Haber, die als Promotoren dieser historischen Verschmelzung wissenschaftlicher Grundlagenforschung und großindustrieller Verwertung zu nennen sind.

44 Fritz Haber in einem Brief an Adolf von Harnack vom 8. September 1915, Archiv der Max-Planck-Gesellschaft, Berlin-Dahlem.

45 Unter diesem Namen wurde das Projekt zur Entwicklung der ersten Atombombe (Hiroshima/Nagasaki) in den USA betrieben, vgl. hierzu Kapitel 6.3.1, in dem ich genauer auf das Manhattan-Projekt eingehe, das durchaus noch Unterschiede zu der Salpeterproduktion zeigt.

46 Joseph Borkin, a.a.O., S. 20.

Wie stark die Rüstungsproduktion von der Nitratbeschaffung abhängig war, beweist die abenteuerliche Schlacht um die Falkland-Inseln, durch die die britische Seeblockade gebrochen und der Zugang zum Chile-Salpeter erreicht werden sollte.[47] Da diese Schlacht für die deutsche Flotte mit einem Fiasko endete, verstärkte sich die Rohstoff- und Munitionskrise eklatant.

»Deutschlands Schlacht um das Schießpulver fand jedoch nicht nur in den Gewässern um die Südspitze Amerikas statt. Die zweite Phase spielte sich in den Laboratorien von Oppau ab.[48] Bosch war Deutschlands allerletzte Hoffnung.
Im Mai lieferte Bosch seine Erfolgsmeldung ab. Oppau konnte mit der Massenproduktion synthetischer Nitrate beginnen. Die Kanonen der Wehrmacht würden nie mehr von Chiles Lieferungen abhängig sein. In ganz Deutschland wurde Bosch als Held gefeiert. Für Deutschland bedeutete Boschs Erfolg die mögliche Rettung, für die BASF wurde er zu einer Goldgrube.«[49]

Immerhin wurde bald darauf noch eine zweite Großproduktion in Leuna bei Merseburg aufgebaut, die zusammen mit der alten Anlage im Jahre 1917 mehr Nitrate produzierte, als vorher von Chile importiert wurden. Allein die Oppauer Anlage produzierte im letzten Kriegsjahr 90 000 t synthetischer Nitrate, das entsprach etwa einem Fünftel des chilenischen Salpeters, der in der gleichen Zeit von der gesamten restlichen Welt verbraucht worden war. Es sei noch angemerkt, daß während des Krieges eine 25%ige Gewinnausschüttung an die Anteilseigner der BASF erfolgte.
Die Einbeziehung von Wissenschaft und Technologie in den großindustriellen Produktionsprozeß wurde besonders gestärkt durch das rasante Anwachsen der Unternehmen zu großen Konzernen und durch Kartellbildungen. Ein nicht nur für die Wissenschaftsgeschichte, sondern für die Weltgeschichte folgenschwerer Schritt war die Bildung der »Interessengemeinschaft der

47 Ebenda, S. 22.
48 In Oppau bei Ludwigshafen stand die erste Anlage, die 1913 bereits die Massenproduktion von Ammoniak nach dem Haber-Bosch-Verfahren aufgenommen hatte. Hier entstand auch die großtechnische Anlage zur Produktion synthetischer Nitrate für den Kriegsbedarf.
49 Joseph Borkin, a.a.O., S. 25.

Deutschen Teerfarbenindustrie«, kurz der I. G. Farben. Es handelte sich um den Zusammenschluß der drei großen Chemie-Unternehmen BASF, Bayer und Hoechst und weiterer fünf Unternehmen (Agfa, Cassella, Griesheim, Kalle und TerMeer). Dazu hieß es später offiziell:

»Ohne die I. G. mit ihren riesigen Produktionsstätten, ihrer weitreichenden Forschung und vielfältigen technischen Erfahrung sowie ihrer umfassenden Konzentration wirtschaftlicher Macht wäre Deutschland im September 1939 nicht in der Lage gewesen, seinen Angriffskrieg zu beginnen.«

Das war das Ergebnis einer Expertengruppe, die von General Eisenhower am Ende des Zweiten Weltkrieges damit beauftragt war, die Beteiligung der I. G. Farben am Kriegsaufwand des Nazi-Regimes zu untersuchen.

»Die I. G. war ein wahrhaft gigantisches Unternehmen. Mit ihrem weitläufigen Besitz – einschließlich der verschleierten Beteiligungen –, ihrem überlegenen technischen Wissen und einem wahren Schatz an Patenten kontrollierte sie weltweit das Chemiegeschäft. Um ihre wirtschaftliche Führungsstellung zu untermauern, schuf die I. G. ein Labyrinth von Kartellen, denen internationale Großfirmen wie Kuhlmann (Frankreich), ICI (Großbritannien), Montecatini (Italien), Aussiger Verein (Tschechoslowakei), Boruta (Polen), Mitsui (Japan) und die amerikanischen Firmen Standard Oil, Du Pont und Dow Chemicals angehörten. Die I. G. war jedoch mehr als ein Wirtschaftsimperium. Durch das Können ihrer Wissenschaftler und Ingenieure sicherte sie Deutschland jene Unabhängigkeit von Rohstofflieferungen, die es ihm ermöglichte, Machtpolitik zu betreiben. Aus ihren Fabriken und Laboratorien kamen jene strategisch wichtigen Grundstoffe wie Öl, Nitrate, Gummi und Webgarne, die es in natürlicher Form in Deutschland nicht gab. Neben diesen Stoffen produzierte die I. G. noch Impfstoffe, Medikamente wie Sulfonamide, Salvarsan, Aspirin, Atebrin sowie Giftgase und Raketentreibstoffe.
Nur wenige Universitäten können eine vergleichbare Anzahl von Nobelpreisträgern vorweisen.«[50]

Immerhin waren es die Wissenschaftler und Techniker der I. G. Farbenbetriebe, die bereits 1914/15 die erste Giftgasproduktion für den Kriegseinsatz ermöglichten. In Zusammenarbeit mit dem Kaiser-Wilhelm-Institut in Berlin entwickelte die Wissenschaft-

50 Ebenda, S. 7.

lergruppe unter Fritz Haber ein einsatzfähiges Giftgas, das erstmals am 22. April 1915 an der Westfront unter Leitung Habers in der Nähe von Ypern in Belgien eingesetzt wurde. Die Wirkung des Gases war verheerend; 15 000 Soldaten wurden kampfunfähig vergast, davon starb ein Drittel unmittelbar.
Für die Ausführungen weiter unten sollen hier noch einige Angaben über die zunehmende Einbeziehung und Verstrickung von Wissenschaft und Technik in Politik, Wirtschaft und Kriegführung als Folge der gewachsenen Bedeutung der Produktivkraft ›Wissenschaft und Technologie‹ angeführt werden:

»Nach dem Angriff auf Ypres bereitete Haber einen Gasangriff an der Ostfront vor. Seine Frau Clara bat ihn, das Projekt abzubrechen. Er lehnte ihre Bitte ab mit der Erklärung, daß es seine Pflicht als Patriot sei, alles in seiner Macht stehende zu tun, um Deutschland zu helfen. In der Nacht seiner Abreise an die Ostfront beging Clara Haber Selbstmord. Nach dem Angriff auf Ypres wurde der Einsatz von Giftgasen ein entscheidender Bestandteil der deutschen Kriegstechnik. Die Farbenindustrie und das Kaiser-Wilhelm-Institut fungierten als chemische Kampftruppe, wie ein englischer Fachmann für chemische Kriegsführung bemerkte.«[51]

Damit noch nicht genug. Haber entwickelte zusammen mit anderen deutschen Chemikern und der chemischen Industrie weitere Gaswaffen für eine offenbar höhere Form des Tötens, die wissenschaftlich-technische. Als nächstes kam das Phosgen-Gas und dann das berüchtigte Senfgas, das geruch- und farblos ist. Diese Eigenschaften führten dazu, daß es bei seinem Einsatz im Juli 1917 als sogenanntes »Gelbkreuz« zu hohen Verlusten kam, weil die Soldaten es nicht bemerkten und keine Gasmasken trugen.
Es gibt keinen Zweifel, daß Haber und andere Wissenschaftler aktiv den Gaskrieg betrieben haben und daß dieser eindeutig der Haager Landkriegsordnung widersprach, die somit eklatant gebrochen wurde.
Außerdem wurde durch dieses Vorgehen die Rüstungsspirale höhergeschraubt, denn die Folge war die Giftgasentwicklung in England und Frankreich.
Unmittelbar nach dem Krieg geschah nun aber das Unfaßbare:

51 Ebenda, S. 24.

Haber wurde nicht als Kriegsverbrecher verurteilt, sondern erhielt im Jahre 1918 den Nobelpreis für Chemie.
Auch die damalige Weltöffentlichkeit war schockiert. Empörung gab es vor allem auch unter den Wissenschaftlern in Frankreich und England.

»Das führende englische wissenschaftliche Magazin ›Nature‹ gab einen typischen Kommentar: ›Es bleibt unvergessen, daß es Geheimrat Haber war, der vor der Schlacht von Ypres am Kaiser-Wilhelm-Institut für die Förderung der Wissenschaften jene Versuche mit Giftgas unternahm, die ein Kapitel der Kriegsführung einleiteten, in dem auf ewig die Schande der Deutschen niedergeschrieben wurde ...«[52]
»Obwohl Fritz Haber neben seiner Arbeit mit Giftgasen noch andere wissenschaftliche Erfolge vorzuweisen hat und die Schweden wahrscheinlich keine böse Absicht verfolgten, muß man den französischen Wissenschaftlern zustimmen, die es ablehnten, in dieser Gesellschaft geehrt zu werden. Man fragt sich, warum der Nobelpreis für Literatur nicht an den Mann fiel, der General Ludendorffs tägliche Berichte verfaßte.«[53]

Was damals schockierte und noch heute unbegreiflich erscheint, erhält eine teilweise erklärende, wenn auch keineswegs entschuldigende Antwort dadurch, daß auf die mittlerweile dominierende Rolle der Produktivkraft ›Wissenschaft und Technologie‹ in der Industriegesellschaft hingewiesen wird und auf das alle Lebensbereiche beherrschende WTI-Fortschrittsparadigma. Im Klartext heißt das nämlich: Die wissenschaftlich-technische Leistung der Ammoniak-Synthese genoß bereits eine allgemeine Wertschätzung, die die Toten des Gaskrieges schon wieder in Vergessenheit geraten ließ, so daß die Schwedische Akademie davon ausgehen konnte, daß das in der Welt im Prinzip auch so gesehen werden würde. So war es dann auch; nach ein paar empörten Stimmen trat wieder Ruhe ein. Nicht jedoch bei Fritz Haber, der, nunmehr mit dem Nobelpreis geehrt, aus voller Überzeugung und als nach wie vor mächtiger Direktor am Kaiser-Wilhelm-Institut 1923 schrieb:

»Die technischen Hilfsmittel, die aus der Ferne wirken, sind immer erst auf dem mühsamen Weg der Überlegung ihres Nutzens zu dem guten

52 Ebenda, S. 35.
53 New York Times vom 27. 1. 1920 (Leitartikel).

Ansehen gelangt, das Schwert und Beil schon seit Urzeiten besaßen. Als die Kanone den Panzerreiter niederwarf, fand sie ebenso moralische Mißbilligung wie die Gase im Krieg. Immer aber siegt die technisch höhere Form.«[54]

Das ist der WTI-Fortschrittsmythos in Reinkultur: Die »technisch höhere Form« steht über der Moral. Dabei wird man sofort an Bacon erinnert: die bessere wissenschaftliche Erkenntnis – und damit wohl auch die entsprechend bessere Technik – wird sich durchsetzen, und daraus wird sich eine höhere Moral und ein besserer Zugang zu Gott entwickeln. Habers Auffassung, obwohl extrem, korrespondiert mit dem herrschenden Paradigma der modernen Industriegesellschaft. Daß dieses nicht nur in Deutschland tief verwurzelt ist, beweist die Laudatio auf Haber anläßlich der Verleihung des Nobelpreises durch die Schwedische Akademie der Wissenschaften. Ungeachtet der bekannten Tätigkeiten Habers im Ersten Weltkrieg hieß es, die Ammoniak-Synthese sei »ein wichtiges Mittel zur Hebung der Landwirtschaft und des Wohlstandes der Menschheit«, und Haber sei zu diesem »Triumph im Dienste seines Landes und der gesamten Menschheit« zu beglückwünschen.

Daß zahlreiche Wissenschaftler, unter ihnen eine Reihe Nobelpreisträger und bedeutende Gelehrte ihrer Fachgebiete, nicht nur willig bereit waren, am Krieg teilzunehmen, sondern diesen aktiv unterstützt haben, beweisen viele Dokumente.[55]

Wie massiv Haber und die Kaiser-Wilhelm-Institute am Kriegsgeschehen tätig mitwirkten, geht auch aus der folgenden Quelle hervor:

»Der Einfluß der wirtschaftlichen Gegebenheiten auf die taktischen Überlegungen der Obersten Heeresleitung und daher die Notwendigkeit

54 Zitiert nach: Klaus-Dieter Oetzel, Wohltäter und Unheilstifter, SFB-Sendung der Abteilung Wissenschaft und Bildung vom 21.12.1983. (Manuskript S. 8).

55 Besonders eindrucksvoll wurden zahlreiche Dokumente von Hans-Peter Bleuel, Deutschlands Bekenner-Professoren zwischen Kaiserreich und Diktatur, Bern/München/Wien 1968, zusammengestellt. Vgl. auch: R. Kreibich, Wissenschaftspolitik als Gesellschaftspolitik, in: Ein mühsamer Dialog – Beiträge zum Verhältnis von Politik und Wissenschaft (Hrsg. M. Greiffenhagen und R. Prätorius), Köln/Frankfurt 1979, S. 85 ff.

wissenschaftlicher Untersuchungen wurden erst nach beharrlichen Vorstellungen der Berliner Wissenschaftler vom Militär anerkannt. Zu diesen gehörte vor allem Fritz Haber, der Direktor des Dahlemer Kaiser-Wilhelm-Instituts für physikalische Chemie und Elektrochemie. ›Gleich bei Kriegsausbruch‹, schrieb Hans-Joachim Flechtner, ›hatten Fritz Haber ... und Willstätter sich der Regierung für Kriegsarbeiten zur Verfügung gestellt, wurden aber zunächst abgewiesen. Habers Energie gelang es schließlich, bis zum Kaiser vorzudringen und ihm seine Sorgen vorzutragen‹. Haber wurde in der Folgezeit der Organisator des deutschen Gaskampfes und des Gasschutzes. Dieser Aufgabe ordnete er das von ihm geleitete Institut völlig unter. ›Die Organisation umfaßte schließlich 150 Akademiker und etwa 2000 Hilfskräfte. Das Kaiser-Wilhelm-Institut für Physikalische Chemie wurde die Zentralstelle für die notwendigen Untersuchungen.‹ Gemessen an dieser wissenschaftlichen Hilfestellung durch ein Kaiser-Wilhelm-Institut muten daher die personellen Verbesserungen im Militärversuchsamt (einer der beiden Vorläuferinstitutionen der heutigen Bundesanstalt für Materialprüfung, R. K.) geradezu bescheiden an.«[56]

Ein kaum bekanntes ›Nachspiel‹:

»Im September 1921 tauchte das Gespenst des Gaskrieges noch einmal in den Medien der Alliierten-Staaten auf. Am 21. September wurde bei einer der schlimmsten industriellen Katastrophen der Weltgeschichte die Anlage in Oppau total zerstört. 600 Arbeiter fanden den Tod und mehr als 2000 wurden schwer verletzt. Es verbreiteten sich Gerüchte, wonach die BASF mit einer schrecklichen neuen chemischen Waffe experimentiert hätte. In einem Leitartikel vom 31. 10. 1921 spekulierte die New York Times:
›Drei Jahre nach dem Waffenstillstand wurde die berüchtigte Anlage von Oppau durch die Explosion eines geheimnisvollen Stoffes in Stücke gerissen, und 3000 Menschen sind tot, verwundet oder vermißt. Professor Haber und die anderen Wissenschaftler wissen nicht, wie es geschehen konnte, können es nicht erklären. Es mag nie zur vollen Zufriedenheit ehrbarer Wissenschaftler erklärt werden, aber wenn man sich vor Augen hält, daß es in Deutschland noch immer eine Gruppe unverbesserlicher

56 Walter Ruske, 100 Jahre Materialprüfung in Berlin – Ein Beitrag zur Technikgeschichte, Bundesanstalt für Materialprüfung (BAM), Berlin 1971, S. 249; der Autor beruft sich dabei auf: H.-J. Flechtner, Carl Duisberg – Vom Chemiker zum Wirtschaftsführer, Düsseldorf 1959, S. 275; und K. F. Bonhoeffer, Fritz Habers wissenschaftliches Werk, Z. Elektrochemie, Ber. Bunsengesellsch. physik. Chemie 57, 1953, S. 5.

und reaktionärer Militaristen gibt, die nach einem neuen Krieg trachten, um ihre verhängnisvolle Macht wiederzuerlangen, und daß diese gefährlichen Reaktionäre die Entdeckung tödlicher Gase von gewaltiger Wirkung durch ihre Chemiker begrüßen würden, ist es nicht unvorstellbar, daß die Katastrophe von Oppau durch heimliche Experimente dieser Chemiker ausgelöst wurde.‹
Ein amerikanischer Reporter befragte Haber nach den möglichen Ursachen der Explosion. Haber antwortete, daß weder die Nitrate noch der verwendete Hochdruck eine Explosion dieses Ausmaßes bewirken könnten und deshalb die Explosion nicht bei der Produktion von Nitraten nach dem Haber-Bosch-Verfahren geschehen sein könne. Haber fügte geheimnisvoll hinzu, daß eine Untersuchung neue und schreckliche Kräfte ans Licht bringen könnte (New York Times vom 25.9.1921).«[57]

Wie stark die neue Methode – die Einbeziehung von Wissenschaft und Technologie in den großindustriellen Produktionsprozeß – die Bedeutung von Wissenschaft und Technologie als Innovations- bzw. Produktivkraft erhöht hat, geht daraus hervor, daß noch in den Kriegsjahren des Ersten Weltkrieges die Herstellung synthetischen Benzins durch Hydrierung im industriellen Rahmen auf der Grundlage des im Labor von Friedrich Bergius entwickelten Verfahrens begonnen wurde. Auch die Forschung auf dem Gebiet der Herstellung synthetischen Gummis und anderer Ersatzstoffe sowie ihre industrielle Darstellung wurde forciert. Darüber hinaus spielten die Forschung und großindustrielle Produktion einer Reihe pharmazeutischer Produkte eine große Rolle. Immerhin konnte die Firma Bayer im Verlauf des Krieges schon 2500 Tonnen eines harten synthetischen Ersatzgummis produzieren. Auch die Entwicklung und Herstellung einer ganzen Anzahl neuer Explosivstoffe wurde realisiert. Die Produktionen von Salvarsan, Novocain und vielen anderen pharmazeutischen Produkten liefen im I.G. Farben-Bereich ebenfalls auf Hochtouren.
Die weltpolitischen Folgen der Einbeziehung von Wissenschaft und Technologie in den großindustriellen Produktionsprozeß im Rahmen der BASF läßt sich an der weiteren Geschichte des I.G.-Farbenkonzerns sowohl in der Zeit der Weimarer Republik als auch während der Nazizeit, besonders aber im Zweiten Weltkrieg aufzeigen. Auch die überragende Rolle, die die aus der I.G.

57 J. Borkin, a.a.O., S. 40.

hervorgegangenen chemischen Großkonzerne für die Wirtschaftskraft der Bundesrepublik gespielt haben und weiterhin spielen, läßt sich nur vor dem Hintergrund des überaus erfolgreichen methodischen Vorgehens in ihren großtechnologischen Keimzellen vor und während des Ersten Weltkrieges erklären.

Ohne hier auf Einzelheiten eingehen zu können, soll wenigstens das Ausmaß der Folgen dieser Evolutionsstufe der Produktivkraft ›Wissenschaft und Technologie‹ angedeutet werden:

Der Generaldirektor der BASF, Carl Bosch, konnte schon bald nach dem Ersten Weltkrieg den Konzern aus den Reparationsverpflichtungen des Versailler Vertrages herausführen und durch Aufkäufe von und Fusionen mit deutschen und amerikanischen Chemieunternehmen zu einem Wirtschaftsgiganten ausbauen. Daß er dabei schon kurz nach dem Krieg von den Mächtigen der Welt überall als gleichberechtigter Gesprächspartner anerkannt war, sei nur als Randnotiz vermerkt. Der wissenschaftlich-technologischen Potenz seines Unternehmens bewußt, ging Bosch zielstrebig daran, nach dem Muster der Ammoniak-Synthese nunmehr die Umwandlung von Kohle in Öl zu verwirklichen. Da das bekannte Hochdruckverfahren nach Bergius nur im Labor realisiert worden war und Versuche einer großtechnischen Produktion während des Ersten Weltkrieges gescheitert waren, nahm Bosch Anfang der zwanziger Jahre einen neuen Anlauf. Es war klar, daß hierfür große Finanzmittel aufgebracht werden mußten, was Bosch nur durch ein Zusammengehen mit einem potenten amerikanischen Partner für möglich hielt. Als besonders geeignet erschien die Standard Oil Developement Company.

Die folgende Begebenheit gehört zu den aufschlußreichsten Belegen dafür, welche überragende Bedeutung die Methode der BASF, also die konsequente Einbeziehung von Wissenschaft und Technologie in den großindustriellen Produktionsprozeß hatte. Da sich die Konzernspitze dieser Macht bewußt war, lud man 1926 den Chef der Standard Oil, Frank A. Howard, zu einer Besichtigung der BASF ein:

»Im März 1926 kam Howard nach Ludwigshafen und wurde durch die jetzt schon zur I.G. gehörenden BASF-Laboratorien geführt. Er war sprachlos. Obwohl Howard der Forschungsleiter einer der größten und wissenschaftlich fortgeschrittensten Firmen der Welt war, berichtete er:

›Ich wurde in eine Welt der Forschung und Entwicklung geführt, wie ich sie in diesem Ausmaß noch nie gesehen hatte.‹ (Howard, Frank A., Buna Rubber, New York 1947, S. 13). Die Experimente der BASF mit synthetischem Öl erregten seine besondere Aufmerksamkeit. Er schickte sofort eine Nachricht nach Paris, wo sich Walter C. Teagle, der Präsident der Standard Oil aufhielt, und bat ihn, sofort nach Ludwigshafen zu kommen ...«

»Wenige Tage später war Teagle in Ludwigshafen. Ein Besuch der Hochdruck-Anlagen der BASF beeindruckte ihn ebenso wie Howard: ›Ich habe nicht gewußt, was Forschung bedeutete, bis ich dies sah. Im Vergleich zu dem, was sie machten, waren wir Babys.‹ (New York Times, 23. 5. 1945, S. 21).«[58]

Die I.G. mit ihren großtechnologischen Chemie-Säulen wurde schon wenige Jahre später die Basis der Rüstungspolitik Hitlers und des Zweiten Weltkriegs.

Bis zum Jahre 1941 hatte es der Konzern aufgrund seiner Ausgangsstärke im Bunde mit der Naziregierung geschafft, alle relevanten Chemieunternehmen Europas mehr oder weniger zu kontrollieren und zu dominieren.

»Die I.G. befand sich auf dem Höhepunkt ihrer Macht. Sie beherrschte ein Industrieimperium, das von der Barents-See bis zum Mittelmeer und von den Kanalinseln bis nach Auschwitz reichte.«[59]

Wenig später beteiligte sich die I.G. an vorderster Stelle an dem Vernichtungsprogramm der Nazis durch Arbeit (›Vernichtung durch Arbeit‹). Furchtbarste Tatbestände waren der Aufbau von Industrieanlagen in Auschwitz und Monowitz und die Lieferung des Vernichtungsgases Zyklon B für die Gaskammern durch die von der I.G. kontrollierten Firma Degesch (Deutsche Gesellschaft für Schädlingsbekämpfung):

»Der Komplex in Auschwitz bestand jetzt (April 1942, Anm. R. K.) aus vier Teilen: Auschwitz I, das eigentliche Konzentrationslager mit Hunderttausenden von Häftlingen; Auschwitz II, das Vernichtungslager und die Krematorien in Birkenau; Auschwitz III, die Anlagen der I.G.; und Auschwitz IV, das I.G.-eigene Konzentrationslager in Monowitz.«[60]

»Der Bau von I.G. Auschwitz sichert der I.G. einen einmaligen Platz in

58 Ebenda, S. 50f.
59 Ebenda, S. 104.
60 Ebenda, S. 113.

der Wirtschaftsgeschichte. Durch Übernahme der Nazimethoden konnte sie sich von den Gesetzen der traditionellen Sklavenwirtschaft lösen, wo Sklaven wie ein Investitionsgut behandelt wurden, um durch Pflege eine möglichst hohe Arbeitsleistung im Verlauf eines normalen Lebens zu erzielen. Für die I.G. verkamen die Häftlinge zum Rohmaterial, zu einem menschlichen Erz, dem man systematisch das Mineral des Lebens entzog. Wenn alle verwendbare Energie aus den Häftlingen herausgepreßt war, wurden sie nach Birkenau transportiert, wo die SS sie für das Recycling in die deutsche Kriegswirtschaft aufbereitete ...«[61]

»Vorher (gemeint ist vor der Wannsee-Konferenz, auf der die ›Endlösung der Judenfrage‹ formell beschlossen wurde, Anm. R. K.) hatte die SS nur kleine Mengen Zyklon B von der Degesch gekauft, um es bei der Schädlingsbekämpfung in den Konzentrationslagern einzusetzen. Als im Rahmen der Endlösung auch Juden auf die Tötungsliste der SS kamen, erreichten die Profite der Degesch einen Höhepunkt. In den Jahren von 1942 bis 1944 erzielte die I.G. aus ihren Einlagen bei der Degesch den doppelten Dividendenertrag der Jahre 1940/41.«[62]

Die Einnahmen aus den ›Nebengeschäften‹ wurden ja auch für die Superprojekte der Nitrat-, Gummi- und Ölproduktion dringend gebraucht, ebenso für die vielen anderen Rüstungsgüter, die den Zweiten Weltkrieg so schrecklich und langwierig gemacht haben: Welche Bedeutung die Amerikaner dabei dem wissenschaftlich-technisch gestützten Rüstungsbeitrag der BASF bzw. der I.G. insgesamt beigemessen haben, kommt darin zum Ausdruck, daß General Eisenhower noch vor Beendigung des Krieges eine spezielle Untersuchungskommission einsetzen ließ. Diese Kommission kam in ihrem ›Report on Investigation of I.G. Farbenindustrie‹ vom 12.9.1945 zu dem Gesamtergebnis:

»Ohne sie (gemeint ist die I.G., Anm. R. K.) hätte Hitler den Krieg nicht anfangen können und wäre auch nie dem Sieg so nahe gekommen.«[63]

Wegen der aktiven Beteiligung führender Repräsentanten der Wirtschaft am Hitlerschen Vernichtungskrieg und zivilen Völkermord kam es in Nürnberg auch zum Prozeß gegen Industrielle. Auf der Anklagebank saßen erstmals in der Geschichte Personen, die den neuen Industriellen-Typ verkörperten, der gleichzeitig Wissenschaftler und Techniker, Wissenschafts- und

61 Ebenda, S. 118.
62 Ebenda, S. 115.
63 Ebenda, S. 141.

Technikmanager und Wirtschaftsboß mit politischen Ambitionen ist. Dieser war zugleich Ursache und Ergebnis der Einbeziehung von Wissenschaft und Technologie in den großindustriellen Produktionsprozeß und militärischen Bereich und damit Symbolfigur für die Verfestigung des WTI-Paradigmas bzw. für die weitere Verschmelzung von Wissenschaft, Wirtschaft und politisch-militärischer Administration und Zielsetzung (vgl. hierzu auch die Kapitel 6 und 7).

Nicht weniger als 23 führende Repräsentanten der I.G., davon die Mehrzahl selbst Wissenschaftler und Wissenschaftsmanager, wurden der schwersten Verbrechen beschuldigt, die die Menschheit kennt:

Die Urteilsbegründung folgte der Anklageschrift, die insgesamt die folgenden fünf Anklagepunkte enthielt:

»Anklagepunkt eins und fünf: Planung, Vorbereitung und Führung von Angriffskriegen und Einfällen in andere Länder, Verschwörung
Anklagepunkt zwei: Raub und Plünderung
Anklagepunkt drei: Versklavung und Tötung der Zivilbevölkerung, Kriegsgefangenen und Konzentrationslagerinsassen
Anklagepunkt vier: Mitgliedschaft in der SS.«[64]

Es ist hier nicht der Ort, das Ergebnis des I.G.-Farben-Prozesses zu kommentieren. Dieser Prozeß, in dem von den 23 Angeklagten 10 freigesprochen und 13 mit Strafen zwischen 1½ und 8 Jahren Gefängnis verurteilt wurden, war sicher nur symbolisch mehr als ein Hornberger Schießen.

Wie stark sich das WTI-Paradigma und der zwischen diesem und der Produktivkraft ›Wissenschaft und Technologie‹ bereits beschriebene, positiv rückgekoppelte Prozeß auch über den schrecklichsten aller Kriege hinweg nicht nur erhalten, sondern weiter verfestigt haben, läßt sich indirekt an der Geschichte der I.G.-Nachfolgekonzerne in der Bundesrepublik Deutschland verfolgen.

Ohne auf die Einzelheiten dieser Geschichte eingehen zu können, die aus der Sicht der Ausformung der Wissenschaftsgesellschaft geradezu ein idealtypisches Entwicklungsmuster zeigt, soll

64 Das Urteil im I.G.-Farbenprozeß, Aus der Urteilsbegründung im Nürnberger I.G.-Farben-Prozeß vom 29./30. Juli 1948, Offenbach 1948.

hier nur mit zwei Anmerkungen auf meine Grundthesen hingezielt werden:
General Eisenhower war von dem Kommissionsbericht ›Report on Investigation of I.G. Farbenindustrie‹ und der Bedeutung der I.G. im Zweiten Weltkrieg so beeindruckt, daß er im Oktober 1945 folgende Vorschläge unterbreitete:

»1. Die Fabrikationsanlagen der I.G. in die Reparationsgüter einbeziehen.
2. Zerstörung der I.G.-Anlagen, die ausschließlich der Rüstungsproduktion dienen.
3. Brechung des Monopols durch Streuung des Eigentums an die verbleibenden Fabriken.
4. Herauslösung der I.G. aus internationalen Kartellen.
5. Übernahme der Forschungsprogramme und -einrichtungen der I.G. (New York Times, 21. 10. 1945, S. 1).«

Auch wenn es in den folgenden zehn Jahren ein heftiges Tauziehen um die Auflösung der I.G. gegeben hat und der alte I.G.-Verband allmählich gelöst wurde, bleibt das Ergebnis eindeutig: über alle Stürme hinweg hat sich das Grundmuster durchgesetzt, der Aufschaukelungsprozeß zwischen der industrialistischen Grunddisposition und der in diesem Sinne erfolgreich wirkenden Produktivkraft ›Wissenschaft und Technologie‹, was zu neuen ungeahnten supertechnologischen und superindustriellen Ufern geführt hat. Daß hierfür der Kalte Krieg zwischen Ost und West die entsprechenden Randbedingungen schuf, soll nicht unerwähnt bleiben:

»Am 5. Mai 1955 erhielt die Bundesrepublik ihre Unabhängigkeit, und die alliierten Besatzungstruppen zogen ab. Drei Wochen später versammelten sich vierhundertfünfzig Aktionäre der I.G., um zum ersten Mal nach zehn Jahren einen Geschäftsbericht entgegenzunehmen. Die Liquidatoren teilten ihnen mit, daß die endgültige Auflösung der I.G. sich noch über viele Jahre hinziehen werde ...
Im Frühjahr 1955 hielten die Nachfolgefirmen der I.G. ihre erste Hauptversammlung ohne alliierte Überwachung ab. Bayer änderte prompt seine Geschäftsbedingungen und gestattete wieder anonyme Beteiligungen. Die anderen Gesellschaften zogen bald mit entsprechenden Regelungen nach. Auch fühlten sich die neuen Firmen nicht an die Gesetze der Alliierten gebunden, die die Einstellung von Kriegsverbrechern

verbot. Friedrich Jähne[65] kam 1955 in den Aufsichtsrat von Hoechst und wurde im September desselben Jahres sogar dessen Vorsitzender (Farbwerke Hoechst, Jahresbericht 1955, S. 8). 1956 wurde Fritz Ter Meer[66], der einzige Kriegsverbrecher, der sowohl wegen Plünderung als auch Versklavung verurteilt worden war, zum Aufsichtsratsvorsitzenden von Bayer gewählt (Bayer, Jahresbericht 1956, S. 6).

Der Wohlstand kehrte bei den großen Drei wieder ein. Ihre Erträge übertrafen bereits die der I.G. Alle drei erhöhten 1956 ihre Dividende von neun auf zehn Prozent. Der gemeinsame Wert der Aktien von Bayer, BASF und Hoechst betrug fünfzehn Prozent des Wertes aller Aktien, die an der westdeutschen Börse notiert waren (New York Times 2. 6. 1957, S. 21). Anfang 1956 verdreifachte Bayer sein Grundkapital. Drei Monate später erwarb es 28% Hüls. Die New York Times kommentierte am 13. 4. 1956:

›Eine Nachfolgefirma der I.G. Farben hat einen Teil eines anderen Teiles des alten deutschen Chemie-Imperiums erworben ... Es scheint, als ob die Kräfte der Wirtschaft die Teile des zerstörten Farbenimperiums wieder zusammenzögen.

Viele Beobachter sehen in den Aktivitäten der letzten Wochen ein Zeichen für eine kommende Wiedergeburt des riesigen Industrieunternehmens, das vor dem Zweiten Weltkrieg die deutsche Wirtschaft beherrschte.‹

Schon bald wurde auch Cassella von Bayer übernommen. Die Großen Drei machten ihrem Namen wieder Ehre. 1977 gehörten Hoechst, Bayer und BASF zu den dreißig größten Unternehmen der Welt. Hoechst ist

65 Friedrich Jähne war Mitglied des Direktoriums und Chefingenieur der I.G.; er leitete eine wichtige Kommission, die die Durchführbarkeit des Ölhydrierungsprojektes prüfen sollte; Jähne war Mitglied der NSDAP, er wurde in Nürnberg zu 1½ Jahren Gefängnis verurteilt; ihm wurde nachgewiesen, daß er die Vernichtungsanlagen der I.G. in Auschwitz aus eigener Anschauung kannte.

66 Fritz Ter Meer war eines der wichtigsten Direktoriumsmitglieder der I.G. sowie ihr Technischer Leiter und zugleich Vorsitzender des Technischen Ausschusses; er war mit der Oberleitung in Angelegenheiten Fertigung und Neueinrichtung von Anlagen befaßt und verantwortlich für die Erweiterung der Bunaproduktion während des Zweiten Weltkriegs; Ter Meer war Mitglied der NSDAP und wurde in Nürnberg mit der zweithöchsten Strafe zu 7 Jahren Gefängnis verurteilt; ihm wurde nachgewiesen, daß er die Vernichtungsanlagen der I.G. in Auschwitz aus eigener Anschauung kannte und selbständig KZ-Häftlinge für das Arbeitsprogramm im Werk der I.G. in Auschwitz angefordert hat.

das größte Unternehmen Deutschlands. Hoechst und BASF sind größer als DuPont. Bayer ist nur geringfügig kleiner. Jedes einzelne der drei Unternehmen ist größer, als die I.G. im Zenit ihrer Geschichte es war.«[67]

Ich habe die Geschichte der Ammoniak-Synthese und die Einbeziehung von Wissenschaft und Wissenschaftlern in den großindustriellen und militärischen Bereich breit ausgeführt, weil hier ein Schritt in der Entwicklung der Produktivkraft ›Wissenschaft und Technologie‹ erfolgt ist, der für die Zukunft der Menschheit größte Bedeutung hatte.

Heute arbeiten ca. 800 000 Wissenschaftler weltweit in der Rüstungsindustrie. Diese Schätzung berücksichtigt nicht die große Zahl derjenigen Wissenschaftler, die in solchen Industrieunternehmen und Forschungsinstitutionen arbeiten, die offiziell zwar nicht zum militärischen Komplex gezählt werden, deren Tätigkeiten aber unmittelbar der Rüstung sowie militärischer Planung und Organisation zugute kommen.

Diese Zahl ist zweifellos klein gegenüber der Gesamtzahl lebender Menschen auf der Erde von derzeit ca. 5 Milliarden (Der Fischer Weltalmanach '86, S. 123). Aber es ist eben genau die große Wirkung eines von einer kleinen Zahl von Menschen ausgelösten Inputs an Wissenschaft und Technologie, der so globale, die gesamte Menschheit betreffende Folgen hat.

Das Beispiel ›Ammoniak-Synthese‹ sollte auch zeigen, daß nicht erst das Manhattan-Projekt zur Herstellung der amerikanischen Atombombe oder die ›Kasernierung sowjetischer, deutscher und anderer Wissenschaftler‹ in Suchumi am Schwarzen Meer nach dem Zweiten Weltkrieg (Entwicklung der sowjetischen Atom- und Wasserstoffbomben) die Produktivkraft ›Wissenschaft und Technologie‹ auf die neue Stufe großindustriell-militärischer Produktionsprozesse gehoben haben.

Die Vorgänge um die Ammoniak-Synthese zeigen darüber hinaus aber noch mehr: Fritz Haber war auch nach 1918 eine weltweit anerkannte Persönlichkeit. In Deutschland spielte er weiterhin als Direktor des Kaiser-Wilhelm-Instituts in Berlin eine zentrale Rolle nicht nur in der Wissenschaft. Er war entscheidend an der Gründung der »Notgemeinschaft der deutschen

67 Joseph Borkin, Die unheilige Allianz der I.G. Farben, a.a.O., S. 145 f.

Wissenschaften« im Jahre 1920 beteiligt, die ganz wesentlichen Anteil an dem deutschen »Wissenschafts- und Technikwunder« in den Jahren bis zur Etablierung der Naziherrschaft hatte. Die Kontinuität vor dem Hintergrund des weiter herrschenden WTI-Paradigmas wurde 1945 fortgesetzt. Das Kaiser-Wilhelm-Institut in Berlin-Dahlem erhielt 1953 den Namen ›Fritz-Haber-Institut der Max-Planck-Gesellschaft‹.

Als persönliche Anmerkung füge ich hinzu, daß mir aus meiner fast vierjährigen Tätigkeit am Fritz-Haber-Institut in den Jahren 1963 bis 1967 nicht ein einziger Fall bekannt ist, daß offiziell oder intern über historische Probleme des Instituts aus jenen Jahren gesprochen wurde. Ich vermute, daß den meisten Mitarbeitern diese Fakten gar nicht bekannt waren und daß sie sich dafür auch nicht sonderlich interessierten. Denn zu jener Zeit gab es in den chemischen und physikalischen Instituten kaum Zweifel, daß ›Wissenschaft und Technologie‹ die Kraft der Zukunft und per se gut sei.

Fritz Haber war ein großartiger Wissenschaftler und wissenschaftlicher Techniker. Das war bekannt und allein von Interesse.

4.3.2 Elektrotechnische Industrie

Die neue Methode, ›Wissenschaft und Technologie‹ in den großindustriellen Produktionsprozeß unmittelbar einzubeziehen, setzte sich schon vor der Jahrhundertwende in der Elektroindustrie, der zweiten Säule der modernen Großindustrie, durch. Diese Entwicklung ist vor allem mit den Namen Siemens und AEG verbunden.

Daß die elektrotechnische Industrie weitgehend ein Ausfluß der neuen wissenschaftlichen Methode ist, steht außer Frage.

Der Italiener Luigi Galvani (1737-1798) steht am Anfang der »fließenden« Elektrizität mit seiner 1780 entdeckten Kontraktion präparierter Froschmuskeln beim Überschlag von elektrischen Funken. Dadurch, daß er die empirisch-analytische Methode konsequent durch entsprechende Experimente anwandte, konnte er feststellen, daß solche Muskelreaktionen auch dann auftreten, wenn die Muskeln mit verschiedenen Metallen in Berührung gebracht werden. Auf diese Weise entdeckte er 1786 die Elektri-

zität auf der Grundlage elektrochemischer Elemente (galvanische Elemente), was er 1791 öffentlich bekannt machte.
Es blieb allerdings dem Physiker Alessandro Volta (1745-1827) vorbehalten, die galvanische Entdeckung richtig zu erklären und die Elektrizitätslehre auf eine solide Grundlage zu stellen. Dabei spielten die neuen physikalischen Größen »elektrische Ladung« und »elektrische Kapazität« eine tragende Rolle. Das bedeutendste Ergebnis seiner systematischen Experimente – die er natürlich ebenfalls unter konsequenter Anwendung der von Galilei vorgezeichneten empirisch-analytischen Methode durchführte – bestand in der nach ihm benannten elektrischen Säule, die die erste brauchbare Stromquelle darstellt (1800).
Bedeutende naturwissenschaftliche Entdeckungen säumten dann in der ersten Hälfte des 19. Jahrhunderts den Erkenntnisweg über den elektrischen Strom, verbunden mit Namen wie J. W. Ritter, Chr. Oersted, A. M. Ampère, G. S. Ohm und M. Faraday.
Schon in dieser Zeit gab es zahlreiche Versuche, den elektrischen Strom technisch zu nutzen, was aber auf die physikalischen Laboratorien beschränkt blieb. Erst mit der Entwicklung der elektromagnetischen Telegrafen durch Schilling von Canstadt (1832) sowie F. Gauß und W. Weber (1833) und mit dem ersten für praktische Kommunikationszwecke verwendbaren Schreibtelegrafen durch S. F. Morse (1843) kam die Elektrizität unmittelbar in den industriellen Verwertungsprozeß. Der Telegraf spielte so bereits neben Dampfschiff und Eisenbahn bei der Ausbreitung der Menschen und der Industrialisierung, insbesondere nach dem Westen Amerikas, eine wichtige Rolle. Er war Bestandteil des zweiten Schubs der technisch-industriellen Revolution.
Die Grundlage für die moderne Elektrotechnik lieferte aber erst die durch den britischen Physiker Michael Faraday (1791-1867) im Jahre 1831 entdeckte Induktion. Schon ein Jahr später (1832) konstruierte H. Pixii auf dieser Grundlage den ersten umlaufenden Stromerzeuger, und 1834 baute M. H. von Jacobi, ebenfalls nach diesem Prinzip, den ersten Elektromotor.
Galvanotechnik, Induktion und Lichtbogen-Elektrizität, allesamt Entdeckungen und Erfindungen der empirisch-analytischen Naturwissenschaft, drängten ab Mitte des 19. Jahrhunderts zu technisch-industriellen Anwendungen. Allein in den vierziger Jahren gab es verschiedene Ansätze, magnetoelektrische Maschi-

nen zu bauen, die den Dampfmaschinen Konkurrenz bieten sollten.[68]

Aber es war erst der Bau der ersten Dynamomaschine in den Jahren 1866/67 durch Werner von Siemens (1816-1892) und den britischen Physiker Sir Charles Wheatstone (1802-1880), der das neue Zeitalter der Starkstromtechnik und allgemein der modernen elektrotechnischen Industrie einleitete. Diese Maschine, ein typisches Produkt des auf naturwissenschaftlicher Erkenntnis beruhenden dynamoelektrischen Prinzips der Stromerzeugung, nahm ihren Ausgang – ebenso typisch – durch einen mit der Industrie zusammenarbeitenden Experimentalphysiker (Ch. Wheatstone) und einen mit der wissenschaftlichen Methode gut vertrauten Unternehmer (W. von Siemens). Der großindustrielle Produktionsprozeß war sowohl in England als auch im Elektrowerk von Siemens und Halske Ziel dieser Entwicklung.

Werner von Siemens ist die Verkörperung des zukünftigen Typs von Erfindern und Unternehmern, der in seiner Person Kenntnisse über den Stand der Wissenschaft (vor allem der Naturwissenschaft) mit Fähigkeiten zur technischen Innovation und industriellen Verwertung durch unternehmerische Managementqualitäten verband. Er arbeitete zugleich wissenschaftlich und an technischen Lösungen und setzte diese industriell um.

Seine wissenschaftlichen Arbeiten bezogen sich unter anderem auf die Weiterentwicklung der Telegraphie, die Aufladung von Unterwasserkabeln und die Auffindung von Kabelfehlern sowie auf die Grundlegung einer exakten Strom- und Spannungsmessung. Dabei erfand und entwickelte er u. a. technische Verfahren wie das Gegensprechen, den Kurbelinduktor und den Induktionsschreibtelegraphen.

Durch seine Entdeckung des dynamoelektrischen Prinzips und dessen technische Anwendungen konnten erstmals starke Ströme durch Induktion erzeugt werden. Die theoretische Grundlage bildeten also Elektrodynamik und Induktion, die technische Lösung war die Dynamomaschine und wenig später der Elektromotor, die industrielle Verwertung war die Stromerzeugung in großem Maße und die Stromumwandlung zur Krafterzeugung.

68 Vgl. hierzu z. B. Friedrich Klemm, Geschichte der Technik, Reinbek b. Hamburg 1983, S. 172.

Werner von Siemens bezog die wissenschaftlich-technischen Grundlagen von Elektrizität und Elektrodynamik konsequent in den großindustriellen Produktionsprozeß ein. Bereits 1879 verließ die erste elektromotorisch angetriebene Lokomotive seine Fabrik, im gleichen Jahr entwickelte er noch die elektrische Drehbohrmaschine, die wenig später in die Produktion ging. 1880 verließ der erste elektrische Aufzug das Werk von Siemens und Halske, 1881 erfolgte zum erstenmal die industrietechnische Kopplung von Dampfmaschine und elektromotorischer Stromerzeugung. Bereits 1878 begann auf der Grundlage einer Entwicklung von Werner und Wilhelm von Siemens die Elektro-Stahlerzeugung, die später noch ausgebaut wurde. Es folgten der elektrische Straßenbahnbau und eine Reihe großindustrieller Produktionen, vor allem die Herstellung von Kabeln für Telefon und Telegraf, die Großproduktion von Telefonanlagen und Telegrafen und, ganz besonders wichtig, die Großproduktion von Elektromotoren für Industrie und Gewerbe.
Neben dem Stromerzeuger, dem Dynamo (Generator), war vor allem der Elektromotor die entscheidende, auf naturwissenschaftlichen Prinzipien aufbauende Basisinnovation der modernen Elektrotechnik. Beim Elektromotor handelt es sich um eine neue »saubere« (geruch- und geräuscharme) und für viele Zwecke wesentlich besser handhabbare kleinere Kraftquelle als die Dampfmaschine. Er ist vor allem im Rahmen der großindustriellen Produktion als ein zentraler Bestandteil der Produktivkraft ›Wissenschaft und Technologie‹ zu verstehen und bildet so eine Säule der modernen Industriegesellschaft schlechthin.
1879 hatte Thomas Alva Edison (1847-1931) die elektrische Kohlefaden-Glühlampe vorgeführt und 1882 das erste elektrische Kraftwerk der Welt in New York errichtet. Obwohl die elektrische Beleuchtung den Bedürfnissen der Menschen stark entgegenkam und dementsprechend große Aufmerksamkeit auf sich zog, erkannte Werner von Siemens, daß der Elektromotor im Rahmen der großindustriellen Produktion das eigentlich revolutionierende Element der Produktivkraft ›Wissenschaft und Technologie‹ auf dem Gebiet der Elektrotechnik ist:

»Man hat ... sein Hauptaugenmerk überall auf das elektrische Licht geworfen, da die Einführung der elektrischen Beleuchtung überall als ein Bedürfnis empfunden wird. Es ist jedoch den Elektrotechnikern wohl bekannt, daß die elektrische Beleuchtung nur den Übergang zu der sozial viel bedeutenderen elektrischen Kraftübertragung bildet. Durch die elektrische Kraftübertragung kann der städtischen Bevölkerung billige Arbeitskraft auf mühelosem Wege zugeführt werden. Dadurch wird die kleine Werkstatt, der einzelne in seiner Wohnung arbeitende Arbeiter, in die Lage gebracht, seine persönliche Arbeitskraft besser zu verwerten um mit den Fabriken, welche die benötigte Arbeitskraft durch Dampf- oder Gasmaschinen billig herstellen, zu konkurrieren. Es wird dieser Umstand mit der Zeit einen vollständigen Umschwung unserer Arbeitsverhältnisse zugunsten der Kleinindustrie hervorbringen.«[69]

Wenn sich auch diese Vision nicht ganz in der von Werner von Siemens vorgezeichneten Form verwirklicht hat, so bleibt doch festzuhalten, daß die großindustrielle Massenproduktion von Elektromotoren über den Einsatz in der Großindustrie relativ schnell in alle Lebensbereiche eindrang, so insbesondere in die Klein- und Mittelindustrie, das Handwerk und den Haushalt.

Wie rasant die elektrische Krafterzeugung immer neue verbesserte Maschinen hervorbrachte, geht daraus hervor, daß 1878 Edison einen eigenen 110-Volt-Gleichstromgenerator und Dynamo entwickelte. Von F. A. Haselwander wird 1887 die Drehstromschaltung mit drei Leitern entwickelt, und 1889 gelingt schließlich gleichzeitig die Realisierung eines Zweiphasen-Elektromotors durch Farrarie, eines Mehrphasenmotors durch Tesla und des Drehstrommotors durch M. von Dolivo-Dobrowolsky.

Nachdem 1873 erstmals in Wien Strom über eine größere Entfernung übertragen wurde und 1882 eine Strom-Fernleitung zwischen Miesbach und München installiert worden war, kamen neben der Stromerzeugung auch die Transformation und Übertragung auf volle Touren. Der Einsatz der Elektrizität konnte nun im großen Stil erfolgen: Ab 1880 ging die Beleuchtung Schlag auf Schlag voran, zunächst auf dem amerikanischen Schiff »Columbia«, dann im Theater in Brünn, und im selben Jahr 1882 wurde bereits die elektrische Straßenbeleuchtung in Berlin eingeführt.

Nachdem 1874 Edison die Mehrfachtelegrafie auf einem Draht entwickelt hatte, verlief die Ausbreitung von Telegraf und Tele-

69 Werner von Siemens, Brief an den Grafen de Bylandt vom 7. Juni 1889 (zit. nach F. Klemm, Geschichte der Technik, a.a.O., S. 175 f.).

fon fast lawinenartig: 1878 wurde das erste Telegrafenamt mit Fernsprechbetrieb in der Nähe von Berlin eingerichtet, im gleichen Jahr wurden in Nordamerika bereits verschiedene Stadtfernsprecheinrichtungen eröffnet, und schon 1880 wurde auch in der Schweiz die Zeit des Fernsprechens eingeleitet (Eröffnung des Fernsprechamtes Zürich).

Der Einsatz der elektrischen Krafterzeugungs- und -umwandlungsmaschinen nahm den stürmischsten Verlauf: 1880 stellten die Engländer eine ebenfalls von Edison konstruierte elektrische Lokomotive her, 1881 wurde in Berlin-Lichterfelde die im Hause Siemens und Halske entwickelte elektrische Straßenbahn in Betrieb genommen. Schon ein Jahr später erfolgte der Einsatz des neuen Elektroantriebs in einer Grubenbahn und in Aufzügen. 1890 gab es die erste elektrische Untergrundbahn in London, und 1893 erfolgte der Stapellauf des französischen elektrisch betriebenen Unterseeboots »Gustave Zédé«.

Vor allem aber hielt der Elektromotor, nachdem auch die elektrische Kraftwerksindustrie in Schwung gekommen war, seinen umfassenden Einzug in die verschiedensten Bereiche der industriellen Produktion, des Handwerks, der Landwirtschaft und bald auch des Haushalts. Die auf naturwissenschaftlicher Grundlage beruhende industrielle Großproduktion von elektrischen Stromerzeugungs- und Kraftumwandlungsmaschinen ist die zweite ganz wesentliche Basis und bildet eine neue Qualität der Produktivkraft ›Wissenschaft und Technologie‹ bei der Einbeziehung der Wissenschaft in den technisch-großindustriellen Produktionsprozeß.

Die durch diese Entwicklungen auf der anderen Seite angeregten wissenschaftlichen Forschungen und Erkenntnisse sind so mannigfaltig, daß man getrost von einem Lawineneffekt sprechen kann. Die Entdeckungen reichen vom Hall-Effekt (nach E. H. Hall, 1879), der als ein Ausgangspunkt der Halbleiterphysik und Mikroelektronik gelten kann, bis zum Nachweis der elektromagnetischen Wellen durch Heinrich Hertz im Jahre 1888, ein Ausgangspunkt für die gesamte drahtlose Telegrafie sowie für die Radio-, Fernseh- und Radartechnik.

Zurück zur Symbolfigur für die neue Stufe der Produktivkraft ›Wissenschaft und Technologie‹, die auch die Einbeziehung der Wissenschaft in den militärischen Bereich vorantrieb: Werner von Siemens war der Prototyp des neuen Unternehmers, der selbst von der wissenschaftlichen Wissens- und Technikproduktion viel verstand, gleichzeitig aber ihre Ergebnisse auch konsequent für die großindustrielle Produktion nutzte. Er hatte immer engen Kontakt zur akademischen Wissenschaft einerseits und zu den politischen und wirtschaftlichen Entscheidungsträgern andererseits. Er setzte sich intensiv für eine praxisnähere Forschung ein und strebte die Organisation der technischen Wissenschaften in den Technischen Hochschulen an. Andererseits distanzierte er sich nicht ausdrücklich von der an den Universitäten allgemein vertretenen Auffassung, daß eine Trennung von ›reiner Wissenschaft und Forschung‹ gegenüber einer auf Verwertung ausgerichteten Technik notwendig sei. Zumindest verbal bekundete er, daß die technische Verwertbarkeit wissenschaftlicher Erkenntnisse erst nach deren vollständiger Reife und somit nach längerer Zeit feststellbar sei. Diese Haltung ließ Raum für die Förderung der Grundlagenforschung.

Gleichwohl ist sein Wirken primär auf die unmittelbare Einbeziehung von Wissenschaft und Technologie in den industriellen Produktionsprozeß gerichtet, und zweifellos ist er einer der bedeutendsten Schrittmacher dieser neuen methodischen Vorgehensweise. Das ist es vor allem, was ihn – nicht nur in der Elektroindustrie, sondern in allen Industriezweigen – zum klassischen Vorbild für die nachfolgenden Generationen wissenschaftlich ausgebildeter Techniker, Unternehmer und Manager machte. Auch der Historiker Hans Herzfeld hebt die Einbeziehung der Wissenschaft und Technik in der chemischen und elektrotechnischen Industrie und das Wirken Werner von Siemens' besonders hervor:

»Deutschland ist in den beiden modernsten Industriezweigen führend, in der Elektrotechnik und in der chemischen Industrie: Werner von Siemens hat die Elektrotechnik begründet und ausgebaut. 1833 hatten Gauss und Weber in Göttingen den elektromagnetischen Telegraphen konstruiert. An ihre Arbeit anknüpfend, wird Siemens durch Verbindung von Wissenschaft, Erfindungsgabe und praktischem Organisationstalent der Schöpfer einer völlig neuen Großindustrie. Er begründet 1847 die Firma Siemens & Halske, die in der Entwicklung der Schwachstromtechnik führend ist, baut in der ganzen Welt Telegraphenleitungen und legt unterseeische Kabel. Mit der Erfindung der Dynamomaschine 1867 begründet er auch die Starkstromtechnik. Daneben erlangt die 1881 von

Emil Rathenau gegründete Allgemeine Elektrizitäts-Gesellschaft (AEG) Weltruf. Die Wissenschaft geht mit der Technik Hand in Hand.«[70]

4.3.3 Politische und militärische Bedeutung und Folgen

Es soll abschließend noch darauf hingewiesen werden, daß an den Verhandlungen über den Versailler Friedensvertrag die führenden Vertreter des neuen wissenschaftlich-technisch-ökonomischen Prinzips, die Symbolfiguren für die unmittelbare Kopplung von Wissenschaft, Technik, großindustrieller Produktion und militärischem Bereich, teilgenommen haben: der Chemiker Carl Duisberg, Gründer und Sprecher der I.G. Farben, der Chemiker und Ingenieur Carl Bosch, Generaldirektor der BASF[71], und der wissenschaftlich ausgebildete Wirtschaftsmanager und Politiker Walter Rathenau, der nach seiner Direktorentätigkeit in den Elektrochemischen Werken GmbH in Bitterfeld nun Aufsichtsratsvorsitzender der AEG ist. Sein Engagement in der Politik als wirtschaftspolitischer Sachverständiger der Reichsregierung in Versailles, Spa und London als Wiederaufbau- und Außenminister ist kennzeichnend für die wachsende Verschränkung von Wirtschaft, Wissenschaft und Politik vor dem Hintergrund der Einbeziehung von Wissenschaft und Technik in die großindustrielle Produktion und für die veränderten Grundlagen der Macht in den Industriestaaten. Diese Macht beruht mehr und mehr auf der Leistungsfähigkeit ihrer Wissenschaft und Technik. Folgerichtig drängt die wissenschaftlich-technokratische Elite auch zu politischer Anerkennung und Einfluß auf politische Entscheidungen.

Ein weiteres Indiz für die gewachsene Bedeutung der Produktivkraft ›Wissenschaft und Technik‹ sind die enormen Anstrengungen vor allem der Siegermächte USA, Frankreich und Großbritannien, an die wissenschaftlichen und technischen Grundlagen der wichtigsten großindustriellen Produktionsverfahren der

70 Hans Herzfeld, in: Grundriß der Geschichte, Ausgabe A, vierter Band, Weltstaatensystem und Massendemokratie, Stuttgart 1964, S. 14.

71 BASF = Badische Anilin- und Sodafabrik (Ludwigshafen).

deutschen Industrie heranzukommen. Sowohl die Nitrat- als auch die Giftgasproduktion, aber auch eine Reihe anderer industrieller Verfahren der Kriegsproduktion und industrieller Forschungsprojekte, wurde unter erheblichem Druck aus der deutschen Industrie herausgeholt. Ihre Bedeutung für den Einfluß und die Macht eines modernen Industriestaates erkennend, war es vor allem die Funktion der in Versailles teilnehmenden Männer wie Bosch, Duisberg und Rathenau, dies zu verhindern.

Noch wichtiger als der Besitz von wissenschaftlichem und technischem Know-how war allerdings die Übernahme des methodischen Vorgehens der deutschen chemischen und elektrotechnischen Großindustrie, das in allen Industriestaaten rasch kopiert und weiterentwickelt wurde (z. B. bei Du Pont, Standard Oil, Dow Chemicals in Amerika, bei ICI in Großbritannien oder Montecatini in Italien).

Trotz der um die Jahrhundertwende offiziell herrschenden Meinung, die vor allem von den Professoren an den deutschen Universitäten vehement vertreten wurde, daß der Fortschritt der Wissenschaft nur durch die ›reine‹ Forschung, d. h. durch die Grundlagenforschung, erfolgen könne, die unabhängig von Verwertungsinteressen arbeiten müsse, entstanden immer mehr von der Industrie beeinflußte und geförderte Forschungsinstitutionen und sogar staatliche Einrichtungen, die ausdrücklich eine Kopplung von Wissenschaft, Technik und Wirtschaft zur Aufgabe hatten. Das trifft im übrigen für alle europäischen Industrieländer und die Vereinigten Staaten gleichermaßen zu.[72] In Deutschland wurden die wissenschaftlich-technischen Reichsanstalten gegründet[73], in England das Department of Scientific and Industrial Research.

Auf Initiative von Helmholtz und Werner von Siemens wurde die Kaiser-Wilhelm-Gesellschaft gegründet, die zwar der Grundlagenforschung dienen sollte, an deren Startkapital aber bereits die Banken, die Grundstoff-, die chemische und die Elektroindustrie den höchsten Anteil hatten und in der bald Institute wie das für Kohleforschung einen bedeutenden Platz für die industrielle und militärtechnische Forschung und Entwicklung einnahmen.

72 Vgl. hierzu die Ausführungen in Kapitel 4.2.2.
73 Ebenda, Kapitel 4.2.2.

Die Einbeziehung der Wissenschaft in den großindustriellen Produktionsprozeß und militärischen Komplex offenbarte auch deutlich die Schizophrenie, in der sich die Wissenschaft bzw. die Wissenschaftler befanden: Offizielle Ideologie war das idealistische Wissenschaftsideal, das Streben allein nach Wahrheit und Erkenntnis, die Freiheit von Forschung und Lehre und die Autonomie der Universität und der Forschungseinrichtungen. Mit der Einbeziehung von Wissenschaft und Technik in die großindustrielle Produktion und den militärischen Bereich hätte man nun erwarten müssen, daß sich ein Sturm der Empörung gegen die Außensteuerung der Wissenschaft und ihre ›profane Zwecksetzung‹ erhebt. Davon ist aber nichts bekannt. Im Gegenteil: da diese neue Qualität der wissenschaftlich-technisch-ökonomischen Verschmelzung Erfolge im Sinne des allgemein anerkannten WTI-Paradigmas brachte und die herrschende staatliche und ökonomische Ordnung festigte, wurde diese neue Form der Verwertung wissenschaftlicher Tätigkeit nicht nur akzeptiert, sondern auch von den Wissenschaftlern unterstützt.
Deutlichen Ausdruck fand dieser Widerspruch auch in der Haltung der überwiegenden Mehrheit der deutschen Gelehrten vor, während und nach dem Ersten Weltkrieg, indem sie sich fast vorbehaltlos in den Dienst der »nationalen Sache« stellten. Sie schlugen dabei schlimme und radikale Töne an. Unter ihnen befanden sich die namhaftesten Wissenschaftler jener Zeit: so etwa die Nobelpreisträger Emil von Behring, Paul Ehrlich, Rudolf Eucken, Philip Lenard, Max Planck und andere große Gelehrte wie Ernst Haeckel, Vincenz Czerny, Wilhelm Wundt, Fritz Haber und Robert Bosch.
Im Oktober 1914 unterzeichneten sie beispielsweise zusammen mit 3016 Wissenschaftlern – es war also fast die gesamte wissenschaftliche Elite Deutschlands – die »Erklärung der Hochschullehrer des Deutschen Reiches«, in der es u. a. hieß:

»Unser Glaube ist, daß für die ganze Kultur Europas das Heil an dem Siege hängt, den der deutsche ›Militarismus‹ erkämpfen wird, die Manneszucht, die Treue, der Opfermut des einträchtigen freien deutschen Volkes.«[74]

74 Erklärung der Hochschullehrer des Deutschen Reiches, in: Dietrich Schäfer, Mein Leben, Berlin/Leipzig 1926. S. 1.

Diese Haltung »der wissenschaftlichen Elite des Deutschen Reiches« macht eine Situation deutlich, die auch für die zukünftigen Entwicklungen relevant ist. Während in der Gesellschaft die Determinanten des WTI-Paradigmas dominierten, wurde in einem gesellschaftlichen Teilbereich, vor allem in den Universitäten, die Fiktion aufrechterhalten, daß Wissenschaft nur der Wahrheitsfindung und Erkenntnisgewinnung diene. Tatsächlich hatte sich die Produktivkraft ›Wissenschaft und Technologie‹ längst einen großen Schritt weiter entwickelt zur effizienteren Erfüllung jenes Paradigmas, wobei Wirtschaftswachstum bzw. Produktivitätssteigerung zur Erringung und Erhaltung von politischer und militärischer Macht in den Vordergrund gerückt war. Wie stark gerade auch die idealistischen Vertreter unter den Naturwissenschaftlern diesem Bewertungsrahmen unterlagen, zeigt ihr politisches und soziales Verhalten, das oft in krassem Widerspruch zu ihrem Wissenschaftsideal stand.
Daß seit der Einbeziehung der Wissenschaft in den großindustriellen Produktionsprozeß Wissenschaft und staatliche Macht aufs engste miteinander korrespondieren, beweisen zahlreiche Vorgänge und Dokumente über das Verhältnis der kaiserlichen Administration und der Wissenschaft. Symptomatisch hierfür ist etwa ein Telegramm Kaiser Wilhelms II. an Wilhelm Conrad Röntgen aus dem Jahre 1895, nachdem dieser die X-Strahlen (später Röntgenstrahlen genannt) entdeckt hatte.

»Ich preise Gott, daß unserem deutschen Vaterlande dieser neue Triumph der Wissenschaft beschert ist.«[75]

Armin Hermann stellt zu dieser für die Industriestaaten gewachsenen Bedeutung der Wissenschaft zu Recht fest: »Der wissenschaftliche Erfolg brachte nationales Prestige, und das zählte«, und er zitiert hierfür als Kronzeugen den Generaldirektor der Königlichen Bibliothek in Berlin, Mitglied der Preußischen Akademie der Wissenschaften und späteren Präsidenten der Kaiser-Wilhelm-Gesellschaft zur Förderung der Wissenschaften e. V., Adolf von Harnack, aus dem Jahre 1909:

75 Ernst Streller, Röntgens Leben und Werk, in: Wilhelm Conrad Röntgen 1845-1923, München 1973, S. 17 (zit. nach A. Hermann, Wie die Wissenschaft ihre Unschuld verlor, Macht und Mißbrauch der Forscher, Frankfurt/Berlin/Wien 1984, S. 81).

»Man liest heute in den wissenschaftlichen Veröffentlichungen von deutschen, französischen, amerikanischen Forschungsergebnissen bzw. Forschern, was früher in diesem Maße nicht der Fall war. Die Völker legen eben Wert darauf, jedem neuen Wissenschaftsfortschritt gleichsam das Ursprungszeugnis mit auf den Weg zu geben. Sie werden dabei in früher nie geübter Weise von ihrer Tagespresse unterstützt, in wohl erwogener Absicht. Wissen sie doch, daß nichts so sehr geeignet ist, für ein Volk auf der ganzen Welt zu werben und es als den führenden Kulturträger erscheinen zu lassen.«[76]

Natürlich war das nicht nur eine Frage der Kultur, sondern hier handelt es sich um die Nutzung der Wissenschaft für nackte ökonomische, politische und militärische Machtinteressen.
Wie weit sich zahlreiche Wissenschaftler im Zusammenhang mit dem Ersten Weltkrieg von dem offiziell propagierten Wissenschaftsideal entfernt hatten und den nationalen machtpolitischen Taumel unterstützten, beweist nicht nur die bereits dargestellte Haltung Fritz Habers und der vielen Wissenschaftler, die aktiv die Aufrüstung und die Rüstungstechnologie forcierten und die Rohstoffversorgung sichern halfen.
Die überwiegende Zahl der Wissenschaftler dachte und handelte auch nach dem Krieg in Kategorien der Erhaltung und Wiederherstellung der deutschen Ehre und Größe, und es blieb im Prinzip alles beim alten. Die lautesten Kriegsjubler nahmen auch nach dem Zusammenbruch wieder die höchsten Ämter an den Universitäten ein. An der Friedrich-Wilhelm-Universität in Berlin wurden zunächst Reinhold Seeberg und im November 1919 Eduard Meyer Rektoren, die nach Troeltsch zu den »schroffsten Kriegspublizisten« gehörten.
Meyer trat sein Amt gleich mit kämpferischen Sprüchen gegen die neue Ordnung an, für ihn »ein Wahngebilde einer greifbar bevorstehenden Umwandlung des gesamten Menschengeschlechts«.
Und er bereitete gleichsam die Dolchstoßlegende gegen das vom Krieg total erschöpfte deutsche Volk mit vor:

76 Adolf von Harnack, Denkschrift, in: 50 Jahre Kaiser-Wilhelm-Gesellschaft und Max-Planck-Gesellschaft, Göttingen 1961, S. 81 (zit. nach A. Hermann, a.a.O., S. 82).

»So wirft es die Waffen weg, zerbricht sein eigenes Heer, liefert seine stolze Flotte freiwillig aus und stürzt wehrlos, um Gnade bettelnd, seinen Feinden zu Füßen.«[77]

Die beträchtliche Wirkung ihres Engagements erklärt sich aus der Höhe, auf die die Kanzel der Wissenschaft von den Bürgern gehoben wurde. Wortführer wie Max Wundt, Georg von Below, Ernst Meyer, Martin Spahn bis zu Othmar Spahn, Hans Freyer und Carl Schmitt artikulierten von Beginn der Weimarer Republik an sehr deutlich, wie die Dinge nach Ansicht der deutschen Professoren zu laufen hatten. So hieß es z. B. bei der mit viel Beifall aufgenommenen Kölner Rektoratsrede des Historikers Martin Spahn 1921:

»Auch eine Niederlage vermag nichts daran zu ändern, daß diese Ströme heiligen unversehrten und unverbrauchten jugendlichen Blutes die deutsche Erde mit frischen Kräften erfüllen, durch die sie unsere Anstrengungen wird tragen und aufs höchste steigern können, wenn uns die Stunde der neuen Erhebung und dann des Greifens unmittelbar ans Ziel schlägt.«[78]

Das Verhalten dieser »Elite der Nation«, dokumentiert in zahllosen flammenden Erklärungen und Appellen zur »nationalen Wiedergeburt«[79], läßt sich wie folgt charakterisieren:

»Der geistige Führungsanspruch der Professoren, so lange latent und in selbstgefälliger Bescheidung auf höheren Sphären angesiedelt, erstreckte sich impulsiv auf sämtliche Aspekte des politischen Lebens. Das in den Wissenschaften erprobte und bewährte Talent zur Wahrheitsfindung sollte nun plötzlich auch für die Gegenstände der politischen Diskussion Gültigkeit haben, und die traditionelle Wertschätzung des Professorenstandes durch eine gleichfalls politisch ungeschulte Öffentlichkeit sorgte dabei nicht nur für Resonanz, sondern bot den Gelehrten auch eine trügerische Bestätigung für die Richtigkeit ihrer Erkenntnisse in politicis. In Wahrheit aber rächte sich nun die jahrzehntelange Enthaltsamkeit der

77 Eduard Meyer, Rede beim Antritt des Rektorats an der Kaiser-Wilhelm-Universität in Berlin, Berlin 1919, S. 25.

78 Martin Spahn, Denkrede am 50. Gedenktage der Reichsgründung, Köln 1921, S. 11.

79 Vgl. hierzu u. a. Hans-Peter Bleuel, Deutschlands Bekenner-Professoren zwischen Kaiserreich und Diktatur, a.a.O.
Auch: Armin Hermann, Wie die Wissenschaft ihre Unschuld verlor, a.a.O., insbesondere S. 84 ff.

Universitäten in politischem Denken mit einer völligen Verkennung und Fehleinschätzung der internationalen Kräfteverhältnisse und der nationalen Möglichkeiten in diesem Krieg. Die deutschen Professoren stiegen in die Politik der Kriegsführung und der Kriegsziele ein. Sie glaubten, realistische Politik zu machen, aber sie offerierten nur Gesinnungen und kreierten Utopien.«[80]

So sind die Gründe vielschichtig, daß der Einbeziehung der Wissenschaft in den großindustriellen Produktionsprozeß und militärischen Komplex seitens der deutschen Hochschullehrer kein Widerstand entgegengesetzt wurde.

4.4 Das wissenschaftlich-technische ›Prinzip Organisation‹

Fast parallel zu der Einbeziehung von Wissenschaft und Technik in den großindustriellen Produktionsprozeß entwickelte sich Ende des 19. und zu Beginn des 20. Jahrhunderts ein weiterer revolutionärer methodischer Ansatz, der sich speziell auf den Produktivfaktor ›Arbeit‹ bezog und eine wesentliche Grundlage für hohe Produktivitätssteigerungen schuf – das wissenschaftlich-technische ›Prinzip Organisation‹.
Seine mit Stichworten wie Taylorismus, Fordismus, Scientific Management usw. verbundene Anwendung auf den industriellen Produktionsprozeß ist ein entscheidender Schritt der Entfaltung von ›Wissenschaft und Technologie‹ als Produktivkraft. Eine endlose Kette von Maßnahmen zur Arbeits- und Produktionsorganisation folgt bis heute diesem revolutionären Prinzip. Hier liegen starke Wurzeln der Rationalisierung und Automatisierung der Produktion, der Effizienz- und Produktivitätssteigerung und des Wirtschaftswachstums mit der gigantischen Güterproduktion und der militärisch-technologischen Hochrüstung.
Die Ergebnisse des sich immer mehr wissenschaftlich-technologisch verfeinernden ›Prinzips Organisation‹ sind im industriell-militärischen Komplex so durchschlagend, daß es nicht verwundert, wenn dieses Prinzip auf immer weitere Bereiche des individuellen und gesellschaftlichen Lebens ausgedehnt wird.

80 Hans-Peter Bleuel, ebenda, S. 85.

Vor allem im Transport- und Verkehrswesen, im Handel, im Handwerk und im Bauwesen, im Bereich von Information und Kommunikation und vereinzelt auch schon in verschiedenen Dienstleistungsbereichen entfaltet sich die Produktivkraft ›Wissenschaft und Technologie‹ im ersten Viertel des 20. Jahrhunderts vor allem durch die Verbreitung wissenschaftlich-industrieller Organisationsprinzipien. Seit etwa 1920 werden auch die privaten Haushalte erfaßt.

Nachfolgend wird zunächst die Herausbildung des ›Prinzips Organisation‹ im industriellen Sektor dargestellt, das hier hauptsächlich in der Verwissenschaftlichung und Technisierung der Arbeitsabläufe und der Produktionsorganisation besteht.

Stellvertretend für die anderen Lebensbereiche, die gleichzeitig und in der Folgezeit von diesem Prinzip erfaßt wurden, wird anschließend das Eindringen der Produktivkraft ›Wissenschaft und Technologie‹ in die privaten Haushalte, vor allem durch die Übernahme industrieller Organisationsprinzipien, aufgezeigt. Dieser Bereich wurde gewählt, weil er trotz seiner gesamtgesellschaftlichen Bedeutung in allen Analysen zur Wissenschafts- und Technikentwicklung entweder ganz oder weitgehend unberücksichtigt bleibt. Gerade am Beispiel der privaten Haushalte läßt sich aber zeigen, mit welcher Wucht die Innovationskraft ›Wissenschaft und Technologie‹ in der modernen Industriegesellschaft wirkt.

Darüber hinaus soll diese Darstellung auch auf die allgemeine, alle Lebensbereiche erfassende Rolle von ›Wissenschaft und Technologie‹ in der modernen Industriegesellschaft hinlenken und auf die Transformation, die diese seit der Jahrhundertwende zu einer Wissenschaftsgesellschaft durchmacht.

4.4.1 Verwissenschaftlichung und Technisierung der Arbeitsabläufe und Produktionsorganisation

Zunächst muß der in der wissenschaftlichen und populär-wissenschaftlichen Literatur weit verbreiteten Ansicht entgegengetreten werden, Arbeitsteilung und Arbeitszergliederung allein machten den innovativen Schritt der Produktivitätsentfesselung zum Ende des 19., Anfang des 20. Jahrhunderts aus. Es geht vielmehr um das umfassendere Prinzip der »Organisation von Arbeit und Produktion«. Weiterhin muß der qualitative Sprung aufgezeigt werden, denn Arbeitsteilung und Arbeitszergliederung sind historisch schon weit zurückzuverfolgen.

4.4.1.1 Arbeitsteilung und Arbeitszergliederung

Arbeitsteilung hat es schon lange in bestimmten Formen gegeben: Erste Ausdifferenzierungen fanden bereits bei den Naturvölkern statt, die als Jäger und Sammler oder als Bauern eine gewisse Arbeitsteilung betrieben, wobei verschiedene Arbeitsinhalte vor allem geschlechter-spezifisch verteilt waren.

Bei den Jägern und Sammlern wird die Jagd weitgehend von Männern durchgeführt, während der Frau die Sammeltätigkeit obliegt.

Bei den Ackerbauern und Viehzüchtern rodet und bebaut der Mann das Land, er züchtet auch meistens das Großvieh. Die Frauen betreuen das Kleinvieh, helfen häufig mit bei der Ernte, ansonsten kümmern sie sich um den Nachwuchs und die Zubereitung der Nahrung sowie die Wohnungspflege und Hauswirtschaft. Es gibt hierzu Abweichungen einer andersartigen Verteilung der Arbeit zwischen den Geschlechtern, was hier aber nicht zur Debatte steht. Im großen und ganzen trifft aber das angegebene Grundmuster auf die meisten ackerbauenden und viehzüchtenden Gesellschaften zu.[81]

Die Herausbildung von Berufen und ihre zunehmende Spezialisierung läßt sich von der Antike bis heute verfolgen. Geistige und vor allem öffentliche, d. h. staatspolitische Tätigkeit wurde in der Antike höher bewertet als körperliche Arbeit. Letztere wurde deshalb den Sklaven zugewiesen. Kriegshandwerk, Jagd, staatliches Handeln, künstlerische und wissenschaftliche Betätigung waren sittlich erhöht. Für diese Berufe waren Muße und Selbstentfaltung nach Aristoteles unentbehrlich. Arbeit aus wirtschaftlichem Zwang steht nach Platon der menschlichen Entfaltung im Wege.

81 Hierzu z. B.: Uwe Wesel, Der Mythos vom Matriarchat – Über Bachofens Mutterrecht und die Stellung von Frauen in frühen Gesellschaften vor der Entstehung staatlicher Herrschaft, Frankfurt/Main 1980.

Das Christentum hob die Unterscheidung von freier und unfreier bzw. die diskriminierende Differenzierung in geistige und körperliche Arbeit auf und forderte statt dessen die Arbeitspflicht jedes einzelnen. Die Bürde der Arbeit wird durch den Hinweis auf das Dienen an Gott und für die Mitmenschen grundsätzlich genommen. Damit wurden prinzipiell alle Arbeiten als ethisch wertvoll anerkannt und einer weiteren Ausdifferenzierung der Berufe, vor allem im Handwerk und in anderen Wirtschaftsbereichen, stand nichts mehr im Wege.
Neben der allgemeinen Differenzierung der Berufe findet auch eine Arbeitsaufteilung oder Zergliederung von Herstellungsprozessen statt. Die Zerlegung der Arbeit bedeutet, daß eine Aufteilung von Produktionsprozessen oder -abschnitten in einfachere, für sich selbst nicht selbständige Arbeitselemente erfolgt.
Adam Smith (1723-1790) war es, der mit seinem berühmten Beispiel über die Herstellung von Stecknadeln das Prinzip der Arbeitszerlegung in einzelne Handgriffe, die ständig wiederholt werden können, eindrucksvoll beschrieben hat. Hier treffen wir zweifellos auf den Ausgangspunkt des revolutionären Prinzips »Organisation«. Smith wies bereits auf die durch Arbeitszerlegung erzielbare Steigerung von Produktivität und Qualität hin.[82] Er hob ein Prinzip, eine Methode, eine Technik des Produzierens hervor,

»die zuvor im mittelalterlichen Handwerk nicht nur verpönt, sondern ausdrücklich *verboten* war. Nicht nur die Aufteilung in kleinste Arbeitsschritte ist für sie charakteristisch, sondern vor allem, daß die Planung des Produktionsprozesses nicht mehr zuvor in der Vorstellung des Arbeiters vorhanden‹ war: Planung und Ausführung wurden ... – im Gegensatz zu heute – noch als ›Hand- und Kopfarbeit‹ deutbar, radikal getrennt.«[83]

82 Adam Smith, Eine Untersuchung über Natur und Wesen des Volkswohlstandes, Bd. 1, Jena 1928 (auch unter dem Titel: Untersuchung über die Natur und die Ursachen des Nationalreichthums, 3 Bde., 1794-1796; Original: An inquiry into the nature and causes of the wealth of nations, 2 Bde. 1776).

83 Johano Strasser und Klaus Traube, Die Zukunft des Fortschritts – Der Sozialismus und die Krise des Industrialismus, Bonn 1981, S. 103 f.

Das Prinzip der Organisation (Organisation von Arbeitsprozessen und Produktionsabläufen) wurde u.a. von Charles Babbage (1792-1871) weiterverfolgt. Mit dem »Babbage-Prinzip« wurde der Arbeitsprozeß so zerlegt, daß möglichst viele Teilarbeitsgänge von möglichst billigen Arbeitskräften geleistet werden können. Weniger qualifizierte Teilarbeiten wurden also durch weniger qualifizierte und höher qualifizierte Teilarbeiten durch höher qualifizierte Arbeiter ausgeführt. Das Prinzip folgt ebenso wie das der Arbeitszerlegung dem Primat der Produktivität bei Senkung der Kosten und Steigerung der Qualität der Arbeit.
Hannah Ahrendt hat in ihrem bedeutenden Beitrag über den Sinn der Arbeit geschrieben:

»Die Arbeitsteilung ist in der Tat ein dem Arbeitsprozeß inhärentes Prinzip, das nicht mit dem nur scheinbar ähnlichen Prinzip der Spezialisierung in Berufe verwechselt werden darf, das den Herstellungsprozessen eigen ist. Das einzige, was die Berufsspezialisierung mit der Arbeitsteilung gemein hat, ist das allgemeine Prinzip der Organisation.«[84]
»Spezialisierung in Herstellungsprozessen richtet sich im wesentlichen nach dem herzustellenden Gegenstand, für dessen Fabrikation mehr als nur eine Fertigkeit benötigt wird, so daß es sich hier immer um eine Vereinigung und Organisation bestimmter Spezialitäten handelt, die untereinander ganz verschieden sein können, aber aufeinander abgestimmt sind und miteinander kooperieren.«[85]

4.4.1.2 Die Herausbildung des wissenschaftlichen ›Prinzips Organisation‹

Der Begriff »Organisation« wird Saint-Simon (1760-1825) zugeschrieben. Die ökonomische, politische und soziale Bedeutung des Prinzips der Organisation von Arbeit hat besonders Louis Blanc (1811-1882) öffentlich gemacht.[86]
Die Produktivkraft ›Wissenschaft und Technologie‹ ist nun in mehrfacher Hinsicht mit dem Prinzip Organisation verknüpft: Erstens entwickelt sich das Problem Organisation zu einem

84 Hannah Arendt, Vom Sinn der Arbeit, in: Technologie, Bd. 10, Reinbek 1978, S. 100.
85 Ebenda, S. 100.
86 Insbesondere in seinem Werk: Organisation der Arbeit, Berlin 1847 (Original: Paris 1840).

zentralen Erkenntnis- bzw. Forschungsgegenstand und technischem Handlungsfeld (Organisationswissenschaft, Organisationslehre, Organisationstechnik usw.).
Zweitens spielt das Prinzip Organisation in der wissenschaftlichen und technischen Arbeit selbst eine zunehmend wichtigere Rolle.
Drittens stärkt das Prinzip Organisation die Produktivkraft ›Wissenschaft und Technik‹ und entwertet relativ die Faktoren ›Arbeit‹ und ›Kapital‹.
Die analytische Durchdringung der Arbeitsprozesse und Produktionsvorgänge (Arbeitsanalyse/Organisationsanalyse) und ihre qualitativ und quantitativ veränderte wissenschaftlich-technische Wiederzusammenführung (Arbeitssynthese/Organisationssynthese) schaffen die Möglichkeit eines immer stärkeren Einbezugs der Technik in die Arbeits- und Produktionsprozesse unter Verdrängung der Produktivkraft ›Arbeit‹. Dabei vollzieht sich der Verdrängungsvorgang von der einfachen mechanisch-körperlichen Arbeit zur Arbeit mit besonderen Fähigkeiten und Ausbildungsgraden. Wie noch zu zeigen sein wird, macht dieser Verdrängungsprozeß im Zuge der systematischen und gezielten Anwendung und Weiterentwicklung des Prinzips Organisation letztlich vor keiner noch so qualifizierten Arbeit halt.[87]
Hierzu schrieb schon 1948 Norbert Wiener:

»Ich kann vielleicht den historischen Hintergrund der gegenwärtigen Situation erläutern, wenn ich sage, daß die erste industrielle Revolution, die Revolution der ›finsteren satanischen Fabriken‹, die Entwertung des menschlichen Armes durch die Konkurrenz der Maschine war. Es gibt keinen Stundenlohn eines US-Erdarbeiters, der niedrig genug wäre, um mit der Arbeit eines Dampfschaufelbaggers konkurrieren zu können. Die moderne industrielle Revolution ist in ähnlicher Weise dazu bestimmt, das menschliche Gehirn zu entwerten, wenigstens in seinen einfacheren oder mehr routinemäßigen Entscheidungen. Wie der gelernte Zimmermann, der gelernte Mechaniker, der gelernte Schneider in gewissem Grade die erste industrielle Revolution überlebt haben, könnte natürlich der erfahrene Wissenschaftler und der erfahrene Verwaltungsbeamte die zweite überleben. Stellt man sich jedoch die zweite Revolution als abgeschlossen vor, so wird das durchschnittliche menschliche Wesen mit

87 Vgl. hierzu die Kapitel 5.4.5, 8.3.3 und 11.

mittelmäßigen oder noch geringeren Kenntnissen nichts zu ›verkaufen‹ haben, was für irgendjemanden das Geld wert wäre.«[88]

Es muß schon an dieser Stelle hervorgehoben werden, daß das ›Prinzip Organisation‹ deshalb so wirksam ist, weil es im Grundsatz nur auf Informationsverarbeitung aufbaut, somit keine materiellen und energetischen Ressourcen verbraucht, sondern diese einspart.
Das Prinzip ›Organisation‹ ist allgemein dadurch charakterisiert,

»daß es sich generell um die Zusammenfassung (Verknüpfung) von Teilen (Elementen, Gliedern) im Hinblick auf eine übergeordnete Zielsetzung zu einer neuen Einheit (System, Ganzheit) bzw. um das Ergebnis dieses Vorganges handelt.«[89]

Diese Charakterisierung weist auf einen zentralen Aspekt des Prinzips Organisation hin, seinen Universalismus. Wenn das Prinzip zunächst auf alle künstlichen, durch menschliches Gestaltungshandeln geschaffenen Systeme angewandt wurde, erfolgt später seine fast explosionsartige und unbeschränkte Ausbreitung auf prinzipiell alle menschlich beeinflußbaren künstlichen *und* natürlichen Systeme bzw. Systemabläufe. Das hat zur Folge, daß sich heute alle wissenschaftlichen Disziplinen und jedes technische Handeln mit dem Prinzip Organisation befassen.
Die eigentliche Verwissenschaftlichung und Technisierung der Arbeitsabläufe und Produktionsprozesse muß auf Frederick W. Taylor (1856-1915) zurückgeführt werden. Taylor war zweifellos ein einfallsreicher, aber auch skrupelloser Techniker und Ingenieur,

»... der, nachdem er sich zunächst mit der Verbesserung von Handwerkszeug in Hüttenbetrieben beschäftigt hatte, die rationalen Kriterien technischer Effizienz auf den ›Engpaß‹ anwandte, der durch die rasche technische Entwicklung der zweiten Hälfte des 19. Jahrhunderts geschaffen worden war: die menschliche Arbeitskraft«.[90]

88 Norbert Wiener, Kybernetik – Regelung und Nachrichtenübertragung im Lebewesen und in der Maschine, Düsseldorf/Wien 1965, S. 60 (Original: CYBERNETICS or control and communication in the animal and the machine, Cambridge, Mass. 1948).
89 Erwin Grochla (Hg.), Handwörterbuch der Organisation, Stuttgart 1973, S. 1150.
90 Ebenda, S. 1170.

Taylor analysierte »... die menschliche Arbeit in seinem Erfahrungsbereich, zerlegte sie in Elemente und setzte diese Elemente wieder zu optimal gestalteten Arbeitsabläufen zusammen.«[91]

Während Taylor die Methode des Zeitstudiums der Arbeit (Time Study) kreierte, ging der Amerikaner Frank Bunker Gilbreth (1868-1924) von der Bewegungsstudie aus (Motion Study), um Wege zur Bestgestaltung der Arbeit (»the one best way«) zu finden. Beide Ansätze zusammen bilden heute einen Kernbereich der wissenschaftlich-technischen Durchdringung der Arbeitsabläufe und der Organisation von Produktionsprozessen. Der auf den Arbeiten von Taylor und Gilbreth und ihren Mitarbeitern aufbauende methodische Ansatz erhielt die treffende Bezeichnung »Scientific management«.[92] Es ist bezeichnend, daß das neue »wissenschaftliche Management« von einem ingenieurwissenschaftlich ausgebildeten Manager ausging, der als Generaldirektor der Manufacturing Investment Company sowohl mit ingenieurwissenschaftlichen wie kaufmännischen Problemen befaßt war.

Es hat nicht lange gedauert, daß auch in Deutschland der Taylorismus seinen Niederschlag fand: 1903 erschien das Buch »Job Management« von Taylor in den USA, seine erste Übersetzung bereits 1909 in Deutschland.[93]

Wie stark das ›Prinzip Organisation‹ als Bestandteil des WTI-Paradigmas über ideologische Grenzen hinweg von Anfang an gewirkt hat, läßt sich am besten an der Haltung Lenins zum Taylorismus ablesen. Für den »Organisator der Macht« spielten effiziente Planung und Organisation der Produktion, des Verkehrs und des militärischen Bereichs immer eine herausragende Rolle. Somit ist es nur konsequent, daß er in seiner Rede »über wissenschaftliche Betriebsführung und die Diktatur des Proletariats« im Juni 1919 ausführte:

91 Ebenda, S. 1170.

92 Hierzu: Frederick W. Taylor, Job Management, New York 1903, und The Principles of Scientific Management, New York 1911; F. B. Gilbreth, Primer of Scientific Management, New York 1912; und, zusammen mit L. M. Gilbreth, Applied Motion Study, New York 1917.

93 Übersetzung und Herausgabe durch A. Wallichs, Technische Hochschule Aachen.

»Inwieweit sich der Sozialismus verwirklichen läßt, hängt davon ab, ob es uns gelingt, die Sowjetherrschaft und die sowjetische Organisation bzw. Betriebsführung mit den jüngsten progressiven Maßnahmen des Kapitalismus zu verbinden. Wir müssen in Rußland Taylors System studieren, lehren und systematisch erproben, um es schließlich einzuführen.«[94]

4.4.1.3 Institutionalisierungen des ›Prinzips Organisation‹

Während also das ›Prinzip Organisation‹ seinen Ausgangspunkt in der rationellen, dem Primat der Produktivität untergeordneten Arbeitsablaufgestaltung hatte und sich zu einem fundamentalen Erkenntnis- und Handlungsprinzip in Wissenschaft und Technik entwickelt, verbreiten sich die neuen Methoden der Arbeitsablauf- und Produktionsprozeßgestaltung in geradezu atemberaubender Geschwindigkeit vor allem in den großen Unternehmen der Grundstoff-, Produktionsmittel- und Fertigwarenindustrie.
Die Bedeutung dieser Entwicklung wird dadurch unterstrichen, daß sich bereits 1917 der »Ausschuß für Arbeitsstudien beim Ausschuß für wirtschaftliche Fertigung (AWF)« konstituierte. Er war der Vorläufer des 1924 durch die »Arbeitsgemeinschaft Deutscher Betriebsingenieure (ADB)« im »Verein Deutscher Ingenieure (VDI)« in Verbindung mit dem »Gesamtverband Deutscher Metallindustrieller (GDM)« gegründeten »Reichsausschusses für Arbeitszeitermittlung (REFA)«.
Die zunächst einseitige Befassung mit dem Gebiet der Arbeitszeitermittlung wurde bezeichnenderweise später korrigiert. Durch die 1936 erfolgte Umbenennung in »Reichsausschuß für Arbeitsstudien (REFA)« kam der breite Fächer des Prinzips »Organisation der Arbeit« wesentlich deutlicher zum Ausdruck. Immerhin schließt nun die Tätigkeit unter dem Sammelbegriff »Arbeitsstudien« alle arbeitswissenschaftlich und empirisch-praktisch begründeten Methoden zur Untersuchung von Arbeitsvorgängen ein mit dem Ziel, diese auf jede wirtschaftliche Arbeit, die sich analysieren und beeinflussen läßt, anzuwenden. Welche Verfahren dabei den Kernbestandteil bilden, geht recht präzise aus der folgenden Kurzfassung hervor:

94 Zitat nach The End of Ideology, Glencoe, Ill. 1960, S. 253.

»*Arbeitsstudien* stützen sich vorwiegend auf die Erkenntnisse der Arbeitswissenschaft und ihrer Teilgebiete, der Arbeitsphysiologie, Arbeitspsychologie und Arbeitspädagogik. Es werden folgende Verfahren angewendet: 1. *Arbeitsablaufstudien* untersuchen die Folge und den Zusammenhang von Arbeitsvorgängen, d.h. das sinnvolle Ineinandergreifen von einzelnen Plätzen, Arbeitsstufen und -gruppen. Der optimale Ablauf körperlicher Arbeiten wird mit Hilfe von Bewegungsstudien ermittelt. Durch diese Studien ist eine Beurteilung des Arbeitsvollzugs möglich, es lassen sich menschliche und technische Störungen aufdecken. 2. *Arbeitszeitstudien* messen die für die einzelnen Arbeitsvorgänge benötigten Zeiten mit Hilfe von Stoppuhren, Registriergeräten und genau eingestellten Filmen (Arbeitszeit, Liege- und Durchlaufzeit der Werkstoffe, Lauf- und Stillstandszeit der Maschinen, Transportzeit u. a.). Die Ergebnisse bilden die Basis für die Arbeitseinteilung in zeitlicher Hinsicht (z.B. Vorgabezeiten, Zuschläge für den Ausgleich bei Ermüdung, Einstellung der Arbeits- und Pausenzeiten) und die Leistungskontrolle (insbesondere individueller und durchschnittlicher Leistungsgrad). 3. *Arbeitsplatzstudien* untersuchen die technische Ausstattung der einzelnen Arbeitsplätze und die Beanspruchung der menschlichen Arbeitskraft durch sie. Dadurch lassen sich Rückschlüsse für die richtige Besetzung eines Arbeitsplatzes und für die quantitative und qualitative Verbesserung der Produktion ziehen. 4. *Arbeitswertstudien* umfassen Arbeitsablauf-, Arbeitszeit- und Arbeitsplatzstudien und zielen auf die objektive Staffelung der Arbeitsaufgaben gemäß den unter normalen Bedingungen gestellten Anforderungen, um so zu einer Entlohnung zu kommen, die der Arbeitsbewertung entspricht.«[95]

Die Zielsetzung des REFA[96] ist nach eigenen Angaben auf eine »Verbesserung der Arbeitsgestaltung und Leistungsermittlung in Wirtschaft und Verwaltung« gerichtet.

»Diese ›Arbeit an der Arbeit‹, die der Erhaltung der Arbeitskraft und Arbeitsfreude des Menschen und der Verbesserung der Wettbewerbsfähigkeit der Betriebe dient, beinhaltet im einzelnen Untersuchungen zur Arbeitsvorbereitung, Arbeitsunterweisung und -gestaltung (Arbeitsplatz- und Arbeitsablaufgestaltung) und behandelt Fragen der Leistungsermittlung und der Leistungsbewertung.«[97]

»Der REFA-Mann und der REFA-Ingenieur sind vom REFA speziell

95 Meyers Enzyklopädisches Lexikon, Mannheim/Wien/Zürich 1971, Bd. 2, S. 515 f.

96 Heute: Verband für Arbeitsstudien – REFA e. V.

97 Erwin Grochla (Hg.), a.a.O., S. 762.

für die genannten Aufgaben ausgebildete Kaufleute, Verwaltungsfachkräfte und Techniker, die in den Betrieben die Aufgaben der Arbeitsorganisation übernehmen.«[98]

Als weitere bedeutende Gründung zu fast gleicher Zeit kam die Konstituierung des »Reichs-Kuratorium für Wirtschaftlichkeit in Industrie und Handwerk« im Jahre 1921, das nach dem Kriege als »Rationalisierungs-Ausschuß der Deutschen Wirtschaft (RAW)« neu gebildet wurde und seit 1950 als gemeinnütziger Verein unter dem Namen »Rationalisierungs-Kuratorium der Deutschen Wirtschaft e. V. (RKW)« arbeitet.[99]
Von Anfang an war auch hier eine enge Verbindung von Forschung und Lehre mit praxisbezogener Tätigkeit zur Behandlung organisationstheoretischer und -praktischer Probleme vor allem im Bereich der Wirtschaft, aber auch in der Verwaltung, vorgesehen. Laut Satzung besteht die Zwecksetzung des RKW darin, »... durch Pflege und Förderung der Rationalisierungsbestrebungen der deutschen Volkswirtschaft zu dienen«.[100]

»Die Aufgabenstellung des RKW ist subsidiärer Natur, das heißt die unmittelbare Rationalisierungsarbeit verbleibt grundsätzlich bei den einzelnen Betrieben; der Verein trägt lediglich durch Anregungen, Untersuchungen und Unterweisungen zur rechtzeitigen und sachgerechten Durchführung von Rationalisierungsarbeiten bei. Der Aufgabenbereich umfaßt alle Phasen des Betriebsprozesses. Probleme der zwischenbetrieblichen Kooperation erweitern die Aufgabenstellung.«[101]

Mit welcher Vehemenz das wissenschaftliche Prinzip »Organisation der Arbeitsabläufe und Produktionsprozesse« in Deutschland in diesen Jahren durchgeschlagen hat, läßt sich daran ermes-

98 Ebenda, S. 762.
99 Einen kurzen, guten Überblick über die historische Entwicklung, die Ziele und Aufgaben sowie den Wandel der Aufgaben des RKW gibt H. W. Büttner, Das Rationalisierungs-Kuratorium der Deutschen Wirtschaft, Düsseldorf 1973, Reihe: Ämter und Organisationen in der Bundesrepublik Deutschland.
100 *Rationalisierung* umfaßt alle technischen und organisatorischen Maßnahmen, die zur Steigerung der Wirtschaftlichkeit, der Produktivität und Effektivität eines Unternehmens bzw. generell einer Organisation beitragen.
101 Erwin Grochla (Hg.), a.a.O., S. 759.

sen, daß neben diesen Institutionalisierungen zur Förderung der Organisationsforschung, der Organisationslehre und der Organisationspraxis noch eine Reihe weiterer Gründungen erfolgte.
Zu nennen sind hier der 1926 gegründete »Ausschuß für wirtschaftliche Verwaltung e. V. (AWV)«, der laut Satzung

»... in gemeinnütziger Form die Rationalisierung der Gewerblichen Wirtschaft und der Öffentlichen Hand auf dem Gebiet der Verwaltung zu unterstützen«

hat. Vor allem Fragen der Personalverwaltung, der Analyse und Kontrolle der Arbeitsprozesse, der innerbetrieblichen Überwachung, des Rechnungswesens, der Dokumentation und der Verwaltungsabläufe sowie später der Mechanisierung und Automatisierung, der Arbeitsplatzgestaltung und des Informationswesens sind durch Forschung sowie Ausbildung und Fortbildung und auch durch praktische Tätigkeiten in der gewerblichen Wirtschaft und öffentlichen Verwaltung zu unterstützen.
Bereits 1924 wurde auch die »Gesellschaft für Organisation e. V. (GfürO)« gegründet, die gemäß Satzung

»... den Zusammenschluß und die Förderung aller Kräfte, die sich im Bereich der Wissenschaft, Wirtschaft und Verwaltung organisatorisch betätigen«,

beabsichtigt und das Ziel hat,

»die Forschung auf dem Gebiet der Organisation zu fördern und die Ausbildung qualifizierter Organisatoren durchzuführen«.

Erkenntnisse der Wissenschaft und der Praxis sollen einem interessierten Publikum zugänglich gemacht und praktische Hilfen bei der Lösung von Aufgaben geleistet werden. Die Erfüllung der Aufgaben geschieht vornehmlich durch Sammlung organisationswissenschaftlicher und -praktischer Untersuchungsergebnisse, durch »Erfahrungsaustausch in Gruppen« (Erfa-Gruppen) und die Verbreitung der gewonnenen Erkenntnisse in Kursen, Arbeitskreisen, Vorträgen und Publikationen.
Besondere Bedeutung hat auch die zur gleichen Zeit erfolgte Gründung verschiedener Fachgruppen im Verein Deutscher Ingenieure (VDI), die sich vornehmlich mit Fragen der Organisation und später der Automation befassen. Zu nennen ist vor allem die »Arbeitsgemeinschaft Deutscher Betriebsingenieure (ADB)«, die später »Fachgruppe Betriebstechnik« heißt. Sie und eine

Reihe von Ausschüssen und fest institutionalisierten Arbeitskreisen befassen sich mit wissenschaftlich-technischen Untersuchungen und praktischen Problemen auf den Gebieten Arbeitsstudien, Arbeitsvorbereitung, rationelle Betriebsmittelnutzung, rationelle Fertigung und Fertigungsverfahren und später mit Transport- und Kommunikationsproblemen, Fertigungssteuerung und Automation der Fertigung einschließlich Robotereinsatz usw.

Bereits im Jahre 1917 konstituierte sich auch der »Normenausschuß der Deutschen Industrie« beim Verein Deutscher Ingenieure, der schon 1926 wegen der rasanten Ausweitung der Standardisierungsbestrebungen im Zuge von Rationalisierung und Produktivitätssteigerungen in den »Deutschen Normenausschuß e. V. (DNA)« umgewandelt wurde. Die unter der Bezeichnung DIN (Deutsche Industrie-Norm) als deutsche Normen fest etablierten Arbeitsergebnisse beruhen in erster Linie auf wissenschaftlich-technischen Untersuchungen und praktischen Festlegungen, hauptsächlich durch Zusammenarbeit von Wissenschaft, Wirtschaft und Verbraucherorganisationen. Sie sind in der Folgezeit für alle Arbeitsabläufe, Produktions- und Dienstleistungsvorgänge von grundlegender Bedeutung, insbesondere für deren Rationalisierung und Effizienzsteigerung. Heute sind über 13 000 DIN-Normen und über 2000 DIN-Entwürfe im »Deutschen Normenwerk« verankert.[102] Die wachsende Bedeutung dieser Arbeit auf der Grundlage des ›Prinzips Organisation‹ für die hochindustrialisierten Länder zeigt sich daran, daß die Bestrebungen zu internationalen Standardisierungen die Normungsarbeit auf die internationale Ebene gehoben haben, so u. a. im Rahmen der »International Organization for Standardization (ISO)« in Genf und im »Comité Européen de Coordination des Normes (CEN)« in Paris.

Wie noch gezeigt wird (vgl. Kapitel 5.1 und 5.2), erhält das ›Prinzip Organisation‹ als effiziente Methode menschlichen Handelns erst durch die Entwicklung der Informationstheorie und der Systemtechnik seine tiefere Begründung: Das ›Prinzip Organisation‹ nutzt in geradezu klassischer Weise, hauptsächlich angewandt auf die Arbeit und auf Produktions- und Dienstlei-

102 Persönliche Mitteilung durch die Leitung des Deutschen Normenausschusses e. V. in Berlin im Dezember 1983.

stungssysteme, die Produktion von Informationen zur besseren Ordnung von Systemen und Systemabläufen (Erzeugung von ›Negentropie‹ gemäß dem II. Hauptsatz der Thermodynamik).[103] Dies führt im allgemeinen zur Einsparung von Energie, Material und Zeit, so daß mit geringerem Input ein gleicher oder höherer Output erreicht wird. Auf das dabei besonders hervortretende Problem, die immer intensivere Ausnutzung der menschlichen Arbeitskraft mit den bekannten gravierenden physischen, psychischen und sozialen Folgeschäden, sei an dieser Stelle zunächst nur hingewiesen.

Auch hier zeigt sich die Durchsetzungsfähigkeit der Produktivkraft ›Wissenschaft und Technologie‹ – oder anders ausgedrückt: Fließbänder und Roboter ermüden nicht und schaffen für das Wirtschaftsunternehmen keine sozialen Probleme.

In diesem Kapitel sollte hauptsächlich aufgezeigt werden, daß zu Anfang dieses Jahrhunderts das Handlungsprinzip Organisation eine neue Qualität annahm, weil das alte bekannte Prinzip der Arbeitsteilung und Arbeitszergliederung durch die Methode der empirisch-analytischen Wissenschaft auf eine neue Stufe gehoben wurde. Von nun an werden nämlich prinzipiell alle Systeme und Prozesse dem Prinzip ›Organisation‹ *wissenschaftlich* unterworfen. Die moderne Wissenschaft beherrscht fortan die Organisierung der Arbeits- und Produktionsabläufe. Sie dringt in fast alle Lebensbereiche ein, in denen Strukturierung und Organisierung zur Erhöhung der Effizienz beitragen können, jedenfalls sind es nicht mehr allein Intuition und Erfahrung, auf denen aufgebaut wird.

Die Institutionalisierung der wissenschaftlich begründeten Organisationslehre wird zu einem Thema der Universitäten, der Fachhochschulen und Fachschulen und zahlreicher nationaler und internationaler Einrichtungen, deren Hauptziel die »Effizienzsteigerung von menschlichen und artifiziellen Funktionen« ist oder, ökonomisch ausgedrückt, die Vergrößerung des Verhältnisses von Output zu Input. Daß dieses Prinzip in alle Lebensbereiche der modernen Industriegesellschaft eingedrungen ist und auch nicht vor dem »privaten« Bereich Haushalt und Wohnen halt gemacht hat, soll nun im folgenden Kapitel gezeigt werden.

103 Vgl. hierzu Kapitel 5.1.1 und 5.2.

4.4.2 Technisierung und Rationalisierung der Haushalte und der Wohnkultur

Obwohl im letzten Drittel des 19. Jahrhunderts neue technische Infrastrukturen in den Privathaushalten breitgefächert Einzug halten, insbesondere verbesserte Zentralwasserversorgungssysteme[104] sowie neue Leitungssysteme für Gas[105] und elektrischen Strom[106], bleibt die Nutzung des Stroms allerdings weitgehend auf die wärmetechnische Anwendung und auf die Beleuchtung beschränkt. Zwar werden schon vor dem Ersten Weltkrieg für eine ganze Anzahl haushaltstechnischer Geräte die technischen Prinzipien entwickelt, trotzdem kommt es bis etwa 1920 weder zu einer großindustriellen Produktion solcher Geräte noch zu einem nennenswerten Einsatz. Nach wie vor herrscht in den Haushalten – im Gegensatz zur Industrie – ausschließlich die manuelle Arbeit. Mechanische Arbeitsgeräte bestimmen in allen

104 Vgl. z. B. Günter Bayerl, Historische Wasserversorgung, Bemerkungen zum Verhältnis von Technik, Mensch und Gesellschaft, in: U. Troitzsch u. G. Wohlauf, Technikgeschichte, Frankfurt/Main 1980, S. 180 ff.;
N. Smith, Mensch und Wasser. Bewässerung, Wasserversorgung – von den Pharaonen bis Assuan, München 1978;
G. Martz, Siedlungswasserbau, 3 Bde., Düsseldorf 1977;
A. Uter u. K. Hühnerberg, 100 Jahre Berliner Wasserversorgung, 1856-1956, Berlin 1956.

105 Vgl. hierzu z. B. J. Körting, Geschichte der deutschen Gasindustrie, Essen 1963;
Th. L. Minchin, Gas – Gewinnung, Verteilung und Verwendung, München/Wien 1968.

106 Vgl. z. B. R. v. Miller, Ein Halbjahrhundert deutscher Stromversorgung aus öffentlichen Elektrizitätswerken, in: Technikgeschichte 25 (1936), S. 116.
H.-J. Teuteberg, Anfänge kommunaler Stromversorgung – dargestellt am Beispiel Hamburgs, in: K. H. Manegold (Hg.), Wissenschaft, Wirtschaft und Technik, München 1969, S. 363.
P. Czada, Die Berliner Elektroindustrie in der Weimarer Zeit, Berlin 1969;
O. Mahr, Zeittafel zur Geschichte der Elektrizität, in: C. Mattschoß (Hg.), Technikgeschichte, Bd. 30, Berlin 1943.

Arbeitsbereichen des Haushalts das Bild. Dies ändert sich allerdings nach dem Ersten Weltkrieg.

4.4.2.1 Die Ankopplung der Haushalte an das Industriesystem

Ab etwa 1920 setzt die Verbreitung haushaltstechnischer Geräte auf der Basis von Gas und elektrischem Strom ein. Gas- und Elektroherde, Kochplatten, Staubsauger, gas- und elektrisch betriebene Bügeleisen, Wasserkocher, Tauchsieder, Radios und elektrische Plattenspieler halten Einzug in die Privathaushalte. Das ›Prinzip Organisation‹ ist es vor allem, das dem forcierten Ausbau einer umfassenden technischen Infrastruktur zugrunde liegt.

Neben dem Gasleitungsnetz wird vor allem das Stromnetz als Grundlage für die elektrische Haushaltstechnik ausgebaut.

Wie stark in den zwanziger Jahren der Ausbau der Elektrizitätsversorgung vorangetrieben wurde, geht daraus hervor, daß in Berlin 1918 nur 6,6% der Wohnungen elektrifiziert waren, 1933 waren es dann schon 76% aller Haushalte.[107] Diese Zahlen zeigen aber auch, daß der Elektrifizierungsgrad insgesamt noch relativ niedrig war, denn die Anschlußdichte in der Großstadt Berlin lag natürlich weit über dem Durchschnitt in Deutschland.

Darüber hinaus entstehen auch neue Entsorgungssysteme (Abwasser- und Müllanlagen), Personen- und Lastenaufzüge werden installiert und zentrale Heizungs-, Warmwasser- und Lüftungsanlagen im Bereich der Privathaushalte eingebaut. Diese »Haustechnik«[108] ist es vor allem, die den Technisierungs- und Rationalisierungsprozeß der privaten Haushalte beschleunigt. Die

107 Diese Zahlen wurden übernommen aus: S. Meyer u. B. Orland, Technik im Alltag des Haushalts und Wohnens, in: U. Troitzsch u. W. Weber, Die Technik – Von den Anfängen bis zur Gegenwart, Braunschweig 1982, S. 569.

108 Nach K. Sage, Handbuch der Haustechnik, Berlin 1967, umfaßt der Begriff »Haustechnik« im Unterschied zum Begriff »Haushaltstechnik« alle im Haus fest eingebauten technischen Anlagen mit den dazugehörigen Zu- und Ableitungen wie Wasser-, Gas-, Zentralheizungs-, Klima-, Beleuchtungs-, Klingel-, Sicherungs-, Rundfunk-, Fernseh-, Telefon-, Müllschluckanlagen sowie Personen- und Lastenaufzüge etc.

Struktur- und Funktionsmerkmale entsprechen dabei im Grundsatz denen industrieller Organisationsformen. Ihre Installation bedeutet die direkte Ankopplung der Haushalte an das Industriesystem – unmittelbar an die Gasversorgung, das elektrische Leitungssystem, die Entsorgungseinrichtungen und die technischen Kommunikationssysteme (Telefon, Rundfunk). Entstanden die haushaltstechnischen Geräte bis zum Jahre 1920 mehr zufällig und als Nebeneffekte der allgemeinen wissenschaftlich-technischen Entwicklung, so entfaltet sich nun eine systematische Konstruktion von Geräten und deren organisierte industrielle Großproduktion. Es werden Forschungs- und Entwicklungsaufträge zur Erzeugung und Weiterentwicklung haushaltstechnischer Geräte von der Industrie nach außen an wissenschaftliche und künstlerische Institutionen vergeben sowie innerhalb der Industrie spezielle Entwicklungsabteilungen organisiert. Die bislang mechanisch genutzten Geräte werden vor allem auf elektrischen Antrieb umgerüstet. Aber auch Verbesserungen von Geräten, z. B. durch Temperaturregelung bei elektrischen Heiz- und Wärmegeräten, Gewichtsverminderung durch den Ersatz schwerer Materialien wie Porzellan oder Keramik durch Kunststoffe, kennzeichnen die fortschreitende Technisierung der Haushalte.
Die Fülle der ineinandergreifenden Entwicklungen von Haustechniken und haushaltstechnischen Geräten führt im Laufe der zwanziger Jahre zu einem stark wachsenden ökonomischen Interesse an der Haushaltstechnik und zur Herausbildung eines wirtschaftlichen Konzepts, das sich immer stärker auch im Bildungs- und Wissenschaftsbereich niederschlägt.
Die Bedeutung der Produktivkraft ›Wissenschaft und Technologie‹ und speziell des ›Prinzips Organisation‹ läßt sich unter anderem am Sprachgebrauch ausmachen. Erstmals in diesen Jahren werden Begriffe wie »Heimtechnik«, »Technik des Haushalts«, »Technisierung des Haushalts«, »Organisierung des Haushalts«, »Rationalisierung der Hausarbeit« usw. allgemein verwendet. Erst von hier an kann man wirklich von einer Technisierung der Haushalte als eigenständiges und übergreifendes Konzept zur Veränderung der Arbeitsverfahren im Haushalt sprechen. Während bis zum Ersten Weltkrieg in den Haushalten die manuelle Arbeit mit einfachen Werkzeugen und einfachen mechanischen Geräten vorherrscht und die Arbeitsbereiche noch

kaum unter den Gesichtspunkten der Arbeitsorganisation und Zeitersparnis betrachtet werden, ändert sich das nach 1920 durch das Eindringen großtechnischer Infrastrukturen, industrieller Organisationsprinzipien und industrieller Massenprodukte.

In besonderer Weise haben z. B. auch wissenschaftlich-technisch entwickelte Produkte der chemischen Industrie auf die Veränderung der Arbeitsabläufe und die Nutzung neuer Haushaltsgeräte eingewirkt. Sie spielen vor allem für die Nahrungsmittelzubereitung und -konservierung, für die Reinigungsarbeiten und Wäschepflege und für die Textilbearbeitung im Haushalt eine zunehmend größere Rolle. Es unterliegt keinem Zweifel, daß das Eindringen neuer Arbeits- und Organisationsprinzipien in den Haushaltsbereich – verbunden beispielsweise mit der Nutzung verbesserter Wasch- und Reinigungsmittel – starken Einfluß auf die Entwicklung der Waschgeräte und ihrer Funktionsprinzipien hatte, wie diese umgekehrt die Technisierung und Rationalisierung der Haushalte vorantrieben und Neuentwicklungen und Verbesserungsinnovationen in der chemischen Industrie auslösten.

Ganz allgemein ist die Ausbreitung zahlreicher industrieller Produkte (Konservierungsmittel, Back- und Kochzusatzstoffe, Reinigungsmittel für Kleider, Möbel und zur Körperpflege, Imprägnierstoffe, Kunststoffe für Schalter, Stecker, Gebrauchsgegenstände etc., Isolierstoffe für Wärme, elektrischen Strom usw.) mit der Haushaltstechnisierung und -organisierung aufs engste rückgekoppelt.

Es gehört zu den Besonderheiten technikhistorischer Forschung, daß es bisher weder eine systematische noch einigermaßen geschlossene Erforschung der Entwicklung der Haushaltstechnik gibt. Im Gegenteil: es ist auffallend, daß es außer einigen Untersuchungen über Haustechniken und über die Entwicklung einzelner Geräte keine zusammenhängende Forschungsarbeit zur Haushaltstechnik und ihren Bezug zur allgemeinen Wissenschafts- und Technikentwicklung gibt.[109]

109 Die bisher umfassendste Arbeit dürfte die des Bauhaus-Mitglieds S. Giedion sein: Die Herrschaft der Mechanisierung, Frankfurt/Main 1982 (Original: Mechanization takes command, New York 1948). Giedion stellt fest, daß er dabei »auf den Spuren anonymer Ge-

So findet man nur wenige Arbeiten, die sich über den Blickwinkel von geschulten Antiquitäten- oder Spurensammlern historischer Kuriositäten hinaus mit der Geschichte der Haushaltstechnik befaßt haben. Noch am ehesten entdeckt man in der volkskundlichen Forschung über historische Geräte und alten Hausrat zusammenhängendes Material, allerdings auch meist bezogen auf ein einzelnes Gerät.
Es gibt eine Reihe von Arbeiten über die Entwicklung einzelner Geräte, über einzelne Produkte für den Haushalt und zahlreiche Abhandlungen über die Entwicklung der Nahrungsmittelzubereitung, der Wäsche- und Körperpflege, der Textilbearbeitung usw., aus denen wichtige Informationen über zugrundeliegende technische Entwicklungen zu gewinnen sind. Allgemein blieb jedoch die Einbettung der Haushaltstechnik in weitere ökonomische und soziale Zusammenhänge bisher weitgehend unerforscht.[110] Dies läßt sich nur dadurch erklären, daß die Technik-

schichte« war, obwohl die »kleinen Dinge des täglichen Lebens« wahrscheinlich zu den mächtigsten gehören: »In ihrer Gesamtheit haben die bescheidenen Dinge, von denen hier die Rede sein wird, unsere Lebenshaltung bis in die Wurzeln erschüttert. Diese kleinen Dinge des täglichen Lebens akkumulieren sich zu Gewalten, die jeden erfassen, der sich im Umkreis unserer Zivilisation bewegt.«, ebenda, S. 20.
Weitere Arbeiten: U. Klever, Alte Küchengeräte, Backen und Kochen, München 1979; G. Benker, Quellen der heimatlichen Geräteforschung, am Beispiel der Küchengeräte, in: Schöne Heimat, Jg. 60, 1971, H. 3, S. 86; S. Meyer u. B. Orland, Technik im Alltag des Haushalts und Wohnens, in: U. Troitzsch u. W. Weber (Hg.), Die Technik – Von den Anfängen bis zur Gegenwart, Braunschweig 1982, S. 564; K. Wiggert, Entwicklung der Technik im Bereich der Nahrungszubereitung, in: Ernährungs-Umschau 23, 1976, 9, S. 271; F. Bertrich, Kulturgeschichte des Waschens, Düsseldorf 1966.

110 Es gibt verschiedene sozialgeschichtliche Arbeiten, in denen die Verknüpfung der technisch-industriellen Entwicklung mit dem Alltagsleben erforscht wird. Dabei wird aber entweder stärker auf die allgemeine technisch-industrielle Entwicklung abgehoben, und die Haushaltstechnik wird als Nebengleis mit behandelt, oder es wird vom einzelnen Haushaltsgerät ausgegangen und der Bogen zur allgemeinen Sozial- und Wirtschaftsentwicklung gezogen. Hierzu u. a.: J. Reulecke u. H. Weber (Hg.), Fabrik – Familie – Feierabend,

geschichte insgesamt bis über die Mitte unseres Jahrhunderts »fast ausschließlich ein Interessen- und Arbeitsgebiet historisch interessierter Techniker«[111] war. Für diese ist Technikgeschichte in erster Linie die Geschichte industrieller technischer Entwicklungen und deren Erfinder- und Erfindungsgeschichte.
Darüber hinaus spielte aber der Haushalt auch in der Gesellschaft und besonders in der wissenschaftlich-technischen Welt und der Welt ihrer Verwertung bis zur umfassenden Einführung zentraler haustechnischer Infrastrukturen und dem Eindringen des ›Prinzips Organisation‹ eher eine untergeordnete Rolle. Familie und Haushalt waren vor allem die Bereiche der Frauen (Hausfrauen) und Kinder. Ihre gesellschaftlichen Rollen bezogen sich hauptsächlich auf die verschiedenen Tätigkeiten der Reproduktion, nicht jedoch auf die der Produktion von Wissen, Technologie und Industriegütern. Dieser gesellschaftlichen Situation entspricht die weit verbreitete Ansicht, daß in der Privatsphäre keine gesellschaftlich wichtige Arbeit geleistet wird, sondern diese nur im Bereich der Industrie und des Dienstleistungssektors stattfindet, daß nur die Lohnarbeit Einkommen erzeugt. Erst in den letzten Jahren wurde in der Bundesrepublik Deutschland von einigen Autoren die Notwendigkeit betont, der historischen Technikforschung im Bereich der privaten Lebenssphäre, also

Beiträge zur Sozialgeschichte des Alltags im Industriezeitalter, Wuppertal 1978; L. Niethammer (Hg.), Wohnen im Wandel, Beiträge zur Geschichte des Alltags in der bürgerlichen Gesellschaft, Wuppertal 1979; G. Huck (Hg.), Sozialgeschichte der Freizeit, Wuppertal 1980; K. Hausen, Technischer Fortschritt und Frauenarbeit, Zur Sozialgeschichte der Nähmaschine in Deutschland vor 1914, in: Geschichte und Gesellschaft, Zeitschrift für historische Sozialwissenschaft, Jg. 4, 1978, H. 2; vgl. auch A. Hülsenbeck, Schneidern und Nähen – Entwicklungsgeschichte der Bekleidungsherstellung, in: I. Schütte (Hg.), Technikgeschichte als Geschichte der Arbeit, Die historisch-genetische Methode in Technikunterricht und Arbeitslehre, Bad Salzdetfurth 1981; S. Meyer u. B. Orland, Die technische Entwicklung der Waschgeräte und ihre Bedeutung für das Coburger Land, in: R. Reiter (Hg.), Waschen und Wäschepflege im Coburger Land, Coburg 1982.

111 K. Hausen und R. Rürup, Moderne Technikgeschichte, Köln 1975, S. 14.

vor allem der privaten Haushalte und ihren ökonomischen und sozialen Zusammenhängen, mehr Aufmerksamkeit zu widmen.[112]

Etwas besser sieht die Situation in den Vereinigten Staaten aus. In der amerikanischen Forschung gibt es wenigstens einige Arbeiten, die die Entwicklung umfassender, wenn auch nur auf das Gebiet der USA bezogen, aufgearbeitet haben.[113]

4.4.2.2 ›Organisation‹ und ›Funktionalität‹ im Wohnungsbau und in der Produktgestaltung

Das wissenschaftlich-technische ›Prinzip Organisation‹ schlug auch auf die neue Gestaltung der Gebäude und Wohnungen durch. Funktionale Wohn- und Siedlungsbauten sind typisch für die Konstruktions- und Organisationsprinzipien der neuen, an wissenschaftlich-technisch-industriellen Kriterien ausgerichteten Architektur. Diese findet ihre Entsprechung in der Formgestaltung und in der Nutzung neuer technischer Materialien in der Industrie (Industriedesign) sowie im Wohnbereich (Wohndesign). Das gilt vor allem auch für die neuen Haushaltsgeräte. Auch die privaten Haushalte sollten fortan in neuen Wohnhäu-

112 Auf die Notwendigkeit einer intensiveren und umfassenderen Beschäftigung mit der Aufarbeitung der technischen Entwicklung im Haushalt bzw. im Bereich der privaten Lebenssphäre (Alltagswelt, Wohnung, Freizeit, privater Kommunikationsbereich, Wohnungsumfeld) haben neuerdings u. a. hingewiesen:
G. Ropohl, Technik und Gesellschaft, in: H. Lenk u. G. Ropohl, Technische Intelligenz im systemtechnologischen Zeitalter, Düsseldorf 1976; R. Stahlschmidt, Quellen und Fragestellungen einer deutschen Technikgeschichte, Göttingen 1977, S. 111; U. Troitzsch u. G. Wohlauf, Technikgeschichte, Frankfurt am Main 1980; K. Hausen u. R. Rürup, Moderne Technikgeschichte, Köln 1975; zu verweisen ist auch auf eine jüngst entstandene Bibliographie zum Thema: B. W. Joerges (Hg.), a.a.O.

113 Vgl. z.B. R. Schwartz-Cowan, The Industrial Revolution in the home: Household Technology and Social Change in the 20th Century, in: Technology and Culture 17, 1976, S. 1; und S. Strasser, Never done – A History of American Housework, New York 1982; D. C. Andrews u. D. William, Technology and the Housewife in the 19th Century America, in: Women's Studies 2, 1974, S. 309.

sern und Wohnungen die Segnungen der Innovationskraft ›Wissenschaft und Technologie‹ erfahren.
Eine ganz ähnliche Entwicklung ist im Bereich des Handwerks, in den Klein- und Mittelbetrieben sowie in einigen Bereichen des Dienstleistungsgewerbes zu verfolgen.
Für die Übertragung und Anwendung der Prinzipien der Funktionalität und wissenschaftlich-technischen Rationalität auf die Gestaltung von Ein- und Mehrfamilienhäusern stehen Namen wie Erich Mendelsohn, Mies van der Rohe, Arthur Korn, Otto Bartning und Thilo Schoder.
Für den Siedlungsbau sind zu nennen: Bruno und Max Taut, Hugo Häring, Mies van der Rohe, Le Corbusier, Otto Haesler, Walter Gropius und Martin Wagner.
Einen besonderen Einfluß übte der von Muthesius schon 1907 gegründete Deutsche Werkbund aus, dem neben Architekten vor allem Vertreter des Handwerks und der Industrie angehörten. Besonders einflußreich wurde der Werkbund vor allem wegen seiner positiven Einstellung zu den neuen industriellen Prinzipien der Organisation, Funktionalität und Standardisierung und allgemein zu Industrieprodukten.[114] Als Zielvorstellung wurde die »Veredelung der gewerblichen Arbeit durch Material-, Form- und Werkgerechtigkeit der Produkte« vertreten. Der Deutsche Werkbund gab von 1926 bis 1933 die Zeitschrift »Die Form« heraus und veranstaltete zwischen 1914 und 1933 mehrere bedeutende Ausstellungen.[115] Beides hatte einen wesentlichen Einfluß auf die Übertragung der durch die Innovationskraft ›Wissenschaft und Technologie‹ in der Industrie entwickelten Prinzipien auf das Bauen und die neue Wohnkultur.
Einen noch bedeutenderen Einfluß hatte das Bauhaus. Gerade in der Bauhaus-Kultur spiegelte sich die Faszination der industriellen Prinzipien wider. So wurden zahlreiche Standardtypen für industriell zu fertigende Waren des täglichen Gebrauchs entwikkelt. Handwerk, wissenschaftliche Analyse und Technik verschmolzen. Die Maschine, meist elektrisch angetrieben, wird als

114 Vgl. hierzu u. a. W. Braun-Feldweg, Industrial Design heute, Reinbek 1966.
115 Hierzu: Jahrbuch des Deutschen Werkbundes (1921-1922); Die Form (1926-1933); nach 1951: Werk und Zeit.

formgebendes Werkzeug verstanden, das der Handwerker und Designer beherrschen muß.
Walter Gropius, der erste Leiter des Bauhauses[116], hielt 1923 einen Vortrag von historischer Bedeutung über »Kunst und Technik – Eine neue Einheit«: Das entworfene Modell der zu erstellenden Produkte wird von seinem Zweck her funktional gestaltet. Es muß »von vornherein fertig durchdacht sein, da die maschinelle Produktion später keine Korrektur mehr erlaubt«.
Immerhin sind diese Ideen von Persönlichkeiten wie Mies van der Rohe, Moholy Nagy, der 1937 in Chicago das ›New Bauhaus‹ gründete (später ›Insitute of Design‹), und anderen weltweit verbreitet worden. Sie sind bis heute ein maßgebendes Element der Architektur und des modernen Designs der wissenschaftlich-technisch-rationalistischen Industriegesellschaft.[117]

4.4.2.3 Anfänge einer wissenschaftlichen Haushaltswirtschaft

Den deutlichsten Niederschlag fand das Organisationsprinzip im Haushalt allerdings durch die direkte Übertragung des »scientific management« Taylor'scher Prägung auf den Haushalt. Die Transformation der wissenschaftlichen Betriebsführung, insbesondere der arbeitswissenschaftlichen Erkenntnisse, erfolgte über die Herausbildung einer wissenschaftlichen Haushaltswirtschaft. Sie widmet sich neben der hauswirtschaftlichen Bildung der Verbreitung der neuen Ideen, der systematischen Erforschung des Arbeitsplatzes sowie der Erforschung der Arbeitsmethoden und Arbeitsgeräte im Haushalt.[118]

116 Bis 1925 Hochschule für Gestaltung in Weimar, danach erst Bauhaus in Dessau.
117 Vgl. hierzu u. a.: Walter Gropius, Die neue Architektur und das Bauhaus, Mainz 1967; L. Lang, Das Bauhaus 1919-1933, Idee und Wirklichkeit, Berlin 1965; H. M. Wingler, Das Bauhaus 1919-1933, Weimar, Dessau, Berlin und die Nachfolge in Chicago seit 1937, Köln 1968;
besonders auch: ›Tendenzen der 20er Jahre‹, Ausstellungskatalog der 15. Europäischen Kunstausstellung in Berlin 1977, Berlin 1977, Bd. 2, Von der futuristischen zur funktionellen Stadt – Planen und Bauen in Europa 1913-1933.
118 Eine der wenigen historischen Arbeiten über die Entwicklung: E. Egner, Entwicklungsphasen der Hauswirtschaft, Berlin 1969.

Durch die Anwendung der neuen wissenschaftlich-technischen Erkenntnisse in den Haushalten sollen die Geräte optimal in die Arbeitsvorgänge im Haushalt integriert werden. Umgekehrt sollte eine »rationale Durchorganisation« der verschiedenen Arbeitsbereiche als Voraussetzung für eine reibungslose Integration der Geräte erfolgen.

Die in den zwanziger Jahren begründete Haushaltswissenschaft erhielt ihre institutionelle Fundierung durch das 1927 in Berlin gegründete »Institut für Haushaltswissenschaft«. Es hatte die Aufgabe, vor dem Hintergrund des zunehmenden Eindringens von Wissenschaft und Technik in die private Hausarbeit die wissenschaftlichen Untersuchungen der einzelnen Haushaltsbereiche zu forcieren und zu koordinieren. Die Haushaltsanalysen sollten natürlich das Prinzip Organisation auf den Haushalt übertragen und somit zu einer Rationalisierung des haushälterischen Handelns beitragen. So wurden bald auch erste Zeitbudgetuntersuchungen in privaten Haushalten durchgeführt.

In diese Zeit fallen auch die ersten Versuche, eine Betriebslehre des Haushalts und eine Theorie des Haushalts zu entwickeln.[119] Die Institutionalisierung der hauswirtschaftlichen Bildung war wegen ihrer starken Multiplikatorenfunktion für die Durchsetzung von wissenschaftlichen Erkenntnissen und der Technisierung der Haushalte bedeutsam.[120] Es entsteht ein buntes Spektrum hauswirtschaftlicher Schulen, Fachschulen, Berufsschulen und Fachhochschulen, die entweder eine allgemeine hauswirtschaftliche Bildung und/oder eine hauswirtschaftliche Berufsbildung vermitteln sollen. Grundsätzlich tragen sie zur Übertragung der in der Industrie angewandten funktionalistischen und rationalistischen Prinzipien auf den Haushalt bei.

Ich habe den Sektor private Haushalte und Wohnkultur bewußt als Beispiel für das Eindringen der Innovationskraft ›Wissenschaft und Technologie‹ in weitere gesellschaftliche Bereiche nach 1920 ausgewählt, weil er im Prinzip weit entfernt zur wissenschaftlich-technischen und zur großindustriellen Lebens-

119 Vgl. z. B. M. Silberkuhl-Schulte, Der durchdachte Haushalt, Berlin 1933.

120 G. Tornieporth, Zur Geschichte der hauswirtschaftlichen Bildung, Studien zur Frauenbildung, Weinheim/Basel 1979.

sphäre steht, weiter entfernt als beispielsweise kleine und mittlere Unternehmen, das Verkehrs- und Transportwesen, der Handel, das Handwerk und eine Reihe von Dienstleistungsbereichen. Dennoch kann die Wirkung der Innovationskraft ›Wissenschaft und Technologie‹, die direkte Übertragung wissenschaftlich-technisch-industrieller Prinzipien, auf die privaten Haushalte und die Wohnkultur fast idealtypisch verfolgt werden.

Es unterliegt keinem Zweifel, daß sich die ökonomischen und sozialen Bedingungen aller gesellschaftlichen Teilbereiche in dieser Zeit als Folge der Entfaltung der Innovationskraft ›Wissenschaft und Technologie‹, speziell des neuen ›Prinzips Organisation‹, ganz erheblich verändert haben.

Die neue Entwicklungsstufe von ›Wissenschaft und Technologie‹ hat insofern eine besondere Qualität für die Dynamik von Industriegesellschaften, als erstmals alle Bereiche des individuellen Daseins und sozialen Zusammenlebens unmittelbar erfaßt werden. Es braucht angesichts der explosionsartigen Entwicklung der Haushalts-Güterproduktion (das gilt gleichermaßen für die Zeit nach dem Zweiten Weltkrieg) nicht besonders betont zu werden, welche wirtschaftliche und politische Bedeutung dieser Vorgang für die weitere Entwicklung der Industriegesellschaft hatte: Mit der Entwicklung der Produktivkraft ›Wissenschaft und Technologie‹ in den zwanziger Jahren dieses Jahrhunderts wurde der private Haushalt zu einem zentralen Wirtschaftssubjekt der Volkswirtschaft und vorrangigen Marktziel der Industrie. Heute befassen sich verschiedene Fachdisziplinen wissenschaftlich mit dem privaten Haushalt. Angefangen bei Spezialgebieten der Wirtschaftswissenschaften über die Markt- und Verbraucherforschung, die Wohn- und Innenarchitektur, die Design-Wissenschaften, die Bevölkerungs- und Familienforschung, die Wirtschaftslehre des Haushalts bis hin zur Haushaltswissenschaft und ihren speziellen Fachgebieten der Ernährungs-, Kommunikations-, Arbeitsorganisationswissenschaft usw.

Damit sollte die Bedeutung der Innovation durch das wissenschaftlich-technische Prinzip Organisation hinreichend beleuchtet sein.

4.5 Die strategische Planung und Organisation der Wissens- und Technologieproduktion und ihrer Verwertung

Die Periode der Entfaltung der Innovationskraft ›Wissenschaft und Technologie‹ seit etwa 1940 ist die Periode der strategischen Planung und Organisation der Wissens- und Technologieproduktion zum Zwecke allseitiger Verwertung.
An die Stelle des Bacon-Satzes ›Wissen ist Macht‹ tritt nun: ›Die Steuerung der Wissens- und Technologieproduktion und ihrer Verwertung ist Macht.‹
Bevor wir diese für die fortgeschrittenen Industriegesellschaften konstitutive Strategie genauer untersuchen, soll noch einmal rekapituliert werden:
Die Produktivkraft ›Wissenschaft und Technologie‹ hatte sich im wesentlichen durch vier grundlegende methodische Neuerungen entfaltet, die sie zunehmend zur zentralen Produktivkraft avancieren ließen. Es handelte sich um

1. die Herausbildung der empirisch-analytischen Methode der modernen Wissenschaft durch gezielte und systematisch kontrollierte Experimente;
2. die Einbeziehung der Wissenschaft in die technisch-industrielle Revolution durch die wechselseitige Durchdringung von Wissenschaft, Technik und industrieller Verwertung;
3. die direkte Einbindung der Wissenschaft in den großindustriellen Produktionsprozeß und militärischen Bereich;
4. die Herausbildung des wissenschaftlich-technischen Prinzips Organisation und seine systematische und universale Anwendung auf alle Lebensbereiche.

Alle Schritte tendieren in die gleiche Richtung; es geht darum, die Methode der Erzeugung erkenntnisleitender und nützlicher Informationen zu verbessern.
Es liegt nahe, dieses Prinzip nunmehr durch eine strategische Planung und Organisation der Wissens- und Technologieproduktion und ihrer Verwertung selbst, im Sinne von Nützlichkeit bzw. nützlichen Anwendungen, zu optimieren. Das ist der Hintergrund der Wissenschaftsentwicklung in den vierziger Jahren, ausgehend vor allem von den USA.

Dazu bedurfte es allerdings verschiedener Vorgänge: Zunächst einmal ging es um die Voraussetzung, daß künftig möglichst alle Systeme und Erscheinungen der belebten und unbelebten Materie mit Hilfe der wissenschaftlichen Methode analysierbar und manipulierbar werden.

Der erste Vorgang war deshalb die Herausbildung neuer wissenschaftlicher und technischer Grundlagen zur Durchdringung und Abbildung auch komplexester natürlicher und sozialer Systeme und Prozesse und die Ersetzung kognitiver, sensitiver und operativer Funktionen des Menschen durch »Intelligente Technologien«.

Dieser Vorgang, basierend auf der neuen Grundgröße ›Information‹ und ihrer technischen Nutzung, schuf, noch allgemeiner ausgedrückt, die Möglichkeit, prinzipiell alle darstellbaren natürlichen und artifiziellen Systeme und Prozesse technologisch nachzubilden, zu ersetzen, zu verstärken und (unbeschränkt) manipulierbar zu machen.

Das hat einen zweiten Vorgang beschleunigt: die vollständige Verschmelzung von Wissenschaft und Technik und ihre strategische politische und ökonomische Umsetzung im Rahmen eines neuen Wirtschaftssektors ›Forschung, Entwicklung und Technologietransfer‹. Vorrangige Wirtschaftstätigkeit in diesem Sektor ist die Ersetzung von Wahrnehmungs-, Organisations-, Steuerungs- und Kontrollfunktionen, die bisher von Menschen ausgeführt wurden, durch eine apparative bzw. technologische Sensitivität und Intelligenz. Sie erfolgt, wie jede andere Wirtschaftstätigkeit, fortan zur optimalen Erfüllung ökonomischer und sozialer Interessen, d. h. hauptsächlich individueller und gesellschaftlicher Bedürfnisse[121], und von Herrschaftsinteressen.

Diese beiden Vorgänge sind die wesentlichen Entwicklungsmomente der Produktivkraft ›Wissenschaft und Technologie‹ seit

121 Vgl. hierzu den von Klaus Michael Meyer-Abich entwickelten Bedürfnisbegriff und den wichtigen Zusammenhang von Bedürfnis, Bedarf und Nachfrage, in: K.M. Meyer-Abich u. D. Birnbacher (Hg.), Was braucht der Mensch, um glücklich zu sein – Bedürfnisforschung und Konsumkritik, München 1979;
auch: Katrin Lederer und Rainer Mackensen, Gesellschaftliche Bedürfnislagen, Göttingen 1975, insbesondere S. 95 ff.

etwa 1940. Das herrschende Grundprinzip ist die Maximierung der Produktivität im Sinne des WTI-Paradigmas durch den strategisch geplanten und organisierten Einsatz von ›Wissenschaft und Technologie‹. Von nun an wird ›Wissenschaft und Technologie‹ zur allein dominierenden Produktivkraft gegenüber ›Arbeit‹ und ›Kapital‹, während die Produktivkraft ›Natur‹ weiterhin als beliebig verfügbar angesehen und behandelt wird.

Die rasante Expansion des neuen Wirtschaftssektors Forschung, Entwicklung und Technologietransfer bildet die Grundlage der nun einsetzenden »Supertechnisierung«[122] und »Superindustrialisierung« der Industriegesellschaften: Unter den Innovationsforschern, den Erforschern langfristiger Wirtschaftszyklen, den Technik-Soziologen und Zukunftsforschern gibt es zwar verschiedene Meinungen darüber, welche Ursachen und Prozesse im einzelnen diese Entwicklung bestimmt haben, nicht jedoch über die Tatsache als solche. Auch gibt es weitgehende Übereinstimmung darüber, daß die Ausgangspunkte für die Verwissenschaftlichung und Technisierung aller individuellen und gesellschaftlichen Lebensbereiche um das Jahr 1940 herum liegen.

Ich werde im nächsten Kapitel genauer zeigen, welche Innovationen im einzelnen diesen Entwicklungsschritt von ›Wissenschaft und Technologie‹ bewirkt haben. Er ist auch deshalb so bedeutend, weil er sich im wesentlichen ungehemmt von ideologischen Grundströmungen weitgehend gleichartig in allen Industrieländern vollzogen hat. Vor allem auch mit den gleichen Folgen.

Während sich die Vertreter der verschiedensten weltanschaulichen Systeme, also Konservative, Liberale, Sozialisten und Kommunisten, heftig befehdeten und ihre Ursachen für Unfreiheit, Ungerechtigkeit und gegenseitigen Haß, für Wirtschaftskrisen, soziale Spannungen und kriegerische Auseinandersetzungen in den Gesellschaftskonzepten ihrer jeweiligen politischen Gegner ausmachten, vollzog sich – von allen politischen Grundrichtungen nachhaltig unterstützt – die Entfaltung von ›Wissenschaft und Technologie‹ zur dominierenden Innovations- bzw. Produk-

122 Auf diesen von Arnold Gehlen, Die Seele im technischen Zeitalter – Sozialpsychologische Probleme in der industriellen Gesellschaft, Reinbek 1957, geprägten Schlüsselbegriff komme ich weiter unten noch ausführlich zurück.

tivkraft mit der Folge der Supertechnisierung und Superindustrialisierung. In allen Industrieländern des Westens wie des Ostens werden die Planung und Organisation der Wissens- und Technologieproduktion und ihre unmittelbare Verwertung im industriellen und militärischen Komplex forciert.[123] Die Erklärung dafür ist relativ einfach: bei allen ist der Glaube an das WTI-Fortschrittsparadigma tief verankert. Weiterhin werden die mit der Forcierung der Produktivkraft ›Wissenschaft und Technologie‹ verbundenen Erfolgsaussichten zur Erfüllung der Interessen relevanter gesellschaftlicher Gruppen und vor allem ihre Machtexpansion im staatlichen und ökonomischen Bereich allseits außerordentlich hoch eingeschätzt. Selbst für den größten Teil der Mittel- und Unterschichten ist die intensivere Nutzung von Wissenschaft und Technologie mit der Befriedigung von Bedürfnissen und der Aussicht auf Sättigung von Bedarf ganz selbstverständlich verbunden.[124]

Die tatsächlichen militärischen und ökonomischen Erfolge auf dieser Grundlage haben diese Einschätzungen weitgehend bestätigt, auch wenn damit keines der großen Ziele der verschiedenen Ideologien erreicht werden konnte.

Trotzdem verfestigte sich in allen Ländern das WTI-Fortschrittsparadigma und blieb im wesentlichen ungebrochen bis heute erhalten.

Erhard Eppler hat diese Situation für die jüngste Entwicklung wie folgt beschrieben:

»Noch zu Beginn der 70er Jahre gab es zumindest in einem wichtigen Punkt Übereinstimmung: Was immer sonst noch Fortschritt sein mochte, Erhöhung des Lebensstandards, Wachstum der Wirtschaft und des Pro-Kopf-Einkommens war es in jedem Fall.

Dies glaubten Liberale und Sozialisten, Strukturkonservative und Kommunisten, die einen inbrünstiger als die anderen, und dies seit Jahrzehnten. Alle waren sie der Meinung, es werde sich eines Tages eine Fülle der Güter produzieren lassen, die Verteilungsprobleme gegenstandslos mache. Sie stritten darüber, ob man dazu die Produktivkräfte von den Fesseln der kapitalistischen Rechts- und Eigentumsordnung befreien müsse. Ob man es getan hat oder nicht, überall sind Produktivkräfte mit einer Dynamik gewachsen, gegen die wir immer hilfloser werden,

123 Hierzu eingehend vor allem die Kapitel 8 und 9.

124 Hierzu K. M. Meyer-Abich u. D. Birnbacher (Hg.), a.a.O.

schließlich so hilflos, daß viele sich achselzuckend in sogenannte Sachzwänge fügen, andere glauben, was hier wachse, sei der Krebs, an dem die Menschheit zugrunde gehen müsse.«[125]

Wenn bisher die Dominanz und die tiefe Verwurzelung des WTI-Paradigmas in den verschiedenen Gesellschaftssystemen und vorherrschenden ideologischen Strömungen des 20. Jahrhunderts hervorgehoben wurden, dann dürfen die abweichenden Meinungen auch nicht unterschlagen werden. Schon frühzeitig haben sich skeptische Stimmen zur Supertechnisierung und Superindustrialisierung erhoben. Es waren einzelne »Außenseiterstimmen«, die in ganz unterschiedlichen weltanschaulichen Lagern ihren Rückbezug haben. Sie haben vor allem auf die negativen Folgen der alle Lebensbereiche durchdringenden und überwuchernden wissenschaftlich-industriellen und militärtechnologischen, den Menschen als Homo humanus erdrückenden Superstrukturen aufmerksam gemacht.[126] Obwohl diese Stimmen teilweise sehr eindringlich vor dem Moloch der ungehemmten Entfaltung der Produktivkraft ›Wissenschaft und Technologie‹ gewarnt haben, verlief der breite Strom technologischer, ökonomischer und militärischer Entscheidungen in allen politischen Lagern im Sinne des WTI-Paradigmas hin zu immer neuen und effizienteren Methoden der Planung und Umsetzung von ›Wissenschaft und Technologie‹.
Was ist das für eine Kraft, die eine solche Suggestion hat?
Immerhin war schon 1945 real erlebt worden, daß mit ihr in wenigen Sekunden Großstädte ausradiert und Hunderttausende von Menschen elend zugrundegerichtet werden können.
Dennoch hat diese Kraft in den letzten vier Jahrzehnten nur wenig von ihrem Glanz eingebüßt; auch wenn nunmehr sogar die Möglichkeit und Wahrscheinlichkeit der vielfachen Vernichtung der Menschheit durch sie Realität wurde, ebenso der Pflanzen- und Tierwelt, und die Zerstörung ganzer Meere und Wälder sowie von Flüssen und Böden bereits eingetreten ist. Auch die

125 Erhard Eppler, Ende oder Wende, Stuttgart 1975, S. 37.
126 Zu diesen Einzelstimmen gehören u. a. Franz Kafka, George Orwell, Aldous Huxley, Arnold Gehlen, Robert Jungk, E. F. Schumacher, Carl Amery, Willis W. Harman.

Kontrolle durch einen »Großen Bruder« ist keine Frage der technischen Machbarkeit mehr.
Es liegen mittlerweile verschiedene eindrucksvolle Analysen vor, die sich mit der Enwicklungslogik und Entwicklungsdynamik dieser ›Wissenschaft und Technik‹ befassen. Sie liefern ein breites Spektrum interdependenter Zusammenhänge von ökonomischen, sozialen, ökologischen und psychologischen Variablen und Prozessen und Ansätze erklärender Theorien. Hier haben in den letzten Jahren insbesondere die Wissenschaftsforschung, die Friedens- und Konfliktforschung, die Ökologie-, die Technologiefolgen- und die Zukunftsforschung zu einer Reihe neuer Einsichten geführt. Insbesondere auch die Wissenschaftstheorie und Wissenschaftsgeschichte, die Wissenschafts- und Techniksoziologie und die Psychologie der wissenschaftlichen und technischen Handlungsgrundlagen haben dazu beigetragen, daß wir heute eine ganze Menge über die Mechanismen wissen, die der Suggestivkraft des wissenschaftlich-technologischen Vorgehens und der Verbreitung und Verfestigung des WTI-Paradigmas und seines Fortschrittsmythos zugrunde liegen.[127]
Zu einer der neueren Arbeiten gehört die bereits oben erwähnte Analyse von Otto Ullrich über ›Technik und Herrschaft‹. Hier wird vor allem der Zusammenhang von wissenschaftlicher Tätigkeit, Technikentwicklung und Herrschaftsstrukturen aufgezeigt.[128] Dem allgemeinen Ergebnis, daß sowohl innerwissenschaftliche als auch innertechnologische Determinanten neben gesellschaftlichen – vor allem also politischen, ökonomischen und sozialen Interessen sowie psychologischen und sozialen Prädispositionen der Individuen und Gruppen – zu einer bestimmten Ausprägung von Herrschaft durch, mit und über Technik geführt haben, kann weitgehend gefolgt werden. Auch sind verschiedene Mechanismen, die zur Entwicklung der Großtech-

127 Ich verzichte an dieser Stelle auf die Angabe der mittlerweile umfangreichen Literatur, da im Laufe der folgenden Kapitel zahlreiche Literaturhinweise im Rahmen konkreter Zusammenhänge gegeben werden.

128 Otto Ullrich, Technik und Herrschaft – Vom Hand-Werk zur verdinglichten Blockstruktur industrieller Produktion, Frankfurt/Main 1979.

nologie und zu großindustriellen Superstrukturen geführt haben, dort dargestellt. Offen bleibt jedoch, welche spezifischen Eigenschaften es sind, die wissenschaftlich-technisches Handeln für ganz unterschiedliche Interessen bzw. Interessengruppen so interessant machen. Weshalb ist die Innovationskraft ›Wissenschaft und Technologie‹ für so verschiedene ideologische Grundströmungen und politische Systeme so erfolgreich nutzbar zu machen?

Ich meine, die Klärung dieser Frage ist Voraussetzung dafür, daß mit einiger Aussicht auf Erfolg an die Bewertung und Steuerung von Wissenschaft und Technologie gegangen werden kann. Da ich die These vertrete, daß für die Wirksamkeit der Produktivkraft ›Wissenschaft und Technologie‹ das *methodische* Vorgehen entscheidend ist, das sich seit der Herausbildung der modernen Wissenschaft und Technik am Ende des 16. Jahrhunderts schrittweise verfeinerte, kommt vor allem auch den *methodischen Neuerungen* der Wissensproduktion und Wissensverwertung im letzten halben Jahrhundert eine grundlegende Bedeutung zu.

Im folgenden Kapitel 5 versuche ich nun, diese Neuerungen so darzustellen, daß ihr revolutionäres Substrat möglichst deutlich hervortritt und sichtbar wird, welche wissenschaftlich-technologischen Vorgehensweisen bis heute für die ökonomische und politische Macht moderner Industriegesellschaften konstitutiv sind.

Ich mache dabei vor allem als Grundlage das kybernetische Denken und Handeln aus, das mit der Einführung der neuen Grundgröße Information, der Entdeckung des universalen Charakters des Regelungsprinzips und der Wiederentdeckung des Systemansatzes auf einer neuen Stufe verbunden ist.

Die hierdurch ausgelöste qualitative und quantitative Veränderung der Wissens- und Technologieproduktion erzeugte nun eine Eigendynamik, die zur Neuorganisierung wissenschaftlich-technischer Einrichtungen mit einem Profil führte, das viel eher einem modernen Industrieunternehmen gleicht als einem traditionellen Forschungs- und Entwicklungsinstitut. Insbesondere aber der militärische, ökonomische und politische Verwertungsdruck drängte auf schnelle Umsetzung und effiziente Anwendung der wissenschaftlich-technologischen Produkte. Beide Momente führten nun, erstmalig in den USA, zur Herausbildung des neuen Wirtschaftssektors der »knowledge industry«. Seine Entstehung und Ausformung als eigenständiger Wirtschaftsbereich ›Forschung, Technologieentwicklung und Technologietransfer‹ ist Inhalt des sich anschließenden Kapitels 6.

Während in Kapitel 7 dann die Grundlagen dieser neuen Wissenschaftsindustrie dargestellt werden, befassen sich die Kapitel 8 bis 10 mit der auf dieser Industrie aufbauenden Innovationssteuerung und Wirtschaftsstrukturpolitik.

5 Die Grundlagen heutiger Wissensproduktion und Technologieverwertung

> »Wenn das 17. und das frühe 18. Jahrhundert das Zeitalter der Uhren war und das späte 18. und 19. Jahrhundert das Zeitalter der Dampfmaschine, so ist die gegenwärtige Zeit das Zeitalter der Kommunikation und der Regelung.«[1]

Dies läßt sich auch anders ausdrücken: Während für die Jahrhunderte zuvor die Grundgrößen Raum und Zeit, Masse und Energie das wissenschaftliche und technische Handeln bestimmten, tritt nunmehr die Grundgröße Information hinzu. Wie noch gezeigt wird, handelt es sich bei der heutigen Wissensproduktion und Technologieverwertung hauptsächlich um die Produktion und Nutzung von Informationen und ihre technische Verarbeitung. Das ist deshalb besonders bedeutsam, weil für die Grundgröße Information im Gegensatz zu den Grundgrößen Masse und Energie kein Erhaltungssatz sichtbar ist. Im Gegenteil: Information ist beliebig vermehrbar: »Information ist, was Information schafft«, sagt Carl Friedrich von Weizsäcker.

Insbesondere lassen sich mit Informationen auch Systeme und Prozesse großer Materie- und Energieflüsse steuern und regeln, ohne nennenswerte Mengen von Materie und Energie zu verbrauchen.

Die wissenschaftliche Methode folgt nun dem Grundprinzip, gerade solche Informationen zu erzeugen, durch die alle natürlichen und artifiziellen Systeme und Vorgänge zum Zwecke besserer Beherrschbarkeit und Manipulierbarkeit im Sinne des WTI-Paradigmas abgebildet und technisch realisiert werden können.

Man kann auch sagen, daß die wissenschaftliche Methode einem

1 Norbert Wiener, Kybernetik – Regelung und Nachrichtenübertragung im Lebewesen und in der Maschine, Düsseldorf/Wien 1963, S. 73 (Original: Cybernetics or control and communication in the animal and the machine, MIT, Massachusetts 1948).

Effizienzprinzip folgt, das durch die Beherrschbarkeit von Natur und Menschen bestimmt ist.
Wie das vonstatten gegangen ist, schildert N. Wiener:

»Im 19. Jahrhundert werden die von Menschen konstruierten Automaten und jene anderen Automaten des Materialisten, die Tiere und Pflanzen, von einem sehr unterschiedlichen Gesichtspunkt aus untersucht. Die Erhaltung und die Abnahme der Energie sind die herrschenden Grundsätze des Tages. Der lebende Organismus ist vor allem eine Wärmekraftmaschine, die Glukose, Glykogen oder Stärke, Fette und Proteine zu Kohlendioxyd, Wasser und Harnstoff verbrennt. Es ist das Stoffwechselgleichgewicht, das den Mittelpunkt der Aufmerksamkeit bildet ...
Alle fundamentalen Begriffe sind mit dem Begriff der Energie assoziiert, und der hauptsächliche davon ist der des Potentials. Die Technik des Körpers ist ein Zweig der Energietechnik ...
Heute sind wir dabei, uns klarzumachen, daß der Körper weit von einem konservativen System entfernt ist und daß seine Komponenten in einer Umgebung arbeiten, in der die verfügbare Kraft viel weniger begrenzt ist, als wir angenommen haben ...«
»Kurz, die neuere Untersuchung der Automaten, ob aus Metall oder aus Fleisch, ist ein Zweig der Nachrichtentechnik, und ihre Hauptbegriffe sind jene der Nachricht, Betrag der Störung oder ›Rauschen‹ ..., Größe der Information, Kodierverfahren und sofort. In solch einer Theorie befassen wir uns mit Automaten, die tatsächlich mit der Welt außerhalb nicht nur durch ihren Energiefluß, ihren Stoffwechsel verbunden sind, sondern durch einen Strom von Eindrücken, von hereinkommenden Nachrichten und durch Aktionen hinausgehender Nachrichten. Die Organe, durch die die Eindrücke empfangen werden, sind die Äquivalente der menschlichen und tierischen Sinnesorgane.«[2]
»Überdies muß die Information, die durch den Automaten empfangen wird, nicht sofort benutzt werden, sondern kann verzögert oder gespeichert werden, um zu irgendeiner künftigen Zeit verfügbar zu sein. Dies ist das Analogon zum Gedächtnis. Schließlich sind, solange der Automat in Gang ist, gerade seine Operationsregeln empfänglich für irgendeine Änderung an den Grunddaten, die durch die Empfänger in der Vergangenheit eingetreten sind; dies ist dem Prozeß des Lernens nicht unähnlich.«[3]

Mit diesen Sätzen hat Wiener schon 1947 die Grundlagen der neuen Entwicklungsstufe der Produktivkraft ›Wissenschaft und

2 Ebenda, S. 78 f.
3 Ebenda, S. 79 f.

Technologie‹ beschrieben. Es ist der in Kapitel 4.5 bereits angedeutete methodische Sprung zur Durchdringung, Abbildung und Realisierung auch komplexester Systeme und die Ersetzung sensitiver, kognitiver und operativer Funktionen des Menschen durch ›intelligente Technologien‹.

»Die vielen Automaten des gegenwärtigen Zeitalters sind mit der äußeren Welt für den Empfang von Eindrücken und für die Verrichtung von Handlungen verbunden. Sie enthalten Sinnesorgane, Geber und das Äquivalent eines Nervensystems, um das Übertragen der Information von einem zum anderen zu gewährleisten.«[4]

Wie groß der hier erstmals in deutlichen Umrissen gezeichnete Schritt zur nun folgenden kybernetischen Wissenschaft und Technik ist, läßt sich vor allem den Betrachtungen Wieners über den Newtonschen und Bergsonschen Zeitbegriff entnehmen, die die historische Bedeutung der damaligen Aussagen besonders unterstreichen.

»Vielleicht nicht so klar ist, daß die Theorie der sensitiven Automaten eine statistische ist. Wir sind kaum an der Herstellung eines nachrichtentechnischen Geräts für eine einzelne Eingabe interessiert ... So gehört ihre Theorie eher zur Gibbsschen statistischen Mechanik als zur klassischen Newtonschen Mechanik ...«[5]

Hier zielt Wiener vor allem auf den Unterschied zwischen reversiblen Vorgängen (Newtonsche Mechanik) und irreversiblen Vorgängen (Gibbssche Statistik). Bergson hat diesen Unterschied besonders hervorgehoben und verallgemeinert, indem er von der reversiblen Zeit in der Physik sprach, in der sich nichts Neues ereignet, und der irreversiblen Zeit der Biologie und Evolution, in der sich immer Neuerungen vollziehen.
In den weiteren Aussagen nimmt Wiener einerseits auf die Zurückführung der Thermodynamik auf die fortschreitende Entwicklung der statistischen Mechanik dynamischer Systeme durch Maxwell, Boltzmann, Gibbs und Nernst Bezug, in der die Ergebnisse keine Kausalaussagen einzelner Systeme mehr sind, sondern Wahrscheinlichkeitsaussagen einer großen Zahl dynamischer Systeme. Andererseits bezieht er sich auf die statistische Quantenmechanik Heisenbergs, in der für atomare Vorgänge die gleich-

4 Ebenda, S. 80.
5 Ebenda, S. 80f.

zeitige exakte Angabe der Raum- und Zeitkoordinaten von Systemen prinzipiell unmöglich ist,[6] in der aber gleichwohl die Zukunft von Systemzuständen in bestimmten Bandbreiten bzw. Wahrscheinlichkeiten statistisch bestimmbar ist. Auf die grundlegende Konsequenz geht Wiener mit der folgenden Bemerkung ein:

»So lebt der moderne Automat in der gleichen Bergsonschen Zeit wie der lebende Organismus, und daher gibt es keinen Grund in Bergsons Betrachtungen, warum das wesentliche Funktionieren des lebenden Organismus nicht das gleiche wie jenes des Automaten dieses Typs sein sollte. Der Vitalismus hat bis zu dem Ausmaß gewonnen, daß sogar Mechanismen mit der Zeitstruktur des Vitalismus korrespondieren, aber wie wir gesagt haben, ist dieser Sieg eine vollkommene Niederlage, denn von jedem Gesichtspunkt aus, der die entfernteste Beziehung zur Moral oder Religion hat, ist die neue Mechanik genauso vollkommen mechanistisch wie die alte. Ob wir den neuen Gesichtspunkt materialistisch nennen sollten, ist fast nur eine Frage der Worte: der Einfluß der Materie charakterisiert eine Phase der Physik des 19. Jahrhunderts weit mehr als das gegenwärtige Zeitalter, und der Materialismus ist wenig mehr geworden als ein schwaches Synonym für Mechanismus. Tatsächlich wurde die ganze Kontroverse zwischen Mechanismus und Vitalismus in die Rumpelkammer schlecht gestellter Fragen verwiesen.«[7]

Das ist die erste tiefgreifende Begründung der neuen Entwicklungsstufe der Produktivkraft ›Wissenschaft und Technologie‹, die im Laufe der vierziger Jahre dieses Jahrhunderts erreicht wurde.

5.1 Ausgangspunkt: Die neue Grundgröße ›Information‹

Für die entwicklungsgeschichtliche Analyse der Innovationskraft ›Wissenschaft und Technologie‹ ist von großer Bedeutung, daß fast zur gleichen Zeit in ganz unterschiedlichen Wissens- und Technikgebieten die Unzulänglichkeiten und methodischen Mängel beim Zugang zu komplexen Systemen immer deutlicher hervortraten und unüberwindliche Probleme schufen.

6 Heisenbergsche Unbestimmtheitsrelation; hierzu etwa: Werner Heisenberg, Schritte über Grenzen, München 1971.

7 N. Wiener, Kybernetik, a.a.O., S. 81.

Gleichzeitig konzentrierten sich verschiedene neue Lösungsansätze auf Fragen der Informationsübertragung und der Regelung von Rückkopplungsprozessen sowie auf die an historische Vorbilder anknüpfende Betrachtung von Systemen als einheitliche Gebilde, deren Elemente und Subsysteme funktional vernetzt sind. Am fruchtbarsten wurden die Ansätze, die heute unter dem Begriff Kybernetik subsumiert werden.
Beim Übergang zum kybernetischen Denken und zur kybernetischen Technik handelt es sich nicht um eine einzelne revolutionierende Erfindung, sondern um eine neue leistungsfähige Methode der Wissens- und Erkenntnisproduktion und ihrer technischen Umsetzung. Im Zentrum stehen drei neue Denk- und Handlungsansätze – die Regelungstechnik, die Informationstheorie und die Systemtheorie. Mit ihnen wird es in der Folgezeit möglich, auch äußerst komplexe Systeme und Vorgänge der belebten und unbelebten Welt einer operationalen Behandlung zugänglich zu machen und sie gleichzeitig technisch nachzubilden und zu manipulieren. Nicht zufällig hat sich praktisch parallel zu diesen Ansätzen auch ihr jeweiliges theoretisches bzw. technisches Pendant entwickelt – die Regelungstheorie, die Nachrichtentechnik und die Systemtechnik.
Im folgenden sollen einige Ausgangspunkte, die für die Entstehung der kybernetischen Methode und das Zeitalter von Information und Kommunikation relevant waren, dargestellt werden.

5.1.1 Soziale Systeme und Informationsprozesse

Wir knüpfen hier unmittelbar an die vierte Entwicklungsstufe der Innovationskraft ›Wissenschaft und Technologie‹ an, also an das Prinzip Organisation. Die neuen Organisationsmethoden Taylorscher Prägung mit der Verwissenschaftlichung und Technisierung der Arbeitsabläufe und Produktionsprozesse, insbesondere ihre formale Operationalisierung und Optimierung, waren bald massiver Kritik ausgesetzt. Wegen der damit verbundenen menschenfeindlichen Intensivierung der Arbeit und der Enthumanisierung des Arbeitsplatzes stemmten sich die Arbeiterschaft und die Gewerkschaftsbewegung gegen diese Folgen der Produktivkraftentwicklung. Die technisch-instrumentale Sicht der sozialen Organisation diente tatsächlich nur dem einen Zweck, die ökonomische Effizienz und Produktivität zu steigern und die Gewinne der Unternehmen zu maximieren. Es kann nicht verwundern, daß in dem Maße, wie die Organisierung der Arbeitsabläufe zunahm, sich die Konflikte in den Organisationen und sozialen Subsystemen verstärkten. Immer deutlicher wurde, daß neben den formalen Produktions- und Arbeitsprozessen informale Systeme und Prozesse – also individuelle und soziale Faktoren und Funktionen wie Status, Persönlichkeit, Rollenverhalten, Gruppenbildung, informelle Beziehungen, Willens- und Entscheidungsprozesse oder soziale Kontrollen und Sanktionen – größte Bedeutung für das betriebliche Geschehen hatten. Damit einher ging die Erkenntnis, daß auch Effizienz und Produktivität letztlich ganz wesentlich von den informalen Bedingungen der Organisation abhängen.

Die Kritik wurde erstmals empirisch im Rahmen der Hawthorne-Experimente in den Jahren 1927-1932 aufgegriffen.[8] Sie waren der Ausgangspunkt für den Nachweis der informalen Organisation und lieferten das Material für das theoretische Konzept der Human-Relations-Bewegung.[9]

Während der Fordismus mit strenger Arbeitsteilung, Fließband und diktatorischer Betriebsverfassung und der Taylorismus

8 Die Untersuchungen fanden in den Hawthorne-Werken der Western Electric Co. in Chicago unter der Leitung von Elton Mayer statt. Das Hauptergebnis, daß bei genügender Aufmerksamkeit, Zuwendung und Belohnung der Arbeiter der Output ihrer Arbeit trotz Verschlechterung der Arbeitsbedingungen größer war, wird auch als »Hawthorne-Effekt« bezeichnet. Zur Forschergruppe gehörten noch Dickson, Roethlisberger und Whitehead. Vgl. hierzu u. a. Th. N. Whitehead, Leadership in a Free Society, Cambridge, Mass. 1936, und vor allem: F. J. Roethlisberger u. W. J. Dickson, Management and the Worker, Cambridge, Mass. 1939.

9 Hierzu u. a.: Elton Mayer, Probleme industrieller Arbeitsbedingungen, Frankfurt am Main 1945 (Original: The Human Problems of an Industrial Civilization, Boston 1945); Chester I. Barnard, Organization and Management, Cambridge, Mass. 1948; B. B. Gardner u. D. G. Moore, Praktische Menschenführung im Betrieb, Köln/Opladen 1957 (Original: Human Relation in Industry, Chicago 1950).

durch genaue Anweisungen auf der Grundlage von Funktionsabläufen und monetären Anreizen (»incentives«) die Durchsetzung formaler Autorität und Leistung schaffen wollten, versuchte die Human-Relations-Bewegung, die Effizienz der Arbeit und Produktionsabläufe mehr über höhere Arbeitszufriedenheit und Arbeitsmotivation, durch Anerkennung und Mitwirkung sowie durch die Verbesserung des Betriebsklimas zu erreichen.
Die Hawthorne-Untersuchungen, die zu den klassischen empirischen Forschungen in der Industriesoziologie zählen, haben zwar dazu beigetragen, daß es in der Folgezeit zu einer Reihe von sozialen Verbesserungen der Arbeitsbedingungen in der Industrie kam, trotzdem konnten sie nicht die komplexen Zusammenhänge formaler und informaler Prozesse in der sozialen Organisation durchdringen und erklären.
Eine im Weberschen Sinne dezidiert soziologische Analyse sozialer Organisationen wurde in Ansätzen erst von Chester I. Barnard entwickelt.[10] Er faßte die Organisation als ein Handlungssystem auf, dessen Teile handelnde Menschen sind, die miteinander in wechselseitigen Beziehungen stehen. Eine wichtige These in seinem Konzept besagt, daß die Existenz einer Organisation auf der Erhaltung des Gleichgewichts zwischen Leistungen (»contributions«) und Entlohnung bzw. Belohnung (»satisfactions«) der Organisationsmitglieder beruht. Das Gleichgewicht kann seitens der Organisation durch Anreize (»incentives«) gesichert werden, die materieller und nicht-materieller Art (Prestige, Macht, Belohnung, patriotische oder religiöse Motive, Nächstenhilfe usw.) sein können. Formale und informale Organisationsbeziehungen sind so miteinander verbunden, daß sie sich gegenseitig bedingen und nur zusammen das Wesen der Organisation ausmachen. Besonders wichtig sind Autoritätsbeziehungen, Verantwortung der Mitglieder für die Organisation, Informationskanäle, Kommunikationsbeziehungen und die Entscheidungsprozesse der in der Organisation tätigen Menschen.
Dieser Ansatz wurde dann von Simon[11], Parsons, Buckley, Et-

10 Chester I. Barnard, The Functions of the Executive, Cambridge/Mass. 1938.
11 Eine besondere Bedeutung bei der Erforschung formaler und informaler Prozesse in sozialen Organisationen gewinnen die Ansätze von

zioni, Blau, Scott, Mayntz u. a. weiterverfolgt und weiterentwickelt. Die Organisation wird von nun an immer mehr als komplexes soziales System betrachtet, das durch formelle und informelle Subsysteme und Beziehungen gleichermaßen bestimmt wird. Allgemein gesagt: an die Stelle einer zweckorientierten Verbindung von Menschen und Institutionen tritt die durch informationelle und kommunikative Prozesse geprägte komplexe Organisationswirklichkeit. Sie abzubilden und zu erklären, wird in der Folgezeit das Ziel der Organisationssoziologie, und sie zu managen das Ziel der Organisationslehre und der Managementtechniken. Beachtung finden Interaktionen und wechselseitige Abhängigkeiten der Organisationsmitglieder, das Zusammenspiel von Untergruppen innerhalb der Organisation und zwischen den Organisationen und zur Umwelt. Informations- und Kommunikationsprozesse, Entscheidungsprozesse, Kontroll- und Sanktionsmechanismen, Rollenbeziehungen, Anpassungsprozesse, Konflikte, Konkurrenzbeziehungen, Selbsterhaltungs- und Selbstorganisationsvorgänge werden operationalisiert und es wird versucht, ihr komplexes Wirkungsgefüge formalisiert zu erklären. Dabei stoßen – etwa zur gleichen Zeit – ganz verschiedene Forschungsrichtungen auf ähnliche methodische Ansätze, die gleichermaßen Elemente der Regelungstechnik, der Informationstheorie und der Systemtheorie enthalten:
Ein besonderer Zweig der Organisationsforschung, die theoreti-

Herbert A. Simon. Im Zentrum seiner Betrachtung stehen Informations- und Entscheidungsprozesse als Grundlage sozialen Handelns, wobei nicht mehr wie in der klassischen Nationalökonomie der einzelne sich rein rationalistisch im Sinne eines Homo oeconomicus verhält, sondern sich vielmehr an den jeweils erkennbaren und gegebenen Handlungsalternativen orientiert. Dementsprechend ist auch das Verhalten ganzer sozialer Systeme anders zu behandeln, hauptsächlich im Sinne interaktiver Systeme, die miteinander kommunizieren und sich im Rahmen von realen Alternativen verhalten.

Vgl. hierzu u. a.: H. A. Simon, u. a., Public Administration, New York 1950; A. Guetzkow, H. A. Simon, The Impact of Certain Communication Nets upon Organization and Performance in Task-Oriented Groups, in: Management Science, Hg. 1, 1955, S. 233; H. A. Simon, Models of Man, New York/London 1957; J. G. March u. H. A. Simon, Organizations, New York/London 1958.

sche und experimentelle Kleingruppenforschung in Organisationen, befaßt sich besonders intensiv mit formalisierten Methoden. Hier spielen vor allem Informationsprozesse, Kommunikationsstrukturen, Rückkopplungs- und Steuerungsprozesse und der strukturelle Aufbau von informalen und formalen Gruppen eine besondere Rolle.[12]

Quantitative Messungen über die inneren funktionalen und emotionalen Gruppenbeziehungen versucht vor allem die Soziometrie zur Erklärung von Gruppenverhalten und für die Zusammenstellung von Arbeitsteams oder Lerngruppen nutzbar zu machen.[13]

Zur Ermittlung von optimalen Handlungsweisen von Mitgliedern in Organisationen unter bestimmten sozialen, ökonomischen, politischen und anderen Randbedingungen wird das Kommunikations- und Entscheidungsverhalten analysiert. Aus den Ansätzen deskriptiver Kommunikations- und Entscheidungsmodelle entwickeln sich formalisierte Ansätze, die sowohl die Zielsetzungen der Organisation als auch der Organisationsmitglieder, ihre möglichen Handlungsalternativen, die Umweltsituation sowie die Konsequenzen einbeziehen. Hier liegen Wurzeln der formalisierten und mathematisierten Entscheidungs- und Optimierungstheorien, des Operations Research, der Management-Theorien und der Teamtheorie.[14]

12 Besonders bedeutsam ist die Kleingruppenforschung und Gruppendynamik der Michigan-Schule (Lewin, Cartwright u. Zander, White u. Lippit, Festinger u. a. sowie von Kahn und Katz, Homans u. a.). Vgl. z. B. Festinger u. a., Theory and Experiment in Social Communication, Ann Arbor, Mich. 1950; G. C. Homans, The Human Group, New York 1950.

13 Hier sind hauptsächlich Moreno mit der Soziogramm-Methode und Dodd mit der Entwicklung einer soziometrischen Matrix zu nennen. Vgl. u. a. J. L. Moreno, Die Grundlagen der Soziometrie, Köln/Opladen 1954.

14 Hier sind vor allem die Arbeiten von John von Neumann und Oskar Morgenstern zu nennen, vor allem auch wegen der Beziehungen zu den Arbeiten der Kybernetik um Norbert Wiener, der Informationswissenschaftler um C. E. Shannon und W. Weaver und den Systemtheoretikern und Kybernetikern um K. Boulding, R. L. Ackoff und W. R. Ashby sowie den Konstrukteuren der ersten Rechenautomaten

Auch die Simulation von Kommunikations- und Entscheidungsprozessen bekommt eine wachsende Bedeutung.
Es liegt auf der Hand, daß für die Erforschung des Kommunikations- und Entscheidungshandelns die Begriffe »Information« und »Nachricht« eine zentrale Bedeutung haben. Informationsflüsse und das Verhalten von Absendern und Empfängern von Informationen werden eingehend untersucht. Es ist somit nur natürlich, daß die sich häufenden Probleme der syntaktischen, semantischen und pragmatischen Informationsübertragung, der Rückkopplung und Steuerung von Informations- und Handlungsvorgängen direkt auf die Theorie und Technik der Nachrichtenübertragung hinlenken.[15]
Das Entstehen der allgemeinen statistisch-mathematischen Informationstheorie und die hierauf und auf dem Rückkopplungsprin-

am MIT. Vgl. u. a.: J. v. Neumann u. O. Morgenstern, Theory of Games and Economic Behavior, Princeton 1944; O. Morgenstern, Prolegomena to a Theory of Organization. The Rand Corporation, Research Memorandum 734, Santa Monica, CA 1951.
In diesem Zusammenhang sind auch die Arbeiten von Marschak zu erwähnen, der die Entscheidungstheorie auf mehrere Personen erweiterte und sich vor allem mit der Optimierung von Organisationsstrukturen befaßte. Er gilt auch als Vater der Teamtheorie.
Vgl. u. a.: J. Marschak, Towards an Economic Theory of Organization and Information, in: R. M. Thrall u. a. (Hg.), Decision Processes, New York/London 1954, S. 187 ff.; J. Marschak, Elements for a Theory of Teams, in: Management Science, Jg. 1, 1955, S. 127 ff., vgl. hierzu auch die Kapitel 7.8 und 7.9.

15 Neben den im engeren Sinne informationstheoretischen, nachrichtentechnischen und kybernetischen Arbeiten von Shannon, Weaver, Wiener, Cherry u. a. spielen vor allem solche Arbeiten eine besondere Rolle, in denen optimale Kommunikationssysteme und Modellbildungen von Kommunikationsstrukturen entwickelt wurden. Hier sind Namen wie Beckmann, Deutsch, Ackoff, Churchman, Arnoff, Kalabe und Juncosa, Flament, Redfield u. a. zu nennen.
Vgl. u. a. K. W. Deutsch, On Communication Models in the Social Science, in: The Publik Opinion Quarterly, Vol. 16, 1952, S. 356 ff.; J. M. Beckmann, A Flow Model of Communication. Towards an Economic Theory of Information. Cowles Commission Paper No. 20, 1956; C. W. Churchman, R. L. Ackoff u. E. L. Arnoff, Introduction to Operations Research, New York/London/Sydney 1957.

zip aufbauende Kybernetik fällt also eng mit den Bemühungen zusammen, die Kommunikations- und Entscheidungsprozesse in sozialen Organisationen präziser zu erfassen. In eine ähnliche Richtung zielte die sich immer stärker durchsetzende Auffassung, die soziale Organisation als System zu verstehen, in dem die Menschen oder einzelne formale und informale Gruppen als Elemente oder Subsysteme aufgefaßt werden, die innerhalb der Organisation in interdependenten funktionalen Beziehungen zueinander stehen.

Wenn der Versuch auch nicht gerade neu ist, soziale Organisationen mit biologischen Systemen zu vergleichen, so kann doch erst seit Anfang der vierziger Jahre davon gesprochen werden, daß intensive wissenschaftliche Bemühungen in Gang kommen, Analogien zu natürlichen biologischen Systemen herzustellen und ihr funktionales Verhalten qualitativ und quantitativ zu erfassen, technisch abzubilden und nutzbar zu machen.

Die Systemtheorie findet somit in der Erforschung sozialer Organisationen begrifflich und in Form struktureller und funktioneller Erklärungsmodelle sowohl Wurzeln als auch ein Gebiet, in dem ihre Entwicklung zu einem allgemein anwendbaren formalisierten methodischen Ansatz aufgegriffen und weiterentwickelt wird.[16]

5.1.2 Militärischer Bereich und Nachrichtenverarbeitung

Ein zentraler Ausgangspunkt, vor allem auch wichtig für die Finanzierung und technische Umsetzung kybernetischer Denk- und Handlungsansätze, war der militärische Bereich. Es kann

16 Neben dem Begründer der ›Allgemeinen Systemtheorie‹, dem Biologen Ludwig von Bertalanffy, der mit der Systemtheorie eine integrative, die Einzelwissenschaften übergreifende Theorie und Methode zu schaffen beabsichtigte, sind hier vor allem solche Ansätze aus den Bereichen Soziale Systeme und Organisationswissenschaften zu erwähnen, die schon frühzeitig Anstöße auch für die Entwicklung des kybernetischen Denkens und Handelns gegeben haben. Hier sind u. a. zu nennen: K. Boulding, W. Becket, R. L. Ackoff, C. W. Churchman, R. Ashby, R. A. Johnson, u. F. E. Kast, J. E. Rosenzweig, auch H. A. Simon, K. W. Deutsch, A. Etzioni, Katz und Kahn, Parsons, Hempel, Jonas, Mayntz, Beer u. a.

dahingestellt bleiben, ob die Absicht verschiedener Wissenschaftler, zu einer interdisziplinären Zusammenarbeit von Mathematikern, Physikern, Physiologen sowie Nachrichten- und Netzwerktechnikern zu kommen, für die Entwicklung des kybernetischen Denkens und Handelns ausschlaggebend war[17] oder mehr die politischen Randbedingungen des Zweiten Weltkriegs. Ganz sicher spielten beide Umstände eine Rolle. Entscheidend ist aber, daß diese Form der interdisziplinären Zusammenarbeit zu jener Zeit zustande kam und daß es sich dabei im Rahmen der Wissenschaftsentwicklung nicht um ein zufälliges Ereignis handelte.
Natürlich hatte die Entwicklung leistungsfähiger Flugabwehrsysteme militärpolitisch eine hohe Priorität, was auch mit viel Geld für die Forschungsförderung und die technische Umsetzung des gesamten Problembereichs verbunden war. Eindrucksvoll ist hierzu die offene Sprache, mit der Norbert Wiener die Bedeutung des militärischen Aspekts für die Entwicklung der Kybernetik bewertet:

»Der entscheidende Faktor für diesen neuen Schritt war der Krieg. Mir war seit geraumer Zeit bekannt, daß im Falle einer dringenden nationalen Anstrengung meine Funktion in dieser hauptsächlich durch zwei Dinge bestimmt werden würde: meinen engen Kontakt mit dem Programm der Rechenmaschine, entwickelt von Dr. Vannevar Bush, und meine eigene gemeinsame Arbeit mit Dr. Yuk Wing Lee auf dem Gebiet der Synthese von elektrischen Netzwerken.«[18]

Ein zentrales Interesse galt dabei vor allem der Regelungstechnik und speziell dem Rückkopplungsprinzip. Natürlich ging es nicht

17 Hier sind vor allem die Mathematiker und Informationswissenschaftler Norbert Wiener, Vannavar Bush und Julian H. Bigelow, der Nachrichtentechniker Yuk Wing Lee, die Physiologen und Neurophysiologen Walter B. Cannon, Arturo Rosenblueth, Warren McCulloch und Walter Pitts, der Physiker Sandoval Vallarta und der Mathematiker und Nachrichtentechniker Shannon zu nennen. Schon wenige Zeit später wurde der intensive wissenschaftliche Dialog mit den Psychologen Kurt Lewin und M. Klüver, den Anthropologen Gregory Bateson und Margaret Mead sowie den Wirtschaftswissenschaftlern und Forschern auf dem Gebiet sozialer Organisationen, der Spiel- und Entscheidungstheorie, Oskar Morgenstern und John von Neumann, aufgenommen.

18 Norbert Wiener, Kybernetik, a.a.O., S. 82.

mehr um die Realisation einer einfachen technischen Rückkopplung, sondern um die theoretische (also mathematisierte) und technische (mechanisch-elektrische) Nachbildung spezifisch menschlicher Funktionen, nämlich um das Ausweichen des Fliegerpiloten vor Abwehrgeschossen. Es ging somit auch um die Simulation zukünftigen menschlichen Verhaltens in spezifischen Situationen und die Realisierung entsprechender technischer Reaktionen des Abwehrsystems. Daraus entwickelten sich die »Theorie der Vorhersage« und technische Apparate, die zu ihrer Realisierung konstruiert wurden.
Die Verknüpfung mit der Nachrichtentechnik ergab sich damit ganz natürlich.
Der multidisziplinäre Arbeitsansatz und die interdisziplinäre Zusammenarbeit verschiedener Wissenschaftler führten dazu, Regelungs- und Nachrichtentechnik nicht mehr nur im Rahmen der Elektrotechnik oder Flugabwehr zu betrachten, sondern ihre fundamentalen Prinzipien auf andere technische (elektrische, mechanische, chemische etc.), physiologische, neurologische und soziale Systeme anzuwenden.
Der Schlüsselbegriff »Information« und seine wahrscheinlichkeitstheoretische Durchdringung hat die Nachrichtentechnik in eine statistische disziplinenübergreifende Basiswissenschaft überführt.
Besonders anschaulich zeigt die Geschichte der Radartechnik die enge Verflechtung zwischen den neuen Grundlagen der Wissensproduktion, insbesondere auf den Gebieten Information und Kommunikation mit dem militärischen Bereich:[19] Obwohl der zugrundeliegende wissenschaftliche Effekt, die Reflexion elektromagnetischer Wellen, schon Ende des 19. Jahrhunderts von Heinrich Hertz nachgewiesen wurde, kam die technische Realisierung des Radar erst Ende der dreißiger Jahre zustande.

»Erst das beginnende militärische Interesse brachte die Entwicklung in Gang. Während zu Beginn der Radarentwicklung, als die Arbeitsgruppen noch klein waren, von 1935 bis zum Kriege, noch einzelne Wissenschaftler wie Watson-Watt oder Wilkins herausragten, erreichte der Forschungs- und Entwicklungsprozeß später regelrecht industrielle Aus-

19 Vgl. hierzu J. Jewkes, D. Sawers u. R. Stillermann, The Sources of Invention, London 1962, S. 345 ff.

maße. Besonders nach 1940, als die Anstrengungen Englands und der USA koordiniert wurden, nahm die Zahl der beteiligten Wissenschaftler und Techniker enorm zu. Bei Kriegsende hatte das amerikanische Radiation Laboratory etwa 4000 Mitarbeiter, darunter viele namhafte Wissenschaftler bedeutender Universitäten. Ähnlich war es in England, wo man während des Krieges eine entsprechende Institution gegründet hatte, das Telecommunication Research Establishment. Die Radarforschung wurde zu einem Zweig der Kommunikationstheorie und war bald eng mit der Entwicklung der Datenverarbeitung verknüpft.«[20]

Die hier genannten Zahlen und Zusammenhänge sind aus der Sicht der traditionellen Forschungs- und Entwicklungsorganisation geradezu phantastisch.

Die Entwicklung der Radartechnik zeigt prototypisch die Wechselwirkung zwischen allgemeinen politischen und militärischen Interessen und der Wirkung der Produktivkraft ›Wissenschaft und Technologie‹: Während das militärische Interesse an der Radarentwicklung in allen kriegführenden Ländern groß war, hat jedoch nur die besondere Entwicklung der Wissensproduktion in den USA und England auf der Grundlage der neuen wissenschaftsmethodischen Ansätze dazu geführt, daß Deutschland zum Ende des Krieges auf diesem Gebiet weit zurückgefallen war.

Immerhin hatte Heinrich Hertz in Deutschland die Reflexion elektromagnetischer Wellen nachgewiesen, wurde von Ch. Hülsmeyer im Jahre 1904 ein erstes Gerät zur Ortung durch Messung des Echos ausgesandter Radiowellen patentiert und konnte von G. Breit und M. V. Tuve 1925 die Höhe der Ionosphäre mit Hilfe der Hochfrequenztechnik bestimmt werden.

England begann 1935 mit dem Aufbau von Radarstationen entlang der Küste, die USA rüsteten 1938 das erste Schlachtschiff mit einer Radaranlage aus.

Entscheidend war aber die strategische Planung und Organisation der Forschung und Entwicklung der Flugabwehr in den USA und England, die aus zwei wichtigen Gründen schnell zum Erfolg führte: Einmal ging diese Entwicklung Hand in Hand mit der Entwicklung der Grundlage der Kybernetik, und zum anderen gab es in diesen Ländern, anders als im Nazi-Deutschland,

20 Helmut Krauch, Die organisierte Forschung, Neuwied/Berlin 1970, S. 78 f.

eine enge Verzahnung der Wissenschaft mit der politisch-militärischen Administration dergestalt, daß die Wissenschaftler und Techniker einen erheblichen Einfluß in der Administration hatten.
Obwohl in Deutschland Konrad Zuse an einem elektronischen Rechner baute und Manfred von Ardenne und Hans Erich Hollmann das »Panorama-Radargerät« im Jahre 1940 zur Flugabwehr entwickelt hatten, kam hier keine Vernetzung von Rechen-, Informations- und Radartechnikentwicklung zustande. Außerdem lehnte die politisch-militärische Führung die Forcierung der Radartechnik ab, weil sie offenbar ihre grundlegende Bedeutung nicht erkannte und das wissenschaftlich-technische Entwicklungspotential der Vereinigten Staaten total unterschätzte.[21]
Natürlich spielte für das Entstehen der Kybernetik die Entwicklung der elektronischen Rechenmaschine eine herausragende Rolle. Daß dieser Zusammenhang und seine Bedeutung für den militärischen Bereich erkannt wurden, läßt sich nur mit der besonderen Situation erklären, die sich im Rahmen der militärischen Planungen der USA unter Einbeziehung der verschiedenen wissenschaftlichen Fachdisziplinen und ihrer darin arbeitenden Spitzenforscher und -techniker herausgebildet hatte.[22]
Immerhin waren die Entwicklung der elektronischen Rechentechnik und die Anwendung und Weiterentwicklung der mathematischen Logik[23] und der Schaltalgebra[24] wichtig. Aber erst die

21 Manfred von Ardenne, Ein glückliches Leben für Technik und Forschung, Zürich und München 1972; Ardenne berichtet, daß Reichsmarschall Hermann Göring persönlich, dem im Oktober 1940 das Radargerät vorgestellt wurde, die weitere Entwicklung zur Serienreife und den Bau ablehnte mit der Begründung, daß der Krieg praktisch gewonnen sei und sich der Aufwand nicht mehr lohne, S. 150.
22 Hierzu noch genauer in Kapitel 6.3.1.
23 Insbesondere die von Boole entwickelte Logik, bei der die Variablen nur zwei Werte oder zwei Zustände annehmen können (Boole'sche Algebra).
24 Die Schaltalgebra beruht auf der Idee, axiomatisch vorgegebene Umformungsregeln für logische Verknüpfungen durch Schaltungen elektrischer Netze (vor allem in Rechenmaschinen) technisch zu

Nachrichten- und Regelungstechnik führten zum Durchbruch bei der Entwicklung der elektronischen Rechenmaschine.
Der britische Mathematiker A. M. Turing arbeitete zunächst in den USA über die »Theorie der Berechenbarkeit« und über »Entscheidungstheorien«, dann während des Zweiten Weltkriegs in England für den militärischen Bereich. Er hat schon frühzeitig begonnen, die logischen Möglichkeiten zu untersuchen, die Rechenmaschinen als »intelligente Maschinen« prinzipiell leisten können.[25] Mit seinen richtungweisenden Gedankenexperimenten entwirft er Rechenmaschinen, die eine Reihe algorithmischer Operationen ausführen, die bis dahin nur menschlichen Intelligenzleistungen vorbehalten waren. Er beweist damit, daß es technische Möglichkeiten der Ersetzung menschlicher »Intelligenz« durch Automaten gibt.[26]
Wie stark der militärische Bereich die Entwicklung der theoretischen Grundlagen der Kybernetik und zahlreiche technische Anwendungen gefördert und forciert hat, wird weiter unten noch ausgeführt.

5.1.3 Analyse komplexer Vorgänge in Lebewesen

Besonders wichtig für die Entwicklung der kybernetischen Methode sind auch verschiedene, zur gleichen Zeit an unterschiedlichen Orten stattfindende Forschungen zur Erklärung und technischen Nachbildung natürlicher Lebensfunktionen. Sowohl in der Biologie wie in der Physiologie, der Neurologie, Kardiologie und vor allem auch in der Verhaltensforschung und der Psychologie treten Regelungsmechanismen, vor allem Rückkopplungen und Steuerungsvorgänge sowie Informations- und Kommunikationsprozesse immer stärker in das Blickfeld des Interesses. Darüber hinaus entwickeln sich systemisches Denken und Handeln.

realisieren. Sie ist die technische Realisierung der Boole'schen Algebra.

25 Alan Mathison Turing, On Computable Numbers – with an Application to the Entscheidungsproblem, Proceedings of the London Mathematical Society, Ser. 2, 42, London 1936, S. 230 ff.

26 Er entwickelte die nach ihm benannte »Theorie der Turing-Maschinen«.

Gerade hierdurch lassen sich in der Biologie und Physiologie in besonderer Weise Ansätze zur Entwicklung der Kybernetik nachweisen.
Wie stark das Systemdenken die Arbeiten der ersten Kybernetiker geprägt hat, ist daraus zu schließen, daß von Anfang an gerade die enge Zusammenarbeit der Mathematiker, Physiker und Nachrichtentechniker mit Physiologen, Neurologen und Psychologen besonders fruchtbar war. Vor allem die Untersuchungen an natürlichen Systemen, etwa zur Gestalterkennung oder von Anpassungsverhalten, die Untersuchungen zur Muskelkontraktion oder von Herz-Kreislauf-Modellen oder die Nachbildung von Funktionen des Nervensystems, machten das später durch die Systemtheorie und die Kybernetik geprägte Denken und Handeln in Zusammenhängen über die einzelnen Wissensgebiete hinaus zur Voraussetzung für die Erforschung komplexer Systeme.
Hier liegen die Wurzeln der heute wohl erregendsten wissenschaftlichen Wissensproduktionen, der Entschlüsselung und elektronischen Abbildung biogenetischer Codes und der Entwicklung von »Künstlicher Intelligenz«. In Kapitel 11 komme ich auf die Durchdringung und Beherrschung komplexer Vorgänge in Lebewesen im Zusammenhang mit den Perspektiven der fünften Computergeneration zurück.

5.1.4 Weitere Ausgangspunkte

Es wäre reizvoll, eingehender darzustellen, wie sich zur gleichen Zeit auch in anderen Erfahrungsbereichen Ansätze zu kybernetischem Denken und Handeln nachweisen lassen. Vor allem beim Ausbau der Nachrichtentechnik, in der Produktions- und Fertigungstechnik und bei der Entwicklung automatisierter Werkzeugmaschinen und Produktionsverfahren sind analoge Denk- und Handlungsmuster zu beobachten.
Natürlich läßt sich in dieser Zeit eine Trennung von militärischem und nicht-militärischem Bereich gar nicht vornehmen. Beide sind wegen der Entwicklung der Kriegstechnologie und wegen der Kriegsproduktion aufs engste miteinander gekoppelt.

Auf die große Bedeutung der Weiterentwicklung von Organisations- und Managementprinzipien im Rahmen der Kybernetik wird weiter unten (vgl. Kapitel 7) noch näher eingegangen.[27] Die Herausbildung einer kybernetischen Theorie des Organisierens, heute auch unter dem Namen »Organisationskybernetik« geläufig, erfolgte in dieser Zeit. Es bleibt allerdings dahingestellt, ob es sinnvoll ist, heute noch von einer eigenständigen Organisationskybernetik zu sprechen, da für alle Organisationsprobleme komplexer Systeme kybernetische Prinzipien angewandt werden.[28]
Ein vor allem aus den Wirtschafts- und Sozialwissenschaften stammender Ansatz verdient noch besonders hervorgehoben zu werden, die Spiel- und Entscheidungstheorie. Diese von John von Neumann und Oskar Morgenstern entwickelte Theorie hatte einen nachhaltigen Einfluß auf das Entstehen der Informations- und Entscheidungstheorie und somit auf die Entwicklung der Kybernetik.[29]

5.2 Kybernetisches Denken und Handeln

Im folgenden werden die wesentlichen Grundlagen dargestellt, die den revolutionären Schritt des kybernetischen Ansatzes ausmachen. Es soll noch einmal betont werden, daß seine besondere Leistungsfähigkeit in der wissenschaftlichen Analyse und technischen Nachbildung komplexer Systeme und Vorgänge der belebten und unbelebten Welt liegt.

27 Vgl. z. B. hierzu Stafford Beer, Cybernetics and Management, London 1959.

28 So kann die von Gluschkow entwickelte kybernetische Theorie des Organisierens, die sich an der allgemeinen Theorie der abstrakten Automaten orientiert, als eine spezielle Form organisationswissenschaftlicher Behandlung von Kommunkationssystemen (technische und natürliche) aufgefaßt werden.
Vgl. u. a.: W. M. Gluschkow, Theorie der abstrakten Automaten, Berlin 1963; H. Frank, Programmatische Notiz zur Organisationskybernetik, in: Grundlagenstudien aus Kybernetik und Geisteswissenschaft, Bd. 7, Quickborn b. Hamburg 1966, S. 79 f.

29 J. v. Neumann u. O. Morgenstern, Theory of Games and Economic Behaviour, Princeton 1944; D. Blackwell u. M. A. Girshik, Theory of Games and Statistical Decisions, New York 1954.

Eine Reihe von Autoren, wie z. B. Ackoff und Emery, Miller, Galanter und Pribram, hat vor allem die Überwindung des mechanistischen Denkens durch die primäre Betrachtung von Systemfunktionen und die Zielgerichtetheit von Systemen hervorgehoben:

»Kybernetik, Informationstheorie, Kommunikation, Computerwissenschaft, allgemeine Systemtheorie, Systems Engineering, Operations Research und ähnliche haben eine neue Respektabilität für teleologische Konzepte wie *Funktion* und *Ziel* mit sich gebracht. Sie haben die Fruchtbarkeit des Begreifens von wenigstens einigen Phänomenen in einem anderen als mechanistischen Rahmen, wie er das wissenschaftliche Denken des neunzehnten und frühen zwanzigsten Jahrhunderts dominierte, gezeigt.«[30]

5.2.1 Der Kybernetik-Begriff

Die Definitionsbemühungen zum Begriff »Kybernetik« lassen sich grob in zwei Hauptklassen einteilen – je nachdem, ob die Informationstheorie in den kybernetischen Ansatz integriert wird oder nicht:[31]

Die engere Kybernetik-Definition geht von der Regelungstechnik aus und bezieht sich vor allem auf das Rückkopplungsprinzip und die Selbstregulation dynamischer Systeme und ihrer Teilsysteme.[32]

Immerhin berücksichtigen diese Definitionsbemühungen schon, daß weite Bereiche systemischen Verhaltens in der belebten und

30 R. L. Ackoff u. F. E. Emery, Zielbewußte Systeme, Frankfurt/Main, New York 1975, S. 13; hierzu auch: G. A. Miller, E. Galanter u. K. Pribram, Plans and Structure of Behaviour, New York 1960.

31 Ich beziehe mich hier u. a. auf Herbert Stachowiak, Denken und Erkennen im kybernetischen Modell, Wien/New York 1965, und auf H. Stachowiak, Kybernetik, in: Grochla (Hg.), Handwörterbuch der Organisation, Stuttgart 1973, 909 ff.

32 In dieser Weise vor allem Hermann Schmidt, R. Wagner, Georg Klaus, Karl Steinbuch, Herbert Stachowiak u. a.
H. Schmidt, Denkschrift zur Gründung eines Instituts für Regelungstechnik, VDI-Druck, Berlin 1941; R. Wagner, Probleme und Beispiele biologischer Regelung, Stuttgart 1954; schon vorher: Biologische Reglermechanismen, in: Zeitschr. VDI (Verband Deutscher

unbelebten Welt nunmehr operationalisiert und mit Hilfe von Algorithmen beschrieben und »abgebildet« werden können. Besondere Erwähnung soll Hermann Schmidt finden, der wohl als einer der ersten den methodischen Kern und seine universelle Bedeutung herausgearbeitet hat. Aufbauend auf seinen regelungstechnischen Arbeiten seit Anfang der vierziger Jahre definiert er:

»Die Kybernetik ist die Konstruktion technischer Systeme mit dem Ziel, unsere psycho-physische Grundrelation zur Natur im Physischen zu objektivieren.«[33]

Diesen Ansatz hat der Philosoph Gotthard Günther aufgegriffen und verallgemeinert. Er stellt dar, daß sich auf dieser Grundlage die Subjekt-Objekt-Problematik in einer neuen Sicht zeigt, ebenso die intersubjektive Kommunikation durch die Möglichkeit verschiedener Kommunikationspartner,

»... daß sie in gemeinsamer Handlung das Bild ihrer Subjektivität aus sich heraussetzen und im Objektiven technisch konstruieren.«[34]

Diese Problematik hat dann Herbert Stachowiak eingehend analysiert und das neue kybernetische Denk- und Erkenntnismodell herausgearbeitet.[35]
Weiter gefaßte Definitionen beziehen darüber hinaus informationelle und kommunikative Gesichtspunkte sowie systemische Aspekte ein, die vor allem auf die ganzheitliche Erfassung sowohl der strukturellen wie funktionellen Komponenten komplexer Systeme hinzielen. Diese Linie knüpft an den ersten Definitionsversuch von Wiener an:

»Wir haben beschlossen, das ganze Gebiet der Regelung und Nachrichtentheorie, ob in der Maschine oder im Tier, mit dem Namen ›Kyberne-

Ingenieure), Bd. 96, Nr. 5, 1949; G. Klaus, Wörterbuch der Kybernetik – Brücke zwischen den Wissenschaften, Frankfurt/Main 1962; H. Stachowiak, a.a.O.

33 Hermann Schmidt, Beginn und Aufstieg der Kybernetik, VDI-Zeitschr. Bd. 106, Nr. 17, 1964, S. 751.

34 Gotthard Günther, Das Bewußtsein der Maschinen – Eine Metaphysik der Kybernetik, Baden-Baden 1957, S. 38.

35 H. Stachowiak, Denken und Erkennen im kybernetischen Modell, Wien/New York 1965.

tik‹ zu benennen, den wir aus dem Griechischen ›κυβερνητης‹ oder ›Steuermann‹ bildeten.«[36]

Wenig später hat Wiener die Kybernetik als »Lehre von der Informationsübertragung und Kontrolle bei Maschinen und Lebewesen« bezeichnet.[37]
Es liegt auf der Hand, daß in unserem Zusammenhang bei der Verfolgung der entscheidenden Entwicklungsstufen der Innovationskraft ›Wissenschaft und Technologie‹ der weiter gefaßte Begriff die Bedeutung des neuen methodischen Vorgehens bei der Wissens- und Erkenntnisproduktion besser zum Ausdruck bringt. Natürlich muß geklärt werden, ob eine solche Definition berechtigt und notwendig ist.
Um die Verbreitung kybernetischer Grundlagen und die Darstellung ihres Einflusses und ihrer Einflußmöglichkeiten in den verschiedenen Wissensgebieten haben sich in Deutschland vor allem H. Schmidt, H. Mittelstaedt, H. Frank, G. Klaus, K. Steinbuch, H. Stachowiak und F. Vester bemüht.
Frank hat versucht, den Wirkungsbereich der Kybernetik aufzuzeigen, und ist dabei zu der in Abbildung 5.2.1 – I (S. 264) wiedergegebenen Darstellung gekommen.[38]
Wie man dem Bild unschwer entnimmt, handelt es sich um jene drei Bereiche, die die menschliche Existenz in ihren wichtigsten Bezugsfeldern betreffen. Es soll ausdrücken, daß die Kybernetik in der Lage ist, auch komplexeste systemare Beziehungen in dieser Breite einer operationalen Betrachtung zu unterziehen und daraus formalisierte und technische Modelle zu entwickeln, die es ermöglichen, sie in gewissen Grenzen in ihren Strukturen und Funktionsweisen zu erkennen, technisch nachzubilden und zu manipulieren.
Nach Frank ist somit Kybernetik:

36 N. Wiener, Kybernetik, a.a.O., S. 39.

37 In diesem Zusammenhang ist anzumerken, daß Wiener in seinen frühen Arbeiten nur vom »Tier« spricht, obwohl er – wie später – schon immer allgemein »Lebewesen« meint: N. Wiener, Mensch und Menschenmaschine, Frankfurt/Berlin 1952 (Original: The Human Use of Human Beings).

38 Helmar Frank, Kybernetik und Philosophie, Schriften zur Förderung der Beziehungen zwischen Philosophie und Einzelwissenschaften, Bd. 16, Berlin 1966, S. 30.

Abbildung 5.2.1 – I
Einteilung und Wirkungsbereiche der Kybernetik

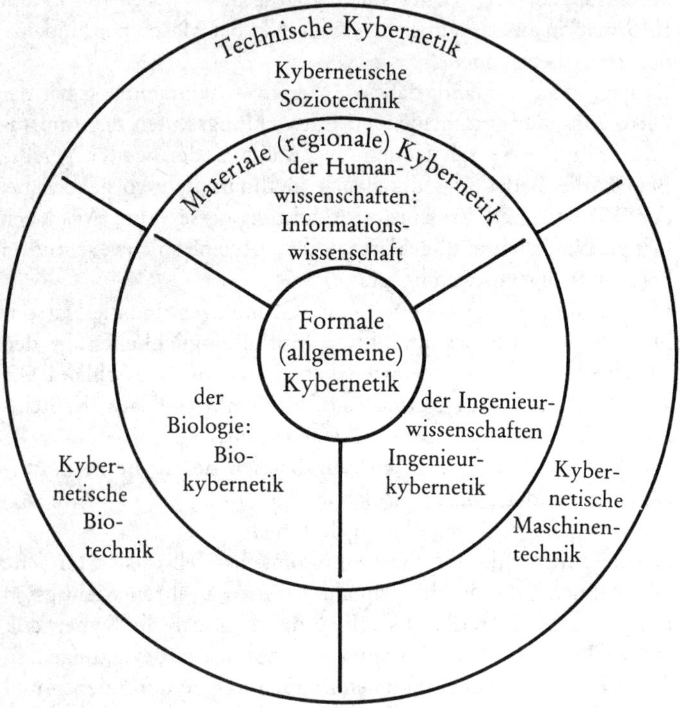

Einteilung der Kybernetik in benachbarte Teilgebiete mit möglicherweise ontologisch unterscheidbaren Gegenständen. (Die Einteilung in die drei Sektoren ist nicht an eine ontologische Vorentscheidung gebunden; sie setzt insbesondere weder den Vitalismus noch die Leugnung eines »Bewußtseins der Maschinen« notwendig voraus. Die Einteilung wird bereits durch die unterschiedlichen Forschungsmethoden gerechtfertigt.)

Quelle:
H. Frank, Kybernetik und Philosophie, 1966, S. 30.

»die allgemeine, mathematische Theorie informationsumsetzender Prozesse und Systeme, darüber hinaus ihre Konkretisierung auf physikalisch, physiologisch oder psychologisch zu kennzeichnende informationsumsetzende Prozesse und Systeme und schließlich die technische Verwirklichung und Veränderung solcher Prozesse und Systeme. Kurz: Die Kybernetik ist die Theorie der Technik der Nachrichten- und der nachrichtenumsetzenden Systeme.«[39]

Frank versucht dann, die Kybernetik im und zum System der Wissenschaften einzuordnen, und kommt zu folgender Präzisierung:

»Die Kybernetik ist die kalkülisierende Theorie und die konstruierende Technik der Nachrichten, der Nachrichtenverarbeitung und der Nachrichtenverarbeitungssysteme.«[40]

Auch wenn ich diese Definition nicht übernehmen kann, so enthält sie doch einige essentielle Punkte, die äußerst fruchtbar sind. So drückt sie vor allem den doppelten Charakter der Kybernetik als wissenschaftliche Methode und als technisches Handlungsprinzip aus. Außerdem hebt sie auf den zentralen Begriff der Nachricht und auf alle Systeme ab, die mit Nachrichtenverarbeitung zu tun haben. Hier kommt die Einbeziehung der neuen Grundgröße ›Information‹ in ihren verschiedenen Dimensionen (syntaktisch, semantisch und pragmatisch) besonders zum Ausdruck.
Wie groß die Spannweite der Begriffsbestimmungen schon in den Anfangsjahren der Kybernetik war, wird an derjenigen von Louis Couffignal sichtbar.[41] Bei ihm ist die Kybernetik weder eine Wissenschaft noch eine Lehre, Theorie oder Technik, sondern eine »Kunstfertigkeit« wie die Baukunst. Kybernetisches Denken und Handeln wird im Sinne eines vernunft- und methodengerechten Wirkens als »Kunst der Handlungssteuerung« oder als »die Verfahrensweise, welche die Wirksamkeit der Aktion gewährleistet«[42], aufgefaßt. Es handelt sich also um ein grundlegendes Prinzip der Systemsteuerung, wobei sich diese an einem in

39 Ebenda, S. 31.
40 Ebenda, S. 101.
41 Louis Couffignal, Denkmaschinen, Stuttgart 1955.
42 Louis Couffignal, Les notions de base, Reihe: Information et cybernetique, Paris 1958, S. 31.

die Außenwelt gelegten Ziel orientiert. Ich habe den Couffignal'schen Begriff hier erwähnt, weil er zeigt, daß schon frühzeitig der Bedeutungshorizont der Kybernetik als methodisches Prinzip sehr weit gezogen wurde. Nach dem heutigen Erkenntnisstand hat sich diese Auffassung im Prinzip bestätigt, auch wenn in concreto die Couffignalsche Definition nicht tragfähig ist.
Zusammengefaßt soll zunächst festgehalten werden, daß mit der Kybernetik eine neue, leistungsfähige und universal anwendbare Methode zur Wissens- und Erkenntnisproduktion und technischen Umsetzung entstanden ist. Im folgenden sollen ihre Grundlagen dargestellt werden, die sie für den neuesten evolutionären Entwicklungsschritt der Innovationskraft ›Wissenschaft und Technologie‹ so bedeutsam gemacht haben.

5.2.2 Information und Informationstheorie

Bis zur Entdeckung der grundlegenden Bedeutung der Information als neuer Grundgröße dynamischer Systeme werden sowohl die von Menschen konstruierten technischen als auch die natürlichen Systeme (Menschen, Tiere, Pflanzen, Ökosysteme) unter energetisch-materiellen Gesichtspunkten behandelt. Die Erhaltung und die Abnahme der Energie sind die beherrschenden Grundsätze der Systembetrachtung. Der technische Apparat ist in erster Linie ein materielles System, in dem die Dynamik auf energetischen Prozessen beruht. Das Lebewesen ist ebenfalls zuerst ein materielles System, dessen dynamisches Verhalten vor allem als Wärmekraftmaschine behandelt wird. Stoffwechselgleichgewichte und Energieflüsse stehen im Mittelpunkt des Interesses.
Die Entdeckung der Information als weitere fundamentale Bezugsgröße technischer, natürlicher und sozialer Systeme schafft erstmals die Möglichkeit, eine große Klasse neuer Systemvorgänge zu erkennen und technisch nachzubilden. Es sind dies Vorgänge in Systemen, die durch den Empfang, die Verarbeitung (Erfassen, Speichern, Übermitteln, Verknüpfen, Löschen, Verändern) und die Aussendung von Daten beeinflußt werden. Dazu gehören auch solche Prozesse, die gänzlich ohne materielle Veränderungen und Energieverbrauch verlaufen. Da die neue Bezugsgröße ihre wesentliche Bedeutung u. a. in Wahrnehmungs-,

Erkenntnis-, Denk- und Kommunikationsvorgängen hat, weiterhin in Steuerungs-, Regelungs-, Anpassungs- und Kontrollprozessen, sind mit ihr die wichtigsten Funktionsabläufe der natürlichen, sozialen und technischen Welt überhaupt verbunden. Sie spielen vor allem in komplexen dynamischen und offenen Systemen eine hervorragende Rolle.
Auf den fundamentalen Zusammenhang mit der zweiten Grundgröße der Thermodynamik, der Entropie als »Maß der Unordnung eines Systems«, gehe ich in 5.2.4 ein.
Eine Wurzel des kybernetischen Denkens und Handelns liegt in der Aufhebung des Gegensatzes von kontinuierlichen und diskontinuierlichen Vorgängen. Die bereits experimentell vorgezeichnete Einsicht, daß kontinuierliche und diskontinuierliche Darstellungsweisen prinzipiell äquivalent sind, d. h. keiner von beiden der Vorrang gebührt und ihr vorzugsweiser Wert für die Beschreibung von Systemverhalten von der Problemstellung abhängt, konnte durch das zum Fourierschen Theorem inverse Wienersche Theorem mathematisch begründet werden.[43] Wiener konnte nachweisen, daß sich in Umkehrung zur Fourier-Analyse jede kontinuierliche Funktion durch eine Überlagerung spezieller diskontinuierlicher Funktionen beschreiben läßt. Das heißt im Klartext, daß nunmehr viele unserer natürlichen, sozialen und technischen Vorgänge mittels mathematisch-statistischer Verfahren und diskontinuierlicher technischer ›Abbildungen‹ erschließbar und darstellbar werden, die bisher entweder gar nicht oder nur durch Kontinuitätstheorien beschrieben werden konnten.
Mit der statistischen, wahrscheinlichkeitstheoretischen Betrachtung einer großen Zahl von Lebensprozessen (Informations- und Kommunikationsvorgänge) konnte ein weites Neuland für die Wissens- und Erkenntnisproduktion betreten werden.
Die Folgen sind bekannt: Vor allem mit der Ausformung der Informationstheorie durch Shannon[44] und Wiener[45] und durch

43 N. Wiener, Kybernetik, a.a.O., S. 103 ff.
44 C. E. Shannon, A Mathematical Theory of Communication, in: Bell System Technical Journal, 1948, S. 379 ff. und S. 623 ff.; C. E. Shannon u. W. Weaver, The Mathematical Theory of Communication, Urbana, III. 1949.
45 N. Wiener, Cybernetics, a.a.O., New York 1948; dieser Teil vor allem zusammen mit Yuk Wing Lee.

die Entwicklung der Theorie und Technik elektronischer Rechenmaschinen[46], ließen sich viele dieser Prozesse operationalisieren und formalisieren (Entwicklung von Algorithmen) sowie technisch ›abbilden‹ und praktisch nutzen.
Es soll noch einmal hervorgehoben werden, daß damit das bereits eingangs genannte Effizienz-Prinzip der modernen Wissenschaft und Technik, nämlich mit möglichst geringem Aufwand an Materialeinsatz, Materialveränderungen, Energieaufwand und Energiedurchfluß (auch menschlicher Arbeitskraft) eine möglichst große Wirkung zu erzielen, eine grandiose neue Grundlage gefunden hatte. Das neue Grundprinzip, durch die Selektion und den systematischen Einsatz von Informationen und Kommunikationsbeziehungen auf Materie- und Energieflüsse gezielt einzuwirken, stellt einen völlig neuen Ansatz zur Wissensproduktion und zur technischen Beherrschung komplexer Systeme dar.

5.2.3 Kreisrelation und Regelungstechnik

Die zweite wesentliche Grundlage des kybernetischen Ansatzes ist das Regelkreisprinzip. Der Regelkreis stellt ein geschlossenes Rückkopplungssystem dar, das gegenüber äußeren und inneren Einwirkungen (Störungen) relativ stabil bleibt. Das Prinzip des Regelkreises war zwar zu Anfang der vierziger Jahre nicht neu und wurde bereits in verschiedenen Bereichen der Technik erfolgreich angewandt. Neu und revolutionierend war allerdings die Erkenntnis, daß es sich hierbei um ein grundlegendes Funktionsprinzip handelt, das nicht an die material-energetische Technik gebunden ist, sondern in dynamischen Systemen aller Art auftritt. Es gehört zu den grundlegenden Funktionsprinzipien von Organismen und ihren Subsystemen, ebenso von sozialen, ökonomischen und ökologischen Systemen. In der Erkenntnis, daß die kreisrelationale Beziehung methodologisch eine eigenständige und damit neue Qualität bei der Analyse und Nachbildung dynamischer Systeme darstellt, liegt der eigentliche evolutionäre Sprung. Dies führte nämlich über die bis dahin in der gesamten Wissenschaft und Technik herrschende linear-kausale

46 Vgl. hierzu die Kapitel 5.4.1 und 5.4.2.

Denk- und Handlungsstruktur hinaus zu einer Betrachtungsweise, in der Wirkungen von Ursachen selbst wieder zu Ursachen von Wirkungen werden und auf die ursprünglichen Ursachen unmittelbar oder über komplex vermaschte Regelkreise zurückwirken können. Die in der klassischen Regeltechnik entwickelten elementaren Grundformen der Regelung wurden nach dieser Erkenntnis und im Zusammenhang mit den neuen Erkenntnissen über die Bedeutung der Information und der Nachrichtenübertragung in dynamischen Systemen schon bald durch grundlegend neue Prinzipien ergänzt. Sie bilden die Grundlage der modernen Regelungstheorie.
Die häufig auch als kybernetische Regelungstheorie zusammengefaßten neuen Methoden machten die Operationalisierung und Formalisierung sowie die technische Realisation einer Reihe grundlegender Verhaltensweisen von komplexen dynamischen Systemen möglich. Beispielhaft seien hier verschiedene Formen des Adaptions- und Stabilitätsverhaltens (Ultrastabilität, Multistabilität, Homöostase), bestimmte Formen des Optimierungs-, Zielfindungs- und Lernverhaltens von Systemen, des Entwicklungsverhaltens und Wachstums sowie Wechselwirkungen zwischen Systemen und Subsystemen genannt. Daß diese Funktionen in der Natur und im Bereich der Psychologie und des Sozialverhaltens von Menschen eine hervorragende Rolle spielen, hat die Entwicklung der letzten Jahrzehnte nachhaltig gezeigt.[47]
Es ist deshalb nicht unberechtigt, wenn der Umschlag von der linear-kausalen Behandlung komplexer Systeme zur kreisrelationalen mit der Ablösung des Ptolemäischen Weltbildes durch das Kopernikanische verglichen wird. Lange Zeit war nämlich der Versuch unternommen worden, nicht-lineare Netzwerke, wie sie beispielsweise in Verstärkern und Gleichrichtern vorkommen, mit mathematischen Hilfsmitteln, insbesondere der harmonischen Analyse, zu beschreiben, die auf linearen Denkvorstellungen und Begriffen der älteren Elektrotechnik beruhten. Obwohl

47 Auch die seit der Entwicklung der Kybernetik auf den verschiedensten Fachgebieten lawinenartig angestiegene Literatur, die auf diesem methodischen Hintergrund basiert, beweist, daß sich hier ein grundlegender evolutionärer Schritt der Innovationskraft ›Wissenschaft und Technologie‹ vollzogen hat.

einzelne Teilerfolge dadurch erzielt werden konnten, wuchsen die Probleme insgesamt immer stärker an:

»Das Ergebnis war, daß die Theorie der nicht-linearen elektrischen Schaltungen in einen Zustand geraten war, der mit den seligen Vorstellungen des astronomischen ptolemäischen Systems verglichen werden kann, in dem Planetenkreis über Planetenkreis aufgebaut war. Korrektur auf Korrektur folgte, bis dieses ungeheure Flickwerk unter seinem eigenen Gewicht zusammenbrach. Gerade so, wie das kopernikanische System aus den Resten des verworrenen ptolemäischen Systems wuchs, als eine einfache und natürliche heliozentrische Beschreibung der Bewegungen der Himmelskörper anstelle des komplizierten und ungenauen ptolemäischen geozentrischen Systems, so hat die Untersuchung nichtlinearer Strukturen und Systeme, ob elektrischer oder mechanischer, ob natürlicher oder künstlicher, einen neuen und unabhängigen Ausgangspunkt gebraucht.«[48]

Ich komme auf die Bedeutung dieses Schritts für die Wissensproduktion und Technikentfaltung noch einmal bei der Behandlung neuer Ansätze der Technologiebewertung und politischer Handlungsalternativen zurück.

5.2.4 Vernetztes Denken und Systemtheorie

»Erstens: Der Gegenstand steht ganz vor uns, aber verworren und ineinander fließend.
Zweitens: wir trennen einzelne Merkmale und unterscheiden. Unsere Erkenntnis ist deutlich, aber vereinzelt und borniert.
Drittens: wir verbinden das Getrennte, und das Ganze steht abermals vor uns, aber jetzt nicht mehr verworren, sondern von allen Seiten beleuchtet.
In der ersten Periode waren die Griechen, in der zweiten stehen wir. Die dritte ist also noch zu hoffen, und dann wird man die Griechen auch nicht mehr zurückwünschen.«[49]

Mit diesen verblüffend einfachen Worten beschrieb Friedrich Schiller 1793 wie die Gegenstände und Vorgänge vom Menschen

48 N. Wiener, Kybernetik, a.a.O., S. 10f.
49 Friedrich Schiller, zit. nach F. Vester, Neuland des Denkens – Vom technokratischen zum kybernetischen Zeitalter, Stuttgart 1980, S. 38f.

in unterschiedlichen Kulturstufen erfaßt würden. Wir können eigentlich erst heute ihre Tiefgründigkeit vollständig erfassen, geben sie doch recht genau die Entwicklung unserer Erkenntnismöglichkeiten wieder.
Auf der zweiten Entwicklungsstufe wird das methodische Prinzip, die Heraustrennung und Analyse einzelner Merkmale hervorgehoben. Die erzielte Erkenntnis ist in gewisser Hinsicht zwar deutlich, aber vereinzelt und borniert. Das zielt unmißverständlich auf unseren empirisch-analytischen Wissenschaftsansatz. Wir erhielten tatsächlich deutliche, in gewisser Hinsicht sogar eindeutige Erkenntnisse und waren damit in Teilbereichen – natürlich nur im Hinblick auf bestimmte Ziele und Zwecke – äußerst erfolgreich (Beherrschung der Natur, Steigerung der ökonomischen Produktivität, Ausübung von Macht über andere Menschen usw.).
Die Einzelbetrachtung hat uns jedoch lange Zeit blind gelassen, die riesigen Schäden zu erkennen, die diese Form der Erkenntnisaneignung beschert hat. Die Störung der ökologischen Gleichgewichte in der Natur, der Hunger in den Entwicklungsländern und die soziale Verarmung in den Industrieländern führten zum vielfachen Tod von Pflanzen- und Tierarten, von Flüssen, Seen, Böden und Wäldern, zum Massensterben von Menschen und von Seelen. Unsere Erkenntnisse waren also borniert.
Auf der dritten Stufe, so meint Schiller hoffnungsvoll, verbinden wir das Getrennte, und dann steht das Ganze, von allen Seiten beleuchtet, vor uns. Nun nicht mehr verworren, sondern klar. Wir könnten also im Einklang mit der Natur und mit uns selbst leben und handeln. Der Grundgedanke, das Getrennte wieder als Ganzes verbunden zu betrachten, ist nicht neu. Die Idee des »holon«, des Ganzen, bestimmte schon die Philosophie Platons und Aristoteles', und immer wieder läßt sich ganzheitliches Denken im Laufe der Entwicklungsgeschichte nachweisen.
Dagegen stehen die Erfolge der empirisch-analytischen Wissenschaft im Sinne des WTI-Paradigmas. Sie haben zunächst eher die mechanistisch-atomistische Auffassung des Demokrit bestätigt. Angesichts der Folgen kann es jedoch nicht verwundern, daß in der Neuzeit ganzheitliche Denkansätze wieder in der Wissenschaft Platz greifen.
Zunächst kamen solche aus den Sozial- und Geisteswissenschaf-

ten. Besonders die fehlgeschlagenen Versuche, die Methoden der erfolgreichen Naturwissenschaften auf die Ökonomie, die Soziologie, die Psychologie und die praktisch-politischen und kulturellen Steuerungsprobleme der komplexen Industriegesellschaften anzuwenden, haben auch philosophisch-spekulative ganzheitliche Denkanstöße gefördert. Sie sind zum Ende des 19. Jahrhunderts u. a. mit den Namen Dilthey, Driesch, von Hartmann, Krüger, Spann und von Uexküll verbunden.

Die entscheidenden erfahrungswissenschaftlichen Anstöße zu einer ganzheitlich orientierten Betrachtungsweise gingen vorrangig von der Psychologie und von der Biologie aus. Das hat sich besonders in der Ganzheitspsychologie, in der Gestaltpsychologie und im Neo-Vitalismus niedergeschlagen. In beiden Gebieten finden sich Versuche, über die in den Sozial- und Geisteswissenschaften lediglich qualitativ beschreibenden, das Wesen der Dinge verstehen wollenden ganzheitlichen Darstellungsweisen hinauszukommen, indem die Elemente und Beziehungen der zugrundeliegenden Objekte als zusammenwirkende und insofern ganzheitlich aufeinander bezogene Systemteile eines einheitlichen Gesamtsystems gesehen werden.

Die ganzheitliche Betrachtungsweise und die hierdurch beeinflußte organismische Auffassung der Biologie sowie der Körper-Seele-Einheit in der Psychologie sind wesentlich für die Entstehung und die Ausprägung der ›Allgemeinen Systemtheorie‹ verantwortlich.

Ein erstes operational und formalisiert faßbares Konzept dieser Vorstellungen stammt aus der Biologie. Es ist die Umsetzung der ganzheitlichen Betrachtung von Organismen in die analytische Sprache von Systemen.[50]

50 Ludwig von Bertalanffy, Kritische Theorie der Formbildung, Berlin 1928; Zu einer allgemeinen Systemlehre, in: Biologia Generalis, Bd. XIX, H. 1, 1949, S. 114 ff.; An Outline of General Systems Theory, in: The British Journal for the Philosophy of Science, Bd. I, 1950, S. 134 ff.; Allgemeine Systemtheorie, Wege zu einer neuen Methasis Universalis, in: Deutsche Universitätszeitung, H. XII, Nr. 5/6, 1957, S. 8 ff.
In der Allgemeinen Systemtheorie Bertalanffy's spielen vor allem die Theorien über Fließgleichgewichte und strukturellen Isomorphismus eine bedeutende Rolle im Hinblick auf ganzheitliche, die Fachdiszi-

Systeme sind danach Gebilde aus »Elementen (Dingen, Objekten, Sachen, Komponenten, Teilen, Bausteinen, Gliedern) mit Eigenschaften (Attributen), wobei die Elemente durch Beziehungen (Zusammenhänge, Relationen, Kopplungen, Bindungen) verknüpft sind«.[51]

Es ist natürlich kein Zufall, daß die Entstehung der Allgemeinen Systemtheorie mit den neuen Vorstellungen über Information und Nachrichtenübertragung und über die Bedeutung und Anwendung kreisrelationaler Beziehungen in unterschiedlichen Erfahrungsbereichen zusammenfällt.

Der systemische Denk-, Erkennens- und Handlungsansatz läßt sich nämlich durch die folgenden Wesensmerkmale beschreiben:[52]

1. Grundlage ist die operationalisierte und formalisierte Erfassung von Wesentlichkeiten eines Systems durch integrative Betrachtung seiner Elemente und Subsysteme mit ihren Eigenschaften und interdependenten Beziehungen. Das zielt gerade auf Systeme hoher Komplexität, also etwa auf Vorgänge in sozialen Organisationen, auf Verhaltensweisen biologischer Systeme usw.
2. Der Nachweis, daß bestimmte Strukturen, Organisationsprinzipien und Verhaltensweisen von Systemen unabhängig von ihrem Vorkommen und ihrer Entstehung in der Natur, im sozialen Zusammenleben oder in der Technik immer wieder auftreten, hat die Methode der Analogisierung, vor allem die Konstruktion von theoretischen und technischen Analogmodellen, zur Erkennung von Grundmustern, als zweites erkenntnisleitendes Handlungsprinzip einer Allgemeinen Systemtheorie gefestigt.

plinen bzw. Systemarten übergreifende Betrachtungen und somit als allgemein anwendbare methodische Grundlagen.

51 A. D. Hall u. W. Fagen, in: L. v. Bertalanffy u. A. Rapaport (Hg.), General Systems – Yearbook of the Society for General Systems Research, Bd. I, Jg. 1956.

52 Vgl. u. a. S. Beer, Kybernetik und Management, a.a.O., S. 188 f.; H. Stachowiak, Gedanken zu einer allgemeinen Theorie der Modelle, in: Studium Generale, Jg. 18, 1965, S. 432 ff.; F. Vester, Neuland des Denkens – Vom technokratischen zum kybernetischen Zeitalter, Stuttgart 1980, S. 35 ff. u. S. 48.

3. Besonders bedeutsam ist die Hinwendung der Systembetrachtung zu einer funktionalen Interpretation, die die zwischen den Systemeinheiten ablaufenden Prozesse und Strukturveränderungen zeitabhängig beschreibt. Während auf der Grundlage von strukturorientierten Systemuntersuchungen lediglich statische Modelle entwickelt werden können – dies war der Ansatz der bisherigen Wissenschaft und Technik –, verdeutlichen die Untersuchungen des zeitlichen Verhaltens von Systemen durch dynamische Modelle besser die zentralen Funktionsweisen und Wirkungszusammenhänge und so auch die Wechselwirkungen von Struktur und Funktionen. Dabei spielt das Verhalten von »offenen Systemen« eine besonders wichtige Rolle.
4. Die Durchdringung der Eigenschaften und Verhaltensweisen von Systemen hängt stark von ihrer Komplexität ab. Hierfür verallgemeinerungsfähige, formalisierbare Maßgrößen eingeführt zu haben, ist eine wesentliche und besonders fruchtbare Leistung des systemischen Ansatzes. Wichtig ist wiederum, daß die Komplexität weniger auf der *Anzahl* strukturbildender Elemente (Varietät) des Systems beruht als vielmehr auf der Anzahl der *Eigenschaften* der Elemente und ihrer *Verknüpfungen* (Konnektivität).

   Entscheidend ist aber vor allem die *Variabilität*, die die Veränderungsmannigfaltigkeit der Zahl der Elemente, ihrer Eigenschaften und Verknüpfungen umfaßt, was auch die Änderung des Komplexitätsgrades einschließt. Sie ist hauptverantwortlich für die Änderung der Qualität der Eigenschaften, Zustände und Verhaltensweisen von Systemen.

   Hieraus sind nun allgemeine Strategien zur Analyse und technischen Manipulierbarkeit von Systemen hervorgegangen. Eine große Rolle spielen Strategien, die auf Komplexitätsreduktion bei gleichzeitiger Erkennung von Wesentlichkeiten des ganzheitlichen Systemverhaltens hinauslaufen.

   Als Beispiele solcher Strategien seien hier die »Black-Box-Methode«[53], Methoden der Mustererkennung bei hoher struk-

53 Vgl. hierzu Stafford Beer, a.a.O., S. 67 ff.; auch: General Systems Theory and the Problem of Black Box, in: H. Mittelstaedt (Hg.), Regelungsvorgänge in lebenden Wesen – Nachrichtenverarbeitung, Steuerung und Regelung in Organismen, München 1961, S. 51 ff.

tureller Komplexität[54] und spezifische Zielfindungs- und Anpassungsstrategien von offenen Systemen genannt.[55]
Die zuletzt zitierte Arbeit von Russel L. Ackoff und Fred E. Emery ist eine der kompetentesten Anwendungen der Kybernetik, insbesondere der Systemtheorie, auf soziale Systeme, in der sowohl individuelles wie gesellschaftliches Systemverhalten untersucht wird. Die Arbeit bezieht sich auf Gebiete der Psychologie, Soziologie, Verhaltensforschung, der Organisations- und Kommunikationswissenschaft. Das Vorwort beginnt mit dem Satz: »Die Arbeit an diesem Buch begann 1941.« Das Ziel der Arbeit sei es (S. 3): »... einen Weg zu finden, auf dem das menschliche Verhalten als ein System zielbewußter teleologischer Vorgänge betrachtet werden kann. Unsere Betrachtungsweise des Verhaltens entspringt der Überzeugung, daß es die wesentliche Funktion der Wissenschafts-Philosophie sein sollte, eine wissenschaftliche Untersuchung derjenigen Phänomene zu ermöglichen, die bisher einer solchen Untersuchung nicht zugänglich waren. (...) Es wird nunmehr möglich, neue Untersuchungsgebiete auf einem streng wissenschaftlichen Weg zu eröffnen. (...) Ob nun ein solcher Versuch als philosophisch, als wissenschaftlich oder als methodologisch bezeichnet wird, bleibt dem einzelnen überlassen.«
»In dem vorliegenden Buch wenden wir eine historische Betrachtungsweise menschlichen Verhaltens an und soweit notwendigerweise funktionale, teleologische oder zielbewußte Gesichtspunkte (...) indem wir versuchen, alle verwendeten funktionellen Konzepte so objektiv, meßbar und zum Experimentieren geeignet zu machen wie jedes strukturelle Konzept

54 L. D. Harmon, The Recognition of faces, Scientific American 229, 1973, S. 75 ff.; Georg Klaus, a.a.O., S. 397 f.

55 Hierzu u. a. schon A. Rosenblueth, N. Wiener und J. Bigelow, Behavior, Purpose, and Technology, Philosophy of Science, 10, 1943, S. 18 ff.; W. Ross Ashby, Design for a Brain, London 1954; Stafford Beer, Kybernetik und Management, Frankfurt/Main 1963, S. 139 ff., 155 ff. u. 177 ff.; Russel L. Ackhoff u. Fred E. Emery, Zielbewußte Systeme – Anwendung der Systemforschung auf gesellschaftliche Vorgänge, Frankfurt/New York 1975 (Original: On Purposeful Systems, Chicago 1972).

der mechanistischen (sogenannten verhaltensmäßigen) Betrachtungsweise menschlichen Verhaltens.« (S. 4 f.)
Die wesentlichsten Gesichtspunkte der Arbeit stammen aus den vierziger Jahren und wurden in Zusammenarbeit mit C. West Churchman entwickelt.[56]

5. Bei der Betrachtung offener Systeme, das sind Systeme, die sich durch einen Austausch von Materie, Energie oder Informationen mit der Umgebung auszeichnen, hängt das Verhalten entscheidend von der Art des Austauschs dieser Größen mit der Umgebung ab. Wichtige Informationen sind durch Betrachtungen über das Gleichgewichts-, Stabilitäts-, Wachstums-, Organisierungs- und Anpassungsverhalten von Systemen zu erhalten. Während in geschlossenen Systemen nach dem zweiten Hauptsatz der Thermodynamik die Entropie nur wachsen kann, d. h. sich selbst überlassene Systeme nur von einem Zustand höherer Ordnung zu einem geringerer Ordnung überführt werden können, sind bei offenen Systemen Veränderungen möglich, in denen die Entropie des Gesamtsystems konstant bleibt oder abnimmt. Nach Ludwig von Bertalanffy gibt es Zustände offener Systeme, bei denen die Strömungsgrößen nicht Null werden, d. h. ein Austausch von Materie und Energie mit der Umwelt stattfindet, aber die Entropie des Systems konstant bleibt oder sogar abnehmen kann.
Er nannte diese Form des Gleichgewichtszustands »Fließgleichgewicht«.[57] So befinden sich beispielsweise intakte Ökosysteme und biologische Organismen im Fließgleichgewicht.
Auch das Wachsen eines Systems kann auf dieser Grundlage prinzipiell formalisiert erfaßt werden. Ein System wächst,

56 Vgl. auch: C. W. Churchman, Theory of Experimental Inference, New York 1948.
Es ist einer der ersten interdisziplinären kybernetischen Ansätze, strukturelle und funktionale Verhaltensweisen von lebenden und nicht-lebenden Systemen gleichermaßen zu behandeln, wobei sich Ackoff und Churchman (Methods of Inquiry, St. Louis 1950) ausdrücklich auf Spencer, E. A. Singer jr., Schanck, Rosenblueth, Wiener, Shannon, Sommerhoff und von Bertalanffy beziehen.

57 L. v. Bertalanffy, Biophysik des Fließgleichgewichts, Braunschweig 1953.

wenn es in der Lage ist, Materie und/oder Energie über den zur Strukturerhaltung notwendigen Bedarf hinaus aufzunehmen und durch Strukturerweiterung oder Funktionsänderung verarbeitet, ohne daß es dabei zerstört wird. Es geht dann in einen neuen Fließgleichgewichtszustand über. Das System wird zerstört, wenn der zeitliche positive oder negative Input von Systemen durch Struktur- oder Funktionsänderung nicht verarbeitet werden kann.

Nachfolgend (S. 278) werden die wesentlichen Unterscheidungsmerkmale zwischen dem analytischen Ansatz und dem neuen Systemansatz gegenübergestellt. Hieraus ergibt sich, daß die methodischen Grundlagen der Wissensproduktion durch den systemischen Denk- und Handlungsansatz eine neue Qualität erlangt haben.

Wegen der grundlegenden Bedeutung für die wissenschaftliche Wissensproduktion und Wissensverwertung fasse ich noch einmal die Hauptaspekte des durch die neuen kybernetischen Denk- und Handlungsgrundlagen erreichten Sprungs in der Entfaltung der Produktivkraft ›Wissenschaft und Technologie‹ zusammen:

Bei der Betrachtung wichtiger Systemprozesse lebender Organismen oder artifizieller Mechanismen, also etwa bei Anpassungs-, Zielfindungs- oder Wachstumsprozessen, spielt neben den Grundgrößen Raum und Zeit sowie Masse und Energie die Grundgröße Information und ihre Verarbeitung eine herausragende Rolle.

Diese im wesentlichen reziproke Größe zur Entropie (Negentropie) ist somit Ausdruck des zweiten Hauptsatzes der Thermodynamik. Mit ihr lassen sich in Umkehrung zur Entropie Ordnungsvorgänge, also etwa Selektions-, Systematisierungs- oder Regelungsvorgänge, beschreiben, die die Grundlage von gerichtetem Systemverhalten (Zielfindung, Anpassung, Wachstum usw.) sind und somit das Verhalten von Lebewesen, natürlichen und technischen Systemen (z.B. Automaten) ganz wesentlich bestimmen.

Das bedeutet mit anderen Worten, daß durch den kybernetischen Ansatz erstmals eine formalisierte Erklärung und technische Realisierung einer großen Klasse von Vorgängen komplexer dy-

Abbildung 5.2.4. – I
Gegenüberstellung von analytischem und Systemansatz:

Analytischer Ansatz	Systemansatz
Isoliert: konzentriert sich auf die einzelnen Elemente des Systems	Verbindet: konzentriert sich auf die Wechselwirkungen zwischen den Elementen
Berücksichtigt die Art der Wechselwirkungen	Berücksichtigt die Ergebnisse der Wechselwirkungen
Stützt sich auf die Genauigkeit der Details	Stützt sich auf die Wahrnehmung der Ganzheit
Verändert jeweils nur eine Variable	Verändert Gruppen von Variablen gleichzeitig
Ist unabhängig von der Zeitdauer: die betrachteten Phänomene sind reversibel	Bezieht Zeitdauer und Irreversibilitäten ein
Die Bewertung der Tatsachen erfolgt durch experimentellen Beweis im Rahmen einer Theorie	Die Bewertung der Tatsachen erfolgt durch Vergleich der Funktion eines Modells mit der Realität
Bildet genaue und detaillierte Modelle (Beispiel: ökonometrische Modelle), die jedoch kaum in Handlungen umsetzbar sind	Bietet Modelle, die nicht stichhaltig genug sind, um als Wissensbasis zu dienen (Beispiel: MEADOWS), jedoch für Entscheidungen und Handlungen brauchbar sind
Nützlicher Ansatz, solange es sich um lineare und schwache Wechselwirkungen handelt	Nützlicher Ansatz bei nichtlinearen und starken Wechselwirkungen
Führt zu einer disziplin-orientierten Ausbildung	Führt zu einer interdisziplinären Ausbildung
Führt zu einer im Detail programmierten Handlungsweise	Führt zu einer durch Ziele bestimmten Handlungsweise
Erreicht gutes Detailwissen, jedoch schlecht definierte Ziele	Erreicht nur unscharfe Details, jedoch gutes Wissen über die Ziele

Quelle: Frederic Vester, Neuland des Denkens, Stuttgart 1980, S. 43 (nach J. De Rosnay, Das Makroskop, Stuttgart 1977).

namischer und offener Systeme ermöglicht wurde. Auf die überragende Bedeutung von Gleichgewichtszuständen und verschiedenen Formen der Stabilität von dynamischen Systemen (Ultrastabilität, Multistabilität) wurde hingewiesen.
Mit Hilfe des kybernetischen Ansatzes wurde in der Natur eine Vielfalt stabiler Systeme und Subsysteme entdeckt, die tiefe Einblicke in die Entwicklung und Lebensweisen der Organismen und von Ökosystemen ermöglichten. Anders ausgedrückt, der Evolutionsprozeß mit seinen Komponenten Mutation, Auslese, Anpassung und Optimierung hat stabile Formen und Funktionsgeschehen von Systemen zustandegebracht, deren Wesen erstmals erfaßbar und teilweise auch technisch nachbildbar wurde.
Als Beispiel für ein Gebiet der Wissens- und Erkenntnisproduktion, auf dem der kybernetische Ansatz besonders fruchtbar wurde, sei die Bionik genannt. Das ist jene Erfahrungswissenschaft, die natürliche Systeme (einschließlich lebender Organismen) mit dem Ziel untersucht, geeignete natürliche Muster zu finden, um über technische Nachbildungen bestimmte Zwecke besser erfüllen zu können (z. B. Verbesserung der Flugeigenschaften von Flugkörpern, Erhöhung der Wirkungsgrade energieverarbeitender Systeme, Nachbildung von Gehirn-, Nerven- und Sehleistungen von Organismen usw.). Der bionische Ansatz hat zu zahlreichen verblüffenden Ergebnissen geführt.

5.3 Folgen für die Wissensproduktion

Es wird heute kaum noch gelingen, alle Folgen des kybernetischen Denk-, Erkenntnis- und Handlungsansatzes auch nur einigermaßen vollständig aufzulisten und zu beschreiben. Die bereits unmittelbar nach den Pionierarbeiten der Väter der Kybernetik einsetzende Flut neuer Wissensproduktion und Technikentwicklung hat die Produktivkraft ›Wissenschaft und Technologie‹ in einem bisher nicht gekannten Ausmaß entfesselt. Schließt man alle wissenschaftlichen und technischen Innovationen ein, die mit Hilfe der Informations- und Kommunikationstheorie, der Regelungstechnik und Regelungstheorie sowie der Systemtheorie und Systemtechnik und deren Anwendungen in den verschiedenen Wissenschafts- und Technikgebieten erfolgten, dann ist unzwei-

felhaft, daß hier das weitere »exponentielle Wachstum der Wissensproduktion« (vgl. Kapitel 1.1) eine seiner Ursachen hat. Auch wenn der quantitative Aspekt der Wissensproduktion durch den neuen methodischen Ansatz schon beeindruckend ist, so dürften die qualitativen Folgen diesen noch in den Schatten stellen.
Es sollen nun einige jener Folgen dargestellt werden, um die besondere Bedeutung dieses Entwicklungsschritts der Innovationskraft ›Wissenschaft und Technologie‹ zu verdeutlichen.

5.3.1 Eindringen in traditionelle Fachdisziplinen

Es gibt heute kein Gebiet der Wissenschaft und Technik, in dem die kybernetischen Grundlagen nicht in irgendeiner Form Eingang gefunden haben. Im Rahmen verschiedener klassischer Fachdisziplinen spielen die Grundlagen der Informationstheorie, der Regelungstechnik und der Systemtheorie eine besonders große Rolle.
In Tabelle 5.3 – 1 sind jene klassischen Wissenschaften zusammengestellt, in die kybernetische Wissenschaftsansätze Einzug gehalten haben bzw. von wo aus sie umgekehrt ihren Ausgang bei der Durchdringung zahlreicher weiterer Fächer und Gegenstandsbereiche nahmen.
Es soll hier der Hinweis genügen, daß die genannten traditionellen Fächer durchweg starke Impulse und teilweise auch ganz erhebliche Veränderungen, bis hin zur Entwicklung neuer Fachrichtungen, erfahren haben. Das gilt für einige Formalwissenschaften ebenso wie für verschiedene Natur-, Ingenieur-, Sozial- sowie Kultur- und Geisteswissenschaften. Gerade das in Tabelle 5.3 – 1 enthaltene Spektrum beweist, daß die kybernetischen Grundlagen universalen Charakter haben und insofern weitgehend losgelöst von einer einzelnen Fachdisziplin ihre innovative Kraft entfalten.

5.3.2 Neue Wissenschaftszweige in traditionellen Fächern

In einigen traditionellen Fachdisziplinen haben sich neue Wissenschaftszweige entwickelt, die vorrangig auf kybernetischen Grundlagen aufbauen. Beispielhaft seien hier eine Reihe von Fachdisziplinen in allen fünf Wissenschaftsbereichen genannt. Die Einordnung in die traditionellen Fachdisziplinen gelingt dabei häufig nur mit großer Mühe, weil es ja das Wesen der neuen wissenschaftlich-technischen Grundlagen ist, daß sie nicht auf spezifische Gegenstandsbereiche festgelegt sind und ihre besondere Aufmerksamkeit gerade bei solchen Systemen und Prozessen entfalten, für die ein interdisziplinärer Zugang erforderlich ist.
Die Tabelle 5.3 – 1 enthält solche Wissenschaftszweige. Verschiedene von ihnen nehmen heute in diesen Fächern eine wichtige Stellung ein, so etwa im Bereich der Formalwissenschaften die Informationstheorie, die Informatik oder die Kybernetische Systemtheorie. Im Bereich der Naturwissenschaften haben etwa die Biokybernetik, die Neurokybernetik oder die Kybernetische Lernforschung einen bedeutenden Rang. Die Ingenieurwissenschaften sind heute ohne Fachgebiete wie Kybernetische Meß-, Regelungs- und Steuertechnik oder Datenverarbeitungstechnik und Automatisierungstechnik einfach nicht mehr denkbar. Ähnliches gilt für einen breiten Fächer neuer Fachgebiete im Bereich der Sozialwissenschaften (Informationspsychologie, Organisationskybernetik, Kybernetisches Lernen etc.). Auch die Erkenntnistheorie, die Wissenschaftstheorie und die Sprachwissenschaft sind nur noch mit Fachgebieten denkbar, die auf kybernetischen Grundlagen aufbauen. Die nachfolgende Tabelle 5.3 – 1 (S. 282 f.) erhebt natürlich keinen Anspruch auf Vollständigkeit.

5.3.3 Neue Wissenschaftsgebiete und Methoden

Ein besonderes Merkmal der kybernetischen Grundlagen ist ihre Anwendbarkeit in den unterschiedlichsten Gegenstandsbereichen der belebten und unbelebten Natur und ihr innovativer Charakter. Es handelt sich außerdem um einen interdisziplinären

Tabelle 5.3 – 1
Eindringen kybernetischer Erkenntnis- und Handlungsgrundlagen in traditionelle Wissenschaftsgebiete und Entstehen neuer Wissenschaftszweige (Fachgebiete) in traditionellen Wissenschaftsgebieten (nach Wissenschaftsbereichen)

Wissenschaftsbereich	Traditionelle Wissenschaften	Neue Fachgebiete in traditionellen Wissenschaften
Formalwissenschaften	Mathematik Formale Logik (Boolesche Algebra) Struktur- und Modelltheorie	Spieltheorie Informationstheorie/Informatik Schaltalgebra (Aussagenlogik) Kybernetische System- und Modelltheorie Programmiersprachen Algorithmentheorie
Naturwissenschaften	Biologie Physik Physiologie Neurologie Biophysik	Biokybernetik Neurokybernetik Kybernetische Gedächtnis- und Intelligenzforschung Kybernetisches Lernen Mathematische Biophysik Ökologie Bionik
Ingenieurwissenschaften	Meß- und Regelungstechnik Steuerungstechnik Mechanische Rechentechnik Elektrotechnik Nachrichtentechnik Maschinenbau Produktionstechnik Verfahrenstechnik Fertigungstechnik Kontrolltechnik	Kybernetische Meß- und Regelungstechnik Kybernetische Steuerungstechnik Elektronische Rechenmaschinen Datenverarbeitungstechnik Automations- und Automatisierungstechnik Robotertechnik Kybernetische Überwachungs- und Kontrolltechnik

Sozialwissenschaften	Psychologie Soziologie Anthropologie Politologie Betriebswirtschaftslehre Volkswirtschaftslehre Erziehungswissenschaft/Pädagogik Verhaltenswissenschaft/Verhaltensforschung Rechtswissenschaft	Kybernetische Psychologie Informationspsychologie Organisationspsychologie Sozialkybernetik Kybernetische Anthropologie Politische Kybernetik Organisationskybernetik Planungswissenschaft/Kybernetische Planung Kybernetische Pädagogik Programmiertes Lernen/Automatisches Lernen/Kybernetisches Lernen Kybernetik der Wahrnehmung und Gestalterkennung Rechtskybernetik

Kultur- und Geisteswissenschaften	Philosophie
	Wissenschaftstheorie
	Erkenntnistheorie
	Sprachwissenschaft/Linguistik
	Semiotik
	  Syntaktik
	  Semantik
	  Pragmatik
	  Sigmatik
	Ästhetik
		Kybernetische Erkenntnistheorie
		Mathematische Linguistik
		Kybernetische Linguistik/Kybernetische Sprachwissenschaft
		  Kybernetische Syntaktik
		  Kybernetische Semantik
		  Kybernetische Pragmatik
		  Kybernetische Sigmatik
		Kybernetische Ästhetik
		Informationsästhetik

Ansatz der Wissensproduktion und Technologieentwicklung. Somit sind zahlreiche neue Fachgebiete, Theorien und Methoden, die in irgendeiner Form auf dem kybernetischen Denk- und Erkenntnisansatz aufbauen, nicht ohne weiteres traditionellen Fachdisziplinen zuzuordnen.

In verschiedenen Fällen haben sich ganz neue Forschungs- und Entwicklungsgebiete herausgebildet, die als Formal-, Ingenieur-, Sozial- oder Geisteswissenschaften neue Erkenntnis- und Handlungsbereiche erschließen. In Tabelle 5.3 – 2 (S. 286f.) ist eine Anzahl dieser Gebiete aufgelistet. Die Zusammenstellung beansprucht noch weniger vollständig zu sein, was auch angesichts der rasanten Entwicklung neuer Produktionsbereiche von Wissenschaft und Technologie nicht gelingen würde.

Die in der Tabelle vorgenommene Einteilung ist der Versuch, wenigstens an die in Tabelle 5.3 – 1 verwendeten fünf Wissenschaftsbereiche anzuknüpfen und eine grobe Zuordnung zu drei Sektoren

+ Formalwissenschaftlicher/Methodischer Sektor
+ Natur-, Wirtschafts-, Sozial- und Kulturwissenschaftlicher Sektor und
+ Ingenieurwissenschaftlicher/Ingenieurtechnischer Sektor

vorzunehmen.

Hierzu muß allerdings einschränkend angemerkt werden, daß selbst eine solche grobe Zuordnung in mehreren Fällen noch recht willkürlich ist. Das liegt aber im Wesen der neuen methodischen Grundlagen, die ja disziplinübergreifend wirksam sind. Gerade die Tatsache, daß sie traditionellen Fachgebieten nicht ohne weiteres zugeordnet werden können, macht ihren besonders innovativen Charakter aus.

Das Eindringen des kybernetischen Denk- und Handlungsansatzes in die verschiedensten Wissensgebiete zeigt allein schon, welcher revolutionäre Entwicklungsschritt für die Produktivkraft ›Wissenschaft und Technologie‹ ausgelöst wurde. Wenn im nächsten Abschnitt die unmittelbaren Anwendungen und Verwertungen im ökonomischen und militärischen Bereich Ende der vierziger und zu Anfang der fünfziger Jahre dargestellt werden, dann beeindrucken diese Ergebnisse möglicherweise noch mehr, gleichwohl sind sie doch weitgehend »nur« Ausfluß der kybernetischen Durchdringung der verschiedenen Wissenschaftsbereiche

und der immer stärkeren Verschmelzung von Wissenschaft und Technologie.
Der Philosoph und Wissenschaftstheoretiker Kurt Hübner kommt bei seiner »Wesensbestimmung und Bewertung der historischen Entwicklungsbedingungen der Technik« zu folgender Einschätzung des Stellenwertes der Kybernetik:

»Im Lichte einer geschichtlichen Betrachtung der Technik erweist sich die Kybernetik als moderne Technik par excellence: nämlich als aufs äußerste theoretisierte und damit auf das Universum praktischer Möglichkeiten *überhaupt* gerichtete Technik; als total rationalisierte, total auf Zukunft und Fortschritt ausgerichtete Technik. Hieraus ergeben sich grundlegende Erscheinungen und Verhaltensweisen einer industrialisierten Gesellschaft mit all ihrem Für und Wider.«[58]

Diese Einschätzung beruht auf dem großen Wirkungsradius der Kybernetik, den Hübner wie folgt beschreibt:

»Unter Kybernetik ist also jene äußerst abstrakte Betrachtungsweise der Technik zu verstehen, die auf die Einführung allgemeiner Grundbegriffe und Methoden, auf die Erarbeitung von mathematischen Modellen und die Untersuchung von deren Strukturen abzielt. Sie hat sich als äußerst fruchtbar erwiesen und bietet dem entfesselten Erfindergeist reiche Hilfsquellen sowie unentbehrliche Orientierungsmittel in seinem Drange, den Umkreis möglicher technischer Zwecke und Realisierungen zu erweitern.«[59]

5.4 Folgen für die Technologieentwicklung

Die technische Verwertung der kybernetischen Wissenschaft fand hauptsächlich im ökonomisch-militärischen Bereich statt. Ich spreche hier vom ökonomisch-militärischen Bereich, weil eine klare Trennung des zivilen industriellen Sektors vom militärischen in keinem der am Zweiten Weltkrieg beteiligten Industrieländer nach 1940 mehr möglich ist. Mit dem Fortschreiten des Krieges verschmelzen diese Sektoren vollständig.

58 Kurt Hübner, Philosophische Fragen der Technik, in: H. Lenk und S. Moser (Hrsg.), Techne, Technik, Technologie, Pullach bei München 1973, S. 150.
59 Ebenda, S. 138.

Tabelle 5.3 – 2
Neue wissenschaftliche Arbeitsgebiete als Folge der Ausbreitung kybernetischer Erkenntnis- und Handlungsgrundlagen

Formalwissenschaftliche/methodische Arbeitsgebiete	Natur-, wirtschafts-, sozial- u. kulturwissenschaftliche Arbeitsgebiete	Ingenieurwissenschaftliche/produktionstechnische Arbeitsgebiete
+ Kybernetische System- und	+ Ökosysteme/Ökologieforschung	+ Computer Research/Science
Modellanalyse	+ Kybernetische Landwirtschafts-	+ Computerentwicklung
+ Informatik/Informations-	wissenschaft	+ Elektronische Datenverarbeitung
verarbeitung	+ Kybernetische Pharmakologie	+ Automatisierte Datenverarbeitung
+ Programmierungswissenschaft/	+ Bionik	+ Software-Technologie
Programmiersprachen	+ Evolutionsforschung	+ Verschlüsselungstechnik
+ Netzwerktheorie/-technik	+ Kybernetisches Lernen/	+ Automatisierungstechnik
+ Algorithmentheorie	Automatisches Lernen	+ Robotertechnik/Robotersysteme
+ Formale Sprachen	+ Signalverarbeitung	+ NC/CNC-Technik
+ Automatentheorie	+ Mustererkennung	+ Sensortechnik
+ Optimierungsmodelle/	+ Spracherkennung	+ Graphische Datenverarbeitung
Optimierungstheorie	+ Sprachverarbeitung	+ Bilddatenverarbeitung
+ Konflikt- und Entscheidungs-	+ Sprachsynthese	+ Adaptionssysteme
theorien	+ Psycholinguistik	+ Vermittlungs- und Übertragungs-
+ Prognosetechniken	+ Expertensysteme	techniken
+ Computersimulation	+ Künstliche Intelligenz	+ Technische Optimierung
+ Codierungstechnik/-theorie	+ Datenbanksysteme	+ Entwicklung integrierter
+ Spezifikationstechnik	+ Wissens-Repräsentationssysteme	Schaltungen und Netzwerke
+ Computational Statistics	+ Mensch-Maschine-Kommunikation	+ Servomechanismen
+ Graphentheorie	+ Entscheidungsunterstützungs-	+ Computerintegrierte Fertigung
+ Graph-Grammatiken	systeme	+ Computerunterstütztes
+ Standardisierungstechniken	+ Verwaltungs- und Dokumentations-	Konstruieren
+ Parallelverarbeitung	systeme	+ Computerunterstütztes Entwerfen
+ Compiler Generierung	+ Feldtheorie	+ Computerunterstütztes Modellieren
+ Automatische Software Generierung	+ Operations Research/	+ Kommunikationstechnische Systeme
+ Theorie der Rechnernetze	Unternehmensforschung	+ Personal-Computer-Systeme
+ Rechnerarchitekturen	+ Managementwissenschaft/-techniken	+ Anthropotechnik

	+ Simulationstechnik + Systems Engeneering + Systemanalyse + Organisations- und Planungswissenschaft/Kybernetische Planung + Teamtheorie/-technik + Strategiewissenschaft + Bedienungstheorie + Theorie der Lagerhaltung + Produktionskostensysteme + Soziometrie + Interaktionsanalyse + Kommunikationswissenschaft + Vermittlungs- und Übertragungstechniken + Kommunikationsnetze + Lokale Kommunikationsnetze (LAN) + Breitbandkommunikation + Telekommunikation + Betriebliche Informations- und Kommunikationssysteme + Heimcomputer-Systeme + Automatisierungsforschung + Büroautomatisierung + Kybernetische Psychiatrie + Wissens- und Technologietransfer + Technology-Assessment/Technologiebewertung + Computer-Vision + Zukunftsforschung	+ Laborautomatisierung + Kybernetisches Bauen + Biokybernetische Technik + Physiologische Regelungs- und Steuertechnik

»Forschung«, »Technologieentwicklung« und »Technologietransfer« werden immer stärker den globalen politischen Zielen unterworfen. Dabei verläuft die Dienstbarmachung der Innovationskraft ›Wissenschaft und Technologie‹ für die militärischen Zwecke allerdings nicht einseitig, vielmehr handelt es sich um einen rückgekoppelten Prozeß: In der politischen und militärischen Administration besteht die begründete Erwartung[60], daß die wissenschaftlichen Methoden und Techniken für die militärischen und politischen Ziele besonders nützlich sind. Diese Erwartungshaltung und noch mehr die sich schon bald abzeichnenden Ergebnisse führten vor allem in den USA und England zu einer massiven Förderung besonders auch kybernetischer Wissenschafts- und Technikansätze.[61] Diese starke finanzielle Förderung führte schon bald zu sichtbaren Erfolgen im militärischen Bereich, was zu noch größeren Förderungsaufwendungen führte und so weiter.

Es ist somit kein Zufall, daß sich die neuen methodischen Grundlagen in einer Zeit forciert entwickelten, in der von der militärischen und wirtschaftlichen Stärke die politische Existenz von Staaten bzw. Gesellschaftssystemen in besonderer Weise abhing. Andererseits wurde die forcierte Förderung dieser wissenschaftlichen und technischen Entwicklungen von den Wissenschaftlern als Chance wahrgenommen.

Nach Beendigung des Zweiten Weltkrieges waren die Großmächte wegen des Ost-West-Konflikts weiterhin am Ausbau bzw. der Stabilisierung ihrer militärischen und ökonomischen Stärke höchst interessiert. Die Förderung der hierfür besonders aussichtsreichen Forschung und Technologieentwicklung wurde dementsprechend mit Nachdruck fortgesetzt.[62] Auf die tatsäch-

60 Dies wird in allen am Krieg beteiligten Ländern durch entsprechende Stellungnahmen und Memoranden von Wissenschaftlern und Technikern gestützt.

61 Am deutlichsten war in den USA und England die Förderung der Entwicklung elektronischer Rechenanlagen, der Radartechnik und allgemein der Nachrichten-, Steuerungs- und Regelungstechnik.

62 Während die Vorgänge um den Wettlauf in der Atomtechnologie zwischen den USA und der Sowjetunion allgemein bekannt sind und mannigfaltig dargestellt wurden, sind die Anstrengungen um techno-

lichen und vermeintlichen Bedrohungen wurde wechselseitig gemäß dem überall herrschenden WTI-Paradigma reagiert: Forschungslinien und Technologieentwicklungen, die geeignet erschienen Innovationsschübe für den militärischen und ökonomischen Bereich auszulösen, hatten auch nach dem Krieg die größten Chancen in der Forschungsförderung. Diese Forschungspolitik war vor allem dort unproblematisch, wo traditionell gegenüber neuen wissenschaftlichen Ansätzen und ihren ökonomischen und militärischen Verwertungen die geringsten ideologischen Barrieren bestanden. Es ist somit kein Zufall, daß die Entstehung, Verbreitung und Umsetzung kybernetischer Ansätze zuerst in den USA und England erfolgte, während in der Sowjetunion die Kybernetik anfangs von der offiziellen Philosophie und Politik abgelehnt wurde.[63] Auch in Deutschland gab es zunächst eine gewisse Distanz zu den neuen methodischen Grundlagen, die in den Geistes- und Sozialwissenschaften bis in die heutige Zeit hineinreicht.

5.4.1 Analogrechner und Steuerungssysteme

Im Jahre 1931 konstruierte Vannevar Bush am Laboratorium für Servomechanismen des Massachusetts Institute of Technology (M.I.T.) eine leistungsfähige Rechenanlage, die zwar auf mechanischer Grundlage arbeitete, aber erste Prinzipien kybernetischer Methoden verwirklichte. Der sogenannte analoge Differentialanalysator konnte aber erst technisch realisiert werden, nachdem durch die Erfindung des mechanischen Drehmomentverstärkers eine leistungsfähige Rückkopplung und somit Regelung technisch möglich wurde. Bis 1942 hatte Bush die Mechanik der Rechenanlage auf elektronische Bauteile (18 Integratoren, 2000

logische Vorteile bei der Entwicklung und technischen Verwertung der Kybernetik zwar ähnlich groß, aber bisher nicht zusammenfassend dokumentiert worden.

63 Nach den ersten sichtbaren Erfolgen der Westmächte auf den Gebieten der Steuerung von Rechenanlagen und der Steuerung und Regelung militärischer Ausrüstungen (Flugabwehr, Feuerleitsysteme u. a.) wurde die Kybernetik dann allerdings um so mehr in der Sowjetunion gefördert.

Elektronenröhren, 150 Elektromotoren und mehrere Tausend Relais) umgestellt und die Steuerung durch eine Lochstreifen-Programmierung automatisiert.

»Bevorzugte Anwendung fand der Differentialanalysator bei der Berechnung von komplexen elektrischen Netzwerken und bei der Erstellung ballistischer Tabellen für die amerikanische Artillerie. 1944 waren in dem ballistischen Rechenzentrum der USA insgesamt 24 Differentialanalysatoren im Einsatz. Sie repräsentierten eine ausgereifte Technik, die den konkurrierenden digitalen elektromechanischen Relaisrechnern in der Geschwindigkeit der Operationen noch überlegen waren.«[64]

Analog-Instrumente erweisen sich dort als gut einsetzbar, wo Input und Output nicht durch Zahlen ausgedrückt werden müssen, sondern wo es darauf ankommt, bei veränderlichen Eingangsgrößen (z. B. Störungen)

»... eine Ausgangsgröße zu erhalten, mit der direkt weitere Prozesse gesteuert werden konnten, also in Regelsystemen. Dabei verschmolzen ›Computer‹- und Regelfunktionen oft so, daß man direkt von ›Integralreglern‹ oder ›Differentialreglern‹ sprach.«[65]

Ein für den Verlauf des Zweiten Weltkrieges bedeutendes technologisches Produkt auf dieser Grundlage war der amerikanische Feuerleitcomputer M-9 (elektronischer Analogcomputer als Kernstück des Regelungssystems) für die Steuerung von Flugabwehrgeschützen.
Elektronische Analogcomputer werden in der Folgezeit in zahlreichen Sektoren der Industrie und der Militärtechnik, in Verkehrssystemen und in Labors zur Prozeßsteuerung eingesetzt. Sie dienen auf vielen Gebieten zur Simulation von Vorgängen und Prozessen (z. B. Flugzeug-, Auto-, Raumfahrt-Simulatoren). Darüber hinaus werden sie immer stärker überall dort eingesetzt, wo im wesentlichen stetige Funktionszusammenhänge zwischen Eingangs- und Ausgangsgrößen in komplexen Systemen nachgebildet und technisch realisiert werden sollen, also in allen komplexen Regelungs- und Steuerungsprozessen wie beispielsweise

64 Friedrich W. Hagemeyer, Regelungstechnik, in: U. Troitzsch u. W. Weber (Hg.), Die Technik – Von den Anfängen bis zur Gegenwart, Braunschweig 1982, S. 434.

65 Ebenda.

der Nachbildung von Zielfindungs-, Anpassungs-, Lern- und Wachstumsvorgängen.

5.4.2 *Digitalrechner und elektronische Datenverarbeitung*

Die wohl bedeutendsten Auswirkungen für den militärischen wie für den zivilen Bereich sind mit der Erfindung der Digital-Rechenanlagen verbunden. Weitgehend unabhängig voneinander entwickelten sich die Grundlagen der Computertheorie und Computertechnik zuerst in Deutschland, den USA und England. Prinzipien der Regelungstechnik und der Boole'schen Algebra, vor allem in den Formen der Aussagenlogik und der Schaltalgebra (Algebra der Schaltnetzwerke)[66] sowie Ansätze systemischen Vorgehens bilden die Basis der Entwicklung moderner digitaler Rechenanlagen.[67]
Konrad Zuse verwendete für seine programmgesteuerte Rechenmaschine die duale Boole'sche Logik. Die erste voll funktionsfähige programmgesteuerte Rechenanlage (Z 3) war 1941 fertiggestellt. Sie benutzte die aus der telefonischen Kommunikationstechnik bekannten Schaltrelais (600 Relais im Schaltwerk und 2000 Relais im Speicher). Die gesamte Anlage realisierte in ihren Systemteilen und deren Zusammenwirken (Eingabeteil, Rechenwerk, Steuerung und Speicher) kybernetische Prinzipien und kybernetische Technik.[68]
Die Rechnerentwicklung in den USA verlief im wesentlichen im Auftrag von und in enger Koppelung mit dem militärischen Komplex. Dies gilt sowohl für die Vorläufer der ersten Digital-Rechner-Generation, die noch mit dem Dezimalzahlensystem arbeiteten, als auch für die erste Digital-Rechner-Generation auf der Basis des dualen Zahlensystems.[69]
Der 1944 an der University von Pennsylvania von J. W. Mauchly und J. P. Eckert begonnene und 1946 einsatzfähige ENIAC

66 Vgl. hierzu die Ausführungen in Kapitel 5.1.2.
67 W. de Beauclair, Rechnen mit Maschinen, Braunschweig 1968.
68 K. Zuse, Der Computer – mein Lebenswerk 1972.
69 Bell Telephone Laboratories (Georg Stibitz) begann schon 1937 mit der Entwicklung einer Rechenanlage auf der Basis von Telefonrelais; IBM (Howard Aiken) entwickelte von 1939 bis 1944 den Harvard Mark I (auch: IBM Automatic Sequence Controlled Calculator).

(Electronic Numerical Integrator and Computer) wurde im Auftrag der US-Streitkräfte gebaut.
Der ENIAC arbeitete mit 17 468 Elektronenröhren, 1500 Relais und unzähligen anderen Bauteilen, er verbrauchte 174 kW, wog insgesamt 30 Tonnen und benötigte ein eigenes Kühlsystem und ein eigenes Maschinengebäude. Er kostete in der Herstellung 2 Mio $, und wegen der hohen Ausfälle der Bauteile entstanden horrende Kosten für Wartung und Unterhaltung.
Wie rasant sich Wissenschaft und Technik auf diesem Gebiet entwickelt haben, läßt sich daran ermessen, daß heute die gleichen Leistungen mit einem Taschenrechner für ca. 20 $, einem Gewicht von ca. 300 g und praktisch wartungsfrei und ohne Unterhaltungskosten erbracht werden. Die Produktivkraft ›Wissenschaft und Technologie‹ hat in diesem Bereich also dazu geführt, daß Material-, Energie- und Kostenaufwand für die gleichen Leistungen innerhalb von weniger als 40 Jahren um etwa fünf Zehnerpotenzen gesenkt werden konnten. Ich komme auf diese Seite der kybernetischen Entwicklungsstufe von ›Wissenschaft und Technologie‹ in Kapitel 7 zurück.
Vor allem der Bedarf der zentralen ballistischen Rechenabteilung der Air-Force an schnellen Rechenmaschinen war für den raschen Aufschwung maßgebend.
Im Bereich der militärischen Radartechnik waren neue Bauelemente entwickelt worden (elektronische Schalter und Impulsgeber), die um das Tausendfache schneller waren als die elektromechanischen Bauteile der noch vor dem Krieg konzipierten Relaisrechner.
Die Boole'sche Algebra bildete für Claude E. Shannon die Grundlage für die Entwicklung der Informationstheorie. Shannon erkannte auch, daß die schnelle und zuverlässige Übertragung von Daten das Hauptproblem bei der Konstruktion von Rechenanlagen war und dieses nur in binärer Form und elektronisch zu lösen ist.
Die erste elektronische Digital-Rechner-Generation wurde durch die Anwendung noch weiterer kybernetischer Prinzipien, für die vor allem John von Neumann[70] das Grundkonzept lieferte, mit

70 John von Neumann, Die Rechenmaschine und das Gehirn, München 1962. Entscheidend war die Konzeption einer zentralen Operations-

der Indienstnahme des SSEC (Selective Sequence Electronic Calculator) 1948 bei IBM eingeleitet. Auch die auf etwa der gleichen Entwicklungsstufe stehenden Rechner, der britische EDSAC (Electronic Relais Storage Automatic Calculator) von 1949, die amerikanischen Rechner EDVAC (Electronic Discrete Variable Computer) und der MANIAC, beide aus dem Jahre 1952, enthielten bereits alle wesentlichen Funktionsmerkmale heutiger Computer.

Alle Entwicklungen erfolgten in direkter Koppelung mit dem industriell-militärischen Bereich, wobei der MANIAC zum Institute for Advanced Study gehörte.[71]

Die Erfindung des Transistors[72] und die Entwicklung der Mikroprozessorentechnik haben zwar die Verbreitung des Digital-Computers enorm beschleunigt, seine Grundelemente und Grundfunktionen blieben aber im wesentlichen die von John von Neumann für den EDVAC konzipierten. In diesem Zusammenhang ist erwähnenswert, daß auch die entscheidenden Entwicklungen der Festkörperphysik (speziell auch der Halbleiterphysik und Halbleitertechnik) und ihre ersten Anwendungen im militärisch-industriellen Bereich erfolgten. Nicht nur der gesamte Rechnerpark im militärischen Komplex wurde zuerst mit kompletten Miniaturschaltungen auf Transistorbasis ausgerüstet, auch die verschiedenen Waffensysteme, die mit regelungstechnischen Einrichtungen versehen waren, wurden verändert, in ihren Steuer- und Regelfunktionen erneuert und in der Folgezeit ständig verfeinert.

einheit (Steuerungseinheit), von der aus die Rechenoperationen nacheinander gesteuert werden konnten, und die elektronische Programmspeicherung, die es erstmals ermöglichte, mit deren Variabilität während der Rechenvorgänge selbst zu operieren.

71 Friedrich W. Hagemeyer, Regelungstechnik, a.a.O., S. 439, vgl. auch Kapitel 6.3.

72 Transistor = Abkürzung für Transfer-Resistor (ein Halbleiter-Verstärker, der wie eine Elektronenröhre wirkt – auf der Basis der Halbleitertechnik der Festkörperphysik).

»Im Gegensatz zu der vielfach schnelleren V2[73] – die eine Fluggeschwindigkeit von 5000 km/h erreichte und nach Brennschluß mit 3000 km/h einschlug – konnte die V1 von Jagdflugzeugen abgeschossen werden. Das gelang britischen Jagdstaffeln in großem Umfang schon über dem Kanal. Auch die als ›Wunderwaffe‹ gepriesene V2 sollte letztlich nicht die von der deutschen Wehrmacht erhoffte Wirkung erzielen: Obwohl es gegen sie noch keine Abwehrmaßnahmen gab, lag ihr großer Nachteil darin, daß sie sich nach dem Start nicht mehr steuern ließ.«[74]

Zum Glück hatten die kybernetischen Grundlagen im Nazi-Deutschland noch nicht den Reifegrad erreicht, daß entsprechende Steuer- und Regelsysteme diese Waffen an die gewünschten Ziele bringen konnten. Das Zitat macht aber deutlich, welche enorme Bedeutung die Entwicklung der Kybernetik für die Raketentechnik und die Raumfahrt hatte. Erst mit den Mitteln der Informationstheorie, der fortgeschrittenen Regelungstechnik und der angewandten Systemtechnik konnten die Raketen- und Raumfahrtprogramme der Sowjetunion und der USA richtig in Gang gesetzt werden. Dazu kam die totale Verschmelzung von Forschung und Technologieentwicklung mit dem militärisch-ökonomischen Bereich.
Die USA mußten von Anfang an noch stärker als die Sowjetunion auf die kybernetischen Grundlagen setzen, um die vergleichsweise schwächeren Antriebssysteme durch eine hochentwickelte Steuer- und Regelungstechnik »auszugleichen«.
Es gehört zu den eindrucksvollsten Innovationsbilanzen der neuen Entwicklungsstufe von ›Wissenschaft und Technologie‹, daß es nicht primär die energetische und stoffliche Beherrschung von Systemen und Systemvorgängen war, die den Engländern gegenüber den V1- und V2-Waffen Nazi-Deutschlands Überlegenheit und den Amerikanern nach dem ›Sputnik-Schock‹ wieder

73 Die unter der Programmbezeichnung V2 (Vergeltungswaffe Nr. 2) startende ballistische Rakete wurde in Peenemünde gebaut und 1944 erstmals eingesetzt. Sie trug einen Sprengkopf mit dem Gewicht von ca. 1 t etwa 320 km weit. Sie besaß kein Ziel-Steuersystem.

74 Volker Schmidtschen, Militärtechnik, in: U. Troitzsch u. W. Weber (Hg.), Die Technik, a.a.O., S. 539.

einen wissenschaftlich-technologischen Vorsprung verschaffte, sondern die informationell-kybernetischen Methoden.
Es war die konsequente Entwicklung *und* Anwendung kybernetischer Grundlagen auf allen Gebieten – von der Planung und Organisation der Forschung und Entwicklung bis zur Erstellung und Durchführung der Ablauforganisation und der strategischen Umsetzung und Kontrolle der Programme –, die die Raketen- und Raumfahrtkonzepte der USA in einer geradezu atemberaubend kurzen Zeit so erfolgreich gemacht haben. Das integrative Vorgehen, das wissenschaftliche, technische, militärische und ökonomische Aspekte verband, war angesichts der Komplexität nur dadurch in den Griff zu bekommen, daß systemisch-vernetztes dynamisches Denken und Handeln mit Vielfachrückkopplungen zum dominierenden Organisationsprinzip dieser Projekte wurde[75] (vgl. hierzu auch Kapitel 5.4.6).

5.4.4 Automatisch gesteuerte Werkzeugmaschinen und Produktionsprozesse

Auch die Grundlagen der sich in den letzten Jahren lawinenartig verbreitenden automatisch gesteuerten Werkzeugmaschinen und Produktionsverfahren und die Roboterisierung wurden bereits Ende der vierziger Jahre, hauptsächlich in den USA und in England, gelegt.
Das M.I.T. entwickelte bereits 1949 bis 1952 im Auftrag der US Air-Force eine automatisch gesteuerte Maschine, mit der die »immer komplizierter werdenden Integralteile für die Flugzeugindustrie hergestellt werden sollten«.[76] Das bedeutete den Beginn der Entwicklung der numerischen Steuerung (NC=Numerical Control) von Maschinen und Prozessen durch die Verbindung

75 Hierzu u. a.: H. Scheffold, Theoretische Grundlagen der Raumfahrttechnik, München 1973; H. Mielke, Lexikon der Raumfahrt und Raketentechnik, Bonn 1971; W. v. Braun, Bemannte Raumfahrt, Frankfurt/Main 1969; H. Mielke, Raketentechnik – Eine Einführung, Berlin 1960; M. J. Rycroft u. R. D. Reasenberg, COSPAR – Space Research XIV, Berlin 1974.

76 Das Projekt stand unter der Leitung von John Parsons; zit. aus NC-Handbuch 83, Michelstadt 1983, S. 18.

mit Computern. Im M.I.T. lief bereits 1952 die erste numerisch gesteuerte Werkzeugmaschine (Modell »Cincinnati Hydrotel«). Die Steuerung erfolgte elektronisch und mit binär codierten Lochkarten.

Im Jahre 1957 installierte die US Air-Force die ersten NC-Fräsmaschinen in ihren Produktionsstätten, nachdem bereits 1954 die Firma Bendix auf der Grundlage der Parsons-Patentrechte die erste NC-Maschine industriell hergestellt hatte.

Die von diesen Anfängen ausgehende Revolution auf dem Gebiet der automatischen Fertigung und Prozeßsteuerung soll durch die mittlerweile zum Hausgebrauch der meisten Fertigungsbetriebe avancierten Begriffskürzel, die alle für bestimmte Verfahrenslinien bzw. Entwicklungsstufen der Automatisierung stehen, nur angedeutet werden. Hand in Hand mit der Entwicklung der Halbleitertechnik, der Mikroelektronik und der Integrierten Schaltungen bis zu dem Large Scale Integrated Circuits (LSI's, 1965) und Mikroprozessoren (1974) entwickelte sich die computergesteuerte Maschinen- und Produktionstechnik zu dem für das Beschäftigungssystem folgenreichsten Industriezweig der Industriegesellschaft.[77] Die folgenden Kürzel symbolisieren die Entwicklungsdynamik:

1. NC-Technik: Numerical Control = Numerische Steuerung von Werkzeugmaschinen (WZM)
   Es handelt sich um programmierbare WZM, die im Durchschnitt mit dreifacher Produktivität gegenüber herkömmlichen WZM (einschließlich menschlicher Bedienung) arbeiten. Der Einsatz erfolgte zunächst zum Drehen, Bohren, Biegen, Stanzen, Fräsen, Pressen und Formen.
2. CNC-Technik: Computerized Numerical Control
   Hier erfolgt eine Verbesserung der NC-Maschinen durch Einbeziehung neuer Programmiersysteme und Steuerungseinheiten in die WZM durch leistungsfähigere Prozessoreinheiten.
3. Kombination von NC-Maschinen mit Greif- und Transportiereinrichtungen.
4. DNC-Technik: Direct Numerical Control
   Integrierte Steuerung von NC-Maschinen sowie der Greif- und Transportiereinrichtungen

77 Vgl. hierzu insbesondere auch Kapitel 8.3.3.

5. CAD-Technik: Computer Aided Design
Computerunterstütztes Konstruieren und Design (die CAD-Systeme haben sich aus der Radartechnik entwickelt).
CAM-Technik: Computer Aided Manufacturing
Computergestützte Fertigungssysteme
6. CAPP-Technik: Computer Aided Process Planing
Automatische Planung und Kontrolle von Betriebsabläufen
7. CAMP-Technik: Computer Aided Materials Planing
Computergestützte automatische Lagerhaltung und Lieferung von Produktionszubehör.

Am Ende dieser Entwicklungslinien stehen die vollautomatische Fabrik und eine weitverzweigte Robotertechnik in den verschiedensten Lebensbereichen.[78]

Abbildung 5.4.4 – I
Einsatzgebiete programmierbarer Steuerungen

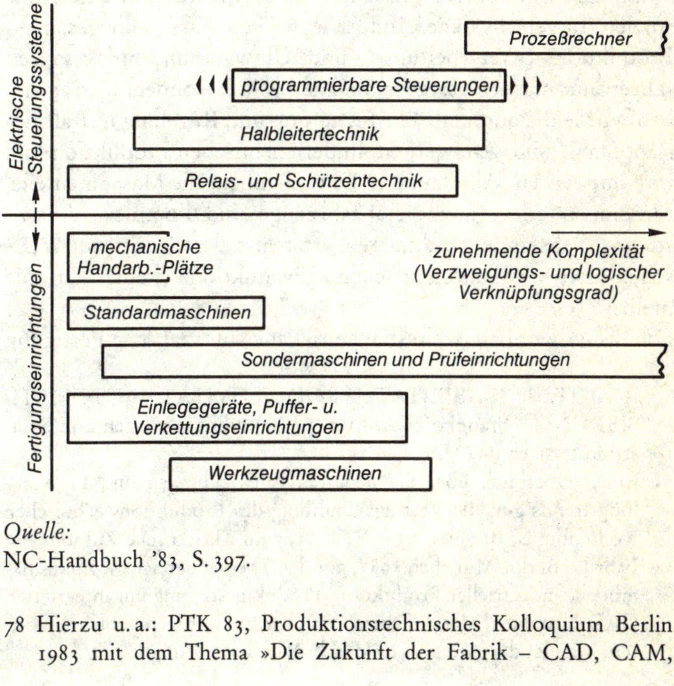

Quelle:
NC-Handbuch '83, S. 397.

78 Hierzu u. a.: PTK 83, Produktionstechnisches Kolloquium Berlin 1983 mit dem Thema »Die Zukunft der Fabrik – CAD, CAM,

Auf den Abbildungen 5.4.4 – I und 5.4.4 – II sind die heutigen Einsatzgebiete programmierbarer Steuerungen sowie die Entwicklung der NC-Werkzeugmaschinenproduktion in den sechs führenden westlichen Industrieländern dargestellt. Sie geben einen Eindruck davon, welche tiefgreifenden strukturellen Umwälzungen hierdurch in den Bereichen Verfahrens- und Fertigungstechnik in Gang gekommen sind.

Wie man der Abbildung 5.4.4 – II entnehmen kann, haben die Kurven in den am weitesten entwickelten Ländern USA, Japan und Bundesrepublik Deutschland nahezu exponentiellen Charakter, wie das bei einer echten Innovation auch zu erwarten ist. Wichtig ist noch einmal hervorzuheben, daß die Wurzeln dieser rasanten Entwicklung ausschließlich in der fünften Entwicklungsstufe der Produktivkraft ›Wissenschaft und Technologie‹ zu suchen sind.

Es dürfte ein vergebliches Unterfangen sein, alle Bereiche aufzeigen zu wollen, in denen Regelungs- und Kontrollsysteme bzw. automatisch gesteuerte Maschinen und Apparaturen eine Rolle spielen. In verschiedenen Industriezweigen werden die gesamten Produktions-, Verarbeitungs- und Umwandlungsprozesse seit Jahren automatisch gesteuert und geregelt. Besonders weit getrieben wurde die automatische Steuerung und Regelung in Raffinerien, Stahl- und Walzwerken, in der chemischen Produktion und in Kraftwerken. Aber auch in Unternehmen, die Maschinenteile, Maschinen oder ganze Kraftfahrzeuge und komplexe Ausrüstungsgegenstände produzieren, ist heute der Schritt zur menschenlosen, vollautomatischen Produktion keine Utopie mehr.[79]

Die bisher wohl am weitesten getriebene automatische Fertigung

ROBOT, FLEXIBILITÄT, PRODUKTIVITÄT, AUTOMATISIERUNG«, Fraunhofer-Institut für Produktionsanlagen und Konstruktionstechnik, München 1983.

79 Einen Überblick über die neuesten Entwicklungen und Entwicklungstrends gibt die Vortragssammlung des Produktionstechnischen Kolloquiums, Berlin 1983 – PTK 83, zum Thema ›Die Zukunft der Fabrik‹, Berlin/München 1983, mit den Themenbereichen: Zukunftsmodelle industrieller Produktion, Produktgestaltung mit integrierten CAD-Systemen, Maschinenintelligenz in zukünftigen Fabrikstrukturen, Wandel der Arbeitswelt durch Automatisierung.

Abbildung 5.4.4 – II
NC-Werkzeugmaschinenproduktion in sechs führenden westlichen Industrieländern (in Mio. DM)

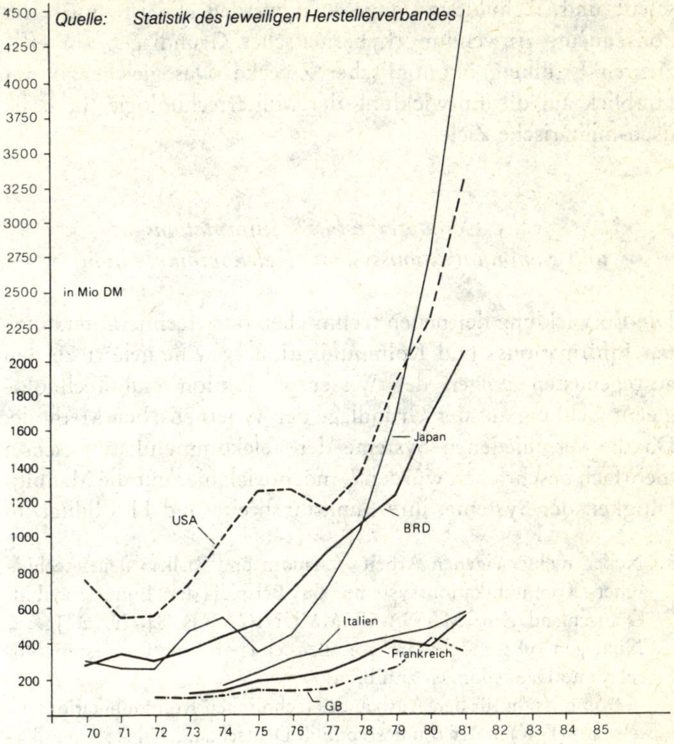

Quelle:
NC-Handbuch '83, S. 474.

wurde Anfang Februar 1982 mit der Inbetriebnahme der Halle 54 vom Volkswagenwerk in Wolfsburg aufgenommen. Hier werden täglich bis zu 2400 Autos des Typs ›Golf‹ »robotergerecht gefertigt«. Diese Anlage hat die modernsten Fertigungsstraßen Japans und der USA überholt, wobei eine weitere Automatisierung anvisiert ist.[80]

80 Hannoversche Allgemeine Zeitung vom 24. 2. 1984.

Gleichwohl kann der Trend zur Vollautomatisierung und Roboterisierung in den Fertigungs- und Dienstleistungsunternehmen nicht als neue Entwicklungsstufe der Produktivkraft ›Wissenschaft und Technologie‹ angesehen werden. Es ist »nur« die konsequente Anwendung kybernetischer Grundlagen zur effizienten Erfüllung ökonomischer Zwecke. Das gleiche gilt im Hinblick auf die Entwicklung der Militärtechnologie für politisch-militärische Ziele.

5.4.5 Computergestützte Informations- und Kommunikationssysteme (Telekommunikation)

Die Entwicklung der neuen technischen oder rechnerunterstützten Informations- und Kommunikationssysteme gehört zu den aufregendsten Folgen der Wissensproduktion und Technologieentwicklung auf der Grundlage der kybernetischen Methode. Da die verschiedenen Systeme der Telekommunikation schon mehrfach beschrieben wurden[81], möchte ich hier nur die Mannigfaltigkeit der Systeme, ihre Funktionsbreite und Flexibilität im

81 Neben meiner eigenen Arbeit »Chancen und Risiken neuer technischer Kommunikationssysteme am Beispiel der Bundesrepublik Deutschland«, in: MASSA-COMMUNICATIE '84, Nr. 2, Jg. 12, Nijmegen 1984, möchte ich vor allem einige für die Bundesrepublik relevante Darstellungen anführen:
- Kommission für den Ausbau des technischen Kommunikationssystems (KtK) in der Bundesrepublik Deutschland, Telekommunikationsbericht und 7 Bände zur Entwicklung der Kommunikationssysteme, Bonn 1976.
- Dietrich Elias (Hrsg.), Telekommunikation in der Bundesrepublik Deutschland 1982, Heidelberg/Hamburg 1982.
- Bundesverband der Deutschen Industrie e. V. (BDI): Neue Informations- und Kommunikationstechniken und ihre gesamtwirtschaftlichen Auswirkungen, Köln 1982.
- Johannes Dünnwald, Technologische Entwicklungslinien neuer I- und K-Systeme, Hamburg 1983.
- Jürgen Seetzen, Reinhard Pfab u. a., Zwischenbilanz zur Einschätzung der neuen Informations- und Kommunikationstechniken, Heinrich-Hertz-Institut für Nachrichtentechnik, Berlin 1982/3.
- Ifo-Institut für Wirtschaftsforschung (Hrsg.), Perspektiven der

Hinblick auf Anwendungen hervorheben und verdeutlichen, daß die Systeme samt und sonders auf die Kernbereiche der neuen Wissensproduktion und Technologieentwicklung, die Informationstheorie, die Regelungstechnik, die Rechnertechnik und den Systemansatz zurückzuführen sind. Vor allem die Vernetzung von Informationstheorie, Algorithmisierung von Kommunikationsprozessen und technischer Systemdarstellung bzw. von Nachrichtentechnik und Computertechnik (Telematik) haben die technische Revolution im Bereich der Mensch-Maschine- und Maschine-Maschine-Kommunikation in Gang gesetzt.

Begriffe wie Datex, Breitband-Datenübertragung, Telefax, Teletex, Bildschirmtext, Daten-Fernübertragung, Fernüberwachung, Fernsteuerung, Videotext, Bildfernsehen, Kabelfernsehen, Notruf-Systeme, Videokonferenzen und Integrierte Bürosysteme kennzeichnen einige Etappen der Systementwicklung und Anwendungen der zugrundeliegenden Netz- und Rechnerstrukturen.

Textfax, Sprachfax, Electronic Mail, Tele-Zeitung, Farbfaksimile und Zweiweg-Kabelfernsehen sind weitere in der Erprobung befindliche Systemkonfigurationen, die eine neue Kommunikationsstruktur entstehen lassen.

Auch wenn im Rahmen der internationalen Diskussion die Meinungen über die Entwicklungen im einzelnen auseinandergehen und insbesondere die Chancen und Risiken äußerst kontrovers eingeschätzt werden, so gibt es Einigkeit unter den Beteiligten, daß die Kommunikations- und Sozialstrukturen der Industriegesellschaften in weniger als zwei Jahrzehnten völlig anders ausse-

Telekommunikation in der Bundesrepublik Deutschland, Bd. 26, München 1983.
- Enquete-Kommission des Deutschen Bundestages »Neue Informations- und Kommunikationstechniken«, Drucksache 9/2442, Bonn 4/1983.
- DGB, Eine Stellungnahme des DGB zu ›Neue Informations- und Kommunikationstechniken‹, DGB-Technologie/HdA, Düsseldorf 1984.
- Bundesforschungsberichte VI (Bonn 1979) und VII (Bonn 1984).
- EG, RaD in Advanced Communication Technologies for Europe (RACE), E-Dokumente KOM (85) 113 endg., KOM (85) 145 endg. sowie EG-Dok. 5876/85, Brüssel 1985.

hen werden als heute.[82] Diese neuen Kommunikationsstrukturen werden die technische Grundlage für die zukünftige Wissenschaftsgesellschaft sein.

Wesentliches Kennzeichen dieser Entwicklung ist das Zusammenwachsen der Kommunikationsnetze: So verschmilzt allmählich das Telefonnetz mit dem »elektronischen Datenvermittlungssystem (EDS)«, bei dem es sich um ein einheitliches Übertragungssystem für Daten- und Fernschreibsignale handelt, mit dem »Integrierten Fernschreib- und Datennetz (EDN)«, und dem »Datenpaket-Vermittlungsnetz (DATEX-P-Netz)« zu einer integrierten Netzstruktur. Eine Weiterentwicklung ist das ISDN (Integrated Services Digital Network)[83], das mit den Breitbandkabelnetzen (Kupfer-Koaxialkabel und Glasfasertechnik) gekoppelt eine höchst leistungsfähige Telekommunikations-Netzstruktur bildet, auf der dann völlig neue kognitive und sensitive Prozesse durch eine »technologische« oder »apparative« Intelligenz und Sensitivität übertragbar sind.

Durch diese leistungsfähigen Netzstrukturen und die Kopplung mit den nahezu unbegrenzt steigerbaren Speicher- und Steuerleistungen der Computer[84] ist eine fast beliebige Verarbeitung von Informationen in beinahe jeder gewünschten Form (Text, Sprache, Bild, Daten) möglich. Nimmt man noch die nationalen und internationalen Standardisierungsbestrebungen hinzu, so lassen sich folgende allgemeine Tendenzen als Merkmale der neuen Informations- und Kommunikationsstrukturen angeben:

1. Unbeschränkte Übertragungs- und Verarbeitungskapazität der Netze und Zentralen
2. Standortunabhängigkeit und Zeitunabhängigkeit der Verarbeitung
3. Schnelle Verarbeitung neuer Informationen

82 So etwa das Fazit der internationalen Konferenz der OECD und der Bundesregierung, »1984 und danach – Die gesellschaftliche Herausforderung der Informationstechnik«, Berlin November 1984.

83 Integration aller schmalbandigen Dienste in ein dienste-integriertes Netz. Allein diese technische Umrüstung macht einen Investitionsaufwand von über 20 Mrd. DM erforderlich.

84 Hinzuweisen ist hier auf die in der Entwicklung befindliche »fünfte Computergeneration«: vgl. Kapitel 5.4.6 und 11.

4. Gleichzeitige Verarbeitung von Text-, Sprach-, Bild- und Datenkommunikation
5. Weitgehende Individualisierbarkeit und Dezentralisierung der Informationsverarbeitung und Kommunikation
6. Offenheit der Systeme
7. Hohe Leistungsfähigkeit der Peripheriegeräte.

Die nachfolgende Übersicht in Abbildung 5.4.5 – I zeigt die verschiedenen Funktionsbereiche und die heute schon erreichte Mannigfaltigkeit der Telekommunikation (siehe S. 304).

Die spektakulären Versuche mit Videotext, Bildschirmtext, Lokalfernsehen und Zweiweg-Kabelkommunikation in den USA, Kanada, Japan, den Niederlanden und der Bundesrepublik, meistens unter dem Stichwort ›Neue Medien‹ und medienpolitischen Gesichtspunkten diskutiert, sind ja nur die Spitze möglicher Anwendungen.[85]

Die besondere Dynamik der Telekommunikation ergibt sich aus dem Zusammenwachsen von Büro-, Fertigungs- und Kommunikationstechnik zu einem die gesellschaftlichen Teilbereiche übergreifenden Informationsverarbeitungssystem, das die Trennung von Betrieb und privaten Haushalten schrittweise aufhebt und zu neuen Formen des Beschäftigungssystems und des privaten Sektors führen wird (z. B. Teleheimarbeit). Besonders gut läßt sich das für den Bereich der Bürokommunikation zeigen. Die nachfolgende Abbildung 5.4.5 – II zeigt die Vernetzung der verschiedenen Kommunikationstechniken und ihre Rückführung auf die Grundlagen der kybernetischen Wissenschaft (siehe S. 305).

In der nachfolgenden Abbildung 5.4.5 – III (S. 306) sind einige der zahlreichen Funktionen dargestellt, die von integrierten Bürosystemen übernommen werden können. Diese Darstellung soll genügen, um die in Gang befindliche Revolution der Kommunikationstechnik zu verdeutlichen. Fügt man nun hinzu, daß die Produktivitätssteigerung in modernen Fertigungsbetrieben der

85 Vgl. hierzu u. a.: F. Grätz, M. Kleemann, R. Kreibich u. a. (Hrsg.), Neue technische Kommunikationssysteme und Bürgerdialog, Beiträge des IFZ, Bd. 4, Berlin/München 1979; P. Berger, R. Kreibich u. a., Datenschutz bei rechnerunterstützten Telekommunikationssystemen, BMFT-Forschungsbericht DV 81-006, Berlin 1980 (Bonn 1981).

Abbildung 5.4.5 – I
Kommunikationsbereiche und Anwendungen der Telekommunikation

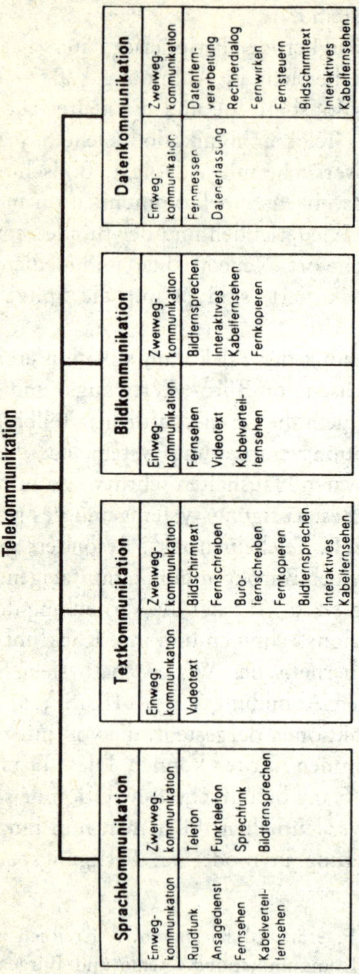

Quelle:
telecom report 3, 3. Jg., Heft 2, 5/1980, S. 185.

Abbildung 5.4.5 – II
Das Zusammenwachsen von Nachrichten-, Büromaschinen- und Computertechnik bei Integrierten Bürokommunikationssystemen

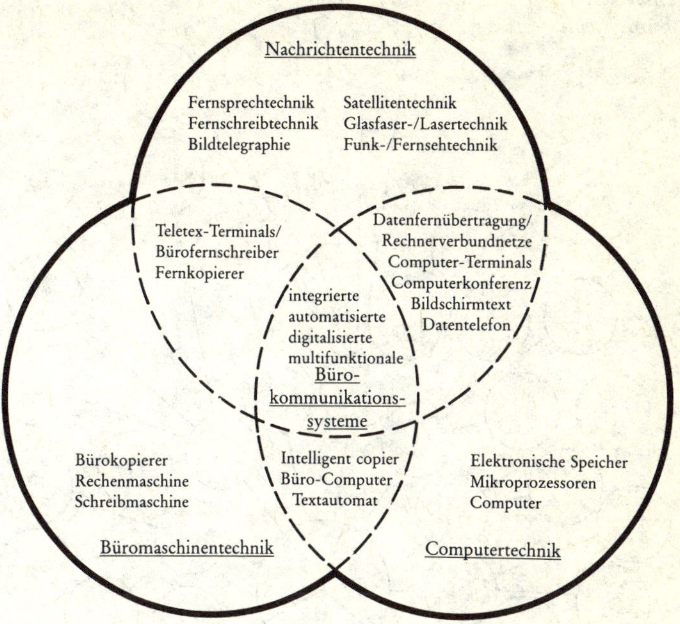

Quelle:
H. Karcher, Büro der Zukunft, Einflußfaktoren der Marktentwicklung für innovative Bürokommunikations-Terminals, München 1982.

Industrie seit der Jahrhundertwende im Durchschnitt erheblich über 1500% lag, die durchschnittliche Steigerung im Bürobereich aber bis 1980 nur weniger als etwa 300% erreicht hatte, dann kann man abschätzen, welche umwälzenden Veränderungen im Bürobereich noch vor uns stehen.

5.4.6 Neue Waffensysteme

Heute gibt es keinen militärischen Bereich mehr, der nicht in irgendeiner Form auf Grundlagen der Informationstheorie, der Kommunikations- und Systemtechnik aufbaut. Während Steuer-,

Abbildung 5.4.5 – III
Funktionen computergestützter Integrierter Bürosysteme

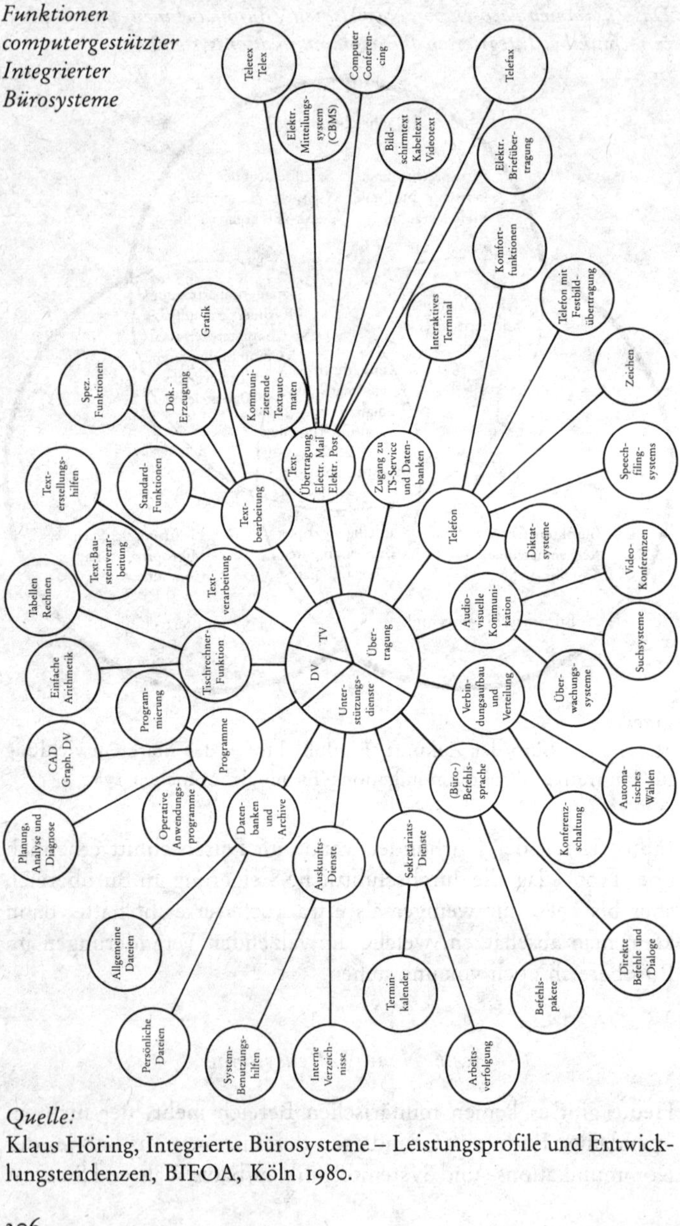

Quelle:
Klaus Höring, Integrierte Bürosysteme – Leistungsprofile und Entwicklungstendenzen, BIFOA, Köln 1980.

Regelungs- und Kontrolltechniken in allen Waffensystemen (Artillerie, Panzer, Schiffe, Unterseeboote, Flugzeuge, Flugzeugträger, Flugabwehrsysteme, Aufklärungssysteme, Raketensysteme, Raketenabwehrsysteme) zu finden sind, spielen Informationstheorie und Kommunikationstechnik und die verschiedensten Ansätze der Systemanalyse und Systemtechnik (Optimierungsmethoden, Strategische Spiele, Simulationstechniken usw.) für die militärischen Informations- und Kommunikationssysteme (Radar, Satellitentechnik, Lasertechnik usw.) und die strategische Planung, Organisation und Logistik eine dominierende Rolle. Die folgende Beschreibung der Panzertechnologie soll verdeutlichen, daß in der modernen Militärtechnik Apparate und Menschen zu einem einzigen kybernetischen System »verschmelzen«. Ihre Funktionsprinzipien und technischen Realisierungen sind Ergebnisse der vollständigen Integration von Wissenschaft und Technologie zur »intelligenten Technologie«:

»Ein moderner Panzer ist unter anderem ausgerüstet mit Tageslicht- und Wärmebildgeräten für die Zielerfassung, mit lasergesteuerten Entfernungsmessern und Rechnern für die Umsetzung von Schießparametern in Richtwerte; er verfügt über hydraulische, dem Zielgerät nachgeführte Stabilisatoren, die trotz der Unebenheiten des Geländes die Panzerkanone während der Fahrt exakt auf das anvisierte Ziel gerichtet halten. Die technische Präzision solcher komplexen Systeme verlangt die Anpassung der ›menschlichen Komponente‹, der Besatzung, an diese Vorgaben. Nur ein eingespieltes Team hochgradiger Spezialisten vermag alle damit verbundenen Anforderungen zu bewältigen. Oft stellt der Mensch den eigentlichen Schwachpunkt eines Waffensystems dar, zu dessen integralem Bestandteil er geworden ist: auch er muß ›funktionieren!‹«[86]

Dieses Zitat ist nicht etwa einer militärischen Broschüre der Bundeswehr oder irgendeiner anderen Armee entnommen, sondern einem Buch zur Technikgeschichte. Es stellt die Situation korrekt dar: Das Gerät wird nicht mehr dem Menschen angepaßt, sondern die »menschliche Komponente« dem komplexen System. Da nun der Mensch den »eigentlichen Schwachpunkt solcher Waffensysteme« darstellt, ist es nur militärlogisch, daß er entweder gemäß dem Maschinensystem funktionieren oder eliminiert werden muß.

86 V. Schmidtschen, Militärtechnik, a.a.O., S. 543.

Ich verzichte hier darauf, für die verschiedenen Waffensysteme den direkten und dominierenden Einfluß der kybernetischen Wissensproduktion und Technologieentwicklung darzustellen, in der Annahme, daß dies im Hinblick auf Information, Kommunikation, Regelung, Steuerung, Zielfindung, Anpassung, Kontrolle sowie strategisches und systemisches Handeln evident ist. Ich behandle aber jene militärtechnischen Systeme, die die Welt seit vier Jahrzehnten in Atem halten und die natürlich deshalb nicht »unter ferner liefen« abgehakt werden können. Gemeint sind Zielfindungs- und Frühwarnsysteme und die sich damit verbindende Satellitentechnik.

Die Entwicklung von Interkontinentalraketen und Weltraumsatelliten, die damit verbundene interkontinentale atomare Bedrohung und die Bedrohung durch einen »Krieg der Sterne« wären ebensowenig ohne kybernetische Wissenschaft und Technikentwicklung denkbar wie militärische Zielfindungs- und Frühwarnsysteme im Weltall.

Die Raketen- und Weltraumprogramme der beiden Supermächte sind der wohl folgenschwerste Ausfluß der Supertechnisierung und Supermilitarisierung in unserer Welt. Sie sind Ergebnis der entwickelten Industriegesellschaft auf der Grundlage des herrschenden WTI-Paradigmas und damit markantes Kennzeichen der Wissenschaftsgesellschaft.

Die nachfolgende Tabelle 5.4.5 – 1 gibt die Zahl der bis 1981 von den Supermächten mit militärischen Zielen in den Weltall transportierten Satelliten an.

Diese Übersicht ist aus der Sicht der entfalteten Produktivkraft ›Wissenschaft und Technologie‹ in zweifacher Hinsicht von besonderem Interesse: Neben der Tatsache, daß für die *Installation* der Satelliten im Weltall eine weitentwickelte kybernetische Wissens- und Technikproduktion erforderlich ist, gilt das gleiche auch für die speziellen militärischen und zivilen Aufgaben der Satelliten*missionen*.

Welche Ausflüsse diese neue Stufe der Wissensproduktion und Technikentwicklung erreicht hat, sollen die folgenden Beispiele zeigen:[87]

87 Ich beziehe mich hier weitgehend auf eine Dokumentation von Wolfgang Mallmann: Aus 160 km Höhe einen Tennisball erkennen –

Tabelle 5.4.5 – 1
Satelliten im Weltall mit militärischen Aufträgen

Funktion	Erfolgreicher Erstflug		Insgesamt gestartet*	
	USA	UdSSR	USA	UdSSR
Fotoaufklärung	1959	1962	235	538
Elektronische Aufklärung	1962	1967	79	125
Ozeanüberwachung	1971	1967	18	32
Frühwarnung	1966	1967	22	25
Entdeckung von Atomexplosionen	1963	?	22	?
Fernmeldeverkehr	1958	1964	118	336
Navigationshilfe	1959	1970	39	58
Meteorologie	1960	1963	73	61
Geodäsie	1962	1968	19	16
Satellitenbekämpfung	–	1967	–	33

* Die angegebene Gesamtzahl bezieht sich auf die Kalenderjahre 1958 bis 1981.

Quelle:
SIPRI Jahrbuch 1982, S. 304 f.; Jasani/Lunderius, Peaceful Uses of Outer Space: Legal Fiction and Military Reality, in: Bulletin of Peace Proposals, Nr. 1/1980, S. 60.

- Heute befinden sich bereits etwa 40 000 große und kleine von Menschen geschaffene und transportierte Objekte im Weltall;
- 75% aller gestarteten Satelliten erfüllen ausschließlich militärische Funktionen, aber auch die zivilen Missionen dienen meist noch militärischen Zwecken;
- »Veröffentlichte Angaben besagen, daß aus einer Höhe von 160 km noch Objekte von Tennisballgröße identifiziert werden können.« So lassen sich auf Landstraßen nicht nur LKWs

Die Militarisierung des Weltraums nimmt bedenkliche Formen an, Frankfurter Rundschau Nr. 304, Silvester 1984; bei diesem Dokument handelt es sich um die Zusammenfassung einer Studie über die Militarisierung des Weltraums des Forschungsinstituts für Sicherheitspolitik und Internationale Entwicklung, Bonn. W. Mallmann ist einer der Autoren dieser Studie.

und PKWs unterscheiden, sondern sogar die Nummernschilder einzelner Fahrzeuge entziffern;

- Meteorologische Satelliten sind in der Lage, viermal am Tag ein Bild der Witterungsverhältnisse auf dem gesamten Erdball zu entwerfen. »Diese Daten werden nicht nur an Beobachtungsstationen weitergeleitet, sondern sie gehen auch an geheimnisumwitterte Führungssatelliten, die mit diesen Angaben wiederum die Umlaufbahnen der Aufklärungssatelliten so fein einsteuern, daß diese die zuvor erkannten wolkenfreien Gebiete optimal für Aufklärungsphotos nutzen können.«
- Auch die Techniken der Aufklärung aus dem Weltraum werden immer raffinierter durch die Weiterentwicklung der Satellitensteuerung: »So können die Umlaufbahnen von Satelliten in Einklang mit dem Sonnenstand gebracht werden, so daß der Satellit eine bestimmte Region täglich zur gleichen Ortszeit passiert – und damit bei gleicher Sonneneinstrahlung. Kräftige Schattenbildung am frühen Morgen und späten Nachmittag erlaubt es, an Veränderungen der Schattenlänge den Fortschritt beim Bau überirdischer Militäranlagen abzuschätzen.«
- »Im Rahmen ihres Verteidigungsunterstützungsprogramms DSP (Defense Support Program) unterhalten die USA derzeit drei geostationäre Frühwarnsatelliten, die eine ständige Beobachtung aller sowjetischen und chinesischen Interkontinentalraketen-Stellungen ermöglichen und zudem die Operationsgebiete atomwaffenbestückter U-Boote im Visier haben.«
- Auf der Suche nach Navigationshilfen, die unabhängig von Witterung und Tageszeit funktionieren, boten sich ab Mitte der sechziger Jahre wieder Satelliten an. Inzwischen ermöglicht den USA ein Netz von Transit- und Nova-Navigationssatelliten in 1000 km Höhe eine Navigationsgenauigkeit von 24-40 m. Auch die Sowjets benutzen zwei Konstellationen von Navigationssatelliten.
- »Ein Durchbruch zu präziser Ortsbestimmung, von der die Militärs bislang nur zu träumen wagten, steht in Gestalt des neuen Systems NAVSTAR GPS (GPS = Global Positioning System) für Ende der achtziger Jahre in Aussicht. GPS soll aus 18 Satelliten bestehen, die in kreisrunden Bahnen in 17 540 km Höhe so operieren, daß von jedem Punkt der Erde stets vier Satelliten gleichzeitig in Sicht sind. Dadurch soll eine Präzision

der Ortsbestimmung von deutlich besser als 15 m und eine Geschwindigkeitsmessung bis auf 0.1 m/sec. erzielt werden. Schon die ersten Versuche mit bislang nur vier Testsatelliten übertrafen alle Erwartungen: Messungen am Boden wurden mit einer Genauigkeit von 7 m durchgeführt.«

- Schon heute entstehen auf den Reißbrettern der Weltrauimingenieure Satelliten, die gegen die Auswirkungen von Atomexplosionen immun, die Experten sagen »gehärtet«, sind. Sie sollen sich bis zu sechs Monate ohne Kontrollsignale vom Boden selbst steuern können, feindlichen Objekten eigenständig ausweichen und ihre bordinternen Computer-Programme selbständig der dynamischen Kriegsentwicklung auf der Erde anpassen. (»Autonomie« ist das entsprechende Schlagwort.) Reservesatelliten (»dunkle Satelliten«) verharren unerkannt in den Tiefen des Weltalls in Entfernungen von bis zu 190 000 km. Erst auf einen Funkbefehl nach Ausfall oder Zerstörung eines anderen Satelliten oder in akuten Krisensituationen soll sich ein Führungs- und Kommunikationssatellit der zukünftigen MILSTAR-Generation in eine niedrigere Erdumlaufbahn zum Einsatz begeben.
- Verbesserungen der Infrarot-Technologie zur Bahnverfolgung und die Revolution der Mikroelektronik haben zudem dazu geführt, daß die Chancen für eine Abwehr ballistischer Raketen in neuem Licht gesehen werden. Gab es vor etwas über einem Jahrzehnt auf die Frage »Ist Abwehr gegen ballistische Raketen technisch machbar?« die weitgehend einhellige Antwort »Nein«, so haben Fortschritte vor allem bei der Frühwarnung, Zielerfassung und -verfolgung sowie der Kampfführung (»battle management«) einer geschichteten Verteidigung gegen ballistische Raketen einen Punkt erreicht, daß die Antwort für Ende der achtziger Jahre perspektivisch »Ja – aber« heißen dürfte.

Ohne an dieser Stelle den Wahnwitz möglicher Folgen dieser Eskalation der Produktivkraft ›Wissenschaft und Technologie‹ zu analysieren und zu bewerten, sei nur angedeutet, daß selbst die zitierte, eher konservative Studie die Wahrscheinlichkeit relativ hoch einschätzt, daß durch diese wissenschaftlich-technischen Entwicklungen eine neue politische Gesamtlage mit neuen militärischen Optionen eintritt.

Das hieße im Klartext allerdings, daß es nach den bisherigen Rüstungsmechanismen quasi zwangsläufig weitergehen würde und die nächste Umdrehung der Rüstungsspirale schon längst wieder in den wissenschaftlichen Waffenfabriken[88] und politisch-militärischen Administrationen nicht nur geplant, sondern bereits einprogrammiert worden ist.
Die nachfolgenden Zitate aus der oben genannten Studie geben konkrete Hinweise darauf, wie weit das »Programm« bereits fortgeschritten ist:

»Für 1987 ist die dritte Überprüfungskonferenz des auf unbegrenzte Zeit angelegten ABM-Vertrages angesetzt. Und ab etwa 1988 dürfte die nächste (fünfte) Computer-Generation einsatzbereit und so weit miniaturisiert sein, daß die USA Ende der achtziger Jahre Komponenten von Systemen zur weltraumgestützten Raketenabwehr haben werden.«[89]
»Militärstrategien, die, wie die der NATO (»flexible response«), den selektiven und abgestimmten Einsatz von Waffen vorsehen, dürften dann erstmals durchführbar werden. Die Abschreckungswirkung selbst zahlenmäßig unterlegener Einheiten würde sich wegen ihrer weit überlegenen Qualitätskriterien deutlich erhöhen.«
Das bedarf keines weiteren Kommentars.

Der militärische Sektor ist jener Bereich der entwickelten Industriegesellschaft, in dem sich die Folgen der fünften Stufe der Entfaltung der Produktivkraft ›Wissenschaft und Technologie‹ am drastischsten zeigen. Dabei sind es vor allem die kybernetischen Grundlagen, die den Raketen- und Satellitentechniken, den Weltraumbeobachtungs- und -frühwarnsystemen, den Weltraumoffensiv- und -defensivsystemen die globalen Dimensionen verschafft haben. Ihre Realisierung ist der markanteste Ausfluß des WTI-Paradigmas, das, wie man nicht nur am SDI-Programm (Strategic Defense Initiative) ablesen kann, nach wie vor die wichtigsten globalen politischen und ökonomischen Entscheidungsflüsse beherrscht.
Wie in den Kapiteln 6 und 7 gezeigt wird, ist die Entwicklung derartiger waffentechnischer Supersysteme nicht allein Folge des WTI-Paradigmas, sondern genauer der mit Hilfe der wissenschaftlichen Wissensproduktion und Technikverwertung erfolg-

88 Vgl. hierzu die Kapitel 6.3 und 6.3.4.
89 Zum Thema »Fünfte Computergeneration« siehe Kapitel 11.

reichen Erfüllung dieses Paradigmas. Nur durch die Tatsache, daß es eine effiziente Methode, nämlich die wissenschaftlich-technische gibt, erhält das WTI-Paradigma die Bestätigung, daß es anderen Paradigmen (zumindest scheinbar) überlegen ist.
Das ist der entscheidende Entwicklungsmechanismus der wissenschaftlich-technisch-industrialistischen Welt, der Wissenschaftsgesellschaft.
In den folgenden Kapiteln wird nun dargestellt, wie die Verschmelzung von ›Wissenschaft und Technologie‹ mit allen anderen gesellschaftlichen Bereichen erfolgt und daß sie vor allem mit dem militärischen Sektor total ist. Hauptsächlich in diesem Verschmelzungsbereich werden die technisch-industrialistischen Superstrukturen und -systeme erdacht und entwickelt. Hier werden auch die methodischen und institutionellen Grundlagen geschaffen und erprobt, die die Industriegesellschaft endgültig in eine Wissenschaftsgesellschaft übergeführt haben.

6 Die Institutionalisierung heutiger Wissens- und Technologieverwertung[1]

Wir haben in den Kapiteln 4 und 5 die fünf zentralen Entwicklungsschritte und ihre Bedeutung für die Entfaltung der Innovationskraft ›Wissenschaft und Technologie‹ aufgezeigt. Wie man auch immer die jeweils neuen methodischen Prinzipien bewerten wird, fest steht, daß stets die Produktion von Wissen und Technologie im Sinne des allseits herrschenden »Fortschritts-Paradigmas« äußerst erfolgreich gesteigert wurde und sich dies – über alle weltanschaulichen Grundströmungen hinweg – in allen Industriegesellschaften vollzog und alle gesellschaftlichen Sektoren erfaßte (hierzu vor allem auch Kapitel 8).

Es ist nun nur logisch, daß auf der vorerst letzten Entwicklungsstufe diese methodischen Vorgehensweisen integriert und in einem eigenständigen Entwicklungs- und Verwertungssektor institutionalisiert werden. Die Herausbildung des neuen Wirtschaftsbereichs ›Forschung, Entwicklung und Technologietrans-

1 Die Ausführungen in diesem Kapitel beziehen sich hauptsächlich auf Entwicklungen in den USA. Das ist nicht zufällig, denn hier wurden fast alle wesentlichen Innovationen eingeleitet. Sie verbreiteten sich auch hier mit größter Geschwindigkeit, hoher Durchschlagskraft und in institutionellen Größenordnungen, die weit über denen anderer Industrieländer, insbesondere auch Deutschlands, lagen.
Ich selbst konnte auf zwei Informationsreisen in den Jahren 1970 und 1974 die neuen institutionellen Formen für Forschung und Entwicklung studieren. Durch Gespräche mit Vertretern der wichtigsten Universitäten, Forschungsinstitute und Forschungsförderungsorganisationen sowie durch das direkte Kennenlernen neuer Einrichtungen für Forschung, Entwicklung und Technologietransfer einerseits und durch Kontakte mit Vertretern einschlägiger Bundesministerien und -behörden andererseits konnte ich einen Eindruck davon gewinnen, wie groß die organisatorisch-institutionellen Veränderungen und die Unterschiede zu traditionellen FuE-Einrichtungen in Europa waren. Alle Angaben, deren Quellen im folgenden nicht gesondert ausgewiesen sind, beziehen sich auf die damaligen Beobachtungen und Aufzeichnungen.

fer‹ ist der Ausdruck dieses Integrationsprozesses. Hier vollzieht sich die strategische Planung und Organisation der auf kybernetischen Grundlagen beruhenden Wissens- und Technologieproduktion zum Zwecke ihrer allgemeinen und spezifischen Umsetzung. Anders ausgedrückt: die Erfolge der entwickelten Prinzipien der Wissensproduktion und Technologieverwertung sollen nunmehr organisatorisch-institutionell optimiert werden. Zu integrieren sind vor allem die letzten drei Entwicklungsschritte der Produktivkraft ›Wissenschaft und Technologie‹:

- die unmittelbare Einbeziehung der Wissenschaft in den großindustriellen Produktionsprozeß und militärischen Komplex als Muster für die direkte Verwertung von Wissenschaft im supertechnologischen und superindustriellen Rahmen;
- das wissenschaftlich-technische ›Prinzip Organisation‹ als Grundlage effizienten Handelns auch für den Bereich der Wissensproduktion und Technologieverwertung selbst und
- die neuen Grundlagen der Wissenschaft und Technik, mit denen komplexe soziale und natürliche Systeme und Prozesse analysiert und technisch nachgebildet werden können. Durch sie werden nun auch kognitive und sensitive Funktionen des Menschen durch ›intelligente Technologien‹ ersetzbar.

Wir knüpfen beim letzten Vorgang an und zeigen, wie gerade dieser die vollständige Verschmelzung von Wissenschaft und Technologie und die Herausbildung des neuen Produktions- und Dienstleistungssektors forciert hat. Vom ›Produktions- und Dienstleistungssektor‹ sprechen wir, weil der neue Wirtschaftssektor nur durch beide Komponenten, ›Produktion‹ und ›Dienstleistung‹, hinreichend beschrieben ist. Es handelt sich einerseits um die Produktion von Informationen und materiell-technischem Know-how und andererseits um Informations-, Ausbildungs- und Bildungsdienstleistungen.

6.1 Die vollständige Verschmelzung von Wissenschaft und Technologie zu Superstrukturen

Wie stark die Supertechnisierung mit der Durchdringung und Nachbildung komplexer Systeme verbunden ist, geht daraus hervor, daß wesentliche Ideen hierzu – vor allem zur Ersetzung intelligenter Funktionen des Menschen durch Algorithmen[2] und technische Systeme – bereits in den Anfängen der kybernetischen Wissenschaft und Technik zu finden sind. Immerhin schrieb Hermann Schmidt schon 1941, daß

»auf der dritten Stufe (gemeint ist die dritte Stufe der technischen Entwicklung) ... aller Aufwand des Subjekts objektiviert ist« bzw. »... das Subjekt aus dem Bereich der für die Erfüllung des gesetzten Zweckes notwendigen Mittel ausgeschieden« ist.[3]

Später finden sich diese Vorstellungen in einer Gesamtbetrachtung der Entwicklung des Verhältnisses von Mensch und Technik bei Schmidt wieder, wobei die auf kybernetischen Grundlagen beruhende Automation die »methodische Vollendung« dieser Wissenschaft und Technologie bedeute:

»Dieser Prozeß weist drei Stufen auf. Auf der ersten Stufe, der des Werkzeuges, werden die zur Arbeit notwendige physische Kraft und der erforderliche geistige Aufwand noch vom Subjekt geleistet. Auf der zweiten Stufe, der Arbeits- und Kraftmaschine, wird die physische Kraft technisch objektiviert. Schließlich wird auf der dritten Stufe, der des Automaten, auch der geistige Aufwand des Subjektes durch technische Mittel entbehrlich gemacht. Mit jeder dieser drei Stufen schreitet die Objektivation der Zweckerfüllung mit technischen Mitteln fort, bis der Zweck, den wir uns gesetzt haben, durch den Automaten allein ohne unser körperliches und geistiges Zutun erreicht wird. Die Technik erreicht in der Automatisierung ihre methodische Vollendung, und dieser Abschluß des in der Vorzeit beginnenden Entwicklungsprozesses

2 Allgemein sollte mit »Algorithmus« ein »eindeutig bestimmtes Verfahren (Prozeß, algorithmischer Prozeß) oder die Beschreibung eines solchen Verfahrens« bezeichnet werden. »Durch diese *intuitive* Definition wird ausgedrückt, daß es bei einem Algorithmus nicht schlechthin nur um ein Verfahren geht, sondern auch um eine Beschreibung. Sie kann in einer natürlichen oder künstlichen (*algorithmischen) Sprache* (z. B. einer Programmiersprache) oder mit Hilfe eines Graphen (z. B. Flußdiagramm oder Strukturdiagramm) erfolgen. Wesentlich ist hierbei die *Eindeutigkeit* der Beschreibung mit Hilfe eines *endlichen* Texts« (aus: G. Klaus (Hg.), Wörterbuch der Kybernetik, Berlin 1976, S. 25).

3 H. Schmidt, Denkschrift zur Gründung eines Instituts für Regelungstechnik, VDI-Druck, Berlin 1941, S. 7.

der technischen Objektivation der Arbeit in der Gegenwart ist ein entscheidendes Merkmal unseres Zeitalters.«[4]

Der sich nunmehr vollziehende Vorgang, die technische Objektivation sensitiver und intellektueller Arbeit, findet heute vor allem in der Automatisierungstechnik computergesteuerter Werkzeug- und Konstruktionsmaschinen und in der Robotertechnik der industriellen Fertigung und Montage seine dramatische technisch-industrielle Großanwendung.[5]

Die Feststellungen Hermann Schmidts bildeten auch für Arnold Gehlen einen wesentlichen Ausgangspunkt für seine Thesen zur »Beurteilung des Verhältnisses von Mensch und Technik« und zur Entwicklung »technischer Superstrukturen«. Gehlen meint, daß die Kopplung des Menschen an die Technik auf »so etwas wie eine ›Tiefenbindung‹ an rhythmische, *periodische, selbstlaufende* Außenweltprozesse« zurückzuführen sei, und bezeichnet es als »ein verbreitetes und der Herkunft nach wohl akademisches Vorurteil, daß technisches Verhalten ›nur rational‹ und ›bloß auf Zwecke abgestellt‹ sei«.[6] Tatsächlich ließen sich wohl kaum die ›magische Kraft‹ und die Faszination der Technik auf den Menschen erklären ohne eine tiefe emotional-psychische Bindungskomponente.

Sicher spielen die von Gehlen genannten Faktoren eine Rolle: das Bedürfnis des Menschen nach Stabilität (Gleichgewichtsvorgänge), nach Störungsfreiheit (Ordnungs- und Formalisierungsprinzipien), nach Resonanzwirkungen (periodische Prozesse) und nach Entlastungstendenzen (Ersetzung und Verlängerungen körperlicher und geistiger Fähigkeiten, Gewohnheitsbildung, ›Entlastung von der Lähmung und Hilflosigkeit gegenüber Naturgewalten‹). Diese Faktoren erklären mindestens teilweise, weshalb das technizistische Element so fest verankert ist und über weite ideologische Grundströmungen hinweg in allen modernen Gesellschaften wirkt.

Auch Gehlen sieht im kybernetischen Ansatz (insbesondere im

4 H. Schmidt, Die Entwicklung der Technik als Phase der Wandlung des Menschen, VDI-Ztschr., Bd. 96, Nr. 5, 1952, S. 119.

5 Vgl. hierzu Kapitel 5.4.4 und 8.3.3.

6 Arnold Gehlen, Die Seele im technischen Zeitalter, Reinbek 1957, S. 17.

Regelungsprinzip) und in der darauf aufbauenden fortschreitenden Objektivation menschlicher Fähigkeiten die konsequente logische Weiterentwicklung der Technik seit ihren Anfängen:

»Jetzt kann man einsehen, warum die Technik seit ihren Anfängen triebhafte, unbewußte, vitale Bestimmungsgründe hat: die konstitutionell menschlichen Merkmale des Handlungskreises und des Entlastungsprinzips stehen als Determinanten hinter der gesamten technischen Entwicklung. Nicht in dem Sinne, daß eine einzelne Erfindung durch diese Rückbeziehung ableitbar würde – die Funktionsweise eines Motors ist aus rein physikalischen und sachlich-technischen Zusammenhängen heraus verständlich. Wohl aber zeigt die Gesamtentwicklung der Technik eine hintergründige, bewußtlos aber konsequent verfolgte Logik, die sich allein mit den Begriffen der fortschreitenden Objektivation menschlicher Arbeit und Leistung sowie der zunehmenden Entlastung des Menschen beschreiben läßt.«[7]

Und an anderer Stelle führt er aus, wie stark das Regelungsprinzip[8] die zukünftige Entwicklung bestimmen werde:

»Der mit Sicherheit zu erwartende Erfolg ist der, daß jetzt reiche Erfahrungsgebiete, wie die Technik, die Physiologie, die Biologie, die Psychologie in eine unerwartete Vergesellschaftung treten, es werden fruchtbare Indikationen möglich, man kann Fragestellungen und Theorien von einem Gebiet auf das andere übertragen und sehen, was dabei herauskommt. Für eine eigene, selbständige Wissenschaft höherer Ordnung, die Kybernetik, ist es wohl noch zu früh, aber sie bedeutet einen Wissenschaftsplan der Zusammenschau und gegenseitigen Befruchtung mehrerer Wissenschaften: zu den eben genannten würde übrigens noch die Soziologie hinzutreten, weil die Rückmeldung das Problem der Kommunikation aufwirft, nämlich der Nachrichtenübermittlung überhaupt bei Geräten (wie elektronischen Rechenmaschinen) und Lebewesen.«[9]

7 Ebenda, S. 19.

8 R. Wagner faßt den zentralen Gesichtspunkt wie folgt zusammen: »Das Wesentliche ist hierbei, daß ein solcher Mechanismus in einem geschlossenen Kreis stets wieder auf sich selbst zurückwirkt. Mit anderen Worten könnte man auch sagen: Diese Einrichtungen sind alle so beschaffen, daß von dem Energiestrom, der durch das System hindurchgeht, ein sehr kleiner Teil abgezweigt und zur Regelung dieses Energiestroms selber verwendet wird« (Probleme und Beispiele biologischer Regelung, Stuttgart 1954, S. 129).

9 A. Gehlen, Die Seele im technischen Zeitalter – Sozialpsychologische Probleme in der industriellen Gesellschaft, Reinbek 1957, S. 22.

In der Literatur wurde bisher die anthropologische Komponente in Gehlens Technik-Analyse besonders hervorgehoben. Sicher zu Recht, hat er doch seine Arbeit vorwiegend anthropologisch verstanden. Auch in seinem Werk »Die Seele im technischen Zeitalter« weist der Zusatz »Sozialpsychologische Probleme in der industriellen Gesellschaft« auf diesen Ansatz hin. Andererseits wurden seine weiteren Ausgangspunkte, die zu der These von der alles überwuchernden, sich immer mehr verselbständigenden und den Menschen unterwerfenden technisch-industriellen Superstruktur führten, nicht hinreichend beachtet.
Daß hier eine starke Wurzel des WTI-Fortschrittsparadigmas liegt, wurde bereits ausgeführt. Aber es wird auch schon das Verhängnis der »allmächtigen Methode« der empirisch-analytischen Wissenschaft hervorgehoben, das sich durch ihre Verabsolutierung und Totalität abzeichnet. Durch die ›ungeheuren Erfolge‹ wird nämlich ihr eigener Sinn verkehrt: an die Stelle des Mittels zur Erfüllung gewollter Zwecke tritt die Methode um ihrer selbst willen.

»Das Eindringen des experimentellen Geistes in die Künste und Wissenschaften jeder Art führt notwendig auf der Seite der Gegenstände zu deren Denaturierung, zu ganz unbefangenen Dekompositionen und Neuverteilungen der Inhalte, die allein von der Methode bestimmt werden, zu der man sich entschließt. Ebenso unvermeidlich und notwendig wird der Gegenstandsbereich durch dieses Verfahren durchrationalisiert, er wird unsinnlicher, abstrakter, unanschaulicher, und schließlich in einer von außen her schwer beschreibbaren Weise autonom: durchaus präzise Resultate können in Worten nicht mehr wiedergegeben werden, oder sie sind nur während des methodischen Vollzugs evident. Das alles ist aber keineswegs Spielerei.«[10]

Auf die Umkehrung der Zweck-Mittel-Relation bei der Anwendung der wissenschaftlich-technischen Grundlagen hatte vorher schon Hans Freyer hingewiesen:

»Der Mensch fragt nicht mehr das Mittel, ob es tauglich sei, sondern das Mittel fragt den Menschen, ob er es nicht einschalten wolle, da er es doch könne. Knöpfe, auf die man drücken kann, verführen. Sie präformieren fast die Entscheidung; je größer der Effekt ist, der durch sie ausgelöst werden kann, desto mehr. Die Frage, ob der Mensch nicht eines Tages

10 Ebenda, S. 33.

wollen wird, bloß weil er kann, ist nun erst gestellt; aber sie ist nun auch allen Ernstes gestellt.«[11]

Auch wenn hier ein zentrales Moment der Entwicklung hochtechnisierter Gesellschaften angesprochen wird, so sollte doch der Hauptgrund für die tiefe Verankerung des WTI-Paradigmas, nämlich die Nutzung der Produktivkraft ›Wissenschaft und Technologie‹ im industriell-militärischen Komplex zur Gewinnung und Ausübung politischer und ökonomischer Macht, nicht nur am Rande erwähnt werden.

Gehlen führt zwar als drittes Moment aus, daß »es nicht zu den staunenswerten Ergebnissen der Neuzeit ohne ... ›kapitalistische Produktionsweise‹ gekommen« wäre, und: »Die Vorstellung, als ob die Technik ›angewandte Naturwissenschaft‹ wäre, ist überholt und altmodisch, vielmehr setzen sich alle drei Instanzen – Industrie, Technik und Naturwissenschaften – gegenseitig voraus«.[12] Aber den bedeutsamen Vorgang, die Verschmelzung von Wissenschaft, Technik und Industrie, weist er nicht als einen vor allem Macht konstituierenden und stützenden aus.[13] So bleibt er bei der folgenden Feststellung stehen:

»Man kann die Technik nicht aus dem Zusammenhang lösen, in dem sie mit der Naturwissenschaft einerseits, der maschinellen, industriellen Produktion andererseits steht. Diese drei Gebiete hängen so eng zusammen, daß sie eine Superstruktur bilden, die zu den wesentlichsten Faktoren unserer Wirklichkeit gehört.«[14]

Die Wirklichkeit dieser Superstruktur und ihre Funktion zeigen sich am deutlichsten in der Herausbildung eines eigenständigen wirtschaftlich-militärischen Sektors ›Forschung, Technologieentwicklung und Technologietransfer‹.

Die Herausbildung begann mit der vollständigen Verschmelzung von Wissensproduktion, Technikentwicklung und Technologie-

11 Hans Freyer, Theorie des gegenwärtigen Zeitalters, Stuttgart 1955, S. 167.

12 A. Gehlen, a.a.O., S. 12.

13 Hierzu u. a. Helmut Krauch, Die organisierte Forschung, Neuwied/Berlin 1970; Otto Ullrich, Technik und Herrschaft – Vom Hand-Werk zur verdinglichten Blockstruktur industrieller Produktion, Frankfurt/Main 1977.

14 A. Gehlen, a.a.O., S. 7.

verwertung während des Zweiten Weltkriegs. Diesem Vorgang lag in allen Industriestaaten ein breiter Konsens zugrunde: Staat, Wirtschaft und militärischer Bereich hatten die Wirksamkeit der Produktivkraft ›Wissenschaft und Technologie‹ für die Erfüllung von Macht und Sicherheitsinteressen voll erkannt und bereits hinreichend nutzbar gemacht.

Die Einbeziehung der wissenschaftlichen Einzeldisziplinen und des wissenschaftlich-technischen ›Prinzips Organisation‹ in den politischen und militärischen Bereich ging schnell vor sich. Die Förderung und Nutzung der Produktivkraft ›Wissenschaft und Technologie‹ bedurfte keiner besonderen Legitimation mehr. Das Ziel war allein ihre höchste Wirksamkeit, ihre optimale Funktions- und Leistungsfähigkeit und breiteste Anwendung.

Weder in den Bereichen Bildung und Ausbildung noch in der Forschung und Technologieentwicklung gab es in dieser Zeit ins Gewicht fallende Zweifel an der allumfassenden Wirksamkeit der wissenschaftlich-technischen Methode. Das Vordringen in alle Dimensionen des Raumes, der Zeit, der Materie und der energetischen Prozesse war nach der Entdeckung der Elektrodynamik, der Quantentheorie des Lichts, der Relativitätstheorie und der Quantenmechanik sowie der mannigfaltigen chemischen, biologischen und physiologischen Entdeckungen und Erkenntnisse keine Frage des grundsätzlich Möglichen mehr, sondern nur noch des praktisch Machbaren, sieht man einmal von den Grenzen ab, die durch Naturkonstanten und Heisenbergsche Unbestimmtheitsrelation gezogen waren.

Mit dem kybernetischen Wissenschafts- und Technikansatz waren zusätzlich die Grenzen zur Objektivierung kognitiver und sensitiver Prozesse gefallen. Damit schienen im Prinzip alle Probleme der belebten und unbelebten Natur beliebiger Komplexität mit der wissenschaftlich-technischen Methode erfaßbar.

Diese Situation hatte zwei entscheidende Konsequenzen: Einmal wurde immer weniger nach dem Wozu, Wofür, Für-wen gefragt, zum anderen entbrannte immer mehr das Feuer um noch effizientere Methoden und bessere Lösungen im Sinne der herrschenden gesellschaftlichen Grunddisposition, des WTI-Paradigmas.

Die hohe Anerkennung von Wissenschaft und Technologie spiegelte sich zunehmend in dem hohen Sozialprestige der Experten wider. Ihr Rang entspricht nicht nur der hohen öffentlichen Wertschätzung, sondern auch der Tatsache, daß in den Schlüsselbereichen von Politik, Wirtschaft und Militär immer mehr Experten mit wissenschaftlicher Ausbildung bzw. spezifischem Know-how und anerkannten wissenschaftlich-technischen Leistungen auf Spezialgebieten einrücken.[15]

Erstmals kann in den dreißiger und vierziger Jahren in den Industrieländern von Ansätzen einer Expertenherrschaft gesprochen werden. Vor allem in der Großindustrie nehmen immer mehr Spezialisten wissenschaftlich-technischer Fachgebiete, also Chemiker, Physiker, Elektrotechniker, Biologen, Maschinenbauer, Kraftfahrzeug-Ingenieure usw. – meistens gekoppelt mit Management-Qualitäten und Kenntnissen der kaufmännischen Betriebsführung –, wichtige Positionen in den Unternehmen ein. Analog nimmt in der Ministerialbürokratie und in der militärischen Führung die Zahl der wissenschaftlich-technisch ausgewiesenen Fachleute zu. Dieser Prozeß beschleunigte sich sprunghaft mit Beginn des Zweiten Weltkriegs. Auch über die an den Reichsanstalten tätigen Naturwissenschaftler und Techniker nimmt der Einfluß dieser neuen Expertokratie auf Politik und Militärwesen in Deutschland zu.

Die tiefe Überzeugung, daß mit wissenschaftlich-technischen Methoden alle operationalisierbaren Probleme lösbar sind, verbunden mit dem hohen Sozialprestige und zunehmender Macht der Experten in Wirtschaft, Staat und im militärischen Bereich, erklärt auch, daß in der Wissenschaft, Forschung und Technikentwicklung nicht die Frage nach deren Legitimität aufkommt. Wissenschaft und Technologieentwicklung bedurften keiner besonderen Legitimität, sie war schlichtweg gegeben. Denn hinsichtlich ihrer Förderung und Nutzung handelten Staat, Wirtschaft, Militär und Wissenschaft auch im Grundkonsens zu ihren Bürgern. Wie auch immer deren Zustimmung zu begründen ist, die Möglichkeiten der Wissenschaft hinsichtlich der Erfüllung

15 Das begann, wie in Kapitel 4.3 gezeigt wurde, vor allem mit der Einbeziehung der Wissenschaft in den großindustriellen Produktionsprozeß und militärischen Bereich und der Herausbildung eines neuen naturwissenschaftlich und technisch vorgebildeten Unternehmer- und Managertyps.

ökonomischer und militärischer Ziele erscheinen auch den Bürgern grenzenlos. Dabei spielen die anthropologischen Faktoren, die Gehlen nennt, eine Rolle. Faszination und Ehrfurcht vor dem letztlich nicht Begreifbaren und den vermeintlich grenzenlosen Möglichkeiten bilden eine Voraussetzung, Unwissenheit und Verdrängung der negativen Folgen eine weitere.
Die Zustimmung ist jedenfalls allgemein und uneingeschränkt. Somit gibt es auf allen Seiten nur einen Glauben: Bei Förderung der optimalen Wissensproduktion und Technologieverwertung können die entsprechenden Experten die jeweils anstehenden Probleme lösen. Außerdem müsse es für die gleiche Problemstellung durch verschiedene Experten und Fachinstitutionen im Prinzip gleiche Lösungen geben. Offen bleibt nur der Weg, wobei es wiederum einen besten Weg geben müsse.
Dieses Grundmuster herrscht zu jener Zeit in allen modernen Industriegesellschaften.[16]
Gleichwohl stießen wissenschaftliche und technologische Entwicklungen in sehr unterschiedlicher Weise auf grundlegende Schwierigkeiten. Diese betrafen einerseits den Erkenntnisprozeß selbst, andererseits die technische Realisation von Lösungen:
Mit der Entwicklung kybernetischer Denk- und Handlungsgrundlagen wurde in den vierziger Jahren die erste Barriere überwunden: Sie schufen die Voraussetzung für die Durchdringung und technische Beherrschung komplexer Systeme und Prozesse und für die Nachbildung sensitiver und kognitiver Funktionen des Menschen durch ›intelligente Technologien‹.
Dennoch blieben praktisch-organisatorische Barrieren, die die Realisierung komplexer Lösungskonzepte begrenzten, insbesondere bei der Entwicklung von Supersystemen und der Verschmelzung von Wissenschaft und Technologie. Hindernisse bildeten hauptsächlich die alten institutionellen Formen, in denen Wissenschaft, Forschung, Technologieentwicklung und -verwertung noch betrieben wurden.

16 Der Stellenwert dieser Denk- und Handlungsgrundlage läßt sich z. B. auch in der Sowjetunion an so plakativen Formeln ablesen wie der bekannten Parole Lenins: »Kommunismus – das ist Sowjetmacht plus Elektrifizierung des ganzen Landes«. Immerhin wird das höchste gesellschaftliche Ziel in unmittelbarer Verbindung mit der Anwendung eines wissenschaftlich-technischen Prinzips gesehen.

In den nachfolgenden Kapiteln wird gezeigt, wie grundlegend und wie schnell sich diese institutionell-organisatorischen Voraussetzungen änderten, wobei vor allem in den USA im Sinne des WTI-Paradigmas die effizientesten Produktions- und Verwertungsformen von Wissenschaft gefunden wurden. Der Ansatz war die vollständige Verschmelzung von Wissenschaft und Technologie zu Superstrukturen, in denen

- sich nunmehr auch eine strategische Planung und Organisation der Forschung und der Technologieentwicklung und
- die enge Vernetzung mit dem industriell-militärischen Komplex sowie der politischen Administration vollzog.

6.2 Planung und Steuerung von Forschung und Technologie

Im großen und ganzen war die Wissenschafts- und Techniklandschaft Anfang der dreißiger Jahre noch von folgenden Merkmalen geprägt: Die zahlreichen Einzeldisziplinen umspannten ein breites Spektrum. Inhaltlich und methodisch waren sie jedoch ohne besondere Kontaktflächen und institutionell klar voneinander getrennt. Die Forscher und Techniker arbeiteten zumeist einzeln oder in fachlich eng spezialisierten Teams isoliert voneinander. Brücken zwischen den Wissenschaften gab es nur schmale in den Universitäten und wissenschaftlichen Gesellschaften. Die hier stattfindende Kommunikation hatte aber bestenfalls einen Einfluß auf die Grundlagenforschung. Ansonsten arbeiteten weder Physiker und Physiologen noch Biologen oder Sozialwissenschaftler zusammen. Somit war das Know-how zur Bearbeitung besonders komplexer Probleme oft weit verstreut und institutionell voneinander getrennt. Wirklich enge Arbeitszusammenhänge fanden sich nur zwischen den Spezialisten eines Fachgebiets bzw. Arbeitsbereichs.

Eine Zusammenarbeit mit praktischer Relevanz im Hinblick auf die Weiterentwicklung des Verhältnisses von Wissenschaft und Technologie gab es nur in Ansätzen in den technischen Hochschulen und in Industrielaboratorien. Die insgesamt geringen Fördermittel des Staates wurden ausschließlich fachspezifisch und personenbezogen eingesetzt. Einen gezielten FuE-Mittelein-

satz im Sinne von Programm- oder Projektförderung gab es nicht. Unterstützt wurden allgemein anerkannte Wissenschaftler und erfolgversprechende wissenschaftliche und die Technikentwicklung fördernde Institutionen.
Die Koordination von Ausbildung, angewandter Forschung und Technologieentwicklung war gering. Dagegen gab es eine engere Kopplung von wissenschaftlicher Ausbildung und Grundlagenforschung im Rahmen der fachspezifischen Lehrstühle an den Hochschulen. Die Anbindung an Bereiche der angewandten Forschung und Technologieentwicklung war die Ausnahme.
Eine Zielplanung und systematische Steuerung und Organisation von Forschungs- und Entwicklungsprojekten gab es im Wissenschaftsbereich nicht. Die Übertragung industrieller Planungs- und Organisationsformen auf den Wissenschaftsbetrieb erschien abwegig. Noch herrschte – zumindest vordergründig und vor allem in Deutschland an den Universitäten – die Humboldtsche Vorstellung von wissenschaftlicher Tätigkeit und entsprechender Institutionalisierung vor, wonach der Forscher als schöpferischer Geist sich nur in einer Umwelt der Wertfreiheit und Ungebundenheit von praktisch-politischen und wirtschaftlichen Zwecken entfalten kann. Kontemplation in »Einsamkeit und Freiheit« mit dem Ziel der Erkenntnis um der Kenntnis willen und in bewußter Distanz zum Geist der Industrie und Technik ist die Grundlage, auf der das System der Wissenschaft hauptsächlich begründet war.
Angesichts der Leistungen deutscher Wissenschaftler in der Grundlagenforschung bis in die dreißiger Jahre bleibt die Frage bisher weitgehend offen, ob es diese Grundausrichtung war, die die Erfolge ursächlich bewirkte und ob sich die Distanz namentlich der Naturwissenschaftler zur praktischen Politik und zu wirtschaftlicher Zwecksetzung sowie die Institutionalisierung der Forschung außerhalb unmittelbarer Verwertungszusammenhänge insofern positiv ausgewirkt hat. Wieweit diese Distanz wirklich vorhanden war, ist allerdings angesichts vieler gegenteiliger Fakten äußerst zweifelhaft. Wenn überhaupt, dann trifft das sicher nur auf die Universitäten zu. Für eine Reihe industriell und militärisch relevanter Forschungsbereiche hatten sich längst, vor allem außerhalb der Universitäten, Formen der institutionellen Vernetzung herausgebildet.

Wie weiter oben bereits ausgeführt, drängten aber der ökonomische sowie der politisch-militärische Sektor immer stärker auf eine unmittelbare Anbindung der Forschung und Technikentwicklung an ihre spezifischen Zielsetzungen und Verwertungsinteressen. Verstärkt wurde diese Tendenz durch die Verschärfung der weltweiten Konkurrenz nach der Weltwirtschaftskrise 1929-1932. Mit geradezu atemberaubender Beschleunigung wurde dieser Trend durch die militärische Aufrüstung zum Zweiten Weltkrieg verstärkt.

In dieser krisenhaften ökonomischen und politischen Situation wächst das Interesse an solchen institutionellen Strukturen der Wissens- und Technikproduktion, die eine schnellstmögliche und volle Entfaltung der Produktivkraft ›Wissenschaft und Technologie‹ und die unmittelbare politische, militärische und ökonomische Verwertung ihrer Produkte versprechen.

Wie noch gezeigt wird, sind es vor allem die in den USA sich herausbildenden institutionellen Produktions- und Dienstleistungsformen, in denen nunmehr die vollständige Verschmelzung von Wissensproduktion, Technologieentwicklung und Technologieverwertung stattfindet. Nicht Kontemplation des schöpferischen Geistes in bewußter Distanz zu den Verwertungsbereichen, sondern die Institutionalisierung von Planung, Steuerung und Organisation der Wissensproduktion und Wissensverwertung nach ökonomisch-industriellen Prinzipien bildet die neue Basis für die weitere Entfaltung der Produktivkraft ›Wissenschaft und Technologie‹. Die Bedeutung der neuen Organisations- und Steuerungsformen geht aus folgender Anmerkung hervor:

»Zweifellos wurden damals nur in den USA die geeigneten Formen der Verflechtung von Staat und Privatindustrie gefunden, um die Atombombe zu bauen und die elektronische Datenverarbeitung voranzutreiben.«[17]

Während im Rahmen der universitären Wissenschaft die Diskussion über die Möglichkeiten rationaler Planung und Organisation von Forschung und Entwicklung immer wieder neu entflammte und sowohl wissenschaftstheoretische wie wissenschaftssoziologische Argumente gegen Planbarkeit und Steuerung und für

17 Helmut Krauch, a.a.O., S. 79.

autonome Zielsetzung und Selbstwahl der Mittel, für Selbstkoordination und Selbstorganisation leidenschaftlich ins Feld geführt wurden, vollzog sich hauptsächlich im ökonomisch-militärischen Bereich und über außeruniversitäre, staatlich geförderte Forschungseinrichtungen der Aufbau des neuen Wirtschaftssektors »Forschung, Entwicklung und Technologietransfer«. Hier spielt sich in der Folgezeit vor allem die an externen Zwecken ausgerichtete Planung und Steuerung der politisch und ökonomisch relevanten Wissens- und Technologieproduktion ab.

Angesichts der sich schon damals vollziehenden Herausbildung der wissenschaftlich-technisch-industriellen Superstrukturen mutet die bis in die jüngste Zeit anhaltende Diskussion um die selbstgesteuerte autonome Wissenschaft fast naiv an. Dabei soll hier nicht in Abrede gestellt werden, daß es im Hinblick auf optimale Voraussetzungen für die Produktion von Wissen, Erkenntnissen und technischen Lösungsansätzen eine Reihe gewichtiger Gründe für die Autonomieforderungen der Wissenschaft, für Selbststeuerung und Selbstorganisation gibt.[18]

Gleichwohl vollzieht sich die Nutzbarmachung der Produktivkraft ›Wissenschaft und Technologie‹ für politische und militärische Zwecke und die Verschmelzung von Wissenschaft und industriell-militärischem Komplex mit einer Rasanz, daß alle gegenläufigen Bestrebungen marginalen Charakter bekommen – sie bleiben Wünsche im wissenschaftlichen Elfenbeinturm. Insbesondere die neuen Formen der Institutionalisierung von Forschung und Technologieverwertung seit Anfang der vierziger Jahre in den Vereinigten Staaten und England, in Ansätzen auch in der Sowjetunion und Deutschland, zeichnen einen Weg vor,

18 Hierzu eingehender: R. Kreibich, Wissenschaftspluralismus als gesellschaftliches Problem, in: H. Heimann (Hrsg.), Dialog statt Dogmatismus, insbesondere S. 146 ff. (Wissenschaftstheoretische und wissenschaftssoziologische Ausgangspunkte), Köln/Frankfurt 1978. Ich verweise in diesem Zusammenhang auch auf meine praktischen Erfahrungen im Rahmen der Hochschulpolitik: R. Kreibich, Jahresberichte des Präsidenten der Freien Universität, Bde. 1 bis 6, Berlin 1970-1976; hier finden sich detaillierte Ausführungen zu den Themen Wissenschaftsfreiheit, Hochschulautonomie und Politische Steuerung und Planung der Wissenschaft.

der weit weg vom Wertfreiheitspostulat der Wissenschaft und einer Tätigkeit in »Einsamkeit und Freiheit« führt.

Wie vielschichtig die Gegnerschaft zur industriell organisierten Wissensproduktion und Wissensverwertung war, läßt sich daran ermessen, daß Auffassungen, wie sie etwa von Max Scheler, Eduard Spranger, Ernst Jünger, Oswald Spengler oder Friedrich G. Jünger vertreten wurden, zwar einen beträchtlichen Einfluß auf das Geistesleben hatten, nicht jedoch auf die Institutionalisierung von naturwissenschaftlicher Forschung und Technologieverwertung.

Max Scheler vertrat etwa die folgende Meinung: Wissenschaft und Technik greifen immer tiefer in die Natur ein und führen zu einer Zerstörung des natürlichen Gleichgewichts mit unübersehbaren Folgen. In Wahrheit handelt es sich nicht um Humanisierung, sondern um den Ausdruck des Inhumanen.[19]

Die auf Wilhelm Dilthey zurückzuführende »verstehende Philosophie« und »verstehende Psychologie«[20] wird vor allem von Eduard Spranger und auch von Karl Jaspers fortgesetzt und weiterentwickelt. Spranger vertrat mit seinem Ansatz einer verstehenden und ganzheitlichen Weltsicht, die stets vom seelischen Gesamtzusammenhang des Betrachters auszugehen habe, eine sehr skeptische Meinung gegenüber der naturwissenschaftlich-technischen Wissensproduktion und ihrer Erkenntnisfähigkeit. Immerhin führte das zu dem Urteil: Da Wissenschaft und Technik als solche wertfrei seien und sich nicht auf allgemeine und verpflichtende Werte begründen lassen, seien sie leicht zu mißbrauchen.[21]

Wesentlich massivere Zweifel am Ideal der durch rationale Wissenschaft und Technik geprägten Gesellschaft äußerte Ernst Jünger: Die ständige Sucht zur Neuerung und der damit verbundene schnelle Wandel der materiellen Welt durch die rasante Entwicklung der Technik und Industrie versetzen die Menschen in

19 Max Scheler, Die Wissensformen und die Gesellschaft, Leipzig 1926; Probleme einer Soziologie des Wissens, Ges. Werke, Bd. 8, Bern/München 1960.

20 Wilhelm Dilthey, Ideen über eine beschreibende und zergliedernde Psychologie, Berlin 1894.

21 Eduard Spranger, Lebensformen, Halle 1922; Das Bildungsideal der Gegenwart, Berlin 1928.

Unruhe, berauben sie ihrer angestammten Wurzeln und Orientierungen; dieser Fortschritt sei gekennzeichnet durch ein Maximum an Aktion bei einem Minimum an Wofür und Warum. Eine am Ideal der rationalen Wissenschaft und Technik (Exaktheit, formale Apparaturen usw.) orientierte Wertordnung sei nicht geeignet, dem Menschen Orientierung zu geben.[22]
Die nachhaltigste Kritik stammt allerdings von Oswald Spengler. Er vertritt die Auffassung, daß der Herr der Welt zum Sklaven der Maschine wurde. Die Technik ist vor allem Mittel und Ausdruck für das Streben des Menschen nach Macht und Ausbeutung, auch der Natur, die durch sie total verformt wurde.[23]
Die Wissenschaften vergleicht er mit der Religion, ihre institutionellen Einrichtungen mit denen der Kirche:

»Es gibt in allen Fachwissenschaften, Medizin und Kathederphilosophie einbegriffen, eine ausgebildete Hierarchie mit Schulpäpsten, Graden, Würden – der Doktor als die Priesterweihe –, Sakramenten und Konzilen. Der Laienbegriff wird schroff aufrechterhalten und das allgemeine Priestertum der Gläubigen in Gestalt der populären Wissenschaft wie der darwinistischen leidenschaftlich bekämpft ...
Heute haben sich überall Fachsprachen ausgebildet, die ... nur noch dem verständlich sind, der die höheren Weihen empfangen hat. Es gibt Sektenstifter, wie manche Jünger Kants und Hegels, eine Mission unter Ungläubigen wie die der Monisten, Ketzer wie Schopenhauer und Nietzsche, den großen Bann und als Index eine Übereinkunft des Schweigens. Es gibt ewige Wahrheiten wie die Teilung der Rechtsobjekte in Personen und Sachen, und Dogmen wie das von Energie und Masse und die Vererbungstheorie, einen Ritus des Zitierens rechtgläubiger Schriften und eine Art von wissenschaftlicher Seligsprechung. Nach dem Tode sind die Irrlehrer ausgeschlossen von der ewigen Seligkeit des Lehrbuches und in das Fegfeuer der Anmerkungen verwiesen, von wannen sie auf Fürbitte der Gläubigen geläutert aufsteigen in das Paradies der Paragraphen.«[24]

Auch Friedrich Georg Jünger äußert starke Abneigung gegen die von Normierung und Maschinen dominierte wissenschaftlich-technische Industriewelt. Die technische Perfektion und indu-

22 Ernst Jünger, Der Arbeiter, Hamburg 1932.
23 Oswald Spengler, Der Mensch und die Technik, München 1931.
24 Oswald Spengler, Der Untergang des Abendlandes (56. Aufl.), Bd. 2, München/Berlin 1934, S. 426f.

strielle Anwendung kann zwar die materielle Not lindern, aber es treten nun immer neue Bedürfnisse auf, die als genauso drückend empfunden werden. Der Mensch wird zwar physisch und zeitlich teilweise durch Maschinen ersetzt, die gigantische technische und die auf ihr beruhende industrielle Welt bringt jedoch noch mehr Hast und Schnelligkeit, die Menschen werden durch die Normierung der Bedürfnisse und Güter zur Gleichheit geformt, aus der Gleichgültigkeit und Aufgabe der Individualität resultieren.[25]

In den angelsächsischen Ländern versuchen einige bedeutende Wissenschaftsforscher und Wissenschaftssoziologen, auf dem Boden der Wissenschaft selbst stehend und ihre Methoden fördernd, vor allem die Frage nach der Vereinnahmung und Verwertung von Wissenschaft durch Politik, Wirtschaft und militärischen Bereich neu aufzuwerfen. Nicht zuletzt vor dem Hintergrund faschistischer und kommunistischer Wissenschaftssteuerung versuchen etwa Polanyi, Merton und andere sowohl wissenschaftsimmanent als auch soziologisch die Notwendigkeit der Entkopplung von Wissenschaft und Gesellschaft zu begründen.

Nach Polanyi ist der erfolgreichste Weg zur Wahrheitsfindung durch die Kooperation voneinander unabhängiger autonomer Wissenschaftler zu erreichen, die alle nach ihren besten Möglichkeiten und eigenen Urteilen handeln. Die effizienteste Organisationsform für den wissenschaftlichen Fortschritt sei die »Selbstkoordination unabhängiger Initiativen zu einem gemeinsamen Ergebnis, das von keinem derer, die es zustande bringen, vorausgeplant ist«.[26] Und an anderer Stelle: »... jede Autorität, die versuchen würde, die Arbeit des Wissenschaftlers zentral zu lenken, würde den Fortschritt der Wissenschaft zum Stillstand bringen«.[27]

Eine hierzu kontroverse Auffassung vertraten schon frühzeitig englische Wissenschafts-Wissenschaftler, die eine rationale Wis-

25 Friedrich Georg Jünger, Die Perfektion der Technik, Frankfurt am Main 1949 (1946).

26 Michael Polanyi, The Republic of Science, 1962, in: E. Shils (Hg.), Criteria for Scientific Development, Public Policy and National Goals, Cambridge, Mass., 1968, S. 2.

27 Ebenda, S. 3.

senschaftsplanung zur Erfüllung gesellschaftlicher Bedürfnisse für erforderlich hielten. Am bekanntesten sind die Forderungen J. D. Bernals nach einer effizienten gesellschaftsdienlichen Planung und Organisation der Wissenschaft, vergleichbar der Planung im Bereich der Wirtschaft.[28] Dieser Konzeption, die sich selbst auf einen marxistischen Wissenschaftsansatz beruft, stand die folgende idealistische Position gegenüber:

»Wir müssen klarstellen, daß die Wissenschaft ihrem Wesen nach Liebe zum Wissen ist, und daß es uns nicht in erster Linie um die Nützlichkeit geht. Wir sollten von der Öffentlichkeit erneut jene Achtung und Unterstützung der Wissenschaft fordern, die ihr bei ihrem Streben nach Wissen und allein nach Wissen gebühren. Denn wir Wissenschaftler dienen Werten, die höher stehen als materielles Wohlergehen, wie unsere Arbeit auch nötiger ist als materielle Sicherheit.«[29]

Während Polanyi seine Schlußfolgerungen für die optimale soziale Organisationsform von Wissenschaft vor allem aus seinem positivistischen Wissenschaftsverständnis ableitet, sind für Merton die funktionalen Bedingungen für das gute Funktionieren der »scientific community« entscheidend. Nicht technische Zweckmäßigkeit bildet für die »scientific community« die wesentliche Voraussetzung für die wissenschaftliche Tätigkeit, sondern die Orientierung an Universalismus, Gemeinschaftsgeist, Uneigennützigkeit und systematischem Skeptizismus.[30] Auch für Merton ist eine optimale Organisation von Wissenschaft nur durch die Entkoppelung von der Gesellschaft möglich. Freiheit der Forschung und Autonomie der Wissenschaft sind die Maximen fruchtbarer wissenschaftlicher Arbeit, die nur in einer selbstgesteuerten Wissenschaft zu realisieren sind, nicht jedoch durch externe Planung und Organisation und durch von außen gesetzte Ziele.

Hier muß allerdings eingewandt werden, daß eine stärkere Ausrichtung der Wissenschaft an externen gesellschaftspolitischen

28 Vgl. J. D. Bernal, The Social Function of Science, Cambridge, Mass., 1967 (Original: 1939).

29 Michael Polanyi, The Logic of Liberty, London 1951.

30 Robert K. Merton, Social Theory and Social Structure (2nd ed.), New York 1975, Kap. 15 und 16; Science and Democratic Social Structure, S. 604 ff. (Original 1957).

Zielen und die Bereitschaft, auch die Forschungstätigkeit organisierenden Effizienzprinzipien zu unterwerfen, in der amerikanischen Wissenschaftstradition durchaus einen hohen Stellenwert hat. Besonders die pragmatische Philosophie, verkörpert durch die Namen Charles S. Peirce, William James, George H. Mead und John Dewey, die nachhaltig die Verhaltensmuster der amerikanischen Gesellschaft geprägt hat, spielt für die weite Öffnung der Wissenschaft für neue Organisationsformen eine große Rolle. Insbesondere gab es kaum die in Deutschland in der idealistischen Tradition tief verwurzelte Distanz und Furcht des Forschers als Schöpfer reiner Erkenntnisse vor dem profanen Geist der Technik, der Industrie oder der politischen Macht.

Gegen die Abkopplung der Wissenschaft und des Wissenschaftlers von der Gesellschaft und den Widerstand gegen die geplante und organisierte Forschung hat in den angelsächsischen Ländern von Anfang an ein bedeutender Teil der Forscher selbst Stellung bezogen.

Wir können die Diskussion um die Planung und Steuerung von Wissenschaft versus Wissenschaftsautonomie und Freiheit der Forschung in allen Schattierungen und Tiefen auch wieder in der Bundesrepublik Deutschland verfolgen. Fast zu allen Zeiten hat es intensive Auseinandersetzungen über Wissenschaftsplanung und Wissenschaftspolitik gegeben. Es würde zu weit führen, diese hier im einzelnen zu referieren.[31]

31 Vgl. hierzu u. a.
- Niklas Luhmann, Selbststeuerung der Wissenschaft, in: Soziologische Aufklärung, Köln und Opladen 1970, S. 248 ff.
- Peter Weingart (Hrsg.), Wissenschaftsforschung, Frankfurt/Main/New York 1975.
- Peter Weingart, Wissensproduktion und soziale Struktur, insbesondere S. 166 ff., Frankfurt a. Main 1976.
- Gernot Böhme, Wolfgang van den Daele, Rainer Hohlfeld u. a., Die gesellschaftliche Orientierung des wissenschaftlichen Fortschritts (Starnberger Studien I), Frankfurt am Main 1978.
- Wolfgang van den Daele, Wolfgang Krohn und Peter Weingart (Hrsg.), Geplante Forschung – Vergleichende Studien über den Einfluß politischer Programme auf die Wissenschaftsentwicklung, Frankfurt am Main 1979.

6.3 Die Herausbildung des neuen Wirtschaftssektors ›Forschung, Entwicklung und Technologieverwertung‹

6.3.1 Die Vernetzung von Wissensproduktion und industriell-militärischen Interessen

Auch wenn nicht zu übersehen ist, daß durch die Kontroversen über Planung und Steuerung von Wissenschaft tiefere Einblicke in die Struktur der Wissenschaftsentwicklung, der Wissensproduktion und Technologieverwertung gewonnen werden konnten, entbehren sie nicht einer gewissen Schizophrenie. Während die Vertreter der herrschenden Wissenschaftsauffassung die Wissenschaftsautonomie und die Selbststeuerung der Forschung nachhaltig an den Hochschulen propagieren, erheben sie praktisch keine Einwände gegen die totale Planung und Steuerung der Wissensproduktion und Wissensverwertung in außeruniversitären Forschungseinrichtungen in enger Anbindung an politische, ökonomische und militärische Bereiche und Ziele.

Helmut Krauch hat in den sechziger Jahren als einer der ersten deutschen Wissenschaftler die Entwicklung der organisierten Forschung und Technologieentwicklung in den fortgeschrittenen Industriestaaten analysiert.[32] Dabei stützt er sich sowohl auf umfangreiche Untersuchungen amerikanischer und englischer Wissenschaftler als auch auf Untersuchungen der von ihm geleiteten »Studiengruppe für Systemforschung«.[33] In seiner Arbeit über die organisierte Forschung kommt er unter anderem zu folgenden Feststellungen:

»An institutioneller Fundierung und organisatorischer Komplexität stehen Forschungs- und Entwicklungsstrategien den militärischen Strategien und Marktstrategien nicht mehr nach. Zudem sind Forschungsstrategien mit jenen aufs engste verflochten, Pläne und Zielvorstellungen für die langfristige Forschung und Entwicklung werden durch militärische

32 Helmut Krauch, Die organisierte Forschung, Neuwied/Berlin 1970.

33 Vgl. u. a. R. Coenen u. a., Studiengruppe für Systemforschung, Die Statistik der Forschungs- und Entwicklungsaktivitäten, Berichte Nr. 49, 58 und 59 (Teile A, B und C), Heidelberg 1965;
H. Krauch, W. Kunz, H. Rittel (Hg.), Forschungsplanung – Eine Studie über Ziele und Struktur amerikanischer Forschungsinstitute, München 1966.

und wirtschaftliche Überlegungen wesentlich bestimmt. Die mittelvergebenden Stellen setzen den Rahmen für Strategien oder produzieren diese sogar selbst, da die Forschung durchführenden Instanzen sich weitgehend an den Zielvorstellungen des Geldgebers orientieren. Die weit verbreitete Annahme, der Wachstumsprozeß von Wissenschaft und Technik verlaufe eigengesetzlich, muß unter diesen Bedingungen überprüft werden.«[34]

»Forschung und Entwicklung nehmen einen immer größeren Teil der Rüstungsausgaben ein und ihre Bedeutung für die militärische Macht eines Staates wächst ständig weiter an. Zugleich kommt es zu einer Verflechtung militärischer, industrieller und wissenschaftlicher Institutionen und Interessen, die so weit vorangeschritten ist, daß sie den früheren Präsidenten Eisenhower veranlaßte, in seiner Abschiedsadresse vor dieser Verflechtung zu warnen, da sie die demokratische Kontrolle gefährde und die politische Moral ramponiere. Dieser militärisch-industriell-wissenschaftliche Komplex hat eine unkontrollierte Größenordnung angenommen, die sich gut mit dem Begriff der Superstruktur beschreiben läßt.«[35]

»In diese rüstungsökonomisch konditionierten Interessen ist auch ein großer Teil des Forschungspersonals einbezogen … So sind auch alle bisherigen Versuche, militärische Forschung und Entwicklung auf friedliche Zwecke umzuorientieren, ohne nachhaltigen Erfolg geblieben. Diskussionen über diese Zusammenhänge zeigen, wie sehr sich die politische Meinungsbildung konditioniert und in den herrschenden Verhältnissen stabilisiert hat. Die These von der Superstruktur hat hier wohl ihre stärkste Bestätigung gefunden.«[36]

Sichtet man das zugrundeliegende Material, dann besteht kein Zweifel, daß diese Feststellungen die Struktur der Forschungs- und Entwicklungslandschaft Ende der sechziger Jahre richtig beschreibt. Auch wenn die Aussagen in erster Linie auf die FuE-Struktur der USA bezogen sind, treffen sie im großen und ganzen auch für die anderen Industriestaaten zu. Für England, Frankreich, die Bundesrepublik Deutschland und Japan kommt Krauch zu ähnlichen Ergebnissen.

Die damals noch konstatierte Lücke im Vernetzungsgrad von Staat, Wirtschaft und Forschung zwischen der Bundesrepublik Deutschland und den USA ist bis heute längst geschlossen, was

34 H. Krauch, Die organisierte Forschung, a.a.O., S. 141 f.
35 Ebenda, S. 152.
36 Ebenda, S. 173.

nicht heißt, daß die Entwicklungen identisch verlaufen sind. Entscheidend ist, daß heute in allen Industriestaaten das gleiche Grundmuster vorherrscht: Die politisch, ökonomisch und militärisch *relevante* Forschung und Entwicklung findet nach dem Vorbild industrieller Produktion und Dienstleistungen statt. Es hat sich ein industriell-militärisch-wissenschaftlich vernetzter Komplex institutionalisiert, in dem die vollständige Verschmelzung von Wissenschaft und Technologie stattgefunden hat und in dem die Planung und Steuerung der Wissensproduktion, der Technikentwicklung und Technikverwertung vorrangig außerwissenschaftlichen Zielsetzungen unterliegt. Dieser Komplex, der »eine unkontrollierte Größenordnung angenommen hat«, bildet bis heute die innovative Grundlage der Supertechnisierung und Superindustrialisierung.
Wenn die Wurzeln des neuen Wirtschaftssektors ›Forschung, Technologieentwicklung und Technologietransfer‹ hauptsächlich in die vierziger Jahre zurückreichen, dann heißt das, daß sich in dieser Zeit die Hauptmerkmale der neuen wissenschaftlich-industriell und militärisch vernetzten Struktur herausgebildet haben. Selbstverständlich sind einzelne Elemente auch schon früher in Erscheinung getreten, ebenso hat sich die Struktur bis heute ständig weiterentwickelt: Spezifische Ausformungen, Optimierungen durch organisatorische und technische Perfektionierung und quantitative Erweiterungen kennzeichnen den fortschreitenden Prozeß bis in die Gegenwart. Gleichwohl: Die wesentlichen Strukturmerkmale der strategischen Planung, Steuerung und Organisation von Wissenschaft und Technologie, die heute in den Industrieländern vorherrschen, wurden in den Jahren nach 1940 geformt und institutionell erprobt.

6.3.2 ›Wissenschaftsfabriken‹

Ausgangspunkt der institutionalisierten Planung und Organisation von Forschung und Entwicklung war die Ausschaltung des Zufalls bei Innovationen oder – anders ausgedrückt – die ›Beherrschung der Methode des Erfindens‹[37] und die Lösung der tech-

37 Also nicht mehr die »Erfindung der Methode des Erfindens«, die A. N. Whitehead als »die größte Erfindung des 19. Jahrhunderts« bezeichnet hatte; vgl. Alfred North Whitehead, a.a.O.

nisch-industriellen Umsetzung im Sinne externer politischer, militärischer und ökonomischer Zielsetzungen.

»Das Modell einer solchen Strategie des gewollten, geplanten und organisierten wissenschaftlichen Fortschrittes wurde während des Zweiten Weltkrieges in der Rüstungsforschung der angelsächsischen Länder entwickelt. Der Bau der ersten Atombomben ist das Musterbeispiel für diese Art des Vorgehens geworden. Ausgehend von den Arbeiten zahlreicher kleiner Laboratorien, faßte man damals Hunderte von Forschern und Ingenieuren ohne Rücksicht auf die gewaltigen Kosten, die entstanden, zu einem einzigen riesigen Vorhaben zusammen, dem sogenannten Manhattan-Project, und es gelang so, eine bis dahin nur gedanklich vermutete Möglichkeit in reale Macht zu verwandeln, die den künftigen Geschichtsverlauf entscheidend beeinflußte. Diese im Zweiten Weltkrieg mit so erschütternden Resultaten erprobte Methode einer Zusammenarbeit verschiedener Fachrichtungen im Hinblick auf ein ganz bestimmtes Ziel hat seither einen eigenen Namen erhalten. Man spricht im Englischen von der sogenannten big science.«[38]

Das *Manhattan-Projekt* ist das erste Vorhaben, in dem von einer theoretischen Möglichkeit – hier der Entwicklung und dem Bau der Atombombe – ausgegangen wurde und unter Anwendung neuester Planungsmethoden und Organisationstechniken sowie mittels eines gigantischen Aufwands an Forscherpotential, Ressourcen und Kapital in relativ kurzer Zeit alle noch notwendigen Erfindungen und technischen Lösungen generalstabsmäßig abgewickelt wurden. Die komplizierte Ablaufplanung und Ablauforganisation vermittelt einen Eindruck von der zu bewältigenden Komplexität.
Zahlreiche Projekte vor allem der Waffentechnik und der Weltraumforschung, der Kernenergietechnik und Elementarteilchenforschung bis hin zum Projekt »Schneller Brüter« sind später nach dem gleichen, natürlich immer verfeinerten Grundmuster geplant und durchgeführt worden.
Die Verschmelzung von Wissenschaft, Industrie und Politik – einschließlich militärischem Bereich – setzte in großem Umfang bereits Anfang der vierziger Jahre in den Vereinigten Staaten

38 Robert Jungk, Zukunftsforschung und Friedensstrategie, in: O. Hersche (Hg.), Was wird morgen anders sein? – Wissenschaftler sehen die Zukunft, München 1972, S. 71.

ein.[39] Hier sind es zunächst einige naturwissenschaftlich-technisch führende Universitäten und Forschungslaboratorien von Industrieunternehmen, die das Konzept der strategischen Wissenschaftsplanung aufnehmen und große Forschungs- und Entwicklungsprojekte nach politischen, militärischen und wirtschaftlichen Zielvorgaben mit Hilfe neuester Planungsmethoden und Organisationstechniken durchführen. Zu nennen sind vor allem:

- Das *Massachusetts Institute of Technology (M.I.T.)*
  Das M.I.T. ist ein Zentrum der neuesten Forschungen und Entwicklungen auf den Gebieten der Nachrichtentechnik, der Radartechnik, der Entwicklung elektronischer Rechenmaschinen, der Regelungs-, Steuerungs- und Automationstechnik und Geburtsstätte der Kybernetik.[40] Es ist eng gekoppelt mit den meisten großen Unternehmen der Elektro- und Nachrichtentechnik, der Energie- und Fertigungstechnik sowie mit dem militärischen Bereich, vor allem mit der Air Force.
- Die *University of Pennsylvania*
  Die University of Pennsylvania wurde zu einem Zentrum der Computerentwicklung in enger Vernetzung mit den großen Bell Telephone Laboratories und den Entwicklungsabteilungen der US-Streitkräfte, vor allem ihrer zentralen ballistischen Rechenabteilung, die die Planung, Organisation und Durchführung der Projekte zur Entwicklung schneller, leistungsfähiger Rechenmaschinen intensiv förderten. Nur so ist zu erklären, daß hier in relativ kurzer Zeit die Großrechner ENIAC und EDVAC entwickelt und gebaut werden konnten.[41]
- Die *Harvard University*
  Auch die Harvard University übernahm das Konzept der FuE-Planung z. B. in Koppelung mit der Firma IBM, um Mammutprojekte wie die Entwicklung und den Bau der Großrechner Harvard Mark I und IBM Automatic Sequence Controlled Calculator (16 m Länge, 35 t Gewicht, 700 000 Bauteile, 6 Sekunden für die Multiplikation zweier zehnstelliger Zahlen, Fertigstellung 1944) zu bewältigen.

39 Vgl. hierzu auch die Kapitel 5.1.2 und 5.4.
40 Hierzu auch Kapitel 5.1.
41 Vgl. hierzu Kapitel 5.4.2.

– Das *Institute for Advanced Study, Princeton*
Eine Schlüsselfunktion hatte das Institute for Advanced Study in Princeton, nahe New York, das sich quasi in einem Netzknoten der immer stärker zusammenwachsenden Forschungs- und Entwicklungsstrukturen der Universitäten, großen Unternehmen und des militärischen Bereichs an der Ostküste der USA befand. So gab es über die hier arbeitenden Wissenschaftler (u.a. John von Neumann und Oskar Morgenstern) enge Verbindungen zu allen Digital-Großrechner-Projekten der ersten Technologiegeneration mit zentraler arithmetischer Operationseinheit und elektronischer Speicherung des Programms, die noch heute Grundlage der Computertechnik sind. Das Institute for Advanced Study nahm selbst 1952 den Computer MANIAC in Betrieb.

Die Forschungslaboratorien der Großindustrie

Als Pendant sind die großen Forschungslaboratorien und Forschungsabteilungen der Großindustrie und des amerikanischen Verteidigungsministeriums zu nennen. Hier erfolgte der Übergang zu strategischer Planung und Organisation der Wissensproduktion und Wissensverwertung natürlich noch schneller und ungehemmter als an den Universitäten und staatlichen Forschungseinrichtungen. Alle großen Industrielabors waren schon bald sowohl eng mit der militärtechnischen Forschung und der Rüstungsindustrie als auch mit den leistungsfähigen Forschungsinstituten der Universitäten und staatlichen FuE-Einrichtungen vernetzt. Typische Beispiele solcher Großforschungslaboratorien sind die Forschungseinrichtungen von IBM und die Bell Telephone Laboratories, in denen u.a. Großcomputer, die Informations- und Nachrichtentheorie (Claude E. Shannon, 1948) und die Halbleiterverstärkertechnik erfunden und entwickelt wurden (Erfindung des Transistors durch W. Shockley, J. Bardeen und W. H. Brattain, 1948).

Die Forschungslaboratorien der Air Force

Eine besondere Bedeutung hinsichtlich der neuen Struktur der Wissensproduktion und Technikverwertung hatten die Laboratorien der Air Force. Hier wurden u.a. die Regelungs- und Steuertechnik, automatische Flugabwehrsysteme, die Grundlagen der Kybernetik und der Automationstechnik (erster Einsatz von NC-Maschinen bereits 1951) maßgeblich entwickelt und erprobt. Hier entstand auch ein Großteil der neuen Konzepte der Planung und Steuerung von Wissenschaft und Technologie. Wie rasant der Auf- und Ausbau strategisch wichtiger Bereiche verlief, zeigt das folgende Beispiel: In der Radarentwicklung waren die Arbeitsgruppen von 1935 bis zum Beginn des Krieges noch so klein, daß sie nur aus einigen Wissenschaftlern bestanden. Dann jedoch nahm in kürzester Zeit der Forschungs- und Entwicklungsbereich industrielle Ausmaße an:

»Besonders nach 1940, als die Anstrengungen Englands und der USA koordiniert wurden, nahm die Zahl der beteiligten Wissenschaftler und Techniker enorm zu. Bei Kriegsende hatte das amerikanische Radiation Laboratory etwa 4000 Mitarbeiter, darunter viele namhafte Wissenschaftler bedeutender Universitäten. Ähnlich war es in England, wo man während des Krieges eine entsprechende Institution gegründet hatte, das Telecommunication Research Establishment. Die Radarforschung wurde zu einem Zweig der Kommunikationstechnik und war bald eng mit der Entwicklung der Datenverarbeitung verknüpft.«[42]
»Die Entwicklung des Radar enthält die Lösung zahlreicher Einzelprobleme, die zum Teil grundsätzliche wissenschaftliche Fragen betrafen, aber alle mehr oder weniger zielorientiert und organisatorisch miteinander verknüpft waren. Die Kooperation und Arbeitsteilung zwischen Wissenschaftlern, Technikern und Militärs machte die Kommunikation zu einem ganz wesentlichen Faktor. Die Verständigung zwischen den Disziplinen und zwischen Theorie und Praxis mußte bewältigt werden. Immer mehr wurde der einzelgängerische Gelehrte des alten Typs durch einen kommunikationsbegabten und in gleicher Weise theorie- wie praxisorientierten Typ verdrängt.«[43]

Sehr früh haben vor allem die Firmen der elektrotechnischen bzw. Elektronikindustrie, der chemischen und der gesamten weiteren rüstungstechnischen Industrie die Konzeption der strategischen Planung und Organisation konsequent verfolgt. Nach dem Vorbild der Forschungs- und Entwicklungsstätten der Air Force wurden solche neuen Planungs- und Organisationsstrukturen beispielsweise bei General Electric Company, General

42 Helmut Krauch, Die organisierte Forschung, a.a.O., S. 29; vgl. hierzu auch Kapitel 5.4.6.
43 Ebenda, S. 79 f.

Dynamics Corporation, Aerospace Corporation in Los Angeles (Entwicklung von Raketen- und Satellitensystemen in Kopplung mit der Air Force in Washington), bei Du Pont, Transport Division Plant von Boeing in Seattle eingeführt.
Stark forciert wird die Konzeption vor allem vom US Air Force Program Office und von der Electronic System Division der Air Force. Die mit dem neuen Steuerungskonzept von Wissenschaft und Technologie einhergehende geradezu lawinenartige Expansion rüstungsrelevanter privater FuE-Institutionen hatte vor allem folgenden Hintergrund:

»Der größte Vorteil liegt aber darin, daß die an militärischer Auftragsforschung beteiligten Firmen sich nahezu ohne jedes Risiko große und leistungsfähige Forschungs- und Entwicklungsabteilungen aufbauen und halten können. Manche Firmen wie Boeing oder General Dynamics haben Forschungsabteilungen, die an Leistungsfähigkeit und Umfang die besten Universitäten in den Schatten stellen.«[44]
»Einige der großen Rüstungskonzerne haben in ihren Forschungsabteilungen Wissenschaftler so vieler verschiedener Fachrichtungen angesiedelt, daß diese beinahe dem Lehrkörper einer Universität entsprechen.«[45]

6.3.3 Denkfabriken (Think Factories)

Ein völlig neuer Typ der Wissenschaftsorganisation entsteht mit der *RAND Corporation* in Santa Monica in Kalifornien, die kurz nach Beendigung des Krieges vorbereitet und im Jahre 1948 offiziell gegründet wird.[46] Sie ist bezeichnenderweise auch das Ergebnis einer Initiative der US-Luftwaffe und läßt sich auf Probleme und Erfahrungen während des Krieges zurückführen. Aus der Erkenntnis, daß die Produktivkraft ›Wissenschaft und Technologie‹ zur wichtigsten Waffe der modernen Kriegsführung geworden ist, insbesondere für die Waffentechnik der Air Force, die immer komplexeren Anforderungen genügen sollte, werden Wissenschaftler, Techniker und Experten vieler Gebiete zusammengebracht, um in erster Linie rüstungstechnische und

44 Ebenda, S. 185.
45 Ebenda, S. 161.
46 Vgl. hierzu u. a. The RAND Corporation, The First Fifteen Years, Santa Monica, CA 1963.

militärstrategische Entwicklungen zu studieren. Neben wirtschaftlichen und technologischen Prognosen werden u. a. Studien zur überseeischen Stützpunktpolitik der USA, zur Bündnisdiplomatie und eine Reihe von Einschätzungen von Konfliktfällen und potentiellen Konfliktentwicklungen in der Welt erstellt. Durch interdisziplinäre Kommunikation und fachübergreifende Analysen sollen neben Prognosen vor allem Empfehlungen, Maßnahmenvorschläge und Planungskonzepte entwickelt werden. Zunächst geht es hauptsächlich um Vorarbeiten für waffentechnische Entwicklungen und rüstungstechnische Produktionsverfahren im Hinblick auf Langzeithorizonte und entsprechende strategische und organisatorische Planungen. Schon bald aber werden auch Studien zu rein wirtschaftlichen, sozialen oder politischen Themen durchgeführt, die nur mittelbar mit militärstrategischen und rüstungstechnischen Anforderungen zusammenhängen. Die Studien zeichnen sich im allgemeinen durch Kreativität, Phantasie und eine gut abgestützte Datenbasis aus. Grundlegend ist die Integration eines breiten Feldes von Fachdisziplinen sowie die Nutzung neuester methodischer Ansätze der Kybernetik und Rechentechnik. Welch großen Einfluß die RAND Corporation auf die gesamte Zukunftsforschung hatte, mögen die folgenden Ausführungen andeuten:

»Wer nun die qualitativ meist ausgezeichneten, datenreichen, genauen und oft auch recht phantasievollen Studien von RAND etwa mit der von der Welternährungsorganisation entwickelten ›Kampagne gegen den Hunger‹, den noch ganz in den Anfängen steckenden Arbeiten zur weltweiten Bildungsökonomie oder den vorhandenen, meist viel zu wenig komplexen Voraussagen über Verkehrsfragen vergleicht, muß bedauern, daß es noch kein RAND-Institut für Zivilprobleme und Friedensstrategie gibt.«[47]

Als Hinweis auf methodische Leistungen der RAND Corporation sei erwähnt, daß hier u. a. die Delphi-Methode durch Olaf Helmer entwickelt wurde (vgl. hierzu Kapitel 7.9.2.4).

Wie stark seitens der Mitarbeiter der RAND Corporation die Tendenz war, eine ähnlich leistungsfähige Institution für Zukunfts- und Friedensforschung zu entwickeln, zeigen die 1966

47 Robert Jungk, Zukunftsforschung und Friedensstrategie, in: O. Hersche (Hrsg.), Was wird morgen anders sein? – Wissenschaftler sehen die Zukunft, München 1972, S. 73 f.

erarbeiteten Vorschläge für ein nach gleichen Methoden arbeitendes Zukunftsforschungsinstitut (»Prospectus for an Institute of the Future«). In diesen Vorschlägen wurden hauptsächlich die folgenden Inhalte und Ziele für ein solches Institut für erforderlich gehalten:

1. Entwicklung von Alternativvorschlägen für unsere künftige Gesellschaft und das internationale Zusammenleben.
2. Erarbeitung von Vorstellungen, wie mögliche Zukünfte aussehen sollten, die für die Menschheit wünschenswert sind.
3. Erarbeitung solcher Strategien und Mittel, die unter den gegebenen internationalen politischen Randbedingungen realistisch zu verwirklichen sind.

Diese allgemeine Zielsetzung wird ergänzt durch eine lange Liste von Studien, die als besonders dringlich erachtet werden. Im folgenden sind einige Themen angegeben, die die Weitsichtigkeit dieser Think Factory belegen (1966):

+ Untersuchungen über die langfristigen Wirkungen technologischer Veränderungen auf die Wirtschaft, die internationalen Beziehungen und die gesellschaftlichen Einrichtungen
+ Analysen der Stadt- und Verkehrsprobleme
+ Studien zur Erziehungsreform unter besonderer Beachtung der neuen Informationstechnik
+ Veränderung von Besitzverhältnissen und Besitzweitergabe
+ Folgen möglicher und wahrscheinlicher biologischer Forschung und Kontrolle, insbesondere auf dem Gebiet der Biogenetik
+ Entwicklung von Vorstellungen über neue Organisationsformen, die der sich wandelnden Gesellschaft besser angepaßt sind (Lösungsvorschläge zum Problem der Entbürokratisierung)
+ Erarbeitung von Studien über die Entstehung und Verhinderung von Spannungszuständen und militärischen Konflikten. Dabei sollten insbesondere Strategien und Mittel entwickelt werden, die außerhalb militärtechnischer Überlegungen zur Konfliktlösung bzw. Konfliktminimierung beitragen.

Es gibt keinen Zweifel, daß die RAND Corporation und die sich infolge der Arbeit der RAND weiterhin etablierenden Denkfabriken einen großen Einfluß auf die amerikanische Politik und

die gesellschaftliche Entwicklung in den USA hatten und noch haben. Immerhin gehörten schon Anfang der sechziger Jahre zur RAND Corporation etwa 1500 Experten. Die Mitarbeiterzahl ist bis zum Jahre 1980 auf ca. 3000 angestiegen.
Die Resonanz von RAND vor allem in der politischen und militärischen Administration führte schon bald zu weiteren ähnlichen Gründungen:
Die *Systems Development Corporation* in Kalifornien (SDC), ein typisches Produkt des kybernetischen bzw. systemischen Wissenschafts- bzw. Organisationsansatzes, führt hauptsächlich Projektstudien im Auftrage von Behörden und Industrieunternehmen durch.
Die Mitarbeiter sind Experten aus sehr unterschiedlichen Bereichen: Naturwissenschaftler, Techniker, Wirtschaftswissenschaftler, Organisations- und Managementwissenschaftler, Systemtechniker, Mathematiker, Statistiker, Rechnerspezialisten usw. Schon kurz nach der Gründung stoßen Soziologen, Psychologen, Mediziner, Verhaltensforscher und in der Folge weitere Experten, deren Know-how im Rahmen eines der weiten Themenkreise bzw. Studien von Bedeutung sein könnte, zu SDC. 1960 arbeiten hier bereits ca. 2500 Fachleute.
Das *Stanford Research Institute* (SRI) in Palo Alto, Kalifornien, ist ein weiteres bedeutendes Beispiel für das Entstehen der neuen »Knowledge Industry«. Ihm gehören 1960 bereits etwa 3000 hochqualifizierte Mitarbeiter an. Bei SRI handelt es sich um ein gemeinnütziges Institut, das überwiegend staatliche Forschungs- und Entwicklungsaufträge ausführt. Besonders hervorzuheben ist, daß im Rahmen einer zukunftsorientierten Forschungs- und Entwicklungspolitik des Instituts bereits in den sechziger Jahren auf den Ausbau der Nukleartechnik verzichtet wird. Stattdessen erfolgt eine Konzentration auf Information und Kommunikation. Bereits in den Anfangsjahren wurden systematisch die bedeutendsten Experten der Kommunikationswissenschaft und Kommunikationstechnik – man kann sagen, der ganzen westlichen Welt – unter Einsatz hoher Finanzmittel zusammengebracht und mit Wissenschaftlern, Technikern, Managern und Fachleuten aus Politik, Wirtschaft, Kultur, Medien und dem militärischen Bereich »verkoppelt«. Hier wurde auf eine langfristig erfolgversprechende Strategie gesetzt:

»Das Institut versuchte – besonders bei Navy, Air Force, Army und anderen staatlichen Auftraggebern – jeweils die Forschungsverträge so abzuschließen, daß der Gesamtraum der Kommunikationswissenschaft und -technik lückenlos erfaßt war. Während dieser Zeit hat SRI Betrachtungen und Untersuchungen darüber angestellt, welche Kommunikationsmittel die verschiedenen bereits vorhandenen und potentiellen staatlichen und privaten Auftraggeber in der ferneren Zukunft benötigen werden.«[48]

Ganz sicher gäbe es das heutige Silicon Valley als Mekka der Halbleiter- und Mikroprozessorentechnik, der Minicomputer und der computergestützten technischen Informations- und Kommunikationssysteme nicht ohne das Stanford Research Institute.
Auch wenn das Stanford Research Institute ursprünglich auf den amerikanischen Militärsektor orientiert war, vollzogen sich im Laufe der Zeit erhebliche Differenzierungen. So wurde beispielsweise der Zukunftsforscher Willis W. Harman im Jahre 1967 Direktor des Center for Study of Social Policy des SRI, der unter anderem mit seiner Studie ›Changing Images of Man‹ aus dem Jahre 1974 eine bahnbrechende Diskussion über die Negativfolgen von Wissenschaft, Supertechnisierung und Superindustrialisierung sowie über die Notwendigkeit von Wandlungen des Wissenschaftsverständnisses, des technisch-industrialistischen Paradigmas und von Verhaltensänderungen des Menschen in Gang setzte.
Die Studie gehört zu den ersten Arbeiten aus der etablierten Wissenschaftsindustrie, die einen radikalen Wandel der Industriegesellschaft forderte und alternative, ökologisch verträgliche Entwicklungen und menschliche Lebensformen propagierte.
Die folgenden Zitate geben an, welche Wege Harman für »gangbar in die Zukunft der transindustriellen Gesellschaft« hält:[49]

»Denn ich glaube, ... daß wir uns im Frühstadium eines viel weiterreichenden Wandels als der Industriellen Revolution befinden. Es handelt sich um eine Metamorphose, die jede Institution, jeden Beruf, jeden Aspekt der modernen Gesellschaft verändern wird ...«

48 Helmut Krauch, Die organisierte Forschung, a.a.O., S. 115.
49 Willis W. Harman, Gangbare Wege in die Zukunft? Zur transindustriellen Gesellschaft, Darmstadt 1978, S. 14ff. (Original: An Incomplete Guide to the Future, SRI, Palo Alto 1976).

Nach Harman »... hat die Umwandlung der Industriegesellschaft bereits begonnen, wobei die Rolle der ›Imaginal-Zellen‹ von einer Unzahl gesellschaftlicher Bewegungen, Zweckgemeinschaften und freiwilliger Vereinigungen gespielt wird, die sich mit Begriffen wie ›sanfte Technologie‹, ›freiwillige Einfachheit‹, ›Erhaltungsgesellschaft‹, ›Ökologie‹, ›menschliches Potential‹, Dezentralisierung, ›Neuer Transzendentalismus‹, Feminismus, Befreiung der Persönlichkeit usw. erfassen lassen.«

Und zum Modernisierungs- und Wachstumstrend der Industriegesellschaft sieht er eine Reihe von Gegentrends, so u. a.

»... der Gegentrend ist eine ›angemessene Technologie‹ – eine Technik mit dezentralisierten Kleinbetrieben, wobei Rohstoffe erhalten (werden), die natürliche Umwelt geschont, auf den Menschen als Person Rücksicht genommen wird, erneuerbare Rohstoffe verwendet werden und der Verbraucher die Entscheidung behält.«

»... die dagegen gerichtete Kraft tritt ... in der Entwicklung einer ganzheitlichen Gesundheitsvorsorge und den Bewegungen zur Persönlichkeitsbefreiung zutage.«

»... der gegenläufige Trend besteht darin, den Wissenschaftsexperten seines Ansehens zu entkleiden und weitverbreitet zu versuchen, die Grenzen der Erfahrung und der sinnlich erkennbaren Welt zu überschreiten.«

»Deshalb können wir diese modernen Entwicklungen als grundlegende Abkehr vom jahrhundertealten Modernisierungstrend und als eine Wandlung zur transindustriellen Gesellschaft interpretieren.«

Immerhin löste Harman eine grundlegende Debatte in den Vereinigten Staaten über den künftigen Weg der postindustriellen Gesellschaft aus. Als Hauptkontrahent trat der Zukunftsforscher Herman Kahn auf, der insbesondere mit seiner Arbeit »The Next 200 Years – A Scenario for America and the World« die Forcierung des alten Wachstumspfades sowie den beschleunigten Einsatz neuer Technologien und die Umsetzung von wissenschaftlichem Wissen auf allen Ebenen und in allen Ländern forderte. Das Ergebnis ist ein optimistisches Bild von der Zukunft, und es ist kein verlegerischer Gag, daß die deutsche Ausgabe des Buches den Titel »Vor uns die guten Jahre – Ein realistisches Modell unserer Zukunft« trägt.[50]

Durch das Auftreten zweier so konträrer Exponenten aus dem

50 Herman Kahn, The Next 200 Years – A Scenario for America and the World, Hudson Institute 1976; deutsche Ausgabe: Vor uns die

etablierten Wissenschaftsbetrieb, wobei Harman immer mehr spirituell-metaphysische und ganzheitlich-ökologische Positionen als integrative Bestandteile des Wissenschaftsbetriebes anerkannte und vertrat, erhielt diese sogenannte »Herman-Harman-Debatte« in den USA den Charakter eines nationalen Grundsatzdialogs.

6.3.4 Wissenschaftliche Waffenschmieden

Eine aus dem engen Zusammenwirken von Air Force und Wissenschaftlern der amerikanischen Ostküste, vor allem dem M.I.T., entstandene Non-Profit-Gesellschaft zur Durchführung von Forschungsprojekten und Systementwicklungen ist *MITRE (Massachusetts Institute for Technology, Research and Engineering).* Als Hauptaufgabe wurde MITRE von der Air Force die Verbesserung der Luftverteidigung zugedacht. Es entsprach schon immer der tiefen Überzeugung der politischen und militärischen Administration der USA, daß die Weiterentwicklung der Waffentechnik vor allem im Bereich der Luftstreitkräfte die Zukunft der Kriegs- bzw. Verteidigungsstrategie bestimmen würde. So konnte hier nahtlos an die Entwicklungen der Flugabwehrsysteme während des und unmittelbar nach dem Zweiten Weltkrieg angeknüpft werden, und somit ist es nicht verwunderlich, daß die kybernetischen bzw. systemtechnischen Grundlagen von M.I.T., Bell Telephone Laboratories, IBM, Harvard University und anderen in diesem FuE-Industrieunternehmen eine neue und zusätzliche Konzentration erfuhren. Hier sind u. a. die heute nicht mehr wegzudenkenden Berufsbilder des Systemforschers, Systemtechnikers und Systemingenieurs ausgeformt worden. Hier wurden auch die Netzplan- und Managementtechniken, Simulationsverfahren, Optimierungsmethoden, Konfliktanalyse- und -entscheidungsverfahren, stochastische Projektionsmethoden usw. nicht nur mit entwickelt, sondern auch konsequent angewandt.

Hervorstechendes Merkmal von MITRE ist systemisches Den-

guten Jahre – Ein realistisches Modell unserer Zukunft, Wien/München/Zürich/Innsbruck 1977.

ken und Handeln: Der Systemtechniker ist im Gegensatz zum traditionellen Forscher und Entwickler nicht mehr primär fachorientiert ausgerichtet, sondern in erster Linie auf die Problemlösung bzw. das System im ganzen konzentriert. Institutionell gibt es eine enge systemare Kopplung mit der Air Force sowie mit zahlreichen Industrieunternehmen und Universitäten.
MITRE ist ein klassisches Beispiel für den vernetzten wissenschaftlich-militärisch-industriellen Komplex. Die Kopplung von MITRE und Air Force beschreibt Helmut Krauch wie folgt:

»Auf beiden Seiten entwickeln sich Spezialisten für die Gegenseite, bei der Air Force Offiziere mit Systemkenntnissen, häufig auch mit entsprechender wissenschaftlicher oder technischer Ausbildung, bei MITRE Wissenschaftler mit militärischen Kenntnissen. Wichtigste Eigenschaft für beide Teile ist eine hohe Lernfähigkeit und die Fähigkeit zu kommunizieren. Demgegenüber ist es weniger wichtig, ein großes Wissen nach vorgegebenen Mustern zu speichern ...
Der wichtigste Kommunikationsstrang zur Air Force läuft über das Program Office, in dem vorwiegend Leute mit wissenschaftlicher Erfahrung arbeiten. Das Programmbüro, das sich auf die Netzwerkplanung stützt, macht monatlich Berichte für die Air Force. Die Ergebnisse und Gedanken werden etwas umformuliert, damit sie auch für militärische Denker mit geringeren wissenschaftlichen Kenntnissen verständlich werden. Bei diesen Begegnungen erfolgt auch die Aushandlung von Kontraktdetails. Dabei steht dem Projektleiter auf der Seite der Luftwaffe im Projektoffizier ein militärisches Äquivalent gegenüber. Dieser ist meistens auch Techniker oder Wissenschaftler. Er kann bei diesen Verhandlungen direkten Einfluß auf den Ablauf des Projektes nehmen. Ähnliche Formen des Kontaktes und der Kommunikation bestehen auf anderen Ebenen zwischen der Electronics System Division der Air Force und dem Systemplaner. Wenn es vom Auftraggeber gewünscht wird, führt MITRE neben der ökonomischen und militärischen Analyse der Systeme auch eine Analyse der politischen und sozialen Implikationen aus. Darum sind im Stab von MITRE auch Politologen, Sozialwissenschaftler und Historiker vertreten.
Projekte zwischen Air Force und MITRE laufen etwa nach folgendem Schema ab:
Von der Air Force wird in vorläufiger und meist vager Formulierung ein militärisches Bedürfnis zum Ausdruck gebracht. Nun wird bei MITRE geprüft, welche Möglichkeiten es zur Erfüllung dieses Bedürfnisses gibt. Die Ergebnisse der ersten Studie schlagen sich in der Formulierung von ›Specific Operation Requirements‹ nieder, die dann wieder der Air Force

zugeleitet werden, die ihrerseits wieder Korrekturen anbringt. Es kommt zu einem Prozeß fortlaufender Kommunikation. MITRE spielt bei der Entwicklung der technischen Ideen dabei von Anfang an die wesentliche Rolle. Die Schwierigkeit besteht darin, daß militärisches Personal wissenschaftlich nie so hoch qualifiziert sein kann wie das Personal im Forschungs- und Entwicklungsinstitut. Offenbar kommt es dadurch zu Verzögerungen von Projekten, besonders wenn bei sehr umfangreichen und kostspieligen Systemen auch das Pentagon eingeschaltet werden muß.

Die Strategie, die von MITRE langfristig verfolgt wird, richtet sich nach den in der Zukunft zu erwartenden Aufgaben. Da die Air Force fast alle Aufträge erteilt, wird mit ihr abgestimmt, wenn es um langfristige Personalfragen, rechtzeitige Sorge um geeigneten Nachwuchs, Neubauten oder größere apparative Anschaffungen geht. Aber MITRE befindet sich auch im Wettbewerb mit ähnlichen Institutionen und genau wie diese muß es seine eigenen strategischen Konzepte entwickeln, um kontinuierliches Wachstum des Institutes und langfristige Wettbewerbsfähigkeit zu erreichen. Deswegen zielt jede Forschungsstrategie auf Akkumulation und Qualitätsverbesserung des eigenen Personals und der Betriebsmittel. Unter diesen Gesichtspunkten werden neue Aufträge hereingenommen. Unter Umständen wird man sich um einen Kontakt bemühen, der nur geringen oder keinen finanziellen Gewinn bringt, aber die Möglichkeit gibt, eine hochqualifizierte Forschungsgruppe auf einem gerade aktuell werdenden Gebiet zu engagieren. Möglicherweise ergänzt die neue Gruppe die schon vorhandenen Fähigkeiten des Institutes so gut, daß eine starke Wettbewerbsposition gegenüber Konkurrenten oder sogar ein Monopol errungen wird.«[51]

Ein ähnliches Kommunikationssystem besteht zwischen der *Aerospace Corporation* in Los Angeles und der Air Force in Washington zur Entwicklung von Raketen- und Satellitensystemen. Wichtig ist, daß in den genannten Beispielen bereits alle wesentlichen Merkmale eines FuE-Industriebetriebes modernster Prägung ausgeformt sind. Besonders bemerkenswert ist auch die langfristig angelegte Unternehmensstrategie und Zukunftsorientierung dieser Unternehmen.[52]

Die enormen Erfolge der RAND Corporation, SDC, MITRE usw. haben dazu geführt, daß sich innerhalb und außerhalb der Universitäten eine regelrechte Industriestruktur für Forschung

51 H. Krauch, Die organisierte Forschung, a.a.O., S. 112f.

52 Ich gehe hierauf in Kapitel 7 genauer ein.

und Entwicklung *(Research and Development Industry)* etabliert hat. Das wurde besonders vom Pentagon zur Durchführung seiner Forschungs- und Entwicklungsarbeiten forciert, so daß heute mehr als 80 solche *»Federal Research Centers«* an das Pentagon gekoppelt sind.[53] Besonders bekannt sind das *Human Resource Research Center*, die *Lincoln Laboratories*, das *Research Analysis Center* und das *Control Systems Laboratory*. Alle diese Federal Research Centers sind natürlich nach strategischen Gesichtspunkten entwickelt und aufgebaut worden. Maßgebend waren zukunftsträchtige Forschungs- und Entwicklungsfelder, die von den amerikanischen Universitäten nicht ausgefüllt werden konnten bzw. wurden. Zentrale Prinzipien sind System- bzw. Projektorientierung, Interdisziplinarität, leistungsfähige strategische Planung und Organisation der FuE-Arbeit sowie Praxisorientierung und natürlich enge Kooperation mit dem militärischen Bereich, aber auch mit Industrieunternehmen und führenden Universitäten.

Je nach den politischen und regionalen Gegebenheiten werden die wissenschaftlichen Waffenschmieden von der Industrie, den Universitäten oder gemeinnützigen Organisationen verwaltet, wobei praktisch immer die unmittelbare Kopplung von wissenschaftlichem, industriellem und militärischem Sektor bestand.

Immerhin wurden für diese Institute 1963 1,3 Mrd. US-Dollar der zivilen Forschungsmittel aufgewendet. Damit flossen allein in diesen Bereich ca. 10% der gesamten staatlichen FuE-Mittel.

Ebenfalls aus der Zeit des Zweiten Weltkrieges stammen die Gründungen der bis heute zu Mammutunternehmen angewachsenen Forschungs- und Technologiefabriken der Nuklearrüstung, der Raketen- und Weltraumtechnik und der Entwicklung verschiedener konventioneller waffentechnischer Systeme. Diese Institutionen gehören zweifellos zu jenen Einrichtungen, in denen nicht in erster Linie ihrer Größe wegen, sondern wegen ihrer Aufträge und militärisch-industriellen Vernetzungen Innovationen produziert werden, von denen die Entwicklung der gesamten Menschheit entscheidend beeinflußt wird. Daß dies nicht zu

53 Von diesen ging später auch ganz wesentlich der geplante und spezifisch organisierte Technologietransfer aus (vgl. hierzu Kapitel 9.3.2).

hoch gegriffen ist, ergibt sich fast schon aus ihren Namen, die sowohl in der internationalen Rüstungstechnik, vor allem der Nuklearwaffenforschung und -technik, sowie der Raketen- und Weltraumtechnik eine besondere Rolle spielen. Es ist kein Wunder, daß sie auch in der Friedens- und Konfliktforschung und in der Friedensbewegung[54] einen besonderen Klang haben. Es handelt sich um Einrichtungen wie das *Lawrence Livermore National Laboratory (LLNL)* in Livermore, Kalifornien (Livermore Lab), das *Laboratory of Los Alamos* in New Mexico und das ebenfalls der Erforschung und Entwicklung von Kernwaffen dienende *Laboratory of Sandia* in New Mexico.

Im *Lawrence Livermore National Laboratory* sind heute etwa 8000 Menschen beschäftigt. Die Stadt Livermore wuchs um das nukleare Zentrum von 4400 Einwohnern im Jahr 1950 auf 38 000 Einwohner im Jahr 1970 an. Hier wurden auf einem Areal von mehreren Quadratmeilen u. a. all jene verkleinerten und zielsicheren Nuklearsprengköpfe entwickelt, die einen genauen atomaren Erstschlag ermöglichen.

Robert Jungk vertritt die Auffassung, daß die hier erfolgten Entwicklungen sogar das jahrzehntelange »Gleichgewicht des Schreckens außer Kraft gesetzt haben.«[55]

Die Herstellung der ständig verbesserten Waffensysteme findet allerdings nicht in Livermore selbst statt. Dort werden sie »nur« entworfen, berechnet, nach Teilversuchen als Prototypen zusammengebaut und dann unter Aufsicht ihrer wissenschaftlichen Väter auf dem Testgelände von Nevada ausprobiert.

1094 Ingenieure, 794 Physiker, 355 Computerwissenschaftler, 40 Werkstoffspezialisten und 38 Mathematiker sind hier damit beschäftigt, das nukleare Arsenal der Vereinigten Staaten ständig zu perfektionieren. Zu den Anregern und Gründern des LLNL gehören nicht nur Vertreter der politischen und militärischen Administration, sondern auch Wissenschaftler. An vorderster Stelle ist der »Vater der Wasserstoffbombe«, Edward Teller, zu nennen.[56]

54 Vgl. hierzu z. B. Robert Jungk, Menschenbeben – Der Aufstand gegen das Unerträgliche, München 1983, S. 19 ff.

55 Ebenda, S. 22.

56 Edward Teller war ab 1949 maßgeblich an der Entwicklung der Wasserstoffbombe beteiligt, deren Bau er auch nachdrücklich befür-

Daß diese Forschungs- und Entwicklungsfabrik auch äußerlich einer modernen Fabrik gleicht, ergibt sich u.a. aufgrund der riesigen Versuchsanlagen, Montagehallen, Rechenzentren, über- und unterirdisch abhörsicheren und gegen alle nur denkbaren äußeren Gefahren abgesicherten Infrastrukturbereiche sowie der großen Bürokomplexe als Denk- und Verwaltungszentralen.
Es ist nicht unwesentlich, daß das Livermore Lab formell von der University of California verwaltet wird. Dadurch werden zahlreiche Probleme elegant gelöst – so z.B. der Anschluß an das Wissenschaftsnetz der führenden amerikanischen Forschungseinrichtungen, deren wissenschaftliche Infrastruktur (Bibliotheken, Dokumentationen usw.) und deren wissenschaftlichen Nachwuchs. Die direkte Verbindung mit Wissenschaftlern an den Universitäten und die Kopplung mit Forschungsprogrammen der Hochschulen verschafft zudem den Arbeiten am Livermore Lab höhere Anerkennung und allgemein ein höheres gesellschaftliches und wissenschaftliches Prestige.
Auch das *Laboratory of Los Alamos* ist verwaltungsmäßig der University of California unterstellt, wobei zusätzlich eine direkte Kopplung an die US Atomic Energy Commission besteht. Es arbeitet wie das Livermore Lab nach den jeweils neuesten Organisations- und Managementmethoden und unterscheidet sich mit seinen 11 000 Mitarbeitern in keiner Weise von einem modernen Großunternehmen. In dem seit 1943 bestehenden »Laboratorium« wurde das »Manhattan Project« entwickelt und durchgeführt, aus dem die im Juli 1945 in New Mexico gezündete erste Atombombe hervorging.[57]
Wie eng die Verflechtung zwischen Wissenschaft, Politik und militärischem Komplex in den USA bereits vorangeschritten war, läßt sich auch an einer Reihe von Wissenschaftlerkarrieren zeigen. So lehrte der Leiter des Manhattan-Projekts, Robert Oppenheimer, bis 1947 an der University of California in Berkeley und

wortete: The legacy of Hiroshima, New York 1962; zus. mit A. Brown: The reluctant revolutionary, New York 1964 (vgl. hierzu auch Kapitel 9.3).

57 Vgl. hier und zum Folgenden Kapitel 9.3.1; auch: Robert Jungk, Heller als tausend Sonnen – Das Schicksal der Atomforscher, Bern/Stuttgart 1956.

gleichzeitig am California Institute of Technology in Pasadena, also während seiner Arbeiten am Laboratory of Los Alamos. Danach leitete er das Institute for Advanced Study in Princeton. Oppenheimer hatte Ende der vierziger Jahre einen erheblichen Einfluß auf die amerikanische Administration, insbesondere auf die Sicherheits- und Verteidigungspolitik. Er war Vorsitzender des Beratungsausschusses der Atomic Energy Commission und hatte weiterhin fast 50 Beraterposten inne, die sich praktisch ausschließlich auf den vernetzten Komplex von Wissenschaft, Wirtschaft und militärischen Bereich bezogen.[58] Auch Edward Teller arbeitete von 1943 bis 1946 am Laboratory of Los Alamos und war in dieser Zeit ebenfalls an der Entwicklung der Atombombe beteiligt. Auch er nahm im Beratungswesen der politischen und militärischen Administration bedeutende Positionen ein.

6.4 Resümee

Das Entstehen neuer Forschungs- und Entwicklungseinrichtungen für Produktion und vor allem Verwertung von wissenschaftlichem Wissen und technischem Know-how in Form von Wissensfabriken, Denkfabriken und neuen wissenschaftlichen Waffenschmieden in den vierziger Jahren ist das institutionell-organisatorische Pendant zur innerwissenschaftlichen Entwicklung der Produktivkraft ›Wissenschaft und Technologie‹ auf ihrer fünften Stufe der Entfaltung.

Die neuen Grundlagen der wissenschaftlichen Wissensproduktion und Technikentwicklung drängten nicht nur zu strategischer Planung und Organisation der Wissensproduktion, sondern auch der Technikentwicklung und der Wissens- und Technikverwertung. Das war aber in den alten Strukturen der etablierten Forschungs- und Entwicklungseinrichtungen nicht mehr optimal möglich.

Die Verschmelzung von Wissenschaft und Technologie und die

58 Julius Robert Oppenheimer, Atomkraft und menschliche Freiheit, Frankfurt a. M. 1957 (Deutsche Ausgabe); I. I. Rabi u. a., Oppenheimer, New York 1969.

Herausbildung von neuen Produktions- und Verwertungsstrukturen ist somit einerseits eine logische Folge der Entwicklung der methodischen Grundlagen der Wissenschaft selbst, sie ist andererseits auch die Konsequenz aus den erhöhten ökonomischen, politischen und sozialen Anforderungen, die nach der Weltwirtschaftskrise 1929 bis 1932 an die Wissenschaft von außen gestellt wurden. Die großen Erfolge der Wissenschaft in den beiden vorangegangenen Jahrzehnten stärkten und vertieften den ohnehin schon festen Glauben an die ›Allmacht‹ der Wissenschaft gerade auch im Hinblick auf ihre unbegrenzte wirtschaftliche Verwertbarkeit.

Die Möglichkeit, mit Hilfe wissenschaftlich-technologischer Innovationen die wirtschaftliche Leistungskraft der Volkswirtschaften in den Industrieländern, d.h. vor allem Wirtschaftswachstum, Produktivität und Wettbewerb, zu steigern, wurde zumindest in einigen Wirtschaftssektoren erstmals klar erkannt. Insofern kamen schon vor dem Zweiten Weltkrieg erhöhte Verwertungsanforderungen auf den Bereich von Wissenschaft und Technologie zu, und die Herausbildung eines neuen Wirtschaftssektors ›Forschung, Entwicklung und Technologietransfer‹ ist nicht primär eine Konsequenz des Krieges. Die Entwicklung der methodischen Grundlagen der Wissensproduktion und die vor allem ökonomisch-industriellen Anforderungen an die Produktivkraft ›Wissenschaft und Technologie‹ paßten zusammen und verstärkten sich gewissermaßen in einem positiv rückgekoppelten Prozeß.

Trotzdem kann natürlich nicht übersehen werden, daß die politisch-militärischen Anforderungen des Zweiten Weltkrieges diesen Prozeß in einem schwindelerregenden Maße beschleunigt haben, so daß in kürzester Zeit neue technisch-industriell-militärische Superstrukturen entstanden, die zu den bereits geschilderten Ergebnissen etwa der Computertechnik, radargesteuerter Fernlenkwaffen oder der Atombombe führten.

Daß sich die neuen wissenschaftlich-methodischen Grundlagen und die neuen Einrichtungen der Wissenschaftsindustrie vor allem in den USA entwickelten, hat zahlreiche Gründe, die im nächsten Kapitel genauer dargestellt und untersucht werden. Dabei sollen vor allem auch die spezifisch neuen Merkmale herausgearbeitet werden, die die Wissensproduktion und Wissensverwertung auf der fünften Entwicklungsstufe der Produktivkraft ›Wissenschaft und Technologie‹ charakterisieren und für den großen Effizienzsprung im Sinne des WTI-Paradigmas verantwortlich sind.

Als historisches Resümee vertrete ich die These, daß es primär die neuen Produktions- und Verwertungsgrundlagen von Wissenschaft und Technologie sind, die die USA gegen Ende des Zweiten Weltkriegs und in den Jahren danach zur dominierenden Supermacht in der Welt gemacht haben. Die häufig vertretene These, daß die Sowjetunion aufgrund der enormen personellen und materiellen Auszehrung durch den Krieg im Jahre 1945 und unmittelbar danach den Vereinigten Staaten unterlegen war, kann ich nur bedingt akzeptieren, weil ihr personelle und materielle Kapazitäten zur Entwicklung eines entsprechend effizient funktionierenden wissenschaftlich-technisch-industriell-militärischen Komplexes fehlten. Gleichwohl wäre höchstwahrscheinlich, trotz allgemeiner Gültigkeit des WTI-Paradigmas, eine so effiziente Wissensproduktion und Wissensverwertung in der Sowjetunion kaum entstanden, da eine Reihe weiterer Voraussetzungen fehlten, die nur oder am besten in den USA vorhanden waren.

Das soll nun im nächsten Kapitel eingehend dargestellt werden.

7 Determinanten der Wissenschaftsindustrie

Im folgenden werden die wesentlichen Determinanten der neuen Produktionsstätten von Wissenschaft und Technologie dargestellt. Es handelt sich um jene neuen institutionell-organisatorischen Voraussetzungen für die Wissensproduktion und für die Wissens- und Technologieverwertung, die besonders geeignet sind, das WTI-Paradigma zu erfüllen. Neben der inhaltlichen Orientierung über Durchdringung und Beherrschung natürlicher, sozialer und technischer Systeme geht es vor allem um die Ausrichtung auf größere Effizienz, d. h. um mehr Output bei gleichem oder geringerem Input.
Bei der Analyse der Determinanten drängt sich nun der Vergleich mit den Produktionsstätten der Industrie und des Dienstleistungssektors auf. Das ist der Grund, weshalb ich von der neuen Wissenschaftsindustrie spreche.

7.1 Integration von Forschung, Entwicklung und Verwertung

In den neuen Wissens- und Technologiefabriken gab es von Anfang an keine scharfen Trennungslinien zwischen »Grundlagenforschung«, »anwendungsorientierter Forschung«, »angewandter Forschung« sowie »Entwicklung und Realisierung technischer Neuerungen«.
Auch wenn einzelne Mitarbeiter stärker grundlagen- oder entwicklungsorientiert arbeiten, sind diese verschiedenen Arbeitsbereiche im Rahmen des Gesamtunternehmens fast vollständig verschmolzen. Im Vordergrund steht die Erreichung des Projektziels, das entweder durch den externen Projektauftrag oder die Programmplanung definiert ist. Das Gesamtziel schließt meistens gleichzeitig Grundlagenforschung sowie Entwicklungs- und Anwendungsaufgaben ein. Im allgemeinen werden wissenschaftliche und technische Innovationen und gleichzeitig ihre unmittelbare

praktische Anwendung und Verwertung angestrebt. Da die verschiedenen Forschungs- und Entwicklungstätigkeiten ohnehin nur schwer voneinander abzugrenzen und die praktische Relevanz von Innovationen und technischen Lösungen die entscheidenden Meßlatten der neuen Unternehmen sind, hat eine institutionalisierte Differenzierung der Forschungstätigkeiten – etwa in Grundlagenforschung, anwendungsorientierte Forschung und Entwicklung – keine Bedeutung mehr. Auch andere Klassifizierungen der Forschungs- und Entwicklungstätigkeiten[1], wie sie immer wieder vorgenommen wurden, verlieren hier ihre praktische Bedeutung. Anders ausgedrückt: Gerade die Verschmelzung von Forschungs- und Entwicklungstätigkeiten und die Aufhebung der trennenden Barrieren zwischen Grundlagenforschung und technischer Anwendung sind ein wesentlicher Innovationsaspekt dieser neuen institutionellen Form der Wissensproduktion und Technologieentwicklung.

7.2 Interdisziplinarität und Ganzheitshandeln

Die Idee, daß sich durch die institutionalisierte Zusammenarbeit von Fachleuten unterschiedlicher Disziplinen neue Erkenntnisse und Lösungsansätze auf neuen Forschungsfeldern ergeben, erwies sich als außerordentlich fruchtbar. Trotz der Schwierigkeiten beim Verständnis über Fachdisziplinen hinweg stand schon bald außer Zweifel, daß der Nutzen die Kosten überwog. Zur Vermittlung bot sich besonders das Instrumentarium der Kybernetik an: Mit den Grundlagen der Informationstheorie, der Regelungstechnik und der Systemtheorie waren leistungsfähige Neuansätze entstanden, deren hervorstechendes Merkmal gerade die interdisziplinäre Anwendung war. Mit Hilfe dieser Methoden

1 Eine neuere Einteilung geht z. B. von einer Gliederung in vier Kategorien aus: 1. Allgemeine Grundlagenforschung, 2. Wissenschaftliche Schwerpunktprogramme, 3. Großforschung und langfristige Projektforschung, 4. Technologische Großprojekte. (Vgl. Hans Sauer, Die Prognose – Hilfsmittel und kalkuliertes Risiko der Forschungs- und Technologiepolitik, in: Hans Matthöfer und Volker Hauff [Hg.], Forschungspolitik für eine lebenswerte Zukunft, Grafenau-Döffingen 1974, S. 39 ff).

konnte die Wissenschaft schon bald auf neue Erfolge in den verschiedenen Bereichen der belebten und unbelebten Natur verweisen.[2] Die Anwendung kybernetischer Grundlagen führte aber vor allem schrittweise zur Überwindung des reinen Spezialistentums: Einige der Experten entwickelten sich zu Systemingenieuren, -technikern oder Projektplanern für Forschung und Entwicklung, andere führten neue Formen des interdisziplinären Managements ein. Zahlreiche Wissenschaftler erwarben zusätzliche Qualifikationen in anderen Disziplinen, eigneten sich die Grundlagen der Informationstheorie, der System-, Rechner- und Programmiertechnik an oder qualifizierten sich in Unternehmens- und Personalführung, Betriebswirtschaft, Planungstheorie und -praxis, in Organisations- und Managementtechniken usw. Immer stärker sind Doppel- und Mehrfachqualifikationen gefragt, beispielsweise in Chemie und Biologie oder auf den Gebieten der Natur- und Sozialwissenschaften oder in Mathematik und Wirtschaftswissenschaften. Personen mit Mehrfachqualifikationen sind besonders prädestiniert, Funktionen der Planung, Organisation und Koordination in den neuen Wissenschaftsfabriken zu übernehmen. Wissenschaftler und Techniker, die sich auf mehreren Fachgebieten auskennen, sind auch für die Kommunikation mit externen Institutionen von Bedeutung. Immer wieder wird von der wichtigen »Dolmetscherfunktion« gesprochen. Denn allein in der Terminologie und im Grundverständnis über wissenschaftliche Methodik liegen zwischen einzelnen Fachwissenschaftlern häufig Welten.

Entscheidend ist aber, daß durch die neue Form der Zusammenarbeit immer neue Gegenstandsbereiche und Forschungsfelder mit neuen methodischen und theoretischen Ansätzen erschlossen werden. Die in Kapitel 5.3 enthaltenen Listen der neuen Fachgebiete in traditionellen Wissenschaften (Tabelle 5.3 – 1), der neuen wissenschaftlichen Arbeitsgebiete in allen Wissenschaftsbereichen (Tabelle 5.3 – 2) und der neuen wissenschaftlichen Methoden, Prinzipien und Techniken (Tabelle 7.10 – 1) sind ganz wesentlich das Ergebnis der interdisziplinären Zusammenarbeit und der dadurch wirksam werdenden multidisziplinären Vernetzung von Fachwissen.

2 Vgl. hier Kapitel 5.4.

Hier kommt eine weitere grundlegende Erkenntnis der Systemtheorie zum Tragen: das Ganzheitshandeln bzw. die Gesamtsystembetrachtung. Danach sind vor allem offene, komplexe dynamische Systeme weniger durch eine immer verfeinerte Detailanalyse, sondern besser durch das Erfassen ihrer relativ wenigen, aber möglicherweise »fachlich« weit auseinanderliegenden Strukturmerkmale und Funktionsbeziehungen zu erfassen. Anders ausgedrückt, selbst eine Vervielfachung der Datenbasis bringt die Analyse eines Wirkungsmechanismus offener, komplexer, dynamischer Systeme unter Umständen keinen Schritt weiter, wenn die Daten einseitig ausgewählt sind und die Systemstruktur und Funktionszusammenhänge nicht einer ganzheitlichen (interdisziplinären) Betrachtung unterzogen werden.
Im Kern geht es um ein wissenschaftsmethodisches Grundprinzip, das mit Gesamtsystemerkennung bezeichnet werden kann. Ohne auf Einzelheiten der zugrundeliegenden Theorie eingehen zu können, geht es vor allem darum, Systeme in ihren wesentlichen Grundmustern trotz mangelhafter Detailkenntnisse und Schärfe zu erkennen. Es ist sogar umgekehrt so, daß geringere Detailanalyse und höhere Unschärfe bis zu einer gewissen Grenze die Konturen der Grundmuster des Systems klarer hervortreten bzw. überhaupt erst erkennen lassen. Erst dann treten die wesentlichen Beziehungen zwischen den Elementen des Systems und seinen Funktionsweisen hervor.
Das nachfolgende Computer-Bild zeigt das Prinzip. Nicht eine genaue Betrachtung einzelner Teile führt zu einem Systemzusammenhang, sondern nur die Gesamtbetrachtung.
Es gibt keinen Zweifel, daß die Nichtbeachtung dieses systemaren Analyse- und Prognoseansatzes zu den vielen miserablen Ergebnissen beispielsweise in den Wirtschaftswissenschaften, der Soziologie und der Medizin geführt hat; ebenso bei der Behandlung der Natur, die weder als ganzheitliche Biosphäre noch bestehend aus einer Reihe vernetzter Ökosysteme begriffen, analysiert und behandelt wurde. Neuere Erkenntnisse beweisen oft in verblüffender Deutlichkeit, daß manchmal nur wenige Daten über ein System (Elemente, Eigenschaften und Funktionsbeziehungen) erforderlich sind, um grundlegende Systemverhaltensweisen »richtig« zu erkennen und ein komplexes Wirkungsgefüge auf ein relativ einfaches vernetztes Funktionsmodell zu-

Abbildung 7.2 – I
Gesamtsystemerkennung

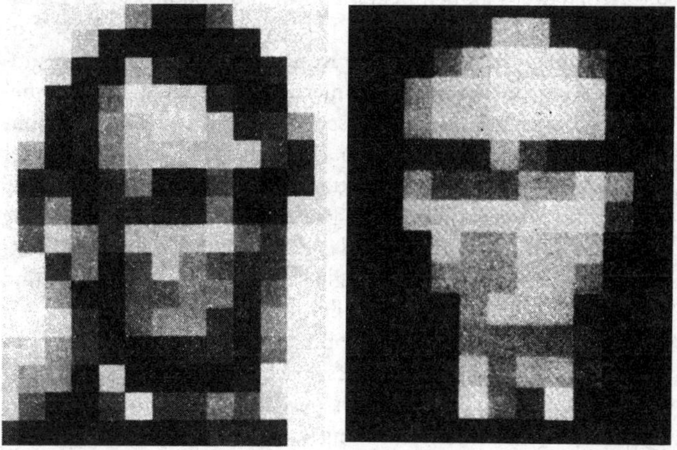

Das Ganze und die Details. Um zu erfahren, was diese Quadrate in ihrer Gesamtheit darstellen, müssen sie selbst zurücktreten, indem man sie aus größerer Entfernung oder unscharf betrachtet (blinzeln, Brille abnehmen). Nun erst erkennt man die beiden Herren und wer von ihnen Abraham Lincoln ist.

Quelle:
F. Vester, Neuland des Denkens – Vom technokratischen zum kybernetischen Zeitalter, Stuttgart 1980, S. 36.

rückzuführen. Selbst bei fehlenden Daten, ungenauen Angaben und Schätzfehlern kann noch ein insgesamt »gutes« Modell entstehen, wenn einige für das Systemverhalten (Grundstruktur, Vernetzungsbeziehungen, Anpassungsverhalten, Stabilisierungstendenzen, Gleichgewichtszustände, Schwachstellen, Wachstumsverhalten, Rückkopplungen, Schwellenwerte usw.) wesentliche Modellbausteine gefunden werden. Daß das häufig nur durch eine multidisziplinäre Analyse auf der Grundlage einer interdisziplinären Zusammenarbeit erreichbar ist, macht einen Teil der neuen Qualität der neuen Wissenschaftsindustrie aus.[3]

3 Vgl. hierzu u. a. Frederic Vester, Neuland des Denkens – Vom technokratischen zum kybernetischen Zeitalter, Stuttgart 1980, insbesondere S. 35 ff.

7.3 Projektorientierung

Die Arbeitsweise in den neuen Fabriken der »knowledge industry« wird häufig direkt als »Projektwissenschaft« oder »Projektforschung« bezeichnet. Die Konzentration auf eine fest umrissene Aufgabe mit einer definierten Zielsetzung, bei der bestimmte Forschungslücken zu schließen und technische Lösungen zu finden sind, gehört zu den typischen Merkmalen der neuen FuE-Betriebe. Die Projektarbeit hat bei der Durchführung komplexer wissenschaftlicher Projekte und der Realisierung technischer Systeme im Laufe der Zeit eine methodische Perfektionierung erfahren, die nur vergleichbar ist mit der Arbeits- und Produktionsorganisation in großen Industrieunternehmen.
Kennzeichnend ist vor allem die Bindung an eine präzise zeitliche Ablaufplanung, in der genau beschriebene Arbeitspakete in fest kalkulierten Zeiten durchgeführt werden. Hierfür werden genaue Personal- und Sachmittelplanungen vorgenommen, so daß das Gesamtziel und die Zwischenziele unter fest kalkulierten wirtschaftlichen Bedingungen angesteuert werden.
Das klassische Beispiel für Projektarbeit, das in seinen Dimensionen Maßstäbe gesetzt hat, ist das bereits erwähnte Manhattan-Projekt.
Armin Hermann berichtet, daß J. Robert Oppenheimer selbst das Organisationsprinzip und die Organisation zur Entwicklung der Atombombe höher eingeschätzt hat als das Produkt, die Atombombe:

»›The atomic bomb is just a gadget‹, die Atombombe ist nur ein Spielzeug, sagte Oppenheimer. Was aber zähle und was sich bewährt habe, sei die Zusammenarbeit der Physiker in großen Forschungsanlagen.«[4]

Damit war in erster Linie die Projektorganisation gemeint.
Heute werden die meisten FuE-Aufträge in Form der Projektarbeit konzipiert und durchgeführt. Dies gilt nicht nur für FuE-Projekte mit naturwissenschaftlich-technischen Inhalten, sondern auch für sozialwissenschaftliche Forschungs- und Entwicklungsarbeiten. Es gilt gleichermaßen für Projekte mit extern

4 A. Hermann, Wie die Wissenschaft ihre Unschuld verlor, Frankfurt/Berlin/Wien 1984, S. 207.

wie intern gesetzten Zielen. Die Projektarbeit ist somit zu einem zentralen Charakteristikum der modernen industriell betriebenen Wissensproduktion und Wissensverwertung geworden.

7.4 Teamarbeit

Die Ablösung des wissenschaftlichen Einzelforschers durch die Gruppe ist durchgängiges Prinzip der neuen Wissensproduktion. Sowohl die Aufgabenstellung als auch der Umfang der Aufgabe, die notwendige interdisziplinäre Zusammenarbeit und die relativ rigide Ablaufplanung verlangten eine enge Kooperation im Teamwork. Die Orientierung des Teams auf ein Projekt, das Know-how mehrerer unterschiedlicher Fachvertreter benötigt und in einem vorgegebenen Zeitrahmen mit einem fest umrissenen erwarteten Output durchgeführt werden sollte, war nur im Teamwork zu bewältigen. Große Anforderungen stellte dabei, wie bereits erwähnt, der Informationsaustausch. Es ist deshalb kein Zufall, daß zur Bewältigung dieser Probleme ganz neue wissenschaftliche Theorien, Methoden und Techniken entwickelt werden mußten. Vor diesem Hintergrund sind nicht zuletzt die Entstehung der Spieltheorie, der Entscheidungstheorie und der Teamtheorie sowie einer Reihe von Organisations- und Managementtechniken zu verstehen.[5]

Während die Entscheidungstheorie den Versuch unternimmt, eine logische und zum Teil empirische Analyse des rationalen Verhaltens einer Person oder homogenen Institution in Entscheidungssituationen vorzunehmen, versucht die Teamtheorie von mehreren Personen auszugehen, die zwar gemeinsame Interessen und ein gemeinsames Ziel (Projektziel) haben, aber über unterschiedliche Informationen verfügen. Mit dem Entscheidungsmodell versucht die Entscheidungstheorie die Entscheidung auf eine oder mehrere Variablen und eine Extremierungs- oder Optimierungsvorschrift festzulegen, woraus sich dann die »beste« oder »optimale« Lösung ergibt. Die Teamtheorie erweitert diesen Ansatz dadurch, daß die Teammitglieder nicht nur verschiedene Aufgaben im Team auszuführen haben, sondern über verschie-

5 Vgl. hierzu Kapitel 7.8.2.1 bis 7.8.2.6.

dene Informationen verfügen und miteinander kommunizieren. Jedes Teammitglied trifft im allgemeinen Entscheidungen aufgrund seiner Tätigkeit und seiner Information entsprechend seiner Entscheidungsfunktion. Die Optimierungsaufgabe der Teamtheorie besteht nun darin, die Informationsstruktur und die einzelnen Entscheidungsfunktionen im Hinblick auf das Projektziel (Gesamtteampräferenz) optimal zu bestimmen.
Die Bemühungen, Entscheidungshandeln und Teamarbeit durch einen Algorithmus zu erfassen und »beste« Lösungen zu finden, kennzeichnen besonders deutlich, wie stark der Prozeß der Wissensproduktion selbst den neuen Organisationsformen der entwickelten Produktivkraft ›Wissenschaft und Technologie‹ unterworfen wurde.

7.5 Betriebswirtschaftliche Unternehmensführung

Die Ausrichtung der neuen Produktionsstätten von Wissenschaft und Technologie auf betriebswirtschaftliche Unternehmensführung ist eng gekoppelt mit der Einbeziehung dieser Unternehmen in Marktabläufe und politisch-administrative Verwertungszusammenhänge. Externer Konkurrenzdruck und Wettbewerb schlagen unmittelbar auf die innerbetriebliche Organisation durch. Höchstmögliche Effizienz im Sinne der Maximierung von wissenschaftlich-technischem Output zu Mittelaufwand wird zu einer zentralen Orientierungsgröße in den neuen Unternehmen der FuE-Industrie.
Auch wenn in den traditionellen Wissenschaftseinrichtungen nicht nur nach Lust und Laune gewirtschaftet wurde, so spielten doch betriebswirtschaftliche Kriterien als zentrale Planungs- und Organisationsgrößen kaum eine Rolle. Obwohl die Diskussion um mehr betriebswirtschaftliche Effizienz nicht ganz neu ist, kann erst seit Anfang der vierziger Jahre im Zusammenhang mit der Projektforschung sowie formalisierten Planungsverfahren und Organisationsabläufen davon gesprochen werden, daß eine Ausrichtung auf betriebswirtschaftliche Unternehmensführung erfolgte.[6] Im Kern widersprach eine solche Organisation dem

6 Ansätze zu betriebswirtschaftlicher Unternehmensführung hat es in den Forschungseinrichtungen natürlich schon gegeben. Selbst in

traditionellen Wissenschaftsverständnis, das für den einzelnen Forscher oder die Forschungsgruppe größtmögliche individuelle Freiheits- und autonome Gestaltungsspielräume frei von ökonomischen Zwängen forderte. Es ist deshalb nur natürlich, daß die Diskussion um die betriebswirtschaftliche Unternehmensführung in den Wissenschaftseinrichtungen zu den heftigsten Auseinandersetzungen in der Wissenschafts- und Technikgeschichte gehören, die hinsichtlich Form und Grenzen bis heute anhalten. Auch wenn mittlerweile die Notwendigkeit einer betriebswirtschaftlichen Ausrichtung wissenschaftlicher Einrichtungen nicht mehr prinzipiell in Frage gestellt wird[7], so gibt es doch über die Formen nach wie vor sehr unterschiedliche Vorstellungen.
Sicher spielte beim Einzug betriebswirtschaftlicher Strategien in die FuE-Unternehmen amerikanisches Effizienzdenken eine besondere Rolle, das vor dem Hintergrund der kapitalistischen Wirtschaft in alle gesellschaftlichen Lebensbereiche eindrang. Warum sollte das Prinzip, komplexe Projekte mit begrenzten Mitteln in begrenzten Zeiträumen durchzuführen und dafür betriebswirtschaftliche Strategien und Managementmethoden in Anspruch zu nehmen, nur in den traditionellen Bereichen der Industrie anwendbar sein. Ein am Output gesteuerter Mitteleinsatz, personalwirtschaftliche Planung, materielle Anreize im Rahmen der Vertragsgestaltung für Mitarbeiter (Zeit-, Honorar-, Werkverträge, Prämien- und Beteiligungsmodelle) sowie eine an der Kostenminimierung ausgerichtete Anschaffungs-, Verwendungs-, Nutzungs- und Wartungspolitik wurden unter dem Damoklesschwert des Erfolgszwangs gewissermaßen überlebensnotwendig. Diese Maßnahmen bewährten sich zumindest im Sinne ökonomischer Wettbewerbskriterien.
Zu konstatieren ist, daß sich die Ablaufplanungen und -kontrollen, zumindest im Rahmen der Projektarbeit, in den FuE-Be-

Deutschland setzte die Diskussion um größere Effizienz im Bereich von Wissenschaft und Forschung schon früh ein; hierzu u. a. Adolph Eucken, Gedanken über die Möglichkeit einer Steuerung der wissenschaftlich-technischen Forschungstätigkeit, VDI-Zeitschrift 82, Nr. 31, 1938.

7 Hierzu u. a. Wissenschaftsrat, Empfehlungen zu Organisation, Planung und Förderung der Forschung, Bonn 1975; vgl. auch Kapitel 9.5.2.

trieben relativ schnell durchsetzten, ebenso die verschiedensten Systeme einer differenzierten Vertragsgestaltung für die Mitarbeiter. In den USA war im Gegensatz zu Deutschland von Anfang an der Anteil zeitlich begrenzter, auf einzelne Projekte und Leistungen ausgerichteter Arbeitsverträge relativ hoch. Einzelne Unternehmen arbeiten bald zu 100% mit solchen Anstellungs- und Leistungsverträgen.[8]

Zunehmende Bedeutung erhielten weiterhin formelle Verfahren der Leistungs- und Effizienzkontrolle. Vor allem Standardisierungsversuche zur Leistungsbewertung liefen dem traditionellen Wissenschaftsverständnis entgegen. Während die regelmäßige, ebenfalls standardisierte Berichterstattung prinzipiell noch akzeptiert wurde, stießen standardisierte Kontrollen der Terminüberwachung und der FuE-Ergebnisbewertung mittels Netzplänen und Computerprogrammen auf erhebliche Widerstände. Viel wurde darüber gestritten, ob Forschung überhaupt solchen standardisierten Kontrollverfahren unterworfen werden könne, ob dies insbesondere im Sinne von Spontaneität, Kreativität und somit qualitativ hochwertiger FuE-Leistungen sinnvoll sei. Die Diskussion ist bis heute keinesfalls beendet. Nichtsdestoweniger hat das Management in den neuen Wissenschaftsfabriken solche Verfahren eingeführt.

Allen Leistungsbewertungen liegt die Vorstellung zugrunde, daß dadurch die Konkurrenz- und Wettbewerbsfähigkeit sowohl innerhalb des Unternehmens als auch nach außen gesteigert werden kann, wie das in Wirtschaftsunternehmen anderer Branchen üblich ist. Als Maßstäbe wurden teilweise komplizierte Bewertungsverfahren oder Kosten-Nutzen-Analysen verwendet. Darüber hinaus spielen vor allem Anerkennungsmaßstäbe eine Rolle, wie sie im Rahmen der nationalen und internationalen Wissenschaft bzw. der »scientific communities« gelten. Danach werden Zitationsstatistiken erstellt, regionale und überregionale Berufungen in Institutionen oder Gremien registriert, die Mitwirkung und besonderen Erfolge im Rahmen von Tagungen, Kongressen

8 Hierzu gehört u. a. das bereits 1929 gegründete Battelle Memorial Institute, dessen Hauptsitz in Columbus (Ohio) liegt, und das schon Ende der vierziger Jahre ca. 3000 Mitarbeiter nur auf der Grundlage von Auftragsforschung beschäftigte.

und sonstigen Veranstaltungen ermittelt, Verleihungen von Auszeichnungen bewertet und anderes mehr.
Es gehört zu meinen Schlüsselerfahrungen in der deutschen Hochschulpolitik, daß bis zu Beginn der Hochschulreform 1968/69 von einem großen Teil der Professoren jede Form von Leistungsbewertung von Lehre und Forschung strikt abgelehnt wurde. Es nutzten auch die Hinweise auf bewährte Verfahren an den Universitäten der Vereinigten Staaten nichts. Das änderte sich jedoch schlagartig mit der Einleitung der ersten Reformmaßnahmen. Jetzt wurde der Staat sogar massiv bedrängt, Leistungsbewertungen unverzüglich durchzuführen, da die Qualität und Effizienz von Lehre und Forschung in höchstem Maße gefährdet seien.
Es dauerte nicht lange, daß sowohl der Wissenschaftsrat als auch der Bundesminister für Bildung und Wissenschaft reagierten: Bereits 1974 erschien die vom Bundesminister für Bildung und Wissenschaft in Auftrag gegebene Studie »Beiträge zur Messung von Forschungsleistung«[9], der sich eine Reihe weiterer Untersuchungen auf Bundes- und Länderebene anschlossen.
Immerhin wurde nunmehr erstmals offiziell die Notwendigkeit der Bewertung wissenschaftlicher Leistungen festgestellt:

»Die Frage nach der Messung und Bewertung wissenschaftlicher Leistung erhält ihre Bedeutung von zwei Seiten; einmal von der Praxis der Forschungsverwaltung und Wissenschaftspolitik, zum anderen von dem ›Erkenntnisinteresse‹ der Wissenschaftsforschung, insbesondere im Bereich der empirischen Untersuchung von Wissenschaft als ›soziales System‹.
Von der Praxis her interessieren die Messung und Bewertung wissenschaftlicher Leistung auf verschiedenen Ebenen. Auf der Ebene des gouvernementalen, industriellen oder akademischen Forschungslabors stellen sich Fragen wie die nach dem Wirkungsgrad der in die Forschung investierten Mittel, der Rekrutierung und des Einsatzes von Wissenschaftlern, der Ressourcenverteilung und Projektauswahl etc.; *alle diese Fragen erfordern die Messung und Bewertung erbrachter wissenschaftlicher Leistung* (Hervorhebung: R. K.).

9 Der Bundesminister für Bildung und Wissenschaft (Hrsg.), Beiträge zur Messung von Forschungsleistung – Institutionen, Gruppen und Einzelpersonen, Schriftenreihe Hochschule Nr. 16, Autoren: Ina S. Spiegel-Rösing, Peter M. Fauser, Helmut Baitsch, Bonn 1975.

Analoge Fragen stellen sich auf der Ebene der nationalen und internationalen Wissenschaftspolitik. Wissenschaftliche Leistung muß gemessen und bewertet werden, wenn zu beantworten ist, ob die gesetzten Prioritäten, die Maßnahmen und Instrumente zur Förderung wissenschaftlicher Entwicklung den gewünschten bzw. den investierten Mitteln ›entsprechenden‹ Ertrag erbringen, in welchem Bereich Zusatzinvestitionen sich lohnen, unter welchen Bedingungen optimale wissenschaftliche Leistung erzielt wird, wie der eigene wissenschaftliche Ertrag sich an dem anderer Länder bemißt, welche Chancen und Probleme die Kooperation in verschiedenen Bereichen der Forschung enthält etc.«[10]

Die Studie des Bundesministers für Bildung und Wissenschaft hat nun nach eigenen Angaben versucht,

»...die beiden Indikatoren wissenschaftlicher Leistung, die bei dem derzeitigen Stand der Forschung im Bereich der Effizienzmessung von Wissenschaft am vielversprechendsten erschienen, nämlich die Quantität der wissenschaftlichen Produktion (Anzahl von Veröffentlichungen) und die ›Wirkung‹ der wissenschaftlichen Produktion (Zitatenindex), ...zu erproben.«[11]

Es ist kaum zu glauben, daß diese fast selbstverständlichen Feststellungen vor zehn Jahren noch fast revolutionären Charakter hatten. Da das Instrument der Leistungsmessung jetzt aber gegen die Reform an den Universitäten eingesetzt werden sollte, wurden sogar zwei zuvor undenkbare Meßlatten akzeptiert, die quantitative und die von Robert K. Merton in die Wissenschaftsforschung eingeführte Problematisierung der Wissenschaft als »soziales System«, in dem unter bestimmten sozialen Normen, vor allem spezifischen Interaktions- und Kommunikationsmustern sowie Belohnungs- und Sanktionsmechanismen wissenschaftliche Ergebnisse produziert werden: Die Fragen nach Prestige, Anerkennung, Belohnung, gesellschaftlichem Einfluß usw. sollten nicht mehr hinter vorgehaltener Hand und geschlossenen Fakultätstüren im Zusammenhang mit wissenschaftlichen Leistungen gestellt, sondern öffentlich behandelt werden.
Besondere Berücksichtigung finden in den amerikanischen Forschungsunternehmen auch Akquisitionserfolge, die sich an der Einwerbung von FuE-Aufträgen und entsprechenden Projekt-

10 Ebenda, S. 3.
11 Ebenda, S. III.

bzw. Haushaltsmitteln ablesen lassen. Die politisch-militärische Administration in den USA hat solche Ansätze der Leistungsbewertung schon frühzeitig gefördert. Besonders bei der Mittelvergabe von öffentlichen Aufträgen werden nunmehr Leistungsmaßstäbe angelegt.

Ein vieldiskutiertes Modell des institutionalisierten Leistungsanreizes wurde Ende der vierziger Jahre in den USA stark forciert: die leistungsabhängige Sockelfinanzierung von FuE-Einrichtungen. Abhängig von der Höhe eingeworbener Finanzmittel und der qualitativen Akquisitionsleistungen (Art der Projekte und Reputation) wird eine bestimmte Sockelfinanzierung als institutionelle Zuwendung dem FuE-Unternehmen gewährt. Diese Grundfinanzierung schwankt zwischen 20 und 80% des Gesamtumsatzes des Unternehmens. Akquisitionserfolge führen nun zu höheren Sockelfinanzierungen und damit zu einer besser abgesicherten Kernmannschaft des wissenschaftlichen und sonstigen Personals. Dies führt zu erhöhter Flexibilität und im allgemeinen auch höherer Qualität der Arbeitsergebnisse. Rückgänge in der Akquisition schlagen andererseits entsprechend negativ zu Buche. Dieses Rückkopplungsprinzip verstärkt also den Anreiz zu besseren Akquisitionsleistungen. Dabei wird unterstellt, daß höherer Akquisitionserfolg ein verläßlicher Maßstab für die Leistungsfähigkeit des Unternehmens ist.

Diese in Grenzen richtige Prämisse wird jedoch um so fragwürdiger, je weniger transparent und offen die Märkte sind und je weniger der Auftraggeber an einem einseitigen Ergebnis oder einer einseitigen Lösung eines Projekts interessiert ist. Das heißt andererseits auch, daß durch dieses System informelle Beziehungen, Absprachen, unlautere Wettbewerbspraktiken, Gefälligkeitsergebnisse usw. gefördert werden. Das kann im Prinzip nur durch eine transparente Auftragsvergabe und bessere öffentliche Kontrolle der Projektergebnisse verhindert bzw. eingedämmt werden. Die große Zahl bekanntgewordener Beispiele manipulativer Projektvergabe bis hin zu kriminellen Praktiken im industriellen FuE-Bereich müssen nicht zuletzt auch auf die betriebswirtschaftliche Ausrichtung der FuE-Unternehmen zurückgeführt werden. Ich komme an anderer Stelle auf dieses Problem zurück.

Heute gibt es eine umfangreiche Literatur über betriebswirt-

schaftliche Probleme im Bereich von FuE vor dem Hintergrund einer mindestens ebenso umfangreichen Diskussion.[12]
Immer wieder wurde auch die Grundsatzfrage aufgeworfen, inwieweit die Produktion von Wissen und technischen Innovationen überhaupt sinnvoll mit betriebswirtschaftlichen Maßnahmen steuerbar ist. Die Kontroversen über die Notwendigkeit effizienter betriebswirtschaftlicher Organisationsmuster in FuE-Unternehmen versus Autonomie der Forscher und freier spontaner Wissenschaftsentfaltung sind insbesondere im Hinblick auf den optimalen Produktionspfad in der Grundlagenforschung nie abgerissen.
Vor diesem Hintergrund ist eine seit Jahren im größten sozialwissenschaftlichen Forschungszentrum der Bundesrepublik, dem Wissenschaftszentrum Berlin (WZB), geführte Diskussion um Strukturreform und mehr Autonomie und Selbstbestimmung höchst aufschlußreich.[13]

7.6 Marktausrichtung

Der für den konventionellen Wissenschaftsbetrieb und das traditionelle Wissenschaftsverständnis revolutionärste Wandel vollzog sich mit der Einbeziehung der Produktionsstätten von Wissenschaft und Technologie in kapitalistische Marktstrategien. Die Einbettung der Wissensproduktion in Angebots- und Nachfragemechanismen, die Konfrontation mit institutionellen Konkurrenten und marktwirtschaftlichen Wettbewerbselementen sind die entscheidenden Momente, die zur Übernahme der in der übrigen Industrie herrschenden kapitalistischen Handlungsmaximen führten.

12 Vgl. hierzu z. B. – K. Mellerowicz, Forschungs- und Entwicklungstätigkeit als betriebswirtschaftliches Problem, Freiburg i. Br. 1958;
– G. Schätzle, Forschung und Entwicklung als unternehmerische Aufgabe, Köln und Opladen 1965;
– Wissenschaftsrat, Empfehlungen zu Organisation, Planung und Förderung der Forschung, Bonn 1975;
– W. Kern und H. H. Schröder, Forschung und Entwicklung in der Unternehmung, Reinbek bei Hamburg 1977.

13 Vgl. hierzu Kapitel 8.5.3.2.

Es ist kein Zufall, daß sich mit diesem Vorgang auch eine auf die Industrialisierung der Wissensproduktion abhebende Terminologie entwickelte: Wurden Begriffe wie »knowledge industry«, »think factories«, »research industry«, »research factories« oder »RaD industry« (FuE-Industrie) anfangs noch mit Anführungszeichen geschrieben und gesprochen, so gingen sie bald in den normalen Sprachgebrauch über. Was sollte auch – außer eines verbal verteidigten Zweckfreiheitspostulats der Wissenschaft – eine solche Terminologie hemmen, nachdem die neuen Produktionsstätten der Forschung und Entwicklung alle wesentlichen Merkmale moderner Industriebetriebe aufwiesen. Mit anderen Worten: die Exterritorialität der Wissenschaftseinrichtungen als autonomer Gebiete der Freiheit von Forschung und Lehre außerhalb des kapitalistischen Verwertungsprozesses und gesellschaftlicher Zwecksetzungen war mit der Ausrichtung des politisch und ökonomisch relevanten Teils der FuE-Produktion auf Marktmechanismen endgültig passé. Die am Markt ausgerichteten Unternehmen der Wissenschaftsindustrie müssen sich ja logischerweise an externen wirtschaftlichen, politischen und militärischen Zielen orientieren.

Die unmittelbaren Folgen sind allerdings gravierend: Das Forschungsmanagement verschmilzt immer mehr mit dem Unternehmensmanagement.

Die Forschungsstrategien bzw. FuE-Programme werden selbst direkte Bestandteile des Wettbewerbs und des Konkurrenzkampfes.

Die Wissenschaftler haben ihre Forschungsstrategien entweder den Gesamtunternehmensstrategien unterzuordnen, also an externen Zielen auszurichten, oder sie müssen sich selbst aktiv an der Akquisitionstätigkeit beteiligen, das heißt Projekte ihrer Interessen akquirieren.

Die Teilnahme an Akquisitionstätigkeiten ist vor allem in kleineren und mittleren Unternehmen der »knowledge industry« der Normfall. In den Großunternehmen werden hingegen, wie in der gewerblichen Wirtschaft, Bedarfsanalysen und Marktstudien erstellt; Vorstufen eines sich herausbildenden umfangreichen FuE-Marketings. Kleinere und mittlere Unternehmen, die sich keine umfangreiche Forschung und Entwicklung leisten können, versuchen, um wettbewerbsfähig zu bleiben, sich an Großfirmen anzuhängen oder Formen der gemeinschaftlich finanzierten und organisierten Forschung und Entwicklung zu finden. Da die moderne FuE jedoch immer teurer wird, bleiben kleine und mittlere Unternehmen schon bald in ihren Innovationsbemühungen auf der Strecke.[14]

Die Konzentration von Forschung und Entwicklung auf Großunternehmen nahm aufgrund dieser Wettbewerbsbedingungen rapide zu: Bereits 1961 werden in den USA 86% der gesamten Mittel der Industrie für Forschung und Entwicklung von nur 3% all derjenigen Unternehmen, die überhaupt FuE-Programme haben, aufgebracht.

Die ersten vier Unternehmen vereinigten allein 22% der gesamten FuE-Tätigkeiten auf sich, die ersten 300 Unternehmen ca. 91%.[15]

Als klassisches Beispiel für eine frühe FuE-Marktstrategie eines Großunternehmens kann die Erzeugung von Kunstleder bei der US-Chemiefirma Du Pont Anfang der vierziger Jahre angeführt werden. Die Prognose auf der Grundlage einer Computersimulation des Marktes ergab, daß mit einem enormen Bedarfsanstieg an Kunstleder (Schuhe, Taschen etc.) zu rechnen war, der bis in die Mitte der achtziger Jahre das Angebot an Häuten um fast 50% übertreffen werde. Die Firma Du Pont hat vor diesem Hintergrund fast 100 Millionen DM in die Forschung und Entwicklung von künstlichem Leder investiert und sowohl das Produkt Corfam entwickelt als auch die zu seiner Herstellung erforderlichen Produktionsverfahren.[16] Es läßt sich zeigen, daß im Laufe der Zeit immer mehr Aufwand für die Ausrichtung der FuE-Programme und Forschungsstrategien zur Eroberung lukrativer Märkte betrieben wird. Das hat zur Folge, daß in den großen Unternehmen umfangreiche Stäbe, Abteilungen und Komitees für die FuE-Programmentwicklung und das FuE-Marke-

14 Vgl. z. B. J. W. Markham, Market Structure, Business Conduct and Innovation, American Economic Review, 55, 1965, S. 310ff.

15 National Science Foundation, Research and Development in Industry, NSF 64-9, 1961, S. 19ff.

16 Vgl. »Corporations – The Market Technician«, Time, Nov. 27, 1964, S. 62 (zit. nach H. Krauch, Die organisierte Forschung, a.a.O., S. 146).

ting eingerichtet werden. Das Planungs- und Marktmanagement setzt sich im allgemeinen aus Vertretern des zentralen Unternehmensmanagements, der Verkaufs- und Absatzabteilungen, dem Forschungsmanagement und der allgemeinen Planung und Organisation zusammen.

Zusätzlich zum FuE-Potential der Industrie entwickelt sich im Rahmen der neuen Produktionsstätten von Wissenschaft und Technologie ein FuE-Potential, das direkt auf dem Markt angeboten wird. Das ist im Prinzip die entscheidende Neuerung und die Geburtsstunde eines eigenständigen Wirtschaftssektors »Forschung, Technologieentwicklung und Technologietranfer«: Die FuE-Produkte werden von den wissenschaftlichen Einrichtungen und wissenschaftlich-technisch ausgerichteten Consulting-Unternehmen direkt vermarktet. Das heißt, ihre Produkte und Dienstleistungen werden von vornherein auf den Markt hin entwickelt.

Während die Produkte der Denkfabriken anfangs noch weitgehend auf Anregung der Auftraggeber zustande kamen, gemeinsam mit diesen erdacht und entwickelt wurden und mehr oder weniger allen zugänglich waren, gehen diese bald dazu über, eigene Projektideen zu vermarkten. Die Wissensfabriken bieten nunmehr den verschiedenen öffentlichen und privaten Institutionen und Unternehmen sowohl Ideen als auch speziell interessierende FuE-Konzepte an und liefern gleichzeitig noch die erforderlichen Implementationsstrategien.

Die Angebote umfaßten bald alle Bereiche von FuE-Leistungen, von der Entwicklung eines spezifisch wissenschaftlichen Produkts über Gutachten, Beratungs- und Ausbildungsleistungen, Durchführung von Veranstaltungen mit besonderem »Knowhow« bis hin zu den unterschiedlichsten Ideenstudien und Konzepten zur Erarbeitung von Projekten. So wurden beispielsweise nationale oder globale Trendanalysen, Prognosen oder Szenarien zur Entwicklung spezifischer Technologien, zur Weltraumforschung, Nahrungsmittelproduktion oder einer zukunftsorientierten Großstadtplanung neben den unterschiedlichsten wissenschaftlichen und technischen Einzelprodukten angeboten.

Eine Besonderheit der Wissenschaftsindustrie war die anfangs noch starke Ausrichtung auf öffentliche Auftraggeber bzw. öffentliche Finanzierungen. Das ändert sich in dem Maße, wie die

Interessen dieser Unternehmen mit denen des allgemeinen Wirtschaftssektors und der politisch-militärischen Administration zusammenfallen. Die Herausbildung des wissenschaftlich-industriell-militärischen Komplexes ist das Ergebnis dieser Interessenkongruenz. Während die »knowledge industry« immer häufiger Forschung und Technologieentwicklung im Auftrage privater Wirtschaftsunternehmen betreibt, nimmt die übrige Wirtschaft verstärkt öffentliche Mittel in Anspruch, um in eigenen Forschungs- und Entwicklungseinrichtungen oder mit Hilfe externer FuE-Unternehmen ihren Innovationsbedarf an neuen Produkten, Dienstleistungen und für Rationalisierungsmaßnahmen abzudecken.

Es würde zu weit führen, hier die Elemente der Marktstrategien in allen Einzelheiten darzustellen. Grundsätzlich lassen sich alle Merkmale industrieller Marktstrategien nachweisen. So gehört natürlich das Aufspüren von FuE-Marktlücken zu den wichtigsten Aufgaben des Managements. Damit eng verbunden und für die Imagewerbung wichtig ist die spezifische wissenschaftliche Ausrichtung des Unternehmens, also vor allem das Angebot an speziellem Know-how. Hierfür spielt nun wieder die lang-, mittel- oder kurzfristige Marktorientierung eine besondere Rolle.

Wie bereits dargestellt, setzte beispielsweise das Stanford Research Institute auf eine langfristige Orientierung im Hinblick auf Information und Kommunikation, während andere Einrichtungen den Boom der Kerntechnikentwicklung und Kerntechnikförderung oder der Raketentechnik und Raumfahrtförderung kurzfristig nutzten. Oft müssen die Unternehmen Kompromißstrategien fahren, um zwischen einer zukunftsträchtigen Langfristplanung und der (kurzfristigen) Notwendigkeit voller Auftragsbücher hindurchzusteuern.

Eine besondere Rolle spielen die regionale Orientierung und die Standortfrage: Regional ausgerichtete Marktstrategien können besondere Vorteile bieten. So sind der gezielte Transfer zur örtlichen Industrie und die enge Kommunikation mit lokalen Administrationen nicht zu unterschätzende Strategiefaktoren. Standortentscheidungen hängen natürlich in starkem Maße von den Inhalten ab: Raketen- oder Kerntechnikforschung und -entwicklung findet grundsätzlich nur an wenigen Orten statt. Innovationen für die chemische, pharmazeutische oder elektrotechnische Industrie werden dagegen in zahlreichen Regionen nachgefragt. Wissenschaftliche Grundlagen für administrative Planungen, Unternehmensstrategien und Organisationskonzepte werden in den meisten Wirtschaftsunternehmen und Kommunen gebraucht. Die Standortentscheidungen der neuen Produktionsstätten der Wissenschaftsindustrie, aber auch Verlagerungen älterer Einrichtungen, sind somit eng an regionale bzw. überregionale Abnehmer gekoppelt.

Vom Unternehmensmanagement werden neben spezifischen Angebots- und Werbestrategien auch interne Anreizsysteme entwickelt: Besonders qualifizierten Wissenschaftlern und bekannten Vertretern eines Spezialgebiets werden in der Wissenschaftsindustrie häufig äußerst günstige Arbeitsbedingungen geboten. Die Vergütungen und sonstigen »benefits« werden so lukrativ gestaltet, daß für viele Forscher auch dann ein erheblicher Anreiz besteht, wenn im Gegenzug ein stromlinienförmiges Einfügen in die Firmenpolitik und Marktstrategien erwartet wird.

Die Möglichkeit der Identifikation der Wissenschaftler mit der Zielorientierung des Unternehmens – und das heißt dann auch mit den erwarteten Produkten, den spezifischen Produktionsweisen und den Organisationsformen des Unternehmens – wird dadurch erleichtert, daß die vertraglichen und tatsächlichen Einbindungen flexibel gehandhabt werden. Während für einen Teil der Wissenschaftler die Mitwirkung im Rahmen des Unternehmens- und FuE-Managements möglich ist, wollen und können andere »autonom« forschen und entwickeln.

Äußerst aufschlußreich sind hierzu die mannigfaltigen Bemühungen der Unternehmen, für eine optimale Zielerfüllung optimale Organisationsstrukturen hinsichtlich der Verschränkung von Unternehmens-, Forschungs- und Entwicklungsbereich zu finden. Hierbei spielen die Informations- und Entscheidungsflüsse eine besondere Rolle, wobei das Thema »Zentralisierung versus Dezentralisierung« zu den am heftigsten umstrittenen gehört. Wie stark dieses sowohl in theoretischer wie methodischer Hinsicht die Steuerungs-, Planungs- und Organisationsgrundlagen der Wissenschaftsindustrie befruchtet und verändert hat, wird weiter unten näher ausgeführt.

7.7 Außensteuerung

Die Ausrichtung der politisch und ökonomisch relevanten Wissenschafts- und Technologieentwicklung auf den Markt bzw. auf externe Zielsetzungen erfolgte nicht schlagartig und nicht isoliert nur in den Vereinigten Staaten Anfang der vierziger Jahre. Hierzu gab es einen Vorlauf in den USA selbst, aber auch in Europa. Wir haben in Kapitel 4.2 gezeigt, daß schon die Universitäten im 19. Jahrhundert in einem gewissen Maße politischen Verwertungszwängen unterlagen. Noch deutlicher wurde die Wissensproduktion an der Wende zum 20. Jahrhundert und vor allem im ersten Drittel des 20. Jahrhunderts auch in Deutschland, hauptsächlich an den Technischen Hochschulen und den neu gegründeten Reichsanstalten, politischen und ökonomischen Zwecken unterworfen. Auch die ab 1911 errichteten Kaiser-Wilhelm-Institute[17] waren in erster Linie Ergebnis ökonomischer und politischer Interessen und Zielsetzungen.

Politisch-militärischen Zielen dienten natürlich auch die Forschungs- und Entwicklungsabteilungen der Großindustrie spätestens seit dem Ersten Weltkrieg.

Auch in den USA lassen sich schon vor 1940 in besonderer Weise auf die politische Administration und die Industrie ausgerichtete FuE-Bereiche nachweisen, ebenso in England, Frankreich und anderen Industrieländern. In der Sowjetunion wurde in den zwanziger Jahren ohnehin die gesamte Wissensproduktion und Technologieentwicklung staatlicher Steuerung unterworfen.

Gleichwohl verlief dieser Prozeß noch weitgehend nach traditionellen Mustern. Sogar die totale staatliche Steuerung der Wissensproduktion in der Sowjetunion und in Nazi-Deutschland sind unter Innovationsgesichtspunkten nichts Neues, sondern lediglich die extremsten Varianten externer administrativer Lenkung von Wissenschaft und Technologie. Ein neues methodisches Prinzip war jedenfalls damit ebensowenig verbunden wie gänzlich neue institutionell-organisatorische Bedingungen. An-

17 1911 wurde die ›Kaiser-Wilhelm-Gesellschaft zur Förderung der Wissenschaften‹ gegründet, 1912 wurden die ersten beiden Institute für Chemie sowie für Physikalische Chemie und Elektrochemie eingeweiht.

ders hingegen sind die Veränderungen in den USA zu bewerten.

Grundsätzlich lassen sich drei Linien zunehmender Außensteuerung von Forschung und Technologieentwicklung aufzeigen. Endpunkt ist jeweils die totale Verschmelzung von Wissenschaft, Industrie und Politik im Rahmen eines wissenschaftlich-industriell-militärischen Gesamtkomplexes. Um Mißverständnissen vorzubeugen, sei noch einmal betont, daß der Zweite Weltkrieg selbstverständlich in allen führenden Industrieländern die Außensteuerung von Wissenschaft und Technologie stark forciert hat. Trotzdem bestand diese Tendenz schon vorher. Allerdings waren die institutionell-organisatorischen Ausprägungen in den einzelnen Ländern bzw. Gesellschaftssystemen zunächst recht unterschiedlich.

Die erste Variante bestand darin, vorhandene wissenschaftliche Einrichtungen strikter und unmittelbarer der politischen und militärischen staatlichen Administration zu unterstellen. Die wissenschaftlichen Einrichtungen mußten dann direkt oder über zwischengeschaltete Institutionen Aufträge mit militärischer Zielsetzung ausführen. Typisch hierfür waren in Deutschland einige Institute der Kaiser-Wilhelm-Gesellschaft, aber auch der Technischen Hochschulen und verschiedener Forschungs- und Entwicklungslaboratorien der Großindustrie.[18]

In den Vereinigten Staaten waren es vor allem die US Army und die Air Force, die sich frühzeitig Forschungs- und Entwicklungseinrichtungen direkt dienstbar machten und diese in zunehmendem Maße ihrer Steuerung unterwarfen.

In der Sowjetunion spielte diese Variante im Zuge einer Unterstellung aller Institutionen unter die politisch-militärische Führung selbstverständlich eine große Rolle.

Ein zweiter Weg zeichnete sich ebenfalls schon frühzeitig ab. Aus der Erkenntnis, daß die Produktivkraft ›Wissenschaft und Technologie‹ zu den wichtigsten Grundlagen der Rüstungsindustrie zählt, wurden wissenschaftliche Kapazitäten aufgebaut und di-

18 Offiziell blieben diese Institute meistens einer zivilen Leitung unterstellt, das Sagen hatten aber Vertreter des Parteiapparats der NSDAP oder der politisch-militärischen Administration oder der Kampforganisationen des Nazi-Regimes.

rekt in den politischen und militärischen Komplex integriert. Diese Form der administrativen Steuerung ergab sich in der Sowjetunion quasi systemlogisch im Rahmen der ideologischen Grundkonzeption und des Mangels an FuE-Kapazitäten.

Auch in Nazi-Deutschland gab es hierzu Ansätze, wobei sich allerdings der Aufbau neuer FuE-Kapazitäten in Grenzen hielt.[19] Vielmehr wurde vor allem die Großindustrie mit ihren FuE-Kapazitäten vollständig in den Dienst des NS-Staates und der Kriegsproduktion gestellt, was bekanntermaßen von der Wirtschaft nicht nur akzeptiert, sondern auch aktiv unterstützt wurde.[20]

Da es keine strategisch angelegte NS-Wissenschaftskonzeption gab und eine massive Intellektuellenfeindlichkeit vorlag, verlief der »natürlichste Weg« zur Nutzung der Produktivkraft ›Wissenschaft und Technologie‹ über die FuE-Laboratorien der Großindustrie. Entgegen allgemeiner Meinung hatte die auf der direkten Einbeziehung von wissenschaftlichen Kapazitäten in den politisch-militärischen Apparat beruhende Wissenschaftssteuerung zunächst in Nazi-Deutschland[21] keine große Bedeutung.

Da in der Sowjetunion wegen des Mangels an hochwertigen Materialien, des Fehlens einer modernen wissenschaftlichen Infrastruktur und wegen Bürgerkrieg, Kriegskommunismus, ideologischer Dogmatisierung und Massenverfolgungen die Wissenschaft stark geschwächt war, konnten mit Hilfe der Produktivkraft ›Wissenschaft und Technologie‹ im Rahmen der schwerfälligen bürokratisch-zentralistischen Apparate zunächst keine spektakulären Erfolge erzielt werden.

In Deutschland verlief dagegen die Nutzbarmachung der Wissenschaft für die Kriegsziele ohne direkte Einbeziehung in den NS-Staatsapparat reibungslos über die Laboratorien der Industrieunternehmen (IG Farben, Siemens, AEG usw.). Warum sollten andere Formen der Institutionalisierung entstehen? Reine Denk-

19 Ein Beispiel hierfür ist die Entwicklung der V-Waffen (»Vergeltungs-Waffen«) in Peenemünde.

20 Vgl. hierzu Kapitel 4.3.1.

21 Vgl. hierzu u. a. Armin Hermann, Wie die Wissenschaft ihre Unschuld verlor – Macht und Mißbrauch der Forscher, Frankfurt/Berlin/Wien 1984.

fabriken mit Intellektuellen, die beispielsweise auch Grundlagen für die strategischen Planungen und Entwicklungen des politisch-militärischen Komplexes zu liefern hätten, waren im Rahmen der Nazi-Ideologie und -Strategie undenkbar.[22] Dagegen war der im Ersten Weltkrieg so erfolgreich erprobte und praktizierte Weg, die Einbeziehung von Forschung und Technologieentwicklung in den großindustriellen Produktionsprozeß[23], das plausible und vorherrschende Muster vor allem in Deutschland.

Nur in den USA und in Ansätzen auch in England entwickelte sich jene dritte, besonders innovative Variante, bei der auf der Grundlage der neuen wissenschaftlichen Denk- und Handlungsansätze ein relevanter Teil der Wissensproduktion und Wissensverwertung nach marktwirtschaftlichen Effizienzkriterien in den wissenschaftlich-industriell-militärischen Komplex integriert wurde.

Der Normalfall war also, daß die Wirtschaftsunternehmen ihre FuE-Kapazitäten an den politischen und militärischen Zielsetzungen ausrichteten bzw. ausrichten mußten. Dies geschah logischerweise hauptsächlich im Rahmen der traditionellen Produktionsausrichtung der Unternehmen durch die Umstellung auf Rüstungsgüter und Rüstungsproduktion. Die Innovationstätigkeit der FuE-Bereiche war dabei darauf ausgerichtet, in mehr oder weniger traditionellen Bahnen und fachlich relativ eng begrenzten Handlungsfeldern die Produkte für die Kriegsführung wissenschaftlich-technisch zu optimieren und den Mangel an Rohstoffen und Materialien im zivilen und militärischen Bereich durch Ersatzstoffe, bessere Verfahren und Geräte zu minimieren. Das war zweifellos schon ein wirksamer Weg zur Nutzung der Produktivkraft ›Wissenschaft und Technologie‹. Die grauenhafte deutsche Vernichtungsmaschinerie des Zweiten Weltkriegs wäre mit Sicherheit schon viel früher zusammengebrochen, hätte es diese Form der Verschmelzung von Forschung und Entwicklung mit dem industriell-militärischen Komplex nicht gegeben.

22 Hierzu auch: Alan D. Beyerchen, Wissenschaftler unter Hitler, Frankfurt/Berlin/Wien 1982.

23 Vgl. Kapitel 4.3.

Aber erst die Etablierung eigenständiger Denk- und FuE-Fabriken in den USA, die sich nach Marktgesichtspunkten im politischen und ökonomischen Verwertungsprozeß vernetzten, ermöglichten völlig neue Innovationsvorgänge, deren Überlegenheit gegen Ende des Zweiten Weltkrieges auch nach außen sichtbar wurde. Über die wissenschaftlich-technische Optimierung hinaus entwickelten diese Denk- und Wissensfabriken neue Produkte und Lösungsverfahren, die wiederum nur aufgrund der interdisziplinären Zusammenarbeit ihrer Wissenschaftler, ihrer Projektorientierung und ihrer Wettbewerbssituation auch schnell realisiert werden konnten. Hinzu kamen die neuen Planungs- und Organisationskonzeptionen, die eine völlig neue Form der Steuerung und Organisation dieser Einrichtungen ermöglichten.

Die Produkte dieser Unternehmen beziehen sich gerade nicht nur auf die engen, von der politisch-militärischen Administration erwarteten technischen Lösungen, sondern auch auf die politischen, ökonomischen und militärischen Strategien selbst. Mit anderen Worten: die Wissenschaftler der neuen Produktionsstätten von Wissenschaft und Technologie werden noch viel mehr und unmittelbarer verantwortliche ›Kopflanger‹ der politischen und militärischen Administration, indem sie mehr oder weniger eigenständige Zielfindung, Strategieentwicklung, Mittelwahl und Mitteleinsatz betreiben und ihre Erkenntnisse teilweise auch selbst erproben und umsetzen.

7.8 Neue Organisationsgrundlagen

7.8.1 Übernahme des ›Prinzips Organisation‹ in den Wissenschaftsbetrieb und Folgen

Mit der Auftragsforschung für komplexe Projekte verband sich die Notwendigkeit, die Forschungs- und Entwicklungsziele, die Strategien und den Einsatz der Personal- und Sachmittel mit den externen Erwartungen in Einklang zu bringen. Letztere sind nicht nur inhaltlich bestimmt, sondern häufig durch finanzielle Vorgaben, feste Zeitvorstellungen – man denke nur an militäri-

sche Projekte oder Studien –, aber auch durch die Verfügbarkeit bzw. die Einsatzmöglichkeiten von Know-how (»human capital«) und Ressourcen (Werkstoffe, Geräte usw.). Auch die jeweiligen Chancen und Risiken der Zielerfüllung sowie schwer kalkulierbare Folgen spielen natürlich eine große Rolle.
Diese Randbedingungen bedeuten jedenfalls erhebliche Unsicherheiten, den Auftrag erfüllen bzw. das angestrebte Projektziel erreichen zu können. Es war deshalb nur logisch, die erfolgreichen Methoden der Produktivkraft ›Wissenschaft und Technologie‹ nun auch konsequent auf die institutionalisierte Wissens- und Technikproduktion selbst anzuwenden. Wie eingangs erwähnt, sollten von nun an Forschungsstrategien, Mittelwahl und Organisation der FuE-Arbeit darauf abzielen, das Moment des Zufalls zu eliminieren. Spezifische Forschungsergebnisse und Entwicklungsleistungen mußten danach in einem vorgegebenen Rahmen und nach festen Zeit- und Ablaufdaten erstellt werden. Während, wie in 4.4.1 dargestellt, das wissenschaftlich-technische ›Prinzip Organisation‹ im industriellen und militärischen Bereich seit vielen Jahren äußerst erfolgreich praktiziert wurde, spielte es bis dahin in der Forschung kaum eine Rolle. Die Übernahme dieses Prinzips in die Auftragsforschung war somit nur konsequent. Das Interesse der auftragsgebundenen Wissensproduktion an effizienten Planungs- und Organisationstechniken trifft sich nun voll und ganz mit den Interessen der Industrie und der Militärs, diese Techniken zu perfektionieren. Die Wirtschaftsunternehmen und noch mehr die Militärs sind in höchstem Maße daran interessiert, das Moment des Zufalls auch in den Zukunftsstrategien zu eliminieren. Somit ist es diese Interessenidentität von marktorientierter Auftragsforschung, Industrie und Militär, daß sowohl die Ansätze der formalisierten Planungs- und Organisationstechniken als auch die Prognoseverfahren besonders gefördert werden. Der wachsende Bedarf an Planungs- und Prognosekapazität der militärischen und politischen Administration im Rahmen der Kriegsvorbereitungen der USA hat die Tendenz der »knowledge industry« stark forciert. So werden zur Entwicklung neuer Techniken, die auf die Verringerung von Unsicherheiten bei Zielfindungs- und Entscheidungsprozessen und auf effizientere Steuerungsverfahren bei der Umsetzung von Konzepten mit rationellem Mitteleinsatz und knapper Zeit abzie-

len, in der Folge speziell von der Air Force und der US Army hohe Mittel aufgewandt.
Als Fazit dieser überaus bedeutsamen Innovation läßt sich festhalten, daß in dieser Zeit mit den neuen formalisierten Organisationsmethoden zur Steuerung komplexer Systeme nicht nur eine neue Handlungsgrundlage für die Industrieproduktion, sondern auch für die Wissensproduktion und Wissensverwertung gelegt wurde.
Diese Handlungsgrundlage macht zunächst die USA zur dominierenden Supermacht und bestimmt fortan in allen Industrieländern die Struktur des wissenschaftlich-industriell-militärischen Komplexes. Dieser sich immer mehr und enger vernetzende Komplex überwuchert seither direkt und indirekt alle Lebensbereiche in den Industrieländern.

7.8.2 Formalisierte Planungs-, Organisations- und Prognosetechniken

Es sind zwei Säulen, auf denen die neuen Verfahren zunächst aufbauen, die Netzplantechnik und die Nutzung des Computers. Beide dienen der Operationalisierung und Formalisierung komplexer Aufgabenstellungen, ihrer analytischen Durchdringung und rationellen Durchführung. Sie bieten besonders geeignete Hilfsmittel, komplexe Prozesse in detaillierte Planungs- und Organisationseinheiten aufzugliedern und systematisch gemäß der vorgegebenen Randbedingungen und Effizienzkriterien zu strukturieren und zu manipulieren.
Die Netzplantechnik dient u. a. dazu, die Arbeitsprozesse in einzelne Schritte und Arbeitspakete zu zerlegen, die Struktur ihrer kommunikativen und handlungsmäßigen Vernetzung aufzuzeigen, diese inhaltlich explizit darzustellen sowie den zeitlichen Ablauf, die Kosten und den Personal- und Sachmitteleinsatz zu planen. Das Netzwerk kann darüber hinaus Abschätzungen der Erfolgswahrscheinlichkeiten einzelner Arbeitsschritte und Alternativstrategien enthalten. Dadurch können bei besonders komplexen Projekten, z. B. beim Auftreten von Sackgassen oder unvorhergesehenen Störungen, alternative Realisierungspfade beschritten werden. Auch kontrollierende Arbeitseinheiten, Tests

und Kontrollpunkte können in den Netzplan eingebaut werden. Der Plan wird durch ein Flußbild dargestellt, in dem die Sollwerte an den jeweiligen Kontrollpunkten ständig mit den Ist-Werten verglichen werden können. Alle verfügbaren Informationen über die Ereignisse und Tätigkeiten, die Zeitschätzungen, Kosten, kritischen Vorgänge usw. können über ein Computerprogramm verarbeitet werden und hinsichtlich der Einhaltung von Terminen, Kosten, Erfolgswahrscheinlichkeiten etc. und auf die Notwendigkeit von Programm-, Planungs- und Organisationsänderungen überprüft werden.

Es würde zu weit führen, alle von hier ausgegangenen Analyse-, Planungs-, Organisations- und Prognosetechniken im Detail zu verfolgen. Wichtig ist, daß im Laufe der Entwicklung der gesamte Verlauf komplexer Projekte von der Zielprojektion bis zur industriellen Marktreife geplant und durchorganisiert wurde.

Solche komplexen Steuerungsinstrumente benötigen natürlich eine Reihe neuer Experten. Systemplaner, Systemtechniker, Entwicklungs- und Programmplaner sowie Organisatoren bestimmen fortan das FuE-Management in den politisch und ökonomisch relevanten Unternehmen der Wissens- und Technikindustrie. Sie sind es auch, die immer neue Planungs- und Organisationsmethoden entwickeln und perfektionieren.

Die Bedeutung der neuen Methoden auf der Grundlage von Informationstheorie, Regelungstechnik und Systemtechnik ist für die moderne Wissensproduktion und Technologieverwertung evident. Sie sind es hauptsächlich, die die Anwendung des Computers auf der Grundlage formalisierter Algorithmen den Planungs-, Organisations- und Prognoseaufgaben erschlossen haben.

Im folgenden werden *beispielhaft* einige der neuen Methoden und Techniken genannt, die in dieser Zeit im Rahmen des wissenschaftlich-industriell-militärischen Komplexes in den Produktionsstätten der modernen Wissensindustrie ihren Ausgang genommen haben.

In unserem Zusammenhang interessiert dabei vor allem ihr innovativer Aspekt zur Erfassung, Darstellung und Manipulation offener, komplexer, dynamischer Systeme und solcher, die mit hohen Unsicherheiten verbunden sind. Das sind zum Beispiel Systeme, die auf äußere Störungen unter bestimmten Zielvorgaben und Randbedingungen mit Hilfe spezifischer Maßnahmen vorhersagbar reagieren. Solche Systeme finden sich aber nicht nur in der Natur, sondern auch und gerade in der sozialen Realität.

7.8.2.1 Spieltheorie und Spielmodelle

Die Spieltheorie[24] (Theorie der strategischen Spiele) wurde schon Ende der zwanziger Jahre von John von Neumann begründet. Sie erhielt aber erst Ende der dreißiger Jahre mit der Entwicklung der Informationstheorie und der Computertechnik und Anfang der vierziger Jahre mit ihrer Anwendung auf wirtschaftliche, militärische und soziale Probleme ihre Bedeutung.

Die Spieltheorie befaßt sich mit der Entscheidungsfindung in Gruppen, wobei die gegebenen Situationen durch die Interessen und Handlungen der Beteiligten beeinflußt werden. Meist geht es um die Entwicklung einer oder mehrerer alternativer Strategien für die »Spieler«, unter denen ein oder mehrere Spieler unter Berücksichtigung der Interessen und Handlungen der Gegenspieler im Hinblick auf ihre Prämissen auswählen können. Ausgangspunkt ist die Annahme, daß jeder Spieler bestrebt ist, eine Strategie aus der Menge möglicher Strategien so festzulegen, daß sein Gewinn ein Maximum annimmt, wobei er allerdings über die Entscheidungen der anderen und deren Strategien keine Kenntnis hat und nur Vermutungen anstellen kann. Die Frage nach der Existenz und Art von Gleichgewichtsstrategien oder optimalen Strategien, bei denen alle beteiligten Spieler relativ am besten wegkommen, ist ein Kernproblem der Spieltheorie bzw. unterschiedlicher Spielmodelle.

Der Begriff ›Spiel‹ kann prinzipiell eine Mannigfaltigkeit von sozialen, wirtschaftlichen, politischen oder militärischen Gegebenheiten umfassen (z. B. Wettstreit, Konkurrenz, Machtkampf, Konflikt, Kooperationsbeziehungen, Entscheidungshandeln). Entscheidend ist, daß solche Gegebenheiten auf formale Strukturen zu transformieren sind, die nach bestimmten Spielregeln

24 Das erste zusammenfassende grundlegende Werk: John v. Neumann und Oskar Morgenstern, Theory of Games and Economic Behavior, New York 1944.
Weiteres Standardwerk: R. D. Luce and H. Raiffa, Games and Decisions, New York 1957.

verlaufen bzw. mit solchen erklärt werden können. Die Spieltheorie wurde vor allem zur Entwicklung militärischer und politischer Strategien angewandt, insbesondere bei der RAND Corporation.
In den sechziger Jahren wurde sie im Rahmen des Vietnam-Krieges zur Entwicklung militärischer Planspiele benutzt. Später versuchte man mit ihrer Hilfe herauszufinden, wo für die beteiligten Mächte optimale Pfade für Abrüstungsverhandlungen und -chancen liegen. In beiden Fällen waren die Ergebnisse, gemessen an den Erwartungen, jedoch äußerst negativ.[25] Die Nähe der Spieltheorie zu den Entscheidungstheorien und zu Optimierungsmethoden ist evident.

7.8.2.2 Entscheidungstheorien und Entscheidungsmodelle[26]
Das Kernproblem der unter diesen Begriffen subsumierten Methoden wurde bereits im Zusammenhang mit der Teamarbeit dargestellt (vgl. 7.4). Mit der Abbildung 7.8.2.2 – I, die eine Klassifikationsübersicht enthält, soll angedeutet werden, wie mannigfaltig die prinzipiellen Möglichkeiten sind, Entscheidungsmodelle im Rahmen einer allgemeinen Entscheidungstheorie zu behandeln (S. 384).
Die neuen Produktionsstätten von Wissenschaft und Technologie haben zahlreiche formalisierte Methoden einerseits für ihren eigenen Planungs- und Organisationsbedarf, andererseits aber vor allem für militärische und politische Administrationen und für große Industrieunternehmen entwickelt.
Entscheidungsmodelle zeichnen sich dadurch aus, daß sie Variablen enthalten, die so festzulegen sind, daß dabei bestimmte vorgegebene Bedingungen erfüllt werden und zusätzlich eine spezielle Funktion (Gewinn-, Ziel- oder Verlustfunktion) dieser Variablen (Entscheidungs- oder Alternativvariablen) einen besonderen Wert annimmt. Meistens handelt es sich um die Festlegung einer oder mehrerer Variablen unter Angabe einer Extre-

25 So urteilt die Kommission der Europäischen Gemeinschaften, in: ›Europa + 30 Jahre‹, Abschlußbericht, Köln 1976, I.3, S. 35 f.
26 Vgl. u. a. A. Angermann, Entwicklungsmodelle, Frankfurt am Main 1963, E. Grochla (Hrsg.), Handwörterbuch der Organisation, Stuttgart 1969, S. 474 ff.

Abbildung 7.8.2.2 – I
Klassifikationsübersicht für Entscheidungsmodelle

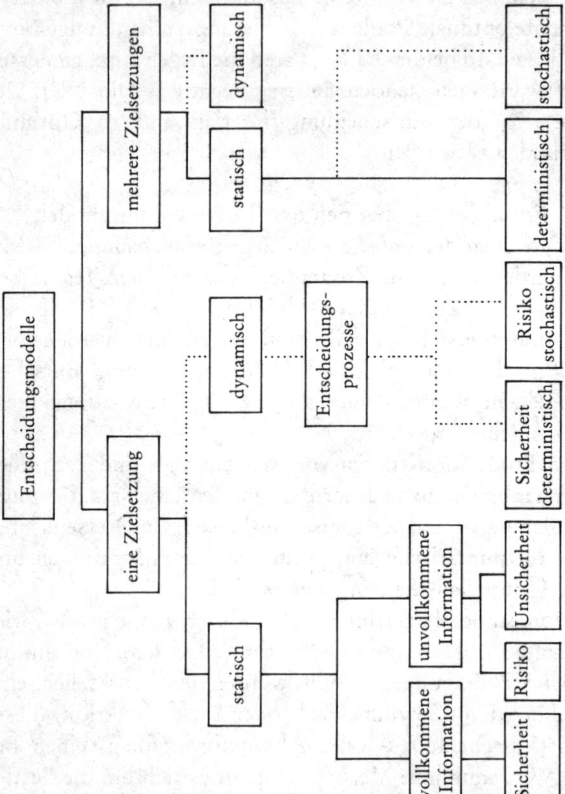

Quelle:
Handwörterbuch der Organisation, Stuttgart 1969, S. 478.

mierungsfunktion. Sind die festgelegten Variablen und der bestimmte Wert der zu extremierenden Funktion die gesuchte Lösung des Entscheidungsmodells, dann ist die Entscheidung im Rahmen des Entscheidungsmodells nichts anderes als die Lösung der Entscheidungsaufgabe. Insofern kann man auch von Extremierungsmodellen, Extremalmodellen oder optimalen Lösungen einer Optimierungsaufgabe sprechen.

7.8.2.3 Optimierungsmethoden und Optimierungsmodelle[27]
Wie bereits in 7.8.2.2 angedeutet, gibt es einen engen Zusammenhang mit der Spieltheorie und mit Entscheidungstheorien und -modellen. Allgemein wurden Optimierungsmethoden entwikkelt, um die »beste« Methode, die »beste« Strategie oder den »besten« Weg zur Erreichung eines oder mehrerer explizit vorgegebener Ziele zu ermitteln. Optimierungsmethoden sind ganz allgemein formalisierte Verfahren, mit denen Vorgänge und Prozesse in Systemen, die durch verschiedene Variable beschrieben werden können, in bestimmten extremalen Zuständen entwickelt werden. Es handelt sich also um Extremierungsaufgaben, bei denen »optimale Systemzustände« im Sinne externer Zielvorgaben oder aufgrund interner Dispositionen herausgearbeitet werden. Im Planungs- und Organisationsprozeß nimmt beispielsweise die Optimierung von Informations-, Kommunikations-, Entscheidungs- und Organisationsstrukturen einen breiten Raum ein, ebenso der Einsatz von Personal- und Sachmitteln.
Es ist kein Zufall, daß in den neuen FuE-Fabriken die Optimierung von Koordinations- und Kommunikationsfunktionen innerhalb der interdisziplinären Projektteams und zwischen ihnen mit zunehmender Komplexität der Aufgabe und Heterogenität des Teams, mit zunehmendem Umfang des eingesetzten Personals und der aufgewandten Mittel eine vorrangige Bedeutung gewann. Die Optimierung der Organisation und des Mittelein-

27 K. Krüger, Optimale Projekt-Fortschritts-Planung, Berlin – Köln – Frankfurt am Main 1962.
W. Kern, Operations Research als Optimierungskunde, in: ZfhF, N. F. Jg. 15, 1963, S. 345 ff.
H. Müller-Merbach, Operations Research – Methoden und Modelle der Optimalplanung, Berlin und Frankfurt am Main 1969.

satzes konnte bei der Komplexität der Projektaufgaben nicht mehr nach Gefühl und Wellenschlag eines Institutschefs erfolgen. Sie bedurfte präziser, formalisierter Verfahrensabläufe, um unter den vielen Möglichkeiten die besonders effizienten Pfade auszuwählen. Es war deshalb nur logisch, daß hierfür Verfahren nach den bewährten Mustern der analytischen bzw. formalisierten Wissenschaften auf der Grundlage der kybernetischen Denk- und Handlungsansätze entstanden.

Der enge Zusammenhang mit den kybernetischen Wissenschaftsgrundlagen ergibt sich etwa durch die Aufstellung von Optimierungsprogrammen, die zur Lösung der Optimierungsaufgabe meistens mathematische Optimierungsmodelle benutzen, die im allgemeinen nur mit entsprechenden Rechenprogrammen und Rechnern zu bewältigen sind (lineare Optimierung, nichtlineare Optimierung, diskrete Optimierung, dynamische Optimierung).

Zur Maximierung von Gewinn und Wirkungsgrad sowie Minimierung von Zeit und Regelgüte bei Prozeßverläufen wurden spezielle Optimierungsrechner (Prozeßrechner) entwickelt.

7.8.2.4 Operations Research und spezielle Managementtechniken[28]

Mit diesen Methoden wird vor allem das Ziel verfolgt, die Verhaltensweisen und Operationen in einem Unternehmen zu explizieren und mit Hilfe mathematischer, statistischer und logischer Verfahren quantitativ kalkulierbar zu machen. Im Kern geht es darum, für das Unternehmen im Sinne der Unternehmensziele die besten Planungsstrategien und Organisationsmuster zu finden.

Operations-Research-Verfahren sollen die realen Strukturen und

28 Vgl. u. a. O. Morgenstern, Prolegomena to a Theory of Organization, The RAND Corporation, Research Memorandum 734, Santa Monica 1951;
C. W. Churchmann, R. L. Ackoff u. E. L. Arnoff, Introduction to Operations Research, New York/London/Sydney 1957;
St. Beer, Operational Research and Cybernetics, Proceedings of the First International Conference on Cybernetics, Namur 1956; sowie: The Scope for Operational Research in Industry, Institution of Production Engineers, London 1957.

Prozesse im Unternehmen modellhaft abbilden. Mit Hilfe dieser Modelle soll dann die Unternehmenswirklichkeit im Sinne maximaler Zweckerfüllung nach formalisierten quantifizierbaren Handlungsmustern gesteuert werden. Voraussetzung ist natürlich, daß die Zusammenhänge konkreter Unternehmensabläufe funktional zu erfassen sind und ihre Einflußgrößen sich in einer sinnvollen Weise quantifizieren lassen (z. B. in Geld-, Zeit- oder Mengeneinheiten).

Operations-Research-Modelle verbinden die Leistungen traditioneller Organisationsmodelle wie z. B. von Flußdiagrammen mit der Operabilität mathematischer Verfahren, insbesondere von Gleichungs- und Ungleichungssystemen. Mit Hilfe spezieller Algorithmen kann ein vorher formalisiertes Ziel (z. B. Kosten- oder Zeitminimierung, Erfolgsmaximierung) unter genauer Beschreibung der Rand- bzw. Nebenbedingungen entweder simultan (analytisch) oder sukzessive (numerisch-iterativ) angesteuert werden.

Allgemein sind die folgenden Schritte erforderlich, wenn man bei einer komplexen Gesamtsituation, die nur durch eine Vielzahl von Variablen, mathematischen Bedingungen und Gleichungssystemen abzubilden ist, zu einem fruchtbaren Ergebnis kommen will und aus der großen Zahl von Lösungsmöglichkeiten einige besonders günstige zu separieren beabsichtigt:

1. Beschreibung und verbale Formulierung des Problems
2. Analyse und Quantifizierung der Zusammenhänge in der Problemstellung
3. Entwicklung eines dem Problem isomorphen mathematischen, mathematisch-statistischen oder logistischen Modells
4. Erhebung des benötigten Zahlenmaterials (Daten)
5. Entwicklung einer modelladäquaten Lösungsmethode
6. Berechnung der optimalen Lösung
7. Prüfung der Ergebnisse auf Realitätsnähe und Stabilität bzw. Empfindlichkeit
8. Übertragung der Lösung auf das reale Problem und Vorlage zum Entscheidungsprozeß.[29]

29 Werner Kern, Operations Research, in: E. Grochla (Hrsg.), a.a.O., S. 1074.

Der Einsatz entsprechender Rechenprogramme war nun eine wesentliche Voraussetzung dafür, daß die Methoden des Operations Research unter vertretbarem Rechenaufwand umgesetzt werden konnten.
Im Hinblick auf die hier und in der Literatur allgemein verwendete Terminologie muß noch darauf hingewiesen werden, daß durch die Begriffe »Operations Research« und »spezielle Managementtechniken« die verschiedenen methodischen Ansätze, die hierunter meist subsumiert werden, ebensowenig scharf abgegrenzt werden wie jene Methoden, die unter den Begriffen »Entscheidungstheorie« oder »Optimierungstheorie« allgemein genannt werden. Häufig wird der Begriff »Operations Research« sogar als Oberbegriff für alle hierunter fallenden Ansätze benutzt.

7.8.2.5 Systemanalyse und Systemtechniken[30]

Der Systemansatz als Methode der Analyse-, Planungs- und Organisationstechnik geht hauptsächlich auf Arbeiten der RAND Corporation zurück.[31] Die Systemanalyse wurde zuerst zur Bearbeitung militärischer Projekte und Probleme entwickelt, bald darauf auch in der Industrie und in der politischen Administration angewandt.[32] Sie verbindet die Grundlagen der Allgemeinen

30 Vgl. hierzu die Ausführungen zu Kapitel 5.2, insbesondere zu 5.2.4 (hier auch Literaturangaben zur Allgemeinen Systemtheorie).

31 A. W. Boldyreff, Systems Engineering, Veröff. der RAND Corporation, 1954; G. H. Clement, Weapons System Philosophy, RAND Corporation Nr. 880, 1956; M. W. Hoag, An Introduction to Systems Analysis, RAND Corporation Nr. RM-1678, 1956; A. J. Wohlstetter, Systems Analysis versus Systems Design, RAND Corporation Nr. P-1530, 1958; H. H. Goode, auch R. E. Machol, Systems Engineering: An Introduction to the Design of Large-Scale Systems, New York 1957.

32 Nach E. Jantsch, Technological Forecasting in Perspective, OECD Publication, Paris 1967, S. 239 waren neben der RAND Corporation noch die Systems Development Corporation und die TEMPO-Gruppe von General Electric mit der Entwicklung der Systemanalyse befaßt. Dabei ist charakteristisch, daß sie vor allem zuerst zur waffentechnischen Entwicklung und zur technologischen Vorausschau benutzt wurde.

Systemtheorie (General Systems Theory) mit den stärker praktisch orientierten, angewandten Richtungen wie Systems Engineering, Systems Development und Systems Design. Wir haben schon weiter oben den charakteristischen Denk- und Handlungsansatz der Systemtheorie dargestellt: Zusammengefaßt erklärt er das Verhalten von Systemen weniger aus den Systemelementen bzw. Teilsystemen als vielmehr aus den funktionalen Wechselwirkungen zwischen den Elementen und Teilen. Sie aktivieren vor allem die den Elementen zugeordneten Eigenschaften und charakteristischen Systemvorgänge und Prozesse. Hauptsächlich komplexe dynamische Systeme sind so in ihren wesentlichen Verhaltensweisen zu erfassen. Das heißt vor allem, daß auch bei der analytischen Betrachtungsweise eines Systems immer der Bezug zum Gesamtsystem zu berücksichtigen ist.
Der Systemansatz wurde besonders erfolgreich auf komplexe Systeme angewandt, die nicht auf der Grundlage einer einzelnen Fachdisziplin erfaßt werden können. Grundlegendes hat die Systemtheorie bei der Durchdringung komplexer Systeme auch dadurch geleistet, daß die Verfahrensweisen zur Reduktion von Komplexität die Herausarbeitung operationaler Systemziele und wesentlicher Funktions- bzw. Verhaltenszusammenhänge von Systemen ermöglicht haben. Hieraus entwickelt sich die fundamentale Erkenntnis, daß dafür gerade weniger Detailschärfe erforderlich, statt dessen aber die Selektion der wichtigsten Vernetzungsprinzipien zwischen den Teilsystemen und die Erfassung der Funktionsweisen des Gesamtsystems im Hinblick auf ein spezifisches Ziel notwendig ist. Gerade für ökonomische, politische und militärische Planungen und Entscheidungen wird meist eine hohe Aggregationsstufe verlangt, um bei der gegebenen Komplexität Ziel- und Funktionsschärfe zu erreichen.
Ich weise auf Ausführungen über Gesamtsystemerkennung (Kapitel 7.2 und Abbildung 7.2 – I) sowie auf die Gegenüberstellung von »analytischem Ansatz« und »Systemansatz« in Abbildung 5.2.4 – I hin, in der die grundsätzlich unterschiedlichen Merkmale beider Vorgehensweisen gegenübergestellt wurden. Diese Unterschiede kennzeichnen gleichzeitig den prinzipiellen methodisch-innovativen Schritt, den die Produktivkraft ›Wissenschaft und Technologie‹ mit dem Systemansatz gemacht hat. Welche Bedeutung Systemtechniker und Systemanalytiker gewonnen ha-

ben, kann man täglich im Annoncenteil großer Tageszeitungen verfolgen. Auch die folgende Bemerkung von John Naisbitt (Megatrends, 1984 a.a.O.) weist darauf hin:

»In der neuen Informationsära werden alle Informationstätigkeiten für eine lange Zeit andauern. Systemanalytiker, Programmierer ... werden sich noch um mindestens 100 Prozent vermehren ...«

7.8.2.6 Graphentheorie[33] und Netzplantechnik

Die Graphentheorie kann insofern als Grundlage der Netzplantechnik behandelt werden, als diese durch ein Netz gerichteter Graphen dargestellt wird. Die Graphentheorie liefert formale und teilweise mathematisierbare (geometrisierbare) Modelle zur Behandlung von Planungsabläufen sowie Steuerungs- und Kontrollvorgängen in der Weise, daß diese als gerichtete Prozesse quantitativ erfaßbar werden. In gewisser Hinsicht sind die Vorteile einer Graphendarstellung vergleichbar mit der Abbildung von Systemfunktionen als Rechnermodell. Hier liegt auch die Absicht zugrunde, komplexe Wechselwirkungen und Wirkungsketten so abzubilden, daß ihre wesentlichen Beziehungen formalisiert und zumindest teilweise quantitativ behandelt werden können. Die Graphentheorie läßt sich als Planungs- und Organisationsinstrument deshalb besonders gut anwenden, weil hier verschiedene gerichtete Prozesse erfaßbar sind: z. B. Informations- und Kommunikationsprozesse, Material- und Energieflüsse, zielgerichtete Handlungsfolgen zwischen Personen und Gruppen zu bestimmten Zeiten usw.

Mit der Netzplantechnik lassen sich nun vor allem komplexe Projekte wie z. B. die Entwicklung technologischer Programme oder von Waffensystemen (Manhattan-Projekt, Überschallflugzeug, Raketenentwicklung, Mondlandungsprogramm), Bauwerke (Kongreßhallen, Hafenanlagen, Staudämme usw.), chemi-

33 Vgl. u. a. D. König, Theorie der endlichen und unendlichen Graphen, Leipzig 1936;
D. Cartwright, The Potential Contribution of Graph Theory to Organization Theory, in: M. Haire (Ed.), Modern Organization Theory, New York/London 1969, S. 254 ff.;
C. Berge, The Theory of Graphs and its Applications, London/New York 1962.

sche Produkte oder die Umstellung der Betriebsorganisation eines Konzerns durch zahlreiche Parameter wie Zeit-, Kosten-, Personaleinsatz, Energieverbrauch, Materialeinsatz usw. behandeln. Das Gesamtprojekt wird in einzelne Projektschritte zerlegt und nach einem genau ausgearbeiteten Arbeitsplan abgewickelt. Dieser kann neben den normalen Ablaufdaten auch Kontrollinstrumente, Steuerungserfordernisse usw. enthalten. Mit der Netzplantechnik lassen sich präzise Angaben über Dauer, erforderliche Maßnahmen, notwendige Beschleunigung oder Verzögerung von Planungsarbeiten, über Bereitstellungstermine von Arbeitskräften, spezifische Ressourcen usw. machen, so daß vor allem der Projektverlauf, der Projektstand sowie die eingesetzten und verbrauchten Betriebsmittel zu jeder gewünschten Zeit im Hinblick auf das Projektziel überprüfbar sind. Die Netzplantechnik hat sich schnell als geeignetes Steuerungsinstrument zur Entwicklung von Superstrukturen in Wissenschaft und Technologie bewährt.
Die folgenden Beispiele von Netzplantechniken charakterisieren einige historisch bedeutsame Entwicklungsstufen.[34]

Critical Path Method (CPM)
Dieses System entstand aus einer gemeinsamen Arbeit der Firmen Du Pont und Remington Rand unter Mitarbeit verschiedener »think factories«, insbesondere der RAND Corporation.
Program Evaluation and Review Technique (PERT)
Mit diesem speziell für große Forschungs- und Entwicklungsvorhaben konzipierten System wurde vor allem eine Vielzahl von Firmen und Planungsstäben der Administration und der Wissenschaft im Hinblick auf Zuverlässigkeit und exakte Einhaltung von Projektterminen und Projektzielen koordiniert. PERT wurde Mitte der fünfziger Jahre gemeinsam vom ›Special Projects Office‹ der amerikanischen Marine, der wissenschaftlichen Beratungsfirma ›Booz, Allan and Hamilton‹ und der Firma ›Lockheed Missile Systems‹ entwickelt.
Eine Weiterentwicklung ist das *PERT/Cost-System,* das vom amerikanischen Verteidigungsministerium (Department of Defense), der National

34 Allen Methoden gemeinsam ist das Ziel, die einzelnen Arbeitsvorgänge innerhalb eines großen und nicht mehr unmittelbar überschaubaren, arbeitsteiligen Projekts möglichst optimal aufeinander abzustimmen, in ihrer Einzel- und Gesamtdauer realistisch abzuschätzen und möglichst kostenoptimal abzuwickeln.

Aeronautics and Space Administration (NASA) und mehreren Industrieunternehmen entwickelt wurde. Das PERT/Cost-System verlangt, daß außer den Zeitangaben noch Kostenkapazitätsbedarf und -kapazitätsgrenzen festgelegt werden, aus denen Belastungspläne entwickelt werden, die den Ablauf des Projekts hinsichtlich Zeit-, Mitteleinsatz und Kosten strukturieren. Das bietet dann Möglichkeiten zur Optimierung.

Metra Potential Method (MPM)

Das System wurde von der Zentrale der internationalen Beratungsgruppe METRA in Paris entwickelt.

Dieses für Großprojekte entwickelte System enthält eine noch wesentlich größere Zahl von Parametern und zielt darauf ab, auch bei starker Vernetzung der Planungs- und Organisationsvorgänge optimale Entwicklungspfade anzugeben.

Zur Terminologie sei noch angemerkt, daß häufig die Begriffe Netzplantechnik, Netzwerktechnik, Netzwerkanalyse und Methode des kritischen Weges synonym verwendet werden. Wichtig ist, daß Netzwerkplanungsmethoden mittlerweile bei fast allen wissenschaftlich-technischen Superstrukturen eingesetzt werden, so bei den Raketenentwicklungs- und Weltraumprojekten sowohl in den Vereinigten Staaten als auch in der Sowjetunion, beim Aufbau von CERN in Genf oder DESY[35] in Hamburg, beim Schnellen Brüter in Kalkar oder bei der Planung der sogenannten Reißbrettuniversitäten Bochum und Bielefeld. Aber auch bei Volks- und Berufszählungen, Regionalplanungen, Infrastrukturplanungen usw. wird mit Netzplantechniken gearbeitet.

Allgemein erweist sich die Netzplantechnik überall dort als nützlich, wo das Gesamtprojekt aus vielen einzelnen Arbeitsabschnitten besteht, die stark voneinander abhängen. Sie ist somit ein typisches Hilfsmittel, komplexe vernetzte Systemabläufe transparent und operationalisierbar zu machen.

Der Einsatz von Computern hat die Projektsteuerung und Projektkontrolle mit Hilfe der Netzplantechnik perfektioniert. Dadurch konnten nun die Forschungs- und Entwicklungsstrategien zu jeder Zeit und mit relativ geringem Aufwand hinsichtlich Personal- und Ressourceneinsatz, Mittelwahl, Strategieänderun-

35 DESY = Deutsches Elektronensynchrotron.

gen oder Überprüfung der Zielerfüllung neu optimiert werden.[36]
Ich schließe die Auswahl und den Exkurs über Inhalte und Entstehungsgeschichte der neuen wissenschaftlich-technischen Planungs- und Organisationsinstrumente mit dem Hinweis ab, daß sich für eine große Zahl weiterer methodischer Ansätze die Wurzeln ebenfalls in den Grundlagen der kybernetischen Erkenntnis- und Handlungsweise finden lassen, die den neuen Produktionsstätten von Wissenschaft und Technologie vor allem der Vereinigten Staaten von Amerika entstammen.[37]
Übersichten über neue Prognoseverfahren und neue Methoden, Verfahren, Techniken und Prinzipien der fünften Stufe der Entwicklung der Produktivkraft ›Wissenschaft und Technologie‹ befinden sich in Tabelle 7.10 – 1 und Abbildung 7.10 – I weiter unten.

7.9 Neue Forschungs- und Entwicklungsmethoden

7.9.1 Das Rationalisierungsprinzip in Forschung und Entwicklung

Während bisher die Anwendung der neuen Methoden nur im Rahmen von Planung und Organisation beschrieben wurde, somit im Kern also noch administrative Abläufe betroffen sind, kommt als weiteres Charakteristikum der neuen Wissensindustrie die Tendenz zur Formalisierung und Rationalisierung der Forschungstätigkeit selbst hinzu. Auch wenn die Übergänge zwischen den planerischen und organisatorischen und den ei-

36 Vgl. hierzu D. M. Malcolm, J. H. Roseboom u. a., Application of a Technique for Research and Development Program Evaluation, Operations Research, 7. 1959, S. 646 ff.
37 Strategien, die besonders auf die Planung und Organisation von Forschungsprozessen und das besondere Verhalten im Forschungs- und Entwicklungsprozeß abzielen, beschreibt z. B. T. A. Marschak, in: Strategy and Organization in a System Development Project The Rate and Direction of Inventive Activity, National Bureau of Economic Research (Ed.), Princeton 1962, S. 509 ff.

gentlichen Forschungstätigkeiten fließend sind, ist die Anwendung formalisierter Verfahren wie Entscheidungsmodelle, Graphenmodelle oder Simulationsmethoden im eigentlich wissenschaftlich-schöpferischen Bereich des Forschungs- und Entwicklungsprozesses ein Novum. Für eine Wissenschaftsauffassung, die von der Bedeutung des schöpferisch-individuellen Geistes und der Autonomie der Wissenschaft ausgeht, bedeutet die Organisierung und Formalisierung des Forschungsprozesses selbst einen gravierenden Einschnitt. Zur Verdeutlichung seien einige derjenigen Methoden genannt, mit deren Hilfe nunmehr unmittelbar Inventionen und Innovationen, d. h. Forschungsergebnisse, geplant, organisiert und berechnet werden.

7.9.2 Neue Methoden der Innovationsproduktion

7.9.2.1 Such- und Screening-Verfahren

Mit diesen Verfahren wird aus einer großen Zahl von Möglichkeiten nach bestimmten Regeln und Bedingungen eine vorher definierte Lösung aufgesucht oder selektiert. Sie wurden beispielsweise zur Herstellung einer bestimmten chemischen Verbindung, zur Lösung eines speziellen technischen Problems oder zum Aufspüren eines bestimmten Systemverhaltens angewandt.[38] Berühmt geworden sind die ersten großen Suchstrategien nach

38 Nach H. A. Simon, The New Science of Management Decision, New York 1960, S. 22 ff., können viele Forschungsprobleme als komplexe Suchstrategien aufgefaßt und formalisiert werden. Natürlich hängt die Formalisierbarkeit und Organisierbarkeit davon ab, wieweit der Suchraum fest definiert werden kann, wie hoch die Variabilität des Problemlösungsspektrums ist, wie viele Lösungspfade es gibt und wie viele zu echten Lösungen führen.
Nach R. L. Ackoff, Scientific Method: Optimizing Applied Research Decision, New York 1962, S. 5 ff., sollen sich sogar die meisten Forschungsaufgaben als Suchprozesse bzw. Problemlösungsstrategien formalisieren lassen. Die schöpferische Innovation wird dann wie bei A. Newelt, J. C. Shaw, H. A. Simon, The Process of Creative Thinking, Contemporary Approaches to Creative Thinking, in: H. E. Gruber et al. (Ed.), New York 1962, S. 116 ff., lediglich zu einem Sonderfall der allgemeinen Such- bzw. Problemlösetätigkeit.

chemischen Strukturformeln bzw. Molekülstrukturen. Es ist kein Zufall, daß gerade in der organischen Chemie die enorme Informationsfülle frühzeitig den Trend zu stärkerer Rationalisierung und Automatisierung von Suchprozessen und zur elektronischen Klassifizierung und Dokumentation ausgelöst hat. Aber es blieb nicht nur bei der Klassifizierung und Speicherung von Strukturen und Eigenschaften und deren Parametern. Robert Woodward hat Anfang der fünfziger Jahre mit seinem Forscherteam die Suche nach Reaktionswegen unter Berücksichtigung der theoretischen Grundlagen von Reaktionsmechanismen systematisch geplant und organisiert. Er erhielt dafür 1965 den Nobelpreis für Chemie.[39]

7.9.2.2 Formalisierte Analogieverfahren

Auf der Grundlage system- bzw. modelltheoretischer Isomorphien werden zwischen ganz unterschiedlichen Gegenstandsbereichen Vergleiche und Analogien gezogen. Durch die Betrachtungen struktureller oder funktionaler Ähnlichkeiten konnten Erkenntnisse gewonnen werden, die anderenfalls gar nicht sichtbar geworden wären. Analogieverfahren haben eine beträchtliche Rolle in der Biologie, aber auch in der Chemie, der Soziologie und der Psychologie gespielt.

Wie hoch Analogieverfahren für die Soziologie, die Politischen Wissenschaften und die Zukunftsforschung eingeschätzt werden, geht aus den folgenden Ausführungen hervor:

»Beispielsweise beruhen nahezu alle Zukunftsspekulationen politischer Art auf Analogieschlüssen, d.h. auf der Vermutung, daß in ähnlichen Situationen ähnliche Reaktionen und Verhaltensweisen von Staaten, Gesellschaften und Politikern zu erwarten sind. Zum Beispiel wird aus der Tatsache, daß die großen geschichtlichen Gegensätze wie Christentum – Islam oder Katholizismus – Protestantismus sich nie aufgelöst haben, aber auch nie im entscheidenden Sieg der einen oder anderen Seite endeten, sondern zu einer Art Koexistenz führten ... häufig der Analogieschluß gezogen, daß dem Spannungsverhältnis zwischen Demokratie und Kommunismus eine ähnliche Entwicklung bevorstehen dürfte. Aus den sozialen und politischen Problemen, die die heutigen Industrieländer während ihrer eigenen industriellen Revolution hatten, zieht man Rück-

39 Hierzu eingehender: H. Krauch, Die organisierte Forschung, a.a.O., S. 72 ff. und S. 96.

schlüsse auf die Probleme, die durch die Industrialisierung in den heutigen Entwicklungsländern ausgelöst werden können.«[40]

Aber natürlich wurden Analogieverfahren nicht nur für globale Probleme und Modelle angewandt. Besonders die technische Nachbildung natürlicher Vorgänge gründet sich häufig auf Analogiemodelle. So sind beispielsweise formalisierte Analogieverfahren in der Bionik ein unentbehrliches Hilfsmittel etwa beim Entwurf von integrierten Energieversorgungs- oder Energiespeichersystemen.

7.9.2.3 Brainstorming

Man kann nachweisen, daß bei der Produktion spontaner, auch ganz unkonventioneller, auf den ersten Blick gar nicht relevanter Ideen durch eine größere Anzahl von Beteiligten mehr »gute« Gedanken produziert werden, als wenn man solche im normalen Forschungsprozeß sucht.[41] Die Methode ist sehr vielfältig und wurde zuerst in der Industrie und für militärische Aufgaben angewandt. Der Entwicklung des »Brainstorming« liegen zwei Voraussetzungen zugrunde: einmal die Überzeugung, daß die Produktion von Innovationen nicht mehr dem Zufall und dem einsamen Forschergeist überlassen bleiben müsse; statt dessen solle sie sich nach geregelten Verhaltensweisen miteinander kommunizierender, interdisziplinär zusammengesetzter Personengruppen vollziehen. Andererseits stellte sich heraus, daß der Trend zu stärkerer Formalisierung, Generalisierung und Quantifizierung die Kreativität einschränkt. »Unkonventionelles«, »Verrücktes«, »Tolles«, »Abwegiges«, »Phantasievolles« blieb aus. So mußte nunmehr das Forschungsmanagement darauf bedacht sein, daß solche Momente in besonderer Weise gefördert werden. Unter diesem Vorzeichen entstand das »Brainstorming« als ein nach Regeln verlaufendes Verfahren zur Produktion »spontaner« Ideen.

Eine knappe Zusammenfassung des methodischen Grundgedan-

40 A. Fischer, Futurologie, Rissener Studien, Hamburg 1968, S. 16 (zit. n. O. K. Flechtheim, Futurologie – Der Kampf um die Zukunft, Frankfurt am Main 1972, S. 98).

41 Erich Jantsch, Technological Forecasting in Perspective, OECD, Paris 1967.

kens und eine Einschätzung der Wirkung geben Kohler und Nagel:

»Es findet eine Sitzung von einigen Leuten oder Gruppen statt. Ein bestimmtes Problem wird kurz skizziert. Anschließend bringen die Teilnehmer intuitiv Vorschläge zur Lösung des Problems oder neue Ideen vor. Keine dieser Ideen, mag sie sich auch noch so entfernt auf das Problem beziehen, wird zurückgewiesen, kein Vorschlag sofort diskutiert. Zunächst werden Vorschläge und Ideen lediglich festgehalten. Diese Methode basiert auf der Annahme, daß die Fülle der Vorschläge die schöpferische Einfallskraft der Beteiligten beflügelt, neue Ideen hervorgebracht werden und sich aus der so entstehenden Vielzahl oft irrelevanter Lösungsvorschläge einige praktikable Lösungsmöglichkeiten herausdestillieren lassen. Anfang der fünfziger Jahre hegte man große Hoffnungen in die Möglichkeiten des Brainstorming. Man betrachtete es als die wichtigste Methode, neue Ideen und rasche Lösungsmöglichkeiten zu finden.«[42]

Auch das Brainstorming hat sich in der sich interdisziplinär vernetzenden Wissens- und Technikindustrie Ende der vierziger Jahre vor allem als Hilfsmittel für die Erarbeitung militärischer Langzeitstudien entwickelt.[43] Es kann als eine neue Methode zur Erstellung von Zukunftsbildern bezeichnet werden. Die ersten Anstöße dazu kamen aus der Werbeindustrie:

»Osborn beobachtete, daß alle Konferenzen, denen er beiwohnte, von einer Atmosphäre des ›ausgeschlossen, unmöglich, nein und damit punktum!‹ beherrscht waren. Einfälle wurden abgewürgt, kaum daß sie erwähnt worden waren, und viel zu viele einfallsreiche Leute hüllten sich deshalb in Schweigen...

Brainstorming ist nun eine Methode, mit der sich ein Problem in Angriff nehmen, ja geradezu im Sturm berennen läßt durch Dutzende von Ideen...

Man läßt Einfälle in den Bereich des Unterbewußtseins vordringen, um so eine Kettenreaktion freier Assoziationen auszulösen...«[44]

42 Beate Kohler und Renate Nagel, Die Zukunft Europas, Köln 1968, S. 30.

43 Später auch für »langfristige wissenschaftliche Studien der NATO« verwendet, Kommission der EG, Abschlußbericht »Europa + 30 Jahre«, a.a.O., S. 24.

44 C. H. Clark, Brainstorming, München 1973, S. 17f. Alex Osborn ist stellvertretender Direktor einer der größten Werbeagenturen der

7.9.2.4 Delphi-Methode

Diese von Olaf Helmer und seinen Mitarbeitern in der RAND Corporation begründete Methode ist der Versuch, in einer Gruppe von Personen (meist Experten unterschiedlicher Fachrichtungen) über ein bestimmtes Thema oder Ereignis (meist zukünftiges Ereignis) einen Konsens bzw. eine höchstmögliche Übereinstimmung und klare Gegenpositionen zu erzielen.

Den Fachleuten werden zum Beispiel Fragebögen vorgelegt, und sie sollen schätzen, mit welcher wissenschaftlichen oder technologischen Entwicklung wann zu rechnen ist. Die Antworten werden gesammelt und analysiert. Sodann werden ihnen in einem weiteren Durchgang die Angaben, Argumente und Zeitschätzungen der anderen Teilnehmer sowie die Streuung der verschiedenen Antworten mitgeteilt. Sie werden nun gebeten, ihre Aussagen und Schätzungen zu wiederholen und gegebenenfalls zu revidieren. Dieser Vorgang kann mehrfach wiederholt werden. Tatsächlich ergibt sich in der Praxis meistens eine Verlagerung zu mittleren Positionen hin.

Die Methode wurde zuerst auf die Entwicklung von Wissenschaft und Technologie angewandt, später in der Forschungsarbeit selbst verwendet. Sie diente zunächst vor allem der Voraussage möglicher Innovationen und deren Zeitpunkten bzw. Realisierungen und wurde dadurch vor allem ein Instrument zur Festlegung von Prioritäten in der Forschungs- und Entwicklungsplanung. Auf diese Weise erarbeitete Ergebnisse bildeten zunehmend die Grundlage für Themenauswahl, Problemtransparenz und Technologie-Folgenabschätzungen. Weiterhin wurden auf diese Weise ganze FuE-Programme sowie deren Budgetplanungen für die politische und militärische Administration erarbeitet.

Die Delphi-Methode wurde schon bald von der Industrie übernommen und hat dort für Trendeinschätzungen technologischer Innovationen, Marktentwicklungen, Einsatz technischer Verfah-

Welt, der Batten, Barton, Durstine und Osborn-Werbeagentur (B.B.D.O.), und hat um 1940 Anstöße zur Entwicklung von Brainstorming als wissenschaftliche Arbeitsmethode zum Entwurf von Zukunftsperspektiven und zur Entwicklung unkonventioneller Lösungsansätze komplexer Probleme gegeben.

ren und Hilfsmittel, Ressourcenentwicklungen, Aufhellung ökonomisch-politischer Zusammenhänge usw. von Anfang an eine erhebliche Rolle gespielt.

Wie stark die Methode mit der kybernetischen Methode verbunden ist, zeigt sich daran, daß bei der Befragung der Teilnehmer die Rückkopplung (Rückfrageverfahren nach Kenntnis der Ergebnisse der ersten Befragungsrunde) die wichtigste Rolle spielt. Weiterhin ist das Informations- und Kommunikationsverhalten zwischen den Teilnehmern wichtig. Für die Interpretation der Ergebnisse ist natürlich die Tatsache relevant, welche spezifischen Eigenschaften die am Delphi-Verfahren beteiligte Gruppe aufweist. Erst diese Kenntnis gestattet es, die Ergebnisse der verschiedenen Durchgänge so zu bewerten, als habe sich eine »Gruppenmeinung« herausgebildet, die »als zuverlässiger betrachtet werden konnte als jede der betrachteten Einzelmeinungen«.[45]

Bis heute wurden zu zahlreichen wissenschaftlichen und technischen Entwicklungen und Fragestellungen Delphi-Studien durchgeführt. Das Spektrum reicht von der Einschätzung waffentechnischer Systeme über Chancen und Formen friedlicher Kooperation der Supermächte bis zu Fragen nach den Möglichkeiten und Zeitpunkten mittel- und langfristiger Wetterprognosen, den Möglichkeiten von Genmanipulationen oder medizinischen Behandlungsformen von Krebserkrankungen. Die Delphi-Methode wird im Rahmen der empirischen Sozialforschung, in der wirtschaftswissenschaftlichen Forschung sowie in der industriellen und administrativen Praxis angewandt.

7.9.2.5 Morphologische Methode

Die Morphologie als methodischer Untersuchungs- und Handlungsansatz wurde erstmalig im Jahre 1942 angewandt, um eine Reihe strategischer Alternativen zur Erreichung eines bestimmten militärischen Ziels aufzustellen. Entwickelt wurde sie von dem Schweizer Fritz Zwicky, der während des Zweiten Weltkrieges in den USA arbeitete. Er untersuchte mit dieser Methode

45 Andreas Fischer, Futurologie, Rissener Studien, Hamburg 1968, Seite 19, zitiert nach Ossip K. Flechtheim, Futurologie – Der Kampf um die Zukunft, Frankfurt am Main 1972, S. 89.

die möglichen technologischen Alternativen im Raketenbau.[46] Zunächst wird die Problemstellung in ihre Bestandteile zergliedert, dann werden sämtliche möglichen Zustände jedes einzelnen Bestandteils festgelegt und schließlich sämtliche möglichen Kombinationen dieser Zustände aufgelistet, graphisch dargestellt und im Hinblick auf die Zielvorgabe relativ zueinander bewertet bzw. abgeschätzt.

Zwicky untersuchte »die Gesamtheit aller möglichen mit chemischen Treibstoffen aktivierten Strahltriebwerke, die sich durch das Vakuum, durch die Atmosphäre, durch das Wasser und durch die Erde fortzubewegen oder gar zu beschleunigen imstande sind.«[47] Bei dieser Untersuchung wurden 11 Faktoren ausgemacht. Für jeden wurden zwischen zwei und vier Alternativen identifiziert (z. B. gasförmiger, flüssiger oder fester Treibstoff; interne oder externe Schuberzeugung). Daraus ergaben sich insgesamt über 25 000 mögliche Kombinationen.[48]

»Unter den 576 denkbaren Typen von Strahltriebwerken, die Zwicky bei dieser Gelegenheit ermittelte, befanden sich auch theoretische Erfindungen, die bis heute nicht in die Praxis umgesetzt werden konnten, wie die ›Terramaschinen‹. Diese sollen nach Zwickys Vorstellungen bei der Erforschung des Erdinneren eine ähnliche Rolle spielen wie die Raumraketen bei der Erforschung des Himmels.«[49]

Die morphologische Methode kann allgemein als eine Prognosemethode angesehen werden, mit deren Hilfe eine diskrete Anzahl von Möglichkeiten einer Problemlösung dargestellt werden kann. Somit können auch mögliche Zukunftsbilder oder Alternativen denkbarer politischer, ökonomischer oder militärischer Strategien entworfen werden.

Zwicky vertrat die Ansicht, daß ihm »mit dieser Methode eine Systematisierung des Erfindungsvorganges schlechthin gelungen sei«, und verkündete:

46 Fritz Zwicky, Entdecker, Erfinder, Forscher im morphologischen Weltbild, München 1966.

47 Zitiert nach R. Jungk, Der Jahrtausendmensch – Bericht aus den Werkstätten der neuen Gesellschaft, Reinbek bei Hamburg 1976, S. 70.

48 Kommission der EG, Europa + 30 Jahre, a.a.O., S. 25.

49 R. Jungk, Der Jahrtausendmensch, a.a.O., S. 70.

»Jeder Morphologe ist ein Berufsgenie... das Entdeckungen auf allen Gebieten der Wissenschaft, der Technik und des Lebens zu machen imstande ist.«
»Die fundamentale Tatsache, daß jeder Mensch ein potentielles Genie ist und daß eine vernünftige, freie, gesunde Welt nur dann Wirklichkeit werden kann, wenn alle diese Genies erkannt und entfaltet werden, ist heute nur wenigen gegenwärtig.«[50]

Auch wenn die morphologische Methode in zahlreichen Fällen ein brauchbares Hilfsmittel zur systematischen Strukturierung von alternativen Möglichkeiten darstellt, wurde sie doch von Zwicky weit überschätzt. Interessant sind die Äußerungen des Zukunftsforschers aber trotzdem: Erstens zeigen sie den fundamentalen Drang, mit Hilfe der neuen Handlungsgrundlagen der Wissenschaft den Zufall beim Erfindungsvorgang auszuschalten und durch eine systematische Methode des Erfindens zu ersetzen. Zweitens spricht daraus die Überzeugung, durch die Anwendung jener neuen wissenschaftlichen Methoden alle Menschen in die Lage zu versetzen, im Prinzip beliebig schwierige Leistungen zu vollbringen.
Und drittens kommt das ungebrochene Vertrauen in die Wissenschaft und ihre neuen methodischen Grundlagen zum Ausdruck, durch sie »eine vernünftige, freie, gesunde Welt« zu verwirklichen. Das ist Francis Bacon in Reinkultur auf der Ebene höchster Entfaltung der Produktivkraft ›Wissenschaft und Technologie‹.
Immerhin bleibt, daß die morphologische Methode ein Hilfsmittel darstellt, mit dem man systematisch Innovationen aufspüren und somit den Zufall in Grenzen eliminieren kann.

7.9.2.6 Relevanzbaum-Methode

Diese Methode wurde als weiteres Beispiel ausgewählt, weil sie nach Jantsch[51] und Müller-Merbach[52] bei der Aufstellung von Prioritäten in der Forschungs- und Entwicklungsplanung der USA sehr erfolgreich war. Die Aufstellung eines Bedeutungs-,

50 Ebenda, S. 70 f.
51 E. Jantsch, Technological Forecasting in Perspective, OECD, Paris 1967, S. 219.
52 H. Müller-Merbach, Operations-Research-Methoden und Modelle der Optimalplanung, Berlin und Frankfurt am Main 1969, S. 308 ff.

Bewertungs- oder Entscheidungsbaumes wurde für wissenschaftliche und technologische Voraussagen und Bewertungen verwendet, um über die optimale Entwicklung der Produktivkraft ›Wissenschaft und Technologie‹ verläßliche Aussagen zu bekommen.

Aus den sogenannten ›relevance figures‹, den hauptsächlichen Ergebnissen der Relevanzbaum-Methode lassen sich nämlich Schlüsse ziehen, welche Alternativfolgen eines Relevanzbaumes die geeigneten hinsichtlich der Zielverwirklichung sind. Wie man zu diesen relevance figures kommt, geht aus den folgenden Ausführungen hervor:

»Bei der Aufstellung dieses ›Baumes‹ geht man von einem normativen Ziel aus und stellt auf aufeinanderfolgenden Ebenen Alternativen auf, die zur Erreichung des angestrebten Zieles führen können...

Nach Aufstellung des ›relevance tree‹ wird versucht, jede der zum Ziel führenden Alternativen der einzelnen Ebenen quantitativ zu bewerten. Hierzu stellt man für jede Ebene eine Matrix auf. Die Spalten der Matrix stellen die Alternativen der Ebene dar, die Zeilen die Bewertungskriterien. Diese Bewertungskriterien müssen für jede Ebene neu entwickelt und, da sie nicht gleichbedeutend sind, entsprechend gewichtet werden. Aus praktischen Gründen erfolgt die Gewichtung der Bewertungskriterien so, daß ihre Summe = 1 ist. Die Bewertung der jeweiligen Alternativen unter dem Gesichtspunkt der vorangestellten Kriterien wird mit Hilfe von ›significance numbers‹ vorgenommen, die es erlauben, auch qualitative Kriterien in zahlenmäßigen Relationen auszudrücken. Die Summe der ›significance numbers‹ eines jeden Bewertungskriteriums ergibt immer 1. Die Gewichtung der Bewertungskriterien wird multipliziert mit den ›significance numbers‹ der Alternativen; addiert man die Produkte je Spalte, so erhält man die ›relevance numbers‹ der einzelnen Alternativen. Multipliziert man die ›relevance numbers‹ der auf den Ebenen 1 bis n auseinander hervorgehenden, zusammengehörigen Alternativen miteinander, so erhält man die ›relevance figures‹.«[53]

Es sind zahlreiche bedeutende Relevanzbaum-Anwendungen bekannt geworden. Nachdem die Methode in den ›Denkfabriken‹ der amerikanischen Wissensindustrie getestet wurde, haben Industrieunternehmen (z. B. die Firma Honeywell mit dem ›PATTERN-System‹), Versicherungsgesellschaften, die US Air Force, die US Marine und die NASA ihre Möglichkeiten genutzt.

53 B. Kohler und R. Nagel, Die Zukunft Europas, Köln 1968, S. 35 ff.

7.9.2.7 Algorithmen und Computereinsatz

Während mit den vorangegangenen Beispielen besonders intuitiv geprägte Methoden hervorgehoben wurden, spielten natürlich neue formalisierte Analyse- und Prognoseverfahren, die auf Algorithmen, Modellkonstruktionen und quantitativ-mathematisierbaren Verfahren beruhen, eine außerordentlich große Rolle.

Wie bereits betont, ist das Hauptziel aller dieser Methoden, den Zufall bei der wissenschaftlichen Innovation und technischen Neuerung zu eliminieren bzw. kalkulierbar zu machen. Aus der großen Fülle von möglichen Ereignissen und Lösungen soll durch eine möglichst optimale Forschung die gewünschte Problemlösung auf kürzestem Weg erreicht werden.

Eine zentrale Bedeutung erlangte dabei die Entwicklung von Algorithmen und der Einsatz von Computern. Mit dem Computer können erstmals mathematische Probleme mit einer großen Zahl von Variablen (z. B. in den Wirtschaftswissenschaften, der Psychologie, Soziologie, Biologie, Physik, Chemie, Politischen Wissenschaft) bewältigt werden. Ebenso können Probleme mit großen Datenmengen (Statistik, Meteorologie, Marktforschung, Ökonometrie, Chemie, Astronomie usw.) in kurzer Zeit bearbeitet werden. Zahlreiche Probleme lassen sich so überhaupt erstmals unter realistischen Kosten-Nutzen-Relationen lösen.[54] Die Anwendungen im industriellen und militärischen Bereich liegen auf der Hand.

Ganz wesentlich ist, daß mit dem Computer nicht nur deterministische, sondern auch stochastische und sogar intuitive und assoziative Verfahren »abgebildet« und behandelt werden können.

Als typische stochastische Methode kann die damals bereits entstandene *Monte-Carlo-Simulation*[55] bezeichnet werden, bei

54 Vgl. hierzu auch den Abschnitt ›Operations Research und spezielle Managementtechniken‹ und die dort angegebene Literatur.

55 Die Probleme der Monte-Carlo-Simulation behandelt eingehend z. B. Stafford Beer in: The Mechanical Simulation of Stochastic Flow, Proceedings of the First International Conference on Operational Research, London 1957; auch in: ›Kybernetik und Management‹ in den Kapiteln 16: Skizze einer kybernetischen Fabrik, S. 171 ff. und 19: Das Analogon zur Unbestimmtheit, S. 216 ff., Frankfurt am Main 1963.

der eine Zufallsauswahl von Parameterwerten aus Wahrscheinlichkeitsverteilungen erfolgt. Die Methode berücksichtigt explizit die Ungewißheit der Eingangsdaten. Das Simulations-Modell kann eine große Zahl von Wertekombinationen der Eingangsvariablen durchlaufen lassen. Dabei wird für jede dieser Variablen pro Durchlauf ein Wert zufällig gewählt, der innerhalb des Ungewißheitsbereichs liegt. Auf diese Weise erhält man einen Wertebereich der Ausgangsvariablen, der einen Maßstab für deren Ungewißheit ergibt.

Die Monte-Carlo-Methode kann für Anpassungsvorgänge verschiedener Art angewandt werden, bei denen ein System durch stochastische Veränderungen (z. B. Störungen oder Einflüsse verschiedenster Art) aus dem (homöostatischen) Gleichgewicht gebracht wird. Das System reagiert, was mit der Methode nachgezeichnet werden kann, mit einer Lösung im Sinne der Zielvorgabe in einer angemessenen Zeit. Dieser Zustand muß dabei durchaus nicht die absolut beste Lösung sein. Diese braucht möglicherweise viel mehr Zeit und trägt eventuell die Gefahr in sich, daß schon wieder eine Störung auftritt, die das System dann nicht mehr verkraften kann. Das Ergebnis ist somit eine Art ›zweitbeste Lösung‹. Die Monte-Carlo-Simulation stellt also eine Methode dar, die ökonomische, politische oder militärische Management-Techniken unterstützen kann, indem sie brauchbare, aber nicht unbedingt die absolut besten Lösungen erbringt.[56]

Mittels Computern wurden schon frühzeitig auch *intuitive Suchprozesse in den Naturwissenschaften* simuliert und organisiert (vgl. hierzu 7.9.2.1 ›Such- und Screening-Verfahren‹).

Klassisch zu nennen sind die organisierten Suchstrategien zur Isolierung des durch Fleming entdeckten Penicillins und zur Entdeckung des Streptomycins, die beide Anfang der vierziger Jahre durchgeführt wurden. Wie in diesen Fällen das »Evidenzerleben« des einzelgängerischen Forschers durch Organisation ersetzt wurde, wie die schöpferische Idee durch eine formalisierte Problem- und Suchstrategie substituiert wurde, läßt sich dem folgenden Text entnehmen:

56 Hierzu z. B. Stafford Beer, The Mechanical Simulation of Operational Research (London 1957).

»Eine systematische Methodik hat offenbar intuitive Prozesse erübrigt. Diese werden entweder durch neue Techniken z. B. der Messung oder Analyse substituiert, oder der Forschungsprozeß als solcher wird verstehbar und formalisierbar, und als Folge davon werden intuitive Prozesse mechanisiert bzw. methodisch systematisiert...
Der Forschungsprozeß wurde hier radikal abgekürzt dadurch, daß eine quer durch die Disziplinen gehende Methodenkombination benutzt wurde, wobei organische Chemiker, Physikochemiker, Kristallographen und Computerfachleute kooperierten.«[57]

Der Ausbau der neuen Wissens- und Technologiefabriken war so eng mit dem *Einsatz von Computern* gekoppelt, daß diese Einrichtungen geradezu zum Test- und Pilotfeld für elektronische Rechenanlagen und Softwareprogramme wurden. Hier vor allem wurde der Siegeszug der Computer für die Industrie und den militärischen sowie politisch-administrativen Sektor vorbereitet.
Computer wurden nicht nur zur schnelleren Lösung umfangreicher Gleichungssysteme und von Problemen mit vielen Variablen und großen Zahlen eingesetzt, sondern erstmals auch für selbstregulierende Meß- und Kontrollverfahren, als Material- und Energieregler oder zur Steuerung von Analyse- und Syntheseprozessen.
Sie wurden weiterhin zur Information, Dokumentation und Kommunikation, zur Modellbildung und für Simulationsverfahren, zur Steuerung großtechnischer Anlagen sowie von Management- und Organisationsprozessen auf der Grundlage komplexer Netzpläne mit vielen beteiligten Personen und großen Mitteleinsätzen benutzt.
Da es in zahlreichen Fällen gelang, komplexe wissenschaftliche und technologische Probleme in Form von Algorithmen darzustellen, konnten auch sie einer formalisierten Behandlung bzw. Lösungsstrategie unterzogen werden. Erhöhte bereits dieser Schritt die Chance, mit einem vertretbaren Aufwand zu Problemlösungen oder Innovationen zu kommen, so wurde diese durch den Einsatz leistungsfähiger Computer noch vervielfacht.

57 H. Krauch, Die organisierte Forschung, a.a.O., S. 77 f. Bei dieser Darstellung bezieht sich Krauch vor allem auf: J. Jewkes, D. Sawers, R. Stillermann, The Sources of Invention, London 1962.

Der Bereich von Wissenschaft und Forschung wurde gerade durch diese neuen Methoden und Hilfsmittel der Innovationsproduktion zu einem echten Produktionssektor, für den der Begriff ›Wissenschaftsindustrie‹ keine Metapher mehr ist.

7.10 Zur Systematisierung und Bewertung der neuen Methoden

Bisher sind alle Systematisierungsversuche der Methoden, Prinzipien und Techniken der Innovationsproduktion, die für die fünfte Stufe der Entwicklung der Produktivkraft ›Wissenschaft und Technologie‹ charakteristisch sind, mehr oder weniger gescheitert.

So haben beispielsweise Kohler und Nagel eine Zuordnung zu bestimmten Wissenschaftsbereichen angestrebt. Danach werden Operations-Research-Methoden und Netzplantechniken der jüngeren Betriebswirtschaft, Extrapolationen der ökonomischen Richtung der neueren Nationalökonomie und Statistik, Umfragetechniken der Soziologie und sozialökonomische Verhaltenstechniken, Feedback-Modelle der Kybernetik, Entscheidungs- und Spieltheorie sowie das Scenario-Writing der Strategieentwicklung und Strategieforschung zugerechnet.[58] Wie man unschwer erkennt, ist dieser Versuch in vielfacher Hinsicht mißglückt.

Ein weiterer Systematisierungsversuch stammt von Erich Jantsch, der intuitive, explorative, projektive und rekursive Analyse- und Prognoseansätze unterscheidet.[59] Auch wenn dieser Ansatz wesentlich besser die interdisziplinäre Anwendbarkeit der Methoden berücksichtigt und ihre wesentlichen Elemente hervorzuheben versucht, kann er nicht befriedigen, da es ja gerade das Wesen dieser Methoden ist, daß in ihnen jeweils mehrere der von Jantsch hervorgehobenen Elemente integrativ zusammengeführt werden, was auch ihre besondere Wirksamkeit

58 Beate Kohler und Renate Nagel, Die Zukunft Europas, Köln 1968, S. 27.

59 Erich Jantsch, Technological Forecasting in Perspective, OECD, Paris 1967, S. 110ff.

ausmacht. Jantsch identifizierte schon Anfang der sechziger Jahre über 100 neue methodische Ansätze, Prinzipien und Techniken, einschließlich bestimmter Varianten, und faßte sie in 20 »approaches« zusammen.

Der sowjetische Sozialwissenschaftler und Zukunftsforscher Bestushev-Lada schrieb 1969, daß man etwa 300 unterschiedliche methodische Vorgehensweisen ausmachen könne, die mehr oder weniger einer neuen Form der wissenschaftlichen Innovationsproduktion, insbesondere der sozial- und wirtschaftswissenschaftlichen Analyse und Prognostik zugeordnet werden müssen.[60] Im Prinzip handelt es sich auch hier um jene Methoden, die für die fünfte Stufe der Entwicklung der Produktivkraft ›Wissenschaft und Technologie‹ charakteristisch sind.

Wegen der zunehmenden Bedeutung von formalisierten Planungs-, Organisations- und vor allem Prognosetechniken in allen Politikbereichen beschloß der Rat der Europäischen Gemeinschaften auf Vorschlag der EG-Kommission im Januar 1974 ein »Aktionsprogramm« zur Vorausschau, Bewertung und Methodik, das »als technische Basis für die künftigen Entscheidungen der Gemeinschaftsorgane im wissenschaftlich-technologischen Bereich« dienen sollte.[61] In dem Bericht des international zusammengesetzten Projekt-Beirates »Europa + 30 Jahre« wird ein Überblick über die Prognosekapazitäten in den Industrieländern gegeben sowie eine Zusammenstellung relevanter Methoden. Auch hier wird deutlich, daß eine Systematisierung im Prinzip nicht möglich ist, wenn selbst eine Abgrenzung der Prognoseverfahren von allgemeinen Analyse-, Planungs- und Entscheidungsfindungstechniken nicht gelingt. So muß auch die in dieser Studie versuchte Einteilung als krampfhaft und mißglückt angesehen werden:

»a) Projektionen: Zusammenfassung und Fortschreibung von quantitativ und quasi-quantitativ ausgedrückten Kenntnissen über Vergangenheit und Gegenwart;

60 Igor V. Bestushev-Lada, Social Prognostics Research in the Soviet Union, in: R. Jungk und J. Galtung (Hrsg.), Mankind 2000, Oslo/London 1969, S. 303.

61 Kommission der Europäischen Gemeinschaften, Europa + 30 Jahre, Abschlußbericht, Brüssel/Köln 1976, Begleitschreiben S. 1.

b) Zukunftsbilderstellung: Hilfsmittel zur Bildung von Vorstellungen über die Zukunft bzw. eine oder mehrere Zukünfte durch Entwicklung von Hypothesen;
c) Policy Analysis: Hilfsmittel zur Bestimmung dessen, was man heute oder später tun könnte und tun müßte, um der Entwicklung den von uns gewünschten Verlauf zu geben.«[62]

Andererseits finden sich in diesem Bericht wichtige Hinweise auf Leistungsfähigkeit und Grenzen der neuen Methoden. So wird etwa deutlich hervorgehoben, daß es vor allem »auf die Anwendungsweise der verfügbaren Methoden ankommt« oder daß eine Methode nur so gut sein kann, wie die Voraussetzungen für ihre Anwendung im konkreten Fall geprüft wurden.
Aber der Bericht läßt keinen Zweifel, daß solche Methoden dringend gebraucht werden und weiterentwickelt werden müssen, natürlich im Sinne des WTI-Paradigmas.

»Die ... Angaben lassen erkennen, daß man sich in allen Ländern zunehmend der Notwendigkeit einer Prognostik sowohl im staatlichen als auch im nicht-staatlichen Bereich bewußt wird.«[63]
»Die Europäischen Gemeinschaften bedürfen aber gerade jener langfristigen integrierten Prognosen der ökonomischen, politischen und sozialen Entwicklung, um ihre eigene Weiterentwicklung steuern zu können. Dies setzt politische Planung auf Gemeinschaftsebene voraus ...«[64]

Weniger als Systematisierungsversuch als vielmehr zur Charakterisierung wesentlicher Eigenschaften der Methoden ist die nachfolgende Übersicht von Erhard Ulrich und Manfred Lahner zu werten (Abbildung 7.10 – I; siehe S. 410f.).
Wie man der Abbildung entnehmen kann, sind für die Prognoseverfahren verschiedene Kategorien gleichzeitig charakteristisch, wobei noch nicht einmal alle zutreffenden Merkmale aufgenommen wurden. So können beispielsweise das Scenario-Writing oder die Delphitechnik auch als heuristische Methoden benutzt werden, und Simulationen sowie Modellbildungen können natürlich auch projektive Schritte in die Zukunft vorsehen. Somit ist auch bei dieser Darstellungsform hinsichtlich ihres Anwendungs-

62 Ebenda, S. 18 f. (Teil I.3.).
63 Ebenda, S. 13 (Teil I.2.).
64 Ebenda, S. 22 (Teil I.1.).

und Gebrauchswertes Vorsicht geboten, auch wenn sie für eine allgemeine Einschätzung der Methode durchaus informativ ist.
Die Gründe, weshalb sich diese Methoden allgemeinen Systematisierungsbestrebungen weitgehend entziehen, liegen gerade in der inneren Logik, daß ihre Anwendung nicht auf bestimmte Gegenstandsbereiche fixiert ist und daß sie im allgemeinen gerade verschiedene, zum Teil sehr unterschiedliche methodische Merkmale in sich vereinigen (z. B. intuitiv-spekulativ, quantitativ, qualitativ, normativ, explorativ).
Ein weiteres Charakteristikum ist die Tatsache, daß die Methoden im allgemeinen gar nicht so scharf definiert sind, um sie präzise voneinander abgrenzen oder nur in einer ganz spezifischen Form verwenden zu können. Vielfach bezeichnen die Begriffe ein variantenreiches Spektrum möglicher methodischer Ansätze, die sich um bestimmte Grundprinzipien gruppieren, die sich wieder mit anderen Ansätzen und Prinzipien kombinieren lassen.
So können etwa Netzplantechnik, Optimierungsverfahren, Modellbildungen, Simulations-Techniken, Szenario-Techniken, Delphi-Techniken oder Analogieverfahren in Klassen zusammengestellt werden, deren entgegengesetzte Enden nur noch wenig Ähnlichkeit miteinander haben, aber anderen methodischen Ansätzen unter Umständen viel näher stehen.
Entscheidend ist ihre Anwendung. Es ist unerläßlich, die vorgesehenen Methoden eingehend darauf zu prüfen, ob sie im Hinblick auf das zu lösende Problem, das präzise expliziert werden muß, überhaupt in Frage kommen sowie in welcher Form und mit welchen erwarteten Erkenntnisprodukten.
Die meisten Pleiten bei der Anwendung der Methoden und Techniken rühren daher, daß mit bestimmten Ansätzen Problemlösungen angestrebt werden, die von vornherein gar nicht möglich sind (z. B. quantifizierte Aussagen anstatt einer leistungsfähigen qualitativen Darstellung oder Extrapolationen anstatt sinnvoller alternativer Simulationen oder Szenarien).
Wegen der mit Systematisierungen verbundenen Gefahr von Fehlinterpretationen verzichte ich ganz darauf. Die nachfolgende Tabelle 7.10 – 1 (S. 414f.) enthält deshalb nur eine alphabetische Liste von Methoden, Prinzipien und Techniken, die für die fünfte Stufe der Entwicklung der Produktivkraft ›Wissenschaft und

Abbildung 7.10 – I
Zuordnung von Prognoseverfahren zu methodischen Kategorien

	Gewinnung der Daten, Suche nach erklärenden Zusammenhängen			Methode u. Darstell. der Aussagen			Art und Weise des Schrittes in die Zukunft					
	intuitiv	analytisch	heuristisch	quantitativ	qualitativ	durch Graphen	durch Extrapol.	durch Expert. schätz.	normativ	explorativ	projektiv	durch Modellierg.
Trendextrapolation		●		●			●					
Hüllkurvenverfahren		●		●			●					
Netzplantechnik		●		●		●		●		○	○	
Morphologie		●	○		○	●				●		
Innovations- u. Diffusionsanalyse		●	○		●	○	○			○		○
Trendanalogie		●		●			○			●		○
Phänomenologische Modelle		○	●									○

Modellbildung u. Simulation	○	○	○	○	○	○	○		○	○		●
Brainstorming	●				●			●	○	○		
Scenario-Writing	●	○		○	○			●	○	○		
Delphi-Technik	●			●				●	○	○		
Relevanzbaumverfahren	●			○	●	●			●	○		

● vor allem zutreffend
○ zum Teil zutreffend

Quelle:
E. Ulrich und M. Lahner, Methoden und Informationserfordernisse der technologischen Vorausschau, Göttingen 1974.

Technologie‹ charakteristisch sind. Bei dieser Liste handelt es sich notwendigerweise um eine Auswahl von Analyse-, Planungs-, Projektions-, Prognose- und Kreativitätsverfahren und -techniken, die sich im Rahmen des neuen Wirtschaftssektors ›Forschung, Entwicklung und Technologietransfer‹ herausgebildet haben und die die Innovationsproduktion im wissenschaftlich-industriell-militärischen Komplex ganz wesentlich bestimmen. Daß die meisten Methoden in irgendeiner Form operationale Voraussetzungen für die Anwendung von Computern schaffen, liegt in der Natur der Sache und ihrer gemeinsamen Herkunft.

Angemerkt sei noch, daß auch eine Zusammenstellung von 110 Planungsmethoden und -verfahren von Arnim Bechmann auf eine Systematisierung verzichtet und diese lediglich unter Angabe verschiedener Wesensmerkmale wiedergibt.[65]

Wichtiger als Versuche zur Systematisierung sind Bewertungen: Bis vor wenigen Jahren wurden, von einigen Ausnahmen abgesehen, die neuen Methoden und Techniken der fünften Stufe der Produktivkraft ›Wissenschaft und Technologie‹ allgemein gepriesen, und ihre »unerschöpflichen Anwendungsmöglichkeiten« galten als Markenzeichen der modernen Wissensproduktion.

Hoch wurden vor allem die Chancen für rationale Planung und Prognostik, für eine Verbesserung des Vorausdenkens, Entwerfens, Gestaltens, Planens und Steuerns rationaler Zukünfte und politischer bzw. ökonomischer Entscheidungen eingeschätzt. Die Studie »Europa + 30 Jahre« macht da keine Ausnahme.

Es braucht nicht besonders betont zu werden, daß diese Euphorie im Schwinden begriffen ist. Besonders angesichts der ökonomischen, sozialen und ökologischen Krisen sowie der gerade auch durch die Anwendung jener Methoden neu entstandenen Probleme hat sich erhebliche Skepsis breitgemacht, ob die Voraussetzungen, auf denen der Glaube an die ›Allmacht‹ dieser Methoden beruhte, noch gegeben sind.

Eine neuere kritische Analyse zu diesem Thema von Martin Jänicke setzt sich speziell mit der Anwendung verschiedener Prognosemethoden auseinander und beleuchtet vor allem den Kontext, in dem sie gebraucht bzw. mißbraucht und diskreditiert

65 Arnim Bechmann, Grundlagen der Planungstheorie und Planungsmethodik, Bern 1981.

werden. Immerhin kommt Jänicke, unverdächtig, ein unkritischer Anhänger solcher Methoden zu sein, zu folgendem Ergebnis:

»Zahlreiche falsche Wirtschaftsprognosen haben die wissenschaftliche Zukunftsforschung in Mißkredit gebracht. Die Vorbehalte aber sind trotz vieler Fehler der Zukunftsforscher oft unberechtigt. Im heutigen Zeitalter langfristiger und folgenträchtiger Großinvestitionen ist eine objektive Zukunftserkundung wichtiger denn je.«[66]

Jänicke zeigt, daß eine verantwortungsvolle Anwendung der Methoden zu erheblichen Erfolgen führen kann und geführt hat.

Eine empirische Untersuchung in 76 britischen Unternehmen hat erst jüngst gezeigt, daß die Methoden auch in der Wirtschaft keineswegs passé sind.[67] Immerhin hat von jenen Firmen, die die nachfolgenden Methoden gekannt haben, ein relativ hoher Anteil sie auch angewandt:

Executives' assessment:	76%
Surveys:	59%
Cross-impact analysis:	33%
Delphi-method:	11%
Trend analysis:	63%
Moving averages:	58%
Simulation:	25%
Exponential Smoothing:	13%
Regression and correlation:	12%

Den größten Einfluß auf die Unternehmenspolitik hatten die folgenden vier Methoden:

Executives' assessment:	75%
Surveys:	56%
Trend analysis:	53%
Moving averages:	41%

Das bedeutet aber, daß die »naiven Techniken« dominieren, während die anspruchsvolleren »kreativen Techniken« sowohl

66 Martin Jänicke, Zukunftsforschung: Erstens kommt es anders und zweitens als man wünscht, in: natur 7/1984, S. 39.

67 John R. Sparkes und A. K. McHugh, Awareness and use of forecasting techniques in British industry, Journal of Forecasting, Nr. 1/1984.

Tabelle 7.10 – 1
Methoden, Verfahren, Techniken und Prinzipien, die für die fünfte Stufe der Entwicklung der Produktivkraft ›Wissenschaft und Technologie‹ charakteristisch sind

+ ABC-Analyse	+ MPP Mittelfristige Programmplanung
+ Ablaufdiagramm (Komplexe)	+ Morphologische Methode
+ Abweichungsanalyse	+ Multimoment-Aufnahme
+ Analogietechniken	+ Netzplantechniken
+ Balkendiagramm	Critical Path Method (CPM)
+ Beobachtung, teilnehmende	Metra Potential Method (MPM)
+ Beobachtung, nicht teilnehmende	Program Evaluation and Review Technique (PERT)
+ Bewertungsmatrix	+ Netzwerkmethoden
+ Black-Box-Methode	+ Nichtlineare Optimierung
+ Brainstorming	+ Nutzwertanalyse
+ Branch and Bound	+ Optimierungstechniken
+ Cerkosmethode	+ Planspieltechniken
+ Checkliste	+ Polaritätsprofil
+ Codierungstechniken	+ PPBS
+ Computational Statistics	+ Präferenzanalyse
+ Contextual-Mapping	+ Programmierung (lineare und nichtlineare)
+ Delphimethode	+ Projekt-Strukturplantechnik
+ Diffusionsanalyse	+ Querschnittsvergleich
+ Dokumentenanalyse	+ Relevanzbaumanalyse
+ Engpaßmethode	+ Scenario-Writing
+ Entscheidungsbaumanalyse	+ Science Creation
+ Entscheidungsmodelle	+ Scoring-Verfahren

+ Entscheidungstabelle	+ Semantisches Differential
+ Expertenbefragung/-diskussion	+ Sensibilitätsanalyse
+ Exponential Smoothing	+ Sequenzverfahren
+ Faktorenanalyse	+ Shift-Analyse
+ Flußdiagramm	+ Simulationstechnik/-modelle
+ Fragebogen (offen/geschlossen)	+ Strategietechniken
+ Funktionsanalyse	+ Strukturanalysen
+ Gestalterkennungsmethoden	+ Substitionsanalyse
+ Gitteranalyse	+ Synchronverfahren
+ Graphenmodelle	+ Systems Engineering
+ Hüllkurven-Verfahren	+ Systemtechniken -analyseverfahren
+ Indikatorenmethode	+ Teamtechnik
+ Interdependenzanalyse	+ Technological Forecasting
+ Interviewtechniken	+ Technology Assessment
+ Kartierungsverfahren	+ Topologische Verfahren
+ Kennziffernmethode	+ Trend-Korrelation
+ Koordinationsinstrumentarium	+ Utopia-Beschreibungen
+ Kosten-Nutzen-Analyse	+ Verflechtungsanalyse
+ Kosten-Wirksamkeits-Analyse	+ Wertanalyse
+ Lineare Optimierungsmethoden	+ Zeit-/Kosten-/Progressions-Methode
+ Liniendiagramme	+ (komplexe) Zeitreihen- und Extrapolationsverfahren
+ Managementtechniken/Management-Informations-Systeme	+ Zielfindungsanalysen
+ Methode 635	+ Zukunftswerkstätten
+ (formalisierte) Modellmethoden	
+ Moving averages	

weniger angewandt werden als auch weniger Einfluß auf die Politik der Unternehmen haben.

Es bleibt – trotz vieler Planungs- und Prognosepannen – richtig, daß mit Hilfe der wissenschaftlichen Methoden der fünften Entwicklungsstufe der Produktivkraft ›Wissenschaft und Technologie‹ auch komplexeste Systeme analysiert, abgebildet und manipuliert werden können.

Es bleibt auch richtig, daß mit ihnen weiterhin neue Gegenstandsbereiche in Natur und Gesellschaft erschlossen werden können.

Auch die Anforderungen aus dem technisch-industriell-militärischen Komplex werden offensichtlich gut erfüllt[68] (vgl. hierzu auch Kapitel 8). Dort, wo das nicht mehr so gut funktioniert, werden die alten Ansätze laufend durch bessere Verfahren, Projektionsmethoden und strategische Handlungskonzepte ersetzt, die allerdings die gleichen Grundmuster aufweisen.

Effizienzsteigerung und Elimination von Störungen und Zufallsprozessen sind dabei auch weiterhin die Leitgedanken für ihre Fortentwicklung.

Die Frage, die sich heute im Rahmen ihrer Bewertung stellt, ist weniger ihre Leistungsfähigkeit im Sinne des WTI-Paradigmas der Industriegesellschaft, als vielmehr im Hinblick auf seine Änderung bzw. Überwindung.

Sind die Methoden dafür geeignet, reichen sie dafür aus? Oder sind sie eher dafür verantwortlich, daß sich das Paradigma immer mehr verfestigt?

Ich komme auf diese Fragen in Kapitel 10 zurück.

7.11 Resümee

Die Determinanten der modernen Wissenschaftsindustrie, die heute die Grundlage des technisch-industriell-militärischen Komplexes in allen Industrieländern bilden, haben sich in den vierziger und fünfziger Jahren hauptsächlich in den Vereinigten Staaten herausgebildet. Ihnen liegen zwei grundlegende Wand-

68 Gemeint ist hier natürlich im Sinne des herrschenden WTI-Paradigmas.

lungsprozesse der Wissensproduktion und Wissensverwertung zugrunde:

- Veränderungen und Neuerungen der institutionell-organisatorischen Grundlagen von Forschung, Entwicklung und Verwertung (Kapitel 7.1 bis 7.7) und
- neue Denk- und Handlungsmethoden für die Organisation und Durchführung des Forschungsprozesses selbst (Kapitel 7.8 bis 7.10).

Beide Vorgänge sind in höchstem Maße innovativ, denn sie haben die Innovationsproduktion selbst auf eine neue Stufe der strategischen Planung, Organisation und Verwertung gehoben. Beide Vorgänge bedingen auch einander und sind miteinander positiv rückgekoppelt.

Dieser in seinen einzelnen Elementen evolutionäre Wandlungsprozeß hat dadurch, daß er die Ziele und Anforderungen aus dem industriell-militärischen Komplex im Sinne des WTI-Paradigmas ständig besser (effizienter) erfüllt, revolutionäre Auswirkungen und Folgen für die Industriegesellschaft: Hier liegen die Wurzeln für den Übergang der Industriegesellschaft zur »Wissenschaftsgesellschaft«. Denn sowohl die methodischen Grundlagen dieser neuen Stufe der Wissensproduktion und Wissensverwertung als auch ihre institutionell-organisatorischen Einrichtungen und Verzahnungen mit den anderen gesellschaftlichen Bereichen, vor allem dem industriell-militärischen Komplex, haben ›Wissenschaft und Technologie‹ zur zentralen Produktiv- und Innovationskraft gemacht. Es ist diese Form der Wissenschaft, die heute schon weitgehend und in der Zukunft noch mehr alle gesellschaftlichen Bereiche und die natürliche Lebensumwelt dominiert. Sie schafft die »zweite (künstliche) Natur« in unserer Welt.

Die wissenschaftliche Wissensproduktion und die darauf basierende wissenschaftliche Technologieentwicklung und -verwertung sind somit die entscheidenden Charakteristika der fortgeschrittenen Industriegesellschaften. Sie sind somit primär Wissenschaftsgesellschaften.

8 Innovationssteuerung und Technologietransfer in den Industrieländern

8.1 Überblick und Thesen

Die neueren Formen der Wissensproduktion und Wissensverwertung kreisen hauptsächlich um die Ansätze »Innovationssteuerung«, »Innovationsmanagement« und »Technologietransfer«.

Ich zeige in diesem Kapitel, daß die gezielte Steuerung von Innovationen und der institutionell organisierte Wissens- und Technologietransfer die beiden relevanten methodischen Vorgehensweisen zur Bewältigung politischer und ökonomischer Strukturkrisen in den Industriegesellschaften sind. Technologische Innovationen und ein forcierter Transfer von wissenschaftlichem Wissen und technologischem Know-how sind für die Wirtschaft und den militärischen Bereich über alle ideologischen Systemgrenzen hinweg, also gleichermaßen für die Industrieländer des Westens wie des Ostens, die Hoffnungsträger des politischen und ökonomischen Krisenmanagements.

Wegen der zentralen Bedeutung von Innovationsmanagement und Technologietransfer für die Wirtschaftspolitik in den Industrieländern werden in Abschnitt 8.2 die beiden Schlüsselbegriffe »Innovation« und »Technologietransfer« genauer bestimmt sowie ihr Wirkungshorizont abgesteckt.

»Aktivierter Technologietransfer« bezeichnet die neueste Variante der Transferaktivitäten, mit der vor allem die angebotsorientierte Strategie intensiviert werden soll, d.h. die aktive Vermarktung der Produkte der Wissenschafts- und Technologieindustrie.

Sodann geht es um »Innovationspolitik«, die heute mehr denn je zur Zauberformel des Industriesystems geworden ist: Während die einen mit Innovationspolitik neue massive Wachstumsschübe im Industriesystem verbinden, meinen andere, damit die Strategie für eine Umsteuerung des technisch-industrialistischen Weges gefunden zu haben. Daß Innovationspolitik in beiden Fällen keine Abkehr von den Grundlagen der modernen Wissenschaftsgesellschaft bedeutet, zeigt sich nicht nur an den konkreten innovationspolitischen Strategien in unterschiedlichen ideologischen Lagern, sondern auch daran, daß Innovation immer nur Neuerung im Rahmen der traditionellen methodischen Grundlagen der wissenschaftlichen Wissensproduktion und Wissensverwertung meint.

In den Abschnitten 8.3 und 8.4 zeige ich, daß das Krisenmanagement in West und Ost auf die gleiche Strategie setzt. In frappierender Weise wird deutlich, daß die Methoden der Wissensproduktion und -verwertung bzw. die Aktivierung der Produktivkraft ›Wissenschaft und Technologie‹ Invarianten des Industriesystems sind. Sowohl in kapitalistischen Marktwirtschaften als auch in real-sozialistischen Plansystemen zeigen die etwa durch die drastischen Ölpreiserhöhungen in den Jahren 1973 und 1979 ausgelösten und bloßgelegten wirtschaftlichen Strukturkrisen, daß in allen entwickelten Industrieländern die gleichen Mechanismen wirken: Traditionelle Massengüter werden infolge des internationalen Wettbewerbs immer billiger produziert. Die Produktionen verlagern sich in Unternehmen bzw. Länder mit rationellerer Technologie oder in unterentwickelte Regionen mit niedrigem Lohnniveau oder in Niedriglohnländer. Unternehmen mit veralteter Technologie bleiben auf der Strecke oder versuchen durch Forcierung von Rationalisierungsinvestitionen die technologische Lücke zu schließen.

Sättigungstendenzen in verschiedenen Wirtschaftssektoren der Industrieländer (z. B. Stahl- und eisenschaffende Industrie, Schiffsbau, Textilindustrie, Nutzfahrzeugbau, Optische Geräte) und die wachsende Zahlungsschwäche der Entwicklungsländer führen zu Produktionseinschränkungen bzw. zu einer Verlangsamung des Wachstums. Die Folgen sind ein verschärfter Wettbewerb und steigender Rationalisierungsdruck. Neue und verbesserte Produkte und Systeme für eine rationellere Produktion sind gefragt: neue und verbesserte Werkstoffe, Maschinen, Fertigungssysteme, Kommunikations- und Organisationssysteme, verbesserte Energieerzeugungssysteme u. a.

Nur diejenigen Länder und Wirtschaftsregionen können im internationalen Konkurrenzkampf bestehen, die sehr schnell sowohl ihre traditionellen Wirtschaftssektoren auf neue Produkte und Dienstleistungen sowie effektivere Produktionsmittel und

Produktionsverfahren umstellen, d. h. sowohl neue Technologien einführen, als auch ihre veraltete Wirtschaftsstruktur auf die Produktion dieser neuen Produktionsmittel und -systeme umstellen, also selbst neue Technologien entwickeln und produzieren. Es ist somit nicht verwunderlich, daß in dem bewährten Erfolgsrezept, durch forcierte Produktion von wissenschaftlichem Wissen und technologischem Know-how den Wettlauf zu gewinnen, der Lösungsansatz gesucht wird.

Ich zeige nun, daß vor dem Hintergrund des in den Industrieländern nach wie vor vorherrschenden WTI-Fortschrittsparadigmas genau dieser Weg bis heute beschritten wird. Es ist der Weg der staatlich geförderten und gelenkten Innovationsstrukturpolitik und des ebenfalls staatlich geförderten und gesteuerten institutionalisierten Wissens- und Technologietransfers.

In 8.4 wird dann am Beispiel der Innovationsstrukturpolitik von Berlin (West) dargestellt, was heute in einer Wirtschaftsregion, die alle Struktur- und Krisenmerkmale hochindustrialisierter Staaten aufweist, Innovationssteuerung und Technologietransfer konkret heißt.

Ich versuche dabei drei Thesen zu verifizieren:

These 1: Die grundlegenden wirtschaftspolitischen Entscheidungen erfolgen heute nach wie vor auf dem Hintergrund des vorherrschenden WTI-Fortschrittsparadigmas, und die strukturpolitisch relevanten Maßnahmen beziehen sich durchweg auf das Management der Erzeugung und Umsetzung von Innovationen und auf die Forcierung des Wissens- und Technologietransfers.

These 2: Weder beim Innovationsmanagement noch beim Technologietransfer handelt es sich um neue politische Konzepte. Die derzeit extensiv betriebenen Strategien sind lediglich die verzögerten Reaktionen auf die tiefgreifenden Strukturschwächen des Industriesystems, bloßgelegt vor allem durch die beiden Ölpreiskrisen von 1973 und 1979.

These 3: Innovationsmanagement und Technologietransfer haben sich in den letzten Jahren stark verbreitet, sie sind immer facettenreicher und differenzierter geworden. Dennoch handelt es sich nicht um einen prinzipiell neuen methodischen Ansatz der Wissensproduktion und Wissensverwertung, sondern lediglich um die Weiterentwicklung der schon in den 40er und 50er Jahren

hauptsächlich in den USA praktizierten Methoden und Organisationsformen (hierzu vor allem Kapitel 9).
Während die These 2 am Beispiel der Innovationsstrukturpolitik von Berlin (West) dadurch belegt wird, daß auf frühere Ansätze von Berliner Innovationsstrategien und strukturpolitischen Maßnahmen verwiesen wird, wird These 3 in Kapitel 9 anhand der internationalen Entstehungs- und Entwicklungsgeschichte neuer Formen des Innovationsmanagements und der Institutionalisierung des Wissens- und Technologietransfers überprüft.

8.2 Schlüsselbegriffe

8.2.1 Innovation

Ich stelle im folgenden verschiedene Innovationsbegriffe nebeneinander. Damit soll gezeigt werden, daß es sich um einen vielschichtigen Begriff handelt, der auch in vielfältiger Weise verwendet wird. Gleichwohl gibt es einen Kernbereich, der inhaltlich weitgehend kongruent ist: In allen Begriffen kommt zum Ausdruck, daß mit Innovation eine Neuerung bezeichnet wird, die direkt oder indirekt auf einer wissenschaftlichen, technischen oder organisatorischen Grundlage beruht.
Eine soziologische Bestimmung, die die Kategorien der Systemtheorie verwendet, bezeichnet mit Innovation »eine geplante und kontrollierte Veränderung eines Systems von Funktionsbeziehungen, mit der unter Anwendung neuer Ideen und Techniken vorher nicht praktizierte Möglichkeiten realisiert werden sollen.«[1]
Ziel sei hierbei »eine Optimierung des bestehenden Systems in einzelnen Aspekten oder seine Überwindung durch ein neues effizienteres System.«
Eine wirtschaftswissenschaftliche Eingrenzung des Begriffs betont »die Realisierung einer neuartigen Lösung für ein bestimmtes Problem, insbesondere die Einführung eines neuen Produkts

1 Zit. nach Meyers Enzyklopädisches Lexikon, Bd. 12, Mannheim/Wien/Zürich 1974, S. 12.

oder die *Anwendung* eines neuen Verfahrens. Innovationen sind kommerzielle Verwertungen von Erfindungen und Entdeckungen (wichtig ist mithin die Marktreife).«[2]
Ebenfalls in einem ökonomischen Sinn, wonach die »Neuerung« einen prinzipiell berechenbaren, ökonomischen Gewinn erbringt, benutzt Rupp den Begriff Innovation:

»Die ökonomische Form der Anwendung und Nutzung der künstlichen Ressourcen wird mit dem Ausdruck ›Innovation‹ umschrieben. Unter den Gesichtspunkten ›Produktion‹ und ›Markt‹ bezeichnet ›Innovation‹ den Einsatz wissenschaftlicher und technischer Methoden und Produkte im Unternehmensbereich zur Effektivierung und Rationalisierung seiner Verwaltung, Produktion und Planung und damit generell zur Steigerung der Produktivität; und den Einsatz neuer Verfahren und Produkte auf einem Markt zur Steigerung des Gewinns.«[3]

Aus der Sicht der betriebswirtschaftlichen Organisation und Organisationstheorie ist die folgende Bestimmung entstanden:

»Als Innovationen sollen alle Änderungsprozesse bezeichnet werden, die die Organisation zum ersten Mal durchführt.«[4]

Dieser Begriff erstreckt sich über alle Stufen von Veränderungen, vom Auftreten eines Problems, das mit den bekannten Methoden nicht zu lösen ist, bis zur Realisation eines Vorgangs zur Lösung des Problems. Als Arten organisatorischer Innovationen lassen sich in diesem Kontext unterscheiden:
»– Produkt- oder Angebotsinnovationen
– Strukturinnovationen
– Verfahrensinnovationen
– personelle Innovationen.«[5]
Paul A. Samuelson nannte den Innovationsprozeß den »Tiger des technischen Fortschritts«. Mit dieser plastischen Ausdrucksweise hatte er vor allem den Zusammenhang mit dem wirtschaftlichen und sozialen Wandel im Auge. Auf diesen Zusammenhang werde

2 Ebenda, S. 612 f.
3 Erik Rupp, Technologietransfer als Instrument staatlicher Innovationsförderung, Kommission für wirtschaftlichen und sozialen Wandel, Band 36, Göttingen 1976, S. 1.
4 Alfred Keiser, Innovation, in: Erwin Grochla (Hrsg.), Handwörterbuch der Organisation, Stuttgart 1973, S. 741 f.
5 Ebenda, S. 743.

ich in den folgenden Abschnitten genauer eingehen. Dabei zeige ich, daß in ganz bestimmten Phasen der Entwicklung des ökonomischen und sozialen Systems eine verstärkte praktische Nutzung innovativer Prozesse und Produkte angestrebt wird. Beispielhaft wird das für die letzten zwei Jahrzehnte an Hand der Wirtschafts- und Gesellschaftspolitik von Berlin (West) dargestellt. Da es sich hier um den typischen Fall einer hochindustrialisierten Wirtschaftsregion handelt, in der sich brennpunktartig alle wesentlichen Probleme und Entwicklungsmomente der Industriegesellschaft widerspiegeln, ist die Darstellung als prototypisch für das Industriesystem zu verstehen.
In Kapitel 9 gehe ich dann den wissenschaftlichen und technologischen Wurzeln des Innovationsansatzes nach. Dabei soll die eingangs aufgestellte These bewiesen werden, daß weder die heute forcierte Innovationspraxis noch die vielfältig diskutierten Innovationstheorien auf methodischen Ansätzen beruhen, die grundlegend neu sind, sondern die ihren Ursprung in den Methoden und Organisationsformen der Wissensproduktion und Technologieentwicklung der angelsächsischen Länder, vor allem der USA, in den vierziger und fünfziger Jahren haben. Insofern stehen die in der folgenden Liste zusammengestellten Begriffe zwar für die Weiterentwicklung und Differenzierung der strategischen und praktischen Hilfsmittel einer Strukturpolitik, die auf Innovation aufbaut, nicht jedoch für eine völlig neue methodische Handlungsgrundlage der Industriegesellschaft:
- Innovationsforschung
- Innovationsplanung
- Innovationspolitik
- Innovationsprogramm
- Innovationsförderungsprogramm
- Innovationsfonds
- Innovationsmanagement (Innovationsmanager)
- Innovationsmarketing
- Innovationsberatung (Innovationsberatungsstellen)
- Innovationszentren
- Innovationsgesellschaften
- Innovationsmarkt
- Innovationsbörse
- Innovationspark

– Innovationspreis
– Innovationsprämiensystem
– Innovationsmacher (Problemlöser)
– Innovationsassistent
– Innovationsakquisitionsmodelle
– Innovations-Indikatorenmodelle.

8.2.2 Wissens- und Technologietransfer

Ähnlich wie der Innovationsbegriff gehören die Begriffe »Wissenstransfer« und »Technologietransfer« zu den derzeit am häufigsten benutzten Zauberworten, wenn es um wirtschaftlichen und sozialen Wandel geht.
Aber auch der institutionalisierte ›Technologietransfer‹ ist kein neuer Ansatz der letzten zehn Jahre. Das könnte wegen der derzeit in der Bundesrepublik Deutschland intensiv geführten öffentlichen Diskussion so erscheinen. Tatsächlich ist aber die Strukturkrise des Wirtschafts- und Beschäftigungssystems die Ursache dafür, daß wieder einmal forciert auf Innovationsstrategien sowie Wissens- und Technologietransfer gesetzt wird. Auch für den Wissens- und Technologietransfer gilt, daß es in den letzten dreißig Jahren zwar Weiterentwicklungen und Differenzierungen der methodischen Grundlagen gegeben hat, nicht jedoch eine qualitativ neue Stufe gegenüber den Methoden der vierziger und fünfziger Jahre in den angelsächsischen Ländern.
Den Wissens- und Technologietransfer-Konzepten liegt der Gedanke zugrunde, die durch die Akkumulation von wissenschaftlichem und technologischem Wissen entstandenen Informationshalden, vor allem in den Hochschulen und außeruniversitären, öffentlich geförderten Forschungs- und Entwicklungseinrichtungen, systematisch und organisiert für politische, ökonomische, militärische, soziale und andere Zwecke zu nutzen. Dieser Gedanke war nun durch die Verschmelzung von Wissenschaft und Technologie und die enge Verzahnung der Wissensindustrie mit den Wirtschaftsunternehmen und der politischen Administration für den Bereich der Großindustrie und den militärischen Komplex bereits weitgehend in die Tat umgesetzt. Keinen organisierten und institutionalisierten Wissens- und Technologietransfer

gab es hingegen zu den Klein- und Mittelbetrieben. Bei der Übertragung neuer Erkenntnisse etwa für die Planung, Organisation und Steuerung solcher Unternehmen, und vor allem bei der Entwicklung und Einführung neuer Technologien, klaffte eine große ›Transferlücke‹.
Diese beiden Ausgangspunkte bildeten den wesentlichen Ansatz für die Institutionalisierung besonderer Transferstellen und die Einrichtung neuer Transfer-Instrumente im Rahmen des neuen Wirtschaftssektors »Forschung, Entwicklung und Technologietransfer«.
Erik Rupp hebt in seiner Studie über Technologietransfer als Instrument staatlicher Innovationsförderung die Ausgangspunkte wie folgt hervor:

»Technologie-Transfer handelt in erster Linie nicht von Innovationen, sondern von den Bedingungen und Möglichkeiten einer planvollen und fortlaufenden Nutzung und Verwendung wissenschaftlich-technischer Ergebnisse und Anlagen. Das Prinzip des Technologie-Transfers ist nicht die Wirkung einer revolutionären Erfindung, sondern die wechselseitige Anpassung und Abstimmung der Produktions- und Nutzungsbereiche wissenschaftlich-technischer Arbeit, ihrer Ergebnisse und Produkte. Dieser Vorgang ist eine bekannte, fast ›natürlich‹ zu nennende Erscheinung; nicht aber seine institutionelle und wissenschaftspolitische Form: die Arbeit einer Transfer-Institution.«[6]

Dieses von den tatsächlichen Ausgangspunkten abgeleitete Grundprinzip des Technologie-Transfers führt Rupp zu einer genaueren ökonomischen Bestimmung: Die Annahme, daß der potentielle Nutzungsgrad des wissenschaftlich-technischen Potentials, sein eigentlicher Wert, um ein Vielfaches höher ist als der tatsächliche, aktuelle und effektive Nutzungsumfang, bildet die Grundlage der Präzisierung. Er nennt das Gefälle zwischen diesem potentiellen Wert und dem aktuellen Nutzen der Wissens- und Technologieressourcen die Verschwendungsrate. In diesem Zusammenhang weist er auf eine amerikanische Untersuchung hin, nach der 92% der Grundlagen für neue Waffensysteme zum Teil seit über 30 Jahren bekannt sind. Umgekehrt kann geschlossen werden, »daß heute über 90% der wissen-

6 Erik Rupp, Technologietransfer als Instrument staatlicher Innovationsförderung, a.a.O., S. XV.

schaftlichen Grundlagen für die Technik des Jahres 2000 vorliegen ...«[7]

Rupp nennt nun »die rationale Organisation und Verstärkung des Zusammenhangs zwischen ›Senkung der potentiellen Nutzungsrate‹ und ›Steigerung der aktuellen Nutzung‹ Technologie-Transfer.«[8]

Im Hinblick auf die notwendigen Maßnahmen ergibt sich:

»Technologie-Transfer bezeichnet alle Maßnahmen, die im Sinne einer Steigerung der Wirtschaftlichkeit und Effektivität des wissenschaftlich-technischen Potentials zu einer Veränderung der aktuellen und potentiellen Nutzung von FuE-Ergebnissen führen.

Unter Veränderung einer aktuellen oder potentiellen Nutzung verstehe ich deren

- Identifizierung;
- Extensivierung;
- Intensivierung;
- Voll- oder Teilintegration in andere Nutzungsformen;
- oder Substitution.«[9]

Zur Intensivierung des Wissens- und Technologietransfers sind nun zwei Wege zu beschreiten: Zur besseren Nutzung des vorhandenen Wissens- und Technologiepotentials sind laufend perspektivische Vorstellungen zu entwickeln, um potentielle Anwendungsbereiche aufzufinden sowie die damit verbundenen Umsetzungs- und Lösungsstrategien zu definieren, die sich als weitere wissenschaftliche, technische und organisatorische Probleme ergeben. Des weiteren sind die jeweils aktuellen Nutzungsformen daraufhin abzuklopfen, wo welche Änderungen, Verbesserungen, Vernetzungen oder Substitutionen durch andere, effektivere wissenschaftlich-technologische Grundlagen möglich sind.

Einen sehr weitgesteckten Ansatz von Technologie-Transfer in Form eines Schicht-Modells schlug Harvey Brooks[10] schon 1966 vor. Er versuchte, über das Modell, dessen Schichten die wissenschaftlichen, technischen und gesellschaftlichen Subsysteme dar-

7 Zit. nach E. Rupp, a.a.O., S. XV.
8 Ebenda, S. 30.
9 Ebenda, S. 32.
10 Harvey Brooks, OECD-Report: Science, Growth and Society – A New Perspective, Paris 1971.

stellen, den Transferprozeß in Richtung steigenden Integrationsgrades zu ordnen und mit dem Innovationsprozeß zu verknüpfen. Aus der Analyse bekannter Transferprozesse können so Regelmäßigkeiten abgeleitet werden, die für die Institutionalisierung von Transfervorgängen von Bedeutung sind. Wissens- und Technologie-Transfer ist hier ganz allgemein der Diffusionsprozeß von wissenschaftlichen Kenntnissen und elementaren Technologien in die jeweils höheren Subsysteme der Gesellschaft bis zur Beeinflussung bzw. Prägung der Umwelt (Schicht 6), der sozialen Systeme mit ihren kollektiven Werten und Normen (Schicht 8):

Abbildung 8.2.2 – I
Vertikaler Technologietransfer: Schicht-Modell nach Harvey Brooks am Beispiel des Individualverkehrs (Auto)

zunehmender Integrationsgrad ↑

8	Gesellschaft (kollektive Normen)	Mobile Industriegesellschaft
7	Soziale Systeme (individuelle Verhaltensweisen)	Individuelle Mobilität
6	Umwelt	Straßen- und Versorgungssystem
5	Anwendungen (Märkte)	Individualverkehr
4	Funktionale Systeme	Automobil
3	Elementare Technologie	Verbrennungsmotor
2	Technologische Grundlagen	Vergaser, Zündung, Getriebe, ...
1	Wissenschaftliche Kenntnisse	Carnot-Prozeß

Quelle:
J. Dornier, Innovationsorientierte FuE-Politik für Berlin (unveröffentl. Manuskript, 1977).

Der Technologie-Transfer bezieht sich danach nicht nur auf ökonomische und militärische Verwertung, sondern auf jede Form der gesellschaftlichen Nutzung.
Das Thema Technologie-Transfer ist auch schon frühzeitig von der OECD aufgegriffen worden. Hier war es vor allem der langjährige Berater der OECD, Erich Jantsch, der das Konzept von Brooks weiterentwickelte.[11] Er fügte dem Transfer in Richtung des zunehmenden Integrationsgrades der Subsysteme, also

11 Erich Jantsch (Hrsg.), Perspectives of Planning, Paris 1969.

dem Übergang von wissenschaftlichem Wissen zu neuen Basistechnologien, neuen technischen Produkten, Prozessen, Systemen, Märkten und Verhaltensmustern bis zu neuen gesellschaftlichen Werten und Normen, einen Wissens- und Technologie-Transfer im jeweiligen Subsystem selbst hinzu. Hier handelt es sich dann um Diffusionsprozesse einer Technologie zu neuartigen Anwendungen. Der Computer ist eine der augenfälligsten Technologien, die sich in jeder Anwendungsebene weit verbreitet und ganz neuartige Anwendungen gefunden hat.

Gerhard Mensch kommt in seiner Untersuchung über ›Gemischtwirtschaftliche Innovationspraxis‹, in der über zahlreiche Arbeiten und Erfahrungen mit Technologie-Transfer vor allem in den USA berichtet wird, zu dem Ergebnis, daß Technologie-Transfer für innovationsbedürftige Klein- und Mittelbetriebe besonders sinnvoll und notwendig ist.[12]

Gerade solche Unternehmen leiden Mangel am Auffinden passender Innovationsmöglichkeiten, und es fehlt ihnen an Innovationskonzepten. Hier bestehe im allgemeinen eine »technologische Lücke«, die sich in erster Linie wegen des nicht vorhandenen Know-hows und des Fehlens von geeignetem Fachpersonal und Innovationsmanagement auftut.

Die Analysen und Schlußfolgerungen von Gerhard Mensch haben nicht unwesentlich die Entwicklungen auf dem Gebiet der Innovationsstrategien und des Technologie-Transfers in der Bundesrepublik Deutschland und in Berlin aktiviert. Er sieht vor allem für Klein- und Mittelbetriebe große Chancen:

»Mittelständische Unternehmen fahren bei der Fremdbeschaffung von Innovationskonzepten besonders gut. Das ist der betriebswissenschaftlichen Forschung über die Forschung weitgehend entgangen. Nicht unbekannt ist hingegen die Tatsache, daß bei erfolgreichen Neugründungen von innovativen Firmen ein Technologie-Transfer die Regel ist. Die Menge der (new science-based) Erfinderfirmen in der Umgebung von Boston, Palo Alto, Minneapolis, Atlanta usw. ist deshalb hier von besonderem Belang, weil ... die erfolgreichen Firmen einen hohen Grad an Technologie-Transfer aufweisen, und daß ihre Inhaber eine deutliche

12 Gerhard Mensch, Gemischtwirtschaftliche Innovationspraxis – Alternative Organisationsformen der staatlichen Forschungs- und Technologiepolitik, Band 132 der Kommission für wirtschaftlichen und sozialen Wandel, Göttingen 1976.

Präferenz für die ›Entwicklung‹ über die ›Forschung‹ zu erkennen gaben. Und diese Präferenz hat natürlich den Effekt, daß neue Konzepte öfter von außen beschafft werden, anstatt aus eigener Forschung zu stammen.«[13]

8.2.3 *Aktivierter Technologietransfer*

Das Schlüsselwort der letzten Jahre heißt mit Blickrichtung Markt (Marktabschätzung, Marktorientierung von FuE-Produkten) »aktivierter Technologietransfer«. Was hiermit gemeint ist, läßt sich direkt aus den Erfahrungen der letzten zwanzig Jahre mit Innovationsmanagement und Technologietransfer ableiten: So wird allgemein festgestellt, daß »... verschiedene Untersuchungen vor allem im angelsächsischen Raum erkennen lassen, daß eine Übertragung von Wissen und Kenntnissen – vor allem im naturwissenschaftlich-technischen Bereich – allein durch wissenschaftliche Publikationen, auch wenn sie datenbankunterstützt sind, für den Technologietransfer nicht ausreicht.«[14]
Auch die Erfahrungen in der Bundesrepublik, hauptsächlich in

13 Ebenda, S. 243; Gerhard Mensch verweist hierzu speziell auf die folgenden Untersuchungen:
E. Roberts, Entrepreneurship and Technology, in: The Human Factor in the Transfer of Technology, M.I.T. Press, Boston 1969; derselbe mit H. A. Wainer, New Enterprises on Route 128, Science, Dezember 1968.
Eine Studie von A. Gerstenfeld (A Study of Successful Projects, Unsuccessful Projects, and Projects in Process in West Germany, Department of Management, Boston University, Boston 1975), in der 11 gelungene mit 11 mißlungenen Innovationsvorhaben verglichen werden. Acht der elf erfolgreichen Projekte (aber nur zwei der mißlungenen) beruhten auf Ideen, die von außen an die Forschung und Entwicklung herangetragen wurden.
Zum Problem von Innovationen und zur Innovationsstrukturpolitik vor allem auch: Gerhard Mensch, Das technologische Patt – Innovationen überwinden die Depression, Frankfurt am Main 1975.

14 R. Rainer Röhrig, Bundesministerium für Forschung und Technologie, Technologie-Transfer: Zielsetzung und Realisierung in der Forschungspolitik, in: Expertengespräch Technologie-Transfer, Stand, Probleme, Perspektiven; Kernforschungsanlage Jülich (KfA), Tech-

den großen außeruniversitären Forschungseinrichtungen, der Max-Planck-Gesellschaft, der Fraunhofer-Gesellschaft und den Großforschungseinrichtungen (vgl. Kapitel 10.2), haben dazu geführt, daß die älteren, stärker auf die Eigendynamik von publiziertem wissenschaftlichen Wissen und wissenschaftlich-technischem Know-how setzenden Strategien »nicht ausreichen«.
Die Bewertung, diese Form des Technologie-Transfers »reiche nicht aus«, mißt sich natürlich an der Erfüllung des WTI-Fortschrittsparadigmas. Konkreter heißt das, es gibt noch effizientere Formen, das FuE-Potential im industriell-militärischen Raum umzusetzen und nutzbar zu machen. Daß hierbei die Marktorientierung eine wesentliche Rolle spielt, korrespondiert mit der generellen Entwicklung der Produktivkraft ›Wissenschaft und Technologie‹, deren zunehmende Integration in Marktstrategien ein zentrales Kennzeichen der heutigen Wissenschaftsindustrie ist (vgl. Kapitel 7, inbesondere 7.6).
Es ist somit im Sinne der hier dargelegten Entfaltung von ›Wissenschaft und Technologie‹ nur logisch, daß die bisherigen Management- und Organisationsmuster im Hinblick auf eine effizientere Marktanpassung durch den aktivierten Technologie-Transfer weiterentwickelt werden.

»Unter aktiviertem Technologie-Transfer verstehe ich, die erforderlichen organisatorischen, personellen, materiellen und finanziellen Maßnahmen zu ergreifen, um spezifische Kenntnisse und Erfahrungen aus dem staatlichen Forschungsbereich im Rahmen definierter Einzelvorhaben einschlägigen Unternehmen der Privatwirtschaft so zugänglich zu machen, daß sie von letzteren beschleunigt industriell ausgewertet werden können.«[15]

Welche Elemente sind es nun konkret, die eine Weiterentwicklung der Produktivkraft ›Wissenschaft und Technologie‹ im

nische Universität Berlin (TUB), Arbeitsgemeinschaft der Großforschungseinrichtungen GmbH (AGF), Dokumentation, Bonn 1982, S. 3.

15 Peter Gottlob, Leiter der Abteilung Patente und Lizenzen des Kernforschungszentrums Karlsruhe GmbH (KfK), Wechselwirkungen zwischen Technologie-Transfer und gesellschaftlichem Rechtsschutz, in: Expertengespräch Technologie-Transfer, a.a.O., S. 66.

Sinne effizienterer Marktanpassung bzw. beschleunigter industrieller Verwertung in Gang setzen?
Ganz allgemein wird der traditionelle Technologie-Transfer als zu passiv angesehen, weshalb insbesondere bei seiner Ausrichtung auf die Hauptzielgruppe, die kleinen und mittleren Unternehmen (KMU), zu geringe Wirkungen ausgelöst werden.
Typisch für solche passiven Transfereinrichtungen sind computergestützte Informationssysteme über FuE-Ergebnisse, Patentdokumentationen, Dokumentationen über Lizenzvergaben und Kooperationsvorhaben, die für einen umfassenden Technologie-Transfer zwar notwendig, aber nicht hinreichend sind. Aber welches Klein- und Mittelunternehmen hat schon die Motivation und die entsprechenden personellen Kapazitäten, um sich durch große Datenbank-Systeme zu quälen, um irgendwo vielleicht auf ähnliche, meist nicht genau passende Informationen oder innovative Problemlösungen zu stoßen? Häufig sind nicht einmal die Fragestellungen so präzise, daß überhaupt nach klar umrissenen Lösungen »gesucht« werden kann. Die Wahrscheinlichkeit, die Entwicklung und Markteinführung neuer Produkte oder Systeme auf der Basis neuer wissenschaftlich-technologischer Innovationen allein mit Hilfe solcher Datenbank-Systeme zu lösen, ist gerade für die KMU gering. Weder werden solche Systeme auf ganz spezielle Anwender ausgerichtet, noch sind die bei mangelnder Vertrautheit mit derartigen Systemen auftretenden Barrieren zu unterschätzen.
So stützte sich erfolgreiches Innovationsmanagement und erfolgreicher Wissens- und Technologietransfer in der Vergangenheit in erster Linie auf Problemlösungen, Beratungsleistungen und neue FuE-Ergebnisse, Patentvermittlungen oder Lizenzvergaben usw., *nachdem eine Anfrage* durch die potentiellen Nutzer (»market pull«) vorlag. Diesem nachfrageorientierten Technologie-Transfer stand ein wenig offensiver Technologie-Transfer durch Angebotsstrategien (»technology-push«) gegenüber. Vor allem in den deutschen Forschungseinrichtungen bestanden bis weit in die siebziger Jahre gegenüber solchen Angebotsstrategien erhebliche Hemmungen, weil die FuE-Programme, die FuE-Organisation und das Management von vornherein marktorientiert angelegt werden (vgl. Kapitel 10.5). Natürlich war es die traditionelle ideologische Rückbindung der deutschen Wissen-

schaft (»Wissenschaft hat einzig und allein der Wahrheitsfindung und Erkenntnisgewinnung zu dienen«), die eine hohe Hürde setzte gegen eine Ausrichtung der FuE-Planung, der Entwicklung von Prototypen, Funktionsmodellen oder Geräten und der Forschungsberichterstattung sowie -steuerung auf den Markterfolg hin. Das funktionierte nur dort, wo in der traditionellen Kooperationsform zwischen einem auf eine spezielle Technologie ausgerichteten Forschungsinstitut und der Wirtschaft persönliche Verbindungen des Institutsleiters oder seiner Mitarbeiter mit Industrieunternehmen bestanden. In diesem Fall waren meist Vertrauensverhältnisse und enge fachliche Orientierungen auf neue technische Lösungen, Produkt- oder Systementwicklungen die entscheidenden Momente für erfolgreichen Wissens- und Technologietransfer. Das gilt vor allem für zahlreiche Institute an Technischen Hochschulen, der Fraunhofer-Gesellschaft und der Max-Planck-Gesellschaft.

Mit der Entwicklung der »big science«, der großen Wissenschaftsindustrie, die vor allem auf Programmforschung, Projektorientierung, Multidisziplinarität, Supertechnologien und modernem betriebswirtschaftlichen Management aufbaut, konnten solche eher individuellen Transfer-Lösungen allein nicht mehr funktionieren. Die Wissenschaftler und Techniker arbeiten im allgemeinen eingebunden in größere Programme und Projekte an sehr speziellen Aufgaben. Ihre Kontakte zur Industrie, speziell zu kleinen und mittleren Unternehmen, sind relativ gering. Umgekehrt gibt es kaum Möglichkeiten für KMU, auch nur Teileinblicke in ein komplexes FuE-Großprojekt zu erhalten, geschweige denn, hieraus verwertbare Produkt- oder Prozeßinnovationen abzuleiten.

Der Transfer wird darüber hinaus noch dadurch erheblich erschwert, daß es sich bei solchen Projekten meist um wissenschaftlich-technische Entwicklungen handelt, die politisch beziehungsweise militärisch besonderen Geheimhaltungsauflagen unterliegen.

Hieraus ergibt sich geradezu zwangsläufig, daß nur über eine Aktivierung der bestehenden Transfer-Einrichtungen in Richtung stärkerer Unternehmens- und Marktanpassung Chancen bestehen, das Innovationsmanagement effektiver zu gestalten. Das Hauptmerkmal des Wissens- und Technologie-Transfers

verlagert sich somit immer mehr auf den Ausbau der zweiten Transfersäule, der offensiven Angebotsorientierung.
Im einzelnen heißt das etwa:

- Marktorientierte Anlage der FuE-Programmplanung
- Bedarfsanalysen vor allem für Kleinere und Mittlere Unternehmen (KMU)
- Angebotsorientierte Aufbereitung von Informationen und Beratungsdiensten
- Aktive Praxiskontakte z. B. durch Firmenbesuche, Gespräche mit Unternehmen, gemeinsame Veranstaltungen mit Unternehmen wie Workshops, Seminare, Gesprächskreise zwischen Wissenschaft und Wirtschaft, Durchführung von bzw. Beteiligung an Ausstellungen und Messen, Anregung gemeinsamer FuE-Projekte
- Angebotsorientierte Aufbereitung positiv abgeschlossener Transferaktivitäten
- Aktive Hilfen bei der Überwindung bürokratischer Hemmnisse z. B. durch Beantragung von Zuschußmitteln, Vermittlung von Arbeitskontakten, Vermittlung von Spezialpersonal oder von Geräten, Abschluß von Verträgen mit Dritten
- Anregung, Motivierung und Unterstützung von Wissenschaftlern und Praktikern zur oder bei der Unternehmensgründung (»Spin off«-Unternehmen, Unternehmen mit neuer technologischer Ausstattung)
- Entwicklung von Finanzierungsmodellen und Unterstützung bei der Beschaffung von Kapital (Nutzung öffentlicher Förderungsprogramme etwa für KMU, Herstellung von Joint-ventures, Nutzung der Wagnisfinanzierungsmodelle usw.).

Der wichtigste Punkt bei allen Transfervorgängen ist allerdings das Personalproblem, und zwar in zweifacher Hinsicht:
Einmal wird für einen so aktivierten Wissens- und Technologietransfer ein gut qualifiziertes und spezifisch ausgerichtetes Innovationsmanagement benötigt. Hier geht es darum, in den FuE-Einrichtungen wissenschaftlich qualifizierte Mitarbeiter für diese Aufgabe zu verpflichten, die neben ihrer Fachqualifikation besondere Managementqualitäten und enge Praxisbezüge aufweisen und einen weiten interdisziplinären Informationsradius abdekken. Besonders im Zuge immer kürzer werdender Innovationszyklen muß das Personal eine hohe Flexibilität haben, um die

Strategien und Methoden ständig den Marktentwicklungen anzupassen und durch Weiterbildung neue fachliche und kaufmännische Qualifikationen zu erwerben.

Der zweite Bereich betrifft den Personal-Transfer: Wenn es einen Teilbereich von Innovationsmanagement und Technologietransfer gibt, über dessen Bedeutung sich nahezu alle Praktiker einig sind, dann ist es die Notwendigkeit eines intensiven Personal-Transfers, und zwar von der Wissenschaft in die Unternehmen und umgekehrt. Hier liegen einerseits die großen Probleme (Hemmnisse personaler und institutioneller Art auf beiden Seiten), andererseits aber auch die größten Chancen, weil es sich sowohl um psychologische und soziologische als auch um institutionelle, finanzielle und rechtliche Variablen handelt, die veränderbar sind und wirksame Effekte versprechen. So setzen zahlreiche Transfer-Experten mit Recht hauptsächlich auf diese Karte, und hierbei vor allem auf einen gut ausgebildeten Nachwuchs für das Innovationsmanagement.

In diesem Sinne resümiert beispielsweise Dirk Harmsen vom Fraunhofer-Institut für Systemtechnik und Innovationsforschung:

»Festgestellt wurde, daß die Befürchtungen, daß der Technologietransfer zu Mitarbeitern zweiter Klasse führt, nicht bestätigt werden können. Es gibt genügend Beispiele, in denen Personen, die Technologie-Transfer-Aktivitäten erfolgreich durchgeführt haben, eine hohe Qualifikation bescheinigt wurde. Technologie-Transfer kann nur mit engagierten und qualifizierten Mitarbeitern durchgeführt werden. Guter Technologie-Transfer stellt sich somit als ein Personalproblem dar.«[16]

Und weiter:

»Es wurden dabei vier Aufgabenfunktionen genannt, die vom Mitarbeiter bei seiner Transfer-Arbeit berücksichtigt werden müßten:

1. Vermittlungsfunktion
2. Moderatorfunktion
3. Koordinatorfunktion
4. Katalysatorfunktion

16 Dirk-M. Harmsen, Einfluß des Technologie-Transfers auf die Forschungs- und Entwicklungsprogramme und auf die Management- und Organisationsprobleme, Ergebnisse der Arbeitsgruppe, in: Expertengespräch Technologie-Transfer, a.a.O., S. 81.

Wenn diese vier Funktionen von einem Technologie-Mitarbeiter voll erfüllt werden können, ist die Möglichkeit einer guten und innovativen Technologie-Transfer-Arbeit möglich.«[17]

Ein ähnliches Resümee zieht Wolfgang Heidrich vom Technologie-Transfer-Büro der Kernforschungsanlage Jülich (Großforschungszentrum, vgl. Kapitel 10.2.4):

»Wir haben ... festgestellt, daß in bestimmten Bereichen die Motivation für Fragen des Technologie-Transfers gestiegen ist. Eine generelle Aussage, daß alle Forscher für diese Frage in Großforschungseinrichtungen motiviert sind, ist in diesem Rahmen sicherlich nicht möglich. Als Endaussage können wir jedoch feststellen, daß wir im Motivationsbereich Fortschritte gemacht haben, dank der intensiven Technologie-Transfer-Aufklärung in den letzten Jahren, das ist unbestritten.«[18]

Konkrete Konsequenzen aus der Erkenntnis, daß die personalen Probleme eine herausragende Bedeutung für den Wissens- und Technologietransfer haben, wurden beispielsweise von der Transfer-Stelle der Technischen Universität Berlin und dem Senat von Berlin gezogen:
Der Senat von Berlin fördert in Zusammenarbeit mit der TU-Transfer im Rahmen seiner Innovationsstrukturpolitik zwei Personal-Transfer-Programme mit den Bezeichnungen »Innovations-Assistent« und »Innovations-Praktikum« (vgl. hierzu auch Kapitel 8.5.4.1).
Die TU-Transfer hat für diese Problemfelder zwei Arbeitsbereiche eingerichtet, den Bereich ›Personaltransfer‹ und den Bereich ›Weiterbildung‹, denen im Rahmen der Transferforschung hinsichtlich Bedarfsermittlungen und Erfolgskontrollen von transferbezogenen Qualifizierungsmaßnahmen eine besondere Rolle zukommt (vgl. Kapitel 10.3.5):

»Die Erhöhung der Innovationsfähigkeit insbesondere in kleinen und mittleren Unternehmen über die Vermittlung qualifizierter wissenschaftlicher Mitarbeiter ist eine neue Form des Wissenstransfers. Sie ist langfristig als eines der wirksamsten Mittel für den Technologietransfer anzusehen. Berlin verfügt hier als erstes Bundesland über ein Förde-

17 Ebenda, S. 82.
18 Wolfgang Heidrich, Diskussionsbeitrag, in: Expertengespräch Technologie-Transfer, a.a.O., S. 84.

rungsprogramm, das die Einstellung von qualifizierten Hochschulabsolventen in kleinen und mittleren Unternehmen auch finanziell fördert. Ziel des Personaltransfer-Programms *›Innovations-Assistent‹* ist die Förderung der strukturellen Anpassung kleinerer und mittlerer Unternehmen der Berliner Wirtschaft an veränderte Technologie- und Marktbedingungen.«[19]

Die Rahmenbedingungen und Ziele des Personal-Transfer-Programms beschreibt der Leiter der TU-Transfer, Jürgen Allesch, aufgrund praktischer Erfahrungen wie folgt:

»Die KMU sind nach den Berliner Erfahrungen bereit umzudenken in Richtung auf einen Absolventen, der systematisch denken und in den technologischen und betriebswirtschaftlichen Entwicklungen mitarbeiten kann. Solche Absolventen sind notwendig, damit auch die KMU mit z. B. 20-30 Mitarbeitern technologisch überleben können. Dieser Personal-Transfer ist auch umgekehrt möglich, z. B. dadurch, daß stärker als bisher Mitarbeiter aus den KMU an bestimmten Projekten an den Hochschulen mitwirken. Hier ist die Öffnung nach beiden Seiten möglich, um die Berührungsängste zwischen der Hochschule und den Unternehmen abzubauen.
Ziel des Personal-Transfer-Programms an der TU Berlin ist es, in einem Kooperationsprojekt zwischen dem Senator für Wirtschaft und Verkehr, Berliner Klein- und Mittelunternehmen, der Technischen Fachhochschule und der Technischen Universität Berlin qualifizierte Hochschulabsolventen verstärkt in KMU zu integrieren. Mit diesem Programm sollen

- die Wettbewerbsfähigkeit der kleinen und mittleren Unternehmen in Berlin gefördert,
- der Bedarf kleiner und mittlerer Unternehmen nach qualifiziertem Führungsnachwuchs gedeckt,
- neue Berufs- und Tätigkeitsfelder für Hochschulabsolventen erschlossen und
- die Aktivitäten der Hochschulen im Wissenstransfer gefördert und ergänzt werden.«[20]

Das Personaltransfer-Programm »Innovations-Assistent« wurde im September 1982 begonnen. Die Innovations-Assistenten werden ein Jahr lang mit 40% des Bruttoarbeitslohnes staatlich

19 TU-Transfer, Innovationszentrum Technische Universität Berlin, Informationsbroschüre, Berlin 1984, S. 18.

20 Jürgen Allesch, Technologie-Transfer aus den Hochschulen, in: Expertengespräch Technologie-Transfer, a.a.O., S. 43.

gefördert und in dieser Zeit von TU-Transfer fachlich betreut. Bis Ende 1984 wurden so 190 Innovations-Assistenten vermittelt, von denen 90% bei den Unternehmen feste Anstellungen fanden.[21] Hauptsächlich werden Diplomingenieure, Wirtschaftsingenieure und Betriebswirte vermittelt, wobei die Branchenschwerpunkte bei Maschinenbau und Elektronik liegen.

»Zu den wesentlichen Aufgabenbereichen, in denen die *Innovations-Assistenten* tätig werden, gehören die Bewältigung der Einführung neuer Technologien wie Mikroelektronik, Mikroprozessortechnik, elektronische Steuerung und die Einführung neuer Produktions- und Verfahrenstechniken (CNC-gesteuerte Werkzeugmaschinen, CAM- und CAD-Systeme). Ein weiteres wichtiges Einsatzgebiet liegt im Bereich des Vertriebs und des Marketings (Messeaktivitäten und Kundenbetreuung).«[22]

Immerhin hat dieses Projekt zu einem weiteren Programm geführt:

»Die positiven Erfahrungen haben zu einem weiteren Personal-Transfer-Programm geführt: ... ein Transfer-Programm für Studenten, das ›*Innovationspraktikum*‹. Hierbei werden qualifizierte Praktika von drei Monaten Dauer für Studenten vermittelt und gefördert.«[23]

Handelte es sich hier um Beispiele für den wichtigen, wenn nicht sogar den wichtigsten Bereich von aktiviertem Technologie-Transfer, so sollen abschließend noch zwei Sachkenner zitiert werden, die die Zielsetzung des organisierten Innovationstransfers und damit den Trend der Weiterentwicklung der Produktivkraft ›Wissenschaft und Technologie‹ beleuchten:

»Es ist selbstverständlich, daß ... Maßnahmen (gemeint sind Transfer-Maßnahmen) unter außerordentlich sorgfältiger Auslotung des Marktes nur bei hoher Erfolgswahrscheinlichkeit gerechtfertigt werden können. In diesem so verstandenen Sinne können ... aktive Technologie-Transfer-Maßnahmen als ein wirksames forschungspolitisches Korrektiv angesehen werden, das dazu beiträgt, in bestimmten Bereichen der Forschung eine unzureichende Marktorientierung zu verbessern oder diese überhaupt erst herzustellen. Aktivierter Technologie-Transfer ist gleichzusetzen mit dem Versuch, in der bestehenden wissenschaftlich-forschungs-

21 Persönliche Mitteilung des Leiters von TU-Transfer.
22 TU-Transfer, Informationsbroschüre, a.a.O., S. 18.
23 Ebenda, S. 19.

politisch und industriell bestimmten Interessenebene verwertbare Forschungsergebnisse und neue technologische Chancen konsequent zu erkennen und unter Wahrung bestehender Interessen einer Nutzung zuzuführen. Dies bedeutet eine Veränderung der jeweiligen Forschungsaktivitäten entsprechend den Interessen des marktorientierten aktivierten Technologie-Transfers.«[24]

Den Hintergrund für die Veränderung der jeweiligen Forschungsaktivitäten im Sinne innovationspolitischer Strategien, hier also eine marktorientierte Anpassung der Forschungspolitik, beschreibt Röhrig als Vertreter des Bundesministers für Forschung und Technologie:

»Der technische Wandel auf der Basis von Forschung und Entwicklung hat in der Bundesrepublik Deutschland bislang die Struktur der Volkswirtschaft bestimmt. In unserem energie- und rohstoffarmen Land mit seiner Exportabhängigkeit und mit hohem Lebensstandard werden wir auch künftig auf eine optimale Nutzung unserer wichtigsten Ressource ›geistiges Kapital‹ angewiesen sein ...«
»Probleme der Informationsüberflutung und der unzureichenden Bewertungsmöglichkeiten der Information spielen hierbei (gemeint ist der Wissens- und Technologie-Transfer) eine wesentliche Rolle. Diese Probleme sind von Großunternehmen, soweit sie eigene FuE-Kapazitäten besitzen, im Prinzip zu bewältigen. Kleine und mittlere Unternehmen sind hingegen in der Regel mit der Fülle des angebotenen technischen Wissens überfordert. Auch das Erwirken von Schutzrechten allein ist nicht ausreichend.
Notwendig ist vielmehr eine aktive Gestaltung des Informationstransfers und der Umsetzung des technischen Wissens in Innovationen der Wirtschaft. Aktivierter Technologie-Transfer als Aufgabe der Technologiegeber im Rollenverständnis der staatlichen Forschungseinrichtungen zu verankern, ist ein Ziel der Forschungspolitik.«[25]

24 Wolfgang Heidrich, Technologie-Transfer aus Großforschungseinrichtungen, in: Expertengespräch Technologie-Transfer, a.a.O., S. 54.
25 Ebenda, S. 3 f.

8.3 Strukturpolitische Leitlinien 1984 in der Bundesrepublik Deutschland

8.3.1 Leitlinien des Bundesverbandes der Deutschen Industrie (BDI)

»Ideenreichtum, Mut zum Wagnis und zu neuen Wegen müssen unsere Antwort auf die technisch-ökonomische Dynamik der 80er Jahre werden, die uns zugleich fordert und Chancen bietet. Innovation, verstanden als reflektierte Veränderungsbereitschaft, ist das Schlüsselwort für die Zukunft der sozialen Marktwirtschaft unserer Gesellschaftsordnung. Sie ist eine permanente Herausforderung für alle gesellschaftlichen Kräfte.«

Das sind die Leitgedanken des vom Bundesverband der Deutschen Industrie e. V. (BDI) herausgegebenen Jahresberichts 1982-1984.[26] Die Schlagzeile des ersten Kapitels »Innovation als gesellschaftliche und unternehmerische Herausforderung« unterstreicht ebenfalls die strukturpolitische Stoßrichtung.
Auch die Jahrestagung des BDI stand unter dem Leitthema »Innovation – die Zukunft unserer Wirtschaft«.
Investition und Innovation, so heißt es, seien die entscheidenden Schlüsselgrößen für einen erfolgreichen Revitalisierungsprozeß der Wirtschaft. Zur Bewältigung dieser »Aufgabe neuer geistig-kultureller Qualität« gelte es, »Perspektiven zu entwickeln und Konsens zu schaffen«.[27] Dabei gehe es um die Annahme der technologischen Herausforderung.
Wichtigste Elemente dieser Herausforderung sind

- »zuallererst geistige Bereitschaft für Innovation in einem neuen umfassenden Sinn«,
- eine »neue intelligente Kooperation von Staat, Wirtschaft und Gesellschaft« und
- ein »verläßlicher Ordnungsrahmen für Innovationen«.[28]

Die wichtigsten Säulen einer innovationsfördernden Wirtschaftspolitik seien eine »verläßliche und unbürokratische Forschungs-

26 Bundesverband der Deutschen Industrie e. V. (BDI), Jahresbericht 1982-1984, veröffentlicht am 14. Mai 1984 in Köln und Bonn, S. 9.
27 Ebenda, S. 9.
28 Ebenda, S. 9.

und Technologiepolitik« sowie eine »enge Kooperation von Wissenschaft und Wirtschaft«, um den »notwendigen technologiepolitischen Dialog zwischen Wissenschaft, angewandter Forschung, Politik und Wirtschaft verstärkt fortzusetzen«.
Bildungspolitisch gelte es »mittel- wie langfristig für geistige Mobilität zu sorgen und jenes Potential zu fördern, das notwendig ist, um Ideen in marktwirtschaftlich erfolgreiche Produkte und Verfahren umzusetzen.«[29]
Wörtlich heißt es im Jahresbericht 1982-84 des BDI:[30]

»Fortschritt verlangt geistige Bereitschaft für Innovation
Die Annahme der technologischen Herausforderung bedeutet mithin zuallererst geistige Bereitschaft für Innovation in einem neuen, umfassenden Sinn. Sie erfordert neue intelligente Kooperation von Staat, Wirtschaft und Gesellschaft, ohne daß es allerdings einer Revision der Zuordnung von Aufgaben und Verantwortung in unserer pluralistischen Gesellschaft bedarf.
Die Verantwortung der Politik besteht in erster Linie darin, die gesellschaftliche Diskussion über den Fortschritt von Wissen und Technik aktiv zu führen und einen verläßlichen Ordnungsrahmen für Innovationen zu schaffen. Eine herausragende Rolle muß dabei das Bildungswesen übernehmen. (9)

Innovationsfähigkeit als Bildungsauftrag
Es gilt – mittel- wie langfristig – für geistige Mobilität zu sorgen und jenes kreative Potential zu fördern, das notwendig ist, um Ideen in wirtschaftlich erfolgreiche Produkte und Verfahren umzusetzen. Innovationsfördernde Ausrichtung der Bildung heißt auch, in allen Schulstufen den naturwissenschaftlich-technischen und wirtschaftsbezogenen Bildungsinhalten stärkeres Gewicht zu geben. Die Jugend muß frühzeitig mit den wechselseitigen Beziehungen zwischen Technik, Wirtschaft und Gesellschaft vertraut gemacht werden. (9f.)

Konstruktive Kritik und Engagement für die Zukunft
Wir brauchen die konstruktive Kritik gerade junger Menschen, aber wir brauchen sie nicht nur im behüteten Freiraum universitärer Diskussionszirkel, sondern vor allem dort, wo sie uns und der berufliche Alltag sie

29 Ebenda, zit. nach ›Die Berliner Wirtschaft‹, Mitteilungen der IHK zu Berlin, Jg. 34, Nr. 11, S. 482, Berlin Mai 1984.
30 Nachfolgende Zitate aus: BDI-Jahresbericht 1982-84, a.a.O., S. 9ff. Die Ziffern in Klammern geben die Seitenzahl an, die Überschriften entsprechen den fett ausgeworfenen Randtexten.

fordern. Statt einer in gesellschaftlichen Randgruppen praktizierten ›Aussteigermentalität‹ brauchen wir viel dringender ›Einsteiger in die Zukunft‹. (10)

Wissenschaft und Wirtschaft müssen stärker kooperieren
Eine wirkungsvolle Stärkung der Innovationskraft der Wirtschaft wird auch in Zukunft von dem hohen Leistungspotential der Wissenschaft und Forschung ausgehen. Wissenschaft und Forschung sind daher zu verstärkter Kooperation mit der Wirtschaft und zur Intensivierung der Wissenstransferleistungen aufgerufen. Auch personelle Mobilität fördert den Technologietransfer, indem sie wissenschaftlich-technische Erkenntnisse schneller und effektiver in die Wirtschaft sowie Anforderungen aus der industriellen Praxis in die Forschungsinstitutionen trägt. Berührungsängste zwischen den Bereichen müssen weiter abgebaut werden. (10)

Wirtschaft stellt sich dem Strukturwandel
Die Wirtschaft verfehlte ihren Auftrag, wenn die Antwort auf die Dynamik von Technologie und Innovation in der abwartenden Bewahrung des Erreichten läge. Sie muß und wird ihre strukturelle Wandlungsfähigkeit beweisen; sie befindet sich inmitten dieses Prozesses. (11)

Wettbewerb als Motor der Innovation
Die originäre Aufgabe der Unternehmen besteht darin, Innovationen hervorzubringen, d. h. Ergebnisse aus Forschungs- und Entwicklungsprozessen in neue oder verbesserte Produkte und Verfahren wirtschaftlich erfolgreich umzusetzen. In einem marktwirtschaftlichen Umfeld sorgen allein wettbewerbliche Anreize für ausreichenden Innovationsdruck. Wo diese Anreizfunktion fordernden Wettbewerbs nicht greift, wo durch mangelnde Finanzkraft oder zu geringe – unternehmensgrößenbedingte – personelle und informationelle Infrastruktur die Umsetzung innovatorischer Ideen in erfolgreiche Produkte und in produktivitätsverbessernde Verfahren nicht gelingt, müssen exogene Anreize hinzutreten, um Marktimpulse zu verstärken. Eine innovations-orientierte Wirtschaftspolitik ist dabei unverzichtbar. (11)

Neue Institutionen zur Wagnisfinanzierung sind notwendig
Die Bildung und zusätzliche Mobilisierung von mehr Wagniskapital müssen deshalb wesentlicher Bestandteil einer ›innovativen‹ Wachstumsstrategie sein. Hierzu bieten sich in erster Linie steuerliche Maßnahmen an. Auch die Möglichkeiten der Wagniskapital vermittelnden Institutionen sind einzubeziehen. Es ist an der Zeit, aus der breiten Erörterung nunmehr zu sachgerechten politischen Entscheidungen zu kommen.« (15)

Unter der Überschrift »Wirtschaftspolitik im Dienst der Innovationsförderung: Neue Impulse für Wachstum und Strukturwandel« finden sich die folgenden Kernaussagen im BDI-Jahresbericht:[31]

»*Wirtschaftspolitik muß Strukturwandel flankieren*
Die Sicherung leistungsgerechter Rahmenbedingungen für die Eigenkapitalbildung der Unternehmen sowie der Abbau legislativer und administrativer Hemmnisse, die der Kapitalbildung und technologieorientierten Wagnisfinanzierung entgegenstehen, sind Kernpunkte des aktuellen wirtschaftspolitischen Handlungsbedarfs. Sie bedürfen der Flankierung durch eine ordnungspolitisch konforme Strukturpolitik, die niemals ihre Marktorientierung verlieren darf. Eine Volkswirtschaft, die den Strukturwandel ohne schmerzhafte Reibungsverluste bewältigen will, muß aber in ihrer Wirtschaftspolitik bewußt Bedingungen für Modernisierung und Umstrukturierung schaffen. (15)

Zusätzliche Impulse durch Forschungs- und Technologiepolitik
Eine dem Innovationsziel dienende staatliche Forschungs- und Technologiepolitik hat die eigenen Anstrengungen in Wissenschaft und Wirtschaft zu unterstützen und die Kooperation zwischen ihnen durch Anreize und den Abbau von Hemmnissen zu fördern. Der BDI wird den notwendigen technologiepolitischen Dialog zwischen Wissenschaft, angewandter Forschung, Politik und Wirtschaft verstärkt fortsetzen; er zählt auf das Engagement aller Beteiligten. (15)

Zwang zur Innovation
Die Industriestruktur der Bundesrepublik ist im internationalen Wettbewerb nach wie vor gut; allerdings sind strukturelle Schwächen nicht zu übersehen. Sie haben sich vor allem bei der Entwicklung von Produkten mit kurzer Innovationszeit negativ ausgewirkt. Der Anpassungsstau, den die wirtschaftswissenschaftlichen Forschungsinstitute in ihrer jüngsten Strukturberichterstattung konstatieren, ist aber behebbar. Um im technisch-ökonomischen Wettlauf der Industrieländer bestehen zu können, sind die Modernisierung der Wirtschaftsstruktur und die Erschließung neuer Wachstumsfelder gleichermaßen wichtig. (16)

Zwang zur Innovation bei Schlüsseltechnologien
Im Wettbewerb unter hochentwickelten Industrienationen stehen gegenwärtig Schlüsseltechnologien wie die Informations- und Kommunikationstechnik, Mikroelektronik, Biotechnologie und der Bereich neuer

31 Die nachfolgenden Zitate aus: BDI-Jahresbericht 1982-84, a.a.O., S. 15 ff.

Werkstoffe weltweit im Vordergrund. Hier gilt es, die Position der deutschen Wirtschaft zu halten und auszubauen, weil von diesen Schlüsseltechnologien über das bereits heute realisierte Maß hinaus nachhaltige Wirkungen ausgehen werden, wenn sie in eine breite und differenzierte Produktpalette diffundieren können.« (16)

Ich habe die strukturpolitischen Leitlinien des BDI bewußt ausführlich wiedergegeben, weil so die Grundpositionen der deutschen Industrie zur wirtschaftlichen Innovation durch die Produktivkraft ›Wissenschaft und Technologie‹ am klarsten zum Ausdruck kommen.

Diesen Leitlinien ging eine vom BDI herausgegebene Veröffentlichung zum Thema »Technischer Fortschritt – Wachstum – Beschäftigung« voraus, in der der Zusammenhang von wissenschaftlicher Wissensproduktion und ökonomischer Verwertung der wissenschaftlichen und technischen Produkte dargestellt wird. Auch hier läßt sich die Grundposition am besten durch die Wiedergabe einiger Kernaussagen aufzeigen. Der Veröffentlichung sind zehn Thesen vorangestellt, die in geradezu klassischer Weise den Zusammenhang von ›Wissenschaft und Technologie‹ mit wirtschaftlicher Stärke, Stabilität und Anpassungsfähigkeit der deutschen Wirtschaft aus der Sicht der Industrie herstellen.

Die für den hier interessierenden Zusammenhang relevanten Thesen lauten:[32]

1. Wirtschaftlicher Wohlstand und sozialer Friede sind nur durch weiteres Wirtschaftswachstum zu sichern. *Wachstum setzt technischen Fortschritt voraus. Daher gibt es zur Nutzung neuer Technologien keine Alternative.*
2. Der technische Fortschritt vergrößert die Wachstumschancen der deutschen Wirtschaft in den achtziger Jahren. Der gesamtwirtschaftliche Produktivitätsfortschritt wird sich weder weiter abschwächen noch sprunghaft ansteigen. *Technologische Arbeitslosigkeit ist daher nicht zu erwarten.* Auch die Anwendung der Mikroelektronik, die ein Beispiel für eine grundlegende technische Neuerung (breitenwirksame Basis-

32 Bundesvorstand der Deutschen Industrie e. V., Technischer Fortschritt – Wachstum – Beschäftigung, Fakten, Trends und wirtschaftspolitische Implikationen, Köln 1980; Hervorhebungen wie im Original.

innovation) ist, wird auf lange Sicht mehr Arbeitsplätze schaffen als durch Automatisierung einsparen.

3. Bei der Bewältigung der durch technischen Fortschritt verursachten Anpassungsprobleme können vereinzelt und vorübergehend *Belastungen des Arbeitsmarktes* auftreten. *Unternehmerische Beweglichkeit, größere Bereitschaft der Arbeitnehmer, sich beruflich und auch örtlich zu verändern, und ein positives Investitionsklima* sind die besten Voraussetzungen zur Lösung dieser Schwierigkeiten.

5. *Neue Technologien werden die Anforderungen an die berufliche Qualifikation erhöhen.* Der Bildungspolitik stellt sich die Aufgabe, die betrieblichen Anstrengungen zur Aus- und Weiterbildung zu unterstützen, um die Anpassung an die sich ändernden Entwicklungen zu erleichtern und zugleich Spitzenbegabungen zu fördern.

6. Die Herausforderungen des technischen, wirtschaftlichen und sozialen Wandels können von den Unternehmen nur bewältigt werden, wenn ihre Bereitschaft und ihr Verantwortungsbewußtsein einen längerfristig überschaubaren *politischen Rahmen* finden, *der die vorhandenen innovatorischen Kräfte nicht hemmt, sondern voll zur Entfaltung kommen läßt.*

7. *Wichtigste Voraussetzung für die Fähigkeit der Wirtschaft, sich neuen Aufgaben zu stellen (Innovationsfähigkeit), ist die Stärkung der Eigenkapitalausstattung und der Ertragskraft der Unternehmen.* Ohne diese wirtschaftlichen Bedingungen sind risikoreiche Forschungs- und Entwicklungsprojekte (FuE-Aktivitäten) nicht möglich. Dies gilt insbesondere für kleine und mittlere Unternehmen, die dann im Innovationsprozeß ihre größenspezifischen Vorteile besser zum Tragen bringen können.

8. *Auf der Basis einer funktionsfähigen Innovationsinfrastruktur und einer hochqualifizierten Grundlagenforschung kommt der Forschungsförderung eine subsidiäre Gestaltungsfunktion zu.* Direkte und indirekte Förderungsmaßnahmen müssen dabei in einem ausgewogenen Verhältnis zueinander stehen. Hierzu sollten die FuE-Personalkostenzuschüsse ausgebaut sowie die FuE-Investitionszulage durch Wiedereinführung von FuE-Sonderabschreibungen ergänzt werden.

9. Der Wettbewerb in der Marktwirtschaft vermag Forschung und Entwicklung stärker anzuregen als gezielte staatliche Einflüsse. *Eine adäquate Wettbewerbspolitik, die für freien Marktzugang der Unternehmen sorgt und unangemessener Konzentration vorbeugt, ist deshalb notwendiger Bestandteil einer wirkungsvollen Innovationspolitik.* Forschungs- und Wettbewerbspolitik müssen aufeinander abgestimmt werden, um die ordnungspolitische Kongruenz sicherzustellen.
10. Mit dem technischen Fortschritt verbinden sich nicht nur Hoffnungen, sondern auch Ängste. *Die gemeinsame Aufgabe heißt: Verstärkte Aufklärung, um zu verhindern, daß fehlende soziale Akzeptanz in der Zukunft zum Engpaßfaktor wird.*

Die Erhöhung der Innovationsfähigkeit der entwickelten deutschen Wirtschaft hängt also primär von der Förderung und Verwertung von Forschung, neuen Technologien und beruflichen Qualifikationen ab.
Die nachfolgende Abbildung 8.3.1 – I zeigt die zahlreichen Brücken, über die die Produktivkraft ›Wissenschaft und Technologie‹ (FuE/Innovation) mit der Wirtschaft verbunden ist. Über diese Brücken werden hauptsächlich gestaltet:

- *die Wirtschaftspolitik* mit den Zielen
  Wirtschaftswachstum
  Produktivitätssteigerung
  Erhöhung der Wettbewerbsfähigkeit
  Strukturwandel
- *die Innovationssteuerung* mit dem Ziel der Schaffung von
  Produktinnovationen (neue und verbesserte
  Produkte) und
  Prozeßinnovationen (Rationalisierungs- und
  Erweiterungsinnovationen)
- *das Innovationsmanagement* mit dem Ziel höchstmöglicher Effizienz und geringer Reibungsverluste bei der Durchsetzung der Innovationsstrukturpolitik und Innovationssteuerung.

Wichtig sind nun diejenigen Bereiche, die der BDI strukturpolitisch bzw. wachstums- und beschäftigungspolitisch für besonders relevant hält. Als Basisinnovation wird vor allem der Mikroelektronik eine Schlüsselfunktion zugedacht, weswegen ihrer

Abbildung 8.3.1 – 1
Die wichtigsten Brücken zwischen Forschung/Entwicklung/Innovation und Wirtschaft

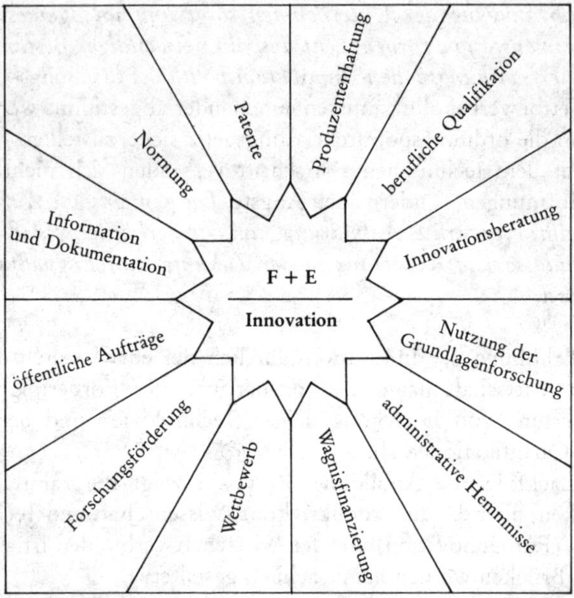

Quelle:
BDI, Technischer Fortschritt, Köln 1980, S. 63.

Entwicklung und Verwertung – und damit ihrer Förderung – ein zentraler Stellenwert zukommt. Daneben werden weitere Innovationsbereiche hervorgehoben, die ich in der nachfolgenden Tabelle 8.3.1 – 1 aus BDI-Unterlagen zusammengestellt habe.

Wie man Tabelle 8.3.1 – 1 entnehmen kann, handelt es sich vorwiegend um Anwendungsbereiche neuer wissenschaftlicher Technologien. Im Prinzip könnte man nun für jeden Innovationsbereich eine größere Anzahl von differenzierten Einzelentwicklungen mit konkreten Anwendungsfällen aufzeigen. Für die Anwendung der Mikroelektronik soll die nachfolgende Tabelle 8.3.1 – 2 einen Eindruck von der Mannigfaltigkeit der Folgeinnovationen vermitteln, die noch keineswegs Anspruch auf Vollständigkeit erheben kann (s. S. 448).

Wie der BDI die »Chancen und Risiken des technischen Fort-

Tabelle 8.3.1 – 1
Innovationsbereiche, die der BDI strukturpolitisch für besonders relevant und förderungswürdig hält

+ Mikroelektronik/Mikroprozessortechnik	+ Wärmeisolierungstechniken
+ Computertechnik	+ Kohleverflüssigung und -vergasung
+ Informations- und Kommunikationstechnik	+ Neue Antriebsstoffe für Autos
+ Neue Produktions- und Fertigungsverfahren, automatisierte Produktionsverfahren	+ Umwelttechnik
+ Neue Bearbeitungs-, Verfahrens- und Fertigungstechniken	+ Recycling-Techniken
+ NC-/CNC-Technik	+ Rohstofftechnologien
+ CAD-/CAM-Systeme	+ Kunststoffe und Kunststoffanwendungen
+ Robotersysteme	+ Materialtechniken
+ Meß-, Steuerungs- und Regelungstechnik	+ Biochemie
+ Energietechnik	+ Pharmakologie
Energie-Regelungstechnik	+ Biotechnik
Speichertechniken	+ Lasertechnik
Sonnenenergie-Nutzungstechniken	+ Neue Verkehrssysteme
Fernwärme-Nutzung	+ Verkehrsleit- und -lenkungssysteme
Kernkraftwerke	+ Schienenfahrzeuge
	+ Verbesserung der Arbeitsbedingungen

Quelle:
Zusammenstellung aus BDI-Unterlagen

schritts« einschätzt, geht aus der folgenden apodiktischen Feststellung hervor:

»Die mittelfristigen Perspektiven von Wachstum, Produktivität und Beschäftigung zeigen, daß es zur Nutzung neuer Technologien keine Alternative gibt. Die stark exportorientierte und von Rohstoffeinfuhren abhängige deutsche Wirtschaft kann es sich nicht leisten, in der technischen Entwicklung hinter anderen Ländern, mit denen sie sowohl auf dem Weltmarkt als auch auf den Binnenmärkten konkurriert, zurückzubleiben. Das hochentwickelte technische Potential muß verstärkt eingesetzt werden, um die Wettbewerbsposition der Unternehmen zu stärken und die Chancen der wirtschaftlichen Entwicklung voll zu nutzen.«[33]

33 Ebenda, S. 55.

Tabelle 8.3.1 – 2
Anwendungsbereiche und Anwendungsbeispiele für den Einsatz der Mikroelektronik

Datenverarbeitung Taschenrechner, Tischrechner Heimcomputer Kleincomputer am Arbeitsplatz Dezentralisierung der Datenverarbeitung Intelligente Terminals Großcomputer Programmier-Hilfsgeräte Büromaschinen	*Unterhaltungs- und Freizeitelektronik* Plattenspieler- und Bandgerätesteuerung Fernsehgeräteelektronik Fernsteuerung Fernsehspiele Videorecorder Filmkamera und -projektor Elektronische Brettspiele Tonsynthese in Orgeln
Nachrichtentechnik Fernschreiber, Fernkopierer Elektronisches Fernsprechvermittlungssystem Bildfernsprechen Infrarot-Nachrichtenübertragung Kommunikation in Breitbandkabelnetzen Videotext, Bildschirmtext Verkehrsfunk-Decoder Rundsteuertechnik	*Haushaltselektronik* Waschmaschinen- und Geschirrspülsteuerung Heizungs- und Lichtregelung Raumüberwachung Nähmaschinen-Programmierung
Meß-, Steuerungs- und Regelungstechnik Industrie: Roboter Prozeßsteuerung, auch im Kleinbetrieb »Intelligente« Meßgeräte Waagen Medizin: Computertomographie Narkosegeräte Elektronisches Fieberthermometer Puls- und Blutdruckmessung Analysengeräte Sehhilfe Verkehr: Verkehrsgerechte Ampelschaltung Flugsicherungs-Anlagen	*Kfz-Elektronik* Motorsteuerung zur Optimierung des Kraftstoffverbrauchs Antiblockier-Bremssystem Antikollisionsradar Trip-Computer Überwachung aller wichtigen Funktionen

Quelle:
BDI, Technischer Fortschritt – Wachstum – Beschäftigung, Köln 1980, S. 30 (nach E. Hofmeister).

Auch zur Technik- und Wachstumskritik nimmt der BDI eine unzweideutige Haltung ein:

»Die weitverbreitete Kritik an der Technik, die die Furcht vor den Risiken moderner Technologien überzeichnet und ihre positiven Seiten völlig außer acht läßt, hat ›vor allem eines verursacht: Angst – deren emotionale Wirkungen mit rationalen Argumenten überhaupt nicht mehr zu steuern sind‹. Damit stellt sich in der technologiepolitischen Diskussion das zentrale Problem der Information und der sozialen Akzeptanz technischer Neuerungen. Vor- und Nachteile, Nutzen, Gefahren und Grenzen des technischen Fortschritts müssen vorurteilsfrei abgewogen und diskutiert werden. Nur wenn es gelingt, technischen Fortschritt durchschaubar zu machen, kann damit gerechnet werden, daß er auch akzeptiert wird. Die Aufgabe heißt daher: Verstärkte Aufklärung, um zu verhindern, daß fehlende soziale Akzeptanz in der Zukunft zum Engpaßfaktor wird ...
Einer bisher vielfach zu einseitigen Betonung der Risiken muß deutlich gegenübergestellt werden, welchen Nutzen technischer Fortschritt haben kann: Mehr Wohlstand und höhere Lebensqualität für die Zukunft ...
Ohne ausreichendes Wirtschaftswachstum können die zentralen wirtschaftlichen und sozialen Probleme allerdings nicht gelöst werden.«[34]

Im Kern läßt sich die Wirtschaftsstrukturpolitik des Bundesverbandes der Deutschen Industrie wie folgt zusammenfassen:

1. Es ist keine Frage, daß das WTI-Paradigma für das politische und ökonomische Verhalten des BDI handlungsleitend ist.
2. Auf diesem Hintergrund sind quantitatives Wirtschaftswachstum, Produktivitätssteigerung und Wettbewerbsfähigkeit der Volkswirtschaft die entscheidenden Zielvariablen der Wirtschafts- und Beschäftigungspolitik und der Innovationssteuerung.
3. Um im technisch-ökonomischen Wettlauf der Industrieländer bestehen zu können, sind die Modernisierung der Wirtschaftsstruktur und die Erschließung neuer Wachstumsfelder gleichermaßen wichtig.
4. Die entscheidende Grundlage einer Innovationsstrukturpolitik ist die Produktivkraft ›Wissenschaft und Technologie‹. Forschung, Entwicklung, Innovation und Ausbildung sind im Sinne marktwirtschaftlicher Anpassung durch staatlich subsidiäres Handeln zu steuern. Ein besonderer Zwang zur Inno-

34 Ebenda, S. 56f.

vation besteht vor allem hinsichtlich der Entwicklung und Anwendung von Schlüsseltechnologien.

5. Die neuen Technologien lassen neben wirtschaftlicher Prosperität und Produktivitätssteigerung nach Auffassung des BDI eher positive Beschäftigungseffekte erwarten.
6. Eine gesellschaftlich verantwortliche Innovationsstrukturpolitik erfordert deshalb die Förderung von Forschung und Technologieentwicklung sowie des Wissens- und Technologietransfers.

8.3.2 Leitlinien der Bundesregierung

Ganz ähnlich lauten die Kernaussagen der Bundesregierung zur Entwicklung von Wissenschaft, Wirtschaft und Gesellschaft.
So faßte der Bundesminister für Forschung und Technologie bei der Vorlage des Bundesberichts Forschung 1984 die Ziele der Bundesforschungs- und Technologiepolitik wie folgt zusammen:[35]

»Die Zukunft der Bundesrepublik Deutschland hängt von ihrer Fähigkeit ab, hervorragende wissenschaftliche Leistungen zu erbringen und fortschrittliche und zuverlässige Technik anzubieten. Die internationale wirtschaftliche Verflechtung zwingt uns, unsere Zukunft und unseren Wohlstand auf Fortschritte in Wissenschaft und Forschung und entsprechende Innovationen zu gründen.
Es geht jetzt darum, daß verschiedene Forschungsbereiche besser zusammenwirken und die Anwendung der Forschungsergebnisse beschleunigt wird. Reserven liegen in einem besseren Zusammenspiel von Wirtschaft und Wissenschaft. Die Forschungsförderung, nicht zuletzt das Forschungsministerium, kann und wird wesentliche Impulse und Hilfen geben und sich insoweit als ›Zukunftsministerium‹ verstehen.
Forschung und Technologie sind von herausragender Bedeutung für unsere Kultur, für die Entfaltung und Sicherung menschlicher Lebenschancen sowie zur Lösung aktueller Probleme und die Bewältigung der vielfältigen Zukunftsaufgaben. Sie erweitern die Fähigkeit zur wissenschaftstechnischen Innovation und den damit verbundenen wirtschaftlichen und sozialen Fortschritt.«[36]

35 Bundesforschungsbericht VII der Bundesregierung, vom Bundeskabinett am 30. 5. 1984 verabschiedet, Bonn 1984.

36 Heinz Riesenhuber, Bundesminister für Forschung und Technolo-

Unter dem Titel »Orientierung und Perspektiven der Forschungs- und Technologiepolitik der Bundesregierung« finden sich im Bundesforschungsbericht VII folgende »Leitvorstellungen«:

»1. Forschung ist die auslösende Kraft unserer ›Kultur der Neuzeit‹, die in der Renaissance mit einer von der unmittelbaren Beobachtung der Naturphänomene ausgehenden Naturwissenschaft begann und damit die Emanzipation des Menschen von Mythos und philosophisch-theologischer Naturdeutung einleitete.
Wissenschaft und Forschung wurden so *Grundlage und zentraler Ausdruck unserer Kultur.*

2. Die ursprüngliche emanzipatorische Funktion der Forschung ist in unserer freiheitlichen Gesellschaft allmählich in den Hintergrund getreten, obwohl Mythen – in säkularisiertem Gewand –, Ideologien und Halbwissen keineswegs verschwunden sind. Um so wichtiger ... ist die Forschung für die heutige Gesellschaft und auch für den einzelnen als Quelle von kulturellem (z. B. historischem), wirtschaftlichem und sozialem *Orientierungswissen,* mit allen Irrtümern, die ein nie wirklich endender Forschungsprozeß mit sich bringt.
In einem engeren Sinn sind unter Orientierungswissen Hilfen der Wissenschaft für die gedankliche Durchdringung heutiger gesellschaftlicher Probleme als Vorbedingung für sachgemäße, möglichst widerspruchsfreie Problemlösungen zu verstehen, bis hin zur Technikfolgenabschätzung.

3. Eine dritte Funktion der Forschung ist die *wissenschaftlich-technische Innovation,* also die ständige Erweiterung des menschlichen Handlungsspielraums durch die Generierung und wirtschaftliche Umsetzung neuer technologischer Möglichkeiten.
Innovationen sind ein Lebensnerv jeder modernen Volkswirtschaft. Sie stehen für neuere und bessere Produkte, für neue Verfahren, die die menschliche Produktivität erhöht und damit ein materiell gesichertes Leben und neue Lebenschancen für die Menschen eröffnet haben.
Auch die aktuelle Herausforderung, die Sicherung der Wettbewerbsfähigkeit auf den umkämpften Weltmärkten für besonders hochwertige und technisch anspruchsvolle Produkte, ist eine Frage der Innovationsfähigkeit unserer Wirtschaft und damit – neben einem funktionierenden Wettbewerb, einer ausreichenden Kapitalausstattung und risikofreudigen

gie, Forschungsbericht 1984, BMFT-Journal, Mitteilungen aus dem Bundesministerium für Forschung und Technologie, Bonn Nr. 3/1984, S. 3.

Unternehmen – eine Frage der Leistungsfähigkeit von Forschung und technologischer Entwicklung.
Durch Innovation neu erschlossene Bereiche und durch moderne Technologien wettbewerbsfähig gehaltene klassische Industriezweige tragen – über die Sicherung von Arbeitsplätzen und Einkommen – zur weiteren Entwicklung auch des Dienstleistungssektors bei, der wie kein anderer vom Wachstum der Einkommen abhängt.
Nach Überzeugung der Bundesregierung ist die im internationalen Vergleich außerordentlich starke Förderung der Grundlagenforschung in der Bundesrepublik Deutschland gerade auch unter dem Gesichtspunkt der technischen Innovation gerechtfertigt. Im nachhinein erweist sich auch reine Grundlagenforschung häufig als technisch nutzbar und von praktisch hoher Relevanz. Das gilt etwa für die Kernspaltung oder, als neueres Beispiel, für die in der Elementarteilchenphysik bei Teilchenbeschleunigern entstehende Synchrotronstrahlung, die für die Materialforschung, speziell für die Höchstintegration von Halbleitern, wichtig ist. Das gilt ebenso für die biologische Grundlagenforschung, die neuerdings bei der Erforschung von Struktur und Funktion der Erbsubstanz sprunghafte Fortschritte erzielt und durch die Methoden der Neukombination von Erbinformationen verschiedener Organismen kaum abschätzbare Möglichkeiten für die Gen- und Biotechnologie eröffnet hat.«[37]

Die hier wiedergegebenen politischen Leitvorstellungen für die Wissensproduktion und Wissensverwertung stehen für eine Fülle ähnlicher Aussagen, die derzeit in der Bundesrepublik landauf, landab verkündet werden.
Ein Dokument, das noch prononcierter die Sicht der Wirtschaftspolitik der Bundesregierung verdeutlicht, ist die Erklärung des Bundesministers für Wirtschaft zum Thema »Hochtechnologien und internationale Wettbewerbsfähigkeit der deutschen Wirtschaft«.[38] Die Veröffentlichung nimmt Bezug auf die internationale Diskussion über Hochtechnologien und auf die Stellung der Bundesrepublik im weltweiten hochtechnologischen Wettbewerb zwischen den Industrieländern und skizziert Perspektiven

37 Zit. aus: »Unterlagen zum Bundesforschungsbericht VII, 11/84«, hrsg. vom Bundesministerium für Forschung und Technologie – Pressereferat – am 30. 5. 1984 in Bonn, Anlage 2, Teil I.
38 Der Bundesminister für Wirtschaft, Hochtechnologien und internationale Wettbewerbsfähigkeit der deutschen Wirtschaft, BMWi-Dokumentation Nr. 263, Bonn Juli 1984.

sowie wirtschaftspolitische Konsequenzen, die sich aus der Analyse ergeben.
Der Bundesminister für Wirtschaft unterstreicht mit seiner Position im wesentlichen die Aussagen des Bundesministers für Forschung und Technologie. Aufgenommen wird zunächst die Argumentation, daß »... ein rohstoffarmes Land mit hohem Wohlstandsniveau, hohen Arbeitslöhnen und umfassender sozialer Sicherung wie die Bundesrepublik seine Wettbewerbsfähigkeit nur dann dauerhaft sichern könne, wenn es einen hohen und sogar steigenden Anteil an der Produktion und dem Export von wie immer definierten hochtechnologischen Gütern habe.«

»Richtig ist, daß ein Land seine Wettbewerbsfähigkeit unter Beibehaltung eines hohen Wohlstandsniveaus ... nur dann halten kann, wenn es gegenüber Ländern mit niedrigeren Lohnkostenniveaus (wechselkursbereinigt) andere Produktionsvorteile ins Feld führen kann. Diese liegen bei hochentwickelten Industrieländern vor allem in einem höheren technischen Wissen. Dies äußert sich in verschiedener Weise, sei es in neuen Produkten, besseren Verfahrenstechniken bei der Herstellung, ›intelligenten‹ Problemlösungen und ähnlichem. Um im Wettbewerb zu bestehen, müssen die Unternehmen die neuesten Entwicklungen auf den Weltmärkten aufmerksam verfolgen und die so gewonnenen Informationen umgehend in eigene Produktions- und Absatzentscheidungen umsetzen.«[39]

Ganz im Sinne des WTI-Paradigmas und eines globalen Wettbewerbs mit Höchstleistungen bei Wirtschaftswachstum, Produktivitätssteigerung, Marktanteilen und Innovationsfähigkeit der Wirtschaftsstruktur werden zum Vergleich die beiden Wirtschafts- und Innovationsgiganten USA und Japan herangezogen. Da der Außenhandel eine wichtige Größe für die internationale Wettbewerbsfähigkeit darstellt, sind die Vergleichszahlen der Export- und Importquoten ein relevanter Leistungsmaßstab. Die Bedeutung des Außenhandels ist zudem für die Bundesrepublik im Vergleich zu anderen Industrieländern besonders groß, weil der Binnenmarkt wesentlich kleiner als in den Vergleichsländern USA und Japan ist:

39 Ebenda, S. 3.

»Die Ex- und Importquoten der Bundesrepublik (33% und 31%) liegen heute weit über den Quoten Japans (17% und 15%) und den USA (10,5% und 11%)...«[40]

Hierzu muß allerdings einschränkend betont werden, daß die Außenhandelsquoten nicht die einzigen Indikatoren sind, die die internationale Wettbewerbsfähigkeit erfassen. Gerade aus der Sicht der Wirtschaftsstrukturpolitik ist der Handel mit »Gütern hoher Technologien« ein besonders wichtiger Indikator.[41]
In diesem Bereich setzen die High-Tech-Länder USA und Japan mit ihrer weit entwickelten wissenschaftlichen Wissens- und Technikproduktion und vor allem ihrer effizienten Wissens- und Technologieverwertung und -vermarktung die Maßstäbe im globalen Wettbewerb. Deshalb ergibt eine feinere Analyse, daß die Bundesrepublik Deutschland in der Gesamtwertung über alle Wirtschaftssektoren zwar recht gut im internationalen Wettbewerb liegt, daß sie aber bei einigen High-Tech-Produkten Schwachbereiche aufweist. Hier sei nach Auffassung der Wirtschaftspolitik und der Wirtschaftswissenschaft ein Nachziehen dringend geboten.
So heißt es zwar:

»Die verschiedenen untersuchten globalen Indikatoren für die internationale Wettbewerbsfähigkeit signalisieren keine allgemeinen Schwächetendenzen in der Wettbewerbs- und Anpassungsfähigkeit der deutschen Industrie.«[42]

Dieser Feststellung stehen nun die Bewertungen in den Einzelwettbewerben der verschiedenen wissenschaftlichen Schlüsseltechnologien gegenüber. Hier kommt auch die Bundesregierung

40 Ebenda, S. 2.

41 Der Terminus »Güter hoher Technologien« wird allgemein für die hochtechnologischen Güter im Anwendungsbereich benutzt; das Ifo-Institut für Wirtschaftsforschung (München) unterscheidet genauer zwischen »Hochtechnologiegüter« und »Güter gehobener Technologien«.

42 Der Bundesminister f. Wirtschaft, Hochtechnologien und internationale Wettbewerbsfähigkeit der deutschen Wirtschaft, a.a.O., S. 10.

unter Zugrundelegung einer Reihe von Untersuchungen[43] zu differenzierten Urteilen.
Bei den Schwachstellen im High-Tech-Bereich wird vor allem die Entwicklung und Herstellung hochintegrierter elektronischer Bauelemente (Mikroelektronik, Mikroprozessor-Technik) beklagt, die ja meistens als Zukunftstechnologie schlechthin apostrophiert wird (vgl. hierzu auch die folgenden Kapitel).
In der Tat läßt sich auf diesem Sektor eine sehr ungleiche Verteilung der Weltproduktion feststellen: Während die Bundesrepublik Deutschland nur einen Anteil von 4% hat, entfallen auf Japan 20% und auf die USA 70% der Marktanteile.
Mit einer Reihe von Unsicherheiten behaftet, stellen die wirtschaftswissenschaftlichen Forschungsinstitute, die Deutsche Bundesbank und die OECD als Tendenz fest, daß der Marktanteil der Bundesrepublik bei »Gütern hoher Technologien« in den Jahren von 1972 bis 1982 gesunken ist, während der Marktanteil der Vereinigten Staaten leicht angestiegen bzw. konstant geblieben ist. Übereinstimmend wird von allen Instituten festgestellt, daß sich der Anteil Japans ganz erheblich vergrößert hat.
Ich gebe hier die Übersicht der Deutschen Bundesbank über die Marktanteile bei Gütern hoher Technologie wieder, weil diese nur eine kleine Gruppe von »Produkten der Spitzentechnologie« einbezieht, so daß es sich hier mit Sicherheit um solche FuE-Produkte handelt, die eine besonders starke Innovationsdynamik in der Wirtschaft auslösen (Tabelle 8.3.2 – 1).
Aus der Analyse über die Bedeutung der Hochtechnologien für die Wirtschafts- bzw. Innovationsstrukturpolitik zieht der Bundesminister für Wirtschaft unter anderem die folgenden Konsequenzen:

»Ein hoher technologischer Stand kann nur durch effiziente Forschung und Entwicklung gehalten werden. Generell sollte die staatliche Forschungsförderung darauf gerichtet sein, die Forschungstätigkeit breit ansetzend zu unterstützen und ein innovationsfreundliches Klima zu fördern. Staatliche Aktivitäten im Forschungs- und Technologiebereich haben sich am Grundsatz der Subsidiarität zu orientieren. Neben der

43 Ifo-Institut für Wirtschaftsforschung (München), Institut für Weltwirtschaft (Kiel), OECD (Paris), HWWA (Köln), Deutsche Bundesbank.

Tabelle 8.3.2 – 1
Marktanteile verschiedener Industrieländer bei »Gütern hoher Technologie« (in %)

Jahr / Land	1972	1976	1980	1982
USA	32,2	34,1	35,3	40,2
Japan	13,0	14,1	18,2	20,3
BRD	26,3	21,7	20,0	17,0

Quelle:
Deutsche Bundesbank, Geschäftsbericht für das Jahr 1983.

Unterstützung der Grundlagenforschung und von Aufgaben der staatlichen Daseins- und Zukunftsvorsorge sind im wirtschaftsnahen Bereich besonders risikoreiche, aufwendige, die Privatwirtschaft überfordernde längerfristige Forschung und Entwicklung (wie z. B. in der Kernenergie oder der Luft- und Raumfahrt) oder besonders wichtige branchenübergreifende Schlüsseltechnologien Gegenstand der staatlichen FuE-Förderung. In diesem Zusammenhang ist z. B. auf die Maßnahmen der Bundesregierung zur Förderung der Informationstechnik, wie sie im Regierungsbericht ›Informationstechnik‹ zusammengefaßt sind, hinzuweisen ...
Die Forschung sollte der Wirtschaft in der Entwicklung neuer, vom Markt gefragter Produkte Impulse geben. Mit günstigen Bedingungen für den Technologietransfer kann durch den Austausch von Wissen, Erfahrung und Anforderungen zwischen Forschung und Wirtschaft am ehesten eine schnellere Umsetzung von wissenschaftlichen Erkenntnissen in wirtschaftlichen Erfolg erreicht werden ...
Der Staat trägt im Rahmen seiner Bereitstellung von Infrastrukturleistungen wesentlich dazu bei, daß sich die Wirtschaft auf die Herausforderung durch technische Umwälzungen einstellen kann ...
Die Hauptaufgabe fällt der Wirtschaft selbst zu. Innerhalb der staatlich gestalteten Rahmenbedingungen muß sie ihre Wettbewerbsfähigkeit am Markt täglich erneut unter Beweis stellen. Moderner Kapitalstock, hohe Investitionsquote, Innovationsbereitschaft, mehr Marktorientierung in der unternehmerischen Forschungs- und Entwicklungstätigkeit, flexiblere Organisations- und Managementstruktur, konsequente Nutzung des Faktors Information, Produktivitätswachstum, Gespür für zukunftsträchtige Produkte und Ausbau des Kundenstammes über die traditionellen Absatzregionen hinaus sind hierzu unerläßlich.«[44]

44 Bundesminister f. Wirtschaft, Hochtechnologien, a.a.O., S. 28 f.

Die Bundesregierung läßt keinen Zweifel, daß der internationale technologische Wettbewerb um Spitzenpositionen im Sinne des WTI-Paradigmas voll aufgenommen werden muß, und bezieht sich zur Verdeutlichung ihrer Grundposition ausdrücklich auf die folgende Feststellung der Deutschen Bundesbank aus ihrem Jahresbericht 1983:

»Es wäre ein besonders gravierendes Mißverständnis, wenn die Ansicht um sich greifen würde, daß zur Sicherung der Beschäftigung der technische Fortschritt gebremst, statt nach allen Kräften vorangetrieben werden müßte ... Ein hochentwickelter Industriestaat wie die Bundesrepublik kann sich der Notwendigkeit nicht entziehen, seine Wirtschaftsstruktur den sich wandelnden internationalen Nachfrage- und Angebotsverhältnissen anzupassen.«[45]

Die hier skizzierten Leitlinien der Bundesregierung zur Innovations- und Wirtschaftsstrukturpolitik und zum Stellenwert von staatlicher Innovationssteuerung und Technologietransfer lassen sich anhand zahlreicher weiterer Dokumente wie etwa der Antwort auf die Große Anfrage zur internationalen Wettbewerbsfähigkeit der Deutschen Wirtschaft von Ende 1981[46], der Regierungserklärung des Bundeskanzlers vom 4. Mai 1983, der Antwort auf die Große Anfrage betreffend Neuorientierung der Forschungs- und Technologiepolitik im Jahre 1983[47], dem Jahreswirtschaftsbericht 1984[48] oder der Stellungnahme der Bundesregierung zur Strukturberichterstattung 1984[49] verfolgen und vertiefen.
Da das Grundmuster der Politik der Bundesregierung im Hinblick auf die in dieser Arbeit zu beweisende Thesen der Rolle von ›Wissenschaft und Technologie‹ im gesellschaftlichen bzw. ökonomischen Innovationsprozeß nicht von der Grundposition des BDI abweicht, kann ich hier auf eine Zusammenfassung mit Verweis auf Kapitel 8.3.1 verzichten.

45 Ebenda, S. 30.
46 Bundestags-Drucksache 9/1133.
47 Bundestags-Drucksache 10/710.
48 Bundestags-Drucksache 10/952.
49 Entwurf vom August 1984.

»Die Formel: ›Wir sind aber keine Maschinenstürmer‹ wird in Zukunft wenig nützen, wenn ... die Rationalisierungswelle vor allem durch die Breitenanwendung und intensivere Nutzung der neuen Technologien die Masse der Betriebe erst in den nächsten Jahren richtig erfaßt.
Soll man dieser Entwicklung von vornherein im Grundsatz zustimmen, wie es in der bisherigen gewerkschaftlichen Position ›Ja, aber ...‹ zum Ausdruck kommt, um danach – während der Einführungs- und Ausbauphase – zu versuchen, gewerkschaftliche Schutz- und Gestaltungsaufgaben (Arbeitsplatzsicherung, Einkommenssicherung, Gestaltung von Arbeit und Technik, Qualifikation) durchzusetzen?
Oder sollten Rationalisierungsmaßnahmen zunächst einmal zurückgestellt werden (›Nein, wenn nicht ...‹), bis sich Unternehmer und Betriebsrat auf ein sozial verträgliches Konzept über die Einführung – oder auch Nichteinführung der neuen Technologien geeinigt haben? Die Betriebsräte hätten ein ›Faustpfand‹ gewonnen, sofern sie die notwendige politische Kraft entwickeln können, um diese Position auch durchstehen zu können.
Die IG Metall wird sich diese Frage aber auch auf der politischen Ebene stellen müssen gegenüber einer Politik, die sich immer weniger an der sozialen Gestaltung von Arbeit und Technik orientiert.«[50]

Ich befürchte, daß die Frage für die Gewerkschaften so gar nicht mehr besteht. Nichtsdestoweniger beschreibt das vorangehende Zitat, Resümee der Bestandsaufnahme des Bundesvorstandes der IG Metall zur Rationalisierung, präzise die Situation und den Stand der Diskussion in den Gewerkschaften um die Einführung neuer Technologien.
Anders als bei der Bundesregierung und beim Bundesverband der Deutschen Industrie (BDI) fällt es derzeit schwer, einheitliche Linien einer Innovationsstruktur- und Technologiepolitik aller im DGB vereinigten Industriegewerkschaften auszumachen. Analysiert man nämlich Beschlüsse und Aussagen verschiedener Einzelgewerkschaften und führender Gewerkschaftsfunktionäre, so gibt es erhebliche Unterschiede in den Positionen. Noch

50 IG Metall, Bundesvorstand, Maschinen wollen sie – uns Menschen nicht, Rationalisierung in der Metallwirtschaft: Eine Bestandsaufnahme des Vorstands der IG Metall, Abtlg. Automation und Technologie, Frankfurt am Main 1983, S. 92 f.

drastischer werden die Diskrepanzen allerdings, wenn man die allgemeinen Deklarationen der Gewerkschaften mit dem Handeln von Gewerkschaftsfunktionären vor Ort vergleicht.

Das war nicht immer so. Dennoch ist die Situation weniger erstaunlich als natürlich. Denn wer kann mit gutem Gewissen und klarem Verstand einer uneingeschränkten Forcierung der Produktivkraft ›Wissenschaft und Technologie‹ das Wort reden, wenn er sich dem Wohl der gesamten Arbeitnehmerschaft verpflichtet fühlt? Zu ambivalent sind die Folgen des technologischen Wandels.

Auf keinen Fall trifft jedoch der derzeit immer wieder offen oder versteckt gegen die Gewerkschaften erhobene Vorwurf zu, sie seien technik- und innovationsfeindlich.[51] Solche Polemik ist eher Restbestandteil eines Klassenkampfes der Unternehmer, die gern jenes Schreckgespenst moderner Maschinenstürmer suggerieren wollen, gegen das sich die Gewerkschaften schon immer vehement zur Wehr gesetzt haben.

Tatsächlich trifft der Vorwurf der Technikfeindlichkeit auf die deutschen Gewerkschaften für keine Phase nach dem Zweiten Weltkrieg zu. Wenn heute allerdings, angesichts der für einen Großteil der Arbeitnehmerschaft gravierenden negativen Folgewirkungen des »wissenschaftlich-technischen Fortschritts«, die langjährige uneingeschränkte Technik- und Innovationsbejahung einer Mischung von Skepsis, Angst, Hilflosigkeit, aber auch Hoffnung, gewichen ist und der Kampf für eine sozial abgefederte Innovationspolitik auch kritische Töne gegenüber dem massiven Einsatz der Produktivkräfte ›Wissenschaft und Technologie‹ enthält, kann das im Hinblick auf die Vermeidung gesellschaftlicher Konflikte und sozialer Katastrophen nur begrüßt werden.

Eher umgekehrt könnte ein Schuh daraus werden: Der Vorwurf, die Gewerkschaften hätten zu lange die Produktivkraft ›Wissenschaft und Technologie‹ fetischisiert und die Probleme der nach olympischen Maßstäben verlaufenden Supertechnisierung und Superindustrialisierung im Sinne des WTI-Fortschrittsparadig-

51 So etwa die Industrie- und Handelskammer zu Berlin in ihrem Jahresbericht 1983/84 vom Mai 1984, S. 19 (vgl. hierzu auch Kapitel 8.5.4.2).

mas eher unterschätzt[52], dürfte jedenfalls wesentlich schwerer zu entkräften sein als der der Technikfeindlichkeit.
So vertritt etwa das Vorstandsmitglied der IG Metall, Karl Heinz Janzen, nach wie vor die folgende Position, mit der er sich weitgehend in Übereinstimmung mit seinen Gewerkschaftskollegen befindet:

»Die Anwendung der modernen Technologie und ihre Weiterentwicklung kann nicht zurückgedreht werden, wenn nicht Millionen von Menschen der Lebensstandard zurückgedreht werden soll. Die großen Probleme der Zukunft können im Gegenteil nur mittels neuer Technologien und neuer Quellen von Rohstoffen und Energien gelöst werden.«[53]

Das ist im Grundsatz auch die Position des Deutschen Gewerkschaftsbundes.
Eine besonders prononcierte Meinung im Sinne der traditionellen Gewerkschaftslinie vertritt der Vorsitzende der IG Chemie-Papier-Keramik, Heinz Rappe.
In einem Grundsatzpapier neuesten Datums propagiert er die technologische Innovationslinie wie folgt:

»Deshalb müsse sie (die Industriegesellschaft) den Strukturwandel ›weg von veralteten Industrien, hin zu innovativen neuen Branchen ... weg von der menschlichen Arbeit, hin zur Maschine ... als notwendige Grundbedingung zum Erhalt unserer weltweiten Wettbewerbsfähigkeit‹ akzeptieren. Notwendig seien allerdings Regelungen, ›die Technologieeinsatz und Zukunftsplanung ermöglichen und gleichzeitig die wachsende Technologiefeindlichkeit über die Installierung vernünftiger sozialer Absicherungssysteme abbauen helfen‹.
Zur ›Entwicklung neuer Technologien und ihrer Installation am Markt‹ bedürfe es ›lenkender Hilfen durch den Staat‹, mit Forschungsförderung, gezielten Steuerermäßigungen und Subventionen – eine Politik ganz nach dem Geschmack der amtierenden Regierung Kohl/Genscher.
Der Chemiegewerkschafter warnt zugleich vor zuviel ›Umweltreparaturen‹, vor einem defensiven Gesundheits- und Umweltschutz. Sinnvoller

52 So etwa Johano Strasser und Klaus Traube in: »Die Zukunft des Fortschritts – der Sozialismus und die Krise des Industrialismus«, Bonn 1981.
53 Karl Heinz Janzen, Techniker und Ingenieure – eine wichtige Schlüsselgruppe für die Gewerkschaften, in: Die Mitbestimmung, 30. Jg., Nr. 10 und 11/84, Düsseldorf November 1984, S. 418.

sei es, staatliche Gelder in den Umweltschutz zu stecken, sofern damit neue Arbeitsplätze geschaffen werden.«[54]

Die Weiterentwicklung der Produktivkraft ›Wissenschaft und Technologie‹ und ihre Anwendung zur Innovationssteuerung und Gestaltung einer »vorausschauenden Strukturpolitik« war zumindest bisher durchgängige Politik der im DGB organisierten Gewerkschaften. Die folgende Darstellung durch das Vorstandsmitglied der IG Metall-Bezirksleitung Hannover, Reimar Birkwald, beschreibt genau die Entwicklung der Gewerkschaftsposition:

»Die Gewerkschaften waren in den Jahren nach dem 2. Weltkrieg bis in die 70er Jahre fast uneingeschränkte Befürworter des Einsatzes neuer Techniken und der Rationalisierung. Sie brachten für die Arbeitnehmer Beschäftigung, Verbesserung ihres Lebensstandards, Verbesserung der Arbeitsbedingungen, kürzere Arbeitszeit, mehr Urlaub, mehr Arbeitsschutz und eingeschränkte Mitbestimmung auf einer Reihe von Wirkungsfeldern.
Es wurde viel getan an Erleichterungen und Umweltverbesserungen im Betrieb, mit zusätzlichen materiellen Anreizen, die weit über den Tarifvertragsbestimmungen lagen. Der größte Teil der Rationalisierungswirkung, nämlich Reduzierung der Kosten insbesondere durch
- Einsparung von menschlicher Arbeit
- Einsparung von Material
- Einsparung von Energie,

wurde durch dauernd steigende Produktion und dem dadurch steigenden Bedarf an menschlicher Arbeit ausgeglichen. Seit der Ölkrise 1973 haben sich die wirtschaftlichen, aber auch die gesellschaftlichen Rahmenbedingungen innen und außen erheblich verändert. Die Produktivitätssteigerungen übersteigen die Wachstumsraten mit dem Ergebnis, daß mit immer weniger Menschen immer mehr erzeugt wird, was in der Bundesrepublik zu über 2,2 Mill. registrierten Arbeitslosen führt.
Die Einstellung der Arbeitnehmer zur Technik und zur Arbeit hat sich erheblich verändert und ist mit den Nachkriegsjahren nicht mehr identisch ...«[55]

54 DER SPIEGEL, 39. Jahrgang, Nr. 2 vom 7. 1. 1985, S. 41 f. In diesem Artikel wird ein Positionspapier von H. Rappe für die SPD-Kommission zur Fortschreibung des SPD-Grundsatzprogramms (Godesberger Programm) zitiert.

55 Reimar Birkwald, Vorstandsmitglied der IG Metall-Bezirksleitung Hannover, Rede anläßlich des Ersten Symposiums zur Zukunft der

»Das uneingeschränkte Ja zur Technik ist einem *Ja, aber* gewichen.«[56]

Diese Ausführungen korrespondieren mit der »Stellungnahme des DGB-Bundesvorstandes vom 8. Mai 1984 zu den Neuen Informations- und Kommunikationstechniken«. Diese grundlegende Stellungnahme aus jüngster Zeit sowie die mit umfangreichen Materialien angereicherte Kommentierung durch die Abteilung Technologie/HdA beim DGB-Bundesvorstand[57] macht das »Ja, aber« in qualifizierter Weise deutlich.[58]

Die zentralen Schlüsselbegriffe der Stellungnahme des DGB sind gleichsam Programm und Handlungsgrundlage hinsichtlich der Nutzung der Produktivkraft ›Wissenschaft und Technologie‹. Nicht mehr ihre uneingeschränkte Entfesselung steht im Vordergrund, sondern die sozialverträgliche Steuerung. So wird in der Stellungnahme u. a. gefordert:

- Soziale Steuerung, Gestaltung und Kontrolle des technischen Wandels
- Sozialverträgliche Technikentwicklung und -anwendung
- Anpassung der wirtschaftlichen und sozialen Rahmenbedingungen an den technischen Wandel
- Mitbestimmung – strategisches Instrument zur Beherrschung der Produktivitätsentwicklung
- Technologiepolitik als Bestandteil einer vorausschauenden Strukturpolitik
- Öffentliche Diskussion über neue Technologien und ihre Folgen
- Förderung der Technologiefolgeabschätzung
- Umorientierung staatlicher Technologiepolitik an sozialen Kriterien

Industriegesellschaft, »Neue Technologien und Humanisierung der Arbeitswelt?«, Berlin am 22./23. November 1984, Redemanuskript S. 18 f.

56 Ebenda, S. 20.

57 Die Abteilung Technologie/HdA (Humanisierung der Arbeit) beim DGB-Bundesvorstand wurde erst 1982 eingerichtet. Dabei ist die Verbindung von Technologie und HdA besonders beachtenswert.

58 DGB-Technologie/HdA (Hrsg.), Neue Informations- und Kommunikationstechniken: Eine Stellungnahme des DGB, in: Arbeit und Technik, Bd. 1, Düsseldorf Oktober 1984.

– Förderung einer sozialverpflichteten Technologieforschung und Technologieentwicklung
– Humanisierung der Arbeit als Querschnittsaufgabe staatlicher Technologiepolitik
– Gesetzliche Maßnahmen zur Vermeidung negativer Folgen durch den Einsatz moderner Informations- und Kommunikationstechniken.[59]

Unter der Überschrift »Sozialverträgliche Technikentwicklung – technischer Wandel erfordert sozialen Wandel« heißt es in der DGB-Stellungnahme:

»Die sozialen negativen Folgen sind kein zwangsläufiges Ergebnis der Technikentwicklung selbst. Sie resultieren in der Regel aus den einseitig durch die Arbeitgeber und durch politische Entscheidungsstrukturen bestimmten Zielsetzungen des Technikeinsatzes, die die vorhandenen Spielräume der Gestaltung des Technikeinsatzes im Arbeitnehmerinteresse eng begrenzen. Die soziale Beherrschung der Produktivitätsentwicklung heißt deshalb vor allem, die Entscheidungsstrukturen in den Betrieben, in Wirtschaft und Gesellschaft so zu ändern, daß die politischen Gestaltungsmöglichkeiten der Arbeitnehmer und ihrer Gewerkschaften im Betrieb und in der Gesellschaft ausgeweitet und gleichzeitig die sozialen, arbeitsrechtlichen und wirtschaftlichen Rahmenbedingungen durch eine Reformpolitik den neu geschaffenen technologischen Strukturen angepaßt werden. Die Auseinandersetzung über Technikfolgen und Rationalisierung ist keine Auseinandersetzung zwischen Technikbejahung und Technikverneinung, sondern es ist eine Auseinandersetzung zwischen Arbeitnehmerinteressen und Arbeitgeberinteressen über die ökonomischen und sozialpolitischen Zielsetzungen des Technikeinsatzes und über die soziale Kontrolle der Technikfolgen.
Angesichts des umfassenden Einsatzes, der Dynamik und der Rationalisierungstiefe neuer Informations- und Kommunikationstechniken ist die soziale Steuerung des technischen Wandels nur mit einem umfassenden politischen Konzept aufeinander abgestimmter Maßnahmen sicherzustellen. Diese Maßnahmen müssen Einfluß nehmen
– auf die wirtschaftlichen und sozialen Rahmenbedingungen des technischen Wandels
– auf die Bereiche der Erforschung und Entwicklung neuer Techniken und
– auf die Anwendung neuer Techniken in Wirtschaft und Gesellschaft.«[60]

59 Ebenda, Zwischenüberschriften.
60 Ebenda, S. 59f.

Die Akzente der DGB-Position sind klar: Grundsätzliche Bejahung der Nutzung von ›Wissenschaft und Technologie‹ für den strukturellen Wandel bei gleichzeitiger Nutzung für den sozialen Wandel im Sinne einer sozialverträglichen Wissenschafts- und Technologiepolitik.
Das kontrastiert immerhin erheblich zu den Auffassungen des BDI und der Bundesregierung, zwar nicht in der Grundsatzfrage des »Ob«, aber des »Wie«.
Mit Sicherheit ist das nicht mehr der technologisch-industrialistische Weg mit dem »kategorischen Imperativ des WTI-Fortschrittsparadigmas«, mit seinem unbedingten »nach vorn« für Produktivitätsfortschritt, Wirtschaftswachstum und Wettbewerbsvorteile, wie er erst kürzlich etwa vom Bundesminister für Arbeit und Soziales skizziert wurde:

»Wir weisen stolz darauf hin, daß wir beim Export von Industriegütern nach wie vor an erster Stelle in der Welt stehen und die USA und auch Japan hinter uns lassen. Das ist zwar beachtlich. Es wäre jedoch tödlich, wenn wir uns dadurch zu sehr in Sicherheit wiegen ließen.
In der Sicht der führenden Konkurrenzländer sind wir Deutsche zwar Weltmeister bei der Anwendung, Verfeinerung und Kombination ausgereifter Techniken zu Gütern mit hohem Gebrauchswert. Man schätzt unsere Präzisionsmaschinen und unsere Autos. Wirklich Neues traut man uns aber nicht mehr zu. Es scheint so, als hätten wir den hoch motivierten, gut ausgebildeten Amerikanern, denen auch eine Renaissance wagemutigen Unternehmertums gelingt, nur wenig entgegenzusetzen.[61]
Wir brauchen eine Olympiade neuer Ideen, neuer Produktionstechniken, neuer Produkte. Wir brauchen nicht nur mehr Innovationsfähigkeit der bestehenden Unternehmen, sondern mehr Betriebsneugründungen, vor allem auf den verschiedenen Gebieten der Zukunftstechnologie. Sonst wird es kaum möglich sein, unsere Position auf dem Weltmarkt erfolgreich zu verteidigen. Jeder Positionsverlust bedeutet aber ganz hart: Rückgang des Wohlstandes, Abbau des sozialen Leistungsvermögens.
Wollen wir dies vermeiden, *gibt es nur den Weg nach vorn.*«[62]

61 Norbert Blüm, Bundesminister für Arbeit und Soziales, Rede auf dem Ersten Symposium zur Zukunft der Industriegesellschaft am 22. November in Berlin, vorgetragen vom Parlamentarischen Staatssekretär im BMAS, Wolfgang Vogt, Manuskript S. 18 f.
62 Ebenda, S. 21.

Während die Fundamentalkritiker des Industrialismus hauptsächlich die ökologische Dimension ins Spiel bringen und in der Anwendung der Produktivkraft ›Wissenschaft und Technologie‹ in ihrer entfalteten Form selbst wie auch gegen die Natur die kardinale Überlebensfrage sehen – die sich somit für die Weiterentwicklung menschlicher Gesellschaften schlechthin stellt –, rückt für die Gewerkschaften die soziale Dimension in den Vordergrund, wobei das Bekenntnis zum Industriesystem im Grundsatz unangetastet bleibt. Allerdings erfährt das WTI-Fortschrittsparadigma erste Korrekturen, und seine Erfüllung nach olympischen Hochleistungskategorien gerät mehr und mehr in Zweifel.
Die Schlüsseldimension der Gewerkschaften ist die soziale. Sie macht sich hauptsächlich an folgenden sechs grundlegenden Befürchtungen im Hinblick auf die Auswirkungen des technischen Wandels fest. Sie bilden gleichzeitig, gewissermaßen im Umkehrschluß, das vorläufige Handlungsprogramm zur sozialen Steuerung des technischen Fortschritts:[63]

1. Technischer Strukturwandel dominiert die politische Steuerung

»Der Verzicht auf die politische Steuerung und Kontrolle der Technikentwicklung und -anwendung kommt dem Verzicht auf die Steuerung des sozialen Wandels gleich. Ein solcher Verzicht bedeutet die Unterordnung individueller, sozialer und kultureller Bedürfnisse der Bürger und Arbeitnehmer unter die scheinbar unbeeinflußbaren Sachzwänge moderner Technologien und die dahinterstehenden wirtschaftlichen und politischen Interessen.«
»Statt dessen muß mit gezielten Eingriffen und politischen Maßnahmen die soziale Beherrschung des technischen Wandels im Interesse aller Bürger und Arbeitnehmer sichergestellt werden.«
»Gefordert ist ein umfassendes Konzept aufeinander abgestimmter Maßnahmen, die von der Technikentwicklung, der Technikanwendung bis hin zu den staatlichen Instrumenten der Technikförderung und Techniksteuerung reichen.«

63 Die folgenden Zitate stammen aus der Stellungnahme des DGB-Bundesvorstandes, Düsseldorf Mai/Oktober 1984, a.a.O., S. 45 ff.

2. Technischer Strukturwandel verschärft die Beschäftigungssituation und bedroht die Solidarität der Arbeitnehmerschaft

»Allein durch eine global und quantitativ ausgerichtete Wachstumspolitik kann die wirtschaftliche Strukturkrise, die die Beschäftigungskrise noch verschärft, nicht bewältigt werden. Ausschließlich quantitatives Wachstum wäre auch wegen des erheblichen Verbrauchs an Rohstoffen, wachsender Umweltbelastungen und einer dann unvermeidlich zunehmenden Intensivierung der Arbeit nicht wünschenswert.

Notwendig ist deshalb neben der Globalpolitik und zu ihrer Ergänzung eine vorausschauende Strukturpolitik, d. h. insbesondere eine beschäftigungssichernde Forschungs-, Technologie- und Umweltpolitik, deren Schwergewicht auf der Förderung arbeitsplatzschaffender rohstoff- und energieeinsparender Technologien ... liegt. Der Deutsche Gewerkschaftsbund hält an seinen beschäftigungspolitischen Forderungen, insbesondere an seinem Vorschlag für ein Beschäftigungsprogramm für ein beschleunigtes qualitatives Wachstum, fest. Unverzichtbar ist darüber hinaus eine aktive Arbeitsmarkt- und Berufsbildungspolitik.

Die technische Entwicklung darf nicht zur weiteren Verschärfung der Beschäftigungskrise beitragen, sondern muß in den Dienst der Beschäftigungssicherung und der Hebung des Lebensstandards der Arbeitnehmer gestellt werden. Die Umverteilung der Produktivitätsgewinne der Arbeitgeber in Arbeitszeitverkürzungen für Arbeitnehmer durch die Verkürzung der Wochen- und Lebensarbeitszeit, durch die Verlängerung der Schulzeit und des Jahresurlaubs sowie durch die Möglichkeit eines umfassenden Bildungsurlaubs stellen wirksame Maßnahmen zur Beschäftigungssicherung und zur Neuschaffung von Arbeitsplätzen dar.«

3. Technischer Strukturwandel löst die gewachsenen sozialen Infra- und demokratischen Entscheidungsstrukturen auf

»Eine qualifizierte Beteiligung und Mitwirkung der Arbeitnehmer ist schon im Planungsstadium, in dem Ziele und Umfang des Technikeinsatzes festgelegt werden, sicherzustellen. Darüber hinaus ist zu gewährleisten, daß durch entsprechende rechtliche Regelungen jederzeit die Möglichkeit offengehalten ist, daß die Arbeitnehmervertreter sozial unverträgliche Fehlentwicklungen beim betrieblichen Einsatz neuer Techniken umkehrbar machen können.

Ohne die Mitwirkung und Mitgestaltung der Arbeitnehmer im Rahmen qualifizierter Beteiligungs- und Mitgestaltungsrechte an Entscheidungen über die Planung und den Einsatz neuer Techniken stellt sich der technische Wandel als demokratisch nicht legitimiert in Frage. Der Deutsche Gewerkschaftsbund fordert deshalb

- die inhaltliche Ausweitung der Mitbestimmung im Betriebsverfassungsgesetz und den Personalvertretungsgesetzen
- die umfassendere Beteiligung der Arbeitnehmer durch die ›Mitbestimmung am Arbeitsplatz‹ unter Miteinbeziehung der Betriebs-/Personalräte
- Stärkung der Mitbestimmung auf Unternehmensebene
- die gesetzliche Verankerung der gesamtwirtschaftlichen Mitbestimmung
- den Ausbau von Technologieberatungs- und -qualifizierungsstellen für die betrieblichen Interessenvertretungen.

Der Deutsche Gewerkschaftsbund fordert – entsprechend dem Vorbild öffentlich geförderter Technologieberatungszentren für Unternehmen – die flächendeckende Errichtung von Technologieberatungs- und Technologiequalifizierungsstellen mit einer regionalen Verankerung.«

4. Technischer Strukturwandel führt zur Enthumanisierung der Arbeit, zu gesundheitlichen Belastungen und zur Beeinträchtigung der Persönlichkeitsentwicklung

»Der Deutsche Gewerkschaftsbund stellt fest, daß die im Zusammenhang mit dem Computereinsatz vorausgesagte Höherqualifizierung großer Teile der Arbeitnehmerschaft nicht eingetreten ist. Statt dessen vollzieht sich in den Unternehmen eine schrittweise Entwertung beruflichen Wissens und beruflicher Erfahrungen. Ein kleiner Bereich qualifizierter Tätigkeiten in der Systementwicklung und massenhafte routinehafte Anlerntätigkeiten in der Systembedienung kennzeichnen die Durchsetzung einer neuen Arbeitsteilung in den Betrieben, Verwaltungen und Dienstleistungsunternehmen. Traditionelle berufliche Anforderungen werden in diesem Prozeß zunehmend zugunsten computergerechter Qualifikationen überflüssig.

Inhaltliches Berufswissen und praxisbezogene Berufserfahrungen, Kenntnisse von konkreten Tätigkeitsabläufen und Problemlösungsmethoden werden im Verlaufe der Computeranwendungen schrittweise in elektronisch gesteuerten Arbeitssystemen gespeichert. Dadurch werden Qualifikationen wie spontanes Reagieren auf bestimmte Situationsanforderungen, persönliche Urteilsfähigkeit, die Fähigkeit zu eigenständiger Problemlösung, Lösungsvergleich und Optimierungsfähigkeiten sowie Erfahrungswissen abgelöst durch computergerechte Qualifikationen der formalen Korrektheit, der Fähigkeit zur Anpassung an die durch die digitale Logik vorgegebenen Tätigkeitsabläufe und der Abstraktionsfähigkeit. Computergerechte Systemkenntnisse und computergerechtes Systemverhalten verdrängen mehr und mehr persönliche Berufskenntnisse und problembezogenes Berufsverhalten.

Dieser Prozeß der Entfremdung von qualifikatorischen Anforderungen, die zu den ureigenen intellektuellen und spontanen kreativen Fähigkeiten des Menschen zu zählen sind, ist nicht nur ein Problem zukünftiger Qualifikationsentwicklungen. Ganz offensichtlich werden hier grundlegende Bereiche der menschlichen Persönlichkeitsentwicklung berührt, deren Problematik in der öffentlichen Diskussion noch weitgehend ausgeklammert wird.«

Da der DGB insbesondere im Konzept der Bundesregierung zur Förderung der Humanisierung der Arbeit nur noch die Zielrichtung erkennt, Anpassungswiderstände zu reduzieren und soziale Reibungsverluste möglichst klein zu halten, wendet er sich gegen dieses Konzept:

»In diesem Konzept ist Humanisierung nur noch Restfaktor einer bedingungslos auf Innovation setzenden staatlichen Technologiepolitik. Der Deutsche Gewerkschaftsbund fordert statt dessen eine systematische und alle Technikförderbereiche einbegreifende Humanisierungsforschung, die sich an den Kriterien ›Arbeitsplatzsicherheit‹, ›Menschengerechte Arbeitsbedingungen und Arbeitsorganisationen‹, ›Vorbeugender Gesundheitsschutz‹, ›Qualifikationserhaltung und -ausbau‹ und ›Sicherung und Ausbau persönlicher und beruflicher Freiräume‹ orientiert.«

5. Der Einsatz neuer Technologien verstärkt die soziale Kontrolle und die Abhängigkeit der Arbeitnehmer

»Die neuen Informations- und Kommunikationstechniken ermöglichen eine umfassende Speicherung und Verarbeitung von Daten einzelner Personen oder Gruppen, ohne daß diese davon Kenntnis zu haben brauchen oder Einfluß nehmen können. Datenmißbrauch und die Konzentration von Informationen in wenigen Händen können nicht verhindert werden. Damit besteht die Gefahr, daß die demokratischen Strukturen in der Bundesrepublik beeinträchtigt werden, weil Information und Wissen in wenigen Händen, insbesondere bei wenigen Unternehmen oder bei Organen der staatlichen Gewaltausübung, zusammenlaufen und entsprechend ausgewertet werden können.«

Insbesondere durch den forcierten Einsatz und die Kommerzialisierung der neuen Informations- und Kommunikationsmedien

»droht die Entwicklung einer Gesellschaft von Gut-, Besser- und Schlechterinformierten, je nach den zeitlichen und finanziellen Möglichkeiten des einzelnen. Wachsende Lebensunterhaltungskosten, geringere Lohnzuwachsraten und große Risiken in der Sicherheit des Arbeitsplat-

zes verschärfen diesen Prozeß, der sich zu Lasten der Arbeitnehmer vollzieht.
Eine Politik, die davon ausgeht, daß die Entwicklung und der Einsatz moderner IuK-Techniken ohne weitreichende Reformen und ohne massive Eingriffe in das Wirtschaftgeschehen bewerkstelligt werden kann, riskiert bewußt beispiellose und die Gesellschaft in ihrer Grundstruktur in Frage stellende soziale Fehlentwicklungen.«

6. Die Forschungs- und Technologiepolitik präjudiziert Folgen, die nicht im Interesse der Arbeitnehmerschaft und der Gesellschaft insgesamt sind

»Mit der staatlichen Forschungs- und Technologiepolitik werden Entscheidungen getroffen und Entwicklungen programmiert, die auf die Arbeitsbedingungen, Qualifikationsmerkmale und die Einkommenschancen Einfluß haben. Entscheidungen in der staatlichen Technologiepolitik beeinflussen die Arbeits- und Lebenssituation der Arbeitnehmer nachhaltig.
Die unzulänglich problematisierten Folgen staatlicher Politik müssen im Rahmen einer systematisch geförderten sozialen Wirkungsforschung und einer Forschung, die Anstöße für alternative technische Entwicklungen gibt, abgeschätzt werden und ihre Ergebnisse zur Grundlage einer sozialverpflichteten Technologiepolitik gemacht werden. Der Deutsche Gewerkschaftsbund fordert deshalb die Verabschiedung eines Gesetzes zur ›Technikfolgenabschätzung‹ sowie die Berufung einer ›Expertengruppe für Technikfolgenabschätzung‹ beim Deutschen Bundestag.
Technikfolgenabschätzung heißt, in verbindlicher, institutionalisierter Form und im Rahmen einer gesetzlich fixierten Verpflichtung Risiken und Chancen sowie Alternativen der vorherrschenden Technikentwicklung zu erforschen und die Ergebnisse zur Grundlage einer sozialverpflichteten Technologiepolitik zu machen.
Der Deutsche Gewerkschaftsbund fordert die Bundesregierung auf, bei der Forschungs- und Technologiepolitik die von ihr selbst aufgestellten Ziele der Förderung und Wahrung der Wettbewerbsfähigkeit der deutschen Wirtschaft und der Humanisierung der Arbeit und der Verbesserung der Lebenswelt gleichrangig zu berücksichtigen.
Die Technologiepolitik sollte alle Möglichkeiten für arbeitsplatzschaffende, umwelt- und sozialverträgliche Techniken wahrnehmen. Der DGB hält eine ausschließliche Konzentration der Forschungs- und Technologiepolitik auf die sogenannten Schlüsseltechnologien, Informations- und Kommunikationstechniken und Nukleartechnik, für gefährlich, zumal schon heute alarmierende Wettbewerbsrückstände der deutschen

Industrie auf dem Gebiet umwelt- und sozialverträglicher Produkte erkennbar sind.
Der DGB hält die Ausweitung der indirekten und der indirekt spezifischen Forschungsförderung für verfehlt, da sie eine gezielte Einflußnahme der politischen Instanzen auf die Forschungsvorhaben der Industrie nicht zuläßt und sie gleichzeitig der politischen und auch der haushaltstechnischen Kontrolle entzieht.[64] Die direkte Forschungsförderung sollte an sozialen Kriterien und Notwendigkeiten orientiert werden. Eine solche Orientierung sollte die Grundvoraussetzung für die Vergabe öffentlicher Forschungsfördermittel sein.
Eine solche qualitative Technikförderung, die sich sowohl wirksam auf die Schaffung von neuen Arbeitsplätzen und auf den Schutz der Umwelt auswirkt, ist insbesondere im Bereich der Energieeinsparung, der Ressourcenschonung, des Gewässerschutzes, der Wasserversorgung, der Luftreinhaltung, des Lärmschutzes und des Nahverkehrs zu verwirklichen. Bei der Entwicklung solcher Technologien sind insbesondere Arbeitsgemeinschaften von Klein- und Mittelbetrieben projekthaft zu fördern, um diese arbeitsplatzintensiven Industriestrukturen zu stärken und die Fixierung staatlicher Technologiepolitik auf wenige eigenkapitalstarke Großunternehmen und deren Technologiepolitik abzubauen.
Der Deutsche Gewerkschaftsbund fordert, daß die öffentlich geförderte Wissenschaft und Forschung im Bund und in den Ländern ihre nach wie vor einseitige Orientierung an den Interessen der Wirtschaft zugunsten einer stärkeren Erforschung der Arbeits- und Lebensbedingungen der Arbeitnehmer korrigieren. Mit Sorge nimmt der Deutsche Gewerkschaftsbund zur Kenntnis, daß die Bundesregierung die Forschungseinrichtungen des Bundes stärker in den Dienst der Wirtschaft selbst stellen will und die Interessen der Arbeitnehmer dabei übergeht.
Der Deutsche Gewerkschaftsbund fordert die Errichtung eines Instituts für Arbeit und Technik im Range einer Großforschungseinrichtung des Bundes unter Mitfinanzierung der Länder. Seine Aufgabe sollte schwerpunktmäßig die systematische Erforschung der Wechselwirkungen von Arbeit und Technik sein.«

64 Die Umsteuerung der Forschungs- und Technologieförderung von der direkten zur indirekten und indirekt spezifischen Förderung ist ein Hauptbestandteil der neuen FuE-Politik der CDU/FDP/CSU-Bundesregierung gegenüber der Regierung der sozialliberalen Koalition; vgl. hierzu vor allem: Bundesbericht Forschung 1984, Bonn Mai 1984, S. 28 ff. und S. 64 ff. sowie Antwort der Bundesregierung auf die Große Anfrage zur Neuausrichtung der Forschungs- und Technologiepolitik der Bundesrepublik Deutschland vom 30. November 1983 (BT-Drucksache 10/710).

»Die Freiheit der Wissenschaft ist nicht denkbar ohne die Verantwortung für die Gesellschaft. Wenn die Ergebnisse wissenschaftlicher Forschung in der Gesellschaft selbst so tiefgreifende Umwälzungsprozesse hervorrufen, hat die Gesellschaft ein Recht darauf, Wissenschaft und Forschung zu kontrollieren und mitzugestalten.«

Diese Stellungnahme des DGB ist das wichtigste Dokument der deutschen Gewerkschaften im letzten Jahrzehnt. Mit dieser Bewertung hebe ich darauf ab, daß seit der *Oberhausener Arbeitstagung der IG Metall im Jahre 1972 über die Qualität des Lebens* erst mit diesem Dokument wieder in so umfassender und tiefgreifender Weise zu den gesellschaftlichen Wirkungen der Produktivkraft ›Wissenschaft und Technologie‹ durch die Gewerkschaften Stellung bezogen wurde[65], auch wenn es zwischenzeitlich durchaus weitere relevante Beschlüsse, Stellungnahmen und Arbeitspapiere gegeben hat, die sich mit diesem Problembereich auseinandergesetzt haben.[66]

Drei Merkmale dieser Grundsatzerklärung verdienen besonders hervorgehoben zu werden:

1. Die Stellungnahme des Deutschen Gewerkschaftsbundes rückt durch die programmatische Beschreibung der Wirkungen und Folgen neuer Technologien auf alle relevanten Lebensbereiche

65 IG Metall (Günter Friedrichs), Aufgabe Zukunft, »Qualität des Lebens«, Beiträge zur vierten internationalen Arbeitstagung der Industriegewerkschaft Metall für die Bundesrepublik Deutschland, 11. bis 14. April 1972 in Oberhausen, Bde. 1-10, Frankfurt am Main 1972.

66 Vgl. z. B.:
- IG Metall, Strukturelle Arbeitslosigkeit durch technologischen Wandel?, Technologietagung 1977, Schriftenreihe der IGM Nr. 72, Frankfurt am Main 1977;
- IG Metall, »Maschinen wollen sie – uns Menschen nicht«, Rationalisierung in der Metallwirtschaft: Eine Bestandsaufnahme des Vorstandes der IG Metall/Abteilung Automation und Technologie, Frankfurt am Main Oktober 1983;
- IG Druck und Papier, Stuttgart 1983;
- DGB (Hrsg.), Arbeit für alle durch Arbeitszeitverkürzung, Düsseldorf 1983;
- IG Metall, 35-Stundenwoche: Argumente zur Sicherung und Schaffung von Arbeitsplätzen und für mehr Zeit zum Leben, Berlin 1984.

der Arbeitnehmerschaft die Produktivkraft ›Wissenschaft und Technologie‹ in das Zentrum der gewerkschaftlichen Programmatik. Das wird vor allem dadurch unterstrichen, daß sich das daraus abgeleitete politische Handlungsprogramm ebenfalls zentral auf die Steuerung des durch ›Wissenschaft und Technologie‹ ausgelösten wirtschaftsstrukturellen und sozialen Wandels bezieht.

Das Programm erhält insbesondere in den handlungsleitenden Schlußkapiteln seinen Höhepunkt durch die Propagierung einer neuen Technologie- und Forschungspolitik mit folgenden Elementen:

- »Durchsetzung einer neuen ›Technologiepolitik‹ als Bestandteil einer vorausschauenden Strukturpolitik« (Kapitel 3)
- »Förderung einer sozialverpflichteten Technologieforschung und Technologieentwicklung« (Kapitel 4)
- »Gesetzliche Maßnahmen zur Vermeidung negativer Folgen durch den Einsatz moderner Informations- und Kommunikationstechnologien« (Kapitel 5).

Mit dieser Programmatik soll die gesellschaftliche Bändigung der Produktivkraft ›Wissenschaft und Technologie‹ eingeleitet werden.

2. Der Deutsche Gewerkschaftsbund bejaht nach wie vor die Weiterentwicklung, die Förderung und die Nutzung von ›Wissenschaft und Technologie‹ – auch die am weitesten entwickelten Methoden und Organisationsformen der Wissensproduktion und Technikentwicklung – als zentrale Produktivkraft für eine innovative Struktur- und Gesellschaftspolitik.
3. Der DGB nimmt jedoch mit seiner Stellungnahme erstmals eine neue Position im Verhältnis von Wissenschaft, Technologie und Wirtschaftswachstum ein. Das kommt in zweifacher Hinsicht zum Ausdruck:

+ Der DGB hängt nicht mehr uneingeschränkt dem auf machtpolitischen Kategorien (Herrschaft über die und Ausbeutung der Natur) und ökonomischen Kategorien (Wirtschaftswachstum, Produktivitätssteigerung, Wettbewerbsvorteile) beruhenden WTI-Fortschrittsparadigma an, sondern propagiert einen nach sozialen Kriterien gesteuerten wissenschaftlich-technisch-industriellen Fortschritt.
+ Der DGB stimmt nicht mehr ohne Bedingungen einem auf

reinen Wettbewerbskategorien beruhenden Umsetzungsprozeß von Wissenschaft und Technik in die Wirtschaft und andere gesellschaftliche Bereiche zu. Nur wenn durch entsprechende Forschungen, Technologiefolgeabschätzungen und demokratisch legitimierte Technologiebewertungen die Sozialverträglichkeit gegeben ist, hält der DGB Höchstleistungen für vernünftig und sinnvoll. Höchstleistungen für qualitatives Wachstum und mehr Lebensqualität für alle Arbeitnehmer ja, Höchstleistungen für quantitatives Wachstum, Rationalisierungen, Arbeitsplatzverluste und hohe Unternehmergewinne nein.

Auch wenn bezweifelt werden muß, daß die Konsequenzen der Stellungnahme des DGB alle Funktionäre und Arbeitnehmer bereits erreicht haben, so dürfte unstreitig sein, daß es sich hier um eine Neubestimmung der Gewerkschaftsposition handelt. Große Skepsis muß allerdings hinsichtlich der Umsetzung dieser Position in der betrieblichen und der allgemeinpolitischen Praxis angemeldet werden. Gerade mit dem forcierten Einsatz der Informations- und Kommunikationstechnologien verringert sich der Einfluß der Gewerkschaften Zug um Zug durch die Zunahme der Massenarbeitslosigkeit infolge des Einsatzes von NC-, CNC-, CAD-, CAM-Techniken, Robotern, automatischen Fabriken, automatischen Büros usw., sowie durch die Teleheimarbeit[67] und weiterer Formen von Fernarbeit mit Hilfe neuer Informations- und Kommunikationstechniken.

Auf ein weiteres Problem mit grundlegendem Charakter muß hier noch hingewiesen werden:

In der gesamten Stellungnahme des DGB erscheint die ökologische Dimension erst in zweiter Instanz, etwa wenn über Umwelttechnologien oder ressourcenschonende Technikentwicklungen neue zukunftsträchtige Arbeitsplätze geschaffen werden sollen. Daraus ist zu schließen, daß der DGB immer noch nicht den

67 Eine Studie des M.I.T. (Teletext and Videotext in the United States, New York 1982) schätzt, daß bis 1990 etwa 10 Millionen Amerikaner Teleheimarbeit machen werden. Das von der National Science Foundation (NSF) beauftragte Institute for the Future kommt sogar zu der Auffassung, daß bis zum Jahr 2000 40% aller US-Bürger Teleheimarbeit leisten werden (zit. nach Job 2000: Arbeitsplätze zu Hause, in: Psychologie heute, Sept. 1982, S. 7).

fundamentalen Zusammenhang von Ökologie und Gesellschaftspolitik sieht. Es scheint mir aber eine Illusion zu sein, daß man eine sozial verträgliche Steuerung des technischen Wandels erreichen kann, ohne den im WTI-Fortschrittsparadigma steckenden Herrschaftsanspruch des Menschen über die Natur aufzugeben und an dessen Stelle die Versöhnung des Menschen mit der Natur zu setzen, d. h. sein soziales und ökonomisches Verhalten in Einklang mit den ökologischen Kreisläufen zu bringen.

Warum wird dieser Zusammenhang bis heute noch nicht von den Gewerkschaften hergestellt? Die Erklärung liegt darin, daß die die Arbeitnehmerschaft am stärksten drückenden Probleme erst einmal diejenigen sind, die ganz unmittelbar fühlbar sind. Sie betreffen in erster Linie den Arbeitsplatz, den materiellen Lebensstandard und die körperliche Gesundheit. Die enge Verknüpfung mit der ökologischen Problematik wirkt sich bisher für die Arbeitnehmerschaft immer noch eher indirekt aus und tritt deshalb auch programmatisch erst in zweiter Linie in Erscheinung.

Wie anders wäre sonst beispielsweise das vehemente Eintreten der IG Bergbau und Energie für die Inbetriebnahme des Kraftwerks Buschhaus zunächst auch ohne Entschwefelungs-, Entstickungs- und Entstaubungsanlagen zu erklären.

Wie stark die industrialistische Grunddisposition und der damit verbundene Glauben an sichere Arbeitsplätze und materiellen Wohlstand in der Arbeiterschaft verinnerlicht sind, läßt sich an der Geschichte des Kraftwerks Buschhaus geradezu klassisch aufzeigen. Noch zu einer Zeit, nachdem die Diskussion über die ökologische Schädlichkeit sowie die energie-, finanz- und beschäftigungspolitische Unsinnigkeit dieses Industriegiganten hohe Wellen geschlagen hatte, und sich auf Antrag der GRÜNEN und der SPD der Deutsche Bundestag damit beschäftigte, stehen die Belegschaftsmitglieder der BKB (Braunschweigischen Kohlen-Bergwerke) und die IGBE (Industriegewerkschaft Bergbau und Energie) nahezu geschlossen hinter dem Projekt:

In der ersten August-Ausgabe 1984 der ›einheit‹ – ›Zeitung für Mitglieder der IG Bergbau und Energie‹ heißt es unter der Überschrift: »Buschhaus unklar«:

»(EB) Auf einer Betriebsversammlung in Helmstedt haben 2085 Belegschaftsmitglieder der BKB (Braunschweigische Kohlenwerke) die sofortige Inbetriebnahme des Salzbraunkohle-Kraftwerkes Buschhaus gefordert. Das war am 9. Juli. Die von den GRÜNEN im Bundestag initiierte und mit Hilfe der anderen Fraktionen am 28. Juni durchgesetzte Forderung gegen die Inbetriebnahme des Kraftwerks stieß auf den schärfsten Protest der BKB-Belegschaft, die zu 97,7 Prozent in der IGBE organisiert ist. Es gibt keinen Zweifel, daß sofort mehrere hundert Arbeitsplätze verlorengehen, wenn das brandneue Kraftwerk Buschhaus ›eingemottet werden sollte‹.«[68]

Die von der Betriebsversammlung der BKB einstimmig gefaßte Entschließung der Beschäftigten, geprägt von den tiefen Ängsten um den Verlust der Arbeitsplätze, hat u. a. den folgenden Wortlaut:

»Wir protestieren auf das entschiedenste gegen die Entschließung des Deutschen Bundestages, das Kraftwerk Buschhaus nicht termingemäß in Betrieb gehen zu lassen, weil dadurch sofort mehrere hundert Arbeitsplätze verlorengehen.
Wir fordern die politisch Handelnden auf, den zwischen der niedersächsischen Landesregierung und der Unternehmensleitung ausgehandelten Stufenplan mit seinen weiteren Abreden zu akzeptieren.«[68a]

Zwei Wochen später heißt es in der nächsten Ausgabe der ›einheit‹ unter der Überschrift: ›Buschhaus kann in Betrieb gehen – Parlament folgte DGB-Empfehlung‹:

»Vorher hatte der Bundestag in einer Sondersitzung am 31. Juli die mit diesem Kraftwerk verbundenen Probleme von Umwelt und Arbeitsplätzen eingehend und kontrovers diskutiert. Die Parlamentsmehrheit von CDU/CSU und FDP stimmte einem Entschließungsantrag zu, der die Inbetriebnahme von Buschhaus mit konkret formulierten Umweltschutzmaßnahmen befürwortet. Damit folgte das Parlament in seiner Mehrheit den Empfehlungen des DGB ...
Der IGBE-Vorsitzende Adolf Schmidt hat in seiner Eigenschaft als SPD-Bundestagsabgeordneter die gewerkschaftliche Forderung bei der Abstimmung im Bundestag unterstützt. Die Fraktionen von SPD und GRÜNEN haben sich gegen die Inbetriebnahme von Buschhaus ausgesprochen.«[68b]

68 ›einheit‹ – Zeitung für Mitglieder der IG Bergbau und Energie, 1. August-Ausgabe Nr. 15, Bochum 1. 8. 1984, S. 1.

68a Ebenda, S. 3.

68b ›einheit‹ – Zeitschrift für Mitglieder der IGBE, 2. August-Ausgabe Nr. 16, Bochum 15. 8. 1984, S. 1.

Dieses Kraftwerk ist ein typisches Produkt der Supertechnisierung und Superindustrialisierung und im Einklang mit dem WTI-Paradigma mit einem Investitionsaufwand von etwa 1 Mrd. DM errichtet worden. Es ist im Sinne der DGB-Position sozial absolut unverträglich:
Erstens wurde das Kraftwerk gegen das Gemeinwohl geplant und gebaut. Denn von Anfang an war klar, daß diese Stromerzeugungskapazität in der Bundesrepublik gar nicht gebraucht wird. Heute liegen im Gegenteil schon große Stromerzeugungskapazitäten brach, und die Energieversorgungsunternehmen suchen händeringend nach neuen Absatzbereichen.
Die hauptsächlich der Arbeitnehmerschaft über die Energiepreise und die öffentlichen Subventionen des Kraftwerks entzogene riesige Investitionssumme ist also sinnlos ausgegeben worden.
Zweitens kommt hinzu, daß neue Kapazitäten neue Märkte suchen und somit ein Angebotsdruck entsteht, der dem erklärten Ziel einer sparsamen und rationellen Energieversorgung ins Gesicht schlägt.
Drittens ist das Kraftwerk aber auch beschäftigungspolitisch unverantwortlich. Weniger als 400 Arbeitskräfte sollen hier in einem veralteten Industriesektor mit großen Überkapazitäten Beschäftigung erhalten. Mit der Investitionssumme von 1 Mrd. DM hätten ca. 5000 neue zukunftsträchtige Dauerarbeitsplätze etwa in den Bereichen rationelle Energieverwendung, Umweltschutz und Stadtsanierung geschaffen werden können. Hier läßt sich sehr einfach der enge Zusammenhang von Ökologie und sozialer Steuerung des technischen Fortschritts verdeutlichen.
Viertens wird für das Kraftwerk und seine Infrastruktur ein umfangreicher Sicherheitsapparat benötigt, der zusätzlich die öffentlichen Haushalte und damit die Arbeitnehmerschaft belastet und zudem den wachsenden Kontrollapparat verstärkt.
Entscheidend aber ist fünftens die unverantwortliche Belastung der Umwelt und der Menschen vor allem in industriellen Ballungsgebieten. Nicht nur, daß Wälder, Pflanzen- und Tierarten, Biotope und ökologische Kreisläufe teilweise irreversibel zerstört werden, auch die Menschen werden unmittelbar betroffen:
Die extrem hohen Emissionswerte für Schwefeldioxid (SO_2), Stäube, Stickoxide (NO_x) und polycyclische aromatische Kohlenwasserstoffe (PAH) sowie insbesondere die Bildung von Dio-

xin in großen Mengen (Phenolkohle)[69] führen generell zu den folgenden direkten und indirekten negativen Auswirkungen:

- Zunahme des Verbrauchs von Energie und wichtigen natürlichen Ressourcen
- Flächenverbrauch für Kraftwerk und angrenzende Infrastrukturen
- Zerschneidung der Landschaft
- Belastung der Luft, der Wälder, Böden, Gewässer, Pflanzen- und Tierwelt sowie von Biotopen
- Störung ökologischer Kreisläufe
- Gesundheitsschädigung der Menschen, insbesondere von Kindern, Kranken und alten Menschen[70]
- Leiden der Betroffenen und ihrer Angehörigen
- Kosten für Reparaturen in der Natur, sofern die Schäden überhaupt reparierbar sind (hauptsächlich zu Lasten der Arbeitnehmer)
- Kosten zur Wiederherstellung der Gesundheit, sofern diese überhaupt wieder herzustellen ist (hauptsächlich zu Lasten der Arbeitnehmer)
- Zunahme sozialer Konflikte in der Gesellschaft
- Erhöhung des Konfliktpotentials mit anderen Ländern, die ebenfalls von den Emissionen betroffen sind.

69 Hierzu genauer: Otto Schily, Nicolas Becker, Reiner Geulen, Klageschrift an das Oberverwaltungsgericht für die Länder Niedersachsen und Schleswig-Holstein – 7. Senat – in der Verwaltungsstreitsache Jochen Brauer u. a. ... Staatliches Gewerbeaufsichtsamt Braunschweig (-7 OVG B 64/84-) vom 12. 11. 1984.

70 So heißt es beispielsweise in einem offiziellen Gutachten im Auftrage des Senats von Berlin – Berliner Statistik 5/1983, 115, linke Spalte; Hervorhebungen im Original:
»Die Ergebnisse der vorausgegangenen Berechnungen lassen den Schluß zu, daß die Luftverschmutzung in Berlin (West) ein Ausmaß erreicht hat, bei dem Auswirkungen auf die Mortalität *nachweisbar* sind. Die schädlichen Wirkungen werden demnach systematisch unterschätzt, da die Effekte der *Schadstoffdauerbelastung* in keiner Weise in die Berechnung eingegangen sind. Vor diesem Hintergrund erscheinen die festgestellten Steigerungen der Mortalität besonders schwerwiegend.
Es läßt sich weiterhin sagen, daß die Mortalität als Indikator für den

Diese erdrückende Negativbilanz ist kennzeichnend für eine ganze Klasse von technisch-industriellen Projekten, die ausschließlich nach dem industrialistischen Grundmuster errichtet wurden bzw. werden.
Wie gezeigt, folgt die zuständige Industriegewerkschaft Bergbau und Energie nach wie vor in ihrem unmittelbaren Wirkungsbereich und mit Blick auf die Arbeitnehmerschaft vor Ort diesem Muster. Wieweit dabei zusätzlich die Furcht eine Rolle spielt, daß durch weiteren Abbau der Beschäftigtenzahl im Bereich von Energie und Bergbau die Gewerkschaft selbst geschwächt wird, kann hier nicht weiter verfolgt werden.
Unter dem Strich bleibt aber festzuhalten:
Die Haltung der IG Bergbau und Energie im Falle des Kraftwerks Buschhaus entspricht lediglich kurzsichtigen Partialinteressen und liegt nicht im Interesse der gesamten Arbeitnehmerschaft. Die Industriegewerkschaft bewegt sich mit dieser Haltung auf dem traditionellen Pfad wissenschaftlich-technisch-industrieller Wachstumsvorstellungen, in die weder die vom DGB propagierte Dimension der Sozialverträglichkeit noch die Anpassung des ökonomischen Handelns an ökologische Kreisläufe eingegangen ist. Die Haltung der IG Bergbau und Energie führt drastisch vor Augen, daß es innerhalb des DGB noch keinesfalls eine einheitliche Linie im Hinblick auf die »Steuerung des technischen Fortschritts« gibt. Gleichwohl dürfte die in der Stellungnahme des DGB zu den Neuen Informations- und Kommunikationstechniken zum Ausdruck kommende Programmatik der sozialverträglichen Steuerung des technischen Fortschritts heute die Mehrheitsposition im DGB repräsentieren. Das läßt sich auch

allgemeinen Gesundheitszustand der Bevölkerung betrachtet werden kann. Wirkt sich die hohe Luftverschmutzung auf die Schwerkranken mit einer Erhöhung der Mortalität aus, so kann vermutet werden, daß sich bestimmte Krankheiten wie Kreislauferkrankungen oder Krankheiten der Atmungsorgane verschlimmern, und daß auch Gesunde in ihrem Wohlbefinden beeinträchtigt werden. Der vor allem in den Berliner Innenbezirken beobachtete starke Anstieg der Mortalität läßt negative Auswirkungen auf allen diesen Ebenen vermuten, auch wenn in dieser Richtung bisher keine abgeschlossenen Untersuchungen vorliegen.«

anhand wichtiger Stellungnahmen der IG Metall und der IG Druck und Papier nachweisen:[71]

»Arbeitslosigkeit droht in der Bundesrepublik Deutschland zur Dauererscheinung zu werden. Wachstumsengpässe und struktureller Wandel führen zu Produktionsdrosselungen und Produktionsverschiebungen innerhalb der Industrieländer und zwischen Industrie- und Entwicklungsländern. Arbeitsplätze gehen verloren, und die Zahl der Arbeitslosen wächst.

Zusätzliche Risiken in noch nicht überschaubarem Ausmaß ergeben sich aus dem Einsatz neuer Technologien, allen voran die Mikroelektronik. Technologisch bedingte Arbeitslosigkeit wird zur Gefahr für Millionen von Arbeitnehmern, die entweder die Produkte der Halbleiter-Industrie in die Geräte für Haushalte und Fabriken einbauen oder die fertigen Geräte benutzen.

In der Geräteherstellung sinken Fertigungszeiten und Fertigungstiefe. In der Geräteanwendung wird die Routinearbeit der Textverarbeiter in Büro und Verwaltung exakter, schneller und billiger vom Mikrocomputer erledigt. Arbeitsplatzstrukturen und Qualifikationsanforderungen ändern sich damit in den betroffenen Betrieben und Branchen radikal.«[72]

»Der oft verharmloste Konjunktureinbruch der Jahre 1976/77, der alles in allem rund eine Million Arbeitsplätze stillegte, war ein Vorläufer der viel gefährlicheren Strukturkrise von heute. Immerhin liegt die Zahl der registrierten Arbeitslosen seit bald drei Jahren bei einer Million.

Hier droht nicht nur der materielle Lebensstandard der Arbeitslosen und ihrer Familien abzubröckeln; hier droht nicht nur den in Arbeit Stehenden ein gewaltiger Aderlaß, um das Heer der Arbeitslosen zu unterhalten.

Hier unterminiert vielmehr ein ›Konstruktionsfehler‹ unserer Volkswirtschaft das Selbstbewußtsein und Selbstwertgefühl jedes einzelnen Arbeitnehmers – ganz egal, ob er beschäftigt ist oder nicht.

71 – IG Metall, »Maschinen wollen sie – uns Menschen nicht«, Rationalisierung in der Metallwirtschaft – Eine Bestandsaufnahme des Vorstandes der IG Metall/Abteilung Automation und Technologie, Frankfurt am Main Okt. 1983;
– IG Metall, »Der Mensch muß bleiben!«, Aktionsprogramm: Arbeit und Technik, November 1984;
– IG Druck und Papier, Perspektiven der wirtschaftlichen und technischen Entwicklung, Stuttgart 1983.

72 Eugen Loderer, in: IG Metall, »Technologie-Tagung 1977«, a.a.O., S. 3 (Vorwort).

Und Hand in Hand mit diesem Prozeß der Beeinträchtigung von materieller Lebenslage und Selbstachtung des Arbeitnehmers droht eine lang andauernde Arbeitslosigkeit jene fundamentale Solidarität zu untergraben, die die Basis unseres gewerkschaftlichen Kampfes um mehr Freiheit, mehr Würde und mehr Menschlichkeit im Bereich der Wirtschaft bildet.«[73]

So lauteten einige Feststellungen des 1. Vorsitzenden der IG Metall, Eugen Loderer, auf der Technologie-Tagung 1977. Die damals dramatisch klingenden Ausführungen haben bis heute mit über drei Millionen Arbeitslosen eine noch bitterere Realität erfahren.
Wie sah nun das Gegenkonzept aus:

»Es geht darum, Strategien zu finden, mit denen einerseits die nachteiligen Auswirkungen des Strukturwandels verhindert werden können und andererseits der Strukturwandel aktiv im Sinne der Gewerkschaften gestaltet werden kann. Besondere Bedeutung kommt dabei der Tarifpolitik zu. Ihr Aktionsradius muß den technologischen Entwicklungen gerecht werden.«[74]
»Es ist klar, daß diese Problembündel gelöst werden können, wenn der Aufwand für Forschung und Entwicklung erhöht und zweckmäßiger als bisher verausgabt wird. Da ist es zum Beispiel nicht allein mit einer einseitigen Förderung der Großindustrie getan.
Die Notwendigkeit, Forschung und Entwicklung gezielter auszuweiten, ist unbestreitbar.
Eine in die Zukunft gerichtete regionale und sektorale Strukturpolitik als Gesellschaftspolitik, wie die IG Metall sie fordert, hat demnach zuallererst zwei Ziele zu verfolgen:
- Erstens sind die Forschungs- und Entwicklungsaktivitäten auszuweiten. Sie sind auf die Suche nach rohstoffsparenden, umweltschonenden und vor allem arbeitsplatzschaffenden Technologien zu konzentrieren.
- Zweitens ist das Qualifikationsniveau der Arbeitnehmerschaft nach dem Konzept ›lebenslanges Lernen‹ innerhalb und außerhalb der Unternehmen unter Mitwirkung der Betriebsräte und Gewerkschaften zu erhöhen.
  Das Motto muß lauten: ›Weg vom vorherrschenden, routineorientierten Gedächtnistraining. Hin zu mehr Flexibilität, Kreativität, Lernfähigkeit und Entscheidungskraft.‹

73 Eugen Loderer, Strukturelle Arbeitslosigkeit durch technologischen Wandel?, S. 7 f.
74 Ebenda, S. 3.

Diese beiden Faktoren – Forschungs- und Ausbildungskapital – sind die wichtigsten Aspekte des ›Standortvorteils‹ der westdeutschen Wirtschaft im internationalen Wettbewerb. Auf dieser Grundlage ist dann

- Drittens die Spezialisierung auf leistungsintensive Industriezweige voranzutreiben, und zwar im Rahmen nationaler und internationaler Arbeitsteilung zwischen Industrie- und Entwicklungsländern.
- Viertens ist die selektive Entwicklung neuer Technologien und Produkte zu verstärken. Dazu gehören die Ausweitung der betrieblichen Produktpaletten und die Erschließung neuer Märkte.
- Fünftens schließlich muß die Durchsetzung der neuen Produkte im Betrieb und am Markt viel mehr als bisher gefördert werden. Diese Innovationsförderung hat sich vor allem auf die Klein- und Mittelunternehmen zu konzentrieren, da dort nicht nur die Innovationshemmnisse besonders hoch sind, sondern außerdem noch 60% aller Arbeitnehmer Beschäftigung finden; ihre Arbeitsplätze sind durch den Strukturwandel extrem gefährdet. Die Uhrenindustrie dient da als warnendes Beispiel.«[75]

»Aus Fehlentwicklungen im wirtschaftlichen und politischen Raum haben wir im vergangenen Jahr auf der IG Metall-Tagung ›Krise und Reform in der Industriegesellschaft‹ die allgemeine Notwendigkeit einer vorausschauenden Strukturpolitik abgeleitet.
Es ist eine Tatsache: Noch hinkt die Politik den durch die Technologie aufgeworfenen Problemen hinterher. Genau umgekehrt wäre der Gang der Dinge richtig.«[76]

Man hat Mühe zu glauben, daß diese programmatischen Aussagen des Vorsitzenden der größten und mächtigsten Industriegewerkschaft vor fast zehn Jahren gemacht wurden.
Was ist aber in der Zwischenzeit geschehen?
Die Dynamik der Produktivkraft ›Wissenschaft und Technologie‹ hat mit der Entwicklung zahlreicher neuer technischer Produkte und Fertigungsverfahren auf der einen Seite eine Rationalisierungs- und Umstrukturierungswelle eingeleitet, deren Dimension und Ende noch gar nicht absehbar sind. Einige Zahlen sollen das nachfolgend belegen.
Auf der anderen Seite ist weit und breit nichts von der Realisierung einer »vorausschauenden Forschungs-, Technologie- und Innovationspolitik als spezieller Strukturpolitik« zu erkennen, in

75 Ebenda, S. 9 und S. 11 f.
76 Ebenda, S. 14 und S. 15.

der außer der massiven Forcierung der Wissens- und Technologieproduktion und ihres Transfers (vgl. hierzu vor allem Kapitel 8.5) etwa eine sozialverträgliche und ökologische Steuerung Eingang gefunden hätte.
Auch die Gewerkschaften haben bisher nichts Überzeugendes in dieser Hinsicht eingebracht. Das gilt vor allem für den Rahmen der Tarifverhandlungen, wo weiter nach dem traditionellen Prinzip der Lohnprozent-Feilschereien verfahren wurde.
Eine Ausnahme bildete lediglich die Kampagne zur Einführung der 35-Stunden-Woche, in der allerdings kaum der Zusammenhang zu der hier aufgezeigten tiefer reichenden Problematik der Technologie- bzw. Innovationspolitik hergestellt wurde.[77]
Wie anders ist sonst die neueste alarmierende Bestandsaufnahme der IG Metall über den Stand der Rationalisierung in der Metallwirtschaft zu erklären?

»Die Betriebsräte berichten über ein wahres ›Trommelfeuer‹ von Rationalisierungsmaßnahmen, dem sie ausgesetzt sind. Im Durchschnitt waren es mehr als zehn verschiedene Rationalisierungsmaßnahmen, mit denen sie in den letzten zwei Jahren konfrontiert wurden. Viele dieser Maßnahmen sind an den Betriebsräten vorbei eingeführt worden. Aus den Ergebnissen über den Stand der Rationalisierung in den befragten Betrieben zeichnen sich folgende Schwerpunkte unternehmerischer Rationalisierungsstrategien ab:
- Rationalisierungen durch den Einsatz neuer Technologien,
- Rationalisierungen durch Produktveränderungen,
- Rationalisierungen durch organisatorische Maßnahmen im Betrieb,
- Rationalisierungen durch personelle Maßnahmen (z.B. durch den Aufbau ›olympiareifer Belegschaften‹),
- Rationalisierungen durch Veränderung der Betriebsstrukturen (z.B. Schließung von Abteilungen).

Nach wie vor werden Rationalisierungen aber auch durch die Verbesserung von konventionellen Technologien erreicht, wie zum Beispiel die Verbesserung eines Werkzeuges.«[78]

77 Noch am deutlichsten in: Gerhard Bäcker, Reinhard Bispnick, 35-Stunden-Woche, Argumente zur Sicherung und Schaffung von Arbeitsplätzen und für mehr Zeit zum Leben, mit einem Vorwort von Hans Janßen (IG Metall), Berlin 1984.
78 IG Metall, Rationalisierung in der Metallwirtschaft – Bestandsaufnahme, a.a.O., S. 13.

Das nachfolgende Bild gibt eine Übersicht über die verschiedenen Betriebsbereiche, in denen in den Jahren 1981-1983 Rationalisierungsmaßnahmen durchgeführt wurden:

Abbildung 8.3.3 – I
Betriebsbereiche mit Rationalisierungsmaßnahmen in den Jahren 1981-1983

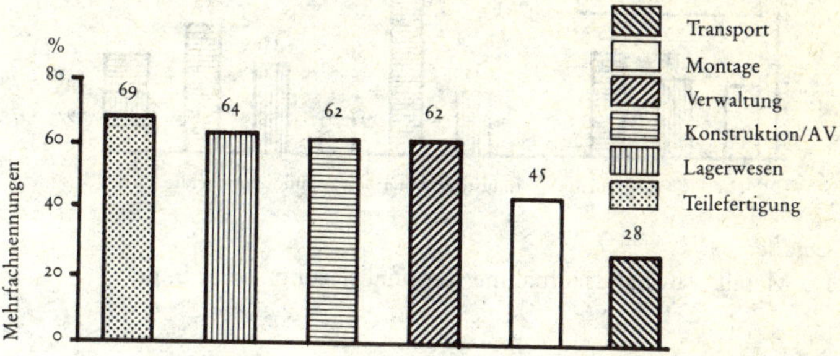

Quelle:
IG Metall – Bestandsaufnahme Rationalisierung, Frankfurt 1983, S. 13.

Man sieht, daß bereits alle Betriebsbereiche erfaßt sind, und das in einem Maße, von dem der IG-Metallvorsitzende 1977 lediglich eine schwache Vorstellung artikulierte. Die Rationalisierungswelle hat danach nicht nur die Fertigung erfaßt, sondern im gleichen Maße auch den Büro- und Verwaltungsbereich.
Man muß sich vor Augen halten, daß heute bereits Arbeitsbereiche mit hohen Qualifikationsanforderungen an der Reihe sind, so etwa der Bereich ›Konstruktion und Arbeitsvorbereitung‹ (in 62% der metallverarbeitenden Betriebe) oder die ›kaufmännische Verwaltung‹ (ebenfalls in 62% der metallverarbeitenden Betriebe).[79]
Welchen Anteil die neueren Produkte der Wissensproduktion und Technologieentwicklung (hier: NC/CNC-Maschinen, Industrieroboter und Bildschirmgeräte) und der moderne Wissens- und Technologietransfer haben, läßt sich aus der folgenden Graphik abschätzen, die den beschleunigten Einsatz »neuer Technologien« gewissermaßen abbildet.

79 IG Metall, Rationalisierung in der Metallwirtschaft – Bestandsaufnahme, a.a.O., S. 14.

Abbildung 8.3.3 – II
Einsatz neuer wissenschaftlicher Technologien in verschiedenen Zeitperioden bis heute in % befragter Anwender

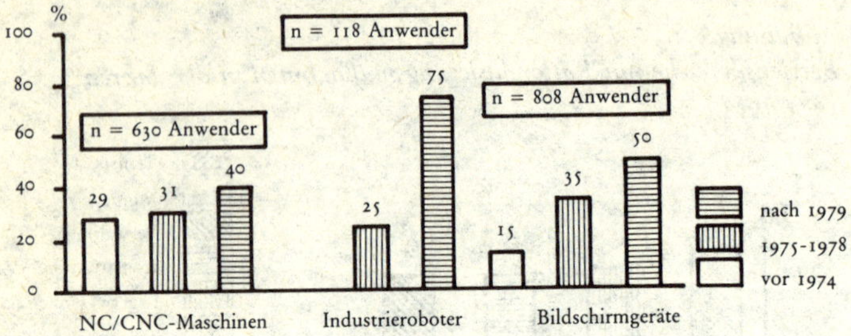

Quelle:
IG Metall – Bestandsaufnahme Rationalisierung, 1983, S. 14.

Mit dem Einsatz neuer, auf der Basis wissenschaftlicher Wissensproduktion entwickelter Technologien geht nun Hand in Hand die Rationalisierung durch Organisation:
Die Anwendung des wissenschaftlich-technischen ›Prinzips Organisation‹ (vgl. Kapitel 4.4) für Rationalisierungsmaßnahmen wird auf der einen Seite durch den Einsatz neuer Technologien geradezu erzwungen: So müssen beispielsweise die Produktentwicklung und die Produktgestaltung an die Technologien in der Fertigung und teilweise sogar an die neuen Büro- und Verwaltungstechnologien – z. B. in der Lagerhaltung, der Konstruktion oder der graphischen Verarbeitung – angepaßt werden. Ebenso werden natürlich die dadurch veränderten Fertigungsprozesse und Arbeitsvorgänge nach wissenschaftlich-technologischen Prinzipien neu organisiert.
Auf der anderen Seite entwickelt sich das ›Prinzip Organisation‹ als Teil der Produktivkraft ›Wissenschaft und Technologie‹ eigenständig im Rahmen der wissenschaftlichen Wissensproduktion und Wissensumsetzung als weiterer Bestandteil des Innovationsvorganges fort. Auch dieser wird nun im Rahmen staatlicher Innovationsstrukturpolitik forciert gefördert und in der Rationalisierung genauso wie die neuen Technologien eingesetzt. Insofern handelt es sich hier um einen integrativen Bestandteil der Innovationsstruktur- und Technologiepolitik (›Förderung und

Einsatz neuer Organisationstechnologien‹). Diese neuen Organisationstechnologien wirken nunmehr wieder auf den Einsatz neuer Technologien zurück, so daß ein durch die Produktivkraft ›Wissenschaft und Technologie‹ zweifach positiv rückgekoppelter Regelkreis entsteht, der bekanntermaßen seine explosive Dynamik entfaltet.

Daß die Produktivkraft ›Wissenschaft und Technologie‹ noch mit einer dritten Komponente in den Strukturwandel positiv eingekoppelt ist, sei weiterhin angemerkt: Es handelt sich um die auf wissenschaftlicher Grundlage beruhende Qualifizierung sowie psychische und soziale Stabilisierung von Humankapital. Mit anderen Worten, es geht um die Qualifizierung jenes Teils der Arbeitnehmerschaft, der für neue Maschinen und Organisationsmuster ausgebildet wird und über die neuen qualifizierten Tätigkeiten erhöhte Befriedigung in der Arbeit und vermehrte Anerkennung in der Gesellschaft erfährt.[80] Das Teuflische an diesem Vorgang besteht darin, daß dieser Teil der Arbeitnehmerschaft gewissermaßen als Rationalisierungsgewinnler (Steinkühler, siehe weiter unten) aus dem Prozeß hervorgeht, während der andere Teil in die Arbeitslosigkeit oder in dequalifizierte Tätigkeitsbereiche hinabgestürzt wird.

Die nachfolgenden Zahlen sollen einen Eindruck vermitteln, welche Organisationsmaßnahmen heute schon in der Metallindustrie angewandt werden und in welchem Umfang (s Abb. S. 486). Die IG Metall macht in ihrer Bestandsaufnahme auf weitere organisatorische Maßnahmen zur Rationalisierung und Produktivitätssteigerung aufmerksam, die hier noch gar nicht enthalten sind; so auf die »Rationalisierung durch personelle Maßnahmen«

80 Ich habe in der Einleitung zu dieser Arbeit darauf hingewiesen, daß ich die wichtige Komponente der Produktivkraft ›Wissenschaft und Technologie‹, die Qualifizierung der Menschen durch Ausbildung und Bildung auf der Grundlage wissenschaftlicher Methoden und Organisationsformen, nicht behandle, und das damit begründet, daß es sich hier im Prinzip auch um eine Anwendung wissenschaftlicher Methoden handelt. Ein zweiter Grund war die Stoffülle und die dadurch notwendige Beschränkung. Gleichwohl soll hier mit dem Hinweis auf die dritte Komponente der Produktivkraft ›Wissenschaft und Technologie‹ auf ihre Bedeutung noch einmal besonders aufmerksam gemacht werden.

Abbildung 8.3.3 – III
Rationalisierungsmaßnahmen nach dem ›Prinzip Organisation‹ in der Metallindustrie

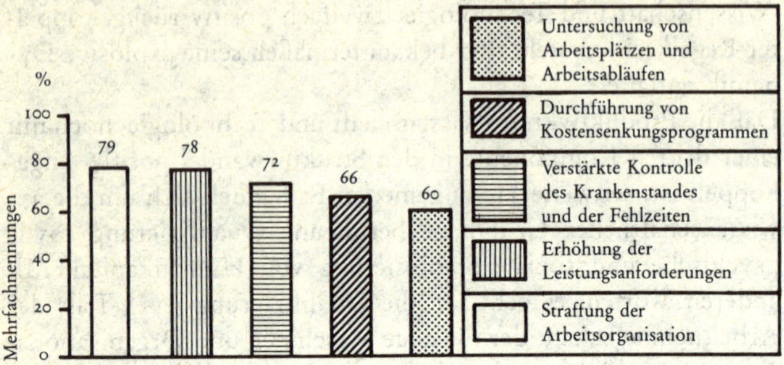

Quelle:
IG Metall – Bestandsaufnahme Rationalisierung, 1983, S. 21.

und die »Rationalisierung durch Veränderungen der Betriebsstrukturen«. Auch diesen Maßnahmen liegt das Effizienzdenken des wissenschaftlich-technischen ›Prinzips Organisation‹ und das WTI-Paradigma zugrunde.

Ganz im Sinne dieser Arbeit spricht die IG Metall bei den Maßnahmen zur Umschichtung der Arbeitskräfte (Versetzungen, Entlassungen und Neueinstellungen, Höher- und Abgruppierungen usw.) von dem Ziel, »olympiareife Belegschaften« zu formen: Mobilisierung aller Arbeitsreserven »mit dem Ziel, mehr Leistung mit weniger Menschen«.

Die Veränderungen von Betriebsstrukturen zielen in die gleiche Richtung: Einschränkungen, Verlagerungen oder Stillegungen von Betriebsteilen oder Fertigungsbereichen dienen meistens der Verringerung der Belegschaft, der Anpassung an neue Technologien sowie an neue Fertigungs- und Verhaltensmuster mit dem gleichen Ziel: »Mehr Leistung mit weniger Menschen.«

Immerhin wurde innerhalb von zwei Jahren (1981-1983) im Bereich der Metallindustrie in 65% aller Betriebe die Betriebsstruktur verändert.[81]

81 IG Metall, Rationalisierung in der Metallindustrie – Bestandsaufnahme, a.a.O., S. 24.

Werfen wir noch einen Blick auf die Dynamik der Produktivkraft ›Wissenschaft und Technologie‹, ausgedrückt im Tempo des Einsatzes neuer Techniken. Die folgenden Zahlen vermitteln einen besonders markanten Eindruck vom Wesen der Wissenschafts- bzw. Technologiegesellschaft.[82]

+ Im Jahre 1984 waren in der Bundesrepublik Deutschland in allen Betrieben der Metallwirtschaft etwa 40 000 NC/CNC-Maschinen im Einsatz, im Jahre 1974 betrug der Bestand nur etwa 4400 Maschinen. Das ist eine Verzehnfachung innerhalb von 10 Jahren. Die »Sättigungsgrenze« wird gegenwärtig auf etwa 200 000 CNC-Maschinen geschätzt.
  In 71% der von der IG Metall befragten Anwenderbetriebe (insgesamt wurden 1100 Betriebe befragt) sind Erweiterungen des NC/CNC-Maschinenparks geplant.

Es ist die typische Logik der wissenschaftlich-technischen Methode bzw. der Wissenschaftsgesellschaft, daß die Ausbauabsichten um so häufiger sind, je mehr neue Technologie bereits im Einsatz ist: Hier handelt es sich um eine empirische Feststellung im Hinblick auf die NC-Technologie. Gleichwohl läßt sich im Prinzip für alle anderen Zukunftstechnologien nachweisen, daß dieser Mechanismus besteht.

»Das Vorhandensein von Einsatzerfahrungen und Organisationsstrukturen in der NC-Technologie fördert die Bereitschaft der Unternehmer, die Produktion immer stärker auf diese neue Technologie umzustellen.«[83]

Schon heute ist der Einsatz von NC/CNC-Maschinen in kleinen und mittleren Unternehmen pro 100 Arbeitnehmer höher als in den Großbetrieben, und diese Einsatzdichte nimmt voraussichtlich auch in der Zukunft überproportional zu:

»Die Ergebnisse ... zeigen die Tendenz der zunehmenden Ausbreitung der NC/CNC-Technologie in Klein- und Mittelbetrieben.«[84]

+ Die Zunahme der Roboter in der Industrie zeigt die gleiche Tendenz: Lag die Zahl der Industrieroboter 1980 noch bei weniger als 500, so sind heute etwa 5000 Roboter im Einsatz.[85] Während der Schwer-

82 Vgl. hierzu auch die Ausführungen in 5.4.4 und 5.4.5.

83 IG Metall, a.a.O., S. 28 f.

84 Ebenda, S. 29 f.

85 Diese Zahlen ergeben sich aus verschiedenen Untersuchungen und Veröffentlichungen, so u. a. des Instituts für Arbeitsmarkt- und

punkt derzeit noch in den Großunternehmen der Automobilindustrie liegt, werden weitere Einsatzfelder bereits in der elektrotechnischen Industrie, im Stahl- und Waggonbau, in der Feinmechanik und Optik, in der Metallwarenindustrie (IBM) und im Maschinenbau, aber auch in der Chemie- und Kunststoffindustrie sowie in der Nahrungs- und Genußmittelindustrie und der Energiewirtschaft vorbereitet.

Bisher zeichnet sich ein Roboterbedarf von etwa 30 000 Stück bis 1990 ab. Das ergibt vom heutigen Stand aus innerhalb der nächsten fünf Jahre eine Steigerung um ca. 500%.

Die volle Ausschöpfung des Robotereinsatzes könnte nach einer Studie des Instituts für Arbeitsmarkt- und Berufsforschung (IAB, Nürnberg) etwa 400 000 Arbeitsplätze kosten.

Immerhin kommt der DGB nach eigenen Untersuchungen auch zu einem möglichen Arbeitsplatzverlust in der gleichen Größenordnung, nämlich von 190 000 Arbeitsplätzen bis 1990 durch Robotereinsatz.

\+ Im unmittelbaren Büro- und Verwaltungsbereich nimmt die Einsatzgeschwindigkeit von EDV-Geräten geradezu atemberaubend zu: auch Klein- und Mittelbetriebe sind hier relativ stark beteiligt.

Die Siemensstudie »Büro 2000« kommt zu einem Rationalisierungspotential von 25% im privaten und von 40% im öffentlichen Verwaltungssektor.

Daß wir erst ganz am Anfang stehen, zeigt der Vergleich der Produktivitätsentwicklung im Büro und in der Fertigung (vgl. hierzu die Abbildung 2.4.2 – II in Kapitel 2.4.2).

\+ Besonders aufschlußreich sind die Einsatzbereiche von Bildschirmstationen im Büro- und Verwaltungsbereich und die Verbreitung von EDV-Systemen in der Verwaltung (Abbildungen 8.3.3 – IV und V).

\+ Äußerst brisant werden die Rationalisierungs- und Kontrolleffekte, wenn gleichzeitig mehrere EDV-Systeme und Kommunikationssysteme eingeführt werden. Immerhin wurde schon bei einem Viertel der Metallbetriebe gleichzeitig eine Betriebsdatenerfassung (BDE) und ein Personalinformationssystem (PIS) eingeführt, bei fast 50% der Betriebe gleichzeitig ein BDE-System und andere fertigungstechnische Datenbanken.[86]

Daß diese Entwicklungen und die damit verbundenen Rationalisierungsperspektiven den Gewerkschaften tief unter die Haut gehen müssen, versteht sich von selbst. Hier zeichnet sich eine

Berufsforschung (IAB, Nürnberg), der Siemens-AG (»Büro 2000«), des Ifo-Instituts für Wirtschaftsforschung (München).

86 Quelle: IG Metall – Bestandsaufnahme Rationalisierung, a.a.O., S. 47.

Abbildung 8.3.3 – IV
Einsatzbereiche von Bildschirmstationen in der Verwaltung (Anzahl untersuchter Verwaltungen: 825)

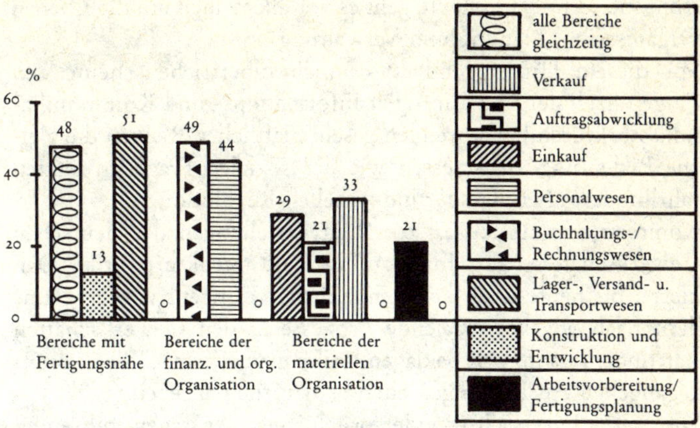

Quelle:
IG Metall – Bestandsaufnahme Rationalisierung, S. 44.

Abbildung 8.3.3 – V
Verbreitung von EDV-Systemen in der Verwaltung

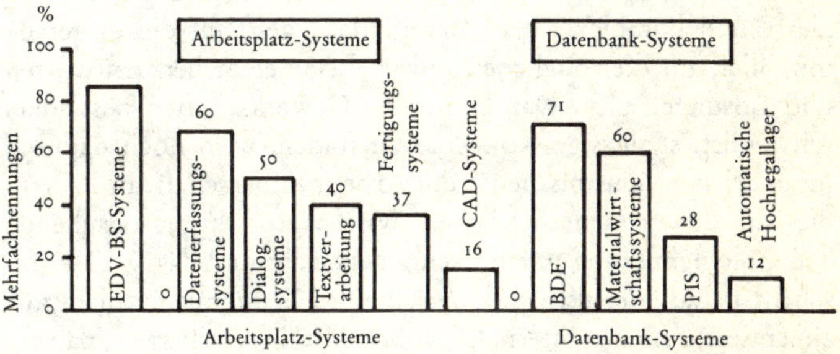

Quelle:
IG Metall – Bestandsaufnahme Rationalisierung, S. 46.

totale Entwertung des Faktors ›Arbeit‹ ab, auch im Bürobereich. Der eigentliche Innovationssektor für die neuen Informations- und Kommunikationstechniken ist das Büro bzw. der Dienstleistungsbereich. Denn heute geht es vor allem auch um die Ebenen Organisation, Planung und Verwaltung.

Vor diesem Hintergrund ist es nicht übertrieben, heute den Fragen nach den aus künftigen Informations- und Kommunikationsstrukturen herrührenden gesellschaftlichen Risiken die gleiche Bedeutung zuzumessen wie der sozialen Frage im letzten Jahrhundert als Folge der industriellen Revolution.[87]

Kommen wir zurück zu den Leitvorstellungen der deutschen Gewerkschaften zur Innovations- und Strukturpolitik. Daß hierzu bis heute noch kein einheitliches Konzept vorliegt, sondern nach wie vor quälende Prozesse in den Gewerkschaften stattfinden, kann man beklagen, sollte man aber nach den vorangegangenen Ausführungen eher als natürlich ansehen.

Die zum Teil höchst widersprüchlichen Aussagen führender Gewerkschaftsfunktionäre zur Technologie- und Industriestrukturpolitik und die auch zwischen den Einzelgewerkschaften erkennbaren erheblichen Divergenzen beruhen eben nicht nur auf dem derzeit unterschiedlichen Betroffenheitsgrad in den verschiedenen Wirtschaftssektoren oder Aktionsebenen. Vielmehr – und das sollten die Zahlen und Fakten über die Dynamik der auf wissenschaftlichen Technologien beruhenden Entwicklungsprozesse aufzeigen – handelt es sich objektiv um äußerst komplizierte und komplexe Strukturveränderungen, auf die es gerade mit Blick auf die möglichen Folgen keine einfachen Antworten und Lösungen gibt. Daß es für die Gewerkschaften besonders schwer ist, schlüssige Konzepte zu finden, wird noch dadurch unterstrichen, daß bis heute die Arbeitnehmerschaft im Prinzip die auf der wissenschaftlichen Wissensproduktion beruhende Technologienutzung uneingeschränkt bejaht und das WTI-Fortschrittsparadigma als handlungsleitendes Grundmuster nicht nur akzeptiert, sondern internalisiert hat. Mit diesem Paradigma ver-

87 Hierzu genauer: Rolf Kreibich, Chancen und Risiken neuer technischer Kommunikationssysteme am Beispiel der Bundesrepublik Deutschland, in: Massa-Communicatie, Jg. 12, Nr. 2, Nijmegen 1984, S. 83 ff.

bindet sich beim größten Teil der Arbeitnehmerschaft bis heute noch viel mehr hohe Leistungsfähigkeit der Volkswirtschaft, Wirtschaftswachstum und stetiger Anstieg des Lebensstandards als Massenarbeitslosigkeit, Dequalifizierung, Zunahme der Belastung am Arbeitsplatz, Kontrolle und Überwachung, soziale Konflikte und ökologische Krise.

Gleichwohl, alle neueren Tatsachen belegen, daß die Arbeitnehmer und die Gewerkschaften zunehmend stärker die längerfristigen negativen Entwicklungstrends des »technologischen Fortschritts« adaptieren und die daraus gewonnenen Erkenntnisse in Handlungsstrategien umzusetzen versuchen.

Wie groß die Brüche in dieser Übergangssituation zwischen den verschiedenen Positionen führender Gewerkschaftsfunktionäre und zwischen den Einzelgewerkschaften sind, wurde bereits weiter oben anhand einiger Beispiele angedeutet. Diese Divergenzen dürften mit dem im November 1984 vom Vorstand der IG Metall beschlossenen »Aktionsprogramm: Arbeit und Technik«[88] vorerst eher noch größer werden als sich verringern. Das unter dem bezeichnenden Leitgedanken »Der Mensch muß bleiben!« verabschiedete Aktionsprogramm weist ein neues Problembewußtsein der Gewerkschaft zur Entwicklung und zu den Folgen der neuen wissenschaftlichen Technologien auf und versucht dieses erstmals in ein umfangreiches Handlungskonzept einzubringen. Wie ich noch zeigen werde, handelt es sich hier sowohl im Hinblick auf die Schärfe der Problemadaption als auch im Hinblick auf die Unschärfe der politischen Handlungsstrategie um ein eindrucksvolles Dokument der modernen Wissenschaftsgesellschaft, das gerade in dieser Dualität die ganze Spannweite und Dynamik der Produktivkraft ›Wissenschaft und Technologie‹ und ihre Bedeutung für den zukünftigen wirtschaftlichen und gesellschaftlichen Strukturwandel zeigt. Es offenbart aber auch die in Gang befindlichen Machtverschiebungen im politischen Kräfteverhältnis zwischen Arbeit und Kapital.

Franz Steinkühler, zweiter Vorsitzender der IG Metall, gilt zu Recht als ein Exponent der neuen Gewerkschaftslinie. In einem

88 IG Metall, »Der Mensch muß bleiben!«, Aktionsprogramm: Arbeit und Technik, beschlossen vom Vorstand der IG Metall im November 1984, Frankfurt am Main 1984.

SPIEGEL-Interview zur Zukunft der Industriegesellschaft kommt die neue Position der Gewerkschaft ebenso prononciert zum Ausdruck wie die Brüche und offenen Probleme im Handlungskonzept.
Zunächst einige Aussagen Steinkühlers zur neuen Industriepolitik.
Diese Aussagen sind insofern bedeutsam, als hier das Ziel, Arbeitsplätze zu schaffen und zu erhalten, nicht mehr apodiktisch in den Raum gestellt wird, sondern in den Zusammenhang von Humanisierung der Arbeitsinhalte und Einbeziehung der ökologischen Dimension von Arbeit und Produktion.[89]

STEINKÜHLER: »Zur wirtschaftlichen Krise kommt auch eine Orientierungskrise. Es kann ja nicht nur einziges Ziel sein, Arbeitsplätze um jeden Preis zu erhalten, wir müssen auch humane Arbeitsinhalte bewahren.«

»Den Gegensatz Arbeitsplatz contra Umwelt gibt es für uns nicht.«

»Vernünftiges Wachstum« ist »das Wachstum nach politischen, gesellschaftlichen und sozialen Grundsätzen. Mit Sicherheit zählt dazu nicht, was aufgewendet werden muß, um Wachstumsschäden zu vermeiden oder zu beseitigen.«

»Wer umweltschädliche Produkte herstellt, sollte sich umstellen – vielleicht sogar mit staatlicher Hilfe. Aber wenn ein Unternehmer sich weigert umzustellen ... und dabei die Umwelt verpestet, muß der Staat eingreifen.«

»SPIEGEL: Ist der Ruf nach dem Staat nicht etwas naiv und allzu hilflos?
STEINKÜHLER: Weder noch. Aber die ökologische Reform der Volkswirtschaft und die Sanierung von Krisenbranchen sind gesamtgesellschaftliche Aufgaben. Die kann man nicht dem Markte überlassen. Dann muß eben der Staat strukturpolitisch eingreifen, damit das nicht zu Lasten der Arbeitnehmer und der betroffenen Regionen geht.
Die Gewerkschaften allein sind in dieser Frage überfordert. Wir können die Arbeitslosigkeit nicht beseitigen. Wir machen Tarifverträge über

89 DER SPIEGEL, SPIEGEL-Gespräch mit Franz Steinkühler, »Wir müssen höllisch aufpassen – Über die Zukunft der Industriegesellschaft«, 39. Jg., Nr. 12 vom 18. 3. 1985, S. 96 ff.;
die nachfolgenden Zitate sind diesem SPIEGEL-Gespräch entnommen.

Arbeitszeitverkürzung, aber damit ist das Problem nicht gelöst. Wir können dafür sorgen, daß im industriellen Kernbereich das Erreichte bewahrt wird und die Arbeitsplätze erhalten bleiben. Aber in den Krisenbranchen schaffen wir es nicht allein. Da werden Hoffnungen in uns gesetzt, die wir überhaupt nicht erfüllen können. Dafür haben wir weder die Macht noch die entsprechenden Instrumente.«

Bereits diese Ausführungen verdeutlichen, daß hier eine ganz neue gewerkschaftliche Position bezogen wird, die eine sozial *und* ökologisch verträgliche Industriestruktur fordert. Es kann keinen Zweifel geben, daß diese politische Leitlinie mit denen anderer Gewerkschaften wie etwa der IG Bergbau und Energie, der IG Bau-Steine-Erden oder der IG Chemie-Papier-Keramik nicht übereinstimmt, die nach wie vor den Strukturwandel dadurch zu umgehen versuchen, daß sie die kurzfristige Erhaltung von Arbeitsplätzen zum Maß aller Dinge machen und dies hauptsächlich in traditionellen Produktionsbereichen fordern, und zwar unabhängig von ihrer gesellschaftlichen Notwendigkeit und ökologischen Verträglichkeit.

Die Forderung der IG Bergbau und Energie zur sofortigen Inbetriebnahme des Kraftwerks Buschhaus ist ein Beispiel hierfür, die Forderung der IG Bau-Steine-Erden nach Forcierung des Ausbaus des Rhein-Main-Donau-Kanals, der geplanten Kernkraftwerke und des ›Schnellen Brüters‹ sind andere.

Das ist nach wie vor die alte WTI-paradigmatische Wachstumslinie, die sozial und ökologisch unverträgliche technisch-industrialistische Produktionsstrukturen nicht nur in Kauf nimmt, sondern für die Zukunft zementiert.

Es darf ein zweiter Aspekt in den Ausführungen Steinkühlers nicht unkommentiert bleiben, das politische Handlungskonzept. Zweifellos hat der SPIEGEL mit seiner Zwischenfrage den Nagel auf den Kopf getroffen, denn Steinkühler weiß wahrscheinlich selbst am besten, daß der Ruf nach dem Staat »naiv und hilflos« ist. Wie groß wird denn das Interesse des Staates und des BDI (vgl. Kapitel 8.3.2 und 8.3.1) am »Eingreifen« sein, wenn bisher weder die Gewerkschaften noch die 3 Millionen Arbeitslosen nennenswerte Zweifel an der staatlichen Innovationspolitik und der Wissenschafts-/Technologiegesellschaft artikuliert haben.

Bevor ich auf das Aktionsprogramm der IG Metall eingehe, möchte ich noch an einem weiteren Beispiel zeigen, wie schwierig es selbst für einen so weitsichtigen Gewerkschaftsfunktionär wie Franz Steinkühler ist, zu eindeutigen Entscheidungen zu kommen.

Weiter oben wurde bereits erwähnt, daß die Entwicklung zur ›Teleheimarbeit‹ (allgemeiner: zur Dezentralisierung von Tätigkeiten mit Hilfe von IuK-Technologien) das gesamte Beschäftigungssystem verändern kann und in diesem Prozeß die Gewerkschaften entweder auf der Strecke bleiben oder gänzlich neue Funktionen übernehmen müssen.

Diese Gefahr erkennend, beschloß die IG Metall auf ihrem 14. ordentlichen Gewerkschaftstag zum Thema »Neue Informations- und Kommunikationstechniken« unter Punkt 6:

»Die bisher in der Diskussion befindlichen Formen der elektronischen Heimarbeit laufen auf eine elektronische Einsiedelei hinaus, die keine ausreichende Möglichkeit bietet, Arbeitnehmerinteressen zu schützen. Aus diesem Grunde ist ein *gesetzliches Verbot der elektronischen Heimarbeit* zu fordern.«[90]

Abgesehen davon, daß ein Verbot der elektronischen Heimarbeit gegen verfassungsrechtliche Grundsätze verstoßen würde und die wissenschaftlich-technologische Entwicklung schon längst wieder die normative Kraft des Faktischen ausgespielt hat, taucht diese Verbotsforderung in keinem der wichtigen Dokumente der Gewerkschaften danach wieder auf. Dabei handelt es sich nun tatsächlich um ein Problem, das an die Substanz der Gewerkschaftsbewegung geht. Ich selbst habe allerdings auch keinen sachkundigen Gewerkschaftsfunktionär angetroffen, der diese Forderung ernsthaft verteidigt hätte.

Mit dem Gespür für wichtige Entwicklungen stellte auch der SPIEGEL die Frage nach der Teleheimarbeit:

»STEINKÜHLER: Ganz entschieden wollen wir das ändern (gemeint ist die Orientierung der Wirtschaftspolitik allein an der Rendite der Unternehmer). Die steigende Produktivität, der Rationalisierungsgewinn muß auch dazu dienen, Arbeit für Menschen erträglicher zu gestalten.

SPIEGEL: Das klingt schön, aber wenig konkret. Wie entscheiden Sie sich denn, wenn es um Heimarbeit am Computer geht, wenn Tätigkeiten vom Büro in die Wohnung verlagert werden?

90 IG Metall, 14. ordentlicher Gewerkschaftstag, Entschließung 9, Neue Informations- und Kommunikationstechniken, Punkt 6, Oktober 1983.

STEINKÜHLER: *Da bin ich gespalten:* Zunächst einmal wende ich mich gegen die zunehmende Segmentierung der Arbeitnehmer ...
SPIEGEL: ... Was meinen Sie damit?
STEINKÜHLER: Ich meine, daß ein Teil der Arbeitnehmer höherwertige Arbeitsplätze kriegt, andere abqualifiziert und weitere völlig ausgestoßen werden, weil man auf ihre Arbeit verzichten kann. Im Moment läuft es ja vielfach darauf hinaus. Unter den Arbeitnehmern gibt es Rationalisierungsgewinner; deren Arbeit wird angenehmer und vielleicht auch besser bezahlt. Und es gibt Rationalisierungsverlierer, das sind vor allem die Arbeitslosen.
Diese Segmentierung können Sie überall beobachten: Im Betrieb, in einzelnen Industrien und sogar in der gesamten Bundesrepublik. Da verlagern sich die Zukunftsbranchen nach Süden, während im Norden die überlebten Strukturen übrigbleiben, Werften an der Küste oder die Schwerindustrie in Nordrhein-Westfalen. *Im übrigen bin ich grundsätzlich gegen Heimarbeit.* Ich bin für alles, was die Freiheit der Arbeitnehmer erhöht. Das Ziel der Gewerkschaften ist ja, wenn ich das mal so pathetisch sagen darf, die Befreiung *in* der Arbeit und nicht die Befreiung *von* der Arbeit. In der Realität bedeutet Computer-Heimarbeit doch nur, daß Arbeitnehmer isoliert werden und gar nicht mehr in der Lage wären, ihre Interessen kollektiv zu vertreten. Gewerkschaften, die das nicht verhindern, die Einzelinteressen wichtiger nehmen und eine Gruppe gegen die andere ausspielen lassen, geben sich im Grunde selber auf. Insofern ist Heimarbeit ein Rückfall in Zeiten, die überwunden schienen. Heimarbeiter hatten immer die schlechteste Bezahlung und die wenigsten Rechte.
SPIEGEL: Gilt das denn auch für einen Ingenieur, der zu Hause am Bildschirm konstruieren könnte, oder für eine Mutter, die wegen kleiner Kinder zu Hause bleiben muß?«

Die Antwort Steinkühlers hierauf ist ausweichend.
Kein Programm könnte wohl so eindringlich das Dilemma widerspiegeln, in dem sich heute die Gewerkschaftsbewegung befindet, wie dieser kurze Dialog. Wie janusköpfig die Produktivkraft ›Wissenschaft und Technologie‹ ist, geht noch aus zahlreichen weiteren Teilen des Interviews hervor. So führt Steinkühler u. a. aus:

»Wenn Sie in ein Automobilwerk gehen, können Sie beides sehen: Arbeiter, die mit Hilfe der neuen Technik autonomer arbeiten können, die selbstverantwortlich größere Bereiche verwalten, und andere, die nur noch Teile von links nach rechts schieben, weil in diesem Fall Arbeiter immer noch billiger sind als die Automaten. Und genau das wollen wir den Menschen klarmachen: Moderne Technik muß sich nicht zwangsläufig so auswirken, wie sie sich allzu oft ausgewirkt hat. Dahinter stecken letztlich politische Interessen, unternehmerische Interessen, die sich allein an der Rendite orientieren.«

Wie steht es nun mit der politischen Durchsetzungsfähigkeit:

»SPIEGEL: Sie haben mit solchen wohlklingenden Formeln nicht verhindern können, daß die Gewerkschaften seit Jahren Mitglieder verlieren. In Bereichen, in denen sie traditionell stark sind, sinkt die Zahl der Beschäftigten, und trotz aller Bemühungen wollen die Angestellten wenig von den Gewerkschaften wissen. Die Probleme werden größer, die Gewerkschaften schwächer.
STEINKÜHLER: August Bebel hat schon 1893 auf dem SPD-Parteitag das Ende der Gewerkschaften vorausgesagt. Seitdem haben sich die Gewerkschaften mehrmals gehäutet, und sie werden es weiter tun. Natürlich: Von heute auf morgen können wir die Versäumnisse nicht wieder gutmachen. Tatsache ist, daß die Rechten, wenn ich das mal so vereinfachend sagen darf ...
SPIEGEL: ... dürfen Sie ...
STEINKÜHLER: ... im Augenblick den Eindruck zu erwecken versuchen, sie hätten die Zukunft und den Optimismus für sich gepachtet. Wenn ich den Wirtschaftsminister Bangemann höre, wie der so tut, als ob die Wirtschaftskrise nur deshalb entstanden sei, weil da immer ein paar Leute rumnörgeln und miesmachen, dann weiß ich, wo's lang geht. Dahinter steckt nur der Versuch, den Optimismus politisch rechts zu besetzen. Das ist das gleiche, was der Reagan in Amerika macht. Da müssen wir gegenhalten.
Wir Gewerkschafter müssen höllisch aufpassen, daß uns die Zukunftsperspektive nicht abhanden kommt. Wir müssen höllisch aufpassen, daß wir nicht als die Rückständigen, die Gestrigen dastehen, während sich Rechte und Grüne als die Gestalter der Zukunft ausgeben.«

Trotz, aber auch wegen der vielen Fragezeichen, die mit dieser Position verbunden sind, bleibe ich bei meiner Einschätzung, daß sich hier eine grundlegend neue Orientierung der gewerkschaftlichen Leitlinien zur Innovations- und Industriepolitik abzeichnet.

Das trifft auch für die »Perspektiven der wirtschaftlichen und technischen Entwicklung« der IG Druck und Papier[91] zu, in

91 IG Druck und Papier, Hauptvorstand, Perspektiven der wirtschaftlichen und technischen Entwicklung, Stuttgart 1983.

besonderem Maße aber für das schon erwähnte neue »Aktionsprogramm: Arbeit und Technik« der IG Metall.[92]
Was sind die Hauptaspekte dieser Neuorientierung?
Der erste Aspekt ist der rasante Bewußtseinswandel. Vergleicht man nämlich das Aktionsprogramm (November 1984) mit vorangegangenen Stellungnahmen, etwa im Rahmen der Kampagne zur 35-Stunden-Woche oder zur Technologie- und Wirtschaftsstrukturpolitik bis zu der weiter oben bereits behandelten »Bestandsaufnahme zur Rationalisierung in der Metallwirtschaft«[93], dann wird hier, wie in der Stellungnahme des DGB zu den Neuen Informations- und Kommunikationstechniken, erstmals die ganze Tiefe der zu erwartenden Veränderungen und Folgen in der Wirtschafts- und Beschäftigungsstruktur adaptiert.
Deutlicher als in der DGB-Stellungnahme werden allerdings sowohl die ökologische Dimension als auch die Lebensqualitäts-Determinanten ›Bildung/Qualifikation‹, ›Gesundheit/Humanität am Arbeitsplatz‹ und ›informationelle Selbstbestimmung‹ hervorgehoben.

»Die gewerkschaftlichen Forderungen zur Schaffung neuer Arbeitsplätze richten sich auf:
- die Herstellung umweltverträglicher, energie- und rohstoffsparender Produkte und Produktionsprozesse,
- Angebote für gesellschaftlich nützliche Dienstleistungen,
- die Entwicklung und Gestaltung menschengerechter Produktionsverfahren.

Diese Perspektiven einer langfristig orientierten gewerkschaftlichen Strukturpolitik zielen nicht allein auf die Schaffung von Arbeitsplätzen, sondern sollen gleichzeitig zu qualitativ besseren Arbeits-, Lebens- und Umweltbedingungen für die Arbeitnehmer führen.«[94]

Der zweite Aspekt ist die Erkenntnis, daß Problemlösungen weder mit einer Technikbejahungs- noch Technikverneinungs-Haltung zu finden sind, sondern nur durch die Einflußnahme auf die politische Steuerung der staatlichen Forschungs-, Technolo-

92 IG Metall, Aktionsprogramm: Arbeit und Technik, a.a.O.
93 IG Metall, Bestandsaufnahme des Bundesvorstandes und der Abteilung Automation und Technologie zur Rationalisierung in der Metallwirtschaft, a.a.O.
94 Ebenda, S. 7.

gie- und Innovationspolitik und durch Einflußnahme auf die Struktur- und Rationalisierungsprogramme in den Unternehmen.

»Bei der Diskussion über Technik- und Rationalisierungsfolgen geht es nicht um Technikbejahung oder Technikverneinung. Es ist eine Auseinandersetzung zwischen Arbeitnehmerinteressen und Arbeitgeberinteressen über die ökonomischen und sozialpolitischen Zielsetzungen des Technikeinsatzes und über die soziale Kontrolle der Technikfolgen.
Angesichts des umfassenden Einsatzes, der Dynamik und der Rationalisierungstiefe ist die soziale Steuerung des technischen Wandels nur mit einem umfassenden politischen Konzept aufeinander abgestimmter Maßnahmen sicherzustellen. Sie müssen Einfluß nehmen

– auf die wirtschaftlichen und sozialen Rahmenbedingungen des technischen Wandels
– auf die Bereiche der Erforschung und Entwicklung neuer Techniken und
– auf die Anwendung neuer Techniken auf Wirtschaft und Gesellschaft.«[95]

Dieser Aspekt hat die alte Erkenntnis neu belebt, daß mit der Wissensproduktion und der Wissens- und Technologieverwertung Interessen verbunden sind und sowohl die Art als auch die Durchsetzung des herrschenden Paradigmas eine Frage der Macht ist, »wobei der Staat eine nicht zu unterschätzende Rolle spielt.«
In den Worten der IG Metall:

»Der Export (gemeint ist der Export von Wirtschaftsgütern in der Bundesrepublik Deutschland) schlägt alle Rekorde. Trotzdem werden immer mehr Menschen aus dem Arbeitsprozeß in die Arbeitslosigkeit gedrängt. Die Qualität der Arbeitsbedingungen ist für die Arbeitnehmer überwiegend negativ – gerade beim verstärkten Einsatz neuer Techniken. Informations- und Kommunikationstechniken ermöglichen ›gläserne Arbeit‹ und den ›gläsernen Menschen‹. In den Werkshallen und Büros der Zukunft sollen – sofern Menschen überhaupt nötig sind – ›olympiareife Mannschaften‹ zum Einsatz kommen.
Die menschenleere Fabrik wird zum Ideal. Technikeinsatz wird zur Ideologie.
Denn ob der massive Einsatz von Rationalisierungstechniken Arbeitsplätze vernichtet oder Arbeitszeitverkürzung ermöglicht, ob neue Techniken die tayloristische Arbeitsteilung auf die Spitze treiben oder ob sie

95 Ebenda, S. 6f.

Ausgangspunkt für inhaltsreichere und menschengerechtere Arbeitsplätze sind, ist keine Frage der Technik an sich. Diese Frage wird in der Interessenauseinandersetzung von Arbeitnehmern und Arbeitgebern entschieden, wobei der Staat eine nicht zu unterschätzende Rolle spielt.«[96]

Diese Analyse findet ihre pointierte Zuspitzung in den folgenden Sätzen:

»Nicht die Technik, nicht die Maschinen, sondern das dahinterstehende System der ›Maschinenbesitzer‹ – also die Besitzverhältnisse und die alleinige Verfügungsgewalt zur Entwicklung, Einführung, Anwendung und Gestaltung von Maschinen und Technik – ist die Ursache für soziale Unsicherheit und negative Rationalisierungsfolgen für Arbeitnehmer und Gesellschaft. Nicht der Industrieroboter vernichtet Arbeitsplätze, sondern der Unternehmer, der ihn mit diesem Ziel einsetzt.«[97]

Man könnte nun annehmen, daß für die IG Metall aus dieser Analyse die einzige Konsequenz die sogenannte »Machtfrage« wäre, d.h. die radikale Veränderung der Macht- und Besitzverhältnisse über die Produktivkraft ›Wissenschaft und Technologie‹.
Statt dessen – und das ist der dritte ganz wesentliche Aspekt – sind alle Handlungselemente des »Aktionsprogramms Arbeit und Technik« rein reformistischer Natur. Das gilt sowohl für die betriebliche als auch für die gewerkschafts- und allgemeinpolitische Ebene.
Alle »Aktionsschwerpunkte«
- zur menschengerechten Gestaltung von Arbeit und Technik
- zur Qualifizierung der Arbeitnehmer
- gegen den Verschleiß am Arbeitsplatz
- für den betrieblichen Gesundheitsschutz
- gegen die Totalvernetzung und die ›gläserne Arbeit‹ sowie den ›gläsernen Menschen‹

beruhen auf Reformvorschlägen, die weder die Entwicklung von Wissenschaft und Technologie und die ökonomische Verwertung ihrer Produkte noch die gesellschaftlichen Grundstrukturen prinzipiell in Frage stellen.
Daß die Nutzung der Innovationskraft ›Wissenschaft und Tech-

96 Ebenda, S. 5 f.
97 Ebenda, S. 6.

nologie‹ sogar Grundlage für eine offensive Innovationspolitik der Gewerkschaften ist, geht beispielsweise aus den folgenden Sätzen im Programm hervor:

»Die breite Anhebung des Qualifikationsniveaus stellt zugleich eine Investition dar, mit der die Innovations- und Wettbewerbsfähigkeit der Betriebe verbessert wird. Damit wird langfristig eine Politik der überbetrieblichen Beschäftigungssicherung möglich, deren Hauptträger qualifizierte und innovativ bewußte Arbeiter sind.«[98]

Das Aktionsprogramm legt noch einen vierten Aspekt offen, der für die fortgeschrittene Industriegesellschaft charakteristisch ist: Mit der prinzipiellen Bejahung der weiteren Nutzung der Produktivkraft ›Wissenschaft und Technologie‹ durch die Arbeitnehmerschaft wird auch der Einsatz der neuen Technologien zur Ersetzung und Verlängerung kognitiver und sensitiver Tätigkeiten des Menschen bejaht. Das bedeutet aber die massenhafte Rationalisierung sowohl im Fertigungs- wie im Büro- und Verwaltungsbereich und damit die »Vertreibung des Menschen aus dem Arbeitsprozeß« (»Maschinen stürmen Menschen?«; Forderung der IG Metall: »Der Mensch muß bleiben!«). Und mit diesem Prozeß schreitet die weitere Entwertung des Faktors ›Arbeit‹ fort.

Der Produktivfaktor ›Arbeit‹, wegen der Massenarbeitslosigkeit ohnehin nur noch von geringer machtpolitischer Relevanz[99], wird weiterhin dadurch geschwächt, daß die Arbeitnehmerschaft in Qualifizierte und Dequalifizierte gespalten wird. Das führt zu einem fast unlösbaren Dilemma: Während die Qualifizierten als »Gewinner« (Steinkühler) der Wissenschaftsgesellschaft gewissermaßen in Gegenleistung den Prozeß weiterer Rationalisierung unterstützen und damit beschleunigen, stürzen die Dequalifizierten in die Arbeitslosigkeit; oder sie sollen durch nachträgliche

98 Ebenda, S. 18.

99 Das zeigte sich vor allem beim Streik der britischen Bergarbeiter. Trotz hoher Streikmoral und einer großen gewerkschaftlichen Tradition brach dieser Streik nach fast einem Jahr im März 1985 zusammen, ohne daß die britische Regierung und die britische Kohlebehörde wesentlich beschädigt wurden. Auch die Solidarität anderer Gewerkschaften blieb schwach. Das Ergebnis bleibt: Rationalisierungen und Massenentlassungen.

Qualifizierung in den beschleunigten Rationalisierungsprozeß zurückgeführt werden. Da der Sinn des Rationalisierungsprozesses aber gerade darin besteht, sie überflüssig zu machen, was sich am Anwachsen der Arbeitslosenquote in den letzten Jahren trotz Qualifizierungsanstrengungen und Wirtschaftswachstum zeigt, gleicht dieser Prozeß den Bemühungen des Sisyphos.

Die Folge ist jedenfalls vorerst auch eine weitere Schwächung der Gewerkschaften. Denn die qualifizierten Arbeitsbesitzer und Gewinner in der Wissenschaftsgesellschaft werden nicht die »Machtfrage« stellen. Im Gegenteil, eher ist eine Tendenz zu beobachten, daß sie ihre Gewerkschaftsbindung lockern.

Dieser Prozeß könnte nun durch die massenhafte Einführung von ›Teleheimarbeit‹ noch dramatisch verstärkt werden, wenn nämlich zahlreiche Tätigkeitsfelder in private, den Gewerkschaften weitgehend entzogene Organisationsformen übergeführt werden.[100] Der Produktivfaktor ›Arbeit‹ verliert dann weiter an Bedeutung. Damit scheint der fortschreitende Machtverlust der Arbeitnehmerschaft und ihrer Gewerkschaften vorerst vorprogrammiert zu sein.

Ich kann auf dieses grundlegende Problem, die Veränderung des Beschäftigungssystems im Rahmen der »fortgeschrittenen Industriegesellschaft« (Wissenschaftsgesellschaft), in dieser Arbeit nicht weiter eingehen.[101]

Hier soll aber noch der Frage nachgegangen werden, ob die politischen Leitvorstellungen der deutschen Gewerkschaften einen Ausweg zeigen:

Es spricht alles dafür, daß die alten, etwa noch von den Industriegewerkschaften Bergbau und Energie oder Bau-Steine-Erden vertretenen Positionen früher oder später zur weiteren Schwä-

100 Nach einer neueren Studie des M.I.T. (Massachusetts Institute of Technology) sind über 70% aller heutigen Tätigkeiten in Form von Teleheimarbeit durchführbar (unv. Ms.).

101 Dies soll vor allem in einem soeben begonnenen Forschungsvorhaben am IZT – Institut für Zukunftsstudien und Technologiebewertung – empirisch untersucht werden: Dezentralisierung von Angestelltentätigkeiten mit Hilfe neuer Informations- und Kommunikationstechnologien: Bedarfsanalyse, technische Entwicklungstendenzen, arbeitsorganisatorische und -rechtliche Aspekte (im Auftrage des RKW).

chung der Arbeitnehmerschaft führen, da die wissenschaftlich-technisch verursachte Innovationsstrukturwelle bald noch heftiger über diese Wirtschaftsbereiche hinwegfegen wird. Die Erhaltung alter Wirtschaftsstrukturen, deren Produkte nicht mehr im bisherigen Maße gebraucht werden und absetzbar sind, die zudem noch teuer produziert werden, bietet ebensowenig eine Zukunftsperspektive wie Produktionen, die ökologisch unverträgliche Produkte und Anlagen liefern.

Anders dagegen die Stellungnahme des DGB zu den neuen Informations- und Kommunikationstechniken und das Aktionsprogramm Arbeit und Technik der IG Metall.

Beide Papiere zeichnen sich durch eine wesentlich schärfere Problemperzeption aus. Die darin enthaltenen Handlungsprogramme spiegeln zudem die neue Lage wider: die Arbeitnehmerschaft und ihre Gewerkschaften sind immer mehr zu Reagierenden im Prozeß der Innovationspolitik geworden.

Das Aktionsprogramm ist in erster Linie der Versuch, durch die Mobilisierung der noch vorhandenen Kräfte und durch die Konzentrierung auf bestimmte Aktionsschwerpunkte die Auswirkungen der wissenschaftlich-technischen Entwicklung sozial abzufedern. Konkret heißt das für die Gewerkschaften vor allem, die Arbeitsabläufe und den Arbeitsplatz menschlicher zu gestalten, durch die Rückgewinnung von Kompetenz im Rationalisierungsprozeß (Qualifizierung) mehr Arbeitnehmer zu »Gewinnern des technischen Fortschritts« zu machen, die Gesundheitsrisiken zu verringern und die Kontrolle durch technische Systeme auf das notwendige Mindestmaß zu beschränken.

Darüber hinaus fordern die IG Metall und der DGB eine Änderung der Forschungs- und Technologiepolitik. Hier liegt nun der springende Punkt der heutigen Gewerkschaftspolitik, und hier muß ich auch das große Fragezeichen hinter das Aktionsprogramm ›Arbeit und Technik‹ setzen:

Die IG Metall stellt zu Recht fest, daß die Steuerung der Forschungs- und Technologiepolitik die Grundlage und Voraussetzung für die Industrie- und Strukturpolitik ist und wirft der Bundesregierung vor, daß »gegenwärtig kein Konzept erkennbar ist, wie sich Technologiepolitik in eine arbeitsorientierte Industrie- und Strukturpolitik einfügt«.

Demgegenüber entwickelt sie eine Reihe von »Aktionsschwer-

punkten« zur Umorientierung der Forschungs-, Technologie- und Strukturpolitik (vgl. Tabelle 8.3.3-1; S. 504 f.).
Daraus wird die Schlußfolgerung gezogen:

»Staatliche Technologie-, Forschungs- und Wirtschaftsförderung muß in den Bereichen der menschengerechten Gestaltung von Arbeit und Technik, der energie- und umweltpolitischen Vorsorge sowie in unterversorgten gesellschaftlichen Bedarfsfeldern schwerpunktmäßig ansetzen.«

Das Problem besteht nun darin, daß diese Feststellungen zwar plausibel sind, aber noch kein politisches Handlungskonzept darstellen, das eine reale Umsteuerung bewirkt. Es ist ja nicht zufällig, daß die derzeitige staatliche Forschungs-, Technologie- und Strukturpolitik die von der IG Metall aufgestellten Forderungen und Wünsche gerade nicht aufnimmt und die Gewerkschaften derzeit zumindest weit davon entfernt sind, hier einen entscheidend korrigierenden Einfluß auszuüben.
Mit anderen Worten, die Aktionsschwerpunkte zur Beeinflussung der Forschungs-, Technologie- und Strukturpolitik und mehr noch die Forderung nach ihrer Umsteuerung auf Bedarfsfelder gesellschaftlicher Zukunftsvorsorge sind Wünsche und Ziele, hinter denen gegenwärtig keine hinreichende politische Macht steht. Was nun die Zweifel an einer baldigen politischen Umsetzung dieser Programmpunkte verstärkt, sind die oben dargestellten Rückkopplungsmechanismen im Rahmen der Wissenschaftsgesellschaft, die trotz Aktionsprogramm die Arbeitnehmerschaft und die Gewerkschaften vorerst weiter schwächen werden.
Es ist hier nicht der Ort, mögliche Konsequenzen und Folgen dieses Prozesses zu erörtern. Vielmehr sollen abschließend anhand des Textes des Aktionsprogramms die wesentlichen Leitvorstellungen der IG Metall zur Forschungs- und Technologiepolitik skizziert und die vorher dargestellte Problematik belegt werden:

1. Die IG Metall stellt auf dem Hintergrund der grundsätzlichen Bedeutung der Forschungs- und Technologiepolitik folgende »Tatsachen« fest:

»Staatliche Technologie- und Forschungspolitik ist eingebunden in eine kapitalorientierte Wirtschaftspolitik, die ausschließlich über die Förderung privatwirtschaftlicher Investitionen Produktionssteigerungen und

Tabelle 8.3.3 – 1
Aktionsprogramm ›Arbeit und Technik‹ der IG Metall – Übersicht über Aktionsschwerpunkte

Arbeit und Technik für den Menschen	Mitbestimmung bei Arbeit und Technik
Arbeit und Technik gestalten	*Einflußnahme auf politische/wirtschaftl. Entscheidungen*
+ Umsetzung werkstattorientierter Konzepte bei der CNC-Technik	+ Gestaltung von Arbeit u. Technik politisch angehen
+ Begrenzung des Industrierobotereinsatzes	+ Mitbestimmung bei Investitionsentscheidungen stärken
+ Arbeitsgestaltung in der Serienmontage	+ Öffentlichkeitswirksame Kampagnen
+ Arbeitsgestaltung in den Büros	+ Druck auf Unternehmer und Politiker
	+ Mobilisierung der Arbeitnehmer/Widerstand im Betrieb
Offensive Qualifizierungspolitik	*Betriebliche Aktionsschwerpunkte*
+ Neuordnung der Metall- und Elektroberufe	+ Betriebliche Rationalisierungsschutzvereinbarungen
+ Qualifizierung von An- und Ungelernten in der Unterhaltungselektronik-Branche	+ Betriebliche Rationalisierungsausschüsse bilden
	+ Vertrauensleute aktivieren
+ Qualifizierung von Facharbeitern an CNC-Maschinen	+ Sachlich fundierte Gestaltungsalternativen
+ Qualifizierung von Phonotypistinnen für Mischarbeitstätigkeiten in der Textverarbeitung	+ Technisch-wissenschaftl. Fachkräfte einbeziehen
	+ Externe Sachverständige einbeziehen
+ Einrichtung von Arbeitskräftepools	
	Aktionsschwerpunkte mit Gesamtbetriebsräten
Gegen krank machende Arbeit	+ Pilotfälle schaffen
+ Abbau von Verschleißarbeitsplätzen im Betrieb	+ Rationalisierungsausschüsse in Gesamtbetriebsräten
+ Rationalisierungsstop – wenn kein Belastungsabbau	
+ Aufklärung über Gesundheitsschutz bei der Arbeit	*Verwaltungsstellen/Bezirksleitungen neu orientieren*

+ Brennpunkt betrieblicher Gesundheitsschutz	+ »Experten« für humane Arbeitsbedingungen ausbilden
	+ Schwerpunkt örtlicher Bildungsarbeit: Rationalisierung
Keine ›gläserne Arbeit‹, keine ›gläsernen Menschen‹	+ Schwerpunkt örtlicher Ausschußarbeit: Rationalisierung
+ Nein zur Totalvernetzung	+ Beratungsleistungen verbessern und mobilisieren
+ Personalinformationssysteme nur für Abrechnungen	+ Überbetrieblicher Erfahrungsaustausch
+ Recht auf informationelle Selbstbestimmung	+ Technologiebilanzen ziehen/Öffentlichkeitsarbeit
	+ Jährliches Arbeitsprogramm ›Arbeit und Technik‹
Humane staatliche Technologie- und Forschungspolitik	
+ Technikfolgenabschätzung und Mitbestimmung	*Aktionsschwerpunkte der Vorstandsverwaltung*
+ Institut Arbeit und Technik gründen	+ Technologiebilanz ziehen
+ Ausbau des HdA-Programms	+ Gestaltungsalternativen entwickeln
+ Nützliche und ökologisch verträgliche Produkte	+ Bildungsangebot ›Arbeit und Technik‹ ausbauen
+ Zukunftsorientierte Industriepolitik für den Menschen	+ Pilothafte Praxisberatung/Gestaltungskampagnen
	+ Hauptamtlichenqualifizierung/Öffentlichkeitsarbeit

Quelle:
Eigene Zusammenstellung aus ›Aktionsprogramm: Arbeit und Technik‹ der IG Metall.

Wirtschaftswachstum erreichen will. Dabei ist gegenwärtig kein Konzept erkennbar, wie sich Technologiepolitik in eine arbeitsorientierte Industrie- und Strukturpolitik einfügt. Statt die Grundlage für neue Arbeitsplätze zu schaffen, ›ergänzt‹ eine gegenüber ihren sozialen Wirkungen blinde Technologie- und Forschungspolitik die arbeitsplatzvernichtende Wirtschaftspolitik, die ganze Regionen der Bundesrepublik (z. B. Norddeutschland, das Ruhrgebiet usw.) zum Armenhaus zu machen droht.
Staatliche Technologie, Forschungs- und Wirtschaftspolitik nützt und stabilisiert eine unternehmerische Rationalisierungspraxis, die auf Kapitaleinsatz und flexible Automatisierungstechniken statt auf menschliche Arbeit, umfassende Qualifizierung und humane und gesellschaftlich nützliche sowie ökologisch verträgliche Technik setzt. Beispiele:

- Die Leistungs- und Wettbewerbsfähigkeit der Wirtschaft soll – durch Modernisierung der Produktionsstrukturen und Anpassung an den internationalen Standard technologischen Wissens – erhalten und ausgebaut werden. Dabei wird fast krampfhaft auf das Technologie-Niveau anderer Länder (wie z. B. Japan oder die USA) gestarrt, das unbedingt erreicht werden muß. Erfolge bzw. Mißerfolge messen sich dann in Zahlen des Industrieroboteinsatzes oder der Mikrochip-Produktion. Dieses Ziel soll mit Gewalt – mit Unterstützung riesiger staatlicher Förderungssummen – durch einen rasanten Technologieschub erreicht werden. Es wird nicht mehr hinterfragt, ob es nicht andere, z. B. arbeitnehmerorientierte statt kapitalintensive, Produktivitäts-Strategien gibt. Technologiefolgeabschätzung findet nicht statt. Alternativen werden so gut wie nicht erwogen, geschweige denn gefördert. Vor den Arbeitsmarktkonsequenzen verschließt die staatliche Technologiepolitik die Augen.
- Indem das Ziel ›Exportfähigkeit der deutschen Industrie‹ einseitig betont und Richtlinie der staatlichen Technologie- und Forschungspolitik ist, werden binnenwirtschaftliche und auf den europäischen Markt bezogene Alternativen vernachlässigt. Staatliche Technologie- und Forschungspolitik orientiert sich eben nicht an den noch weitgehend unbefriedigten – jedoch gezielt zu erforschenden – gesellschaftlichen Bedürfnissen in der BRD wie z. B. der Erschließung alternativer Energie- und Rohstoffquellen, der Entwicklung spezieller Umweltschutztechniken sowie humaner, den Menschen in seiner Arbeit unterstützender Techniken, der Bereitstellung zukunftsorientierter Qualifikationen oder der Versorgung gesellschaftlicher Mangelbereiche.
- Das staatliche Humanisierungs-Programm erfüllt weitgehend die Funktion eines Alibiprogramms. Es steht losgelöst mit weniger als 2% Förderungssumme – gemessen am jährlichen Gesamtetat des Bundesministeriums für Forschung und Technologie – neben anderen Technologie- und Forschungsförderungsprogrammen. Seine Ergebnisse

werden nicht genutzt, um sie als Förderbedingung in andere Programme (wie z. B. in das Drei-Milliarden-Programm Informations- und Kommunikationstechnologie) einzubringen. Die damit mögliche Chance, HdA-Erkenntnisse breitenwirksam bei der Förderung neuer Techniken auf neue Anwendungsfelder zu übertragen, wird vertan ...«

2. Die IG Metall entwickelt daraus folgende Aktionsschwerpunkte:

+ *Technikfolgenabschätzung und Mitbestimmung*
Vor jeder Auflage eines neuen Förderprogramms sind Technologiefolgenabschätzungen vorzunehmen, um die wahrscheinlichen wirtschaftlichen und sozialen, strukturellen und ökologischen Folgen des Einsatzes neuer Techniken zu ergründen.
Die Mitbestimmung der Arbeitnehmer und ihrer Gewerkschaften ist bei der Neuentwicklung von Programmen, bei der Vergabe von Forschungsaufträgen und bei der Begleitung von Programmen sicherzustellen.

+ *Institut für Arbeit und Technik*
Fördermaßnahmen zur Sicherung der Arbeits- und Lebensqualität und der Zukunftsvorsorge müssen Querschnittsaufgaben für andere Förderbereiche des BMFT und anderer Politikbereiche erfüllen. Das wird am besten durch die Einrichtung eines Instituts Arbeit und Technik gewährleistet. Dabei geht es vor allem darum, Kriterien humaner Arbeit, menschengerechter Technik und gesellschaftlich nützlicher und ökologisch verträglicher Produkte so auszuarbeiten, daß sie in jene Förderbereiche übertragen werden können, die wesentlichen Einfluß auf die Gestaltung von Arbeit und Technik nehmen (Förderungstechnik, Mikroelektronik, Informationstechniken, Biotechnik usw.).

+ *Ausbau des HdA-Programms*
Das Programm der Bundesregierung »Humanisierung des Arbeitslebens« (HdA) muß im Zusammenhang mit dem industriellen Einsatz neuer Produktions- und Informationstechniken verstärkt werden (z. B. durch die Entwicklung von Lösungen zum Schutz der Gesundheit, durch Abbau von körperlichen, geistig-nervlichen und Mehrfachbelastungen; durch die Entwicklung und Erprobung menschengerechter Techniken und Arbeitsstrukturen in Produktion und Verwaltung sowie durch Aus- und Weiterbildungsmaßnahmen; durch die Förderung und Einrichtung gewerkschaftlicher Technologieberatungsstellen, um ein Gegengewicht zu den einseitigen technologiepolitischen Förderungen von Unternehmen aufbauen zu können).
Die Ergebnisse des HdA-Programms sind als Förderbedingung in

andere Technologie-Programme aufzunehmen, um so eine breite Umsetzung von HdA-Erkenntnissen anzustoßen. Gewerkschaftliche Träger autonomer Umsetzungsprojekte sind verstärkt zu fördern.

+ *Gesellschaftlich nützliche und ökologisch verträgliche Produkte*
Es sind gesellschaftlich nützliche und ökologisch verträgliche Produkte und Produktionsverfahren zu fördern (z. B. zur rationellen Verwendung von Energie und Rohstoffen; zur Erschließung alternativer Energie- und Rohstoffquellen; zur gezielten Einführung von Umweltschutztechniken) in Bereichen, für die keine unmittelbare Risikobereitschaft privater Investoren vorliegt (z. B. Meerestechnik, Gesundheit, öffentlicher Verkehr, Wohnungs- und Städtebau bzw. -sanierung, Müll- und Abwasserrecycling).

+ *Zukunftsorientierte Industriepolitik für den Menschen*
Technologiepolitische Maßnahmen müssen im Zusammenhang mit einer zukunftsorientierten Industriepolitik und einer arbeitnehmerorientierten Strukturpolitik stehen, die der Schaffung und dem Erhalt von Arbeitsplätzen vor allem in strukturschwachen Gebieten Vorrang einräumt. Dazu sind Forschungs- und Förderobjekte – in gezielter Zusammenarbeit mit anderen Politikbereichen – auf den regionalen und sektoralen Bedarf abzustimmen (z. B. Forschungen zur Meerestechnik auf zukunftsorientierte Konzeptionen zur Sicherung der Werftindustrie).

3. Die IG Metall gibt folgende Realisierungsstrategie an:

»Die IG Metall wird in Abstimmung mit dem Deutschen Gewerkschaftsbund und seinen anderen Mitgliedsgewerkschaften ihre Forderungen jeweils konkretisieren und in den Gremien des BMFT und anderer Bundes- und Landesministerien einbringen, mit den Parteien und ihren Mandatsträgern auf den verschiedenen Ebenen diskutieren und sie dabei zu eindeutigen Stellungnahmen und Handlungsabsichten auffordern. Sie wird die zentralen Fragen der Technologie- und Forschungspolitik öffentlichkeitswirksam vorbringen. Denn die staatliche Technologie- und Forschungspolitik hat eine zentrale sozialpolitische Verantwortung. Sie muß in die Pflicht genommen werden.«[102]

»Unsere Forderung: ›Der Mensch muß bleiben!‹ – in seinem doppelten Sinn: als jemand, der einen Arbeitsplatz hat und der bei der Arbeit auch noch ›Mensch‹ sein kann, dessen Arbeitsplatz also menschengerecht ist – kann nur politisch erkämpft werden:

Durch Widerstand in den Betrieben, durch Mobilisierung der Arbeitneh-

102 Die vorangehenden Zitate wurden entnommen aus: IG Metall, Aktionsprogramm: Arbeit und Technik, S. 26 ff.

mer, durch öffentlichkeitswirksame Kampagnen, durch Druck auf Unternehmer und Politiker.
Das ist eine politische Langzeitaufgabe für die IG Metall, die jetzt begonnen werden muß.«[103]

Zusammenfassung

Mit Blickrichtung auf die von mir vertretenen Thesen läßt sich die Position des Deutschen Gewerkschaftsbundes wie folgt zusammenfassen:

1. Unter Einbeziehung der Stellungnahmen der Einzelgewerkschaften ist derzeit keine einheitliche Strategie zur Umsetzung von wissenschaftlichem Wissen und wissenschaftlichen Technologien im Rahmen der Wirtschafts-, Beschäftigungs- und Innovationspolitik im DGB auszumachen.
   Eine einheitliche Auffassung besteht lediglich darüber, daß die Bundesrepublik Deutschland nicht auf eine leistungsfähige Wissenschaftsindustrie sowie Wissens- und Technologieverwertung verzichten kann, sondern im Gegenteil sowohl die wirtschaftliche Prosperität als auch die Lebensqualität von der Produktion, der Anwendung und Vermarktung »gehobener Technologien« und von »Hochtechnologien« abhängen.
2. Im Gegensatz zum BDI und zur Position der Bundesregierung sind jedoch Wirtschaftswachstum, Produktivitätssteigerung und internationale Wettbewerbsfähigkeit der Volkswirtschaft nicht mehr uneingeschränkt die entscheidenden Zielvariablen der Wirtschafts- und Beschäftigungspolitik und der Innovationssteuerung der Gewerkschaften. Hierzu gibt es allerdings kontroverse Positionen.
   An die Stelle eines mehr oder weniger undifferenzierten quantitativen Wachstums tritt immer stärker die Forderung nach qualitativem Wachstum, das vor allem mit den Zielen Vollbeschäftigung, Humanisierung der Arbeit, Erhaltung und Verbesserung der Lebensqualität (häufig eher im Sinne von Lebensstandard) und sozialverträglicher Innovationssteuerung verbunden wird. Produktivitätssteigerungen, vor allem durch Rationalisierungsmaßnahmen, werden immer mehr als Bedro-

103 Ebenda, S. 1.

hung anstatt als Voraussetzung zur Erfüllung der Arbeitnehmer-Ziele angesehen. In diesem Zusammenhang verstärkt sich die Auffassung, daß sich mittel- und langfristig eher eine an qualitativen Wachstumszielen orientierte Produktivitätssteigerung im internationalen Wettbewerb behaupten wird.

3. Das WTI-Paradigma herrscht weiterhin im DGB vor, erfährt allerdings derzeit zwei – möglicherweise entscheidende – Modifikationen:
   - Stark verbreitet sind Zweifel, daß Wissenschaft automatisch eine Technik und diese wiederum eine Industrialisierung schafft, die der Arbeitnehmerschaft bzw. den Gewerkschaften zugutekommt. Es verbreitet sich die Ansicht, daß durch den alten Technik-Wachstumsmechanismus immer mehr auch Herrschaft gegen ihre Interessen und Bedürfnisse aufgebaut wird.
   - Es gibt weiterhin erste relevante Positionen, die einem undifferenzierten Fortwirken der industrialistischen Grundausrichtung entgegentreten, weil diese gegen die Natur und damit auch gegen die Arbeitnehmerinteressen gerichtet ist. Diese Auffassung kollidiert erheblich mit der traditionellen Gewerkschaftsposition, die der Modernisierung der Wirtschaft und dem Wirtschaftswachstum durch Erschließung neuer Wachstumsfelder eindeutig die Priorität eingeräumt hat.
4. Als entscheidende Grundlage für eine Innovationspolitik wird nach wie vor die Produktivkraft ›Wissenschaft und Technologie‹ anerkannt, somit auch die Förderung von Forschung, Technologieentwicklung und Innovationen, in Verbindung mit einer umfassenden Qualifizierung der arbeitenden Menschen.
5. Die neuen Technologien sind weder per se Ursache für positive Beschäftigungseffekte noch für qualitatives Wachstum bzw. hohen Lebensstandard. Dieser Zusammenhang ist nur durch eine neue, »sozial gesteuerte« Forschungs- und Technologiepolitik sowie durch eine an »den Arbeitnehmerinteressen orientierte Beschäftigungs- und Innovationspolitik« herzustellen.

   Dabei ist nun das eigentlich Neue:

   Die Nutzung von ›Wissenschaft und Technologie‹ mit höchster Effizienz wird nur dann akzeptiert, wenn vorher die Sozialverträglichkeit der Ziele, Mittel und Folgen des Einsatzes von wissenschaftlichem Wissen und neuen Technologien untersucht und abgesichert wird: Technikfolgenabschätzung, Technikbewertung, Mitbestimmung beim Technikeinsatz, Erhaltung von Beschäftigung und Qualifikation, Entwicklung und Produktion sozialverträglicher Produkte und Dienstleistungen, Humanisierung der Arbeit und des Lebens.

6. Eine weitere neue Auffassung, die auch die ökologische Verträglichkeit bei der Anwendung und Verwertung von wissenschaftlichem Wissen und neuen Technologien fordert, gewinnt an Boden. Diese bisher im Rahmen des DGB nicht mehrheitsfähige Position versucht den Nachweis zu führen, daß eine ökologisch angepaßte Nutzung der Produktivkraft ›Wissenschaft und Technologie‹ eine sozialverträgliche Wirtschafts-, Beschäftigungs- und Innovationspolitik überhaupt erst möglich macht. Und noch weiter: sinnvolles ökonomisches Handeln im Sinne der Arbeitnehmerschaft verlangt konsequentes ökologisches Handeln.

8.4 Strukturpolitische Leitlinien im RGW[104] für die achtziger Jahre

Die nachfolgende Darstellung bezieht sich schwerpunktmäßig auf die wirtschaftsstrukturellen Konzepte der DDR im Rahmen der ökonomischen Strategie des RGW. Am Beispiel der DDR als einem der am weitesten entwickelten Industriestaaten des RGW läßt sich prototypisch die Situation des gesamten RGW-Wirtschaftsbereichs widerspiegeln. Die unterschiedlichen Nuancierungen in den einzelnen Mitgliedstaaten des RGW spielen für das hier aufzuzeigende Grundmuster des wirtschaftsstrukturellen Krisenmanagements von Industrieländern mit zentraler Planwirtschaft eine untergeordnete Rolle. So kann vor allem gezeigt werden, daß in der DDR, analog zu den kapitalistischen Industrieländern des Westens, ›Wissenschaft und Technologie‹ die

104 RGW = Rat für Gegenseitige Wirtschaftshilfe (Zusammenschluß der Staaten des Ostblocks auf dem Gebiet der Wirtschaftspolitik).

dominierende Produktivkraft ist. Das wiederum ist kennzeichnend für den gesamten Wirtschaftsbereich des RGW: In allen Ländern des RGW ist das auf den industrialistischen Leistungsmerkmalen beruhende WTI-Fortschrittsparadigma ebenso wie in den westlichen Industrieländern das letztlich dominierende Leitprinzip für die Festlegung der ökonomischen Ziele und die Handlungskonzepte der Steuerungsinstanzen.

8.4.1 Strukturpolitische Leitlinien: RGW-Dokumente

Als eines der neuesten für die RGW-Staaten verbindlichen Dokumente ist die Erklärung der Mitgliedsländer des RGW auf der Gipfelkonferenz zur »Wirtschaftsberatung des RGW« vom Juni 1984 in Moskau anzusehen.[105]

Die Konferenz kam überein, »die Planungs- und Wirtschaftsorgane ihrer Länder zu beauftragen, bei der Ausarbeitung der Volkswirtschaftspläne für den bis zum Ende des laufenden Planjahrfünfts verbleibenden Zeitraum ... die gegenseitige Zusammenarbeit auf eine neue Stufe zu heben.«

Zur Wirtschaftsstrukturpolitik heißt es:

»Die Teilnehmer der Beratung ... sind sich einig, daß die wichtigsten Aufgaben der Mitgliedsländer des RGW auf dem Gebiet der Wirtschaft und der gegenseitigen Zusammenarbeit in der gegenwärtigen Etappe in folgendem bestehen:

Beschleunigte Umstellung der Wirtschaft auf den intensiven Weg und Erhöhung ihrer Effektivität durch Vervollkommnung der Struktur der gesellschaftlichen Produktion, rationelle und sparsame Nutzung der vorhandenen materiellen und Arbeitskräfteressourcen und bessere Nut-

105 RGW-Dokumente »Wirtschaftsberatung der Mitgliedsländer des RGW auf höchster Ebene« vom 12.-14. Juni 1984 in Moskau, Berlin-Ost Aug. 1984;
hierzu auch: »Deklaration der Mitgliedstaaten des Rats für gegenseitige Wirtschaftshilfe. Die Erhaltung des Friedens und die internationale ökonomische Zusammenarbeit« und »Erklärung über die Hauptrichtlinien der weiteren Entwicklung der ökonomischen und wirtschaftlich-technischen Zusammenarbeit der Mitgliedsstaaten des RGW«, in: Neues Deutschland vom 16./17. Juni 1984.

zung der Grundfonds und des wissenschaftlich-technischen Potentials; Gewährleistung des weiteren Anwachsens der gesellschaftlichen Produktion als Grundlage für die Festigung der materiell-technischen Basis der sozialistischen Gesellschaft, für die Erhöhung des Volkswohlstandes; Erhöhung des technischen Niveaus, der Zuverlässigkeit, der Lebensdauer und der Qualität der Erzeugnisse, Erweiterung und Beschleunigung der Erneuerung ihres Sortiments ...«[106]

Es ist bezeichnend, daß unter den vielen schwammigen strukturpolitischen Aussagen die Forderungen nach Intensivierung, Koordinierung und Umsetzung wissenschaftlich-technischer Leistungen noch am konkretesten sind. Hierzu heißt es u. a.:

»Die gesamte Tätigkeit muß zur Mobilisierung der Möglichkeiten der Länder und zur Verstärkung ihrer gegenseitigen Zusammenarbeit mit dem Ziel einer dynamischen und harmonischen Entwicklung der Wirtschaft jedes Landes und der gesamten Gemeinschaft der Mitgliedsländer des RGW auf der Grundlage der allseitigen Intensivierung der Produktion und der Einführung der internationalen Errungenschaften des wissenschaftlich-technischen Fortschritts, zur Sicherung der erforderlichen Ressourcen, insbesondere von Brennstoffen, Energie, Rohstoffen, Nahrungsmitteln und industriellen Konsumgütern, modernen Maschinen und Ausrüstungen sowie zur aktiven Beteiligung der Mitgliedsländer des RGW an der internationalen sozialistischen und an der internationalen Arbeitsteilung und zur Beschleunigung der Prozesse der Angleichung des ökonomischen Entwicklungsniveaus beitragen.«[107]

Wie hoch der Grad der Verbindlichkeit der RGW-Deklaration ist, läßt sich nur schwer abschätzen. Über weite Strecken drängt sich zweifellos der Eindruck auf, es handle sich bei den Beschlüssen des RGW mehr um Sprachspiele als um politische und ökonomische Steuerungsanleitungen. Das folgende Zitat ist typisch für die gesamte Erklärung:

»Die Teilnehmer der Beratung gehen davon aus, daß die Koordinierung der Volkswirtschaftspläne auf die Lösung der vorrangigen Aufgaben konzentriert und Hauptinstrument der Abstimmung der Wirtschaftspolitik auf den mit der gegenseitigen Zusammenarbeit verbundenen Gebieten – durch die interessierten Länder auch auf anderen Gebieten – und der Herausbildung stabiler wirtschaftlicher und wissenschaftlich-techni-

106 RGW-Dokumente »Wirtschaftsberatung ...«, a.a.O., S. 19 f.
107 Ebenda, S. 20.

scher Beziehungen zwischen den Mitgliedsländern des RGW sowie Grundlage für die Ausarbeitung ihrer nationalen Pläne für die gegenseitige Zusammenarbeit sein wird.«[108]

Immerhin heißt es an anderer Stelle zur Nutzung der Produktivkraft ›Wissenschaft und Technologie‹ bzw. des »wissenschaftlich-technischen Fortschritts« dann noch konkreter:

»Die Teilnehmer der Beratung schätzen die allseitige Beschleunigung des wissenschaftlich-technischen Fortschritts als besonders aktuell ein und vereinbarten, auf der Grundlage der nationalen Programme gemeinsam ein Komplexprogramm des wissenschaftlich-technischen Fortschritts für 15 bis 20 Jahre als Grundlage für die Erarbeitung einer abgestimmten und auf einigen Gebieten auch einheitlichen wissenschaftlich-technischen Politik auszuarbeiten mit dem Ziel der schnellstmöglichen Lösung der Fragen auf dem Gebiet von Wissenschaft und Technik durch gemeinsame Anstrengungen und der Überleitung[109] der erreichten Ergebnisse in den interessierten Ländern zu gegenseitig vorteilhaften Bedingungen.
Es wurde für notwendig erachtet, die Zusammenarbeit auf dem Gebiet der Standardisierung und Unifizierung zu verstärken sowie den gegenseitigen Austausch von Informationen über wissenschaftlich-technische Errungenschaften zu erweitern.
Es wurde abgestimmt, daß die Zusammenarbeit im Maschinenbau komplex gestaltet und vor allem auf die Versorgung der entscheidenden Produktionszweige mit Maschinen und Ausrüstungen hoher Qualität und mit technischem Weltniveau gerichtet sein wird. In den Ländern wird sowohl die Produktion von Fertigerzeugnissen als auch von Einzelteilen und Baugruppen sowie von Normteilen für den Maschinenbau sowie die Bereitstellung von Ersatzteilen für die gegenseitig gelieferte Technik vorgesehen. Dabei wird der Entwicklung von Elektronik, der Mikroprozessor- und der Robotertechnik besondere Bedeutung beigemessen.
Die Teilnehmer der Beratung sind der Auffassung, daß durch die Mobilisierung der eigenen Ressourcen und die Verstärkung der gegenseitigen Zusammenarbeit die Lösung des Rohstoff-, Brennstoff- und Energieproblems durch alle Mitgliedsländer des RGW gesichert werden kann.«[110]

108 Ebenda, S. 21.
109 Der Begriff »Überleitung« entspricht etwa dem Begriff ›Wissens- und Technologietransfer‹, er wird weiter unten noch genauer erläutert.
110 Ebenda, S. 22.

8.4.2 Strukturpolitische Leitlinien: Sowjetische Dokumente

Daß die Chancen zur Erhöhung der wirtschaftlichen Leistungsfähigkeit, also zur Steigerung der Produktivität und Wettbewerbsfähigkeit, von allen Mitgliedsstaaten des RGW hauptsächlich in der Forcierung des wissenschaftlich-technischen Fortschritts gesehen werden, läßt sich auch an neueren sowjetischen Dokumenten nachweisen. Gleichwohl wird erst seit wenigen Jahren ›Wissenschaft und Technologie‹ offiziell als dominierende Produktivkraft anerkannt. Schon in Kapitel 2.4.1 wurde darauf hingewiesen, wie zäh im real existierenden Sozialismus aus ideologischen Gründen an der zentralen Stellung des alten Produktivfaktors ›Arbeit‹ festgehalten wurde.
Obwohl die besondere Rolle von Forschung und Entwicklung als wichtigstem Produktiv- und Innovationsfaktor ständig hervorgehoben wird, tun sich alle RGW-Länder schwer, diese Erkenntnis praktisch umzusetzen: Sowohl das Innovationsmanagement als auch der Wissens- und Technologietransfer (›Überleitung‹) werden immer wieder als bedeutsame Aufgaben hervorgehoben. Trotzdem stellen sie gravierende Schwachstellen im wissenschaftlich-technisch-industriellen Komplex der zentral gelenkten Planwirtschaften dar. Das bestätigt ein Beitrag des Politbüromitglieds Romanov auf dem XXVI. Parteitag der KPdSU:

»Es ist uns nicht einerlei, daß die Produktionsbasis einiger an der Realisierung von Zielprogrammen für Wissenschaft und Technik, unter anderem zur Entwicklung des Energie- und Brennstoffkomplexes, des Maschinen- und Schiffbaus, der Chemie und der Leistungsindustrie, beteiligter Betriebe rekonstruiert und technisch neu ausgerüstet werden muß. Wie wirksam diese Maßnahmen sind, ist allgemein bekannt. Ihre praktische Verwirklichung läßt jedoch häufig das komplexe Herangehen vermissen. Wir sind der Meinung, daß die Planungsorgane bei der Durchsetzung dieser Linie konsequenter handeln müssen. Das Tempo der Erneuerung der Grundfonds der Betriebe muß stärker den Aufgaben zur Steigerung der Herstellung von dringend benötigter Technik höchster Qualität ... entsprechen.
In letzter Zeit zeichnet sich dank der Einführung organisatorischer und ökonomischer Maßnahmen eine Tendenz ab zur Verkürzung der Spanne zwischen Abschluß der Forschungs- und Entwicklungsarbeiten und ihrer Anwendung in der Produktion. Diese Spanne ist häufig noch

beträchtlich, und die örtlich ergriffenen Maßnahmen allein reichen nicht aus, um dem abzuhelfen.«[111]

Zur Überwindung dieser Misere werden aber immer wieder die alten untauglichen zentralistischen Konzepte propagiert. So sieht auch Romanov wegen der besonderen Bedeutung eines raschen Wissens- und Technologietransfers die Lösung des Problems offenbar nur darin, die Verantwortung auf die höchste Ebene staatlicher Exekutivgewalt zu heben:

»Im Interesse der Sache ist es deshalb erforderlich, die Verantwortung der Ministerien und anderen zentralen staatlichen Organe für das Niveau und die Verwirklichung der Pläne des technischen Fortschritts, die schnelle und umfassende Überleitung hocheffektiver Ergebnisse, die zu realem Wachstum der Arbeitsproduktivität und zur faktischen Freisetzung von Arbeitskräften beitragen, sowie für die Festlegung der Arbeitsplätze entsprechend den vorhandenen Arbeitskräften zu erhöhen.«[112]

Obwohl in der Sowjetunion aus ideologischen Gründen keine prinzipiellen Vorbehalte gegen eine enge Zusammenarbeit von Wissenschaft und Wirtschaft bestehen, gibt es in der Praxis große Schwierigkeiten. Das geht auch aus den folgenden Ausführungen von A. P. Aleksandrov hervor:

»Kurz zur Überleitung wissenschaftlicher Ergebnisse in die Praxis. Mit einigen Ministerien verbindet uns auf der Grundlage eines gemeinsamen Plans eine sehr sachliche Zusammenarbeit. Schon in sehr frühen Stadien beteiligten sich Mitarbeiter aus der Industrie daran, entweder in Institutionen der Akademie der Wissenschaften oder in gemeinsam eingerichteten Laboratorien. Dank dieser Methode ist bei uns in vielen Fällen das Wort ›Überleitung‹ weggefallen, bei diesem Verfahren ist die Industrie selbst daran interessiert, Neuentwicklungen überzuleiten. Auf einigen Gebieten des Maschinenbaus, in der Industrie für Nachrichtenmittel, der Elektronik, der chemischen Industrie, der Mikrobiologie und einigen anderen Zweigen ist die Sache gut angelaufen, aber leider ist das noch bei weitem nicht überall so.«[113]

111 G. V. Romanov, in: Prawda, 25. 2. 1981, S. 2, zit. nach Osteuropa-Archiv, in: Zeitschrift für Ost-Europa, 1981, Dokumententeil, S. A 522 (Rede auf dem XXVI. Parteitag der KPdSU).

112 Ebenda, S. A 522.

113 A. P. Aleksandrov, in: Prawda, 26. 2. 1981, S. 2, zit. ebenda, S. A 523.

Nicht der proletarische Internationalismus oder der Klassenkampf zwischen dem kapitalistischen und dem sozialistischen Lager oder die »Vertiefung der sozialistischen Demokratie« kennzeichnen die Leitlinien der Antrittsreden der beiden Generalsekretäre des ZK der KPdSU, Juri Andropow als Nachfolger Leonid Breschnews und Michail Gorbatschow als Nachfolger Konstantin Tschernenkos, sondern die intensivere Entwicklung und Nutzung der Produktivkraft ›Wissenschaft und Technologie‹. Von beiden wird »eine entscheidende Wende in der Überleitung der Volkswirtschaft auf den intensiven Entwicklungsweg« mit dem Ziel gefordert, »in kurzer Zeit die vordersten wissenschaftlich-technischen Positionen, das welthöchste Niveau der Produktivität« zu erreichen.

Daß dieses von dem neuen Generalsekretär der KPdSU, Gorbatschow, proklamierte Ziel nicht irgendeine der vielen ideologischen Phrasen ist, sondern tatsächlich das politische Ziel Nummer 1, ergibt sich aus folgenden Randbedingungen:

Die Sowjetunion und eine Reihe anderer Ostblockstaaten befinden sich seit Jahren in einer wirtschaftlichen Struktur-Dauerkrise. Dabei verschlechterte sich ihre internationale Wettbewerbsfähigkeit. Die sowjetische Wirtschaft ist in weiten Bereichen strukturell und technologisch veraltet, d. h. ihre wirtschaftliche Leistungsfähigkeit beruht noch weitgehend auf den traditionellen Schlüsselindustrien Stahl, Schwermaschinenbau, Maschinenbau, Lastwagen- und Flugzeugbau, Kohle- und Atomkraftwerksbau sowie der Erschließung natürlicher Rohstoffe und Energieträger, hauptsächlich von Kohle, Erdöl und Erdgas.

Demgegenüber sind kaum strukturelle Schwerpunktverlagerungen beispielsweise in informationsverarbeitende Industrien bzw. allgemein in Industriesektoren erfolgt, die auf der Basis neuer Schlüsseltechnologien arbeiten. Das gilt insbesondere für die Umstellung auf die Mikroelektronik und die Entwicklung von höchstintegrierten Schaltungen als Basis der leistungsfähigeren Computergenerationen bzw. allgemeiner aller informationsverarbeitenden Systeme, die mit der Computeranwendung, der Nachrichtentechnik und der Regelungstechnik verbunden sind (insbesondere auch automatische industrielle Fertigung).

Das gilt aber auch für die neuen Materialtechnologien, die ganz

neue Möglichkeiten beim Einsatz neuer Werkstoffe mit besonderen Festigkeits-, Spannungs- und Elastizitätseigenschaften für bewegte und stark beanspruchte mechanische Systeme aufweisen. Neue Materialien mit besonderen Oberflächen-Hochtemperatur- und Katalysatorwirkungen finden laufend neue Einsatzfelder in den verschiedensten industriellen Bereichen, so zum Beispiel im Flugzeugbau, Fahrzeugbau, Korrosionsschutz, Maschinenbau, Umweltschutz, in der Energie- und Unterhaltungstechnik usw. Ähnliche Feststellungen lassen sich auch für die Anwendung etwa chemischer Kunststoffe oder der Biotechnologien treffen. Besonders groß sind die technologischen Rückstände in weiten Bereichen der Konsumgüterindustrie und der modernen Umwelttechnologien gegenüber den am weitesten entwickelten kapitalistischen Industriestaaten.
Für die Sowjetunion ist die von den USA forcierte Hochrüstung ein Kardinalproblem der Wirtschaftspolitik. Nicht nur, daß für die Rüstung große Wirtschaftspotentiale, insbesondere Humankapital und natürliche Ressourcen, gebunden werden, auch die Konzentration auf rüstungstechnologische Entwicklungslinien verhindert eine breit ausgelegte Entwicklung und Anwendung neuer Technologien. Zusätzlich wirkt sich noch, wie oben bereits angedeutet, der schwerfällige Technologietransfer innerhalb der sowjetischen Wirtschaft und der geringe Know-how- und Technologie-Transfer zwischen den am weitesten entwickelten kapitalistischen Ländern und der Sowjetunion negativ aus. Dieses für den gesamten Ostblock gravierende Problem wird in Kapitel 8.4.4 (Technologiekrieg zwischen den Blöcken) gesondert behandelt.
Auf den Gebieten, die heute für die Begriffe »Basisinnovationen«, »Neue Technologien« oder »High-Tech« stehen, ist wahrscheinlich der Entwicklungsabstand zwischen den am weitesten entwickelten kapitalistischen Industriestaaten und der Sowjetunion auf der Ebene der Forschung und Entwicklung, insbesondere der Grundlagenforschung, weniger groß als auf der Ebene der Umsetzung und Anwendung. Groß sind vor allem auch die Probleme der raschen Identifikation von Basisinnovationen und Basistechnologien durch das politische und ökonomische Steuerungssystem. Insbesondere tut sich das schwerfällige zentralistisch-bürokratische System beim Transfer aus dem Wissen-

schaftssystem in die Wirtschaft und bei der strukturellen Umsteuerung der Wirtschaft sehr schwer. Dafür spricht der sich nur schleppend vollziehende strukturelle Wandel in den alten Industriezweigen bei der Umstellung auf neue Produkte und neue technische Produktionssysteme.

Es ist gerade auch deshalb kein Wunder, daß die Schlüsselbegriffe Neuerung (Innovation), Überleitung (Wissens- und Technologietransfer), Produktivitätssteigerung und Produktionswachstum (Wirtschaftswachstum) in der Wirtschaftspolitik der Sowjetunion wie im gesamten RGW eine ähnlich magische Bedeutung haben wie in den Industrieländern des Westens.

Es bedarf hier keiner besonderen Ausführungen, daß die Mobilisierung der Produktivkraft ›Wissenschaft und Technologie‹ in der Sowjetunion traditionell bereits ganz zentral auch auf den militärischen Komplex ausgerichtet ist, da es sich hier um jene machtpolitische Säule handelt, die das System hauptsächlich als Supermacht in der Welt etabliert hat.

Welche enormen Probleme die Sowjetunion dadurch hat, daß sie in der Entwicklung und Anwendung neuer Technologien hinterherhinkt, läßt sich allein daran ablesen, daß ihre internationale Handelsfähigkeit primär auf dem Verkauf wichtiger Rohstoffe und Energieträger beruht. Angesichts der zunehmenden Kostbarkeit natürlicher Ressourcen kann das nicht als zukunftsträchtige Wirtschafts- und Handelsperspektive gelten.

Auf diesem Hintergrund ist die Antrittsrede des neuen Generalsekretärs der KPdSU, Gorbatschow, vor dem Außerordentlichen Plenum des ZK der KPdSU, unmittelbar nach dem Tode von Konstantin U. Tschernenko, höchst aufschlußreich. Der mit 54 Jahren einer neuen Generation angehörende Generalsekretär bringt in dieser für sowjetische Verhältnisse äußerst kurzen Rede als ersten Leitgedanken, unmittelbar nach der Würdigung seines Vorgängers, verblüffend klar zum Ausdruck, daß es in erster Linie um die forcierte Nutzung der Produktivkraft ›Wissenschaft und Technologie‹ und eine darauf basierende »Umgestaltung der materiell-technischen Basis der Produktion« geht.

Wörtlich heißt es:

»Die auf dem XXIV. Parteitag und auf den folgenden Plenartagungen des ZK unter aktiver Mitwirkung von Juri Andropow und Konstantin Tschernenko ausgearbeitete strategische Linie war und bleibt unverändert. Dies ist die Linie zur Beschleunigung der sozialökonomischen Entwicklung des Landes, zur Vervollkommnung aller Seiten des Lebens der Gesellschaft. Es geht um die Umgestaltung der materiell-technischen Basis der Produktion.«[114]

Es heißt dann bereits einen Absatz weiter:

»Wir müssen eine entscheidende Wende in der Überleitung* der Volkswirtschaft auf den intensiven Entwicklungsweg erreichen. Wir müssen, ja wir sind verpflichtet, in kurzer Zeit die vordersten wissenschaftlich-technischen Positionen, das welthöchste Niveau der Produktivität der gesellschaftlichen Arbeit zu erreichen.«[115]

Angesichts der Tatsache, daß in derartigen Reden sowjetischer Parteiführer die Rangfolgen der Problembenennungen Programm bedeuten, gibt es keinen Zweifel, daß der innovationspolitische Zug in der Sowjetunion eindeutig auf die zentrale Produktivkraft ›Wissenschaft und Technologie‹ setzt und ganz im Sinne des WTI-Paradigmas beschleunigt in Richtung eines Wandels der sowjetischen Wirtschaftsstruktur auf der Basis wissenschaftlicher »Hochtechnologien« und »gehobener Technologien« rollen soll.
Diese Einschätzung wurde durch den Verlauf des XXVII. Parteitages der KPdSU vom 25.2. bis 3.3. 1986 in Moskau voll bestätigt. So war das dominierende innenpolitische Thema im Hauptreferat des Generalsekretärs Gorbatschow die Modernisierung der Wirtschaft durch die Forcierung des Einsatzes wissenschaftlicher Erkenntnisse und modernster Technologien und der Abbau der Bürokratie bzw. die Anwendung des wissenschaftlichen ›Prinzips Organisation‹ in allen gesellschaftlichen Bereichen:

»Gorbatschow forderte ›radikale Reformen‹ für die sowjetische Wirtschaft. Darunter sei eine höhere Effektivität, die Beschleunigung des technisch-wissenschaftlichen Fortschritts sowie ein verstärktes Interesse

114 Michail Gorbatschow, Generalsekretär des ZK der KPdSU, Rede vor dem Außerordentlichen Plenum des ZK der KPdSU am 11.3.1985, Neues Deutschland vom 12.3.1985, S. 2.
* Der Begriff ›Überleitung‹ beschreibt im RGW-Bereich den Wissens- und Technologietransfer im Hinblick auf Investitionen, Zulieferung, Materialversorgung und Absatz.
115 Ebenda, S. 2.

der Werktätigen an den Ergebnissen ihrer Arbeit zu verstehen. Gorbatschow nannte es eine erstrangige Aufgabe, ›mit den ungünstigen Tendenzen in der Entwicklung der Wirtschaft entschieden aufzuräumen‹ und der wirklich revolutionären Umgestaltung Tür und Tor zu öffnen ... Gorbatschow betonte, der Wirtschaftsapparat der UdSSR sei erstarrt und veraltet. Unbeweglichkeit der Verwaltung und wachsender Bürokratismus seien ein schweres Hemmnis für die Entwicklung des Landes geworden. Die Effektivität der zentralen Wirtschaftsführung müßten erhöht, die Selbständigkeit der Unternehmen entschieden erweitert und das Zusammenwirken der verschiedenen Branchen verbessert werden ...«[116]

8.4.3 Dokumente zur Innovationssteuerung in der DDR

Betrachtet man die Wirtschaftsstrukturpolitik in der DDR, so stehen auch hier die wissenschaftlich-technischen Innovationen und der Technologietransfer (»Überleitung«) – allgemein die forcierte Nutzung des technischen Fortschritts durch Innovationssteuerung – ganz obenan in den politischen und ökonomischen Leitlinien. In einer wirtschaftspolitischen Analyse über die ökonomische Strategie der DDR kommt Angela Scherzinger zu folgender Einschätzung:[117]

»Die ökonomische Strategie der DDR für die achtziger Jahre, die auf dem X. Parteitag der SED im Frühjahr 1981 proklamiert worden ist, stellt in den Mittelpunkt der weiteren Entwicklung die Intensivierung, die Erhöhung der Produktivität und die Ausschöpfung aller Möglichkeiten der modernen Technologie. Forschung und Entwicklung haben in diesem Konzept einen womöglich noch höheren Wert als früher.

Von der Wirtschaftsführung werden wiederholt folgende Schwerpunkte für Forschung und Entwicklung genannt:

- Rationelle Bereitstellung und Anwendung von Energie (Verbesserung der Kohlegewinnungsverfahren);

116 Der Tagesspiegel, Berlin, v. 26. 2. 1986, S. 1 und 7.

117 Angela Scherzinger, Aspekte der Planung von Forschung und Entwicklung in der DDR, in: DIW-Wochenbericht, S. 76, Berlin 1983. Vgl. auch Hannsjörg F. Buck: Forschungs- und Entwicklungspolitik in der DDR – Ziele, Lenkungsinstrumente, Mobilisierungsmittel und Ergebnisse, in: Schriften zum Vergleich von Wirtschaftsordnungen, H. 30, Stuttgart 1983.

- Verbesserung des ›Masse-Leistungsverhältnisses‹ z. B. durch moderne Kastenbauweise im Maschinenbau oder durch Stahlleichtbau;
- Entwicklung neuer arbeitszeit-, energie- und materialsparender Technologien durch Mikroelektronik, Robotereinsatz sowie neue Prüf- und Meßtechnik (z. B. zur Optimierung industrieller Verfahren und Prozesse);
- Entwicklung neuer weltmarktfähiger Produkte.

Gefordert wird, bei der Bestimmung von Forschungs- und Entwicklungszielen strenge ökonomische Kriterien zu beachten; so sollen Forschung und Entwicklung gleichzeitig auch zu ›Spitzenleistungen in der Ökonomie‹ führen.«[118]

Ein wichtiges Instrument für die Innovationsstrukturpolitik hat sich die DDR mit der Neuregelung der gesetzlichen Grundlage über »Staatsaufträge« geschaffen.[119] »Staatsaufträge« sind ein Teil der »Zentralen Aufgaben des Planes Wissenschaft und Technik«. Sie umfassen etwa 40 bis 50% des gesamten wissenschaftlich-technischen Potentials. Staatsaufträge sind durch allgemeine strukturpolitische Ziele bestimmt, insbesondere durch Neuerungsprozesse, von denen »tiefgreifende Einflüsse auf die Erhöhung der Leistungsfähigkeit und Effektivität ... der Volkswirtschaft ausgehen ...« und »Neue effektive Produktions- und Exportlinien hochveredelter Erzeugnisse sowie hocheffektive Technologien und Verfahren für die umfassende Rationalisierung mit volkswirtschaftlicher Breitenwirkung ..., die grundsätzlich den fortgeschrittenen internationalen Stand mitbestimmt.«[120]
Als markante Beispiele werden die Mikroelektronik und Robotertechnik genannt. Wie stark die »Staatsaufträge« in das politische System eingebunden sind, geht aus folgendem hervor:

»Das Ministerium für Wissenschaft und Technik und der Vorsitzende der Staatlichen Plankommission legen dem Ministerrat die geplanten ›Staatsaufträge‹ zur Bestätigung vor. Die Kombinate und wissenschaftli-

118 A. Scherzinger, Aspekte der Planung von Forschung und Entwicklung in der DDR, a.a.O., S. 76.

119 Beschluß über die »Ordnung für die Arbeit mit Staatsaufträgen Wissenschaft und Technik« – Auszug Gesetzblatt der DDR, Teil I/82, S. 181 ff.

120 A. Scherzinger, Aspekte der Planung von FuE in der DDR, a.a.O., S. 77.

chen Einrichtungen sind verpflichtet, für die ›Staatsaufträge‹ ihr materiell-technisches Potential vorrangig einzusetzen. Für wichtige ›Staatsaufträge‹ (›mit großer volkswirtschaftlicher Wirkungsbreite‹) können ›Auftragsleiter‹ eingesetzt werden: Stellvertretende Industrieminister, Generaldirektoren von Kombinaten oder (künftig hauptsächlich) Stellvertreter des Ministers für Wissenschaft und Technik.«[121]

Die Organisation des Systems der Staatsaufträge beruht auf den gleichen Kriterien, wie sie in Kapitel 7 für modernes Projektmanagement im wissenschaftlich-technisch-industriellen Komplex westlicher Industriestaaten (Großforschungseinrichtungen, Forschung und Entwicklung in Großunternehmen, im militärischen Sektor usw.) dargestellt wurden. So stellt A. Scherzinger zu Recht fest, daß das Auftragsleitersystem schon seit Anfang der 70er Jahre bekannt sei und »eine dem westlichen Projekt-Management vergleichbare Leitungsform« – ist, das »durch alle Phasen hindurch und über Hierarchien und Betriebsabteilungen hinweg« reicht. »Damit sollen die negativen Folgen des ›Staffelprinzips‹ überwunden werden (d. h. Projekte werden von einer Arbeitsstufe zur nächsten jeweils neuen Verantwortlichen übergeben).«[122]
Aber nicht nur das System der »Staatsaufträge« hat die Verbesserung der Innovationssteuerung und des Technologietransfers zum Ziel. Auch die Durchführung der FuE-Projekte in den einzelnen Betrieben und Kombinaten und die rasche Umsetzung der Ergebnisse in die Praxis sollen zukünftig als grundlegende politisch-strategische Aufgabe auf höchster Ebene angegangen werden. So forderten es auch der Staatsratsvorsitzende und Erste Sekretär der SED, Erich Honecker, vor dem ZK der SED und der Ministerpräsident der DDR, Willi Stoph, vor der Volkskammer der DDR:

»Es gilt jetzt Projekte genau zu bestimmen, die den größten Nutzen versprechen, und sie schnell zu realisieren. Das kann man nicht den einzelnen Betrieben, mitunter nicht einzelnen Kombinaten überlassen. Hier handelt es sich um strategische Fragen, und die Minister persönlich müssen sich um ihre Lösung kümmern.«[123]

121 Ebenda, S. 77.

122 Ebenda, S. 77 f.

123 Erich Honecker, Schlußwort auf der 5. Tagung des ZK der SED, Neues Deutschland vom 27./28. November 1982, S. 4.

»Es ist notwendig ... Veränderungen in der Technologie sowie im Produktionsprofil vorzunehmen. Um das für das geplante volkswirtschaftliche Endprodukt erforderliche Erzeugnisprofil mit hohen Gebrauchswerten in seiner Verflechtung zu sichern, muß dieser Prozeß durch die Ministerien und die Staatliche Plankommission exakt geleitet werden.«[124]

In ihrer wirtschaftspolitischen Analyse über die Rolle von Forschung und Entwicklung in der DDR verweist A. Scherzinger auf eine wichtige Rechtsgrundlage, die den besonderen Stellenwert von Forschung, Innovationssteuerung und Technologietransfer festschreibt:

»Ziel einer ... Anordnung Nr. 2* ist es, *Forschung, Entwicklung und Überleitung zum Ausgangspunkt der gesamten Planung* zu machen:
1) Über den Jahres- und Fünfjahresplan hinaus erhalten die Kombinate ›zusätzliche Orientierung für Wissenschaft und Technik‹ (vom Plan 1984 an) für 3 Jahre im voraus durch die Staatliche Plankommission, das Ministerium für Wissenschaft und Technik sowie die Industrieministerien. Diese Orientierungen beziehen sich vor allem auf Ziele wie Erhöhung der Exportrentabilität, Einsparung an Material, Rohstoffen, Energie und Arbeitszeit.
2) Wissenschaftlich-technische Aufgaben determinieren weite Teile der übrigen Betriebsplanung (Investitionen, Zulieferungen, Produktion und Absatz). Nunmehr sollen die Planentwürfe Wissenschaft und Technik mit einem zeitlichen Vorlauf vor allen anderen Planteilen ausgearbeitet werden ...
3) Die für Wissenschaft und Technik notwendigen Kooperationsverträge (mit Partnern der Zulieferindustrie, Verwendern) sollen möglichst frühzeitig geplant und abgeschlossen werden.
4) Die wissenschaftlich-technischen Ziele sollen vorrangig bei der Aufteilung der betrieblichen Fonds berücksichtigt werden.
5) Das zentrale Durchgriffsrecht gegenüber den Kombinaten ist dadurch verstärkt worden, daß diese ihre Pläne Wissenschaft und Technik den Industrieministerien vorlegen und mit diesen beraten. Die neue Kennziffer ›Erneuerungsgrad der Produktion‹ wird den Kombinaten zentral

* Anordnung Nr. 2 über die Ergänzung der Ordnung der Planung der Volkswirtschaft der DDR 1981-1985. GBl. der DDR, Teil I/1982, S. 109 ff.

124 Willi Stoph, Rede auf der 6. Tagung der Volkskammer, in: Neues Deutschland vom 4./5. Dezember 1982, S. 3.

vorgegeben und dient so als Kontrolle bei der tatsächlichen Realisierung technischer Neuerungen in der Produktion.«[125]

Es wäre reizvoll, auf die großen Schwierigkeiten einzugehen, die sich aus der zentralistisch-bürokratischen Steuerung der Innovationsprozesse und des Technologietransfers in den verschiedenen Praxisbereichen ergeben. Zweifellos besteht eine große Diskrepanz zwischen den verbal formulierten Ansprüchen und Zielprojektionen und den tatsächlich realisierten methodischen und organisatorischen Neuerungen. Daß eine Reihe von DDR-Wissenschaftlern und modernen Wirtschaftstechnokraten mehr und mehr die Grenzen zentraler Plan- und Steuerbarkeit von Innovationsprozessen und des Technologietransfers erkennt, geht beispielsweise aus Ausführungen von Hans Heinrich Kinze hervor, für den »der Neuerungsprozeß viel zu komplex ist, zu viele Wechselwirkungen und Gestaltungsmöglichkeiten umschließt, als daß man ihn einem strengen Determinismus unterwerfen könnte.«[126] Selbstverständlich bleibt bei solcher Kritik das zentrale Paradigma unangetastet, daß nämlich alles auszuschöpfen sei, was die Produktivkraft ›Wissenschaft und Technologie‹ im Sinne des »wissenschaftlich-technischen Weltniveaus« für die politischen, ökonomischen und militärstrategischen Zwecke nutzbar macht. Innovationssteuerung und Technologietransfer (»Überleitung«) sind dafür in der DDR bzw. im gesamten RGW die wichtigsten Ansätze.
Daß die DDR die Organisation der Innovationssteuerung und vor allem den Technologietransfer über die Kombinate stark forciert und sich davon große wirtschaftsstrukturelle Durchbrüche erhofft, geht aus den folgenden Zahlen hervor: Von 1976 bis 1980 ist der Anteil der Kombinate am Forschungs- und Entwicklungspotential der Industrie von 44% auf 90% gestiegen.[127] Bezogen auf das gesamte Potential der im Bereich von Wissen-

125 A. Scherzinger, Aspekte der Planung von FuE in der DDR, a.a.O., S. 78.
126 Hans Heinrich Kinze, Komplexe Neuerungsprozesse und volkswirtschaftliche Erfordernisse, in: Wissenschaftliche Zeitschrift der Hochschule für Ökonomie ›Bruno Leuschner‹, H. 2/1982, S. 6.
127 Wissenschaftliche Zeitschrift der TU Dresden, H. 2-3/1981, S. 59.

schaft und Technik Beschäftigten entfallen auf die Industrie 65 bis 70%.[128]

In ihrer Analyse über die wirtschaftsstrukturelle Bedeutung von Forschung und Entwicklung und deren Konzentration in den Kombinaten der DDR kommt A. Scherzinger zu folgenden Feststellungen:

»Durch die Einbeziehung der bis 1979 überbetrieblich angesiedelten Forschungseinrichtungen in die Kombinate wird die Forschung eng mit der Produktion verbunden, die Aufgabenstellung direkt aus der Praxis abgeleitet, erfolgt die Überleitung innerhalb einer Produktionseinheit.
Große Betriebseinheiten, in denen Forschung, Entwicklung und Produktion sowie vielfach auch Zulieferbetriebe vereint sind, können stärker die Vorteile der Arbeitsteilung und Konzentration nutzen.
Infolge der Konzentration des Forschungs- und Entwicklungspotentials in Kombinaten mit überwiegender Monopolstellung kann Parallelforschung und Zersplitterung auf zu viele Einzelprojekte vermieden werden.
Als besonderer Vorteil wird angesehen, daß die Kombinatsdirektoren die Forschung und Entwicklung durchgängig bis zum Fertigungsprozeß planen und lenken können.
Auch von der westlichen Theorie wird eine allgemein günstige Konstellation für Innovationen in großen Unternehmen eingeräumt: erhebliche Finanzkraft, Risikobelastbarkeit, human capital. Als Nachteile, die auch für die DDR zutreffen, gelten aber: Die mit der Größe wachsende Bürokratisierung, Unbeweglichkeit, Unübersichtlichkeit, die langen Wege im Entscheidungsprozeß, der Hang zur Verschwendung. Als Vorteile kleinerer und mittlerer Unternehmen werden demgegenüber eine größere Flexibilität, weniger Reibungsverluste, mehr Entfaltungsmöglichkeiten für kreatives Wissen genannt.«

Wie stark die Verschmelzung von Wissenschaft, Technik und industrieller Produktion zur Steuerung des Innovationsprozesses und zur Effektivierung des Technologietransfers in der DDR vorangetrieben wird, kommt in den folgenden Vorschlägen zum Ausdruck, die in den Kombinaten schon teilweise praktiziert werden:

»– Zusammenarbeit über die Grenzen einer funktionalen Einheit hinaus. Beispiel: Bereits im Stadium der Erprobung von Anlagen und Verfahren wirken Mitarbeiter der Produktion mit, um eine praxisgerechte

128 Ebenda.

Entwicklung zu sichern. Im einzelnen wird eine Delegierung qualifizierter Technologen in die Konstruktionsabteilung als Konstruktionstechnologen vorgeschlagen sowie die Vorgabe ökonomischer und fertigungstechnischer Forderungen ... an die Konstruktionsabteilung.

– Bereits bei der Festlegung der wissenschaftlich-technischen Aufgaben sollen ›Überleitungskollektive‹ gebildet werden, die bis zur Produktionsaufnahme zusammenarbeiten. Dazu sollen die verantwortlichen Projektarbeiter aus folgenden Bereichen zusammengeführt werden: Forschung, Entwicklung, Konstruktion, Technologie, Gütekontrolle, Investitionen, Materialwirtschaft, Produktion, Ökonomie und Absatz. Als Vorteile der Überleitungskollektive werden genannt: Frühzeitige Information aller Bereiche; Abstimmung mit der Materialwirtschaft; Vermeidung von Fehlinvestitionen; rechtzeitige Festlegung der günstigsten Reihenfolge für die Konstruktion und Fertigung von Produktionsmitteln; rechtzeitig gezielte Marktvorbereitung.«[129]

Es gibt keinen Zweifel, daß sich die in den kapitalistischen Industrieländern herausgebildeten zentralen Entwicklungsmomente der Produktivkraft ›Wissenschaft und Technologie‹ auch im technisch-industriell-militärischen Komplex der DDR nachweisen lassen:

›Wissenschaft und Technologie‹ wird auch hier, wie auch immer ideologisch eingekleidet, als zentrale Produktivkraft behandelt.

Die unmittelbare Einbeziehung von Forschung und Technologie in den großindustriellen Produktionsprozeß gehört zur Grundlage der DDR-Wirtschaftsstruktur.

Die Verschmelzung von Wissenschaft, Technik, industrieller Produktion und militärischer Entwicklung ist über die Kombinate vor allem in den letzten Jahren vorangetrieben und abgeschlossen worden und heute nahezu total.

Die strategische Planung und Organisation von Forschung, Ent-

129 A. Scherzinger, Aspekte der Planung von FuE in der DDR, a.a.O., S. 81.
Vgl. auch Siegfried Schiller, Mehr Nutzen aus der Forschung, in: Einheit, H. 1/1982, S. 74.
Irene Fischer, Karl Hartmann, Technologie – Wachstum – Produktivität, Berlin (Ost) 1980, S. 146.
Autorenkollektiv, Die Ökonomie der betrieblichen Forschung und Entwicklung – Ein Handbuch, Berlin (Ost) 1980, S. 398.

wicklung und Technologie-Transfer (»Überleitung«) findet auf der Ebene der Unternehmen (Kombinate) nach dem gleichen wissenschaftlichen ›Prinzip Organisation‹ statt wie in den westlichen Industrieländern, auf der Ebene staatlicher Steuerung im Rahmen der zentralistischen Planwirtschaft mit Anbindung an die höchste politische Entscheidungsebene.
Nicht die prinzipielle Entfaltung und der Stellenwert von ›Wissenschaft und Technologie‹ im industriell-militärischen Komplex unterscheidet die DDR-Gesellschaft von den westlichen Wissenschaftsgesellschaften, sondern lediglich ihre ineffizientere Optimierung und verzögerte Konkurrenz auf den internationalen Wissenschafts- und Technologiemärkten.

8.4.4 ›Technologiekrieg‹ zwischen den Blöcken

Welche Bedeutung ›Wissenschaft und Technologie‹ sowie die Organisation des Innovationsmanagements und des Technologietransfers im RGW haben, läßt sich am besten an der Organisationsstruktur des RGW erkennen (vgl. nachfolgende Abbildung 8.4.4 – I).
Alle drei Komitees, die unmittelbar dem zentralen Organ des RGW, dem Exekutivkomitee, zugeordnet sind, haben ihre wichtigste Funktion in der Nutzung und Anwendung dieser Produktivkraft. Das gilt für die ›Zusammenarbeit auf dem Gebiet der Planungstätigkeit‹ in gleicher Weise wie für die ›Zusammenarbeit auf dem Gebiet der materialtechnischen Versorgung‹ und für die ›wissenschaftlich-technische Zusammenarbeit‹. Diese Zuordnung der wissenschaftlich-technischen Innovationen und der damit verbundenen Industriepolitik ist nur konsequent, wenn man die massiven Auseinandersetzungen auf dem internationalen Technologiemarkt betrachtet. So ist es keinesfalls übertrieben, von einem ›Technologiekrieg‹ zwischen den Blöcken zu sprechen, der nicht nur auf den Bereich der Militärtechnologie beschränkt ist.
In einer Analyse über den Ost-West-Handel kommt das Deutsche Institut für Wirtschaftsforschung (DIW) zu der folgenden Einschätzung der Bedeutung der Technologie-Embargopolitik der USA gegenüber Osteuropa: »Die USA sind aber mit großer

Abbildung 8.4.4 – I
Organisationsstruktur des RGW

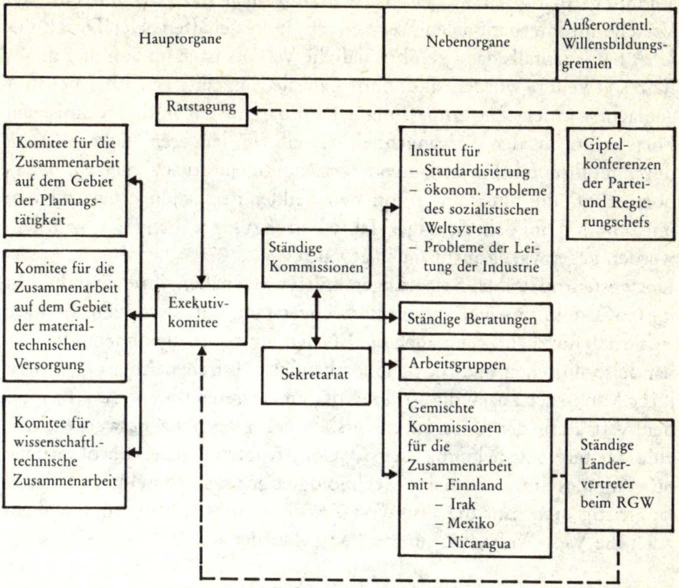

Quelle:
Deutsches Institut für Wirtschaftsforschung (DIW), Wochenbericht, 51. Jg., Nr. 29/84, Berlin 1984, S. 345.

Intensität weiterhin darum bemüht, die Ausfuhr technologischer Erzeugnisse nach Osteuropa zu beschränken, so daß ›neue Formen von Handelsembargos‹ entstehen können.«[130]

Daß die verschärften Exportkontrollen und Beschränkungen für technologische Produkte durch die USA nicht nur die Beziehungen zwischen Ost und West stark belasten, sondern auch zwischen Westeuropa und den USA, beschreibt das DIW wie folgt:

»Der transatlantische Dissens über die Ausweitung der CoCom-Exportkontrollen besteht unvermindert weiter. Zu den bekannten Meinungsun-

130 DIW, Deutsches Institut für Wirtschaftsforschung, Unsichere Aussichten im Ost-West-Handel, im Wochenbericht 45-46/84, Berlin November 1984. Das DIW zitiert hier den Ministerpräsidenten von Baden-Württemberg, Lothar Späth, in: Die Welt vom 26. 10. 1984.

terschieden zwischen Westeuropa und den USA ist inzwischen die westeuropäische Sorge getreten, die USA versuchten die Verbote bestimmter Ausfuhren in den RGW-Raum auch dazu zu nutzen, sich Vorteile im internationalen Wettbewerb zu verschaffen. Der Druck der USA hat jedenfalls dazu geführt, daß die Verbotslisten im Sommer dieses Jahres erweitert worden sind, ohne daß die Einzelheiten bisher bekannt gemacht wurden. Die Anpassung der Embargolisten an den technischen Fortschritt, in der Vergangenheit jeweils in längeren Zeitabständen durchgeführt, wird jetzt laufend vorgenommen. Ausnahmen vom Exportverbot, die einstimmig von den Teilnehmerstaaten erteilt werden müssen und in den siebziger Jahren großzügig gehandhabt wurden, werden gegenwärtig nicht mehr gewährt ...
Die westeuropäischen Regierungen müssen versuchen, ihren Standpunkt im CoCom mit mehr Einsatz und Sachverstand durchzusetzen. Es wäre sicherlich nützlich, wenn auch die EG-Kommission, die ohnehin für alle handelspolitischen und (fast alle) osthandelspolitischen Angelegenheiten ihrer Mitglieder zuständig ist, im CoCom vertreten sein würde. Es muß den Vertretern der USA unmißverständlich klar gemacht werden, daß eine weitere Ausdehnung der CoCom-Kontrolle eine bürokratische Störung des internationalen Technologietransfers darstellt und damit langfristig nicht nur die Ost-West-Zusammenarbeit, sondern vor allem auch die West-West-Zusammenarbeit gefährdet.«[131]

Während im internationalen Handel heute für praktisch alle landwirtschaftlichen Produkte, für alle Wirtschaftsgüter und Energieträger mit teilweise raffiniertesten Werbemethoden um Absatzmärkte gekämpft wird, gibt es allein für wissenschaftliche Produkte und Hochtechnologien teilweise rigide Handelsbeschränkungen.
Umgekehrt gibt es von seiten der Technologie-Habenichtse (Länder oder Unternehmen) größte Anstrengungen, nun an spezifisches wissenschaftliches und technologisches Know-how heranzukommen. Das hat einen solchen Stellenwert, daß Schmiergelder, Bestechungen im großen Stil bis hin zu gewalttätigen kriminellen Praktiken an der Tagesordnung sind. Die Hochtechnologie-Spionage ist heute international das Hauptbetätigungsfeld der politischen und wirtschaftlichen Spionageaktivitäten.

131 Ebenda, S. 558.

Resümee

Ich fasse die Ausführungen über die Rolle der Innovationssteuerung und des Technologietransfers in den RGW-Staaten zusammen und komme zu den folgenden Feststellungen:

Innovationssteuerung, Innovationsmanagement und Technologietransfer (»Überleitung«) spielen für die Wirtschaftsstrukturpolitik und die entsprechenden politischen und ökonomischen Strategien der Mitgliedsstaaten des RGW eine zentrale Rolle. Das zeigt sich einerseits daran, daß die meisten und besonders die relevanten Forschungs- und Entwicklungsprojekte unmittelbar im industriell-militärischen Komplex stattfinden oder mit diesem direkt gekoppelt sind.[132] Das zeigt sich weiterhin darin, daß diese Prozesse auf »höchster Ebene« verantwortet und zentral gesteuert werden.

Die so organisierte Steuerung und Umsetzung der Produktivkraft ›Wissenschaft und Technologie‹ erfolgt auf der Grundlage des WTI-Fortschrittsparadigmas (vgl. Kapitel 3), das ungebrochen als Denk- und Handlungsmuster der Wissens- und Technologieproduktion und der Zweckbestimmung ihrer Ergebnisse zugrunde liegt.

Innovationssteuerung, Innovationsmanagement und Technologietransfer (»Überleitung«) rücken in den letzten Jahren als Folge der weltwirtschaftlichen Krisensituation, insbesondere nach dem Ölpreisschock 1979, auch in den Ländern des RGW in den Mittelpunkt der Wirtschaftsstrukturpolitik. Dieser Trend ist auch Ausdruck des verschärften internationalen politischen und ökonomischen Konkurrenzkampfes, der sich stark auf Technologiemärkte verlagert hat.

132 Zwar liegt der Schwerpunkt der Grundlagenforschung auch heute noch in den Instituten der Akademie der Wissenschaften und der Hochschulen, aber gerade diese werden mehr und mehr in den unmittelbaren Verwertungsprozeß einbezogen. So sind in den letzten Jahren mit Unterstützung der Industrie »Technika« errichtet worden, um in ausgewählten Gebieten den Übergang von der Grundlagenforschung zur industriellen Nutzung zu verkürzen. Vgl. hierzu: Hannes Hörning, Zur Stellung der Wissenschaft im gesellschaftlichen Reproduktionsprozeß, in: Einheit, H. 2, Berlin (Ost) 1983, S. 134.

Nicht nur quantitativ, sondern auch qualitativ versuchen die RGW-Staaten über differenziertere Methoden und Organisationsformen die Steuerung der Wissensproduktion und vor allem den Transfer von wirtschaftlich-technischen Innovationen zu verbessern.

Bei der Organisation des Innovationsprozesses und des Technologietransfers auf der Arbeitsebene (Betrieb, Kombinat, Forschungsinstitut usw.) werden im wesentlichen die gleichen Prinzipien der Projektdurchführung und des Managements angewandt, wie sie sich hauptsächlich in den USA herausgebildet haben. Lediglich die Marktmechanismen werden teilweise durch besondere Formen des »sozialistischen Wettbewerbs« (Prämiensysteme, Statusverbesserungen, staatliche Auszeichnungen, Kontrollsysteme etc.) ersetzt. Daß diese Formen des Wettbewerbs weniger effizient sind als der kapitalistische Konkurrenzkampf, steht auf einem anderen Blatt und widerspricht nicht der These, daß in den verschiedenen ideologischen Lagern die gleichen Grundmuster der Wissensproduktion sowie Wissens- und Technologieverwertung in den Industrieländern vorliegen.

Die Diskrepanz zwischen den Ansprüchen der zentralen Planungs- und Steuerungsorgane und ihrer effektiven Leistungsfähigkeit zur raschen Bekämpfung struktureller Krisensymptome in der Wirtschaft ist in den Ländern des RGW noch größer als in den Industrieländern mit kapitalistischer Wirtschaftsstruktur.

Hierzu noch die folgenden Ausführungen von A. Scherzinger:

»Es gibt zu wenig Innovationsfreudigkeit im Sinne von Denken in neuen Produkt- und Faktorkombinationen, meist nur technische Perfektion oder Kombination vorhandenen Wissens, aber wenig mit einem besonderen Risiko behaftete Basisinnovationen. Soweit ein Fehlschlag von Innovationen stärker sanktioniert wird als ein ›Unterlassen‹ möglicher Neuerungen, werden die Kombinatsführungskräfte sicherlich in der Mehrzahl der Fälle auf dem sicheren Pfad des Erreichten bleiben – auch wegen der Dominanz des Planerfüllungsprinzips als Erfolgskontrolle. Zwar sollte nicht bestritten werden, daß auch in der Planwirtschaft die Führungskräfte prinzipiell durch ideelle Incentives (wie Prestigebedürfnis, Selbstbestätigung durch Stolz auf das Geleistete, Machtzuwachs) zu Innovationen angeregt werden können. Doch spricht dagegen, daß bisher einer eigenständigen Entscheidung über die Gewinnverwendung gerade für Investitionen enge Grenzen gesetzt sind. Das gleiche trifft auch für die fehlende eigenständige Verfügung über erwirtschaftete

Devisen zu (z. B. zum Kauf von Lizenzen oder moderner westlicher Technologien).«[133]

Hieraus ergibt sich das folgende Fazit:

1. Eindeutiger denn je ist das WTI-Paradigma Grundlage der gesellschaftlichen Entwicklung und gleichzeitig offizielle Staatsdoktrin. Es dient hier wie in den westlichen Industrieländern hauptsächlich der Stabilisierung des industriell-militärischen Komplexes, der Befriedigung der technisch-materiellen Bedürfnisse und damit der Erhaltung und Stabilisierung bestehender Machtverhältnisse.
2. Wirtschaftswachstum, Produktivitätssteigerung und internationale Wettbewerbsfähigkeit sind, ebenso wie in den kapitalistischen Industrieländern, die entscheidenden Zielvariablen der Wirtschaftspolitik und der Innovationssteuerung.
3. Die grundlegenden wirtschaftspolitischen Entscheidungen und gesellschaftsstrukturellen Veränderungen erfolgen somit auf dem Hintergrund des WTI-Paradigmas und beziehen sich durchweg auf die Erzeugung wissenschaftlich-technischer Innovationen und ihre Umsetzung im Sinne des olympischen Gedankens maximaler Leistungssteigerung.
4. Sowohl bei der wissenschaftlichen Wissens- und Technologieproduktion als auch beim Wissens- und Technologietransfer (»Überleitung«) und beim Innovationsmanagement werden die gleichen methodisch-organisatorischen Grundlagen der fünften Entwicklungsstufe der Produktivkraft ›Wissenschaft und Technologie‹ angewandt, wie sie sich im wesentlichen in den vierziger und fünfziger Jahren hauptsächlich in den USA herausgebildet haben. Im Prinzip lassen sich alle in den Kapiteln 5 bis 7 dargestellten Grundlagen nachweisen, auch Wettbewerbs- und Marktelemente.
5. Die Zentralisierung der Planungsapparate, auch für den Bereich von Forschung, Entwicklung und Innovation, und die zumindest binnenwirtschaftlich schwach ausgeprägten Markt- und Wettbewerbsmechanismen sind die Hauptgründe für die

133 A. Scherzinger, Aspekte der Planung von FuE in der DDR, a.a.O., S. 83. Zum Problem der Innovationsfreudigkeit in der DDR auch Günter Lauterbach, Technischer Fortschritt und Innovation, Erlangen/Nürnberg 1982.

insgesamt geringere Effizienz des wissenschaftlich-technisch-industriellen Komplexes der RGW-Staaten, vor allem im Verwertungsbereich von FuE-Produkten, widersprechen aber nicht der Feststellung, daß die entscheidenden Muster der Wissensproduktion und Technologieverwertung mit denen der westlichen Industrieländer kongruent sind.

6. Innovationsmanagement sowie Wissens- und Technologietransfer (»Überleitung«) sind auch in den RGW-Staaten in den letzten Jahrzehnten immer facettenreicher und differenzierter geworden, ihr Stellenwert hat sich ständig erhöht. Gleichwohl haben sich auch hier keine prinzipiell neuen methodischen Ansätze der Wissensproduktion und Wissensverwertung entwickelt.
7. ›Wissenschaft und Technologie‹ ist auch in den Staaten des RGW die zentrale Produktivkraft. Weniger effizient genutzt, aber in der Grundstruktur in der gleichen Weise verwendet, bildet diese Produktivkraft die Grundlage der gesellschaftlichen Machtverhältnisse und des sozioökonomischen Wandels der RGW-Staaten. Insofern handelt es sich auch hier um die typische Form der Wissenschaftsgesellschaft.

8.5 Innovationsstrukturpolitik in Berlin (West) als Modellfall für hochindustrialisierte Krisenregionen

8.5.1 Strukturpolitische Rahmenbedingungen

8.5.1.1 Problemlage

Im Rhythmus der Schwächeanfälle der ökonomischen Systeme tauchen seit Jahren immer wieder die Zauberformeln »Innovationssteuerung« und »Technologietransfer« auf, mit denen sich die westlichen Industriegesellschaften oder einzelne Industrieregionen aus ihren Strukturkrisen zu befreien suchen.

Da sich die Wirtschaftssysteme der Staaten des RGW mehr oder weniger permanent in Schwächezuständen befinden, sind diese Begriffe auch hier ständig en vogue.

Entkleidet man die Innovationskonzepte ihres jeweiligen ideologischen Überbaus und dringt man zum Kern von Lösungsansätzen vor, dann geht es bei der Bekämpfung struktureller Krisensymptome immer um die Mobilisierung der Produktivkraft ›Wissenschaft und Technologie‹. Die konkreten Maßnahmen zielen meistens auf eine verstärkte staatliche Förderung der Wissensproduktion und Wissensverwertung.

Ökonomisch geht es um die Effektivierung des Produktions- und Dienstleistungsbereichs durch neue wissenschaftliche und technische Erkenntnisse, Methoden und Produkte.

Innovationsstrategien verfolgen in erster Linie die Schaffung neuer Strukturen und Produkte zur Steigerung der Produktivität und zur Verbesserung der Wettbewerbspositionen im nationalen und internationalen Konkurrenzkampf.

Wirtschaftliche und politische Macht ist heute hauptsächlich durch größeren Einfluß auf die Welt- und Binnenmärkte von Wirtschaftsgütern und militärischen Ausrüstungen zu gewinnen.

Die größten Schwierigkeiten jeder Innovationsstrukturpolitik liegen nun darin, herauszufinden, welche Produkte, Verfahren und Systeme diese Wettbewerbsvorteile verschaffen und wie sie zu vermarkten sind. Dabei spielt das Risiko bestehender Unternehmen beim Umsteigen auf neue Produktlinien, Produktionsverfahren und Organisationsstrukturen eine ebenso große Rolle wie das Risiko von Gründerunternehmen, die neue Produktlinien entwickeln und in neue Märkte einzudringen versuchen.

Eine zentrale Aufgabe des Staates besteht demzufolge darin, neben der Förderung von Neuerungen das Risiko innovationsbereiter Unternehmen bzw. der Gründer von Unternehmen zu verringern, ohne dadurch die Wettbewerbsdynamik zu hemmen.

Das wirft schwierige Fragen nach dem richtigen Steuerungskonzept auf. Im Kern geht es um die ordnungspolitische Kontroverse, wie stark kann bzw. muß die staatliche Lenkung sein bzw. wie weit sind privatwirtschaftliche Wettbewerbselemente und Marktmechanismen in der Lage, eine solche Innovationspolitik zu fördern.

Am nachfolgenden Beispiel, der Innovationsstrukturpolitik in Berlin (West), werden diese Diskrepanzen konkret sichtbar. Dabei fällt auf, wie stark sich selbst vehemente Verfechter marktwirtschaftlicher Ordnungsprinzipien staatlichen bzw. teilstaatlichen Lenkungskonzepten verschreiben, wenn die Aussicht besteht, dadurch Wirtschafts- bzw. Produktivitätswachstum und Wettbewerbsvorteile im internationalen Konkurrenzkampf zu erzielen.

Wie am Beispiel Berlin auch zu zeigen sein wird, haben in Zukunft vor allem jene Wirtschaftsregionen die größten Innovationschancen, die über eine leistungsfähige Wissenschaftsindustrie verfügen.

8.5.1.2 Berlin als Modellfall

Um die Problematik anschaulich zu machen, behandle ich als exemplarischen Fall die »Innovationsstrukturpolitik«[134] in Berlin (West). Diese soll beispielhaft für die Entwicklung und die politischen Strukturkonzepte in den hochindustrialisierten Staaten und Wirtschaftsregionen stehen.

Für die Wahl von Berlin als Demonstrationsfall mache ich folgende Punkte geltend:

1. Berlin (West) zeigt als eines der größten geschlossenen Industriezentren in Mitteleuropa alle typischen Strukturmerkmale der westlichen Industriegesellschaften. Es ist vielfach dargestellt worden, daß sich wegen der politischen Insellage der Stadt die weltweiten ökologischen, sozialen und ökonomischen Krisenfaktoren eher verstärkt widerspiegeln. Insofern wirkt die Wirtschaftsregion Berlin wie ein Brennspiegel für allgemeine strukturelle Verwerfungen der Industriegesellschaft. Es gibt genügend Gründe anzunehmen, daß auch die Reaktionen auf die Krisensymptome prototypisch sind.
2. Berlin besitzt ein umfangreiches Wissenschafts- und Technologiepotential.[135] Es handelt sich somit um eine Wirtschaftsre-

134 Die Industrie- und Handelskammer zu Berlin (IHK) spricht von der Innovationsstrukturpolitik in Berlin bzw. der Innovationsstrukturpolitik des Senats von Berlin. Beim Senat von Berlin selbst heißt es »Struktur- und Innovationspolitik«.

135 Vgl. u. a. Rolf Kreibich, Zukunftsperspektiven durch regionale Forschungs- und Entwicklungspolitik – Beispiel Berlin, in: Die Neue Gesellschaft, H. 4/1977, S. 313 und H. 5/77, S. 411;
Institut für Systemtechnik und Innovationsforschung, Strukturanalyse der Berliner Forschung als Grundlage für ein Konzept regiona-

gion, in der die Möglichkeit besteht, die Produktivkraft ›Wissenschaft und Technologie‹ extensiv zu nutzen.

Das umfangreiche FuE-Potential bietet vor allem die Grundlage dafür, die Ressource »Information« zugunsten materieller und energetischer Ressourcen zu aktivieren. Die Notwendigkeit einer solchen Strategie wird noch dadurch unterstrichen, daß Berlin über keinerlei eigene Rohstoffquellen verfügt.

In einer zukunftsorientierten Betrachtungsweise muß Berlin als eine Wirtschaftsregion angesehen werden, in der zum Überleben aus eigener Kraft allein die Ressource Information, also vor allem das Potential von Wissenschaft und Technik verfügbar und mobilisierbar ist. Nach dem bisher in dieser Arbeit dargestellten Stellenwert von Wissenschaft und Technologie für den ökonomischen und sozialen Wandel von Industriegesellschaften sollten damit in Berlin auch Ansätze des Übergangs von der Industriegesellschaft zur »Wissenschaftsgesellschaft« sichtbar gemacht werden.

3. Die Region Berlin (West) bietet sich auch aus praktischen Gesichtspunkten an:

   Die politische Insellage der Stadt schafft einen abgeschlossenen Wirtschaftsraum, dessen externe Ankopplung nicht im Umfeld verschwimmt.

   Durch die hohe Diversifizierung der Industrie sind die strukturellen Verwerfungen in verschiedenen Wirtschaftssektoren, wie z. B. der elektrotechnischen Industrie, dem Maschinenbau oder der Textilindustrie, und damit sowohl in Großunternehmen (AEG-Krise) als auch in den kleinen und mittleren Unternehmen, zu beobachten. Zu beobachten sind aber auch die Chancen für die Klein- und Mittelindustrie, die vor allem im Rahmen neuerer Innovationsstrategien Vorteile und einen besonderen Stellenwert hat.

4. Über diese objektiven Rahmenbedingungen hinaus führe ich noch an, daß ich persönlich die Entwicklung seit über 20 Jahren aus der Nähe verfolgen konnte. Die unmittelbare Betei-

ler Forschungs-, Technologie- und Innovationspolitik, Karlsruhe 1977;

Der Senator für Wissenschaft und Forschung, Politik für Forschung und Entwicklung in Berlin, Bericht an das Abgeordnetenhaus von Berlin, Berlin September 1978.

ligung an Strukturkonzepten, Maßnahmenvorschlägen und politischen Entscheidungen hat Einblicke verschafft, die für die Bewertung meines Gesamtkonzeptes über die Herausbildung der Wissenschaftsgesellschaft wichtig waren. Das betrifft insbesondere die Einschätzung der Möglichkeiten und Wahrscheinlichkeiten von alternativen Handlungsgrundlagen zur Steuerung der Wissensproduktion und Technologieverwertung.

8.5.1.3 Aktuelle Innovationseuphorie

Verfolgt man die derzeit in Berlin veröffentlichten Publikationen zur Wirtschaftsstrukturpolitik der Stadt, dann sollte die Wirtschafts- und Beschäftigungskrise durch wissenschaftlich-technologische Innovationen und einen forcierten Wissens- und Technologietransfer überwindbar sein. Gefordert wird, das umfangreiche Forschungs- und Technologiepotential der Stadt extensiv zu nutzen und neue Formen der Innovationsförderung und der Verwertung von wissenschaftlichem Wissen und technologischem Know-how einzuführen. Wie noch gezeigt wird, hat sich bereits mit der forcierten Vermarktung des Forschungs- und Technologiepotentials ein euphorisches Innovations- und Gründerklima in der Stadt ausgebreitet.
Die folgenden Sätze aus dem neuesten *Wirtschaftsbericht des Senats von Berlin* machen deutlich, worum es dem Senat bei seiner »Struktur- und Innovationspolitik« geht:

»Aufgabe staatlicher Wirtschaftsförderung in Berlin, die sich am Leitbild der Sozialen Marktwirtschaft orientiert, ist es, durch die Rahmenbedingungen bestehenden Unternehmen Hilfen zu geben, ihre Struktur durch Innovationen und Investitionen ständig zu modernisieren, und zum Entstehen neuer Unternehmen in Berlin anzuregen. Sie müssen mit neuen, interessanten und oft auch intelligenten Produkten große, vielfach wachsende Märkte finden und mit modernen Fertigungsverfahren kostengünstig produzieren können.«[136]
»Innovationen zu begünstigen ... steht dabei im Mittelpunkt der Investitions- und Wirtschaftsförderung. Hierdurch wird einer der großen Vorteile der Stadt, das enorme Potential an Forschung und Entwicklung,

136 Der Senat von Berlin, »16. Bericht über die Lage der Berliner Wirtschaft und die Maßnahmen zu ihrer Weiterentwicklung«, Oktober 1984, S. 61.

durch die Strukturpolitik zur Geltung gebracht und durch die Unternehmen genutzt.«[137]

»Die sicherste Zukunftsinvestition für Unternehmen ist die Stärkung der betrieblichen Forschung und Entwicklung, die zu Innovationen führt. Intelligente Produkte und Verfahren können eher auf Dauer am Markt bestehen und sichere Arbeitsplätze schaffen.«[138]

Diese Leitlinien werden in vielfältiger Weise und durch differenzierte Einzelaussagen untermauert. Etwa zwei Drittel des Berichts befassen sich explizit mit dem Thema Innovationsförderung sowie Wissens- und Technologietransfer.[139]

Bedeutsam ist auch, mit welcher Intensität sich die Innovationsstrukturpolitik ausbreitet und jetzt schon weite Bereiche des Wirtschafts- und Soziallebens der Stadt erfaßt hat. Das läßt sich daran ablesen, daß heute nicht nur die Wirtschaftsberichte des Senats von Berlin, der IHK zu Berlin und der Großbanken vorwiegend diesem Thema gewidmet sind, sondern auch die Publikationen zur Wissenschafts- und Wirtschaftspolitik der Parteien, Gewerkschaften sowie der Hochschulen und außeruniversitären Forschungseinrichtungen. Selbst die Tagesmedien befassen sich ständig mit den Themen ›Neue Innovationsstrategien‹ und ›Wissens- und Technologietransfer‹.

Alles in allem vermittelt die Publizität des Themas den Eindruck, als handle es sich hier um sensationell Neues. Das ist aber nur scheinbar der Fall. Ich zeige nachfolgend, daß zwar in den letzten Jahren mannigfaltige Aktivitäten zu konkreten Maßnahmen und institutionellen Lösungen geführt haben, gleichwohl diese Konzeption aber schon weit früher als Reaktion auf die wirtschaftsstrukturellen Einbrüche nach der ersten Ölpreiskrise von 1973 entwickelt wurde.

Auch in den 60er Jahren hat es bereits Ansätze zu einer Innovationsstrukturpolitik durch eine bessere Nutzung des Wissens- und Technologiepotentials der Stadt gegeben.

Die Wurzeln dieser Politik sind sogar noch weiter zurückzuverfolgen, sie liegen in der fünften Entwicklungsstufe der Produktivkraft ›Wissenschaft und Technologie‹, hauptsächlich also in

137 Ebenda, S. 61.
138 Ebenda, S. 66.
139 Hierzu eingehender in Kapitel 8.5.4.1.

der Entfaltung von Wissenschaft und Technologie in den 40er und 50er Jahren in den USA und England.

Daß gelegentlich auch noch neue Formen des Wissens- und Technologietransfers kreiert werden, zeigt das jüngste Beispiel einer Zusammenarbeit der Technischen Universität Berlin mit der Wirtschaft: Die TU Berlin hat unter dem Titel »Schaufenster der Wissenschaft – Forschung für die Welt von morgen«[140] im größten Kaufhaus der Stadt einen neuen Schritt in der Vermarktung von Wissen und Technologie unternommen. Dabei ging es nach den Worten des Wissenschaftssenators darum, »die wahre Wissenschaft verkaufsaktiv zu präsentieren«.[141] Wissenschaft im Kaufhaus – eine für die traditionelle Wissenschaft fast unerträgliche Vorstellung.

Die IHK zu Berlin stellte nachträglich jubilierend fest:

> »Was bei der Premiere am 13. September 1984 von allen Persönlichkeiten aus Politik, Wissenschaft und Wirtschaft ... mit Lob und Hoffnung auf ein gutes Gelingen versehen werden konnte, hat als bisher weltweit einmaliges Ereignis sämtliche Erwartungen aller Beteiligten weit übertroffen. Es geht um die Symbiose von First-Class-Shopping und Wissenschaft im Kaufhaus.«[142]

Während der Geschäftsleiter des Kaufhauses mit dieser Wissenstransfer-Aktion »den Berlinern und Gästen der Stadt aus aller Welt das Tor in die Wissenschaft und Forschung der Zukunft zu öffnen« beabsichtigte, verband der Vorstandsvorsitzende der Hertie-Waren- und Kaufhaus GmbH mit diesem Ereignis die Forderung, »alle innovativen Kräfte der Wissenschaft, Forschung wie der Wirtschaft zu mobilisieren.«

Von der Seite der Wissenschaft hob der Präsident der TU Berlin »die vielen Gemeinsamkeiten, die Handelshäuser und Universitä-

140 Ausstellung der Technischen Universität Berlin in Zusammenarbeit mit dem KaDeWe (Kaufhaus des Westens) vom 13. bis 22. 9. 1984 in Berlin: auf rund 1000 m^2 stellten auf drei Verkaufsebenen verschiedene Fachdisziplinen 33 Forschungs- und Entwicklungsergebnisse in Form von Exponaten und Vortragsveranstaltungen aus den Bereichen Verkehr, Energie, Produktion und Konstruktion, Computer, Umwelt und Informations- und Kommunikationstechnologie vor.

141 Industrie- und Handelskammer zu Berlin, Die Berliner Wirtschaft, Mitteilungen der IHK, 34. Jg., Nr. 20 vom 28. 9. 1984, Berlin, S. 923.

142 Ebenda, S. 923.

ten im Wettbewerb innerhalb ihres jeweiligen gesellschaftlichen Umfeldes verbinden«, hervor. »Im Grunde hätten sich zu diesem Experiment Partner zusammengefunden, deren Angebotskorb sich ideal addieren ließe. Auch der Dienstleistungsbetrieb Universität wisse darum, daß er auf den Markt gehen müsse, um seine Angebote öffentlich sichtbar zu machen.«[143]
Tatsächlich zeigte das weltweit positive Echo, nicht nur in den Tagesmedien, daß diese Transferveranstaltung sowohl als solche Wirkung hatte, aber auch daß dafür international ein breiter Resonanzboden vorhanden ist. Dieser resultiert vor allem aus den prinzipiell gleich gelagerten ökonomischen und sozialen Strukturkrisen, die die Zentren der hochindustrialisierten Länder erfaßt haben. Was sind nun die Gründe für solche unkonventionellen Schritte, die ja in den Augen der traditionellen Wissenschaft an Ketzerei grenzen.

8.5.2 Krisensymptome des Industriesystems

Angesichts der noch zu schildernden offiziellen innovationspolitischen Leitlinien und Maßnahmen kann davon ausgegangen werden, daß eine Strategie der Innovationsstrukturpolitik sowie des Wissens- und Technologietransfers heute nicht mehr als Phantasterei abgetan wird, wie das noch 1977/78 in Berlin geschah. Der Grund hierfür ist ganz simpel: alle anderen Konzepte zur Lösung der Strukturkrisen waren entweder gar keine Konzepte oder haben versagt.
Wie tief die strukturellen Verwerfungen gehen, soll im folgenden kurz angedeutet werden:
Für die Berliner Wirtschafts- und Beschäftigungssituation sind u. a. folgende Krisenfaktoren zu nennen, die eng mit den Strukturproblemen im internationalen System korrespondieren:

1. Besonders hervorzuheben ist der dramatische Abbau industrieller Arbeitsplätze.[144] In den Jahren 1961 bis 1983 gingen

143 Aus den Eröffnungsreden zur Eröffnung der Ausstellung am 19. September 1984 im KaDeWe, zitiert nach: Die Berliner Wirtschaft, a.a.O., S. 923.

144 Gemeint ist hier genauer der Arbeitsplatzabbau im »verarbeitenden Gewerbe«, also sämtlicher Branchen der Grundstoff- und Produk-

mehr als 156 000 industrielle Arbeitsplätze in Berlin verloren. Das sind mehr als 50% aller industriellen Arbeitsplätze dieser Wirtschaftsregion. Im Vergleich dazu lag die Abnahme im Durchschnitt der Bundesrepublik Deutschland nur knapp über 15%. Auch im Lichte der Gesamtzahl aller Arbeitsplätze in Berlin-West (1984 ca. 832 000) ist diese Entwicklung höchst alarmierend. Dabei handelt es sich um Arbeitsplätze mit zum Teil hoher Wertschöpfung (vgl. Abbildung 8.5.2 – I).[145]

2. Die genannten Zahlen erhalten einen noch dramatischeren Akzent, wenn man hinzufügt, daß die hohen Arbeitsplatzrückgänge besonders auch in solchen Bereichen stattfanden, die traditionell Säulen der Berliner Wirtschaftsstruktur sind. Das trifft vor allem die elektrotechnische Industrie, den Maschinenbau, den Fahrzeugbau, die Druckindustrie sowie die Bekleidungs- und Textilindustrie.
3. Eine genauere Analyse zeigt, daß eine überproportionale Abnahme der Arbeitsplätze hauptsächlich in Produktionsbereichen mit geringem technologischen Know-how und traditionellen Produkten stattfand. Hier lagen die Arbeitsplatzrückgänge sogar zwischen 60 und 85% (Textil- und Bekleidungsindustrie). Die Verlagerung traditioneller Produktionen in andere Wirtschaftsregionen mit niedrigeren Löhnen und in Niedriglohnländer hat auch nicht vor den Toren von Berlin haltgemacht.
4. Besonders in den Jahren vor und nach dem Mauerbau 1961 hat sich eine Abwanderungswelle von Firmenleitungen, Management- und FuE-Abteilungen großer Unternehmen vollzogen. Dies und die Verlagerung von zukunftsträchtigen Produktionszweigen hat die Berliner Wirtschaft ganz erheblich geschwächt. Der Grund dafür lag aber nicht nur in unsicheren politischen Randbedingungen. Wichtiger für Unternehmensentscheidungen war wohl das Verbot der Produktion militäri-

tionsgüterindustrie, die Investitionsgüterindustrie, die Verbrauchsgüter- sowie Nahrungs- und Genußmittelindustrie. Nicht enthalten ist das Baugewerbe.

145 Die Zahlen beziehen sich auf Angaben des Statistischen Landesamtes Berlin; sie sind entweder direkt aus Quellen des Statistischen Landesamtes oder aus offiziellen Veröffentlichungen des Senats von Berlin oder der IHK zu Berlin.

Abbildung 8.5.2 – I
Entwicklung der Erwerbstätigen in Berlin und im Bundesgebiet

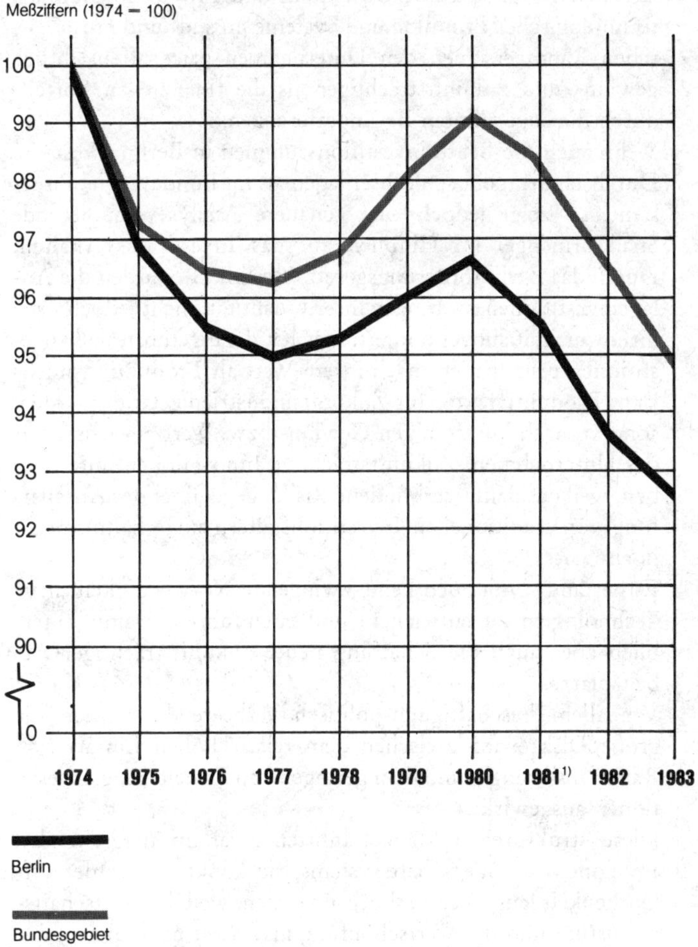

[1)] Ab 1981 vorläufiges Ergebnis

Quelle:
Statistisches Landesamt Berlin, Statistisches Bundesamt

scher Produkte und insbesondere von militärisch verwendbarer Technologie aufgrund der alliierten Vorbehaltsrechte für Berlin. Die Nähe zur Entwicklung und Produktion militärtechnologischer Produkte und Systeme im süd- und norddeutschen Raum erschien den Unternehmen ganz offensichtlich gewinn- und zukunftsträchtiger als die finanziellen Vorteile durch die sogenannten Berlinpräferenzen.[146]

5. Wenn auch die Bruttoinvestitionssummen in Berlin (West) im Durchschnitt nicht schlechter lagen als im Bundesgebiet insgesamt, so zeigt jedoch eine genauere Analyse frappierende Strukturmängel im Hinblick auf das Investitionsverhalten: Durch das Berlinförderungsgesetz (BerlinFG) wurden die Anlageinvestitionen zwar nach ihrer Quantität, nicht jedoch nach ihrer Qualität subventioniert. Das hat dazu geführt, daß Investitionen primär nicht nach ihrem Wert als Produktionsmittel bzw. Produktivfaktor für Zukunftsindustrien getätigt wurden, sondern nach kurzfristigen Gewinn- bzw. Wertzuwächsen für das Unternehmen. Zukunftsträchtige Innovationen unterblieben, weil das damit verbundene Risiko gegenüber der Anschaffung von traditionellen Investitionsgütern unverhältnismäßig hoch war.
   Es bestand somit auch keine zwingende Notwendigkeit, neue Technologien zu entwickeln und einzuführen. Damit unterblieb aber auch die Schaffung neuer zukunftsträchtiger Arbeitsplätze.
   Vor allem beschäftigungspolitisch verheerend hat sich die große Diskrepanz zwischen dem relativ hohen Einsatz von Rationalisierungs- und dem geringen von Erweiterungsinvestitionen ausgewirkt.
   Diese strukturellen Mängel führten zwar zu tiefgreifenden Erosionen des Wirtschaftssystems, sie konnten aber der Öffentlichkeit lange Zeit verborgen werden, weil das Wirtschaftswachstum und die Wertschöpfung insgesamt noch akzeptable Werte aufwiesen und ein Teil der abgebauten Arbeitsplätze im Dienstleistungsbereich, vor allem im staatlichen Sektor, aufgefangen wurde (Abbildung 8.5.2 – II).

146 Mit Berlinpräferenzen sind vor allem die Subventionen und Steuerpräferenzen nach dem Berlinförderungsgesetz (BerlinFG) gemeint.

Abbildung 8.5.2 – II
Entwicklung der Erwerbstätigenzahl in Berlin nach Wirtschaftsbereichen

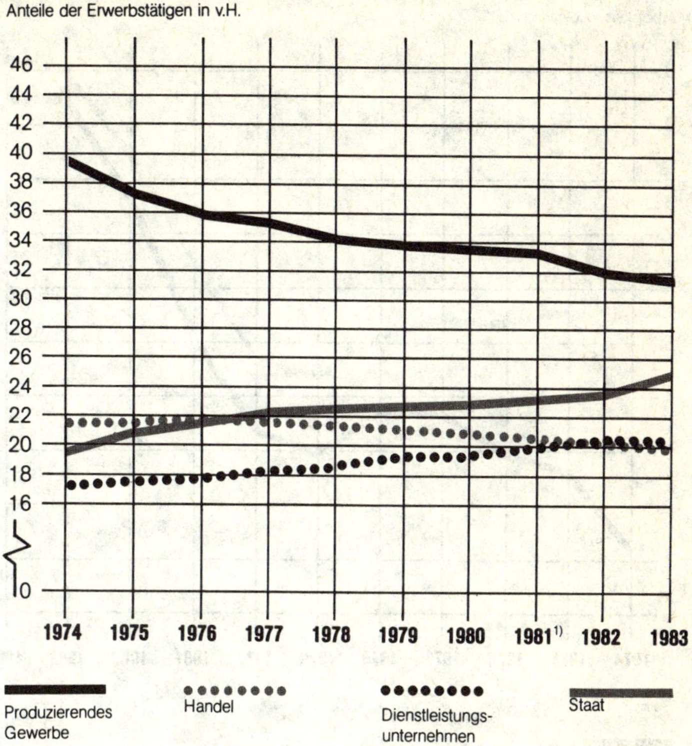

[1)] Ab 1981 vorläufiges Ergebnis

Quelle:
Statistisches Landesamt Berlin, Statistisches Bundesamt

6. Die Entwicklungen der Erwerbstätigen- und der Arbeitslosenquote seit 1970 zeigen deutlich, daß die Strukturkrise weit über ein Jahrzehnt vertuscht bzw. verschleppt wurde (vgl. auch Abbildung 8.5.2 – III auf S. 546).
Erst mit der Veröffentlichung des 13. Wirtschaftsberichts des Senats von Berlin[147] wurde die Strukturkrise offiziell zugege-

147 Senat von Berlin, 13. Bericht über die Lage der Berliner Wirtschaft, Berlin im Oktober 1978.

Abbildung 8.5.2 – III
Entwicklung der Arbeitslosenquote in Berlin und im Bundesgebiet

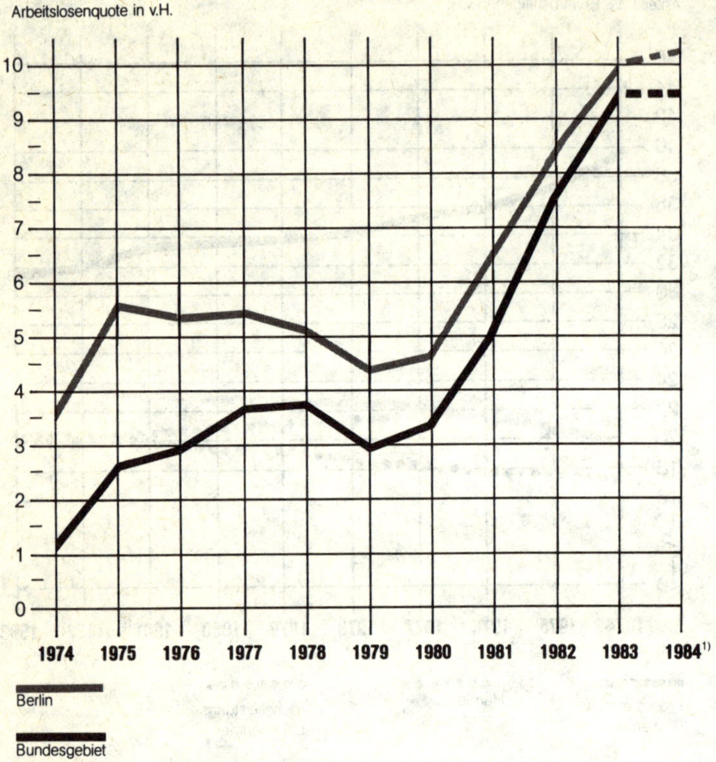

¹⁾ Durchschnitt Januar-August

Quelle:
Statistisches Landesamt, Statistisches Bundesamt

ben, nachdem schon lange vorher zahlreiche kritische Stimmen die prekäre Lage aufgezeigt hatten.[148]

7. Ein deutliches Anzeichen für die strukturelle Krise ergab sich auch aus der hohen Zahl von Konkursen Berliner Unterneh-

148 So unter anderem DGB-Landesverband Berlin, in: »Perspektiven zur wirtschafts- und arbeitsmarktpolitischen Situation Berlins«, Dezember 1976;

men einerseits und einer relativ geringen Zahl von Existenzgründungen und Neuansiedlungen von Unternehmen andererseits. Insbesondere blieben Neugründungen von Unternehmen mit Produktionslinien, die mittel- und längerfristige Zukunftsperspektiven versprachen, fast gänzlich aus.

8. Es soll nicht unerwähnt bleiben, daß die Schwächeperioden des Weltwirtschaftssystems nach den Ölpreiskrisen 1973 und 1979 als Rahmenbedingungen die Krisensituation in Berlin erheblich verschärften. Besonders hervorzuheben sind der stark gestiegene Kostendruck und die Kaufkraftverluste sowie die hohe Verschuldung des Bundes und des Landes Berlin in Verbindung mit der von den USA ausgehenden Hochzinspolitik. Durch diese negativen Auswirkungen auf die wirtschaftliche Entwicklung der Stadt mußten die Versäumnisse einer unterlassenen Strukturerneuerung der Wirtschaft um so mehr krisenhaft zu Buche schlagen.

9. Die Berliner Wirtschaftspolitik hat jahrelang das vorhandene große Potential von Forschung und Technologie und das Humankapital der Wissenschaft nicht genutzt.[149] Auch von außerhalb wurden kaum technologische und organisatorische Innovationen bzw. innovatives Humankapital aufgenommen. Somit wurde selbst unter den sich verschärfenden Wettbewerbsbedingungen die einzige vorhandene produktive Res-

IHK zu Berlin, Ausführungen des Präsidenten der IHK vor der Vollversammlung am 17.12.1976 und des Hauptgeschäftsführers der IHK vor dem Klub Berliner Wirtschaftsjournalisten am 21.6.1976 in Berlin.
Ich selbst habe auch mehrfach die Strukturschwächen der Berliner Wirtschafts- und Beschäftigungssituation öffentlich dargestellt, so unter anderem im Berliner TAGESSPIEGEL vom 13. und 20.2.1977, Perspektiven für Berlin: Eine bessere Forschungspolitik – Gedanken zur wirtschaftlichen, sozialen und kulturellen Entwicklung der Stadt, Teile I und II, sowie in: DIE NEUE GESELLSCHAFT, Zukunftsperspektiven durch regionale Forschungs- und Entwicklungspolitik, Beispiel Berlin, Nr. 4 und 5/77, April und Mai 1977, S. 313 ff. und 411 ff.

149 Vgl. hierzu: Rolf Kreibich, Perspektiven für Berlin: Eine bessere Forschungspolitik – Gedanken zur wirtschaftlichen, sozialen und kulturellen Entwicklung der Stadt, Teile I und II, DER TAGESSPIEGEL am 13.2. und 20.2.1977.

source nicht mobilisiert, um der krisenhaften Zuspitzung aus eigener Kraft zu begegnen. Das ist der eigentliche Kernpunkt der wirtschaftlichen bzw. politischen Strukturschwäche von Berlin (West).

Da die meisten Industriezentren der Welt die Ursachen der Strukturkrise entweder nicht richtig identifiziert oder verdrängt haben – Ausnahmen bilden lediglich einige Regionen in den Vereinigten Staaten und in Japan sowie in weniger spektakulärer Form auch verschiedene Regionen in West- und Nordeuropa –, kann Berlin sowohl für die Krisenursachen als auch für die Reaktionen auf die Krisensituation des Industriesystems als prototypisch gelten.

Angesichts der derzeitigen Situation in Berlin (West), die von geradezu atemberaubenden Aktivitäten auf dem Gebiet der Innovationsstrukturpolitik und des Technologietransfers gekennzeichnet ist, muß dargestellt werden, daß die Quellen hierzu schon weit zurückreichen. So hat es zahlreiche Bemühungen gegeben, das FuE-Potential und das wissenschaftliche Humankapital der Stadt besser nutzbar zu machen.

8.5.3 Ansätze für innovationspolitische Strategien

8.5.3.1 Berlin als Zentrum von Wissenschaft und Kultur 1962/63

Schon in der ersten Hälfte der 60er Jahre wurden als Reaktion auf den Bau der Berliner Mauer und zur Bewältigung der politischen und ökonomischen Krisensituation der Stadt konzeptionelle Ansätze erarbeitet, das Potential von Wissenschaft und Forschung zu stärken. Unter dem Leitgedanken, *»Berlin als Zentrum von Bildung, Wissenschaft und Kunst«* auszubauen, stand jedoch die Attraktivitätssteigerung der Stadt nach außen im Vordergrund.[150] Obwohl die Mobilisierung des wissenschaftlichen Potentials für

150 Abgeordnetenhaus von Berlin, 3. Wahlperiode, Bericht über den Ausbau Berlins als Stätte der Bildung, der Wissenschaft und der Kunst, 23.5.1962, Drucksache Nr. 1135, ausgegeben am 1. Juni 1962, S. 11 ff.; der Senator für Volksbildung, Bericht über den Ausbau Berlins als Stätte der Bildung, der Wissenschaft und der Kunst, in: Abgeordnetenhaus von Berlin, 3. Wahlperiode (stenogra-

einen gezielten regionalen Wissens- und Technologietransfer nicht ausdrücklich das propagierte Ziel war, verband sich jedoch mit der forcierten Förderung von Wissenschaft und Forschung die Sicherung der wirtschaftlichen und politischen Position Berlins. Auch in dieser Zeit spielte der Gedanke, die eigenen Ressourcen zu nutzen, um die Lebenskraft der Stadt zu stärken, eine besondere Rolle.

Eingehend beschreibt Kurt Leo Shell die wirtschaftliche Situation und Entwicklung von Berlin (West) nach dem 13. August 1961 (Mauerbau) und die Reaktionen in der Stadt.[151]

Obwohl vor allem einer »geistigen und kulturellen Austrocknung« entgegengewirkt werden sollte, war der Zusammenhang mit der Stärkung der wirtschaftlichen Innovationskraft der Stadt unverkennbar:

> »Das Hauptgewicht der Senatsarbeit und besonders des neugewählten Wirtschaftssenators Schiller lag bei den wirtschaftlichen Hilfsmaßnahmen, die jedoch mit der Planung für kulturelle und wissenschaftliche Vorhaben in enger Verbindung standen.«[152]

Wie hochgesteckt und innovativ die Pläne und Vorschläge waren, sollen die nachfolgenden Beispiele belegen:

Eine Arbeitsgruppe der Senatskanzlei schlug u. a. vor:

- Gründung einer ›Europäischen Universität‹
- Gründung von Akademien für einige Schwerpunktindustrien:
  Internationale Elektro-Akademie
  Textilschule
  Film- und Fernsehakademie
  Bauakademie
- Errichtung eines Zentrums für Entwicklungshilfe
- Gründung einer deutschen Dokumentationszentrale
- Gründung eines »Deutschen Gymnasiums Berlin« für Hochbegabte und anderes.

phischer Bericht), 89. Sitzung vom 7. Juni 1962, S. 158 und 2. Bericht über den Ausbau Berlins als Stätte der Bildung, der Wissenschaft und der Kunst vom 1. 11. 1963.

151 Kurt L. Shell, Bedrohung und Bewährung – Führung und Bevölkerung in der Berlin-Krise, Köln und Opladen 1965, insbesondere S. 379 ff.

152 Ebenda, S. 428.

Als weitere Planungsvorschläge bzw. Ausweitung von Vorschlägen, die jeweils von prominenten Instituten oder Personen ausgearbeitet wurden, können genannt werden:

- Gründung eines »Instituts für Urbanistik«
- Errichtung eines Entwicklungsinstituts der OECD
- Errichtung eines Entwicklungsinstituts der EWG
- Errichtung einer »Akademie der Wissenschaften« (dieser Vorschlag stammte u. a. vom Bundesverband der Deutschen Industrie)
- Errichtung einer »Sprachstelle für seltene Sprachen«
- Errichtung eines »Instituts für Automation«
- Errichtung eines Deutschen Schulbauinstituts in Berlin
- Ausbau Berlins zur »Welthauptstadt der Wissenschaft«
- Gründung einer Weltuniversität
- Errichtung einer »Welt-Dokumentationszentrale«, die sowohl die naturwissenschaftlichen und technischen als auch die geisteswissenschaftlichen Arbeiten mit allen technischen und methodischen Mitteln registrieren und systematisch auswerten sollte.

Nicht nur die Vorschläge waren farbig, auch die Beteiligten ließen sich nicht in ein graugetöntes Raster einpassen:

»Auf einer Tagung der Evangelischen Akademie Berlin entwickelte der Publizist Robert Jungk den von der Pugwash-Konferenz ausgehenden Vorschlag, Berlin zur ›Welthauptstadt der Wissenschaft‹ zu machen, in der ein internationales Informations- und Forschungszentrum, getragen von Beiträgen vieler Staaten aus Ost und West, entstehen und der Stadt eine neue große Aufgabe geben sollte. Der Vorsitzende der FDP, Erich Mende, befürwortete eine ›Weltuniversität Berlin‹, die durch ein Viermächteabkommen gegründet werden sollte. Das Kuratorium Unteilbares Deutschland sprach sich für eine ›Internationale Universität‹ aus. Professor Friedensburg setzte sich auf einer Sitzung des Europäischen Parlaments in Straßburg für die Errichtung einer ›wahrhaft Europäischen Universität‹ in Berlin ein.«[153]

Auch wenn eine Reihe von Plänen aus berlinpolitischen Gründen, mangelndem Realitätsbezug oder wegen provinzieller Partialinteressen nicht realisiert werden konnte, gab es doch einen kräftigen Innovationsschub durch die Gründung neuer und einen forcierten Ausbau bestehender Wissenschaftseinrichtungen.

153 Ebenda, S. 429, dort auch Angabe der Originalquellen.

Neu gegründet wurden in den folgenden Jahren:
- Das Deutsche Institut für Entwicklungspolitik (DIE)
- Das Deutsche Institut für Urbanistik (DIFU)
- Die Leitstelle für Politische Dokumentation an der Freien Universität Berlin (dies war natürlich ein kläglicher Restbestandteil der Idee »Welt-Dokumentationszentrale«)
- Das Max-Planck-Institut für Bildungsforschung
- Das Pädagogische Zentrum (PZ)
- Das interfakultative »Institut für Amerikastudien« (später John F. Kennedy-Institut)
- Das Deutsche Schulbauinstitut Berlin.

Beide Universitäten wurden erheblich ausgebaut, insbesondere durch ein forciertes Hochschul-Bauprogramm, zusätzliche Stipendien, neue Stellen für wissenschaftliches und nichtwissenschaftliches Personal sowie ein Studentenheim-Bauprogramm. Besonders erwähnenswert im Sinne einer Innovationsstrukturpolitik war die Planung und Errichtung des ersten Groß-Klinikums in Berlin-Steglitz als Bestandteil der Freien Universität Berlin mit dem Ziel, auf dem Gebiet der Medizin durch Forschung und Anwendung neuester Medizin-Technologien Anschluß an die Weltspitze zu erlangen.

Die im Sinne einer zukunftsorientierten Innovationspolitik spektakulärste Planung betraf jedoch das *»Institut für Automation«*.[154] Es ist kein Zufall, daß die Pläne hierfür von jener Forschungsgruppe stammten, die zu dieser Zeit wohl am besten mit den neuesten methodischen Grundlagen und organisatorischen Entwicklungen in den Wissenschaftseinrichtungen der Vereinigten Staaten vertraut war, der »Studiengruppe für Systemforschung« in Heidelberg.[155] Die weit gereiften Pläne führten zu

154 Zweiter Bericht über den Ausbau Berlins als Stätte der Bildung, der Wissenschaft und der Kunst vom 1.11.1963, S. 43.

155 Die unter der Leitung von Helmut Krauch arbeitende ›Studiengruppe für Systemforschung‹ wurde 1959 gegründet. Sie ging aus einer schon 1957 im Rahmen der Universität Heidelberg entstandenen interdisziplinären Arbeitsgruppe hervor und war die erste Einrichtung in der Bundesrepublik Deutschland, die nach den neuen Methoden und Organisationsformen der amerikanischen Denkfabriken konzipiert war und bezeichnenderweise die Form eines eingetragenen Vereins hatte.

zahlreichen Verhandlungen zwischen dem Senat von Berlin, der Wirtschaft und der Wissenschaft in Berlin, Westdeutschland und den USA. Hier bahnte sich erstmals die Errichtung einer Forschungs- und Entwicklungskapazität an, die interdisziplinär, projektbezogen und unter Einfluß der Folgenforschung einen Innovationsbereich bearbeiten sollte, der für die Zukunft der Industriegesellschaft von größter Bedeutung ist. Weltweit betrachtet hätte die Errichtung dieses Institutes zu einem frühen Zeitpunkt stattgefunden. Die Planung des Instituts war der deutlichste Ausdruck, die in den angelsächsischen Ländern bereits voll in Gang befindliche Weiterentwicklung der Wissensproduktion und Technologieverwertung durch gezielte Innovationssteuerung und Technologietransfer nachzuvollziehen.
Obwohl die Pläne hinsichtlich Aufgabenstellung und Organisation weithin gebilligt wurden, die Verhandlungen bezeichnenderweise von den Vertretern der Senatskanzlei und des Senators für Wirtschaft mit der Stiftung Volkswagenwerk geführt wurden, kam es zu keinem Ergebnis. Neben einer gewissen Abwehr aus dem Wissenschaftsbereich war es offenbar zu jener Zeit nicht möglich, für ein derartiges Institut die geeigneten Persönlichkeiten für die Leitungsfunktionen in Deutschland zu gewinnen, so daß die Pläne auf Eis gelegt wurden.[156]

8.5.3.2 Hochschulreform und Gründung neuer Wissenschaftseinrichtungen 1968/69

Die Vorstellung, durch Steigerung der Leistungsfähigkeit der Bildungs- und Wissenschaftseinrichtungen, insbesondere durch die Reform der tradierten Universitäten, die Wirtschaftskraft der Industriegesellschaft zu stärken, lag auch der 1968/69 eingeleiteten Hochschulreform zugrunde. Diesem Ziel diente in der ersten Phase der Hochschulreform vor allem der rasante Ausbau der Hoch- und Fachhochschulen sowie der außeruniversitären Forschungseinrichtungen.
Auch in Berlin spielte dieser Gesichtspunkt eine große Rolle, was sich vor allem im Ausbau der Universitäten verdeutlichte. Einige Zahlen aus der *Freien Universität Berlin* mögen das belegen:

156 Vgl. hierzu: Zweiter Bericht über den Ausbau Berlins als Stätte der Bildung, der Wissenschaft und Kunst vom 1. 11. 1963, S. 43 ff.

»Die FU lag mit ihrer Studentenzahl 1969 (etwa 14 500) noch an sechster Stelle unter den deutschen Hochschulen, weit hinter den Universitäten München und Hamburg. Sie ist 1976 mit 32 500 Studenten an die Spitze der deutschen Hochschulen gerückt.
Der Anstieg des wissenschaftlichen Personals von 1969 bis 1975 ... von ca. 1650 auf 2800 Personen kam vor allem den großen Fächern, deren Relation Wissenschaftler zu Studenten besonders ungünstig war und der Medizin zugute ...
Die Steigerung der Zahl des nichtwissenschaftlichen Personals von ca. 5000 auf ca. 9200 erfolgte ganz überwiegend im Bereich der Medizin.«[157]
»Zur Bewältigung des von 1969 bis 1975 stark angestiegenen Haushaltsvolumens von 234 Mio. DM auf 684 Mio. DM sowie zur Bewältigung der Expansion des Personals und der Eingliederung der großen Klinikbereiche wurden neue Planungs- und Verwaltungsverfahren erforderlich, was sich in der Neuorganisation der Verwaltung und der Selbstverwaltung widerspiegelte.«[158]

In Prozentzahlen ausgedrückt stieg also die Studentenzahl innerhalb von sieben Jahren auf etwa 225%, der Lehrkörper auf etwa 170% und das Haushaltsbudget auf fast 300% an. Letzteres bedeutet jährliche durchschnittliche Steigerungsraten von über 20%.
Mit der Hochschulreform erhielten auch die institutionalisierte Planung, Organisation und Förderung der Forschung eine ganz neue Struktur. Das geht aus den erstmals erstellten zentralen Forschungsberichten der Universität und der neuen laufenden Forschungsberichterstattung hervor.[159]

157 Freie Universität Berlin, 6. Jahresbericht des Präsidenten der FU Berlin, Berlin 1976, S. 9.
158 Ebenda, S. 10.
159 Freie Universität Berlin, 1. Forschungsbericht der FU Berlin im Auftrage des Präsidenten, hrsg. von der Ständigen Kommission für Forschung und wissenschaftlichen Nachwuchs für die Zeit vom 1. 1. 1973 bis 31. 12. 1974: Band 1: Medizin; Band 2: Sozial- und Geisteswissenschaften; Band 3: Naturwissenschaften; Band 4: Register und Auswertung, Berlin 1976.
Der Forschungsbericht beruht auf einer Totalerhebung der Forschungsaktivitäten an der FU Berlin und enthält die Darstellung von insgesamt 4163 Forschungsvorhaben unterschiedlichster Organisationsformen, von der Einzelforschung bis zu interdisziplinären Arbeitsgruppen (IAG) und Sonderforschungsbereichen (SfB).

Daß nicht nur die Studiengänge und die Ausbildung (Studienreform), die Universitätsstruktur und die Selbstverwaltung (Entwicklungsplanung und Strukturreform), sondern vor allem auch die Forschungsarbeit (Forschungsplanung und Forschungsorganisation) auf neue Fundamente gestellt wurde, wird häufig bei der Diskussion über die Hochschulreform übersehen. Gerade auf diesem Gebiet haben die Berliner Hochschulen ungeachtet des Getöses über die Struktur- und Studienreform im Rahmen der tradierten deutschen Hochschule spektakuläre Innovationen eingeleitet. Ich halte meine im Jahre 1976 gegebene Darstellung der Entwicklung und Organisation der Forschung in den Jahren 1969 bis 1976 auch aus heutiger Sicht für angemessen:[160]

»In der ersten Phase nach Einleitung der Hochschulreform stand die Universität vorwiegend im Zeichen der strukturellen Neuorganisation und der Bemühungen, Hochschulentwicklungsplanung und die Studienreform in Gang zu bringen; die Forschungsförderung wurde vernachlässigt. Mit der Bildung der ›Ständigen Kommission für Forschung und wissenschaftlichen Nachwuchs‹ und der Konzipierung einer Forschungskonzeption hat sich diese Situation ab 1971 verändert. Die praktische Realisierung des Forschungsschwerpunktkonzeptes und die Anerkennung und Förderung des Modellversuchs ›Forschungsplanung‹ haben zu erfolgversprechenden Neuerungen auf dem Gebiet der Forschungsplanung an der Hochschule geführt. Forschungsplanung heißt nicht Festlegung von Forschungsinhalten und -methoden, sondern systematische Vorbereitung von Entscheidungen unter Anwendung sachlich-politischer Kriterien zur optimalen Forschungsförderung. Forschungsplanung hat die Aufgabe, über einen sachlich fundierten Qualifikationsprozeß (Auswahlkriterien, auswärtige Gutachten usw.) ausgewiesene Forschungsansätze aufzuspüren und zu fördern bzw. neue zu initiieren und die Bedingungen für die Forschungsarbeit zu optimieren. Dazu gehört der Ausbau der Infrastruktur (Bibliotheken, Dokumentationen,

Die FU Berlin gab z.B. ab 1972 erstmals einen eigenständigen ›Pressedienst Wissenschaft‹ heraus.
Beide Universitäten berichten seit Abschluß der ersten Phase der Hochschulreform über Informationsdienste regelmäßig über Forschungsergebnisse in den Fachbereichen bzw. Instituten.

160 Freie Universität, 6. Jahresbericht des Präsidenten der FU, a.a.O., insbesondere S. 68 ff.; vgl. hierzu auch Kapitel 3.5, Bericht der Kommission für Forschung und wissenschaftlichen Nachwuchs (FNK), S. 227 ff.

Rechenkapazitäten usw.), der Ausbau leistungsfähiger Organisationsmodelle, die Förderung einer optimalen Koordination, Kooperation und Umsetzung von Forschung etc.«[161]

Auch die Nutzung der Forschungsergebnisse der Universitäten war ein heftig diskutiertes Thema beim Aufbau neuer Organisationsformen für die Forschung:

»Angesichts der großen volkswirtschaftlichen Ressourcen, die im Forschungspotential der Hochschulen stecken, und der gesellschaftspolitischen und wirtschaftlichen Krisenerscheinungen muß der Umdenkungsprozeß bei Hochschulwissenschaftlern hin zu stärkerer Anwendungsorientierung und gesellschaftlicher Verwertung der Forschung fortschreiten. Dabei wird eine Politik, in der gesellschaftliche Problemfelder und Defizite aufgezeigt und entsprechende Forschungsarbeiten zu ihrer Lösung und Ausfüllung durch finanzielle Anreize und personelle Kontakte gefördert werden, eher zu Erfolgen führen als Auflagen, Vorschriften und bürokratische Verfahrensweisen.«[162]

Diesen Aussagen lagen folgende Fakten zugrunde:
Die Freie Universität Berlin hatte unter der Federführung ihrer zentralen Forschungskommission erstmals an einer deutschen Hochschule eine ›*Gesamtkonzeption zur Planung, Organisation und Förderung der Forschung*‹ entwickelt.[163]
Das Forschungsplanungskonzept enthielt hauptsächlich folgende Elemente:
- Neuorganisation von zentraler und dezentraler Forschungsförderung
- Forschungsfinanzierung und Drittmittelforschung
- Förderung und Ausbildung des wissenschaftlichen Nachwuchses
- Verhältnis von Grundlagenforschung und angewandter Forschung
- Aufbau einer Forschungsberichterstattung
- Aufbau eines Forschungsschwerpunktprogramms mit:

161 Ebenda, S. 88.
162 Ebenda, S. 89.
163 Das Konzept ist zusammenfassend in dem ›Bericht zum Stand der Forschungsplanung an der Freien Universität Berlin‹ dargestellt, FU-Dokumentation, Berlin 4/1974; vgl. auch 4. Jahresbericht des Präsidenten der FU Berlin, Dezember 1974, S. 35 ff.

Forschungsprojektschwerpunkten (FPS)
Forschungsgebietsschwerpunkten (FGS)
Sonderforschungsbereichen (SfB)
Interdisziplinären Arbeitsgruppen (IAG)
Zentralinstituten für Forschung
Zentralinstituten für Lehre und Forschung.

Im Rahmen des Aufbaus eines Forschungsschwerpunktprogramms spielten insbesondere Kriterien für die Bildung von Forschungsschwerpunkten und für die Prioritätensetzung in der Forschungsförderung eine Rolle. Die folgenden Kriterien bildeten den Diskussionsrahmen für das zu konzipierende Schwerpunktprogramm:

Wissenschaftliche Relevanz
Qualität und Leistungsfähigkeit der Forschung
Gesellschaftliche Relevanz (gesellschaftliche Defizite)
Wahrung des wissenschaftlichen Pluralismus
Förderung des wissenschaftlichen Nachwuchses
Anwendungs- und Praxisorientierung
Förderung der Dienstleistungsfunktionen der Universität (Medizin, Beratungstätigkeiten, meteorologischer Dienst etc.)
Kooperation mit außer-universitären Institutionen (Wissenschaft, Staat, Wirtschaft usw.)
Förderung der interdisziplinären Forschung.

Die Forschungsplanungskonzeption der FU Berlin fand später unverändert Eingang in den ersten Hochschulentwicklungsplan des Landes Berlin, der die gesellschaftliche Bedeutung der Hochschulforschung nachdrücklich unterstrich:[164]

»Da sich diese Darstellung weitgehend auf das von den Universitäten entwickelte Forschungsplanungskonzept stützt und dieses befürwortet, gibt es in diesem Bereich auch keinen grundsätzlichen Dissens zwischen der staatlichen ... Forschungspolitik und den Universitäten. Zwei Aspekte, die sich mit unserer Forschungspolitik decken, kommen als zukünftige Aufgaben besonders zum Ausdruck:

– ›Die interdisziplinäre kurz- und mittelfristige Forschung auf dem Gebiet gesellschaftlicher Defizite‹ sollte neben der Grundlagenforschung ›künftig eine wichtige Aufgabe der Hochschulforschung werden, die

164 Der Senat von Berlin, Hochschulentwicklungsplan I, Berlin 1974, insbesondere S. 9-13.

hier ihren einzigartigen Vorteil breit angelegter interdisziplinärer Kapazität einsetzen könnte.‹
– Das Problem der überregionalen und regionalen Koordinierung der Forschung muß in der nächsten Zeit verstärkt angegangen werden. Dabei müssen vor allem ›überregionale forschungspolitische Ziele, aufeinander abgestimmte Programme, ausreichendes Datenmaterial und ein transparentes Forschungsförderungssystem‹ entwickelt werden.

Als Beispiele für eine mit einem gesellschaftlichen Interesse verbundene und den Praxisbezug einbeziehende Hochschulforschung in Berlin werden folgende Themen genannt: Forschung über Abfallbeseitigung, über Nahverkehrssysteme sowie empirische Sozialforschung im Rahmen der Stadtentwicklung.«[165]

Die zu dieser Zeit an den deutschen Hochschulen singuläre Forschungsplanungskonzeption führte dazu, daß die Bund-Länder-Kommission für Bildungsplanung und Forschungsförderung im Jahre 1973 die Durchführung eines *Modellversuchs »Aufbau eines Organisations- und Planungsmodells für die Bildung, Ermittlung, Finanzierung und Kontrolle von Forschungsschwerpunkten an der Freien Universität Berlin«* als Pilotvorhaben für die Universitäten in der Bundesrepublik Deutschland beschloß und dem Bundesminister für Bildung und Wissenschaft sowie dem Senator für Wissenschaft und Forschung in Berlin zur Förderung empfahl.
Die Ergebnisse sind in einem Bericht zusammengefaßt, in dessen Vorwort der Bundesminister für Bildung und Wissenschaft, Schmude, und der Berliner Senator für Wissenschaft und Forschung, Glotz, unter anderem feststellen:

»Mit dem Programm der Modellversuche im Bildungswesen haben Bund und Länder auf der Grundlage des Artikels 91 b GG die Möglichkeit geschaffen, Entscheidungen für inhaltliche und organisatorische Reformen in einzelnen Versuchen sorgfältig vorzubereiten und ihnen eine empirische Basis zu verschaffen. Die Ergebnisse der Modellversuche sollen übertragbar sein.
Unter den Modellversuchen im Hochschulbereich beschäftigt sich allein dieser Versuch mit Fragen der Forschungsplanung und -organisation an einer Universität.

165 Freie Universität Berlin, 4. Jahresbericht des Präsidenten der FU Berlin, a.a.O., S. 41.

Der Wissenschaftsrat hat in seinen Empfehlungen zu Recht auf die Bedeutung der umfangreichen Forschungskapazität der Hochschulen hingewiesen ...
Die Hochschulforschung muß als eigenständige Größe betrachtet und strukturell und instrumentell abgesichert werden ...
Da dieser Modellversuch der Freien Universität bereits das Interesse der Wissenschaftsorganisationen und anderer Hochschulen gefunden hat, sollen die Ergebnisse ... den Wissenschaftsorganisationen und Hochschulen zur Verfügung gestellt werden, um die Diskussion um die Hochschulforschung weiterzuführen.«[166]

Die Verfasser des Berichts haben die Hauptfragestellungen wie folgt zusammengefaßt:

»(1) Ermittlung und Anerkennung von Forschungsschwerpunkten an der Freien Universität Berlin,
(2) Organisationsregelungen (mit Einschluß der zentraluniversitären Forschungsorganisation) und Finanzierungsmodelle für Schwerpunkte,
(3) Kontrolle der Wirkungen der Schwerpunktbildung durch Forschungsberichterstattung und Forschungsprojektdatei,
(4) Entwicklung von Modellen der Effizienzkontrolle,
(5) Ermittlung von Kriterien für die Gesellschaftsrelevanz der Forschung auch durch Beteiligung an Bundesforschungsprogrammen,
(6) Zusammenfassung der Planungsschritte zu einem Struktur- und Finanzierungsmodell für die Forschung.«[167]

Im Mittelpunkt des Pilotvorhabens standen die Erarbeitung und Evaluation der Forschungsschwerpunktbildung. Auch in dieser Hinsicht stellte das Konzept für die deutsche Hochschule eine echte Basisinnovation dar. Die später überaus erfolgreiche Weiterentwicklung der Forschungsplanung und Forschungsorganisation an der Technischen Universität Berlin, die vor allem als Hauptziele eine stärkere Anwendungs- und Praxisorientierung und den systematischen Technologietransfer anstrebte, ist ohne

166 Freie Universität Berlin, Modellversuch Forschungsplanung – Abschlußbericht des Modellversuchs »Aufbau eines Organisations- und Planungsmodells für die Bildung, Ermittlung, Finanzierung und Kontrolle von Forschungsschwerpunkten an der Freien Universität Berlin (1974-1977)«, hrsg. vom Präsidenten der FU Berlin, Berlin 1978, S. 53.
167 Ebenda, S. 9.

die Ergebnisse der Forschungsplanung und -organisation an der Freien Universität kaum denkbar.
Wie bei den meisten Basisinnovationen hat dieser Neuansatz nicht nur Beifall gefunden, auch wenn der Wissenschaftsrat[168] und andere Institutionen[169] einen ähnlichen Weg zur Neuorganisation der Forschung an der Hochschule gefordert haben.
So wurde von einigen Kritikern hinter der Prioritätensetzung und Schwerpunktbildung ein ›unstatthafter Einfluß‹ des Staates und der Wirtschaft geargwöhnt und die wachsende außeruniversitäre Fremdbestimmung der Forschung beklagt.
Die Forderung nach Planung und Organisation der Hochschulforschung wurde von einigen Wissenschaftlern als Verrat an den traditionellen Ideen der Wissenschaftsfreiheit betrachtet, und die vorsichtigen Versuche einer Effizienzkontrolle wurden als Eingriff in die Forschungsautonomie der Hochschullehrer angesehen. Anstoß erregten aber auch die eher vorsichtigen Schritte zur Öffnung der Hochschulforschung in Richtung Öffentlichkeit und Wirtschaft. Dabei ging es in erster Linie um einen verstärkten Informations- und Wissenschaftstransfer und eine transparentere Diskussion über Forschungsdefizite. Die damals aus ideologisch unterschiedlichen Lagern äußerst heftig geführten Attacken gegen die Forschungsplanung habe ich von Anfang an zurückgewiesen.[170]
Angesichts der heute vom Senat von Berlin vertretenen Innovationsstrukturpolitik und der massiven staatlichen Steuerung von Forschung und Technologie an den Hochschulen ist das Verstummen der damaligen Kritiker schon fast ein Kuriosum. Heute dominiert im Gegenteil lebhafte Zustimmung vor allem der

168 Wissenschaftsrat, Empfehlungen zur Organisation, Planung und Förderung der Forschung, Bonn, April 1975, insbesondere die Kapitel C. Forschung und ihre Probleme (S. 25 ff.), D. Zielbestimmung und Planung (S. 27), F. Institutionen der Forschung (S. 82 ff.; II. Hochschule) und G. Forschungsbewertung (S. 159 ff.).

169 So etwa auch die Bund-Länder-Kommission für Bildungsplanung und Forschungsförderung, der Bundesminister für Bildung und Wissenschaft, der Bundesminister für Forschung und Technologie, u. a.

170 Freie Universität Berlin, Jahresberichte 1-6 des Präsidenten der FU Berlin, 1970-1976.

konservativen Hochschullehrer zu der bereits damals eingeleiteten Öffnung der Forschung und der Forschungsplanung für externe Institutionen. Verstummt ist insbesondere die Kritik an der Orientierung eines Teils der Hochschulforschung an wirtschaftlichen bzw. gesellschaftlichen Interessen, von Beschneidung der wissenschaftlichen Freiheit und Autonomie ist keine Rede mehr.

Die von mir vertretene Öffnung der Hochschulforschung für die Wirtschaft und für eine größere Transparenz zur Öffentlichkeit ging über die Ansätze im Modellversuch hinaus. Die Hauptziele waren die Institutionalisierung einer regionalen Forschungskoordination und die intensivere Verwertung des umfangreichen Wissens- und Technologiepotentials der Berliner Hochschulen und Forschungseinrichtungen durch die gewerbliche Wirtschaft und die gesellschaftlichen Institutionen der Stadt. Diese Konzeption wurde vom Senat von Berlin zwar verbal uneingeschränkt unterstützt, in der Praxis jedoch nur mangelhaft umgesetzt. Meine damalige Kritik kann ich aus heutiger Sicht nur unterstreichen:

»Die Antwort des Senats auf die ›Große Anfrage der SPD-Fraktion zur Situation von Forschung und Entwicklung der Stadt‹ ist bei aller Anerkennung – hier wurde zum ersten Mal überhaupt umfänglicher über diesen Bereich informiert – noch kein adäquater Beitrag zum Problem ›Regionale Forschungskonzeption – Regionaler Forschungsverbund‹.
Für die Entwicklung einer zukunftsträchtigen Konzeption und vor allem für die außerordentlich schwierige Aufgabe der Umsetzung von Forschung bedarf es eines sachlich kompetenten Bindegliedes zwischen Wissenschaft und Politik.«[171]

»Angesichts des wichtigen Sektors Wissenschaft, vor allem von Forschung und Entwicklung für die Funktion und Ausstrahlungskraft Berlins, ist der Abbau im Bereich der Öffentlichkeitsarbeit ein nicht verzeihbarer Fehler. Da die Senatsverwaltung für Wissenschaft und Kunst selbst kaum Öffentlichkeitsarbeit betreibt, darf man sich nicht wundern, wenn das umfangreiche Berliner Wissenschaftspotential auch nicht annähernd eine angemessene Außendarstellung erfährt. Bei dieser Lage sollte im Zusammenhang mit der Entwicklung einer regionalen Forschungskonzeption die Herausgabe eines Informationsdienstes über den gesamten Berliner Wissenschaftsbereich geprüft werden.«[172]

171 Freie Universität Berlin, 6. Jahresbericht des Präsidenten der FU Berlin, Berlin 1976, S. 87.
172 Ebenda, S. 85.

Der wachsende Problemdruck in Berlin, insbesondere die immer deutlicher zu Tage tretende Wirtschaftsstruktur- und Beschäftigungskrise im industriellen Sektor (vgl. hierzu Kapitel 8.5.2), führte dazu, daß parallel zur Forschungsreform an den Hochschulen ähnliche Forderungen aus dem Bereich der Wirtschaft[173] und anderen Wissenschaftseinrichtungen[174] artikuliert wurden. Auch die Technische Universität Berlin legte Anfang 1976 einen ersten umfangreichen Forschungsbericht vor.[175]

Diese Aktivitäten führten im Juni 1976 immerhin zu der bereits erwähnten Großen Anfrage der Fraktion der SPD über Forschung und Entwicklung in Berlin, die folgenden Wortlaut hatte:

»Wir fragen den Senat:

1. Welche Bedeutung mißt der Senat den Berliner Einrichtungen für Forschung und Entwicklung im Hinblick auf die weitere Entwicklung der Stadt zu?
2. Wie beurteilt der Senat die Struktur der in Berlin vorhandenen Einrichtungen für Forschung und Entwicklung im Vergleich zu anderen Großräumen der Bundesrepublik Deutschland?
3. Welche Maßnahmen hat der Senat bisher ergriffen, um Forschung und Entwicklung zu fördern?
4. Welche Möglichkeiten sieht der Senat, den Bereich Forschung und

173 Vor allem die Industrie- und Handelskammer zu Berlin entwickelte konkrete Vorstellungen über die Nutzung und den Ausbau Berliner FuE-Kapazitäten zur Überwindung von Strukturproblemen der Berliner Wirtschaft.

174 Eine gewisse, allerdings unverbindliche Koordination von Ideen und Aktivitäten Berliner Forschungseinrichtungen erfolgte in der sogenannten ›Aspen-Runde‹. Im Aspen-Institut für Humanistische Studien trafen sich von Zeit zu Zeit die Vertreter der wichtigsten Forschungseinrichtungen Berlins zur Beratung über die FuE-Entwicklung sowie Möglichkeiten eines Ausbaus und einer besseren Nutzung der Kapazitäten zur Stärkung der Lebensfähigkeit Berlins. Die ›Aspen-Runde‹ unterbreitete den Politikern bzw. politischen Instanzen des Landes Berlin und des Bundes, insbesondere dem Bundesminister für Forschung und Technologie, Vorschläge zur Verbesserung des FuE-Potentials und zur besseren wirtschaftlichen und gesellschaftlichen Nutzung.

175 Technische Universität Berlin, Kommission für Forschung und wissenschaftlichen Nachwuchs (FNK), Forschung an der TU Berlin – Ergebnis einer Blitzumfrage vom Dezember 1975, TUB, Jan. 1976.

Entwicklung in Berlin weiter zu entwickeln, und an welchen Leitlinien orientiert er sich dabei?«[176]

Auch wenn die Antwort des Senators für Wissenschaft und Kunst, Löffler, im Hinblick auf Entwicklungsperspektiven und Maßnahmen nicht voll befriedigen konnte und die Chancen der Nutzung des FuE-Potentials für die Stadt keineswegs voll erkannt wurden, kam nun aber der Stein ins Rollen. Weitere Analysen über das FuE-Potential der Stadt schlossen sich an, die zumindest das Problem virulenter machten.[177]

Etwa zur gleichen Zeit wurde auf Anregung des Bundesministers für Wirtschaft und unter Beteiligung der Industrie- und Handelskammer zu Berlin, der Handwerkskammer, der Gewerkschaften, des Rationalisierungs-Kuratoriums der Deutschen Wirtschaft (RKW) e. V. Berlin und des Senators für Wirtschaft sowie des Senators für Wissenschaft und Kunst der Auftrag zur Erstellung eines »Handbuchs über wissenschaftliche Einrichtungen in Berlin auf dem Gebiet der Technik und ihrer Randgebiete« gegeben.[178]

176 Abgeordnetenhaus von Berlin, Große Anfrage der Fraktion der SPD über Forschung und Entwicklung in Berlin vom 8. Juni 1976, Ds 7/521 vom 3. 9. 1976.

177 So u. a.
- Untersuchung im Auftrag des Bundesministers für Forschung und Technologie und des Senators für Wissenschaft und Kunst durch das Institut für Systemtechnik und Innovationsforschung der Fraunhofer-Gesellschaft (ISI): »Strukturanalyse der Berliner Forschung als Grundlage für ein Konzept regionaler Forschungs-, Technologie- und Innovationspolitik«, Karlsruhe 1977.
- Weiterhin G. Rollet, Entwurf eines Atlasses der Berliner wissenschaftlichen Einrichtungen – Lage, Größenrelationen, Struktur nach Fächergruppen und Fächern (Materialband I), Karlsruhe 1977.
- Deutsches Institut für Wirtschaftsforschung (DIW), West-Berlins Wirtschaft – Aufriß einer Strukturanalyse (Materialband II), Berlin 1977.
- Deutsches Institut für Wirtschaftsforschung (DIW), Forschung und Entwicklung in der Berliner Industrie – Ergebnisse einer Befragung (Materialband III), Gutachten im Auftrage des Senators für Wirtschaft, Berlin 1977.

178 Akademie für Arbeitswissenschaft e. V. Berlin unter Beratung des PZP-Ausschusses (Produktivitäts-Zuschuß-Programm) des BAK

Wie es im Vorwort des Senators für Wirtschaft und des RKW Berlin heißt, sollte das Handbuch vor allem folgende Funktion erfüllen:

»Das vorliegende Handbuch dient der Verbesserung des Transfers von technischem Wissen. Es soll der Wirtschaft, insbesondere kleinen und mittleren Unternehmen, die Möglichkeit bieten, ihre speziellen Probleme der Wissenschaft zu unterbreiten und gezielte Ergebnisse erarbeiten zu lassen.«

Leider hat das von der Idee her begrüßenswerte Projekt seine Zwecke kaum erfüllt, da es neben größeren Lücken eine mangelhafte methodische Aufbereitung aufwies und keine institutionellen Vorkehrungen getroffen waren, die Informationen den potentiellen Anwendern praxis- und anwendungsorientiert nahezubringen. Hinzu kam, daß das Handbuch eine Menge veraltetes Material enthielt und kaum auf die strukturellen Probleme der Berliner Wirtschaft abgestellt war. Dadurch war es nur wenig geeignet, eine zukunftsorientierte Innovationsstrukturpolitik in Gang zu setzen.

Es könnte verwundern, daß die damalige parlamentarische Opposition bisher nicht erwähnt wurde. Sie hätte ja eine Konzeption zur Bekämpfung der wirtschaftlichen Schwachstellen der Stadt durch die Nutzung des FuE-Potentials entwickeln können. Tatsächlich hat sie das nicht getan. Offenbar war die CDU zu jener Zeit in ihrer Konfrontationspolitik gegen die Hochschulreform so festgefahren, daß die FuE-Ressourcen der Hochschulen und anderen Wissenschaftseinrichtungen als Innovationspotential und Quelle für eine zukunftsorientierte Wirtschaftsstrukturpolitik weder erkannt noch propagiert wurden. Um so mehr verdient eine erst kürzlich vom Senator für Wirtschaft und Verkehr, Elmar Pieroth (CDU), vorgebrachte Neubewertung der damaligen Hochschulpolitik Aufmerksamkeit. Er vertritt nämlich die Meinung, daß der rasante Ausbau der Berliner Hochschulen und Forschungseinrichtungen Anfang der 70er Jahre aus heutiger Sicht »ein Glücksfall für Berlin« ist.[179]

für Wirtschaft, ›Handbuch über wissenschaftliche Einrichtungen in Berlin (West) auf dem Gebiet der Technik und ihrer Randgebiete‹, hrsg. vom Senator für Wirtschaft und vom RKW e. V. – Zweigstelle Berlin, Berlin o. J. (1977 veröffentlicht).

179 Beitrag von Senator Elmar Pieroth auf dem ›1. Symposium zur

In einer Art Resümee habe ich im Jahre 1976 die Dringlichkeit einer regionalen Forschungskoordination hervorgehoben und eine intensivere Ausschöpfung der FuE-Ressourcen für eine Innovationspolitik und einen verstärkten Wissens- und Technologie-Transfer gefordert:

»Eine regionale Koordination sollte meiner Auffassung nach folgende Ziele verfolgen:

1. Steigerung der Leistungsfähigkeit der Berliner Wissenschafts- und Kultur-Einrichtungen durch eine gezielte schwerpunktmäßige Förderung vorhandener sowie den Aufbau neuer Forschungs- und Entwicklungsprojekte bzw. -gebiete
2. Ausbau und Förderung der Leistungsfähigkeit der wissenschaftlichen Infrastruktur (Bibliotheken, Archive, Sammlungen, Museen, Rechenanlagen usw.)
3. Aufbau eines Forschungsverbundsystems (Empfehlung des Wissenschaftsrats) zwischen den Berliner Wissenschaftseinrichtungen (Hochschulen und außeruniversitären Forschungseinrichtungen) und Förderung des weiteren Verbundes der wissenschaftlichen Infrastruktureinrichtungen
4. Abstimmung der Forschungspolitik mit der Bildungspolitik
5. Erweiterung der Information über das Berliner Forschungs- und Entwicklungspotential für interessierte Fachkreise (Wissenschaftler und spezielle Anwender) und eine breite Öffentlichkeit
6. Schaffung institutionalisierter Kooperationsformen mit den potentiellen Anwendern (Wirtschaft, Sozial-, Kultur-, Infrastrukturbereich usw.)
7. Stärkere Nutzbarmachung der Forschungseinrichtungen für die wissenschaftliche und kulturelle Betätigung der Bevölkerung (Prüfung einer weiteren Öffnung der wissenschaftlichen Einrichtungen)
8. Übernahme von wichtigen Dienstleistungen im Forschungsbereich und im Bereich der wissenschaftlichen Infrastruktur für die Bundesrepublik und die EG.«[180]

Als institutionelle Lösungen waren die im folgenden Abschnitt dargestellten regionalen Innovations- und Technologietransfereinrichtungen gemeint, die im Rahmen der wenig später formulierten ›Innovationsstrategie für Berlin‹ genauer bestimmt wurden.

Zukunft der Industriegesellschaft: Technologie-Wertwandel – Zukunft der Arbeit‹ am 22./23. November 1984 im ICC Berlin.

180 Freie Universität Berlin, 6. Jahresbericht ..., a.a.O., S. 85.

Gründung neuer außeruniversitärer Wissenschaftseinrichtungen

Als Beispiele für den Aufbau neuer wissenschaftlicher Einrichtungen parallel zum Ausbau der Hochschulen können u. a. das 1968 gegründete *Zentrum Berlin für Zukunftsforschung e. V. (ZBZ)* und das 1969 konzipierte *Wissenschaftszentrum Berlin (WZB) gemeinnützige GmbH* genannt werden. Beide Institutionen sind typische Gründungen jener Zeit. Sie entsprangen der Auffassung, daß für eine Reihe von gesellschaftlich neuen Aufgaben die alten tradierten Einrichtungen nicht ausreichen, da sie insbesondere die neuen Probleme des gesellschaftlichen Strukturwandels nicht hinreichend adaptiert hatten. Außerdem waren die vorhandenen Wissenschaftseinrichtungen organisatorisch unflexibel und ihre Arbeitsweise methodisch veraltet sowie praxis- und anwendungsfern. Benötigt wurden statt dessen nach dem Muster moderner amerikanischer Wissenschafts- und Denkfabriken projektorientiert und interdisziplinär arbeitende Einrichtungen mit moderner Prognose- und Beratungskapazität für Politik und Wirtschaft.

Insbesondere Forschungsarbeiten auf den Gebieten Friedenssicherung, Umweltschutz, Arbeitsmarktpolitik, Wirtschaftsstrukturpolitik, Energie- und Ressourcensicherung, Informations- und Kommunikationstechnologien, Ausländerpolitik oder globale Steuerungsprobleme sollten vorrangig von den neuen wissenschaftlichen Einrichtungen bearbeitet werden.

Neue Planungstechniken (etwa zur Stadt- und Regionalplanung), Bewertungs- und Entscheidungsverfahren (etwa zur Technologiefolgenabschätzung) oder die verstärkte Anwendung computergestützter Prognoseverfahren (etwa Modellbildungs- und Simulationstechniken) und intuitive Methoden (z. B. Brainstorming, Szenario-Methode, Delphi-Technik) sollten verstärkt angewandt werden.

Während das *Zentrum Berlin für Zukunftsforschung (ZBZ)* ausschließlich auf der Basis von Auftragsforschung und Forschungsprojekten arbeitet, die über Stiftungsmittel finanziert werden (z. B. Stiftung Volkswagenwerk, Stifterverband für die Deutsche Wissenschaft), wird das Wissenschaftszentrum Berlin (WZB) zu 75% von der Bundesrepublik Deutschland und zu 25% vom Land Berlin grundfinanziert.

Für das ZBZ ist die ›Gesellschaft für Zukunftsfragen‹, ein eingetragener Verein, dem ca. 560 unabhängige Wissenschaftler, Vertreter aus Politik, Wirtschaft, Kultur, Medien und anderen gesellschaftlichen Bereichen angehören, Träger des Instituts.

Das WZB wurde 1969 von einer Gruppe von Abgeordneten der im Deutschen Bundestag vertretenen Fraktionen gegründet. Seit 1976 sind die Bundesrepublik Deutschland und das Land Berlin seine Gesellschafter.

Neben der unterschiedlichen Finanzierungs- und Trägerstruktur liegt der Hauptunterschied bei der Durchführung von Forschungsprojekten darin, daß das WZB mehr oder weniger unmittelbar der politischen Administration zuarbeitet, während das ZBZ (später Institut für Zukunftsforschung, IFZ) neben und im Rahmen der Auftragsforschung besonders auch alternativen Forschungsbedarf abzudecken versucht.

In einer Eigendarstellung umreißt das IFZ seinen Tätigkeitsbereich wie folgt:

»Gegenstand der Tätigkeit des IFZ ist die Planung, Durchführung und Auswertung von Forschungsvorhaben, um mit wissenschaftlichen Methoden und Hilfsmitteln auf interdisziplinärer Basis zukünftige Entwicklungen in Gesellschaft, Wirtschaft und Politik zu erforschen und nach Alternativen zu suchen.

Dem dienen folgende Tätigkeiten:

- Durchführung von Forschungsaufträgen, Erstellung von Gutachten und Beratung von Trägern politischer, wirtschaftlicher und technischer Entscheidungen
- Herausgabe wissenschaftlicher Veröffentlichungen
- Durchführung themenbezogener Veranstaltungen, Seminare, Tagungen, Arbeitskreise und Ausstellungen.«[181]

Besonders interessant ist, wie von den Gründern des ZBZ die Situation und Zielsetzung des Zentrums Berlin für Zukunftsforschung bei Gründung beschrieben wurde:

»Wir stehen in dieser Stadt, in diesem Land, in diesem Erdteil, auf diesem Planeten heute mit immer stärkerer Dringlichkeit vor der Aufgabe, *Prioritäten* zu setzen. Begrenzte Hilfsmittel wollen sinnvoll eingesetzt, konkurrierende Zielsetzungen sorgsam gegeneinander abgewogen werden. Diese Aufgabe kann nur dann bewältigt werden, wenn alle anderen

181 Institut für Zukunftsforschung, IFZ gemeinnützige GmbH, Kurzinformation, Berlin 1978.

wissenschaftlichen und technischen Möglichkeiten optimal genutzt und neue Methoden, zu denen insbesondere die *Systemanalyse* gehört, mit großem Nachdruck weiter entwickelt werden.
Wir stellen uns daher in erster Linie die Aufgabe, durch interdisziplinäre Zusammenarbeit verbesserte *Orientierungs- und Entscheidungshilfen für bessere und schnellere Entscheidungen* in Politik, Verwaltung, Forschung und Wirtschaft zu schaffen.
Es kommt uns darauf an, diejenigen *Probleme,* die heute dem Fortschritt der Zivilisation entgegenstehen oder mit deren Entstehung in absehbarer Zeit gerechnet werden muß, sichtbar zu machen und akzeptablen Lösungen zuzuführen. Wir wollen darauf bedacht sein, Überholtes zu markieren und *innovative Potenzen* möglichst frühzeitig erkennbar und hinsichtlich ihres Zukunftsgehaltes abschätzbar werden zu lassen. Wir wollen dazu beitragen, frische Kristallisationspunkte zu bilden, neue Akzente zu setzen und fruchtbaren Ideen zum Durchbruch zu verhelfen. Auch wollen wir auf diesem Wege bei der Entstehung *neuer Wertmaßstäbe* behilflich sein, die in eindeutigerer Weise als bisher an den Möglichkeiten der Zukunft orientiert sind. Wir haben die Erfahrung, Gedankenmodelle zu konstruieren, die es erlauben, alternative Entwürfe zu Problemlösungen auf rationale Weise miteinander zu vergleichen. Wir wollen zu diesem Zweck alle diejenigen Methoden nutzen, die im vergangenen Jahrzehnt im ›Operations Research‹, in der Raumfahrttechnik, in der modernen Datenverarbeitung und in sonstigen Anwendungsbereichen der simulativ arbeitenden Systemanalyse gefunden wurden.«[182]

Kommt in diesen Sätzen bereits deutlich der direkte Bezug auf die neuen methodischen Grundlagen der fünften Entwicklungsstufe der Produktivkraft ›Wissenschaft und Technologie‹ zum Ausdruck, so liegt es auf der gleichen Linie, daß der erste Aufsatz in der neu gegründeten Zeitschrift des ZBZ den Titel »Technische Innovation und Gesellschaft« trägt und von einem Wissenschaftler stammt, der jenen methodischen Ursprüngen in den USA verpflichtet ist.[183]

182 Zentrum Berlin für Zukunftsforschung e. V., »Situation und Zielsetzung«, in: analysen und prognosen – über die Welt von morgen, Innenseite des Titelblattes von Heft 1, Oktober 1968. Diese Deklaration wurde immerhin von so unterschiedlichen Wissenschaftlern wie R. Jungk, O. K. Flechtheim, K. Hübner, P.-Chr. Ludz, H. H. Koelle, R. Mackensen, G. Spur u. a. unterstützt.

183 Emmanuel Mesthenne, Director, Program on Technology and Society, Harvard University, Cambridge/Mass., USA, Technologische

Auch das erste Titelbild der neuen Zeitschrift zeigt in bezeichnender Weise die Kontroll- bzw. Steuerzentrale des Startkomplexes 39 von Kap Kennedy. Hier wird nicht nur die methodische Anknüpfung an die fünfte Entwicklungsstufe von Wissenschaft und Technologie symbolisiert, sondern auch der Aufbruch zu neuen Ufern durch wissenschaftliche Innovationen und Technologietransfer.

Nach dem Gesellschaftsvertrag ist das *Wissenschaftszentrum Berlin (WZB)* eine Trägerinstitution für Forschung mit der Aufgabe, in »international besetzten Instituten anwendungsbezogene sozialwissenschaftliche Forschung zu planen, zu errichten und zu betreiben« sowie »die Verbreitung sozialwissenschaftlicher Erkenntnisse in Wissenschaft und Praxis zu fördern«.

Im Geleitwort zur ersten Ausgabe der WZB-Mitteilungen wird die besondere Rolle gegenüber den Universitäten und Auftragsforschungsinstituten wie folgt beschrieben:

»Das Wissenschaftszentrum Berlin ... unterscheidet sich von Universitäten und Ressortforschungs- und Auftragsforschungsinstitutionen gleichermaßen. Stärkere Hinwendung zu gesellschaftlich relevanten Fragestellungen und größere Praxisnähe, darüber hinaus aber vor allem der Bearbeitung disziplinübergreifender, problemorientierter Fragestellungen machen den Unterschied zur universitären Forschung aus.«[184]

Besonders betont werden ebenso wie am ZBZ die neuen methodischen und organisatorischen Ansätze in der Forschungsarbeit – Interdisziplinarität, Projektarbeit, Praxisbezug, Anwendung neuer komplexer Forschungsmethoden und neuer Planungs- und Prognosemodelle, Politikberatung, Programmforschung und das Aufgreifen gesellschaftlich relevanter Themen, die für die Betroffenen und Entscheidungsträger von besonderem Interesse sind.

So heißt es im jüngsten Jahresbericht des WZB:

»Das WZB stellt sich solchen Aufgaben, indem es komplexe, praxisbezogene Themen interdisziplinär und international vergleichend durch in der Regel international zusammengesetzte Wissenschaftlergruppen im Rahmen umfassender, zeitlich befristeter Forschungsprogramme bearbeitet.

Innovation und Gesellschaft, in: analysen und prognosen, Oktober 1968, S. 6ff.

184 Wissenschaftszentrum Berlin, WZB-Mitteilungen, Nr. 1, Juni 1978, S. 2.

Die Forschungsprogramme des WZB richten sich dabei auf solche Probleme, an deren Lösung in Gesellschaft und Politik, bei Betroffenen wie Entscheidungsträgern ein besonderes Interesse besteht. Angestrebt werden jedoch wissenschaftliche Arbeiten, die sich zwar an gesellschaftlichen Problembereichen und an einer möglichen Anwendung der Ergebnisse orientieren, die sich aber nicht nach kurzfristigen Bedarfsgesichtspunkten richten und von größeren Theoriezusammenhängen abkoppeln, sondern sich als wissenschaftliche Grundlagenforschung verstehen und die Verbindung zur wissenschaftlichen Tätigkeit der Hochschulen und anderer Forschungsinstitute halten und pflegen.«[185]

Im letzten Teil dieser Ausführungen kommen zwei schon mehrfach angesprochene Grundsatzprobleme anwendungsbezogener sozialwissenschaftlicher, politikrelevanter Forschung zum Ausdruck: die Kurz- bzw. Langfristorientierung von Forschungsplanung und Forschungsarbeit und die Frage nach der externen Steuerung bzw. Selbstbestimmung der wissenschaftlichen Einrichtungen im Hinblick auf Forschungsorientierung, Forschungsplanung und Forschungsorganisation.

Diese beiden Grundsatzprobleme bilden auch den Hintergrund einer seit Jahren anhaltenden Diskussion über die Weiterentwicklung des WZB und eine entsprechende Strukturreform. Der Präsident des WZB, Meinolf Dierkes, hat hierzu im November 1983 dem Kuratorium ein Grundsatzpapier vorgelegt, das die wesentlichen Gesichtspunkte zu den zukünftigen Forschungsaufgaben und Entwicklungslinien enthält sowie Vorschläge, wie diese im Rahmen einer geänderten Organisationsstruktur besser zu erfüllen sind.[186] Ihm geht es vor allem darum, »die Leistungsfähigkeit der Institutionen zu erhöhen und ihr wissenschaftliches Profil weiterzuentwickeln«.

Es ist nun besonders interessant, daß Dierkes – aufbauend auch auf einem Gutachten des Wissenschaftsrats – einige Kursänderungen für erforderlich hält, die von einer strikt anwendungsbezogenen (»kurzatmigen«) Politik-Beratungsforschung in eng befristeten Projekten wegführen sollen hin zu einer anwendungsorientierten, größere Zusammenhänge und Problemfelder über-

185 Wissenschaftszentrum Berlin, Bericht 1982-1983, April 1984, S. 7.
186 Meinolf Dierkes, Ziele, Aufgaben und Struktur des WZB, Vorlage für das Kuratorium des WZB, November 1983.

greifenden und längerfristig angelegten Grundlagenforschung. Ganz offensichtlich entspringt diese Tendenz dem generellen Ziel, die anwendungsorientierten Sozialwissenschaften durch eine höhere Qualität ihrer Produkte zu stärken und sie von dem unlösbaren Dilemma zu befreien, kurzfristige Politikberatung und Entscheidungsdrücke mit soliden Forschungsergebnissen zu legitimieren, was bei zu enger Befristung und fachlicher Begrenzung der Aufgabenstellung im Prinzip gar nicht möglich ist.

Dierkes sieht deshalb für das WZB unter anderem die folgenden Entwicklungsnotwendigkeiten:

+ Gerade die Möglichkeiten zu international vergleichender und disziplinenübergreifender empirischer Forschung sollten längerfristig angelegt und nicht nach dem Augenblicksgebrauch ständig variiert werden, um tieferreichende »wissenschaftliche Einsichten in die Bedingungs- und Wirkungszusammenhänge gesellschaftlicher Veränderungen und politischer Interventionen, die auf andere Weise gar nicht gewonnen werden können«, zu ermöglichen. »Eine solche Forschung wird in hohem Maße für die Praxis bedeutsam sein; die Möglichkeit, daß Forschungsresultate dann, wenn sie vorliegen, nicht mit den gerade gängigen Fragestellungen der aktuellen Politik übereinstimmen könnten, muß bewußt in Kauf genommen werden.«
+ »Die ›Anwendungsorientierung‹ der Grundlagenforschung des WZB sollte sich daher in der Auswahl der langfristigen Forschungsfelder ... ausdrücken, nicht aber in dem kurzatmigen Bestreben, auf aktuelle Fragen Antworten bereit zu haben.«
+ Notwendig sei weiterhin »eine stärkere Betonung der projektübergreifenden Theorienbildung ...

  Neben der Stärkung der theoretischen Bezüge in der interdisziplinären Forschung wird es dabei vor allem um eine Intensivierung der Verbindung mit den traditionellen akademischen Fachdisziplinen gehen.«
+ »Grundlegendes Erfordernis wissenschaftlicher Arbeit ist die weitgehende Selbstbestimmung wissenschaftlicher Einrichtungen in dem Sinne, daß die für die Forschungsorientierung und Forschungsorganisation bedeutsamen Entscheidungen von der Einrichtung selbst maßgeblich zu bestimmen sind. Die Möglichkeiten der Selbstbestimmung sind jedoch in der

Organisationsstruktur des WZB bislang zu schwach verankert. Eine weitere Stärkung der wissenschaftlichen Autonomie des WZB ist daher für die Bewältigung der gestellten Aufgaben notwendig.«

Ich finde diese hier für die größte sozialwissenschaftliche Forschungseinrichtung der Bundesrepublik anvisierte Tendenz gegen die immer massivere Außensteuerung und auf kurzfristige politische Entscheidungslegitimierung ausgerichtete Wissensproduktion und Wissensverwertung höchst bemerkenswert. Denn hier wird ja nicht nur ein gravierendes Qualitätsproblem aufgeworfen, sondern auch die grundsätzliche Frage nach der Verantwortung des Wissenschaftlers für die Folgen seiner Arbeit gestellt, und zwar nicht in dem Sinne, daß sich Wissenschaft besser in unverbindliche Abstraktheit flüchten sollte, sondern in der Erkenntnis, daß die Nichtbeachtung von »Bedingungs- und Wirkungszusammenhängen« zu teilweise katastrophalen politischen ökonomischen, sozialen und ökologischen Folgen geführt hat. Daß sich Dierkes dabei auch auf Erfahrungen in den USA, England und Frankreich stützen kann, unterstreicht die Universalität und Aktualität des Problems.[187]

8.5.3.3 Eine ›Innovationsstrategie für Berlin‹ 1977

Ein bedeutsamer Vorstoß zur Ingangsetzung einer Innovationsstrategie und zum Aufbau einer regionalen Wissens- und Technologietransferpolitik erfolgte im Jahre 1977. Das Vorhaben »Formulierung einer Innovationsstrategie für Berlin« war als Gemeinschaftsprojekt angelegt, an dem über 40 verantwortliche Fachvertreter aus Industrie, Banken, Wirtschaftsverbänden, Gewerkschaften, Selbsthilfeorganisationen und Wissenschaftsinstitutionen sowie Bundesministerien, Senatsdienststellen und der Wirtschaftsförderung teilnahmen.

Das Projekt »Innovationsstrategie für Berlin« kam auf Initiative von Gerhard Mensch vom Internationalen Institut für Management und Verwaltung (IIMV) des Wissenschaftszentrums Berlin

187 Zu diesem Problemkomplex veranstaltete das WZB im Jahre 1984 eine internationale Seminarreihe »Probleme der Policy-Forschung«, in der u. a. Wissenschaftler der RAND Corporation und des M.I.T. ihre Erfahrungen darstellten.

(WZB) zustande und lief von August bis Dezember 1977. Ich selbst habe an diesem Projekt als Sprecher der Arbeitsgruppe III »Forschung, Entwicklung und neue Investitionschancen« mitgewirkt und gemeinsam mit der Redaktionsgruppe den Endbericht erstellt. Die Zwischenergebnisse wurden am 27. 10. 1977 dem Bundespräsidenten und den Senatoren für Wirtschaft sowie Wissenschaft und Forschung unterbreitet. Der Ergebnisbericht wurde im Januar 1978 der Presse übergeben.[188]

Dieses Projekt ist deshalb spektakulär, weil hier neben einer weitgehend einheitlichen Lagebeurteilung der Berliner Wirtschaftssituation bereits alle wesentlichen Grundlagen, Lösungsvorschläge und Maßnahmen der heute praktizierten Innovationsstrukturpolitik und des Wissens- und Technologietransfers vorgezeichnet wurden.

In der Kurzfassung des Ergebnisberichts heißt es einleitend:

»Ohne eine Innovationsstrategie für Berlin ist die weitere wirtschaftliche Stagnation der Stadt nicht zu verhindern, nachdem die Zahl der Arbeitsplätze in der Berliner Industrie seit 1970 von rund 250 000 auf etwa 190 000 geschrumpft ist.* Die Chancen für arbeitsplatzschaffende Investitionen von privaten und öffentlichen Unternehmen in Berlin hängen aber entscheidend neben der Erschließung einer ausreichenden Außennachfrage davon ab, daß durch einen hohen Innovationsgrad Vorsprünge auf überregionalen Märkten erzielt und gehalten werden.

Davon ausgehend hat eine Gruppe von 48 Fachleuten aus der Berliner Verwaltung und Bundesministerien, Vertretern der Wirtschaft, Wirtschaftsverbänden, Selbsthilfeorganisationen und Gewerkschaften sowie Experten aus Politik, Hochschulen und Wirtschaftsforschungsinstituten Ansätze für eine ›Innovationsstrategie für Berlin‹ formuliert. Ziel war dabei einerseits die Erarbeitung strategischer Leitlinien für Maßnahmen zur Erleichterung von Sofortmaßnahmen, bei denen in der ›Initialphase‹ weder Vollständigkeit noch Originalität angestrebt wird.

Das erste Ergebnis der gemeinsamen Arbeit war eine weitgehende Übereinstimmung und Geschlossenheit in der Lagebeurteilung: Berlin muß seine Innovationsfähigkeit und Innovationswilligkeit weiter entwickeln, um das in der Berliner Bevölkerung und Wirtschaft angelegte Potential zu realisieren. Eigeninitiative in Berlin wird zum Sachzwang. Das bedeu-

* Also von 1970 bis 1976.

188 Ergebnisbericht des Vorhabens »Formulierung einer Innovationsstrategie für Berlin« vom 18. 1. 1978.

tet eine Ablösung des Krisenmanagements durch ein Chancenmanagement: Stärkung des Innovationsmanagements, vor allem aber eine genauer auf Berliner Verhältnisse eingestellte, regionale Innovationspolitik, verspricht einen größeren Investitionsmultiplikator in der Wirtschaft, womit sich der Subventionsbedarf abschwächen könnte. Innovationsstrategien stellen eine Alternative zur Subventionsstrategie und zu Interventionen dar. Die Autoren weisen darauf hin, daß im regionalen Spezialisierungswettbewerb Städte und Regionen mit einem positiven Innovationsklima bevorzugte Standorte für innovative Industrieunternehmen sind.«[189]

Es muß hervorgehoben werden, daß trotz sehr unterschiedlicher fachlicher und politischer Positionen der Mitwirkenden weitgehende Übereinstimmung über die Ist-Situation erzielt wurde. Auch hinsichtlich der Lösungsansätze konnten im Verlaufe eines fruchtbaren Diskurses bemerkenswerte Annäherungen und Gemeinsamkeiten gefunden werden.
Natürlich fand sich die Gruppe unter einem gemeinsamen Sachzwang zusammen:

»Der Teilnehmerkreis an dem Vorhaben ›Formulierung einer Innovationsstrategie für Berlin‹ hat sich in der Überzeugung getroffen, daß Berlin
- erstens wegen seiner Stärken (umfangreiche und differenzierte Forschungs- und Technologieentwicklungskapazitäten, günstige Ausstattung mit Humankapital, eine große Zahl leistungsstarker Klein- und Mittelbetriebe, intensive Fühlung mit Märkten, auf denen sich die Absatzchancen ändern, kulturelle Ausstrahlung) und
- zweitens wegen seiner besonderen politischen Situation und als eines der größten wirtschaftlichen Ballungszentren in Europa und der daraus resultierenden materiellen und ideellen Unterstützung von außen, ein besonders geeigneter Platz ist, um in einer Zeit der Weltrezession Wege in die Zukunft zu finden und zu weisen. Dieser Anspruch erfordert ein strategisches Vorgehen auf regionaler Basis, wie es in Zeiten der Stagnation und des Strukturwandels noch nicht versucht wurde.

Als der Teilnehmerkreis am 9. August 1977 zum ersten Mal zusammentrat und die Fülle der vorliegenden Maßnahmenvorschläge zum Thema Innovation sichtete, stellte der Kreis eine Flut von Vorschlägen zur

189 Kurzfassung »Innovationsstrategie für Berlin« – Ohne Innovationsstrategie weitere wirtschaftliche Stagnation Berlins! Eigeninitiative in Berlin wird zum Sachzwang, vom 12. 1. 1978, S. 1 f.

Verbesserung von Forschung und Entwicklung (FuE-Angebot) fest, aber auch eine desolate Situation bei der Umsetzung von FuE in wirtschaftlich und sozial relevante Innovationen; und der Teilnehmerkreis konstatierte ein entsprechendes *Defizit an Vorschlägen zur Verbesserung der Innovationschancen und FuE-Nachfrage.*«[190]

Um zu einer »differenzierten, aber am Ende möglichst geschlossenen Lagebeurteilung, zur Formulierung von strategischen Leitlinien und zur Spezifizierung von Maßnahmenbündeln zu gelangen«, wurden vier Teilgruppen gegründet, die konsensorientiert arbeiteten (»Konsens-Methode«, die sich bei der Formulierung von Strategien in vielgliedrigen Großunternehmen bewährt hat):

I. Berliner Verwaltung und öffentliche Unternehmen
II. Privatunternehmen, Wirtschaftsverbände und Gewerkschaften
III. Forschung, Entwicklung und neue Investitionschancen
IV. Humankapital-Entwicklung (Bildungs- und Ausbildungsqualifikationen).

Die Arbeitsgruppen haben aus unterschiedlicher Warte die verschiedenen Problemkreise auf Schwachstellen analysiert und solche weitgehend übereinstimmend identifiziert (siehe nachfolgende Tabelle 8.5.3.3-1).

Da hier nur wenige Problemkreise von den Arbeitsgruppen, die im übrigen unabhängig voneinander tagten, nicht als Schwachstellen benannt wurden, ist zu schließen, daß es sich ganz offensichtlich um eine Krisensituation handeln mußte, deren Ursachen weithin bekannt waren, aber politisch nicht behandelt und öffentlich unter den Teppich gekehrt wurden.

Man erkennt, daß von den 11 genannten Schwachstellenbereichen mindestens sechs (Problemkreise 6 bis 11) unmittelbar innovativen Handlungsbedarf erfordern. Aus dieser weitgehend konsensual identifizierten Schwachstellenstruktur konnten nun sowohl strategische als auch problemspezifische Leitlinien abgeleitet werden:

»*Die innovationspolitische Generallinie* sieht vor, die staatliche Innovationsförderung stärker zu regionalisieren, daß heißt auf die Berliner

190 Ergebnisbericht »Formulierung einer Innovationsstrategie für Berlin«, a.a.O., S. 6f.; Hervorhebung wie im Original.

Tabelle 8.5.3.3 – 1
Schwachstellenbereiche (Problemkreise) der Berliner Wirtschafts- und Innovationspolitik, identifiziert im Rahmen der »Innovationsstrategie für Berlin 1977«

Problemkreise	Arbeits-Gruppen I	II	III	IV
1 Allgemeine Standortprobleme		x	x	x
2 Strukturschwäche im Zuliefererbereich	x	x	x	x
3 Diskrepanzen zwischen Arbeitsplatzangebots- und -nachfragestruktur		x		x
4 Ungenügende Industrieansiedlung	x	x	x	x
5 Zu kleiner Investitionsmultiplikator öffentlicher Aufträge in Berlin	x	x	x	
6 Mangel an Fach- und Führungskräften	x	x	x	x
7 Zu wenige Erfinderunternehmen	x	x	x	x
8 Umsetzung neuer Technologien funktioniert schlecht	x	x	x	x
9 Forschung und Entwicklung zu wenig bedarfsorientiert	x	x	x	x
10 »Echtes« Wagniskapital fehlt	x	x		x
11 Schwächen beim Innovationsmanagement	x	x	x	x

Quelle:
WZB, Innovationsstrategie für Berlin 1977.[191]

Verhältnisse abzustimmen. Das setzt eine problemspezifische Zusammenschau der Berliner Starkstellen und der Potentiale mit konkreten Schwierigkeiten bei der Realisierung der Innovationschancen voraus.«[192]

Es würde zu weit führen, alle Ansätze und Maßnahmen zur Nutzung von Starkstellen zur Überwindung der Strukturmängel im einzelnen darzulegen. Die Fülle zeigt jedoch, daß für die regionale Nutzung der Ressource »Information« große Poten-

191 Zwischenbericht für den Bundespräsidenten, »Innovationsstrategie für Berlin«, Berlin Okt. 1977, S. 8.
192 Ergebnisbericht, a.a.O., S. 12; Hervorhebung wie im Original.

tiale und Handlungsmöglichkeiten vorhanden sind. Beispielhaft sollen hier nur die wesentlichen Ergebnisse der *»Arbeitsgruppe III – Forschung, Entwicklung und neue Investitionschancen«*[193] wiedergegeben werden.[194]

Problemspezifische Leitlinien:
Mit dem Ziel der Zukunftssicherung Berlins durch eine regionale Strukturpolitik ergeben sich für den Bereich Forschung, Entwicklung und neue Investitionschancen folgende Leitlinien:

A. Effektiver Einsatz vorhandener FuE-Ergebnisse
Die Deckung des Bedarfs an innovativen Investitionen sollte mit großer Intensität und möglichst schnell durch einen gezielten Einsatz von FuE-Ergebnissen vorangetrieben werden. Berlin verfügt über ein großes Potential an Forschungs- und Entwicklungskapazitäten sowie wissenschaftlicher Infrastruktur, die wesentlich stärker als bisher für die Industrie, insbesondere die Klein- und Mittelbetriebe, den privaten und öffentlichen Dienstleistungsbereich und die Entwicklung der Infrastruktur Berlins genutzt werden müssen.

B. Organisation des Technologie-Transfers
Wichtig ist die Vermittlung und Umsetzung der FuE-Ergebnisse, vor allem der mit öffentlichen Mitteln geförderten. Bund und Senat von Berlin sollten in Zusammenarbeit mit der Wissenschaft und der Wirtschaft umgehend Entscheidungen treffen, die einen optimalen Transfer der FuE-Ergebnisse und die Finanzierung von Innovationswagnissen institutionell sicherstellen (vgl. hierzu »Sofortmaßnahmen«).
FuE-Ergebnisse können mittels Datenbanken von außen zur Stimulierung der Berliner Industrie und Wissenschaft hereingeholt werden. Ein solches Datennetz erweitert gleichzeitig die Fernabsatzchancen des Berliner FuE-Outputs (Patente, Lizenzen).

193 Für diese Arbeitsgruppe war ich selbst der Sprecher.
194 Ergebnisbericht, a.a.O. Bei den nachfolgenden Zitaten handelt es sich um Auszüge aus dem Ergebnisbericht: S. 18 f., 25 und 27 f.

C. Verbesserung der Nachfrage- und Angebotssituation an FuE-Ergebnissen
Wichtig ist weiterhin die Mobilisierung der Nachfrage nach FuE-Ergebnissen vor allem in Klein- und Mittelbetrieben und im Dienstleistungsbereich. Die Erhöhung und Verbesserung der Bedarfsorientierung der öffentlich geförderten Forschungs- und Technologieeinrichtungen ist eine Hauptaufgabe.

D. Nutzung des Humankapitals im FuE-Bereich
Bei der FuE-Vermittlung sowie bei der Strukturierung und Abstimmung des Bedarfs und des Angebots an FuE-Ergebnissen ist das breite Angebot an Humankapital zu nutzen und auszubauen.

E. Nutzung vorhandener Einrichtungen
Die Innovationsförderungsmaßnahmen und die Organisation des Technologie-Transfers sind pluralistisch, fachlich kompetent, ausreichend differenziert und bedarfsspezifisch aufzubauen.
Die Durchsetzung der erforderlichen Maßnahmen und Projekte erfolgt unter Beteiligung von bzw. in Kooperation mit den vorhandenen Einrichtungen in Berlin, die entweder eine Teilkompetenz haben oder einschlägige Aufgaben bereits wahrnehmen.

F. Öffentliche FuE-Projekte als Initialzündungen
Die Arbeit der regionalen Innovationsförderung sollte sich zunächst auf solche öffentlichen Projekte konzentrieren, die einen hohen Sekundäreffekt im Bereich der Industrie, vor allem die Schaffung zukunftsträchtiger und qualitativ hochwertiger Arbeitsplätze versprechen.

Maßnahmenvorschläge:
Die zahlreichen, von Institutionen und Einzelpersonen in den letzten beiden Jahren vorgelegten Maßnahmen und Vorschläge für einen erhöhten und gezielteren FuE-Einsatz sind zu bündeln, auf ihre Realisierungschancen zu prüfen und nach Prioritäten umzusetzen.

Im einzelnen sind folgende Maßnahmen zu ergreifen:
– Für die Durchsetzung der FuE-Innovationsstrategie und die

Koordination und Organisation des Forschungs- und Technologietransfers ist eine zentrale Koordinierungs-Einrichtung notwendig, über deren Ausgestaltung verschiedene Vorstellungen existieren. Von der Arbeitsgruppe III wird eine *Berliner Innovation-GmbH vorgeschlagen (vgl. »Sofortmaßnahmen«),*

- Errichtung bzw. Nutzung von Informationsquellen (DB) für den *Transfer von Patenten, Lizenzen und Entwicklungen,*
- im Nachfragebereich sind mit Unterstützung der Marktforschung *Bedarfsanalysen* durchzuführen,
- Einrichtung eines *Wagnisfonds* und einer *Wagnisfinanzierungsgesellschaft* zur Förderung echter Wagnisleistungen, insbesondere von Erfinderunternehmen (vgl. »Sofortmaßnahmen«),
- Förderung der *Gemeinschaftsforschung und -entwicklung* vor allem der Klein- und Mittelbetriebe,
- Förderung *von Innovationspersonal* sowohl auf der Management- wie auf der Facharbeiterebene durch gezielte Nutzung der Aus- und Fortbildungsmöglichkeiten Berliner FuE-Einrichtungen,
- Ausbau vor allem des *anwendungsorientierten Forschungspotentials,*
- Anwerbung und *Rückverlagerung von FuE-Abteilungen von Großbetrieben,*
- Förderung von *FuE-Pilotprojekten* mit dem Ziel, Produkt- und Prozeßinnovationen in Gang zu setzen. Dabei sollte von vornherein eine enge Kooperation von Wissenschaft, Wirtschaft und öffentlichem Dienst angestrebt werden,
- *Anpassung der öffentlichen FuE-Förderung* an die spezifischen Bedingungen Berlins.

Sofortmaßnahmen

A) Zur zügigen und wirksamen Umsetzung von FuE-Ergebnissen und zur Durchführung der Maßnahmen entsprechend den oben genannten Leitlinien ist eine zentrale Koordinierungsstelle erforderlich, die in anderen Bundesländern bereits existiert. Es wird dazu die Errichtung einer auf das Ballungszentrum Berlin ausgerichteten und vom Senat von Berlin im Zusammenwirken mit Wissenschaft und Wirtschaft zu tragenden Einrichtung vorgeschlagen.

Die Arbeitsgruppe III hat mehrere Organisationsmodelle erörtert und schlägt die Bildung einer *»Berliner Innovation-GmbH«* vor (siehe Anhang D 1, D 2).[195]

Aufgaben:

- ○ Initiierung und *Unterstützung von Entwicklungsprojekten*, für die in Berlin auf dem FuE-Sektor und in der Wirtschaft Innovationschancen bestehen. In Kooperation mit einschlägigen Berliner Unternehmen sollten Prototypen entwickelt und Marktchancen erschlossen werden.
- ○ Einsatz und Weiterentwicklung von *Instrumenten zur Vermittlung, Umsetzung und Verwertung* von Ergebnissen der Forschung und Entwicklung.
- ○ Maßnahmen, durch die das Angebot an *FuE auf öffentliche Aufgabenfelder und Marktbedürfnisse in Berlin* orientiert wird (Industrie, private und öffentliche Dienste, Infrastruktur).
- ○ Schrittweiser Aufbau der *Koordinationsbeziehungen mit den Transferstellen*, die in Projektbereichen und in den verschiedenen Institutionen arbeiten.

B) Bis zur endgültigen Entscheidung über Aufgabenumfang, Organisationsform und Grundausstattung ist eine Arbeitsgruppe einzurichten, die als Nukleus für die neue Institution tätig wird und folgende Aufträge erhält:

- Spezifizierung der Arbeitsbereiche,
- Rechtsform und Beteiligungen,
- Vorlage eines vorläufigen Arbeitsplans,
- Stufenplan für den Auf- und Ausbau,
- Kostenplan,
- Ablaufdiagramm erforderlicher Entscheidungen.

C) Um Forschungs- und Entwicklungsergebnisse zügiger umzusetzen, sind zusätzlich spezifische Formen der *Technologie-Vermittlung und -Vermarktung* zu erproben, z. B.

195 Die Anhänge D 1 und D 2 enthalten detaillierte Darstellungen der Ziele und Aufgaben sowie der organisatorischen und rechtlichen Struktur der ›Berliner Innovation-GmbH‹ (BI-GmbH).

- ○ durch Schaffung von *Kooperationsprojekten an den Universitäten und großen Forschungseinrichtungen*
- ○ durch *Modellversuche mit überbetrieblichen Kooperationsformen* zur Entwicklung von Prototypen und Nutzung von Innovationspotential in zukunftsträchtigen Sektoren (hierzu sollte z. B. das *Industriepark-Modell* auf seine Realisierbarkeit in Berlin geprüft werden; vgl. Anhang D 4).[196]

Hier sei schon angemerkt, daß die in den achtziger Jahren eingerichteten Institutionen nicht nur terminologisch, sondern auch inhaltlich weitgehend diesen Vorschägen entsprechen (vgl. Kapitel 8.5.4 und 10.3).
Strategievorschläge, erforderliche Maßnahmenbündel und notwendige Sofortmaßnahmen des Staates finden sich beispielsweise in den Ergebnissen der *»Arbeitsgruppe I – Berliner Verwaltung und öffentliche Unternehmen«*.
Hier wurde u. a. gefordert:
- verbesserte Erschließung der öffentlichen FuE-Mittel
- Mobilisierung von Wagniskapital und Gründung einer Wagnisfinanzierungsgesellschaft
- Erschließung neuer Marktchancen durch gezielte Analyseaufträge über zukunftsträchtige Investitions- und Technologiebereiche
- gezielte Analysen über Starkstellen des vorhandenen FuE-Potentials sowie leistungsfähiger Unternehmensgruppen.

Die Ergebnisse aus der *»Arbeitsgruppe II – Unternehmen, Verbände, Gewerkschaften«* enthalten Vorschläge, die sich sowohl auf innerbetriebliche als auch überbetriebliche Probleme der Unternehmen und deren wirtschaftliche Rahmenbedingungen beziehen.
Hierbei handelt es sich um Maßnahmen wie:
- Verbesserung des Innovations-Managements zur Anwendung innovativer zukunftsorientierter Unternehmensstrategien
- Verbesserung der Qualifikationen der Mitarbeiter im Hinblick auf Zukunftsstrategien
- Stärkung der Eigeninitiative der Unternehmen

196 Der Anhang D 4 enthält detaillierte Angaben für ein Industriepark-Modell und dessen Realisierung.

- Institutionalisierung der Innovationsberatung und des Wissens- und Technologietransfers
- Unterstützung der Kooperationsbereitschaft zwischen den Unternehmen und mit den Institutionen des Staates und der Wissenschaft
- Veränderung der Berlin-Förderung zur Unterstützung innovativer und qualitativ hochwertiger Investitionsentscheidungen
- Verbesserung der Energieversorgung
- Verbesserung der Infrastruktureinrichtungen usw.

Die Ergebnisse der *»Arbeitsgruppe IV – Humankapital-Entwicklung (Innovation der Qualifikationsstruktur)«* sind besonders wichtig, weil mit der Realisierung einer Innovationsstrategie nicht nur weitreichende Veränderungen des ökonomischen Systems, sondern auch ein tiefgreifender sozialer Wandel verbunden ist. Das betrifft hauptsächlich die Beschäftigungsstruktur und die Qualifikationen der Beteiligten, ihr soziales Verhalten im Bereich der Arbeit und ihre soziale Kompetenz im Beschäftigungssystem.

Ich gehe in Kapitel 9 auf das wichtige Problem der sozialen Innovation näher ein, das in der hier dargestellten Innovationsstrategie und erst recht in der heute vom Senat von Berlin und der Industrie- und Handelskammer praktizierten Innovationsstrukturpolitik keinen Platz hat.

Besonders kritisch ist anzumerken, daß in den bisherigen Innovationsstrategien soziale, psychologische und ökologische Störungen und Folgen und deren innovative Bewältigung weitgehend fehlen. Insofern sind es in erster Linie technokratische Modernisierungsstrategien.

Auch die Maßnahmen und Vorschläge der »Arbeitsgruppe IV – Humankapital-Entwicklung« beziehen sich primär auf die Verbesserung der technischen und organisatorischen Kompetenz bei Facharbeitern und Führungskräften, auf eine bessere Planung und einen besseren Einsatz des Humankapitals für technologische Innovationen, Effizienzsteigerungen des Innovationsmanagements, auf innovative Marketingstrategien usw. Erst in zweiter Linie werden Maßnahmen zur Unterstützung von Einstellungsänderungen, zur Bewältigung sozialer Konflikte und zur Verbesserung der sozialen Kompetenz angesprochen. Durch Innovationsberatung sollte auf allen Ebenen des Unternehmens die

Bereitschaft und Fähigkeit bestärkt werden, die Notwendigkeit der innovativen Prozesse zu erkennen:

»Diese Bereitschaft und Fähigkeit kann zum einen durch gezielte und frühzeitige Informationen über die Vorteile und Nachteile innovativer Umstellungen, zum anderen über motivationssteigernde Maßnahmen (Demonstration von Erfolgsfällen, Innovationsklubs usw.) gefördert werden.«[197]

In diesen Kontext fällt auch der Vorschlag, »Studien über den Zusammenhang von betrieblicher Personalpolitik und den Innovationsaktivitäten in Berlins Unternehmen«[198] durchführen zu lassen.

8.5.4 Die Struktur- und Innovationspolitik des Senats von Berlin 1984/85

Ich zeige nun, daß das soeben dargestellte Konzept heute weitgehend offizielle Politik geworden ist und welche konkreten Maßnahmen in Berlin eingeleitet bzw. realisiert wurden.
Es soll zunächst die ›Grundphilosophie‹ der heute vom Senat von Berlin und der IHK zu Berlin vertretenen Wirtschaftsstrukturpolitik dargestellt werden, die vom Senat von Berlin offiziell »*Struktur- und Innovationspolitik*«, von der IHK »*Innovationsstrukturpolitik*« genannt wird.
Im 16. Wirtschaftsbericht des Senats heißt es im Rahmen des grundlegenden ersten Kapitels mit der Überschrift »Strategie für Berlin« u. a.:[199]

»*Strukturprobleme in Berlin* hatten ihre Ursachen in der Jahrzehnte andauernden qualitativen Auszehrung der industriellen Substanz der Stadt: Zu wenig qualitativ hochwertige Arbeitsplätze und Unterneh-

197 Ergebnisbericht »Formulierung einer Innovationsstrategie für Berlin«, a.a.O., S. 21.

198 Ebenda, S. 26.

199 Die folgenden Zitate sind dem Einleitungskapitel »Strategie für Berlin« des 16. Berichts über die Lage der Berliner Wirtschaft und die Maßnahmen zu ihrer Weiterentwicklung, hrsg. vom Senator für Wirtschaft und Verkehr, Berlin im Oktober 1984, S. 6ff. entnommen.

mensfunktionen in Forschung und Entwicklung, Management, Vertrieb; viele ›verlängerte Werkbänke‹; neben sehr leistungsfähigen Unternehmen im verarbeitenden Gewerbe auch viele Unternehmen mit veralteten Maschinenparks, die durch geringe Teilhabe am technischen Fortschritt gekennzeichnet waren. So war z. B. in der Elektroindustrie der technologische Sprung von der Elektromechanik zur Elektronik und Mikroelektronik oft nicht einmal eingeleitet. (S. 6)
Ermutigung zu einer solchen Erneuerungsstrategie ist die Entwicklung in vielen Industrieländern. Sie zeigt: Strukturkrisen werden am besten von den Regionen bewältigt, die die *Modernisierung ihrer Wirtschaft* rechtzeitig und energisch vorantreiben. Markantes Beispiel für den Erfolg einer solchen Erneuerungsstrategie ist neben Atlanta vor allem die Region Boston. Dort ist es gelungen, eine veraltete Industriestruktur so zu erneuern, daß Boston zu den wachstumsstärksten Regionen der USA zählt. Wichtiger noch: Es konnten so viele neue und zusätzliche Arbeitsplätze geschaffen werden, daß diese Stadt eine überdurchschnittliche Arbeitslosenquote inzwischen in eine unterdurchschnittliche wenden konnte (S. 7).
Ein erster strukturpolitischer Impuls zur Erneuerung der Wirtschaft war die Reform der Umsatzsteuerpräferenz des Berlinförderungsgesetzes … Durch die novellierte Berlinförderung sind die Anreize für mehr Qualität bei den Arbeitsplätzen sowie für die in Berlin erbrachte *Wertschöpfung* deutlich erhöht worden. Bereits jetzt zeigt sich, daß Berlin so wieder mehr Bedeutung für den Vertrieb, für zentrale Leistungsbereiche und vor allem auch für Forschung und Entwicklung gewinnt. (S. 7)
Standortvorteile entwickeln und nutzen: Immer mehr ging und geht es darum, einen der großen Standortvorteile Berlins wirtschaftlich zu nutzen und damit selbst weiterzuentwickeln: das in der Bundesrepublik einzigartige Forschungspotential. Mit rd. 37 500 Beschäftigten in Forschung und Entwicklung verfügt Berlin unter seinen 180 inner- und außeruniversitären Instituten über eine Vielzahl erstklassiger Forschungseinrichtungen. Wissenschaft und Wirtschaft müssen enger zusammengeführt werden. Hier liegt einer der strategischen Ansatzpunkte zur Erneuerung der Berliner Wirtschaft: Forschungsergebnisse zügig in neue Produkte und Verfahren umzusetzen – so werden neue Arbeitsplätze geschaffen und bestehende sicherer.« (S. 7)

Ich verweise in diesem Zusammenhang auf meine Publikationen aus den Jahren 1977 und 1978, in denen detailliert das umfangreiche Forschungs- und Entwicklungspotential Berlins dargestellt und mit Nachdruck auf die Möglichkeiten seiner Nutzung für eine »aktive Wirtschaftsstruktur- und Innovationspolitik« sowie auf die Möglichkeiten »sozialer und ökologischer Innovationen« hingewiesen wird.[200]

Ähnliche konzeptionelle Vorstellungen, wenn auch im Rahmen eines engeren technisch-industrialistischen Lösungsansatzes, vertrat damals auch Günter Spur.[201]

Seine zentralen Forderungen richteten sich primär auf die Nutzung von technologischen Innovationen bei Werkzeugmaschinen und allgemein in der Produktionstechnik. Die Zukunftsperspektive zielte bereits auf die vollständige Automatisierung der Fertigungsprozesse mit dem Endpunkt der automatischen Fabrik.[202] Dafür sollte das umfangreiche FuE-Potential der Stadt mobilisiert und ausgebaut werden.

200 – Perspektiven für Berlin: Eine bessere Forschungspolitik – Gedanken zur wirtschaftlichen, sozialen und kulturellen Entwicklung der Stadt, in: DER TAGESSPIEGEL vom 13. und 20. Februar 1977.
– Zukunftsperspektiven durch regionale Forschungs- und Enwicklungspolitik, Beispiel Berlin, in: DIE NEUE GESELLSCHAFT, 24. Jahrgang, Bonn-Bad Godesberg 1977, Teile 1 und 2 in Nr. 4 und 5, April und Mai 1977, S. 313 ff. und 411 ff.
– Beispiele für praktische Lösungsansätze: Regionaler Forschungsverbund – Instrument einer praxisorientierten Forschungs- und Technologiepolitik, in: analysen und prognosen, Heft 58, Juni 1978, S. 3 ff.
– Forschungskooperation in Berlin auf den Gebieten der rationellen Energieverwendung und der Kabelkommunikation, in: analysen und prognosen, Heft 60, November 1978, S. 21 ff.

201 Günter Spur, Perspektiven der Berliner Wirtschaft aus technologischer Sicht, in: analysen und prognosen, Heft 49, Januar 1977, S. 15 ff.
Spur ist Direktor des Instituts für Werkzeugmaschinen und Fertigungstechnik der Technischen Universität Berlin und des Fraunhofer-Instituts für Produktionsanlagen und Konstruktionstechnik Berlin. In dem hier genannten Artikel handelt es sich um die Wiedergabe des Eröffnungsvortrages zur VDI-Arbeit 1976/77 vom Oktober 1976 in Berlin.

202 Vgl. u. a. Günter Spur, Aufschwung, Krisis und Zukunft der Fabrik, zum Thema »Die Zukunft der Fabrik – Produktionstechnisches Colloquium Berlin 1983 (CAD, CAM, ROBOT – Flexibilität, Produktivität, Automatisierung)«, Vortrag auf dem PKD 83, S. 3 ff.

Spur geht wie die Verfasser der »Innovationsstrategie für Berlin« von folgenden Prämissen aus (1977):

»Durch die besondere politische Situation dieser Stadt ist für die Entwicklung der industriellen Produktionstechnik ein Zustand offenbart, der gewissermaßen die Zukunft gegenwärtig macht und Berlin als Modellfall, als Pilotsystem für unternehmerische Entscheidungen interessant macht.«[203]

»Diese Stadt hat die einmalige Chance, nicht nur die größte Industriestadt Deutschlands zu bleiben, sondern auch gleichzeitig eine der modernsten Industriestädte zu werden. Berlin muß aus dem ständigen Fortschritt der Technik seinen Vorteil ziehen und durch wirtschaftspolitische Maßnahmen mehr wollen als nur den Standortnachteil zu kompensieren. Die Wirtschaft dieser Stadt sollte nach vorn entwickelt werden. Ihre Industrie sollte durch gezielte, zukunftsträchtige Investitionen modernisiert werden und Pilotsysteme erhalten, mit denen neue Technologien erprobt und eingeführt werden können. *Die Berliner Industrie als Innovationsbeschleuniger für die gesamte deutsche Industrie?*
Das ist ein durchaus denkbares Modell gezielter Wirtschaftspolitik. Berlin bietet einmalige Voraussetzungen, um neue Ordnungen der menschlichen Arbeit zu entwickeln und modellhaft zu realisieren, also Leitbilder für zukünftige Produktionsstrukturen darzustellen. Die sonst so nachteilige geographische Eingrenzung hat unter dem Gesichtspunkt einer modernen Produktionstechnik den Vorteil, daß die zwangsweise nach innen gerichtete Expansion zu einer hohen Produktionsdichte führt. Berlin würde unter diesen Aspekten die besondere Aufgabe eines Schrittmachers zufallen, nämlich im Wirtschaftsverbund dieser Stadt Fabriken der Zukunft zu entwickeln und zu betreiben.«[204]

Der Kernbereich der Spurschen Konzeption bezieht sich auf den forcierten Ausbau und Einsatz der elektronischen Datenverarbeitung und der mit der Mikroelektronik möglichen Automatisierung der Produktion:

»Für eine vorwiegend exportorientierte Industrienation wie die Bundesrepublik Deutschland ist die stetige Anwendung modernster Technologien eine Existenzfrage. Dies gilt auch ganz besonders für Berlin. Die Leistungsfähigkeit der Wirtschaft, deren Merkmale es sind, mit qualitativ hochwertigen Produkten schnell am Markt zu sein, flexibel zu reagieren und zudem noch eine äußerst hohe Produktivität aufzuweisen, kann nur

203 Günter Spur, Perspektiven der Berliner Wirtschaft, a.a.O., S. 15.
204 Ebenda, S. 20.

durch die kontinuierliche Verbesserung des industriellen Produktionsprozesses erhalten bleiben. Welche Investitionsschwerpunkte gehören zu den neuen Technologien, die zukünftig einen erheblichen Multiplikatoreffekt besitzen? Es sind zwei: Die elektronische Datenverarbeitung und die Automatisierung der Produktion.

Mit der Verbreitung elektronischer Rechenanlagen eröffnet sich für industrielle Produktionsprozesse ein weites Feld an Rationalisierungs- und Automatisierungsmöglichkeiten. Die hervorstechendste Eigenschaft von Rechnern ist die schnelle und präzise Datenverarbeitung. Vor allem diese Eigenschaften lassen den Rechner als geeignetes Hilfsmittel erscheinen, dem anhaltenden Trend zur schnelleren und flexibleren Auftragsabwicklung standzuhalten.

Der Automatisierung produktionsbezogener Planungsprozesse sollte aus verschiedenen Gründen erhöhtes Augenmerk beigemessen werden. Die Kostenverantwortung in Konstruktion und Planung steigt überproportional. Dies gilt auch für eine wirtschaftliche Nutzung kapitalintensiver Fertigungseinrichtungen.

Die Anwendung moderner Technologien und das Ausreizen technischer Möglichkeiten bis an die physikalischen Grenzen ist in vielen Bereichen ohne den Einsatz elektronischer Rechenanlagen schlechthin undenkbar.

Ein weiterer Gesichtspunkt ist der, daß der Rechner die algorithmierbaren – also die routinemäßig ablaufenden – Tätigkeiten übernimmt und somit der Arbeitsperson die Möglichkeiten gibt, sich in größerem Umfang kreativen Tätigkeiten zu widmen. So gesehen, ist die Rechneranwendung ein echter Beitrag zur Humanisierung der Arbeitswelt.

Die Forderung nach Steigerung der Produktivität, nach Erhöhung der Produktqualität und nach Verbesserung der menschlichen Arbeitsbedingungen und nicht zuletzt die verschärfte internationale Wettbewerbssituation zwingen zur Automatisierung der Fertigungsmittel.

Ein Rundblick auf den internationalen Entwicklungstrend der Produktionstechnik zeigt, daß ein Wandlungsprozeß eingesetzt hat, dessen wesentliches Merkmal die verstärkte Entwicklung der ›flexiblen‹ Automatisierungstechnik ist. Automatisierung war bis vor einigen Jahren an große Stückzahlen geknüpft. In der Massenfertigung standardisierter Produkte hat daher der Automatisierungsgrad einen besonders hohen Entwicklungsstand erreicht. Die Forderung nach Flexibilität auch bei Anlagen für die Massenfertigung ergibt sich als Konsequenz aus den veränderten Anforderungen des Marktes, woraus sich ein Trend zu kleineren Losgrößen und damit eine Wandlung von der einst ›starren‹ zur ›flexiblen‹ Automatisierung ableiten läßt.

Es wird ferner künftig zu berücksichtigen sein, daß sich das Feld einer Automatisierung erweitert. Nicht nur die eigentliche Werkstückbearbeitung, sondern auch das Handhaben und Transportieren sowie das Messen und Prüfen der Teile wird in den Automatisierungsbereich einbezogen. Im Bereich der flexiblen Handhabung hat in den letzten Jahren ein Trend eingesetzt, frei programmierbare Handhabungsmaschinen zu entwickeln, die mit dem Begriff ›Industrieroboter‹ gekennzeichnet werden. Handhabungsgeräte werden in der Massenfertigung als Einzweck-Maschinen mit starrer Programmierung bereits erfolgreich angewendet. Schwieriger ist ihre Anwendung in der Kleinserienfertigung, wo eine hohe Flexibilität erforderlich ist.«[205]

Aus diesem Ansatz zur strukturellen Veränderung der Industrie »ergeben sich für den Entwicklungstrend in den nächsten 25 Jahren folgende Perspektiven in Thesenform«:

»These 1: Der prozentuale Anteil der Industrie-Beschäftigten, bezogen auf alle Erwerbspersonen, wird weiter abnehmen.

These 2: Das Brutto-Sozialprodukt der Industrie-Länder wird weiter zunehmen, dadurch der Abstand zu weniger entwickelten Ländern größer.

These 3: Der technologische Fortschritt verläuft rascher als früher, aber nicht in allen Bereichen der Gesellschaft gleichmäßig.

These 4: Die Weiterentwicklung von Technologie und Wissenschaft führt zu rechnergesteuerten Produktionssystemen.

These 5: Die Abhängigkeit der Wirtschaft von Politik und Wissenschaft wird größer, damit auch der Einfluß des Gesetzgebers auf die Arbeitsbedingungen.

These 6: Die Entwicklungs- und Innovationsprozesse werden für die mittelständische Industrie schwieriger und aufwendiger.

These 7: Die Anreicherung der Industrie durch Unternehmensgründungen ›von unten‹ wird zusehens schwächer.

These 8: Die Weiterentwicklung der industriellen Gesellschaft führt zu einer Harmonisierung ethischer und ökonomischer Prinzipien.«[206]

Für die Wirtschaftsregion Berlin (West) zog Spur daraus folgende Konsequenzen:

»Deshalb müssen besonders die Anstöße aus der schöpferischen Arbeit zur Produktionsinnovation herangezogen werden. Hier bieten sich Möglichkeiten zur Förderung wissenschaftlicher Einrichtungen und die vermehrte Vergabe von öffentlichen Aufträgen an Berliner Forschungseinrichtungen an. Speziell für die Industrie könnte eine gezielte Wagnis-

205 Alle Zitate ebenda, S. 19.
206 Ebenda, S. 19f.

finanzierung der Suche nach neuen Produktideen helfen und dadurch die wirtschaftliche Position unserer Stadt stärken.
Ein letzter Bereich sind Dienstleistungen, die von Berliner Institutionen zur Produktinnovation betrieben werden könnten.
Zum anderen müssen im Bereich neuartiger Technologien Marktlücken erkannt und für unsere Stadt genutzt werden. Ein Beispiel dafür wäre im Rahmen der Produktinnovation ein Zentrum für Software, das für die Zukunftssicherung unserer Wirtschaft und damit für die Überlebenschance von Berlin einen wichtigen Beitrag leisten könnte.
Aus dem hier dargelegten Bild ist der Schluß zu ziehen, daß es sich lohnen würde, in einer großangelegten Analyse den technologischen Standort der Berliner Wirtschaft zu ergründen und offenzulegen. Auf den gewonnenen Erkenntnissen aufbauend, wären gezielte Maßnahmen einzuleiten, um das vorhandene Arbeitspotential auszuschöpfen, die Investitionen optimaler zu betreiben und sinnvolle Produktinnovationen anzuregen. Dies alles bedarf einer Erörterung im Kreis politisch und wirtschaftlich verantwortlicher Stellen. Auch der VDI – Berliner Bezirksverein bietet seine Mithilfe an. Möge der Senator für Wirtschaft dieses Angebot nicht überhören.
Es ist spät, aber noch nicht zu spät!«[207]

Kehren wir zur »Struktur- und Innovationspolitik« des Senats von Berlin im Jahre 1984 zurück. Hierzu heißt es im 16. Wirtschaftsbericht vom Oktober 1984:[208]

»Mit einer marktkonformen Struktur- und Innovationspolitik hilft der Senat bei der Modernisierung der Berliner Wirtschaft ... Die Hilfen des Senats zielen zuerst darauf ab, den bestehenden Berliner Unternehmen Impulse zur ständigen Erneuerung zu geben (›Bestandspflege‹), um sich vor allem durch Produkt- und Vertriebsinnovationen wachsende Märkte zu eröffnen.
Darüber hinaus werden Anreize für Existenzgründungen auch von technologieorientierten Unternehmen gegeben, und das Umfeld für Ansiedlungen wird attraktiver gestaltet.« (S. 7)

»*Erster Schwerpunkt: Innovationshürden überwinden helfen*
Um neue wettbewerbsfähige und oft auch qualitativ hochwertige Arbeitsplätze in Berlin zu schaffen, müssen sich die Unternehmen mit

207 Ebenda, S. 20.
208 Die folgenden Zitate sind dem »16. Bericht über die Lage der Berliner Wirtschaft und die Maßnahmen zu ihrer Weiterentwicklung«, Oktober 1984, entnommen (in Klammern dahinter jeweils die Seitenzahl).

innovativen und intelligenten Produkten neue Märkte erschließen. Innovationshemmnisse abzubauen und Innovationshürden überwinden zu helfen ist daher vordringlich.« (S. 8)

»Solche Innovationsförderung wird jedoch nur dann wirksam sein, wenn sie mehrere Dimensionen umfaßt – Faktoren, die erst in ihrem Zusammentreffen den beabsichtigten Erfolg ermöglichen:

a) Die institutionelle Seite

Durch den Ausbau der Transferstellen wird die Übertragung neuer Techniken und Technologien in die Unternehmen erleichtert. Einer der wichtigsten neuen Bausteine für schnelleren *Technologietransfer* ist das *Berliner Innovations- und Gründerzentrum (BIG)*, das bundesweit erste seiner Art. Die außerordentliche Nachfrage nach Plätzen in dieser ›Infrastruktur für junge Technologieunternehmen‹ und erste sehr ermutigende Erfahrungen haben den Plan reifen lassen, das BIG als Zellkern zu einem großräumigen *Industrie- und Technologiepark* auszubauen.« (S. 8)

»Durch Zusammenarbeit von Herstellern und Anwendern in Innovationsgesellschaften für Verkehrstechnik, Energie- und Umwelttechnik, Fertigungstechnik und Robotertechnologie, Medizintechnik u. a. wird die Geschwindigkeit beim Entwickeln und Erproben von Spitzentechnik erhöht und eine schnellere Markteinführung ermöglicht.« (S. 8)

»b) Die personelle Seite

Innovationsassistenten wenden inzwischen in über 130 kleinen und mittleren Unternehmen, die bislang noch keinen Ingenieur oder Betriebswirt eingestellt hatten, ihr Wissen von der Hochschule an. So erleichtern sie diesen Unternehmen den Zugang zum technischen Fortschritt – wie die Erfahrung zeigt, dauerhaft, also weit über das geförderte Jahr hinaus. Der Technologietransfer wird mithin durch den Personentransfer vorangetrieben.« (S. 8)

»c) Die finanzielle Seite

Mit einem *Innovationsfonds* des Senats, aus dem bislang 25 Projekte mit einem Volumen von 11 Mio. DM gefördert wurden, konnte schnell für das von jungen Technologieunternehmen benötigte Risikokapital gesorgt werden. Noch wichtiger jedoch war es, den Nachweis zu erbringen: *Venture Capital* wird in Berlin gebraucht. So wurde der Innovationsfonds des Senats zur Initialzündung für die Gründung von inzwischen 4 rein privaten Venture Capital-Gesellschaften in der Stadt, bei denen sich neben Geldinstituten auch Großunternehmen engagieren. Neben dem hohen Kapitalbedarf, der gerade in der Phase der Markteinführung neuer Produkte entsteht und die kleinen und mittleren Technologieunternehmen vor große Probleme stellt, wird so in Form von Managementhilfe und -vermittlung eine zweite Lücke geschlossen: der Bedarf an Knowhow auf all den Feldern, die die Unternehmer der oft noch jungen Technologieunternehmen nicht von Haus aus mitbringen.« (S. 8)

»Zweiter Schwerpunkt: Qualifizierungsoffensive zur personellen Ergänzung der Strukturpolitik.
Aus- und Weiterbildung sind zu forcieren, um einerseits den jungen Menschen eine bestmögliche Startbasis für das Berufsleben zu ermöglichen, andererseits für Berlin die Fachkräfte auch für technologische Zukunftsberufe verfügbar zu machen, die für seinen Ausbau zu einem *Zentrum für Zukunftsindustrien* benötigt werden.« (S. 8)
»Um die Chancen, die neue Technologien für Berlin bieten, umfassend zu nutzen, gilt es heute, durch geeignete Maßnahmen im Bereich der beruflichen Aus- und Weiterbildung sicherzustellen, daß die erforderliche Anpassung der Qualifikationsstruktur auf dem Arbeitsmarkt ohne Reibungsverluste vonstatten geht. Dabei muß vielfach Neuland betreten werden.« (S. 8)
»Ein erster Baustein dieser personalen Ergänzung der Strukturpolitik wird die *›Gesellschaft für neue Berufe‹*, die führende EDV-Hersteller bei Starthilfe des Senats gründen. In ihr werden Abiturienten, Fachhochschul- und Hochschulabsolventen in Zukunftsberufen wie EDV-Marketing, Kommunikationstechnologie, EDV-Nachrichtentechnik oder Fertigungsorganisation ausgebildet.
Weitere Elemente einer solchen personalen Ergänzung der Strukturpolitik, die in der Spannbreite zwischen Spitzenqualifikation und Umschulung auch bundesweit neue Akzente setzt, werden geprüft:
– eine überregional ausgerichtete *Management-Akademie mit technologischem Schwerpunkt*, die von der TU Berlin in Zusammenarbeit mit dem amerikanischen Massachusetts Institute of Technology (MIT) für den Führungsnachwuchs geplant ist;
– eine Weiterbildung für Ausbilder und Führungspersonal an computergesteuerten (CNC) Werkzeugmaschinen;
– eine Zusatzqualifikation für Büroassistenten und Sekretärinnen, die im Umgang mit neuer Büro- und Kommunikationstechnik ausgebildet werden...« (S. 9)

»Dritter Schwerpunkt: Marketing- und Vertriebsimpulse«

Unter diesem Schwerpunkt wird im 16. Wirtschaftsbericht des Senats von Berlin u. a. ausgeführt, daß

»... besonders für mittelständische Unternehmen das Zusammentreffen von Produktinnovationen mit besonderen Marketing- und Vertriebsanstrengungen für den Erfolg ausschlaggebend (ist), um möglichst schnell Kundenwünsche erkennen und erfüllen und sich neue Märkte erschließen zu können, nicht zuletzt in den schnell wachsenden Schwellenländern Südost-Asiens.« (S. 9)
»Für technologie-orientierte Unternehmensgründungen, die immer ei-

nen besonders hohen Kapitalbedarf mit sich bringen, sind Fördersatz und -volumen gegenüber anderen Existenzgründungen deutlich erhöht worden. Zu solchen Gründungen anzuregen ist für den Ausbau Berlins zu einem innovativen Industriezentrum besonders wichtig.« (S. 9 f.)

Wie stringent die »Grundphilosophie« der Innovationsstrukturpolitik durch die Forcierung der Entwicklung und des Einsatzes der Produktivkraft ›Wissenschaft und Technologie‹ auch im Hinblick auf die Beschäftigungspolitik vertreten wird, geht u. a. aus der folgenden Passage hervor. Hier zeigt sich auch besonders deutlich die ungebrochene Wirkung des WTI-Paradigmas:

»Die Sorge, daß der Einsatz modernster Technik im Rahmen der Modernisierung der Wirtschaft ›unter dem Strich‹ Arbeitsplätze kosten könnte statt neue zu schaffen, ist unberechtigt. Daß Spitzentechnik vielmehr Arbeitsplätze in wirklich großer Zahl bringen kann, zeigt das große Engagement eines Elektronikunternehmens besonders eindrucksvoll.[209] Wichtiger als jeder unmittelbare, direkte Arbeitsplatzeffekt sind jedoch die Folgewirkungen, die viele der Vorhaben und Projekte in Berlin einleiten. Erfahrungen auch in anderen Ländern zeigen: Regionen mit höherem Anteil an Spitzentechnik haben eine günstigere Beschäftigungsentwicklung.« (S. 10)

Es wäre reizvoll, die vielfältigen Innovationsaktivitäten genauer zu beleuchten, die in dem umfangreichen Kapitel B I »Struktur und Innovationspolitik für neue Arbeitsplätze in Berlin« dargestellt werden. Dies würde jedoch einen zu weitgehenden Exkurs bedeuten, weshalb ich auf die in Tabelle 8.5.4 – 1 zusammengestellten Innovationshilfen verweise, die in einer Informationsschrift des Senats von Berlin enthalten sind. Da die Strategieelemente und die eingeleiteten Maßnahmen weitgehend den Vorschlägen der 1977 formulierten »Innovationsstrategie für Berlin« entsprechen, stelle ich hier die im 16. Wirtschaftsbericht des Senats von Berlin besonders hervorgehobenen Elemente zusammen. Ich folge dabei genau dem Textverlauf im 16. Wirtschaftsbericht und gebe in Klammern die Seitenzahl an, von der an die weiteren Erläuterungen zu den hervorgehobenen Strategieelementen folgen:

209 Gemeint ist die Nixdorf-Computer AG mit dem Aufbau eines neuen Zweigwerkes in Berlin.

Tabelle 8.5.4 – 1
Innovationshilfen des Landes Berlin zur Förderung von Forschung, Entwicklung und wirtschaftlichen Strukturmaßnahmen

Maßnahmen zur Förderung von Forschung und Entwicklung . . . 6 Technologie-Transfer. . . . . 7 FuE-Personalkostenzuschüsse . . 8 Personaltransfer-Programme . . . 9 ○ Innovationsassistent ○ Innovationspraktikum Forschungs- und Entwicklungsbegünstigungen nach dem Berlinförderungsgesetz . . . . 10 + 11 Förderung von Forschung und Entwicklung bei kleinen und mittleren Unternehmen in Berlin . . 12 Innovationsfonds . . . . 13 Berliner Gründerzentrum . . . . 14 Modellversuch »Förderung technologieorientierter Unternehmensgründungen« 15 Förderung von Forschung und Entwicklung durch das Bundesministerium für Forschung und Technologie . . . . 16 Externe Vertragsforschung. . . . 17	Sonstige Förderhilfen . . . 18 + 19 ○ Industrielle Gemeinschaftsforschung ○ Wirtschaftsnahe Forschung in Berlin aus dem ERP-Sondervermögen ○ Förderung der Forschung auf dem Gebiet der Betriebswirtschaft ○ Forschungsförderungsfonds ○ Wagnisfinanzierung Beratung . . . . 20 + 21 ○ Innovationsberatung ○ Marketingberatung als Teil der Innovationsberatung ○ Technologisch-betriebswirtschaftliche Teamberatung Forschungsprogramm Energie des Landes Berlin . . . . 22 Informationstransfer über Recherchen . . . . 23 Forschung und Entwicklung in Berlin, Kontaktadressen . 24 + 25 Wer hilft Ihnen weiter? Ansprechpartner für auswärtige Interessenten. 26

Quelle:
Der Senator für Wirtschaft und Verkehr, Informationsschrift, Forschung und Entwicklung (Stand: 1. 6. 1984)

○ Innovationen und Existenzgründungen zur Stärkung der eigenen Leistungskraft Berliner Unternehmen unterstützen (S. 61)
○ Standortvorteil »Forschungspotential« nutzen und weiterentwickeln (S. 61)
○ Innovationen und Strukturanpassung auf das »Entdeckungsverfahren Wettbewerb« abstützen (S. 62)

- Innovationshilfen zur Erneuerung kleinerer und mittlerer Unternehmen (S. 62)
- Anreize für solide Existenzgründungen (S. 62)

›Erstes Strukturprogramm‹ vom 15. Juni 1982 mit folgenden Elementen:

- Verbesserung der Investitions- und Auftragsfinanzierung
- Verbesserung des Instruments der öffentlichen Bürgschaften
- Einführung einer Existenzgründungsprämie
- Einführung einer Existenzsparförderung
- Verbesserung der Innovationsfinanzierung durch Einrichtung eines Innovationsfonds
- Erhöhung der Innovations- und Wettbewerbsfähigkeit kleiner und mittlerer Unternehmen durch Innovationsberatung und Innovationspraktika
- Anschubfinanzierung für zukunftsorientierte Technologien in den Bereichen Verkehr und Energie
- Verstärkte Infrastrukturhilfen
- Werbe- und Informationskampagne für den Investitions- und Technologiestandort Berlin

○ Wissenstransfer auch durch Personaltransfer (S. 62)
- Programm »Innovationsassistenten für Unternehmen«
- Berliner Innovations- und Gründerzentrum (BIG)

○ Innovationen und Anreize zu verstärkten Marketing- und Vertriebsimpulsen (S. 62)

○ Innovationen auf breiter Front: Von der Spitzentechnik bis zum Handwerk (S. 62)

○ Bestandspflege als Hilfe zur rechtzeitigen Modernisierung (S. 63)

○ Managementhilfe (S. 63)

○ Berlins Vorteile auch als »Technologiestandort« im In- und Ausland stärken (S. 63)

○ Neue Technologiepolitik nutzt und entwickelt Standortvorteile (S. 66)

○ Innovationsfonds des Senats als Vorreiter für privates Venture Capital (S. 67)
- »Berliner Innovationsfonds«; vier private Gesellschaften

○ Existenzgründungsprämie für technologieorientierte Unternehmensgründungen (S. 67)

- ○ Berliner Innovations- und Gründerzentrum (BIG) (S. 67 f.)
- ○ »Innovationsassistenten-Programm« (S. 68)
- ○ »Innovationspraktikum für Studenten« (S. 69)
- ○ Anschubfinanzierung für neue Technologien (S. 69)
- ○ Forschungs-Förderungsfonds (S. 69)
- ○ Ausbau der Technologietransferstellen (S. 69)
  - – Die Technologie-Vermittlungs-Agentur e. V. (TVA)
  - – Das VDI (Verband Deutscher Ingenieure)-Technologiezentrum (TZ) für das Gebiet Mikroelektronik, VDI-TZ
  - – die TU-Transfer (Technologietransferstelle der Technischen Universität Berlin)
- ○ Errichtung von »Task Forces« (S. 70):
  Gemeint sind Expertengruppen bei der Wirtschaftsförderungsgesellschaft Berlin (WFB) unter Mitwirkung der Prognos AG zur Identifikation und Erschließung von Wachstumsmärkten im Bereich von Spitzentechnologien; erste Arbeitsschwerpunkte sind Verkehrs-, Umwelt-, Werkstoff- sowie Kommunikationstechnik.
- ○ Ausbau der Nachrichtentechnologie (S. 70)
- ○ Leistungskraft kleiner und mittlerer Unternehmen durch Inanspruchnahme von FuE-Programmen des Bundes stärken (S. 71)
- ○ FuE-Personalkostenzuschußprogramm (S. 71)
- ○ Forschungsprojekte durch das ERP-Sondervermögen fördern (S. 71)
  (Programm zur Förderung anwendungsorientierter und wirtschaftsdienlicher Forschungsprojekte auf technologischem Gebiet)
- ○ Auftragsforschung und Entwicklung, externe Vertragsforschung intensivieren (S. 71)
  - – Sonderprogramm »Anwendung der Mikroelektronik«
  - – Programm »Fertigungstechnik« (CAD/CAM-Systeme)
- ○ Innovationsberatung für kleinere und mittlere Unternehmen (S. 72)
  - – Zugang zu Forschungs- und Innovationserkenntnissen
  - – Anwendung neuer Technologien
  - – Entwicklung und Vermarktung neuer Produkte und Verfahren
  - – Existenzgründungsberatung.

8.5.5 Die Innovationsstrukturpolitik der Industrie- und Handelskammer zu Berlin

Die IHK zu Berlin unterstützt nachhaltig die Struktur- und Innovationspolitik des Senats von Berlin. Das geht aus dem Jahresbericht der IHK[210] ebenso hervor wie aus zahlreichen anderen Verlautbarungen.[211]
Im Prinzip kann man sogar feststellen, daß die Wirtschaftsstrukturpolitik der IHK in allen wesentlichen Elementen mit der des Senats von Berlin kongruent ist. Das ist nicht verwunderlich. Tatsächlich wurden nämlich die Hauptelemente der heute in Berlin praktizierten Innovationsstrukturpolitik von der IHK bereits vorgezeichnet, bevor sie offizielle Politik des Senats wurden. Insofern sind die zahlreichen Bekundungen der IHK, in denen die Politik des Senats begrüßt wird, eher Bekundungen zur eigenen Position. So auch im Jahresbericht der IHK 1983/84, wenn es heißt:

»Wichtige Elemente der Berliner Strukturpolitik sind aber vor allem auch die drei Strukturprogramme des Senats, die in den beiden letzten Jahren konzipiert und fortgeschrieben worden sind. Mit diesen regionalen Programmen will der Senat vor allem Existenzgründungen fördern, zu Innovationen in neue Produkte und Produktionsverfahren anregen sowie einen verstärkten Technologie-Transfer zwischen Wissenschaft und Wirtschaft in Gang setzen. Im einzelnen stehen für diese offensive Strukturpolitik Maßnahmen und Einrichtungen wie der Innovationsfonds, die Innovationsberatung, der Technologie- und Personal-Transfer, das Berliner Innovations- und Gründerzentrum (BIG), die Anschubfinanzierung für zukunftsorientierte Technologie oder die ›Gesellschaft für neue Berufe‹. Alle diese Maßnahmen sind Beispiele für eine ideenreiche und innovative Strukturpolitik, die auch überregional in den Medien und bei der Wirtschaft eine zunehmend positive Resonanz findet.
Die Industrie- und Handelskammer begrüßt diese neue Strukturpolitik des Senats. Sie hält sie nicht nur für konzeptionell richtig, sondern unterstützt sie auch durch ihre eigenen Aktivitäten.«[212]

210 Industrie- und Handelskammer zu Berlin, Bericht 1983/84, Rückblick auf das Jahr 1983 und Ausblick auf 1984, Berlin 1984.
211 Vgl. »Die Berliner Wirtschaft« – Mitteilungen der Industrie- und Handelskammer zu Berlin, Publikationsorgan der IHK, vor allem die Jahrgänge 33 und 34.
212 IHK-Bericht 1983/84, a.a.O., S. 17.

Im Hinblick auf die eigenen Aktivitäten der Kammer wird unter anderem folgendes ausgeführt:

»Parallel zu den Förderungsmaßnahmen des Senats ist auch die Existenzgründungsberatung der Kammer intensiviert worden.
Daneben bilden die Mitwirkung bei der Forschungsförderung, die Innovationsberatung sowie die Beteiligung am Technologie-Transfer weitere Schwerpunkte der Kammerarbeit. Vor allem aufgrund ihrer Erfahrungen auf dem Gebiet des Technologie-Transfers ist die Industrie- und Handelskammer nicht nur Befürworter, sondern auch Mitträger einer übergreifenden Technologie-Vermittlungs-Agentur (TVA). Im Interesse der vielen mittleren und kleinen Firmen soll die TVA dazu beitragen, die für das einzelne Unternehmen kaum noch überschaubare technische Entwicklung transparenter zu machen.
Wie der Senat ist die Industrie- und Handelskammer der Meinung, daß dieser Technologie-Transfer durch einen Personal-Transfer und durch die Bereitstellung von Wagniskapital ergänzt werden muß. Managementhilfen wie auch Kapitalbeschaffung sollten jedoch vorwiegend privaten Venture Capital-Gesellschaften überlassen bleiben, die erfreulicherweise in Berlin gegründet worden sind und offensichtlich noch weiter entstehen werden.«[213]

Welche zentrale Bedeutung die Innovationsstrukturpolitik über den Wissens- und Technologietransfer heute für die IHK hat, geht daraus hervor, daß das erste Kapitel des Jahresberichtes mit »Chancen moderner Technik für Berlin« überschrieben ist. In den Jahresberichten ist es üblich, hier die politischen Leitlinien und die zentralen Rahmenbedingungen sowie strukturellen Entwicklungstendenzen der Wirtschaftsregion Berlin zu behandeln. Diese sind danach heute durch die Forcierung der Innovationsstrukturpolitik mit den Kernelementen »Innovationsmanagement« und »Technologietransfer« gekennzeichnet. Dem entspricht auch der breite Raum, der dem Thema »Berliner Industrie mit innovativen Impulsen«[214] eingeräumt wird.

»In hochentwickelten Industriegesellschaften gibt es zu einer sinnvollen Nutzung moderner technischer Möglichkeiten keine Alternative. Ein rohstoffarmes Land wie die Bundesrepublik Deutschland lebt vielmehr in starkem Maße vom Export von Spitzentechnologien, der eine Quelle des Wohlstandes und eine Voraussetzung für den sozialen Fortschritt ist.

213 Ebenda, S. 17f.
214 Ebenda, S. 39ff.

Das gilt in besonderem Maße für Berlin. Die Stadt hat aber in diesem Prozeß nicht nur außergewöhnliche Chancen, sondern auch viele Konkurrenten.«[215]

Unter der Überschrift: »Mehr Aufgeschlossenheit für moderne Technik notwendig« wird unter anderem ausgeführt:

»Nicht nur Wirtschafts- und Wissenschaftspolitik, auch die Politik insgesamt muß die Chancen moderner Technologie für Berlin erkennen und umsetzen. Nur bei größerer Aufgeschlossenheit gegenüber der modernen Technik auch bei allen Fraktionen des Berliner Abgeordnetenhauses kann Berlin seine Standortvorteile, die in dem großen Wissenschafts- und Forschungspotential sowie in den daraus resultierenden Möglichkeiten des Technologie-Transfers liegen, voll ausschöpfen und für eine verbesserte Lebensfähigkeit nutzbar machen.«[216]

Natürlich stören in einer so konzipierten Innovationsstrukturpolitik alle sozialen und ökologischen Einwände das glatte Konzept. Deshalb heißt es z. B. weiter:

»Leider gibt es in Berlin aber immer wieder Schwierigkeiten bei der Umsetzung der richtigen theoretischen Erkenntnis der Berliner Standortvorteile in eine konsequente praktische Politik ihrer Stärkung und Nutzung. Ein Beispiel dafür sind die modernen Kommunikationstechniken.

Alle Fachleute sind sich darin einig, daß Berlin auf diesem Gebiet einmalige Standortvorteile hat und auch große Möglichkeiten bietet. Auch ist unbestritten, daß die Informationsverarbeitung und die modernen Kommunikationstechniken zu den ganz wenigen sicheren Wachstumsmärkten gehören. Deshalb vertreten diejenigen Politiker, die sich damit intensiver beschäftigt haben, auch ganz selbstverständlich den Anspruch, Berlin müsse auf diesem Gebiet eine führende Rolle spielen. Wenn es dann aber darum geht, die politischen Voraussetzungen dafür zu schaffen, daß Möglichkeiten für Berlin auch tatsächlich genutzt werden können, dann gibt es mehr Ängste vor den Gefahren moderner Technik und mehr Vorbehalte ihr gegenüber als die Bereitschaft zu nüchterner Analyse und den Mut zu sachgerechter politischer Gestaltung. In diesem Zusammenhang sind die Diskussionen über das Kabel-Pilotprojekt Berlin ein ganz entscheidender Prüfstein dafür, ob Berlin die Chancen moderner Technik offensiv wahrnimmt oder defensiv versäumt. Wenn es im Abgeordnetenhaus von Berlin nicht gelingt, bis zur Sommerpause die gesetzlichen Voraussetzungen für das Kabel-Pilotpro-

215 Ebenda, S. 20.
216 Ebenda, S. 18.

jekt Berlin endgültig zu schaffen, dann wird Berlin im Gesamtbereich der Telekommunikation gegenüber anderen Bundesländern ins Hintertreffen geraten. Dann würde Berlin nicht zu einem Mekka, sondern zu einem Schlußlicht der Telekommunikation.«[217]

Der Hoffnung, Berlin nicht nur zu einem »Mekka der Telekommunikation«, sondern der gesamten Informations- und Kommunikationstechnologie zu machen, sind zahlreiche Aktivitäten gewidmet, die in den letzten Jahren gefördert wurden. Um wenigstens den Überblick über die wichtigsten Forschungsinstitutionen und ihre Arbeitsschwerpunkte auf dem Gebiet der »Fortgeschrittenen Informationstechnologien in Berlin« zu behalten, hat der Senat von Berlin eine Informationsschrift erarbeiten lassen. Sie enthält neben den einschlägigen Instituten der Universitäten und Fachhochschulen zahlreiche außeruniversitäre, öffentlich geförderte FuE-Einrichtungen und Behörden sowie Wirtschaftsunternehmen, die auf diesem Gebiet Forschung und Entwicklung betreiben.[218]

Die Zusammenstellung der Institute und Unternehmen zeigt bei aller Unvollständigkeit, daß weit über einhundert Einrichtungen Forschung auf dem I- und K-Sektor betreiben, manche schon seit vielen Jahren bzw. Jahrzehnten.

Eine ähnliche Mannigfaltigkeit ließe sich auch auf anderen Gebieten aufzeigen, in denen neue wissenschaftliche Entwicklungen und neue Technologien sichtbar geworden sind, so etwa in den Bereichen Energietechnik, Energieplanung und Energiesysteme, Umwelttechnologien und Umweltplanung, Werkstofftechnologien, Verkehrstechnik und Verkehrsplanung, Medizintechnologien, Baustoffe und Bautechniken, Verfahrenstechniken und anderes.

Schon in den Jahren 1976 und 1977 gab es verschiedene Bemühungen, einen Überblick über das FuE-Potential Berlins zu bekommen, wozu ich auch mehrfach angeregt habe.[219] Ebenso habe ich mich bemüht, das FuE-Potential der Stadt auf den

217 Ebenda, S. 18f.

218 Senator für Wissenschaft und Forschung (Hrsg.) und Senator für Wirtschaft und Verkehr, »Fortgeschrittene Informations-Technologie in Berlin – FIT«, Berlin 1983.

219 Siehe die Literaturhinweise in Kapitel 8.5.3.

Gebieten »Energietechnologie und Energieplanung« sowie »Neue technische Kommunikationssysteme« zusammenzuführen und für die Stadt nutzbar zu machen.[220]

Mit der Informationsbroschüre »Fortgeschrittene Informationstechnologie in Berlin – FIT« in Anlehnung an das FuE-Förderungsprogramm der Europäischen Gemeinschaft auf dem Gebiet der Informationstechnologie, ESPRIT[221], wird die Absicht des Senats von Berlin unterstrichen, die Wirtschaftsregion in den internationalen Innovationswettbewerb auf diesem Sektor einzubeziehen.

Im Vorwort wird das Ziel wie folgt angegeben:

»Mit der vorliegenden Darstellung bereits vorhandener Aktivitäten auf dem Gebiet der Fortgeschrittenen Informationstechnologie sollen Forscher und Entwickler in der Stadt in Wissenschaft und Wirtschaft aufeinander aufmerksam gemacht und zur Zusammenarbeit angeregt werden. Die Bundesregierung und die Kommission der Europäischen Gemeinschaft sollen auf das beachtliche Potential aufmerksam gemacht werden. Vor allem aber ist dies ein Angebot an die Wirtschaft zur Zusammenarbeit und dazu, sich zur Lösung der eigenen Probleme in Berlin zu engagieren.«[222]

220 Hierfür habe ich gemeinsam mit zahlreichen Wissenschaftlern und Praktikern zwei Institutionen zur Forschungskooperation gegründet. Es handelte sich um die beiden Institutionen: *Forschungsverbund »Energie für Berlin« und »Forschungsverbund Interdisziplinäre Arbeitsgruppe Kabelkommunikation Berlin – IKB«;* vgl. Forschungskooperation in Berlin auf den Gebieten der rationellen Energieverwendung und der Kabelkommunikation, beschrieben in: analysen und prognosen, Heft 60, November 1979, S. 21 ff. Vgl. Kabelfernsehen und gesellschaftlicher Dialog – Vorstudien der Interdisziplinären Arbeitsgruppe Kabelkommunikation Berlin (IKB) zur wissenschaftlichen Vorbereitung und Begleitung von Pilotprojekten zum Zweiwegkabelfernsehen, hrsg. von Klaus Dette, Rolf Kreibich und Heidrun Kunert-Schroth, Beiträge des Instituts für Zukunftsforschung, Nr. 2, München 1979.

221 Kommission der Europäischen Gemeinschaft, »Europäisches strategisches Programm für Forschung und Entwicklung auf dem Gebiet der Informationstechnologie – ESPRIT«, Brüssel, *Task Force* – Informationstechnologie.

222 Senator für Wissenschaft und Forschung (Hrsg.) und Senator für Wirtschaft und Verkehr, »Fortgeschrittene Informations-Technologie in Berlin – FIT«, Berlin 1983, S. 3.

Als Fußnote zu diesem Exkurs sei angemerkt, daß selbst Vertreter des Senats von Berlin und der Industrie- und Handelskammer gern von »Silikon-Wedding«[223] sprechen, nicht zuletzt mit der Wunschvorstellung, dem bedeutendsten amerikanischen Zentrum der Mikroelektronik und Informationstechnologie ein europäisches in Berlin gegenüberzustellen.

Wie stark die Grundlinien der Innovationsstrukturpolitik der IHK zu Berlin denjenigen des Senats von Berlin gleichen, läßt sich im Jahresbericht vor allem an dem Kapital »Berliner Industrie mit innovativen Impulsen« aufzeigen.[224]

Dort wird ähnlich wie im 16. Wirtschaftsbericht des Senats von Berlin auf folgende Notwendigkeiten verwiesen:[225]

- »Das Bild einer gut ausgestatteten Forschungs- und Entwicklungsstruktur.«
- Die »Fortführung der Technologie-Vermittlungs-Agentur (TVA)«
- »Eine vor allem von der Wirtschaft gewünschte umfassende Koordination im Technologie-Transfer-Bereich«
- Ein engeres Zusammenwirken von Wissenschaft, Wirtschaft und staatlicher Administration, »... daß das Angebot von Innovationsberatung und Technologie-Transfer für kleine und mittlere Unternehmen noch transparenter wird.«
- Die »Aufstockung des Innovationsfonds sowohl für innovative Existenzgründungen als auch für die Förderung neuer Produktionen und ihrer Markteinführung.«
- Eine bessere »Abstimmung zwischen dem Innovationsfonds im Programm des Bundesministers für Wirtschaft zur Förderung von Forschung und Entwicklung in kleinen und mittleren Unternehmen sowie dem Forschungsfonds des Senators für Wissenschaft und Forschung.«
- Den Ausbau der »bereits nach kurzer Zeit besonders wirkungsvollen Instrumente der innovationsorientierten Strukturpolitik des Perso-

223 Im Stadtbezirk Wedding befindet sich das 1983 gegründete Berliner Innovations- und Gründerzentrum (BIG), in dem die Forschungs- und Entwicklungsarbeit sowie der Aufbau neuer Produktlinien durch Institute und neue Unternehmen vor allem auf dem Gebiet der Informationstechnologie gefördert werden soll (vgl. Kapitel 10.3).

224 IHK-Bericht 1983/84, a.a.O., S. 39 ff.

225 Die folgenden Zitate ebenda, S. 43 ff.

naltransfers; hier weisen der Einsatz von ›Innovationsassistenten‹ und die Einführung von ›Innovationspraktika‹ in die richtige Richtung.«

Nachdem auch »das gestiegene Technologiebewußtsein kleiner und mittlerer Unternehmen« besonders hervorgehoben wird, werden die Aktivitäten privater Unternehmen und der staatlichen Strukturpolitik wie folgt dargestellt:

»Die neuen und verstärkten Akzente im Rahmen der regionalen Strukturpolitik haben erfreulicherweise einige private Aktivitäten nach sich gezogen. Insgesamt rundet sich dadurch das Bild Berlins als eines Standortes, der durch Technologie-Transfer, Wagnisfinanzierung und innovative Existenzgründungen besonders günstige Bedingungen bietet. So wurde die Einrichtung des Berliner Innovations- und Gründerzentrums (BIG) der Technischen Universität Berlin, das ebenfalls vom Senat im Rahmen seiner Strukturpolitik gefördert wird, durch die Initiative verschiedener Banken zur Bereitstellung von Wagniskapital begleitet. Beispielhaft für weitere technologische Anstöße unter maßgeblicher Beteiligung von privater Seite sind auch Forschungskooperationen wie die Innovationsgesellschaft für fortgeschrittene Produktionssysteme in der Fahrzeug-Industrie GmbH (Daimler-Benz, VW, BMW, Siemens, IPK), das Institut für Biotechnologie (Schering, Land Berlin) sowie das Institut für Aggregatetechnik und Verkehrsfahrzeuge GmbH (VW, Studiengesellschaft Nahverkehr, Neoplan).
Solche und ähnliche Initiativen haben nicht nur technologisch, sondern auch ordnungspolitisch besonderes Gewicht. Sie entsprechen dem Verständnis staatlicher Strukturpolitik, Rahmenbedingungen zu schaffen, denen dann einzelwirtschaftliche Aktivitäten folgen müssen. Dieser im Ansatz richtige Weg sollte in Berlin weiter beschritten werden.«[226]

Wie stark die »Philosophie« der Innovationsstrukturpolitik auf den Einsatz der Produktivkraft ›Wissenschaft und Technologie‹ abhebt, wird im zentralen Leitgedanken zum Thema »Gestaltung und Bildungsaufgabe« deutlich:

»Nicht nur viele Politiker, auch die Gewerkschaften müssen ihr Verhältnis zur modernen Technik überprüfen und versachlichen. Man kann nicht mit Anspruch auf Glaubwürdigkeit einerseits einen technologischen Rückstand der deutschen oder der Berliner Industrie im internationalen Wettbewerb beklagen und andererseits sich gegen die Nutzung moderner Techniken sperren.«[227]

226 Ebenda, S. 45.
227 Ebenda, S. 19.

9 Die Wurzeln des heutigen Innovationsmanagements und Technologietransfers[1]

9.1 Ausgangsthesen

Nach dem Exkurs über die aktuelle Innovationsstruktur- und Technologietransferpolitik kehre ich zum Ausgangspunkt zurück.

Zunächst zu meiner Hauptthese, daß die Entwicklung der fortgeschrittenen Industriegesellschaften primär auf der Produktivkraft ›Wissenschaft und Technologie‹ beruht, insbesondere auf den methodischen Grundlagen der wissenschaftlichen Wissensproduktion und Technologieverwertung: Immer mehr haben sich die wissenschaftliche Wissensproduktion und die auf Wissenschaft beruhende Technologienutzung als zentrale ökonomische und soziale Innovationskraft der Industriegesellschaften, unabhängig vom jeweiligen ideologischen Überbau und der jeweiligen Organisationsform des Wirtschaftssystems, herausgebildet.

Diese These wurde in den vorangegangenen Kapiteln hinreichend belegt.

Ich rekapituliere noch einmal die 3 Thesen aus Kapitel 8:

These 1:

»Die grundlegenden wirtschaftspolitischen Entscheidungen erfolgen heute nach wie vor auf dem Hintergrund des vorherrschenden WTI-Paradigmas, und die strukturpolitisch relevanten Maßnahmen beziehen sich durchweg auf das Management der Erzeugung und Umsetzung von Innovationen und auf die Forcierung des Wissens- und Technologietransfers.«

1 Auch das in diesem Kapitel verarbeitete Material stammt teilweise aus den Aufzeichnungen, die ich während zweier Informationsreisen zum Studium der Wissenschaftsorganisationen in den USA 1970 und 1974 unternommen habe.

These 2:
»Weder beim Innovationsmanagement noch beim Technologietransfer handelt es sich um neue politische Konzepte. Die derzeit extensiv betriebenen Strategien sind lediglich die verzögerten Reaktionen auf die tiefgreifenden Strukturschwächen des Industriesystems, die vor allem durch die erste und die zweite Ölpreiskrise von 1973 bzw. 1979 bloßgelegt wurden.«

Diese These habe ich am Beispiel der Entwicklung und der Wirtschaftsstrukturpolitik von Berlin (West) zu belegen versucht. Dabei wurde vorausgesetzt, daß der Wirtschaftsraum Berlin (West) als prototypisch für hochindustrialisierte Regionen angesehen werden kann, insbesondere für solche, die verzögert auf die Strukturschwächen alter Industrien reagieren, gleichwohl aber günstige Voraussetzungen haben, die neue Schlüsselressource »Information« zu mobilisieren.
Die produktive Nutzung der Ressource »Information« läßt sich am besten durch Forcierung der wissenschaftlichen Wissens- und Technologieproduktion und ihrer industriellen Verwertung bewerkstelligen.
Es hat mehrere Schübe gegeben, diese Strategie in Berlin durchzusetzen.
Die Wirtschaftsregion Berlin (West) ist auch geeignet, erste Ansätze der Transformation der Industriegesellschaft in eine auf Informations- und Kommunikationstechnologien beruhende »postmaterielle Gesellschaft« aufzuzeigen. Da ich für diese Entwicklung primär unsere wissenschaftlichen Denk- und Handlungsmethoden verantwortlich mache, halte ich die Charakterisierung als »Wissenschaftsgesellschaft« für notwendig: Nicht die Kategorien »Wissen«, »Information«, »Technologie« oder »Auto«, »Atom«, »Computer« oder »Roboter«, auch nicht Kategorien wie »demokratisch«, »liberal«, »sozialistisch« oder »kommunistisch« kennzeichnen primär die Triebkräfte der fortgeschrittenen Industriegesellschaften, sondern die wissenschaftlichen Methoden der Wissens- und Technologieproduktion.
Heute werden diese Methoden vor allem im Rahmen der staatlichen und privaten Innovationssteuerung und des institutionalisierten Technologietransfers gefördert und weiterentwickelt.

These 3:
»Innovationsmanagement und Technologietransfer haben sich in den letzten Jahren stark verbreitet, sie sind immer facettenreicher und differenzierter geworden. Dennoch handelt es sich nicht um einen prinzipiell neuen methodischen Ansatz der Wissensproduktion und Wissensverwertung, sondern lediglich um die Weiterentwicklung der schon in den vierziger und fünfziger Jahren praktizierten Methoden und Organisationsformen.«

Zum ersten Teil der These habe ich bereits dargestellt, wie mannigfaltig die Konzepte und Maßnahmen sind, die in den letzten Jahren beispielsweise in der Wirtschaftsregion Berlin (West) erörtert bzw. realisiert wurden.
Diese Art der Strukturpolitik, im wesentlichen also staatlich gelenktes Innovationsmanagement auf der Grundlage wissenschaftlicher Wissensproduktion und Technologieverwertung, wird in allen Industriegesellschaften immer mehr zum zentralen politischen Handlungsprinzip zur Steigerung von Wirtschaftswachstum, Produktivität und Wettbewerbsfähigkeit.
Im folgenden Kapitel 9 soll nun der zweite Teil dieser These belegt werden, wonach die Wurzeln des staatlich gelenkten Innovationsmanagements ebenfalls in jener Wissenschaftsindustrie liegen, die sich in den vierziger und fünfziger Jahren, vor allem in den USA, in Form des eng vernetzten wissenschaftlich-industriell-militärischen Komplexes herausgebildet hat.
In Kapitel 10 wird anschließend die Entwicklung in der Bundesrepublik Deutschland dargestellt. Hier lautet die zentrale These, daß die verzögerte Herausbildung des staatlich gelenkten und organisierten Innovationsmanagements auf der Grundlage der wissenschaftlichen Wissens- und Technologieverwertung keine prinzipiell andere Entwicklung der Produktivkraft ›Wissenschaft und Technologie‹ markiert, sondern lediglich ein zeitliches Nachhinken aufgrund der Folgen des Zweiten Weltkrieges und der in der Bundesrepublik noch wirkenden idealistischen Wissenschaftsauffassung.

9.2 Die großen Wissenschafts-Wirtschafts-Zentren in den USA um 1940

Wie in Kapitel 6 dargestellt, wurde allein in den USA eine neue Form der Steuerung und Umsetzung des wissenschaftlichen Wissens und des technologischen Know-hows erprobt, die zu einer spezifischen Vernetzung von Wissenschaft, Staat, Wirtschaft und militärischem Bereich führte. Die Ergebnisse sind Beleg dafür, daß diese spezifische Form der Wissensproduktion im Sinne des WTI-Paradigmas äußerst erfolgreich war.

Weisen die Regionen um die Universitäten von Berkeley und Palo Alto (Stanford) im Westen der USA und um die Harvard University (Cambridge/Mass. und Boston), das Massachusetts Institute of Technology, M.I.T. (Cambridge/Mass.) und die Princeton University in der Nähe von New York schon in den dreißiger Jahren eine enge Vernetzung mit der örtlichen Industrie und der politischen Administration auf, so werden diese Verbindungen im Rahmen der Vorbereitungen der USA auf den Eintritt in den Zweiten Weltkrieg noch enger und zielgerichteter. Hier entwickeln sich die neuen Konzepte der Wissensproduktion und Wissensumsetzung, und hier werden sie auch erprobt.

Hauptsächlich aus diesen wissenschaftlichen Zentren rekrutieren sich die Wissenschaftler für die interdisziplinäre Projektforschung, mit Managementqualitäten für den Umgang mit der Wirtschaft und der politischen bzw. militärischen Administration. Diese Wissenschaftler sind es vor allem, die die Ideen und Konzepte zur Gründung von wissenschaftlichen Einrichtungen ganz neuen Typs entwickeln, die in besonderer Weise auf die Produktion von »interdisziplinärem Wissen« und dessen Umsetzung ausgerichtet sind. Neben den neuen wissenschaftlichen Methoden zur Wissensproduktion spielen in den »think factories« vor allem konzeptionelle Ansätze der Innovationssteuerung und eines gezielten Technologietransfers eine besondere Rolle.

Typisch sind die vertraglich fixierten und die mannigfaltigen informellen, personalen und institutionellen Verbindungen mit der politischen Administration der Region und den regionalen Wirtschaftsunternehmen.

Beispiele für solche Zentren der Wissensproduktion und des organisierten Wissens- und Technologietransfers sind:

– *Die Stanford University mit dem Department of Communication und dem Stanford Research Institute (SRI):*
Hier entwickelte sich einer der ersten Forschungs- und Technologieparks, der Stanford-Forschungspark, der Grundlage für die Informations- und Kommunikationstechnologie wurde. Er ist Vorläufer und Voraussetzung für das Industriepark-Modell.[2]
– *Die University of California mit ihrem Hauptsitz in Berkeley:*
Hier befinden sich auch das Radiation Laboratory (erstes Zyklotron von E. O. Lawrence) und das Center for Research in Management Science (Berkeley/San Francisco). In diesem Zentrum wurden wesentliche Grundlagen für die Atomforschung, die Kerntechnik und die Atombombenentwicklung der USA gelegt. Darüberhinaus wurden hier für die Organisation moderner Industriegesellschaften grundlegende Organisationsmethoden für politische und ökonomische Systeme entwickelt.
Die wissenschaftlich-technischen Spitzeneinrichtungen sind eingebettet in eine breite Palette von Bildungs- und Wissenschaftseinrichtungen. So gibt es hier zahlreiche Colleges: die San Francisco State University, die Golden Gate University, die University of San Francisco und die Kalifornische Akademie der Wissenschaften sowie zahlreiche Bibliotheken, Dokumentationseinrichtungen und wissenschaftliche Museen.
– *Das große Wissenschafts-Wirtschaftszentrum um Princeton/New York und Cambridge/Boston:*
In der größten Zusammenballung wissenschaftlicher Einrichtungen in der Welt um Cambridge/Boston und Princeton/New York bestanden schon vor dem Zweiten Weltkrieg Vernetzungen zwischen den Universitäten und der regionalen Großindustrie und deren Forschungslaboratorien.
Die Harvard University und die Harvard Medical School (Cambridge/Mass.), das Massachusetts Institute of Technology, M.I.T. (Cambridge/Mass.), die Princeton University und das Institute for Advanced Study in Princeton hatten enge Kontakte untereinander und beispielsweise mit den Bell Tele-

2 Vgl. hierzu Kapitel 9.4.4.

phone Laboratories und den Laboratorien der International Business Machines Corporation (IBM).
In diesem FuE-Zentrum liegt die Geburtsstätte der Informationstheorie und der Kybernetik. Hier wurden auch erste leistungsfähige Großrechner konzipiert und entwickelt, und von hier gingen die entscheidenden Anstöße zur technischen Beherrschung komplexer Systeme und zur Automatisierung und Rationalisierung im Produktions- und Dienstleistungsbereich aus.
An der Harvard University und am M.I.T. wurden schon frühzeitig institutionelle Formen der Kooperation mit Wirtschaftsunternehmen und enge Kontakte zur politischen und militärischen Administration angestrebt. Das konkretisierte sich zunächst in einem institutionalisierten Personaltransfer. Später kam die gemeinsame Nutzung von Infrastruktureinrichtungen hinzu. Der nächste Schritt bestand darin, Verträge über die Erarbeitung und Finanzierung von Erfindungen und die Entwicklung neuer Technologien sowie über ihre Verwertung und die Art der Gewinnbeteiligungen abzuschließen. Ein weiterer Schritt führte zum Abschluß von Vereinbarungen über Patentregelungen und Lizenzvergaben.
Hauptsächlich vom M.I.T. wurde die Institutionalisierung des Technologietransfers zwischen Universitäten und Wirtschaft, insbesondere zur regionalen Wirtschaft, vorangetrieben. Das M.I.T. entwickelte bis zum Ende der sechziger Jahre ein Transfermodell, das in seiner Leistungsfähigkeit richtungweisend für den Technologietransfer im Hochschulbereich wurde: Das M.I.T.-KOOP-Modell (vgl. 9.4.4).
Es darf nicht unerwähnt bleiben, daß für die Innovationswirkung der wissenschaftlich-technischen Zentren um Cambridge/Boston und Princeton/New York auch das Vorhandensein der zahlreichen anderen Forschungs- und Bildungseinrichtungen eine große Rolle spielte. Sie stellten gewissermaßen den »Humusboden« für die Bildung und Ausbildung qualifizierter Fachkräfte dar, die Zulieferunternehmen von ›Humankapital‹. Außerdem ergänzten sie die erforderliche Breite der wissenschaftlichen bzw. fachlichen Infrastruktur gerade für die im Entstehen begriffene interdisziplinäre Forschung und Entwicklung. Allein Boston hat noch drei weitere Universitäten,

die Boston University, die Northeastern University und die Suffolk University, eine Akademie der Künste und Wissenschaften und zahlreiche Colleges mit hohem Ausbildungsniveau in naturwissenschaftlichen, technischen und sozialwissenschaftlichen Fächern.

Die Princeton University und das Institute for Advanced Study liegen eingebettet in den sie umgebenden wissenschaftlich-technisch-industriellen Ballungsraum New York und Philadelphia. New York hat eine große Anzahl von Colleges und Hochschulen, so unter anderem The City University of New York mit etwa 135 000 Studenten, die New York University mit ca. 36 000 Studenten, die Columbia University mit ca. 15 000 Studenten, die Saint John's University mit ca. 15 000 Studenten, The New School of Social Research mit ca. 10 000 Studenten.

New York verfügt außerdem über eine große Anzahl bedeutender Bibliotheken, darunter die New York Public Library (über 7 Mill. Bände), die Brooklyn Public Library (2,9 Mill. Bände), die Columbia Public Library (4,5 Mill. Bände) und weitere Bibliotheken und Dokumentationseinrichtungen wissenschaftlicher Gesellschaften, die hier ihren Sitz haben.[3]

– *Philadelphia gehört zu den führenden Industrie-, Wissenschafts- und Kulturzentren der USA:*
Mit der University of Pennsylvania (22 000 Studenten; Institute of Cooperative Research), der Temple University (31 000 Studenten), der Drexel University (früher Institute of Technology, ca. 10 000 Studenten) und dem Sitz der Academy of Natural Science of Philadelphia, der 1812 gegründeten ältesten Gesellschaft der Naturwissenschaften in den USA, sowie der 1743 gegründeten American Philosphical Society und den zahlreichen Colleges, privaten Forschungsinstituten, Industrielaboratorien, Bibliotheken, Archiven und Dokumentationseinrichtungen verfügt die Stadt über eine so breite wissenschaftlich-technisch-kulturelle Infrastruktur, wie sie nur an wenigen Orten in der Welt zu finden ist.

3 Diese und die folgenden Zahlen beziehen sich auf Angaben aus dem Jahre 1970, in dem ich meine erste Informationsreise durch die Vereinigten Staaten machte.

Von der University of Pennsylvania gingen beispielsweise entscheidende Impulse der Computerentwicklung und Computernutzung aus. Hier wurden die berühmten Großrechner ENIAC und EDVAC unter der Leitung von J. W. Mauchly und J. P. Eckert zwischen 1942 und 1950 entwickelt, gebaut und für wirtschaftliche und militärische Aufgaben eingesetzt (vgl. hierzu auch 5.4.2).
Die University of Pennsylvania war seit Beginn der Kriegsvorbereitungen in besonderem Maße in den wirtschaftlich-militärischen Rüstungskomplex der USA einbezogen. Neben der Computerentwicklung, die hier im Auftrage der US Air Force stattfand, erhielt die Universität durch ihre Beiträge im Rahmen der chemischen und biologischen Kriegsführung eine zweifelhafte Berühmtheit. Die Universität hatte sich in Verträgen mit der Armee und der Air Force verpflichtet, eine Reihe von Forschungsarbeiten und technologischen Entwicklungen von Waffensystemen durchzuführen. Diese Tradition wurde nach dem Zweiten Weltkrieg fortgesetzt und führte Mitte der sechziger Jahre im Rahmen der Studentenproteste gegen den Vietnam-Krieg zu öffentlichen Kontroversen. Wie stark die Verflechtung der Universität mit dem militärischen Bereich war, läßt sich den folgenden Ausführungen andeutungsweise entnehmen:

– »Mehrere Jahre lang hatte sich die Universität von Pennsylvania verpflichtet, mit Zustimmung der Armee und der Luftwaffe der USA Forschungsarbeiten über Waffensysteme durchzuführen. Proteste aus Kreisen innerhalb der Universität mehrten sich, bis dann bei der Feier der Verleihung akademischer Grade im Frühjahr 1967 viele Mitglieder der Fakultät öffentlich ihr Mißfallen kundtaten, indem sie in akademischer Tracht mit Gasmasken erschienen. Bald darauf löste die Universität ihre Verträge. Doch geht die Arbeit unter dem ursprünglichen Leiter, Dr. Knut Krieger, in einem Laboratorium weiter, das den Namen ›Institute for Cooperative Research‹ trägt. Auch Dr. Krieger behauptete, daß die Projekte, für die er unter Vertrag steht und die unter der Bezeichnung ›Summit‹ und ›Spicerack‹ bekannt wurden, defensiven Charakter haben:
›Im Grunde bestehen unsere Tests in beiden Projekten darin, kritisch zu beurteilen, was chemische und biologische Waffensysteme anrichten würden, wenn jemand sie anwendete und wie wir uns dagegen verteidigen könnten ...‹

›... Viele meiner an dem Projekt beteiligten Kollegen und ich haben das Empfinden, daß wir die Möglichkeit für eine Art der Kriegsführung eröffnen, die man zuvor nie gekannt hat. Und wenn sie sich verwirklichen läßt – wenn wir vollbringen können, was wir zu vollbringen hoffen –, wird dies bestimmt sehr viel humaner sein als die übliche Kriegsführung ...‹«[4]

- Nicht unerwähnt bleiben sollte auch die im Nordwesten des wissenschaftlich-technischen Ballungszentrums um New York/Princeton liegende *Yale University in New Haven*, die zu den bedeutendsten Privatuniversitäten der USA gehört und vor allem zu jenen wissenschaftlichen Stätten, in denen ein beträchtlicher Teil des ›Humankapitals‹ qualifiziert wird, das in den Spitzenpositionen der politischen und militärischen Administration, aber auch der großen Wirtschaftsunternehmen, eingesetzt wird.
- Neben diesen Großzentren entwickelten sich auch in anderen Regionen neue Formen gezielter Innovationssteuerung und eines institutionalisierten Technologietransfers, etwa um die *Universitäten von Chicago oder Minnesota.* Von Chicago wurde ja die Nutzung der Kernenergie wissenschaftlich und technisch vorangetrieben, etwa durch die Realisierung der ersten Kettenreaktion am 2. 12. 1942 und durch den Bau des ersten Kernreaktors durch Enrico Fermi. Von der Universität Chicago gingen auch grundlegende Beiträge zur Entwicklung und Produktion der Atombombe aus, insbesondere kam das Uran-Trennungsverfahren aus dem Metallurgischen Laboratorium von Chicago. Chicago ist also ein zentraler Ausgangspunkt für die spätere großtechnische Kernenergiegewinnung.

  Die Metropolitan Area von Minneapolis/Saint Paul verfügt als Industriezentrum der nördlichen Mittelstaaten der USA über den Sitz der University of Minnesota (50 000 Studenten) sowie weiterer Universitäten und zahlreicher Colleges. Sie verstehen sich ebenfalls als Zulieferunternehmen für Humankapital und als Basis der wissenschaftlich-technischen Infrastruktur für die gesamte Industrieregion dieser Bundesstaaten.

4 R. W. Reid, Wissenschaft und Gewissen, München 1972, S. 320f. (Original: Tongues of Conscience, London 1969).

9.3 Neue Zentren im Rahmen des Zweiten Weltkriegs

Neben diesen noch weitgehend durch die traditionellen Universitäten und Forschungseinrichtungen bestimmten Organisationsformen der wissenschaftlichen Wissensproduktion und Wissensverwertung spielten vor allem die unmittelbar im Zusammenhang mit den Rüstungsentwicklungen stehenden Gründungen neuer Forschungs- und Entwicklungszentren eine entscheidende Rolle im Hinblick auf neue Formen der Innovationssteuerung und des Technologietransfers.

9.3.1 Das Atombombenentwicklungs-Zentrum ›Los Alamos‹

Die wohl spektakulärste Gründung ist in diesem Zusammenhang die Errichtung des Atomforschungs- und Atombombenentwicklungszentrums in Los Alamos (New Mexico).
Wie in England zog ab 1940 auch die amerikanische Regierung geeignete Wissenschaftler, insbesondere Naturwissenschaftler mit Kontakten zur Wirtschaft und mit Management-Erfahrungen, in Fragen der Technologieentwicklung allgemein und der Rüstungstechnologie im besonderen zu Rate. Einige der bedeutendsten Wissenschaftler wurden zur Mitarbeit am Aufbau neuer Forschungs- und Entwicklungszentren verpflichtet. Die Zusammenarbeit mit der politischen Administration, der Rüstungsindustrie und der militärischen Administration war das tragende Moment. Dabei kam es darauf an, die Mitwirkung möglichst der namhaftesten Wissenschaftler auf den jeweiligen Spezialgebieten zu gewinnen. Als besonders wichtig wurden von Anfang an Gebiete wie Kernphysik, Radartechnik, Computerwissenschaft, Computertechnik, Elektronik, Systemtechnik, Informations- und Kommunikationstechnik usw. eingestuft. Mit entsprechend qualifizierten Berufungen sollte auch von vornherein die Zusammenarbeit mit den führenden Universitäten und Forschungseinrichtungen der USA sichergestellt werden.
Das »Manhattan-Projekt«[5] zur Entwicklung der Atombombe

5 Dies war der Deckname des Atombombenentwicklungsprojekts. Das in Tennessee-Valley dafür ausgesuchte karge Farmland-Gelände

zeigt nicht nur alle Merkmale der neuen wissenschaftlichen und organisatorischen Methoden der Wissensproduktion, wie sie sich in diesen Jahren in den Zentren der Science Industry der USA und England herausbildeten[6], sondern auch die neuen Formen der Innovationssteuerung und des Technologie- und Personaltransfers.

Es begann damit, daß zwei der bedeutendsten Ingenieur- bzw. Naturwissenschaftler an die Spitze einer neuen, unmittelbar der Regierung angekoppelten Wissenschaftsadministration berufen wurden:

Vannevar Bush, Professor für Elektronik, übernahm 1941 die Leitung des Amtes für wissenschaftliche Forschung und Entwicklung im Auftrage der US-Regierung. Er hatte 1931 bereits eine erste leistungsfähige Rechenmaschine und zwischen 1932 und 1942 den ersten elektronischen Analogrechner gebaut.[7] Bush besaß große Erfahrungen in der Organisation wissenschaftlicher Projekte und in der Zusammenarbeit mit der Industrie. Seine Managementfähigkeiten hatte er sich als Vizepräsident der Carnegie Institution in Washington erworben.

James B. Conant, Professor für Chemie an der Harvard University, wurde Vorsitzender des Nationalen Forschungsausschusses für Fragen der Verteidigung. Er besaß als langjähriger Rektor der Harvard University (seit 1933) neben Erfahrungen in der Organisation wissenschaftlicher Arbeit vor allem auch solche auf administrativem Sektor. Als Rektor einer Privatuniversität war er mit Problemen der Wirtschaft und der politischen Administration bestens vertraut. Im Ersten Weltkrieg hatte er als Major in der Abteilung für chemische Kriegführung bereits Anwendungsmöglichkeiten wissenschaftlicher Prinzipien in der Kriegführung studieren können. Es ist kein Zufall, daß Conant eine große Rolle in der amerikanischen Wissenschaftspolitik spielte. Insbesondere förderte er die Stärkung der Naturwissenschaften im Bildungswesen. Auch ist es nicht untypisch für amerikanische Karrieren, daß Conant später als Hochkommissar in Bonn (1953-55) und

wurde unter dem Namen Oak Ridge bekannt und lief unter dem Decknamen Manhattan Engineer District.

6 Vgl. hierzu Kapitel 6, insbesondere 6.3.4.

7 Vgl. hierzu auch 5.4.1.

erster Botschafter der USA in der Bundesrepublik Deutschland in der Außenpolitik wichtige Funktionen innehatte.

Wie in England und in Deutschland war es auch in Amerika keineswegs so, daß die Wissenschaftler von der politischen Administration zur Mitarbeit in der Rüstungsforschung und -technologieentwicklung gedrängt werden mußten. Im Gegenteil, gerade auch die Entwicklung des Manhattan-Projekts zeigt, daß eine größere Zahl führender amerikanischer Wissenschaftler den Bau der »Superbombe«, wie Ernest Lawrence[8] die Atombombe bezeichnenderweise schon 1941 nannte, nicht nur befürwortete, sondern aktiv betrieb. Das gleiche gilt mit Einschränkungen auch für den späteren Bau der Wasserstoffbombe.[9]

Über die Funktion von Bush, der »für die Zusammenführung der wissenschaftlichen Kräfte der Vereinigten Staaten verantwortlich« war, urteilt beispielsweise der Nobelpreisträger Arthur H. Compton, Professor für Physik an der Universität Chicago, der selbst aktiv an der Entwicklung der Kernreaktorforschung in Chicago mitwirkte und das Atombombenprojekt stark gefördert hat, wie folgt:

»Sein größter Erfolg war, daß es ihm gelang, die mit wissenschaftlicher Tätigkeit und mit den Eigenarten der Wissenschaftler nicht vertraute Regierung dazu zu bringen, sich das Wissen dieser Männer zunutze zu machen.«[10]

8 Ernest O. Lawrence, Direktor des Radiation-Laboratory an der Universität in Berkeley, der Erbauer des ersten Elektronenzyklotrons, verfaßte im Juli 1941 ein Memorandum, in dem er die Möglichkeit einer Uran-Superbombe auf der Basis von Plutonium darlegte. Dieses Memorandum hat die Diskussion um das Atombombenprojekt wesentlich beeinflußt. Lawrence gehörte dann auch zu jenen Wissenschaftlern, die das Manhattan-Projekt nachhaltig unterstützt und gefördert haben.
Der Begriff »Superbombe« bezog sich nicht nur auf ihre Wirkung, sondern auch auf das gesamte »Supertechnologie-Projekt«.

9 Die Entwicklung des Manhattan-Projekts, seine Folgen und Wirkungen sowie die Vorgänge, die zum Bau der Wasserstoffbombe geführt haben, sind kompetent dargestellt in: R. W. Reid, Wissenschaft und Gewissen – Forscher im Dienste der Rüstung, München 1972 (Original: Tongues of Conscience, London 1969).

10 A. H. Compton, Atomic Question, Oxford University Press, London 1956, S. 64 (zit. nach R. W. Reid, a.a.O., S. 160).

Zur Rolle von Conant sagte er, daß dieser klarer als andere

»die Größe der Aufgaben erkannte, die gelöst werden mußten, wenn die Atombomben wirklich noch in diesem Kriege angewandt werden sollten.«[11]

Hinsichtlich der Unterstützung der Rüstungsanstrengungen der USA durch die Wissenschaft und die Wissenschaftler war es bis 1941 sogar so, daß die Regierung Roosevelt äußerst zurückhaltend war, während die Wissenschaftler selbst auf Mitwirkung drängten. Das galt in besonderem Maße auch für das Atombombenprojekt.[12]

»... rückblickend erscheint es befremdlich für diese durch die Technik reich gewordene Nation, daß sie damals die organisierte Nutzung der Naturwissenschaft für so wenig dringlich hielt. Erst im Juni 1940 drangen die Mitglieder der Nationalen Akademie der Wissenschaften darauf, daß auch die Naturwissenschaft zu einem Bestandteil des traditionellen amerikanischen Regierungsapparats gemacht werde. Im gleichen Monat ernannte Roosevelt Bush zum Leiter des Nationalen Forschungsausschusses für Fragen der Verteidigung, der unter anderem die Naturwissenschaft für die Kriegserfordernisse nutzen sollte. Compton nannte ihn den Ausschuß, ›der die amerikanische Wissenschaft zu einem machtvollen Instrument der freien Welt gestaltete‹.«[13]

Das »Manhattan-Projekt« stand allerdings von Anfang an unter der Oberleitung des Ingenieurkorps der US Army. Die beiden Forschungs- und Entwicklungszentren des Projektes befanden sich in Los Alamos in New Mexico, etwa 40 km von Santa Fe entfernt, offiziell angegliedert an die University of California und in Chicago, wo unter dem Decknamen »Metallurgical Project« die Arbeit unter Arthur Compton stattfand. Dieser Teil war an das Metallurgische Laboratorium der University of Chicago angegliedert und war vor allem für die Entwicklung von Methoden zur Plutonium-Erzeugung zuständig.
Der Physiker Robert J. Oppenheimer von der University of California aus dem berühmten Kernforschungslaboratorium in Berkeley, gleichzeitig tätig am California Institute of Technology in Pasadena, wurde gemeinsam vom Ingenieurkorps der US

11 Ebenda, S. 151.
12 Ebenda, S. 159 ff.
13 Ebenda, S. 160 f.

Army und dem Chemiker James Conant, dem Vorsitzenden des Nationalen Forschungsausschusses für Fragen der Verteidigung, zum Direktor des Laboratoriums von Los Alamos ernannt. Oppenheimer war einer jener jüngeren Wissenschaftler, die neben hoher fachlicher Qualifikation Kenntnisse und Erfahrungen in der Wissenschaftsorganisation besaßen und mit den neuesten Methoden der Wissensproduktion vertraut waren. Oppenheimer beherrschte neben dem Wissenschaftsmanagement auch das Projektmanagement. Er organisierte auch die Zusammenarbeit der zahlreichen Arbeitsgruppen mit »externen« wissenschaftlichen und technischen Kooperationspartnern, Zulieferern sowie der politischen und militärischen Administration.

Am Manhattan-Projekt waren unmittelbar über 5000 Personen tätig, dazu kamen mehrere tausend Personen, die als »Externe« in irgendeiner Form mit dem Projekt vernetzt werden mußten. Ende 1944 erreichten die Kosten für das Projekt monatlich bis zu 100 Mill. Dollar.

Es handelte sich hier also um Budget-Summen, die für Wissenschaftler und Techniker auf der ganzen Welt bis dahin nur Visionen waren. Selbst die berühmtesten Experimente in der Atomphysik wurden bis zu dieser Zeit nicht nur in Deutschland und England, auch in den Vereinigten Staaten, meist unter finanziellen Bedingungen durchgeführt, bei denen mehrere 1000 Dollar den Rahmen abgaben. Das waren Relationen von Haushaltsbudgets kleiner Handwerksbetriebe zu denen von Großkonzernen. Erstmals wurden großindustrielle Organisationsformen für ein zielgerichtetes Forschungs- bzw. Innovationsvorhaben und eine entsprechend zielgerichtete Technologienutzung angewandt. Es mußten somit auch ganz neue Ansätze des Innovationsmanagements und des Technologietransfers erprobt werden.

Ich gehe in diesem Kapitel nur ansatzweise auf die Frage ein, welche Motive die Wissenschaftler so beflügelt haben, in einer solchen Weise innovativ zu arbeiten, um das gesetzte Ziel in einer atemberaubend kurzen Zeitspanne erfolgreich zu erreichen. Dazu kamen noch erhebliche persönliche Strapazen und keineswegs optimale Arbeitsbedingungen.[14] Zweifellos spielte die Angst, daß die deutschen Faschisten die Atombombe früher

14 Ausführlich zu diesen Bedingungen: ebenda, S. 168 ff.

entwickeln und herstellen lassen könnten, eine große Rolle, obgleich das nach allen damals vorliegenden Informationen sehr unwahrscheinlich war.
Ich bin überzeugt, daß ein weiterer Grund ausschlaggebend war, der in der folgenden Aussage von Robert Oppenheimer aus dem Jahre 1953 zum Ausdruck kommt, also lange nach dem Abschluß seiner Tätigkeit am Manhattan-Projekt:

»Sieht man etwas technisch Reizvolles, macht man sich einfach ans Werk, und erst nachdem man den technischen Erfolg errungen hat, diskutiert man, was sich damit anfangen läßt.«[15]

Jedenfalls stützen viele bekannte Fakten und Aussagen bedeutender Naturwissenschaftler diese Meinung von Oppenheimer. Die Aussage bezieht sich im übrigen nicht nur auf die Entwicklung der Atombombe, sondern auch auf ihren »Test unter Realbedingungen« in Hiroshima und Nagasaki. Sie trifft aber auch in besonderer Weise auf die Entwicklung und Herstellung der thermonuklearen Superwaffe, die Wasserstoffbombe, zu, die später ohne faschistische Gefahr ebenfalls in Los Alamos gebaut wurde. In diesem Fall gab es nur vage Ängste und die Gefahr, daß die Sowjetunion die Vereinigten Staaten in der Technik nuklearer Waffensysteme einholen und überholen könnte. Der Bau dieser auch offiziell als »Wasserstoff«- oder »Super«-Bombe bezeichneten Waffe versprach die Realisierung einer tausendfachen Sprengkraft der alten Atombombe.
Obwohl der Bau dieser Bombe unter den Wissenschaftlern zunächst umstritten war, wurde sie doch von vielen unterstützt:

»Für diejenigen, die überzeugt waren, daß die Arbeit an der Superwaffe sich als ›ehrbares Handwerk‹ rechtfertigen ließe, stand nun der Weg nach Los Alamos offen. Das Laboratorium hatte ein neues Ziel. Und einige der begabtesten amerikanischen Kernphysiker – Norris Bradbury als Leiter, Edward Teller, Stanislaw Ulam, John Wheeler, John von Neumann und viele andere – wirkten in den folgenden Monaten daran mit.«[16]
»Die neue Waffe stellte eine Herausforderung dar, die 1950 und 1951 viele Monate lang übermächtig erschien. Der anfängliche Optimismus, mit dem sich Los Alamos schwungvoll in das neue Vorhaben gestürzt

15 Zit. nach R. W. Reid, Wissenschaft und Gewissen, a.a.O., S. 188.
16 Ebenda, S. 277.

hatte, begann angesichts der unvorhergesehenen wissenschaftlichen und technischen Schwierigkeiten zu schwinden.
Dann erweckte im Mai 1951 eine erfolgreiche Testexplosion im Eniwetok-Atoll im Pazifischen Ozean neue Hoffnungen. Doch viele Physiker waren trotzdem damals noch überzeugt, die einzig wichtige Frage sei nicht, ob man die Wasserstoffbombe bauen solle, sondern ob man sie überhaupt bauen könne.«[17]

Was die politische Bewertung dieser wissenschaftlichen Wissensproduktion und Technikentwicklung angeht, halte ich zwei Bemerkungen in den vorangehenden Zitaten für besonders brisant. Einmal ist es die Feststellung, daß »das Laboratorium« nun wieder »ein neues Ziel hatte«, zum anderen, daß die Faszination der »übermächtigen technischen Herausforderung« für »viele« Wissenschaftler offensichtlich »die einzig wichtige Frage« war. Besonders aufschlußreich im Hinblick auf grundsätzliche Fragen zur Technologie-Folgenabschätzung und Technologiebewertung ist auch der folgende Bericht über eine Beratung führender Atomwissenschaftler in den USA, der einen der bedeutendsten Vorgänge in der Weltgeschichte beleuchtet:
Wegen der sich mit dem Bau der Wasserstoffbombe auftürmenden Schwierigkeiten wurde Robert Oppenheimer ersucht, für den 16. Juni 1951 eine Sitzung der Atomenergiekommission einzuberufen. Oppenheimer, zu dieser Zeit noch Vorsitzender der »Waffenkommission des allgemeinen Beratungsausschusses«, lud die Teilnehmer bezeichnenderweise in das Institute for Advanced Study nach Princeton ein, das er nach seiner Tätigkeit in Los Alamos seit 1947 leitete.
Der Hintergrund war:

»Die Atomenergiekommission hielt ... den Zeitpunkt für gekommen, alle Männer, die vielleicht etwas zur Kernfusion beisteuern konnten, zusammenzuholen, ihnen Kreide und eine schwarze Tafel zu geben und sie darlegen zu lassen, wie man am besten an das Problem herangehen könnte.«[18]

Der Vorsitzende der Atomenergiekommission, Gordon Dean, schilderte später die Bedeutung der Sitzung so, daß

»... meiner Meinung nach jeder anwesend war, der möglicherweise einen Beitrag leisten konnte. Leute wie Norris Bradbury, Leiter des Laborato-

17 Ebenda, S. 278.
18 Ebenda, S. 278.

riums in Los Alamos und ein bis zwei seiner Assistenten, auch Dr. Nordheim, glaube ich, sehr aktiv im H-Programm, waren von Los Alamos da. Johnny von Neumann aus Princeton, einer der besten Waffenexperten der Welt, Dr. Teller, Dr. Bethe, Dr. Fermi, alle Großen aus jedem Laboratorium saßen um diesen Tisch, und wir schlugen uns zwei Tage lang damit herum.«[19]

Die Sitzung nahm nun den folgenden Verlauf:

»Diese erlesene Gruppe amerikanischer Physiker vertiefte sich sogleich in die Berechnungen, die schließlich zu einer gangbaren Methode für die Herstellung einer H-Bombe führten. Unter diesen Wissenschaftlern waren auch jene, die wie etwa Teller, Oppenheimer, Bethe und Fermi noch wenige Monate zuvor recht verschiedene Positionen im Spektrum moralischer und politischer Meinungen über die thermonukleare Waffe bezogen hatten.
Als die Tagung endete, waren alle enthusiastisch und überzeugt, daß die Wasserstoffbombe eine Zukunft habe. Auch der Vorsitzende Oppenheimer ›unterstützte das Programm uneingeschränkt und von ganzem Herzen‹, wie Bethe berichtet.«[20]

9.3.2 Die ›Federal Contract Centers‹ des US-Verteidigungsministeriums

Ich habe mit Absicht den vorangegangenen Komplex über das Manhattan-Projekt ausführlich mit Angabe der beteiligten Personen und der örtlichen und institutionellen Zusammenhänge geschildert. Es sollte deutlich werden, welche Einstellungen die Wissenschaftler hatten und mit welchen Fähigkeiten und welchen Methoden der Wissensproduktion, der Innovationssteuerung und der neuen Wissens- und Technologietransferleistungen diese Programme durchgezogen wurden.
Ich bin in 6.3.1 und 6.3.4 bereits darauf eingegangen, daß hauptsächlich unter der Federführung der US Air Force neue Forschungs- und Entwicklungseinrichtungen gegründet wurden, in denen die neuen kybernetischen Grundlagen der Wissenschaft und die neuen Organisationsformen der Wissensproduktion und

19 Gordon Dean, In the Matter of J. Robert Oppenheimer, Transcript, S. 305 (zit. nach R. W. Reid, a.a.O., S. 279).
20 R. W. Reid, Wissenschaft und Gewissen, a.a.O., S. 279 f.

der Technologieentwicklung konsequent angewandt und ihre Weiterentwicklung intensiv gefördert wurden. Ich habe dort auch die wichtigste Schaltstelle zwischen Air Force und den FuE-Einrichtungen, das sogenannte »Program Office«, dargestellt. In diesem Office saßen vorwiegend Personen mit soliden Erfahrungen in der wissenschaftlichen Arbeit und im Projektmanagement. Das hat die ohnehin schon starke Stellung des Office als Mittelvergabe-Institution noch gestärkt, weil dadurch den Wissenschaftlern und Wissenschaftsmanagern kompetente Gesprächs- und Vertragspartner gegenüberstanden.

Die Art und die Formen der Vernetzung von Wissenschaft, militärischem Bereich und Industrie habe ich am Beispiel von MITRE (Massachusetts Institute of Technology Research and Engineering) aufgezeigt.

Es kann nicht verwundern, daß das US-Verteidigungsministerium (Department of Defense, DOD), das die weitaus umfangreichsten FuE-Mittel an Industriefirmen, Universitäten und sonstige Forschungseinrichtungen vergibt, der Steuerung, Effektivität und Kontrolle von FuE-Programmen große Bedeutung beimißt. Mit der rasanten Steigerung der Mittelansätze – die jährliche durchschnittliche Steigerungsrate betrug in der Zeit zwischen 1940 und 1960 etwa 24% – und der zu fördernden Anzahl von Projekten wuchsen die ohnehin schon komplexen Probleme weiter an. Um Chaos zu verhindern bzw. die Effektivität der Wissensproduktion und Technologieverwertung zu verbessern, konnte nicht jedes Unternehmen bzw. Hochschul- und Forschungsinstitut unmittelbar vom Department of Defense gesteuert und kontrolliert werden. Insbesondere für komplexe interdisziplinäre FuE-Projekte mit Anwendungsbezug schuf das DOD die Federal Contract Centers (FCR-Centers). Von diesen wurden vor allem Projekte gesteuert, die nur in einer Zusammenarbeit von wissenschaftlichen Einrichtungen, Industrieunternehmen und politisch-militärischer Administration durchgeführt werden konnten.

Bei der Schaffung dieser Zentren spielte eine wesentliche Rolle, daß die Universitäten und industriellen Forschungslaboratorien nicht alle neuen Forschungs- und Entwicklungsthemen, insbesondere solche auf interdisziplinären Gebieten und auf Gebieten der Rüstungsforschung und Rüstungstechnik, aufgriffen. Ebenso wurden neue Methoden der Wissensproduktion und Technikentwicklung keineswegs in den traditionellen Wissenschaftseinrichtungen so konsequent genutzt und weiterentwickelt, wie das in einigen von der Air Force und den Streitkräften gesteuerten Institutionen erfolgreich erprobt wurde. Die Federal Contract Research Centers sollten die prinzipielle Steuerung durch das Department of Defense gewährleisten, gleichzeitig aber gegenüber dem DOD eine gewisse Flexibilität haben, um die Beziehungen zu den Universitäten einerseits und der Wirtschaft andererseits optimal herzustellen.

In den FCR-Centers arbeiteten vorwiegend Wissenschaftler, die bereit waren, neue und für die politische und militärische Administration wichtige Forschungsthemen und technische Entwicklungen aufzunehmen sowie neue Methoden sowohl in der internen Wissenschaftsorganisation als auch in der Kooperation mit externen Firmen zu entwickeln und zu praktizieren. Auf diese Weise wurden die Federal Contract Research Centers nicht nur zu bedeutenden Produktionsstätten staatlich gesteuerter Forschung und Technologieentwicklung, sondern auch zu Schrittmachern einer gemischtwirtschaftlichen Innovationspraxis und des institutionalisierten Technologietransfers.[21]

Die folgenden Namen stehen beispielhaft für die zahlreichen Federal Contract Research Centers, die nach 1945 gegründet wurden (insgesamt über 80):

- RAND Corporation in Santa Monica/California
- Systems Development Corporation
- Lincoln Laboratories
- MITRE (Massachusetts Institute of Technology Research and Engineering)
- Human Resource Research Center
- Research Analysis Center
- Control Systems Laboratory.

21 Die FCR-Centers bearbeiteten auch Aufträge aus der Industrie, insofern wurde ein Teil ihrer Haushaltsbudgets aus Industriemitteln bestritten.

9.4 Spezifische Einrichtungen des Wissens- und Technologietransfers

9.4.1 Die Technologietransfer-Diskussion nach dem Zweiten Weltkrieg

Die Erfolge bei der Wissensproduktion, bei der Steuerung von Forschung und Technologie sowie beim Wissens- und Technologietransfer vor allem im Rahmen der Rüstungstechnik und der Kriegswirtschaft in den Jahren 1940 bis 1948 in den USA und England waren die Voraussetzung für die Fortsetzung dieses Ansatzes in der Zeit des kalten Krieges zwischen Ost und West in den fünfziger und sechziger Jahren.
Aber auch für eine Erneuerung der technologischen Basis des zivilen Sektors, vor allem der Investitions- und Konsumgüterindustrie sowie der Infrastruktureinrichtungen, waren die Modelle erfolgreicher und gezielter Verwertung technischen Know-hows das Muster zur Erneuerung von Produktionsstätten.
Die damals bereits in den FuE-Einrichtungen, den Förderinstitutionen und in der Wirtschaft intensiv geführten Technologie-Transfer-Diskussionen in den USA spiegeln sich in den Technologie-Transfer-Hearings des amerikanischen Senats 1967[22] und den Randolph-Reports 1967[23] und 1968[24] wider. Besonders letzterer enthält Zielvorstellungen und Maßnahmenvorschläge, die auf Erfahrungen der Innovationssteuerung und des Technologietransfers in den FCR-Centers aufbauen:

22 U.S.A., Senate. Technology Transfer Hearings (1967): Hearings Before the Subcommittee on Science and Technology of the Select Committee on Small Business, United States Senate 9th, Congress 1st Session on Policy Planning for Technology Transfer, September/October, Washington D.C.

23 U.S.A., Senate. Randolph Report (1967): Policy Planning for Technology to the Select Committee on Small Business, United States Senate, April, Washington D.C.

24 U.S.A., Randolph, J. (Report 1968): The Prospects for Technology Transfer. Report of the Subcommittee on Science and Technology to the Select Committee on Small Business, U.S. Senate, May, Washington D.C.

»The Federal and contract research and development laboratories originate about two-thirds of the new technology in the United States. They need to recognize the existence of the transferactivity as an integral part of the performance of their work. Research management must accept recordkeeping costs for identification and reporting ...«

»After new technology is brought to the surface, tailoring for efficient transfer and consumption is best accomplished by special centers. Organized on the basis of subject, discipline, or industry, and staffed with highly skilled technical persons, each center would gather all technology pertinent to its speciality from all agencies ... Perhaps a hundred or more centers would form a national technology system ... Instead of serving merely the conventional scientific and engineering community, the same system could serve the industrial and intragovernment transfer consumers ...«

»The science and technology centers could evolve from the present group of DOD information analysis centers, NASA regional dissemination centers, independent research institutes, and other existing organizations ...« »The centers would be linked by a network of electronic data processing and communication equipment ...« »Mere retrieval of a document on request is one form of dissemination which the centers will perform ...« »Trained transfer agents are the link between application engineering and the storage bank ...«

»As the specialized information centers develop, and dissemination service becomes available, there will be a need for some sort of entrance point for the prospective applier of technology. This service can be combined with other business aids in Small Business Administration offices or in State technical services agencies ...«[25]

Diese Auszüge aus dem Randolph-Report (1968) mögen andeuten, wie vor nunmehr fast 20 Jahren die Diskussion in den höchsten Institutionen der Vereinigten Staaten bereits geführt wurde. Man kann ohne Einschränkung sagen, daß die Behandlung so zentraler Fragen der Technologie- und Technologietransferpolitik bis heute nicht diesen Stellenwert in der Politik und in der öffentlichen Diskussion in der Bundesrepublik erhalten hat.

25 Auszüge aus: U.S.A., Senate. J. Randolph (Report 1968): The Prospects for Technology Transfer. Report of the Subcommittee on Science and Technology to the Select Committee on Small Business, U.S. Senate, May, Washington D.C., S. 15-19. DOD = Department of Defense.

Wenn in den folgenden Ausführungen nicht ausdrücklich auf bestimmte Quellen verwiesen wird, dann handelt es sich um eigene Aufzeichnungen, die ich Anfang der siebziger Jahre während meiner Informationsreisen in den Vereinigten Staaten und in anderen Ländern gemacht habe. Die damals registrierten Fakten decken sich bezüglich »Technologie-Transfer« weitgehend mit Untersuchungen von Erik Rupp, die dieser im Auftrage der Kommission für wirtschaftlichen und sozialen Wandel durchgeführt hat und auf die ich als ergänzendes Material verweise.[26] Helmut Krauch schreibt im Vorwort zu dieser Studie:

»Das Ergebnis ist nicht nur ein guter Überblick über die Innovationsprobleme und deren Zusammenhänge mit der Politik. Erik Rupp gibt darüber hinaus auch eine umfassende vergleichende Studie, bei der die Zweifel am Technologie-Transfer und an dem ganzen ›Rummel‹ mit der Innovation deutlich zum Vorschein kommen.«[27]

Skepsis ist sicher angebracht. Bemerkenswert ist, daß Krauch bereits 1976 vom »Rummel« mit der Innovation spricht, womit er ganz offensichtlich die Wellen der Innovations- und Strukturdebatten in den sechziger und Anfang der siebziger Jahre im Auge hat.

9.4.2 Die National Research Development Corporation (England)

Schon 1948 wurde in Großbritannien die National Research Development Corporation (NRDC) durch Gesetz gegründet. Sie sollte vor allem die Entwicklung und Verwendung von Erkenntnissen und Erfindungen öffentlich finanzierter Forschungs- und Entwicklungseinrichtungen unterstützen, Erfinder aller Art fördern und durch Lizenzverträge und Teilhaberschaften mit Wirtschaftsunternehmen koppeln. Die Ziele und Aufgaben wurden wie folgt festgelegt:

26 Erik Rupp, Technologietransfer als Instrument staatlicher Innovationsförderung – Anwendung der Ergebnisse staatlicher und staatlich geförderter Forschung im internationalen Vergleich, Göttingen 1976 (Brighton 1974).

27 Ebenda, Vorwort, S. XI.

»The statutory functions of the Corporation are as follows:
a. securing, where the public interest so requires, the development or exploitation of inventions resulting from public research, and of any invention as to which it appears to the Corporation that it is not being developed or exploited or sufficiently developed or exploited;
b. aquiring, holding, disposing of and granting rights (whether gratiously or for consideration) in connection with inventions resulting from public research and, where the public interest so requires, in connection with inventions resulting from other sources;
c. promoting and assisting, where the public interest so requires, research for satisfying specific practical requirement brought to the knowledge of the Corporation where they are of opinion that the research is likely to lead to an invention;
and
d. assisting, where the public interest so requires, the continuation of research has resulted in any discovery such that the continuation of the research may lead to inventions of practical importance.«[28]

Das primäre Ziel von NRDC ist es, die Nutzung des staatlichen FuE-Potentials über eine kommerziell orientierte Förderung und Verbreitung von FuE-Ergebnissen effektiver und schneller für die wirtschaftliche Nutzung zu erschließen.
Der gleiche Grundansatz liegt übrigens der 1978 in Berlin gegründeten Technologie-Vermittlungs-Agentur (TVA)[29] zugrunde (vgl. hierzu auch Kapitel 8.5.4). Diese vom Bundesminister für Forschung und Technologie geförderte Transfereinrichtung war als Pilotprojekt geplant und sollte möglichst nach fünf Jahren kostendeckend arbeiten.[30] Das konnte bis heute nicht erreicht werden.
Die Arbeit der NRDC war offenbar erfolgreicher, weil sie von Anfang an erfolgsorientiert angelegt war. Dabei hat sich allerdings im Laufe der Zeit ein Wandel in der Erfolgsbewertung vollzogen. Ging es anfangs noch stärker um die Zahl und Art der wirtschaftlichen Nutzung von FuE-Ergebnissen, so spielte später

28 NRDC, Twenty fourth Annual Report, London 1973, S. 2.
29 Vgl. z. B.: Informationsbroschüre der TVA, »Technologievermittlung – ein Angebot«, Berlin 1980.
30 Vgl. hierzu die Zwischenberichte der TVA Berlin über die Zeiträume 1. 1. 1979 bis 30. 6. 1980 und 1. 7. 1980 bis 31. 12. 1981 und den Abschlußbericht über die gesamte Pilotprojektphase zum 31. 12. 1983, Berlin 1984.

immer mehr der finanzielle Gewinn die dominierende Rolle, den ein Wirtschaftsunternehmen oder eine Unternehmensgruppe aus der kommerziellen Verwertung der transferierten FuE-Ergebnisse erzielte.

Der Technologie-Transfer der NRDC wird durch eine größere Anzahl sogenannter »Exploitation Officers« verschiedener Ressorts professionell betrieben. Diese sind nicht nur Experten zur Beurteilung von wissenschaftlichen und technischen Ideen und Erfindungen. Sie besitzen auch Fähigkeiten und Qualifikationen zur Einschätzung technischer und ökonomischer Entwicklungstendenzen, zur Beurteilung von Patent- und Lizenzvergaben und im Umgang mit Personen unterschiedlicher Wissens- und Praxisbereiche.

Die NRDC hat im Laufe ihres Bestehens zahlreiche unterschiedliche Technologie-Transfer-Formen entwickelt und erprobt. Selbst die heute in der Bundesrepublik Deutschland und Berlin so stark propagierte Form der Entwicklungsfinanzierung über Joint-venture-Kapital hatte bei der NRDC schon Anfang der sechziger Jahre große Bedeutung erlangt:

»In bezug auf die Höhe der Förderungsausgaben der NRDC ist das ›joint-venture‹ die für die NRDC bedeutendste Form der Entwicklungsfinanzierung. Es handelt sich dabei um eine mehrjährige, in der Regel 50%ige Firmenbeteiligung mit vorheriger Festlegung der Rückzahlungsbedingungen und der Gewinnbeteiligung auch über die Beteiligungszeit hinaus. Im Falle eines Mißerfolgs gelten die Investitionen gewöhnlich (teilweise oder ganz) als verloren.«[31]

»1965 bis 1972 hat die NRDC zwanzig Millionen Pfund in joint-ventures investiert, das sind rund 80% aller in diesem Zeitraum getätigten Entwicklungsinvestitionen. Der Anteil der joint-ventures an den jährlich neu aufgenommenen Entwicklungsprojekten insgesamt ist von 6,5% im Jahre 1953 über 31% im Jahre 1964 auf über 50% im Jahre 1970 gestiegen.«[32]

Allgemein handelt es sich bei den Joint-ventures um die Beteiligung staatlicher oder privater Kapitalgeber in Form der Entwicklungsbeteiligung an firmeneigenen Erfindungen, Neuerungen und innovativen Entwicklungsprojekten, die von der technischen und kommerziellen Seite (Produktherstellung und Vermarktung)

31 Erik Rupp, Technologietransfer ..., a.a.O., S. 68.
32 Ebenda, S. 68.

Risiken in sich bergen, die zwar einschätzbar, aber vom Einzelunternehmen nicht zu tragen sind.

Als Indikatoren dafür, daß die Joint-ventures bei NRDC erfolgreicher als andere Transferaktivitäten sind, werden genannt:

- Verlagerung des Risikos auf eine oder mehrere potente Firmen;
- größeres Interesse und bessere Kontrolle an der Entwicklung, Planung und dem Verkauf der Neuerungen und Produkte durch die beteiligten Firmen;
- Sicherung der Infrastruktur nicht nur für die technische Entwicklung, sondern auch für die Umsetzung in Produkte und Produktlinien;
- Absicherung größerer Projekte auch durch verschiedene staatliche Förderungsinstitutionen, da das Vertrauen in die Entwicklung und Umsetzung solcher Neuerungen hoch ist;
- für die Transferstelle entfällt die Management-Verantwortlichkeit;
- die Ausgaben können auf wenige große Unternehmen konzentriert werden, die erfahrungsgemäß über ein ausgebautes Management und Marketing verfügen.

Bei dieser Form des Technologie-Transfers ist negativ anzumerken, daß ein grundlegendes Ziel, die Förderung von Klein- und Mittelunternehmen, einen geringen Stellenwert hat. Immerhin kann die NRDC eine erstaunliche Erfolgsbilanz vorlegen, die etwa für das Rechnungsjahr 1960/61 das folgende Ergebnis aufweist:[33]

Erfindungsmeldungen:	1021
Patente:	255
Lizenzen:	58
Lizenzen insgesamt:	495
Erfindungen, die erstmals Einkünfte erbringen:	32
Lizenzen mit überdurchschnittlichen Einkünften:	27

Das erfolgreiche Wirken der NRDC als Innovationsmotor hat auch dazu geführt, daß bis 1974 weitere 20 Transfer-Einrichtun-

33 National Research Development Corporation, Jahresbericht 1960/61, London 1962.

gen in den Ländern des Commonwealth, Japan, Europa und den USA gegründet wurden.[34]

9.4.3 Das NASA-Technology-Utilization Office[35]

In Abschnitt 8.2.2 wurde dargestellt, daß dem Wissens- und Technologie-Transfer-Konzept die Idee zugrundeliegt, die durch die Akkumulation von wissenschaftlichem und technischem Wissen entstandenen Informationshalden systematisch und organisiert für politische, ökonomische, militärische, soziale und andere Zwecke zu nutzen. Dieser Ansatz wurde bereits durch die Vernetzung von Hochschulen, Großunternehmen und staatlichen Administrationen, insbesondere mit der militärischen Administration, vielfältig erprobt.

In den Vereinigten Staaten hat die Vergabe der staatlichen Fördermittel den Konzentrationsprozeß solcher wissenschaftlich-industriell-militärischen Zentren in besonderer Weise gefördert. Als Transferachsen sowohl für den Mittel-Transfer als auch den Wissens- und Technologie-Transfer fungierten weitgehend die Federal Contract Research Centers des Department of Defense.

Wie stark die Innovationssteuerung und der Wissens- und Technologietransfer von der politischen bzw. militärischen Administration bestimmt wurde, läßt sich aus den folgenden Zahlen über FuE-Aufwendungen in den USA entnehmen:

Immerhin wurde von den gesamten staatlichen Ausgaben für FuE im Jahre 1968 (Gesamtsumme: 16,33 Mrd. Dollar) fast die

34 Canadian Patents & Development Ltd.; Invention Development Corporation of South Africa; Commonwealth Scientific & Industrial Research Organization of Australia; National Research Development Corporation of India; New Zealand Inventions Development Authority; Agence Nationale de Valorisation de la Recherche, Paris; Irish Institute for Industrial Research and Standards; Research Development Corporation of Japan; Swedish National Development Corporation; eine 1973 in der Planung befindliche Einrichtung im amerikanischen Bundesstaat Connecticut (Erik Rupp, Technologietransfer …, a.a.O., S. 58 f.).

35 NASA = National Aeronautics and Space Administration.

Hälfte vom Department of Defense (7,99 Mrd. Dollar; 48,9%) vergeben. Weitere 1,37 Mrd. Dollar wurden von der Atomic Energy Commission (AEC) und 4,60 Mrd. Dollar von der NASA vergeben, das sind zusammen noch einmal 36,6%. Diese drei von der militärischen Administration gesteuerten Institutionen vergaben also 85,5% der staatlichen FuE-Aufwendungen.

Diese von der National Science Foundation (NSF) dargestellte und kritisierte Vergabepraxis erhält noch dadurch eine Zuspitzung, daß der Löwenanteil der staatlichen Forschungs- und Entwicklungsmittel in die Großindustrie fließt. Für das Jahr 1962 wurde geschätzt, daß über 90% aller staatlichen FuE-Auftragsmittel mit wirtschaftlicher bzw. militärtechnischer Zielsetzung nur etwa 200 Großunternehmen zugute kamen. Nutznießer waren vor allem die großen Luftfahrt-, Elektronik- und Chemiekonzerne und die Großunternehmen des Maschinenbaus (Rüstungsindustrie, Fahrzeugbau, automatische Fertigung usw.) und der Kerntechnik. Daran hat sich bis heute nichts Wesentliches verändert.

Die Konzentration der FuE-Mittel auf wenige Großkonzerne hatte zur Folge, daß diese Unternehmen technologisch immer mehr den anderen enteilten. Andererseits entstanden neben den leistungsfähigen Entwicklungszentren um diese Großunternehmen, die zudem noch wegen der Rüstungsaufträge wirtschaftlich prosperierten, Regionen mit einem niedrigen technisch-industriellen Standard und gravierenden wirtschaftsstrukturellen Problemen. Schon zu Beginn und in der Mitte der sechziger Jahre nahmen deshalb die Diskussionen über neue strukturpolitische Konzepte an Intensität zu. Die im US-Senat und in der Öffentlichkeit geführten strukturpolitischen Debatten unterschieden sich nicht prinzipiell von den später wiederkehrenden Diskussionen über strukturelle Schwächeanfälle des Wirtschaftssystems, wie sie etwa nach den beiden Ölpreiskrisen 1973 und 1979 in den Industrieländern stattfanden und bis heute nicht mehr abgebrochen sind. Ich verweise in diesem Zusammenhang noch einmal auf die Ausführungen in Kapitel 8.

Auch wenn die strukturpolitischen Krisenursachen der Industrieländer in den verschiedenen Zeitabschnitten prinzipiell gleiche Muster aufweisen – es sind immer die Disparitäten, die letztlich auf wissenschaftlich-technologische »Unter- bzw. Überentwicklung« verschiedener Regionen zurückzuführen sind –, wandeln sich natürlich die wissenschaftlichen und technischen Inhalte, die jeweils für die konkrete Strukturkrise einer Region oder der gesamten Volkswirtschaft (des Industriesystems) verantwortlich sind.[36] Genau in diesem Sinne schildert Naisbitt die heutigen technologisch-industriellen Megatrends in den USA.[37]

Es kann nicht verwundern, daß die Frage nach einer besseren und gezielteren Förderung strukturschwacher Regionen und insbesondere auch kleinerer und mittlerer Unternehmen in diesem Zusammenhang schon in den fünfziger und sechziger Jahren heftig diskutiert wurde. Daß sich diese Technologie-Transfer-Debatte Anfang der sechziger Jahre auch auf die NASA konzentrierte, hat seinen guten Grund: Die als Folge des Sputnik-Schocks von 1957[38] sprunghafte Aufstockung des NASA-Budgets (vgl. die Abbildung 9.4.3 – I; S. 630) mußte nach kurzer Zeit zu der Frage führen, ob die hohen Investitionen auch stärker zivilen Zwecken und der Förderung von Klein- und Mittelbetrieben in strukturschwachen Regionen zugute kommen könnten.

Immerhin hatten auch zahlreiche Politiker und Militärs die drastische Ausweitung der FuE-Mittel im Verteidigungshaushalt, speziell auch für die NASA, mit der »Spin-off-Theorie« begründet, wonach ein großer Teil der militärtechnischen Forschung und Entwicklung auch dem zivilen Sektor zugute käme. Es war nur logisch, daß von einer Einrichtung mit einem Jahresbudget von mehreren Mrd. Dollar und 33 000 öffentlichen Angestellten in 18 Laboratorien und Vertragsbüros sowie in 40 Außenstationen und an ihrem Hauptsitz in Washington die Einlösung der Spin-off-Theorie gefordert wurde.

Das wesentliche Ergebnis der heftigen Debatten war das 1962 begonnene NASA-Technology-Utilization-Program. Die Zielsetzungen werden von R. L. Lesher wie folgt skizziert:

»– Steigerung des Ertrags aus den Investitionen in die Raumfahrt – FuE durch Nutzung der Ergebnisse;

36 Vgl. hierzu u. a. Gerhard Mensch, Das technologische Patt, Frankfurt am Main 1975.

37 John Naisbitt, Megatrends, Bayreuth 1984.

38 Sputnik 1 wurde als erster künstlicher Erdsatellit am 4. 10. 1957 von der Sowjetunion auf eine Erdumlaufbahn gebracht.

Abbildung 9.4.3 – I
NASA-Budgetentwicklung 1952-1973

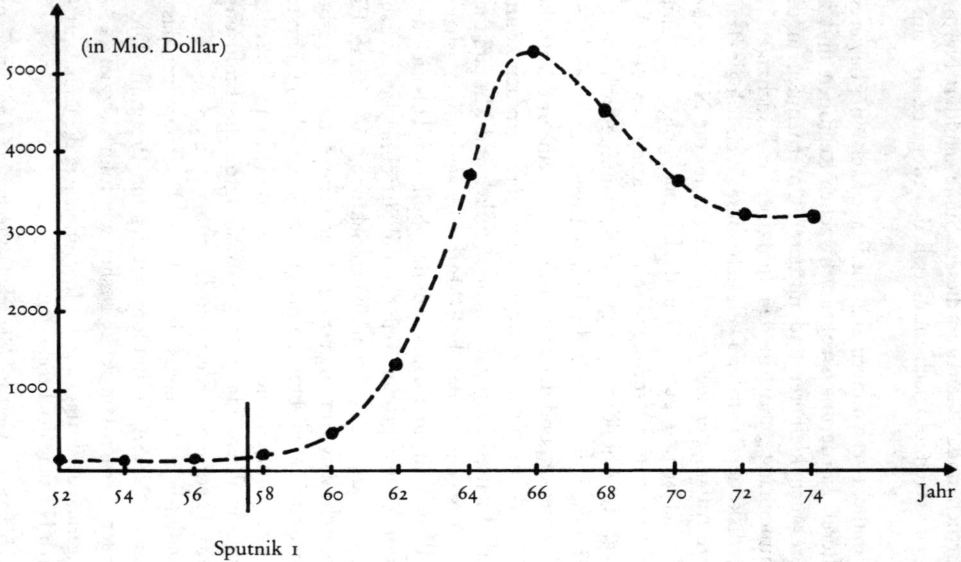

Quelle:
Eigene Darstellung nach Angaben der National Science Foundation, Report, Washington D.C. 1973.

- Verkürzung der Innovationszeit;
- Streuung neuer wissenschaftlicher und technischer Kenntnisse über industrielle, disziplinäre und regionale Grenzen hinaus;
- Erhöhung der Kenntnisse über Transfer-Prozesse.«[39]

Erik Rupp schreibt in seiner Studie zu diesem Programm:

»Das Programm wurde konzipiert als Antwort auf politische und publizistisch laut gewordene Zweifel am Sinn der steigenden NASA-Ausgaben. Das Programm sollte helfen, deutlich zu machen, daß die Raumfahrtforschung und -Technologie einen überzeugenden sekundären Nutzen bringt. Die Bedingungen zur Durchführung dieser Politik waren: die Motivierung der NASA-Vertragspartner, mehr und freizügiger über FuE-Ergebnisse Berichte zu erstatten; die Verbreitung von Berichten über NASA-Erfindungen in der Öffentlichkeit und der Nachweis von NASA-Sekundärnutzungen; die Würdigung der Transfer-Politik als nationale Aufgabe.«[40]

Wichtigste Ansatzpunkte mußten naturgemäß eine verbesserte Informationspolitik und verbesserte Berichts- und Informationstechniken sein. Damit war natürlich eine Gratwanderung zwischen den geheimzuhaltenden, militärisch relevanten Erkenntnissen und technischen Entwicklungen einerseits und der erforderlichen öffentlichen Verbreitung von Informationen andererseits verbunden. Das führte zu einer größeren Zahl von Richtlinien und Verordnungen und zu einer Reihe von Informations- und Publikationsmitteln unterschiedlicher Qualität und für unterschiedliche Zielgruppen (Verbreitung von Berichten in Form von Abstracts, Tech Briefs, Computer Tapes, Indices, Microfiches u.a.).

Es kann hier nicht auf weitere Details des NASA-Technology-Utilization-Program und die Arbeit des Office of Technology Utilization (OTU) eingegangen werden.[41] Ich hebe deshalb nachfolgend nur die wesentlichen Aspekte hervor, durch die das Programm dazu beigetragen hat, ›Wissenschaft und Technologie‹

39 R. L. Lesher, in: U.S.A., Senate. Technology Transfer Hearings, Washington D.C. 1967, S. 94.
Assistent Administrator for Technology Utilization der NASA.

40 Erik Rupp, Technologietransfer ..., a.a.O., S. 43.

41 Vgl. hierzu z.B. die Darstellung des Programms durch Samuel I. Doctors, »The Role of Federal Agencies in Technology Transfer«, Cambridge/Mass. 1969.

durch die gezielte Steuerung von Erfindungen, Entdeckungen oder wissenschaftlich-technische Verbesserungen als dominierende Produktivkraft der Industriegesellschaft zu stärken.

Da ist zunächst auf den Umfang des Programms, seine institutionelle Verflechtung, seine örtliche Verbreitung und auf die umfangreichen Dienstleistungsfunktionen hinzuweisen. Die Übersicht über die NASA-Regional Dissemination Centers vermittelt hierzu einen Eindruck (Abbildung 9.4.3 – II; S. 634 f.):

Die Fülle der produzierten Informationen und der Anspruch, diese in ein weitverzweigtes, differenziertes potentielles Nutzerfeld zu transferieren, waren nur dadurch zu bewältigen, daß ein umfangreiches, computergestütztes Informations- und Dokumentationssystem entwickelt wurde. Das wiederum gab Anstöße zur Weiterentwicklung der Informations- und Kommunikationstechnik, der elektronischen Datenverarbeitung, insbesondere auch der Softwareentwicklung.

Aus den umfangreichen und vielfach neuen Problemstellungen entstanden nicht nur neue wissenschaftliche und technologische Aufgaben. Auch neue organisatorisch-administrative Konzepte wurden entwickelt, so etwa für:

- den weiteren Ausbau von Informations-, Kommunikations- und Verbreitungsnetzen;
- die Sammlung und systematische Aufbereitung von Informationen;
- das Aufspüren und Schließen von Anwendungs- und Informationslücken in der Industrie;
- die Verbreitung gezielter Informationen durch Publikationen;
- die institutionelle Kopplung mit den Anwendern, beispielsweise über Datenbanken, Verträge usw.;
- die Nutzung von Patenten und Übertragung von Lizenzen;
- die Informationskontrolle;
- die Bewertung und Überprüfung des Nutzens und der Effizienz des Programms.

Die Kritik an dem NASA-Technology-Utilization-Program ist umfangreich und vielschichtig.[42] Sie reicht von der Auffassung,

42 Hierzu u. a. Samuel I. Doctors, The Role of Federal ..., a.a.O.; Erik Rupp, Technologietransfer ..., a.a.O.; auch: J. Schulte-Hillen, S.

daß es sich hier gar nicht um ein spezielles Technologie-Transfer-Modell handelt, daß die Transferleistungen äußerst gering sind, daß der Nutzen in keinem angemessenen Verhältnis zum Aufwand steht, bis zu der Meinung, daß die Konzentrationstendenzen durch die starke Mittelkonzentration und die Konzentration von hoch ausgebildetem Personal (Informations- und Dokumentationsspezialisten, Systemtechniker, Innovationsexperten, »Technology-Utilization-Officers« [Technologie-Nutzungsbeauftragte/Innovations-Beauftragte], Effizienzbewertungs-Sachverständige, Patent- und Lizenzexperten usw.) eher zugenommen als abgenommen hat und daß lediglich eine riesige ineffiziente Informations-, Dokumentations- und PR-Bürokratie entstanden sei. Vieles von dieser Kritik ist sicher berechtigt und läßt sich in Grenzen auch belegen. Rupp wirft beispielsweise das für meine Thesen wichtige Problem des Wachstums und der Bewältigung der Wissensproduktion selbst auf:

»Es erscheint mir sinnvoll, einmal die grundsätzliche Frage zu stellen, ob nicht der Durchlauf technischer Berichte durch komplexe und aufwendige Informations- und Dokumentationssysteme den Weg zu deren Nutzung derart vergrößert, daß von einem bestimmten Dokumentationsumfang an die Gefahr einer kognitiven Dissonanz entsteht: An die Stelle der Nutzungsprobleme technischer Berichte treten die Nutzungsprobleme von Dokumentationssystemen; das Transferproblem selbst wird zu einem Problem der Information und Dokumentation gemacht.«[43]

Liest man heute Berichte aus den sechziger Jahren über das NASA-Informations- und Dokumentationssystem, dann spürt man den Respekt vor dieser »gigantischen Superstruktur«. Das ist insofern interessant, als das damalige System aus heutiger Sicht schon fast als ›kleiner Fisch‹ erscheint.

»The basic backbone of our system is the scientific and technical information system which was developed for NASA for ongoing missions. And this system is a very advanced system, embracing about 500 000

Baumgarth, W. Kleinkauf, Darstellung und kritische Analyse des NASA-Technology-Transfers zur in- und ausländischen Industrie unter Berücksichtigung des Transfers von Technologie in Entwicklungsländern, Studie im Auftrage des Bundesministers für Wirtschaftliche Zusammenarbeit, Bonn/Porz-Wahn 1974.

43 E. Rupp, Technologietransfer ..., a.a.O., S. 54.

Abbildung 9.4.3 – II
Liste der NASA – Regional Dissemination Centers (NASA Technology Utilization Program)

Name	Parent Organization	Location	Began Full Operation	Services
Aerospace Research Applications Center (ARAC)	Indiana University	Bloomington, Indiana	September 1963	Retrospective searching; current awareness; industrial applications reports; engineering information service; abstracts and documents.
Center for Application of Sciences & Technology (CAST)	Wayne State University	Detroit, Michigan	July 1964	NASA support discontinued, 1968.
Knowledge Availability Systems Center (KASC)	University of Pittsburgh	Pittsburgh, Pennsylvania	September 1964	Retrospective searching; current awareness; abstracts and documents.
New England Research Application Center (NERAC)	University of Connecticut	Storrs, Connecticut	July 1967	Retrospective searching; current awareness; abstracts and documents.
North Carolina Science & Technology Research Center	Research Triangle Institute	Research Triangle Park, North Carolina	November 1964	Retrospective searching; current awareness; abstracts and documents, wholesale search services.

Project ASTRA	Midwest Research Institute	Kansas City, Missouri	May 1962	Discontinued February 28, 1968.
Technology Application Center (TAC)	University of New Mexico	Albuquerque, New Mexico	March 1966	Retrospective searching; current awareness; natural resources; industrial applications reports; abstracts and documents.
Western Research Application Center (WESRAC)	University of Southern California	Los Angeles, California	April 1967	Retrospective searching; current awareness; abstracts and documents.
Office of Industrial Application	University of Maryland			Finanziert über The Goddard Space Flight Center.

Quelle:
NASA, 1969 (zit. nach E. Rupp, Technologietransfer, 1976, S.45).

documents. These documents – and this storehouse, I might add, is growing at the rate of 6000 documents per month. These documents are filmed on microfilm and they are indexed on computer tapes. And you can see this kind of service is sophisticated and not free. So the basic service is provided from that information resource that we had built for another purpose. Once it exists, then it is easy for a marginal investment to use it for other purpose as well.«[44]

»The regional dissemination center not only transfers technology; its broader purpose is to educate industrial management in the use of externally generated knowledge. The RDC performs this function via a range of services – including assistance in problem and objective definition, retrospective literature searching, provision of current awareness services to keep technical people updated in their fields of interest.«[45]

Daraus resultierten dann die folgende Schlußfolgerung und die sich daran anschließende besorgte Frage:

»Durch die Expansion und Anwendung neuer Formen und Kanäle der Verbreitung nicht nur NASA-eigener, sondern auch -fremder wissenschaftlich-technischer Informationen und Berichte vermittelt die NASA im Bezug auf ihr Technologie-Nutzungsprogramm den an das Parkinsonsche Gesetz erinnernden Eindruck, sie habe sich mit kleiner werdendem Budget mehr und mehr zu einer *PR-Zentrale* entwickelt, die eine wirksame Antwort sucht auf die Frage: ›What does the space program do for me, here on earth today, in tangible end-result returns from the investment we are making in it?‹ (For The Benefit Of All Mankind, 1972, S. XI).«[46]

Nicht nur das NASA-Technology-Utilization-Program wirft eine solche Frage auf. Hier handelt es sich lediglich um einen typischen Fall, bei dem die Eigendynamik von Wissenschaft und Technologie und ihre Tendenz zu supertechnologischen und, wie man sieht, auch superbürokratischen Systemen deutlich wird.

Die Kritik am NASA-Programm hat allerdings die Bedeutung von zwei wesentlichen Momenten nicht erfaßt: unabhängig davon, ob man das NASA-Programm positiv oder negativ bewertet, sind von ihm starke Innovationsimpulse ausgegangen, wenn auch nicht unbedingt im Sinne der ursprünglichen Zielsetzung.

44 R. Lesher, in: U.S.A., Senate. Technology Transfer Hearings, a.a.O., S. 75.

45 Ebenda, S. 79.

46 E. Rupp, Technologietransfer ..., a.a.O., S. 55.

So hat etwa das weit gespannte Informations- und Kommunikationsnetz eine neue Ära der Verbreitung wissenschaftlich-technischer Informationen und entsprechender neuer Supersysteme eingeleitet.
Das NASA-Technology-Utilization-Program ist, wie viele andere Projekte, ohne vorherige Technologiefolgenforschung und Technologiebewertung in Gang gesetzt worden. Ein öffentlicher Diskurs über gesellschaftspolitische Alternativen fand nicht statt.
Das alles ist im Prinzip nichts Außergewöhnliches. Aufregender als bei anderen Projekten ist allerdings der enorme Mittelaufwand für das Programm und, daß es sich hier um einen gesellschaftspolitisch weitgehend unreflektierten Vollzug eines Superprojektes im Bereich der Innovationssteuerung und des Technologie-Transfers, also im Basisbereich der gesellschaftlichen Antriebskräfte, handelt.
Dadurch, daß so hohe Mittel in das Programm flossen, konnten natürlich viele ökonomische, soziale und ökologische Probleme, die zur Lösung anstanden, nicht gelöst werden. Im Gegenteil, das Programm hat zahlreiche neue Probleme geschaffen.

9.4.4 Das Universitäts-KOOP-Modell des M.I.T.

Das in seiner entwickelten Form am Massachusetts-Institute of Technology (M.I.T.) praktizierte Universitäts-Kooperations-Modell soll private und öffentliche Unternehmungen durch Kooperationsverträge mit der Universität oder einer universitätsnahen Institution (Agency, Foundation, Transferstelle usw.) so koppeln, daß ein möglichst intensiver Transfer von innovativem Wissen und technologischem Know-how aus dem Bereich der universitären Forschung und Technologieentwicklung gewährleistet wird. Die Innovationen sollen der unternehmerischen Praxis zugute kommen, wobei sowohl Verträge mit bestehenden Unternehmen als auch mit Gründerunternehmen geschlossen werden können.
Besondere Präferenz wird auf Verbundforschung mit regional ansässigen Unternehmen oder Gründern gelegt. Die öffentlichen und privaten Fördermittel für wissenschaftliche und industrielle

FuE und weitere Mittel, die im Rahmen strukturpolitischer Innovationsförderungsprogramme vergeben werden, sollen durch die Kooperation optimal genutzt werden. Den Leistungen der Universität im Transfer von wissenschaftlichem Wissen und technischem Know-how, beim Personaltransfer, bei Qualifizierungshilfen, Innovations-Management-Programmen, Risikobeteiligung, Nutzung von Informationssystemen und anderen Infrastruktureinrichtungen der Hochschulen steht vor allem die finanzielle Beteiligung der Universität an den Gewinnen der Unternehmen aus den Transferergebnissen gegenüber.

Aber auch die Infrastruktureinrichtungen der Unternehmen können für die Universitäten von Interesse sein (beispielsweise Werkstätten, Rechnerkapazitäten, Informationssysteme). Grundsätzlich kann auch die Zusammenarbeit mit Praxisbereichen zur innovativen Rückkopplung führen und ein Personaltransfer vom Unternehmen in die Universität stattfinden.

In seiner Studie »Gemischtwirtschaftliche Innovationspraxis« nennt Gerhard Mensch das KOOP-Modell des M.I.T.

»... ein Meisterwerk an Umweltanpassung, weil es die innovationshemmenden Kräfte zu überspielen trachtet – zum Nutzen des M.I.T. ...«[47]

Tatsächlich ist nicht nur die Universität an den Erträgen aus kooperativen Projekten mit der Industrie beteiligt, sondern auch die Erfinder aus der Hochschule selbst (Professoren, Assistenten und Studenten). Auch die Chance, durch kooperative Projekte eher und an mehr öffentliche und private Fördermittel zu kommen, vergrößert sich erheblich im Rahmen des KOOP-Modells. Für die Universität sind zweifellos die aus der Praxis von Unternehmen und Institutionen kommenden Innovationsimpulse für neue FuE-Aktivitäten sowohl für Naturwissenschaftler, Ingenieure wie für Systemtechniker, Soziologen, Wirtschaftswissenschaftler oder Mediziner wertvoll.

Es gibt keinen Zweifel, daß die neuen Formen des Technologietransfers, die vom M.I.T. entwickelt und erprobt wurden, zum Aufblühen neuer Technik-Industrien in der Umgebung von Boston beigetragen haben. Die nachfolgende Tabelle zeigt die Entwicklung von Erfinderunternehmen am sogenannten »Highway

47 Gerhard Mensch, Gemischtwirtschaftliche Innovationspraxis, a.a.O., S. 315.

128« bei Boston. Die erstaunliche Anzahl von Erfinderunternehmen auf der Grundlage von High-Technology hat aber noch eine Reihe weiterer Gründe, die typisch für Industrieregionen sind, deren traditionelle Industrie in eine Strukturkrise gerät, deren Region aber in ein wissenschaftlich-technologisches Zentrum eingebettet ist.

Tatsächlich war vor allem die Textilindustrie im Raume Boston in eine Strukturkrise geraten, andere Industriezweige stagnierten. Die Großunternehmen im Raume Boston waren nicht flexibel genug, um den Technologie-Transfer in avantgardistische Projekte aufzunehmen, so daß der Strukturwandel in Regionen

Tabelle 9.4.4 – 1
Erfinder-Unternehmen am Highway 128 um Boston in den Jahren 1952 bis 1970

Erfinder-Unternehmen	1952	1958	1964	1967	1970
Aerospace Equipments	1	2	17	14	17
Bioengineering	2	7	14	17	17
Telecommunications	0	0	2	4	8
Cryogenics	0	1	7	10	12
Hyperfrequency	10	34	86	112	121
Environmental Control	0	0	1	3	4
Information Processing	0	0	6	23	48
Laser	0	0	0	1	2
Micro-Electronics	1	12	22	27	36
New Power Sources	0	0	1	2	2
Nucleonics	0	1	3	5	3
Oceanography	0	0	4	5	5
Optics	1	2	10	14	21
Special Materials	1	1	8	13	14
Precision Elements	15	24	53	45	51
Fine Chemistry	0	1	3	4	9
Ultra Sound	0	0	0	1	2
R & D (75% activities)	2	4	24	49	46
Teaching Material	1	1	2	2	2
insgesamt	34	90	263	351	419

Quelle:
G. Mensch, Gemischtwirtschaftliche Innovationspraxis, a.a.O., S. 290.

außerhalb von Boston erfolgte. Dadurch ergaben sich gleichzeitig geringere Kostenbelastungen etwa für Dienstleistungen, Mieten, Löhne usw. Nicht unerwähnt bleiben sollte, daß in dieser Region auch das sogenannte »Industriepark-Modell« erfolgreich praktiziert wurde:

Mit diesem sprachlichen Monstrum wird die organisierte Kooperation von kleineren und mittleren Industrie- und Dienstleistungsunternehmen bezeichnet, die insbesondere eine gemeinsame Infrastruktur (Maschinen, Werkstätten, Spezialeinrichtungen etc.) betreiben und sich möglichst durch Spezialdienste und spezielles Know-how gegenseitig ergänzen. Auch hinsichtlich von Produktentwicklungen und Marketing werden gemeinsame Dienste entwickelt oder in Anspruch genommen.

Günstige Wirkung auf die Entfaltung der Erfinderunternehmen gingen zweifellos von Unteraufträgen aus den großen Weltraum- und Rüstungsprojekten aus, die besonders auf High-Technology-Entwicklungen und entsprechende Produkte angewiesen sind.

Nach den Ausführungen auch des vorangegangenen Kapitels ist es somit kein Zufall, daß gerade am M.I.T. im Laufe der Zeit ein funktionierendes Universitäts-KOOP-Modell entstanden ist. Zweifellos wirkten hier die Anwendung der neuen methodischen Grundlagen der wissenschaftlichen Wissensproduktion und Technologieentwicklung und die Rückkopplung bei der Innovationsstrukturpolitik besonders positiv. Das M.I.T. hat somit eine gewisse Leitfunktion für ähnliche Transferunternehmungen zwischen Hochschulen und der örtlichen Industrie nicht nur in den USA, sondern auch in Kanada, England (vgl. 9.4.4a), Israel (vgl. 9.4.4b), Schweden und später auch in Japan und in der Bundesrepublik Deutschland (vgl. 10.3) gehabt. Daß die amerikanische Wissenschaftstradition mit dem M.I.T. eine besonders starke und qualifizierte Bastion hat, die fest in der Philosophie des amerikanischen Pragmatismus wurzelt, ist allgemein bekannt. Nicht zuletzt diese Wurzel bestimmt das Verhältnis zur amerikanischen Gesellschaft und zur Wirtschaft. Forschung, Technologieentwicklung und Ausbildung waren nie nur Selbstzweck einer reinen Wissenschaft – nie nur Erkenntnis um der Erkenntnis und der reinen Lehre willen –, sondern von Anfang an auch auf gesellschaftlichen und ökonomischen Nutzen ausgerichtet. Daraus resultiert die Offenheit der Universität gegenüber Wirtschaftsunternehmen und ökonomischen Kategorien, die ja auch für das Unternehmen M.I.T. selbst eine große Rolle spielen. Daraus resultieren auch die engen Beziehungen zur politischen und militärischen Administration.

Die nachfolgende kurze Selbstdarstellung des M.I.T. entstammt bezeichnenderweise einem Technologie- und Informationstransfer-Service der Firma Control Data Corporation:

»The Massachusetts Institute of Technology obtained its corporate charter from the Commonwealth of Massachusetts on April 10, 1861 for the purpose of ›instituting and maintaining a society of arts, a museum of arts, and a school of industrial science, and aiding generally, by suitable means, the advancement, development and practical application of science ...‹ Since its founding, M.I.T. has achieved wide respect as one of foremost research-oriented, educational institutions in the United States. One outgrowth of the Institute's emphasis on basic scientific research as an educational tool was the early recognition of the value of the U.S. Patent system in making the technological results of basic research available to the public in a manner beneficial to society.

Basically, the Institute takes title to inventions arising from M.I.T.-administered Government and industrial research contracts and grants as well to inventions made by its faculty and staff which involve the significant use of Institute space, funds, or facilities.

M.I.T.'s licensing policy states that where feasible, the Institute prefers to grant non-exclusive, royalty-bearing licenses to all qualified licenses. However, experience has shown, that is often necessary to exclusively license inventions for limited time periods in those situations, where it has been determined that exclusivity is required in the public interest to encourage the marketing and eventual public use of an invention. This approach was approved as far back as 1942 and through the years has not only remained consistent with M.I.T.'s primary responsibility as an educational institution, but has also resulted in significant royalty income each year to the M.I.T. general fund.

In fiscal 1977, M.I.T. reviewed 134 invention disclosures; filed 81 U.S. patent applications; and filed 110 non-U.S. patent applications on 22 inventions. Gross royalty income before payments to investors amounted to approximately $ 980 000.«[48]

48 M.I.T. – Aiding the Advancement, Development and Practical Application of Science (Article contributed by M.I.T.), in: TECHNOTEC NEWSLINE, a technology exchange service of Control Data Corporation, Minneapolis, Vol. 2, Nr. 8, 1978.

9.4.5 *Technologietransfer zwischen Hochschulen und Wirtschaft in England und Israel*

a) England

Über Industrial Liaison Offices an englischen Universitäten, die in den sechziger Jahren eingerichtet wurden, konnte hier schon frühzeitig ein gezielter Wissens- und Technologietransfer zwischen den Hochschulen und der Wirtschaft institutionalisiert werden. Dabei geht es hauptsächlich um Hilfe bei der Zusammenarbeit von Universitäten und lokaler Industrie durch Vermittlung von Beratung, Arbeitskräften, Konferenzen, Anträgen usw. Hierfür haben die Universitäten im allgemeinen gesonderte Transfer-Stellen geschaffen. Zuerst wurden solche Einrichtungen an den Universitäten von Belfast, Liverpool, Manchester (UMIST-Bureau of Industrial Liaison, University of Manchester, Institute of Science and Technology), Nottingham, Sheffield, Edinburgh, Lancaster und Surrey eingerichtet.

Die Wolfson Foundation (London) hat seit Anfang der siebziger Jahre betont solche FuE-Vorhaben gefördert, bei denen sich schon ein Erfinder von der Universität mit einem Unternehmen zusammengetan hatte, um gemeinsam die Erfindung durchzusetzen. Diese ›Wolfson-Units‹ wurden vor allem finanziell unterstützt. Daß ihre Fehlschlag-Quote gering sein soll, ist glaubhaft, da hier der Wissens- und Technologietransfer zum Unternehmen bereits stattgefunden hat. Das ist aber auch die Schwäche des Ansatzes, der eher eine Art Risikokapital-Modell für die Umsetzung und Markteinführung darstellt, weniger hingegen ein Innovationsmodell, das den schwierigen Prozeß der Kopplung von Universität und Wirtschaftsunternehmen in Gang setzt.

b) Israel

In Israel wurde schon frühzeitig begonnen, die Hochschulen und sonstigen wissenschaftlichen Einrichtungen mit industriellen und landwirtschaftlichen Unternehmen und Projekten zu koppeln. Eigens dafür gegründet wurden u. a.:

- Die Science Based Industries Campus Ltd. (Jerusalem, SBI): hier handelt es sich um ein Joint-venture der Hebräischen Universität Jerusalem und der Jerusalem Economic Corporation Ltd. (JEC);

- Die Yede Research and Development Corporation Ltd. (YEDA): hier handelt es sich um eine schon 1952 gegründete gemeinnützige Gesellschaft, die vor allem Industrie-Vertragsforschung am Weizmann-Institut fördern soll.
- Die Jerusalem Economic Corporation Ltd. (JEC) ist ein Dienstleistungsunternehmen für die Industriefirmen der Wissenschafts-Industrie-Region um die Universität Jerusalem.

Während die Universität wissenschaftliches Personal, Bibliotheken, Rechner und sonstige Einrichtungen zur Verfügung stellt, unterhält SBI einen Forschungs- und Industriepark, der mit Gebäuden, Laboratorien, technischen Einrichtungen usw. ausgestattet ist und sowohl bestehenden Unternehmen, aber vor allem auch Gründerunternehmen zur Verfügung steht. Dieser regionale Service wird noch vom Staat mit Kapital unterstützt, wobei vor allem Firmen und Firmengründungen gefördert werden sollen, die die Entwicklung und Produktion neuer Produkte und Verfahren (High-Technology) betreiben.

YEDA ist eine Vermittlungseinrichtung mit industriespezifischen Aufgaben. Sie verkauft Lizenzen des Weizmann-Instituts oder aus eigens initiierten Kooperationsprojekten und reinvestiert die Gewinne in neue FuE-Vorhaben. Vor allem unterstützt YEDA die Industrie der Region durch Vermittlung von Dienstleistungen, Laborausrüstungen und technischen Geräten. 1968 gründete YEDA ein Zweigunternehmen, die Science Based Industries Development Corporation Ltd. (SIDCO) zum Aufbau der Wissenschafts-Industrie-Region Kiryat Weizmann, in der neue Firmen mit angepaßter Technologie gegründet bzw. angesiedelt wurden.

Die Technologie-Transfer-Einrichtungen in Israel haben auch die Transferaktivitäten in der Bundesrepublik Deutschland, speziell auch in Berlin, angeregt. Ganz generell gehören die Aktivitäten im Rahmen regionaler Strukturkonzepte in Israel zu den weltweit bedeutendsten Schrittmacher-Modellen zur gezielten Verwertung wissenschaftlicher und technischer Produkte.

Außerhalb der Wissenschaftsindustrie der USA haben vor allem die Transferaktivitäten in England und Israel das staatlich gelenkte und organisierte Innovationsmanagement als regionale und überregionale Innovationsstrukturpolitik begründet.

10 Wissens- und Technologieverwertung in der Bundesrepublik Deutschland

10.1 Gründe für die späte Institutionalisierung des Wissens- und Technologietransfers

Um die Wurzeln bloßzulegen, auf die die Innovationssteuerung und der institutionalisierte Wissens- und Technologietransfer in der Bundesrepublik Deutschland zurückzuführen sind, kann man nicht einfach nur dort anknüpfen, wo in den angelsächsischen Ländern die neuen Methoden und Organisationsformen der Wissensproduktion und -verwertung entwickelt wurden. Zu unterschiedlich waren die tradierten Grundpositionen, die in Deutschland hauptsächlich in einer der idealistischen Philosophie verpflichteten Wissenschaftsauffassung wurzelten, in den angelsächsischen Ländern und vor allem den USA hingegen im Pragmatismus.

Daraus resultierten die unterschiedlichen Auffassungen der dominierenden »scientific communities« über die Funktion von Wissenschaft und Forschung und ihre optimalen Organisationsformen. Ich folge der Analyse von Peter Weingart[1] insoweit, als diese unterschiedlichen Ausgangspositionen für die Effektivität der Wissensproduktior in verschiedenen Reifephasen bestimmter Wissenschaften unter bestimmten historischen Bedingungen Bedeutung haben können. Grob gesagt, soll autonomes Forschen ohne externe Zwecksetzungen in Frühphasen einer Wissenschaft besonders fruchtbar sein, während später in »ausgereifteren Wissenschaften« externe Anstöße aus der politischen bzw. sozialen Welt für die Weiterentwicklung gerade besonders innovativ sein können.

In einer aus innerwissenschaftlichen Zusammenhängen abgeleiteten These vertreten G. Böhme u. a. die »Finalisierung der Wissenschaft«, wonach in höheren Reifestadien einer Wissenschaft »externe Zwecksetzungen gegenüber der Wissenschaft zum Ent-

1 Peter Weingart, Wissensproduktion und soziale Struktur, Frankfurt am Main 1976.

wicklungsleitfaden der Theorie werden.«[2] Das bedeutet, daß in theoretisch »reiferen« Wissenschaften die externe Steuerung nach gesellschaftspolitischen Kriterien auf die Wissensproduktion eher einen innovativen Einfluß hat als in Frühstadien einer Wissenschaft.

Ich hege Zweifel an der Allgemeingültigkeit dieser These. Kann man für sie noch einige gute Belege im Rahmen der klassischen naturwissenschaftlichen Disziplinen beibringen, so ist es mehr als zweifelhaft, ob für die Sozialwissenschaften überhaupt ähnliche innerwissenschaftliche Entwicklungsstrukturen vorliegen. Noch problematischer erscheint mir eine Übertragung auf neue Wissenschaftsrichtungen der fünften Entwicklungsstufe der Produktivkraft ›Wissenschaft und Technologie‹ (vgl. oben Kapitel 7.8 und 7.9).

Tatsache ist jedenfalls, daß sich die in den vierziger Jahren entstandene, strategisch geplante und organisierte Wissensproduktion und Wissensverwertung im Rahmen der neuen Wissenschaftsindustrie in keiner Weise innerwissenschaftlich orientiert hat, daß sie gleichwohl im Sinne des WTI-Paradigmas äußerst erfolgreich war. Diese Wissenschaftsindustrie hat, von großen Schmerzen der Wissenschaftler wird da nirgends berichtet, die externe Steuerung der Wissenschaft in allen Disziplinen – unabhängig von ihrem Reifegrad – schlichtweg akzeptiert.

Feststellbar ist demgegenüber, daß sich die unterschiedlichen philosophisch-weltanschaulichen Grundpositionen der dominierenden »scientific communities« in den USA und Deutschland auf die Organisation und Steuerung der Wissenschaft ausgewirkt haben. Ihre ideologische Verankerung ist jedenfalls eine Ursache dafür, daß sich der bisher letzte große Schritt der Entwicklung der Produktivkraft ›Wissenschaft und Technologie‹ nicht zuerst in Deutschland, sondern in den USA und England vollzog.

Trotzdem hat diese idealistische Rückbindung der in Deutschland dominierenden Wissenschaftsauffassung die weiter oben dargestellte Verschmelzung mit der Wirtschaft und dem politisch-militärischen Komplex, und damit eine zunehmende

2 Gernot Böhme, Wolfgang van den Daele, Wolfgang Krohn, Die Finalisierung der Wissenschaft, in: Zeitschrift für Soziologie, H. 2, 1973.

Außensteuerung der Wissensproduktion und Technologieentwicklung, nicht verhindert. Das sollte auch so sein, denn viel elementarer als diese Rückbindung ist das grundlegende Strukturentwicklungsprinzip aller Industriegesellschaften, wonach sich unabhängig vom jeweils herrschenden Gesellschaftsmodell die weiterentwickelten Methoden und Organisationsformen[3] der Produktivkraft ›Wissenschaft und Technologie‹ durchsetzen.

Anders ausgedrückt, die idealistische Rückbindung der dominierenden »scientific community« in Deutschland mit ihrer auf Wahrheit und Erkenntnisgewinn ausgerichteten Funktionsbestimmung der Wissenschaft und ihr starker Autonomieanspruch haben zwar zu einigen Nischen in den Hochschulen und außeruniversitären, staatlich geförderten Forschungsinstituten sowie zu zeitlichen Verzögerungen bei der Übernahme der neuen Methoden und Organisationsformen der Wissenschaftsindustrie geführt, nicht jedoch zu einer ganz anderen Art der Wissensproduktion, der Innovationssteuerung und des Wissenstransfers.

Die politisch, ökonomisch und militärisch relevante Innovationsproduktion und -verwertung findet auch in Deutschland schon lange nicht mehr in den Nischen autonomer Wissenschaft, sondern gerade in dem wissenschaftlich-industriell-militärisch vernetzten Komplex statt: Für die Zeit bis 1945 wurde das in Kapitel 4 bereits dargestellt.

Wie stellt sich nun die Situation nach dem Zweiten Weltkrieg in der Bundesrepublik Deutschland dar?

In Kapitel 5 habe ich ausgeführt, daß die Methoden und Organisationsformen der Wissensproduktion und Technologieverwertung, so wie sie heute angewandt werden, das zugrunde liegende WTI-Paradigma effizient erfüllen. Es wurde weiterhin gezeigt, daß die methodisch-organisatorischen Innovationen hauptsächlich in den vierziger Jahren in den USA stattfanden. Im folgenden wird nun aufgezeigt, daß auch für die staatlich gelenkte Innovationssteuerung und den organisierten Wissens- und Technologietransfer in der Bundesrepublik Deutschland die Wurzeln dort liegen.

Auch das ist zu erwarten, denn nach der bisherigen Darstellung

3 Gemeint ist ihre Weiterentwicklung im Sinne effizienterer Erfüllung des WTI-Paradigmas.

werden die verschiedenen Entwicklungsstufen der Produktivkraft ›Wissenschaft und Technologie‹ in allen Industrieländern durchlaufen, in denen das WTI-Paradigma vorherrscht. Nun kann es aber keinen Zweifel geben, daß dieses Paradigma das dominierende Leitmuster in der Bundesrepublik Deutschland ist (vgl. Kapitel 8.3 und 8.5).[4]

Das wird insbesondere an den großen außeruniversitären staatlich geförderten Forschungseinrichtungen, der Max-Planck-Gesellschaft zur Förderung der Wissenschaften e. V., der Fraunhofer-Gesellschaft zur Förderung der angewandten Forschung e. V. und den sogenannten Großforschungszentren belegt. Anschließend gehe ich auf die Entwicklung an den Hochschulen ein, die mit einigen Jahren Verzögerung nunmehr auch Vermittlungsinstitutionen für den Wissens- und Technologietransfer gegründet haben.

Die Staatsanstalten (Bundes- und Landesanstalten) werden hier nicht gesondert behandelt, da ihre Aufgaben ohnehin an gesellschaftspolitischen bzw. ökonomischen Zielen orientiert sind und ihre Tätigkeit von vornherein der Umsetzung der Wissensproduktion und Technologieentwicklung verpflichtet ist.

Ich zeige nun, wie sich der staatlich gelenkte und institutionell organisierte Wissens- und Technologietransfer in der Bundesrepublik entwickelt hat und warum er speziell an den Hochschulen erst in den letzten Jahren systematisch aufgebaut wurde.

Noch im Jahre 1975 stellte der Wissenschaftsrat in seinen grundlegenden »Empfehlungen zur Organisation, Planung und Förderung der Forschung« zu diesem Problem fest:[5]

»Der Informationsfluß zwischen Wissenschaft und Wirtschaft beruht in erster Linie auf Veröffentlichungen, persönlichen Kontakten, Ausbildungs- und Fortbildungsveranstaltungen etc. ...

Es hat sich jedoch gezeigt, daß der Umsetzungsprozeß in vielen Fällen nicht so problemlos und zügig abläuft, wie dies im gesamtwirtschaftlichen Interesse wünschenswert wäre. Im Bereich der Wirtschaft nehmen

4 Wissenschaftsrat, Empfehlungen des Wissenschaftsrates zu Organisation, Planung und Förderung der Forschung, Bonn 1975, S. 138 f. Hierzu u. a. auch Karl Steinbuch, Die rechte Zukunft – gegen Fortschrittswahn und Pessimismus, München/Berlin 1981.

5 Wissenschaftsrat, Empfehlungen des Wissenschaftsrates, a.a.O., S. 138 f.

sich deshalb im zunehmenden Maße Industrieverbände, private Beraterfirmen und Einrichtungen, wie das Rationalisierungs-Kuratorium der Deutschen Wirtschaft, der Vermittlung an. Deutlich wurden die Mängel innerhalb des Vermittlungsprozesses vor allem bei der Umsetzung der in den staatlich geförderten Forschungseinrichtungen außerhalb der Hochschulen erarbeiteten Forschungsergebnisse, und zwar vor allem in den Staaten, in denen frühzeitig eine starke Aktivität in staatlichen Forschungszentren entfaltet wurde, wie z. B. in Großbritannien und Frankreich. Dort wurden deshalb besondere Vermittlungsorganisationen geschaffen.
In Großbritannien besteht seit 1949 die National Research and Development Corporation (NRDC), eine öffentlich finanzierte Gesellschaft, deren Aufgabe es ist, die Ergebnisse vor allem der öffentlich unterstützten Forschung... einer wissenschaftlichen Nutzung zuzuführen. Ihre Tätigkeit umfaßt sowohl die Suche nach industriellen Partnern für die kommerzielle Nutzung vorliegender Forschungsergebnisse als auch die Übernahme der Entwicklung bis zur kommerziellen Nutzbarkeit.
In Frankreich wurde 1968 die Agence Nationale de Valorisation de la Recherche (A.N.V.A.R.) gegründet. Ihre Dienste können von Forschungseinrichtungen und von anderen öffentlichen Einrichtungen, Wirtschaftsunternehmen und privaten Erfindern in Anspruch genommen werden. Die Aktionen der A.N.V.A.R. reichen von einer Art Anerkennungsschreiben zur Erleichterung der Kreditaufnahme über Kostenbeteiligungen bis zu Auswertungsverträgen und Entwicklungsfinanzierungen.«[6]
»In der Bundesrepublik gibt es keine Vermittlungsorganisation mit derart umfassender Aufgabenstellung.«[7]

Weshalb hat es in der Bundesrepublik diese Verzögerung gegeben, und weshalb hat der Wissenschaftsrat erst 1975 die Schaffung solcher »Vermittlungsorganisationen« gefordert? Drei

6 Es ist zwar richtig, daß in Frankreich in den sechziger Jahren große Anstrengungen unternommen wurden, Wissenschaft und Technik durch die Institutionalisierung des Wissens- und Technologietransfers stärker industriell zu nutzen. Trotzdem gehört Frankreich nicht zu den Schrittmacherländern auf diesem Gebiet.

7 Ich führe weiter unten noch aus, daß der Wissenschaftsrat den sog. »Forschungsverbund« forderte, eine Konzentration der wissenschaftlichen Einrichtungen in einer Region mit dem Ziel, eine verbesserte Funktionsfähigkeit der Wissensproduktion und einen effektiveren Wissens- und Technologietransfer zu erreichen.

Gründe dürften hierfür ausschlaggebend gewesen sein: Erstens hatte das Dritte Reich einen großen Teil jener Wissenschaftler vertrieben, die in den verschiedenen Wissenschaftsdisziplinen besonders prädestiniert waren, neue Methoden und Organisationsformen der Wissensproduktion zu entwickeln und zu erproben. Einige von ihnen waren ja später als Emigranten, hauptsächlich in den USA, an der Entwicklung jener Methoden und Institutionen beteiligt. Das gilt vor allem für Disziplinen wie Physik, Mathematik, Psychologie, Soziologie und Volkswirtschaftslehre. Das gilt aber auch für die neuen Ansätze in den Organisationswissenschaften wie etwa des Operations Research oder der Planungswissenschaften und ihren entsprechenden Anwendungen in der Unternehmensführung und Unternehmensorganisation oder für die Strategieentwicklung und Organisationsplanung im Rahmen des industriell-militärischen Komplexes. Zweitens hatten die nationalsozialistischen Machthaber – trotz zahlreicher Aktivitäten, die Wissenschaft und vor allem die Technik dem Rüstungs- und Gewaltapparat dienstbar zu machen – glücklicherweise nicht mit letzter Konsequenz erkannt, welche ungeheure Sprengkraft in der Produktivkraft ›Wissenschaft und Technologie‹ steckt und welche methodischen und organisatorischen Bedingungen für ihre volle Entfesselung notwendig gewesen wären. Ansätze dafür gab es schon, so in der chemischen Forschung und Technologieentwicklung etwa im Rahmen des IG-Farben-Konzerns[8] oder im Bereich der Luftfahrtforschung. Hier konzentrierten sich solche Ansätze auf die Entwicklung leistungsfähiger Militärflugzeuge (z. B. erstes einsatzfähiges düsenbetriebenes Jagdflugzeug von Dornier). Darüber hinaus gab es im Raketenbau (Entwicklung der sogenannten Vergeltungswaffen V 1, V 2) und in einer Reihe kleinerer Entwicklungsprojekte der Waffentechnik und zur Schaffung von Ersatzwerkstoffen und Treibstoffen verschiedene Ansätze, wissenschaftliches Potential in neuen Organisationsformen zu nutzen. Nirgends ist es aber zur Entwicklung vergleichbarer Produktionsformen und methodischer Vorgehensweisen gekommen wie in den USA bei der Entwicklung der Radartechnik, der Großrechner, im Man-

8 Vgl. J. Borkin, Die unheilige Allianz der I.G. Farben – Eine Interessengemeinschaft im Dritten Reich, Frankfurt/New York 1981.

hattan-Projekt und einer Reihe weiterer waffentechnischer Großprojekte und Strategiestudien.

Prinzipiell hätten die Hochschulen in der Bundesrepublik nach dem Krieg den Rückstand durch eine um so schnellere Adaption der neuen Methoden und Organisationsformen ausgleichen können. Es bestanden schon bald wieder gute Kontakte zur Wissenschaft vor allem in den USA. Diese wurden zwar auf der Ebene der wissenschaftlichen Arbeit intensiv genutzt, weniger hingegegen mit Blick auf die Organisation und Steuerung der Wissensproduktion.

Tatsächlich hatten jedoch nur die Industrieforschung und -entwicklung und die moderne Unternehmensführung der Wirtschaft eine solche Organisationssicht und vollzogen demzufolge schnell entsprechende Anpassungsprozesse. Natürlich spielten hier Effizienz und Wettbewerb die entscheidende Rolle.

Den Hochschulen und den staatlich geförderten Forschungsinstituten war dagegen der Gedanke an Wettbewerb um Fördermittel und Umsetzung von Wissen und Technologie noch äußerst fremd.

Noch ein dritter Grund spielte aber eine besondere Rolle: Anknüpfend an die traditionelle deutsche Wissenschaftsideologie der vermeintlich unpolitischen Funktionsbestimmung der Wissenschaft und erstaunt über die verheerenden Folgen von Wissenschaft und Technik und die Mittäterschaft zahlreicher Wissenschaftler an den Verbrechen des Dritten Reiches, ziehen sich die Hochschullehrer erst einmal in den Elfenbeinturm zurück.

Ich glaube, daß diese Haltung weniger der Einsicht Karl Jaspers' entsprach, daß »die Universitäten 1933« durch das Mitmachen in vorderster Front »ihre Würde verloren haben«[9], als vielmehr dem Bestreben, einer kritischen Bewältigung dieser unwürdigen Epoche auszuweichen. Das gelang dann ja auch weitgehend. Es kann

9 Vgl. hierzu z. B. Armin Hermann, Wie die Wissenschaft ihre Unschuld verlor – Macht und Mißbrauch der Forscher, Stuttgart 1984; Hans Peter Bleuel, Deutschlands Bekenner – Professoren zwischen Kaiserreich und Diktatur, Bern/München/Wien 1968.
Klaus-Dieter Oetzel, Die braune Gelehrtenrepublik, 6 Sendungen des Senders Freies Berlin – Wissenschaft und Bildung (Manuskripte), Berlin 1983.

somit nicht verwundern, daß erneut der Ruf nach einer »Wissenschaft in Einsamkeit und Freiheit«[10] und nach Hochschulen und Forschungseinrichtungen als »gesellschaftlich exterritorialen Bereich« in verschiedenen politischen Lagern auf Resonanz stieß. Auch erschien vielen »nun wieder« die alleinige Zweckbestimmung von Wissenschaft, »dem wahren Gott der Wissenschaft, der Wahrheit«[11], zu dienen, äußerst attraktiv. Gesellschaftsrelevanz und ökonomische Verwertung von Wissenschaft und Forschung sollten nicht Sache der Hochschulen und der öffentlich geförderten Forschungsinstitute sein.

Es wurde auch kein Widerspruch darin gesehen, daß zahlreiche Wissenschaftler und Institute eine lange Tradition in der Zusammenarbeit mit der Industrie oder mit anderen gesellschaftlichen Bereichen vorweisen konnten. Solche Kontakte hat es ja schon im vorigen Jahrhundert vor allem zwischen Instituten der Technischen Hochschulen oder technischen und naturwissenschaftlichen Instituten der Universitäten, auch von außeruniversitären Forschungsinstituten, gegeben (vgl. Kapitel 4.2 und 4.3). Auch gab es viele Fälle, in denen gerade konservative Hochschullehrer direkt mit politischen und militärischen Institutionen zusammenarbeiteten (Expertisen, Gutachten, Beratungstätigkeit usw.). Vielfach hatten die Institutsleiter ganz persönliche Kontakte mit

Manfred Rexin, Regime unter dem Hakenkreuz, Eine Sendereihe des RIAS, in 27 Teilen mit Originaldokumenten (Manuskripte), insbesondere Kapitel 12, Wahn als Wissenschaft – Universitäten im Dritten Reich, Berlin 1984.

10 Helmut Schelsky, Einsamkeit und Freiheit, Idee und Gestalt der deutschen Universität und ihre Reformen, Hamburg 1963.

11 So etwa auch Richard Löwenthal auf der 89. Plenarversammlung der Westdeutschen Rektorenkonferenz zum Thema »Wissenschaft und Politik«: »Das Entscheidendste ist, daß die Wissenschaft keinen anderen Gott kennen darf als die Wahrheit...«, WRK-Dokumente zur Hochschulreform XVI/1971, Bonn/Bad Godesberg 1971, S. 117f.

Richard Löwenthal war zu dieser Zeit Vorstandsmitglied des »Bundes Freiheit der Wissenschaft«, der hauptsächlich den Kampf gegen die 1968/69 eingeleitete Hochschulreform auf seine Fahne geschrieben hatte und Sammelbecken eines großen Teils der (konservativen) Professoren wurde.

Industrieunternehmen oder politischen Instanzen, wo sie praktisch verwertbare Forschungs- und Entwicklungsergebnisse und ihren wissenschaftlichen Nachwuchs unterzubringen versuchten. In zahlreichen Fällen griffen sie spezielle Probleme der Unternehmenspraxis auf, um sie in den Hochschulen oder außeruniversitären Forschungsinstituten zu lösen oder als Initialzündung in der Grundlagenforschung zu nutzen. Diese punktuelle, meist auf naturwissenschaftlich-technische Spezialgebiete beschränkte Zusammenarbeit von Wissenschaft und Industrie war gerade nicht systematisch gesteuert und durch spezielle Vermittlungseinrichtungen institutionalisiert.
Prinzipiell gab es aber und gibt es bis heute Barrieren zwischen Hochschulforschung und Industrie. Seitens der Industrie besteht traditionell eine gewisse Abneigung gegenüber den zu theoretisch arbeitenden und praxisfernen Hochschul-Wissenschaftlern. Ihnen fehle, was besonders amerikanische Wissenschaftler auszeichnet, »industry mind«, das heißt: Verständnis für ökonomische Kategorien wie Effizienz und Gewinn und somit auch für die rasche kommerzielle Verwertung wissenschaftlicher und technischer Erkenntnisse. Auch mangele es an Fähigkeiten zum Management und zum Handeln in gesellschaftlichen bzw. ökonomischen Zusammenhängen. Selbst die großen außeruniversitären Forschungsinstitutionen wie die Max-Planck-Gesellschaft und die Fraunhofer-Gesellschaft taten sich zunächst schwer, neue institutionalisierte Formen der Kooperation mit der Industrie einzugehen und entsprechende Transfereinrichtungen zu schaffen.

10.2 Wissensverwertung im Rahmen der außeruniversitären Wissenschaftsindustrie

10.2.1 Das Rationalisierungs-Kuratorium der Deutschen Wirtschaft e. V. (RKW)

Das RKW bzw. seine Vorläuferinstitution, das »Reichskuratorium für Wirtschaftlichkeit in Industrie und Handwerk«, das im Jahre 1921 gegründet wurde, hat einen bedeutenden Anteil an der Herausbildung des ›Prinzips Organisation‹, also der vierten

grundlegenden Entwicklungsstufe der Produktivkraft ›Wissenschaft und Technologie‹ (Kapitel 4.4).
Mit der Hauptaufgabe des nach dem Krieg neu gebildeten »Rationalisierungs-Ausschuß der Deutschen Wirtschaft«, RAW (ab 1950 unter dem Namen RKW), der »Pflege und Förderung der Rationalisierungsbestrebungen der deutschen Wirtschaft«, waren von Anfang an auch Verbindungen mit der Wissenschaft und Forschung angelegt. Die größte Rolle spielten natürlich die Organisationsforschung, die Organisationslehre und die wissenschaftlich-technische und wissenschaftlich-organisatorische Behandlung von Rationalisierungsmaßnahmen zur Steigerung der Produktivität und Effektivität von Unternehmen. Nach dem Krieg hat sich vor dem Hintergrund der gewachsenen wissenschaftlich-technologischen Anforderungen aus der Wirtschaft das Aufgabenspektrum des RKW beträchtlich erweitert. Da ein immer höheres wissenschaftlich-technisches Niveau die Rationalisierungsprozesse bestimmte, war es nur natürlich, daß sich das RKW immer mehr auch als Vermittlungsstelle zwischen Wirtschaft und Wissenschaft definieren mußte. Das schlug sich in den Tätigkeitsfeldern und Arbeitsmethoden nieder. Die folgenden Methoden zur Unterstützung von Rationalisierungsmaßnahmen zeigen an, daß die Vermittlungsfunktionen zwischen Wissenschaft und Wirtschaft einen zentralen Stellenwert einnehmen:

1. Informations- und Dokumentationsaufgaben

Das RKW hat einen umfangreichen Informations- und Dokumentationsservice aufgebaut, der auch die laufende Erfassung, Speicherung und Auswertung wissenschaftlicher Literatur und wissenschaftlicher Informationsdienste über eine Reihe von Arbeitsbereichen umfaßt, die sich hauptsächlich aus der Anfragestruktur der Unternehmen und der Literaturentwicklung auf Gebieten wie Unternehmensführung, Unternehmensplanung, Betriebswirtschaft, Marketing, Finanz- und Rechnungswesen, Wirkungen des technologischen Wandels, Humanisierung der Arbeit, EDV-Einsatz usw. ergab.

2. Ausbildung und Management-Schulung

Auch dieser Bereich bedeutet in der Regel eine Kopplungsaufgabe von Wissenschaft und Wirtschaft, wobei neuere Management-Techniken vermittelt und Fachspezialisten aus Hochschulen und Forschungsinstituten mit Praktikern von Unternehmen zusammengebracht werden. Insbesondere für das mittlere und höhere Management sind die Veranstaltungen so angelegt, daß eine Art Wissens- und Technologietransfer stattfindet bzw. angeregt wird.

3. Durchführung und Anregung von wissenschaftlichen Studien und Projekten

Das RKW initiiert und fördert wissenschaftliche Studien und Projekte, die meist von Forschungsinstituten in Zusammenarbeit mit Unternehmen ausgeführt werden. Die Themen reichen von Problemen der Unternehmensführung über den Einsatz und die Folgen von Technologien und Möglichkeiten der regionalen wirtschaftlichen Zusammenarbeit bis hin zur Untersuchung von Formen des Wissens- und Technologietransfers, der Technologiefolgenabschätzung oder der Humanisierung der Arbeit oder Formen und Folgen der Arbeitszeitverkürzung.

4. Anregung und Vermittlung von Kontakten zwischen allen beteiligten Institutionen

Während hauptsächlich Kontakte und Kooperationen zwischen Wirtschaftsunternehmen vermittelt werden, für die im Jahre 1965 die »RKW-Kooperationsbörse« eingerichtet wurde, gab es immer auch Ansätze zur Vermittlung der Zusammenarbeit mit der Wissenschaft. Allerdings kann dabei nicht von einem gezielten und systematisch organisierten Wissens- und Technologietransfer gesprochen werden.

5. Beratungsdienst für Unternehmen

Die Beratungsleistungen des RKW bilden sicher die stärkste Säule bei der Institutionalisierung von Innovationsmanagement und Wissens- sowie Technologietransfer. Neben der Beratung der Unternehmen in allen traditionellen Unternehmensbereichen wie Produktionsaufbau, Fertigung, Betriebsorganisation, Informationssysteme, Marketingstrategien, Verwaltung, Unternehmensführung, Materialwirtschaft, Rechnungswesen usw. spielen noch spezifische Beratungen im Hinblick auf den Transfer von neuen wissenschaftlichen Ergebnissen und technologischem Know-how eine besondere Rolle.

»Transferiert werden Kenntnisse und Know-how, die unmittelbar der Rationalisierung eines Unternehmens oder seiner Teilbereiche dienen. Das transferierte Know-how umfaßt Kenntnisse aus Untersuchungen, die im Zusammenhang mit der Transfer-Tätigkeit wie auch unabhängig von dieser vom RKW oder von Dritten durchgeführt worden sind; außerdem Ergebnisse vorwiegend aus dem wirtschafts- und sozialwissenschaftlichen Forschungsbereich, die von der RKW-Zentrale auf die praktische Anwendung hin bereits ausgewertet und übersetzt worden sind.
Maßgebend für die einzelne Transferleistung ist nicht so sehr das Angebot aus Wissenschaft und Forschung, sondern die kurz- und langfristige Bedarfssituation von Unternehmen und Wirtschaftszweigen.«[12]

Zusammenfassend läßt sich feststellen: Das RKW ist bis Anfang der siebziger Jahre die einzige relevante Institution für Innovationsmanagement und Technologietransfer in der Bundesrepublik. Insbesondere der RKW-Beratungsdienst hat mit dem Konzept einer integrierten Innovationsberatung, die neben technischen und wirtschaftlichen Elementen auch die Erschließung von Finanzmitteln, erforderlichen Ausbildungsqualifikationen (auch Innovationsmanagement) und Kooperationspartnern mit Unternehmen und wissenschaftlichen Einrichtungen oder wissenschaftsnahen Institutionen umfaßt, einen in diesen Grenzen gut organisierten Wissens- und Technologietransfer etabliert. Trotzdem kann dieses Modell nicht mit den entwickelten Vermittlungsinstitutionen in den Vereinigten Staaten, England, Israel oder später auch in Frankreich auf eine Stufe gestellt werden. Bei den RKW-Aktivitäten wurde nicht die volle Vernetzung von Wissenschaft und Wirtschaft erreicht.
Dafür sind folgende Gründe maßgebend:
Das RKW ist in erster Linie eine Einrichtung der Wirtschaft (Arbeitgeber und Arbeitnehmer) und der politischen Administration (Bund und Länder sind die wesentlichen Finanzträger und haben gewichtige Stimmen in den Kontrollorganen). Die Stellung des RKW ist auf der Seite der Wirtschaft. Damit kann es nicht als unabhängige Maklerinstitution zwischen Wissenschaft

12 Erik Rupp, Technologietransfer, a.a.O., S. 86.

und Wirtschaft fungieren. Die Bindungen zur Wirtschaft haben zwar eine enge Praxisorientierung zur Folge, was für die konkreten Beratungsleistungen sehr nützlich ist, aber gleichzeitig zu einer größeren Distanz zur Wissenschaft führt.
Vor diesem Hintergrund ist es nur logisch, wenn sich das RKW hauptsächlich am Bedarf der Unternehmen orientiert. Das hat dazu geführt, daß kaum angebotsorientierte Transferstrategien entwickelt wurden. So hat sich das RKW aufgrund seiner Stellung schwer getan, etwa eine Patentbörse einzurichten oder den Unternehmen FuE-Leistungen und neue Technologien aus dem Bereich der staatlich geförderten Universitäten oder außeruniversitären Forschungsinstitutionen zum Aufbau neuer Produktlinien oder zur Gründung neuer Unternehmen zu offerieren.
Dem RKW-Modell fehlen im Hinblick auf ein optimales Innovationsmanagement und einen optimalen Wissens- und Technologietransfer somit mindestens zwei wesentliche Voraussetzungen: erstens die etwa gleiche Distanz und Unabhängigkeit von der Wissenschaft wie von der Wirtschaft und zweitens die etwa gleich starke Ausrichtung auf bedarfs- und angebotsorientierte Vermittlungsfunktionen.

10.2.2 Die Max-Planck-Gesellschaft zur Förderung der Wissenschaften e. V.

Die Max-Planck-Gesellschaft ist die größte Forschungsinstitution in der Bundesrepublik Deutschland außerhalb der Hochschulen. Sie ist eine Einrichtung, die in erster Linie der Grundlagenforschung dient. Ihre Anwendungsorientierung ist somit aufgrund der Aufgabenbestimmung von vornherein begrenzt. Trotzdem läßt sich bei insgesamt 46 Forschungsinstituten und 10 000 Mitarbeitern im Jahre 1970 sowie einem Haushaltsbudget von 500 Millionen DM (1983: 817,1 Millionen DM) im Rahmen der breitgefächerten Forschungs- und Entwicklungsergebnisse ein umfangreiches Potential an patent- und lizenzfähigen Erfindungen ausmachen.
Nur vor dem Hintergrund der deutschen Wissenschaftstradition läßt sich erklären, daß erst 1970 eine Vermittlungsstelle zur Wirtschaft, die »Garching-Instrumente-Gesellschaft zur indu-

striellen Nutzung von Forschungsergebnissen mbH (GI)« gegründet wurde.
Ihre Aufgaben umfassen:

- Entwicklung und Verkauf wissenschaftlich-technologischer Geräte
- systematische Auswertung von Patenten und Lizenzhandel
- Beratung von Wissenschaftlern in Fragen des Patentrechts und der finanziellen Beteiligung an der Umsetzung von Erfindungen
- Anregung von FuE-Projekten über Kontakte mit der Industrie
- Verkauf von Standardgeräten kleiner Stückzahl aus den Instituten der MPG.

Obwohl die GI organisatorisch von der Max-Planck-Gesellschaft getrennt ist, steht sie doch nach ihrem Gesellschaftszweck zweifelsfrei auf der Seite der Wissenschaft:

»Gegenstand des Unternehmens ist die wirtschaftliche Verwertung von Erfahrungs- und Erfindungsgut wissenschaftlicher Institute vornehmlich aus dem Bereich der Max-Planck-Institute.«

Diese Zweckbestimmung der Gesellschaft hat im Gegensatz zum RKW-Modell den Nachteil, daß hier durch die starke akademische Prägung eine gewisse Distanz zu den Unternehmen der Wirtschaft besteht. So haben vor allem in den ersten Jahren der Geräte-Transfer und die Auswertung von Patenten der MPG und der sich daran anschließende Verkauf von Lizenzen die Haupttätigkeit der GI ausgemacht. Immerhin wurden dadurch eine Reihe von Produkt- und Verfahrensinnovationen in Gang gesetzt. Die kommerzielle Orientierung der GI und die Nähe zur Wissenschaft haben insofern positive Folgen, als das Verwertungsinteresse innerhalb der MPG gesteigert und die Unabhängigkeit gestärkt werden. Außerdem steigen die Verwertungschancen von wissenschaftlichem Wissen und technologischem Know-how durch direkte Kontakte mit den Wissenschaftlern und durch die Nähe zu den wissenschaftlichen Produkten. Auch die Interessen der Wissenschaftler beim Abschluß von Lizenzverträgen werden dadurch besonders berücksichtigt.
Obwohl diese und weitere Momente die Garching-Instrumente-GmbH als eine in Grenzen brauchbare Transfer-Vermittlungsstelle ausweisen, kann doch nicht übersehen werden, daß hier

zunächst nicht eine Einrichtung konzipiert wurde, die systematisch ein Innovationsmanagement und einen Wissens- und Technologietransfer in Gang bringen sollte mit dem Ziel, die großen Informationspotentiale der staatlich geförderten Forschung und Entwicklung zum Zwecke der wirtschaftlichen Strukturpolitik abzubauen. Eine gezielte Innovationsförderung der Klein- und Mittelindustrie und ein entsprechender Humankapital-Transfer fanden praktisch nicht statt.

Es ist hier nicht der Ort, die weitere Entwicklung der MPG und ihre Wissens- und Technologieverwertungsaktivitäten im einzelnen darzustellen. Nur so viel kann aber gesagt werden, daß diese im Sinne einer stärkeren Vernetzung von Wissenschaft, Wirtschaft und militärischem Bereich in den letzten Jahren erheblich zugenommen haben. Auch im Rahmen der MPG setzt sich die in den vorangegangenen Kapiteln aufgezeigte Entwicklung der Produktivkraft ›Wissenschaft und Technologie‹ durch, indem die Produkte der Wissenschaft immer schneller und effizienter verwertet werden und die MPG selbst immer stärker in die Verwertungszusammenhänge des industriell-militärischen Komplexes integriert wird.

10.2.3 Die Fraunhofer-Gesellschaft zur Förderung der angewandten Forschung e. V.

Die FhG wurde 1949 als eingetragener gemeinnütziger Verein auf Initiative des bayerischen Wirtschaftsministeriums und der Industrie gegründet. Während die FhG in den Anfangsjahren nur Einzelvorhaben der angewandten Forschung überwiegend aus ERP-Mitteln förderte und noch keine eigenen Institute unterhielt, änderte sich das ab 1954 mit der ersten Institutsgründung und insbesondere 1956 mit der Übernahme der Verwaltungshilfe für die Forschungsprojekte aus den Ressortbereichen des Bundesministers der Verteidigung. Von hier ab war der Weg der FhG vorgezeichnet. Sie wurde jene Forschungsförderungseinrichtung, die vorrangig den zivilen wissenschaftlich-technologischen Part des wissenschaftlich-industriell-militärischen Komplexes spielen sollte.

Die Haushaltsmittel umfaßten bis zum Jahre 1956 nur einige

hunderttausend DM. Sie stiegen danach sprunghaft an, ebenso die Zahl der Institute. Im Jahre 1970 lagen die Gesamtforschungsmittel bereits knapp unter 70 Millionen DM, die Zahl der Einrichtungen betrug bereits 21. Etwa ein Drittel der Tätigkeit der FhG ist schwerpunktmäßig mit Aufgaben der Rüstungsforschung befaßt. Die übrigen Haushaltsmittel dienen weitgehend der Vertragsforschung privater und öffentlicher Auftraggeber im Bereich der angewandten Forschung und der anwendungsorientierten Grundlagenforschung.[13]

Die Kooperationsstruktur zwischen den Instituten und den Wirtschaftsunternehmen bzw. der politischen und militärischen Administration entsprach lange Zeit der in Deutschland traditionell gepflegten bilateralen Zusammenarbeit eines Instituts bzw. einzelner Arbeitsgruppen mit Wirtschaftsunternehmen oder militärischen Stellen auf den jeweiligen Spezialgebieten. Auch heute noch überwiegen die Kontakte zwischen den einzelnen Instituten und der Wirtschaft.

Die in den sechziger Jahren geführten Diskussionen über Wissenschaftsplanung, Innovationsstrukturpolitik sowie Wissens- und Technologietransfer führten 1969 zur Bildung der »Kommission zur Förderung des Ausbaus der Fraunhofer-Gesellschaft« durch den Bundesminister für Bildung und Wissenschaft. Die Kommission erarbeitete »Empfehlungen« zum weiteren Ausbau der FhG[14], die von Vertretern des Bundes und der FhG als *»Grundzüge der weiteren Entwicklung der FhG«* Ende 1972 »zur Grundlage der weiteren Geschäftspolitik gemacht« wurden:

»An erster Stelle sind zu nennen:
- Förderung der wissenschaftlichen und technischen Innovation durch verstärkten Transfer von technischem Wissen und Forschungsergebnissen sowohl zwischen den Bereichen der öffentlich geförderten Forschung, der Industrie und der öffentlichen Verwaltung als auch zwischen den verschiedenen Disziplinen und Branchen.
- Ausbau der Vertragsforschung durch Anpassung der Forschungskapa-

13 Diese Angaben sind entnommen aus: Wissenschaftsrat, Empfehlungen zu Organisation..., a.a.O., S. 205.

14 Fraunhofer-Gesellschaft, Empfehlungen der Kommission des Bundesministers für Bildung und Wissenschaft zur Förderung des Ausbaus der Fraunhofer-Gesellschaft, München 1971.

zität an den Bedarf der Branchen der Wirtschaft und der staatlichen Behörden.

- Erhaltung und Steigerung der wissenschaftlichen Leistungsfähigkeit der Forschungseinrichtungen durch anwendungsorientierte Grundlagenforschung bzw. Auftragsvorhalte- und -folgeforschung.

Alle Maßnahmen zur Verwirklichung der Grundzüge können nur dann wirksam werden, wenn sie im Zuge eines *lang*fristigen Planungsprozesses, der von der gesamten Gesellschaft getragen werden muß, richtig eingesetzt werden. Die Planung muß sich auf die Gebiete Forschungsthematik, Personal und Finanzen erstrecken. Ihre Aufgabe ist es, langfristig für eine dem Bedarf und den Möglichkeiten des Forschungsmarktes angepaßte Forschungskapazität der Gesellschaft zu sorgen. Zur Analyse und zur Entscheidungsvorbereitung wird z. Z. ein EDV-gestütztes Kostenrechnungssystem aufgebaut, das es erlaubt, die Kosten- und Ertragssituation der einzelnen Projekte, Arbeitsgebiete und Institute zu verfolgen.«[15]

Ein weiteres Novum war die mit den »Empfehlungen« verbundene Einführung eines am Bedarf orientierten Leistungsanreiz-Systems (Erfolgsorientierung der Vertragsforschung der FhG) im Rahmen öffentlich geförderter Forschungseinrichtungen. Mit diesen »Empfehlungen« und »Grundzügen« war zwar spät, aber nun in eindeutiger Weise für die FhG die Anpassung an die Zweckbindung »Förderung der Innovationsstrukturpolitik« in den Bereichen Wirtschaft und Verteidigung und die Realisierung eines verstärkten Wissens- und Technologietransfers beschlossene Sache.

Der weitere steile Anstieg des Haushaltsbudgets (1970: 40 Mill. DM, 1974: 81,3 Mill. DM, 1983: 293,8 Mill. DM), innerhalb von 13 Jahren eine Steigerung um etwa 700%, das bedeutet eine durchschnittliche jährliche Steigerungsrate von fast 20%, zeigt die Bedeutung, die der FhG in der Bundesrepublik Deutschland nunmehr zugedacht war und die sie bis heute im wissenschaftlich-industriell-militärischen Komplex auch erwarb.

Durch die *Gründung des Institus für Systemtechnik und Innovationsforschung (ISI)* im Jahre 1971/72 wurde diese Entwicklung noch unterstrichen. Schon der Name des Instituts symbolisiert

15 Die Fraunhofer-Gesellschaft 1974, Auftrag – Entwicklung – Organisation, Eine Schrift zum 25jährigen Bestehen der FhG, München 1974, S. 11.

seine geistigen Väter, die zweifelsfrei in der Wissenschaftslandschaft der USA zu suchen sind (vgl. Kapitel 5). Mit der Gründung des ISI sollte nun auch mit der Umsetzung der »Grundzüge der weiteren Entwicklung der FhG« Ernst gemacht werden. Das galt insbesondere für die Hauptaufgabe: die Konzipierung einer wissenschaftlich begründeten Innovationspolitik und die Organisierung des institutionalisierten Wissens- und Technologietransfers in der Bundesrepublik Deutschland.

Es soll nicht unerwähnt bleiben, daß schon 1955 die *Patentstelle für die Deutsche Forschung (PST)*, als Einrichtung der FhG und des Stifterverbandes für die Deutsche Wissenschaft (SVW)[16], von den Wirtschaftsministerien des Bundes und der Länder sowie dem Deutschen Patentamt gegründet wurde. Daß es sich bei PST nur in einem sehr begrenzten Sinne um eine Einrichtung des Innovationsmanagements und des Wissens- und Technologietransfers handelt, geht bereits aus der Namensgebung und der Aufgabendefinition hervor. PST soll Erfinder und Forscher der FhG, der Hochschulen und anderer FuE-Einrichtungen ohne eigene Patentstellen bei der Bewertung ihrer Erfindungen beraten und bei der Erlangung und Verwertung von Schutzrechten unterstützen. Auch soll eine Vermittlung zwischen den Erfindern und den Verwertern von Erfindungen übernommen werden. Trotzdem handelt es sich bei PST nicht um ein strategisch geplantes Innovationsmanagement oder einen gezielt organisierten Wissens- und Technologietransfer. Das läßt sich u. a. daran ablesen, daß in den ersten 20 Jahren jährlich im Durchschnitt nur insgesamt 8,5 Lizenzverträge abgeschlossen wurden. Die Vergleichszahl hierzu betrug bei der National Research Development Corporation (NRDC) in England etwa das Zehnfache für den gleichen Zeitraum.

Einen anderen Stellenwert erhielt die 1972 vom Institut für Systemtechnik und Innovationsforschung (ISI) gegründete *Ar-*

16 Der Stifterverband für die Deutsche Wissenschaft e. V. ist eine Gemeinschaftsaktion der deutschen Wirtschaft zur Förderung der Wissenschaft. Ihm gehören knapp 6000 Mitglieder (Firmen, Verbände und Einzelpersonen) an. Er wurde 1921 gegründet und 1949 neu errichtet mit dem Ziel, über die Wissenschaftsförderung die Wirtschaftsstrukturpolitik zu beeinflussen.

beitsgruppe Patentverwertung (ARPAT). Diese neue Institution war eingepaßt in den Rahmen der übergreifenden Aufgaben des ISI. Erstmals sollten die vom Bundesminister für Forschung und Technologie und anderen staatlichen Einrichtungen geförderten FuE-Vorhaben im Hinblick auf Know-how, Erfindungen und Patente systematisch ausgewertet, dokumentiert und umgesetzt werden.

Im einzelnen begann ARPAT mit folgenden Aufgaben:

- Erstellung von Firmen-Interessenprofilen und entsprechenden Patentselektionen auf der Grundlage der Internationalen Patentklassifikation;
- regelmäßige und kostenlose Information der Firmen über neue Patente und Erfindungen;
- Durchführung von Technologie-Analysen und Patent- bzw. Erfindungsbewertungen: hierfür werden entsprechende Fachexperten aus den Instituten der MPG, der FhG, den Bundesanstalten, Großforschungseinrichtungen und Wirtschaftsunternehmen hinzugezogen;
- gezielte Auswertung von Patenten und Erfindungen durch besondere Technologie-Makler, die gleichzeitig die Aufgabe haben, diese gezielt umzusetzen.

Hier handelt es sich erstmals um einen systematisch organisierten bedarfs- und angebotsorientierten Wissens- und Technologietransfer durch eine besondere Vermittlungseinrichtung. Da die Institute der FhG traditionell enger als etwa die MPG-Institute mit der Wirtschaft und dem Verteidigungsbereich verbunden sind, konnte von vornherein mit einer höheren Akzeptanz bei den Adressaten von innovativen Produkten gerechnet werden. Gleichwohl hat es auch hier eine längere ›Durststrecke‹ mit vielen Adaptionsproblemen gegeben.

Die Federführung bei der Entwicklung von Innovationsstrategien und bei der systematischen Organisierung des Wissens- und Technologietransfers in der Bundesrepublik war dem ISI zugedacht, was sich in der Zielbestimmung und Aufgabendefinition des Instituts niederschlug. In der ersten Informationsbroschüre aus dem Jahre 1973 wird als Ziel der Tätigkeit angegeben:

»*Ziel* des ISI ist, einen Beitrag zur Verbesserung der Lebensbedingungen zu leisten durch gezielte Steigerung der Innovationsrate und Bereitstellung von Entscheidungshilfen im Bereich staatlicher Daseinsvorsorge und für die Industrie.«[17]

Unter »Aufgaben und Arbeitsweise« heißt es unter anderem:

»Das ISI erweitert das naturwissenschaftlich-technische Fachspektrum der FhG durch systemtechnische Arbeiten im Grenzgebiet zwischen Technologie und Gesellschaft. Das ISI hat ein interdisziplinäres Mitarbeiterteam aus Ingenieuren, Natur- und Sozialwissenschaftlern. Das ISI steht öffentlichen und privaten Auftraggebern für Projektbearbeitungen (Vertragsforschung) zur Verfügung.«[18]

Als Arbeits- und Programmbereiche werden Systemtechnik, Innovationsforschung und Technologietransfer hervorgehoben:

»Die *Systemtechnik* ist aus der Notwendigkeit entstanden, bei der Bewältigung größerer Projekte die Anforderungen an einzelne Technologien zu definieren und deren Beiträge zu einem funktionierenden Ganzen zusammenzuschließen. Sie ist heute zu einem unentbehrlichen Werkzeug des industriellen Managements und der staatlichen Daseinsvorsorge geworden.
Systemtechnische Forschung des ISI liefert innovative Anregungen und hilft bei Planung, Beratung, technologischer Vorausschau und Technologie-Folgenabschätzung (technology assessment).
Innovationsforschung im ISI will die maßgebenden Elemente, Abhängigkeiten und Gesetze des Innovationssystems erkennen, um zur gezielten Förderung von Innovationen und zur Beseitigung von Innovationshemmnissen beizutragen.
Das ISI interessiert sich vor allem für die zweckmäßige Ausgestaltung der öffentlichen Technologieförderung und ihr Zusammenwirken mit dem privaten Sektor; …
Die Innovationsforschung liefert dem ISI strategische und taktische Konzeptionen für den Programmbereich Technologietransfer.
Technologietransfer durch das ISI reicht von der Bedarfsermittlung im öffentlichen Bereich und der Erschließung neuer technischer Anwendungsmöglichkeiten und Märkte bis zur Patentverwertung und Vermittlung technischen Wissens in den Bereich industrieller Produktion und Dienstleistung.«[19]

17 ISI Institut für Systemtechnik und Innovationsforschung der FhG, Informationsbroschüre, Karlsruhe 1973.
18 Ebenda, a.a.O., ohne Seitenangabe.
19 Ebenda, o. S. (Hervorhebung im Original).

Besonders aufschlußreich ist, daß in dieser Informationsschrift direkt auf die großen Vorbilder im Ausland Bezug genommen wird und aus deren Erfahrungen sogar unmittelbar Konsequenzen abgeleitet werden:

»In mehreren Industrieländern gibt es vergleichbare Bemühungen: die früheren State Technical Services, jetzt NASA-Datenbank und Technologietransfer-Programme, Experimental R&D Incentive Program (USA); Agence Nationale de Valorisation de la Recherche, Brevatome, Sofinnova (Frankreich); National Research Development Corporation, technische Dienste an Universitäten (Großbritannien)...«

Motivierend für diese Bemühungen wirkten:
- der verschärfte internationale Wettbewerb
- Bedenken, daß die hohen Staatsausgaben für die Forschung nicht in ausreichendem Maße innovativ und im öffentlichen Interesse umgesetzt würden.

Bei diesen Aktivitäten wurden folgende Erfahrungen gemacht:
- Darbieten von Forschungsergebnissen allein, selbst in aufbereiteter Form (NASA), ist nicht genügend wirksam.
- Innovation ist nicht das Resultat einseitigen Technologietransfers, sondern ergibt sich innerhalb eines komplexen Wechselwirkungsnetzes.
- Die Wahrscheinlichkeit für Technologietransfer steigt stark mit dem individuellen Engagement einer unternehmerischen Persönlichkeit, die ein solches Netzwerk lokal aktiviert.
- Die Technologietransfer- und Innovationswahrscheinlichkeit ist am größten, wenn wohldefinierter Bedarf und ökonomische Realisierbarkeit vorliegen.[20]

Wie stark sich die Aufgabenbestimmung des Instituts auf die in dieser Arbeit immer wieder hervorgehobenen Methoden und Organisationsformen der Wissensproduktion und Wissensverwertung hin zu einer gezielten Innovationssteuerung und einem systematisch organisierten Technologietransfer bewegt hat, geht aus der Aufgabenbeschreibung aus dem Jahre 1975 hervor:

»Aufgrund technischer, wirtschaftlicher und sozialer Veränderungen wachsen die Abhängigkeiten zwischen verschiedenen Bereichen unserer Gesellschaft, zwischen Technik, Wirtschaft, Staat, Bevölkerung und Ausland. Für die Entscheidungsträger in Staat und Wirtschaft nehmen

20 Ebenda, o. S.

gleichzeitig Umfang und Komplexität der zu bewältigenden Informationen zu. Daher besteht wachsender Bedarf an *Verdichtung, Systematisierung und Integration für Planung und Entscheidungsvorbereitung*. Ein wichtiges Hilfsmittel hierfür ist die *Systemtechnik*.
Angesichts der Strukturveränderungen im In- und Ausland ist die Bundesrepublik fortlaufend auf Innovationen angewiesen, um durch know-how-intensive, energie- und rohstoffsparende sowie emissionsarme Technologien und Produkte die Arbeitsplätze zu sichern und ihre internationale Wettbewerbsfähigkeit zu erhalten.
Zur Lösung dieser Aufgabe soll die *Innovationsforschung* beitragen. In ihrem Rahmen werden die *Prozesse der Umsetzung* von Forschungsergebnissen in die praktische Anwendung untersucht sowie Möglichkeiten zu deren Einleitung und Abkürzung...
Vorhandenes technologisches Wissen soll durch *gezielten Technologietransfer* auf neue, wichtige Bereiche industriell-wirtschaftlicher Nutzung gelenkt werden, um dadurch *Innovationsprozesse* in bezug auf Zeit und Kosten *effizienter* zu gestalten.«[21]

Die nachfolgende Skizze der Aufgaben, Programmbereiche, Leistungsangebote und Auftraggeber vermittelt in knapper Form einen Eindruck, mit welcher Zielrichtung die neue Einrichtung gegründet wurde (siehe S. 666):
Besonders interessant ist eine Aufgabenzuweisung für das ISI aus dem Jahre 1973, durch Projektführung die Kooperation zwischen einer Universität und der regionalen Industrie zu initiieren. Dieses mit »Route 128« benannte Projekt weist auf die Absicht hin, die Entwicklung am Highway 128 in der Nähe von Boston und Cambridge und das KOOP-Modell des M.I.T. auf die Bundesrepublik Deutschland zu übertragen (vgl. Kapitel 9.4.4).
Die Arbeit von ISI hat sich in diesen und ähnlichen Projekten während der folgenden Jahre in Konzeptionen und der Initiierung zahlreicher Innovationsberatungsstellen, Technologietransfer-Agenturen, Wagnisfinanzierungs-Modelle, Joint-ventures usw. niedergeschlagen. Das entsprach der Politik des Bundesministers für Forschung und Technologie, die Lücke in der Wissens- und Technologieumsetzung zu den angelsächsischen Ländern zu schließen.

21 ISI Institut für Systemtechnik und Innovationsforschung der FhG 1975 (Informationsschrift), Karlsruhe 1975, S. 4 (Hervorhebung im Original).

Abbildung: 10.2.3 – I
Aufgaben, Programmbereiche, Leistungsangebot und Auftraggeber des Instituts für Systemtechnik und Innovationsforschung der Fraunhofer-Gesellschaft

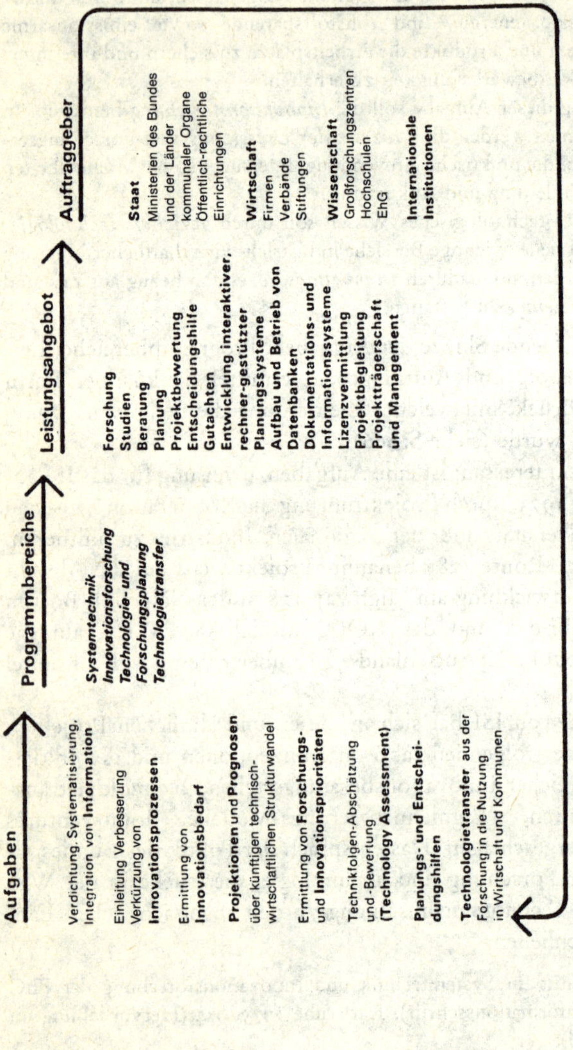

Quelle:
ISI-Informationsschrift, Karlsruhe 1975.

Obwohl in der Fraunhofer-Gesellschaft eher eine konservative Wissenschaftsauffassung vorherrscht, gab es keine ernsthaften Widerstände gegen die staatliche Steuerung und Verwertung der Wissensproduktion und Technologieentwicklung. Im Gegenteil, hier wurde an die traditionelle Zusammenarbeit einzelner Institute und Wissenschaftler mit der Wirtschaft und dem militärischen Bereich angeknüpft. Allmählich werden diese Formen der Kooperation durch die neuen Muster ergänzt, die nun gezielt der Initiierung und Abstützung des wirtschaftlichen Strukturwandels bzw. der staatlichen Innovationsstrukturpolitik dienen. Die Entwicklung im Bereich der Fraunhofer-Gesellschaft zeigt exemplarisch, wie sich die neuen Methoden und Organisationsformen der Produktivkraft ›Wissenschaft und Technologie‹ durchgesetzt haben und welchen grundlegenden Einfluß diese Entwicklung auf den wirtschaftlichen und sozialen Strukturwandel in der Bundesrepublik hat.

Ein besonders eindrucksvolles Beispiel, wie ein Institut der Fraunhofer-Gesellschaft der Innovationsstrukturpolitik dienstbar gemacht wird, läßt sich aus Berlin anfügen:

Seit einigen Jahren gibt es unter Sachkennern Konsens darüber, daß eine erfolgversprechende wirtschaftliche Strukturpolitik vor allem auf die Mikroelektronik und die computergestützte Produktionstechnik und Automatisierung setzen muß.

Die in Kapitel 8.5.3.3 dargestellte »Innovationsstrategie für Berlin« aus dem Jahre 1977 hatte hierfür eine Konzeption vorgezeichnet. Im gleichen Kapitel wurde die von Günter Spur, dem Direktor des *Fraunhofer-Instituts für Produktionsanlagen und Konstruktionstechnik* und gleichzeitigem Direktor des TU-Instituts für Werkzeugmaschinen und Werkzeugtechnik, aufgezeigte Innovations-Konzeption für den wirtschaftlichen Strukturwandel in Berlin und in der Bundesrepublik dargestellt. Eine Reihe derartiger Aktivitäten hat dazu geführt, daß konkrete Entscheidungen der Bundesregierung und des Landes Berlin für den Ausbau der Informationstechnologie in Berlin fielen:

So wurde unter anderem das VDI-Technologiezentrum (VDI-TZ) mit seinem Schwerpunkt der Informationsvermittlung und Beratung von kleinen und mittleren Unternehmen auf dem Gebiet des Einsatzes der Mikroelektronik nach Berlin verlegt und ausgebaut.

Ebenfalls stark ausgebaut wurde das Heinrich-Hertz-Institut für Nachrichtentechnik auf den Gebieten Mikroelektronik, Informationsverarbeitung und Telekommunikation.
Neu gegründet wurde die große Elektronen-Speicherring-Anlage für Synchrotron-Strahlung (BESSY) als zusätzliche Forschungs- und Entwicklungskapazität auf dem Gebiet der Größtintegration elektronischer Schaltungen und allgemein der Halbleiter- und Mikroprozessorenentwicklung.
Ausgebaut wurden auch entsprechende Abteilungen am Hahn-Meitner-Institut für Kernforschung e. V. (Großforschungseinrichtung), am Fritz-Haber-Institut der Max-Planck-Gesellschaft und an einer Reihe von Instituten der Technischen und der Freien Universität.[22]
Das in diesem Zusammenhang spektakulärste Projekt zur Umsetzung von Forschung und Entwicklung für den wirtschaftlichen Strukturwandel ist der Ausbau vorhandener Institute zu einem *Zentrum für die Anwendung der Mikroelektronik im Bereich der Produktionstechnik und Automation.*
Im ersten Bericht des Senats von Berlin zur »Politik für Forschung und Entwicklung in Berlin« vom September 1978 heißt es dazu:

»Weil Berlin in seiner Wirtschaftskraft noch mehr als andere Regionen von der Leistungsfähigkeit kleinerer und mittlerer Unternehmen abhängig ist, ist die Entscheidung für den Ausbau der *Berliner Abteilung des Instituts für Produktionstechnik und Automatisierung der Fraunhofer-Gesellschaft* von herausragender Bedeutung.«[23]

Welcher Stellenwert dieser Forschungseinrichtung heute im Rahmen der Innovationsstrukturpolitik zugedacht ist, läßt sich daran ermessen, daß die folgenden Einrichtungen ausgebaut und unter einem Dach zusammengefaßt werden sollen:

22 Vgl. hierzu u. a.: Der Bundesminister für Forschung und Technologie, Maßnahmen zur Förderung von Forschung und Entwicklung in Berlin, Bonn 1978 und Bonn 1979; Senator für Wissenschaft und Forschung, Fortgeschrittene Informationstechnologie in Berlin/FIT, Berlin 1983.

23 Der Senator für Wissenschaft und Forschung, Politik für Forschung und Entwicklung in Berlin, Bericht an die Ausschüsse für Wissenschaft und Wirtschaft des Abgeordnetenhauses von Berlin, Berlin September 1978, S. 19 f. (Hervorhebung im Original).

1. Fraunhofer-Institut für Produktionsanlagen und Konstruktionstechnik (IPK)
Arbeitsgebiet:
Informationsverarbeitung
Computerintegrierte Fertigung
CAD: Simulation, Dokumentation, Entwurf, Zeichnen, Modellieren;
CAD Konzeptionsregeln;
CAM: Fertigungssysteme, -Teilsysteme, Lagersysteme;
CAT: Qualitätsprüfung, Test; Sensoren; Robotersteuerung; Automatisierungstechnik;
Steuerung von Produktionsanlagen.[24]
2. Institut für Werkzeugmaschinen und Fertigungstechnik der Technischen Universität Berlin
Arbeitsgebiet:
Informationsverarbeitung
Computerintegrierte Fertigung
Automatische Fertigungssysteme;
Robotertechnik;
Computergesteuerte Werkzeugmaschinen;
CAD: Zeichnungserstellung, Arbeitsplanung, NC-Programmierung; Bildverarbeitung; Produktionskostensysteme.
3. Sonderforschungsbereich 0203: Integrative Neugestaltung von rechnerunterstützten Konstruktionen im Maschinenwesen
Arbeitsgebiet:
Informationsverarbeitung
Computerintegrierte Fertigung
CAD: Entwicklung, Konstruktion, Zeichnen, Modellieren, Geometrie, Graphik, Simulation;
CAD/CAM-Konzeptionsregeln; CAD-Sprachen;
Echtzeit-Bildverarbeitung; Mustererkennung;
Parallelverarbeitung.
4. Sonderforschungsbereich 57: Produktionstechnik und Automatisierung

24 CAD = Computer Aided Design
CAM = Computer Aided Manufacturing
CAT = Computer Aided Testing.

Arbeitsgebiet:
Computerintegrierte Fertigung
CAM-Konzeptionsregeln;
CAM-Systeme;
CAD: Entwicklung, Konstruktion, Simulation, Arbeitsplanung, Zeichnungserstellung, NC-Programmierung; Robotertechnik.[25]

Die enge Vernetzung dieses neuen Entwicklungszentrums mit den verschiedenen Bereichen der Wirtschaft, der Wissenschaft und der politischen Administration läßt sich kaum besser als durch die Tatsache verdeutlichen, daß der Leiter des neuen Zentrums in praktisch allen relevanten Gremien, die sich mit Innovationsstrukturpolitik in der Bundesrepublik Deutschland und Berlin befassen, Sitz und Stimme hat.

10.2.4 *Die Großforschungseinrichtungen*

Die Großforschungseinrichtungen oder Großforschungszentren stellen den eigentlich neuen Ansatz im staatlich geförderten FuE-System der Bundesrepublik dar. Sie sind es vor allem, die die methodische und organisatorische Lücke zur Großforschung in den angelsächsischen Ländern schließen sollen. Die Konzeption für ihren Auf- und Ausbau knüpft im Prinzip ganz unmittelbar am Organisationstypus »Manhattan-Projekt« an. Es sind vor allem folgende Kriterien, die zum Aufbau von Großforschungseinrichtungen führten:

1. Ausgehend von einer Basisinnovation soll im Bereich der GFE ein Schub von Folgeinnovationen erforscht und entwickelt werden, die möglichst schnell und direkt der industriellen Verwertung zugeführt werden.
2. Großforschungszentren sollen die Durchführung von Großprojekten mit besonderer gesellschaftspolitischer oder wirtschaftlicher Relevanz sicherstellen. Sie betreiben im allgemeinen naturwissenschaftlich-technische Forschung und Entwicklung, die einen außerordentlich großen Einsatz an personellen, finanziellen und apparativen Mitteln erfordert.

25 NC = Numerical Control.

Der rasante Ausbau Ende der fünfziger und in den sechziger Jahren im Rahmen spezifischer staatlicher FuE-Programme zeigt, daß an die GFEn sowohl thematisch als auch hinsichtlich der Effizienz ganz besondere innovationspolitische Erwartungen geknüpft wurden. Allein die Aufgabenschwerpunkte der ersten GFEn beweisen, daß hier die »wissenschaftlich-technologische« und damit auch die »industriell-technologische Lücke« in einigen Basisbereichen mit den neuen Methoden der wissenschaftlichen Großproduktion überwunden werden sollte. Dazu gehören:

- Kernenergieforschung, Kernenergietechnikentwicklung und Kernfusionsforschung
- Luft- und Raumfahrtforschung
- Datenverarbeitung und Informationssysteme
- Biologisch-medizinische Großforschung.

Der Wissenschaftsrat beschreibt die Aufgaben der bis 1974 gegründeten 12 Großforschungszentren wie folgt und führt einige Projektbeispiele an, die weitgehend mit supertechnologischen Entwicklungen verbunden sind:

»(1) Durchführung technologischer Großprojekte im unmittelbaren Vorfeld industrieller Entwicklungen oder in direkter Zusammenarbeit mit der Industrie. Dies erfordert in der Regel stark interdisziplinäre Zusammenarbeit, eine sehr straffe Koordination und einen besonders hohen Personal- und Sachmittelaufwand. Beispiele sind das Projekt ›Schneller Brüter‹ im Kernforschungszentrum Karlsruhe, die Arbeiten der Kernforschungsanlage Jülich auf dem Gebiet der Hochtemperaturreaktor-Entwicklung, die Entwicklung des nuklearen Schiffsantriebs durch die Gesellschaft für Kernenergieverwertung in Schiffbau und Schiffahrt oder das Satellitenprojekt Sonnensonde ›Helios‹ der Deutschen Forschungs- und Versuchsanstalt für Luft- und Raumfahrt.
(2) Programmforschung größeren Umfangs zur Vorbereitung technologischer Großprojekte (Beispiele: Arbeiten des Max-Planck-Instituts für Plasmaphysik und der Kernforschungsanlage Jülich zur kontrollierten Kernfusion, Arbeiten des Kernforschungszentrums Karlsruhe auf dem Gebiet der Tieftemperaturtechnik) oder zur Unterstützung öffentlicher Aufgaben (Beispiele: Entwicklungsarbeiten für Informationssysteme durch die Gesellschaft für Mathematik und Datenverarbeitung ...).
(3) Reine und anwendungsorientierte Grundlagenforschung größeren Umfangs auf Schwerpunktgebieten, die durch in den Großforschungseinrichtungen verfügbare Großgeräte und die sonstige Infrastruktur besonders vorteilhaft durchgeführt werden kann oder die zum Vorfeld

der Programmforschung oder der technologischen Großprojekte gehört. Beispiele hierfür sind die Arbeiten zur Hochenergiephysik beim Deutschen Elektronen-Synchrotron, die Arbeiten auf dem Gebiet der Kernphysik und der Schwerionenforschung bei der Gesellschaft für Schwerionenforschung...

(4) Betrieb (zum Teil auch Entwicklung und Bau) von Großgeräten, ... Beispiele sind das 7-GeV-Elektronensynchrotron beim Deutschen-Elektronen-Synchrotron und das UNILAC-Projekt der Gesellschaft für Schwerionenforschung, die Isochron-Zyklotrons in Karlsruhe und Jülich, die Forschungsreaktoren in Geesthacht, Jülich und Karlsruhe oder die Windkanäle und Raketenprüfstände der Deutschen Forschungs- und Versuchsanstalt für Luft- und Raumfahrt.«[26]

Die Gründungsjahre der Großforschungseinrichtungen beweisen, daß die staatlich gelenkte Zweckforschung im großen Stil und mit den neuen Methoden und Organisationsformen erst relativ spät nach dem Krieg einsetzte. Die nachfolgende Liste der Großforschungseinrichtungen gibt die Gründerjahre und die Aufgabenschwerpunkte wieder. Dabei springt die einseitige Ausrichtung auf die Kernenergieforschung und Kerntechnikentwicklung ins Auge, ein Problem, das in den letzten Jahren breit diskutiert und kritisiert wurde.

Die Verzögerungen bei der Anwendung neuer Methoden in der Wissenschaftsindustrie der Bundesrepublik und beim Übergang zum ›big science‹ liegen auch daran, daß gerade diese Forschungen die Entwicklung supertechnologisch-militärischer Systeme ermöglichen, die zunächst nicht in die Verfügungsgewalt einer deutschen Regierung gelangen sollten.

Besonders aufschlußreich im Hinblick auf die strukturpolitischen Funktionen der Großforschungseinrichtungen ist die Ausgaben- und Personalentwicklung:[27]

Während 1963 erst 357,1 Mio. DM für die GFEn bei einem Personalbestand von 7767 vollzeitbeschäftigten Personen aufgewandt wurden, stiegen die Gesamtaufwendungen bis 1983 auf

26 Wissenschaftsrat, Empfehlungen zu Organisation ..., a.a.O., S. 180f.

27 Die nachfolgenden Daten stammen aus:
a) Wissenschaftsrat, Empfehlungen zu Organisation..., a.a.O., S. 231ff.
b) Bundesforschungsberichte V (Bonn 1975), VI (Bonn 1979) und VII (Bonn 1984).

Tabelle 10.2.4 – 1
Großforschungseinrichtungen: Gründungsjahr, Aufgabenschwerpunkte, Träger

Forschungs-einrichtung	Jahr[1]	Aufgabenschwerpunkte	Träger[2]
Gesellschaft für Kernenergieverwertung in Schiffbau und Schiffahrt mbH, Hamburg (GKSS)	1956	Kerntechnik und -forschung Niederenergiekernphysik, Hochtemperaturreaktoren, Kernenergieschiffe, nukleare Meßtechnik, Isotopentechnik, Meerestechnik und Meerwasserentsalzung	B/KüL
Kernforschungsanlage Jülich GmbH, Jülich (KfA)	1956	Kerntechnik und -forschung Hochtemperaturreaktor-Entwicklung, Kernfusion, Energietechnik, Materialforschung und Stoffeigenschaften, nukleare Grundlagenforschung	B/ NRW
Gesellschaft für Kernforschung mbH, Karlsruhe (GfK)	1956	Kerntechnik und -forschung Schneller Brüter, Spaltstofffluß-kontrolle, Nukleare Sicherheit, Trenndüsenverfahren, Wiederaufarbeitung von Kernbrennstoffen, Behandlung von Endlagerung radioaktiver Rückstände, Technologie des Fusionsreaktors, Tieftemperaturtechnologie, Datenverarbeitung in der Technik, Umweltforschung, Nichtnukleare Grundlagenforschung	B/BW
Hahn-Meitner-Institut für Kernforschung GmbH, Berlin (HMI)	1957	Kernforschung Niederenergiekernphysik, Schwerionenforschung, Kern- und Strahlenchemie, Strahlenschutz, Nukleare Meßtechnik, Datenverarbeitung, Abfallbehandlung	B/Bln

Forschungs-einrichtung	Jahr[1]	Aufgabenschwerpunkte	Träger[2]
Deutsches Elektronen-Synchrotron, Hamburg (DESY)	1959	Kernforschung Hochenergiephysik und Synchrotronstrahlung, Elektronensynchrotron	B/HH
Max-Planck-Institut für Plasmaphysik, Garching (IPP)	1960	Fusionsorientierte Plasmaforschung	B/L
Deutsches Krebsforschungszentrum, Heidelberg (DKFZ)	1964	Biologische Grundlagen der Krebsbekämpfung Verbesserung der Früherkennung und der Maßnahmen der Krebsverhütung, biologische Grundlagen der Krebsentstehung und der krebserzeugenden chemischen Faktoren der menschlichen Umwelt	B/BW
Gesellschaft für Strahlen- und Umweltforschung mbH, Neuherberg (GSF)	1964	Biowissenschaftliche Untersuchungen zur Strahlen- und Umweltforschung Biologie, Mikrobiologie, Strahlenbotanik, Biochemie, Hämatologie, medizinische Datenverarbeitung, ökologische Chemie, Strahlenschutz, Radiohydrometrie, kohärente Optik, Tieflagerung radioaktiver Rückstände	B
Gesellschaft für Molekularbiologische Forschung mbH, Stöckheim (GMBF)	1965	Molekularbiologie, Biochemie und Biophysik	B/NS
Gesellschaft für Mathematik und Datenverarbeitung mbH, Birlinghoven (GMD)	1968	Mathematik und Datenverarbeitung Mathematik, angewandte Mathematik, numerische Datenverarbeitung, Theorie der Automaten und	B/NRW

Forschungs-einrichtung	Jahr[1]	Aufgabenschwerpunkte	Träger[2]
		Schaltnetzwerke, Informationssystemforschung, Datenverarbeitung, Betrieb u. Elektronik	
Deutsche Forschungs- und Versuchsanstalt für Luft- und Raumfahrt e. V., Porz-Wahn (DFVLR)	1968	Luft- und Raumfahrtforschung Strömungsmechanik, Flugmechanik und Flugführung, Festigkeit, Werkstoffe und Bauweisen, Antriebe und Energetik, Elektronik, Flugraumphysik, Raumsimulation und Flugmedizin	B[3]
Gesellschaft für Schwerionenforschung mbH, Darmstadt (GSI)	1969	Kernforschung Schwerionenforschung, Schwerionenbeschleuniger	B/He

1 Gründungsjahr
2 mit den Abkürzungen: B = Bund; L = Länder; Bln = Berlin; NRW = Nordrhein-Westfalen; He = Hessen; HH = Hamburg; BW = Baden-Württemberg; NS = Niedersachsen; KüL = Küstenländer
3 zusammen mit 4 Ländern und 60 Firmen

Quelle:
Wissenschaftsrat, Empfehlungen zu Organisation, Planung und Förderung der Forschung, Bonn 1975.

2429,8 Mio. DM, das ist eine Steigerung um 680% in 20 Jahren. In dieser Zeit stieg der Personalbestand »nur« auf rund 16000 vollzeitbeschäftigte Personen, das ist ein Anstieg von etwas mehr als 200%.
Im Jahre 1969, nachdem bis auf eine Einrichtung bereits alle anderen Großforschungszentren gegründet waren, betrugen die Haushaltsaufwendungen »erst« 752,4 Mio. DM. Bis 1983 stiegen dann die Aufwendungen noch über das Dreifache.
Wichtig ist auch, daß die 13 Einrichtungen der Großforschung etwa 44% der Gesamtaufwendungen aller staatlich geförderten FuE-Einrichtungen außerhalb der Hochschulen erhalten.

Die folgende Zahl ist für die Bewertung von ›Wissenschaft und Technologie‹ als zentraler Produktivkraft der Industriegesellschaft besonders aufschlußreich:
Während in den Großforschungseinrichtungen für die Rechts-, Wirtschafts- und Sozialwissenschaften, die Sprach- und Kulturwissenschaften und die Agrar- und Forstwissenschaften zusammen null DM aufgewandt werden, betragen die Aufwendungen für die Natur- und Ingenieurwissenschaften 1963: 356,7 Mio. DM, 1973: 1321,4 Mio. DM und 1983: 2328,8 Mio. DM.
Die Aufwendungen für die Medizin betragen in den gleichen Jahren 1963: 0,47 Mio. DM, 1973: 44,8 Mio. DM und 1983: 101 Mio. DM, somit also nur einen geringen Anteil der Gesamtaufwendungen, d. h. 1963 nur etwas mehr als 0,1%, 1973: 3,4% und 1983: 4,3%.
Anders ausgedrückt, die Großforschung als Motor der Industrie- und Rüstungsinnovationen ist mit nahezu 100% auf die natur- und ingenieurwissenschaftliche Wissensproduktion und Technologieentwicklung und deren Verwertung ausgerichtet. Fügt man noch hinzu, daß selbst in der Medizin der größte Teil der Forschung und Entwicklung auf Medizin-Technologie ausgerichtet ist, dann wird diese Asymmetrie noch krasser. Da die Mittelverteilung im Rahmen der Fraunhofer-Gesellschaft ähnlich ist und auch bei den Staatsinstituten und der Max-Planck-Gesellschaft drastische Unterschiede zugunsten der Natur- und Ingenieurwissenschaften bestehen, ist das Fazit eindeutig:
Die die Industriegesellschaft und ihre Strukturinnovationen bestimmende Produktion und Verwertung wissenschaftlichen Wissens und wissenschaftlich entwickelter Technologien entstammt ganz überwiegend dem naturwissenschaftlich-technischen Bereich. Es wird weitgehend in den Fabriken der neuen »science industry« produziert und in einem eng vernetzten wissenschaftlich-militärischen Komplex umgesetzt. Wie stark die Vernetzung ist, läßt sich auch dem folgenden Schaubild entnehmen, das die Programmübersicht der Großforschungseinrichtungen der Bundesrepublik Deutschland wiedergibt. In der Abbildung 10.2.4-I wurde absichtlich die Situation aus dem Jahre 1974 wiedergegeben, weil daran am besten die damalige Langfristprogrammierung der Forschungsgebiete sowie der Projekte, Programme und Fachgebiete abzulesen ist. Es dominieren die oben dargestellten

Abbildung 10.2.4 – I
Programmübersicht der Großforschungseinrichtungen in der Bundesrepublik Deutschland, aufgestellt von der Arbeitsgemeinschaft der Großforschungseinrichtungen (AGF) (1974)

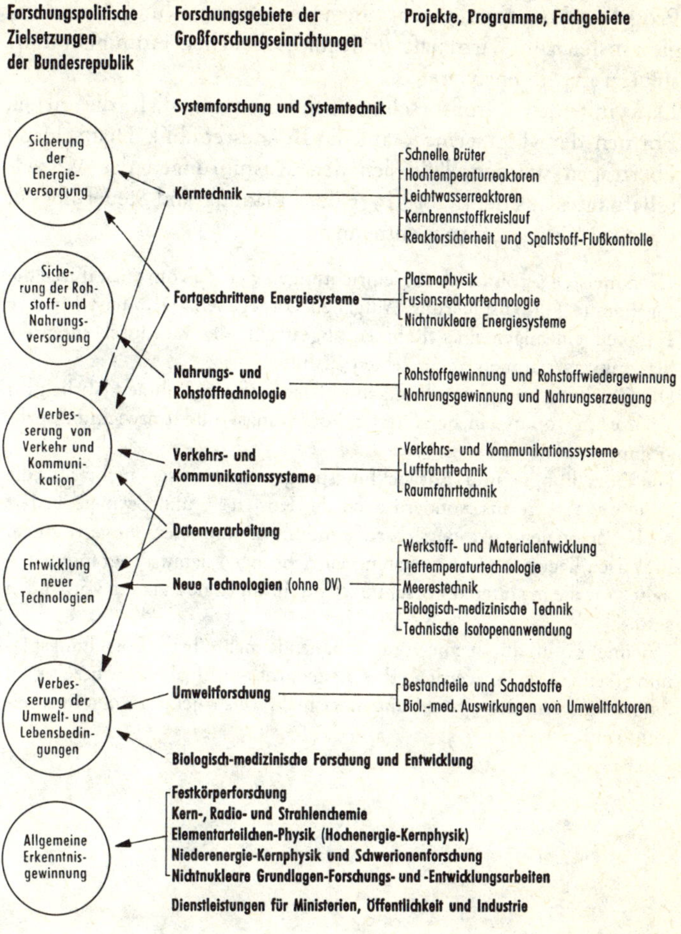

Quelle:
Wissenschaftsrat 1975, a.a.O., S. 185.

»Innovationsschwerpunkte«, allen voran die Kernforschung und Kerntechnikentwicklung.

Nicht zuletzt wegen der zügigen Umsetzung der FuE-Ergebnisse haben sich die Großforschungseinrichtungen in einer Arbeitsgemeinschaft (AGF) zusammengeschlossen. Diese soll neben der Programmkoordination vor allem den Wissens- und Technologietransfer zur Wirtschaft und zur politischen Administration steuern und intensivieren.

Daß mit den Großforschungszentren tatsächlich die neuen Formen der »big science« auf die Bundesrepublik Deutschland übertragen wurden, läßt sich den Ausführungen des Wissenschaftsrates aus dem Jahre 1975 über Planung und Steuerung der Großforschungszentren entnehmen.

»Den meisten Großforschungseinrichtungen werden vom Staat durch die sogenannte Globalsteuerung Aufgaben vorgegeben. Damit ist für ihre Tätigkeit ein allgemeiner Rahmen abgesteckt, den sie durch intensive Planungsmaßnahmen im einzelnen ausfüllen.

Die Großforschungseinrichtungen stellen in diesem Rahmen jährlich für 3 Jahre im voraus ein detailliertes Forschungs- und Entwicklungsprogramm ... auf.

Die Forschungs- und Entwicklungsprogramme weisen nicht nur die Ziele der Arbeit aus, sondern auch die Kosten ... und zwar gegliedert nach Personaleinsatz, Betriebsaufwendungen und Geräteinvestitionen. Praktisch liegen in Großforschungseinrichtungen damit Programmhaushalte vor, die in anderen Forschungseinrichtungen noch kaum vorhanden sind.«[28]

»Vielmehr muß durch eine vorausschauende mehrjährige Forschungsplanung sichergestellt werden, daß neue große Aufgaben rechtzeitig in Angriff genommen werden und stets mehrere Projekte in der Bearbeitung sind ...«[29]

28 Wissenschaftsrat, Empfehlungen zu Organisation ..., a.a.O., S. 187f.
29 Ebenda, S. 189.

10.3 Wissensverwertung im Rahmen der Hochschulen

10.3.1 Regionale Strukturpolitik durch Hochschulgründungen

Die Hochschulen hatten in Deutschland als Quellen des wissenschaftlichen Wissens zu allen Zeiten seit der Herausbildung der modernen Wissenschaft am Ende des 16. und zu Beginn des 17. Jahrhunderts eine herausragende Bedeutung. Weniger eindeutig ist ihre Funktion im Hinblick auf die gesellschaftliche Verwertung von Wissen und technischem Know-how.
In Kapitel 4 wurde gezeigt, wie sich im Laufe der Geschichte das Verhältnis von Wissenschaft und Technik verändert hat. Dabei wurde auch die sich wandelnde Funktion der Hochschulen im Verwertungsprozeß für die verschiedenen Entwicklungsstufen der Produktivkraft ›Wissenschaft und Technologie‹ dargestellt.
Auch wenn das in den Hochschulen produzierte Wissen zu allen Zeiten in vielfältiger Weise in die Industrie und den militärischen Bereich diffundierte, gab es doch bis in die jüngste Vergangenheit kein wissenschaftlich-technisch-industrielles Zentrum in Deutschland, in dem ein Vernetzungsgrad zwischen Hochschulen, Industrie und politisch-militärischer Administration bestand, wie etwa in den USA, England oder Israel.
Der wirtschaftlich und militärisch relevante Wissens- und Technologietransfer fand entweder unmittelbar in der Industrie- und Rüstungsforschung oder im Bereich der staatlich geförderten außeruniversitären FuE-Einrichtungen, einschließlich der Staatsanstalten, statt.
Der Wissens- und Technologietransfer zwischen den Universitäten und der Industrie hat sich in der Bundesrepublik Deutschland bis Ende der siebziger Jahre weitgehend auf der Ebene einzelner Institute und Wirtschaftsunternehmen abgespielt. Wie ich in Kapitel 8.5.3.2 gezeigt habe, wurden erstmals Anfang der siebziger Jahre im Rahmen der Hochschulreform in einem Modellversuch an der Freien Universität Berlin eine Gesamtplanung und eine zentrale Organisation der Forschung an einer bundesdeut-

schen Universität in Gang gesetzt.[30] Hier wurden auch die ersten Schritte einer Öffnung der Hochschule zur Wirtschaft und insbesondere in Richtung Öffentlichkeit gegangen.

Mit der Hochschulreform nahm auch die Diskussion um die Funktion der Universität im Rahmen der regionalen Strukturentwicklung zu. So erhoffte man sich in Nordrhein-Westfalen mit der Gründung der neuen Universitäten in Bochum, Düsseldorf, Dortmund sowie mit den Gesamthochschulen in Duisburg und Essen einen positiven Einfluß auf die Strukturentwicklung des krisengeschüttelten Ruhrgebiets.

Auch die Gründungen der Universitäten in Augsburg, Bremen, Erlangen-Nürnberg und Mannheim sowie die speziell in strukturschwachen Regionen befindlichen Universitäten bzw. Gesamthochschulen wurden vorrangig mit dem Ziel der regionalen Strukturverbesserung konzipiert. Im Prinzip müssen alle weiteren Universitätsgründungen in den Jahren der Hochschulreform und die Verabschiedung des Hochschulbauförderungsgesetzes im Jahre 1969 mehr oder weniger unter dem Gesichtspunkt der Förderung der regionalen Strukturentwicklung, das heißt der Stärkung des wirtschaftlichen und infrastrukturellen Potentials der Region, gesehen werden. Diesem Ziel liegt natürlich das WTI-Fortschrittsparadigma zugrunde. Über alle ideologischen Lager hinweg war die Vorstellung fest verankert, daß sich mit der Einpflanzung der Produktivkraft ›Wissenschaft und Technologie‹ in Gestalt neuer Hochschulen innovative Impulse auf die strukturschwachen Regionen ergeben werden. Unter diesen Vorzeichen erfolgten weitere Universitätsgründungen auch in Bayreuth, Konstanz, Oldenburg, Osnabrück, Passau, Regensburg, Speyer, Trier-Kaiserslautern und Ulm sowie von Gesamthochschulen in Bamberg, Kassel, Paderborn, Siegen und Wuppertal.

Darüber hinaus müssen noch die zahlreichen Neugründungen von Fachhochschulen und Pädagogischen Hochschulen im gleichen Zeitraum erwähnt werden, die im Prinzip unter ähnlichen

30 Freie Universität Berlin, Modellversuch »Aufbau eines Organisations- und Planungsmodells für die Bildung, Ermittlung, Finanzierung und Kontrolle von Forschungsschwerpunkten an der FU Berlin (1974-1977)«, hrsg. vom Präsidenten der FU Berlin, Berlin 1978.

Voraussetzungen und mit gleicher Zielsetzung erfolgten. Hier stand die »Produktion« von Humankapital und innovativem Management und weniger die Erzeugung von wissenschaftlichem Wissen und technischem Know-how im Vordergrund.

10.3.2 Fachhochschulen als Schrittmacher des Wissens- und Technologietransfers

Gerade die Fachhochschulen mit ihrem engeren Praxisbezug entpuppten sich als Transmissionseinrichtungen für die regionale Innovationsstrukturpolitik. Es ist deshalb kein Zufall, daß sich der erste institutionalisierte Wissens- und Technologietransfer im Fachhochschulbereich entwickelte:

Im Jahre 1971 wurde auf Initiative des Wirtschaftsministeriums in Baden-Württemberg[31] die Steinbeis-Stiftung als Stiftung privaten Rechts gegründet. Sie hat die Aufgabe, für Unternehmen technische und betriebswirtschaftliche Fachberater aus den Fachhochschulen zu vermitteln. Der Personal-Transfer ist ja jener Bereich des Wissens- und Technologietransfers, der heute nach einigen Jahren Erfahrung als besonders wichtig und erfolgversprechend eingeschätzt wird (vgl. Kapitel 8.3.2).

Deshalb kann hier von einer echten Innovation gesprochen werden.

Die Beratertätigkeit wird vertraglich abgesichert und über ein staatliches Finanzierungsprogramm gefördert. Die Fachhochschuldozenten können nebenberuflich auf Honorarbasis Beratungstätigkeiten und Werkaufträge (z. B. im Rahmen von Projekten bzw. Entwicklungsarbeiten der Firmen) durchführen.

Nicht zuletzt dieses Anreizsystem dürfte dazu geführt haben, daß im Jahre 1979 bereits 1289 Aufträge und etwa 500 Kurzberatungen vermittelt und gefördert wurden.[32]

Der Fachhochschulbereich ist aus folgenden Gründen für den Wissens- und Know-how-Transfer besonders interessant:

- in der Bundesrepublik Deutschland gibt es heute 124 Fachhochschulen mit zum Teil großen Leistungspotentialen;

31 Ministerium für Wirtschaft, Mittelstand und Verkehr.

32 D. Manz, Technischer Beratungsdienst an Fachhochschulen in Baden-Württemberg, in: Die Neue Hochschule, H. 6, Stuttgart 1980.

- zahlreiche Fachhochschulen sind mit der Wissenschaftsstruktur der Region gekoppelt oder bieten für die Region unmittelbar wirtschaftsstrukturelle Anknüpfungsmöglichkeiten;
- die meisten Fachhochschulen haben ihre Schwerpunkte in den natur-, ingenieur- und wirtschaftswissenschaftlichen Disziplinen;
- der Lehrkörper und die Studenten haben traditionell ein engeres Verhältnis zur Unternehmenspraxis als an den Universitäten;
- die Sprach- und Qualifikationsunterschiede sind im allgemeinen zwischen Wirtschaft und Fachhochschulen geringer als zwischen Wirtschaft und Universität, was den direkten Zugang zu den Unternehmen häufig erleichtert; in dieser Hinsicht können Fachhochschullehrer sogar als besondere Transfer-Vermittler zwischen Wirtschaft und Universität fungieren.

Daß die Transfer-Angebote wegen der kaum vorhandenen Forschungs- und Entwicklungskapazitäten nicht mit den großen Informations- und Know-how-Potentialen von Universitäten konkurrieren können, steht auf einem anderen Blatt. Auch werden nur selten echte Neuerungen transferiert. Gleichwohl ist die Einpassung in die regionale Wirtschafts- und Sozialstruktur besonders geeignet, mit den örtlichen Klein- und Mittelbetrieben enge Innovationskontakte aufzubauen.

Einen ähnlichen Beratungsdienst gibt es seit einigen Jahren in Nordrhein-Westfalen[33], weitere Transferstellen an einzelnen Fachhochschulen[34] und auch Kooperationen mit Universitäten.

Für letztere Form läßt sich die enge Zusammenarbeit der Technischen Universität Berlin mit der Technischen Fachhochschule Berlin (TFH) anführen. Die TFH Berlin verfügt selbst über ein beachtliches Potential an Forschungs- und Entwicklungsprojekten mit einem Stab von praxis- und anwendungsorientierten

33 Technische Beratung Nordrhein-Westfalen (TBNW).

34 So etwa die Technische Akademie Esslingen, das Studienzentrum Bielefeld (STZ) u. a.
Auch eine Reihe privater Vereine hat sich gebildet; z. B. die Arbeitsgemeinschaft für angewandte Forschung und Entwicklung von Mitgliedern der Fachhochschule Wiesbaden e. V., Rüsselsheim (AGAFE).

Dozenten, die teils eigene Forschungs- und Entwicklungsarbeiten durchführen, teils in Projekten an der Technischen Universität Berlin arbeiten. Auf diese Weise hat sich zwischen den Hochschulen eine enge Vernetzung ergeben, in zahlreichen Fällen auch ein gemeinsamer Wissens- und Technologietransfer in Richtung Wirtschaft, speziell in Richtung Klein- und Mittelbetriebe. So arbeitet die TU-Transfer beispielsweise sowohl mit der TFH als auch mit der Fachhochschule für Wirtschaft (FHW) im Programm »Innovations-Assistent« zusammen (vgl. auch die Kapitel 8.5.4 und 10.3.5).

10.3.3 Die Konzeption »Forschungsverbund« in Hochschulzentren

Daß sich in den letzten 15 Jahren an den bundesdeutschen Universitäten ein tiefgreifender Wandel vollzogen hat, läßt sich etwa daran erkennen, daß heute eine Universität ins Kaufhaus gehen und ihre Ware ›Wissenschaft und Technologie‹ feilbieten kann, ohne von der Professorenschaft geschmäht zu werden. Die Bedeutung dieses Wandels kann nur derjenige abschätzen, der die Struktur der deutschen Hochschule und ihre konservative Tradition kennt und miterlebt hat. Noch 1968/69, also zu Beginn der Hochschulreform, galt es bei Rechten wie Linken gleichermaßen als Verrat am Autonomiegedanken, die gesellschaftliche Exterritorialität der Universität gegenüber Wirtschaft und Politik aufzuweichen. Daß die Autonomie allerdings mit kaum zu überbietender Rigorosität längst aufgegeben war, und zwar vor allem auch durch die Wissenschaftler selbst, habe ich in den Kapiteln 4 und 6 im Zusammenhang mit der Haltung namhafter deutscher Wissenschaftler vor dem und während des Ersten Weltkriegs und in der Zeit der Nazi-Herrschaft angedeutet.[35]

35 Hierzu auch: Rolf Kreibich, Wissenschaftspolitik als Gesellschaftspolitik, in: Ein mühsamer Dialog – Beiträge zum Verhältnis von Politik und Wissenschaft, Hrsg. M. Greiffenhagen, R. Prätorius, Köln/Frankfurt am Main 1979, S. 85 ff.;
Armin Hermann, Wie die Wissenschaft ihre Unschuld verlor – Macht und Mißbrauch der Forscher, Frankfurt am Main/Wien/Berlin 1984.

Immer wieder muß verblüffen, in welcher geradezu beklemmenden Realitätsferne sich zahlreiche Hochschullehrer an den deutschen Hochschulen befunden haben und teilweise noch befinden, wenn sie einerseits einem Wissenschaftsideal frei von externen politischen und ökonomischen Zwängen und einer Hochschule fern von gesellschaftlichen Steuerungseinflüssen das Wort reden, andererseits miterleben, wie die relevanten wissenschaftlichen Ergebnisse schamlos auch für die teuflischsten Unternehmungen benutzt werden. Die Schizophrenie dieser Situation wird noch dadurch gesteigert, daß viele Wissenschaftler an den deutschen Hochschulen durch Gutachten, Beratertätigkeiten, Projektmitarbeit, Patent- und Lizenzvergaben usw. direkt oder indirekt aktiv an der politischen, ökonomischen und militärischen Umsetzung von Forschungsergebnissen mitwirken.
Vor diesem Hintergrund können die Verzögerungen, die sich in der Bundesrepublik bei der Durchsetzung institutionalisierter Formen der Planung, Organisation und Steuerung der Forschung beziehungsweise eines modernen Innovationsmanagements ergeben haben, noch weniger als Indiz für eine prinzipiell andere Entwicklung der Produktivkraft ›Wissenschaft und Technologie‹ angesehen werden. Auch in der Bundesrepublik vollzog sich die Verwertung von ›Wissenschaft und Technologie‹ nach dem allgemeinen Muster, wie es in den vorangegangenen Kapiteln für Industriegesellschaften dargestellt wurde.
Der Wissenschaftsrat hat in seinen im Jahre 1975 abgegebenen grundlegenden »Empfehlungen zur Organisation und Förderung der Forschung« das Problem der Inanspruchnahme der Hochschulforschung für öffentliche Aufgaben und Zwecke der Wirtschaftsstrukturpolitik erstmals programmatisch aufgegriffen und Konsequenzen vorgeschlagen. In der dem Wissenschaftsrat eigenen diplomatischen Sprache fallen die Feststellungen über Defizite der Hochschulen an Planung, Organisation und Steuerung von Forschung und Transfer von Forschungsergebnissen recht deutlich aus, ebenso die Hinweise und Vorschläge, wie diese Defizite möglichst schnell zu überwinden seien. So heißt es u. a.:

»Für die Hochschulen ist charakteristisch, daß sie sich im Rahmen der geltenden staatlichen Regelungen selbst verwalten und eine staatliche Einflußnahme zumindest in der Forschung kaum stattfindet... Dadurch unterscheiden sich die Hochschulen von den anderen Bereichen der Forschung, die homogener und insofern leichter organisierbar sind. Hieraus zu schließen, daß im Bereich der Hochschulen Planung weder möglich noch notwendig sei, wäre verfehlt. Wohl aber stellt diese Situation an die Planungsfähigkeit und an die Organisation der Forschungsplanung in den Hochschulen besondere Anforderungen.«[36]

»Daß die Durchführung von Forschungsvorhaben geplant wird, daß also ein zeitlicher und materieller Rahmen fixiert wird, in dem das Ziel des Vorhabens erreicht werden soll, ist in der Forschung grundsätzlich immer notwendig;«[37]

»Dennoch läßt sich feststellen, daß die Hochschulen in dem ihnen verfügbaren Rahmen die Möglichkeiten zur Beeinflussung des Forschungsgeschehens durch eine gezielte und bewußte Entwicklung der Infrastruktur und von Konzepten zur Förderung der Forschung nicht genügend nutzen.«[38]

Wie bereits ausgeführt, waren diese Feststellungen des wichtigsten Gremiums der Wissenschaft, das selbst weitgehend mit Hochschullehrern besetzt ist, fast revolutionär. In noch stärkerem Maße waren es die folgenden Ausführungen:

»Eine der wichtigsten forschungspolitischen Aufgaben der Zukunft besteht darin, die bereits vorhandenen Verbindungen zwischen der Forschung der Hochschulen, den Forschungseinrichtungen außerhalb der Hochschulen und der gewerblichen Wirtschaft zu einem funktionsfähigen Forschungsverbund auszugestalten. Er muß so organisiert sein, daß institutionelle Schwerpunktbildungen ebenso wie personelle Mobilität möglich sind.«[39]

Die nachfolgenden Zahlen belegen, daß bis in die siebziger Jahre nur geringe Beziehungen zwischen der Hochschulforschung und der Wirtschaft bestanden. Während die Gesamtaufwendungen der öffentlichen Hand für die Hochschulen im Jahre 1972 etwa 9,6 Mrd. DM betrugen, schätzt der Wissenschaftsrat die im gleichen Jahr in die Hochschulen fließenden Drittmittel mit insgesamt etwa 1 Mrd. DM wie folgt ab:

36 Wissenschaftsrat, Empfehlungen zu Organisation, Planung und Förderung der Forschung, Bonn 1975, S. 88.
37 Ebenda, S. 40f.
38 Ebenda, S. 87f.
39 Ebenda, S. 86.

Deutsche Forschungsgemeinschaft (DFG)	500 Mio. DM
Bund und Länder	300 Mio. DM
Gewerbliche Wirtschaft (Vertragsforschung und Wissenschaftsspenden)	100 Mio. DM
Stiftungen und sonstige Einrichtungen	90 Mio. DM[40].

Diese Abschätzung beweist, daß bestenfalls 400 Mio. DM, also ein Anteil an den Gesamtaufwendungen für Hochschulen von ca. 4,2%, gesellschaftliche Auftragsforschung war und der Anteil der Auftragsforschung der gewerblichen Wirtschaft an den Hochschulen unter 1% lag.

Der Wissenschaftsrat hat aus der Situation der Nichtplanung und Nichtorganisation und der vagen Zielbestimmung der Hochschulforschung den Vorschlag abgeleitet, in den Zentren von Wissenschaft und Technik um die Hochschulen einen Verbund aller Forschungseinrichtungen zu schaffen, mit dem »den großen gesellschaftlichen und wirtschaftlichen Herausforderungen« besser begegnet werden kann. Den Ausführungen ist unschwer zu entnehmen, daß dieser Konzeption die wissenschaftlich-technischen Zentren in den USA Pate gestanden haben (vgl. Kapitel 9.2).

»Voraussetzungen für eine verbesserte Funktionsfähigkeit der Forschung sind neben zureichender Kooperation hohe Beweglichkeit in der Verteilung der Forschungseinrichtungen und personelle Mobilität...

Zugleich nötigen die wachsenden Ansprüche der Forschung an Personal, apparative Ausstattung und Sachmittel gerade im Hochschulbereich zu durchgreifenden Rationalisierungen.

Um die damit gestellten Aufgaben zu bewältigen, schlägt der Wissenschaftsrat vor, als praktikables Instrument den *Forschungsverbund* zu entwickeln. Er soll die vorhandenen Einrichtungen innerhalb und außerhalb der Hochschulen in einem in sich flexiblen Verbundsystem zusammenführen und damit auch dem Bedarf an Arbeitsmöglichkeiten in der Forschung soweit wie möglich entsprechen.

Auf regionaler Ebene... soll der Forschungsverbund sicherstellen, daß Hochschulbereichen, die über keine eigenen Einrichtungen für Forschung verfügen, die Forschungseinrichtungen anderer Teile des Hochschulbereichs und Institutionen außerhalb der Hochschulen eröffnet werden.

Für die regionale Gliederung des Forschungsverbundes können die

40 Ebenda, S. 101.

Gesamthochschulbereiche im Sinne der Rahmenpläne nach dem Hochschulbauförderungsgesetz einen Anhaltspunkt bieten...
Die Einbeziehung von Forschungseinrichtungen der Wirtschaft und von anderen nicht staatlich finanzierten Forschungseinrichtungen in das Verbundsystem wäre ebenfalls anzustreben.«[41]

Im einzelnen schlägt der Wissenschaftsrat weiter vor:
- vertragliche Vereinbarungen mit dem Land und mit regionalen Stellen über gemeinsame Planungs- und Arbeitsvorhaben, gegenseitigen Informationsaustausch und praktische Formen der Zusammenarbeit;
- Vereinbarungen über personelle Verbindungen wie Personal-Austausch, gemeinsame Berufungen, Arbeit von Doktoranden und Diplomanden außerhalb der Hochschulen;
- regelmäßige Planungs- und Koordinierungsgespräche, gemeinsame Gremien usw.;
- Vereinfachungen zur Wahrnehmung von Qualifizierungsangeboten durch die Hochschulen (Lehrveranstaltungen, Promotion, Habilitation, Kontakt- und Aufbaustudium, Weiterbildung);
- gemeinsame Nutzung wissenschaftlicher Infrastruktureinrichtungen (Bibliotheken, Rechnerkapazitäten, Meßgeräte usw.);
- gemeinsame Anschaffung bzw. Koordination der Anschaffungspolitik besonders teurer Ausstattungen von Großanlagen, Spezialgeräten usw.;
- gemeinsame Durchführung von Projekten mit gemischten Teams aus Hochschule, Wirtschaft und politischer Administration;
- gemeinsame Bestreitung des Wettbewerbs gegenüber anderen Anbietern und Regionen.

Mit diesen und weiteren Vorschlägen hat der Wissenschaftsrat das Feld für eine Institutionalisierung eines modernen FuE-Managements und des Wissens- und Technologietransfers an den Hochschulen vorbereitet.
Ich selbst habe diese Anregungen für Berlin aufgenommen und gemeinsam mit Wissenschaftlern der Freien und der Technischen Universität Berlin den Vorschlag spezifischer regionaler Forschungsorganisationen mit der Bildung von zwei Forschungsver-

41 Ebenda, S. 149.

bund-Systemen in den Jahren 1976 bis 1980 weiterentwikkelt:[42] [43]
Für den Bereich der Neuen Technischen Kommunikationssysteme entstand so 1976/77 unter Beteiligung der wichtigsten Forschungseinrichtungen Berlins auf diesem Gebiet die *»Interdisziplinäre Arbeitsgruppe Kabelkommunikation Berlin – IKB«*. Das Hauptziel des Verbundes bestand darin, das umfangreiche hochqualifizierte Potential an den Berliner Wissenschaftseinrichtungen zu bündeln sowie fachlich und organisatorisch koordiniert für die Analyse, Prognose und Wirkungsforschung der Neuen Medien, speziell für Bildschirmtext, Kabelfernsehen und neue Bürokommunikations-Systeme, einzusetzen. Insbesondere wurden gemeinsam mit Vertretern der staatlichen Administration und der Wirtschaft die Vorbereitung, Durchführung sowie die Folgenforschung und Folgenbewertung für die in Berlin vorgesehenen Pilot-Projekte ›Bildschirmtext‹ und ›Zweiweg-Kabelfernsehen‹ geplant.[44]
Immerhin beteiligten sich an dieser Arbeit alle für den Problembereich relevanten Berliner Forschungseinrichtungen mit einem vorher nicht gekannten Engagement und erheblichen Eigenleistungen.
Mitgliedsinstitutionen der »Interdisziplinären Arbeitsgruppe Kabelkommunikation Berlin« (IKB):
Audiovisuelles Zentrum der TU Berlin (AFZ) und Referat für Außenbeziehungen der Technischen Universität Berlin

42 Rolf Kreibich, »Regionaler Forschungsverbund als Instrument einer praxisorientierten Forschungs- und Technologiepolitik«, in: analysen und prognosen, H. 58, Berlin 1978, S. 3 ff.
43 Rolf Kreibich, »Forschungskooperation in Berlin auf den Gebieten der rationellen Energieverwendung und der Kabelkommunikation«, in: analysen und prognosen, H. 60, Berlin 1978, S. 21 ff.
44 Aus dem Forschungsverbund ging u. a. das erste Forschungsdesign für Zweiweg-Kabelfernseh-Pilotprojekte in der Bundesrepublik Deutschland hervor: Klaus Dette, Rolf Kreibich, Heidrun Kunert-Schroth (Hrsg.), Kabelfernsehen und gesellschaftlicher Dialog: Vorstudie der Interdisziplinären Arbeitsgruppe Kabelkommunikation Berlin (IKB) zur wissenschaftlichen Vorbereitung und Begleitung von Pilotprojekten zum Zweiweg-Kabelfernsehen, Beiträge des IFZ, Bd. 2, München 1979.

Bundesinstitut für Berufsbildung (BIBB)
Deutsches Institut für Urbanistik (DIFU)
Heinrich-Hertz-Institut für Nachrichtentechnik GmbH
Institut für Medienforschung der PH Berlin (PH/LMF)
Institut für Sozialwissenschaft der TU Berlin
Institut für Soziologie /IfS und Zentralinstitut für sozialwissenschaftliche Forschung der FU Berlin
Institut für Publizistik und Dokumentationswissenschaft der Freien Universität Berlin (IfPuD)
Institut für Zukunftsforschung Berlin (IFZ)
Internationales Institut für Management und Verwaltung des Wissenschaftszentrums Berlin (IIMV/WZB)
PROGRIS-Projektgruppe Informationswissenschaft GmbH Berlin
Sozialwissenschaftliches Institut Prognostik, Befragung, Meinungsforschung (SIMEP).

Die Zusammenarbeit mit den Praxisbereichen wurde unter anderem durch die Teilnahme von Politikern, Vertretern der Wirtschaft, Kultur und Medien an den Koordinationssitzungen und im Rahmen der einzelnen Arbeitsgruppen sichergestellt. Zur Information der Fachöffentlichkeit und der allgemeinen Öffentlichkeit wurde im Rahmen der Internationalen Funkausstellung 1979 ein öffentliches Symposium über die Probleme Neuer Technischer Kommunikationssysteme veranstaltet.[45]

Die Arbeit im Rahmen der IKB brachte mindestens die Erkenntnis, daß Technologiefolgenforschung und -bewertung in einer Phase, in der die Würfel der Technologieeinführung noch nicht gefallen sind, zu den ketzerischsten Unterfangen überhaupt gehört.

Ähnliche Erfahrungen konnten mit dem *»Forschungsverbund Energie für Berlin – FEB«* gemacht werden, an dem sich etwa 30 Energie- und Umweltforscher sowie Politiker und Vertreter der Wirtschaft und der Energieversorgungsunternehmen beteiligten.[46]

45 Dokumentiert in: Fred Grätz, Maxmut Kleemann, Rolf Kreibich, Helgomar Pichlmayer, »Neue technische Kommunikationssysteme und Bürgerdialog«, Beiträge des IFZ, Bd. 4, München 1979.

46 Vgl. hierzu: Rolf Kreibich, Forschungskooperation in Berlin auf den

»Berlin besitzt mit seinen Hochschulen und Forschungsinstituten breitgefächerte Forschungs- und Entwicklungseinrichtungen, deren zukunftssichernde Problemlösungskapazitäten allerdings noch lange nicht ausgeschöpft werden.
Ein Ansatz zur besseren Nutzung dieser Kapazitäten ist die stärkere Orientierung der Arbeit an gesellschaftlich wünschbaren technologischen, ökonomischen und sozialen Innovationen.
Ein zweiter Ansatz ist die Koordination und Konzentration des vorhandenen FuE-Potentials über Institutionen und Disziplinen hinweg, so daß die Einäugigkeit monodisziplinärer Betrachtungen oder die Schwäche vereinzelter Forscher oder Forschungsgruppen abgebaut wird.
In Berlin werden diese Ansatzpunkte durch die Zusammenarbeit in einem interdisziplinären und überinstitutionellen Forschungsverbund verfolgt.
Das Zusammenwirken von Wissenschaftlern aus verschiedenen Forschungseinrichtungen und unterschiedlichen Disziplinen auf dem Gebiet der Energieforschung ist der Versuch, das breit gefächerte FuE-Potential zusammenzufassen und koordiniert zur Lösung der mit der Energiesicherung, der Umweltbelastung, der wirtschaftlichen Nutzung und städtebaulichen Entwicklung verbundenen Probleme einzusetzen...
Durch die Zusammenarbeit von Fachvertretern verschiedener Disziplinen und die Kooperation zahlreicher Forschungseinrichtungen auf dem Gebiet der Energieforschung und der Entwicklung bzw. Weiterentwicklung von neuen Technologien und Systemkonzepten bietet sich nun für die Partner in der Wirtschaft und in den staatlichen Stellen ein potenter Gesprächs- und Kooperationspartner auf der Seite der Wissenschaft.
Hauptanliegen des ›Forschungsverbunds Energie für Berlin‹ ist die wissenschaftliche Beratung von Entscheidungsträgern in Wirtschaft und Politik und die Durchführung und Förderung von Forschungs- und Entwicklungsprojekten auf dem Gebiet der rationellen Energieumwandlung und Energieverwendung. Im Rahmen des Forschungsverbundes wurden seit der Konstituierung im November 1977 Vorarbeiten für Beratungstätigkeiten und Pilotprojekte aufgenommen, die sich in ersten Arbeitspapieren niedergeschlagen haben... Das praktische Vorgehen im Forschungsverbund richtet sich nach den folgenden Grundsätzen:

1. Konzentration der Arbeiten auf solche Bereiche der Energieumwandlung und Energienutzung, in denen ein hoher Einsparungseffekt an Primärenergie bzw. günstige Umwandlungseffekte und möglichst geringe Umweltbelastungen zu erwarten sind...

Gebieten der rationellen Energieverwendung und der Kabelkommunikation, in: analysen und prognosen, H. 60, November 1978, S. 21 ff.

2. Entwicklung integrativer Systeme und Erprobung solcher in Pilotprojekten.
3. Die Entwicklung integrativer Systeme und Technologien erfordert einen interdisziplinären Arbeitsverbund und eine enge Kooperation mit der Industrie, den Versorgungsunternehmen und den staatlichen Stellen. Nur so ist eine optimale industrielle, finanzielle und rechtliche Förderung der Projekte zu erreichen...

Der ›Forschungsverbund Energie für Berlin – FEB‹ schlägt deshalb in erster Linie Pilotprojekte mit integrativen Systemen im Rahmen der Altstadtsanierung, des sozialen Wohnungsbaus und der Modernisierung von Gebäuden der öffentlichen Dienstleistungsstruktur vor, die für viele Städte des In- und Auslandes Modellcharakter haben sollten.«

Der »Forschungsverbund Energie für Berlin« kann für sich in Anspruch nehmen, für die Wirtschaftsregion Berlin zukunftsträchtige Modell- und Planungsstudien sowie Pilotvorhaben angeregt und in Gang gesetzt zu haben, so u. a.:

- drei Planstudien und Pilotprojekte zur rationellen und sparsamen Energieverwendung mit dem Ziel, für ausgewählte Wohngebiete eine integrative Systemlösung zu finden, bei der eine Optimierung im Hinblick auf geringen Energieeinsatz, geringe Umweltbelastung, Sozialverträglichkeit, Wohnkomfort, Wirtschaftlichkeit und Einsatz neuer Technologien angestrebt wurde;
  die Planstudien bezogen sich auf
  a) ein Altbau-Sanierungsgebiet im Bezirk Kreuzberg
  b) eine große Wohnsiedlungsanlage in Berlin-Lichterfelde
  c) ein Mischgebiet im Bereich der Altstadt Spandau;
- Modellvorhaben zum Einsatz von Systemen mit dezentraler Kraft-Wärme-Kopplung (Blockheizkraftwerke, Kraftheizungen);
- Gutachten zur Kraftwerksmodernisierungsplanung;
- Anregung von Pilotprojekten zum Einsatz neuer Energieumwandlungstechnologien (Einsatz umweltfreundlicher Wärmepumpen, Solaranlagen und Wärmespeicher zur Brauchwasserbereitung u. a.);
- Anregung einer Konzeption zur Erdgasversorgung und eines Erdgasverbundsystems für Berlin;
- Entwicklung eines Weiterbildungsprogramms »Energieberater«: mit Hilfe des gemeinsam von der TU Berlin, dem Institut

für Zukunftsstudien und Technologiebewertung (IZT), der Stiftung Warentest, dem M.I.T. (Massachusetts Institute of Technology) und der Bewag (Berliner Kraft- und Licht-Aktiengesellschaft) erarbeiteten Weiterbildungsprogramms wurden in den Jahren 1983 und 1984 bereits etwa 300 Energieberater ausgebildet;

- Anregung eines Landesforschungsprogramms zur rationellen und sparsamen Energieverwendung.

Der »Forschungsverbund Energie für Berlin« arbeitete so lange, bis seine Funktionen von Gremien der Stadt oder der Technischen Universität Berlin übernommen wurden.

Parallel zu diesen Aktivitäten, die in Zusammenarbeit mit der Wirtschaft und den Anwendern sowie Betroffenen (Wohnungsbaugesellschaften, Mieterinitiativen, Planungsgruppen u. a.) verliefen, entwickelte sich der institutionalisierte Wissens- und Technologietransfer.

10.3.4 Uni-Transfereinrichtungen

Auch die Wissens- und Technologietransferstellen konnten sich auf den Wissenschaftsrat berufen, der in seinen Forschungsempfehlungen u. a. ausführte:

> »Wenn potentielle Anwender Anwendungsmöglichkeiten nicht erkennen, ist Vermittlung zwischen Forschungs- und Anwendungsbereich durch Dritte erforderlich. Der Vermittler könnte den Anwender auch technisch und betriebswirtschaftlich beraten oder notwendig werdende zusätzliche Forschungs- und Entwicklungsarbeiten übernehmen.«[47]

Die erste Transfer-Stelle an einer Hochschule in der Bundesrepublik wurde 1976 mit dem vom Bundesministerium für Bildung und Wissenschaft geförderten Modellversuch *»Unikontakt« an der Ruhr-Universität Bochum*[48] aufgebaut und 1981/82 als zentrale Einrichtung »Kontaktstelle für Informationstransfer Universität-Industrie« der Ruhr-Universität Bochum beschlossen.

47 Wissenschaftsrat, Forschungsempfehlungen, a.a.O., S. 29.

48 Modellversuch »Entwicklung neuartiger Methoden zum Informationstransfer zwischen Hochschule und Industrie« der Bund-Länder-Kommission für Bildungsplanung und Forschungsförderung.

Immerhin besteht gegenüber ähnlichen Einrichtungen in den USA, England und Israel ein time-lag von etwa 25 bis 30 Jahren. Es war natürlich kein Zufall, daß der Modellversuch an der Ruhr-Universität Bochum stattfand, nahm doch gerade im Ruhrgebiet die Wirtschaftsstrukturkrise des auf Kohle und Stahl basierenden alten Industriesystems bedrohliche Ausmaße an. Unikontakt war somit der Anfang, die Hochschul-Kapazitäten der Produktivkraft ›Wissenschaft und Technologie‹ gezielt in Regionen mit strukturellen Krisensymptomen einzusetzen.
Unter den Aufgaben von Unikontakt steht in § 2 der Satzung an erster Stelle:

»a) Erweiterung und Verbesserung des Informationstransfers zwischen Hochschule und Praxis (Wirtschaft, öffentlich-rechtliche Körperschaften, Verbände) mit dem Ziel, Probleme der Praxis in der umliegenden Region zu erkennen und der Forschung zugänglich zu machen sowie wissenschaftliche Erkenntnisse in die Praxis zu vermitteln...«

Unikontakt soll die Information und Beratung der Nutzungsberechtigten in den Hochschulen und Praxisbereichen fördern und diese bei der Beschaffung von Drittmitteln unterstützen. Darüber hinaus sollen wissenschaftliche Veranstaltungen zum Zwecke des Wissens- und Technologietransfers organisiert werden. Über die Aufgaben und Arbeitsweise der Unikontakt liegen eine Reihe von Publikationen vor, die durchweg die Notwendigkeit der Intensivierung des Wissens- und Technologietransfers zwischen den Hochschulen und der Wirtschaft unterstreichen.[49]
Das Resümee der ersten Jahre war insgesamt positiv im Sinne erfolgreicher Transferleistungen, auch wenn sich die ursprünglichen Blütenträume nicht verwirklichten. Ganz offensichtlich wurden die Schwierigkeiten der Zusammenarbeit zwischen Universität und Wirtschaft (insbesondere auch mit den Klein- und Mittelunternehmen) in ihrer Vielschichtigkeit unterschätzt, wobei zu starke Hoffnungen auf die direkte Übertragung von Know-how und neuen Technologien gesetzt wurden, während

49 Vgl. z. B. Wolfgang Budach, Kontaktstellen Hochschule/Wirtschaft – Neue Strukturelemente der Hochschulpolitik, in: Konstanzer Blätter für Hochschulfragen, Symposium: Universität und Wirtschaft, Jg. XX, H. 1-3, Konstanz 1982, S. 102 ff.
Vgl. auch Ruhr-Universität Bochum, Forschungsbericht 1982.

die Bereiche ›Ausbildung von Innovationsmanagement‹ und ›Personal-Transfer‹ in ihrer innovativen Bedeutung als zentrale Transferfunktionen unterschätzt wurden.

Als weitere Transfereinrichtungen wurde 1978 die Arbeitsstelle »Forschungs-Kontakte« an der Universität Tübingen gegründet (ebenfalls als Modellversuch der Bund-Länder-Kommission für Bildungsplanung und Forschungsförderung, BLK), und aus der Gruppe KONPLAN (Kontaktstelle Planung im Öffentlichen Dienst) ging 1979 an der Technischen Universität Berlin »TU-Transfer« (die Technologie-Transfer-Stelle der TU Berlin) hervor.

Auch diese Gründungen hatten primär innovations- bzw. strukturpolitische Zielrichtungen:

Während die *Arbeitsstelle »Forschungskontakte« der Universität Tübingen* besonders auf die gewerbliche Wirtschaftsstruktur im württembergischen Raum ausgerichtet ist, geht es *TU-Transfer* vor allem darum, das große FuE-Potential der TU Berlin zur Bekämpfung der Wirtschaftsstrukturkrise in Berlin nutzbar zu machen (vgl. Kapitel 8.5, insbesondere 8.5.2).

In einem ersten »Aktionsprogramm zur Errichtung und Erprobung einer Technologietransfer- und Innovationsberatungsstelle (TIBS) in Berlin« skizziert die Arbeitsgruppe KONPLAN die Rahmenbedingungen und Zielrichtungen verschiedener Modelle für den Technologietransfer in Berlin.[50] Ausgehend von den wirtschaftsstrukturellen Krisensymptomen der Industriegesellschaft werden die Merkmale des erforderlichen Strukturwandels in der Bundesrepublik bzw. Berlin (West) aufgezeigt. Daraus wird der Schluß gezogen, daß die Möglichkeit besteht, »durch die verstärkte Einführung neuer Produkte und neuer Technologien der krisenhaften Entwicklung gegensteuern zu können.« Dazu seien folgende Teilstrategien notwendig:

1. Entwicklung von mittelfristig wachstumsintensiven Industriezweigen (Investitionsgüterindustrie),
2. Entwicklung neuer Technologien und neuer Produkte,

50 Arbeitsgruppe »Technologie-Transfer TUB«, Aktionsprogramm zur Errichtung und Erprobung einer Technologie-Transfer- und Innovationsberatungsstelle (TIBS) in Berlin, KONPLAN Technische Universität Berlin, o. J.

3. Ausdehnung und qualitative Umstrukturierung des Dienstleistungssektors.

In dem Papier wird dann festgestellt, daß die großen Wirtschaftsunternehmen in ihrem Innovationsverhalten wenig beeinflußbar seien. Deshalb müsse die Förderung der Entwicklung neuer Produkte durch Verbesserungs- und Basisinnovationen (Produkt- und Prozeßinnovationen) verstärkt auf die mittleren und kleineren Unternehmen ausgerichtet werden. Diesen Unternehmen wird unterstellt, daß sie innovationsfreudiger sind als Großunternehmen.

Bereits in diesem Positionspapier finden sich Ansätze für einen aktivierten Technologietransfer:

»Die meisten Ansätze des Technologietransfers beschränken sich auf die Sammlung, Auswertung und Verbreitung von technisch-wissenschaftlichen Ergebnissen. Ansätze, die sich mit der Bedarfsermittlung an Technologie und Innovation auseinandersetzen, sind in der Minderzahl. Beides muß aber zukünftig angestrebt werden. Technologietransfer ist damit also nicht einfach die Bereitstellung von wissenschaftlich-technischen Ergebnissen, sondern umfaßt alle Maßnahmen, die zu einer wechselseitigen Verbindung und Abstimmung zwischen dem Produktions- und Nutzungsbereich einer Technologie führen.«[51]

Wie stark sich an den Hochschulen das Bewußtsein über die Notwendigkeit der Verwertung von wissenschaftlichem Wissen und technischem Know-how gewandelt hat, zeigen die folgenden Passagen des Positionspapiers:

»Diese Zusammenarbeit (gemeint ist die Zusammenarbeit mit der Wirtschaft und außeruniversitären Forschungseinrichtungen) ... drückt sich auch in dem Bewußtsein vieler Wissenschaftler an der Hochschule aus, ... daß der Verwissenschaftlichung vieler gesellschaftlicher Bereiche, insbesondere des Produktionsbereichs, auch eine weiterschreitende Vergesellschaftung der Wissenschaft entspricht.

Hieraus wird deutlich, daß die Universität eine Aufgabe hat, sich der Frage der gesellschaftlichen Nutzung der Forschungsergebnisse zu stellen und sie somit eine aktive und konstruktive Rolle in der Frage des Innovations- und Technologietransfers einnehmen sollte. Die aktuelle politische Diskussion über die Mobilisierung der Forschungskapazität der Berliner Forschungsinstitutionen für die Stärkung der Wirtschaftskraft Berlins macht es auch für die TU notwendig, als Produzent und Ausbilder auf dem Sektor von Technologie eine Position zu entwickeln,

51 Ebenda, S. 4.

die die Umsetzung und Verwertung des universitären Wissens im privaten und öffentlichen Bereich als Aufgabe der Hochschule klärt.«[52]

Auch die hochschulspezifischen Interessenlagen werden skizziert:

- Rückkopplung von Praxiserfahrungen in die Forschung und Lehre an der TUB: Es besteht die Notwendigkeit, durch die institutionelle Einrichtung von Praxiskontakten (z. B. Innovationsberatungsstelle) eine inhaltliche Rückkopplung auf Forschung und Lehre zu erreichen. Die damit verbundene Stärkung der anwendungsbezogenen Forschung initiiert in größerem Umfange wissenschaftliche Entwicklungsarbeiten, die den gesellschaftlichen Bedürfnissen entsprechen.
- Möglichkeiten der Schaffung neuer Arbeitsplätze für Hochschulabsolventen: Die »Verwissenschaftlichung« von Produktion und Dienstleistung durch den verstärkten Einsatz von Innovationsberatung führt zu der Annahme, daß die Bereitschaft der beratenden Betriebe zunimmt, Arbeitsplätze für Hochschulabsolventen zu schaffen.

Welche Wirkungen hatten nun diese ersten Uni-Transfereinrichtungen?

Die im Sinne des WTI-Paradigmas summa summarum erfolgreiche Tätigkeit der »Unikontakt« Bochum hat eine weitere Transferdimension nach sich gezogen, nämlich den Verbund mehrerer Hochschulen und Fachhochschulen im Ruhrgebiet im *»ITZ«*, dem *»Innovations-Förderungs- und Technologie-Transfer-Zentrum der Hochschulen des Ruhrgebiets«*. Hier handelt es sich um eine gemeinsam von Bund und Land Nordrhein-Westfalen finanzierte Einrichtung mit der Aufgabe,

»die Forschungspotentiale der Ruhrgebiets-Hochschulen für die Lösung strukturpolitischer Probleme des Reviers zu nutzen. Hierzu soll es regionsbezogene Forschungsschwerpunkte ausbauen, die sich fachübergreifend an komplexen Ruhrgebietsproblemen orientieren.

Das ITZ soll mit anderen Worten den Forschungsbedarf der Praxis in die Hochschulen hineintragen.

... Das ITZ hat inzwischen einen reichhaltigen regionsbezogenen Forschungsbedarf ermittelt ...

Bei einem so groß angelegten Modellversuch zeigen sich aber auch alle Schwierigkeiten der Zusammenarbeit und Arbeitsteilung ...

52 Ebenda, S. 5.

Hinzu kommt, daß nicht nur die Komplexität der Hochschulen und Hochschulstrukturen hier Probleme ergibt, sondern auch die Struktur des Ruhrgebietes selbst in seiner besonderen Verschränkung der Unternehmen, der Kommunalverbände und auch der Gewerkschaften.«[53]

An den 64 bundesdeutschen Universitäten, Technischen Hochschulen und Gesamthochschulen gibt es mittlerweile (Ende 1984) 18 Transferstellen.[54]

Im Forschungsbericht der Ruhr-Universität Bochum wird prognostiziert: »Es ist zu erwarten, daß künftig alle technisch-naturwissenschaftlich orientierten Hochschulen Kontaktstellen unterhalten ...«

Auch die *Freie Universität Berlin* hat im März 1984 durch Beschluß ihres Kuratoriums eine eigenständige *»Forschungsstelle«* mit vier hauptamtlichen Stellen eingerichtet. Der Aufbau dieser Transfereinrichtung resultiert zu diesem relativ späten Zeitpunkt allerdings eher aus dem Zugzwang, der durch die in Berlin entstandene Innovations- und Transferstimmung entstanden ist, weniger aus einer klaren Konzeption. Bis Ende 1983 wurde nämlich ein anderes Konzept verfolgt, das das Innovationsmanagement und den Wissens- und Technologietransfer auf vier verschiedene, miteinander vernetzte Ansätze abstützen sollte (vgl. hierzu auch die Ausgangspunkte in Kapitel 8.5.3.2):

1. Der Ausbau der Forschungsplanung mit zentraler Forschungsschwerpunktbildung hatte vor allem das Ziel, die Drittmittelforschung als praxis- und anwendungsorientierte Forschung und Entwicklung auszubauen. Das war mit einer Steigerung von 4,8 Mio. DM im Jahre 1970 auf fast 50 Mio. DM im Jahre 1983 überaus erfolgreich. Außerdem konnten zahlreiche Forschungsgebiets- und Projektschwerpunkte sowie einige Sonderforschungsbereiche initiiert werden.[55]

53 German Scherer, Bundesministerium für Bildung und Wissenschaft, Technologie-Transfer: Notwendige Aufgabe aus der Sicht der Hochschulpolitik, in: Expertengespräch Technologie-Transfer, a.a.O., S. 12.

54 Laufende Herausgabe des Deutschen Transferstellen-Verzeichnisses durch die Universität Bochum.

55 Freie Universität Berlin, Vierter Forschungsbericht (unveröffentlichtes Manuskript, 1984).

2. Die FU hat 1979 ein Forschungs- und Entwicklungsprogramm in Gang gesetzt, durch das ausdrücklich nur Projekte gefördert wurden, die der Wirtschaft oder anderen gesellschaftlichen Bereichen Berlins zur Bewältigung von Strukturproblemen zugute kommen sollten. Das Programm diente gleichzeitig der Innovationsstruktur- und Personal-Transfer-Politik. Die Ziele dieses Förderprogramms »Berlin-Forschung« werden wie folgt beschrieben:

»Die geförderten Projekte sollen zur Lösung von Problemen in Berlin beitragen und zugleich ein Anstoß für anwendungsorientierte weitere Forschungstätigkeit in der Hochschule sein.
Hochschulabsolventen sollen im Rahmen dieses Programms Forschungsqualifikation und zugleich praktische Erfahrungen für eine spätere Berufstätigkeit erwerben.«

Mit diesem Programm wurden bis 1984 mehr als 100 anwendungsnahe Projekte hauptsächlich in den Bereichen Wirtschaft, Sozialpolitik und Medizin gefördert und abgeschlossen.
3. Mit der Weiterentwicklung eines an der FU Berlin traditionsreichen Fort- und Weiterbildungsprogramms wurde auf die erwähnte Erfahrung gesetzt, daß Personaltransfer aus den Hochschulen bisher zu den erfolgreichsten Transfer-Aktivitäten zählt.
4. Schließlich sollte der Transfer von Know-how und neuen Entwicklungen organisatorisch über die Transferstelle der Technischen Universität Berlin abgewickelt werden. Dieses Konzept hätte den Vorteil gehabt, daß eine Abstimmung und Integration aller Angebote der Hochschulen des Landes Berlin ermöglicht worden wäre. Gerade die Schwerpunktbereiche der Freien Universität in den Wirtschafts- und Sozialwissenschaften, der Physik, den Geowissenschaften und vor allem der Medizin bilden eine gute Ergänzung des Transferspektrums der Berliner Hochschulen.
Auch die durch die Existenz weiterer Transfereinrichtungen in Berlin (Technologie-Vermittlungs-Agentur, TVA; VDI-Technologiezentrum, VDI-TZ; Zentrum für Technologische Zusammenarbeit, ZTZ;[56] Innovationsberatungsstelle der IG Me-

56 Beim ZTZ handelt es sich um eine weitere Wissens- und Technologietransfereinrichtung der Technischen Universität Berlin, die spe-

tall; Wirtschaftsförderungsgesellschaft Berlin; Rationalisierungs-Kuratorium der Deutschen Wirtschaft e. V. u. a.) ohnehin schon unübersichtliche Situation hätte so eine klare Struktur erhalten.
Die Errichtung der Forschungsvermittlungsstelle der FU Berlin ist somit weniger ein Produkt der praktischen und strukturpolitischen Vernunft als vielmehr der Eigendynamik, die mit der forcierten Verwertung der Produktivkraft ›Wissenschaft und Technologie‹ nun auch die Hochschulen erfaßt hat.

10.3.5 TU-Transfer: die Technologie-Transfer-Stelle der TU Berlin

Die TU-Transfer dürfte heute in der Bundesrepublik die bisher erfolgreichste Transfereinrichtung an den Hochschulen sein. Sie wurde 1979 auf der Grundlage einer »Pilotstudie Technologietransfer« gegründet, die in den Jahren 1977 bis 1979 von KONPLAN erarbeitet wurde. Da die TU-Transfer sowohl hinsichtlich ihres qualitativen als auch quantitativen Ausbaus ein Paradebeispiel für neues Innovationsmanagement und Wissens- und Technologietransfer darstellt, soll hier näher auf ihre Arbeit eingegangen werden. An ihrer Entwicklung läßt sich die Dynamik der neuen Anwendungs- und Verwertungsmethoden der Produktivkraft ›Wissenschaft und Technologie‹ verfolgen.
In einer ersten Kurzinformation wurden die Ziele wie folgt angegeben:

»Besonders kleinen und mittleren Unternehmen soll durch unsere Arbeit der Zugang zum Forschungs- und Entwicklungspotential der Hochschulen erleichtert werden. Aber auch die Unterstützung von Forschern bei der Suche nach Kooperationspartnern aus der Praxis gehört zu unseren Aufgaben.
Die Vermittlung von Kontakten zwischen kleinen und mittleren Unternehmen und den Forschungseinrichtungen der Universität soll folgenden Zielen dienen:
– die wirtschaftliche Existenzfähigkeit der Unternehmen durch mehr Innovationen zu fördern,

ziell auf den Wissens- und Technologietransfer mit den Entwicklungsländern ausgerichtet ist.

– Forschungsergebnisse verstärkt in die Praxis umzusetzen,
– neue Impulse für Forschung und Lehre gewinnen zu helfen.«[57]

Der Funktionsumfang wurde in sechs Punkten zusammengefaßt:
+ Anlaufstelle für externe Forschungsanfragen an die TUB
+ Informationen über anwendungsorientierte Forschung an der TUB
+ Durchführung von Erfahrungsaustauschseminaren
+ Betreuung der Transfer-Projekte
+ Vermittlung von Praxiskontakten an interessierte Wissenschaftler
+ Zusammenarbeit mit anderen Transfer-Einrichtungen.

Dieses sich noch sehr bescheiden präsentierende Transferpflänzchen (auf Umweltpapier) ist innerhalb von vier Jahren zu einer Institution mit sieben Abteilungen, dem Berliner Innovations- und Gründerzentrum (BIG), einem sich entwickelnden Technologie- und Forschungspark (zahlreiche Hochglanz-Broschüren), herangewachsen. In diesen Broschüren wird die Aufbruchsstimmung mit einer aus anderen technisch-industrialistischen Zeiten bekannten Gründersprache wie folgt beschrieben:

»Die Zukunft hat schon begonnen: Im Forschungs- und Technologiepark sollen zukünftig Wissenschaftler und Unternehmen Tür an Tür arbeiten. Die Technische Universität Berlin wird ihren Standort Wedding wesentlich erweitern. Mit Unterstützung des Senators für Wirtschaft und Verkehr und des Senators für Wissenschaft und Forschung soll in den nächsten Jahren ein Technologie- und Forschungspark auf einem Teil des ehemals von der AEG genutzten Geländes am Humboldthain entstehen. Auf ca. 70 000 m^2 Nutzfläche ist geplant, anwendungsorientierte Institute der TU Berlin und Forschungseinrichtungen anzusiedeln, das Berliner Innovations- und Gründerzentrum zu erweitern und Flächen für mittelständische Unternehmen zur Verfügung zu stellen, die einen besonderen Kooperationsbedarf mit Forschungsinstituten oder Technologiefirmen aufweisen...
Mit einem Blick auf das sog. ›silicon valley‹ in Kalifornien spricht man bereits von ›Silicon Wedding‹.«[58]

Zur Kooperation mit der Wirtschaft wird ausgeführt:

57 Technische Universität Berlin, TU-Transfer, Kurzinformation der Technologie-Transfer-Stelle (früher KONPLAN), Berlin 1980.
58 TU-Transfer, Innovationszentrum Technische Universität Berlin, Berlin 1984, Innenseite des Deckblattes.

»TU-Transfer ist die Kontaktstelle der TU Berlin zur Wirtschaft. Die Pflege der guten Beziehungen zur Industrie, zu den Berliner Verwaltungsstellen und den Selbstverwaltungsorganen der Wirtschaft ist eine der Hauptaufgaben. Der Standort von TU-Transfer ist dazu ideal: die Räume... liegen gegenüber von Börse und Industrie- und Handelskammer. Präsentationen wichtiger Forschungsinstitute vor Vertretern der Berliner Wirtschaft sind ebenso auf dem Programm wie die Durchführung von Veranstaltungen zu aktuellen betriebswirtschaftlichen Themen, gemeinsam mit der Industrie- und Handelskammer von Berlin und dem Marketing-Club Berlin und anderen...
Durch die Herausgabe des ›Forschungsmarktes Berlin‹ und die Mitwirkung am Gemeinschaftsstand auf der Hannover-Messe erfüllt TU-Transfer zunehmend die Funktion des Marketings für die Technische Universität Berlin.
In Zusammenarbeit mit der Wirtschaftsförderung Berlin GmbH werden nicht nur Unternehmensgründer, sondern auch bereits bestehende Betriebe für eine Ansiedlung im Rahmen des Berliner Innovations- und Gründerzentrums gewonnen. Durch diese Aktivitäten unterstützt TU-Transfer eine Politik, deren Ziel die Entwicklung Berlins zu einer führenden Forschungs- und Technologiestadt ist.«[59]

Wie stark das Eindringen von wissenschaftlichem Wissen und Technologie in die Wirtschaft aktiviert und welches Spektrum an Methoden und Instrumenten eingesetzt wird, soll eine kurze Aufgabenbeschreibung der sieben Transferbereiche verdeutlichen. Bei einer Bewertung dieser Bereiche interessiert hier weniger, daß die tatsächlichen Transfer-Ergebnisse hinter den Werbebroschüren zurückbleiben, was sich etwa an den geringen Einwerbungen von Drittmittelprojekten für die TU[60] zeigt, sondern vielmehr die Aufbruchsstimmung und die dahinterstehende reale Dynamik der Produktivkraft ›Wissenschaft und Technologie‹. Beides zusammen ergibt eine Innovationsstimmung, die heute schon an der breitgefächerten nationalen und internationalen Resonanz meßbar wird. Auf diese Weise werden die positiven Rückkopplungen zu Verstärkereffekten, die sich zumindest im Hochschulbereich bereits ausgewirkt haben, was nicht nur am

59 Ebenda, S. 10.
60 So nimmt sich der Anteil der von TU-Transfer akquirierten Drittmittelprojekte mit einer Finanzierungssumme von ca. 1 Mio. DM im Verhältnis zur gesamten FuE-Drittmittelsumme der TU von ca. 60 Mio. DM ziemlich dürftig aus.

Beispiel der Freien Universität Berlin nachzuweisen ist. Viel wichtiger ist aber, daß im Bereich der Wirtschaft die Berliner Innovationsstrukturpolitik mit ihrem Kernbereich, dem Wissens- und Technologietransfer, bereits als »Berliner Wirtschaftswunder« bezeichnet wird.[61]

Die Arbeitsbereiche von TU-Transfer:
Der *Bereich Technologie-Transfer* vermittelt problem- und aufgabenspezifische Informations- und Beratungskontakte mit Wissenschaftlern und bahnt die Durchführung von Entwicklungsprojekten an. Die Zusammenarbeit zwischen dem Wirtschaftsunternehmen und der Wissenschaft wird durch einen Transfer-Vertrag abgesichert, der neben einer Beschreibung der Aufgabenstellung und Fragen der Gegenleistung und Haftung eine Zeit- und Kostenkalkulation enthält. In diesem Vertrag werden insbesondere die Rechte bei Erfindungen geregelt.
Der Wissens- und Technologietransfer bezieht sich sowohl auf naturwissenschaftlich-technische Probleme als auch auf solche der Betriebsorganisation, der Planung, des Marketing oder der Fort- und Weiterbildung. Die Vermittlung von Auftragsforschung auf Anfrage durch ein Unternehmen soll schnell und gezielt zum richtig qualifizierten Partner in der Wissenschaft führen.
Der *Bereich Personal-Transfer* wurde bereits als besonders erfolgversprechend mit seinen beiden Sonderprogrammen »Innovationsassistent« zur strukturellen Anpassung vor allem von kleinen und mittleren Unternehmen und »Innovationspraktikum« für Studenten und Diplomanden dargestellt (vgl. Kapitel 8.2.3).
Im *Bereich Unternehmensgründungen* sollen leistungsfähige Unternehmen und zukunftsträchtige Arbeitsplätze vor allem auf der Grundlage neuer Technologien durch Beratungs- und Nutzungs-

61 Die Wirtschaftswoche Nr. 9 vom 22. 2. 1985 widmet ihre Special-Titelgeschichte ausschließlich der Berliner Innovationsstrukturpolitik unter dem Titel »Berlin: Wirtschaftswunder – bärenstarkes Klima, Wirtschaftszentrum Berlin«;
auch die Süddeutsche Zeitung schrieb: »Berlin im wirtschaftlichen Aufbruch«.

angebote und vor allem durch das Berliner Innovations- und Gründerzentrum (BIG) gefördert werden.
Das BIG ist eine Gemeinschaftseinrichtung der TU Berlin und des Senats von Berlin, in dem den Gründerunternehmen von geeigneten Räumlichkeiten bis zur Unterstützung bei der Buchführung Hilfe beim Aufbau von Unternehmen gegeben wird (vgl. weiter unten Forschungs- und Technologiepark). TU-Transfer koordiniert und berät die Firmen in allen technischen und betriebswirtschaftlichen Vermittlungs- und Kooperationsfragen.
Der *Bereich Informations-Transfer* ist einer der traditionellen Transfer-Bereiche, wie am Beispiel des NASA-Utilization-Program skizziert wurde.
In den Kapiteln 1.1 bis 1.5 wurde das quantitative Wachstum von Wissen, das bis heute als einzige Wachstumsgröße ungebremst exponentiell verläuft, anhand verschiedener Indikatoren dargestellt. Wenn heute täglich etwa 10 000 Zeitschriftenaufsätze und noch einmal etwa gleich viele Bücher, Forschungsberichte, Patente und Firmenschriften mit wissenschaftlichem und technischem Inhalt erscheinen, dann besteht nicht nur ein gravierendes Akkumulationsproblem, sondern vor allem Bedarf an guter Dokumentation sowie an effizienten Suchstrategien und Zugriff-Systemen. Besonders kleine und mittlere Unternehmen sind überfordert, bei der Fülle vorhandener wissenschaftlicher und technischer Informationen an das für sie relevante Know-how heranzukommen bzw. dieses herauszufiltern.
TU-Transfer geht nun vernünftigerweise zwei Wege, um Daten für Vermittlungs- und Beratungsdienste zu beschaffen: Erstens wurden Zugriffmöglichkeiten im Online-Dialog zu mehr als 250 bestehenden Datenbanken in der Bundesrepublik Deutschland, Europa und den USA geschaffen. Das bedeutet schnellen Zugriff auf die wesentlichen Daten im wissenschaftlich-technischen Bereich. Hierzu gehören so wichtige Datenbanken wie ABI/INFORM (Wirtschaftswiss.), BIOSIS (Biologie, Medizin), DECHEMA (Verfahrenstechnik), DOMA (Maschinenbau), INSPEC (Elektronik, Computerwiss.), NASA (Luft- und Raumfahrt), PASCAL (Ingenieurwiss.), SCI Search (Science Citation Index) u. a.
Zweitens wurde das »Berliner Forschungs-Informations-System« BEFIS aufgebaut, das das FuE-Angebot des Berliner

Forschungspotentials (über 200 Einrichtungen) anwendungsorientiert aufbereitet. BEFIS hat über 2500 Forschungsprojekte gespeichert, deren Inhalte über 50000 Stichworte abrufbar sind.
Besonders erwähnt werden müssen noch drei dickleibige Hochglanz-Produkte des Informations-Bereichs der TU-Transfer:
– Forschungsmarkt Berlin[62]
– Forschungsmarkt Berlin '84[63]
– Innovationsmarkt Berlin '85[64].
Der *›Forschungsmarkt Berlin‹* geht auf eine Erhebung bei allen öffentlich geförderten Forschungseinrichtungen zurück, in der diejenigen anwendungsrelevanten Forschungsergebnisse zusammengestellt sind, die noch nicht der (Fach-)Öffentlichkeit zur Kenntnis gebracht wurden. Der Anlaß für diese Erhebung war die Hannover-Industriemesse. 400 Angebote wurden eingereicht. Ihre Vermarktung in Hannover ergab

»...über 50 konkrete Anfragen... die unter der Betreuung von TU-Transfer zu ca. 10 Kooperationsabschlüssen geführt haben...
Diese positiven Erfahrungen haben dazu geführt, daß die Broschüre »Forschungsmarkt Berlin« zur Hannover-Messe 1984 neu aufgelegt wurde, so daß inzwischen 600 Kooperationsangebote vorhanden sind.«[65]

Im Vorwort des Senators für Wirtschaft und Verkehr heißt es zum Innovationsmarkt 1985:

»Die Strukturpolitik des Berliner Senats fördert jetzt Initiativen, die Mut zur Leistung und Wagnis erfordern und durch Erneuerung die Substanz der Berliner Wirtschaft nachhaltig verbessern.
Gerade deshalb werden junge Unternehmen mit neuen Produkten und neuen Leistungen gezielt gefördert. Mut zu Leistung und Wagnis wird damit Anerkennung gezollt. Das ist auch der Weg, um die strukturell bedingten Beschäftigungsprobleme langfristig zu lösen.
Mit dem Schaffen von qualitativ hochwertigen und damit zukunftssicheren Arbeitsplätzen in verstärkt auf den überregionalen Absatz hin orien-

62 Kooperationsangebote der öffentlich geförderten Forschungseinrichtungen in Berlin an die Praxis, Berlin 1983.
63 Ergänzung und Fortschreibung, Berlin 1984.
64 Ein Katalog ausgewählter Technologieunternehmen und ihrer Produkte, Berlin 1984.
65 TU-Transfer, Informationsschrift, Berlin 1984.

tierten »High-tech«-Unternehmen verfügen wir über die Schlüssel für eine dauerhafte wirtschaftliche Lebensfähigkeit der Stadt.
Mit der Broschüre »Innovationsmarkt Berlin '85« leistet der Senat von Berlin in bewährter Zusammenarbeit mit der Technologie-Transfer-Stelle der Technischen Universität einen wichtigen Beitrag zum Marketing und damit zur Stärkung des überregionalen Absatzes für diese innovativen Technologieunternehmen, die struktur- und wirtschaftspolitisch in hervorragender Weise die großen traditionsreichen Berliner Unternehmen ergänzen.
Der »Innovationsmarkt Berlin '85« zeigt das neue Selbstbewußtsein der Berliner Wirtschaft, das durch eine Intensivierung der Wirtschaftspolitik das Image einer Forschungs- und Technologiestadt zunehmend gewinnt.«[66]

Der Leiter der TU-Transfer ergänzt diese Ausführungen wie folgt:

»Mit dem »Innovationsmarkt Berlin '85« stellen sich innovative Technologieunternehmen mit ihren Produkten und Dienstleistungen vor. 89 Unternehmen aus Berlin haben sich an der Erstellung der vorliegenden Marketing-Broschüre beteiligt, die ... erstmals für die Wirtschaftsregion Berlin zusammengestellt wurde.
Durch den Aufbau des Berliner Innovations- und Gründerzentrums (BIG) und die langjährigen Kontakte zu kleinen und mittleren Unternehmen – und hier besonders zu innovativen Technologieunternehmen – wurde die Notwendigkeit deutlich, diese entwicklungsstarken und kreativen Unternehmen einem überregionalen und internationalen Kundenkreis zu erschließen.
Die positiven Erfahrungen mit dem »Forschungsmarkt Berlin« 1983 und 1984, in dem insgesamt 600 umsetzbare Forschungsangebote einer interessierten Öffentlichkeit mit großem Erfolg vorgestellt wurden, haben TU-Transfer zu der Initiative geführt, eine ähnliche gemeinsame »Marketing«-Strategie für »High-tech«-Firmen zu entwickeln ...
Ziel dieser Broschüre ist es,
- den Marktzugang junger Technologieunternehmen zu verbessern,
- das Berliner Potential an einsetzbaren Zukunftstechnologien stärker national und international bekanntzumachen,
- den Zugang etablierter Unternehmen zu neuen Technologien zu erleichtern
  (»window on technology«) ...

66 Elmar Pieroth, Senator für Wirtschaft und Verkehr, »Innovationen aus Berlin«, Innovationsmarkt '85 1984, S. II (Hervorhebung durch den Verf.).

Der »Innovationsmarkt Berlin '85« wird der Öffentlichkeit zum erstenmal anläßlich der »BIG-TECH '84«, dem internationalen Markt für neue Technologien, im Berliner Innovations- und Gründerzentrum vorgestellt. Dem folgen weitere Präsentationen auf Messen und Ausstellungen.«[67]

Der *Bereich Transfer-Seminare* ergänzt den Personal-Transfer insofern, als hier durch Weiterbildungsangebote auf den Gebieten Innovationsmanagement und Umsetzung von wissenschaftlichem Know-how sowohl jüngere Wissenschaftler als auch Studenten auf Probleme der Innovationspraxis in Unternehmen oder bei Unternehmensgründungen vorbereitet werden. Außerdem sollen Mitarbeiter von Unternehmen mit den Chancen und Möglichkeiten von Innovationsmanagement und Technologie-Transfer vertraut gemacht werden. Beispiele für solche Qualifizierungsseminare aus der jüngsten Vergangenheit sind:
- Qualifizierungsprogramm Kunststofftechnik
- Spin-off und Unternehmensgründungen
- Seminarreihe: Technologie und Management
- Marketing für kleine und mittlere Unternehmen.

Der *Bereich Transfer-Forschung* soll »der Transparenz und Systematisierung der verschiedenen Arbeitsbereiche im Technologie- und Wissenstransfer« dienen. Es geht also um die wissenschaftliche Erarbeitung einer systematischen Erfolgskontrolle und vergleichende Wirkungsanalysen. Ein besonderes Feld ist auch die Bedarfsforschung im Hinblick auf erforderliche transferbezogene Qualifizierungsmaßnahmen (Weiterbildung, Personal-Transfer).

Anders ausgedrückt geht es hier um wissenschaftliche Analysen der Stark- und Schwachstellen der wissenschaftlich entwickelten Umsetzungsmethoden von wissenschaftlichem Wissen und technologischem Know-how und wie man diese im Sinne des WTI-Paradigmas effizienter gestalten kann.

67 Jürgen Allesch, Leiter von TU-Transfer, »Marketing für ›High-tech‹«, ebenda, S. III.

10.3.6 Technologie- und Innovationspark Berlin[68] */Berliner Innovations- und Gründerzentrum*

In den Kapiteln 9.4.4 und 9.4.5 wurden die ersten Forschungs- und Technologieparkmodelle in den USA und Israel angesprochen, die in den sechziger Jahren in einigen wissenschaftlich-technisch-industriellen Zentren entstanden.

Allein der Begriff suggeriert schon Aufbruchsstimmung und Strukturfrühling. Tatsächlich handelt es sich bei der Gründung des Berliner Innovations- und Gründerzentrums (BIG) im November 1983 um den ersten Schritt zu einem funktionierenden Forschungs- und Technologiepark in der Bundesrepublik Deutschland.[69]

Zu Beginn des Jahres 1985 arbeiten im BIG 11 Forschungsinstitute und 26 Gründerunternehmen unter folgenden Service-Bedingungen:

- Die Mieten der Büro- und Produktionsflächen werden teilweise aus öffentlichen Mitteln subventioniert;
- die Werkstätten und Geräte der dort angesiedelten Forschungsinstitute (z. B. Verfahrenstechnik, Bionik, Robotertechnik) können von den Firmen kostengünstig in Anspruch genommen werden;
- die räumliche Nähe von einschlägigen Fachwissenschaftlern gewährleistet unmittelbar Wissens-, Know-how- und Personal-Transfer;
- die Inanspruchnahme zentraler Serviceeinrichtungen mit modernsten technischen Kommunikationsmitteln (Textverarbeitung, Teletex, Telefax, gemeinsame Telefonzentrale, Graphikverarbeitung, Btx, Computer- und Programmservice usw.) erleichtert die Büroarbeit und Betriebsführung (z. B. Personalabrechnung, Buchhaltung, Schreib- und Graphikarbeiten);
- die Nutzung von Gemeinschaftseinrichtungen wie Konferenzzentrum, wissenschaftlich-technische Infrastruktureinrichtun-

68 Vgl. hierzu: Presse- und Informationsamt des Landes Berlin (Hrsg.), Berliner Innovations- und Gründerzentrum (BIG)/Technologie- und Innovationspark Berlin (TIP), Berlin 1985 (2. Aufl.).

69 Auf parallel verlaufende Bemühungen in anderen deutschen Städten bin ich bereits in Kapitel 9.4.4 eingegangen.

gen (Video- und Filmtechnik, Overhead- und Diaprojektoren, Leseräume etc.) kann ebenfalls kostengünstig erfolgen;
- darüber hinaus steht dem gesamten BIG eine Gruppe von Marketing-, Finanzierungs-, Rechts-, Steuer- und Designberatern bei Bedarf zur Verfügung.

Entscheidend sind aber die zahlreichen persönlichen Kontakte, die sich innerhalb eines solchen Rahmens zwischen den Wissenschaftlern und Praktikern ergeben, sowie die Kontakte, die weltweit nach außen aufgebaut werden. Sie haben insgesamt zu einem innovativen Gründer- und Transferklima geführt, das »ansteckt« und »mitreißt«:

»Angesteckt von so viel Berliner Initiative, wollten dann auch die großen ›westdeutschen‹ Unternehmen nicht zurückstehen. Wie einen verschütteten Schatz entdecken sie die Berliner Wissenschafts- und Forschungslandschaft neu, Namen wie Albert Einstein, Fritz Haber, Max Planck, Otto Hahn und Lise Meitner im Hinterkopf.«[70]

Aber nicht nur die Größen der Berliner Wissenschaft werden als Ahnen bemüht, sondern auch die Großväter der Berliner Industriepioniere aus dem Zeitalter der technisch-industriellen Revolution und der Gründerjahre.

»Die Entstehung des Berliner Innovations- und Gründerzentrums (BIG) und des Technologie- und Innovationsparks (TIP) im traditionellen Industriebezirk Wedding setzt eine seit Anfang des 19. Jahrhunderts bestehende Entwicklung fort. Durch umfangreiche Industrieansiedlungen – darunter so bekannte Namen wie Borsig, Wöhlert, Hoppe und Schwarzkopf – wurde der Wedding im Zeitalter der industriellen Revolution zum Mittelpunkt der Berliner Industrie. Als 1887 die AEG (vorher DEG) entstand und ihre Produktion in die Ackerstraße verlegte (heute das BIG), prägte sich das Bild des industrialisierten Wedding zunehmend aus...
Aus dieser Sicht ist die Gründung von BIG und TIP für den Bezirk Wedding von besonderer Bedeutung, da sie als Entwicklungspotentiale wirken. Diese sind nötig, um die Attraktivität des Bezirks als Arbeits- und Wohnort zu erhalten und neu zu schaffen. Die Zusammenarbeit zwischen BIG-Firmen und Weddinger Firmen könnte ein beispielhafter Schritt zur Integration eines Gründerzentrums in seinen Stadtteil sein.«[71]

70 Wirtschaftswoche Nr. 9, 39. Jg., 22. 2. 1985, S. 91.
71 Presse- und Informationsamt des Landes Berlin (Hrsg.), a.a.O., S. 2.

Der beabsichtigte Ausbau des Berliner Forschungs- und Technologieparks von derzeit 3000 qm auf etwa 70 000 qm Nutzfläche und eine Vervierfachung der Firmen und Mitarbeiter ist vor diesem Hintergrund schon kaum noch ein Planungsdatum, sondern folgt eher der Eigendynamik der Entfaltung von ›Wissenschaft und Technologie‹-Verwertung und dem Optimismus ihrer Promotoren, ganz im Sinne des WTI-Fortschrittsparadigmas.

10.4 Wissensverwertung im Rahmen industrieller Gemeinschaftseinrichtungen

Innovationsmanagement sowie Wissens- und Technologietransfer in der Wirtschaft ist ein weites Gebiet, da von Branche zu Branche und je nach Größe und Organisationsstruktur der Unternehmen unterschiedliche Management- und Transfer-Systeme entstanden sind bzw. entwickelt wurden. Wenn hier gleichwohl dieses Kapitel nur kurz abgehandelt wird, dann aus folgenden Gründen:

1. Im Prinzip sind alle Formen der Wissens- und Technologieproduktion in den Wirtschaftsunternehmen unmittelbar auf wirtschaftliche Verwertung ausgerichtet. Das gilt letztlich auch für die wenigen exotischen Forschungsgruppen wie etwa die »Forschungsgruppe Berlin der Daimler-Benz AG«, die sich zwar mit langfristigen Zukunftsprognosen und breitgefächerten Strukturanalysen befaßt, deren Arbeit aber unmittelbar und mittelbar in die Firmenpolitik eingebettet ist.
2. Da Forschung und Entwicklung in den Unternehmen weitgehend auf ein kurz- und mittelfristiges betriebswirtschaftliches Interesse ausgerichtet ist, also vor allem auf
   - Verbesserung alter Produkte und Verfahren,
   - Entwicklung neuer Produkte und Verfahren,
   - Rationalisierung der Arbeits- und Fertigungsabläufe,
   - verbesserte Marktstrategien und Erschließung neuer Märkte,

   insgesamt also auf kurz- und mittelfristige Produktivitätssteigerungen und Wettbewerbsvorteile, geht es dem Unternehmens- und Innovationsmanagement allein darum, die Wege, Zeiten und Kosten von der Produktion bis zur Realisierung einer Innovation zu minimieren. Das bedeutet, daß für die

Transferprozesse die höchste Umsetzungseffizienz angestrebt wird.

Daß sich hier in der Praxis mannigfaltige Schwierigkeiten und Probleme ergeben, etwa im Hinblick auf Entscheidungen zwischen lang-, mittel- und kurzfristigen FuE-Strategien, Übernahme von Kostenrisiken bei Großprojekten, Entscheidungen hinsichtlich Eigenentwicklungen oder Auftragsvergabe, von Lizenzerwerb usw., liegt in der Natur der komplexen Sache. Das ändert jedoch nichts am Grundschema der FuE-Verwertung, das die Unternehmen von vornherein auf eine höchstmögliche Nutzungs- und Umsetzungsquote der FuE-Ergebnisse festlegt.

3. Es bedarf kaum besonderer Betonung, daß hier das WTI-Fortschrittsparadigma ungebrochen dominiert. Das gilt auch für die Forschung und Entwicklung, die sich beispielsweise in Firmen wie der Badischen Anilin- und Sodafabrik (BASF) oder der Deutschen Shell AG mit ökologischen Problemen befaßt und zu ganz respektablen Leistungen im Umweltschutz geführt hat. Natürlich verbindet das Unternehmen mit solchen Maßnahmen auch Werbung sowie mittel- und langfristig Wettbewerbsvorteile und die Entwicklung neuer konkurrenzfähiger Produkte und Verfahren.
4. Hauptsächlich nur dort, wo die Unternehmen ihre Wirtschaftskraft übersteigende Risiken erkennen, sind andere als unternehmensimmanente Produktions- und Transferprozesse gefragt. Diese wurden im Rahmen der vorangegangenen Kapitel im Hinblick auf die staatlich geförderten FuE-Einrichtungen und das Rationalisierungskuratorium der deutschen Wirtschaft, das hier eine Sonderstellung einnimmt, behandelt. Daß dies nur mit erheblichen Einschränkungen gilt, kann man an den zahlreichen staatlich finanzierten industriellen FuE-Projekten und industrieorientierten Förderprogrammen ablesen, die zu einem erheblichen Teil von der Industrie selbst finanziert werden könnten.

Für die in dieser Arbeit aufgestellte These, daß die Umsetzung von wissenschaftlichem Wissen und technischem Know-how immer mehr beschleunigt wird, gilt, daß zumindest im Rahmen der Großindustrie und des militärischen Sektors die Produktions- und Transferprozesse in allen Industrieländern auf der

Grundlage staatlicher und privatwirtschaftlicher Innovationssteuerung dem höchsten Entwicklungsstand der Produktivkraft ›Wissenschaft und Technologie‹ zustreben.
Die Transferprozesse aus den staatlich geförderten FuE-Einrichtungen in die Klein- und Mittelbetriebe verlaufen im Prinzip auch auf immer höhere Umsetzungsgeschwindigkeiten hinaus. Gefördert werden diese Tendenzen durch die Wissensproduktion und Transferbemühungen der *»Arbeitsgemeinschaft industrieller Forschungsvereinigungen (AIF)«*.
Die AIF ist eine Organisation der privaten Wirtschaft zur Förderung der praxisnahen Forschung und Entwicklung. Ihre traditionelle Aufgabe ist die Förderung der »Industriellen Gemeinschaftsforschung« und der »Externen Vertragsforschung«. Sie vertritt dabei die Interessen der forschenden Unternehmen bzw. ihrer Verbände. Ihre spezielle Aufgabe besteht darin, die Wissensproduktion zu erhöhen und die Wissensverwertungslücke bei Klein- und Mittelbetrieben zu schließen, weshalb ihre Aktivitäten und Fördermaßnahmen hauptsächlich auf KMU ausgerichtet sind.
Zur Zeit sind in der AIF 90 Forschungsvereinigungen aus allen Branchen der Industrie mit über 25 000 Unternehmen zusammengeschlossen. Davon verfügen 38 über 65 brancheneigene Institute, die hauptsächlich aus Mitteln der Industrie finanziert werden. Die anderen 52 Forschungsvereinigungen, die keine eigenen Institute haben, vergeben ihre Forschungsarbeiten an staatlich geförderte FuE-Institute, hauptsächlich an Institute der Universitäten und Hochschulen, der Fraunhofer-Gesellschaft und der Max-Planck-Gesellschaft.
Die öffentlichen Mittel, die der AIF zufließen, dienen vor allem der »Industriellen Gemeinschaftsforschung« in öffentlichen FuE-Einrichtungen. Immerhin hat sich diese Fördersumme innerhalb von sieben Jahren von 65,7 Mio. DM (1975) auf 131,7 Mio. DM (1982) verdoppelt.[72]
Die AIF führt jetzt jährlich über 1000 FuE-Vorhaben durch, die zu etwa zwei Drittel in den Instituten der Mitgliedsvereinigungen

72 Gemeinsam finanziert durch den Bundesminister für Forschung und Technologie und den Bundesminister für Wirtschaft, Bundesbericht Forschung 1984, Teile I und II, Bonn 1984, S. 113.

und zu einem Drittel in öffentlich finanzierten Forschungsinstituten bearbeitet werden.
Die nachfolgende Abbildung 10.4 – I zeigt die enge Vernetzung von Wirtschaft, Wissenschaft und Staat in Form eines Regelkreises im Bereich der AIF-Mitgliedsvereinigungen.
Wie sich der Wissens- und Technologietransfer im Rahmen der AIF vollzieht, beschreibt Hans Klein, Hauptgeschäftsführer der AIF, wie folgt:

»Der Transfer vollzieht sich in den Forschungsvereinigungen schon während der Laufzeit der Forschungsvorhaben und nicht erst nach Abschluß der Forschung, denn in den begleitenden Forschungsausschüssen und Gremien sitzen Fachvertreter der Industrie, die den Forschungsstand und die Ergebnisse schon vor Ende des Forschungsvorhabens in die Praxis tragen.
Die Technologie-Transfer-Arbeit vollzieht sich in:
- Fachausschüssen
- Forschungsbeiräten
- Vortragsveranstaltungen
- Personaltransfer aus den Instituten in die Wirtschaft
- Beratungsdiensten in unterschiedlichsten Formen.«[73]

Mit den Aktivitäten der AIF sollte gezeigt werden, daß die Industrie neben der seit eh und je gut funktionierenden – und das heißt im Sinne des WTI-Fortschrittparadigmas effizient geplanten und organisierten – innerbetrieblichen Wissensproduktion und Technologieumsetzung auch andere Formen des Wissens- und Technologietransfers fördert. Die im Rahmen der AIF-Aktivitäten zum Ausdruck kommende enge Vernetzung von Wissenschaft, Wirtschaft und politischer Administration zeigt, daß das Gesamtnetz der wissenschaftlich-technischen Grundlagen der entwickelten Industriegesellschaft sehr breit und dicht ist.
Da mittlerweile alle relevanten gesellschaftlichen Bereiche weitgehend hierauf basieren, handelt es sich nicht primär um eine auf Waren und Dienstleistungen, sondern auf ›Wissenschaft und Technologie‹ beruhende Gesellschaft, mithin um eine Wissenschaftsgesellschaft.

73 Hans Klein, Technologie-Transfer aus den Institutionen der Industriellen Gemeinschaftsforschung, in: Expertengespräch Technologie-Transfer, a.a.O., S. 31f.

Abbildung 10.4 – I
Die Gemeinschaftsforschung der Arbeitsgemeinschaft industrieller Forschungsvereinigungen (AIF)

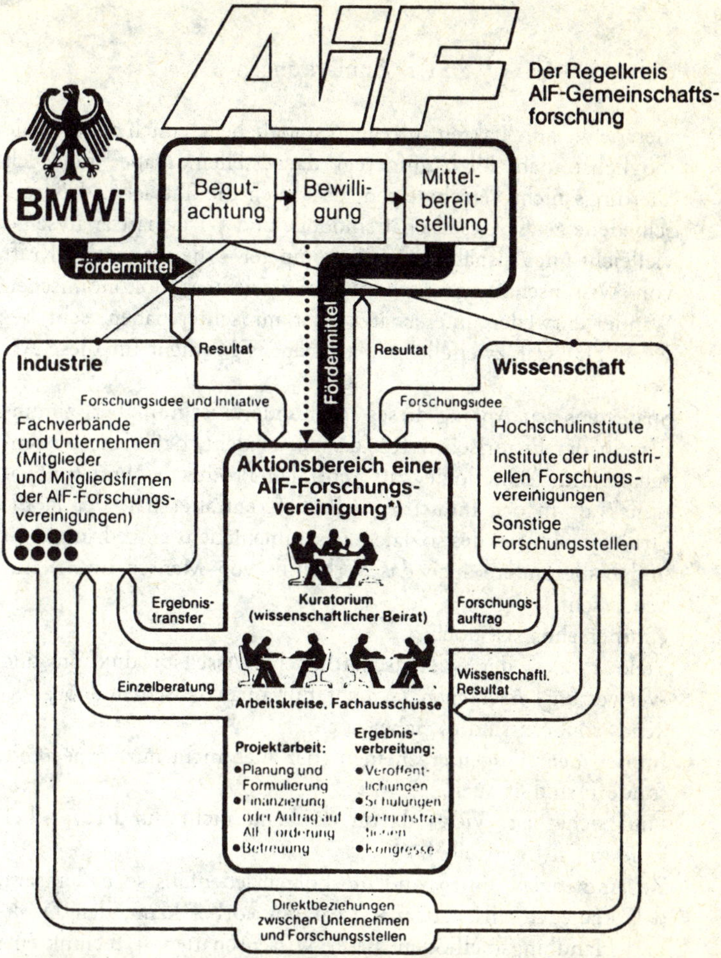

***) Aufgaben:**
Organisation und Durchführung der Gemeinschaftsforschung und der Ergebnisübermittlung. Bearbeitung der öffentlich geförderten Projekte als Zuwendungsempfänger der staatlichen Mittel über die AIF. Mindestens mit gleichem Aufwand Forschung mit Eigenmitteln, vorwiegend aus Mitgliedsbeiträgen, Material- und Geldspenden.

Quelle: AIF

11 Schluß: Einige Anmerkungen und aktuelle Tendenzen

11.1 Anmerkungen

Gerade weil die Fakten aufregend sind, habe ich mich bemüht, sie möglichst nicht allzu aufgeregt darzustellen. Dabei kann ich allerdings nicht verschweigen, daß mich die Tatsache, daß verschiedene große Gesellschaftsmodelle und Wirtschaftsanalysen – vielleicht mit Ausnahme von Schumpeter – die innovative Kraft von ›Wissenschaft und Technologie‹ für den sozialökonomischen Wandel entweder unterschätzt oder mißachtet haben, sehr bewegt. Das war zweifellos ein treibendes Moment für diese Arbeit.

Spätestens seit Anfang dieses Jahrhunderts ist nun aber, zumindest in der historischen Rückschau, evident, daß sich ›Wissenschaft und Technologie‹ zur zentralen Produktiv- und Innovationskraft in der Industriegesellschaft entfaltet hat, tief in die Grundstrukturen des sozialen Zusammenlebens eingedrungen ist und insbesondere auch das Verhältnis von Mensch und Natur beherrscht.

Unübersehbar ist doch:

Viele Folgen der wissenschaftlichen Wissensproduktion und -verwertung erscheinen ja nicht nur phantastisch und beglükkend, sondern sind es sicher auch.

Immer mehr Folgen erscheinen aber auch nicht nur verheerend, sondern sind es auch.

Und sicher ist: Vieles davon erscheint nicht nur irreversibel, sondern ist irreversibel.

Zusammengenommen sind die Folgen jedenfalls so bedeutsam, daß keine Gesellschaftsanalyse daran vorbei kann, den Denk- und Handlungsmethoden dieser Wissenschaft und Technik eine zentrale Rolle für das soziale Zusammenleben, den ökonomischen und gesellschaftlichen Wandel und die Veränderungen der Beziehungen von Mensch und Natur zuzuweisen. Heute ist deutlich, daß politische und ökonomische Macht mit dem Fortschreiten der Industriegesellschaft immer weniger mit formalen

Herrschaftsfunktionen oder dem Besitz an *irgendwelchen* Produktionsmitteln verbunden ist, sondern immer mehr mit der Verfügungsgewalt und der Kontrolle über die Steuerung, Produktion und Verwertung von wissenschaftlichem Wissen und technologischem Know-how. Daß es sich hier nicht um einen einseitigen, durch Wissenschaft und Technik Macht konstituierenden Vorgang handelt, sondern um einen zwischen politischer, ökonomischer und militärischer Macht einerseits und Verfügungsmacht über die Innovationskraft ›Wissenschaft und Technologie‹ andererseits rückgekoppelten Prozeß, habe ich in den vorangegangenen Kapiteln eingehend dargestellt.

An dieser Stelle halte ich es für erforderlich, noch einmal die bereits eingangs gemachte Anmerkung hervorzuheben:

Es war in dieser Arbeit nicht meine Absicht, die historische Entstehung der gesellschaftlichen Grunddisposition des Industrialismus bzw. des WTI-Paradigmas insgesamt aufzuzeigen. Es ging mir somit nicht darum, andere Determinanten zu untersuchen, die für die Herausbildung dieser Grunddisposition ebenfalls wichtig waren, also etwa spezifische Herrschafts- und Machtstrukturen, religiöse Rahmenbedingungen, kulturelle Traditionen oder spezifische regionale Gegebenheiten, soziale und psychologische Dispositionen u. a. Ich bestreite also nicht, daß solche Determinanten eine erhebliche Rolle bei der Formung dieses spezifischen gesellschaftlichen Grundmusters gespielt haben.

Mir ging es vielmehr darum, zu zeigen, daß es vor allem der rückgekoppelte Prozeß zwischen dem Ansatz dieser industrialistischen Disposition und dem Wissenschafts- und Techniksystem, also dieser spezifischen Denk- und Handlungsmethode des Menschen war, der nicht nur den kapitalistischen Geist, sondern viel umfassender das industrialistische Grundmuster geradezu ideal verstärkte, durch seine in diesem Sinn hohe Effizienz verfestigte und in alle Lebensbereiche übertrug.

Die großen Erfolge von Wissenschaft und Technologie sind es vor allem, die alle Beteiligten gegenüber den tiefgreifenden Negativfolgen, wie wir sie heute in allen natürlichen und sozialen Lebensvorgängen erfahren, blind gemacht haben.

Dieser Prozeß ist es somit, der der Determinante ›Wissenschaft und Technologie‹ eine so herausragende Stellung für die Entwicklung der modernen Gesellschaften seit dem Ende des 16. Jahrhunderts verschafft hat.

Es bleibt aber, daß der hauptsächlich auf wissenschaftlicher Wissensproduktion und Wissensverwertung beruhende Wettbewerb um höchste Produktivitätsraten, maximales Wirtschaftswachstum und Konkurrenzfähigkeit sowohl innerhalb als auch zwischen den Industrieländern eine eigenständige, verursachende dynamische Kraft im Rahmen des insgesamt auf Machtgewinnung und Machterhaltung ausgerichteten Gesellschaftsmodells ist.

Meine Auffassung, daß diese zentrale Variable vornehmlich in den Sozialwissenschaften bisher nicht hinreichend beachtet wurde, wird durch eine Betrachtung von Rainer Mackensen über das Verhältnis von Soziologie und Technik bzw. technischer und gesellschaftlicher Entwicklung gestützt:

»Die großen Konzepte einer historisch gesättigten Gesellschaftsanalyse (Max Weber, N. Elias) bedürfen für unsere Fragestellung der Ergänzung in zweierlei Hinsicht: Sie berücksichtigen die technologische Entwicklung nur peripher, und sie verlängern ihren Gedankengang nicht in die Zukunft hinein. Zwar erscheint die technologische Entwicklung in ihnen in Beispielen und als eine wichtige Ergänzung der institutionellen Veränderung, wie sie die nationalstaatliche, rechtliche, wirtschaftsorganisatorische Entwicklung darstellt. Es könnte jedoch sein, daß damit Gewicht und Vielfalt der technologischen Entwicklung nicht ausreichend erfaßt werden. Insbesondere werden die Rückwirkungen technologischer Veränderungen auf die gesellschaftliche Verfassung und die sozialen Beziehungen weniger deutlich herausgearbeitet als umgekehrt die Abhängigkeit der technischen von der gesellschaftlichen Entwicklung. Das hat gravierende Folgen für die Anschauung der historischen Prozesse und damit auch von ihrem möglichen künftigen Verlauf. Es muß der Eindruck entstehen, als sei Technik nichts anderes als ein nützlicher Diener bei der Verbesserung der Lebensbedingungen, und nur ihr Überhandnehmen oder ihre abgekoppelte Eigenläufigkeit stellten eine Gefahr für Mensch und Gesellschaft dar.«[1]

Was ich zeigen wollte, ist genau das, daß die »Rückwirkungen« bzw. Wirkungen – in jedem rückgekoppelten Prozeß sind Rück-

1 Rainer Mackensen, Wirkungschancen praktischer Techniksoziologie, in: R. Jokisch (Hrsg.), Techniksoziologie, Frankfurt am Main 1982, S. 515 f.

wirkungen gleichzeitig Wirkungen – der wissenschaftlich-technischen Veränderungen (Innovationen) nicht nur peripher, sondern ganz zentral die »gesellschaftliche Verfassung« und die »sozialen Beziehungen« beeinflussen und prägen. Umgekehrt konnte die wissenschaftlich-technische Methode nur deshalb so dominierend werden, weil sie offenbar am besten in der Lage war und ist, das gesellschaftliche Grundmuster, das WTI-Paradigma zu erfüllen. Dieser zwischen dem Wirken des gesellschaftlichen »Fortschrittsparadigmas (WTI-Paradigma)« und einer effizienten Denk- und Handlungsmethode (wissenschaftliche Methode) rückgekoppelte Prozeß ist das entscheidende Entwicklungsmoment aller Industriegesellschaften, das letztlich zur Wissenschaftsgesellschaft geführt hat.

Wenn die verschiedenen Gesellschaftssysteme und großen ideologischen Grundpositionen übereinstimmend meinen, durch Übernahme des WTI-Paradigmas und im Rahmen der Wissenschaftsgesellschaft ihre Ziele am ehesten erreichen zu können, dann war darauf wahrscheinlich noch vor dreißig Jahren schwieriger zu antworten als heute. Insoweit kann ich mich den folgenden Ausführungen von Mackensen anschließen:

»Nun mag es sein, daß die in der Soziologie prominente Sicht des Verhältnisses zwischen Technik und Gesellschaft auch darauf beruht, daß die großen Konzepte vor der Mitte dieses Jahrhunderts entstanden sind und wesentlich ein Verständnis der Industrialisierung zum Gegenstand haben. Seit der Jahrhundertmitte hat die Technik aber eine andere, radikalere und totalere Entwicklung genommen, wie sie in jenen Konzepten nur als utopischer Grenzwert der ›Entzauberung‹ sichtbar wird.«[2]

Ich interpretiere diese Ausführungen dahin, daß Mackensen auf die fünfte Stufe der Entfaltung der Produktivkraft ›Wissenschaft und Technologie‹ in den 40er und 50er Jahren anspielt. Zweifellos hat der weitere exponentielle Anstieg der Wissens- und Technologieproduktion in den darauffolgenden Jahren die im oben dargestellten rückgekoppelten System von WTI-Paradigma und Wissensproduktion entstandenen Folgen wesentlich klarer hervorgebracht.

Stellt sich dadurch aber die Frage heute neu oder nur wesentlich

2 Ebenda, S. 516.

dringlicher und zwingender, ob nämlich durch eine andere wissenschaftliche Wissensproduktion und Technik die verheerenden Folgen der industrialistisch-militärtechnischen Entwicklung verhindert bzw. eingedämmt werden können? Oder ist es nicht vielmehr erforderlich, möglichst schnell die erstarrten gesellschaftlichen Grundpositionen des WTI-Paradigmas aufzulösen? Oder müssen beide Komponenten dieses rückgekoppelten Systems verändert werden?

Bevor ich hierzu eine vorläufige Aussage wage, möchte ich noch einmal auf die großen Gesellschaftsanalysen zurückführen und konstatieren, daß diese häufig recht brauchbare Ergebnisse im Hinblick auf Erklärungen und Deutungen vergangener Gesellschaftsentwicklungen erbracht haben, hinsichtlich zukünftiger Prognosen und Perspektiven und entsprechender politischer Handlungsanleitungen aber weitgehend versagten. Gleiches gilt ja mit gewissen Modifikationen für die großen politischen Programme.

Das in dieser Arbeit dargestellte Material und meine Analyse führen mich zu dem Schluß, daß es *sowohl* der tiefe Glaube an das WTI-Paradigma *als auch* seine Erfüllung durch die wissenschaftlich-technische Methode im Baconschen Sinne ist, die alle Hauptbeteiligten im Spiel um Macht, Einfluß und ein »süßes Leben« blind gemacht haben gegenüber Alternativen beziehungsweise Modifikationen und Veränderungen. Politiker wie Wissenschaftler, Ökonomen wie Soziologen, Konservative wie Progressive, die einen mehr, die anderen weniger, sind im Kern gleichermaßen fest in diesem rückgekoppelten System verhaftet. Warum sollten sie sich auch anders verhalten, wenn das Ganze bisher so gut und höchst effizient zusammengespielt hat? Wir Privilegierten waren doch vor allem die Nutznießer: als Teilhaber an Einfluß und Macht im politischen und ökonomischen System, als Teilhaber an Produkten und Dienstleistungen dieses Systems, als Teilhaber an Erkenntnis und technischen Spielen (Gehlen), als Empfänger von hohem Sozialprestige, gesellschaftlichen Privilegien und Anerkennung im Rahmen der jeweiligen politischen, wirtschaftlichen, militärischen oder wissenschaftlichen »communities«. Und wir sind es ja alle auch weiterhin, wie ich mit den nachfolgenden aktuellen Tendenzen andeuten möchte.

Deshalb unterstützen auch gerade die meisten Wissenschaftler dieses System mehr oder weniger uneingeschränkt, die Soziologen natürlich eingeschlossen. Hier zeichnet sich nun lediglich ein Unterschied ab: während sie früher offenbar kaum auf die Idee kamen, daß für das industrialistische (militärtechnische) dynamische Gesellschaftssystem die eigenen Denk- und Handlungsgrundlagen eine so entscheidende Bedeutung haben, schreckt heute mehr die Furcht vor Alternativen, die an die Stelle dieses rationalistischen Musters treten könnten. Und einige davon sind ja auch nicht sehr verlockend.

Meine vorläufige Antwort läuft deshalb darauf hinaus, daß *sowohl* das zugrundeliegende Paradigma *als auch* das methodische Denk- und Handlungsmuster Veränderungen erfahren müssen. Dabei wird nun vielleicht überraschen, daß ich größere Chancen, auch größere Notwendigkeiten darin sehe, daß sich das WTI-Paradigma wandelt.

Meine Einschätzungen hinsichtlich der Veränderungsmöglichkeit der wissenschaftlich-technischen Methode läuft demgegenüber darauf hinaus, daß es für einen überschaubaren Zeitraum keine wesentlich andere relevante Wissensproduktion geben wird. Natürlich wird sie Veränderungen und Modifikationen erfahren, einerseits im Sinne der Vorschläge von Robert Jungk[3] oder Hartmut Bossel[4] und anderen, andererseits im Sinne der Entwicklung von Künstlicher Intelligenz[5], aber der Kernbereich bisheriger Wissenschaft wird unangetastet bleiben.

Ich breche hier bewußt ab, weil ich meinem Vorhaben in dieser Arbeit treu bleiben möchte, die Grundlagen der Wissenschaftsgesellschaft aufzuzeigen. Somit werde ich nachfolgend noch einige aktuelle Entwicklungstendenzen darstellen, nicht jedoch die Konsequenzen aus dem vorliegenden Material weiter diskutieren. Ich schreibe damit auch gegen den allgemeinen Trend und für weitere Zeit zum Nachdenken.

3 Robert Jungk, Der Jahrtausendmensch, Bericht aus den Werkstätten der neuen Gesellschaft, Reinbek bei Hamburg 1976; Die Möglichkeiten neuer Wissenschaft, Reinbek bei Hamburg 1975.

4 Hartmut Bossel, Für eine ökologische Wissenschaft und Technik, in: M. Grupp (Hrsg.), Wissenschaft auf Abwegen? Die Zukunft der wissenschaftlichen Vernunft, Fellbach 1980, S. 168.

5 Vgl. hierzu Abschnitt 11.2.1.

11.2 Aktuelle Tendenzen

Wenn in diesem Kapitel abschließend einige aktuelle Entwicklungstendenzen angedeutet werden, dann geht es mir auch hier nicht primär um die Produktion und Verwertung einzelner Basis- oder Hochtechnologien wie etwa der Biotechnologie, der Lasertechnologie, der Mikroprozessorentechnik, der Robotertechnik oder der Glasfasertechnik. Wenn es überhaupt zu einer grundlegenden weiteren Entfaltung von ›Wissenschaft und Technologie‹ kommt, dann ist der Ausgangspunkt in erster Linie das diesen Basistechnologien zugrunde liegende methodisch-organisatorische Denk- und Handlungsmuster der Wissensproduktion und Wissensverwertung. Damit soll natürlich keinesfalls der Zusammenhang mit den Hochtechnologien unbeachtet bleiben, deren Bedeutung ja im Bewertungszusammenhang von wissenschaftlichem Wissen für den Strukturwandel nicht hoch genug eingeschätzt werden kann.

Wie in Kapitel 2.4 bereits angedeutet, gibt es eine gewisse Korrespondenz zwischen der fünften Stufe der Entfaltung der Produktivkraft ›Wissenschaft und Technologie‹ und der Kondratieffschen Theorie der langen Wellen, die ja auf verschiedenen Schüben von Basistechnologien aufbaut.[6]

So werden für die Vergangenheit und die Gegenwart etwa folgende Schübe genannt, die hauptsächlich den langfristigen ökonomischen und gesellschaftlichen Strukturwandel bewirkt haben sollen:[7]

1. Welle: Mechanischer Webstuhl, Dampfmaschine, Dampfschiffe, Kohle- und Eisentechnologie
2. Welle: Eisenbahn, Telegrafie, Zement, Fotografie
3. Welle: Elektrifizierung, Chemie, Auto, Aluminium

6 N. D. Kondratieff, Die langen Wellen der Konjunktur, in: Archiv für Sozialwissenschaft und Sozialpolitik, Band 26, Tübingen 1926.

7 Zur Theorie der langen Wellen u. a. auch:
Gerhard Mensch, Das technologische Patt – Innovationen überwinden die Depression, a.a.O.;
Joseph Huber, Modell und Theorie der langen Wellen, in: M. Jänicke (Hrsg.), Vor uns die goldenen neunziger Jahre? Langzeitprognosen auf dem Prüfstand, München/Zürich 1985, S. 51.

4. Welle: Elektronik, Fernsehen, Kernkraft, Kunststoffe, Raumfahrt, Computer.

Nicht nur, daß sich hierzu auch ganz andere Technologien als Basistechnologien ins Spiel bringen ließen und tatsächlich auch gebracht wurden, es irritiert natürlich auch das Sammelsurium und die etwas krampfhaften Geburtsdaten, die einzelnen dieser »Basistechnologien« unterlegt werden.

Hier sollen aber nicht die kritischen Einwände zu den Theorien der langen Wellen weiter vertieft, sondern im Sinne der vorliegenden Arbeit Langfrist-Tendenzen aufgezeigt werden, einmal eine wissenschaftlich-technologische im Hinblick auf die weitere Entfaltung von ›Wissenschaft und Technologie‹, und zum anderen eine politische und ökonomische im Hinblick auf das WTI-Paradigma.

11.2.1 Wissensproduktion durch »Künstliche Intelligenz«

Wie in Kapitel 5 eingehend dargestellt wurde, ist der Computer nicht eigentlich eine Basistechnologie, sondern die konzeptionelle und materiale Verkörperung der fünften Stufe der Entwicklung der Produktivkraft ›Wissenschaft und Technologie‹, im engeren wissenschaftsmethodischen Rahmen also der kybernetischen Denk- und Handlungsmuster. Grundlage ist vor allem das Zusammenspiel der Grundgröße Information mit dem Rückkopplungsprinzip und dem Systemansatz.

Wie ich gezeigt habe, beruht die heute in den Wissenschaftsgesellschaften so erfolgreiche Erfüllung des WTI-Paradigmas hauptsächlich auf dieser wissenschaftlichen Wissensproduktion und ihrer hohen technisch-ökonomischen Effizienz. Diese historisch gesehen neue Form der Rationalität, ausgelöst durch Gilbert, Galilei und Bacon, hat ganz wesentlich die politische und ökonomische Macht der Industriegesellschaften begründet.

Ich vermute nun, daß mit den Stichworten »Japanisches Projekt der fünften Computergeneration (FGCS-Projekt)«[8], »Künstliche

8 Projekt zur Entwicklung eines Computersystems der fünften Generation.

Intelligenz (Artificial Intelligence)« und »Knowledge Engineering« ein Weg eingeschlagen wird, der zu einer neuen Qualität der wissenschaftlichen Wissensproduktion und Wissensverwertung führen könnte.
Nach Auskunft eines an diesem Projekt beteiligten Wissenschaftlers, Hozumi Tanaka[9], besteht die Absicht, neue Rechnerarchitekturen sowie Hard- und Software-Technologien zu entwikkeln, die in einem überschaubaren Zeitraum von weniger als einem Jahrzehnt »intelligente Maschinen« herzustellen gestatten, die um den Faktor 10^5 (einhunderttausend) mal leistungsfähiger sind als die derzeit leistungsfähigsten Großrechner.
Ich will auch hier Aufgeregtheit vermeiden, komme aber nicht umhin, dies als eine neue Qualität im Umgang mit der Ressource »Information« zu bezeichnen. Insbesondere vermute ich auch eine neue Qualität der Folgen im Zusammenhang mit den weiteren Forschungen und Entwicklungen auf den Gebieten »Cognitive Science« und »Knowledge Engineering«.
Die auf den System-Kürzeln LISP (Computer-Basissprache/Basissystem aus dem M.I.T., beruhend auf dem Lambda-Kalkül) oder PROLOG (von Colmerauer entwickelte und von den Japanern benutzte Computer-Basissprache/Basissystem, beruhend auf dem Prädikatenkalkül erster Stufe) aufbauenden superschnellen Rechnersysteme werden bereits wieder durch neue Konzeptionen abgelöst, die auf System-Kürzeln wie PSI, DELTA, VLSI, USLI oder CSLI (eine spezielle Systementwicklung zur Erforschung und Nutzung natürlicher Sprachen und interdisziplinärer Systemprobleme) basieren.
Kurz gesagt geht es der KI (Künstliche Intelligenz) und dem KE (Knowledge Engineering) um die Erforschung der menschlichen Intelligenz (wohlgemerkt Intelligenz!) und die Entwicklung einer künstlichen Maschinenintelligenz, mit der nicht nur die menschliche Intelligenz möglichst vollständig nachgebildet, sondern in ihrer Leistungsfähigkeit noch übertroffen werden soll. Sie soll gleichzeitig noch eine qualitativ neue Basis für eine kreative Mensch-Maschine-Kommunikation liefern mit »intelligenten

9 Hozumi Tanaka ist Professor am Tokyo-Institute of Technology und Direktor der ICOT-Arbeitsgruppe »Natural Language Understanding Systems« in der Abteilung Computerwissenschaften.

Mensch-Maschine-Schnittstellen, etwa zum Verständnis natürlicher Sprachen«.

Die konkreten Schritte der Forschung und Entwicklung sind wie folgt vorgezeichnet:

1. Dialog mit der Maschine in natürlichen Sprachen (Sprach-Verstehen, Spracherkennung);
2. Entwicklung von Expertensystemen für die wissenschaftliche Forschung und technische Entwicklung (intelligente Informations-, Such-, Selektions-, Zielfindungsstrategien usw.);
3. Entwicklung von Expertensystemen für die Praxis (Rechts-, Gesundheits-, Sozialpraxis usw.);
4. Sprachübersetzung zwischen natürlichen Sprachen;
5. Entwicklung deduktiver Intelligenz-Systeme;
6. Künstliche Verarbeitung von visuellen und linguistischen Daten;
7. Entwicklung von Programm- und Ziel-Verifikationssystemen.[10]

Die nachfolgenden Zitate sind insofern Real-Programm, als sie von einem kompetenten Sprecher jener Gruppe stammen, die auf diesem Gebiet die Weltspitze ansteuert – und das mit allen Konsequenzen hinsichtlich der zu erbringenden wissenschaftlichen Steuerungs- und Managementleistungen.[11]

Zunächst ein interessanter Hinweis auf meine Ausführungen in den Kapiteln 5 und 6:

»Jetzt möchte ich noch auf die Forschungssteuerung zu sprechen kommen. Die KI-Forschung fußte bisher auf langfristigen grundlegenden Untersuchungen hauptsächlich von seiten US-amerikanischer Forschungsinstitute wie M.I.T., *Stanford* und *Carnegie Mellon Universität* und *SRI*. In Zukunft müssen KI-Forschungsvorhaben vorrangig langfri-

10 Es handelt sich hier um eine von mir vorgenommene Zusammenfassung der zu erwartenden Forschungs- und Entwicklungsschritte, wie sie in etwa vom Arbeitskreis »Künstliche Intelligenz« auf der OECD-Tagung »1984 und danach« im November 1984 in Berlin diskutiert wurden.

11 H. Tanaka, Künstliche Intelligenz, Positionspapier zum Arbeitskreis 9, Konferenz des BMFT und der OECD, »Die gesellschaftliche Herausforderung der Informationstechnik«, Berlin 28.-30. November 1984 (unveröffentlichtes Manuskript, Seitenangaben in Klammern).

stig geplant werden. Projekte, die diesen Aspekt vernachlässigen, stoßen schon sehr früh auf Grenzen.
Vor kurzem wurde an der Stanford Universität ein Zentrum für die Untersuchung von Sprache und Information (CSLI) gegründet. In diesem Zentrum soll hauptsächlich die in der KI-Gemeinschaft bisher durchgeführte Forschung des Verständnisses natürlicher Sprachen geprüft werden, und es sollen über eine Ausleuchtung der wahren Natur des Sprachverständnisses Theorien eines mehr allgemeinen Sprachverständnisses aufgestellt werden. Für diese Ziele bietet das CSLI umfangreiche Computerkapazitäten und KI-Forschern, Linguisten, Psychologen und Philosophen die Gelegenheit zu interdisziplinärer Forschung. Solche langfristigen Forschungsbemühungen sind für eine gesunde Entwicklung der KI-Forschung mit Sicherheit notwendig, ...« (28 f.)

Zur quantitativen Entwicklung der KI-Forschung:

»Stellt man einen Vergleich mit der *KI-Gemeinde* vor zwanzig Jahren an, so stellt man fest, daß die Forschungstätigkeit im KI-Bereich, die Anzahl und die Qualität der Forscher und das gesellschaftliche Interesse an KI-Forschung erstaunlich zugenommen haben. Auf dem Hintergrund weiterer Fortschritte in der Hardware-Technik, wie z. B. VLSI, wird sich dieser Trend in den kommenden Jahren wohl noch weiter beschleunigen.« (23)

Zu einigen Entwicklungstrends:

»Weiter besteht die Möglichkeit, daß sich als Randerscheinung der KI-Forschung Computer mit einer revolutionären Architektur entwikkeln ...
Bisher haben sich KI-Forscher häufig mit der Methode befaßt, zahlreiche ›Klone‹ von Sachverständigen in einen Computer vereint einzusetzen, um parallel ein Problem zu lösen. Außerdem ist es aufgrund jüngster Fortschritte in der VLSI-Technologie demnächst möglich, an Hardware-Technologie gebundene Hindernisse für die Parallelverarbeitung zu beseitigen und gleichzeitig die Konstruktion Künstlicher Intelligenzen mit einem Leistungsvermögen zu ermöglichen, das in der Vergangenheit noch undenkbar war. (24)
Die meisten KI-Systeme bestehen heutzutage aus ungeheuren Mengen von Software; *deshalb passiert es selbst den Entwerfern des Systems bisweilen, daß sie es später nicht mehr verstehen.* Um die gegenwärtige Softwarekrise zu beseitigen, haben wir die Hardware zu verfeinern und die Software zu entlasten.
In dem japanischen FGCS-Projekt wurde ein Bau nach dem Prädikatenkalkül vorgeschlagen, um den Neumannschen Engpaß[12] zu überwinden.

12 Vgl. hierzu meine Ausführungen zu Kapitel 5.4.2.

Um die VLSI- und ULSI-Technologien in Zukunft voll auszuschöpfen, wird es notwendig sein, die Maschinenarchitektur weitgehend zu verbessern und die Softwarebelastung zu mindern, und es wird notwendig sein, neue Architekturen für Ultraparallelverarbeitung zu entwickeln. Mit Maschinen solchen Baues werden Programmiersprachen möglich, die das Leistungsvermögen der derzeitigen Sprachen weit übertreffen. Künftige Programmiersprachen zum Beispiel werden in Wissensrepräsentationssprachen integriert. Einiges davon ist bereits im Bobsow's LOOPS und anderen Programmiersprachen zu finden. (28)
Expertensysteme, die auch die Rolle von Sachverständigen in bestimmten Sachbereichen erfüllen können, werden sich ihren Weg in die Gesellschaft bahnen und in etwa zehn Jahren allgemein eingesetzt werden. Für Expertensystemforschung ist ›Wissens-Engineering‹ notwendig. Um die neue Generation von Expertensystemen, die auf eine umfassende Skala von Fragen flexibel antworten kann, auf die Beine zu stellen, sind nun revolutionäre Theorien zur Wissensdarstellung, Überlegungen und Wissenserwerb notwendig. Bisher hielt man relativ einfache Schlußfolgerungsmechanismen angemessen für Expertensysteme. Da der Umfang des Wissens, mit dem man umzugehen hat, zunimmt, wird das jedoch bald nicht mehr stimmen. Wissen wird in hierarchische Klassen eingeteilt werden, vom globalen bis zum detaillierten Niveau, und in einer Wissensbasis gespeichert. Für eine Kombination globalen und lokalen Wissens und effiziente Schlußfolgerungen sind neue Ideen für Interferenzmechanismen notwendig. Hierzu gehören auch Parallelverarbeitungsfunktionen.
Expertensysteme müssen in der Lage sein, Überlegungsketten rückwärts zu verfolgen, um eine Erklärung abzugeben und bisweilen den Überlegungsprozeß zusammenzufassen, um eine Grundlage für eine Schlußfolgerung von einem globalen Standpunkt aus zu liefern.
Gelegentlich müssen sie vielleicht erklären, warum die Möglichkeit anderer Schlußfolgerungen ausgeschlossen wurde, ohne daß einfach Gewißheitsfaktoren verwendet wurden.« (26 f.)

Zu den gesellschaftlichen Auswirkungen:

»Künstliche Intelligenzen werden einen unvergleichlichen, unerhörten und tiefgreifenden Einfluß auf die Gesellschaft haben, und zwar weit mehr als die herkömmlichen Maschinen, die für den Menschen die körperliche Arbeit übernehmen. Bildung, Wirtschaft, Medizin und andere mit der menschlichen Intelligenz in Zusammenhang stehende Bereiche werden umwälzenden Innovationen gegenüberstehen.«

Zur Dynamik im Rückkopplungssystem von WTI-Paradigma und wissenschaftlicher Wissensproduktion:

»Die KI-Forschung ist ein Trend der Geschichte, den wir nicht aufhalten können. KI-Systeme aus diesem Bereich werden in den nächsten zwanzig Jahren tiefgreifende gesellschaftliche Umwälzungen hervorrufen und sich schließlich in der gesamten Gesellschaft einnisten. In der Übergangsperiode vor einem solchen Einsatz dieser Systeme wird es wegen unnötiger Besorgnis zu Verwirrungen kommen. Wir müssen uns bemühen, Künstliche Intelligenz als unseren Freund und Partner zu betrachten. Wir denken, daß das möglich ist. Um unnötige Verwirrung zu vermeiden, sind wir verpflichtet, den Wert Künstlicher Intelligenz richtig einzuschätzen und bei den Laien publik zu machen.« (29 f.)

Einer der innovativsten deutschen Forscher auf dem Gebiet der KI, Jörg Siekmann, hält die jetzt eingeleitete Entwicklung neuer Rechner-Architekturen und den damit zu erwartenden Leistungssprung in der wissenschaftlichen Wissensproduktion und Wissensverwertung für »eine qualitative Neuerung, die jenseits unserer derzeitigen Vorstellungen liegt und die nur mit den Denk- und Handlungsveränderungen durch Galilei oder Darwin vergleichbar ist.«[13]

Ich gebe nun noch zwei Statements wieder, die auf einer OECD-Tagung 1984 von einem finnischen und einem italienischen Teilnehmer gemacht wurden:[14]

Der Finne: »Eine Maschine kann also das menschliche Gehirn ersetzen und somit auch dessen Steuerungsleistungen übernehmen. Mir erscheint das als eine größere Bedrohung als ein Dritter Weltkrieg.«

Der Italiener: »Ich sehe keine Bedrohung durch die Intelligenz-Technologie, aber eine völlig neue Aufteilung der Welt, wenn die Japaner allein weiter so voranschreiten. Deshalb kann die einzige Entscheidung für Europa nur sein, so schnell wie möglich auf diesem Gebiet vorwärtszugehen. Wir müssen mit den Japanern mitziehen.«

Zu registrieren ist noch, daß die Meinung des Italieners die große Mehrheit repräsentierte.

Das ist der Stand 1984.

13 Jörg Siekmann, Diskussionsbeitrag im Arbeitskreis »Künstliche Intelligenz« auf der OECD-Tagung »1984 und danach«, a.a.O.

14 Hier handelt es sich um die beiden letzten Diskussionsbeiträge am Ende einer ausführlichen Debatte im Arbeitskreis »Künstliche Intelligenz« der OECD-Tagung »1984 und danach«, a.a.O.

11.2.2 Wissenschaftsverwertung in Hochtechnologie-Industrien

In Kapitel 1 wurde das Wachstum und die Verbreitung von wissenschaftlichem Wissen und technologischem Know-how vor allem im Hinblick auf den Wissenschaftssektor selbst und den Produktionssektor dargestellt. Es braucht kaum besonders betont zu werden, daß auch wissenschaftlich-technologische Grundlagen ganz besonders die Dienstleistungsbereiche erfaßt haben. Das gilt für das Bildungs-, Gesundheits- und Rechtswesen in gleicher Weise wie für die Sektoren Banken- und Kreditwesen, Energieversorgung, Transport und Verkehr, Beratung, Consulting und Werbung, Groß- und Außenhandel, Medien usw. Selbst Bereiche wie das Hotelgewerbe oder Kulturdienste oder der Fremdenverkehr nutzen immer mehr wissenschaftlich-technische Methoden und Hilfsmittel, von Netzplantechniken über Informations- und Kommunikationstechnologien bis zu Psycho-Techniken und entsprechenden wissenschaftlichen Bildungsqualifikationen. Seit einigen Jahren gibt es an der Freien Universität Berlin einen Studiengang Tourismus mit Diplom-Abschluß.
Auf den grundlegenden Wandel der Industriegesellschaft von einer güterproduzierenden und energieverbrauchenden Gesellschaft zu einer auf der Ressource »Information« aufbauenden »nachindustriellen Gesellschaft« hat in den 70er Jahren vor allem Daniel Bell aufmerksam gemacht. Er charakterisierte den Wandel von den ›vorindustriellen Gesellschaften‹ über die ›Industriegesellschaften‹ zur ›nachindustriellen Gesellschaft‹ wie folgt:

»In vorindustriellen Gesellschaften – der Phase, in der sich noch immer der größte Teil der Erde befindet – sind Arbeitskräfte überwiegend in der Urproduktion, d.h. in Bergbau, Fischerei, Forst- und Landwirtschaft tätig. Das Leben ist in erster Linie ein Spiel gegen die Natur. Die Arbeit wird auf traditionelle Weise durch bloße Muskelkraft geleistet ...«
»Die Industriegesellschaften dagegen – d.h. im wesentlichen die Länder an der nordatlantischen Küste sowie die Sowjetunion und Japan – sind güterproduzierende Gesellschaften, in denen das Leben als Spiel gegen die technisierte Natur abrollt. Die Welt ist technisiert und rationalisiert, die Maschinen geben den Ton an ... Anstelle der Muskelkraft bildet nun Energie die Basis der Produktivität ...«
»Die nachindustrielle Gesellschaft schließlich beruht auf Dienstleistun-

gen, ist also ein Spiel zwischen Personen. In ihr zählt weniger Muskelkraft oder Energie als Information.«[15]

Es ist keine Frage, daß Bell den wohl wichtigsten Wandlungsprozeß der modernen Industriegesellschaft der vergangenen Dekaden als einer der ersten beschrieben und mit Material belegt hat. Trotzdem möchte ich darauf hinweisen, daß Bell seine ›nachindustrielle Gesellschaft‹ als eine auf Dienstleistungen beruhende beschreibt, in der die Grundgröße ›Information‹ die dominierende Rolle spielt, während meine Analyse darauf hinausläuft, daß zwar die Ressource ›Information‹ als neue Grundgröße in die Wissenschaftsgesellschaft aufgenommen wird, diese aber nur auf der Grundlage der spezifischen wissenschaftlichen Informations- und Technologieproduktion und -verwertung ihre innovative Sprengkraft erhält. Das Spezifische der wissenschaftlichen Informationsproduktion liegt also nicht in *irgendwelchen* Informationen, sondern in speziell wissenschaftlichen Erkenntnissen und daraus entwickeltem technischen Know-how und Qualifikationen von Menschen. Somit ist die ›nachindustrielle Gesellschaft‹ nicht einfach eine ›Informationsgesellschaft‹[16], auch nicht eine ›Wissensgesellschaft‹[17], sondern eine auf den Grundlagen der durch die moderne Wissenschaft produzierten Informationen aufbauende Gesellschaft, also etwas verkürzt eine Wissenschaftsgesellschaft.
Selbstverständlich gibt es eine enge Korrespondenz zu Bell, da viele Tätigkeiten, die primär auf den Umgang mit Informationen ausgerichtet sind, im allgemeinen stärker auf wissenschaftlichen Informationen aufbauen als solche, die primär auf materielle Güter und Energie konzentriert sind. Viele ›Informationsarbeiter‹ haben eine Ausbildung, die auf wissenschaftlichem Wissen

15 Daniel Bell, Die vorindustrielle Gesellschaft, Frankfurt/New York 1976, S. 132 ff.

16 Diese Bezeichnung wird u. a. von J. Naisbitt, Megatrends, Bayreuth 1984, verwendet.

17 Diese von Daniel Bell teilweise übernommene Bezeichnung stammt u. a. von Robert E. Lane, The Decline of Politics and Ideology in a Knowledgeable Society, American Sociological Review, 21, 1966, S. 650; dieser Begriff ist insofern irreführend, als er nicht die spezifische Rolle des wissenschaftlichen Wissens hervorhebt und zudem noch Weisheit (Wissen) suggeriert.

basiert. Sie sind auch die tragende Säule der Wissenschaftsgesellschaft: Ingenieure, Techniker, Wissenschaftler, Lehrer, Manager, Konstrukteure, höhere Angestellte, Systemanalytiker, Systemingenieure, Programmierer, Bibliothekare, Dokumentare, Textverarbeiter, Psychologen, Mediziner, Architekten, Anwälte, Politiker usw.

Nimmt man die gesamte Gruppe der Akademiker und Techniker, dann ergibt die Langzeitentwicklung für die Vereinigten Staaten, daß sie 1890 etwa 0,9 Mio. Personen, 1968 etwa 10,3 und 1980 etwa 15,5 Mio. Personen umfaßte. Während 10,3 Mio. einen Anteil an den Erwerbspersonen von 13,6% ausmachten, entsprechen die 15,5 Mio. einem Anteil von 16,3%.

Diese Zahlen sind in mehrfacher Hinsicht von Bedeutung: Einmal entwickeln sich jene Gruppen, die ganz wesentlich ihre Tätigkeiten auf wissenschaftlichem Wissen und technologischem Know-how abstützen, zahlenmäßig von kleinen Eliten und gesellschaftlichen Minderheiten zu Großgruppen. Damit verbreiten sich automatisch das wissenschaftliche Wissen und die wissenschaftliche Methodik in progressiver Form. Bedenkt man noch, daß es sich dabei um innovatives Wissen handelt, dann ist zumindest für eine mittlere Zukunft eine weitere Beschleunigung des gesellschaftlichen Strukturwandels zu erwarten.

Es ist hier nicht der Ort, die Konsequenzen für das zukünftige Beschäftigungssystem, die Verteilungsprobleme und die Stellung der Gewerkschaften zu erörtern. Es gehören aber nur geringe prognostische Fähigkeiten dazu, sich klar zu machen, daß bei dem zu erwartenden Trend völlig neue Sozial- und Beschäftigungsstrukturen und natürlich auch veränderte Machtkonstellationen entstehen, von denen heute erst Ansätze sichtbar werden (Teleheimarbeit usw.).[18]

Auf diesem Hintergrund hier nun einige weitere Zahlen und Trends:

+ 1960 machten in den USA die höheren Angestellten mit Fachwissen mit 7,5 Millionen Personen 11% aller Berufstäti-

18 Vgl. hierzu die Ausführungen in Kapitel 8.3.3; hierzu u.a. auch: Rainer Mackensen, Eberhard Umbach, Ronald Jung, Leben im Jahr 2000 und danach – Perspektiven für die nächsten Generationen, Berlin 1984.

gen aus. Bereits 1979 hatte sich diese Berufsgruppe verdoppelt und umfaßt heute mehr als 16% aller Berufstätigen.

+ 1950 waren nur 17% aller Berufstätigen in den USA in Informationsberufen tätig, heute sind es bereits über 60%. Und viele weitere Angestellte haben in ihren Industriefirmen vornehmlich mit der Verarbeitung von Daten (sammeln, speichern, übermitteln, bearbeiten, verteilen und auswerten) zu tun. Demgegenüber sind nur noch 13% aller Arbeitskräfte in den USA mit der Herstellung von Gütern befaßt.
  In der Bundesrepublik sind auch bereits etwa 40% der Beschäftigten in Informationsberufen tätig (vgl. Kapitel 2.4).
+ Von den 19 Millionen neuen Arbeitsplätzen, die in den 70er Jahren in den USA geschaffen wurden, entfallen nur 11% auf den Güterproduktionssektor. Fast 90%, also etwa 17 Millionen neue Arbeitsplätze wurden überwiegend in Bereichen geschaffen, die hauptsächlich mit der Verarbeitung von Wissen und Informationen zu tun haben.[19]

Mit den nachfolgenden Zitaten aus John Naisbitts »Megatrends«[20] möchte ich auf die folgenden vier Punkte im Rahmen zukünftiger Entwicklungstrends aufmerksam machen, ohne die damit verbundenen Konsequenzen und Folgen jeweils für vernünftig und unterstützenswert zu halten. Ich gehe dabei davon aus, daß Naisbitt die augenblicklichen Trends, namentlich in den USA, richtig darstellt:

1. Wissenschaftliche Wissensproduktion und Wissensverwertung werden vor allem im Zusammenhang mit Hochtechnologie-Industrien auf der Grundlage der fünften Stufe der Entwicklung der Produktivkraft ›Wissenschaft und Technologie‹ an Bedeutung eher noch zu- als abnehmen.
2. Das WTI-Paradigma wird im Kern unangetastet bleiben, aber gegebenenfalls leichte Korrekturen im Hinblick auf ökologisch verträglichere Technologien und gewisse Dezentralisierungs- und Autonomietendenzen im Beschäftigungssystem und Sozialverhalten erfahren (Verbraucher-, Freizeitverhalten usw.).

19 Diese Angaben beruhen auf einer Studie von David Birch in: The Public Interest »Who Creates Jobs?«, 1981.

20 John Naisbitt, Megatrends, a.a.O. (Seitenzahlen der Zitate in Klammern).

3. Die von Naisbitt aufgezeigten Trends bedeuten weder eine Wende zu einer sozialen und ökologischen Wissenschaft und Technik noch zu einer solidarischen Gesellschaft, die sich im Einklang mit der Natur befindet.
4. Die Trends sind nach wie vor Ausdruck des gigantischen Wettbewerbs um höchste Produktivitätsraten, maximales Wirtschaftswachstum und stärkste Konkurrenzfähigkeit.

Ich bin überzeugt, daß die von mir abschließend in diesem Kapitel dargestellte Technologiepark-Euphorie in der Bundesrepublik Deutschland ein direkter Ausfluß dieser amerikanisch-japanischen Trends ist.

»Statt unablässig den Verlust der alten Industrien zu bejammern, müssen wir uns einfach dem Abenteuer stellen, neue Industrien zu entwickeln: Elektronik, Biotechnologie, alternative Energiequellen, Nutzung der im Meeresboden liegenden Naturschätze, Robotertechniken usw. In zehn Jahren wird die Elektronikindustrie in den USA und anderswo in den hochentwickelten Staaten größer sein als die der Automobil- und Stahlindustrie. Die Vereinigten Staaten allein werden bis dahin einen Bedarf von einer Million Programmierern für Software haben.
Auch der rasante Anstieg von relativ kleinen Geschäftsunternehmen in den USA wird für die Computerindustrie einen riesigen Markt ergeben. Verkäufe von Kleincomputern werden von den annähernd 590 Millionen Dollar im Jahr 1980 allein schon bis 1985 auf etwa 2,5 Milliarden Dollar zunehmen. Bis zur Mitte dieses Jahrzehnts wird es auch mit dem Verkauf von Heimcomputern steil bergauf gehen, ... (104)
Natürlich werden nicht nur die Sonnenaufgangsindustrien, die eindeutigen Wachstumsindustrien, für das ganze zukünftige Wachstum allein verantwortlich sein. Auch etablierte Geschäftsfirmen in Branchen, in denen wir durchaus noch konkurrenzfähig sind und weiterhin ein starker Bedarf vorhanden ist, werden weiter wachsen; Luftfahrt- und Raumfahrtindustrie, alle Arten der Informationsverarbeitungs- und Telekommunikationsindustrie, Gesundheitsfürsorge und medizinische Technologie, um nur einige zu nennen. Information wird überhaupt zur neuen Handelsware, zum neuen Wirtschaftsgut werden, und wenigstens im Moment noch sind die Vereinigten Staaten da der Hauptlieferant. (106f.)
Was aber vielleicht noch wichtiger ist als die politischen und die demographischen Veränderungen ist das Wirtschaftswachstum im Süden, das so viele US-Bürger ermutigt und veranlaßt hat, den Wohnsitz ihrer Familien in den Süden der USA zu verlegen, weil die meisten neuen Jobs, jeweils zwei von drei, in den Jahren von 1968 bis 1978 in den Sonnengür-

tel- oder Western-Staaten geschaffen wurden. Das US-Arbeitsministerium schätzt, daß in diesem Zeitraum 18,4 Millionen neue Arbeitsplätze geschaffen wurden, der Nordosten und Mittelwesten aber nur 6,1 Millionen neu schuf, der Süden und Westen aber 12,3 Millionen.
Der Westen hat innerhalb seiner Bevölkerung den höchsten Anteil an Werktätigen mit College-Abschluß (20 Prozent) und den höchsten Prozentsatz an High-School-Absolventen (75 Prozent). (293)
Kaliforniens Zukunft konzentriert sich auf Agrarwirtschaft und Mikroelektronik. Mit einer bereits spezifisch auf das beginnende Informationszeitalter ausgerichteten Mikroelektronik- und Computerindustrie, die sich in Silicon Valley, Kalifornien, angesiedelt hat, drängt Kalifornien, in dieser neuen Technologie den Weltmarkt zu beherrschen. Gouverneur Brown seinerseits möchte seinen Staat so entwickeln, daß er Japan wirksame Konkurrenz machen kann. Eine den Trend setzende Serie von Programmen ist angekündigt worden, die in dieser Zielrichtung und Zielsetzung alles weit übertreffen soll, was bisher national unternommen worden ist. Ein bemerkenswerter Faktor dieser Initiativen besteht in der Ähnlichkeit mit japanischen Modellen.
Eine weitere kürzlich entwickelte Initiative ist die Commission on Industrial Innovation, die Programme fördert, um Kalifornien auch weiterhin als führend in Hochtechnologie-Mikroelektronik und Computerentwicklung dastehen zu lassen. Die Mitglieder dieser Kommission setzen sich aus Führungskräften, unter anderem der Großfirmen, Universitäten, Gewerkschaften und aus Regierungskreisen des Staates Kalifornien zusammen.
Außerdem hat Gouverneur Brown besondere staatliche Anstrengungen zur Neugestaltung des Universitätssystems angekündigt, zu besonderer Neufokussierung auf die landwirtschaftliche und mikroelektronische Forschung. Ähnliche Bemühungen sind auch in Florida gestartet worden. Diese hochentwickelten staatlichen Programme führen zu einer wachsenden Integration mit der Globalwirtschaft und fügen der in Washington gestarteten Debatte über Protektionismus eine neue Dimension hinzu, die schlechterdings nicht mehr ignoriert werden kann. (309 f.)
Das Handelsministerium teilte die Firmen in drei große Gruppen ein: altetablierte konservative Firmen, innovative Firmen – Firmen also, die bemüht sind, neue Produkte zu entwickeln und auf den Markt zu bringen – und junge hochtechnologische Firmen. Dann versuchte es, deren Umsätze und die Zunahme der Zahl der Arbeitsplätze in der Zeit von 1969 bis 1974 zu ermitteln. Daraus ergab sich, daß die hochtechnologischen jungen Firmen den anderen weit voraus waren. Altetablierte konservative Firmen brachten es nur auf jährlich 1 Prozent Zunahme an neugeschaffenen Arbeitsplätzen; innovative wenigstens auf jährlich

4,3 Prozent, während es die hochtechnologischen neuen Firmen auf nicht weniger als 40,7 Prozent an neugeschaffenen Arbeitsplätzen brachten.

Bei der Umsatzsteigerung ergaben sich ähnliche Zahlen. Die alten konservativen Firmen brachten es hierin auf 11,4 Prozent, die innovativen auf 13,2 Prozent, doch auch hierbei schlugen die jungen hochtechnologischen Firmen diese gleichermaßen weit aus dem Feld, brachten es auf die enorme Umsatzsteigerungsrate von 42,5 Prozent im Jahr. (209 f.)

Mehr und mehr eröffnen die aufblühenden Industrien des neuen Informationszeitalters Zweigwerke in den Rocky-Mountains-Staaten des Alten Westens:

- Das neue Werk von Hewlett-Packard in Boise, Idaho, beschäftigt jetzt 2800 Menschen, während man bei der Nennung des Namens dieser Stadt früher ausschließlich an Industriekonzerne wie Boise-Cascade und Morrison Knudson dachte.
- Colorado Springs, Colorado, ist zu einem Mini-Hochtechnik-Zentrum geworden, das nicht nur Hewlett-Packard, sondern auch Texas Instruments, die TRW und Honeywell angelockt hat.
- Intel, die Einzelgänger-Mikrochip-Company, will Zweigwerke in Salt Lake City und Albuquerque eröffnen.
- Tucson, Arizona, hat als Standort sowohl ein Werk der IBM als auch der National Semiconductor angezogen. (297 f.)

Ebenso hatten internationale Konkurrenten wie Japan, die später als die Vereinigten Staaten ins industrielle Zeitalter eintraten, nach einiger Zeit dadurch einen technologischen Vorteil, daß sie, aufgrund ihres relativ späten Hinzukommens, gezwungen waren, sich die neueste, am weitesten entwickelte Ausrüstung für ihre neuen Werke zu kaufen, auch wenn die teurer war; denn die veraltete gab es nicht mehr zu kaufen. So kommt es, daß sich Japan heute der neuesten Technologie mit elektrischen Hochöfen rühmen kann, während in den USA die Stahlkonzerne immer noch mit offenen, inzwischen völlig veralteten oder weitgehend veralteten Kokshochöfen ›herumtun‹. (299)

Es überrascht selbstverständlich nicht weiter, daß die erfolgreichsten hochtechnologischen Firmen auch die perfektesten Managementstile entwickelt haben – nach dem Netzwerkmodell, versteht sich. (285)[21]

Bei Honeywell nennt man Qualitätszirkel Production Team Programs, und es gibt da Produktivitätsförderungsteams, Verbesserungsteams, Qualitätsteams und viele andere Teams mehr. Jedenfalls immer Teams. ›Teams sind eine langfristige Verpflichtung zu einer Veränderung im Managementstil, kein kurzfristiges Programm, wie schon oft gehabt‹,

21 Vgl. zu diesen und den folgenden Ausführungen Kapitel 4.4, 5.2.4 und 7.4.

bestätigt denn auch prompt Robert Oslund, ein Honeywell-Betriebsingenieur, der den Auftrag hat, die Zirkel-Experimente auszuwerten.
Die TRW Marlin Rockwell in Windsted, Connecticut, ist eine weitere Firma, die mit Qualitätszirkeln gute Erfolge erzielt hat. Die Abwesenheitsrate in der Firma ist von 6 auf 2 Prozent zurückgegangen, die Produktionsrate um 35 Prozent gestiegen, und der Personalwechsel ist auf ein Fünftel seines früheren Durchschnitts gesunken. In einem Bericht über die Erfahrungen, die man bei der TRW gemacht hat, schreibt die New England Business: ›Japans Wettbewerbssituation ist der Neuenglands sehr ähnlich: ein Minimum an Rohmaterialien, eine große Bevölkerung und ein hoher Anteil an Energie, der importiert werden muß. Wieso hat dann Japan während des ersten Quartals dieses Jahres (1979) eine sechsmal höhere Wachstumsrate als Neuengland?‹
Die Antwort, kommt die Wirtschaftszeitung zu dem Schluß, liegt in Japans Managementstil. ›Japans Erfolg ist auf die Art zurückzuführen, wie es seine Arbeiter entwickelt hat‹, sagte Leonhard Schlessinger von der Harvard Business-School. (287)
Trotz noch so hitziger Proteste der Gewerkschaften gehen wir einem Zeitalter der Automation in unseren Fabriken entgegen, in der menschliche Arbeitskräfte nur noch sehr beschränkt, allenfalls in Überwachungsfunktionen benötigt werden. Heute gibt es in der ganzen US-Automobilindustrie erst ungefähr 1000 Roboter, aber die verdienen nicht nur haushoch wieder herein, was sie gekostet haben, sondern haben sich auch einen Ruf für Produktion, Beständigkeit, Nie-Kranksein und dafür verschafft, nicht gewerkschaftlich organisiert zu sein. Hochleistungsroboter, das Stück zu 50 000 Dollar, arbeiten volle zwei Schichten pro Tag, und das glatte 8 Jahre lang hintereinander. Damit kommen sie auf etwa 5 Dollar die Stunde – beträchtlich weniger als die 15 Dollar, die ein Automobilarbeiter pro Stunde an Lohn und Nebenkosten fordert und erhält. (106)
Der öffentliche Sektor ist schwer betroffen und gestört: Menschen im Nordosten lassen Schulsysteme, Abwassersysteme, Straßennetze, Krankenhäuser und andere für sie geschaffene öffentliche Einrichtungen zurück und ziehen in einen Landesteil, der mit der eigenen sich überschlagenden wirtschaftlichen Entwicklung ohnehin nicht mehr mitkommt und vor der zusätzlichen, schier unerfüllbaren Aufgabe steht, unter immensem finanziellen Aufwand auch für diese zusätzlichen, von niemand erwarteten Zuwanderer die nötige Infrastruktur – Schulen, Abwassersysteme, Transportsysteme, Krankenhäuser und kommunale Verwaltungsstellen – zu schaffen, während umgekehrt all dies, im Nordosten errichtet, jetzt ungenutzt zurückbleibt.« (311)

Es ist wohl nicht zu bestreiten, daß aus den Naisbittschen »Megatrends« ein Aufbruchs- und Gründungsfieber in Sachen Wissensverwertung und Hochtechnologie-Industrialisierung in den USA abzulesen ist. In Ergänzung zu meinen Ausführungen in den Kapiteln 8.5 zur Berliner Innovationsstrukturpolitik und zu 10.3.6, in dem ich den Berliner Technologie- und Innovationspark als Modellfall für neue Formen der Wissens- und Technologieverwertung in der Bundesrepublik dargestellt habe, möchte ich abschließend auf den in Gang gekommenen ›Gründungswettlauf um Technologie- und Gründerzentren‹ hinweisen:

»Als gelte es einen Wettlauf um die Zukunft zu gewinnen, überziehen Bürgermeister wie Minister die Republik derzeit flächendeckend mit Technologie- und Gründerzentren.«[22]

Die nachfolgende Abbildung 11.2.2 – I und die Tabelle 11.2.2 – 1 (S. 738 f.) zeigen deutlich, welche Dynamik in kürzester Zeit im Rahmen des rückgekoppelten Prozesses von gesellschaftlicher Zielsetzung (WTI-Paradigma) und wissenschaftlicher Wissensproduktion über die Anwendung von Hochtechnologien entstanden ist – die ganze Republik beteiligt sich an dem weltweiten Wettkampf um die schnellstmögliche Nutzung der Produktivkraft ›Wissenschaft und Technologie‹ in Gestalt von Hochtechnologien.

11.2.3 Wissenschaftsproduktion und Technologieentwicklung durch SDI, EUREKA usw.

Die in dieser Arbeit aufgezeigte Entwicklungslogik der Produktivkraft ›Wissenschaft und Technologie‹ im Rahmen des WTI-Paradigmas der fortgeschrittenen Industriegesellschaften erhält eine weitere höchst brisante Bestätigung: Nach dem militärischtechnischen Wettlauf um Kernwaffen und Interkontinentalraketen kommt nunmehr der nächste Durchgang im Weltall. Dieser zeichnete sich bereits mit der Satellitentechnik (Frühwarn- und Zielgenauigkeitstechnik im Weltall, vgl. Kapitel 5.4.6) als neuer Wissens- und Technologieproduktions- und -verwertungsschub

22 Technologiepark-Schule der Gründer/Risse im Brutkasten, in: Wirtschaftswoche Nr. 23, 29. Jg., vom 31. 5. 1985, S. 36.

Abbildung 11.2.2 – I
Technologie- und Gründerzentren in der Bundesrepublik Deutschland

Länder im Gründungswettlauf
Technologie- und Gründerzentren in der Bundesrepublik Deutschland (Stand Mai 1985)

A – Augsburg
AA – Aalen
AC – Aachen
B – Berlin
BN – Bonn
BO – Bochum
BS – Braunschweig
BT – Bayreuth
BUX – Buxtehude
D – Düsseldorf
DA – Darmstadt
DH – Delmenhorst
DU – Duisburg
E – Essen
EMD – Emden
ER – Erlangen
EU – Eutin
F – Frankfurt
FL – Flensburg
FR – Freiburg
FU – Furtwangen
H – Hannover
HB – Bremen
HH – Hamburg
HD – Heidelberg
HI – Hildesheim
HN – Heilbronn
K – Köln
KA – Karlsruhe
KL – Kaiserslautern
KN – Konstanz
KS – Kassel
LG – Lüneburg
M – München
MA – Mannheim
MZ – Mainz
N – Nürnberg
NOH – Nordhorn
OB – Oberhausen
OG – Offenburg
OL – Oldenburg
OS – Osnabrück
OST – Oststeinbek
PB – Paderborn
Q – Quickborn
R – Regensburg
RT – Reutlingen
S – Stuttgart
SB – Saarbrücken
SG – St. Georgen
SI – Siegen
SY – Syke
SCH – Schwerte
UL – Ulm
UN – Unna
VS – Villingen-Schwenningen
W – Wuppertal
WA – Warstein
WH – Wilhelmshaven
WÜ – Würzburg

Land	●	○	□
Baden-Württemberg	3	6	5
Bayern	2	1	5
Berlin	1	1	–
Bremen	–	1	–
Hamburg	1	1	–
Hessen	1	–	2
Niedersachsen	3	2	7
Nordrhein-Westfalen	5	2	9
Rheinland-Pfalz	–	1	1
Saarland	1	–	–
Schleswig-Holstein	–	–	4
Insgesamt	17	15	33

Wirtschafts Woche

Quelle:
Wirtschaftswoche Nr. 23 vom 31. 5. 1985, S. 40.

ab und bekommt nun feste Gestalt in Form des neuen Super-Superprogramms SDI:

»Laserstrahl-Kanonen und erdumkreisende »Kampfspiele«, elektromagnetische Geschütze und zielsuchende Abfangraketen – Amerikas Rüstung für den Krieg der Sterne läßt Projekte wie die Mondlandung oder den Bau der Atombombe zwergenhaft erscheinen.«[23]

Das ist sicher so und die wissenschaftlichen Waffenschmieden, allen voran das Lawrence Livermore National Laboratory und das Laboratory of Los Alamos (vgl. die Kapitel 6.3.4 und 9.3) »haben wieder ein neues Ziel«:

»In Denkfabriken wie Livermore und Los Alamos wurden all jene technischen Konzepte ausgeheckt, die, wenn sie realisiert werden, große Teile des Planeten Erde und des ihn umgebenden Weltraums in eine Sternenkriegskulisse verwandeln.«[24]

Einen deutlichen Hinweis, daß es sich hier im Prinzip »nur« um eine Fortsetzung der in den vierziger und fünfziger Jahren herausgebildeten fünften Entwicklungsstufe der Produktivkraft ›Wissenschaft und Technologie‹ handelt, gibt u. a. auch die teilweise Personengleichheit der wissenschaftlichen Akteure:

»›Wir wären nicht blöd genug, uns hier die Nächte und die Wochenenden um die Ohren zu schlagen, wenn wir nicht davon überzeugt wären, daß es möglich ist, den Gegner auszutricksen‹, sagt Lowell Wood, Laser-Forscher am Lawrence Livermore National Laboratory in Kalifornien. Wood zählt zu der fast schon berüchtigten Gruppe junger Forscher (»0 Group«), die sich um Edward Teller scharen, den Miterfinder der Wasserstoffbombe und nun heftigsten Befürworter des Reagan-Traumes ...«[25]

Vielleicht noch wichtiger: auch bei den Kritikern von SDI finden sich heute bekannte Namen wie der Physiker und Nobelpreisträger Hans A. Bethe oder der Astrophysiker Freeman Dyson vom Institute for Advanced Study in Princeton, die ebenfalls in den vierziger und fünfziger Jahren an militärtechnischen Großprojekten der USA mitgewirkt haben.

23 DER SPIEGEL, »Ein Job, zu schwierig für die Technik: Amerikas Waffenschmieden rüsten für den Krieg der Sterne«, Nr. 19, 39. Jg., vom 6. 5. 1985, S. 35.
24 Ebenda, S. 35.
25 Ebenda.

Tabelle 11.2.2 – 1
Struktur- und Leistungsangebot bestehender Technologieparks in der Bundesrepublik Deutschland

Vom Handwerker bis zum Mikrobiologen

Struktur und Leistungsangebot bestehender Technologieparks in der Bundesrepublik Deutschland

Standort/Betreiber	Gesellschafter	Ausrichtung	Starttermin	Nutzfläche des Gebäudes (Quadratmeter) jetzt/geplant	Zahl der Unternehmen jetzt/geplant	Zahl der Mitarbeiter	Gesamtinvestitionen (Millionen Mark)	Laufende Jahreskosten (Millionen Mark)	Mietpreis (Mark pro Quadratmeter)	Staatliche Investitionen (Millionen Mark)	Technisch-wissenschaftliches Umfeld
Aachen Aachener Gesellschaft für Innovation und Technologietransfer mbH (AGIT)	IHK, Hochschulen, KfA Jülich, Stadt und Kreis, Banken und Versicherungen	innovative Technologie	Juni 1984	2400/ 3500	13/ 35	70	3,0	0,5	8,50**	0,74	RWTH Aachen, KfA Jülich, FH Aachen
Berlin Berliner Innovations- und Gründerzentrum (BIG)	Senat, TU Berlin	Kfz- und Verkehrstechnik, Bauingenieurwesen, Kunststoffe, Mikroelektronik, Software, Umwelttechnik, Mikrobiologie	November 1983	5100/ 10000	26/ 50	100	4,0	k.A.	6,80	4,0	TU Berlin, Bundesanstalt für Materialprüfung, Hahn-Meitner-Institut, Heinrich-Hertz-Institut
Bonn Gewerbe- und Technologiezentrum Bonn (GTB)	private Immobiliengesellschaft, IHK, Stadt, Banken	Biotechnik, Lasertechnik, Chemie, Computer, Software-Entwicklung	September 1984	3000/ 45000	18/–	150	1,0	k.A.	4,50 bis 7,00	keine	–
Dortmund Technologiezentrum Dortmund GmbH	IHK, Stadt, Banken	Materialflußtechnik, Werkstofftechnik, Qualitätssicherung, Handhabung, Informatik, spanende Fertigung	Mai 1985	4800/ 2000	34/ 40	150	10,7	2,6	14,00 bis 16,00	3,0	Kooperation mit 6 Instituten der Uni Dortmund, Fraunhofer-Institut für Transporttechnik und Warendistribution
Hannover Technologie-Centrum-Hannover GmbH	Stadt, Zweckverband, Förderverein	Biotechnik, Mikroelektronik, Meerestechnik, Steuer- und Regeltechnik, Optoelektronik	März 1985	1000/ 6500	9/ 35	26	k.A.	0,3	8,50	0,5	Uni Hannover
Heidelberg Technologiepark GmbH	Stadt, IHK	Gentechnik, Biochemie, Physik, Medizintechnik, Elektronik	Frühjahr 1985	6000/*	9/*	100	10,7	k.A.	12,00	1,0	Uni Heidelberg, Dt. Krebsforschungszentrum, Max-Planck-Institute für Kernphysik, Zellbiologie, medizinische Forschung

Hildesheim Technologiezentrum Hildesheim GmbH	Stadt	Mikroelektronik, Robotertechnik, Chemie, Dienstleistung	Anfang 1985	7000/–	23/ 25	50	12,0	0,6	6,00	keine	TU Braunschweig, Uni Hannover, wiss. Hochschule Hildesheim (Informatik)
Karlsruhe IHK-Unternehmens- und Technologieberatung Karlsruhe GmbH (UTB)	Landeskreditbank, Stadt, IHK	Mikroelektronik, Informatik, Meß-, Steuer- und Regeltechnik, Handhabung	Juli 1984	7000/ 17000	20/ 25	160	15,5	k.A.	6,50	keine	Uni Karlsruhe (TH), Kernforschungszentrum, 3 Fraunhofer-Institute
Kassel Wiggins AG, London	Job Creation Ltd.	Datenverarbeitung, Handwerk, Dienstleistung, Design, Beratung	Januar 1984	2400/ 5000	41/ 100	190	4,0	0,25	6,00	keine	–
Köln Gründer- und Innovationszentrum Köln GmbH (GIZ)	Stadt, Stadtsparkasse	Elektronik, Software/ Hardware, Gentechnologie, innovative Technologien	Frühjahr 1985	1500/ 3400	2/ 30	10	k.A.	0,15	6,00	k.A.	–
München Technologiezentrum München	IHK, Handwerkskammer, Stadt, Betriebsgesellschaft mbH	Mikroelektronik, innovative Technologien	Anfang 1985	3000/*	1/ 30	2	1,0	0,5	10,00 bis 15,00	0,5	TU München
Saarbrücken Gesellschaft für Innovation und Unternehmensförderung GUI	Stadt, Sparkassen	Umwelttechnik, Energieeinsparung, Elektronik, Software	Frühjahr 1985	1700/ 4000	6/ 25	20	20,0	0,2	8,00	20,0	FH Saarbrücken
St. Georgen St. Georgener Technologiezentrum GmbH	private Initiative, Industrie, Banken, Stadt	Steuerungstechnik, Informationstechnik	Ende 1984	4000/ 3000	3/ 15	30	0,2	0,15	3,00 bis 6,00	0,3	FH Furtwangen
Stuttgart Technologiezentrum Stuttgart-Pfaffenwald GmbH	Banken, Land	Meß- und Regeltechnik, Feinwerktechnik, Fertigungstechnik, Mikroelektronik, Informations-, Werkstoff- und Umwelttechnik	Anfang 1985	4000/*	8/ 18	25	13,0	0,3	12,00	keine	Uni Stuttgart, FH, Fraunhofer-Institute, DFVLR, Max-Planck-Gesellschaft
Syke Technologiepark Syke GmbH	Stadt	Lasertechnik, Roboter, Handhabung, Mikroelektronik, Software, Umwelttechnik	Anfang 1985	1500/*	13/–	36	3,3	0,2	ab 3,50	2,4	Uni Bremen, Uni Hannover

*Neubau bzw. Erweiterung geplant. **plus 600 Mark Servicepauschale pro Monat.
Quelle: Beratungsstelle für Technologietransfer (IBK), Karlsruhe, eigene Recherche, Stand: Mai 1985

Wirtschafts Woche

Quelle:
Wirtschaftswoche Nr. 23 vom 31. 5. 1985, S. 44.

Ich habe hier nicht die Absicht, das SDI-Programm (Strategic Defense Initiative) in Einzelheiten darzulegen, sondern lediglich seinen Stellenwert im Rahmen der auf Wissenschaft und Hochtechnologien beruhenden Entwicklungstendenzen der fortgeschrittenen Industriegesellschaften.
Deshalb nur einige Daten:

+ Das SDI-Programm soll in seiner ersten Stufe etwa 81,3 Mrd. Dollar umfassen, was mit Abstand die größte Summe ist, die je für ein Forschungs- und Entwicklungs-Programm aufgewandt wurde;
+ »Intelligente Geschosse« sollen auf 100 km Entfernung einen Atomsprengkopf treffen, der eine Geschwindigkeit von 28 000 km pro Stunde hat (Zielgenauigkeit ca. 10 cm^2);
+ Laser-Kanonen sollen über Distanzen von 2000 km die Treibsätze von Interkontinentalraketen zerstören (Zielgenauigkeit wenige Quadratzentimeter);
+ Präzisionsspiegel sollen in der Größe von 4 m^2 im Weltall »aufgehängt« werden und mit Hilfe einer speziellen »Anpassungs-Optik« (Millionen von kleinsten Spiegeln) auf dem Erdboden erzeugte Laserstrahlen bündeln und auf das Ziel umlenken;
+ Einsatz von Computern, die in einer Sekunde eine Billion (10^{12}) Rechenoperationen leisten;
+ Der erforderliche Verbund von Supercomputern müßte 100 Millionen Zeilen absolut fehlerfrei Programmanweisungen schreiben, die Rechnersysteme müßten zudem wartungsfrei im All kreisen können, um bei ihrem Einsatz in Nanosekunden-Schnelligkeit einwandfrei zu reagieren;
+ Einsatz von Radaranlagen, die um den Faktor 10^3 leistungsfähiger sind als die größten heute in Betrieb befindlichen;
+ Die notwendigen Laser-Energiedichten müßten um Größenordnungen von etwa 10^{10} erhöht werden gegenüber den heute erreichbaren Energiedichten, wenn Trägerraketen der heutigen sowjetischen Typen erfolgreich gesprengt werden sollen; der dafür notwendige Energieverbrauch würde in Größenordnungen von etwa 300 neuen 1000 Megawatt-Kraftwerken liegen, was etwa 60% der Gesamtleistung aller gegenwärtig in den USA installierten Kraftwerke bedeuten würde.

Die Liste der »großen Aufgaben« (Präsident Reagan) ließe sich beliebig fortsetzen. Auf jeden Fall sind Zehntausende von Wissenschaftlern, Wissenschafts-Politikern, Wissenschafts-Technikern, Wissenschafts-Planern, Wissenschafts-Organisatoren, Wissenschafts-Ökonomen und Wissenschafts-Militärs für viele Jahre beschäftigt – mit »großen Zielen«, guten Honoraren und (noch) hohem Prestige in der Gesamtgesellschaft und ihren »communities«. Voraussetzung ist allerdings, daß das WTI-Paradigma auch weiterhin das herrschende Grundmuster der fortgeschrittenen Wissenschaftsgesellschaft bleibt.

Ich komme nun zu einigen Implikationen, die typisch für den Stand der Entwicklung der Wissenschaftsgesellschaft sind:

1. Trotz der gigantisch anmutenden Einzelvorhaben im Rahmen des SDI-Programms – natürlich liegen heute noch nicht alle einzelnen Vorhaben in operabler Form vor – sollte kein Zweifel darüber bestehen, daß sie prinzipiell wissenschaftlich-technologisch-industriell machbar sind.
2. Ganz unwahrscheinlich ist hingegen, daß das eigentliche politische und strategische Ziel jemals erreicht wird, nämlich einen sicheren Abwehrschild gegen Interkontinentalraketen bzw. noch allgemeiner, einen Schutz vor einem interkontinentalen Nuklear-, Raketen- und so weiter-Krieg zu installieren. Wie die derzeit in den USA sich formierenden Anti-SDI-Wissenschaftler unter Zuhilfenahme der wissenschaftlichen Methoden der fünften Entwicklungsstufe der Produktivkraft ›Wissenschaft und Technologie‹ meines Erachtens schlüssig nachweisen, sind komplexe Systeme prinzipiell immer durch recht simple Strategien zu stören bzw. zu unterlaufen. Solchen Störungen bzw. Unterlaufungsstrategien zu begegnen bedeutet im allgemeinen, daß ein weiterer nunmehr potenzierter Aufwand betrieben werden muß, um das System wieder auf das ursprüngliche Systemziel zu stabilisieren usw.

   Das heißt, komplexe Systeme wie ein Weltraumabwehrprogramm müßten permanent innoviert werden, wobei der wissenschaftlich-technische, der energetische und der Kostenaufwand progressiv steigen. Für Unterlaufungs- und Störungsstrategien reichen ja bereits so simple Überlegungen aus wie Vermehrung der Anzahl der Angriffswaffen um den Faktor 10 durch Attrappen, Härtung der Raketen gegen Hitze etwa durch Verspiegelung, Störung der Radar- und Leitsysteme durch Einschießen von Störpotentialen oder Einschmuggeln von atomaren Sprengsätzen oder anderen Störsystemen durch Diplomaten oder »Privatreisende«. So kurios wie letzteres klingen mag, es ist die soziale, nichttechnische Realität: Auch in Atomkraftwerken wurde schon Plutonium mit der Schubkarre über den Hof gefahren, während eine unvorstellbar hohe technische Sicherheit der Anlagen errechnet und teilweise wohl auch erzielt wurde.

3. Das SDI-Programm ist in der jetzigen Phase der öffentlichen Diskussion schon längst nicht mehr ein Plan, Gedankenspiel oder Diskussionsvorschlag. Die »Logik« des rückgekoppelten Systems von WTI-Zielprojektion und wissenschaftlicher Wissensproduktion und Technologieverwertung hat schon längst wieder Fakten gesetzt, nicht nur normative, sondern auch ganz reale:

»Der US-Luftwaffe ist es gestern gelungen, die in einer Höhe von 354 Kilometer über der Erde fliegende Raumfähre »Discovery« mit einem Laserstrahl anzupeilen. Die Raumfähre fliegt mit einer Geschwindigkeit von knapp 28 000 Kilometer pro Stunde etwas schneller als ein von einer Interkontinentalrakete abgesetzter Kernsprengkopf ...
Das Flugleitzentrum auf Cape Canaveral berichtete, die Luftwaffe sehe das Experiment als gelungen an. »Sie haben die Fähre tatsächlich gefunden«, hieß es. »Sie sind ganz aus dem Häuschen.«
Die Experimente sind Teil der von Präsident Reagan proklamierten Strategischen Verteidigungs-Initiative (SDI), mit der die Möglichkeiten für die Einrichtung eines kombinierten Raketenabwehrsystems im Weltraum und auf der Erde erforscht werden sollen.«[26]

»Aus dem Stadium der Gedankenspiele, der militärischen Sciencefiction, sind Reagans Vorbereitungen zum Sternenkrieg schon heraus. Nicht nur die Denkfabriken, fast alle nennenswerten amerikanischen Rüstungskonzerne sind daran beteiligt: der Luft- und Raumfahrtkonzern Boeing ebenso wie Martin Marietta, Hersteller der Pershing 2; die Grumman Corporation, Hauptlieferant der US-Marineflieger, wie der Hochtechnologie-Gigant TRW; Computerfirmen wie IBM und Honeywell, der Flugzeugkonzern Lockheed und Rockwell, Hersteller des Überschallbombers B-1.
All diese Firmen haben Teile ihrer Entwicklungs- und Versuchsabteilungen auf den neuen Weltraum-Kurs gebracht. Damit hat das Star-

26 Der Tagesspiegel, unter der Überschrift ›US-Luftwaffe gelang Experiment innerhalb der SDI-Forschung‹, Berlin vom 23. 6. 1985.

Wars-Konzept schon jetzt wirtschaftlich-industrielle Eigendynamik erlangt – es ist kein reines Forschungsprojekt mehr, das man nach Belieben weiterführen oder wieder abdrehen könnte.«[27]

Daß hier nicht nur journalistisch aufgeputzt wird, läßt sich an Hand der zahlreichen bereits vergebenen und laufenden Forschungs- und Entwicklungsaufträge und der Programmplanungen der beteiligten Firmen belegen. Wenn oben von »wirtschaftlich-industrieller Eigendynamik« gesprochen wird, dann ist es in Wirklichkeit die wissenschaftlich-technisch-industrialistische Dynamik des rückgekoppelten Gesamtsystems (WTI).

4. Wie beim Manhattan-Projekt, insbesondere seiner zweiten Phase, der Entwicklung der Wasserstoffbombe (vgl. Kapitel 6.3.4), und beim NASA-Technologietransfer (vgl. Kapitel 9.4.2) werden auch bei SDI große Ziele ins Feld geführt. Beim SDI-Programm ist es die Unverwundbarkeit gegenüber einem Atomkrieg, das Schließen der »offenen Fenster« Amerikas gegenüber Interkontinentalraketen mit Atomsprengköpfen einerseits und die zu erwartenden »großartigen Fortschritte und Entwicklungen für die zivile Technologie« (Spin-off-Theorie) andererseits.
   Gerade für die Spin-off-Theorie gibt es weder eine plausible Logik noch ein historisch zu belegendes FuE-Programmbeispiel, in dem bei gleichem Mitteleinsatz mehr durch militärische Wissensproduktion und Technologieentwicklung herausgekommen ist als bei ziviler Verwendung der Mittel.
   Der wohl kompetenteste Informationsdienst in Sachen Technologiepolitik in der Bundesrepublik schreibt hierzu:

   »SDI ist inzwischen so weit gekommen, daß unter forschungs- und technologiepolitischen Aspekten für die Bundesrepublik auch nicht eine fortgeschrittene Teflonpfanne ohne einen unangemessen hohen Preis herauskommt.«[28]

27 DER SPIEGEL, a.a.O., S. 37; DER SPIEGEL berichtet dann weiter im Detail über zahlreiche bereits vergebene und laufende Forschungs- und Entwicklungsvorhaben im Rahmen von SDI.

28 Informationsdienst ›Wissenschaft, Wirtschaft, Politik (WWP)‹, Nr. 24, 15. Jg., vom 12. Juni 1985, S. 2.

Im Zusammenhang mit dieser Arbeit ist es von besonderem Interesse, Freeman Dyson zu bemühen, der Mitglied der Jason Group ist, eine der wichtigsten Beratergruppen des Pentagon, und auf dem gesamten Gebiet große Erfahrungen hat (vgl. hierzu Kapitel 6.3.1):

»Der Amerikaner Dyson hatte damals (gemeint ist der Zweite Weltkrieg, R.K.) für die englische Bomberflotte gegen die deutschen Nachtjäger eine radargekoppelte Bordwaffe entwickelt, die mit hundertprozentiger Sicherheit jedes aufgefaßte Ziel abschoß. Das dazu entwickelte Freund-Feind-Erkennungssysstem hatte jedoch nur eine 90prozentige Zuverlässigkeitsquote. Die Folge: Da die britischen Bomber in Schwärmen flogen, wären theoretisch bei jedem Einsatz 40 Briten-Bomber abgeschossen worden, ehe ein einziges deutsches Flugzeug hätte dran glauben müssen. Die Realisierung des Systems unterblieb.«[29]

Aus seiner Analyse zieht Dyson im Hinblick auf die großen Ziele des SDI-Programms folgenden Schluß:

»Es birgt die kleine Torheit eines militärisch sinnlosen Waffensystems und die große Torheit einer unerreichbaren strategischen Zielsetzung.«[30]

Das ist aber offensichtlich für Menschen und Gesellschaften, die durch das WTI-Paradigma geprägt sind, noch unvorstellbar, daß nämlich bestimmte Ziele in komplexen rückgekoppelten Systemen nicht erreichbar sind, wenn auf das System von verschiedenen Seiten Einfluß genommen werden kann. Und somit kann zum Verhängnis werden, daß viele Menschen nach wie vor dem WTI-Paradigma und einer linearen kausalen Logik anhängen, wonach die Einzelziele zwar jeweils wissenschaftlich-technisch und industriell erreichbar sind, aber eben nur, wenn sich die Systembedingungen insgesamt nicht verändern. Nur so sind die hoffnungsvollen Erwartungen von Präsident Reagan, Premierministerin Thatcher, Bundeskanzler Kohl[31] sowie vieler anderer Politiker, Militärstrategen, Wissenschaftler, Techniker usw. zu erklären, unterstellt man, daß sie

29 DER SPIEGEL, a.a.O., S. 42.

30 Ebenda.

31 Hierzu u. a. »Erklärung der Bundesregierung durch Bundeskanzler Helmut Kohl in der 132. Sitzung des Deutschen Bundestages am

keine anderen globalen Ziele mit SDI verfolgen. Der kybernetische Denk- und Handlungsansatz, also das vernetzte, nichtlineare, rückgekoppelte Denken und Handeln führt aber zu dem Schluß, daß die Ziele von SDI unerreichbar sind, es sei denn, alle Gegner von SDI würden auf Systemveränderungen verzichten.

5. Das SDI-Programm steht ebensowenig wie die Los Alamos-Programme zur Entwicklung der Atom- und Wasserstoffbomben oder die Raketen- und Raumfahrtprogramme der NASA isoliert im Raum. Die »Logik« des globalen Wettlaufs auf den Gebieten Wissenschaft, Technik, Wirtschaft, Rüstung und Politik bedeutet ein »Nachziehen« der Konkurrenz.

Im militärischen Wettbewerb kommt als ernsthafter Konkurrent bisher nur die Sowjetunion in Betracht:
Der neue Generalsekretär der KPdSU, Gorbatschow, hat hierzu in einer Rede in Dnjepropetrowsk eine programmatische Erklärung abgegeben:

»Die UdSSR könne nicht zulassen, daß solche Gespräche (gemeint sind die Genfer Rüstungskontrollverhandlungen mit den USA, R.K.) erneut zur »Augenwischerei« und der »Verdeckung von Kriegsvorbereitungen« dienten, sagte Gorbatschow nach Angaben der amtlichen Nachrichtenagentur TASS. Gorbatschow hatte bereits im vergangenen April erklärt, daß Wettrüsten und Verhandlungen unvereinbar seien. Die Sowjetunion wolle keine Wiederholung der »traurigen Erfahrungen« der früheren sowjetisch-amerikanischen Verhandlungen in Genf.
Gleichzeitig kündigte der Kremlchef an, daß die Sowjetunion effektive Gegenmittel gegen die »Sternenkriegspläne der USA« finden werde. Daran möge niemand zweifeln.«[32]

Es spricht sehr viel dafür, daß Zweifel tatsächlich unangebracht sind.
Ich versage mir Spekulationen, inwieweit andere Konkurrenten in diesen militärischen Wettbewerb in den nächsten zwanzig bis dreißig Jahren eintreten könnten. Es sprechen einige Argumente dafür, daß auch die ostasiatischen Industrieländer um Japan

18. 4. 1985 zur Strategischen Verteidigungsinitiative (SDI) des amerikanischen Präsidenten«, Bulletin der Bundesregierung Nr. 40, S. 341, Bonn 19. April 1985.

32 Der Tagesspiegel, Titelseite Nr. 12085/41. Jg. vom 27. 6. 1985.

(Ichi-ban-Staaten, J. Galtung, vgl. Abbildung 2.4.1 – II) daran Interesse finden könnten, weiterhin die Volksrepublik China, und selbst die konkurrierende Teilnahme von Westeuropa ist nicht gänzlich auszuschließen.

Es gibt aber noch den ökonomischen Wettbewerb, der sich ebenfalls immer mehr zu einem wissenschaftlich-hochtechnologischen zuspitzt.

Hier ist nun die Konkurrenz wesentlich breiter:

+ Zweifellos unter dem Eindruck von SDI und mit vernetztem Denken und Handeln vertraut, hat Bundesaußenminister Genscher die Eröffnung der Saarmesse benutzt, um emphatisch für die Europäische Gemeinschaft die »Entwicklung zur Technologie-Gemeinschaft Europa« zu fordern.[33] Diese Rede macht drastisch klar, wie stark heute Wissenschaft und Technologie die internationale Politik überwölben und in welchem Maße Außenpolitik von Wissenschaft und Technologie bestimmt wird. Es ist schon einigermaßen grotesk, wenn der weiter oben zitierte kompetente Technologie- und Wirtschaftsdienst betroffen feststellt, daß in Bonn SDI und EUREKA derzeit wie »Phantome« umgehen, und dann besorgt konstatiert wird, daß

  »... Technologieprojekte, die gegenwärtig tagtäglich die Spalten, sogar die ersten Seiten der Zeitungen füllen, eine höchst merkwürdige, ja beunruhigende und von den Forschungspolitikern nicht gewünschte Politisierung und Aktualisierung ihres Gebiets« ... hervorgerufen haben. »Es ist noch nie dagewesen, daß Politiker, die gemeinhin durchaus ernst zu nehmen sind, die deutsche Teilnahme an einem technologischen Vorhaben wie dem amerikanischen Weltraumraketenabwehrprojekt SDI ... zu einer Frage der Moral machen.«[34]

+ Frankreichs Staatspräsident Mitterrand drängt seit dem »Wirtschaftsgipfel der führenden westlichen Wirtschaftsnationen« am 3. und 4. Mai 1985 in Bonn mit unverhohlenem Druck vor

33 Bundesaußenminister Hans-Dietrich Genscher, Impulse für eine Entwicklung zur Technologie-Gemeinschaft Europas, Rede zur Eröffnung der Internationalen Saarmesse am 13. 4. 1985 in Saarbrükken (Pressemanuskript).

34 Informationsdienst WWP, a.a.O., S. 2.

allem die Bundesregierung, aber auch die anderen EG-Partnerländer, in die seit nunmehr fast zwei Jahren geplante Europäische Technologie-Union EUREKA.[35]
Um die Ernsthaftigkeit der europäischen Strategie zu unterstreichen, will Frankreich seinen Ausgabenanteil an Forschung und Technologieentwicklung am Bruttosozialprodukt bis zum Jahr 2000 auf 3% steigern von derzeit 2,25% (1985) und 1,85% im Jahre 1980. Mit diesem »Vorstoß« setzt Frankreich seine 1981 begonnene offensive Forschungspolitik fort, die nach einem Dossier, das von der Informationsabteilung des Ministerpräsidenten veröffentlicht wurde, »... die Wissenschaft und Technik zum Motor der modernen Entwicklung« erklärt. Auch in diesem Dokument wird noch einmal das von Mitterrand vorgeschlagene Forschungs- und Technologieprojekt EUREKA als besonders dringlich bezeichnet.

\+ Im Rahmen des »Bonner Wirtschaftsgipfels« wurde im Schlußkommuniqué unter Punkt V zwar die Zusammenarbeit auf dem Gebiet von Wissenschaft und Technologie besonders stark hervorgehoben[36], der japanische Ministerpräsident Nakasone hat aber in einer Reihe von Sondererklärungen und bilateralen Gesprächen deutlich gemacht, daß Japan und die ASEAN-Staaten nunmehr (das heißt nach SDI und EUREKA) um so mehr Ichi-ban (Nummer eins) im internationalen Hochtechnologie-Wettbewerb anstreben (vgl. hierzu Kapitel 2.4.2).

\+ Der Europabesuch des chinesischen Ministerpräsidenten Zhao Ziyang Anfang Juni 1985 bestand zum weitaus überwiegenden Teil aus Gesprächen und Verhandlungen über Probleme der Wissenschafts-, Technologie- und Wirtschaftsinnovationspolitik. Dabei wurde unmißverständlich klar, daß die Volksrepu-

35 Vgl. hierzu auch: EUREKA: Frankreichs Technologieprogramm als Antwort auf SDI, Wirtschaftswoche Nr. 25 vom 14. 6. 85, S. 24.

36 So heißt es im Schlußkommuniqué unter V/16: »Wir sind davon überzeugt, daß die internationale Zusammenarbeit in Forschung und Technologie bei großen Projekten verstärkt werden sollte, ... Beteiligung und Verantwortung in angemessener Weise aufzuteilen, und daß sachgerechte Regelungen über den Zugang zu den erzielten Ergebnissen, den Technologietransfer und die Nutzung der einschlägigen Technologie erforderlich sind.«

blik China Wissenschafts- und Technologieschübe vorhat, bei denen möglicherweise einige Zwischenstufen im Rahmen der industriellen Entwicklung übersprungen werden sollen. Auch wenn sich China derzeit noch in den meisten Bereichen der wissenschaftlich-technologischen Entwicklung auf einem Niveau befindet, das vor der fünften Entwicklungsstufe der Produktivkraft ›Wissenschaft und Technologie‹ liegt, so prognostiziert Johan Galtung wohl zu Recht, daß China in zwei bis drei Jahrzehnten zu den Ichi-ban-Staaten gehören wird (vgl. Kapitel 2.4.1).[37]

+ Es ist natürlich kein Zufall, daß als Reaktion auf SDI, EUREKA usw. die 40. Sitzung des Rates für Gegenseitige Wirtschaftshilfe (RGW) vom 25. bis 27. Juni 1985 in Warschau praktisch ausschließlich die Zusammenarbeit auf den Gebieten Wissenschaft und Technologie auf der Tagesordnung hatte.

In einer ersten Mitteilung der Deutschen Presseagentur (dpa) in Warschau über diesen östlichen Wirtschaftsgipfel heißt es u. a.:

»Ein Programm für die Zusammenarbeit auf dem Gebiet der Technologie ist nach Einschätzung von Beobachtern das wichtigste Ergebnis der 40. Sitzung des Rates für gegenseitige Wirtschaftshilfe Comecon, die gestern in Warschau beendet wurde. Ziel der verstärkten Zusammenarbeit der zehn Comecon-Länder – vor allem in der Elektronik und bei der Automatisierung – ist es, die technologische Lücke zum Westen zu schließen. In vielen Reden in Warschau wurden die angeblich vom Westen ausgehende Gefahr und der Rüstungswettlauf erwähnt. Beobachter schließen daraus, daß man bei dieser Ratstagung auch über eine engere Zusammenarbeit in der Rüstungsindustrie gesprochen hat. Außerdem wurden auf dem östlichen Gipfel wiederholt ein gemeinsames Energie- und Rohstoffprogramm sowie gemeinsame Schritte zur Einsparung von Rohstoffen und Energie gefordert.«[38]

37 Johan Galtung, Die globale Verteilung von Wachstum und Stagnation, a.a.O.

38 dpa-Warschau, zit. nach Der Tagesspiegel, ›Östlicher Wirtschaftsgipfel beschließt technologische Zusammenarbeit‹, Nr. 12086, vom 28. 6. 85.

Ich bin sicher, daß dieser Wirtschaftsgipfel ein Gorbatschow-Gipfel ist, denn der neue Generalsekretär der KPdSU hat seit seinem Amtsantritt das Thema Wissenschafts- und Technologieförderung und Modernisierung der Volkswirtschaft in einer Weise zum politischen Leitziel erhoben, wie das vor ihm nur bei Lenin der Fall war.
Das Thema SDI, EUREKA, Ichi-ban-Technologiegemeinschaft, RGW-Technologiezusammenarbeit usw. ist eine große Herausforderung für alle Menschen, auf die ich nur mit Freeman Dyson antworten kann:

»Es sei ›ein wunderschöner Traum ... bei einem sowjetischen Atomangriff‹ mit einem ›Gewitter von Himmelsblitzen‹ dazwischenfahren zu können. Aber: ›Die Erde von Atomwaffen freimachen zu wollen – das ist ein zu schwieriger Job, als daß ihn Technologie allein bewältigen könnte.‹«[39]

Unter meine gesamte Arbeit setze ich als Zukunftsforscher den folgenden Rat von Saint-Exupéry:
»Die Zukunft soll man nicht voraussehen wollen, sondern möglich machen!«

39 Zitiert nach: DER SPIEGEL Nr. 19 vom 6. Mai 1985, S. 42.

Sachregister

Abhängigkeit
– der Arbeitnehmer 468
Ackerbauer und Viehzüchter 212
AEG 93, 197, 204, 376
Aeroscape Corporation 340, 348
Ähnlichkeit
–, strukturelle und funktionale 395
AIF-Arbeitsgemeinschaft industrieller Forschungsvereinigungen 711 ff.
Akquisitions
-erfolg 366 f.
-leistung 367
-tätigkeit 369
Aktionsprogramm
–, Arbeit und Technik der IG Metall 504 f.
Aktionsschwerpunkte
– der IG Metall 499 ff.
Aktiver Technologietransfer 418, 429-438
Aktuelle Tendenzen 714-749
Akzeptanz
–, soziale 445
Algorithmus 268, 403-406
Allgemeine Systemtheorie 272 ff., 388 f.
Ammoniak
–, Geschichte der Synthese des 196
– Produktionsverfahren 178 ff.
Analogmodell 273, 396
Analogieverfahren 409
–, formalisiertes 395 f.
Analogrechner 289-291
Analyse
-ansatz (infinitiv, explorativ, projektiv, rekursiv) 406 ff.
-ansatz (systemarer) 358
-verfahren (formalisiertes) 403
Analytischer Ansatz 277 f.
Angebot(s)
-innovation 422
-orientierung 433
-strategie 431 ff.
Angewandte Forschung 355 f.
Anpassung 275
Anpassung(s)
-fähigkeit der deutschen Wirtschaft 443
-prozeß 250, 277
-verhalten 259, 359
-vorgang 291, 404
Anreizsystem 373
Anwendungs- und Informationslücken in der Industrie 632
Anwendungsorientierte Forschung 355 f.
Arbeit(s) 212 ff.
-bedingungen und
-organisation, menschengerechte 468 f.
–, Befreiung in der 495
–, Enthumanisierung der 467
–, Entwertung des Faktors 500 f.
-geberinteressen 463
-nehmer, Einstellung zur Technik 461
-nehmerinteressen 463
-nehmer, Qualifizierung des 499
-nehmerschaft 247, 459
-nehmerschaft, Machtverlust der 501
– als Produktivfaktor 9 f., 71, 90, 210, 215
–, Sinn der 214

–, technische Objektivation der 317
-ablauf, Verwissenschaftlichung und Technisierung des 211-218
-ablaufstudien 219
-analyse 215
-bedingung 461
-gestaltung 219 f.
-inhalte, Humanisierung der 492
-kraft als Produktivfaktor 71
-losigkeit, technologische 443, 479
-losigkeitsquote für Berlin und das Bundesgebiet, Entwicklung der 546
-teilung 212-218
-teilung, internationale 100
-wertstudien 219
-werttheorie 72, 88
-zeit 461
-zeitstudien 219
-zeitverkürzung 466, 654
-zergliederung (-zerlegung) 212-218
-zerlegung, Prinzip der 213 ff.
-platz 444
-abbau 114, 541
–, für Hochschulabsolventen 696
-gestaltung 221
–, neue 115
-sicherheit 468, 474
-studien 219
–, Verschleiß von 499
-schutz 461
-stelle Forschungskontakte der Universität Tübingen 694
-studien 218 ff.
-synthese 215
Arbeit und Kapital
–, Machtverschiebung zwischen 491
Arbeit und Produktion
–, Einbeziehung der ökologischen Dimension 492
Arbeit und Technik
–, Aktionsprogramm der IG Metall 491 ff.
–, menschengerechte Gestaltung von 499
Architektur 230
ARPAT Arbeitsgruppe Patentverwertung 661 f.
Artificial Intelligence 722 ff.
ASEAN-Staaten
– als WTI-Machtzentrum 747
Atombombe 151, 196, 326, 351 f., 737
–, Bau der ersten 336
–, Entwicklung der 360, 606, 611 ff.
-nentwicklungszentrum Los Alamos 611-618
Atomforschung der USA 606
Auftrag
-sforschung 379
-sforschung an den Hochschulen 686
-geber, öffentlicher 371
Auschwitz
–, Industrieanlagen in 191
Außensteuerung der Wissenschaft 374
Automat 246
Automationstechnik 281, 337, 339
Automatisches Fertigungssystem 669
Automatisierung 210, 221, 296, 316, 444
– der Produktion 585
–, flexible 586
Autonomie
– der Wissenschaft 331 f., 333
– des Forschers 368
-anspruch 646
AWF – Ausschuß für Arbeitsstudien für wirtschaftliche Fertigung 218

AWV – Ausschuß für wirtschaftliche Verwaltung e. V. 221

Babbage-Prinzip 214
Bacons Utopie
– ›New Atlantis‹ 134 ff., 160
Badische Anilin- und Sodafabrik (BASF) 94, 175-197, 204
Basisinnovation 445, 518, 670
Basistechnologie 720 f.
Bauhaus-Kultur 231 f.
Bayer AG 194 f.
Bedarfsanalyse 369, 433, 578
Bedeutungsbaum 402
Bedürfnis
–, Normierung des 330
Bell Telephone Laboratory 337, 338, 346, 606 f.
Belohnung 366
Benzin
–, synthetisches 189
Bergsonscher Zeitbegriff 245
Berlin
–, Existenzgründungen und Neuansiedlungen von Unternehmen in 546 f.
–, Forschung und Förderprogramm in 698
–, Forschungsplanung und Forschungsorganisation der Hochschulen in 554 ff.
–, Konkurse von Unternehmen in 546
–, Elemente der Strukturpolitik von 595
– als Technologiestandort 593
–, Überlebenschance in 588
–, Wirtschafts- und Beschäftigungssituation in 541
–, Wissenschafts- und Technologiepotential der Hochschulen in 560
-förderungsgesetz 544, 583
Berliner Forschungs-Informations-System (BEFIS) 703 f.
Berliner Industrie als Innovationsbeschleuniger 585
Berliner Innovation-GmbH 578 f.
Berliner Innovations- und Gründerzentrum (BIG) 589, 594, 700, 707-709
Berufe
–, Differenzierung der 213
–, Herausbildung der 212
Berufsbildung, hauswirtschaftliche 233
Berufsfelder 436
Beschäftigung 443, 447, 457, 461
Beschäftigung(s)
-effekt 450
-situation 466
-struktur 729 ff.
-system, Veränderung des 501
Betrachtungsweise
–, ganzheitliche 272
Betriebswirtschaftliche Unternehmensführung 362-368
Betriebswirtschaftliches Organisationsmuster 368
Bevölkerung
– als Produktionsfaktor 74
Bewertungsbaum 402
Bewertungsverfahren 565
Bewußtseinswandel 497
Beziehung 273
–, System informeller 367
Big science 336 ff., 432, 672, 678
BIG-TECH 706
Bildfernsehen 301
Bildschirm
-stationen in der Verwaltung 489
-text 301, 303
-text, Pilotprojekt 688
Bildung(s)
–, hauswirtschaftliche 233

-ausgaben 67
-politik 444
-steigerungsraten 67 f.
Bildungsauftrag, Innovationsfähigkeit als 440
Bildungs- und Ausbildungsbereich 125
–, Trends im 67-69
Biokybernetik 281
Biologie 258, 272 f.
Bionik 279, 396, 707
Biotechnologie 452
Black-Box-Methode 274
Boeing 340
Boole'sche Algebra 291
Bosch 95
Brainstorming 411
Breitband-Datenübertragung 301
Bruttosozialprodukt 113
Budgetplanung 398
Bundesforschungsbericht 450
Bundesregierung 16
–, Leitlinien der B. zur Entwicklung von Wissenschaft, Wirtschaft und Gesellschaft 450-457
Bundesrepublik Deutschland
–, strukturpolitische Leitlinien der 439-511
Bundesverband der deutschen Industrie (BDI) 16, 92
–, Leitlinien des 439-450
Büro
-arbeitsplatz 117
-kommunikation 303 ff.
-kommunikation, integrierte 305
Bürokratisierung 526
– von Wirtschaft und Gesellschaft 83

CAD (Computer Aided Design)
-Anwendungsgebiete 669
-Technik 297, 473
CAM (Computer Aided Manufacturing)
-Anwendungsgebiete 669
-Technik 297, 473
CAMP-Technik (Computer Aided Materials Planing) 297
CAPP-Technik (Computer Aided Process Planing) 297
CAT (Computer Aided Testing)
-Anwendungsgebiete 669
CEN Comité Européen de Coordination des Normes 222
CERN 392
Chancenmanagement 572 f.
Chemie 174
Chemisch-Technische Versuchsanstalt 171
Chemische Industrie 175-197
Chile-Salpeter 176
Christentum 213
CNC-Technik (Computerized Numerical Control) 296, 473
Co Com-Export
-Kontrolle 529 f.
-Liste 530
Computer 13
-einsatz 403-406
-entwicklung 609
-generation, fünfte 32
-gesteuerte Werkzeugmaschine 669
-integrierte Fertigung 669
–, Nutzung des 380 ff.
-technik 291, 611
-theorie 291
-wissenschaft 611
Control Systems Laboratory 349, 620
CPM Critical Path Method 391

Daimler-Benz AG 93
Dampfmaschine 165

–, erste erfolgreiche atmosphärische 165
Daseinsbewältigung 141, 148
Daten-Fernübertragung 301
Datenbank 32
– Zugriffsmöglichkeit in Europa und den USA 703
Datensicherungstechnik 39
Datenverarbeitung 281, 448, 671
Datenverarbeitungstechnik
–, elektronische 291-293, 326
Daten- bzw. Informationsverarbeitung 671
–, Förderung der 37 ff.
Datex 301
DATEX-P-Netz (Datenpaket-Vermittlungsnetz) 302
DDR
–, Dokumente zur Innovationssteuerung 521-528
–, ökonomische Strategie 521 ff.
–, wirtschaftsstrukturelle Konzepte 511
Delphi
-Methode 341, 398 f., 408, 411, 413
-Studien 399
Denken
–, ganzheitliches 271 ff.
–, mechanistisches 261
–, vernetztes 270-279
Denkfabriken 14, 340-346, 352, 371, 402, 565, 737
Denk- und Handlungsstruktur
– linear-kausal 268 f.
Department of Communication 606
Department of Scientific and Industrial Research 205
Design-Wissenschaft 234
DESY (Deutsches Elektronensynchrotron) 392, 674
Determinanten
– der Wissenschaftsindustrie 355-417
Deutsche Bank 94
Deutsche Bundesbank 456 f.
Deutsche Forschungs- und Versuchsanstalt für Luft- und Raumfahrt 675
Deutscher Gewerkschaftsbund (DGB)
–, Leitlinien des 458-511
–, Mehrheitsposition im 478, 509 ff.
Deutscher Werkbund 231
Deutsches Krebsforschungszentrum (DKFZ) 674
Deutschland
–, Wissenschaftssteuerung während der Nazizeit in 374 ff.
Dienstleistungsgesellschaft 7
Dienstleistungssektor
– qualitative Umstrukturierung 695
Differentialanalysator 289
Digitalrechner 291-293, 338
-generation 291
DIN Deutsche Industrie-Norm 222
DIW Deutsches Institut für Wirtschaftsforschung 528 f.
DNA Deutscher Normenausschuß e. V. 222
DNC-Technik (Direct Numerical Control) 296
DOD (Department of Defense) 619 ff.
Dokumentation 31-36, 703
Dokumentationssystem
–, wissenschaftliches 31-36
Dolchstoßlegende 208
Dolmetscherfunktion 357
Drehbohrmaschine
–, erste elektrische 200

Drehstrommotor 201
Dritte Welt 18, 100-111
Drittes Reich
– Mittäterschaft zahlreicher Wissenschaftler 650
– Vertreibung namhafter Wissenschaftler 649
Du Pont 184, 205, 340, 370
DV-Programme 36 ff.
Dynamik
–, kapitalistische 75-87
Dynamomaschine 199 f.

École Centrale des Arts et Manufactures 168
École Polytéchnique 168
EDN (Integriertes Fernschreib- und Datennetz) 302
EDS (elektronisches Datenvermittlungssystem) 302
EDV
-System in der Verwaltung 489
EDVAC 337, 609
-Computer 293
Effizienz 355
–, Steigerung der 416
-Prinzip 268
–, Nutzbarmachung der technischen 104
-prinzip (technisch-industrielles) 85
–, betriebswirtschaftliche 362
-kontrolle 364 ff.
-messung von Wissenschaft 366
– Kriterien der E. im wissenschaftlich-industriell-militärischen Komplex 377
-bewertungs-Sachverständige 633
– des wissenschaftlich-technisch-industriellen Komplexes der RGW-Staaten 534
EG (Europäische Gemeinschaft)
– als WTI-Machtzentrum 747
Ehre und Größe
–, Wiederherstellung der deutschen 208
Eidgenössisches Polytechnisches Institut in Zürich 169
Eigendynamik
–, wirtschaftlich-industrielle 743
– von Wissenschaft und Technologie 636
Eigenkapitalausstattung 444
Eigenschaft 273
Einfluß
–, gesellschaftlicher 366
Electronic Mail 301
Electronic System Division der Air Force 340
»Elefantenhochzeit«
– bundesdeutscher Konzerne 95
Elektrizität 197 ff.
Elektro-Stahlerzeugung 200
Elektrodynamik 199 f.
Elektromagnetische Wellen 202
Elektromotor 198 ff., 200 f.
Elektronen-Speicherungs-Anlage für Synchrotron-Strahlung (BESSY) 668
Elektronik 611
Elektronische Rechenmaschine 257
–, Theorie und Technik der 268
Elektrotechnik 174, 198 ff., 514
Elektrotechnische Industrie 197-210
Element 273, 389
Elite
–, wissenschaftlich-technokratische 204
–, wissenschaftliche 206 ff.
Energie 243 ff.
-dichte für Laser-Kanonen 740
-einsparung 470
-planung 599

–, rationelle Versorgung mit 476
-regler 405
-technologie 599
-umwandlung und Energieverwertung, rationelle 690
-verwendung, Planstudien und Pilotprojekte zur rationellen und sparsamen 691
ENIAC 337, 609
-Computer 291
Entdeckung
–, gezielte Steuerung von 632
–, kommerzielle Verwertung von 422
Entlastungsprinzip 318
Entropie 267
– des Systems 276 f.
Entscheidung(s)
–, demokratische Strukturen von 466
-baum 402 f.
-findung in Gruppen 382
-handeln 382
-modell 383-385
-prozeß 249
-theorie 383-385
-verfahren 565
Entwicklung(s)
–, neuer Produkte oder Systeme 431
-struktur, innerwissenschaftliche 645
-stufen von Wissenschaft und Technologie 155-161
-trend, zukünftiger 730
-verhalten 269
Entsorgungssystem 225 f.
Erfahrungsaustausch in Gruppen (Erfa-Gruppen) 221
Erfinder
-firmen 428
-unternehmen 575
-unternehmen am ›Highway 128‹ um Boston 639 f.
Erfindung(s)
–, gezielte Steuerung von 632
–, kommerzielle Verwertung von 422
–, Methode der 335
–, Produktion und Handel mit 65 f.
–, Systematisierung des Vorgangs der 400
-bewertung 662
-geschichte 229
-gut, Verwertung von 657
-meldung 626
Erfolgsmaximierung 387
Erhaltungssatz 243
Erkenntnis
-fähigkeit 160
-produktion 12
–, Streben nach 147
-theorie 281
Ertragskraft 444
Erweiterungsinvestition 544
Erwerbsprinzip 77 f.
Erwerbstätigenzahl in Berlin, Entwicklung der 545
Ethos der Wissenschaft 152
EUREKA 735
EURONET (Europäisches Datenübertragungsnetz) 34
Europa
– Wissenschaftssteuerung in 374
»Europa + 30 Jahre« 407, 412
Europäische Universität
–, Gründung einer 549 f.
Evolution(s)
– der Wissensproduktion 12
-prozeß 279
-stufe der Produktivkraft »Wissenschaft und Technologie« 19
Executives' assessment 413
Existenzgründung 592

Experiment 134
Experten-
-herrschaft 322 f.
-system 723, 725
-systemforschung 725
Expertokratie, wissenschaftliche 741
Exploitation Officer 625
Explosivstoff
–, synthetischer 189
Exponential Smoothing 413
Extremierung 385
–, Modell der 385
Entwicklung und Realisierung technischer Neuerungen 355 f.

Fabrik
–, vollautomatische 297, 473, 584
Fachhochschule
–, Neugründung von 680
– als Schrittmacher des Wissens- und Technologietransfers 681-683
Fachinformationsnetz 35
Fachinformationsprogramm 1985–1989 36
Fachinformationszentrum (FIZ) 33 f.
– Energie, Physik, Mathematik 35
Fach- und Führungskräfte
–, Mangel an 575
Fähigkeit
–, Objektivation menschlicher 318
Familienforschung 234
Farbfaksimile 301
Farbstoffe, synthetische 175
Federal Contract Center
– des VS-Verteidigungsministeriums 618-620
Federal Research Center 349 ff.
Fernarbeit(s) 473
-steuerung 301
-überwachung 301
Fertigungsstraße, moderne 299
Fertigungstechnik(-verfahren) 337
-Sonderprogramm 63
–, rationelle 222
Festkörperphysik 293
Feuerleitcomputer M 9 290
Finalisierung
– der Wissenschaft 644
Fließgleichgewicht 276
Flugabwehr
–, Entwicklung der 256
-steuerung 290
Flugabwehrsystem 254
–, automatisches 338
Folgen
– neuer Technologien 471
– von Wissenschaft und Technologie 141 ff.
Förderprogramm, industrieorientiertes 710
Förderung
– kleiner und mittlerer Unternehmen 629
– strukturschwacher Regionen 629
Fordismus 210 ff., 248
Formalwissenschaft 284
Forscher
– als schöpferischer Geist 325
Forschung(s) 125
–, angewandte 325, 355 f.
–, anwendungsbezogene 696
–, anwendungsorientierte 355 f.
–, Formalisierung und Rationalisierung der Tätigkeit der 393
–, Langfristorientierung der Planung von 569 f.
–, Management der 369
–, militärtechnische 339
–, praxisnahe 203
–, »reine« 167
–, Selbststeuerung der 333
-autonomie 559

-förderung 444, 470, 510
-förderung, staatliche 455
-gruppe Berlin der Daimler-Benz AG 709
-kapazität, Mobilisierung der 695
-koordination, regionale 564
-laboratorium, industrienahes 172
-markt Berlin 701, 704
-organisation 333, 569 f.
– und Industriepark 643
-politik 439 f.
-politik, Impulse durch 442
-politik, marktorientierte Anpassung der 438
-politik, Umorientierung der 503 ff.
-potential, Ausbau des anwendungsorientierten 578
-potential der Hochschulen 555
-schwerpunktbildung 558-697
-stelle der FU Berlin 697 ff.
Forschungsverbund »Energie für Berlin« (FEB) 599, 689 ff.
–, funktionsfähiger 685 ff.
– in Hochschulzentren 683-692
– Kabelkommunikation Berlin 599
– Organisation und Aufgaben 687
Forschung, Entwicklung und Verwertung
–, Integration von 355-356
Forschung und Entwicklung (FuE) 575
–, Ausgaben der EG 46 ff.
–, Ausgaben der OECD 43 f.
–, Ausgaben der USA 45 f.
–, Ausgaben im internationalen Vergleich 43-48
– in Berlin 561 f.
–, Effektiver Einsatz vorhandener 576 ff.
–, Förderung (direkt, indirekt und indirekt-spezifisch) 58 ff.
–, Förderung der Projekte 61
–, Industrie 362
–, Industriestruktur für 348 ff.
–, Leistungen der 371
–, Management 381
–, marketing 369 f.
–, Marktlücken 372
–, Marktstrategie 370
–, Methoden, neue 393-417
–, militärische 334
–, militärtechnische 629
–, Nachfrage 574
–, naturwissenschaftlich-technische 670
–, ökonomisch und militärisch relevante 335
–, Potential, Nutzung des Staatlichen 624
–, Prioritäten in der Planung von 491
–, Programmplanung, marktorientierte 433
–, Projekte, komplexe und interdisziplinäre 619
–, Rationalisierungsprinzip in 393 f.
–, tätiges Personal in 64 f.
– Zentren im Rahmen des Zweiten Weltkriegs 611-620
–, Auftragsmittel mit wirtschaftlicher bzw. militärtechnischer Zielsetzung 628
–, Aufwendungen für 42-69
–, Aufwendungen in den USA durch die militärische Administration 627
Forschungs- und Entwicklungsausgaben der Bundesrepublik Deutschland 48-63

– für anwendungsbezogene und angewandte Forschung 50
– für technische Innovationen und Innovationen in der Wirtschaft 50
– für kleine und mittlere Unternehmen 58 ff.
– nach finanzierenden Sektoren 48 ff.
– für die Wirtschaft 55-63
–, Zuwachsraten der 50
Forschung und Technologie
–, Einbeziehung in den großindustriellen Produktionsprozeß 377
–, Neuorientierung der 457
–, Planung und Steuerung von 324-332
–, Berliner Potential von 347
-politik 469 ff.
-politik der Bundesregierung 450 ff.
Forschungs- und Technologiepark, erster 606, 700
Fort- und Weiterbildung 698
Fortschritt(s) 142, 440
–, Beschleunigung des technisch-wissenschaftlichen 520
–, wirtschaftlicher 82
– des Wissens 160
– der Wissenschaft 330
–, wissenschaftlich-technischer 88
– der Zivilisation 567
-denken 10
-glaube 80, 123
-mythos 187
-paradigma 135 ff., 314
Fouriersches Theorem 267
Fraunhofer-Gesellschaft zur Förderung der angewandten Forschung e. V. 17, 432, 658-670
Fraunhofer-Institut für Produktionsanlagen und Konstruktionstechnik 667 f.
Freie Universität Berlin 552 ff.
Freiheit der Forschung 331 f.
Fremdbestimmung der Forschung 559
Frieden, sozialer 443
Friedensbewegung 350
Friedensforschung 341 f.
Friedrich-Wilhelm-Universität Berlin 208
Frühkapitalismus 75
Frühwarn- und Zielgenauigkeitstechnik im Weltall 735
Fünfte Computergeneration
–, japanisches Projekt 721 ff.
Funktion(s)
–, diskontinuierliche 267
–, kontinuierliche 267
-modell 358
-prinzip von dynamischen Systemen, grundlegendes 268
-schärfe 389
-zusammenhänge 358
Funktionalität 231
– von Systemen 274

Galvanotechnik 198
Ganzheit(s)
-denken 271 ff.
-handeln 356-359
-psychologie 272
Garching-Instrumente GmbH (GI) 656 f.
Gas
-angriff, erster 185
-krieg 185-189
-leitungsnetz 225
-versorgung 224 ff.
-waffen 185 ff.
Geisteswissenschaft 284
Gelbkreuz 185
Gemeinschaftsforschung
–, Förderung der 578
Gemeinschaftsgeist 331

Gemischtwirtschaftliche Innovationspraxis
– in FCR-Centers 620 ff.
General Dynamics Corporation 340
General Electric Company 339
Gerät
–, haushaltstechnisches 226 f.
-Transfer 657
Gesamthochschule 680
Gesamtproduktivität
–, Steigerungsraten der 111 f.
Gesamtsystembetrachtung 358 f.
Gesellschaft
–, solidarische 731
–, transindustrielle 344 f.
Gesellschaftsmodelle 714
Gesellschaft für Kernenergieverwertung in Schiffahrt und Schiffbau (GKSS) 673
Gesellschaft für Kernforschung (GfK) 673
Gesellschaft für Mathematik und Datenverarbeitung (GMD) 674
Gesellschaft für Molekularbiologische Forschung (GMBF) 674
Gesellschaft für Organisation e. V. (G für O) 221
Gesellschaft für Schwerionenforschung (GSI) 675
Gesellschaft für Strahlen- und Umweltforschung (GSF) 674
Gestaltserkennung 259
Gestaltspsychologie 272
Gesundheit, körperliche 474
Gesundheitsschutz, betrieblicher 499
Gewässerschutz 470
Gewerkschaft
–, Neubestimmung der Position der 473
–, Schwächung der 501
Gewerkschaftsbewegung 104, 247
Gewinnstreben 79
–, Objektivierung des 79
Gibssche Statistik 245
Giftgasproduktion
–, erste 184 ff.
Gleichgewicht
– des Schreckens 350
Gleichgewichtszustand 279, 359
Globaler Wettlauf
–, Logik des 745
Glück 148
Graphentheorie 390-393
Grenzen
– der Erkenntnisproduktion 23
– des Wachstums 23
– der Wissensproduktion 23
– der Wissensverwertung 24
Großforschung 356
–, biologisch-medizinische 671
– als Motor der Industrie- und Rüstungsinnovationen 676
Großforschungseinrichtung (GFE) 17, 670-678
–, Ausgaben- und Personalentwicklung der 672 ff.
– Gründungsjahr, Aufgabenschwerpunkte, Träger 673 ff.
–, Programmübersicht der 676 ff.
Großforschungszentren
–, Haushaltsaufwendungen für 675
Großgerät
–, Betrieb, Entwicklung und Bau der 672
Großindustrie
–, Forschungs- und Entwicklungsabteilungen der 374
–, Forschungslaboratorium der 338 ff.
Großindustrieller Produktionsprozeß 12, 199 ff.

–, Einbeziehung der Wissenschaft in den 172-210
Großproduktion, industrielle 226
Großprojekt
– mit besonderer gesellschaftspolitischer Relevanz 670
–, technologisches 356, 671
Großrechner
– Harvard Mark I 337
Großtechnischer Prozeß 179
Großunternehmen
–, Konzentration von Forschung und Entwicklung auf 370
Gründerjahre, Geist der 708
Gründerklima 538
Gründerunternehmen 643, 707
Gründer- und Transferklima 708
Gründungsfieber in Wissensverwertung und Hochtechnologie
– Industrialisierung 735
Grundlagenforschung 167, 205, 324 ff., 355 f., 444, 452, 656
– größeren Umfangs auf Schwerpunktgebieten 671
Grund und Boden
– als Produktionsfaktor 71
Gruppenmeinung 399
Gummi, synthetisches 189
Güter
– hoher Technologien 455 f.

Haber-Bosch-Verfahren 179 ff., 189
Hahn-Meitner-Institut für Kernforschung (HMI) 673
Halbleiter
-physik 202
-technik 296, 344
Hall-Effekt 202
Handhabungsgeräte
– in der Massenfertigung 587
Handlungsmaxime, kapitalistische 368
Handlungsprinzip, technisches 265
Handlungsprogramm zur sozialen Steuerung des technischen Fortschritts 465
Handwerkstechnik 11, 231
–, mittelalterliche 156, 213
Harvard Mark I
– Großrechner 337
Harvard University 337, 346, 606 f.
Haushalt(s)
– Ankopplung der H. an das Industriesystem 225-230
–, Betriebslehre des 233
–, Geschichte der Technik des 228
–, privater 211
–, Technisierung und Rationalisierung des 224-234
– als zentrales Wirtschaftssubjekt der Volkswirtschaft 234
–, erste Zeitbudgetuntersuchung im 233
-elektronik 448
-gerät 227
-technik 225-230
-wirtschaft (wissenschaftliche) 232-234
-wissenschaft 233 f.
Haustechnik 225-230
Hawthorne-Experiment 248 f.
HdA-Programm
–, Ausbau des 507
Heimarbeit, elektronische 494 f.
Heinrich-Hertz-Institut für Nachrichtentechnik 120, 668
Heisenbergsche Unbestimmtheitsrelation 321
Herausforderung
–, technologische 439 ff.
»Hermann-Harman-Debatte«, USA 346
Herrschaft 148

– und Machtstruktur 715
Herz-Kreislauf-Modell 259
High-Tech 518, 640
-Erwerb 93
-Länder 454
-Produkte 17
–, Schwachstellen im Bereich von 455
-Unternehmen 705
Highway 128, 638 f., 665
Hiroshima und Nagsaki
»Test unter Realbedingungen« 616
Hochdruckverfahren
– nach Bergius 190
Hochkapitalismus 76
Hochindustrialisierte Krisenregionen
–, Berlin (West) als Modellfall für eine Innovationsstrukturpolitik in 534-601
Hochschul
-bauförderungsgesetz 680
-forschung 556 ff.
-forschung für öffentliche Aufgaben und Wirtschaftsstrukturpolitik 684 f.
-gründung und regionale Strukturpolitik 679 f.
-politik, Neubewertung der 563
-reform 552-564
Hochschule
–, Ausbau der 552
–, Planung, Organisation und Förderung der Forschung in der 555 ff.
–, Wissensverwertung in der 679-708
Hochtechnologie 10, 146, 452 ff.
-branchen 95
–, Handelsbeschränkung der 530
-spionage 530
-industrien, Wissenschaftsverwertung der 727-735
Homöostase 269
Human-Relations-Bewegung 248
Human Resource Research Center 349, 620
Humanisierung
– der Arbeit 463 ff., 468 ff., 654
Humanisierungsforschung 468
Humanismus 157, 159
Humankapital 69, 547, 581, 610
– Nutzung des H. in FuE 577 f.
–, Qualifizierung von 485
Hüllkurvenverfahren 410

IBM 337, 338, 346
– Automatic Sequence Controll Calculator 337
Idealistische Wissenschaftstradition 333
Idee, spontane 396
Ideologie, Kritik an der marxistischen 106
IG
– Bau-Steine-Erden 493
– Chemie-Papier-Keramik 493
– Bergbau und Energie 474 ff., 493
– Druck und Papier 479 ff., 496
– Metall 479 ff.
– Metall, Aktionsprogramm: Arbeit und Technik 491 ff.
– Metall, Aktionsschwerpunkte 507 ff.
– Metall, Bestandsaufnahme über den Stand der Rationalisierung in der Metallwirtschaft 482
– Metall, Leitvorstellungen zur Forschungs- und Technologiepolitik der 503-509
I.G. Farben-Industrie 184, 189 ff., 204, 376
– in Auschwitz 191 f.

– im Zweiten Weltkrieg 194
–, Nachfolgekonzerne 193 ff.
–, Prozeß gegen 193 f.
–, Report on Investigation of 192, 194
IHK (Industrie- und Handelskammer zu Berlin)
–, Innovationsstrukturpolitik der 595
– Schwerpunkte der Kammerarbeit 596
Individualität
–, Aufgabe der 330
Induktion 198
Industrialisierung 162 ff.
– in England 166
–, zunehmende 169
Industrialismus
-diskussion 141
–, Grundposition des 715 ff.
Industrie
–, neue 731 ff.
-park (und Technologiepark) 589
-park-Modell 580, 640
-roboter 587
-struktur, für FuE 348 ff.
-struktur, sozial und ökologisch verträgliche 493
-system, Invarianten des 419
-system, Krisensysteme des 541-548
-system, Strukturschwächen des 420
-unternehmen 360
-Vertragsforschung am Weizmann-Institut 643
-welt, wissenschaftlich-technische 329
-zweig, wachstumsintensiver 694
Industrieansiedlung 575
Industriedesign 230
Industriegesellschaft 7 ff., 24, 223, 714 ff.
–, Dilemma der 96
–, Entwicklungsmoment jeder 717
–, Grunddisposition der 76 f.
–, Grundlage der modernen 167
–, Grundmuster der 323
–, Kommunikations- und Sozialstruktur der 301
–, moderne 111
–, Modernisierungstrend der 345
–, strukturelle Verwerfung der 536
-Strukturentwicklungsprinzip 646
–, Wandel der 727 ff.
Industrielle Gemeinschaftsentwicklung
–, Wissensverwertung im Rahmen der 709-713
Industrielle Gemeinschaftsforschung 711 f.
Industriellen-Typ, neuer 192 f.
Informale Organisation 248 ff.
Informale Systeme und Prozesse 248
Informatik 281
Information(s) 7 f., 24, 266-268
-Grundgröße 13, 63, 241, 243 ff., 246-260
-Ressource 28, 537, 603, 722
–, neue Qualität der Ressource 722
–, Sammlung und systematische Aufbereitung von 632
-arbeiter 728 f.
-berufe 117
-berufe, Tätige in den USA 730
-forschung 34
-gesellschaft 7, 25
-halde 424, 627
-produktion 7
-produktion, wissenschaftliche 8
-psychologie 281

-system 32
-system (computergestützt) 431
-technik 611
-technik, Auswirkung der Entwicklung 39
-technik, für Büro und Verwaltung 39
-technik, Sonderprogramme der 40 f.
-technologien in Berlin 598 ff.
-theorie 222, 247 ff., 252, 261, 266-268, 280 f., 356, 381, 607
-übertragung (syntaktische, semantische und pragmatische) 252
-verarbeitung 669
-verarbeitung und Telekommunikation 668
-verbund, nationaler und internationaler 33 f.
-zentrale 32
Information und Dokumentation 36-42
Informations- und Kommunikationssystem, computergestütztes 300-305
Informations- und Kommunikationsprozeß 258
-technik 469
Informations- und Kommunikationstechnologie (IuK) 116, 606
–, Vermeidung negativer Folgen der 472
Informierte Gesellschaft 7
Infrastruktur
–, großtechnische 227
–, haustechnische 229
Ingenieurwissenschaft 284
Innovation(s) 84-87, 114, 121 f., 298, 356, 380, 421-424
–, geistige Bereitschaft zur 440
–, Erzeugung und Umsetzung von 420
– als gesellschaftliche und unternehmerische Herausforderung 439 ff.
–, Methoden, Prinzipien und Technik der Produktion von 394-406
–, ökonomische 24
–, personelle 422
–, Produktion von 396, 412, 417
–, soziale 24
–, technologische 24, 26-31
–, wissenschaftlich-technische 451
–, Zwang zur 442
-aktivität in Berlin 591 ff.
-assistent 424, 435 ff., 589
-assistent-Programm 594
-beratung 423, 580
-beratungsstelle 665
-beratungsstelle der IG Metall 699
-bereiche aus BDI-Unterlagen 446 f.
-börse 423
-chancen 574
-euphorie 538-541
-experte 633
-fond 433, 589
-förderung 510, 539 ff.
-förderung, staatliche 425
-forschung 423, 663
-hilfen des Landes Berlin 592
-impulse für neue FuE-Aktivitäten 638
-infrastruktur 444
-investition 51, 115
-kraft 70
-kraft der modernen Industriegesellschaft 25
-kraft, Begriffsbestimmung 121 f.
-management 16, 418, 428, 433, 531, 575, 580, 596

-management, Ausbildung von 694
-management-Programm 638
-management, Wurzeln des heutigen 602-643
-marketing 423
-markt 423
-markt Berlin 704 ff.
-park 423
-personal 578
-politik 418
-politik in Berlin (West) 16, 420 f., 534-601
-politik, Konzipierung einer wissenschaftlich begründeten 661
-potenz 567
-praktikum 435, 437
-praktikum für Studenten 594
-steuerung 15, 531, 605, 612, 664 ff.
-steuerung und Technologietransfer in der DDR 525
-steuerung in den Industrieländern 418-601
-Stimmung 701 ff.
-strategie für Berlin 571-582
-strukturpolitik 455, 458
-strukturpolitik, Förderung der 660
-strukturpolitik der IHK 595
-strukturpolitik, regionale 681
Innovationspolitische Strategie
– Ansätze in Berlin 548-582
Institut
– für Arbeit und Technik 470, 507
– für Automation in Berlin 550 ff.
– für Haushaltswissenschaft 233
– für Systemtechnik und Innovationsforschung (ISI) 660 ff.
– für Zukunftsforschung 566
– für Zukunftsforschung Berlin (IFZ) 689
– für Zukunftsstudien und Technologiebewertung (IZT) 98
Institute for Advanced Study 293, 338, 606 f., 617 f., 737
Institutionalisierung von Planung, Steuerung und Organisation der Wissensproduktion 326
Integriertes Bürosystem 301
Intelligente Geschosse 740
»Intelligente Technologie« 236, 245, 307, 323
Intelligenz
– Ersetzung menschlicher I. durch Automaten 258
– Systeme, künstliche 723
Interdisziplinäre Arbeitsgruppe Kabelkommunikation Berlin (IKB) 688 f.
Interdisziplinäre Zusammenarbeit 254, 357 f., 361
Interdisziplinarität 349, 356-359, 568
Interessen, industriell-militärische 333-352
Interkontientalrakete 308
Investition, zukunftsträchtige 585
Investition(s)
-bedarf 92 f.
-klima 444
-stau 92 ff.
Irreversibler Vorgang 245
ISDN (Integrated Services Digital Network) 302
ISO (International Organisation for Standardization) 222
ITZ (Innovations-Förderungs- und Technologie-Transfer-Zentrum der Hochschulen des Ruhrgebiets) 696

Jäger und Sammler 212
Japan als WTI-Machtzentrum 747
Japanisches Projekt der fünften

Computergeneration (FGCS-Projekt) 721 ff.
Joint-venture 433, 665
– der Hebräischen Universität Jerusalem und der Jerusalem Economic Corporation Ltd. (SEC) 642
-Kapital 625 f.

Kabelfernsehen 301
Kaiser-Wilhelm-Gesellschaft 205
Kaiser-Wilhelm-Institut für Physikalische Chemie und Elektrochemie 181, 184, 185, 187 f., 374
Kalter Krieg 194
Kapital
– der deutschen Wirtschaft (liquides) 93
-Produktivfaktor 9 f., 71, 90, 215
-stock, flüssiger 91
Kapitalakkumulation 104
Kapitalismus 75-87, 83
–, evolutionärer Charakter des 83 f.
–, Geist des 75 ff., 715
–, Gesinnung des 75 ff.
–, Produktionsweise des 320
–, Triebkräfte des 85
–, Wirtschaft des 363
Kapitalistische Gesellschaft
–, Grunddisposition der 80-87
Kapitalistische Maschine 83 f.
Kartellbildung 183
Kernenergie
-forschung 671, 678
-technikentwicklung 372, 671, 678
Kernforschungsanlage Jülich (KfA) 673
–, Technologie-Transfer-Büro der 435
Kernfusionsforschung 671
Kernreaktor, erster 610
Kernwaffen
–, Entwicklung der 350
Kettenreaktion, erste 610
Kirche 329
Klassenkampf 517
Kleine und mittlere Unternehmen (KMU) 428, 431 ff.
–, Innovationshilfen für 593
–, Innovationskontakte mit Fachhochschulen 682
–, Kontakte zwischen Unternehmen und 699 f.
–, strukturelle Anpassung der 436
–, Wissensverwertungslücke bei 711
Kleingruppenforschung 251
Know-how
–, Transfer von 638, 698
Knowledge Engineering 722 ff.
»knowledge industry« 242, 343, 360, 369, 379
Kombinate (DDR)
– und wissenschaftliche Einrichtungen 522 ff.
–, Forschungs- und Entwicklungspotential der 526 ff.
Kommunikation(s)
-beziehung 249
-technik 343, 611
-technik (in Berlin) 597 ff.
-wissenschaft 343
–, interdisziplinäre 341
–, technische 39 f.
– und Entscheidungsmodell, deskriptives 251
-system 32
-system im Haushalt (technisches) 226
Komplex
–, industriell-militärischer 13, 15, 210

-programm des wiss.-techn. Fortschritts 514
–, wissenschaftlich-industriell-militärischer 347 ff., 372, 527, 658
Komplexe Vorgänge in Lebewesen 258-259
Komplexität 321, 336, 385
–, strukturelle 274 f.
–, Reduktion von 389
Konkurrenz 382
-fähigkeit 364
-kampf (internationaler) 419
-kampf (ökonomisch) 18, 369
KONPLAN (Kontaktstelle Planung im Öffentlichen Dienst) 694 f., 699
Konservativismus, sozialer 105
Konzentrationslager 191 f.
Kooperationsbeziehung 382
Körper-Seele-Einheit 272
Kostenminimierung 387
Kosten-Nutzen-Analyse 384
Krafterzeugung
–, elektrische 201
–, Stromumwandlung zur 199
Krafterzeugungs- und -umwandlungsmaschine
–, erste Verbreitung elektrischer 202
–, industrielle Großproduktion von elektrischen 202
Kraftwerk
–, erster elektrisches 200
-Inbetriebnahme ›Buschhaus‹ 474 ff.
Kreative Technik 412 f.
Kreativität 341, 364, 396
Kreisrelation 268-270
Kriegs(s)
-führung, chemische und biologische 609
-produktion 205
-rohstoffbehörde 180
-technologie 259
-wirtschaft 179 ff.
›Krieg der Chemiker‹ 181 ff.
»Krieg der Sterne« 308, 735-749
Krisen
-management 18, 418, 572
-management von Industrieländern 511
-symptome des Industriesystems 541-548
Kultur 451, 715 ff.
Kulturelle Tradition 715
Kunst und Wissenschaft
–, Feyerabends Thesen zu 143 f.
Künstliche Intelligenz (KI) 17, 259, 719
– als Bedrohung 726
–, Forschung 724 ff.
–, Freund und Partner 726
–, Gemeinde 724
–, gesellschaftliche Auswirkungen der 725 ff.
–, Wissensproduktion durch 721-726
Kybernetik 247, 253, 266, 339, 356, 607
–, Begriff der 261-266
–, Biotechnik der 264
–, Denk- und Handlungsansatz 13, 241, 745
–, Denk- und Erkenntnismodell der 262
–, Denken und Handeln der 260-279
–, Entstehen der 257
–, Entwicklung der 254
–, Entwicklung des Denkens und Handelns der 254
–, Geburtsstätte der 337
–, Lernforschung der 281
–, Maschinentechnik der 264
–, Meß-, Regelungs- und Steuertechnik der 281

–, Methode der 300, 399
–, Neuro- 281
– in der Sowjetunion 289
–, Soziotechnik der 264
–, Systemtheorie der 281
–, Wirkungsbereiche der 263 ff.
–, Wirkungsradius der 258
–, Wissenschaft der 245
–, Wissenschaftseinsatz der 343
–, Wissenschafts- und Technologieumsatz in den USA und England 288 ff.
–, Wissenschaft und Technik der 316
–, Wissensproduktion der 308

Laboratorium für Servomechanismen 289
Laboratory of Los Alamos 350 ff., 737
Landesanstalt 170 ff.
–, Staatliche Preußische Geologische 171
Lange Wellen
–, Theorie der 720 f.
Langzeitstudie, militärische 397
Large Scale Integrated Circuits (LSI's) 296
Lärmschutz 470
Laser 151
-Kanone 740
-technik 307
Leben(s)
–, menschliche Formen des 344 f.
-qualität, Determinanten der 497
-sinn 148
-standard 460 f.
Leder, künstliches 370
Leistung(s)
–, Standardisierungsversuche zur Bewertung der 364 ff.
-bewertung 219 f.
-ermittlung 219 f.
Leistungsparadigma
–, wissenschaftlich-technologisches 140
Leitlinien
– des Bundesverbands der Deutschen Industrie (BDI) 439-450
– der Bundesregierung zur Entwicklung von Wissenschaft, Wirtschaft und Gesellschaft 450-457
– des Deutschen Gewerkschaftsbund (DGB) 458-511
Lern
-verhalten von Systmen 269
-vorgang 291
Liberalismus, demokratischer 105
Liebe zum Wissen 331
Lincoln Laboratory 349, 620
Linguistische Datenverarbeitung, künstliche 723 f.
Liquidität, internationale 97
Lizenz
-übertragung 632
-vergabe 431, 626
–, Verkauf von 657
-verträge 661
LLNL (Lawrence Livermore National Laboratory) 350 f., 737
Lokomotive, erste elektromotorische 200
Los Alamos
–, Atombombenentwicklungs-Zentrum in 611-618
Luftreinhaltung 470

Macht 715 ff.
-frage 499 ff.
-gewinn 148
–, göttliche 149
– eines Industriestaates 205
-interessen 208, 715 ff.
-kampf 382

-konstellation, veränderte 729 ff.
Management
-fähigkeit 612
–, interdisziplinäres 357
– Methoden des 363
-prinzip 260
-qualität, industrielle 176
-technik 250, 361, 386-388
›Manhattan-Projekt‹ 182, 196, 336 f., 351, 360, 611 ff.
–, Oberleitung 614
MANIAC-Computer 293, 338
Manufaktur, frühkapitalistische 162
»Market pull« 431
»Marketing«-Strategie
– für High-Tech-Firmen 705
Markt
-anpassung durch aktivierten Technologie-Transfer 430
-ausrichtung der Wissenschaftsindustrie 368-377
-einführung neuer Produkte oder Systeme 431
-forschung 234
-orientierung von FuE-Produkten 429 ff.
-strategien (kapitalistische) 368
-strategien (regional ausgerichtet) 372
-studie 369
-wirtschaft, Zukunft der sozialen 439 ff.
Maschinen
–, automatisch gesteuerte 298
–, intelligente 722
Maschinenbesitzer, System der 499
Maschinenstürmer 459
Maschine-Maschine-Kommunikation 301
Masse
– als Grundgröße 243 ff.
Massen
-arbeitslosigkeit 473
-fertigung, industrielle 162
-produkt, industrielles 227
Material
-forschung 452
-technologie, neue 517 f.
Materialismus 246
Mathematische Logik 257
Max-Planck-Gesellschaft zur Förderung der Wissenschaften e. V. 17, 432, 656-658
Max-Planck-Institut für Plasmaphysik (IPP) 674
Mehrwert
–, Quelle des 174
Mensch
–, Bedürfnisse des 317
–, gläserner 499
– und Natur 714 ff.
Mensch-Maschine-Kommunikation 301
–, kreative 722 f.
Menschliche Arbeitskraft
–, Ersetzung von 162 f.
–, Produktivfaktor 163
Mensch und Technik
–, Verhältnis von 317 ff.
Meß-, Steuerungs- und Regelungstechnik
–, Industrie 448
–, Medizin 448
–, Verkehr 448
Meß- und Kontrollverfahren, selbstregulierendes 405
»Metallurgical Project« 614
Methode
–, Allmacht der naturwissenschaftlichen 10, 140, 150-154
– der Analogisierung 273
– der Arbeitsablauf- und Produktionsprozeßgestaltung 218

–, »beste« 385
– der deutschen chemischen und elektrotechnischen Großindustrie 205
– der Einbeziehung von Wissenschaft und Technologie in den großindustriellen Produktionsprozeß 189
– der empirisch-analytischen Wissenschaft 319
– des Erfindens 172 f., 401
–, formalisierte 383
–, heuristische 408
– des kritischeren Wegs 392
–, kybernetische 295
–, Leistungsfähigkeit und Grenzen der neuen 408
– der modernen Wissenschaft 136
– der neuzeitlichen Physik 158 ff.
– der Planung und Umsetzung von Wissenschaft und Technologie 239
– der Produktion und Verwertung von Information 8
– der Produktion wissenschaftlicher Innovationen 172 ff.
–, Systemansatz als M. der Analyse-, Planungs- und Organisationstechnik 388
–, Systematisierung und Bewertung der neuen wissenschaftlichen M. 406-416
–, technologische Vorschau der 411
–, wissenschaftliche 8, 167, 236, 243 f., 265
–, neue wissenschaftliche 158 ff.
–, wissenschaftlich-technische 719
– der Wissens- und Erkenntnisproduktion und technischen Umsetzung 266
– der Wissens- und Technologieproduktion 603
Mikroelektronik 39 f., 202, 296, 437, 443, 448, 517, 522, 667 f.
–, Sonderprogramme 63
Mikroprozessor 151, 296
-technik 293, 344, 437, 514
Militärischer Komplex 179, 196, 285, 291, 293 f., 305-313, 334, 417, 519, 735-749
–, Einbeziehung der Wissenschaft in 172-210, 202
– und Nachrichtenverarbeitung 253-258
Militärisches Interesse 256
Militärtechnik(-technologie) 290
–, moderne 307
–, Produkt der 544
Minicomputer
–, Mekka der 344
Ministerialbürokratie 322
M.I.T. (Massachusetts Institute of Technology) 289, 295 f., 337, 346, 722 f.
–, Kooperation mit Wirtschaft, Politik und Militär 607
–, KOOP-Modell 607
–, Selbstdarstellung 641
Mitbestimmung 461 f., 467, 503-509
MITRE (Massachusetts Institute for Technology, Research and Engineering) 346 ff., 620
Mobilität, geistige 440
Modell
-bildung 405, 408
-versuch (Forschungsschwerpunkt Berlin) 557 ff.
Mondlandung 737
Monowitz
–, Industrieanlagen in der I.G. Farben 191
Monte-Carlo-Simulation 403 f.
Morphologie 410
Morphologische Methode 399-401

Motion Study 217
MPM Metra Potential Method 392
Multidisziplinarität 432
Multistabilität 296
Mustererkennung 38, 41
–, Methoden der 274

Nachfrage- und Angebotssituation an FuE
–, Verbesserung der 577
Nachindustrielle Gesellschaft 7, 728
Nachricht 244
Nachrichten
-technik 247 ff., 255, 259, 337, 448
-übertragung 252
NASA 402
–, Informations- und Dokumentationssystem 633 f.
–, Regional Dissemination Centers 634 f.
–, Technology-Utilization-Office 627-637
–, Technology-Utilization-Programm, Zielsetzung des 629 ff.
National Commission on Technology, Automation and Economic Progress 112
Natur
–, Beherrschung der 159, 2244
-erkenntnis, Grenzen der 137
–, Frieden mit der 18
–, göttliche 136
–, Herrschaft über die 135
–, Konstanten der 321
– Produktivfaktor 9 f., 90
–, zweite (künstliche) 417
Naturwissenschaft 284
–, angewandte 128
– als Bestandteil des amerikanischen Regierungsapparats 614
–, Erkenntnisfähigkeit und Allmacht der 136
– und Ingenieurwissenschaft 676
Naturwissenschaftliches Zeitalter 138
Navigation 156
NC (Numerical Control)
–, Maschinen im Einsatz 487
–, Maschinen in kleinen und mittleren Unternehmen 487
–, Technik 296 ff., 473
–, Werkzeugmaschinenproduktion 298 f.
Negativbilanz
– von technisch-industriellen Projekten 478
›Negentropie‹ 223
Nervensystem 259
Netzplan
-technik 380 ff., 390-393, 409 f.
-werk (nicht-lineares) 269
-werkanalyse 392
-werktechnik 392
Neue Informations- und Kommunikationstechnik 462
›Neue Medien‹ 303
–, Analyse, Prognose und Wirkungsforschung der 688
Neue Rechnerstrukturen 41
Neue Technologie
–, Produktivitätsdynamik der 117 ff.
– und Produkte 694
Neuerung 421-424
Neurologie 258
New Bauhaus 232
Newton
–, seine Mechanik 245
–, sein Zeitbegriff 245
Niedriglohnländer 542
Nische
– autonomer Wissenschaft 646

Nitratproduktion, synthetische 177
Nobelpreis 179, 186
Normung 222
Notgemeinschaft der deutschen Wissenschaft 196 f.
NRDC (National Research Development Corporation) 623-627, 648, 661
–, Erfolgsbilanz der 626
–, Technologie-Transfer der 625 ff.
NS-Wissenschaftskonzeption 376
Nuklear
-sprengköpfe 350
-technik 343, 469
-waffenforschung 350
Nützlichkeit 148
Nutzung, gesellschaftliche 427

OECD 427
Öffentliche FuE-Projekte
– als Initialzündung 577 f.
Ökologie und Gesellschaftspolitik
–, Zusammenhang von 474
Ökologiebewegung 88, 105
Ökologische Dimension 465
–, verträgliche Produkte und Produktionsverfahren 508
–, Verträglichkeit 511
–, Wissenschaft 731
Ökonomismus
–, Abkehr vom reinen 99
Ökosystem 276
–, vernetztes 358
Öl, synthetisches 191
Ölpreiskrise 25
Operationalisierung 380
Operations Research 386-388
–, Begriff des 388
»Optimale« Lösung 361 f.
Optimierung(s)
-methode 383, 385 f.
-modell 385
-verfahren 409
Optische Geräte 156
Ordnung(s)
-vorgang 277
-rahmen für Innovationen 439
Organisation(s) 214, 231
–, Herausbildung des wissenschaftlichen Prinzips 214-218
–, innerbetriebliche 362
–, neue wissenschaftliche Grundlagen der 378-393
– Optimierung der 385
-analyse 215
-beziehung, formale und informale 249
-form, erste großindustrielle für Forschungs- und Innovationsvorhaben 615
-forschung 221, 653
-kybernetik 260, 281
-lehre 215, 221, 250, 653
-muster 386
-prinzip, industrielles 227
-soziologie 250
-struktur, optimale 373
-synthese 215
-technik 215, 336 f., 361, 407
-technik, formalisierte 380-393
-wissenschaft 215
Organisator 381
Organisierung des Haushalts 226
Orientierungswissen 451
Ost-West-Konflikt 288

Pädagogische Hochschule 680
Paradigma
–, Fortschritts- 9, 126, 135 ff.
–, industrialistisches Wachstums-
–, Kritiker des Wissenschafts- 144
–, wissenschaftlich-technologisches Leistungs- 140

–, Wissenschafts-Technologie-Industrialismus (WTI) 9 ff., 134-154
Patent
–, Auswertung von P. der MPG 657
-bewertung 662
-dokumentation 431
–, Nutzung von 632
–, Produktion und Handel mit 65 f.
-vergabe 626
–, Transfer von Lizenzen, Entwicklungen und 578
-vermittlung 431
Patentstelle für die Deutsche Forschung (PST) 661
Perpetuum mobile 166
Personal-Transfer 434 ff., 593, 607, 612, 638, 681, 694, 702, 706
Personal- und Sachmittelaufwand, hoher 671
Persönlichkeitsentwicklung
–, Beeinträchtigung der 467
Perspektive 718
PERT (Program Evaluation and Review Technique) 391
–, Cost-System 391
Phänomenologische Modelle 410
Phantasie 341, 396
Philadelphia
– als Industrie-, Wissenschafts- und Kulturzentrum 608 ff.
Physiologie 258
Plan
– des technischen Fortschritts 516
– von Wissenschaft und Technik 522
Planung(s)
–, Methoden der 336 f., 412 f.
-modell 568
-strategie 386
-technik 407, 565
-technik (formalisierte) 380-393
-verfahren 412 f.
Planung und Organisation
– der Wissens- und Technologieproduktion 235-242
–, effiziente Techniken von 379
Planwirtschaft
–, Länder mit zentraler 100
–, zentralgelenkte 16, 90
Plutonium
–, Erzeugung von 614
Politik
-beratung 568
-Beratungsforschung 569 f.
Policy Analysis 408
Polytechnische Einrichtung 161
Polytechnische Institute 168 ff.
Postindustrielle Gesellschaft 89
Postmaterielle Gesellschaft 7
Pragmatische Philosophie 167, 332
Pragmatismus, amerikanischer 640
Praxis
-bezug 568
-kontakte 433
Präzisionsspiegel 740
Prestige 366
–, nationales 207
Princeton University 606 f.
Prinzip Organisation
–, Institutionalisierung des 218-223
– Übernahme in den Wissenschaftsbereich 378-380
–, wissenschaftliches 79 f., 528
–, wissenschaftlich-technisches 12, 210-242, 484 ff.
Produktgestaltung
– ›Organisation‹ und ›Funktionalität‹ 230-232
Produktinnovation 422
Produktion(s)
–, vollautomatische 298 ff.
-innovation 587 f.

-mittel 71
-organisation, Verwissenschaftlichung und Technisierung der 211-218
-prozeß (automatisch gesteuerter) 295-300
-technik 437, 584
-technik und Fertigungstechnik 259
-technik und Atomatisierung, computergestützte 667 f.
-verfahren 259
-zweige, Verlagerung von zukunftsträchtiger 542
Produktivfaktor 71
– Arbeit 90 f., 210
–, Bedeutung der vier 98-121
– Kapital 90, 91-96
– Natur 90, 96-98, 102 f.
Produktivkraft 71
–, Begriffsbestimmung 121 f.
–, universale Wandlung der 106
–, zentrale 11
Produktivität 353, 447
– im Bürobereich 111
–, Erhöhung der 521 ff.
–, Maximierung der 237
–, welthöchstes Niveau der 517, 520
– im Produktionsbereich 111
–, höchste Raten der 716, 731
Produktivität(s)
-entwicklung in der Bundesrepublik Deutschland 112 ff.
-entwicklung in den USA 112
-fortschritt 443, 464
-steigerung 207, 449, 453, 533, 709
-wachstum durch Wissenschaft und Technologie 111-121
Prognose(n) 371, 718
-ansatz 358
-ansatz (infinitiv, explorativ, projektiv, rekursiv) 406 ff.
-kapazität für Politik und Wirtschaft 565
-kapazität in Industrieländern 407
–, Marx'sche 103
-methode 400, 412
-modell 568
-technik, formalisierte 380-393
-verfahren 379, 410, 565
-verfahren, formalisiertes 403
Prognostik 408
Programm
-forschung 432, 568
-forschung zur Verarbeitung technologischer Großprojekte 671
-planer 381
Programm- und Ziel-Verifikationssystem, künstliches 723
Projekt
-arbeit 360 ff., 568
-forschung 360 f.
–, langfristige Forschung des 356
–, komplexes 390
-management 523, 615
-organisation 360
-orientierung 349, 360-361, 432
-planer 357
– Stickstoff der BASF 177 ff.
-wissenschaft 360
Projektion 407
Prozeß, gerichteter 390
Prüf- und Meßtechnik 522
Psychologie 258
Publikationen
–, Zahl der wissenschaftlichen 26 ff.

Qualität des Lebens 471
Qualifikation
–, berufliche 444

– der arbeitenden Menschen 510
Qualifikationsstruktur, Innovation der 581
Qualifizierungshilfe 638
–, offensive als personelle Ergänzung der Strukturpolitik 590

RaD Research and Development Industry 369
Radartechnik 151, 307, 337, 611
-entwicklung 255, 339
– militärische Nutzung 292
–, Weiterentwicklung für SDI 740
Radiation Laboratory 339
Raketen
–, Alternativen im Bau der 400
-technik 294 f., 372
RAND Corporation 340-343, 383, 388, 398, 620
Randolph-Report 621 f.
Rationalisierung(s) 114, 210
– der Hausarbeit 226
– in der Metallwirtschaft 482 ff., 486
– durch Organisation 484 ff.
– durch Veränderung der Betriebsstruktur 486
-arbeit 220 ff.
-bestrebung, Förderung der 653
-investition 544
-maßnahmen in den verschiedenen Betriebsbereichen 487
-maßnahmen nach dem Prinzip Organisation in der Metallindustrie 486
-potential durch die IuK-Techniken 120 f.
-welle 458
Rationalisierungs-Ausschuß der Deutschen Wirtschaft (RAW) 220
Rationalismus, ökonomischer 80 ff.
Rationalität, kapitalistische 78 ff.
Raum und Zeit 243 ff.
Raumfahrt 294 f., 372
-programme der SU und USA
-forschung 671
Rechenanlage
–, Entwicklung der elektronischen 337 ff.
–, erste programmgesteuerte (Z3) 291
Rechnerarchitektur, neue 722
Rechnersystem, superschnelles 722
Regelkreisprinzip 268-270
Regelungs
-mechanismus 258
-prinzip 318
-prinzip, universaler Charakter des 241
–, und Steuerungsprozeß, komplexer 290
-technik 247 f., 254, 268-270, 280, 291, 307, 338, 356, 381
-theorie, kybernetische 269
-theorie 247 ff., 269
Regionale Strukturpolitik durch Hochschulgründungen 679 f.
Reichsanstalten 170 ff., 374
–, Physikalisch-Technische (PTR) 171
–, wissenschaftlich-technische 205
Reichsausschuß für Arbeitszeitermittlung (REFA) 218
Reichspatentamt 171
Relevanzbaum-Methode 401 f., 411
Religion 329, 715 f.
Research Analysis Center 349, 620
Research-industry 349, 369 ff.
Research-factory 369 f.
Research and Development Industry 349 ff.

Ressourcen
-entwicklung 399
-mobilisierung im RGW 514
-schonung 470
Revolution
– der automatischen Fertigung und Prozeßsteuerung 296
– der Kommunikationstechnik 303
–, permanente 89
–, proletarische 103
–, technisch-industrielle 12, 161-172
–, wissenschaftlich-technische 106 f.
RGW Rat für Gegenseitige Wirtschaftshilfe 16, 511-534
–, Organisationsstruktur 528 f.
–, strukturpolitische Leitlinien 511-534
– als WTI-Machtzentrum
Rhein-Main-Donau-Kanal 493
Richta-Report 106 ff.
Risiko von Wissenschaft und Technologie 141 ff.
Risikobeteiligung 638
RKW Rationalisierungs-Kuratorium der Deutschen Wirtschaft 115, 220 ff., 652
–, Anregung wissenschaftlicher Studien und Projekte 654
–, Ausbildung und Management-Schulung 653
–, Beratungsdienst für Unternehmen 654 f.
–, Informations- und Dokumentationsservice 653
–, Kooperationsbörse 654
–, Modell für Wissens- und Technologietransfer 652
Roboter 473
-einsatz 222
– in der Industrie 487 f.
-technik 297, 317, 514, 522, 669, 707
Roboterisierung 300
Rohstoffe
– als Produktivfaktor 71
Rückkopplung 13, 254, 258, 261, 268
–, Prozeß zwischen Industrie- und Wissenschaftssystem 13, 715 ff., 725 f., 744
Ruhrgebiet
–, Strukturentwicklung des 680
Rüstung 181
Rüstung(s)
-ausgaben 334
-forschung 659
-forschung der angelsächsischen Länder 336
-konzern 346
-politik Hitlers 191 ff.
-produktion 183
-spirale 312
-technik 350
-technologie 611

Satellitentechnik 307 ff., 735
Schaltalgebra 257, 291
Schlüsselbegriffe 421-438
Schlüsseltechnologien 37, 442, 469, 517
Schneller Brüter 392, 493
Scholastik 156 f.
Schwachstellenbereich
– der Berliner Wirtschaftspolitik 575 f., 582 ff.
Schwellenwert 359
Schwerpunktprogramm
–, wissenschaftliches 356
Scenario-Methode 408, 411
Scientific community 331 ff.
– in Deutschland 646
Scientific Management 210 ff., 217, 232

Screening-Verfahren 394 f.
SDC System Development Corporation 343
SDI Strategie Defense Initiative 18, 735 ff.
–, Programm der 312
Seele im technischen Zeitalter 319 ff.
Selbsterhaltung 250
Selbstkoordination 330 f.
Selbstorganisation 250, 327
Selbstregulation dynamischer Systeme 261
Selbststeuerung der Wissenschaft 327
Siedlungsbau 231
Siemens AG 93, 197, 376
–, Studie »Büro 1990« 121
Silicon Valley 700
Silikon-Wedding 600, 700
Simulation 290, 404, 408, 413
Sinn
– der Wissenschaft 139 ff.
Skeptizismus, systematischer 331
Softwarekrise 724
Solidarität der Arbeitnehmer 466
Sowjetunion
–, strukturpolitische Leitlinien 515-521
– und SDI
–, Wettbewerbsfähigkeit der Wirtschaft 517 ff.
–, Wissenschaftssteuerung 354, 374 ff., 515 ff.
Sozialdemokratie 104 f.
Sozialdimension 465
Sozialkontrolle 468
Sozialprestige 148
Sozialverträglichkeit 478, 511
Sozialwirkungsforschung 469
Sozialwissenschaft 284, 676, 716
Sozialwissenschaftliche Forschungseinrichtung der Bundesrepublik Deutschland 571
Soziale und psychologische Disposition 715
Soziale Organisation 249
Soziale Steuerung des technischen Wandels 462 ff.
Soziale Systeme und Informationsprozesse 247-253
Soziales System, komplexes 250
Sozialismus, real existierender 108
»Sozialistische Demokratie« 517
Sozialistische Gesellschaftsform 87
–, Festigung der materiell-technischen Basis der 513
Sozialistischer Wettbewerb 532
Sozialverträgliche Technikentwicklung und -anwendung 462 ff.
Soziologie und Technik 716 ff.
Spätkapitalismus 76
Spiel
–, Begriff des 382
-modell 382-384
– und Entscheidungstheorie 260, 361, 382 ff.
Spin off
– Theorie 629, 743
– Unternehmen 433
Spitzentechnologie 455
Spontanität 364
Sprach
-erkennung, maschinelle 723 f.
-übersetzung, maschinelle 723 f.
-verstehen, maschinelles 723 f.
-wissenschaft 281
Sprachfax 301
›Sputnik-Schock‹ 294, 629
SRI Stanford Research Institute 97, 343 f., 606, 723
Staatsaufträge
– als Instrument der Innovations-

strukturpolitik in der DDR 522 f.
Stabilität
– der deutschen Wirtschaft 443
Stagnation
–, globale Verteilung 108 ff.
Stahlproduktion
– in erstem Viertel des 20. Jahrhunderts 177
Standard Oil Development Company 184, 190, 205
Standardisierung 222, 231
Standortprobleme 575
Steuerung(s)
–, Einsatzgebiete programmierbarer 297
– großtechnischer Anlagen 405
–, numerische 295 ff.
–, politische 465
-prozeß 251, 258
– staatlicher Forschungs-, Technologie- und Innovationspolitik 374 ff., 497 f.
-system 289-291
-technik 305, 307, 437
Stifterverband für die Deutsche Wissenschaft (SVW) 661
Störung
– Elimination von Zufall und Störung 416
Störungsstrategie 741 f.
Strategie
–, »beste« 385
–, militärische und politische 383
Stromversorgung 224 ff.
Struktur
-analyse 709
-berichterstattung 457
-innovation 422
-krise in den Industriegesellschaften 418
-krise, Regionen mit 693
-politik als Gesellschaftspolitik 480
-politik, staatliche 601
-politik, vorausschauende 461 ff.
– politische Leitlinien in der Bundesrepublik Deutschland 439-511
-probleme in Berlin 582
-schwäche im Zulieferbereich 575
– und Innovationspolitik des Senats von Berlin 582-594
-verbesserung, regionale 680
-wandel 460
-wandel in der Bundesrepublik 694
-wandel, langfristiger und gesellschaftlicher 720
-wandel der Wirtschaft 441 f.
–, wirtschaftliche 419
Studiengruppe für Systemforschung 333, 551
Subjekt-Objekt-Beziehung 262
Such
-prozeß, Automatisierung des 395
-prozeß, intuitiver 404
-strategie 394, 404
-verfahren 394 f.
Superbombe 613
Super
-bürokratisches System 636
-industrialisierung 237, 335, 344, 476
-macht 308
-militarisierung 308, 737 ff.
-programm SDI 737
-projekt der Nitrat-, Gummi- und Ölproduktion 192
-technik 338, 720-749
-technisierung 237, 308, 315, 344, 720-749

-technologie 432, 720-749
Superstruktur 334, 633
–, großindustrielle 241
–, militärische 14
–, Verschmelzung von Wissenschaft und Technologie zur 315-324
–, wissenschaftlich-technisch-industrielle 14, 354, 392
System 273 ff.
System
-analyse 307, 388-390, 567
-analytiker 389 f.
-ansatz 13, 241, 277 f.
–, Beherrschung komplexer Prozesse und 323
-denken 259, 346 f.
-forscher 346
-funktion 261
– hoher Komplexität 273
-ingenieur 346, 357
-komplexes 13 f., 245 ff., 741
–, komplexes, dynamisches und offenes 267, 269, 358, 389
-lösung, integrative 691
–, offenes 276
–, optimaler Zustand des 385
-planer 381
-struktur 359
–, supertechnologisch-militärisches 672
-technik 222, 247, 307, 381, 388-390, 611, 663 ff.
-techniker 343, 346, 357, 381, 389 f., 633
-theorie 247 ff., 253, 270-279, 280, 356
-verhalten, gerichtetes 277
Systemischer Denk-, Erkennens- und Handlungsansatz 273 ff., 346 f.
Systems
-Design 389
-Development 389
-Engineering

Tarifverhandlungen 482
Tätigkeiten
–, Dezentralisierung von 473, 494 f., 501
–, handwerkliche 126 f.
–, Ersetzung kognitiver und sensitiver 500
Taylorismus 210 ff., 217 f., 248 f.
Team
-arbeit 361-362
-theorie 361 f.
Technik
–, Begriffsbestimmung 125-130
–, Dimension der 129
-feindlichkeit 459
-geschichte 229
– und Gesellschaft 717
-kritik 449
–, revolutionäre 78
-verständnis 127 ff.
–, Verwissenschaftlichung der 173
–, wissenschaftliche 130
Technisch-industrielle Revolution
–, Einbeziehung der Wissenschaft in die 161-172
Technische Herausforderung
–, Faszination der 617 f.
Technische Hochschule 168 ff., 374, 432
– Karlsruhe 168
– München 170
– Prag 168
– Wien 168
Technischer Fortschritt 86, 422, 443
–, Begriff 123 f.
–, Chancen und Risiko des 446 f.
–, Grenzen des 449
– als Produktivfaktor 72-75
Technisierung des Haushalts 226 ff.

Technologie
-analyse 662
–, angemessene 345
–, Begriffsbestimmung der 125, 130-133
-beratungsstelle 467
-bewertung 617 f., 637, 673, 689
–, Einsatz neuer wissenschaftlicher 484
-entwicklung 23-69, 308, 735
-entwicklung, Förderung der 510
–, Exportkontrolle und Beschränkung für Produkte der 529
–, Folgen für die Entwicklung der 285-313
-Folgenabschätzung 398, 451, 462 ff., 469, 507, 617 f., 654, 663
-folgenforschung 141, 637
-forschung 689
-forschung (sozialverpflichtete) 463 ff., 472
– Gemeinschaft Europa 746 ff.
-gesellschaft 25
-gesellschaft, Wesen der 487
– und Gesellschaft, Arbeit und Grenzgebiet zwischen 663
-krieg zwischen den Blöcken 528-530
-lücke 428
-Makler 662
-markt 531
–, Nutzung neuer 447
-Nutzungsbeauftragter 633
–, Organisation des Transfers von 576
-park 589
-park in der Bundesrepublik, Übersicht 738 f.
Technologie-und Innovationspark Berlin (TIB) 707-709
Technologie
-politik 440 f., 458
-politik, Impulse durch 442
-politik, als vorausschauende Strukturpolitik 462 ff., 472
-qualifizierungsstelle 467
Technologie
-transfer 15, 424-438, 531, 605, 612, 663 ff., 702
-Agentur 665
–, Diskussion nach dem Zweiten Weltkrieg 621-623
– in FOR-Centers 620 ff.
–, Hearing in den USA 621 f.
– zwischen Hochschulen und Wirtschaft in England und Israel 642 f.
– in den Industrieländern 418-601
–, institutionalisierter 424
– innerhalb der sowjetischen Wirtschaft 518
-stelle 594
-stelle der TU-Berlin 699-706
–, vertikaler 427
–, Wurzeln des heutigen 602-643
Technologie
-umsetzung 575
-unternehmen 705
-vermarktung 579
-vermittlung 579
-verwertung 645
Technologie- und Gründerzentren 735 ff.
Technology Assessment 663
»Technology-push« 431 ff.
Technology-Utilization-Office (NASA) 627-637
Telefax 301
Telefon
–, Ausbreitung 201 f.
–, Großproduktion 200 f.
Telegraf
–, Ausbreitung 201 f.
–, Großproduktion 200 f.
Teleheimarbeit 473, 494 f., 501

Telekommunikation 300-305
–, Berlin als Mekka der 598
Telematik 301
Teletex 301
Tele-Zeitung 301
Terramaschine 400
Textfax 301
Think Factory 340, 369
Time Study 217
Transfer
-forschung 706
– von Know-how 102
-lücke 425
-Seminare 706
Transistor 293
Trend
–, amerikanisch-japanischer 731
-analogie 410
-analyse 371, 413
-einschätzung, technologischer Innovationen 398
-extrapolation 410
TU (Technische Universität Berlin) 540
TU-Transfer 435 ff., 594, 694, 699-706
TVA Technologie-Vermittlungs-Agentur 594

Überleitung
–, Begriff 514, 531, 534
– in der DDR 521
– wissenschaftlicher Ergebnisse in die Volkswirtschaft 516 ff.
Überleitungskollektiv 527
Ultrastabilität 269
Umsetzungseffizienz 710
Umsteuerung
– des technisch-industriellen Weges 418
Umwelt
–, Belastung der natürlichen 476 f.
-reparaturen 460 ff.
-schutz, Unternehmen mit 710
Uni-Transfereinrichtungen 692-709
Unikontakt
– an der Ruhruniversität Bochum 692 f.
Universalismus 331
Universität 161, 170
–, amerikanische 349 f.
–, Kooperativsprojekte der 580
– Studienreform und Forschungsplan 554 ff.
– Zusammenarbeit mit lokaler Industrie 642, 665
Universitäts-KOOP-Modell des M.I.T. 637-641, 665
University
– of California 351, 606, 614
– of Chicago 610, 614
– of Pennsylvania 337, 608 f.
– of Stanford 606, 723 f.
Unternehmen
–, quantifizierbare Abläufe in 387
–, Stärkung der Eigeninitiative von 580
–, technologieorientierte Gründung von 590
Unternehmen(s)
-führung, betriebswirtschaftliche 362-368
-gründung, technologieorientierte 702
Unternehmer
–, Prototyp des neuen 203
Unverwundbarkeit 743
Urheberrecht
–, Produktion und Handel mit 65 f.
USA
–, Einfluß der Denkfabriken auf die Politik 342
–, FuE-Struktur 334

–, Wissenschaftssteuerung 354, 374
US-Air-Force 295 f., 346 f., 375, 402
–, ballistische Rechenabteilung der 292
–, neue Forschungs- und Entwicklungseinrichtungen 612
–, Forschungslaboratorien der 338-340
– Program Office 340
US Army 375, 614
US Atomie Energy Commission 351 f.

V1 und V2 (»Vergeltungswaffen 1 und 2«) 294
Variablen
–, Vielzahl von 387, 403 ff.
Variabilität
– von Systemen 274
VDI-TZ Verband Deutscher Ingenieure – Technologiezentrum 594
Venture-capital 589
– Gesellschaften 589
Verbraucherforschung 234
Verbundforschung
– mit regional ansässigen Unternehmen 637
Verein Deutscher Ingenieure (VDI) 218 ff.
Verfahrensinnovation 422
Verfahrenstechnik 437, 707
Verfügungsmacht über Wissenschaft und Technologie 715
Vermarktung
– von Wissen und Technologie 540
Vernetzung
– von Hochschule, Industrie und politisch-militärischer Administration 679
–, multidisziplinäre 357 ff.
– von Wissenschaft, Staat, Wirtschaft und militärischem Bereich 605 ff., 619 ff., 712
– von Wissensproduktion und industriell-militärischen Interessen 333-352
Vernetzungsprinzipien 389
Vernichtung durch Arbeit 191
Vernichtungskrieg 192 ff.
Verschwendungsrate 425
Versailler Friedensvertrag 204
Verstehende Philosophie 328
Vertragsforschung 659
–, externe 711 f.
Verwertung
–, beschleunigte industrielle 431
–, industrielle 178
–, ökonomisch-militärische 427
Verwertungsprozeß, kapitalistischer 369
Videokonferenz 301
Videotext 301, 303
Vier Welten
–, Begriffsbestimmung 18, 100 ff.
–, Produktivität in den 100–111
Vitalismus 246, 272
Volksrepublik China
– als WTI-Machtzentrum 748
Volkswagenwerk 94, 299
Volkswirtschaft
–, ökologische Reform der 492 ff.
Volkswirtschaftspläne 512 f.
Voraussage 398

Wachstum 447
–, globale Verteilung von 108
– der Produktivität 73
–, qualitatives 509
– eines Systems 276
–, (»Postindustrial«-)Typus des 108
– von Wissen, Indikatoren 63-69

– von Wissen, quantitatives 26-31
Wachstum(s)
-felder 449
-kritik 449
-kurve, exponentielle 26
-prozeß 277
-schübe im Industriesystem 418
-vorgang 291
Waffen
-fabrik (wissenschaftliche) 312
-schmiede (wissenschaftliche) 14, 346-352, *352*, 737
-system (neues) 305-313, 425
-technik 346 ff.
-technik der US Air Force 340
Wagnisfinanzierung 63, 441 f.
Wagnisfinanzierung(s)
-gesellschaft 578 f., 580
-modelle 433, 665
Wagnisfond 578 f.
Wagniskapital 575, 580
Wahrheit und Erkenntnis 141, 143, 147, 206
Wahrheit und Nützlichkeit 135, 155, 156, 159 f.
–, Einheit von 161
Wahrscheinlichkeitsaussage 245
Wandel
– der Industriegesellschaft 727 ff.
–, sozioökonomischer 714 ff.
Wasserstoffbombe 350, 613, 616 ff.
Wasserversorgung 224 ff.
Weimarer Republik
– und Wissenschaft 189 f., 209
Weltbevölkerungsentwicklung 153
Welt-Dokumentationszentrale Berlin 550
Ausbau Berlins zur 550
Weltkrieg, Erster
–, ökonomische bzw. militärische Entwicklung 177-189
Weltkrieg, Zweiter 184, 254, 285, 290, 353 f., 375
–, Außensteuerung von Wissenschaft und Technologie 375
–, Neue FuE-Zentren im Rahmen des 611-620
Weltniveau, wissenschaftlich-technisches 514, 525
Weltraumbeobachtungs- und -frühwarnsystem 312
Weltsicht, ganzheitliche 328
Weltuniversität Berlin 550
Weltwirtschaftskrise 326
Weltwirtschaftssystem
–, Schwächeperioden des 547
Werkzeugmaschinen 584, 667
–, automatisch gesteuerte 295-300
–, Technik der 667
Wertfreiheit der Wissenschaft 325, 328
Wettbewerb 369
–, militärischer 745
– als Motor der Innovationen 441
–, unlautere Praktiken des 367
Wettbewerbsfähigkeit 364, 436, 451
–, internationale 452 ff., 533
Wettbewerb(s)
-politik 445
-vorteile 709
Wienersches Theorem 267
Wirkungsgefüge, komplexes 358
Wirkungskette 390
Wirtschaft
–, innovationsfordernde Politik der 439 ff.
–, Revitalisierungsprozeß der 439 ff.
Wirtschaft(s)
-analyse 714
-förderung in Berlin 538 f.
-gesinnung, kapitalistische 77 ff.
-lehre des Haushalts 234

-prognose 413
-sektor »Forschung, Entwicklung und Technologietransfer« 13, 236, 327, 333-353, 371, 412
-sektoren, Veränderung in den drei 117ff.
-situation in Berlin 572
-strukturkrise in Berlin 694
-strukturkrise im Ruhrgebiet 693 ff.
-strukturpolitik 449, 531
-strukturpolitik (der DDR) 521 ff.
-wachstum 13 f., 207, 353, 453, 464, 533
-wachstumschancen der deutschen Wirtschaft 443
-wachstum, maximales 716
Wissensakkumulation 29-31
Wissenschaft(s)
–, Allmacht der 353
–, Außensteuerung der 206
–, Begriff der 124
– in Einsamkeit und Freiheit 651
–, empirisch-analytische 7 ff., 12, 156-161, 271
–, empirisch-experimentelle 11, 135 ff.
–, Erkenntnisfähigkeit der 137
–, externe Steuerung der 645
– im Kaufhaus 540
–, kybernetische 303
–, moderne 134
–, moderne mathematisch-experimentelle 84
–, Möglichkeiten neuer 144
–, rationale Planung der 330 f.
– als soziales System 365 f.
–, zweckfreie 161
-ausgaben der Länder 50
-ausgaben an die gewerbliche Wirtschaft 57
-produktion 735-749
-rat 365, 559
-rat zur Organisation, Planung und Förderung der Forschung 647 f.
-rat, Planung und Steuerung der Großforschungszentren 678
-theorie 281
-verwertung in Hochtechnologie-Industrien 727-735
-zweige in traditionellen Fächern der 281-283
Wissenschaftsauffassung, idealistische 17
Wissenschaftseinrichtungen
–, Gründung anwendungsorientierter 168-172
–, Gründung neuer in Berlin 550, 552-571
Wissenschaftsforschung 365 f.
Wissenschaftsgebiete, neue 281, 286 f.
Wissenschaftsgesellschaft 9 ff., 25, 42, 211, 302, 308 ff., 417, 491, 534, 603, 712, 717, 728
–, Ausformung 193 ff.
–, Grundwiderspruch 149
–, Entwicklungsstand 741 ff.
–, Übergang von der Industriegesellschaft zur 537
Wissenschaftsideologie 650
Wissenschaftsindustrie 359, 406
–, Determinanten der 14, 355-417
–, leistungsfähige 509
–, Marktausrichtung der 368-377
–, Planung und Organisationsgrundlagen der 373
–, Wissensverwertung im Rahmen der außeruniversitären 652-678
Wissenschaftsmanagement 615
Wissenschaft-Technologie-Industrialismus (WTI)
– Paradigma 134-154, 308 ff., 355, 420, 449, 510, 520, 533, 715 ff.

Wissenschaft und Technik 215
–, Bewertung von 139-147
–, Forschung von 141 ff.
– als Innovationskraft 151
–, ökologische 17
– als Produktivkraft 88
–, soziale 17
–, Verschmelzung von 133
Wissenschaft und Technologie
–, Allmacht bzw. Markt von 134
–, Begriffsbestimmung von 122-125
–, Entwicklungsstufen von 155-242
–, Erfolge von 715
– Folgen und Risiken 141 ff.
– als Innovationskraft 9, 70-133
– als zentrale Innovationskraft 70, 417
– in der Nationalökonomie 71-87
–, Negativfolgen von 715
–, sozialverträgliche Politik von 464 ff.
– als Produktivfaktor 9 ff.
– in der Soziologie 88 ff.
–, Strategische Planung, Steuerung und Organisation von 335
Wissenschaft und Technologie als Produktivkraft 163, 167, 284, 298, 340, 445, 449, 472
– als dominierende Produktivkraft 173, 186, 417, 151, 527
– Dynamik der Produktivkraft 701 ff.
–, Entfaltung von 277
–, Förderung um Nutzung von 321
– als zentrale Produktivkraft im RGW 534
–, Rolle von 106
Wissen- und Technologieproduktion
– Strategische Planung und Organisation 235-242
Wissensrepräsentationssprache 725
Wissens- und Technologietransfer 63, 424-429, 436, 539 ff., 593, 596, 621-643, 660
–, angebotsorientierter 662 ff.
– Fachhochschulen als Schrittmacher 681-683
–, Forcierung des 420 ff.
–, Formen des 654
– Gründe für die späte Institutionalisierung in der Bundesrepublik 644-652
–, industriell-organisierter 418
–, Organisation in der Bundesrepublik Deutschland 661
Wissenschafts-Wirtschafts-Zentren
– in den USA um 1940 605-610
Wissenschaftliches Management 217
Wissensfabrik 353
Wissensindustrie 393
Wissensproduktion 23-69
–, Denk- und Handlungsmuster der 720
–, Folgen für die 279-313
–, Grundlagen heutiger 243-313
–, innerbetriebliche 712
– durch Künstliche Intelligenz (KI) 721-726
–, Planung und Organisation der 12
–, wissenschaftliche 9 ff., 259, 277
Wissensverarbeitung 31-42
Wissens- und Technologieverwertung
–, Institutionalisierung 314-354
–, Strategische Planung und Organisation 235-242
Wissensverwertung

– in der Bundesrepublik Deutschland 644-713
–, Denk- und Handlungsmuster der 720
–, Grundlagen der 243-313
– in der außeruniversitären Wissenschaftsindustrie 652-678
– in den Hochschulen 679-708
– im Rahmen industrieller Gemeinschaftseinrichtungen 709-713
–, wissenschaftliche 277
Wohnkultur
– Technisierung und Rationalisierung 224
–, neue technische 230 f.
Wohnungsbau
–, ›Organisation‹ und ›Funktionalität‹ im 230-232
WTI-Fortschrittsparadigma 163, 134-154, 238, 319, 464, 512, 710
– in der Arbeitnehmerschaft 492
–, Determinanten des 147-149
–, Kritiker des 144
WZB Wissenschaftszentrum Berlin 368, 565-571

Yale University 610

Zeitalter
–, kybernetisches 359
Zeitminimierung 387
Zentren
– wissenschaftlich-technische in den USA 686
Zentrum Berlin für Zukunftsforschung ZBZ 565-568
Zentrum für Mikroelektronik in Produktionstechnik und Automation 668 ff.
Zentrum für Technologische Zusammenarbeit (ZTZ) 699
Zielfindung 269, 275, 277, 291
Zielfindungs- und Frühwarnsystem, militärisches 308, 735 f.
Zielschärfe 389
Zielsetzung
–, autonome 327
Zitiationsstatistik 364
Zufall 401, 403
Zukunft 749
–, Engagement für die 440
– der Industriegesellschaft 492
– der Position der Gewerkschaft 492
–, rationale 412
Zukunft(s)
-bild 397, 400, 408
-forschung 341-346, 395, 413, 565-568
-industrie 544, 731 ff.
-industrie, Berlin als Zentrum für 590
-orientierte Industriepolitik 508
-ministerium 450
-modell, Geltungs 109-111
-prognose 709
-technologie 455, 464, 487 ff., 705
-trend 731 ff.
Zugriffssysteme 31-36, 703
Zusammenarbeit
– auf wissenschaftlich-technischem Gebiet im RGW 528 ff.
– von Wissenschaft und Industrie 612 ff.
Zweckbestimmung von Wissenschaft 651 f., 672
Zweck-Mittel-Relation
–, Umkehrung der 319
Zweiweg-Kabelfernsehen 301, 303, 688
Zyklon B 191 ff.

Namenregister

Ackoff, Russel L. 251-253, 261, 275 f., 386, 394
Aiken, Howard 291
Alberti, Leon Battista 157
Aleksandrov, A. P. 516
Allesch, Jürgen 436, 706
Altvater, Elmar 92, 97
Améry, Carl 239
Ampère, André Marie 198
Andrews, Charles M. 135
Andrews, D. C. 230
Andropow, Juri 517, 519
Angermann, A. 383
Ardenne, Manfred von 257
Arendt, Hannah 214
Aristoteles 212, 271
Arnoff, E. L. 252, 386
Ashby, W. Ross 251, 253, 275

Babbage, Charles 214
Bachofen, Johann J. 212
Bacon, Francis 8, 11, 134-136, 138, 141, 146, 149, 157, 159 f., 187, 235, 401, 718, 721
Bäcker, Gerhard 482
Baeyer, A. von 176
Bahro, Rudolf 102
Baitsch, Helmut 365 f.
Bangemann, Martin 496
Bardeen, J. 338
Barnard, Chester I. 248 f.
Bartning, Otto 231
Bateson, Gregory 254
Bauer, Jochen 477
Baumgarth, S. 633
Bayerl, Günter 224
Beauclair, W. de 291
Bebel, August 496
Bechmann, Arnim 412
Becker, Nicolas 477
Becket, W. 253
Beckmann, J. M. 252
Beer, Stafford 253, 260, 273-275, 386, 403 f.
Behring, Emil von 206
Bell, Daniel 27, 30, 42, 89, 132, 135, 145, 151 f., 727 f.
Below, Georg von 209
Benker, G. 228
Berge, C. 390
Berger, P. 28, 303
Bergius, Friedrich 189 f.
Bergson, Henri 245 f.
Bernal, J. D. 331
Bertalanffy, Ludwig von 253, 272 f., 276
Bertrich, F. 228
Bestushev-Lada, Igor V. 407
Bethe, Hans Albert 618, 737
Beyerchen, Alan D. 377
Bigelow, Julian H. 254, 275
Binswanger, Hans-Christoph 24, 124
Birch, David 730
Birkwald, Reimar 461 f.
Birnbacher, D. 236, 238
Bispnick, Reinhard 482
Blackwell, D. 260
Blanc, Louis 214
Blau, P. M. 250
Bleuel, Hans-Peter 187, 209 f., 650
Blüm, Norbert 464
Bobsow 725
Böhme, Gernot 332, 645
Böhme, H. 163

Boldyreff, A. W. 388
Boltzmann, Ludwig 245
Bombach, Gottfried 73
Bonhoeffer, K. F. 188
Boole, George 257 f., 291 f.
Borkin, Joseph 178-186, 189, 191 f., 196, 649
Bosch, Carl 179, 182 f., 190, 204 f.
Bosch, Hieronymus 142
Bosch, Robert 206
Bossel, Hartmut 719
Boulding, K. 251, 253
Boyle, Robert 158
Bradbury, Norris 616 f.
Brattain, W. H. 338
Braun, Wernher von 295
Braun-Feldweg, W. 231
Breit, G. 256
Breschnew, Leonid 517
Brooks, Harvey 132, 426 f.
Brown, A. 351
Brown, George 732
Brunck, Heinrich von 176, 179
Brunelleschi 157
Buck, Hannsjörg F. 521
Buckley 249
Budach, Wolfgang 693
Büttner, H. W. 220
Buhr, Manfred 71
Burckhardt, Jacob 142
Bush, Vannevar 254, 289, 612-614

Cannon, Walter B. 254
Canstadt, Schilling von 198
Carter, Jimmy 105
Cartwright, D. 251, 390
Chargaff, Erwin 126, 141 f.
Cherry, Colin 28, 252
Churchman, C. West 252 f., 276, 386
Clark, C. H. 397
Clement, G. H. 388
Coenen, R. 333
Colmerauer, A. 722
Colombo, U. 23
Compton, Arthur H. 613 f.
Comte, Auguste 20
Conant, James B. 612, 614 f.
Couffignal, Louis 265 f.
Crookes, Sir William 177
Czada, P. 224
Czerny, Vincenz 206

Daele, Wolfgang van den 74, 332, 645
Darwin, Charles 136, 726
Dean, Gordon 617 f.
Demokrit 271
Denison, Edward 73
De Rosnay, J. 278
Descartes, René 158
Dette, Klaus 599, 688
Deutsch, K. W. 252 f.
Dewey, John 167, 332
Dickson, W. J. 248
Dierkes, Meinolf 113, 569-571
Dilthey, Wilhelm 272, 328
Doctors, Samuel I. 631 f.
Dolivo-Dobrowolsky, Michail von 201
Dornier, J. 427
Driesch, Hans 272
Du Bois-Reymond, Emil 137
Dünnwald, Johannes 300
Dürer, Albrecht 157
Duisberg, Carl 188, 204 f.
Duwe, F. 23
Dyson, Freemann 737, 744, 749

Eckert, J. P. 291, 609
Edison, Thomas Alva 200-202
Egner, E. 232
Ehrlich, Paul 206
Einstein, Albert 708
Eisenhower, Dwight D. 184, 192, 194, 334

Elias, Dietrich 300
Elias, Norbert 716
Emery, Fred E. 261, 275
Engels, Friedrich 71 f., 103
Eppler, Erhard 238 f.
Etzioni, A. 249, 253
Eucken, Adolph 363
Eucken, Rudolf 206

Fagen, W. 273
Faraday, Michael 198
Fauser, Peter M. 365 f.
Fermi, Enrico 610, 618
Ferrari, G. 201
Festinger 251
Feyerabend, Paul 141-144
Fischer, Andreas 396, 399
Fischer, Emil 181
Fischer, Irene 527
Flament, C. 252
Flechtheim, Ossip K. 396, 399, 567
Flechtner, Hans-Joachim 188
Fleming, Alexander 404
Foerster, W. 170
Fourier, Joseph Baron de 267
Frank, Helmar 260, 263-265
Freud, Sigmund 132
Freyer, Hans 123, 209, 319 f.
Friedensburg, Ferdinand 550
Friedrichs, Günter 471
Frisch, Helmut 73 f.

Gabor, D. 23
Galanter, E. 261
Galtung, Johan 108-111, 407, 746, 748
Galilei, Galileo 8, 11, 124, 156-160, 198, 721, 726
Galvani, Luigi 197
Gardner, B. B. 248
Gauß, Karl Friedrich 198, 203
Gebhardt, Bruno 166
Gehlen, Arnold 237, 239, 317-320, 323, 718
Geissberger, Werner 24, 124
Genscher, Hans Dietrich 460, 746
Gerstenfeld, A. 429
Geulen, Reiner 477
Ghiberti, Lorenzo 157
Gibbs, Josiah Willard 245
Giedion, Siegfried 227
Gilbert, William 11, 157, 721
Gilbreth, Frank Bunker 217
Gilbreth, L. M. 217
Ginsburg, Theo 24, 124
Girshik, M. A. 260
Glotz, Peter 557
Gluschkow, W. M. 260
Göring, Hermann 257
Goode, H. H. 388
Gorbatschow, Michail 517, 519-521, 745, 749
Gottlob, Peter 430
Goya y Lucientes, Francisco de 142
Graebe, Carl 175
Grätz, Fred 303, 689
Greiffenhagen, M. 187, 683
Grochla, Erwin 216 f., 219 f., 261, 383, 387, 422
Gropius, Walter 231 f.
Gruber, H. E. 394
Gruhl, Herbert 23
Grupp, Michael 126, 145, 719
Günther, Gotthard 262
Guericke, Otto von 165
Guetzkow, A. 250

Haber, Clara 185
Haber, Fritz 178 f., 181 f., 185-189, 196 f., 206, 208, 708
Haber, L. F. 179
Habermas, Jürgen 88 f., 104, 130, 173 f.
Haeckel, Ernst 136, 206

Häring, Hugo 231
Haesler, Otto 231
Hagemeyer, Friedrich W. 290, 293
Hahn, Otto 708
Haire, M. 390
Hall, A. D. 273
Hall, Edwin Herbert 202
Halske, Johann Georg 199 f., 202
Harman, Willis W. 97, 124, 153, 239, 344-346
Harmon, L. D. 275
Harmsen, Dirk-M. 434 f.
Harnack, Adolf von 182, 207 f.
Hartmann, Karl 527
Hartmann, Eduard von 272
Haselwander, Friedrich August 201
Hauff, Volker 356
Hausen, K. 229 f.
Hegel, Georg Wilhelm Friedrich 329
Heidrich, Wolfgang 435, 438
Heimann, H. 327
Heisenberg, Werner Karl 245 f.
Helmer, Olaf 341, 398
Helmholtz, Hermann von 170, 205
Helmstädter, Ernst 73
Hempel, Carl 253
Hermann, Armin 138, 148, 158, 160, 207-209, 360, 376, 650, 683
Herrera 23
Hersche, O. 336, 341
Hertz, Heinrich 174, 203, 255 f.
Herzfeld, Hans 203 f.
Hirsch, Fred 23, 124, 147
Hitler, Adolf 191 f.
Hoag, M. W. 388
Höring, Klaus 306
Hörning, Hannes 531
Hoffmann, Walther G. 73
Hohlfeld, Rainer 332
Hollmann, Hans Erich 257
Homans, G. C. 251
Honecker, Erich 523
Howard, Frank A. 190 f.
Huber, Gerhard 72 f., 115
Huber, Joseph 24, 117, 720
Huck, G. 229
Hübner, Kurt 285, 567
Hühnerberg, K. 224
Hülsenbeck, A. 229
Hülsmeyer, Ch. 256
Huxley, Aldous 134, 239
Huygens, Christiaan 158 f.

Illich, I. 23 f.

Jacobi, M. H. von 198
Jähne, Friedrich 195
Jänicke, Martin 92, 97, 100, 108-111, 412 f., 720
James, William 332
Janßen, Hans 482
Jantsch, Erich 388, 396, 401, 406 f., 427
Janzen, Karl Heinz 460
Jasani 309
Jaspers, Karl 328, 650
Jensen, G. 28
Jewkes, J. 255, 405
Joerges, B. W. 230
Johnson, R. A. 253
Jonas, Hans 253
Jünger, Ernst 328 f.
Jünger, Friedrich G. 328-330
Juncosa, M. L. 252
Jung, Roland 729
Jungk, Robert 126, 144 f., 239, 336, 341, 350 f., 400, 407, 550, 567, 719

Kafka, Franz 239
Kahn, Herman 251, 253, 345 f.

Kalabe, R. E. 252
Kant, Immanuel 329
Karcher, H. 305
Kast, F. E. 253
Katz, D. 251, 253
Keiser, Alfred 422
Kendrick, John 111
Kepler, Johannes 11, 157
Kern, W. 368, 385, 387
Kinze, Hans Heinrich 525
Keynes, John Maynard 104
Klaus, Georg 71, 261-263, 275, 316
Kleemann, Maxmut 303, 689
Klein, Hans 712
Kleinkauf, W. 633
Klemm, Friedrich 199, 201
Klever, Ulrich 228
Klüver, M. 254
Koelle, Hans Hermann 567
Köllmann, W. 162
König, D. 390
Körting, J. 224
Kohl, Helmut 460, 744
Kohler, Beate 397, 402, 406
Kondratieff, N. D. 720
Kopernikus, Nikolaus 269 f.
Korn, Arthur 231
Krauch, Helmut 74, 256, 320, 326, 333 f., 339 f., 344, 347 f., 370, 395, 405, 551, 623
Kreibich, Rolf 24, 28, 96, 99 f., 187, 300, 303, 327, 490, 536, 547, 584, 599, 683, 688 f.
Krieger, Knut 609
Krohn, Wolfgang 74, 332, 645
Krüger 272
Krüger, K. 385
Kuhn, Thomas S. 12, 141
Kunert-Schroth, Heidrun 599, 688
Kunz, W. 333
Lahner, Manfred 408, 411
Lane, Robert E. 728
Lang, L. 232
Lauterbach, Günter 533
Lawrence, Ernest O. 606, 613
Le Chatelier, Henry 178
Le Corbusier, Charles-Édouard 231
Lederer, Katrin 236
Leibniz, Gottfried Wilhelm 28, 158
Lenard, Philip 206
Lenin, Wladimir Iljitsch 217
Lenk, Hans 127, 230, 285
Leonardo da Vinci 157
Lesher, R. L. 629, 631, 636
Lewin, Kurt 251, 254
Liebermann, Karl Theodor 175
Liebig, Justus von 171
Lincoln, Abraham 359
Lippit 251
Locke, John 158
Loderer, Eugen 479-481
Löffler, Gerd 562
Löwenthal, Richard 651
Lorenz, Konrad 132
Luce, R. D. 382
Ludendorff, Erich 186
Ludz, Peter-Christian 567
Luhmann, Niklas 332
Lunderius 309

Machol, R. E. 388
Mackensen, Rainer 149, 236, 567, 716 f., 729
Mahr, O. 224
Malcolm, D. M. 393
Mallmann, Wolfgang 308 f.
Malthus, Thomas Robert 176
Manegold, Karl-Heinz 163, 168 f., 224
Mansfield, Edwin 112
Manz, D. 681

March, J. G. 250
Markham, J. W. 370
Marschak, J. 252
Marschak, T. A. 393
Martz, G. 224
Marx, Karl 71 f., 79, 85, 88, 103 f., 174
Matthöfer, Hans 37, 356
Mattschoß, C. 224
Mauchly, J. W. 291, 609
Mayer, Elton 248
Mayer, Robert 165
Mayntz, Renate 250, 253
Maxwell, James Clerk 174, 245
McCulloch, Warren 254
McHugh, A. K. 413
Mead, George H. 332
Mead, Margaret 254
Meadows, Dennis 23
Meadows, Donella 23
Meitner, Lise 708
Mellerowicz, K. 368
Mende, Erich 550
Mendelsohn, Erich 231
Mensch, Gerhard 428 f., 571, 629, 638 f., 720
Merton, Robert K. 330 f., 366
Mesarović, M. 23
Mesthenne, Emmanuel 567
Meyer, Eduard 208 f.
Meyer, Ernst 209
Meyer, S. 225, 228 f.
Meyer-Abich, Klaus Michael 91, 103, 236, 238
Mielke, H. 295
Mill, John Stuart 71
Miller, G. A. 261
Miller, R. von 224
Milling, P. 23
Minchin, Th. L. 224
Mittelstaedt, H. 263, 274
Mitterand, François 746 f.
Moore, D. G. 248
Moreno, J. L. 251
Morgenstern, Oskar 251 f., 254, 260, 338, 382, 386
Morse, Samuel 198
Moser, Simon 127, 285
Müller-Merbach, H. 385, 401
Muthesius, Hermann 231

Nagel, Renate 397, 402, 406
Nagy, Moholy 232
Naisbitt, John 27, 31, 117, 390, 629, 728, 730 f., 735
Nakasone 747
Nelson, Richard 112
Nernst, Walter 178, 181, 245
Neumann, John von 251 f., 254, 260, 292 f., 338, 382, 616, 618
Newcomen, Th. 165
Newelt, A. 394
Newton, Isaac 158 f., 245
Niethammer, Lutz 229
Nietzsche, Friedrich Wilhelm 139, 329
Nordheim 618

Oersted, Hans Christian 198
Oetzel, Klaus-Dieter 187, 650
Ohm, Georg Simon 198
Oltmanns, Willem L. 23
Oppenheimer, Robert Julius 352, 360, 614-618
Orland, B. 225, 228 f.
Orwell, George 239
Osborn, Alex 397
Oslund, Robert 734

Papin, D. 165
Parsons, John 295 f.
Parsons, Talcott 249, 253
Pascal, Blaise 165
Peccei, A. 23
Peirce, Charles S. 167, 332
Perkin, William Henry 175

Pestel, E. 23
Pfab, Reinhard 111, 300
Pichelmayer, Helgomar 689
Pieroth, Elmar 563, 705
Pitts, Walter 254
Pixii, H. 198
Planck, Max 206, 708
Platon 134, 212, 271
Platt, John R. 26
Pönicke, H. 163
Polanyi, Michael 89, 330 f.
Prätorius, R. 187, 683
Pribram, K. 261
Ptolemäus 269 f.

Rabi, I. I. 352
Raiffa, H. 382
Randolph, J. 621 f.
Rapaport, A. 273
Rapp, Friedrich 128
Rappe, Heinz 460 f.
Rathenau, Emil 204
Rathenau, Walter 180, 204 f.
Reagan, Ronald 105, 496, 737, 740, 742, 744
Reasenberg, R. D. 295
Redfield, Ch.-E. 252
Reid, R. W. 610, 613 f., 616, 618
Reiter, R. 229
Reulecke, J. 228
Rexin, Manfred 651
Ricardo, David 71
Richta, Radovan 106-108
Rider, Fremont 29
Riesenhuber, Heinz 41, 450
Rittel, H. 333
Ritter, Johann Wilhelm 198
Roberts, E. 429
Röhrig, R. Rainer 429, 438
Röntgen, Wilhelm Conrad 207
Roethlisberger, F. J. 248
Rohe, Mies van der 231 f.
Rollet, G. 562
Romanov, G. V. 515 f.
Roosevelt, Franklin Delano 614
Ropohl, Günter 127-129, 230
Roseboom, J. H. 393
Rosenblueth, Arturo 254, 275 f.
Rosenzweig, J. E. 253
Roth, Wolfgang 92
Rürup, R. 229 f.
Rumpf, Hans 165
Rupp, Erik 422, 425 f., 623, 625, 627, 631-633, 635 f., 655
Rupp, Helmut 165
Ruske, Walter 188
Russell, Bertrand 140 f., 150
Rycroft, M. J. 295

Sage, K. 225
Saint-Exupéry, Antoine de 749
Saint-Simon 214
Samuelson, Paul A. 422
Sauer, Hans 356
Sawers, D. 255, 405
Schäfer, Dietrich 206
Schätzle, G. 368
Schanck 276
Scheffold, H. 295
Scheler, Max 328
Schelsky, Helmut 160 f., 651
Scherer, German 697
Scherzinger, Angela 521-527, 532 f.
Schieder, Theodor von 163
Schiller, Karl 549
Schiller, Friedrich 270 f.
Schiller, Siegfried 527
Schily, Otto 477
Schlessinger, Leonhard 734
Schlieffen, Alfred von 180 f.
Schmidt, Adolf 475
Schmidt, Hermann 261-263, 316 f.
Schmidtschen, Volker 294, 307
Schmitt, Carl 209

Schmude, Jürgen 557
Schnabel, F. 162
Schneider, Stephan H. 124
Schockley, W. 338
Schoder, Thilo 231
Schopenhauer, Arthur 329
Schröder, H. H. 368
Schütte, I. 229
Schulte-Hillen, J. 632
Schumacher, E. F. 23 f., 239
Schumpeter, Joseph A. 75, 81-87, 714
Schwartz-Cowan, R. 230
Scott, W. R. 250
Seeberg, Reinhold 208
Seetzen, Jürgen 111, 120, 300
Seligmann, E. R. A. 76
Shannon, Claude E. 251 f., 254, 267, 292, 338
Shaw, J. C. 394
Shell, Kurt Leo 549 f.
Siebker, M. 23
Siekmann, Jörg 726
Siemens, Werner von 169 f., 175, 199-203, 205
Siemens, Wilhelm von 200
Silberkuhl-Schulte, M. 233
Simon, Herbert A. 249 f., 253, 394
Singer, E. A. jun. 276
Skolmik 23
Smith, Adam 71, 213
Smith, N. 224
Solla Price, Derek de 26 f.
Solow, Robert M. 73-75
Sombart, Werner 75-81, 83, 163
Sommerhoff 276
Späth, Lothar 529
Spahn, Martin 209
Spann, Othmar 209, 272
Sparkes, John R. 413
Spencer, Herbert 276
Spengler, Oswald 328 f.
Spiegel-Rösing, Ina S. 365 f.
Spranger, Eduard 328
Spur, Günter 567, 584 f., 587 f., 667
Stachowiak, Herbert 261-263, 273
Stahlschmidt, R. 230
Steinbuch, Karl 261, 263, 647
Steinkühler, Franz 485, 491-496, 500
Stibitz, Georg 291
Stillermann, R. 255, 405
Stoph, Willi 523 f.
Strasser, Johano 124, 126, 213, 460
Strasser, S. 230
Streller, Ernst 207
Strümpel, Burkhard 113

Tanaka, Hozumi 722 f.
Taut, Bruno 231
Taut, Max 231
Taylor, Frederick W. 216-218, 247 f.
Teagle, Walter C. 191
Teller, Edward 350, 352, 616, 618, 737
Telsa 201
Ter Meer, Fritz 195
Teuteberg, H.-J. 224
Thatcher, Margaret 744
Thienen, Volker von 141
Thrall, R. M. 252
Tolstoi, Leo Nikolajewitsch 139
Tornieporth, G. 233
Torricelli, Evangelista 165
Toulmin, Stephen 141
Traube, Klaus 124, 126, 213, 460
Treue, Wilhelm 163, 166, 172
Troeltsch, Ernst 208
Troitzsch, Ulrich 166, 224 f., 228, 230, 290, 294

Tschernenko, Konstantin U. 517, 519
Turing, Alan Mathison 258
Tuve, M. V. 256

Uexküll, Jakob von 272
Uhlmann, Luitpold 72 f., 115
Ulam, Stanislaw 616
Ullrich, Otto 74, 123, 126, 144, 146, 240, 320
Ulrich, Erhard 408, 411
Umbach, Eberhard 729
Uter, A. 224

Vallarta, Sandoval 254
Verdi, Giuseppe 144
Vester, Frederic 263, 270, 273, 278, 359
Vierkandt, A. 78-80
Vogt, Wolfgang 464
Volta, Alessandro 198

Wagner, Martin 231
Wagner, R. 261, 318
Wainer, H. A. 429
Wallichs, A. 217
Wattson-Watt, Robert A. 255
Watt, James 165
Weaver, W. 251 f., 267
Weber, H. 228
Weber, Max 81, 139-141, 152, 249, 716
Weber, Wilhelm 198, 203
Weber, Wolfhard 166, 225, 228, 290, 294
Weingart, Peter 74, 155, 161, 168, 170, 332, 644
Weizsäcker, Carl Friedrich von 243
Welzk, Stefan 92
Wesel, Uwe 212
Wheatstone, Charles 199
Wheeler, John 616
White 251
Whitehead, Alfred North 172 f., 248, 335
Whitehead, Th. N. 248
Wiener, Norbert 215 f., 243-246, 251 f., 254, 262 f., 267, 270, 275 f.
Wiesinger, Manfred 165
Wiggert, K. 228
Wilkins 255
William, D. 230
Willstätter, Richard 181, 188
Wing Lee, Yuk 254, 267
Wingler, H. M. 232
Wohlauf, Gabriele 224, 230
Wohlstetter, A. J. 388
Wood, Lowell 737
Woodward, Robert 395
Wundt, Max 209
Wundt, Wilhelm 206

Zahn, E. 23
Zander 251
Zilsel, Edgar 157, 159
Ziyang, Zhao 747
Zuse, Konrad 257, 291
Zwicky, Fritz 399 f.

Inhaltsverzeichnis

Übersicht und Vorbemerkungen

1 Wissensproduktion und Technologieentwicklung

1.1 Quantitatives Wachstum von Wissen 26

1.2 Akkumulation des Wissens 29

1.3 Wissensverarbeitung 31

1.3.1 Dokumentation und Zugriffssysteme 31

1.3.2 Förderung der Wissensverarbeitung 36

1.4 Aufwendungen für Forschung und Entwicklung 42

1.4.1 Forschungs- und Entwicklungsausgaben im internationalen Vergleich 43

1.4.2 Forschungs- und Entwicklungsausgaben in der Bundesrepublik Deutschland 48

1.4.3 FuE-Ausgaben für die Wirtschaft 55

1.5 Weitere Indikatoren für das Wachstum von Wissen 63

2 ›Wissenschaft und Technologie‹ als Innovationskraft

2.1 ›Wissenschaft und Technologie‹ in der Nationalökonomie 71

2.2 ›Wissenschaft und Technologie‹ in der Soziologie 88

2.3 Die Produktivfaktoren ›Arbeit‹, ›Kapital‹, ›Natur‹ 90

2.4 Die relative Bedeutung der vier Produktivfaktoren 98

2.4.1 Globale Zusammenhänge und Wirkungen 100

2.4.2 Produktivitätswachstum durch ›Wissenschaft und Technologie‹ 111

2.5 Abgrenzung zentraler Begriffe 121

2.5.1 Innovations- und Produktivkraft 121
2.5.2 Zum Gebrauch von ›Wissenschaft und Technologie‹ . . . 122
2.5.3 Technik und Technologie 125

3 Das WTI-Paradigma (Wissenschafts-Technologie-Industrialismus-Paradigma)

3.1 Francis Bacon als Ausgangspunkt 134
3.2 Neuere Bewertungen von Wissenschaft und Technik . . . 139
3.3 Determinanten des WTI-Fortschrittsparadigmas 147
3.4 Zur ›Allmacht‹ der wissenschaftlichen Methode 150

4 Die Entwicklungsstufen von ›Wissenschaft und Technologie‹ zur zentralen Produktivkraft

4.1 Die Herausbildung der modernen empirisch-analytischen Wissenschaft 156
4.2 Die Einbeziehung der Wissenschaft in die technisch-industrielle Revolution 161
4.2.1 Die wechselseitige Durchdringung von Wissenschaft, Technik und Industrialisierung 162
4.2.2 Die Gründung anwendungsorientierter Wissenschaftseinrichtungen 168
4.3 Die Einbeziehung der Wissenschaft in den großindustriellen Produktionsprozeß und militärischen Bereich 172
4.3.1 Chemische Industrie 175
4.3.2 Elektrotechnische Industrie 197
4.3.3 Politische und militärische Bedeutung und Folgen 204
4.4 Das wissenschaftlich-technische Prinzip ›Organisation‹ . 210
4.4.1 Verwissenschaftlichung und Technisierung der Arbeitsabläufe und Produktionsorganisation 211

4.4.1.1 Arbeitsteilung und Arbeitszergliederung 212

4.4.1.2 Die Herausbildung des wissenschaftlichen Prinzips ›Organisation‹ 214

4.4.1.3 Institutionalisierung des Prinzips ›Organisation‹ 218

4.4.2 Technisierung und Rationalisierung der Haushalte und der Wohnkultur 224

4.4.2.1 Die Ankopplung der Haushalte an das Industriesystem . 225

4.4.2.2 ›Organisation‹ und ›Funktionalität‹ im Wohnungsbau und in der Produktgestaltung 230

4.4.2.3 Anfänge einer wissenschaftlichen Haushaltswirtschaft . . 232

4.5 Die strategische Planung und Organisation der Wissens- und Technologieproduktion und ihrer Verwertung 235

5 Die Grundlagen heutiger Wissensproduktion und Technologieverwertung

5.1 Ausgangspunkt: Die neue Grundgröße ›Information‹ . . 246

5.1.1 Soziale Systeme und Informationsprozesse 247

5.1.2 Militärischer Bereich und Nachrichtenverarbeitung . . . 253

5.1.3 Analyse komplexer Vorgänge in Lebewesen 258

5.1.4 Weitere Ausgangspunkte 259

5.2 Kybernetisches Denken und Handeln 260

5.2.1 Der Kybernetik-Begriff 261

5.2.2 Information und Informationstheorie 266

5.2.3 Kreisrelation und Regelungstechnik 268

5.2.4 Vernetztes Denken und Systemtheorie 270

5.3 Folgen für die Wissensproduktion 279

5.3.1 Eindringen in traditionelle Fachdisziplinen 280

5.3.2 Neue Wissenschaftszweige in traditionellen Fächern . . . 281

5.3.3 Neue Wissenschaftsgebiete und Methoden 281

5.4 Folgen für die Technologieentwicklung 285
5.4.1 Analogrechner und Steuerungssysteme 289
5.4.2 Digitalrechner und elektronische Datenverarbeitung . . . 291
5.4.3 Raketentechnik und Raumfahrt 294
5.4.4 Automatisch gesteuerte Werkzeugmaschinen und Produktionsprozesse 295
5.4.5 Computergestützte Informations- und Kommunikationssysteme (Telekommunikation) 300
5.4.6 Neue Waffensysteme 305

6 Die Institutionalisierung heutiger Wissens- und Technologieverwertung

6.1 Die vollständige Verschmelzung von Wissenschaft und Technologie zu Superstrukturen 315
6.2 Planung und Steuerung von Forschung und Technologie 324
6.3 Die Herausbildung des neuen Wirtschaftssektors ›Forschung, Entwicklung und Technologieverwertung‹ . 333
6.3.1 Die Vernetzung von Wissensproduktion und industriell-militärischen Interessen 333
6.3.2 ›Wissenschaftsfabriken‹ 335
6.3.3 Denkfabriken (Think Factories) 340
6.3.4 Wissenschaftliche Waffenschmieden 346
6.4 Resümee 352

7 Determinanten der Wissenschaftsindustrie

7.1 Integration von Forschung, Entwicklung und Verwertung 355
7.2 Interdisziplinarität und Ganzheitshandeln 356
7.3 Projektorientierung 360
7.4 Teamarbeit 361

7.5 Betriebswirtschaftliche Unternehmensführung 362

7.6 Marktausrichtung 368

7.7 Außensteuerung 374

7.8 Neue Organisationsgrundlagen 378

7.8.1 Übernahme des ›Prinzips Organisation‹ in den Wissenschaftsbetrieb und Folgen 378

7.8.2 Formalisierte Planungs-, Organisations- und Prognosetechniken 380

7.8.2.1 Spieltheorie und Spielmodelle 382

7.8.2.2 Entscheidungstheorien und Entscheidungsmodelle 383

7.8.2.3 Optimierungsmethoden und Optimierungsmodelle . . . 385

7.8.2.4 Operations Research und spezielle Managementtechniken 386

7.8.2.5 Systemanalyse und Systemtechniken 388

7.8.2.6 Graphentheorie und Netzplantechniken 390

7.9 Neue Forschungs- und Entwicklungsmethoden 393

7.9.1 Das Rationalisierungsprinzip in Forschung und Entwicklung 393

7.9.2 Neue Methoden der Innovationsproduktion 394

7.9.2.1 Such- und Screening-Verfahren 394

7.9.2.2 Formalisierte Analogieverfahren 395

7.9.2.3 Brainstorming 396

7.9.2.4 Delphi-Methode 398

7.9.2.5 Morphologische Methode 399

7.9.2.6 Relevanzbaum-Methode 401

7.9.2.7 Algorithmen und Computereinsatz 403

7.10 Zur Systematisierung und Bewertung der neuen Methoden 406

7.11 Resümee 416

8 Innovationssteuerung und Technologietransfer in den Industrieländern

8.1 Überblick und Thesen 418

8.2 Schlüsselbegriffe 421

8.2.1 Innovation 421

8.2.2 Wissens- und Technologietransfer 424

8.2.3 Aktivierter Technologietransfer 429

8.3 Strukturpolitische Leitlinien 1984 in der Bundesrepublik Deutschland 439

8.3.1 Leitlinien des Bundesverbandes der Deutschen Industrie (BDI) 439

8.3.2 Leitlinien der Bundesregierung 450

8.3.3 Leitlinien des Deutschen Gewerkschaftsbundes 458

8.4 Strukturpolitische Leitlinien im RGW für die achtziger Jahre 511

8.4.1 Strukturpolitische Leitlinien: RGW-Dokumente 512

8.4.2 Strukturpolitische Leitlinien: Sowjetische Dokumente . . 515

8.4.3 Dokumente zur Innovationssteuerung in der DDR 521

8.4.4 ›Technologiekrieg‹ zwischen den Blöcken 528

8.4.5 Resümee 531

8.5 Innovationsstrukturpolitik in Berlin (West) als Modellfall für hochindustrialisierte Krisenregionen . . . 534

8.5.1 Strukturpolitische Rahmenbedingungen 534

8.5.1.1 Problemlage 534

8.5.1.2 Berlin als Modellfall 536

8.5.1.3 Aktuelle Innovationseuphorie 538

8.5.2 Krisensymptome des Industriesystems 541

8.5.3 Ansätze für innovationspolitische Strategien 548

8.5.3.1 Berlin als Zentrum von Wissenschaft und Kultur 1962/63 548

8.5.3.2 Hochschulreform und Gründung neuer Wissenschaftseinrichtungen 1968/69 552

8.5.3.3 Eine ›Innovationsstrategie für Berlin‹ 1977 571

8.5.4 Die Struktur- und Innovationspolitik des Senats von Berlin 1984/85 582

8.5.5 Die Innovationsstrukturpolitik der Industrie- und Handelskammer zu Berlin 595

9 Die Wurzeln des heutigen Innovationsmanagements und Technologietransfers

9.1 Ausgangsthesen 602

9.2 Die großen Wissenschafts-Wirtschafts-Zentren in den USA um 1940 605

9.3 Neue Zentren im Rahmen des Zweiten Weltkriegs 611

9.3.1 Das Atombombenentwicklungs-Zentrum ›Los Alamos‹ . 611

9.3.2 Die ›Federal Contract Centers‹ des US-Verteidigungsministeriums 618

9.4 Spezifische Einrichtungen des Wissens- und Technologietransfers 621

9.4.1 Die Technologietransfer-Diskussion nach dem Zweiten Weltkrieg 621

9.4.2 Die National Research Development Corporation (England) 623

9.4.3 Das NASA-Technology-Utilization Office 627

9.4.4 Das Universitäts-KOOP-Modell des M. I. T. 637

9.4.5 Technologietransfer zwischen Hochschulen und Wirtschaft in England und Israel 642

10 Wissens- und Technologieverwertung in der Bundesrepublik Deutschland

10.1 Gründe für die späte Institutionalisierung des Wissens- und Technologietransfers 644

10.2 Wissensverwertung im Rahmen der außeruniversitären Wissenschaftsindustrie 652

10.2.1 Das Rationalisierungs-Kuratorium der Deutschen Wirtschaft e. V. (RKW) 652

10.2.2 Die Max-Planck-Gesellschaft zur Förderung der Wissenschaften e. V. 656

10.2.3 Die Fraunhofer-Gesellschaft zur Förderung der angewandten Forschung e. V. 658

10.2.4 Die Großforschungseinrichtungen 670

10.3 Wissensverwertung im Rahmen der Hochschulen 679

10.3.1 Regionale Strukturpolitik durch Hochschulgründungen 679

10.3.2 Fachhochschulen als Schrittmacher des Wissens- und Technologietransfers 681

10.3.3 Die Konzeption »Forschungsverbund« in Hochschulzentren 683

10.3.4 Uni-Transfereinrichtungen 692

10.3.5 TU-Transfer: die Technologie-Transfer-Stelle der TU Berlin 699

10.3.6 Technologie- und Innovationspark Berlin/Berliner Innovations- und Gründerzentrum 707

10.4 Wissensverwertung im Rahmen industrieller Gemeinschaftseinrichtungen 709

11 SCHLUSS: EINIGE ANMERKUNGEN UND AKTUELLE TENDENZEN

11.1 Anmerkungen 714

11.2 Aktuelle Tendenzen 720

11.2.1 Wissensproduktion durch »Künstliche Intelligenz« . . . 721

11.2.2 Wissenschaftsverwertung in Hochtechnologie-Industrien 727

11.2.3 Wissenschaftsproduktion und Technologieentwicklung durch SDI, EUREKA usw. 735

Sachregister 750

Namenregister 787